【开闽姓氏文库】

《一带一路寻根大典》系列丛书

闽台寻根大典

福建省开闽姓氏文化研究院　编

中国华侨出版社

图书在版编目（CIP）数据

闽台寻根大典 / 福建省开闽姓氏文化研究院编 . — 北京：中国华侨
出版社，2017.8
ISBN 978-7-5113-6995-6

Ⅰ．①闽… Ⅱ．①福… Ⅲ．①姓氏－研究－福建②姓氏－研究－台湾
Ⅳ．① K810.2

中国版本图书馆 CIP 数据核字（2017）第 170556 号

闽台寻根大典

编　　者 / 福建省开闽姓氏文化研究院
责任编辑 / 林　炎
责任校对 / 高晓华
经　　销 / 新华书店
开　　本 / 889 毫米 ×1194 毫米　1/16　印张 /45　字数 /1200 千字
印　　刷 / 福州万紫千红印刷有限公司
版　　次 / 2017 年 10 月第 1 版　2017 年 10 月第 1 次印刷
书　　号 / ISBN 978-7-5113-6995-6
定　　价 / 480.00 元

中国华侨出版社　北京市朝阳区静安里 26 号通成达大厦 3 层　邮编：100028
法律顾问：陈鹰律师事务所
编辑部：（010）64443056　　64443979
发行部：（010）64443051　　传真：（010）64439708
网　址：www.oveaschin.com
E-mail：oveaschin@sina.com

《闽台寻根大典》编委会

总 顾 问：庄炎林　林丽韫　游嘉瑞　袁义达

主　　任：丁志隆

副 主 任：蔡干豪　雷乃明　吴一明　傅德露　苏黎明　林晓瑛　王东升　黄松涛

总 主 编：蔡干豪　傅德露　林　庚

主　　编：蔡干豪　林　庚

副 主 编：雷乃明　彭嘉庆　陈仕燕　林智栋　黄美珠　笔　尖

编委会成员：丁志隆　蔡干豪　雷乃明　吴一明　傅德露　苏黎明　林晓瑛　王东升　黄松涛
　　　　　　彭嘉庆　陈仕燕　林　庚　林智栋　连加平　李范潮　李廷贵　林耀清　黄美珠
　　　　　　蔡春杰　廖志南　张文亮　谢文坚　邹一宽　陈彬强　黄种都　傅新民　吴开亮
　　　　　　郑小杰　陈　恒　吕述珠　王启水　杨文健　苏忠义　曾文军　杨思能

编辑人员：姜立财　黄明月　严积森　庄伟青　杨学勤　郭永明　邓贵旺

主办单位：福建省档案局（馆）
　　　　　福建省开闽姓氏文化研究院

联办单位：福建省档案学会
　　　　　泉州师范学院闽南姓氏文化研究中心
　　　　　福建省朱子文化发展促进会
　　　　　福建省非物质文化遗产协会
　　　　　中华百家姓文化产业集团

承办单位：福建省众爱慈善服务中心
　　　　　福建省环球标志文化研究中心

协办单位：中华百家姓文化产业（世界）同盟会
　　　　　福建源流姓氏文化传媒有限公司
　　　　　福州名谷文化传媒有限公司

总策划人、总出品人：傅德露

策划执行：福建省开闽姓氏文化研究院　福建省环球标志文化研究中心

宣传推广：福建源流姓氏文化传媒有限公司

设计单位：福州名谷文化传媒有限公司

主编简介

蔡干豪，1948 年出生，福建福安市人。现任福建省姓氏源流研究会副会长，青岛恒星科技学院姓氏文化研究院副院长，客座研究员，闽台姓氏研究专家。历任福建省委统战部和省社会主义学院副处长、处长、办公室主任、研究室主任、学报常务副主编，副巡视员，参加《孙中山与福建》《福建家训》等十多部专著和论文集编撰工作，主编历届《海峡百姓论坛论文集》，为福建省地方志编制委员会主编撰《闽台历代方志集成·书目题要》；专著有《闽台百家姓》《闽台姓氏地图》《闽台文化大辞典·民族宗族卷》以及《林禄公大典》《中华庄严氏大典》《中国桂峰》等 20 多部；中国华艺大型电视系列专家访谈片《姓坛圣梦》总策划。8 次出访台湾进行学术交流研讨，2006 年其事迹被中国科学技术协会教育专家委员会收入《世纪·中国名家》。

林庚，1965 年出生，福建福州市人。高级讲师，特约研究员，闽台姓氏研究专家，福建省民间艺术家协会会员，百姓源脉研究院院长，福建省开闽姓氏文化研究院常务副院长、研究员，《闽台林氏》编撰委员会主任、主编，《妈祖千年史编·福州卷》执笔，参加过多项省部市级科研课题研究，发表论文数十篇，编辑出版《简明插画艺术》《实用旅游口语》等教材，参加福建省地方志编制委员会主编撰《闽台历代方志集成·书目题要》；编著有《闽台百家姓》《闽台姓氏地图》《闽台文化大辞典·民族宗族卷》，主执笔中国华艺 48 集大型电视系列专家访谈片《姓坛圣梦》，并参加专家访谈，专著还有《闽台寻根大典》《林禄公大典》《大众谱牒学》《福建梁氏》等等。2014 年以专家身份应邀参加福建省档案学会组织到台湾政治大学的访问。

序

丁志隆

　　闽台两地的档案机构均收集保存了大量珍贵的史料档案，这些史料档案记载了两地先民往来交流的足迹，是中华民族的珍贵财富。近些年来，福建省档案馆把谱牒档案的开发利用与姓氏文化紧密联系起来，在台湾举办"海峡两岸姓氏文化与族谱档案图文展"，吸引了大量台湾民众和学生前往参观，探寻自己的姓氏源流，取得了很好的效果。

　　在长期的民族融合中，福建省是中国姓氏文化传播的重要中转站。从两晋开始，中原姓氏士族陆陆续续大批入闽，唐代陈元光开漳、王审知开闽，福建人自唐宋以来播迁粤东、琼、台、浙南、湖广、四川，继而播迁东南亚以及海外各国。至今，福建姓氏共有2000多个，海内外各姓氏家族大都把福建作为寻根谒祖的第一个重要站点。福建的姓氏还别具特色：许多姓氏都来源于河南，各地都有许多单姓村庄和大姓巨族，不少姓氏都有宗亲移居海外，掺入了一些源自国外的姓氏，各姓氏的排序和全国不一样。

　　特别是福建与台湾之间天然的地理联系，使福建的姓氏与台湾的姓氏之间有着深厚的历史渊源。春秋至秦汉时期，就有福建境内的闽越族人跨越台湾海峡，成为台湾早期的居住者。此后，闽人不断渡海迁徙至台，到明清时期达到高峰。现今台湾同胞中，有四分之三的祖籍地是福建。先民们不但带去了闽地的生活文化习俗，同时也保留了原来的姓氏，代代相传。闽台姓氏间的联系及特点直接印证了闽台人民同根所生、血脉相连的紧密关系。

　　《闽台寻根大典》根据福建省各个姓氏的族谱资料进行编撰，汇聚了数十年来海内外专家学者的研究成果。书中收入的215个姓氏在福建有聚落、族谱、祠堂、宫庙，可以满足福建及海内外福建籍百分之九十五以上人口寻根问祖的需求。该书的出版将进一步促进谱牒档案和姓氏文化在海峡两岸交流中发挥积极作用。

〔作者系福建省档案局（馆）局（馆）长〕

前言

　　文化是一个民族的精神和灵魂，中国家谱文化是中华民族文化的重要基础，它凝聚着民族团结的精神，是中华民族认同的标志、沟通的纽带。在实现中华民族伟大复兴的道路上，中国家谱文化维系着中华民族强烈的祖根情怀和血脉之情，成为中华民族子孙寻根溯源的"活化石"和世界文化遗产的重要组成部分。

　　福建作为中华姓氏文化尤其是中国家谱文化的重要发展地，历史悠久、内涵丰富、基础深厚，承载着独特而重要的历史和现实意义：一方面南宋理学大家朱熹对中华家谱文化的贡献与提升，极大促进了中华姓氏文化的繁荣与发展；另一方面福建作为海上丝绸之路核心区，与台湾、广东、浙江等地及海外血脉相连的独特地位，让海外华侨与华人魂牵梦绕的祖籍地，使得福建在中华姓氏文化传承和中国家谱保护的伟业中扮演着重要的角色。

　　为了贯彻落实"一带一路"倡议和《福建省 21 世纪海上丝绸之路核心区建设方案》精神，进一步传承中华文化、弘扬"海丝"精神、共圆复兴大梦，从 2015 年开始，福建省开闽姓氏文化研究院、福建省档案学会、中华百家姓文化产业集团、福建省非物质文化遗产协会、福建省朱子文化发展促进会和泉州师范学院闽南姓氏文化研究中心联合启动了《一带一路寻根大典》系列丛书编撰工程，计划用十年的时间完成十部百卷编撰工程，同时作为中国家谱申报世界记忆遗产名录的重要内容，此举得到了社会各界和热心人士的大力支持。

　　去年以来，福建省档案部门与福建省开闽姓氏文化研究院充分利用和挖掘谱牒档案的资源优势，进一步发挥了谱牒档案在海峡两岸交流中的作用，组织海内外姓氏文化专家编撰了《一带一路寻根大典》系列丛书首部大典——《闽台寻根大典》。

　　《闽台寻根大典》汇聚了福建省各个姓氏的族谱资料和十年来海内外专家学者的研究成果。全书共分两大部分 207 节，约 100 多万字，第一部分寻根文化，第二部分闽台姓氏源流。大典共收集闽台同根同缘的 215 个姓氏，他们在福建有聚落、族谱、祠堂、宫庙，按照入口可以满足福建及福建籍 95％以上人口寻根问祖的需求。

　　同时，为了便于读者查找，我们按照中国汉语拼音的音序排列，对于姓氏的特殊读音，我们标注汉语拼音，以免误读。由于编撰时间仓促，收集的资料依然有许多欠缺，难免挂一漏万，请广大读者多多指教，以便今后修改和完善。

在此，特别感谢参加编撰《闽台寻根大典》和为我们提供资料的海内外专家和学者。

《闽台寻根大典》编委会

2017 年 7 月

凡例

一、本大典以辩证唯物主义和历史唯物主义理论为指导，以历史事实和社会现状为依据，以科学态度为准则，着力记载收集整理闽台寻根问祖的基本路径和 200 多个主要姓氏源流。

二、本大典记述范围为闽台两地 200 多个姓氏的有关渊源、得姓始祖、入闽迁徙、入垦台湾、郡望堂号、祠堂古迹、楹联典故、族谱文献、昭穆字辈等方面有关资料。鉴于当前我们资料数据仍有欠缺，尤其是篇幅局限，难免挂一漏万，待以后再行补充。

三、本大典全书分章、节、目 3 个层次。共计 2 章，第一章介绍寻根优良传统和主要路径；第二章介绍福建姓氏源流。第二章以各个姓氏分节，以谱牒资料依据，以一个姓氏为主体，适当介绍有血缘关系的联宗姓氏，分设 207 节，为了方便寻根查询，按姓氏的汉语拼音音序顺序排列。

四、姓氏迁徙部分以编年体为主，辅以纪事本末体，按时序纵述姓氏迁徙状况。

五、民国时期及以前的历史纪年书朝代年号，括注公元纪年，省去"公元"两字；每节首次出现时括注公元纪年，其后从略；中华人民共和国成立后一律用公元纪年。

六、本大典采用第三人称记述。各历史时期的政治机构、官职等，均以当时历史名称，直书其名，不加褒贬。地名依历史称呼，并括注现行标准地名。所有名称在第一次出现时均用全称，使用简称首次加括注。涉及外国名称，均使用新华通讯社发表的译名。

七、本大典数字写法，按 2011 年公布的《出版物上数字用法》执行。凡列入国家统计范围的数字，使用统计部门的数字，统计部门缺的，采用有关单位调查核实的数字。

八、本大典计量单位名称、符号，按照国家技术监督局于 1993 年发布的国家标准《量和单位》（GB3100 ~ 3102—93）执行。

九、本大典采用规范的语体文、记述体。除引用古文外，一律以国家语言文字委员会等单位 1986 年 10 月重新公布的《简化字总表》和 2011 修订公布的《标点符号用法》为准，力戒文言文和白话文相杂。

十、本大典资料来自历史档案、旧县志、各部门志、族谱和有关书籍及社会调查、座谈会等口碑资料，一般不注明出处。特定事物或尚属存疑的采用夹注和页末注。

CONTENTS 目录

"我是谁？我从哪里来？我要到哪里去？"这是古老的哲学三大终极命题。几千年来人类一直在思考探索。学生问苏格拉底："人生是什么？"他让学生们从一个果园中走过，每人挑选一只最大的苹果，不许走回头路，不许选择两次。大家回来后他问："满意吗？"学生们说："让我们再选择一次吧，我们要么选早了，后面又有更大的；要么选晚了，漏过了最大的。"苏格拉底笑了笑说："这就是人生，人生就是一次次无法重复的选择。"只

有耶稣说："我虽然为自己作见证，我的见证还是真的。因我知道我从哪里来，往哪里去。你们却不知道我从哪里来，往哪里去。"数千年来，这个命题成为了世人的追求，在德尔菲神庙里碑铭上的那句箴言"认识你自己"，比伦理学家们的一切巨著都更重要。这个问题曾经迷惑了无数的人，有多少人苦苦思索而不得其解！为了这个问题，中华民族形成了追本溯源、寻根谒祖是中华民族的优秀传统美德。

第一章　寻根是中华民族优良传统

第一节　寻根是人类悠久的文明

追本溯源、寻根谒祖是中华民族的优秀传统，也是人类悠久的文明。树离根不活，人无根不立。千枝一本，万姓同源，树高千丈，落叶归根。全球华人都有一个共同的寻根情结，寻根归宗是中华民族伟大凝聚力的血脉之源，是血浓于水的最至诚的精神归宿。中华姓氏，源于上古，传续至今，在漫长的历史进程中，离合演化，人世翻覆，甚是繁杂。数百年来人们怀着对祖先的崇拜和敬仰，尤其是海外姓氏宗亲社团陆续成立，不少海外炎黄子孙从单个寻根到组团寻根，他们远涉重洋，跋山涉水，到炎帝故里——中国寻根。我国改革开放以来，台湾同胞、海外侨胞寻根形成一股热流，20世纪七八十年代以来，海外华人到中国大陆"寻根热"活动蓬蓬勃勃开展，他们从福建开始寻找祖地，而且寻根谒祖内容不一，有关于中华人文始祖、古代都城及其他城址的寻根，也有各门类文化寻根以及家族寻根、姓氏寻根等。海外华侨华人的"姓氏寻根热"开始于20世纪70年代末。那时候，世界各地特别

是东南亚一带和中国的台湾、香港地区的华人姓氏宗亲组织纷纷组团寻根谒祖。他们寻根时通常是以世代承袭下来的姓氏为徽记，以祖传的家谱、图片等资料为依据而进行的。

中国人热爱寻根，西方骑士也热爱寻根。自古以来，人们总围绕"我是谁？我从哪里来？我要到哪里去？"这古老的哲学三大终极命题。欧洲人也同样热衷于寻根，热衷于在回首历史中确认今天的身份。譬如，中世纪的骑士就把古希腊和古罗马的战斗英雄当作偶像。最早的骑士都是一文不名的庶子，穷困潦倒的低等贵族，他们渴望战争，因为只有战斗才能改变他们的命运。当他们问一句"我是谁"的时候，并没有一个体面的答案在等着他。他们只有从古希腊和古罗马的英雄故事中去"寻根"，寻找可以依靠的精神力量和英雄主义。

骑士需要寻根，革命志士也要寻根。法国大革命时期，雅克·路易·大卫从古典时期的传说故事中为革命寻求新的力量，那幅著名的《荷拉斯

兄弟的誓言》就是借古典英雄之血来浇灌今日革命之花朵。

欧洲人喜欢寻根，历史短暂的美国人更热衷于寻根。非洲裔美国人不用说，一部著名小说《根》，回望前世的非洲，看清今生的美洲。盎格鲁·撒克逊人不但自己爱寻根，也爱帮别人寻根，戴蒙德那一本获普利策奖的《枪炮、病菌与钢铁》，通过对各种原始部落的"寻根"，为今天的少数民族裔难以融入现代社会寻找到完美的解释。

中国人热爱寻根，为了记载自己的根脉与源流，几千年来，中华民族国有国史，地方有地方志，家族有族谱，形成中华民族的三大历史文献。尤其是中国的族史族谱一直以自己独特的风貌屹立在中华民族优秀文化之林。先秦时，社会上流传有《周官》《世本》等谱学通书；秦汉以后，又出现了《帝王年谱》《潜夫论·志氏姓》《风俗通·姓氏篇》等谱学著作。到魏晋南北朝时，门阀制度盛行，家谱成了代族间婚姻和仕宦的主要依据，于是便迅速发展起来。隋唐五代后，修谱之风更从官方流向民间，以至遍及各个家族，出现了家家有谱牒、户户有家乘，并且一修再修、无休无止。因此每次修谱，也就成了同姓同族人之间的大事。

僧绰任吏部郎，"究识流品，谙悉人物"，谱学上世代的《百家谱》修改校订编成《百家集谱》10卷，在谱学上的修养更超过先人；又有王僧孺，梁武帝时任天下家谱总算纂官，奉诏改定《百家谱》，相继编成《十八州谱》710卷、《百家谱集》15卷。《东南谱集抄》10卷，成为以前各代家族的集大成者。当时社会公认的有两个以研究谱学而闻名的姓族，一曰贾氏，一曰王氏，称"贾王之学"。

至于宋元以后，私家修谱之风大盛。据最新消息说，当前全世界各大图书馆收藏的中国家谱，总数有34000多种。这一统计数字，还没有把散布于民间的各种家谱包括在内。家谱究竟有多大数量，至今还没有人做出确切统计。因为家谱像其他所有私家家谱一样，还有秘不示人的家规。每当家谱20—30年一小修，60年一大修后，旧的家谱除留下极少几套保存在宗祠或族长手中外，其余都要全部销毁，而代之以新的家谱。这种特殊的风俗习惯，当然为古老家谱的保存制造了人为障碍。

有人寻根，也有人努力斩断自己的根。20世纪早期的"新文化运动"以来，"革命"小将们急切地颠覆传统文化，在文化激进主义者看来，只有在完成了文化上的"弑父"之后才能迎来新世界。这种俄狄浦斯情结在20世纪的中国蔓延了数十年。帝国主义殖民者破坏中国人寻根，日本侵占台湾，推行皇民化，不许中国人有自己的姓名，要斩断中国人的根，但是，中国人从来没有抛弃自己的根。特别是80年代的意识形态突变之后，又再次兴起寻根文学，人们渴望在"我的爷爷奶奶"的故事中确认自己的身份。

90年代初，继之而起的是福建闽南、珠江三角洲、浙江温州等一些经济非常活跃，与海外交往非常密切的地区。新的经济力量和外来资金的介入，使原有的家族传统被激活。慢慢扩展到全国，在一些地区，吸引海外华人寻根甚至被作为招商引资的捷径。因此，寻根与修谱之举是先从民间自发兴起的，而学术机构、收藏机构的介入，在不自觉间起到推波助澜的作用。寻根，有成功的寻根，就有失败的寻根，中国近30年以来的"寻根"给社会带来正能量，增强了中华民族的凝聚力，促进了民族团结，社会和谐。寻根成功的案例不少。也有诸多寻根，由于缺少文化意义，寻根失败了。我们编撰《闽台寻根大典》，方便寻根者了解家族历史文化，减少寻根时走弯路。

改革开放以来，台湾同胞、海外侨胞回乡寻根谒祖，积累了丰富的经验。我们在这里把他们的实例略做一些归纳、总结出12条路径，供参考。

第二节 寻根问祖的主要路径

一、如何收集翔实的资料

由于战争、灾害、政治因素、学习工作环境变动等原因，许多宗亲离乡别井，未留下或散失了《宗谱》，他们寻根问祖之情更切，这完全可以理解。过去寻根十分艰巨，许多台湾同胞、海外侨胞，历尽千辛万苦却很难成功。现在是信息时代，为我们寻根提供了许多便捷路径。到底如何更好地进行寻根问祖呢？下面我们收集整理了一些"寻根问祖"的基本路径，但愿对您有所帮助。其他宗亲有义务尽最大努力，协助完成您的夙愿。

（一）寻根应注意从以下几个方面寻找必要的线索：

1. 收集了解本姓本族的族源祖源；

2. 祖籍地的确切记载（包括文字和口传）；

3. 始祖、开基祖、宗支祖的名、字、号以及配偶资料；

4. 开基祖和所修现有家谱的所处年代、背景；

5. 开基祖、宗支祖的相关资料、其他旁证资料，如哪个郡望，和谁是本族等；

6. 现存家谱的昭穆字辈排列情况；

7. 尽力查找先祖的坟墓碑记、祠堂碑记、村落碑记等；

8. 家族的搬迁史，收集了解先祖对故乡的记忆素材：古树名木、名山名川、古庙古宅、古井、古桥、古码头等等。

9. 收集了解相关的地方志书和档案资料。

10. 收集整理各种有可能作为寻根辅助作用的历史资料。

以上线索和资料一般是难于全部收集齐全的，只是就上述资料的多少而言，收集的越多越有利于寻根。要做好资料收集，一般要按照下面几点去努力。

一要养成平时收集资料的习惯，尽可能大量搜集资料，多多益善，即使有个别的提供较全，但因时代较远，没有一定的资料占有，也难以研究。当然，掌握资料越全、越详细越便于准确定位你的家族。

二要开阔视野，广开思路，多方面、多角度地考虑问题，在繁杂的历史资料中找到线索。家谱作为宗族的神圣符号，一直深藏民间秘不示人，也给寻根问祖带来一定难度。

三要有吃苦和长期研究的思想准备。要想研究出一点成果，有时容易，有时需要几个月、几年，甚至几十年的研究，是需要付出很大的代价和时间、精力的。研究出新的结果，就会又出现新的问题，越研究越有新的思路和方向。

四要善于整合收集的资料，最终整理出一套需要的、靠谱的基础资料信息。

（二）如果是寻找台湾同胞、海外侨胞时找到相关的族谱，一时无法直接到祖籍地寻根，要整理一下材料委托祖籍地的宗亲会或相关机构。

1. 个人信息，包括您的姓名、地址、联系电话，请注明您寻根地的新旧地名；

2. 赴台、外迁亲人的信息，包括赴台祖、外迁祖（首个从大陆迁先祖）以及他（她）的后代的名字，详细的渡台亲人的信息包括××县（市）××镇（乡）××村，××姓，××支派，第×世等；

3. 赴台、外迁地点，也就是赴台祖、外迁祖当年迁往台湾或外地的地点；

4. 赴台、外迁的时间，目前中国大陆迁台、迁徙海外的三个主要年代包括明清、近代和现代，您也可以注明迁徙时的具体年份；

5. 赴台同胞，外迁海外侨胞所供奉的主要神祇，先祖请出去的是什么神明的香火。

6. 其他信息，比如您寻找的亲人现可能住在中国台湾或海外何处，或者他在中国台湾或海外有什么朋友等其他线索等等。

总之，要有长期的潜心研究的思想准备，只要锲而不舍、义无反顾，那么，"寻根问祖"就有可能成功。

二、了解族源祖籍对接

（一）了解族源祖源。本书提供的是215个姓氏的族源祖源、迁徙概况、郡望堂号，粗线条的祠堂古迹、楹联典故、族谱文献，熟悉本姓氏的概况，有利于寻根时的沟通和资料收集。更重要的是抛砖引玉，是需要寻根者能够依据基本线索，深入探索，收集资料，加强方方面面的研究，分析我们所收集的文献资料、去粗取精。那么，具体研究家谱文献资料、去粗取精的方法是什么呢？

一般讲，首先要根据你提供的资料确定你的祖籍。祖籍一般意义是指，你现居地的先祖的迁出地，即你的开基始祖是从什么地方迁来的。我们说祖籍河南，就是从河南迁来的。开基始祖一般是指你现居地的第一人，当然迁出地的祖先也叫始祖，台湾同胞经常称祖籍地为唐山。

1. 知道现居开基始祖的寻根祖籍，即从什么地方来，是谁的后裔。

2. 不知道现居始祖是谁，当然也涉及从什么地方来，是你所寻觅的姓氏的哪一支。

（二）熟悉族谱世系。姓氏是个人、家庭、家族祖传的代表符号，家谱则是寻根问祖的神圣证物。特别是近些年来，由于海外华人归国寻根热的兴起，姓氏谱牒及其相关研究机构和民间社团应运而生，为海内外炎黄子孙寻根问祖起到了十分重要的中介作用。

家谱中的祖籍一般都要提到从什么地方来，这有两种情况：

1. 先祖在家谱中的确切记载；

2. 先祖的传说，即始祖修家谱时根据先祖的口传，这里有相当一部分具有可靠性。

始祖的考证问题。是不是发现始祖名就一定是始祖呢？回答是否定的。因为古代人同名的现象也是很多的。一是要看他的所属年代，也就是同名人上下不能差六十年，如果相差大于六十年，那就不可能是始祖，也就是说必须是同时代。因明清时六十岁以上的人是很少的，再加上如果史志或文字中有记载至少是十几岁，活到七十多岁的人就更少。

这些因素都要考虑到。如果年龄相符，还要看主要经历，没明确记载的看与祖先传说或其他记载有无联系。如果一个始祖传说是医生，如果你能发现医方或关于医方面的文字资料，那么你就能肯定该人是始祖。

查族谱，先要查对谱名、郡望、堂号，这三者符合你的寻根需求，就可以深入查看谱序。谱序是谱牒的灵魂，是谱眼，可以帮助你了解这个家族的来龙去脉，谱序有我们所需要查询的线索了，就进一步查对开基祖、查对世系、查对昭穆字辈。这样就可以找到你要寻找的先人名、字、号。

（三）家谱地望对接。如闽台多数人的族谱原始祖籍是"河南光州固始"，闽台人祖籍是"河南光州固始"是因为出自两晋时期的衣冠南渡，八姓入闽；唐代，陈元光开漳和王审知入闽两次大规模入闽。"山西洪洞大槐树"因为明代时此地政府专设移民局，是移民的集散地，不是祖籍地，只是移民大潮的始发地，所以中国不少人都习惯称自己是大槐树下的人。台湾祖籍早期入垦台湾的郡望有"唐山"，明清以后入垦台湾的地望有"晋江""同安""汀州""石壁"等，这个祖籍地望就会具体一点，就更便于寻根谒祖。所以寻找地望郡望要尽量具体，最好能够落实到具体的聚落。

有祖籍地明确记载的，就要首先确定其现地名是什么，因为古代地名大多与现在地名不一样，就省名讲一般不会有差错，但是县名、村名会有变化。比如"汀州府"现在已经不存在，过去范围很大，现在人们最多知道"汀州府"驻地在现在的长汀县；又如"福州府长溪县"，现在的福州市没有这个建制，是在北宋以前的宁德地区那一带；"泉州"，唐朝前期是现在的福州，唐朝后期是在现在的泉州。也有县名在消失，比如"崇安县"，随着"武夷山市"成立"崇安县"就成了历史，一般县名或村名，在现有的地图或电话簿邮政编码中或其他参考资料中能直接查到，这就简单了。随着农村城市化许许多多小地名都消失了。若查不到，还需要用专门的工具书，如《古今地名辞典》、史志专著等等。再查不到还可以与当地的方志研究机构或本姓氏宗亲会联系询问，或其他各种办法进行考证。

还有些情况较复杂，如果家谱中都发现一个同名，不但要查看其字、号是不是相同，还需要考查其夫人，但家谱一般都记载夫人名为李氏或王氏，如何考查呢？有这么几种情况：一个夫人，都是同姓，准确率只有50%，因为女人同姓也很多，尤其大姓；如两个夫人，若都同姓，准确率也只有70%；如三个夫人都同姓，至少是90%的把握。但有一条，若只要出现一个同姓节女、烈女，那么，准确率就会是100%，因为古代节女是对女性的最高赞誉，在当时是极少的。家谱中写有节女或烈女，这不是本族自我的褒扬，是当时朝廷给予的表彰和奖赏的荣誉。

这里面有些特殊情况，远祖籍与近祖籍结合，出现祖籍地与祖籍地的混淆，这种情况也不少。江西曾经有这么一个实例，在同名同宗家谱中说祖籍在江西腾越地区，经考证，江西并无腾越，而云南保山市有腾越，然后又根据辈数的大概年限，家庭搬迁分析，最后得出始祖出生在江西，二世后迁入云南腾越地区。这是一种远祖籍的省份名与近祖籍的县和地区混合而成。

还有一种情况，家谱中只记载现居地和祖坟在哪村，那么，是不是能断言，一定是该村的某氏的后代呢？也许该村有南北两支某姓，这不能简单地回答为是。通过该村某氏家谱考证没发现联系，与该村字辈又根本不吻合，但始祖还一定与该村有关，那么，又该怎么分析呢？从祖坟地分析属其中哪一支之地，最后在双方家谱中发现都有同一人记载，始得断定是本族。

三、查对族谱昭穆字辈

寻根最基本的方法就是族谱对接。家谱作为宗族的神圣符号，在以前都是供在祠堂里，不示外人的，而现在不仅为公共图书馆收藏、供公众阅览，有的地方还进行公开展览。家谱的实际功能与性质，都已经发生巨大的改变。这些已经为我们寻根提供了许多有利机会。

（一）要善于巧于寻觅。只要找到和自己家族谱牒同一宗族同一支派的族谱，对接就相对简单了。

目前海内外族谱馆藏很多，各地都有图书馆、族谱馆。在福建有泉州的中国闽台缘博物馆、福建省泉州海外交通史博物馆、漳州漳台宗亲文化族谱对接馆、福建省图书馆、福建师范大学图书馆、上杭客家族谱馆、福建省档案馆以及各地的档案馆、图书馆。馆中多有大量馆藏，如北京图书馆、上海图书馆等馆藏族谱历史都很久，都有大量族谱可供查询。由上海图书馆牵头、全球22个编委会协力编纂的《中国家谱总目》，于2000年立项，成书后将集存中国家谱之大成。据了解，该项目眼下已完成征集工作。此次共征到家谱目录61000份，其中近年新谱约占一半。收集到的新谱数量，从地域上来说，以淮河以南地区为主，其中江西、湖南最多，北方以山东为多，闽台族谱为数也不少。在福建民间几乎家家户户都有族谱。

（二）以字辈入手"寻根问祖"，效率较高。查系谱，从自己家里往上查；同一姓氏查辈分顺序最靠谱，只要是没有中断过的族谱，同一个祖宗，辈分系谱表是一样的。但是，所谓通用字辈，在未查清自己血缘系传之前请慎用，最好不用。

如《全国杨氏家谱字辈字派排行》为杨氏宗亲提供了这样一个查询字辈的平台，请您在查找比对时，不要囿于您生活的地区，也许您的完整字辈在其他省市区。毕竟杨氏是一大姓，古往今来，迁播各地，枝繁叶茂……

有相当一部分同宗提到：我是什么地方人，现在所排字辈是什么辈、第几辈，这是无法寻根的。最主要的原因是仅有几个字辈没有什么意义。家谱中的字辈关系、意义的大小看你家谱历史的长远，如明末清初的字辈关系，那是极其有价值的。那时的家族对这一条遵循得比较严格。如果家谱较近，只是在你家族的近期查寻有效，那也不是寻根的目的所在。而且家族的历史播迁因素，使得字辈关系受到了影响。一方面是字辈本身的固有质，它让你有可能系根，另一方面因播迁和战乱使这种关系破坏甚至失传。还存在一个情况，近代以来许多人取名已经不按照字辈来取，所以字辈越近，遵循得越不好，现在的家庭中不是有规律地排宗字辈取名，而是按父母喜好取名。所以，这些因素都是在寻根查究家谱中应该考虑到和值得注意的。

一般家谱记载情况最清楚，前三代字辈与老家相同的，是同族的可能性大。寻亲发现前几代字辈相同，后来可能忘记了祖籍字辈，有出现自创字辈现象的；再就是连续三代以上字辈相同的，是本族宗亲的可能性也大；如果字辈用字及顺序相同，个别用字音同字不同者，或许是传承口误，可以认定是同宗。

字辈是中国传承千年的重要取名形式，也是古代一种特别的"礼"制，它一直延续到现代。由于各种原因，自20世纪五六十年代以后，世人对字辈谱变得陌生，年轻一代更是不按照字辈取名。昭穆起源于3000多年前的周朝初期。据《辞海》解释：（1）古代宗法制度，宗庙次序，始祖庙居中，以下父子（祖、父）递为昭穆，以左为昭，右为穆。《周礼·春官·小宗伯》："辨庙祧之昭穆。"郑玄注："父曰昭，子曰穆。"（2）坟地葬位的左右次序。《周礼·春官·冢人》："先王之葬居中，以昭穆为左右。"（3）祭祀时，子孙也按此种规定排列行礼。《礼记·祭统》："夫祭有昭穆。昭穆者，所以别父子、远近、长幼、亲疏之序而无乱也。"可见，昭穆是伴随祭祖活动而诞生的，它的出现就具有敬祖敦宗的内涵。

字辈在谱中又称昭穆、字派、行派、派序，即用以表明同宗亲家族世系血缘秩序的命名字辈序列。中国是一个农业社会，聚族而居、安土重迁在农业大环境下，成了传统家庭的重心，由此而衍生出来的道德价值观，首先是儒家倡导的"礼"，形成长幼有序、孝悌仁爱的道德观念，并用家庭成员约定俗成和继承下来的风俗习惯，有效地维护血缘秩序，履行个人在血缘等级关系中被确认的权利和义务。华人的姓名系统，是早年维系血缘秩序的重要环节；而"字辈谱"正是这一血缘秩序文化的象征。

典型的华人取名形式为"姓+名"，一般是由一字姓与两字名所构成。姓为祖先遗传；名字中的第一字是作为家族辈分的象征，须按族谱字辈所定；通常名字中的第二字，则按父母意愿自由选取。因字辈谱为同宗族人所共有，大家都按系谱取名，所以，

这类名字在民间又称"族名""谱名"。

一般来说，族谱字辈所选的字是从开基祖开始厘定的，族谱始修先祖来编撰写入家谱，具有宗族的权威性，后裔子孙按照族谱字辈取名，一辈一字，世次分明地传承下去。即使家族分迁，散居各方，或年代久远，支派浩繁，世系庞杂，只要按族谱字辈取名，就可保证同宗血脉的一气贯通，世系井然而不致紊乱。

所以，族谱字辈谱制度条例，是确保家族血缘秩序永不紊乱的重要方法。过去家谱在编订字辈之前，均有明确的诠释。如明代《太原郡王氏宗谱》载："行第原为合族定名分而设，使子子孙孙，承承继继，不致有干犯之嫌。故凡世家巨族，莫不皆然。事为至巨，而非泛立也。"

在中国，以字辈取名是汉族文化习俗，也有少数民因受汉文化影响而讲究字辈谱。如广东凤坪的蓝氏畲族，从6世纪到13世纪生前的字辈为"友、元、奕、世、德、如、真、金"，死后则以"千、万、大、小、百"五个字辈称呼。死后另立字辈，这是畲族字辈不同于汉族字辈之处。如蓝氏一世祖叫蓝千七郎，二世祖为蓝万五郎，三世祖蓝大二十三郎，四世祖蓝小大郎，五世祖蓝百一郎。到六世祖又循环到"千"字上，如蓝某，死后称为蓝千六郎。从第九代起，去世后改以谥号，如九世祖蓝世亭，谥纯谨蓝公；十世祖蓝德桥，谥性善蓝公。有学者认为，畲族的这套姓名制度，显然是认同汉族文化的变异字辈谱。

闽台两地的世传昭穆，有的还是两地族亲共同协商制定，并视为家族的文化瑰宝而长期奉行不违，至今保存完备，是寻根谒祖的最好依据。

四、查对郡望祖籍对接

"郡望"一词，是"郡"与"望"的合称。"郡"是行政区划，"望"是名门望族，"郡望"连用，即表示某一地域范围内的名门大族。古称郡中为众人所仰望的贵显家族，"郡望"连用，即表示某一地域范围内的名门大族。地望，即姓氏古籍中常用的"郡望"，指魏晋南北朝至隋唐时每郡显贵的家

族，意思是世居某郡为当地所仰望，并以此而别于其他的同姓族人。历代的姓氏书中，其中有一类是以论地望为主，如唐代柳芳的《氏族论》和南朝刘孝标的《世说新语》。宋代人也常以郡望自称，比如，刘放有两种著作分别题为《彭城集》和《中山诗话》，这里，彭城和中山均为刘氏郡望，并非其人籍贯，刘放的籍贯在临川新喻（今江西新余）。姚铉本是庐州人，却自称其是"吴兴姚氏"之后。宋《百家姓》中所标明的"郡望"，是沿袭唐代所形成的名门望族的地理分布。但由于长期形成的以姓氏、郡望表明出身门第贵贱和社会地位的影响，以郡望标注姓氏的习俗，仍然十分盛行。

再如弘农杨氏、清河张氏、太原王氏、陇西李氏、吴兴姚氏等也是地望的代表性姓氏。

郡望现象到现在尚不绝迹，归因于人们的寻根念祖的观念意识。现在人们还很重视自己姓氏的来历和郡望，特别是现代寓居中国台湾和海外的华人，大都把自己的姓氏、郡望、家谱视为命根子，常常以同姓、同郡望来联宗认亲。据资料统计，在当今台湾 2200 万人口中，汉族占 96.4% 以上，几乎每一个姓氏都保留着传统的姓氏郡望，以示不忘对故土先人的眷恋之情。台湾同胞每遇红白之事，多在门前悬挂标有郡望的灯笼，以示世人。

尤其近年来随着全球寻根热的兴起，海外炎黄子孙纷纷归国，旅游观光，寻根问祖。姓氏郡望成为他们追寻家世渊源、谒祖朝宗的重要依据。"姓氏郡望"这一传统的历史文化遗产，在团结海内外炎黄子孙，增强中华民族的凝聚力、向心力，促进祖国和平统一大业等方面，仍具有现实的意义。

东晋时期，大批北方士族南下，"过江名士多如鲫"。为了保持他们的郡望，专门在江南设置北方原地的行政机构，这就叫"侨置州郡"。

台湾同胞和海外侨胞把郡望作为追宗溯源原乡故土的空间符号，呈现具有两层或者三层以上的认同关系。如大厅正堂写着以中古时期中国北方地望的堂号是第一层认同关系，这一层认同关系基本上在唐宋时就已经成形；祠堂、公厅或大厅的祖先牌位及墓碑写的是闽东、闽南、闽西、粤东等某地祖

籍地，或者在台、闽、粤自立堂号则是第二层认同关系，这个可以探寻以祖籍地为主体的认同关系；更进一步，将堂号及墓碑祖籍地改为以台湾本地地名，则是第三层认同关系，这个可以探寻以台湾为主体的认同关系。将台湾的客家和闽南两族群对照，似乎是前者较趋向于第一层认同关系；后者则较倾向于第二层，甚至第三层的认同关系。

台湾的汉族移民大部分是明末至 1948 年间，由闽粤两省百姓入垦，历经数百年的同化整合，归并为闽南语和客家语两群。使用闽南语的地区为泉州府、漳州府、永春州、龙岩州等，其次为潮州府及惠州府沿海地区；使用客家语的地区为汀州府、漳州府西南部、龙岩州西南部、潮州府、嘉应州及惠州府东半部等。台湾汉人祖先牌位和墓碑的祖籍地，大部分习惯上是以县级行政区为祖籍地，但却常用习惯使用简称、旧名、别称的形式书写。

闽南族群的形成，基本上是经过西晋末年及唐末宋初两次离乱的大迁徙所催化成形的；客家人则在经历了漫长的时间洪流，沿途吸纳其他族群的分子逐步南迁所成形的。客家人在备极艰辛的山居生活环境及迁徙过程中逐步酝酿出务本之安土重迁的内地性格，如强烈的中原思想、重农的维生方式、集体主义、严谨的宗族组织等；相邻的闽南族群则借由靠海的地利，逐渐发展出海洋性格，如盛行个人主义、松散的宗族组织、重商以及向海的维生方式等。

台湾客家人的祭祖方式盛行以宗族为单位的集体祭祀（严格执行的一年三节集体祭祀行为）；闽南人则盛行以家族为单位自行祭拜直系祖先，扫墓的行为也类似于祭祖。这种文化行为也反映在客家人多聚族而居，同宗辈分名字按字辈有条不紊地排列；闽南人多半在分家后，在自己分得的土地上盖房子，取名较少排字辈的规矩。其次，客家人在用餐时，尤其是晚餐，通常是集体用餐或者在最年长的男性用完餐后，其他晚辈才能开用餐；闽南人这方面则较无严谨的常规约束，常常是各自端着碗盛满饭菜各自散开。这些生活习性多多少少对应出闽南族群偏向个人主义，而客家人则偏向于以宗族（或家族）为单位的集体主义。

五、查对族神信仰对接

中国传统宗教中，佛教的修行之地一般称为寺、庙，道教的修道场所一般称为宫、观，民间信仰则无相应规则，有多种不同的名称。宗教信仰上，客家人奉祀的神祇较闽南人单纯，且趋向于自然崇拜或者与土地息息相关的神祇，尤其在"伯公"信仰上更发挥得淋漓尽致。闽南人居住的西部沿海地区则盛行王爷、妈祖等与海有关的传统民间神祇，加上处处有应公庙，调查时常常可听闻与海有关之大同小异的神鬼灵异传说。前者的农业性格与后者的海洋性格的对照又是一例。其次，捡骨及重葬习俗的差异也体现出客家人比闽南人对于现居地有更强烈的"他乡作客"心态。同是福建，对妇女儿童保护神，闽东闽北信仰临水夫人，闽南信仰注生娘娘。同是闽南人，泉州对清水祖师信仰多一些，漳州、厦门对保生大帝信仰多一些；漳州多三坪祖师、开漳圣王庙，泉州就比较少，厦门兼而有之。

族神信仰对接。如，清水祖师原为闽南民间信仰的重要神灵，闽南一带多称为"乌面祖师"，在台湾地区又称为"祖师公"或"祖师爷"。据北宋政和三年（1113）撰写的《清水祖师本传》介绍，清水祖师的出生地为永春县小姑乡，即今福建省永春县岵山镇铺上村；祖师姓陈，名普足，自幼出家，修习佛法；先在大云院、高泰山等处修行，后至大静山拜明禅师为师，道成业就，拜辞而还，后移住麻章，乡人尊称为"麻章上人"；生前造桥祈雨，广行善事；北宋元丰六年（1083），应邀至清溪祈雨有验，民众留请驻足，遂移居张岩，喜其山清水秀，改名为"清水岩"；祖师在清水岩修路造桥，治病救人，为民消灾祛难，声名远播；祖师圆寂于北宋徽宗建中靖国元年（1101），享年65岁。清水祖师信仰产生于我国南宋时代的福建安溪地区（原名为"清溪"，后改名为"安溪"），主要信众是当时该地区的民间百姓和部分政府官员。自明清以来，安溪地区民众因生存需要陆续向外迁徙移民，清水祖师信仰又随着安溪移民的步伐传播到了我国的港、澳、台地区乃至东南亚各国，至今在泰国、新加坡、马来西亚、

印度尼西亚、缅甸和菲律宾等国建有分炉寺庙数十处，构成了广泛的清水祖师信仰网络。根据厦门大学教授郭志超的考察研究，明神宗万历二年（1574）安溪华侨在泰国北大年所建的"祖师公祠"（后改名为"灵慈宫"）即是东南亚地区第一座宫庙。以后相继建立的新加坡的金兰庙，马来西亚槟城的蛇庙，大普公坛祖师庙，吉隆坡清水祖师庙，印尼椰城丹绒加乙祖师庙，缅甸仰光的福山寺，泰国曼谷的达叻仔顺祖庙，菲律宾马尼拉的祖师庙等，都供奉清水祖师。构成了以闽南安溪籍为主并包含有其他中国地域的华人信众的信仰网络。根据这个家族神的信仰，寻根区域会大大缩小。在较小的区域内寻找，始迁祖的祖籍地，就相对容易了。

又如，相传清顺治七年（1650）有一商人是王公爷后裔谢德瑞，奉带谢王公的香火从闽南来台到台南永康大湾，因尿急，就把香火挂在树枝上，于是便在附近方便。事后想取回香火，却怎么样都拔不动，就在这里筑草屋安奉。而后漳州府龙溪县二十八都宝树社人谢德明，是陈郡谢安后裔，把故乡宝树社王公庙所祭祀的祖先——广惠圣王谢安的神像带到台湾，来到长兴上里大湾庄谢德瑞草屋，在大湾谢家里设坛奉祀，各姓人氏都来膜拜，香火鼎盛。各村庄人民都受到了庇佑，众人便推派各姓族长与谢德明的儿子谢德福共商兴建公庙，以便大家随时奉祀。康熙十八年（1679）改建砖瓦庙宇，命名为大湾王公庙。后来更名为广护宫。在台南永康大湾的广护宫，是整个永康历史最悠久的庙宇，也是此地居民的信仰中心。

又如，闽台赖姓是以"心田五美"故事和族庙"元保宫"进行对接。"心田五美"用来比喻子女品德优秀，非常有本事，很有出息。说的是清朝台湾台中三份埔一个叫赖云从的人，他的五个儿子各具才能，忠孝双全，非常优秀，被人们称"心田五美"。他们的祖籍在福建平和坂仔镇心田乡。他们的后裔所建祠堂称为"五美堂"，分衍在台中市赖厝里等十七个村庄，发展成为台中一带影响最大的赖姓支派"五美派"，形成一旺族。闽台的心田赖氏铭记"心田"二字，在门额、灯号、祠堂、祖坟墓碑上至今都刻

着这两个字。

随着这个宗族不断壮大，乾隆四十五年（1780），族人在台中市赖厝部建了"元保宫"，取此名之意是追念元始，保佑合族安居乐业，饮水思源。清雍正年间，他们又把祖地心田宫保生大帝的香火及圣像被奉请到赖厝部。"元保宫"开始主祀保生大帝。

元保宫凌霄宝殿现有碑记："雍正年间，平和县心田村赖氏来此拓荒，遂将心田宫保生大帝香火分灵来此庙祀，以为乡土之守护神也。"我国大陆平和县坂仔镇心田村的心田宫就是台湾元保宫的祖宫。海峡两岸的交往并没有间断。

六、查接祠堂上下对接

如果你们有已知祖祠，祠堂内的寻根信息很多。

一是查看一下族谱。你属于哪个分支，一目了然。这个问题在前面已经论述了，这里不再赘述。

二是查看楹联，祠堂内经常有寻根联。浦县赤湖镇陈氏大宗"崇孝堂"内，有两副楹联：一是"锦水荣光增瑞世，丹山仪羽振文明"，二是"崇德象贤文若武云龙变耀，孝先尊祖迳如遐汗马辉煌"。这两副楹联，皆为赤湖派裔孙，清乾隆年间武进士，澎湖、安平协镇陈宾回乡谒祖所作。经协商，楹联作为漳浦和台湾赤湖派陈姓裔孙的传世昭穆，并与此前祖先的昭穆"道业正均德，兴思敦君国，科文士克荣，日胜敬圣作，秉常长启泰，家声庆裕扩"相衔接。长泰县江都村连氏宗词"瞻依堂"内，也有一对楹联："国土升华光世德，惟思懋建永昌宗。"系连氏裔孙、光绪二年（1876）荣登丙子科台湾府举人连日春所撰。后来，江都和开台连氏家族共同将它编入族谱，作为子孙昭穆，从十二世启用，至今相沿。南靖县庙兜村郭姓和迁居台北的庙兜派郭姓，于清嘉庆十二年（1807）续修族谱时，共同商定了从十六世起使用的昭穆："文章华国，诗礼传家。"1983年，鉴于两岸庙兜派郭姓子孙已传到"传"字辈和"家"字辈，而辈序需要延续下去，郭姓家族经协商，续订了"兴学奕世，盛德耀宗"的昭穆，在两岸庙兜派郭姓家族中共同使用。"九龙世第，十德家风"，这是福建武平林氏宗祠以及

武平地区林姓住宅大门两侧最常见到的一副对联。这副对联，犹如一张名片，只要看到大门两侧贴有这样的对联，不用问，准是林家住宅。这副楹联内容，讲的是战国时的赵国宰相林皋，生有九子，德才兼备，被时人称之为"九龙"，家族被称为"九龙之门"；父子十人，同以德才见称，他的家族也因此称为"十德之门"。"十德"既是指父子十人，也指当时被认为的君子具有的十种美德，即仁、智、义、礼、乐、忠、信、天、地、德。对联既赞美了先祖，又以有这样的祖辈为荣。他们的后裔不论迁徙到台湾还是海外，都会在自己的祠堂和族谱上使用这副对联。

三是祠堂的堂号。堂号则是郡望的进一步分化和发展，是某一郡望中某一房支的称号。在某一姓氏中的某一支成为望族后，由于不断繁衍发展和迁徙的缘故，往往会进一步分化为许多不同的房支和系派。这些房支和系派与郡望不同的人一样，也会有贫富贵贱之分，为了加以区别，便在郡望之下出现了许多新的名号，这种名号有时称为房号，有时则称为堂号。如上述"三槐堂"本是王姓中的"琅邪王氏"的一个分支，北宋初年，这支人的开创者王祐在所住的庭院中栽植了三棵槐树，以勉励子孙努力仕宦位登公卿（槐树在古代是公卿的标志），此后，其子孙果然实现了他的夙愿。为了纪念王祐，这支王姓人便称"三槐王氏"，或王氏"三槐堂"。这里的"三槐"或"三槐堂"就是这支王姓人的堂号。蔡氏宗族，海内外都用"济阳"为堂号，那就要进一步查对楹联对接。

由福建闽南外迁的以"梅镜堂"和"梅镜传芳"对接。海内外梁克家后裔皆梅镜堂。关于梅镜堂的来历典故，据传梁克家游学潮州时间，揭阳县令陈彦光（同安人）见梁克家少年英俊，遂以女儿许之。一日女儿晨妆，镜中出梅花影，后花园的梅花也盛开。陈县令大喜，约梁克家游园，并命赋诗。梁克家即吟："老菊残梧九月霜，谁将先暖入东堂。不因造物于人厚，肯放寒枝特地香。九鼎燮调端有待，百花羞涩敢言香。看来冰玉相辉映，好取龙吟播乐章。"此诗竟为其及第入相之谶，遂题揭阳县府第为"梅镜堂"。台湾的梁氏，不论是河洛，还是客家，

绝大多数都属于"梅镜堂"。他们寻根谒祖，都以"梅镜堂"对接。

中国侨网曾经介绍了一则海外华侨华人们对故乡的执着，让他们的后代们选择回国寻根的故事：

侯先生的父亲去世了。也是从这时候开始，他决定回国寻根。一百多年前，他的太公一个人坐船，在海上漂泊了一个多月才到达马来西亚，其中的苦楚已经无人知晓，只知道阿公孤身一人，在马来西亚成家、奋斗，才有了子孙现在的生活。遥想当年阿公最挂念的，应该是祖宗的"根"。而对于"根"，侯先生知道得太少了，只记得在太公和阿公的遗像上看到过"泉州府十都"字样。他通过查证后发现，当年的"泉州府十都"就在现在福建南安码头镇一带，遂向当地侨联和政府寻求帮助。漫长的寻根之路从此开始，侨联的工作人员花了一年多的时间，将族谱的搜索范围扩大，都无法找到侯先生太公的名字。几年后，一个"刘侯同宗"的故事启发了侯先生。侯氏族人在唐朝的时候因逃难改姓为"刘"，在 1929 年重修族谱时，大家再三商议，才将侯姓统一改回了刘姓。但那时，侯先生的太公已驾着一叶扁舟，远渡重洋了。几经波折，在 "刘氏族谱"中，侯先生找到了太公"佳作"还有阿公"金德"的名字。现在泉州地区这一支派许多人都改回"刘"姓，他们称自己是"刘侯氏"。

七、寻根组织机构对接

组织机构是寻根谒祖的路标。为了服务于台湾同胞、海外侨胞寻根谒祖，海内外华人地纷纷成立寻根服务团体，为寻根提供资料和咨询服务。在福建、河南、广东、四川、贵州、山西、陕西和甘肃等姓氏的祖居地或发祥地，这类组织尤为多见，有些地方还成立了代客寻根机构，或编印刊物，或发布寻根信息和研究成果。但是，多数因缺乏管理而不够规范。

现将部分组织机构做一些介绍：

寻根宗亲社团有两种。

1. 多姓氏的民间社团。如，世界舜裔宗亲联谊会，是多姓氏的一个全球性的民间社团，也是一个包容较多姓氏的寻根组织。目前参加这个组织的有陈、姚、虞、胡、田、袁、孙、车、陆、王十姓。分支机构也很多，有台湾的世界至孝笃亲舜裔总会、国际陈氏宗亲总会、台湾省陈氏宗亲总会、台中县陈氏宗亲会等。还有世界至德宗亲总会，吴、周、蔡、曹、辛、柯、洪、江、翁、方、龚、汪十二姓，被称为至德宗亲十二姓。各姓的世界性联宗组织，总会会所设在香港。

2. 单姓的民间社团。单姓民间社团组织繁多，几乎各个姓氏都有，机构遍布海内外。如，王氏寻根可以找王氏会。王氏宗亲会几乎遍布海外王姓人生活的各个地方，仅《王氏立姓开族百世谱暨海内外王氏宗亲会联谊录》一书所载，在中国的台湾、香港和南亚、东南亚地区著名的王氏宗亲会就有十八个。如新加坡开闽王氏总会、菲律宾太原王氏宗亲总会、泰国王氏宗亲总会、台湾王氏宗亲会等。这些宗亲组织之间大多数有密切联系，通过他们的沟通协助寻根。

宗亲机构历史悠久，有着千百年的历史。拓垦初期为了使代替血缘关系所组成的宗族组织产生作用，于是产生以祖籍地为认同对象的结合。供奉祖籍地著名的乡土神作为团体凝结整合的标志。到了 19 世纪后半期，聚落居民逐渐以现居地的村落，或其他行政单位为认同对象，原有的乡土神祇逐渐超越祖籍意识，并转型为公庙或"祭祀圈"的形式。受宗族组织的发达与否影响，祠堂普遍分布于客家地区，闽南地区则多以祖厝公厅或自家大厅作为祭祀祖先的场所，较少以建立祠堂来祭祀祖先者，这是闽、客两族群祭祖形态上最大的差异。在墓碑形制的差异上与祭祖的情况如出一辙。不同族群在文化激荡的过程中，实用的文化层面很容易被吸收或同化，但属于家族性及祭祀性等较私密性的文化体系，即使经过两三代也不容易被打破。

宗亲组织他们手上有族谱，可以联系祠堂，特别是宗亲的一种亲情是割舍不断的。中国古代有一句老话："姑表亲，辈辈亲，打断骨头连着筋。"血缘，真是一种很奇妙的东西，令人挣脱不了。所有依托宗亲会的寻根都是一种比较可靠的寻根形式，也是多数宗亲寻根的办法。只要你知道自己的祖籍地，找到祖籍地的宗亲会，带上自己的族谱，一般都有可能找到自己的族源。

如，台湾道教协会副理事长、净明忠道教协会理事长许昭男道长，祖籍漳州。280多年前先祖入垦台湾，只知道自己是福建许天师的后裔。多年来，他自己和委托人多次往返在福建各地寻根，均未果。2010年，他委托福建省道教协会会长谢荣增道长寻找蔡干豪，希望蔡干豪能够帮助圆寻根的梦。说实在的，姓氏寻根，隔姓如隔山。为了帮助许昭男道长寻根，蔡干豪根据许道长提供的族谱资料，先后委托福建省许氏委员会、漳州市许氏宗亲会、漳州市道教协会、漳州市海外联谊会等等民间组织和社团，请他们帮助全力寻根。经过8个多月的寻寻觅觅、认真查对，终于在2011年6月，许道长终于如愿了，完成了族谱的对接。第三届海峡百姓论坛前，许道长放弃了端午节家庭的团聚，入住漳州十几天，完成了一部许真人后裔真传的族谱。6月18日，他捧着自己的族谱在中国闽台缘博物馆参加了第三届海峡百姓论坛进行族谱对接。开幕式后，他还捧着族谱站在闽台缘博物馆大厅向观众展示，并接受记者的采访，说："我祖籍福建漳州，我是许天师的真传。"

但是，随着城市化这一不能阻挡的势力横扫中国，随着地区间和人群间的不均衡发展，我们的家族中人为了争取不同的生存资料，注定要各自奔散。人们家族意识将越来越淡。如是，重修家谱，虽然重新勾起了人们对传统中国家族的美好记忆，面对渐行渐远的亲人的背影，我们无能力挽留。有心寻根谒祖，又真的找不到宗亲会等社团，可以采取四面出击的方法，寻求帮助：

1．在当地论坛发帖，争取宗亲支持；

2．在当地百度贴吧发帖，争取得到宗亲支持；

3．加入当地的微信、QQ聊天群；

4．网上搜索当地同姓源流素材、宗亲组织机构信息；

5．如果找到了相应地名，不妨给当地村委会或村支书去函；

6．有机会就争取到祖籍地拜访年老的宗长。

八、查对典故文化对接

由于年代久远、历史的原因，许多家庭族谱丢失或无家谱，祖墓也无碑记可以对接。这种情况，寻根难度相对比较大，就要注意收集老人口传关于迁移的情况，如祖居地名、庄名、祖先名、字辈、故乡风物、故事传说等等。

每一个家族都有自己不同的家族文化传承，而且这种文化传承经久不衰。家族文化的内容极其丰富，包括了家规祖训、传说故事、楹联典故以及诗歌字画，甚至祠堂保留下来的碑刻等等，里面经常包含许许多多的家族故事。根据经验来看，家族的传说故事经常会在寻根中起到重要的作用。下面我举两个例子，供寻根者参考：

（一）以历史流传下来的寻根诗句为寻根依据，这是寻根典故的主要寻根办法。

如，福建黄峭公有三房妻妾——官氏、吴氏、郑氏，她们各生7子，共21子，155个孙儿，形成了个巨大家族。在黄峭公80岁寿诞的那天，把子孙都叫到跟前说：世人都祈求多子多福多寿。但尧帝说得好："多寿则多忧，多男则多惧。"你们兄弟都已经成人，我不想把你们留在身边。希望你们远走高飞、自谋发展，开拓创业。我戎马生涯一辈子，走遍半个天下，沃土到处有，只要勇于开疆拓土，都能成乐土。儿孙们领会了峭公的教诲，仅留三房长子，其余的子孙，每人分发碎银一升、骏马一匹、族谱一册。临别时赠诗一首："信马登程往异方，任寻胜地振纲常。足离此境非吾境，身在他乡即故乡。早暮莫忘亲嘱咐，春秋须荐祖蒸尝。漫云富贵由天定，三七男儿当自强。"18个儿子带着黄峭山的嘱托，扬鞭催马，任骏马东西南北奔驰，待马歇息的地方，就是各自立业开基之地。子孙由闽北而闽西南，星散各地。

黄氏黄峭公后裔寻根有寻根诗句。

外八句诗一首：（录自台湾桃园黄氏族谱）

> 骏马匆匆出异方，任从胜地立纲常；
>
> 年深外境犹吾镜，日久他乡即故乡。

朝夕莫忘亲命语，晨昏须庆祖宗香；

祈愿苍天垂庇佑，三七男儿总炽昌。

内八句诗一首：（录自台湾桃园黄氏族谱）

才郎峭老有三妻，官吴郑氏七子齐；

创业兴家朝祖德，归来报命省亲为。

吾年九八难相会，藥叶分枝为汝题；

倘有富贵与贫贱，相逢须念同根蒂。

虽然有所不同，但是内容基本相似，一样可以作为寻根谒祖的依据。依据此诗句黄峭公后裔基本可以对接。

又如：义门陈家是我国古代聚族义居的典范，是世界上人口最多、规模最大的家庭。从唐开元十九年（731）到宋嘉佑七年（1062）分庄止，历时332年，当时3978口人，15代人聚族而居。"八百头牛耕日月，三千灯火读文章"的农耕规范和崇义尚文的文明景象。皇帝29次题赠旌表，被誉为"天下第一家"。唐僖宗帝御笔亲题"义门世家"，赐联"九重天上书声旧，千古人间义字香"。

义门陈家名声大振，朝野太盛，朝廷担心危及他们的根本利益，宋嘉佑七年（1062），仁宗皇帝亲旨，对义门陈氏实施大分家。据载，包公奉旨摔锅定份数分家。义门陈氏的家长把全家人吃饭的大锅吊起来，与家族成员约定，大锅摔下来后碎成多少块，以后就把全家分成多少庄。最后，大锅被摔成了291块，义门陈氏3900多口分迁全国72个州郡的144个县，分析成大小291个庄。从此义门陈家遍布全国以及世界各地。各庄带走一块锅片作为认祖对接的依据，或者祖上有传下"锅片"故事则是义门陈后裔。如今义门陈氏子孙约3000多万，福建约30万人以上；台湾约20万人以上，主要分布在高雄、桃园、新竹、苗栗等地。

（二）以民间传说故事为依据，这是另一种寻根办法。

晋江内坑吕厝蔡氏族谱记载，清朝中叶，尚治公派下十世孙思聪公往台开基，族谱史料记载，台湾小琉球的蔡氏宗亲同吕厝的蔡姓是同宗同源。在吕厝衍派的蔡氏族谱上记载着，因理学名宦抗元名将"吕大奎"拒不降元，遭遇朝廷杀害，朝廷派官

府的兵到各府县，凡属姓吕的族民都要剿。吕厝的族人也不例外，自然受其株连，官兵人马到达吕厝时，村中的男性都远避之，唯独吕妈蔡氏在门口的水井旁洗菜，官兵问吕妈姓氏，因吕妈听不懂，只好双手拿起菜比画一些动作，正好吕妈是青阳蔡氏乃蔡姓。官兵闻言蔡姓，即引兵返而不剿吕厝。事后里人尽知其因，怕恐兵复来，暂称吕姓为蔡姓。至祸患平息后，里人仍议去蔡复吕，讵料天运，疾病数来，人不安宁，伤亡惨重，即定吕姓改为蔡姓。村中的民众才得以安宁，所以吕厝属于"吕骨蔡皮"。但是没有就很长时间，族谱对接不上。2013年，吕厝村老协会通过多次与台湾的蔡氏宗亲沟通联系。2013年5月，吕正钟先生为着中国统一大业的事项到泉州来开会。吕正钟与蔡干豪等几位宗亲，在会议的期间内抽空特地从泉州府城前往晋江吕厝村来研究探索。2013年年底，吕厝村22位族人代表带着两本私人族谱与大公谱前往台湾寻亲。"由于年代悠久，他们迁台至今已有300年之久，再加上社会动荡，我们总有一些年代无法对接。"于是，他们就问台湾宗亲："你们的先辈有没有留下什么故事？"这时，台湾宗亲中一位80多岁高龄的老人，便讲起历代祖先流传的正德皇帝南巡的故事，从始至终与大陆祖先流传至今的过程一模一样。

原来，相传明代正德年间，正德皇帝游江南的时候，随身携带的一颗夜明珠丢失在吕厝村东北面的一座山坡上，找了许久未果。后来天色已晚，正德皇帝就借宿在一位名叫"顺仁"的平民家中。顺仁家境贫寒，只有便粥一锅、便菜一碟招待客人。由于劳累一天，正德皇帝连吃三碗粥，并问顺仁今晚吃的饭菜叫什么。顺仁起了两种高贵的名称回答客人："你刚才吃的粥叫珍珠粥，菜是银蜻蟹。"晚上两人同床睡，客人说："我作一个上联，你来对下联，意下如何？"顺仁便答："那你讲来听听吧。"客人说出上联："千里是重重山重水重庆府。"顺仁听后，略一思考便随口答下联："一人为大大邦大国大君王。"客人听后真钦佩，连说三声妙、妙、妙，可作为将才。正德回朝多年后，有一次突然想起南巡时在福建泉州南门外晋江四都吕厝顺仁家中，

吃了一顿非常美味的珍珠粥和银蛏蟹。他便令厨师下厨准备，然而朝廷内外无人知晓这两道菜，最后正德只好调顺仁入宫中去。顺仁一听，暗暗叫苦，想到当年皇帝亲手拿尿壶给他小解，如果到宫中肯定人头落地。于是他假装得病，之后郁郁寡欢、卧病而终。正德闻言恩人逝世后，深感痛惜，便下圣旨，赐封吕厝乡建一座开三个大门的大宗祠，钦赐"金狮一对，银鼓一个"；赐封顺仁为"户部主事"。正德皇帝钦赐的金狮一对、银鼓一个，事实上到吕厝的祠堂只有石狮一对，石鼓一个。由于历史悠久，只保留石狮一只；2013年12月份，吕厝村仿制了一对石狮、一个石鼓，重立于宗祠门口。"户部主事"的牌匾高悬在祠堂主殿上。通过这个故事寻根对接，2015年3月29日那位宗亲的寻根愿望实现了，福建省晋江市内坑镇吕厝村将迎来与他们阔别300年的台湾蔡氏宗亲的首次相聚并举行祭典。

九、查对家族碑文对接

祠堂、家庙、楹联、老辈坟头的文物碑记，是寻根的一个重要历史依据。特别是无家谱可查的家庭、家族，依据碑记寻根是一个重要的路径。据多数宗亲寻根的经验，发现迁出族人的一代祖或二、三代祖的坟头一般都刻有碑记，记录自己迁自哪里，以供后代寻亲之用。我们可以通过近年来闽台两地的典型故事了解碑文对接：

例一：通过台湾空中大学教授蔡相辉先生的寻根自述来了解碑文的重要性。

我们在台湾的蔡姓家族对祖先有很强的认同感。我们奉祀的共同祖先是蔡襄（谥号忠惠公，北宋仁宗朝端明殿大学士，历任泉州、杭州、开封知府）与蔡道宪（谥号忠烈公，福建晋江人，明崇祯朝长沙推官，张献忠攻长沙不屈被杀），在台湾以晋江祖居地"峰山"为堂号，未以"济阳"为总堂号。

在台湾，我们各家正厅出入大门口有嵌字对联，上联首字为"峰"字，下联首字为"山"字，横批写"峰山衍派"四个大字。

每逢家中有婚事必迎请忠惠、忠烈二公神像鉴盟，喜庆及清明祭祖必挂灯笼，上书"峰山"二字。

因此，"峰山"二字是我们家族的灯号，而族谱记载，我们祖先的根源叫洋坑，位于福建省泉州晋江市南门外。

台湾北港蔡姓宗亲人数众多，最盛时期人口有近万人，两岸宗亲互有往来，至1895年甲午战争，清朝战败被迫将台湾割让日本，此后两岸蔡姓族人开始疏远。次年，日本派兵来台接收，峰山族人蔡庆元（然明），字镜秋，为台南府学生员，光绪十九年（1893）任北港街扬清局长，己未年割台期间，任地方团练庆字营统领，日军入台后，他不愿做亡国奴，率族人抵抗，由于寡不敌众，在日军现代装备压制下兵败，搭船回泉州居安海街石狮巷，光绪二十五年（1899）卒。蔡庆元居石狮时曾整理出自峰山开基祖日烨公至其辈分族谱流传下来。日治时期，蔡姓族人仍掌北港商业牛耳，大正年间，由于西势街建宗庙团结族人的构想，地点虽已选定，但碍于惧怕日人忆起蔡姓族人曾有抗日活动加以挑剔而未进行。

1945年台湾光复，1992年成立云林县北港柯蔡宗亲会，同时开始规划建立宗亲会馆，2011年10月29日新建宗亲会会馆落成，始有一正式馆场供奉蔡氏先祖并为与世界各国宗亲交流的平台。1980年代中后期两岸关系开始缓和，台湾也开放人民至大陆进行探亲、宗教、文化交流，北港蔡姓宗亲前监察委员蔡素女与蔡林海等人回到大陆，往石狮寻根，虽无具体收获，却在数月后却接到容卿蔡氏族人来函，谓古"洋坑"已改名"容卿"，欢迎族亲前往探访，这是笔者首次知道"洋坑"改名的讯息。台湾空中大学教授蔡相辉先生多次回闽寻根，查询闽台族谱书籍，仅看到有容卿蔡姓移居台北小洋坑的记载，但是，全无蔡姓移居北港之事。

当时福建省姓氏源流研究会柯蔡委员会会长兼任福建蔡襄研究会秘书长的蔡干豪先生，联系石狮蔡姓族人后，驱车陪我往石狮容卿参访，并确认容卿是笨港蔡姓的祖居地"洋坑"。

在考察石狮容卿蔡氏家庙时，笔者在家庙的明堂右侧看到一方道光二十一年（1841）石碑，碑文云：

"万物本乎天，人本乎祖，祖庙之倾颓，孙子其忍乎，然有不忍之心者，必有不忍之事，我族庆宗少生峰山，长住台笨，胸怀浩大，气品非常，凡诸义举，靡所不为，而一性仁孝诚敬之心，则本诸凤昔而见于祖庙之倾者也。夫人烟辐辏，户口殷繁，非无饶裕之家，谁念栋折而重新？亦有素封之子，孰悯榱崩而再造？惟其一人闻先灵不奠，如置身于荆棘，尽孝敬之精诚，备千百之财货，驰书择吉，乙亥爰兴土木之工，用人董事，庚子立见庙宇之竣，猗与休哉！竭诚致敬，承担独出于一人，费用、费财，营建无需于旁贷，大义能建，黄白不惜，宜乎上邀穹苍之眷，下达百神之应，属在族人无以为意，爰立一碑以志其事，务使功名藏于祖庙，德行彰于后世。

"十六世孙　本烈撰　董事　迪□　迪□　迪□　汝锦　汝池　本烈

"时道光二十一年岁次辛丑瓜月中澣族人谨勒泉郡西□□刻"

蔡氏家庙门口两侧，又有民国十一年（1922）蔡培东题词石碑数方，蔡培东先生家族与笔者家有数代交情，但石碑落款题"台北蔡培东"，"台北"二字就误成为引导福建宗亲到台北收族认亲无果，而福建学者撰述闽台族谱时，将容卿移民台湾往台北县市方向指引的重要原因。

"笨港"是台湾原住民土语，荷兰殖民者占据时已见记载。康熙年间设台湾府，当时即有"笨港街"，归台湾府诸罗县管辖。乾隆四年（1739），因街肆庞大分为"笨港北街与笨港南街"，蔡姓都居北街。乾隆五十三年（1788），林爽文抗清事件后，诸罗县改名嘉义县，笨港街仍沿旧称。光绪十三年（1887）台湾建省，分嘉义县北与彰化县南新设云林县，笨港街被划入云林县，并改称北港街，所以在台湾的洋坑族人（台湾的容卿人）效仿"台笨"旧例，用"台北"来指台湾的北港街。

因为两岸的隔绝，洋坑乡人（石狮容卿）不知台湾历史的转变，福建出版的有关闽台族谱都认为台北有个小洋坑，但却找不到小洋坑在哪里。再加上洋坑蔡姓移居北港，是多次性移居，且乾隆五十二年（1787）林爽文事件时，笨港被攻破，街肆被夷为平地，早期移民家族史料荡然无存，仅祖宗牌位可供比对，以致多年来在台湾的洋坑族人都不知道自己真正的故里在石狮。祠堂碑文的记载，虽然把"台"湾"北"港，写成"台北"，但是记载的历史事件为我们寻根提供了依据。

至三房下三落祠堂参观，因西势里前清旧地名牛灶内，听家中长辈提及蔡姓祖先以贩牛、屠牛为业，直至1970年代北港仍有牛墟、牛灶，北港蔡姓牛贩仍为台北三重地区牛肉供应的主要来源。下三落祠堂内奉祀蔡襄、蔡道宪神像。在灵狮村路上看到了七王爷馆，规模甚小，七王爷为北港峰山蔡姓专有祀神，日治时期留下史料谓庙内奉祀从事复明运动的隆武帝与郑成功家族，蔡相辉年轻时曾走遍全台各地主要王爷庙，北港之外尚未见过以七王爷馆命名者，容卿亦有此庙，印证两地血缘相接，文化相承，难怪容卿族人谓台湾有小洋坑。

例二：同胞谢长廷过去虽然知道自己原籍福建省闽南地区，但不知道是哪一个县。20世纪90年代，时任"立委"的谢长廷曾经几次访问中国大陆，到过厦门、北京等地，没有到过东山。他曾托人到闽南"寻根"，但没有着落，故一直都有"寻根"之思。2000年7月他在高雄市长任上当选民进党主席，准备应厦门市长朱亚衍邀请访问鹭岛时，就有请求大陆有关方面帮助他"寻根"的打算。但因受到党内基本教义派及台湾行政当局的阻挠，这一愿望未能实现。然而，他要"寻根"的想法一直没有泯灭，曾对台湾地区的谢氏宗亲团体有所表露。

2008年6月之后，当谢长廷在民进党初选中胜出后，台湾谢氏源流委员会致函福建省姓氏源流研究会谢氏委员会，要求协助查找谢长廷祖籍，但由于只是表示谢长廷祖籍可能在闽南，并无详细资料，故谢氏委员会无法给予协助。9月中旬，台湾谢氏源流委员会再次传真致函福建省姓氏研究会谢氏源流委员会，比较详细地介绍了谢长廷族系情况和具体线索。函中说，"台湾民进党谢长廷的祖籍地有说在漳浦，有说在南靖，更有说在同安，莫衷一是。现据可靠消息是在诏安二十六都（郡）。然而，诏安只有一都至五都，没有二十六都，所以，确切的祖籍地尚需查觅。谢长廷的先祖（迁台祖）名叫谢光玉，谢光玉的儿子谢建雍（小名'虎鱼'），清代在台湾澎湖任协台，谢建雍儿子谢升源为沪尾（今台湾淡水市）守备（五品官），谢升源子谢庆瑞。谢庆瑞有三子，季子叫谢五珠。谢五珠有三子，长子叫谢泮水。谢泮水有二子，长子叫谢仁寿，谢长廷是次子。"

福建省姓氏源流研究会谢氏委员会副会长、谢氏委员会漳州分会会长谢国城专程赶到东山岛康美镇铜（金本）村，对谢长廷先祖两座坟墓进行现场核查，确认两座坟墓的墓主姓名及立碑石子孙姓名等记载与台湾谢氏源流委员会来函提供的族系情况相符；2007年10月10日下午，有关文史专家及谢氏宗亲又在东山县铜陵镇顶街发现谢长廷先祖故居及神主牌，这两次发现证实：谢长廷祖籍地在福建东山无疑。

十、查古标志风物对接

中国人把迁徙叫作离乡背井，所以很多族谱或家族传说中多有古井、古树、名山大川的一些记忆。

（一）古井寻根。家乡的井是海内外宗亲寻根谒祖的重要依据之一。井经常寄托着人们的乡愁。

2012年夏天，台湾的陈良先生伉俪要到福州寻根。陈良先生是台湾的将军，曾经是中国台湾驻菲律宾外事机构的武官。他到福州以后，只知道他的祖籍地在福州，母亲她老人家交代说那里有一口"七星井"。"七星井"是福州的名胜古迹，也是福州市区的一个地名。随后在省姓氏源流研究会的蔡干豪副会长陪同下参观了七星井和临水夫人宫。在七星井边，他又说母亲交代有机会去福州的话要去看看留在大陆的姨妈，他姨妈的先人曾经在七星井这一带开药店，但是跟姨妈失去联系几十年，不知道她是不是依然居住在这里，不知道会不会有机会找到她。蔡副会长很快与当地老人会联系，寻找当年正这附近开药店的老板的信息。功夫不负有心人，当天傍晚，在当地找到了他从未谋面的亲人——姨妈。他们见面后经过交谈，证实他们确确实实找到了亲人。顿时，三个耄耋老人都热泪盈眶。后来，他们便一起合影留念。百年的悲欢离合，

就是靠一口古井提供了团聚的机缘。

宁德蕉城区蔡氏族谱记载，他们的开基祖是由漳浦八角井迁徙而来。所以他们就依据"八角井"到漳浦寻根找祖籍地。"八角井"古井成为宁德蔡氏与漳浦蔡氏联系的纽带。

（二）古城寻根。福全村位于福建省晋江东南的金井镇海边，历史上是一个古城叫福全城。据历史资料记载：福全所城周长650丈，基宽1丈3尺，城高2丈1尺。城内设官署，造营房，建粮仓。洪武二十五年（1393），蒋旺世袭福全正千户，辟教场、练兵马、挖壕沟、防敌侵。开拓泉南沿海交通、贸易、海防重要港口。正统八年（1443），都指挥刘亮、千户所蒋勇增筑四城敌楼，加高4尺。城内划分十三境，街道交错，贸易繁荣；商贾云集，各业齐全，为福全旺盛时期。曾有百家姓、万人烟的福全城、所内村，今日尚有23个姓氏，403户1514人，其中蒋氏600余人为大姓。嘉靖年间，倭寇侵扰沿海数十年，这里的军民都坚持抗倭，守卫家园。直到随着清廷"禁海迁界"旨令渐而没落。1937年后的抗战期间，这座数百年坚城被毁。福全古城许多家族从这里迁徙入垦台湾，或播迁海外。他们的子孙都牢记自己故乡的古城墙。这给台湾同胞、海外侨胞寻根提供了依据。目前，这个村是许多港澳台同胞以及海外侨胞的祖籍地，几乎全村每个家族都与台湾或者海外，就是福全古城的概念把他们紧密地维系在一起。

（三）古树寻根。唐末随王审知入闽的福建林氏的族谱记载，他们的先祖都有从固始"核桃树下"入闽。有28个林氏家族随王审知入闽，"核桃树下"成为28个林氏家族的祖籍地。这28个家族入闽以后，在福建形成28个林氏支派，他们称自己是固始林。改革开放以来，海内外的固始林家族，都不断来到固始寻根谒祖。

明代山西洪洞县大槐树下的大移民：相传明朝时在洪洞城北二华里的贾村有一座广济寺，寺院宏大。寺旁有一棵"树身数围，阴遮数亩"的汉槐，车马大道从树荫下通过。汾过滩上的老鹳在树上构窝筑巢，星罗棋布，甚为壮观。山西洪洞县人满为患，

也正闹饥荒，粮食吃光了，可是竟没一个饿死，全托福一棵老槐树了。老槐树有七八搂粗，枝繁叶茂，远看像一把大伞矗立在地。一到秋天远远近近的人们，每天成群结队来到老槐树下拾槐角豆。说起来也怪，不论早来晚到，每人每天只能拾那么一碗（豆籽），谁也甭想多拾。人们传说槐树仙为拯救洪洞人，总是公平分配，一碗槐豆足能救饥肠，谁也不能贪多。因此感动了人们，每天总有许多善男信女向老槐树烧香跪拜。

洪武初年的一年秋天，洪洞县知县萧九成接到朝廷旨意："从洪洞选民五千，迁到太行山以东。"萧知县立即通知各村里正，告示上把迁入地描述得像天堂一般，可故土难离，谁愿意搬家呀？告示贴了好几天，连一个报名的也没有。可难坏了萧知县，朝廷旨意难违，限期一过，肯定乌纱帽难保。既然没有自愿迁去的，只好强迫搬迁了。但是那么多人，一家一家地押送，不是个办法。于是眉头一皱，计上心来。第二天萧知县大肆活动，一面买通当地神汉巫婆，到各地游说："槐仙显灵了，后天恩赐每人槐豆一斗，永不再赐。"一面呈文上司，请求派一支军队来。到那天，果然如此。洪洞各村乡民，都倾家出动。一时间槐树下熙熙攘攘，热闹非常。挎篮子的、扛口袋的。专等槐仙赐豆。正当午时，成千上万的人跪了一地。此时，正南跑来一队人马，如猛虎下山，似蛟龙出海，径直朝老槐树而来，众人正疑惑时，见一个骑士下马来，抓住一盘绳的一头，另一骑士抓住这绳子的另一头。当时人们看到这般情景，也不知葫芦里装的什么药，个个呆若木鸡，也不敢走散。只见那两个拿绳骑士很快绕槐树下人海一周，把大家整个围住。随即骑兵们飞速行动，围了个水泄不通。这可吓坏了这班乡民，都傻了眼，大人们面面相觑，孩子们啼哭乱叫，这时萧知县骑在马上宣读《迁民告示》："太行山东，沃野千里。连年兵患水灾，致使人少地荒。今天下太平，皇恩浩荡，圣意晋民东移，迁至燕赵福地。望被迁乡民，立即东去，不得违抗。"人们被列队于树下，认出各村里正，清点户口，从中选出一千多户，共计五千多人。经过登记造册，一切就绪后，由官兵押着，携儿拽女，往东走去。走啊，走啊，翻山越岭，过沟蹚河，分别迁至冀、鲁、豫、皖、苏、陕、甘、宁等地。著名史学家吴晗在《朱元璋传》中写道："迁令初颁，民怨即沸，至于率吁（xū）众蹙（cù）。惧之以戒，胁之以劓（yì）刑。"全是在强权政治的胁迫下进行的。数百年来"山西洪洞县大槐树下"成为这批移民寻根情结的记忆。

又如，福建福州的鼓岭旅游胜景，是福州梁氏支派的发族圣地。《福州梁氏族谱》载：五代时，有梁政者为后唐廷州马步军、都校，定居晋江。梁政第七子梁宗，授闽邑尉，于宋天僖三年（1019）秩满不归，隐居在福州鼓岭的茶洋山。梁氏先祖开发鼓岭时种植下的古柳杉一株，就是至今仍在的千年柳杉王。先祖亲手栽种的柳杉王一直被视为梁氏的风水宝树膜拜着，保护梁氏家族风调雨顺，人才辈出，枝繁叶茂，繁荣昌盛。这颗柳杉王也是梁氏族人的寻根依据。

十一、查对乡音俚语对接

方言俚语——永恒不变的乡音，这是保留在语言语音的活化石。事实上，就传统文化而言，很多传承的密码，都隐藏在方言俚语之中，方言俚语就成为一个地域的名片，每一句都散发着乡土的风味。方言俚语又是一个时代的象征，浸润着浓郁的时代特征，表现出地域特征。

据史载，南宋淳熙七年（1180），辛弃疾任湖南安抚使时，与友人在长沙听过弹唱曲目后作《贺新郎》词，其中有"听湘娥，泠泠曲罢，为谁情苦""愁为倩，么弦诉"。这段词表明，辛弃疾和友人是听长沙女艺人弹唱的一段悲伤的爱情故事，词中所述的个体弹唱、演述故事、使用"么弦"的乐器，与长沙弹词比较相似。看来乡音的历史来源非常悠久。

闽南语系主要是指以泉、漳、厦地区为主，以龙岩、潮汕、温州和台湾、海南等地为广大传播地的地域概念。特别是福建的山区、广东潮汕地区的地理位置比较偏僻，自古以来相对远离中原，观念比中原保守，相反地，一些历史上带来的传统东西得到了很好地流传，比如，闽南话、闽东话、客家话、潮汕话，具有研究古代汉语的活标本之称。闽粤人不论走到哪里根深蒂固的传统文化仍然影响着世世代代，主要体现在家庭观念、婚姻观念、节日祭祀等民俗活动中。人们之间交流常用的一句口头禅、最常用的打招呼用语，这句话体现了闽粤人之间相互关心、团结一致的精神。福建不少地方的闽语都具备独自特色，经常融入一些蛮话、畲客话闽东和闽西也有区别，虽然你祖上迁居他处，但是有一些乡音会流传下来。

在闽南地区，很多长辈会用闽南俚语教导自己的孩子。福建石狮的俚语大大增加了闽方言的特殊韵味，让情感传递更自然更贴切。比如有时晚辈犯了错，长辈就会念叨，"仙人打鼓有时错，脚步行差谁人无"，告诫晚辈错误难免，及时更正。

方言更是人类特殊情感的纽带。"他乡遇故知"是人生四大幸事之一，而"故知"正是通过乡音判别的。不少受访者表示，在外地遇到说同样方言的老乡，会"倍感亲切""很欣喜"。这种由乡音搭建的特殊情感桥梁也是方言的特殊价值所在。比如，在海外侨民中，潮汕方言、闽南方言、温州方言等都是重要的交流工具，不少海外华人群体是以方言为纽带而形成的。

自古以来，为了生存，闽粤人，"漂洋过海，过藩谋生"，在与自然和社会的抗争历程中，沉淀下拼搏的精神和创业的观念，漂泊的生活方式也造就了闽粤人对地方文化的执着与固守——无论走到哪里，闽粤人都没有忘记自己家乡的文化，而其情感寄托也逐渐外化为一种共同的表达——"乡音难舍"。尤其是闽南人，闽南童谣和南音、歌仔等闽南民间音乐一起，或雅或俗，或深或浅，构筑成闽南人与家乡、亲人、先祖心灵相通的强大气场。充满童心情趣、洋溢浓浓乡情的闽南童谣是闽南人生活的一部分，在曾经居住在闽南或侨居海外的闽南人心中留下不可磨灭的印记。不同的乡镇、不同的村落，都有不同的文化沉淀，形成不同的故乡乡愁。

如果把故乡比喻为一个人的根，那么，乡音就是连结这条根的茎。"少小离家老大回，乡音无改

鬓毛衰"，乡音难改，方言长存。长期以来，在闽台交流过程中，闽南语让海峡两岸同胞"见面熟"的亲切感。这就是乡音，就是闽南话，泉州、厦门、漳州、潮汕都不太一样，就可以辨别一定的区域。

闽台粤的方言是中国最古老的汉语，而且经常隔一个山头一种语言，隔一条河流一种俚语。福建省的方言有闽南话、闽东话、莆仙话、客家话、闽北话。闽南话中厦漳泉台湾各有细微区别，所以在寻根时，查对地名十分困难。就讲福州市区的地名福州话"糗兜"，普通话则用"树兜"，差异就很大；南靖县的"霞涌村"，由于语音差异长期被写成"下永村"，要是根据字面寻根就会出现障碍，所以寻根时要发挥乡音作用，认真思考，减少因为方言和普通话的差异，失去寻根的机会。

考证祖辈传说：祖上一般会流传下来，老家什么地方有什么山头、什么湖、什么树、什么民俗、什么传家宝之类的故事或特点。比如福建林氏的固始林一直流传唐末随王审知入闽 28 个大家族，他们的家乡有"大核桃树"。又如，1986 年被徐向前誉为"无名英雄蔡威"，他在长征路上牺牲后被淹没了几十年，只知道他是福建人，家里有太平天国石达开的宝剑，后来顺着石达开的宝剑的线索找到宁德，从蔡氏族谱确认他是福建宁德蕉城人。又如，北方一直流传的明朝迁徙，老家有"大槐树"的传说，等等。这些都是可以作为仍祖籍地依据。

十二、查对遗传基因对接

实在不行，如果财力够的话，只有查DNA了。复旦大学有专门做这个研究的，据说连曹操的后代都可以鉴别出来。

中国科学院遗传研究所的袁义达先生 1996 年主持中华姓氏文化和进化遗传学研究课题把遗传学与姓氏文化结合，他认为姓氏是一种文化，遗传基因是生物学中的术语，表面上两者之间似乎没有关联。然而，在自然科学家的眼里，两者在遗传学上却有着千丝万缕的联系。其科学根据是：人的性染色体分为 X 染色体和 Y 染色体两种。对女性而言，她们只有 X 染色体；而男性既有 X 染色体又有 Y 染色体。

换句话说，Y 染色体是男性特有的染色体，而且在世代传递中保持不变。由于在一些国家，姓氏随男性代代相传，女性通常只保存一代。因此，Y 染色体的遗传信息也就随姓氏代代相传。正因为如此，在研究者看来，姓氏成了 Y 染色体上的一个特殊"遗传位点"。每个姓氏相当于这个位点上的一种"等位基因"，其传递方式是父系遗传。姓氏与染色体遗传的这种奇妙关系，为生物遗传学提供了考古研究的科学依据。科学家称这一发现为姓氏文化"基因"理论。中国人历来重视自己的姓氏，没有特别的原因是既不改姓，也不随母亲的姓，而以父系传递方式一代一代地往下传。只有继承了父亲 Y 染色体的才会是男孩，这是一条生物遗传和进化的法则，中国人姓氏就相当于这条 Y 染色体上的固定遗传"标记"。曾提出"百家姓里蕴含着遗传密码的说法"著有《中国姓氏：群体遗传和人口分布》。家族遗传基因的共性已经被许多部门应用，如医学、亲子鉴定、侦探破案等广泛应用。在姓氏文化寻根谒祖的鉴定中也有积极意义，他的科研成果，成为许多姓氏寻根问祖的可靠依据，人们从中找到了自己姓氏的起源与演变、分布与迁移，甚至血型特征。

2011 年 6 月 12—14 日，在福建泉州中国闽台缘博物馆成功举办了以"两岸同根，闽台一家"为主题的第三届海峡论坛·海峡百姓论坛。当时台湾同胞谢帝旺先生到论坛来参加对接活动。实现了台湾云林县斗六市谢帝旺先生和安溪县乌秋村族谱管理人谢春林对接。移居台湾第六代的谢帝旺，靠祖先 100 多年来口耳相传的祖训："我们家来自福建泉州乌秋宝树堂，门前有池塘和两棵大树。"台湾同胞谢帝旺先生他们为了寻找自己的祖根，经往来两岸寻根 15 年，谢帝旺索取了安溪县乌秋村谢春林、谢志龙的唾液，回台测试 DNA，结果与其父的 DNA 99.99％相同，证实了血缘关系。再比对 DNA 确认，终于找到自己的族源。经与台湾民政主管部门交涉，终于改回谢姓，完成了他老父亲以及他家族成员的心愿。原本姓许的"许帝旺"及其家族一百多人，全部恢复"谢"姓完成祖先遗愿。论坛前，我多次电话与谢帝旺联系，邀请他回大陆参加百姓论坛。他当时还在国外谈生意，经过我多次沟通，并且安排福建谢氏宗亲主动找到他们，他终于答应拨冗回来，参加海峡百姓论坛交流，并在主席台上进行族谱对接，在族谱展上有他的专柜，他接受了多家电视台的采访。

总而言之，寻根是指世界各个宗族依据文献资料和口头传承文学来探究文化发展历程，追寻宗族的根源。寻根是一项国际性的活动。在西方，寻根被发展成为人类学、考古学、民族学等，方式上经常是依据科学研究进行的。科学界寻根是研究民族形成与迁徙。因此，宗族寻根与其文化历史研究是有分别的。欧美贵族寻根是为了垄断政治。中华民族寻根带有浓重的民间色彩，在华人思想意识中最为重要的是民族情结，可以只是通过民间习俗、节日庆典、宗族聚会、寻根游等多种形式开展，不具有学术研究的严谨规范性。文化寻根是我们中华民族寻根谒祖的最重要形式，给中华民族伟大复兴增添了不少绚丽的色彩。

第二章　闽台姓氏源流

第一节　艾姓

艾姓是一个多民族、多源流的姓氏群体，在宋版《百家姓》中排名第 334 位。截至 2009 年，艾姓人口大约有 69 万，为全国第 184 位姓氏，大约占全国总人口的 0.052%。在台湾排名第 256 位。

【渊源】

1. 出自风姓，以祖字为姓。据《通志·氏族略》载，艾氏为"夏少康臣汝艾之后"。起源于夏朝少康汝帝中兴大臣艾。源于姒姓，出自夏朝君王禹之后，以祖字为氏。夏朝少良当国时，有大臣汝艾（一作女艾），其后人以祖字为姓，遂成艾姓。据《舆地指掌图》所载，商时有艾侯国，传至周初艾侯时，被武王俘之，通常认为，汝艾是艾姓的始祖。《姓氏考略》载，夏朝少康时有大臣汝艾，其支孙以王父的字为氏，是为艾氏。

2. 源于妫姓，以邑地名氏，春秋时，齐国有大夫艾孔，食采于艾陵（山东栖霞县西北有艾山），其后以山名"艾"为氏。又艾为春秋时楚大夫封邑（故城在今江西修水西），居于此地者后因以为氏。

3. 源于鲜卑族，北魏时鲜卑族拓跋部的复姓艾斤氏，入中原后逐渐与汉文化融合，后改为单姓艾氏，称艾姓。以及出自回族、蒙古族、满族等少数民族，出自属于汉化改姓为氏。

【得姓始祖】

汝艾，又名女艾，辅佐夏朝少康帝（约公元前1868—前1848 年在位）消灭篡位的寒浞及其子浇和（豕壹）、复兴家国的大功臣和大臣，各支艾氏宗派公认的艾氏得姓始祖。甘肃天水郡人。

【入闽迁徙】

艾姓的历史可追溯到先秦，族人最初分布在今山东泰安东南和江西修水一带。秦汉以后，有艾氏族人迁徙到今甘肃临洮、天水和河南平舆、洛阳等地，逐渐成为当地的望族。北魏时，在汉化改革的推动下，由去斤氏改姓而来的艾氏族人迁徙到北魏新都洛阳（今属河南），与当地艾姓人融合在一起，使河南郡的艾姓家族更加枝繁叶茂，鼎盛一时。隋唐时期，艾氏家族已繁衍到今北方诸省。唐末五代之际，艾姓族人为躲避战乱向南迁徙，定居在今安徽、江苏、江西、浙江、湖北、湖南，福建等南方各地。今艾姓人口，主要分布于湖北、江西、湖南、四川四省，大约集中了艾姓总人口的 41.6%。

福建松溪县《艾氏宗谱原序》宋雍熙年间（984—987），有艾中儒公生二子，长高、次亭。亭入闽泉州府南安县居焉至大明有撲公传数世裔孙。泗公又名绘公，字圣流，号七桥公，自瓬伏里豪田永和等里，皆七桥公之派也，生子居士公七生一子，冢初公字君宰，早殁，公扶二孙，长名生普（横垅分谱），字宗贤，号文峰，次名生用，字宗才，号秀峰。生普公生三子，长仲义、次仲完、三仲安。次子生用公生子仲南、次仲墨。子孙世守居官村，今之前洋（河东乡）、后洋后平田（旧县乡）之艾氏皆仲南仲墨二公之后也。普公协子又完安三公分居县城三房之祖吾前洋之祖仍。南公之曾孙冬生公于明嘉靖年间又复迁返前洋村开基始祖子孙绵绵分散各里独有根麟公派下实吾之商祖至今。

宋代，福建有著名画家艾淑，生卒年待考，字景孟，号竹坡，建安人（今建瓯），著名画家，早岁游太学，与陈容同舍，画龙具得名，时称"二妙"。仕为海宁军节度判官。善竹石，人称"艾竹"。

福建建宁县《官庄坊艾氏族谱》称，本宗族系宋初工部侍郎颖公的后裔；始迁祖淑义和淑南公于宋元交替之际由江西省金溪县东漕黄竹店播迁福建省建宁县。据江西修水县《艾氏宗谱·艾氏源流总系》记载，浙江省金东区艾氏宗族第9世荣岱公（1012—1071年，颖公之曾孙）迁往江西抚州金溪县。南宋末，荣岱公的后裔淑义和淑南兄弟为躲避元兵掠杀，于1279年逃至建宁县，同为建宁县艾氏宗族的始迁祖，迄今已传25世。建宁县艾氏宗族第8世世钦公于清朝初由建宁县官庄坊迁江西省兴国县游家寨，第10世秀鼎公迁江西省宁都县长胜，另有一支迁江西省横峰县。

宁化艾氏，于南宋自江西迁入，散居石壁各地。元、明时期逐渐外迁。现石壁镇立新村仍有艾姓聚居地。宁都《艾氏五修谱》：国太于北宋从抚州东乡迁宁都青塘艾屋坝。另一支艾氏，于明末从抚州德里寨迁入湛田乡钓鱼湾。

龙岩市武平县中山镇艾氏宗族始迁祖为明朝初武将，于洪武二十四年（1391）正月奉调到武所（中山镇）任职，遂家焉。

据洪泉提供的《艾氏族谱序》称，江西省崇仁县待八都（今六家桥乡）艾坊艾氏宗族第17世孙奇九（字汝珠，号半溪）公于明嘉靖（1522—1566）间赴福建长汀县任职，官至汀邵两府（汀——汀州府：辖长汀、宁化、清流、归化、连城、上杭、武平、永定等县；邵——邵武：辖邵武、光泽、建宁、泰定）总镇都督，遂定居于长汀县城店头街宣河朱坊，为长汀县艾氏宗族之始迁祖。半溪公次子见吾公又从朱坊大塘迁小坑里北，为小坑新屋之始迁祖。至今已传16代。其后裔陆续迁往顺昌、宁化、龙岩、将乐等县。

清初顺治二年（1645）5月，江西省东乡县艾氏第21世孙南英公（南英公生于1582年）携家眷迁居福建，1646年2月定居延平府（今南平市），其后裔长茂公迁到今南平峡阳镇杜溪高坝村，为杜溪高坝村艾氏宗族始迁祖。艾南英，字千子，江西东乡人，勤奋好学，无所不亲。万历末年，场屋腐烂，南英与同郡章世纯、罗万藻、陈际泰以兴起斯文为任，世人翕然归之。天启年间中举于乡，对策有讽刺魏忠贤语，罚停三科。崇祯初诏许会试，不就，后负

气入闽，见唐王，陈十万忧疏，授兵部主事，改御史，未几病卒于延平。著有《天拥子集》。

福建省艾姓人口约5000多人：《三明市的艾姓人口》称，三明市的艾姓人口3007人，主要分布在泰宁县816人，建宁县1965人，建宁县1965人，为淑义公和淑南公为始迁祖的艾氏宗族后裔，海清公后裔。泉州市惠安县净峰镇净南前申村，住着一村姓艾的人，人口约1000多人。龙岩长汀以奇九为始迁祖的长汀艾氏宗族现有400多人。南平市峡阳镇杜溪高坝村艾氏宗族以南英后裔长茂公为始迁祖；松溪、顺昌、建瓯等地有艾姓，但未考他们的迁徙情况。

嗣后，浙江、福建、广东沿海的艾姓人迁徙到台湾。台湾艾姓人口除了明清时期来自福建广东籍以外，主要是北方移民，人口主要在台北，高雄、台中、基隆、台南都有分布。

【郡望堂号】

艾姓，汝艾祖籍天水，故天水为艾姓发扬之郡。望出陇西、河南、汝南、天水郡。以望立堂，还有爱民堂 、东乡堂、天水堂、衍庆堂、孝思堂等。

【楹联典故】

陵邑新世第；

天水道脉长。

——佚名撰艾姓宗祠通用联。此联为艾姓宗祠通用堂联。上联典指春秋时期，齐国有位大夫名孔，因为住在艾陵（今山东省泰安东南），人们就叫他孔艾。他的后代，便以居住地名称的第一字"艾"作为自己的姓氏。下联典指艾姓的望族居天水郡。

【族谱文献】

福建省松溪县乾隆甲午年《艾氏宗谱原序》：考艾氏之初，分春秋受姓，为鲁人爵大夫艾孔之后，当年襄公出奔齐而郡青州，祖郡天水其后世。建宁县伊家《官庄坊艾氏族谱》：始迁祖艾淑义，首修谱总理艾立爱，首修于1744年；1996年重修。建宁县艾家际《城南艾氏族谱》：始迁祖艾淑南，首修于1636年；2001年重修。龙岩市长汀县《艾氏族谱》：始迁祖艾奇九，首修于清康熙五十三年（1741）；2006年重修。

【昭穆字辈】

建瓯艾氏字辈：道春玄乃碧正子圣朝廷国泰官清民助安。

建宁艾淑义和淑南公两支派没有统一订定字辈，就连淑义公派下道全和守全公两分派在第15世前也没有统一订定字辈，到第16世后才统一订定字辈：圣朝膺景运，继述永承先；凤藻标霞羽，丝纶奕叶传。1996年新立字辈如下：信义为人本，和平理事箴；丁财兴盛日，富贵万年春。

松溪县前洋艾氏字派表：德金祖学胜，世代永盛荣，桂源端才干，华绪庆友仁。

长汀奇九公后裔字派表：奇汝吾宗（君）可，魁（仕）时（长）贤（忠）掌（元、琦）成（基），桂（春）远（腾）永（洪、鸿）纪（友）生（仪），润正和廉诚，治功承祖志。目前最低辈为第16世"润"字辈。

第二节 安 姓

安姓在宋版《百家姓》排名第79位。当代汉族安姓的人口170万，为全国第110位姓氏，大约占全国人口的0.14%。在台湾排名第175位。

【渊源】

1. 安姓源于国名。东汉时期，北方有一个安息国，是我国古代通向西域的必经之路，为西部重要关隘。安息国的太子叫清，他一生笃信佛教，放弃继承王位，出家修行，一路撒播佛教理论，足迹遍西域高原。太子清辗转到中原，公元148年到达洛阳，学会了汉语，在中原定居，并以"安"字得姓。

2. 出自秦国国君姓。相传先秦时有安国，国君偃姓，是帝尧贤臣皋陶的后裔，其后代也有安姓。

3. 以国名为氏。唐代有"昭武九姓"之一，以其原"安国"国名首字为氏。

4. 出自他姓或赐姓。据《魏书·官氏志》所载，北魏时有鲜卑安迟氏改为安姓者；唐时安禄山由康姓改为安姓；明朝时有元人孟格、达色等被赐姓安；另有唐时回鹘人、奚人，明清彝族沙骂氏、村密氏、吉巴氏及其他少数民族中安佳氏、阿尔丹氏、德力根氏、安帐氏等众多别姓改为安姓者。

5. 满族改汉姓的安姓。满族最早使用的汉字姓，在渤海国时即有此姓。改为安姓的满族老姓包括：安佳氏、额勒赫氏、纳喇氏以及加入满族的阿尔丹氏（达斡尔族）等。五代时期，天下大乱，而安氏也出过3位当时最有实权、最为神气的节度使，那就是西川节度使安潜、永兴军节度使安光邺和成德军节度使安重荣。他们三位，虽然都是独当一面、大权在握的重臣，但都能行仁政，一点也不飞扬跋扈，所以能在青史留名。其中的安重荣，曾在石敬瑭答应当契丹人之子时，痛言此事乃"诎中国以尊夷狄，此万世之耻也"而流芳百世。裕固族的安姓，可上溯至五代、北宋时的回鹘人。

【得姓始祖】

昌意，上古时代汉族传说中的人物。传说他是黄帝和嫘祖的儿子，黄帝有25个儿子，其中有二子为嫘祖所生，长子为玄嚣，次子昌意。

【入闽迁徙】

先秦时期，安姓很少为人所知。进入东汉以后，安姓主要活动在中原和河西走廊地区。安息国的安姓自入居中原后，分居于河南洛阳、甘肃民勤和武威、湖南溆浦和常德等地，其中尤以甘肃、湖南二省安姓繁衍迅速，后形成安姓发展史上三大郡望：凉州、姑臧、武陵郡皆出此二地。历史名人安世高。安世高为我国古代佛经汉译的创始人，他用20年时间，翻译出95部佛经，在中国佛教史上创下了不朽业绩。安世高后裔遂以安为姓。在唐代的290年天下中，安姓名人辈出，像安庭坚、安敬忠以及安金藏等人，都是史书中留名的杰出人物，其中，又以安金藏的名气最为响亮，是安姓发展比较快的时期。安姓古代家族居住地在湖南的武陵郡和甘肃武威的姑臧郡。因安禄山之乱，河南一带的安姓改了其他姓氏，人口有所减少。宋朝时期，安姓大约有14万人，约占全国人口的0.19%，排在第九十位。安姓人口主要集中分布于四川、山西、河南、河北四省，约占全国安姓总人口的74%，第一大省是四川，约占全国安姓总人口的25%。其次分布于陕西、山东、广西、甘肃、浙江、福建。

1. 武夷山安氏：始传迁闽始祖安庆良，南宋时从河南光州以平贼官，迁武夷山。据安丰松《安世高与武威安姓》记载，其后裔播迁福建各地。

2. 晋江安氏：鳌海安氏为泉州望族，系先祖金藏后裔，徙居此地初名湾海（今晋江安海安厝村）。明洪武二年（1369），是安果亭自西安迁居此地。泉城以南循古陵而下三十里许有地名内市，以海舶辐辏便于贸易故名内市。安连济复迁西安聚奎坊，分三房，顺治元年（1644），长房安如盘徙于福州之东街，二房安如碧徙于杭州之钱塘，三房安如砥徙于绛州之垣曲。

3. 莆田安氏：平海安氏为元末明初时期，祖原籍福建泉城以打铁为生，明义军征招随军造械，中途疗伤留居莆田平海（今莆田市秀岐区平海镇），宗谱在"文革"时期被烧。莆田市约 200 多人，主要分布在平海等地，人口数排序第 123 位。在莆田的秀屿区平海镇平海村居住着 30 多户，近 200 来人的安姓家族，他们以集居捕捞为生，在此繁衍，至今已有近 600 年的历史。

【入垦台湾】

台湾高山族同胞中也有安姓。清代闽粤沿海汉族安姓姓渡海入台，台湾光复后有大批外省安姓入台，以高雄、台北较集中，台中、台南、基隆都有分布。与此同时，安姓也有徙于新加坡等东南亚各国的。

【郡望堂号】

凉州：汉武帝十三刺史部之一。

姑臧：治所在今甘肃省武威县。

武陵郡：汉置武陵郡，汉置，治所先在义陵（今湖南溆浦南），辖境包括今湖北西南部、湘西及黔、桂各一部。

安姓主要以"济世堂"为堂号。自立堂号有正伦、济世、中和、天全、武威堂等。

【祠堂古迹】

福建晋江安海安氏宗祠，始建于清代，2009 年 11 月可望落成。有安氏族谱传世。

【楹联典故】

源自轩辕；望出武陵。

——佚名撰，安姓宗祠通用联。全联典指安姓的源流和郡望。

仙人食枣；乐工剖心。

——佚名撰，安姓宗祠通用联。上联典指秦代方士安期生，琅琊人，相传曾跟从河上丈人学仙术，常在海上卖药，当时人称他为"千岁翁"。秦始皇东巡时，方士李少君曾对武帝说："仙人安期生吃巨枣，大如瓜。"武帝曾派人到海上寻找他而不得。下联典指唐代长安人安金藏，在太常寺任乐工。当时有人诬告太子李旦（武则天的四子，后为睿宗）谋反，武则天命来俊臣追查。安金藏说："你既然不相信我的话，请允许我剖心来表明太子不反。"说完便抽出佩刀自剖其胸腹，肠子冒出来而倒地，经抢救后苏醒。武则天听说后，马上下令停止追查。睿宗景云年间，安金藏官右骁卫将军，封代国公。

博通群史，荣居司马；屡建宏功，耻同禄山。

——佚名撰，安姓宗祠通用联。上联典指唐代金部郎中安得裕的事典，下联典指唐代名人安袍王的事典。

第三节 白 姓

白姓在当今中国大陆姓氏排行第73位，全国白氏人口有400多万人，约占全国汉族人口的0.29%。在福建排名第93位。在台湾排名第82位。

【渊源】

1. "白"，图腾释义：白姓是以皇鸟为图腾的风姓分支，由"鸟"和"白"（日出汤谷）组成，义为鸟载日飞行，与皇同义。传说炎帝臣白阜之子白乙为白氏之祖。清人张澍所著《姓氏寻源》一书曰："炎帝有臣白阜，为炎帝通水脉，当为白氏之始。"

2. 出自芈姓，封邑名为氏。据《元和姓纂》《尚龙录》等资料所载，颛顼帝的后裔陆终娶鬼方氏为妻，生下6个儿子，其中第6个儿子叫季连，赐姓芈。季连的后裔熊绎在荆山一带建诸侯国，定都丹阳。公元前740年，荆君熊通自封为武王。他的儿子于公元前689年迁都郢，改国号楚。楚平王时，太子建因做晋军袭郑国的内应而被杀，太子建的儿子熊胜便逃到吴，投奔伍子胥。楚平工的孙子惠王即位后，楚令子西把熊胜招回国，任巢大夫，封在白邑（今河南息县包信东南），称为白公胜。可晋国伐郑，子西出兵救郑，白公胜因子西言而无信，发动政变，杀死子西，囚禁惠王，并着手改革朝政以争取民心，但以失败告终。他自杀后，其子孙便以祖辈封邑名为氏，称白氏，为河南白姓，也有以"白公""白侯"为氏的。

白居易自述白氏先祖世系的《太原白氏家状二道》说："白氏芈姓，楚公族也。楚熊居太子建奔郑。建之子胜。居于吴楚间，号白公，因氏焉。"此白姓是春秋时楚国公族的后代。

3. 出自姬姓，以名讳字为氏。据《元和姓纂》《唐书·宰相世系表》载，周太王5世孙虞仲的后人百里奚，生子孟明视。他有二子，一曰西乞术，一曰白乙丙。白乙丙官拜秦国大夫，其后人以名讳字为氏，就是秦国的白姓。这支白姓起源于今陕西。

4. 出自部落。《元命苞》云："炎帝臣有白阜，怪义之子，为神农通水脉，当为白姓之始。"据《姓氏寻源》及《元命苞》载，远古时期，我国北部的姜姓部落首领炎帝有一个大臣叫白阜，精通水脉，为疏通水道做出了贡献。其子孙便以"白"为姓。

5. 以国为氏，以地为氏。传说古代南方有个白民国，唐置白州（今广西壮族自治区博白县一带），国人以地为氏，称为白姓。《姓氏寻源》所云"《逸周书》白民之国，今之白州，或有以地为氏者"。

6. 出自少数民族改姓。（1）回族白姓：由易卜拉欣之后裔，分别取其祖辈名字中的每一个字立姓而来。因易卜拉欣，亦译伊白来金或伊白拉金，故后裔多以伊、白、拉、金冠姓。（2）犹太族：犹太人留居河南开封之后裔中有白姓。（3）满族：瓜尔佳氏、纳喇氏、白佳氏、巴雅拉氏、伊喇氏、伯苏特氏、那塔拉氏、扎拉里氏、那木都鲁氏、萨察氏、纳塔氏、拜嘉拉氏、塔喇氏、巴鲁特氏、萨加拉氏，还有加入满族的拜都氏（蒙古族）、巴岳图氏（蒙古族）、塔喇巴齐克氏（蒙古族）、拜英格哩氏（鄂温克族）、白氏（汉族）。（4）突厥族：据《台北县氏族略》所载，唐代突厥人白元光系改姓而来。（5）其他民族：裕固族斯娜氏、阿克达塔尔氏、巴依亚提氏，鄂伦春白依尔氏，土族白彦氏，汉姓为白。台湾少数民族、佤、东乡、苗等族均有白姓。

【得姓始祖】

1. 白乙丙，名丙，字白乙，孟明视子，一说为蹇叔子，春秋时秦国著名将领。白乙丙因积功升大夫，其后人以此为荣，遂有以其名讳为氏者，称白姓。多数白姓尊白乙丙为白姓得姓始祖。

2. 白公胜（前533—479），春秋末期楚国大夫，楚太子建之子，楚平王嫡孙。白公胜死后，后裔四处逃亡。他们为纪念先祖，以封邑为氏，另一支白姓就此诞生，白公胜被尊奉为白姓的得姓始祖。

【入闽迁徙】

白姓早期主要分布于秦、楚、魏等地。战国时，秦国有名将白起，郿（今陕西眉县）人，屡战获胜，公元前278年攻克楚都郢，因功封武安君，后被逼自杀。秦始皇统一六国后，因思其功，封其子白仲于太原，子孙世为太原人。《新唐书》说白起是白乙丙的裔孙，而《太原白氏家状二道》说白起是白公胜的裔孙。白仲23世孙白邕，任北魏太原太守；邕5世孙白建，北齐五兵尚书，因功赐田韩城。白建曾孙白温，任唐朝检校都官郎中，迁华州下邽（今陕西渭南东北）；第六子白锽，任巩县令，居郑州，生五子，各以其官散居四方。白锽长子白季庚，任襄州别驾，生四子，次子就是唐代大诗人白居易。

唐末，白姓开始入闽。明嘉靖河南《固始县志·隐逸》载，唐末随王审知兄弟入闽的18姓中有白姓。将乐县新编《白氏族谱》载，白氏源于本县十九都江田世系，先祖河南光州固始人，随王审知入闽。据《白氏尚贤堂家谱》记载，白姓入闽始祖为白兴，逸宇（应顺公）为其第三子。

《泉州府志》《南安县志》和白叶街《残谱》载，元末明初，山后利州（川北）白姓，随朱元璋入闽，世袭泉州镇抚，裔孙分别徙居福州、泉州和南安。

元至正年间（1341—1368），白肇元为泉州府判兼理同安刑事，定居同安西柯镇瑶头村，为同安白姓始祖。其后裔白苗庵，名兴，为银同始祖，后裔白应顺迁安溪榜头乡开基，衍成大族。

《兴化府志》《莆田县志》载，明洪武年间（1368—1398），河北涿州白姓随军拨充兴化官宦，裔孙随郑和下西洋，因功授兴化府卫所副千户、平海卫指挥。

永泰狄口后亭《白氏族谱》载，明永乐三年（1405），始祖白姓由延平徙居永福（今永泰）后亭村；其先祖来自中原，随军征战，因功到延平任卫官。

浙江平阳和福鼎沙埕《白氏家谱》载，窑头先祖系原居于江西南昌府绸巾巷的大元进士，元至正年间（1341—1368）因到泉州府任理刑官，兼理同安事务，遂落籍于同安窑头。

厦门图书馆藏白嘉祥《白氏尚贤堂家谱·序》载："族本河南固始县，迁移江西乌衣巷。兴公兄弟先祖官宦银同，此乃字之根也。"银同白姓鼻祖苗菴，讳兴，同安举人、任南京国子监助教，第三子白逸宇，讳应顺，因家人有官事，怕受株连，于明永乐二十二年（1424），携子温泉、华泉，并其孙一家10余人，由同安从顺里三都二图窑头村（今西柯乡瑶江村），徙居安溪县依仁里福海乡后林。二世祖白温泉，旋移居榜头乡华汤（今龙门镇榜头村），垦殖生产，繁衍生息。"南阳派衍银海子孙奕世，榜头聚族华汤肇基创业"，描述了其先祖迁徙的经历。安溪白姓同为一支，现繁衍裔孙（含外迁宗亲）15万多人。

据2004年12月安溪县人口资料统计，安溪县白姓约2万余人。分布于全县8个乡（镇）。其中，龙门镇白姓最多，共17074人，主要分布榜寨、寮山、美卿、寨头、和平、龙门、白云、金狮、观山等行政村；约占全县白姓人口的95%。白逸宇派裔已传24世，有裔孙16万多人。榜头白氏还分布于浙江省（含苏南）5.6万多人，台湾省3万多人，旅居新加坡等国有5万余人。

【入垦台湾】

明清初开始，闽、粤。福建白纶达，福州古田人，明初从军入琼为千户侯，居军所砂港村，为白姓迁琼始祖。明清白姓陆续入垦台湾，《台湾通志》（1969年6月版）载："白氏入台，始自明末。"台湾的白姓开基始祖是明朝末年抵达台湾的。康熙十二年（1673），有白圭与徐阿华等7人移住旗后，盖寮捕鱼，并建始祖宫。《安溪县志》载："清代，安溪人迁台开垦者不少，仅龙门榜头白逸宇派系迁台达200多人。"有白福、白寿、白仕概、白仕庆、白坦求、白坦贤等入垦今彰化和美；白坦海、白坦德、白坦和、白坦仁、白坦竹、白坦亨、白钦恭等入垦今南投草屯；白坦求、白坦爱、白坦环、白坦福、白坦基、白宜在等入垦今台中清水和沙鹿；白钦保、白钦协等入垦今台中大里；白坦世、白坦载入垦今凤山；白修咱、白修脱等入垦今台北，都成为大族。清乾隆初年（1736），有泉州人白祖孙与林钦宗、林忠等人，入垦台北县五股乡德音村蓬莱坑。嘉庆年间，又有泉州人白姓入垦台北县平溪乡平湖村石碇了，安溪白钦德等入垦今高雄；白光胆等入垦今嘉义等，遂使台湾的白姓一代一代地繁衍发展起来。

道光二十年（1846），安溪白姓族人白其祥随父母迁台，入居艋舺经商，创白隆发染房，兼营福建、台湾两地贸易。道光年间，白坦科入垦今台南新营，白近英、白妈力、白情入垦今基隆暖暖区，等等。清光绪十二年（1886），台湾巡抚刘铭传派兵讨伐东势角方面的泰雅族时，老屋峨社的头目由于坚守中立，暗助官兵平乱，被清廷赐姓白。日本侵台期间，台湾土著曾被迫使用日本姓白川，至1945年台湾光复后，奉命废除日本姓，亦选用汉姓白。

台湾白姓族大部在台北市、台北县及彰化、台中、南投一带，现此三县（市）白姓人口约占台湾白姓族人的一半以上。台湾的白姓一代一代地繁衍发展起来。后又有移居新加坡等国者。

【郡望堂号】

太原郡：战国秦庄襄王四年置郡。秦时相当于今山西五台山和管涔以南、霍山以北地区。

南阳郡：战国秦昭王三十五年始置郡。汉时相当今河南熊耳山以南叶县、内乡间和湖北大洪山以北应山、陨县间地。

治生堂：源自战国时白圭乐观时变。他曾经说："人弃我取，人取我予，吾治生犹伊、吕之治国，孙吴之用兵。"所有天下论治生的，都推白圭做祖师。

香山堂：出自唐朝大诗人白居易的别号"香山居士"。

武安堂：因秦将白起料敌如神，出奇无穷，为秦国统一天下立下不世之功，所以其后人就以白起的封号"武安君"作为自己的堂号。一来纪念先祖，二来引为荣耀。

太尉堂：唐朝宰相白敏中，死后追赠为太尉。太尉是朝廷大员"三公"中最高的爵位。所以，白敏中的后人就名自己的堂号为"太尉堂"。

此外还有南阳堂、五瑞堂、汝南堂等。

【祠堂古迹】

同安窑头白氏祖祠，位于同安区西柯乡瑶江村。始建于明永乐年间（1403—1424）。乾隆、道光、光绪年间先后3次修建。1988年重建，1992年3月举行落成庆典。

安溪榜头白氏大祖祠，又称"华汤祖祠"，位

于榜头华汤。明天启二年（1622），七世白敦鲁宦成而归，为避水患，集族众，筑堤岸，始建祖祠。历代重建。1992年，新加坡白氏公会带头募捐人民币30万元，海内外宗亲踊跃捐资，重建祖祠。

厦门白氏宗祠，又称"白垂裕堂"，位于厦门市三十六崎，始建于清道光年间（1821—1850）。民国二十六年（1937）日寇进占厦门，厅堂、护厝被占改建。1996年11月，榜头白氏联谊会倡议，众族亲踊跃捐资修建，次年5月告竣。

三厅白氏祖祠，位于厦门，为三世白碧溪之子白蕃（坪山）、白丙（梧山）暨白丙之子惠生、玄生所建。1986年，印尼宗亲捐资修建中落3个厅。1987年冬，新加坡宗亲捐资3万多元，修建两厅下落及东西两厅。

【楹联典故】

南阳开裔叶；东洛衍支流。

——厦门市三十六崎巷白氏宗祠联。

南阳郡簪缨奕世；香山堂诗礼传家。

——全联典指白姓的郡望和堂号。

诗歌杰作香山士；辞赋伟奇员外郎。

——上联典指唐代诗人白居易。下联典指唐代文学家白行简，字知退，白居易的弟弟。

栖真笔洞；结社香山。

——佚名撰白姓宗祠通用联。上联典指宋代名士白玉蟾，闽清人，家琼州，字如晦；号海琼子，后隐于武夷山。初至雷州，继为白氏子。博览群书，善书，工画。诏封紫清真人。有《海琼集》等。下联典指晚唐诗人白居易，字乐天，祖籍太原，曾祖时，迁居下邽（今陕西省渭南北）。贞元进士。曾任翰林学士、左拾遗、赞善大夫等职。后以得罪权贵，以"越职言事"罪，贬为江州司马。穆宗时，召回长安，目击宦官擅政，朋党倾轧，政治混乱，自请外出，历任杭州、苏州刺史。后官太子少傅，以刑部尚书致仕。与香山僧如满结香火社，自称香山居士。初与元稹酬咏，号元白；又与刘禹锡齐名，号齐白。著有《白氏长庆集》七十一卷，六贴三十卷。

溯本源于楚服秦关系出南阳百世宗支勿替；探形胜于闽天浙懈灵种湖窦千秋堂构维新。

——此联乃安溪榜头平阳白氏旧宗祠联语。

【族谱文献】

记载闽台白氏族谱现存近百部。其中较有代表性的有《福建安溪榜头白氏族谱》新加坡白氏公会编。始修无考，明万历二十五年（1597）重修，历清顺治、康熙、乾隆迄至民国二十七年（1938）8修，今本为1989年新加坡榜头白裔共修铅印本，不分卷。内容有序文、画页、族史、旧谱志选录、世系图、附录及编后记。载其族世居中原，避难迁入闽，具体情形失考。谱载其迁安溪始祖为白应顺，字世厚，明永乐二十二年（1424）偕家人自同安肇迁至安溪，拓荒垦殖，衍为一族。明清以来，族裔为求发展，多有迁省内外及南洋诸国。辑有白裔渡台以及在港、

奥地区和东南亚的发展概况。还有《新加坡白氏公会金禧纪念特刊》为新加坡白氏公会编，1982年铅印本。辑录有卷首发刊词及首事名录及献词，五十周年金禧盛典，世代渊源、修谱与昭穆、世系表、先哲前贤及文著、东南亚先贤族彦、各地宗亲会等。明永乐二十二年（1424），白应顺自同安携眷避至安溪窑头肇基，后裔播繁；明万历以后，裔孙渡海往台湾各地；清嘉庆道光年间，英国开埠新加坡，族人南渡前往垦殖。辑有台湾、马来西亚等地的白裔公会各界成功人士。另有厦门《白氏尚贤堂家谱》为白嘉详纂修。1940年钞本不分卷1册。始祖白应顺。始迁祖白天旺。

第四节 包 姓

汉族包姓人口约 80 多万，占全国人口总数的 0.05% 左右，姓氏排行榜上名列第 184 位。在台湾排名第 143 位。

【渊源】

1. 源于风姓，出自远古部落首领三皇五帝之首包羲字伏羲号黄熊谥太昊后裔，《易经系辞》载：古者包羲氏之王天下也；《史记》载：伏羲至淳厚，作《易·八卦》；《汉书》载：伏羲为三皇之首；《百家姓》载：伏羲氏后裔黄帝之子有少昊己姓和任姓酉姓奉祀伏羲；《路史》载：包羲后裔有包氏。据《路史》载：包牺（即伏羲）后，有包氏。伏羲制八卦，教民捕鱼、畜牧，以充庖厨，故又名包牺或包羲。

2. 出自申姓。《通志氏族略》云："楚大夫申包胥后，以字为氏。"春秋时，楚国大夫棼昌包胥，封邑在申，故称申包胥，子孙以他的字为氏，故称包氏。

3. 出自鲍姓。《姓氏寻源》云："丹阳包氏，其先泰山鲍氏也。避王莽乱，去鱼为包。"由鲍改包。

4. 出自芈姓。为战国时楚国大夫申包胥之后，其子孙以王父字包为氏。

5. 《周易·系辞下》载 "古者包牺氏之王天下也，仰则观象于天，俯则观法于地；观鸟兽之文与地之宜，近取诸身，远取诸物，于是始作八卦，以通神明之德，以类万物之情。"

6. 出自他族改姓。今瑶、彝、土家、东乡、回等民族均有包姓。

【得姓始祖】

古包羲（古犧字简化为牺或羲）氏族，故又称包牺氏族，仰首以观察天象，俯身以取法地形，观察鸟兽的花纹与大地相适宜，近的从自身，远的到万物，搜集各种形象开始创制八卦，借以通达神明的德行，以类比万物的情状。《易·系辞》载，古者包羲氏之王天下也。《史记》载，伏羲至淳厚。《汉书》《史记·补三皇本纪》载，包羲为三皇五帝之首。《路史》载，庖牺又称包牺即包羲伏羲黄熊太昊，定都陈城。包羲根据天地万物的变化和包罗万象，创造了八卦，成了中国古文字、数学、术数、计算机、预测学等一切发端。于是始制嫁娶，以俪皮为礼，结网罟以教佃渔，做三十五弦之瑟。包羲的礼成了礼的开端，包羲发明的乐器成了音乐的开端。造书契，发明很多文字，其中道字成为老子述说的道，包羲也被很多人称为道教创始人。包羲创历法，定下了东西南北中，发明人工取火，成为人类驾驭火的第一位人，也是标志了人类用火的开端。

包氏源出自春秋时楚国贵族包胥，他是楚玢冒的后代，因为封地在申，所以有叫申包胥。据史籍《左传》记载：春秋时期，吴王阖闾采纳了伍子胥的谋略，于楚昭王十年（前 506）攻入郢都，危急之中，楚大夫申包胥乞师（求援）于秦庭，因遭拒而在秦廷哭了七天七夜，秦哀公为其忠心所感化，发兵相助。后来，楚昭王论功行赏，封包胥于申地（今上海），他的后人以其名号为姓，申包胥被尊为包姓的始祖。

【入闽迁徙】

宋孝宗隆兴间，包氏入闽始祖字十郎，号纯白，讳始仁。祖籍山西上党（今山西长治），先祖数次南迁后落籍于江西建昌府南城包家坊。旧谱相传，纯白 "始贡于宋孝宗隆兴间（1163—1164），得选汀州教授"。又 "尝权知上杭县事，解职后遂退隐小陈坑而奠宅焉"。上杭南部边陲汀江西岸的小陈坑（今下都乡新寨村），从此成为闽杭包氏的发祥之地。包纯白娶妻钟十娘，生一子七郎，裔孙播迁闽、粤、赣、川、台、港及海外各国。包纯白夫妇原葬在汀江南蛇渡下首河岸，由于汀江棉花滩电站的兴建，1999 年春，省内外族裔捐资将始祖考妣暨二世、三世祖金骸一同迁葬于距小陈坑不远的银子凹。

《客家风情》：唐末，包氏南迁安徽合肥一带。宋代入闽，留居宁化、长汀。宋末迁居上杭。明、清入广东，居于梅县、兴宁、大埔等处。

闽西客家包氏主要居住在永定县的凤城、仙师、西溪，上杭县的下都、蓝溪、庐丰、临城、临江，武平的中山、象洞，长汀县的大同、汀州、新桥、策武，连城县的四堡，宁化县的治平、曹坊等乡镇。

闽杭包氏始仁公是元大德年间从江西南城包坊迁居入福建上杭开居的福建三支包姓宗支中的其中一支。《同治谱》传，始仁"得选汀州教授"。又"尝权知上杭县事，解组后遂退隐南蛇渡小陈坑而奠宅焉"。从此，上杭南部边陲汀江西岸的小陈坑，成为闽杭包氏的发祥之地。《雩都谱》载：纯白（始仁）世居江西建昌南城包坊。习儒业，乡试荐卷三次。由贡任福建汀州上杭县学，代署县事九月。遂入籍上杭来苏里豪康乡石乾村。随着社会历史的变迁，始仁公后裔从上杭开始繁衍几经辗转迁往各地开基，近者有往福建长汀、连城、永定、武平等地；远者往广东、广西、江西、湖南、浙江、贵州、四川、陕西各省。

闽杭包氏族谱载：万二郎、包瑶，迁广东翁源县黄堂坑。三郎，迁兴宁、长乐两县。甲妹、惠上、世华，迁茂名县。彦述，迁郁南县。广福、等福、三福，迁合浦县三鸡地。万四郎，迁英德县。大绅、开成，迁番禺县人和圩。广全，居广州。长隆，迁广西柳州马平县。元忠、兰生，迁浙江衢州南门外50里。维昆，迁临安县京选，后迁台州（临海县）。石头，迁龙泉县大沙。彦其、仲卿，迁严州建德县。荣予，迁平湖县乍浦。万达，迁江西会昌县。仁甫，迁江西乐县。上松，迁宁王碑街。茂荣、成玉、文祥、懋易，迁雩都县菖坳堡、龙山堡、点茶嵊。条玉、应上，迁万安县黄塘堡、绵绳。福生，迁安远县。新鸿、仲雄，迁兴国县戾锦乡。生元、叔元，迁奉新县罗坊。内作，迁会昌县竹子坝。中和，迁南康县。长万、思明，迁石城县。荣其，迁义宁州修水县高乡赤江。天佑、德彩，迁瑞金县，以及贵州、四川、湖南等。

【入垦台湾】

闽杭包氏族谱载多支迁台湾：存乾，迁居台湾高雄市凤山中山西路380号。立言，居台湾（江西万载、菱湖房支裔孙）。德明（女），台湾经济学院院长熊文扶贫基金会主席（四川南溪房支）。包柏，台湾千总，至今仍居台湾。善元、赞元、永元，（黄坊房支）定居台湾。盛银，台北市芦州乡长安街49巷21号电话：2816835（四川南溪觉坊房支）。汉良、国良、汉良，居台北市（东溪房支）。

包纯白裔孙主要聚居地有闽、粤、赣、桂、黔、川、湘、浙、陕和台湾、香港等11个省（区）的百余个县，祖孙三代名医的包育华、包识生、包天白，杭川硕儒包千谷，国学名家包树棠，创"包体"书法、被慈禧太后称为"字妖"的四川南溪人包汝谐等都是他的裔孙。

台湾高山族中也有许多包姓人口。清代，福建、广东包姓入垦主要由台湾，台湾光复后有个多各省包姓迁徙台湾，这批迁台包姓和福建入垦台湾包姓人口几乎相当。主要发布在台北，高雄、台南、基隆、台中也都有分布。

【郡望堂号】

包姓在历史上先后形成丹阳（今安徽省宣城市）、上党（相当于今山西省境内沁水以东地区）等郡望。

【祠堂古迹】

包氏祖祠"河清堂"，位于上杭新生巷33号，建于清光绪十三年（1887），寓宋代名臣包拯的典故"包公出，黄河清"之意，每块青砖皆有"包祠"字样。客家包氏入闽始祖纯白祠堂。

小陈坑包氏祖祠，位于上杭下都乡新寨村小陈坑，始建无考，现存祠堂为2014年重修。

凤溪村包公殿，位于福建屏南县屏城乡上凤溪村，包公殿是一座白墙、黑瓦，重檐翘角歇山顶的清朝建筑。面积约60多平方米，四扇抬梁式的殿堂小巧精美。

屏南龙江包氏宗祠；位于宁德屏南长桥镇，2015年新建落成。

【楹联典故】

源溯上党绵世泽；派分楚国绍宗风。
　　——屏南龙江包氏宗祠楹联。

抗疏表清风，名标北宋；谈经综鲁论，位镇东京。

——此联为屏南县屏城乡凤溪村包公殿祠联。

忠贤将相；道德名家。

——此联为包公祠联。

【族谱文献】

福建闽杭《包氏族谱》，1996 年九修续修。民国十七年编修的《闽杭包氏家乘》七修谱（共 6 卷本，1200 页）

【昭穆字辈】

福建上杭包氏字辈，包拯九世孙包纯白包七郎包三九郎　包千一郎：万文宗远珊世卢协韶觐登歧志杨育儒业承东汉龙图继起昌

第五节 鲍 姓

鲍姓是人口较多，人口约为 67 万，占全国汉族人口的 0.054%，在当今中国姓氏中排 179 位。在台湾排名第 147 位。

【渊源】

1. 出自姒姓，为春秋时夏禹裔孙敬叔之后，以邑（国）名为氏。据《姓苑》记载："系出姒姓。夏禹后。春秋时杞公子有仕齐者，食采于鲍（原为夏朝的诸侯国，故城在今山东省历城东三十里），因以命氏。"又据《通志·氏族略》《元和姓纂》等所载，春秋时，夏禹裔孙敬叔（即杞公子）仕齐，食采于鲍邑（原为夏朝的诸侯国，故城在今山东省历城东三十里），其子叔牙以邑（国）名为氏，称为鲍姓。

2. 出自庖牺氏，即伏羲氏，其后有鲍姓。

3. 出自他族中有鲍氏：今满、蒙古、回等民族均有此姓。据《魏书·官氏志》所载，南北朝民族大融合时期，北魏代北地区少数民族俟力伐氏（一说为俟力氏）随北魏孝文帝南下，定居洛阳，与汉族融合，遂改姓"鲍"，称为鲍氏。另外，同时还有，代北的少数民族"鲍俎氏"也有改姓鲍的。清满洲八旗姓保佳氏、瓜尔佳氏等后均有改姓鲍者。景颇族金别氏，汉姓为鲍；佤族羊布拉氏（亦称尤斯拜氏），汉姓为鲍。内蒙古东部蒙古孛儿只斤氏后改为鲍姓。

【得姓始祖】

鲍叔牙。夏禹裔孙敬叔之子，春秋时齐国大夫。其父敬叔被封于鲍，叔牙开始以封邑为氏，称鲍叔牙。叔牙少时与管仲友善，管仲家贫母老，他常给以资助，遂成莫逆之交。襄公乱政时，管仲随公子纠奔鲁，他随公子小白出奔莒。及襄公被杀，小白得内援回国，被立为齐君，拟任他为上卿。他力劝桓公将因拘的管仲开释，使之代己位，而以身下之。管鲍之交，世传美谈。鲍姓子孙也就尊这位德行高尚的鲍姓先人为其得姓始祖。

鲍叔牙与管仲为莫逆之交，史上有"管鲍之交"的美谈。鲍姓子孙也就尊这位德行高尚的鲍姓先人为其得姓始祖。

【入闽迁徙】

资料载：鲍氏，南宋时即已入迁宁化，子孙播蕃闽西、闽北地区。宁化鲍氏至明末清初的战争使四川人口锐减，来自湖北、湖南、福建、广东的移民风拥而至，这就是著名的"湖广填四川"。

沙县鲍氏族谱记载：始祖鲍敬叔，渤海人士、夏禹之后。生叔牙，禀性温和知管仲之贤，二人分金固交尽信无分，故今人称朋为"管鲍之交"。裔孙鲍牵、鲍国，均为齐大夫；汉有鲍宣字子都，娶妻桓氏，生长子鲍永字君长、次子鲍升字君登，均官至太守；有鲍恢任都官从事；有鲍昱字文泉，官至太尉；有鲍德官至大司农；有鲍成仁，性好寻求风水，能请阴阳，于南宋嘉定二年己巳岁迁江西吉安府吉水县。其地风光美景坦然四百余里，在城安居焉，娶妻固氏生男鲍证。于大宋淳祐四年甲辰科登进士第，娶妻罗氏生下二男，长曰朝仪，次曰朝奉，兄弟二人和气。朝奉公，禀性好，外省经商。兄弟相别之际作五言诗曰："同胞根本意，其如离别何。痛思难会面，相聚泪悲号。"那时分别如鸽失其类。先年念五公到本村定居，祖厝建在中洋村后，厝立名为"福兴堂"。自鲍氏祖祠建立后，鲍姓人家日益繁荣昌盛，其地各姓逐渐消亡，只剩下现在的熊、温二姓。从念五公至现在的振字辈，共为 26 代。

福建永泰三洋鲍氏始迁祖鲍淑明。浙江宁海胡陈响岩的鲍淑牙，乳名仁语，弟鲍淑明，乳名仁柱，号一山，于明朝洪武年间入镇福建，永乐二年解甲归田，迁居福建省福州市永泰县同安镇三洋村，屯田垦荒，广种粮食，艰苦奋斗，建基立业，成为福建鲍氏之始祖，距今已有六百余年，现有鲍族子孙 2500 余户，万余人口，发展成为该县望族。三洋村鲍族分别建立了东祠、西祠，族人们为了寻宗找源，曾于 20 世纪 90 年代多次派出鲍立萃、鲍才苗等人到浙江各鲍氏宗族观谱觅宗、探索史源。家属随军，其亲兄儿女子侄均在一起。到清朝中叶，有迁居莆田市涵江国欢镇邻村的鲍氏，现已有 600 余人。长乐氏潭头镇鲍朱村鲍氏应是永泰三洋"俊逸鲍参军"照公的后裔，大多数人已经外迁前往海外地区。

广东《大埔县姓氏录》载：鲍氏，由宁化石壁迁入大埔县。

当今福建鲍姓人口主要分布在闽西客家地区、南平的邵武、浦城、福州的永泰，散居各地。

明清以后，鲍姓入垦台湾。高山族鲍姓和闽籍鲍姓人口各占台湾鲍姓人口的一定比例；台湾光复后又有各地鲍姓迁徙台湾；主要台北、高雄、基隆，其他各市县也有分布。

【郡望堂号】

鲍姓发源于今山东历城，鲍叔牙的子孙在齐国世袭卿位，望出上党郡，亦有泰山、东海、河南郡。

【祠堂古迹】

爱荆庄古寨堡，位于福建永泰县同安镇洋尾村，从鲍氏宗谱记载美祚公夫妇建于道光十二年（1832），内有土木结构房屋 360 间，建筑面积 5200 平方米。

永泰三洋鲍氏古厝，为西祠第七世祖文澄公始建的，全木结构，雕梁画栋，美轮美奂。建筑有半月埕、迎客门、尾埕、中埕、下埕、大厅。族谱记载文澄公原住在三洋樟下垅，为了子孙后代的发展把房子建到了直垅厝（现叫竹乾头），文澄公到直垅厝后曾两次赈粮，被封为"进主义士""太学生"。

【族谱文献】

福建永泰《鲍氏族谱》，创建者：鲍锦。福建永泰《象山永泰都邻鲍氏族谱》，鲍福敏主修；始祖：太儒公；创建时间：2016 年 4 月 12 日；家谱字辈：起淑舜震为君子德绍涛堂。福建顺昌《仁寿鲍氏族谱》，创建者：鲍水娟；族源出四川省眉山市仁寿县。福建建瓯东峰苏口《鲍氏族谱》，创建者：鲍小玲。福建《鲍氏族谱》，创建者：鲍凯伦。福建省沙县大洛镇中洋村《鲍氏族谱》，沙县二十都丰余村，创建者：鲍吉炎。

第六节 贝 姓

贝姓为古老姓氏之一，是一个多民族、多源流的姓氏群体，在《百家姓》中排名第 110 位。贝氏人口总数在中国的大陆未进入三百大姓。在台湾排名第 351 位。

【渊源】

1. 出自姬姓，以国命名。文王庶子姬奭之后。周文王庶子召公奭移封于蓟。其支庶子孙食采于河北巨鹿郥浿水。建立了郥国，郥国为燕国附庸，其子孙遂以国名郥为氏，后又去邑旁为贝氏。这一支贝姓，望出河北清河（今河北省清河）。

2. 出自清河贝丘，因世居贝丘的人。又有史料称：贝氏的一支，以地名命姓，望出清河郡。贝丘在今山东省博兴县东南。

3. 源于满族、兄弟民族汉化改姓为氏。其后裔子孙中有以先祖名字首音之谐音汉字为姓氏者，称贝氏。另外有满族、蒙古族的一些贝勒、贝子，在清朝晚期以后其后裔子孙逐渐丧失了权承，有取其身份爵位官称的首音之谐音汉字为姓氏者，称贝氏。

【得姓始祖】

贝氏族人大多尊奉召公康为得姓始祖。

贝氏远祖起源于西周时期，上古时，周文王的一个儿子被封在今天的河北省巨鹿浿水，建立了郥国，公族子孙就时代以国名为郥姓，后来他们去掉"邑"字边旁，改姓"贝"。因此，"贝"姓也是出自周朝王室之姓，即姬姓。

【入闽迁徙】

唐朝末期，由于连年战争的影响，贝氏族人向福建、江西等地南迁。到了南宋末年，蒙古族南侵，贝氏族人再次被迫南迁福建、广东等地。在数次由北向南迁徙发展的过程，逐渐形成了南方贝氏族群，在广西巩桥贝氏宗祠门联上记有"宗开国北裔发江南"，就是贝氏宗源在历史长河中的一次真实写照。

历史上名人辈出：贝瑗（？—167，待考），魏郡元城人，著名东汉时期宦官。贝义渊：（生卒年待考），吴兴人（今浙江湖州），著名南朝时期梁国书法家，其字精严遒劲，笔势灵动。他特别擅长大字，所书大字带行书笔意，更为雄健，存至今日的《始兴忠武王萧憺碑》和《安成康王萧秀碑》均为他所书，现存江苏南京，其中前者为楷书，碑文残损过半，其书法舒和雍容，带有行草笔意，结体峻密，为南朝碑碣所罕见。贝俊，著名唐朝画家，工花鸟，犹工鹰鹊。贝钦世，浙江上虞人，著名宋朝江阴知县。贝钦世，十分重视农业水利，当时县境有运河，水久已淹没，贝钦世计划峻治，他组织村民出钱出力，不逾月而成。贝琼，（1314—1378），一名阙，字廷琚，号廷臣、明朝清江，浙江海宁殳山任（今浙江海宁双山乡），一说崇德人（今浙江桐乡），著名文学家。贝泰，明代太学士，字宗鲁，金华人，少以文行闻，永乐举人，累官国子祭酒，前后在太学 40 余年，六馆之士，翕然从化，后致仕卒。贝青乔，（1810—1863），字子木，号无咎，又自署木居士；江苏吴县人，著名清朝诗人，贝青乔的诗结集为《半行庵诗存稿》八卷，共八百余首，由叶廷□等于同治五年刊刻，《咄咄吟》两卷单行。

广东《河婆风土志》记载：唐末，始祖贝顺丰，号三九公，自中原南迁，肇基宁化石壁。至宋末，九世孙仲勋（即仲贵），因元兵南下，留胞弟仲光、仲辉于原乡，自己与胞兄仲显，背负祖、父骨骸，自宁化石壁明嘉靖年间抵广东，卜居汤坑建桥乡竹园下，与张、吴二姓和睦共居，后迁河婆曲湖寨。广东、广西、东南亚的贝姓族人基本上都是福建石壁先祖顺风公的后裔，经过 600 多年的发展，目前有裔孙 30000 多人。

目前，福建省贝氏主要散居闽南、闽西各地。

【入垦台湾】

清代就有广东、福建贝姓入垦台湾，台湾高山族中也有贝姓人口。台湾光复后各地都有贝姓族人迁徙台湾。台湾贝姓主要集中台北，部分散居高雄。

南洋沙劳越有贝姓，多由广东、福建等地迁入。

【郡望堂号】

清河郡：据《姓氏考略》与《郡望百家姓》都记载：贝氏望出清河。汉高帝五年（202）置郡，治所在清阳（今河北省清河县东南）。相当于今河北省清河至山东省博兴、临清一带地区。

堂号：留任堂、修史堂、丰谷堂、东武堂、光裕堂以及清河堂。

【祠堂古迹】

福建石壁客家公祠，内有贝氏石壁开基祖宗的牌位。

【祠堂楹联】

源自姬姓；望出清河。

——全联典出贝氏的源流和郡望。

清水一湾天然画；河山万里锦绣图。

——此联为贝氏名门望族居住地"清河"（郡）嵌字联。卷封东武；史著清江。吴越世泽；太学家声。

第七节 毕 姓

毕姓在当今姓氏排行榜上名列第125位，人口约1218000余，占全国人口总数的0.076%左右。在台湾姓氏排行第205位。

【渊源】

1. 毕氏出自姬姓，以国名为姓。西周初（前11世纪），武王克商后，周文王第十五子高，分封于毕邑（陕西咸阳市北），世称毕公高，毕公高是周廉王的顾命大臣，政绩卓著。毕公高其子毕万事晋，乃封于魏，其后代改姓为魏，并且成为战国时代著名姓氏。仍居于毕国者，遂以国名为姓，称为毕氏。因此毕姓跟魏姓属同一血脉的一家人。发源于陕西的毕氏，后来主要繁衍于河南和山西境内黄河北部一带，史称毕氏正宗。到了汉朝时期，有一支毕氏族人远迁山东的东平郡，并且繁衍成为当地的望族。

2. 出自任姓所改，以邑名称为氏。出自黄帝少子禺阳之后，据《世本》所载："系自任姓所改。"西周初期，有谢氏、章氏、薛氏、舒氏、吕氏、祝氏、终氏、泉氏、毕氏、过氏这十个姓氏，都是任氏后裔的封国，是由任氏分支出来的。在奚仲的后裔子孙中，有分迁居于毕原（今陕西咸阳）者，这个分支的族人便以居邑名称为姓氏，改称毕氏，世代相传至今。

3. 有出连氏改姓毕，亦称毕氏。

4. 出自他族改姓和少数民族。源于突厥族，出自唐朝时期阿史那部突厥王子阿史那·社尔，属于以国名或官爵称谓为氏。源于蒙古族，出自明末清初蒙古新巴尔虎毕喇尔部，属于以部落名称汉化为氏。在唐、宋、元、明、清时期中央政府推行的羁縻政策及改土归流运动中，流改为汉姓毕氏，今彝族、土家族、苗族、鄂温克族等少数民族中均有毕氏族人分布。

【得姓始祖】

奚仲（任仲、姬仲）、毕公高（姬高）、刘曜、阿史那·社尔，周初著名政治家。

《万姓统谱》记载："《左传》有毕万，《晋语》有毕阳。"商朝末年，周文王的第十五子高，随周武王兴师伐纣立下赫赫战功。西周建立后，他负责处理被商纣王关押的犯人。他采取宽大为怀政策，平反了不少冤案，表彰了因直谏受害的功臣，因而声名鹊起，为"周初四圣"之一。后被周武王封于毕国，爵位为公。世称毕公高。武王驾崩后，其为顾命大臣之一，他与周、召二公等一起辅政，使周王朝的经济文化有了较大的发展，并形成了"成康之治"的盛世。他的后人有一支以国为氏，称毕姓。他们尊毕公高为毕姓的得姓始祖。

【入闽迁徙】

3000多年前的毕国，在今陕西长安、咸阳两地之北，也就是说，渭水的南北两岸乃毕姓之发祥地。春秋时，毕公高的后裔毕万仕晋，因功封于魏，到其曾孙魏文侯时，三家分晋，因此有毕姓改成魏姓者。毕姓太原郡望、河内郡望、河南郡望已日益壮大，北魏出连氏改毕姓后，入迁洛阳，使毕姓河南郡望尤为昌盛，并荫及河内。

宁化《湖村乡志》载：宋中叶，毕姓迁入泉上里乌村罗坊老虎岩右侧建村居住，名其地为毕家园，全为毕姓。清咸丰八年遭太平天国花旗军清洗，毕氏全家被杀绝者40户，余皆外逃，村庄被毁灭。目前福建毕氏未尽聚落，多为散居家族。

【入垦台湾】

明清时期，沿海之毕姓赴台，台湾光复后各省毕姓族人也迁徙台湾。毕姓族人台北比较集中，其次是高雄、基隆，另外前亭市县也有散居。与此同时，部分毕姓族人迁徙到东南亚和欧美各地者。

【郡望堂号】

《姓氏考略》上说："周文王第十五子毕公高之后以国为氏，望出河内、东平、太原。"

主要堂号有扶风堂、东平堂、河南堂、河内堂、太原堂等，以望立堂。

第八节 卜 姓

卜姓是一个极其典型的多民族、多源流姓氏群体，在当今姓氏排行榜上名列第 92 位，人口约516000 余，占全国人口总数的 0.038% 左右。在台湾排名第 204 位。

【渊源】

1. 据《风俗通》所载，"氏于事者，巫卜陶匠是也。"商、周朝廷中专管占卜的长官称太卜，其从属官员称为卜人，他们的后裔有以卜为姓，称卜氏。夏时太康之弟封于莘（故城在今陕西合阳东南），因其弟曾任占卜之官，其后以官为氏。

2. 出自姬姓。据《路史》所载，"夏启后有卜氏，又叔绣后有卜氏。"夏启是大禹的儿子，是中国历史上第一个世袭帝位的人。相传夏启庶子封在莘国（今陕西省合阳县东南），他的后裔以卜为氏；又周文王之子滕叔绣曾任占卜之官，其后有卜姓。

3. 据《姓苑》所载，周礼卜人之后，以官为氏。

4. 据《通志·氏族略》所载，春秋时晋国卜偃、秦国卜徒父、鲁国卜楚丘，其后人以官为氏。

5. 出自他族或他族改姓。

【得姓始祖】

卜商。春秋末温（今河南省温县）人，晋国学者。字子夏，孔子得意门人，为七十二著名弟子之一，以文学见称。孔子死后，卜子夏在孔墓守孝三年，之后即到西河（今河津一带）设教讲学，传播儒家思想，足迹遍布汾阳地区（南起河津、万荣、北至文水、交城），一直生活了 55 年。培养了不少治世人才。著名的有春秋战国时的吴起、李悝、公羊高、谷梁赤、段干木、田子方、禽滑厘等。魏文侯等尊他为师，常向他咨询国政。他精研《诗》教，明于《春秋》大义，兼通《易》《礼》。晚年讲学西河，主张为人君者必读《春秋》，防止权臣篡夺。魏文侯亲咨国政，待以师礼。晚年丧子，悲伤过度，以致双目失明，定居辛封村（今阳村乡东辛封村）。死后葬于东辛封村南。唐贞观二年（628）朝廷下令

全国把卜子夏的牌位放到孔子庙和孔子一同祭祀，并开始整修墓地。唐开元年间，被封为魏侯。宋度宗咸淳年间晋封卜子夏为"魏国公"。今有墓碑、祠堂。著有《卜子书》《子夏易传》《圣门十六书》《周易卜商传》，与子游等人合著《论语》。

卜偃、卜徒父、卜楚丘、卜式。据《姓氏考略》记述：晋卜偃，秦卜徒父，鲁卜楚丘，皆以卜筮官，其后所以为氏。卜姓系以职官、职业为姓，属于以技为氏一类，皆出于古代从事占卜职业者。古代大凡出猎、征战、风雨、年成、祭祀、婚丧、疾灾等事，都想预知吉凶，占卜者遂应运而生，并产生专管此事的官职。卜巫是上古时代非常重要的人物，一般由氏族部落首领，或者首领的亲族，或者智者、长者担任。史称夏代开国君主夏启、夏王太康之弟曾任此职，又周文王之子滕叔绣亦任此职，春秋时晋有卜偃、鲁有卜楚丘、秦有卜徒父俱任此职，其后有以官职为氏者，遂产生卜姓。尤可一提的是晋掌卜大夫卜偃，其卜技高超，百不失一。史书中对其有较详尽的描绘，其除运用卜甲、卜骨占卜外，还可运用沙鹿崩、枢有声如牛等物事变异进行铁口直断，堪称妙绝。因晋地之西河卜姓尊其为卜姓始祖，而西河后昌盛为卜姓郡望，故史书有尊卜偃为卜姓得姓始祖的。

【入闽迁徙】

宋嘉定七年（1214），世居山东巨野县的卜弼任汀州府上杭县知县事，携家眷随仕，任满后开基于上杭县胜运里太古村（今庐丰乡太古村），为闽粤客家卜氏始祖，其墓在上杭北门。卜弼4世孙卜纯明于宋末迁粤东程乡（今广东省梅县），为粤东卜氏始祖，梅县有谚："未有梅州，先有杨古卜。"卜弼后裔播迁闽西上杭、武平、长汀、新罗及粤、赣、云、贵、川、湘、桂、台及东南亚各国。

卜氏入迁宁化时间较早，宋初宁化就有卜氏定居垦殖。宋末逐渐外迁。

广东最早的卜氏居民，是元朝时从福建上杭迁来，其时，上杭人卜纯明到广西太平府（治所在今崇左市）做官，后来粤定居于今梅县松源，成为卜氏入粤始祖，后卜氏迁至梅州及广东各地。

卜氏历史名人与广东有关系的，当数元朝时以厉风纪、清吏治闻名的工部主事、刑部郎中卜天璋（1250—1331）。卜天璋是洛阳人，曾在工部、刑部任职，后累迁广东廉访使。天历二年（1329）拜山南（今湖北襄樊、汉中一带）廉访使，至则厉风纪、清吏治，有治绩。曾上《中兴济治策》万余言，切中时弊。后谢病归。

卜大同，浙江省秀水人，明代官吏。嘉靖进士。初授刑部主事，累迁湖广布政使参议，镇压苗民反抗，官至福建按察副使。时倭寇侵扰沿海，大同设策防御之。著有《备倭图记》等。

揭阳的卜氏居民多于宁化客家，上世纪初从梅州迁来。卜氏居闽，裔传粤，世系清晰。

【入垦台湾】

清代，福建、广东卜姓入垦台湾，台湾光复后各省卜姓都有迁徙台湾。目前人口数百人。台北比较集中，高雄、台中其次；其他市县也都有分布。当代有新闻界人士、政论家卜少夫（1909—2000），南京《中央日报》总编辑，曾被增补为台湾"立法委员"，在港台他最早反对"台独"，1990年起参与两岸和平统一大业。

【郡望堂号】

卜姓望出西河、武陵、河南。西河郡（治所在内蒙古东胜县境）、武陵郡（今湖南省常德市一带）、河南郡（今河南省洛阳市一带）等。常用堂联有"巨野振家声，续署乌罗，文学渊源东鲁重；杭川为牧守，疆开太古，风规道理西河传"。上联指卜商的史迹，卜商，字子夏，孔子的得意门生，以文学见称，到魏国西河、巨野等地讲学，魏文侯尊他为师；下联指客家卜氏始祖曾任上杭县令的卜弼。

堂号：西河堂，闽粤始祖卜弼裔孙的堂号为"西河堂"，望出西河，《史记·仲尼弟子列传》载："子夏居西河教授，为魏文侯师。"子夏就是卜商。卜商后代迁出山东的卜阡富，生八子，卜弼正是他的第八子。

此外，卜氏的主要堂号还有：武陵堂、忠烈堂、西河堂、中兴堂等。

蔡姓在宋版《百家姓》中位列第155位。全世界约有蔡姓人口800万人；截至2013年，当代蔡姓总人口达到600万，约占全国总人口的0.46%。蔡姓人口在中国姓氏中位列第36位，在福建排名第11位。

【渊源】

1. 源自姞姓。姞姓是黄帝直系后裔。东汉学者王符的《潜夫论·志氏姓篇》："姞氏封于燕，姞氏之别有阚、尹、蔡、光、鲁、雍、断、密须氏八个氏族。"蔡是其中一支，蔡国为商朝属国之一，大约位于今天的河南北部地区。

2. 源自姬姓。公元前1046年周武王灭商，封其弟度于"祭"（蔡），史称蔡叔度，至蔡平侯时，迁于新蔡，昭侯迁于州来（今寿州），公元前447年蔡国被楚国所灭，子孙以国为姓。

3. 源于地名。相传伏羲帝画卦于今河南上蔡一带，这里盛产祭祀用的蓍草，其地遂名祭，古时"蔡""祭"二字通用，当地居民便以地名蔡为姓。

4. 源于外族改姓和蔡氏加入少数民族。少数民族中的布依族、壮族、满族和台湾高山族同胞中都有蔡氏。

【得姓始祖】

蔡叔度，姬姓，名度，排行叔，周文王姬昌的元妃之第五子，武王之弟。叔度佐武王伐殷有功，封"祭"（古代同"蔡"）掌管朝廷祭祀大事。文王继位，重新封蔡叔的儿子仲胡，历25代国君，蔡国亡，后人尊蔡叔度为蔡姓得姓始祖。

【入闽迁徙】

东汉就有蔡氏入闽。永嘉之乱时入闽，"及晋东迁，衣冠南渡，或东或西或南或北，或温陵之兴化"。蔡天师入闽传道，子孙播迁闽东各地。

唐总章二年（669）从归德将军陈政父子入闽者有陈、张、李、王、吴、蔡、杨、许、郑等共58姓。唐垂拱二年（686）有蔡氏族人随陈元光入闽，有蔡长眉、蔡德明等，居于漳州、浦州，又迁念都鸿儒屿，其后子孙繁衍，分别迁往龙溪、赤岭及广东广州等地，后裔在漳州、厦门以及广东，进而播迁海内外。开基南闽之兴化军。蔡氏《梅州松源开基谱》说："蔡允恭，字大中，蔡叔二十四世裔，于唐高祖时擢赐进士，出身廷试，对策翰林为十八学士之长，恭参军政事兼左丞相，赠银青光禄大夫，河南济阳开基，后（裔）迁徙福建。"被尊为入闽开漳始祖。其后裔迁漳州、泉州、长乐、长汀、武平，再派衍于粤东。入汀州始祖是蔡允恭裔蔡七郎，于明初迁入汀州府长汀县蔡坊，裔迁上杭。另一支是清顺治年间，漳州蔡天成迁武平县中山。

唐朝德宗贞元十九年（803），金门成为朝廷准奏的牧马区，福建观察使在烈屿设牧马寨，牧马侯陈渊带领蔡、许、翁、李、张、黄、王、吕、刘、洪、林、萧12姓氏族人在金门庵前村丰莲山一带牧马，大家同心协力，马匹千百成群，金门因为陈渊与12氏族的拓垦，逐渐繁荣起来。后代为感谢陈渊，尊称他为"开浯恩主"。

唐大中元年（859）蔡镐入闽击贼，封兵马使，居莆田、泉州、惠安港干之北山。唐乾宁三年（896）蔡用元、蔡用明炉从王审知入闽。乾宁四年（897）蔡炉带53姓开业建州。

唐大中元年（859）蔡镐入闽击贼，封兵马使，居莆田、泉州、惠安港干之北山。据明嘉靖张岳《惠安县志·卷十·典祀》记载：蔡镐，唐代官吏，生卒年月无可考，"济阳蔡四使庙，在十都吴山之南（今惠安南埔镇沙格的湄洲湾边）唐大中（849—859）兵马使"。

唐咸通年间（860—874），蔡一翁（即蔡用明）由固始入闽，授莆田尉，继仙游卜居晋邑南城外青阳村，传13世，世辅，生3子，次子蔡让迁潮州；第3子蔡贵治迁居南溪。第17世蔡智生子蔡信。明嘉靖年间（1522—1566），第19世孙蔡振吾迁居福建明溪城关，为明溪蔡氏开基始祖。蔡振有3个儿子：蔡廷缵、蔡廷绍、蔡廷纲；其中，次子蔡廷绍又有6个儿子：蔡学孟、蔡学颜、蔡学圭、蔡学元、蔡学程、蔡学朱。幼子蔡学朱的裔孙蔡胜忠（又名华新）迁居三元区星桥。后来，又有后裔迁居明溪瀚仙石珩。（见明溪雪峰《济阳蔡氏族谱》）

唐乾宁三年（896）河南蔡姓又有随王潮、王审知闽王入闽。蔡用元、蔡用明分别开拓仙邑与晋江。

乾宁四年（897）蔡炉开业建州。建阳谱记载：蔡炉"乃弋阳郡光州固始县人，乾宁四年为建阳县长官，同妹夫刘翱，西河节度使翁郜，率五十三姓入闽"，"越二年择建阳县麻沙而居"；后世又迁至广东梅州。

唐末，为避战乱，有蔡氏诸子孙侄分散而居宁化。（见《崇正同人系谱》）台湾《蔡氏族谱》载：先祖有李通者，以与韩侂胄忤，宋庆元间（1195—1200）窜道州，子孙分散。后自宁化迁梅州。

江西《宁瑞蔡氏十二修族谱》：唐末五代初，蔡九承事号浚济公，由长安调任虔州教授，经石城场迁居虔化松上里坪山。宋代之后，迁宁化、长汀，继迁上杭、清流、仙游、兴宁、梅县等地。

南宋初，蔡福粤迁居宁化。据《河婆风土志》载：以淑公为始祖（一世），传至二十五世福粤公，由河南汝上蔡迁居福建宁化赤岗高梧村，而后，继徙粤地程乡（也有族谱称迁居广东梅州松源）。福粤生二子：长禄兴返迁宁化；次禄星立基程乡，后衍河婆。

【入垦台湾】

唐宋时期就有蔡姓家族去台经商以及福建晋江（今泉州）周氏、蔡姓等就有到台湾北港捕鱼的历史记载，《西山杂志》手稿记述：宋室遗臣与元兵在福建晋江东石、围头一带大战12次，因元兵焚劫，闽南沿海，兵荒马乱，东石等地的陈、林、许、蔡、张等姓的居民大批迁居台湾和海外。元初汪大渊《岛夷志略》澎湖条也说："泉人结茅为屋居之。……工商兴贩，以广其利。地隶泉州晋江县。"长期以来，大陆的陶瓷、铁器、药材、茶叶、丝绸主要靠福建各个港口的海船运到台湾，台湾的大米、蔗糖运到

闽东南再转口各地，海上贸易十分频繁。台湾嘉义县布袋嘴蔡姓是晋江东石玉井的"莆阳衍派"，他们于明嘉靖初年（1522）就在此开基，成为晋江东石最早踏上台湾的有记载的蔡姓人。明熹宗天启年间（1621—1627）福建莆田人蔡文举渡海到达台湾，在台南市创设慎德堂，后迁居高雄岗山镇，是蔡姓入台最早者之一。台湾《蔡氏族谱》：先祖蔡李通，以与韩侂胄忤，宋元间，窜道州，子孙分散，后自宁化迁梅州，后裔迁台湾。郑成功父子治理台湾20多年间，闽粤各地蔡姓人追随而到，其中在郑氏部下任职者有礼官蔡政、掌稿参军蔡鸣雷、宗言司蔡济、左冲镇蔡文、副将蔡悄等，清以来有闽粤蔡姓不断入台开发，成为台湾大姓之一。台湾一度被荷兰侵占，至明末郑成功收复了台湾。随行的将领中有不少姓蔡的。蔡秉元（又名惟景、字炳寰），本是明末号称百万的大海商，郑氏起义，他即捐资助饷，并将他在凉下村的埭田，捐为郑军的屯田，后又将海船献出，率族随军东渡台湾，定居台湾，成为开发嘉义的又一先驱。

《东石玉井宫蔡氏长房三延科公派家谱》记载，其族人在康熙末年自11世至15世赴往台湾220多人，迁居嘉义县的布袋、新塭、东石、郭岑寮、虎尾寮等处，据闻仅仅这一支派的后裔现已发至4万多人。《东石玉井蔡氏长房三惟谅公派下家谱》记载康熙年间从12世到18世赴往台湾36人，定居点除嘉义外，还有笨港、台南、东港等处。《东石玉井蔡氏二房长守庆公派下家谱》记载："去台定居的也有68人。从台湾的移民潮中，闽南占大多数，客家和其他较次之。"

台湾蔡求编著并注明，"贵山祖土城后裔，西霞蔡氏族谱"的台湾《蔡氏族谱》，详尽注明了蔡姓的远祖源流考、蔡姓阖宗字行以及台湾鹿耳门虎尾寮蔡姓谱系，附有温陵晋邑十都龙江仙迹境西霞蔡氏谱图、长房3支5世至9世谱图、新塭派（由晋江县十八都）谱系等、济阳堂字行、金门琼林后营派谱系等。清初有蔡月等7人，居今高雄市旗后并建妈祖宫。康熙年间，有蔡廷和垦现在嘉义民雄。雍正年间，闽人蔡妈面入垦今云林县大埤乡。漳州

蔡德建携眷进入今台北万华。道光年间，有蔡氏陞居今台南县盐水镇。光绪年间，蔡华光等入垦新竹县。

琼林蔡氏族谱序载：先世自光州固始迁福建同安，再迁到浯州之许坑，有十七郎者，赘于金门琼林陈家。据安溪族谱记载：十七郎玄孙蔡景寿之五世孙蔡继贤赘于安溪陈家。另有族谱载明永乐年间，蔡永元与胞弟永德、堂弟尚玉自海澄白石迁入平和爽泽开基。另载，唐初陈元光入闽先居漳浦，后迁念都鸿儒屿，子孙于清康熙年间，迁居同安烈屿（今金门烈屿）。

因此，台湾的蔡姓宗亲多次组团回大陆寻根，台南市济阳柯蔡宗亲会河南上蔡县寻根考察后，由蔡忠雄撰写了《考察记实》，都认为蔡叔度、蔡仲、蔡襄、蔡忠烈（道宪）是其祖先。世界柯蔡宗亲总会则认同蔡仲始祖，蔡叔度为太始祖，蔡襄、蔡忠烈是其先祖。世界柯蔡宗亲总会宗长与专家们，长期探索研究、整理了现存的渡台38个大派系资料。自清康熙至乾隆年间（1662—1795）大陆渡台者有24个派系。自清嘉庆至光绪年间（1796-1908）有14支派。

蔡姓家族在台湾是人口众多，人口超过60万，主要分布在以台南、嘉义为主的各个地区。台湾的蔡姓宗亲有强烈的爱国爱族爱乡的感情，很早就有自己的组织。许多蔡姓家族被迫举家迁回大陆和流向世界各地，近几十年来，台湾蔡姓宗亲在广大海外柯蔡侨胞的大力支持和帮助下恢复了宗亲组织活动。现在有台北、高雄、基隆、桃园、新竹、苗栗、台中、南投、彰化、云林、北港、嘉义、台南、屏东、宜兰、花莲、澎湖等18个县市地区20多个宗亲会和数十个活动场所。

当代蔡姓，在台湾是举足轻重的家族。蔡姓家族在工商、金融、科技、文教、卫生、社会事业各界更是人才辈出，名门望族林立，有著名的蔡永勋、蔡绍华、蔡崇伟、蔡万霖、蔡振锦、蔡万才等等家族。他们都是当代著名的家族，蔡万霖、蔡万才兄弟在台湾金融界、保险界的成就举世瞩目。

【郡望堂号】

济阳郡：晋惠帝时分陈留郡置郡，治所在今山东省济阳。约相当今河南省兰考东境、山东省东明

南境。晋室南渡后废。

此外，还有汝南郡：治所相当于今河南省商水县西北。丹阳郡：治今江苏省镇江市。高平郡：治今宁夏回族自治区固原。南阳郡：治今河南省南阳市。朔方郡：治今陕西省靖边。

济阳堂：以郡望为堂号，一般是蔡氏总堂号。

九峰堂：宋朝蔡仲默，少年时跟朱熹学习。他30岁就放弃科举，专攻理学。隐居在九峰，人们称他"九峰先生"。

龙亭堂：东汉蔡伦，发明造纸，对文化事业的发展，立了极大的功，封"龙亭侯"。

此外，还有福谦堂、九贤堂、惟寅堂、承启堂、亲贤堂、贺岁堂、克慎堂等。

【祠堂古迹】

青阳蔡氏家庙，位于泉南晋江市青阳厝乡内，是泉南一带较著名的宗祠建筑。是青阳蔡氏六世蔡常安于宋熙宁间（1068—1077）钦赐进士后而建的家庙。至13世蔡贵时，家庙倒塌，于14世蔡西往多方集资修建。明初重建，明嘉靖四十年（1561）遭倭乱焚毁。万历十二年（1584）重修，历代重建。宗祠坐北朝南，建筑面积633.50平方米。

福州蔡忠惠公祠，坐落于福州市仓山区下藤路。始建明洪武年间（1368—1398），蔡襄第八代孙蔡伯起迁居福州下渡兴建。坐东朝西，占地面积585平方米。

建阳蔡氏宗祠，又称蔡氏九儒祠堂，坐落于麻沙镇水南村，原是清朝乾隆年间的古建筑，2003年进行全面翻修，建成现在的建阳蔡氏大宗祠。坐西北朝东南，占地552平方米。

蕉城蔡氏家庙，蕉城蔡氏的一个支祠，它是以漳浦蔡新后裔名义，依照文庙规制修建，主体建筑分三进，坐西朝东，砖木结构。附属建筑还有照墙、泮池、仪门、文昌阁等，布局顺地势前低后高，错落有致。

塘东村东蔡家庙，"塘东崎（陡），檗谷大"，其中，"塘东崎（陡）"指的是塘东村的"东蔡家庙"，屋脊斜度为泉南之最。

大仑蔡氏家庙，位于石狮市大仑村，以大仑始祖厚翁故居为祠，明嘉靖辛酉年岛夷犯境被焚。至

清康熙乙丑年（1665）重建，总占地 312.3 平方米。

石狮容卿（洋坑）蔡氏家庙，于明永乐年间（1403—1425）始建，万历乙巳（1605）重修，清道光庚子（1840）由蔡庆宗重建，蔡本烈于道光二十一年辛丑（1841）撰文立碑，民国辛未（1931）蔡培庆主持修葺，1995 年重建，为二进三开间。

石狮玉浦蔡氏宗祠，祠堂始建于明正德十六年（1521）辛巳春月，经越百余春秋，祖祠竟遭海氛兵焚之难，焚没无存，沿至清康熙三十九年（1700）庚辰重建，2000 年端月再重建，宗祠座艮坤丑未。

古山加曾寨蔡氏宗祠，始建于清初，地址在古山，二进三开间带护厝，埕前有旗杆，加曾寨至倒石埔交界有一墓道碑，系清诰封二品夫人蔡氏六代大母陈太夫人之墓道，碑立于清光绪二十五年（1899）腊月吉旦。

石狮祥芝蔡氏家庙，建于康熙壬午年（1702），由曾任都督的赓炽主事，雍正甲辰（1724）由蔡积玉等主持重修。1995 年于原址重建。重建后的家庙坐北朝南。

石狮莲塘蔡氏家庙，莲塘位于石狮市东北部，莲塘蔡氏家庙自兴祖振塘公崇祀祠堂以来，经历代修葺，现家庙占地余 500 平方米。

【楹联典故】

琴声字体中郎业，荔谱茶笺学士风。

——蔡氏通用楹联。

温陵山水万重尽收入吾家眼界，青阳烟火千户独占此高峰顶头。

——晋江青阳蔡氏祠堂大厅楹联。

桥留松荫，纸造桂阳。

——蔡姓宗祠通用联。上联说北宋大臣、书法家蔡襄（福建人）。下联说东汉造纸术发明家蔡伦。

理学传程朱之脉；著述授谷梁之书。

——上联典指南宋理学家蔡元定，下联典指汉代学者蔡千秋。

相宝琼林历宋、历元、历明、历清，祖德千年不朽；敷功帝阙为卿、为伯、为臬、为宪，孙谋百世长光。

——蔡姓宗祠通用联。此联为金门琼林村蔡氏家庙联。

琴声经学先生事；荔谱茶笺学士风。

——上联典指南宋理学家蔡元定，下联典指北宋书法家蔡襄。

自九峰别派龙峰，衍百代弘扬祖德；由仙里卜居犀里，至三世以嗣乡贤。

——此联为莆田蔡氏宗祠"建阳堂"联。

济阳衍派家声远，忠惠传芳世泽长。

——石狮容卿（洋坑）蔡氏家庙楹联。

派本琼林（金门）原由固始，地名嶝屿宅定北门。

——同安大嶝北门蔡氏祠堂。

【族谱文献】

闽台蔡氏族谱有《蔡氏族谱》清代莆田蔡氏家传抄本。始修宋绍兴十六年（1146），淳熙四年（1177）蔡戡续修，历代增修。不分卷。录有宋、明、清诸谱序，以及裔宗蔡襄作的《荔枝谱》等 7 篇，主要宗族世系图，列载各房支脉分衍的情形。谱载南唐司空 5 代蔡用元随王审知入闽择居仙游，肇族繁衍。名人宋蔡襄，字君谟。建阳《庐峰蔡氏族谱》，始修于宋代，有蔡发修本和嘉定年间蔡希清修撰本，历代增修，民国六年（1917）增修，木活字本 16 卷 16 册，有历代修谱诸序，有宋熊禾、清陈宝琛的墨宝，录有蔡炉等先祖 26 人的像赞，宋真宗、示熹、真德秀等名人所作的像赞文、序文、墓志铭等诸多篇章，详载宗族谱系图录，各支派分衍情况，以及社会名流的赞颂文章。开基始祖蔡炉，为东昌刺史、凤翔节度使，乾宁四年（897）谪迁建阳县长官，迁麻沙。名人有蔡元定、蔡杭等。另平和《济阳闽漳蔡氏族谱》，始修于宋代，1998 年漳州蔡氏及台港澳粤族亲合修，分 8 卷。另清光绪十年（1884）《青阳蔡氏族谱》钞本 4 册；《青阳三修蔡氏族谱》6 册。另《浯江琼林蔡氏族谱》为金门琼林族谱。始修明嘉靖八年（1529），清道光元年（1821）蔡鸿略等主持重修。始祖西汉蔡勋来自光州固始，五代初年入闽，迁同安之西市，再渡海浯洲许坑。许坑蔡氏传到十七郎，入赘于平林陈十五公，为琼林蔡的始祖。《石狮大仑蔡氏族谱》陈永沛等编，1997 年编撰钞本共 34 册。《鸿儒蔡氏源礼祖派下小谱》台北蔡清标编，民国二十五年（1936）钞本。始迁祖蔡舆好，主要分布在台北、新庄、三重、五股等。

第十节 曹 姓

曹姓在当今中国姓氏中排名第32位，约占全国汉族人口的0.57%。在福建系前百名姓氏，排名第66位。在台湾排名第58位。

【渊源】

1. 相传黄帝之后裔祝融氏吴回，在帝喾时任火正。吴回之子陆终娶鬼方之女为妻，生六子，第五子名安，在大禹时因帮助治水有功，被封于曹（今山东省邹县东南），后代以曹为姓。

2. 出自姬姓，以国为氏。周武王把自己的弟弟振铎封于曹国（今山东省定陶县西南），称曹叔。春秋后期，曹国为宋国所灭，其后代以国名"曹"为姓。

3. 与夏侯氏同源。东汉桓帝时，宦官曹腾为中常侍大长秋，被封为费亭侯，曹嵩原姓夏侯，由曹腾收养而姓曹，曹嵩继承曹腾爵位。曹嵩之子曹操及三国时期魏国的各位皇帝，是其后代，形成著名的郡望谯国曹姓。

4. 古代西域"昭武九姓"的曹国，是战国后期曹人后裔西迁中亚的后代，隋唐时期迁居中国内地，仍以曹为姓。

汉代初年，曹姓人的一支南迁到谯郡亳县（今安徽亳州），发展为曹姓望族。东汉时，一支曹姓南迁到今浙江一带，生息繁衍。西晋末年，山东大批曹姓向南方或其他地区迁徙，从而有了更为广泛的分布。

【得姓始姐】

曹振铎。一般认为，其中出自姬姓的曹氏是最重要的来源，曹叔振铎亦被认为是曹姓始祖。周武王灭商建立西周后，姬振铎封在了曹，而把曹安的后代改封在邾国（今山东曲阜）。姬振铎在他的封地曹建立了曹国，定都于陶丘，所以又叫曹振铎。曹振铎建立的曹国于公元前487年为宋景公所灭，其后代之子孙便以国为氏，称为曹姓。曹振铎也就被视为曹氏始祖。

【入闽迁徙】

魏晋南北朝时，因北方连年战乱，曹姓开始大举南迁。曹姓入闽东开基祖的目的是访道求仙，烧丹炼药，他们的落脚地应该是宁德的霍童大、小童峰下的鹤林宫。鹤林宫，始建于南朝梁大通二年（528），据明何乔远《闽书》卷三十一载："鹤林宫，在霍童村，褚伯玉修真之地。东晋时，褚伯玉居南霍，游行诸山，至梁大通二年正元日，驾鹤登天，赐号鹤林。"唐天宝六载（747），玄宗赐篆书"霍童洞天"，明代嘉靖十三年（1535）为洪水荡析。现遗址尚存，遗有石柱、石杵、碑刻等，是福建最早的道观之一，也是古代道教南方活动中心。据史书记载，曾有韩众、茅盈、左慈、葛玄、郑思远、王玄甫、褚伯玉、陶弘景等20多位著名的道家修炼于此。南宋著名道士白玉蟾、诗人罗太瘦（自署江南剑客），明代进士林保童、刑部尚书林聪留有诗文。蕉城曹氏的始迁祖有曹姓的"入闽始祖"之称。人口主要分布在沿海的蕉城、福安、霞浦等县（市）。

唐高宗总章年间（668—670）陈政，陈元光奉命入闽，曹姓也从此开始迁入福建。根据南平、龙岩、泉州等地市曹姓谱牒的记载，曹姓于唐高宗总章二年（669）随陈政、陈元光父子奉旨入闽平乱，其中就有固始的曹姓将佐。同一时期迁入的还有龙岩的曹淳厚，据龙岩清代《曹氏家谱》记载：曹姓远祖淳厚，系唐代徽州婺源（今属江西）人"于仪凤年间，由府兵都校随从陈昭烈将军入闽，分驻漳、泉和苦草镇（今龙岩）一带"。

唐代末年，曹姓先人为避黄巢之乱，举家南迁，因此，福建沿海一带均有曹姓居住。闽北曹姓是唐乾符年间（874—879），河南光州固始的曹朋三兄弟从固始迁徙至福建。曹朋任汀州司录摄沙县事，称为沙县"开县始祖"和"入闽始祖"之一。至南宋时期发展成为大姓。

宁化曹坊《曹氏族谱》载：宋初，彬公，为宋将，封武郡公。至十七世定昌，生二子，明贤、明贵。次子明贵由山东曹州迁居宁化石壁，为入闽曹氏开基祖。历传至德坚，又称椿公，生五子。长子乔生，宋淳祐七年（1247），官授汀州武节郎，至淳祐十一年（1251）任满，其弟远生，于咸淳年间自浙江台州迁汀州宁化。远生卒后，其子大郎尚幼，随母扶柩办丧之后，回至宁邑会同里（曹坊乡），就地卜居，远生被奉为曹坊始祖。远生公葬于曹坊石牛大沃里屋背生龙口，远生公一系在曹坊肇基已历740多年，裔孙分衍闽、粤、赣诸省地，仅宁化子孙即达2万多人。后裔迁上杭南蛇街及长汀。五世伯三郎迁宣和；另一支居童坊。清代，在曹坊上曹村即建有曹氏家庙，亦称远生公祠或称"山下祠"，堂号"追远堂"，主祀肇基祖远生公。屡经维修，保存至今。在上曹村小河边还建有曹氏宗祠，亦名八甲祠，堂号"敬睦堂"，奉祀远生公裔孙五益郎。

梅县《曹氏族谱》载：鼻祖彬，宋将，封武郡公，传至十七世定昌，生二子，明贤、明贵。明贵于山东曹州南迁居于宁化石壁，为入闽始祖。后传八世文林，生三子。长子法录，又名十郎，于明孝宗年间，扶母自宁化石壁迁居广东梅县西坑。十郎为嘉应曹氏始迁祖。后裔衍蕃东安、瑞金及惠州、兴宁。

《客家百姓南迁史略》：远生，为宁化始祖。传至仁敬、义敬、济敬三兄弟，于明天顺二年（1458），自宁化徙居安远寻乌，后又迁兴宁。

上杭《谯国郡曹氏家谱》：宋理宗宝庆年间，朝散大夫曹宁之子曹椿，为汀江武节郎，其孙曹远生，号南老，登进士第，官福建汀州知府，由徽州入闽汀州。卒后，其子曹大郎随母扶柩葬于宁化县会同里吴家窠，遂居其地，以曹椿为祧祖；以远生为始祖。以姓名其乡曰曹坊。

平远《曹氏族谱》载：谯郡曹氏淑良公，传至十三世振荣，约在北宋徽宗年间，自亳州辗转迁至福建宁化县石壁乡定居，振荣公为我族闽粤赣各支系的先祖。

宋崇宁年间，淑良公十三世孙振荣公，南迁至福建宁化县石壁乡葛藤坳为始祖，谱诗曰：祖公血脉在山东，源流十三振荣公；先前文武在朝辅，裕

后官员孝义忠。迁移闽省落担祖，基业宁化作粮翁，石壁乡中名誉显，葛藤坳上受诰封。裔孙广布粤、赣、台、港及东南亚各国。十世祖存瑞公清康熙年间西迁四川，先在自流井大山铺长石塔置业，后移自流井大榾桶肇基，裔孙甚众。

宋理宗宝庆年间（1225—1227）有朝散大夫曹宁之子曹椿，由浙入闽为汀州府武节郎。曹椿之子远生，号南老，登进士，官汀州知府，卒后，其子至刚（又叫大郎）随母扶父柩回浙，途遇大雪阻路，只好葬于宁化县会同里吴家窠（今曹坊乡）。远生为曹氏入汀州始祖，曹氏后裔将名其住地曰曹坊。清乾隆五年（1740）在曹坊乡上曹村建有曹氏宗祠，祠内有联："浙水发源清秀丽，鄞江司牧兆征祥。"曹远生传三世六郎，始迁榆林坝（今宁化县曹坊乡上曹村）开基。六郎生八子，长子十一郎裔孙部分居长汀县大源坝，部分迁上杭县通贤岭头；七子十七郎迁长汀县城金花坊（今汀州镇东街），其子伯三郎迁宣河（今连城宣和），裔孙松寿迁上杭县才溪、德寿迁广东梅县丙村、继山（又名长寿）迁上杭县旧县梅溪、子英迁明溪县。曹松寿传六世孙宗庆，迁上杭县南阳射山。远生另一支派二十一郎，由宁化县迁居连城县半溪，又徙上杭县横桥前坑开基。二十一郎生二子：三十二郎、三十六郎。宋末，三十二郎移居广东大埔县茶阳开基，今广东大埔之曹氏均是三十二郎派下；三十六郎移居广东饶平县西坑内曹乡。

闽西《宁化县志》记载该县80余个重要姓氏，宋代迁入的有曹姓。依据福建上杭、长汀、武平曹姓族谱记载，闽、赣、粤曹姓是曹彬第七子曹琮之后。五代中期，曹芸生曹彬。曹彬乃北宋名将，字国华，真定灵寿（今河北灵寿）人，封鲁国公，追谥武惠王，生七男：璨、珝、玮、王应、玘、珣、琮。琮生伶，伶生偶齐，偶齐生宁，宁生德胜、德坚（即曹椿），椿生乔生、远生等五子。南宋偏安江南，都临安（今浙江杭州），曹彬后代，居官南宋，朝廷从河南迁浙江。曹宁随迁浙江温州，宋理宗年间，为朝散大夫。曹德坚（椿），武节郎，生乔生、远生、远广、远宏、五子名不详。乔生居浙江。远生发祥福建宁化曹坊。

远广发祥广东再发江西二都县黎村平上。远宏发祥江西信丰。第五子不详。

曹远生，先入闽为官，后在宁化曹坑开基。字南老，号圣庵，嘉定进士，由浙入闽，嘉定十三年任上杭县尹，绍定年间任泉州府惠安县尹，宝祐年间升任汀州牧。其父曹椿，武节郎，随子远生辅政汀州。远生在咸淳年间卒。妣马妙安娘，生大郎。远生卒，妣马氏与子扶枢回浙，途经宁化会同里（今称曹坑）吴家窠，大雪阻路，只好在吴家窠安葬，子大郎守坟。远生成为曹姓入闽西开基祖。曹姓从宁化开基后，后裔除仍守故土宁化外，不少人先后迁徙到长汀、武平、上杭、龙岩、连城、东山、永定、三明以及台湾。其堂号"谯国郡"。

闽西客家曹姓，龙岩较集中，其中连城县的莲峰、莒溪、朋口、新泉、宣和、文亨，有1.3万人。其他主要分布在永定县的高头、凤城、金砂、下洋，上杭县的临江、南阳、官庄、旧县、才溪、通贤、湖洋，武平县的平川、湘店，长汀县的汀州、宣成、濯田、河田、古城、童坊、涂坊、南山、三洲、羊牯，宁化县的城区、济村、湖村、安乐、曹坊、治平、水茜、安远、泉上，清流县的龙津、里田、东华等乡镇。

【入垦台湾】

据传，曹安支曹姓于商周时有一支南迁台湾，成为高山族的一支曹人。曹姓从宁化开基后，后裔除仍守故土外，宋代就不少人先后迁徙到江西省瑞金、宁都，广东省大埔、广西及本省长汀、上杭、龙岩、连城、东山等地，成为当地曹姓的开基始祖。

曹姓资料相传：曹安支曹姓于商周时有一支南迁台湾，成为台湾山地的一支曹姓族人。后世也时有曹人迁徙到台湾，但资料残缺都难于考证。

台湾的曹姓多集中在台北、彰化、高雄、屏东和南投等县市。

据《台湾曹姓宗亲会讯》载，曹姓人于明代由福建平和等地曹国晚等入垦台湾台南，其后裔移垦台北内湖，自从开创曹氏家族入台的先例之后。而后又有福建安溪的曹姓人入垦台北，渐渐遍布台湾各地。雍正年间（1723—1735），福建平和曹何慈率子孙入垦今彰化员林。而后有曹朝招、曹朝泉、

曹廷悦等入垦今台北仕林一带。乾隆年间，平和曹士款入垦仕林，曹晋国入垦今屏东；还有安溪曹姓入垦台北。嘉庆年间，平和曹士誉入垦台北中和，曹士说、曹元云入垦今内湖。道光年间，曹元海入垦今仕林，曹元昂入垦今基隆。咸丰年间，又有曹姓族人入垦今嘉义梅山。据台湾文献考证，台北县士林镇的市街就曾是清雍下年间最先到达台湾的曹朝招工兴建的。

【郡望堂号】

谯郡：东汉末年从沛郡分出置郡。治所在亳州（今安徽省亳州）。治辖相当于今天的安徽、河南两省的灵璧、蒙城、太和、鹿邑、永城之间的地方。

彭城郡：西汉时设置，东汉时改为彭城国。治所在彭城（今江苏省徐州市）。治辖大约在今天的山东省微山县，江苏省徐州市、沛县东南部。

高平郡：晋时设置，治所在今山东省金乡。治辖相当于今天的山东独山湖、金乡、巨野、邹城之间的地方。后来有多次变迁。汉时设置了巨野县，在今天的山东西南部、万福河北岸。

巨野县：因古为大野泽而得名，西汉置县，治所在今山东省巨野。

清靖堂：又称"无为堂"，西汉曹参，在萧何死了以后，继萧何为宰相。他一本萧何时的办法，所谓"萧规曹随"。"省刑法，薄税敛，无为而治"。老百姓因此歌颂他说："载以清靖，民以宁一。"

此外，曹姓的主要堂号还有：谯国堂、敬思堂、崇孝堂、宁寿堂、无为堂、武惠堂等。

【祠堂古迹】

海澄曹姓家庙，又称曹厝祠堂，堂号"敬爱堂"，位于龙海市海澄镇崎沟村，建于元泰定二年（1325）。有"进士""文魁""父子外翰""节励松筠""万古荣业"和"献金救国"（民国时期）匾等共17个。

宁化曹坊上曹总祠堂。祠堂迄今已有250多年历史，仍雄伟矗立，大门高耸、桅阁栉比。祠内宽洁，书联林立。门有联曰："谯国光辉人文蔚起千秋盛，榆林焕彩兰桂腾芳八子兴。"

宁化曹坊曹氏祠堂，位于宁化县曹坊乡上曹村榆林古坝，坐西朝东向，前有河水流过，自北向南

源远流长，后有翠竹茂林烘托，千里高山来龙真脉聚首，是闽西北极为罕见保存完整的清代古建筑群。家庙总占地面积3000多平方米，建筑面积2260平方米。

厚福曹氏宗祠，坐落于长乐市潭头镇曹朱村西侧，始建于明天启年间，后经多次重修。祠堂前靠金潭公路、交通便利，占地面积1300多平方米，建筑面积600多平方米。祠中有22副楹联，正屏柱联"汉家杨骏烈，宋室奏元勋"。前厅正面柱联"厚福家声远，鳌峰世泽长"。

漳平永诜堂，位于漳平市赤血镇香寮村。宋代始建，历代重修。赤水镇曹氏开基宗祠。

【楹联典故】

圣代三升论秀；家风八斗量才

——曹姓宗祠通用联

树绩关中，振平阳千载之武；修名邺下，冠河东八斗之才。

——曹姓宗祠通用联。上联典指汉·曹参，佐高祖定天下而封侯，下联典指三国时魏国文学家曹植，谢灵运曾言天下才一石，子建独得八斗。

法守三章，平阳侯忠诚厚朴；高七步，陈思王藻丽英华。

——曹姓宗祠通用联。上联典指汉·曹参，封平阳侯，曾随刘邦定关中，与父老约法三章。下联典指三国时魏国文学家曹植，字子建，曾七步成诗。

大地钟灵，肇启文明联栋彩；华堂霭瑞，宏开富有接云光。

——曹姓宗祠通用联

世事洞明皆学问，人情练达即文章。

——曹雪芹撰曹姓宗祠通用联。此联为清代文学家曹雪芹撰书联。

石阙灵光昭旭日千秋鼎盛；祖堂瑞气贯长虹万世番昌。

楼金垂典范祖辈辛劳成大业；镌石启人文裔孙奋发立新功。

——宁化曹坊上曹建有总祠堂

【族谱文献】

记载闽台曹氏族谱中较有代表性的有沙县《沙阳曹氏宗谱》，始修于南宋隆兴元年（1163），时朱熹作序；庆元元年（1195），曹羽等重修；元大德九年（1305），曹桂发等增修，明嘉靖二十二年（1543）重修，曹诚作序；明隆庆五年（1571）重修；清康熙四十七年（1708），孙曹志坚、曹志圣等为家谱增入"家训凡例二十九条"；嘉庆七年（1802）续修，曹允丰等作序；至民国二十七年（1938）共有13次修。内容有总世系，关于姓名、字号及其功用与制定，附世系字辈表，各开基祖世系、世录顺序、祭文、庙祠、人物篇、典故、道德篇、艺文等。还有《福建宁化曹坊曹氏家谱》，始修无考，宋理宗时，朝散大夫宁公之子椿公为汀州武节郎，其孙曹远生公南宋咸淳年间（1265—1274）复鹰简命守牧汀州，自浙江台州入闽，为开基祖。远生公之子居宁化会同里吴家窠，三世祖六郎公始迁榆林坝号为曹坊。另顺昌《曹氏族谱》曹理波等修。始修于明万历二年（1574），万历四十年（1612）重修，后历清康熙、乾隆、道光数修，宣统二年（1910）六修木活字本，3卷首1卷。《谯国龙溪曹氏宗谱》清乾隆四年（1739）倪光宗始修，嘉庆年间二修，光绪十一年（1885）曹承谟续修，民国二十九年（1940）陈国猷续修本，不分卷共2册。《龙溪曹氏族谱》始修于明万历二年（1574），活字版。福建顺昌《曹氏族谱》三卷首一卷，曹理波等修，2001年福建省图书馆据清宣统二年（1910）木活字本复印，三册。今本系六修梓行。族中俊彦，代有人出，像传、世系传中皆有详注；世代业农业商，族产渐丰，祭田、祠图亦有详录。现存福建省图。

【族规家训】

居家为父子，受事为君臣，动以王法行事。——曹孟德

第十一节 曾 姓

曾姓是在中国姓氏排行第 36 位，在福建排名第 16 位，在台湾第 16 位的大姓。

【渊源】

1. 出自姒姓，为夏禹的后裔，以国名为氏。相传帝舜时，鲧的妻子因梦食薏苡而生禹，故帝舜便赐予禹姒姓。据《世本·姓氏篇》《元和姓纂》及《姓氏考略》所载："曾氏，夏少康封其少子曲烈于鄫，襄六年莒灭之，鄫太子巫仕鲁，去邑为曾姓。"相传，夏禹的第 5 世孙少康中兴了夏室后，曾把自己最小的儿子曲烈封于一个叫"鄫"的地方，在今山东省苍山县西北。少康的这一房子孙所建的鄫国历经夏、商、周三代，一直到春秋时代，即前 567 年才被莒国所灭。其后代用原国名"鄫"为氏，后去邑旁，表示离开故城，称曾姓。

2. 出自姬姓。西周初，周穆王南征，移封褚姬姓诸侯国于汉阳地区，穆王之裔封在缯邱，春秋时，楚国迁曾国于河南光山西南。战国时，楚国再迁曾国于今湖北随州，后曾国为楚国所灭，后人以国为氏。

3. 外族或外姓冒姓，少数民族中京族、土家族、彝族、苗族、布依族、满族、黎族均有此姓。

【得姓始祖】

曾参，俗称曾子，名子舆，是孔子的贤弟子。春秋末鲁国南武城人（今山东省济宁市嘉祥县满硐乡南武山村，一说山东省临沂市平邑县魏庄乡南武村）。与其父曾点，都是孔子的学生，尽传孔子之孝，他提出"吾日三省吾身"（《论语·学而》）的修养方法，相传《大学》一书是他所著，后世尊为"宗圣"。目前曾姓均以宗圣公曾参作为自己的开派祖先。

鄫侯曲烈，帝舜赐禹姒姓。夏禹的第五世孙少康中兴夏室，曾把幼子曲烈封于"鄫"地，在今山东省苍山县西北。鄫侯曲烈成为了曾姓的得姓始祖。

【入闽迁徙】

唐总章二年（669），陈政以岭南行军总管，入闽平定"啸乱"，有府兵队正曾仲规跟随到漳州，宋封赠辅国将军。据传，曾溥于唐麟德元年（664）从河南申州济阳入闽。

唐大中年间（847—859）河南光州刺史曾高自江西南丰入福州，世居福建。

唐僖宗乾符元年（874），黄巢起义，江西境内的百姓深受战乱之苦，被迫东向溯章水进入福建的汀州，沿韩江以下而分布于潮州各县。南丰曾姓经江西广昌、石城，到达福建的宁化、长汀、上杭，最后达到广东平远、兴宁、五华以及香港等地。

唐光启年间（885—887），曾参（曾子）的第 36 世裔孙曾延世，官为团练使、光州刺史、开闽侯、赠金吾上将军晋光禄大夫，奉旨率家族与其内弟王潮、王审知等攻入福建，转战福、汀、漳、泉诸州郡。于光启二年（886）定居晋江泉州城西的龙头山一带，遂成为曾氏龙山衍派一世祖。子孙初分衍泉州、漳州、福州等地。

宁化方田王屋坑《曾氏族谱》：崇德于南唐保大三年，自永丰西徙。传四世载阳，官将士郎，其 5 世孙盛唐，彦职之子自江西新坡迁宁化江头岭（治平乡）、吾家湖（济村乡）。子孙衍石城、延平、宁都、松溪、寿宁、浦城、归化、汀州、湖广、四川、粤东等地。

北宋政和二年（1112）曾淳由南丰入闽，留居汀州府宁化县石壁，复迁长汀，为入汀始祖。北宋初年，曾旧的 7 世孙曾中彦（曾参 40 世孙）字宗俊，由江西虔州（今赣州）徙汀州府宁化县，他的 5 世孙恩一（曾参 44 世孙）于南宋绍兴年间（1161—1162）再徙上杭县，他的 5 个儿子分居上杭的茶地、蓝溪、庐丰、下都、才溪。曾氏后裔尊曾恩一为入杭始祖，后裔播迁永定、南靖、平和、东山等县。恩一后裔从闽南迁台有上百个支系，如平和开基祖曾觊的后裔曾麻、金盾、可试、日旺、日寿、日柱、柳金、仲兴、启行、昭洲、昭丁、昭煌、昭樟、文回、文渎、文凿、天助等。清康熙年间，南靖曾明捷与妻及4个儿子,曾名奇与妻及6个儿子渡海去台。又曾略裔孙兴梁由赣入闽,先居宁化县,后迁上杭县城郊水南开基,裔迁闽中福州、粤东镇平(今蕉岭县)等地。另曾巩(曾参43世孙,中书舍人,文学家,人称南丰先生)之孙曾惇,素习堪舆,与母舅路过宁化县柳杨(今为明溪县盖洋镇杨地),相其吉地,于南宋宁宗庆元六年(1200)迁入定居,到南宋,裔曾念一郎(曾参49世孙)由盖洋迁连城县城南五里曾屋山(现莲峰镇蔡屋村一带)定居繁衍。民国《武平县志》载:"曾氏皆祖巫公之后,曾点及参,世居武城。十五传据迁庐陵之吉阳。至宋五十三传裕振,迁广东镇平县蓼陂乡。始迁祖伯泗郎为五十四传,自镇平迁居(武平)县城。"裔孙在武平县及江西播迁。宁化曹坊曾家背《曾氏族谱》:洪立裔孙俞公,生五子。长子定公,为南城张家山始祖。再五传至东林,有次子庆禄,字元朗,官至总戎指挥。宋时,携子五二郎,自南丰迁居宁化会同里(曹坊乡)马龙坪。生九子,长子智先,于元祐三年(1088),徙居潭飞寨(亦名南平寨,现为南城村)。洪立之16世孙孟元,授福建汀州通判,致仕后,寄居清流县。传62世肇公,讳开,号介,于明弘治十八年(1505),自清流徙居宁化大塘边,后衍龙上里、曾家背等地。《梅年县志》:延铎十三传裔孙曾惇,北宋政和年间,由南丰迁宁化石壁。其孙桢孙、佑孙。宋末元初,桢孙迁居广东长乐;佑孙迁居广东兴宁,生四子。长广新,由宁化迁兴宁。其孙五郎,由兴宁迁梅县。宁化曾氏基本是曾参47世彦识曾孙文兴、文举(50世)裔孙。

南宋宝庆年间(1225—1227),"宗圣"曾参第四十五世鲁国郡的裔孙曾十三郎从山东曲阜迁徙福建上杭紫金山。这一支山东曾姓的继续南迁,形成南北两宗曾姓在汀江中游地域的会合,使上杭成为客家曾姓繁衍外迁闽西南、粤东南、赣南、广西、台湾以及东南亚海外各地的辐射中心。宋元间曾参53世孙曾裕振自汀州府宁化县石壁村迁居广东潮州府程乡县徐溪乡。

北宋初年,曾参第40世孙,曾氏老三房曾旧第7代孙曾中彦,字宗俊,官通直郎,由江西虔州(今赣州)徙汀州宁化,而后再徙上杭,又衍永定、平和、南靖等地,并得到较大发展,形成宁化房系。

香港新界《曾氏历代宗亲谱》说:"纡淳,官封鲁国公,宋政和壬辰年,徙福建宁化县石壁下居焉。生子仲辉,辉子桢孙、佑孙,因宋元兵扰,不能安居,由宁化徙广东长乐县家焉。"

宋末已有曾姓先民到金门居住了。靖康乱时,金门乱世中的桃源,当时梁、傅、曾姓等豪门大族都率众来到岛上开发山海之利,做长居久住的打算。

元朝末年,竹塔半径山曾氏开基祖曾永茂为宗圣苗裔,家巨富。传至曾祥生为23世。

2008年统计曾氏分布:平潭县中楼乡大坪村;福清市高山镇东进村瑶下自然村。厦门市思明区曾厝安村,延世公派。莆田市城厢区华亭镇西湖,大约1500丁;荔城区畅林社区溪头村有曾氏宗亲600余丁;仙游县游洋镇鲁头村,大约1720—1730年间,现有人数300—500人;园庄镇枫林村、园庄镇土楼村,五六十人;三明市沙县夏茂东街 600人;尤溪县洋中乡后村1000人、坂面乡下川村后湖自然村,500人左右;宁化县安远乡洪围村,100—120人,由仙游县游洋镇鲁头村迁此;方田乡王屋坑村、方田乡朱王村500人左右;坂面乡下古迹口村,有300人左右、坂面乡下厚碌坪村,约300人;洋中镇后楼村;将乐县白莲镇大里村。泉州市惠安县螺阳镇松光村草柄自然村,约850人;螺阳镇松星村、螺阳镇松星村厝仔自然村,约400人;螺阳镇松星村后康自然村,约550人;螺阳镇松星村上店自然村,约450人;涂寨镇曾厝村,约1400人;德化县浔中镇石鼓村,约2000人;浔中镇石山村,约1300人;浔中镇祖厝村,约1500人;晋江市安海镇赤店村,大约有5000多人;安海镇西安村300人左右;池店镇屿崆村上钞自然村,55户,约230人;内坑镇东宅村500多户2000多人;内坑镇后库村、内坑镇亭顶村;南安市官桥镇成竹村上曾700人左右(鲁国传芳);官桥镇成竹村杏村100人左右(龙山衍派);官桥镇成竹村曾厝1900人左右(龙山衍);康美镇团结村湖宅村,大约200户左右;漳州市平和县九峰镇黄田村,全姓曾;九峰镇霞西村高寮曾氏村黄田背屋房系；九峰镇下北村、龙海市东园镇厚境村、东园镇秋租村；浮宫镇担宅村，延世公派，90% 姓曾；南平市延平区太平镇曾厝村，700 人；建瓯市东峰镇霞镇村西山组；建瓯南雅黄园村张坑 70 人；建瓯南雅爱竹村 280 人；炉下曾福道约 300 人；南平南山折竹村 150 人；建瓯房道尤当 136 人；南平市洋后乡良坑村 500 人；龙岩市新罗区西陂镇排头村曾厝上设有曾子祠，族人五百余人；长汀县 童坊镇下坑村；武平县 东留乡兰畲村，约 100 人；连城县赖源乡黄宗村；漳平市新桥镇珍坂村，约 2800 人，从泉州过来；宁德市寿宁县大安乡大熟村，800 多人；清源乡山头湖村，约 600 人。

【入垦台湾】

元明清时期，曾姓已播迁于全国各地，根据台湾省曾氏族谱的记载，宗圣曾子，总共有 3 个儿子，依序为元公、申公、华公；台湾的曾姓，大多传自长房的曾元，以祖籍福建泉州府晋江县的"龙山派"曾氏而言，大致是曾子的第 70 至 75 世裔孙。最早到台湾开基立业的曾姓先人是漳州府海澄人曾振赐（一说曾振吻），于明毅宗崇祯十五年（1642）迁徙台湾，繁衍生息。据《台湾篇》载，康熙、雍正、乾隆、光绪年间曾姓族人相继往台。明末清初曾姓族人辅助郑成功收复台湾，其后还有几次移民。这都是使台湾的曾姓族亲日众之源。在《台湾篇》《台湾中部古碑文集成》《南流文献》《屏东县古碑文集》《新竹文献会通讯》《嘉义县古碑文集》《曾氏世界宗亲总会会刊》等史籍里，均记载着曾姓后裔对开发宝岛台湾所做出的不可磨灭的贡献。迁居台湾曾姓族人的主要聚居地有新竹、南投、台南等地。平和、台湾《曾氏族谱》：六十四郎公，原居宁化石壁村。宋末元初迁居上杭。后衍永定、石城；续衍台湾。台湾屏东《曾氏族谱》载：屏东曾氏始祖裕振公，宋末由中原南迁至福建宁化石壁，第二代逢元代之乱，再迁居今广东蕉岭县兴福乡。曾氏 6 户子孙再于清初移台湾屏东平原。台地南部高、屏二县曾姓由广东嘉应州镇平县（今蕉岭县）迁台者，大部分是裕振公（念二郎）后裔，在此宗亲又分为：九岭户、西山户、南山户、端塘户、黄坑户等等。

曾氏入垦台湾屏东平原的六户子孙，目前分散在六堆地区。台湾曾姓除"龙山"之外，还有兰溪派、大湖派、龙潭派、西门濠口派、太平寨派、清源派、惠安派等等。树有根，水有源，两岸绝大部分曾姓族人是"共祖同根"，台湾曾姓族人和福建曾姓族人绝大部分是直系血亲——子女迁到台湾，小部分是旁系血亲——兄弟迁去台湾。随之也出现了以曾姓命名的自然村，在台湾彰化县秀水乡有曾厝村，田尾乡有南曾村、北曾村，在基隆市中山区有曾仔寮、曾厝等。1953—1954 年间台湾省文献委员会对台北、基隆、台中、台南、高雄 5 市，阳明山区，及台北、宜兰、新竹、苗栗、台中、南投、彰化、台南、屏东、花莲、澎湖 11 县所做的调查表明，除桃园、云林、台东、高雄 4 县外，全省住民 828804 户中，有曾姓 12002 户，占全部户数的 1.45%，在台湾曾姓人口也约有 100 万人。

【郡望堂号】

鲁郡：西汉改薛郡置鲁国，治在鲁县（今山东省曲阜）。相当今山东曲阜、滕州市、泗水等县地。晋改为鲁郡。

天水郡：西汉元鼎三年（前 114）初置郡，治所在平襄（今甘肃省通渭县西北）。

庐陵郡：东汉时置郡，治所在石阳（今江西省吉水东北），三国吴移治高昌（今江西省泰和西北）。相当今江西永新、峡江、乐安、石城以南地区。

此外，还有鲁阳县、武城郡等。

三省堂：孔子弟子曾参非常注意修身，一日三省：为人做事有没有尽到心，和朋友交往有没有失信，老师教的东西有没有复习好。"三省堂"即由此得名。

武城堂：曾参传孔子之学，被后世儒家奉为"宗圣"。武城即为曾姓的远祖发祥之地，"武城堂"名本源于此。

追远堂：取春秋末期鲁国南武城（今山东省费县）人曾参"慎终追远"之意。

此外，还有鲁阳堂、敦本堂、宗圣堂、守约堂、养志堂、若文堂等。

【祠堂古迹】

平和中湖宗祠，又称曾氏始祖大宗，坐落于平和县九峰镇大洋陂。始建于明弘治壬子年（1492），历代修葺。坐东北向西南，占地面积1490平方米，建筑面积450平方米。

晋江曾厝曾氏宗祠，坐落于东石镇曾厝自然村，唐初名为乌树里，后称珀珊。原属晋江十都仁和里。因宋元战乱，居屋宗祠族谱毁废殆尽，曾厝祠堂始建年代无考。至隐士曾芳叟令次郎曾元第入居曾厝，于至大三年（1310）创建居屋，明万历十八年（1590），其后裔进宝解元曾希止改该故宅为宗祠。历代重修。

南靖高港村曾氏宗祠，位于南靖南坑镇高港村。明朝宣德年间，高港曾氏子孙始建宗祠，始称"天水贻燕积广堂"。乾隆三十年（1765）再次重建，更名为"崇本堂"至今。崇本堂为砖木结构，面积4亩。

泉州龙山曾氏大宗祠，"龙山"派曾姓的住宅大门上方，常见一石匾，上书"龙山衍派""三省传芳""鲁国传芳"以及"武城传芳"。据考证，龙山曾氏大宗祠宋端拱年间（989）为曾氏八世祖曾会（曾公亮之父）的故居，曾会入仕发迹后，将此重建为"曾氏大宗祠"。

科荣相垵堂，系曾氏分支祖祠，位于德化县浔中镇石鼓村，宋名宰曾公亮为其七世祖、唐内侍者使曾宏公墓奏立相安院于此。作为守坟之所，故名安相村。

宁化曾中彦后裔曾氏祖祠有五座，其中方田乡南城村两座，均称曾氏宗祠。上祠位于南城村左边坑尾，祀定公五世孙德贵；下祠位于南城村山下屋里，主祀宋一世五二郎，堂号"敦睦堂"。方田乡黄竹坑一座，称曾氏家庙，主祀文兴公支系六郎公一脉。堂号"追远堂"。

长汀曾氏宗祠：长汀大同镇东街村。

【楹联典故】

武城世第承三省，沂水渊源流九洲。

——撰曾姓宗祠通用联。为曾氏宗祠"武城堂"通用堂联。

宗传内无双学士；圣教中第一名贤。

——此联为曾氏宗祠"宗圣堂"通用堂联。联以鹤顶格镶嵌"宗圣"二字。

一部孝经贻世业；八家文蕴绍宗风。

——此联为曾氏宗祠"追远堂"通用堂联。

省身世泽；传道家声。

——曾姓宗祠通用联。上联典指春秋·曾参，孔子弟子。语出《论语·学而》："曾子曰：'吾日三省吾身。'"下联典指宋曾巩，主张先道后文，为"唐宋八大家"之一。

东鲁名贤裕后，南闽鼎甲开光。

周鲁仰宗圣，唐开启龙山。

——泉州龙山曾氏宗祠联：门联、堂联。

东鲁传经府，仙溪教授家。

——莆田曾氏宗祠联。

春风沂水，上下同流，江汉秋阳，后先合撰；地凤天麟，孙曾济美，芝山霞屿，堂构长新。

——福建漳州曾氏宗祠联。

【族谱文献】

记载闽台曾氏族谱中较有代表性的有《南安曾氏族谱》系曾公亮始修于宋皇佑元年（1049），庆元六年（1200）重修，明清续修，今为光绪年间增补钞本。不分卷共九册。第一册载列修谱序文、凡例、科第恩荣盛事，以及一世至十世传录等；第二册录曾氏分派入籍各地名录，及一世至十世吊图并简记；第三册、第四册刊祠堂记、开基祖像并赞文，及八世至二十四世世系图、坟图等；第五册至第八册为世系部分，其中第五册载录二十一世至三十三世，第六册为学尚公派，第七册为学元公派，第八册为道合公派，第九册为道果公派，皆自三十三世始，迄载于咸丰年间世次止，增补的系次迄于清光绪年间世次止。谱载明贤入闽始祖曾延世为闽泉州团练副使，娶王潮之妹；宋昭文馆大学士，鲁国公曾公亮等一门四辅相，曾峤、曾穆、曾会"一门封赠三公"等。入闽始祖曾延世，唐末由光州固始迁泉州番江，传下八世至宋曾俅，迁居南安碧石（今白石），肇开白石曾氏一族。还有《武城曾氏重修族谱》为晋江曾氏宗族所修谱牒，共四卷，有宋嘉佑元年（1056）敕题、清代曾国藩奏牍。内载始祖周曾参，周代师以孔子。唐光启二年（886），曾延世，行三十一郎移居晋江开基，为晋邑望族。后裔曾文定于明末清初迁居于台湾。此还有福州《曾氏家乘》，始修情况无考，有宋治平二年（1065）魏国公韩琦序文，后历元、明、清多次修纂，今本为清光绪二十九年（1903）曾氏忠谋堂核修，木活字本。另有《温陵曾氏族谱》为晋江曾氏宗族所修。始修于北宋皇佑元年（1049），曾鹗荐等纂修，南宋、明、清续修，今为清咸丰五年（1855）温陵刻本。《南靖南坑高港曾氏古今族谱》山崇本堂世谱。《长乐县感恩村曾氏族谱》长乐感恩村曾氏族谱，民国曾尊椿等修。

【昭穆字辈】

福建龙山派：圭（六十六派）壁呈云瑞，人文焕国华，台衡思继武，鼎甲励承家，一贯书绅永，千秋锡福遐，贻谋资燕翼，世业仰清嘉。——福建的宗亲大都属于龙山派

福建獭江派：洪（六十六派）伯子敦，肇元国志，经际克绍，贻谋燕翼，昭其世守，联以友敬，和厚致祥，永为家庆。

晋江县内坑派：克（五十七派）钦洪孚光玉锐淑懋耀惟种泽森昭德愈鸿。

第十二节 查姓

查（zhā）姓，汉族古老的姓氏，在《百家姓》中排名第397位，人口约96万，占人口总数的0.06%，人口排名171位。在台湾排名第243位。

【渊源】

1. 出于姬姓。春秋周惠王时（公元前676—前652年在位），伯禽（姬姓）的后代、鲁国（今山东境内）鲁庄公之子姬延被封为桓系子爵，食采于查邑（古谱写作"樝邑"，隶济阳），因以地为氏。查延（号东安）为查氏始祖。

2. 出自姜姓。据《姓苑》《万姓统谱》所载，春秋时齐国君主齐顷公之子封于樝，其后以封邑为氏，去木为查。（注：齐国开国君主姜尚，又称姜子牙、吕尚，即商朝末年于渭水垂钓并辅佐周文王、周武王父子灭商建周的著名政治家。武王建国后分封功臣，他被分封在今山东半岛一带，建齐国，成为周朝在东方的重要诸侯国之一。后来，他的子孙世代相继为齐国的统治者，并尊称他为齐太公。）

3. 出自芈姓。据《姓氏考略》所载，春秋时楚国有公族大夫（楚王为芈姓）食邑在柤（古"查"字的异体字，故址在今湖北南漳西），子孙以邑为氏。

4. 春秋时楚国有诸侯被分封于柤。以后，他的后代以封邑为氏，称查氏。

5. 源于楂树图腾。传说炎帝子民其中一支旦人以楂树为图腾，因而世称其为"查人"。据传说，济阳历城是炎帝丹鸟部族农耕之地，丹鸟氏居济阳，建齐国。周初周武王封姜尚于齐。"查人"善造船，齐国得"查人"之助，航海业十分发达。齐太公姜尚主舟楫之利，移都薄姑，控制出海口，便鱼盐之利，因而齐国得以迅速发展，成为东方大国。

6. 一些少数民族中也有查姓。据史籍《八旗满洲氏族通谱》记载，满族查氏世居沈阳；另外原以色拉为姓氏的人，后来也改汉字单姓为查氏。其他民族，如彝族、傣族、土家族、哈尼族、蒙古族等少数民族中，也有人改汉字单姓为查氏的。

【得姓始祖】

齐顷公，姜姓，名无野，齐惠公之子。前592年春季，晋景公派遣郤克到齐国参加盟会。齐顷公用帷幕遮住妇人让她观看。郤克跛行登上台阶，那妇人在房里笑起来。郤克生气，出来发誓说："不报复这次耻辱，就不能渡过黄河！"《春秋》谷梁传这样说："齐之患，必自此始矣！"前589年齐顷公率军南下攻鲁国龙邑（山东泰安东南），宠臣卢蒲就癸被杀，顷公怒而攻至巢丘（今山东泰安境内）。前589年顷公在鞍之战大败，齐顷公被晋军追逼，"三周华不注"，差点被俘，幸得大臣逢丑父相救，二人互换衣服，佯命齐顷公到山脚华泉取水，得以逃走。宋代曾巩《登华山》诗："丑父遗忠无处问，空余一掬野泉甘。"后来齐国国势趋衰。齐顷公变得低调内敛，周济穷人，照顾鳏寡，颇得民心。其子采食于樝邑，子孙以邑为氏，称樝姓。古代"樝"通"查"，后来就简化为查。

【入闽迁徙】

查姓自春秋时查延受姓肇始，至今有二千六七百年历史。史书上有明确记载的，五代时，查文徽有南唐军事支柱之称，后随南唐降宋太祖赵匡胤，居歙州休宁（今属安徽）。其孙查道致仕后举家迁海陵（今江苏泰州），成为海陵望族。南宋时，海陵成为金国与南宋王朝金戈铁马的交锋处，一部分查姓人迁居长江以南躲避兵火。

明朝洪武八年（1374），查三，号鼎立，因军功升职总旗由江西省建昌府南城县（今抚州市南城县）十四都迁福建泉州市德化县雷峰镇蕉溪（曾中转郡城西畔下菜园），为蕉溪查姓始迁祖。

福建查姓主要分布在德化县、南平市、清流县、漳浦县、泉州市。泉州德化县雷锋镇蕉溪查村、漳浦查岭是查姓较大聚落。

【入垦台湾】

明中叶以后，闽粤浙等沿海之查姓入垦台湾，台湾光复后有较多江浙之查姓人渡海赴台。查姓主要在台湾的台北、基隆、台南、高雄、台中都有分布。清代以来查姓迁徙港、澳等地，进而播迁东南亚各国。

【郡望堂号】

齐郡：西汉初年将临淄郡改为齐郡，在今天的山东省临淄县一带。

海陵郡：周称海阳，汉初名海陵，西汉武帝元狩六年（前117），置海陵县。

济阳郡：汉济阳县在今河南兰考东北，西晋在此曾置济阳郡，南迁后废。

清容堂：宋代的时候有一个叫查深的，隐居读书。当地的郡守把他推荐给朝廷，要他出来做官，他不干。郡守又怕浪费了他的才华，于是就在郡城的西部给他盖了一栋房子，命名为"清容堂"，让他在那里教全郡的学生读书，号为"清容先生"。

海陵堂：据《万姓统谱》记载："望出齐郡，五代时南唐有查文徽，文徽孙道如，徙家海陵，至今查氏为望族。"查氏发祥于山东地区。春秋时，楚国大夫封邑在查，其后代子孙称查氏，繁衍成当时的名门望族。

此外，还有"齐郡堂""济阳堂"等。

【楹联典故】

楂地启姓；海陵阀阅。

——佚名撰查姓宗祠通用联。

系承姜氏；望出海陵。

——佚名撰查姓宗祠通用联。是联典指查姓望出齐郡，齐国为姜子牙封国。下联典指查姓名人在五代时南唐有查文徽，其孙查道始迁家海陵郡，遂为当地望族。

唐宋以来巨族；江南有数人家。

——清康熙皇帝爱新觉罗·玄烨撰查姓宗祠通用联。

第十三节 车 姓

车姓是当今中国姓氏排行第196位的姓氏，在台湾省则名列第213位，人口较多约667000余，约占全国汉族人口的0.04%。在台湾排名第217位。

【渊源】

1. 出自妫姓，由田姓改姓而来。据《元和姓纂》《汉书》所载，舜后田氏之裔，汉丞相千秋以年老得乘小车出入省中，时人谓之车丞相，子孙因氏。

2. 出自嬴姓，复姓子车改为单姓。据《路史》所载，春秋时，秦穆公有个出名的大夫叫子车奄息。在孔子编著的《诗经》中就有"谁从穆公，子车奄息"的诗句。此后，子车这个复姓的后代，有的就改成车字单姓了。

3. 据《世本》所载，远古黄帝时，相传黄帝之臣车区能占星气，是个受人尊重的巫卜，有很高的地位。他的子孙便以祖先名字为姓，世代相传姓车，据传乃车姓之始。

4. 赐姓而来。据《圣君初政纪》所载，明时邳州指挥使车言，本姓信，洪武中有军功，赐姓车。

5. 出自他族。据《魏书·官氏志》所载，河南车姓，源自鲜卑人，北魏时改车氏、车非氏为车姓；据《魏书》所载，西域车氏，本车师国胡人，以国为氏；鄂伦春族特禾格氏汉姓为车；清时高丽人姓，世居平阳（今山西临汾）；今朝鲜、满、蒙古、回、白等民族均有此姓。

6. 车师国消亡，国民以国为姓，即车姓。

7. 源于任姓，出自上古时期官吏车正，属于以官职称谓为氏。车正，是上古时期掌管造车之官，出自上古时期的奚仲。任姓车氏族人皆尊奉奚仲为得姓始祖，后与姬姓车氏合谱，但不与嬴姓车氏、妫姓车氏、高丽车氏合谱。

【得姓始祖】

车千秋，又叫田千秋。冯翊长陵（今陕西咸阳东北）人，西汉大臣。战国时田齐后裔。初为高寝郎，"巫蛊之祸"中，戾太子为江充谮陷，他上书为死去的太子申冤，汉武帝感悟，越九级提拔为大鸿胪，故史有千秋九迁之佳话。不久，拜为丞相，封富民侯。为相期间，劝帝施恩惠，缓刑法，武帝崩后，又受遗诏与霍光等共辅少主（即昭帝），深受宠遇。他为相十余年，笃厚有智，谨慎自守，声望遭遇均超过前后数任。年老时因行动不便，汉昭帝特准他乘坐小车出入宫殿，被人称为"车丞相""车千秋"，子孙因以为氏，为车姓，并尊车千秋为车姓得姓始祖。

【入闽迁徙】

车姓主源发源于今陕西咸阳，由于仕宦、求学等原因，逐渐在当时的国都——今陕西西安定居并发展起来，此地汉称为京兆郡，故后世车姓有以京兆为其郡望堂号的。宋末元初，车姓开始播迁福建、广东等。福建闽县（今福州市区）车氏入闽时间没有资料，但是明代出了个朝廷大臣车宁，明正统年间进士，他性坦宕无私，有谋略，博学强记。历户、工两部主事、湖广参议、广东参政、广西左布政使。

诏安县车姓，约清嘉庆初年（约1796—1800），从贵州迁徙入诏，居于三都万田村（今诏安深桥镇万田村），至今已衍8世，主要分布在深桥镇万田村。另有居住在建设乡建华作业区的印尼归侨。

明嘉靖年间，江西抚州府金溪县车梁，因抵御倭寇有功，授世袭所百户，奉调驻武平千户所，在中山落籍开基。

福建闽中地区、闽江上游南平市、武夷山市，闽西的三明市都有车氏；龙岩客家车姓主要分布在武平县中山、东留等乡村。

【入垦台湾】

明中叶至清代，车姓人有迁居台岛。台湾车姓主要从福建入垦台湾；台湾光复后各省车姓也有迁徙台湾。车姓主要分布台北，其次是高雄、台南、台中，再次是基隆。

明清时期，车氏由福建、广东迁徙香港特别行政区，继而扬帆东南亚以及新加坡、越南、朝鲜、韩国、泰国等国家。

【郡望堂号】

车姓郡望有鲁国郡（今山东省境内）、南平郡（今湖北省荆州市公安县一带）、淮南郡（安徽省姜堰市淮河以南）、河南郡、京兆郡（今陕西省西安市）等。常用堂联有"京兆家声远，萤照世泽长"。上联是其郡望；下联指晋代吏部尚书车胤，少时家贫，晚上读书无油点灯，夏天以囊萤之光照书。此外还有"芹宫奋迹，丹陛传胪"等。堂号有鲁国堂、京兆堂、河南堂等。

【楹联典故】

望出京兆；姓启车区。

——全联典指车氏的郡望和源流。

鸿胪颂美；萤火映书。

——上联典指汉朝时期的车千秋，汉武帝时拜大鸿胪。下联典指晋朝时期的车胤，因家贫无灯油，夏日囊萤以照书。

第十四节 陈 姓

陈姓人口有 7200 多万，全国人口排名第 5 位。在福建、香港、澳门、台湾以及东南亚一些国家都是第一大姓氏，号称"陈林半天下"。

【渊源】

1. 出自姚姓或妫姓，舜帝的后裔舜，也称虞舜，姚姓，生于姚地（今河南濮阳）。据《通志氏族略》记载：周武王灭纣以后，建立周朝以后，找到舜的后人妫满，封他在陈（今河南省淮阳县）这个地方，建立了陈国。舜帝的后裔妫满子孙有以国为姓的，即成为陈姓的由来。以国为姓。陈国在妫满逝世后，其子孙有以国名为氏，就是陈氏。

2. 少数民族陈姓。朝鲜族陈氏，北魏鲜卑族陈氏，女真族陈氏、蒙古族陈氏、满族陈氏、哈尼族陈氏、侗族陈氏、土家族陈氏、布依族陈氏、瑶族陈氏、京族陈氏、羌族陈氏、回族陈氏、苗族陈氏、壮族、黎族、彝族、白族、高山族、畲族等少数民族中也都有陈氏。

3. 他族改陈姓，帝王赐姓为氏。隋朝时期有一个叫陈永贵的将军，原来是姓白，甚得隋文帝杨坚的宠信，官至柱国，领兰、利二州总管，封北郡陈公，陈永贵便以封号中的陈字作为自己的姓氏。明朝统一全国后，朱元璋为笼络已经降明的蒙古贵族，往往赐给汉姓汉名，如恰恰赐名陈守忠，哈哈赐名陈元等。明成祖时，灭安南国黎朝，国王黎季厘寒流笔大多移居中国，其子改姓名陈澄，官至工部尚书。

【得姓始祖】

陈胡公。陈胡公本妫姓或姚姓，有虞氏，名满，字少汤。公元前 1046 年，周武王灭商建周，追封先贤遗民时，把虞阏父的儿子虞满封于陈，国号陈，侯爵。按照宗法制度和胙土命氏的惯例，赐命之为陈姓，遂称陈满，谥号胡公，史称陈胡公（《国语》作虞胡公），为陈姓的得姓始祖。周武王并将长女太姬嫁给他，备以三恪，奉祀虞舜。后新朝王莽登帝位，封陈胡公为陈胡王，其子孙以国为姓。

【入闽迁徙】

1. 晋朝（420—589）

西晋末年（311）的永嘉之乱，史称"八王之乱，衣冠南渡"。

陈润，颍川始祖陈实公第六世孙、南海郡守，晋永嘉二年（308）由光州固始县渡江南下入闽，寓居福州乌石山，为陈氏最早入闽开基始祖。

晋永嘉三年（309），中州板荡，陈姓入闽居汀州（今长汀一带）。

陈玄弼，盱眙太守陈英第三子，西晋永嘉七年（313），入闽避乱，居兴化。

陈野，于西晋建兴四年（316）由光州固始迁新罗（今龙岩市）。

东晋元兴年间（402—404），因暴发农民起义，陈姓 30 余人入晋安（福州）及闽南沿海一带。

2. 南北朝（420—589）

南北朝"侯景之乱"，中原士人纷纷入闽。

南朝年间（420—589），陈叔达由河南迁到崇安乾溪铺（今武夷山石雄）。

南北朝宋元嘉间（450），陈公（失名），宦游温麻县（今霞浦），遂定居赤岸村。

南朝永定元年（557），陈霸先子孙入闽为官，留居福建。

3. 隋朝（581—618）

隋初，陈后主之子敬台携两弟领兵南据永春桃林场、肥湖，为南朝永春派之开基祖。

隋末，谏议大夫陈贤入闽居宁德蕉城区霍童镇凤洋。

陈后主祯明三年（589），南朝派陈霸始孙宜都王陈叔明（三世）避祸入闽，徙居兴化军仙游县。

4. 唐朝（618—907）

唐高宗总章二年（669），闽南蛮獠啸乱，祖籍河东、世居固始的陈政奉朝廷命，率 3600 名兵将镇泉潮间平"蛮獠啸乱"。先居仙游县枫亭陈庐园 8 年，后屯兵云宵。陈政逝世后，年仅21岁的陈元光随祖母入闽，继任父职，经9年浴血征战，平定了闽粤边境，至垂拱二年（686）设置漳州郡，陈元光首任漳州刺史，被尊称"开漳圣王"，子孙在闽南及省内外繁衍。

唐神龙元年（705），光禄大夫陈福显迁入霞浦赤岸（时为陈溪县）陈家沃定居。

唐玄宗开元二十四年（736），陈忠原籍京兆府万县都乡胄桂里（今陕西长安），在唐朝做官，赠鄂国公。其子陈邕，中宗神龙元年（705）时进士，官太子太傅，因与李林甫不协，于唐开元二十四年（736）与父同时被谪入闽，先居福州，迁居兴化府仙游县枫亭井上，又移泉州惠安社稷坛后，复迁漳州南驿路南厢山，后封忠顺王。生四子（三世）：夷则、夷锡、夷行、夷实。夷则为金紫光禄大夫；夷锡为谏议大夫；夷行出判河东（山西），传裔河东。其子夷则、夷锡居嘉禾岛（厦门岛），夷实移居福州一带。

唐玄宗开元十九年（731），南朝陈朝宗室后裔陈环，任浙江临海县令时，与子陈伯宣举家迁往仙游。他有六子，其中第五子伯宣遁往江西庐山圣治峰，注司马迁《史记》行于世。为江西义门陈氏始祖。

唐开元二十九年（741），"安史之乱"前夕，时任唐御史中丞陈雍眼见唐朝多事之秋，为子孙计，同次子陈野从浙江吴兴迁南剑州沙邑固发冲（今永安贡川）定居，为永安陈姓开基始祖，子孙遍布三明、龙岩、泉州、南平、福州等地。

唐德宗贞元年间（785—805），陈渊从河南入闽居金门岛。

唐乾符元年（874），陈基从河南颍川入闽为官，始居福州石井巷，后有守纩，分迁连江杉塘等地。

唐乾符年间（874—879），陈岩入闽，任福建观察使，遂家居建宁县开基，后裔衍析福安狮子头等地。

唐乾符三年（876），陈苏为避奉宗权之乱，从河南汝宁府华岳村灵潭境举家入闽，定居罗源村新丰里曹湾村（今中房镇乾澳村）。

唐乾符三年（876），陈诶从河南许昌府信都乡入闽居福州衣锦坊。

唐广明元年（880），陈孟三，居江苏徐州古丰县，居福州江南下渡。

唐僖宗中和年间（881—885），河南光州固始人陈�，偕兄弟数人从王审知入闽，于惠潮漳泉等处各择所居，陈鄠初居泉州，后卜居仙游东乡马鞍山前光埔村，是飞钱世系入仙之始祖。后其子孙分迁晋江、石狮等地开基。

唐乾符五年（878），陈邕四世孙、唐福建路观察邕公五世孙、唐处置使陈闻偕长子陈显、次子陈勋征黄巢从固始县入闽，居福州城南石井巷，为福州陈氏之始祖。

唐光启元年（885），中原板荡，陈宗敬原籍河南光州固始，随王审知入闽，居福州上渡。

唐光启四年（888），河南光州固始人陈瑞珪，随王潮、王审知兄弟入闽，居福州。

唐中和年间（881—884），陈湟世居河南光州固始，避黄巢乱，挈家入闽，卜居仙游枫亭东门。

唐龙纪元年（889），陈巢云从河南光州府固始辗转入闽，初居永贞镇（今罗源县）。

唐乾宁间（894—898），陈毯由光州固始县随王审知入闽，择闽侯大湖厚塘开基。

唐代，陈达（898—993）入闽创"浯阳"堂号，其弟洪铦分居后行创"浯江"堂号。

唐时，上舍太学生陈崇文，自颍川南渡入闽定居福清玉屿（江阴）龙门。

唐天祐间（904—907），御史中丞陈崇从河南入闽，始居福州石井巷，天祐末年迁福清玉涧肇基，为玉涧陈始祖。

唐天祐四年（907），陈资始先世居河南光州固始县，避乱入闽，卜居长乐昌化乡云洞（即长乐紫薇峰招贤里云洞之玉溪）。

唐末，陈伯伦从光州固始铁井栏随王审知兄弟入闽。陈伯伦有兄弟三人，陈伯伦留居福州西园，二弟迁长乐，三弟迁闽清。

唐末，陈肇泰从王潮、王审知入闽，其后裔陈玉泉于明代迁福州北门，现子孙多聚居省城福州。

唐末，陈公随王潮、王审知兄弟从河南光州固始县入闽，定居宁德白鹤盐场（今漳湾镇）为盐工。

唐末，使相陈栗从河南入闽居福清北区漈头村，俗称"漈阳陈氏"。

唐末，陈四翁"十八姓从王入闽"，在同安开基，子孙分布在同安、厦门、长乐、古田等地。

唐末，河南光州固始县阴德乡陈高昌随王审知入闽。

唐末，光州固始县东滁阜福乡治平境万室村陈九，于随王审知入闽。

唐末，陈光入闽镇守兴化。

唐末，陈潼（祖源无考）入闽，镇守安溪，建左都营，寓居安溪开族。

梁开平二年（908），南院陈邕八世孙陈图由光州固始入闽。

唐末，陈德从河南光州固始入闽，寓居侯官县古灵。

唐末，陈文真由河南光州固始县入闽，初居兴化府莆田县（详址失考）。

唐末，陈嵩由河南光州入闽，卜居泉州。

唐末，陈杰，进士，官节度使，封福国公，从固始县入闽。

唐末，陈姓先祖从河南固始县入闽。

唐末，陈盈三入闽，始居福州江南下渡。

唐末，陈臣，进士，广州太守，从浙江入闽。

唐末，陈霸先第十代孙陈略（小二公）避乱入闽，先居建州。

5. 五代十国（907—960）

梁开平二年（909），南院派陈邕四世孙陈熹从光州固始避乱入闽，初居福州大义。

后周显德三年（956），南院派陈邕裔陈校尉由河南光州固始县入闽抵永春。

后晋天福六年辛丑（941），陈钦由河南光州固始避石晋乱入闽泉州。

五代年间，陈启端、陈肇端兄弟自河南固始县入闽，寓居建阳。

五代时，泉州清源田边陈氏其先祖，光州固始人，避地入泉。

6. 宋朝（960—1279）

宋初，陈宣义，字永年，随宋太祖南迁择居福州冶城剑池居。

北宋初年，始迁祖陈焰由河南淮阳入闽，定居兴化府莆田县涵江。

北宋，陈姓官礼部侍郎，名讳失考，入闽居亲宁（今长乐）。

北宋，陈舍祖籍河南光州固始县，入闽卜居宁德陈山门下。

北宋天圣至庆历（1023—1048）间，陈胜率兵驻守浦城县八都溪头，遂开基立业。

唐开元十九年（731），陈叔明长子九传孙陈伯宣（13世），号希夷，与马聪友善，聪官南康，携孙陈旺（15世）从仙游至南康访之，后悦庐山之胜，隐居于庐会阜圣治峰前，注《史记》行于世。陈旺定居于江州德安县太平乡常乐里永清社艾草坪（今江西九江市德安县车轿镇义门陈村），成为江州旌表义门派始祖，特授承义郎知德安县事。宋嘉祐七年（1062），江州义门已衍13世、3900余口。皇上以义门聚族太盛，诏饬江南西路转运使谢景初、郡牧吕海等官临门，奉旨（第二次）监分：以12字、每行291人为分，拈阄别大小宗，星分基业，散处各省州府县之庄而居焉。其中迁入福建的有：

陈宗和迁居福建侯官县开基；

陈学诚迁居福建浦城县开基；

陈显先迁居福建邵武县开基；

陈璋迁居福建泉州开基；

陈魁迁居福建汀州开基；

陈希琉迁居福建莆田县开基；

陈汝经迁居福建清流县开基；

陈彦光迁居福建同安县开基；

陈明通迁居福建南平开基；

陈彦德、陈彦相兄弟迁漳州县开基；

陈知致迁居福建长乐县开基；

陈守昌迁居福建将乐县开基；

陈延盛迁居福建建宁县开基；

陈延英迁居福建兴化开基；

陈道大迁居福建建阳县开基；

陈彦悦迁居福建长泰县开基；

陈延悦迁居福建寿宁县开基;

陈知炜迁居福建归化(明溪)县开基;

陈彦豪迁居福建上杭县开基;

陈延助迁居福建崇安(武夷山)县开基。

北宋元祐末年(1094),陈道官居安徽贵池,任泉州守为坂头陈氏开基始祖。

宋熙宁、元丰间(1069—1085),桥南陈氏原籍光州固始,陈文广迁入连江东岱镇山堂村。

宋朝,陈葵先世居河南,成政和县苏坑开基祖。

北宋末,陈舜仁从江西吉水归仁里铁吉栏村迁福州府城,然后移迁福清白屿(今江阴),定居泽阳(占泽村)。

北宋末年,南朝派陈叔明之裔陈邦植,肇基崇安县(武夷山)。

北宋徽宗时(1101—1125),中原板荡,陈汝载避地入闽迁宁德。

北宋靖康年间(1126—1127),陈高士从河南入闽,寓居福州台屿。

宋朝年间,陈宗七从闾山学道成,从苏州开源坊云游入闽。

宋绍兴年间(1131—1162),陈康伯,南宋抗金名相,祖籍江西弋阳县南港乡,至康伯裔景仁,避地隐迹于闽。

南宋庆元二年(1196),陈奎从浙江龙泉西乡三堡迁入浦城管厝乡。

南宋初年,陈雄、陈雅兄弟从河南固始县魏林乡祥符里迁闽侯德州。

南宋嘉泰四年(1204),陈德光从河南光州固始辗转入闽。

宋端宗间(1268—1278),陈汝秀随祖父陈超由浙江宁波府入闽。

宋景炎丙子(1276),祖籍浙江杭州临安陈邦彦,择居石狮蚶江锦亭后辛。

南宋时,陈禧从自河南光州固始县徙金陵,迁居福清东壁岛。

宋景炎元年(1276),陈宜中,为南宋左丞相,世居浙江永嘉,护端宗皇帝南入闽。

宋代,陈伯位字有贤,由浙江金华府兰溪县虎

邱来连江龙津拱头。

宋代,陈政泰,进士,开基泉港蓝田后龙村。

南宋后叶,祖籍河南光州固始县陈成庵,游宦入闽。

南宋末年,陈魁字梅聪,因受贾似道陷害而出走漂泊来闽。

南宋时期,河南光州固始人陈荣遥,入闽居石狮。

南宋末年,河南光州固始县人陈恭献,宋江亡后遁入厦门大石湖山,后移居高殿寨上。

宋末,陈煜(素轩)避兵燹,辗转至同安县。

宋末,原籍河南陈千户(名失考),衍阳头察阳。

宋朝末年,南宋皇帝赵昺带了宋皇室南逃福建,掀起历史上北方人口大批南迁的浪潮。

7. 元朝(1271—1368)

元朝的统治者从立国之初就采取了民族歧视、压迫政策。把国人分为四等:一等蒙古人,二等色目人,三等汉人,四等南人。对民赋役过度,囚笼高压,迫使大批汉人南迁。

元至元元年(1335),贵州省分水县宜德梁村陈以祥,迁入龙海榜山镇梧浦村小郭坑社。

元朝时,陈汝荣入闽居泉州同安从顺里五都黄山前马巷大蓬洲定居。

元朝年间,陈若朴从浙江龙泉二十七都入闽,寓居松溪县大黄沙开族。

元朝中叶,陈氏先祖自河南光州固始县奉旨入闽,迁泉州鲤城区。

元朝年间,四川梓州唐初大诗人陈子昂后裔定居泰宁城关。

元至正十三年(1353),陈氏始祖由河南固始县入闽,居泉港区。

元末,陈锡从南京铁井栏入闽,居福清渔溪岸兜开族。

元末年间,陈友谅兵败,其族人为避祸来迁金门,初居后浦,后移埔后,分支洋山。

元末明初,河南人陈万峰任从事郎,入闽定居泉州下岭万石,繁衍至今。

元末明初,陈和从江西省饶州府安仁县入德化三班儒坑肇基。

8. 明朝（1368—1644）

明初，惠安琅玕陈氏始祖陈安东，因避乱从河南光州固始县入闽，定居于惠安南方四十里的埯头村。

明洪武元年（1368），陈友二由南畿金陵（南京）大湖县大平乡宋家埠，定居永福白云。

明洪武五年（1372），陈华国任湖广荆州都指挥使，入闽肇迁连江丹阳新洋村。

明洪武十三年（1383），陈华卿由浙江奉命迁闽清四都龙溪境（今三溪村）定居。

明洪武二十年（1387），陈清由江西抚州府宜黄县随父拨军入德化奎斗屯田肇基。

明洪武二十年（1387），陈真德由温陵徙同安之东溪，尔后其父景高、祖父、子菊芳亦迁祖东溪。

明洪武二十四年（1391），陈保原迁居泉州城东埭头。

明洪武年间，陈景春祖籍河南颍川，至南京铁井栏转徙来闽，始居福清星桥，尊为启基一世祖。

明洪武年间，原系河南省光州府固始县人陈秀福，迁入闽移居晋江县十九都港塘乡定居。

明永乐二年（1404），洪武初年，陈学祖入泉州府永春县十二都大龙阁屯种，是为开基始祖。

明永乐二年（1404），陈满郎由江西金溪奉戍边屯田，迁永泰庆山村开基。

明永乐二年（1404），陈亚支由浙江温州府平阳县前村镇迁永泰盘谷墩头下洋尾。

明永乐十九年（1412），祖籍浙江湖州长兴县至德乡的陈亚伴，到罗源县定居。

明永乐年间（1403—1424），陈审亭由河南避祸迁长乐二难乡嵩平里四都。

明正统六年（1441），山东兖州金乡县陈奎，入闽分居武平县中山新城。

明成化至弘治年间（1465—1504），陈诚、陈信兄弟二人经商迁罗源城关司前街。

明成化年间（1465—1487），南朝派武宁王陈叔武之后陈文惠，迁政和县。

明弘治年间（1488—1505），陈公（佚名）由固始县入闽，居连江县琯头东边村。

明弘治十八年（1505），陈及从湖南长沙迁入福清县，再迁居南靖。

明嘉靖十九年（1546），陈旺从广东省梅州长乐玉田镇琅屿村。

明嘉靖庚子（1561），陈尧五、尧十从江西迁居周宁贡川。

明末，陈幽遁由河南迁入南靖县。

明末，陈维屏之父明末随军由常州主管征札事，定居莆田。

9. 清朝（1644—1911）

清乾隆年间（1736—1795），陈波恩自江苏武进来泉做官而定居泉州长埕，今分四房桃。

清朝中叶，陈淑信从江西抚州广昌县城东乡迁居浦城官路乡平西科头堡。

清朝，陈昆山从江西南丰迁居沙县城区。

清朝，陈直宾赐进士出身，由广东惠州莲坑迁仙游，为莲坑始祖。

清光绪年间，陈氏先祖从江西广丰县廿二都迁往浦城县忠信排珊村。

此外，除已知时间及入闽祖外，尚有诸多始迁闽者不知时间，如龙海沧溪陈姓始祖元泰，由河南固始迁往莆田阔口社，再迁广东惠州，又从惠州迁漳州万松关下凤山沧溪开基。还有南安的陈一郎，谱载"不知何时自颍川分派于河南光州固始，卜居武荣诗山霞宅"。还有零星入闽陈氏，如江西铁官村陈氏迁居将乐县黄潭西溪（今上峰村西溪自然村）、西湖等村。江西铁板桥陈氏迁居将乐高唐镇邓坊等村。

从晋至清，陈氏入闽支系繁多，已知从河南入闽的陈氏有54支，其中从固始入闽有40支，从江西入闽有33支，其中义门陈大分迁有20支，从河南及北方等地入闽有18支，从浙江入闽有16支，从江苏入闽有8支，还有从陕西、安徽、贵州、湖南、山东、广东入闽各一支。目前福建陈氏是430多万人的大家族，脉络盘根错节、支系纵横交错。

【入垦台湾】

陈姓迁台早在唐宋就开始，明朝永乐到清为一高潮。全台陈姓人口260多万人，为台湾第一大姓。

有开漳圣王派、南院派、漳浦派、惠安、晋江陈埭派、安溪高美祖派、闽西霞蓉派、义门派等30多支派，分布在台北、彰化、台中、嘉义、台南、屏东等县地。台湾陈姓尊开漳圣王为始祖，有圣王庙300余座。

【郡望堂号】

胡公满的第36世孙陈轸仕楚国有功，封为颍川侯，世居颍川。陈轸的第十世孙陈寔，东汉时任太丘长，人称"陈太丘"。他德高望重，名倾天下，谢世后谥号"文范先生"，"文为德表，范为士则"，"文"字表示：成为道德方面的表率；"范"字表示：成为士人门的规范准则。追求三不朽"立功、立言、立德"是中国古代士人的理想，达到了"立德"是最高境界。陈寔被尊为颍川衍派的始祖。有"天下陈姓出颍川"。

1. 郡望

颍川郡：秦时置郡。以颍水得名，治今河南禹县。此支陈姓开基始祖为齐王建三子陈轸。颍川郡在公元前230年秦始皇设置的，因临颍水而得名。其管辖河南登封等15个县市及安徽的西北部。颍川郡是福建陈姓最主要的郡望。

此外，陈氏还有广陵郡、河南郡、武当郡、冯翊郡、京兆郡、汝南郡、下邳郡、东海郡、新安郡、庐江郡等。

2. 堂号

三恪堂：恪是尊敬的意思，又是客人的意思。周武王灭纣后，把商之后封于宋，夏之后封于杞，帝舜之后封于陈。称为三恪。表示他们是周朝的客人，不是臣子，格外地尊敬他们。

德星堂、德聚堂：是由陈实后裔，唐太付陈邑修建的。其"德星"二字来源于德高望重的陈实。太丘长陈实子侄，同以孝贤闻名，当年访名士荀淑父子，正值德星聚，德星乃一岁星，岁星所在有福，故取堂名曰德星。太史为此上奏曰："德星聚奎，五百里内有贤人聚。"族人遂有以"德星"或"德聚"为堂号。

义门堂：是南唐主李昇在（937）诏立的。江州义门陈氏是唐文宗太和六年（832）迁居德安县车桥镇义门村，江州义门开山祖是陈旺。宋仁宗嘉佑八年（1062）分析迁于全国72个州郡的144个县，

分析成大小291个庄。家家门口桂"义门世家"匾额。"义门堂"成了这一支人认祖归宗的堂号。

双桂堂：始于毗陵陈氏，是江州义门陈氏支脉。十三世陈益初迁入毗陵，被称为"双桂里"，美名远扬，为武进望族。双桂堂因此得名。

此外，还有建业、映山、忠节、延庆、余庆、报本、星聚、三义、树本、燕贻、官梅、笃庆、光裕、崇义、崇本、世德、衍庆、敦睦、叙伦、地心、重华、仁耻、毓庆、世德、敦厚、奉先、聚原、传义、三和、培德、三相、义门、道荣、惇庸、双桂、徽五、绍德、怀忠、聚星、滉武。

【祠堂古迹】

螺洲陈氏宗祠，坐落于福州市仓山区螺洲镇店前村，始建于明代，清康熙十六年（1677）改建，雍正五年（1727年）重修，嘉庆二十四年（1819）陈若霖重建。坐东朝西，占地面积500多平方米，木结构。

台屿陈氏宗祠，坐落于福州市仓山区建新镇台屿村。坐北朝南，占地面积2100平方米。前后五进，由门墙、门楼、仪门、祠堂厅、祭厅、神主厅、台山阁等组成。祠内藏有明天顺二年（1458）旌表陈淮捐米赈灾的圣旨碑等。

台屿陈东忠烈祠，又名台山文殊庙。位于福州仓山区建新镇横龙村。始建元代，明万历年间（1573—1620）、清、民国期间有过修建。现存清代建筑。坐东朝西，占地面积1200平方米。前后三进，一进戏台；二进祭祀文殊佛、陈东以及台屿詹、彭、蒲、吕四姓始祖；三进祭祀守土尊王（迁台屿始祖陈克家，明代琉球国中宪大夫左尚史）、临水夫人、医官大王。

长乐南阳陈氏祠堂，坐落于长乐市江田镇友爱村。始建于明永乐十六年（1418），明万历九年（1581）重修。坐北朝南，占地面积6000平方米。

琅岐陈氏宗祠，坐落于琅岐岛上。坐北朝南，建筑面积560多平方米。宗祠门墙高7.8米，祠宽14米，纵深40米。两边拱门上镌刻"崇仰前贤"和"启裕后昆"。

芗城松州威惠庙，初名"将军庙"，坐落于芗城区浦南镇松州村。唐代漳州刺史陈元光开漳有功，唐贞元二年（786）漳州治所从李沃川（今漳浦绥安

镇)迁入龙溪,于漳州北郊松州书院内兴建将军庙,纪念陈元光、陈珦父子二刺史,并规定漳州文武官员于春秋进庙致祭。宋宣和二年(1120),朝廷诏令对将军庙赐额为"威惠"。庙内有松州书院,建于唐景龙二年(708),原为陈元光子陈珦讲学处。

云霄威惠庙,原名"陈将军庙",坐落于云霄县云陵镇享堂村。始建于唐嗣圣元年(684),宋政和三年(1113)始称威惠庙。现存建筑系明成化年间(1465—1487)重建,历代重修。庙坐西北朝东南,占地面积近2000平方米,建筑面积500平方米。

漳浦威惠庙,坐落于漳浦县城西郊西宸岭南麓西庙村。始建于唐开元四年(716),宋、明重建,祠改"忠烈殿",1991年重建。庙区古建筑部分占地约一万平方米,坐北朝南。

后库陈氏家庙,坐落于晋江安海的后库。始建于宋末,历代曾有多次修建,1930年时再建,1991年重修一新。占地面积近2000平方米。

苏坂陈氏宗祠,坐落于晋江磁灶镇苏坂。宗祠始建于明初始建,历代重修,民国二年(1913)旅菲华侨陈培铺曾予以重修,1995年宗祠乃整体翻建。

贡川陈氏大宗祠,位于三明永安市贡川镇城南巫峡头。始建于明万历三十三年(1605),是陈氏入闽始祖唐中丞搽陈雍的纪念祠,清代康熙、光绪年重修。宗祠坐西朝东。宗祠内珍藏着一部清光绪十六年(1890)撰修的大宗谱,共48分册。

莆田玉湖祠,位于莆田城郊阔口村东北面,始建于南宋末年,原为宋乾道宰相陈俊卿的故居。陈文龙殉国后,其后裔族人在陈俊卿故府第中建"二相祠堂"。明代重建,清代改为玉湖祠。祠堂坐北朝南偏西,占地面积345平方米。

永宁陈氏宗祠,位于石狮永宁卫城内,地处永宁街东头。宗祠坐东朝西。宗祠始建于明代,历世屡有修葺。建筑为砖、石、木结构,整体占地近300平方米。

【楹联典故】

源溯宛丘扬祖德,南渡闽台播家风。

——上联彰显宗族源远流长,先祖功重德厚。下联体现派系播衍变迁渡江过海,闽台陈姓同源共脉。

一门两丞相,九代八太师。

——莆田玉湖陈族人通用楹联之一。联上句赞颂本支派出两位宰相:陈俊卿、陈文龙。联下句道明八位太师,该家族依序为始祖陈仁,赠太师沂国公;一世祖陈贵,赠太师蜀国公;二世无仕。三世祖陈诜,赠太师冀国公;四世祖陈俊卿,字应求,官拜尚书右仆射同中书门下平章事兼枢密、观文殿大学士、太师魏国公;五世祖陈钦绍,赠太师永国公;六世祖陈充,赠太师安国公;七世祖陈粢,赠太师荣国公;八世祖陈文龙,宋末状元,官拜参知政事、闽广宣抚使,赠太师。

颍水溯渊源,念先人霜露频劳,不忘祖功宗德;
太丘留令范,愿后嗣箕裘勿替,惟求子孝孙贤。

——联上句说:陈氏家族古代聚居地在河南许昌之东的颍水。

奎府聚五星,地符人瑞;漳州开二阁,名冠皇唐。

——台北市陈氏大宗祠(德星堂)楹联之一。为全台湾陈氏宗祠。上联的"奎府"指奎宿,天上二十八宿之一,"聚五星"指五星连珠,即金、木、水、火、土五大行星同时出现在一方天空,这种自然现象非常罕见,所以古人以为是祥瑞之征兆。下联说唐代光州人陈元光,字廷炬,唐仪凤年间(676—679),以鹰扬将军随父亲陈政戍守福建,陈政死后,陈元光代为将领,统帅三军,上表唐廷,在闽之泉州、漳州开创疆土,后世称其为"开漳圣王"。

八闽捷报最首功,广拓河山怀梓里;七邑告成膺庙祀,远移香火镇桃园。

——台湾桃源县景福宫楹联之一。

箕裘全子,袍笏文孙,颍川郡凤毛世胄;南国旌旄,东宫衣钵,李唐时虎拜龙庭。

——台北市全台陈氏大宗祠祠联

数十世避乱侨居,凤粤发祥,羡者蕃,肯构肯堂,黎阁家声光自晋;
三百年创业重统,莺迁衍庆,喜此日,美轮美奂,棠江庙貌著维新。

——福安县甘棠堡陈氏宗祠联

案峙牛肩此日勋题麟阁，沙回鲤尾当年浪接龙门。

——民族英雄陈化成故乡同安丙洲陈氏家庙联

源起昆仑兴周鹰扬封齐国，流宗渭水姓始食邑自营丘。

——漳浦第一殿威惠庙

源溯忠顺王，列祖八登进士科，贵为状元宰相；
世传代卿典，嗣孙长护丹心谱，喜作教授诗人。

——鉴湖堂陈氏源流楹联

【族谱文献】

记载闽台陈氏族谱有漳州《陈氏族谱》陈氏漳泉世联谱。南宋淳佑二年（1242）陈思据唐代旧谱重撰，民国五年（1916）陈祯祥据永春，江州、广东、厦门4处族谱考订而成。有陈氏世联图，颖川陈氏世系，龙湖公全集，唐高宗年间陈政入闽书，唐列祖传记，陈元光建州县书，南陈世系昌国西园谱，凡例、陈胡像。分为总谱、支谱。有台湾《琅玕陈氏族谱》陈其寅修纂，共2册40余万字。始祖安东公来自河南固始，宋末入泉，至惠安南方四十瑞安头乡落籍。清康熙年间禁海解除后，还乡无屋可居者相率往台州石塘镇，有琅玕陈氏四镇兵追随郑成功入台；柘山房兴透公携眷定居台湾笨港。清咸丰九年（1859）举家迁至台湾鹿港，其父于光绪十四年（1888）再由鹿港迁往基隆。十四世祖于道光年间，赴台经商，居沪尾（今台湾淡水）经营粮食，甲午战乱后先祖弃业回闽，辗转后居基隆市。《浯阳陈氏家谱》同安和金门共同编纂。2003年出版。始祖陈达，号松岗，随王审知入闽，后裔镇同安浯洲盐场，浯阳堂号。还有《颖川郡上杭陈氏族谱（总谱）》《飞钱陈氏族谱》《莆阳玉湖陈氏家乘》《古灵陈氏族谱》等著名。

闽台寻根大典

第十五节　谌　姓

谌姓是一个多源流的古老姓氏群体。在今中国大陆的姓氏排行榜上未列入百家姓前300位，在台湾省则名列第236位。

【渊源】

1. 源自尹祁氏，出自上古尧帝的后裔大节之封地，属于以封邑名称为氏。据《谌氏族谱》均记载："大节公，尧之裔。平王时，与晋伐戎，有功。随平王东迁雒邑，封于成周之东，赐谌姓，为天下谌氏始祖。"大节，是远古尧帝的第三子，其后裔子孙在西周末期亦称大节。

2. 源于姬姓，出自周幽王十四子后裔的封地，属于以封邑名称为氏。据文献《巫邑谌氏祖谱》记载："谌氏出自姬宗，乃周朝王族后裔，祖宗源地承周（今河南洛阳）。考其系传，至周幽王姬宫涅第十四子封于'谌'，因征伐失国，子孙以国为姓。"

3. 源于姬姓，出自春秋时期郑国大夫裨谌，属于以先祖名字为氏。在著名的清朝学者张澍所著的《姓氏寻源》里记载："谌氏，宜出郑国时期的复姓裨谌氏……五里族盛，析居本邑凡十余处外，徙近而邻邑，远而湘黔，皆根本五里。"裨谌，是春秋时期郑简公执政期间的郑国大夫，博学多谋，曾大力协助国相公孙侨（子产）处理国政。

【得姓始祖】

大节，尧帝之三子。西周末期周平王时，尧帝之后，大节公率军与晋国讨伐北方少数民族有功，在周平王迁都洛邑后，大节公被赐封洛邑之东的谌地，即礁阳（今属河南洛阳），子孙遂以封邑为姓氏，称谌氏，从而开始有了谌氏一族。

【入闽迁徙】

谌念一，号茂辉，父谌经济。宋开庆元年（1259）生于江西南昌，为大节第五十二世孙。于宋德祐二年（1276）应拜军前指挥使，宋景炎二年（1277年）师进汀州（今福建长汀），文天祥率军至汀州，在汀州府组织抗元。次年正月，元将阿剌罕率兵攻入

汀州，文天祥抵抗不利，移师漳州。时年十八岁的谌念一率一小队人马"越汀由宁化向北而奔至下觉里"（下觉县夏坊乡），"见风淳俗厚，乃卜宅而居焉"。厚与邹氏婚，育有七子二女，子荣宗、荣祖、荣泰、荣赐、荣仕、荣富、荣贵。荣泰、荣祖、荣赐居江西宁都和石城，宁富居福建永定，荣仕、荣贵居福建宁化。谌念一享年九十一岁，葬明溪夏坊坊头村。

元朝末期兵荒马乱，盗贼横行，谌氏祖先为避战乱，由江西迁居湖北黄州府麻城县孝感乡，仍因余寇为患，无法安居中原乐土，复于明洪武二年（1369）由麻城西迁四川巫邑大昌一甲（今巫山下田乡）谌家湾定居，以挽草为业，拓荒采食，耕读为本，勤劳起家。

谌进佛，字好耕，福建谌氏始祖谌念一的第十一世孙。从福建明溪枫溪邓家坪迁居建宁册源排。第十六世孙富吉与叔叔华桂于清乾隆十五年（1750）契买建宁县西乡富田堡排背中茶窑下邓姓房屋及油茶山并食茶山冈。清乾隆十七年（1752）契买董姓屋基及寮场。是为福建省建宁县里心镇花排谌氏始祖。

谌盛喜，字庆吾，福建谌氏念一公七子荣贵公第十三世孙明朝崇正己卯年生，清康熙癸酉年殁。从福建明溪枫溪乡邓家坪迁居石城东坑。娶黄氏，生二子：荣石，荣佛保。是为江西石城东坑谌氏始祖。谌进桥，福建谌氏念一公七子荣贵第十一世孙，从明溪枫溪乡邓家坪迁居江西宁都沙滩。是为江西宁都沙滩谌氏谌氏始祖。谌祖福，字尧赓，福建谌氏念一公的七子荣贵公房第十九世孙，乾隆癸卯年四月初一日寅时生，从江西宁都廖地（湛田）迁居福建漳州，娶郑氏，葬在漳州府南门外坐东向西。生一子：正甫。继子：正登。是为福建漳州谌氏始祖。谌进全，福建明溪夏坊乡念一第七子荣贵的第十一世孙，从明溪枫溪乡邓家坪迁居宁化中沙乡何屋，谌进全葬在何屋四宝燕子付梁形，娶黄氏，生二子：

茂须和茂青。是为福建宁化中沙谌氏始祖。谌正青，字集高，江西宁都湛田乡廖地的谌氏念一公七子后裔即二十世祖，生于1812年9月8日，他与正诗是两兄弟，迁居宁化。是为福建宁化曹坊乡谌氏始祖。

福建省谌姓主要分布在永定县、长汀县，广东省的惠州市河源市、阳春市。

【入垦台湾】

清代，福建谌姓族人入垦台湾，台湾光复后也有部分由各省迁徙入台。台湾谌姓主要分布在台北桃竹苗区、基隆，散居高雄和台南美浓镇南隆等地。

【郡望堂号】

谯阳郡：亦称洛阳郡，主要是指今河南省的洛阳地区。

豫章郡：亦称南昌府、南昌郡。原为春秋时期的洪州之地，战国时期秦国置为九江郡。

谌氏主要堂号景福堂、绳武堂、世德堂、谯阳堂、乐资堂、亦政堂等。

【祠堂古迹】

复兴祠，南靖县谌姓祖祠家庙，位于船场镇梧宅村山顶，坐巽向乾，建造年代不详。

穆本堂，南靖县谌姓祖祠家庙，位于竹溪村粗坑社内，坐丙向壬，建造年代不详。

耀昌堂，南靖县谌姓祖祠家庙，为星光村谌氏祖祠，位于桐仔口，建于清朝年间。

望重乡楼，南靖县谌姓特殊传世标志，是龙山镇粗坑谌氏敦侃于乾隆三年（1738）所建，为一座石楼。竹溪塔仔尾林三世祖文海墓前，有清顺治年间谌晋进士返乡祭祖立的石旗杆。

【族谱文献】

谌氏族谱，著者待考，民国年间谯阳堂木刻活字印本。现被收藏在上海市图书馆。谌氏七修族谱，著者待考，清光绪丙子（1876）谯阳堂木刻活字印本。现被收藏在上海市图书馆。广东河源重修湛氏族谱，湛氏合族编著，1999年计算机激光照拍胶印版。现被收藏在上海市图书馆、广东省图书馆、广东河源市湛氏宗祠。（注：初起祖江西豫章郡南昌府宁化石壁流王巢试剑处，后迁福建汀州府永定、漳州府南靖，再后迁广东河源、阳春。）历代祖宗次序排列于后，后代子孙以凭稽考。第七世祖谌永梁、妣钟氏住南靖永丰里四图吴宅吴行。有寿贵、寿富、寿养、寿生四子。除长子后裔世居南靖下岭外，其余三子后裔都迁到广东。其中寿富之后迁阳春锡坑及河源；寿养之后迁为善下横坑；寿生之后迁阳春石录、潭水。其二房世系为谌百七郎（江西宁化始祖）→谌念九郎→谌八六郎→谌万郎→谌伯郎→谌四八郎→谌永梁（迁福建五位始祖之一）→谌寿富→谌文海→谌宗贵→谌明显→谌时济（六子，其中第五子谌乾位于清初迁广东时改姓湛）→湛乾位号顺侯→湛晋号甫水……该谱收有康熙三十四年（1695）湛浩敬、嘉庆二十年（1815）湛开基、道光三十年（1850）湛世泽写的三篇旧序，讲了迁徙改姓的详情。

【昭穆字辈】

南靖县谌姓：远克绍祺丕振家声芳时开建赞美正兴隆。

第十六节 程 姓

程姓在《百家姓》中排名193。据2015年的统计，总人口约占全国汉族人口的0.57%，程姓的人口总数在中国大陆排名31位，在福建排名77位。在台湾排名第75位。

【渊源】

1. 出自风姓，以国为姓，是重和黎的后裔。北宋时欧阳修等人修撰的《新唐书》七十五卷《宰相世系表》中说："程氏出自风姓。"南宋学者郑樵撰写的《通志·氏族略》也说："程氏，伯爵，风姓。"传说，上古时候。民间祭祀很乱，社会很不稳定。颛顼高阳氏为了使百姓从杂乱的祭祀活动中解脱出来，安心生产，就委派他的孙子重为南正之官，掌管祭祀神灵；重的弟弟黎为火正之官，掌管民事。后来重和黎的子孙就世袭了这一官职。他的后裔伯符（一作乔伯）在西周前期被封在程地，建立了程国，称为程伯。程国的居民以国名为氏，于是就产生了程姓。

2. 以地名为姓。周宣王之时，重黎的裔孙程伯休父入朝为大司马，后又因攻占徐方（今山东滕州东南薛故城）有功，被封到程邑（今陕西咸阳市东，又有一说在今洛阳市东），他的子孙有一部分人以封地为姓，称程姓。

3. 出自伯符之后。据史料记载，伯符是程姓的始祖。由于伯符向周王敬献"泰山之车、井中之玉和双穗之禾"这"三异之端"有功，被周王封在广平的程地，后世子孙以国为氏，称程姓。实则伯符是重和黎的后代。

广平是伯符的始封地，也成为程姓的发祥地之一。后来广平发展成为程姓的首要郡望。但是广平不是程地，也不是程国。因此，它不是程姓得以命氏之地。槐塘《程氏世谱叙》转引西汉司徒程泰修撰的族谱说："臣上世祖伯符先封广平，后得封程国，遂氏焉。"

4. 出自姬姓荀氏，以邑为姓。据《元和姓纂》和《通志氏族略》《左传杜预注》记载，春秋时，晋国荀氏的支子（非正妻长子或妾生子）食采于程邑（今山西省新绛县东北），其后裔以邑为姓，称程姓。春秋时期荀姓在西周时聚居在今山西省临猗县南部，后来迁到新绛县西。荀林父、荀宾、荀家、荀会等人都是晋国著名的卿大夫，是对晋国政局有一定影响的人物。晋国大夫荀骓的采邑就是程邑。因采邑名叫程邑，他的子孙就以邑为氏，改姓程姓。

5. 姓氏改姓和其他少数民族。如蒙古、满、土家、回、黎等。

【得姓始祖】

伯符，又称乔伯、程伯符，一名乔伯，又名二和程姓的得姓始祖，他为太昊伏羲氏的后裔，属于东夷部族，也是伯符是重和黎的后代。周代封诸侯，食邑于程，称为程国伯。他生活在商末周初，（公元前1000年前后），和周公姬旦、周日正帮助周成王定鼎郊溆，修和周郊。活动范围在今河南东部、安徽北部和山东西南部一带。《河南程氏正宗世谱》中有一首《迁徙歌》，写道："古有重黎氏，程族由发初。历夫周兴际，伯符广平居。"这首歌概括了程姓始祖伯符初封广平的事。

【入闽迁徙】

1. 唐光启元年（885），王潮、王审知率军队入闽时，有河南光州固始人程赟具随从，程赟具因功授官，后为漳州刺史。后唐同光三年（925），王延翰继闽王位，荒淫暴虐，程斌具忠言谏阻，被杀，其后裔散居各地。

程赟，字彦赟，又名文纬，河南光州固始君子乡兴贤里人，在协助王审知征取汀、漳等地，擒囚王绪，巩固发展王氏在福建的统治势力，立下卓著战功。授指挥使、漳州刺史等要职。在福州扩建罗城，便委派程赟监造工程，罗城城砖印有"程赟"等督造官的名字。现存闽王祠内还保存着忠懿王德政碑，记载程赟倡建闽王祠与碑的事迹。闽王驾崩后，王宫内讧，程赟不幸于漳州遇难，墓在闽侯竹岐乡榕岸村龙兴山。长子延长避居永泰，次子延美逃避古田团石岭，三子延春及四子延坚潜居闽侯甘蔗。程赟胄裔已繁衍至三十九世，居住闽侯、永泰、古田、香港、台湾地区及新加坡、马来西亚、印尼、缅甸等国。

2. 宋末，程大昌，字泰之，河南伊洛人，官任龙图阁大学士，因惧元兵之祸，携带家眷入闽避难。

3. 北宋理学家程颢、程颐兄弟支脉。程颐后裔于元朝至正年间（1341—1368）入闽为官，繁衍后裔分居漳平、安溪、南安等地。

4. 还有一支是先世居河南开封府祥符县守坊，程文智入闽为官，任福清州知事，其弟程文惠封迪功郎，居漳浦，为当地程氏始祖。

5. 据石城（珠玑）《程氏族谱》（三修、四修）：洪范公，登元至正进士，宦游闽延，避乱长汀，遂居宁化龙上里程家窑。明代洪武年间（1368—1398）程仁轩从建州（今建阳市）经宁化迁长汀，为入汀始祖。武平县的程氏，其始祖程玉成，江西临川县山社里二十四都人，系明初镇守武平千户所（今中山镇）的十八将军之一。有战功，封世袭将军。后玉成回原籍，留四子驻武所，分四房定居于武平，明末，武平中山程氏七世裔孙中有一房迁湖南醴陵。据民国《上杭县志》载："程氏在县东胜运里香溪村户口数十。"据上杭的程氏族人口传，约在明正德末年（1521）至嘉靖初年（1522），程仁轩的一支裔孙媳包氏携带男孩程寿由长汀逃难到香溪村定居。客家程姓散居在永定县的堂堡，上杭县的临江，武平县的中山、下坝，长汀县的策武、三洲、濯田，连城县的姑田，宁化县的曹坊、治平、淮土等乡镇。

6. 元末，程文智因官入闽为福州知事，其弟文惠分居漳浦，封迪功郎，各立为开闽始祖。

7. 明嘉靖六年（1527），程积荣偕弟程荣昌因避兵乱由漳州宁洋金坑里迁尤溪梅仙通演后堀基立祖。其后裔分迁人口已达数万人，分布于尤溪的梅仙、南洋、联合、岭头、城关以及南平、福州、建宁、台湾、永泰等地。明世宗时，文惠之后程渠爵，携二子惟山、惟海，自漳浦梁山迁居诏安后门山，是为诏安始祖。

福建程氏目前已知人口主要分布于福州，据

2001年公安户口统计，福州市程姓人口有34200多人，其中闽侯最多，永泰次之，鼓楼、连江均在3000人以上。其次是泉州市的惠安县，在许埭有二村相连，人口5000多人。三明市程姓有人口4800多人，具体分布为：大田县，三明市区，永安市，建宁县。明溪县，沙县，尤溪县，将乐县，宁化县，泰宁县，清流县。漳州市共3600多人，主要聚居于漳浦、诏安等地。莆田程姓与昆山程姓是兄弟支，大田县始祖盛五公，莆田始祖盛四公。全省其他地区均有分布。

【入垦台湾】

明清时期，福建程姓迁台。根据《程氏族谱》记载，台湾程姓人士的祖宗为元代时传衍至程文智、程文惠等人。程文智因官到福建省福清，程文惠至福建漳浦。清代，程氏渡海来台者，多属程文智、文惠兄弟派下。除了清乾隆程顺德携子入垦今西螺外，其族亲程时献等亦先后自诏安入垦西螺。今台北之程氏族人，程氏家族认为，他们是福清程文智派下，经今台北淡水入台。另据《南投文献丛辑》载，乾隆四、五年间，程志诚入垦南投鹿谷。据考证，清康熙末年，台湾便已有了程姓的人家。乾隆四、五年间，程志清入垦今南投鹿谷。乾隆五、六年间，又有一位名叫程志成的，到达沙连堡大圆庄开基；乾隆末年，又有一位程会由嘉义西堡入垦番界，一步步造成了程氏在台的兴盛情况。清乾隆年间程顺德携四子由福建诏安后门山入垦今西螺、二仑。1946年台湾光复，一些官员、军人和百姓随迁台湾，其中有不少程姓人士，程姓入台人数不断增加。台湾云林西螺等地有程姓宗祠。台湾程姓主体是福建籍。人口最集中的城市是台北、彰化，其次是嘉义、台南等地；人口最集中的区是云林县西螺、二仑、台北市松山区、大安区、板桥市及台北县、高雄市、高雄县等。

【郡望堂号】

广平郡：汉景帝中元元年（前149）分邯郸郡置郡，治所在广平（今河北省鸡泽东南）。

河南郡：汉高帝二年（前205）改秦三川郡置郡，治所在阳（今河南省洛阳市东北）。

安定郡：西汉元鼎三年（前114）置郡，治所在高平（今宁夏回族自治区固原）。

明道堂、伊川堂、立雪堂：都是根据宋时的程颐、程颢。程颐、程颢兄弟二人都是大儒周敦颐的学生。程颐人称"伊川先生"，程颢人称"孟子以后一人而已"。因为他二人能继承孔孟的传统，故称"明道堂"。二程讲学，迟到的站在门外侍听，雪深三尺不知寒，有成语"程门立雪"，故名"立雪堂"。

程姓又以安定堂、广平堂、叙伦堂、宏礼堂等为堂号。

【祠堂古迹】

芗城区程姓祖厝，位于芝山镇甘棠村龙奎社，砖木结构，四方形，前厅后厅中有开井，两侧厢房，连同周边通道占地约二亩，有数百年历史。

诏安县祖祠追远堂，位于太平镇文山村，建于明末清初，主祀程渠浔。

连江浦口程氏宗祠，占地总面积 1700 平方米，建筑面积 1200 平方米。祠宇正坐东朝西，五开三进。祠堂联为"珠浦家声远，安定世泽长"。

许埭程氏家庙，许埭程氏家庙，位于惠安县辋川镇许埭村下埭。北宋末期，河南洛阳程氏族人肇基许埭。程氏家庙始建于清乾隆年间（1736—1795）。历代重修。家庙坐北朝南，面积 200 平方米。

芗城区程姓祖祠家庙，又称程姓祖厝，位于芝山镇甘棠村龙奎社，砖木结构，四方形，前厅后厅中有开井，两侧厢房，连同周边通道占地约二亩，有数百年历史。

【楹联典故】

安定家声大；诗书世泽长。

——程姓族人通用的堂联之一。联上句讲程姓家族的郡望在安定郡。联下句讲明代莆田黄石遮浪人程礼、程琼一家两兄弟俱以诗书传家的故事。程礼，明成化十年（1474）考取举人，职授赣州府学训导；从弟程琼，明成化十六年（1480）考取举人，职授高州府学教授。

一相宣王千世祖　；二贤夫子万年师。

——联上句说程姓先祖、春秋时期程婴的故事。程婴，晋国大夫赵朔的挚友，当年屠岸贾杀了赵氏

全家，并急追捕杀孤儿赵武。危难之际，程婴与公孙杵臼设计救了赵氏孤儿，终报了父仇。后人将其故事情节编为《赵氏孤儿》传唱。联下句说程姓先贤、北宋程颢、程颐的故事。他们在洛阳讲学十余年，他的弟子有"如坐春风"之喻。程颢资性过人，又极有修养，有门人与他交往几十年，从未见他恼怒过。他的著作有《定性书》《识仁篇》。二程的学术后来为朱熹所继承和发扬光大，史称为"程朱学派"。二人的著作收入《二程合书》之中。

姓启程国源流远，望出安定派系长。

——程姓宗祠通用联。

安定家声远；河南道脉长。

——程姓宗祠通用联。

家绍真儒，襟度光风霁月；才夸人杰，文章瑞日祥云。

——程姓宗祠通用联。全联典指北宋哲学家程颢、程颐兄弟二人事典。

【族谱文献】

记载闽台程氏族谱现存百余部。其中较有代表性的有泉州《程氏宗谱》1996 年程宜权重修 5 卷。内容有谱序文、谱例，世系以及祭田、祭仪、祠堂等。夏明堂始迁祖程光容。清乾隆年间（1736—1795），其后裔迁台拓垦，一世祖程弘道，十五世程世教被敕授登仕佐郎署福建台湾府嘉义县大武垅巡检晋赠主簿衍之程公纪事。还有台湾《西螺埔心程氏家谱》1998 年程大学编。内容有总说、世系及各族详细资料三个部分。先世为河南开封府祥符县太守坊人，元末，程文智因官入闽，为福州知事，开闽始祖。其弟文惠居漳浦，封迪功郎。明世宗时，文惠之后程渠爵携二子惟山、惟海，自漳浦梁山居诏安后门山，为诏安始祖。清乾隆初年，后裔迁台拓垦，大多迁居云林西螺。有《台湾程氏家谱》，内容有序、源流、世系及各族详细资料等部分。称先世程文智河南开封府祥符县守坊人，入闽为官，任福清州知事，其弟程文惠封迪功郎，居漳浦。遂共为程氏开闽始祖。还有《尤溪程氏支谱》。

第十七节　池　姓

池氏在今中国大陆的姓氏排行榜上名列百家姓第 232 位,人口约 418000 余,占全国人口总数的 0.026% 左右。在福建排名第 88 位。在台湾排名 134 位。

【渊源】

1. 以居住地为姓。《风俗通》载:"氏于地者,城、郭、园、池是也。"古代城墙称作城或垣,城外护城河称之为池。有世居于护城河畔的人,便以池为姓。古汉语中,城是指城墙,而池是护城河的意思,所以城池都是一个城邑的防卫系统,后来就用来泛指城邑。古代居住在护城河边的人,有的以"池"作为姓氏,称为池氏,是今天池姓的起源。

2. 在公元前 10 世纪中叶,黄帝四十一世胄、汤殷二十三世之裔,殷姓,讳民,因辅佐周穆王(西周第五王)有功,周穆王封民食邑于池(河南省渑池县),其后代子孙遂以封地为姓。"民"是池姓的太始祖,至今有 2900 多年的历史,渑池可谓是池氏开姓的发源地。

3. 出自嬴姓,始成于战国时候的秦国。战国时,秦国有个王族名叫公子池,他是秦国的大司马。其后有池子华官授秦丞相,食禄汝南,封西平郡(今河南东部陈留地方,现为开封市辖范围)公。秦末天下大乱,池氏自京迁西平,得建宗焉,此乃西平郡池氏之所肇基也。他的家族繁盛,其后代就以他的名字为姓,遂成池姓。

4. 源于氐族,出自东汉末期西北地区古仇池国,属于以国名为氏。仇池国,指由魏、晋之际由氐族杨茂搜创立的前仇池政权和杨定建立的后仇池政权的统称。

5. 源于朝鲜族、满族、蒙古族属于以汉化改姓为氏。清朝中叶以后,满族持佳氏多冠汉姓为池氏、迟氏、张氏等。

【得姓始祖】

少皞氏,池姓家族的血缘始祖。少皞以金德而居五帝之一,是中国古代手工业及金属制器与使用的创始人,并且是上古古乐的发明者,还是华夏第一位天文历法家。据《平邑·池氏宗谱》载:相传五帝之首的少皞有一位女儿叫女修,其貌似天仙,其性近花鸟,长大后能识鸟语。一日,她吞食了玄鸟之蛋,其腹渐渐凸了起来,后生子大业。池姓的远祖是以凤凰图腾的氏族部落。所以,各地池氏宗祠屋脊上的凤鸟图腾是有历史渊源的。

秦公子池(嬴池)。公子池,嬴姓,秦国公子,《秦集史》记载,他是秦惠文王的儿子。他是秦国的大司马。他的家族繁盛,其后代就以他的名字为姓,遂成池姓。池氏族人皆尊奉秦公子池(嬴池)为得姓始祖。

【入闽迁徙】

1. 唐乾符初,随军入闽平黄巢乱,观察使陈巗表为泉州刺史,由于光州可祖公年力精壮,善骑射,谙兵法,同王朝统兵,因军功官领都统使。后梁开平三年(909),王审知受封为闽王,可祖公随入武威军(今福州)。唐天成元年(926),池公可祖年六十余,因见延翰(审知子)无道,遂告病退老,全家乔迁同安县永安乡,择地覆鼎山下安居。同安池氏可祖公生孝、悌、忠、信四子,分四大房派。孝公子孙有移居泉州、永春、汀州、漳州等地;悌公子孙有移居兴化、莆田、仙游等地;忠公子孙有一支后移延平府尤溪等县,发族甚盛,分迁亦多;信公支派有池公兴者,于宋真宗成平年间移居长溪(今霞浦县)赤岸桥地方。公兴公生子注公,注公生三子,分三房:长房住赤岸,三房移江西,次房即养龙公。公习青囊,知地理,于宋仁宗四十一年(1063),择地闽东彩凤山相土开基安居,因其山形似彩凤朝阳,枕山面海,故名彩岙。此乃西平郡彩岙池氏支派肇基始祖也。西平郡池涌源公后裔玑公住后溪,其后分迁桥洋、小留等地,此即西平郡后溪支派之肇基祖也。

2. 在福建省宁化县石壁村定居的客家先民多达

198姓，石壁成了"客家祖地"。在石壁客家祖庙神坛升座的152位客家先祖神牌上，池氏列第111位。后来，这批客家先民又陆续从石壁向本省的上杭、永定、长汀、武平、宁化、建宁、连城等县市和外省的广东、江西等20多个省市以及海外80多个国家和地区转徙，其中有池姓客家先民。宁化治平《池氏族谱》载：其始祖池裕郎公，自中原迁居江西宁都鹅鸭塘，于宋开禧元年（1205）转迁宁化治平。明万历年间，有后裔分支到江西石城等地。

3. 池鲤腾公，世居河南西平，于唐僖宗中和元年（881）加入王绪起义军队伍，后又举家随王绪率领的起义军队伍南下，唐僖宗中和五年（885）正月入闽，景福二年五月随军进入福州，为入闽池氏的一大衍派。其后裔繁衍在闽清、尤溪、长乐、连江、福州、闽侯、永泰、莆田、仙游等县市以及在海外的日本、澳大利亚、新加坡等国家，总人口约有3万多人。《入闽始祖传承》载：池鲤腾与其家人随王审知兄弟从河南西平、固始县入闽（景福二年五月即公元893年），为池氏开闽始祖。腾公传：晋献为闽泉州支系；晋超为龙岩州支系；晋益为福州转闽清白鹤汀（约930年）系。闽清县六都下杭的西平池氏宗祠为池氏鲤腾公总祠。

西平郡池瑗公（长子世昌之后）子孙甚多，分散甚广。至隋开皇中，一派移居光州，历十一世至池可祖公。

瑗公次子居西河，历晋而唐，后裔南迁在广东连州为官，解甲返乡，途径江西赣州，因爱其山川之胜、风俗之淳，遂择居赣州水东镇，成为赣南池姓之鼻祖。溥生二子，长曰旭，次曰移郎，其旭又传二子：梦鲤、梦熊。宋咸淳甲戌（1274）年间，池梦鲤才学冠世，特赐恩科状元，时称咸淳大魁，卓卓表彰，西平堂添辉，史册流芳。其后裔发族甚盛，有徙居霞浦以及长汀、连城、上杭等地。

4. 唐景福二年（893），池鲤腾受封为长史参谋、刺史参谋，分镇厦门。其子孙池然公于后梁贞明元年（915）被闽王授予上书郎和泉州司兵曹参等职。其后裔繁衍在省内的南安、莆田等地和广东省潮州、揭阳、大埔、梅州以及浙江等地。

5. 池朝奉公，系澠池肇姓的殷民公后裔，世居河南光州固始，因不堪寇贼侵凌，为了避乱，于唐末五代期间，入闽千徙，居于闽东的白鹤盐埕，繁衍于宁德、霞浦、厦门等地。

6. 池姓于唐末由河南入闽，居三山之北（今闽清县）。此外，元初，池国泰由贵州遵义桐梓县麻城乡入闽，定居闽清县。

7. 池源澄公，原本姓陈，起源于福建省尤溪县二十都云盖（今名珠峰村）的池姓，于明洪武十一年（1378），因避祸，随母姓改姓池，原名陈代澄改名池源澄。明洪武十二年（1379），尤溪知县表赐西平，其郡望为西平。为池姓的一个衍派。其后裔繁衍在尤溪、闽清、南平、永泰等地。

8. 北宋初，入闽林氏始祖林禄的后裔林伯仙从福州府天虹巷迁到沙邑之清水池（今永安市青水畲族乡清水村）定居；他的儿子改姓池，为永安池氏的开基始祖。据永安槐南《池氏宗谱》载，林禄之裔林伯仙世居福州，因遭火灾于宋初由福州府天虹巷迁到沙邑之清水池（今永安市青水畲族乡清水村）定居，其子易林指池为姓，郡望西平。明景泰三年（1452），其后裔从青水迁居尤溪万足里（今槐南乡洋头村）。

9. 宋开禧元年（1205），池裕郎从江西宁都徙居汀州府宁化县的西龙上里池家坡。据闽、粤、赣、湘联修的《池氏族谱》载，南宋时，原居河南汝宁府的池溥出任广东连州司户，任满返乡时，途径赣州，因慕该处山水田园之美，遂定居于赣州水东七里镇，其孙梦鲤为赣州历史上唯一的状元。池梦鲤裔孙桂五，字念五，妣黎一娘，明成化年间（1465—1487）由赣州移居上杭县石田乡（今湖洋乡通桥村）。池桂五，生十男，千一郎移居广东大埔；千二郎移广东翁源；千三郎失考；千四郎迁武平县民主乡；千五郎移上杭县中都；千六郎留居通桥；千七郎移武平县万安乡；千九郎迁长汀县红山；千十郎移广东梅县。上杭有池康庆等迁台。

10. 宋末元初，宁化石壁的池小三在莆田为官，后为了避乱移居潮州揭阳，开基揭阳池氏一族。据梅县《池氏宗谱·续修序》载："即以粤论，有居于广之番禺、南海者，有居于潮之揭阳、大埔、饶平、程乡者，皆自闽之宁化石壁来也。"

闽西客家池姓主要居住在永定县的高头、下洋，上杭县的临江、临城、中都、南阳、官庄、湖洋、通贤，武平县的民主、万安、湘店，长汀县的宣成、红山，连城县的莒溪、朋口，宁化县的济村、方田、治平、泉上等乡镇。

据 1997 年赣南池氏六修的《池氏族谱》收录南宋状元池梦鲤的裔孙已遍布于赣、闽、粤、浙、湘等五省二十多个县市，尤以赣州、会昌、兴国和福建的长汀、连城、上杭等地较多。

福建省的池姓人口较集中的是：福州市长乐市、连江县、闽清县；泉州市南安县；龙岩市新罗区、长汀县、古田县；莆田市涵江区、宁德市霞浦县、福鼎市、福安市；三明市大田县、尤溪县、宁化县、将乐县；南平市邵武市、顺昌县。

【入垦台湾】

清代，福建和广东池姓族人入垦台湾，台湾高山族也有池姓同胞。台湾光复后也有部分其他省池姓迁徙入台。池姓主要分布台北、基隆、其次是高雄、台南；其他市县散居。

【郡望堂号】

西平郡：春秋时期的西平在今河南省开封市陈留镇一带。

陈留郡：秦王嬴政二十六年（前 221）置陈留县。

西河郡：古代该郡所指不一。春秋时期卫国西境沿黄河一带称西河，即今浚县、滑县等地。

同安堂：明朝池裕得，同安人，以进士闻名遂安县，推断明决，后升任太常寺少卿，立同安堂。

池姓的堂号主要以望立堂：西平堂、陈留堂、西河堂等。

【祠堂古迹】

中仙池氏宗祠，位于尤溪县中仙乡中仙村之坡兜。始建于元至正二十五年（1365）间，占地面积 1600 多平方米，建筑面积达 570 平方米。

长乐西平池氏宗祠，位于长乐旧池村，始建不详，后座壬丙七柱三间，中扛梁，内有七星井，外有七星池，井中方型，底垫石板，祠中天井，后座

左边门外滴水有一井，右边门外滴水有一井，东宴堂房小飞旧厝门正一井，西宗房中天井，寿灯房旧厝所前左滴水下一井，其中一井不明，有祠前一古井，亦称月井，记中刻女弟子刘二十五娘思亡夫池二记刻井旁。

闽清下董池氏宗祠，位于闽清下董村，始建于清初， 1996 年在鸡峰山下重建，占地面积 1020 平方米，其建筑面积 294 平方米。

尤溪中仙村池姓书院，清康熙五十九年（1720）始，尤溪中仙村池氏相继建有"松轩斋""峡丘""洋头""高楼尾"等多处书斋。清嘉庆五年（1800），尤溪中仙村池氏宗族又兴建"蟠龙水磐"书院，培养不少学子。

永安安贞堡，俗名"池贯城"，坐落在永安槐南乡洋头村，清光绪十一年（1885）由当地乡绅池氏十七世池占瑞、池连贯（官名云龙）父子请邑侯甘祥宪给示后，由云龙自行设计，用经商积蓄资金而兴建，历时 14 年完工，占地面积 1 万多平方米，建筑面积 6000 多平方米，属于国家级文保单位。

【楹联典故】

源自秦国；望出西河。

——全联典指池氏的源流和郡望。

宋朝状元裔；秦朝宰相家。

——上联典指宋朝时期的状元池梦鲤。下联典指秦朝时期的宰相池子华。

北宋家声远；西平世泽长。

——上联典指宋朝时期的状元池梦鲤。下联典指池氏望族居西平郡。

宋代状元裔；秦朝宰相家。

——尤溪县中仙乡池氏祖祠联。

固始宗功显；坡兜祖德承。

——尤溪县中仙乡池氏祖祠联。

莆田家声远；池渡泽流长。

——莆田族裔祠堂联。

【族谱文献】

闽台有百十部以上族谱。福建省尤溪县《池氏族谱》记载：池姓肇自周宣王时，有程伯休父之后抵汉环公，官池州，望中牟循吏，奉命忠征，凯还

之日，上嘉其功，以城池赐姓，遂改程为池。《闽清联谱》载：入闽始祖鲤腾公派系开基、播迁情况。赣闽粤湘池氏联修族谱十二册首一卷，池氏族谱联修组纂修，1995年机排本。内容包括江西会昌、江西瑞金、福建武平、广东南雄、广东梅县、广东平远、湖南安仁等县市。联谱载，南宋时，原居河南汝宁府的池溥出任广东连州司户，任满返乡时，途径赣州，因慕该处山水田园之美，遂定居于赣州水东七里镇，其孙梦鲤为赣州历史上唯一的状元。由江西入闽，以及闽粤赣湘池姓的迁徙、播迁海外的状况。

长乐东湖西平池氏族谱，（明）吴航、王子正撰修，明永乐十四年（1416）木刻活字印本，2000年重修。现收藏在福建省福州市长乐区旧池村纂修池氏族谱常务理事会。

【昭穆字辈】

福建长乐新池池氏字辈：希宗景克明德以存仁孝忠良可大兆建懋绩洪熙永世用昌善聚长储祚胤恩光久锡天祥教子须成高伟擢徽作国瑞璋。

福建长乐小池池氏字辈：希宗景克明德以存仁孝忠良浥大兆建珠芝懋绩洪熙永世用。

福建尤溪管前林源池氏字辈：长光芳庭积文永智　大朝万年承（盛）世其昌。

第十八节　出　姓

出姓，中华姓氏之一，是一个典型的多民族、多源流姓氏，主要源自嬴姓等。中国大陆出姓在姓氏中排名没有统计。在台湾出姓排名 433 位。

【渊源】

1. 源于鲜卑族，出自汉朝时期鲜卑拓跋氏族乞伏部出连乞都，属于汉化改姓为氏。出连乞都（？～ 399）是十六国时西秦国丞相，自乞伏乾归即位（388）即任此职，连任达十二年之久，封南川公。逝世后谥号为"宣公"。其后裔在北魏汉化改革过程中以"出"为氏。

2. 源于蒙古族，出自元朝内廷太尉、明朝海西侯纳哈出的后裔，属于以先祖名字拆字汉化改姓为氏，或避难改姓为氏。

【得姓始祖】

惠安县出氏族人尊为始祖的"不归公"纳哈出，在元朝末年官至领兵太尉。恰值元朝灭亡，被迫降于明朝，后又聚兵反叛，屡犯辽东，却被明太祖朱元璋手下大将叶旺击溃，无奈下再次归降后，被朱元璋封为海西侯。

【入闽迁徙】

元朝末年，领兵太尉纳哈出隶入闽疆，分居两广、云南、福建，封海西侯，次子佛家奴以本等名色，占籍福州中卫街十三甲，屯田三十二亩。因纳哈出长子察罕在兰玉事件发生后被明廷"诛除"，佛家奴怕被牵连，去纳哈分出为姓氏，迁至后龙象狮，再迁至涂岭新厝，最后迁到照船山下的洪厝坑村。隐瞒族姓至乾隆年间（1736—1793），出氏显白天下，才涌现一批文武将士，如出科联戊午解元，己未翰林，选入翰林院，庶吉士授检讨，又有兄长出梦鲤，还出现公孙举人出希尧、出一马见，还有出美侯、出调元等。

在福建省泉州市惠安县北二十公里外的山区，涂岭小坝洪厝坑，聚居着几百户姓"出"的蒙古族人，其家庙大门楹联写着"燕南无二族，惠北自一家"，点明了在百家姓中找不到"出"氏源流。原来他们是元朝蒙古贵族的后裔，祖先乃成吉思汗的重臣木华黎，官拜太师，爵封鲁王，权倾朝野，显赫风光。

被惠安县出氏族人尊为始祖的"不归公"纳哈出，在元朝末年官至领兵太尉。后被明太祖朱元璋手下大将叶旺击溃，他无奈归降后，被朱元璋封为海西侯。

纳哈出后来在随颍国公傅友德出征云南时，病逝于征途之中。

纳哈出的长子察罕因"蓝玉党叛逆案"被处死，次子佛家奴（亦称福家奴）当时正在福州中街屯田御倭，闻长兄被诛，担心受株连祸及九族，便弃职归田，隐居在惠安县的荒郊野岭，取父亲纳哈出的名字之最后一字取汉字谐音"出"为姓氏，以"燕山"为郡号，以示永世不忘先祖是剽悍威猛的蒙古族英雄。

出氏族人最初隐居在惠安县九都梅峰铺（今福建省惠安后龙上西村），后迁徙到惠安县十都樟市铺，也就是现在涂岭洪厝坑一带，依溪流小水坝帝建居，默默地勤耕苦读，繁衍子孙。直至第十二世孙出科联，雍正乙卯举人，清乾隆年间考中进士，并官授翰林院检讨后，后人才在家庙中悬挂"忠节"和"进士""文魁""解元"等鎏金横匾。

据传，出科联在随乾隆大帝下江南时，清世祖皇帝对这位随臣的姓名很奇怪，即予询问，出科联变趁机奏明这个姓氏的来龙去脉，遂使隐姓埋名数百年的出氏源流明白于天下。

现在，出氏族人主要分布于方圆十二公里多的福建惠安涂岭乡小坝村及仙游县枫亭乡所属的小坝、洪厝坑、涂岭新村、横溪、上衍、九社、甘蔗园、前欧、后头、西坑、东周、南型等十三个自然村里，有八十来户，两千七百余人。除聚居洪厝坑及周围的自然村外，还有部分散居在仙游、泉州、厦门、台湾及菲律宾、马来西亚等地。

闽台寻根大典

【入垦台湾】

清代，出姓入垦台湾，现在出姓入垦排名433位，为散居台湾各市县。

【福建族谱】

据史籍《元史》《明史》及清康熙五十七年（1718）出质候撰写的《出府族谱》，其世系如下：

始祖：孔温屈哇，札剌儿氏，世居阿难水东。以戚里故在太祖麾下，从平篾里吉，征乃蛮部数立功。后乃蛮又叛，太祖与六骑走，中道乏食，擒水际驼杀之，燔以啖太祖，追骑重及，而太祖马毙，五骑相顾骇愕，孔温屈哇以乘马济太祖，身当追骑死之。至治元年（1321），诏封孔温屈哇推忠佐命功臣，太师，开府仪同三司，上柱国，鲁国王，谥忠宣。

一世：木华黎（1170—1223），蒙古族，灭金未竟死，年五十四岁。元至治元年（1321）诏封，体仁开国辅世佐命功臣，太师，开府仪同三司，鲁国王，谥忠武。

二世：孛鲁，佐太祖征西域金国残部时战死，终年三十二岁，元至治元年（1321）诏封，纯诚开济保德辅运功臣，太师，开府仪同三司，上柱国，鲁国王，谥忠定。生子七人。

三世：塔思，灭金残部，元延祐三年（1316）战死，终年二十八岁，谥忠宣，生子四人。

四世：乃燕，塔思长子，元至正八年（1348）战死，封鲁郡公，生子二人。

五世：硕德，乃燕长子，随太祖征西域战死，追封鲁郡公。

六世：拜住，元亡，投井死。

七世：朵儿只，辽宁行省左丞相。

八世：朵儿值班，右丞相。

九世：纳哈出，据《明史·冯胜传》曰："纳哈出者，元木华黎裔孙，为太平路万户（今安徽当涂），太祖克太平，被执以名臣后，待之厚，知其

不忘元，资遣北归，元既亡，纳哈出聚兵金山（今辽宁康平），畜牧蕃盛，帝遣使招谕之，终不报，数犯辽东，为叶旺所败，胜等大兵临之，乃降，封海西侯。从傅友德征云南，道卒，子察汗改封沈阳侯，坐兰玉党死。"又载："元太尉纳哈出，拥众数十万，屯金山（今辽宁康平），数为辽东边害。明洪武二十年（1387），朱元璋命冯胜为征虏大将军，颍国公傅友德，永留侯兰玉为左右副将军，率南雄侯赵庸等，以步骑二十万征之……乃降，得所部二十余万人，牛、羊、马、辎重三百里。还至亦迷河，复收其残卒二万余，车马五万……师还，以捷闻……尽将降众二十万入关，帝大悦。"

【郡望堂号】

燕山郡：在宋朝时期称燕山府路。出氏祖先佛家奴把坐落在福建惠安境内的烟道山改称"燕山"，以为"燕山郡"，是为了表明缅怀自己的祖先曾辉煌于元朝时期。

【祠堂古迹】

出梦鲤兄弟的"翰林第"一座，内挂"进士""解元""文魁"等模匾，有出科联遗像及其墓志铭。

出光育墓、光育妾墓各一座，科联墓一座。光育为涂岭小坝出氏始祖，其墓碑写着"燕山、皇明、光育出公祖坟"等字样。

洪厝坑"出氏家庙"一座，中所悬"忠节"，左挂"进士"，右挂"文魁"，中梁钉有"解元"等鎏金模匾各一。家庙大门联为"燕南无二族，惠北自一宗"。家庙边柱联为"帝廷称奇姓，闽海振科名"。家庙内堂中木柱联为"一案拱门楣预占遇试皆一，三台壮屏翰早卜达尊有三"。

洪厝坑对面之烟道山，因出氏迁居洪厝坑遂改名为"燕山"，与祖先之居相符。所有农具仍然书写"燕山出记"，住宅仍书"燕山出府"。

第十九节 储 姓

储姓在宋版《百家姓》中排名第211位。当代的人口大约有23万，大约占全国人口的0.018%，为第267位大姓姓氏。台湾排名261位。

【渊源】

1. 源自上古有储国。国人以地名为氏。相传上古时有储国，储国人的后代以国号地名"储"为姓，称储氏，世氏相传。

2. 源于姒姓，以祖名字为氏。据《风俗通义》载，春秋时期，齐国有大夫字储子，一心想与孟子结交。储子的后代很昌盛，其支孙以祖字"储"为氏，可证储氏家族最早的渊源是在齐、鲁一带，是今天储姓的来源。又，春秋时期齐国有储君，后代以王父名"储"为姓。

3. 源于官位，出自两周时期官吏储傅，属于以官职称谓为氏。储傅，是太子太傅的别称，就是太子的师傅、储君的专职教师。在太子太傅的后裔子孙中，有以先祖官职称谓为姓氏者，称储傅氏，后省文简化为单姓储氏、傅氏，世代相传至今。在储端、或宫端、詹事的后裔子孙中，有以先祖官职称谓为姓氏者，称储端氏，后省文简化为单姓储氏、端氏，世代相传至今。

【得姓始祖】

储太伯。根据历来姓氏学者考证，我国的储氏是齐国和孟子结交的储子的子孙。

关于这段源流，《姓氏考略》和《千家姓查源》上也有记载。储姓家族历史悠久，是早在春秋战国时代便已出名了，至今已有3000多年的历史，晋以后称盛于江南各地，尤其是现在的江苏省南部境地，储氏是当地的名门望族。望族居河东郡（今山西省夏县北）。储氏后人尊储太伯为储姓的得姓始祖。

当代诸多姓氏书籍中以战国时代与孟子有过交往的齐国国相储子为始祖。

【入闽迁徙】

唐末宋初，储姓开始入闽。到宋朝时期，全国储姓不足1万人，在全国主要分布于福建、江苏、河南、浙江等地，福建为储姓第一大省，约占全国储姓总人口的33%。当时储姓人才辈出，福建北宋年间，福建有储敦叙，字彦伦，福建晋江人，崇宁年间（1102—1106）进士，官龙溪县丞，宁德县令，有惠政，民为其立生祠。后迁贺州通判。著作有《玉泉集》。建阳知县储用，字行之。晋江人，有惠政，朱熹极称之"建阳善政播惠长"。

明朝时，储懋（1393—1452），字世绩，号澹庵；江苏镇江人。著名大臣。明永乐十二年（1414）中举，授吏科给事中。正统初以文学充经筵官，转翰林修撰，与修《实录》，进侍讲。明正统十年（1445）农历十月，迁户部右侍郎。明正统十四年（1449）农历二月一度出督福建粮饷。后调任礼部右侍郎。

明朝时期，全国储姓大约有26000人。当今福建储姓主要分布在漳州市芗城区和泉州市晋江地区。

【入垦台湾】

清代以来，储姓播迁台湾，主要是散居各市县。

【郡望堂号】

河东郡：秦置河东郡，治所在今山西省夏县。据《风俗通》记载：齐大夫储子之后。望出河东。

颍阳郡：春秋时为"鹿上"，战国时为"巨阳"，秦代属"颍州郡"，汉为"细阳"，魏晋为"宋县"，隋为"颍阳"，唐、宋并入"汝阴"，元属"颍州"，明改隶"凤阳府"。

盛著堂：此堂为江苏省宜兴市官林镇储氏总祠的堂号。宗祠共3座，均在储巷村，"盛著堂"储氏系从山东河东郡迁来，世代繁衍，后人建祠祭祀，族人以"五凤齐飞"（指储氏上代曾有1家5人同时及第）激励子孙好学上进，以求取功名。

学政堂：此堂为江苏省南通市海安县储洋村储氏家祠堂号。有从华字向后详细家谱。

【楹联典故】

源自储国；望出河东。

——佚名撰储姓宗祠通用联。全联典出储姓的得姓源流和郡望。

玉泉文集；氾水诗名。

——佚名撰储姓宗祠通用联。上联典指北宋晋江人储敦叙，著有《玉泉集》。下联典指唐代诗人储光羲，祖籍兖州，迁居延陵，开元年间进士，官安宜尉、氾水尉等，天宝年间任监察御史。其诗多写田园生活的闲适情趣，风格朴实。有诗集、文集。

无锡贞义传名远；建阳善政播惠长。

——佚名撰储姓宗祠通用联。上联典指明代名人储福，无锡人。靖难中，不为叛逆臣，不食而死，追谥贞义。下联典指宋代建阳知县储用，晋江人。字行之。有惠政，朱熹极称之。

【祠堂古迹】

褚姓祖祠，芗城区储姓祖祠。位于漳州市芗城区褚姓聚居地在甘棠油记社有祖厝，早年建，面积约 20 多平方米，每年农历十月十八日祭祖。

油记庵，芗城区储姓家庙。供奉千岁爷，建于清代，面积约 400 平方米。

褚姓，在宋版《百家姓》中排第11。2007年全国普查褚姓人口总数约为443000余，占全国总人口的0.0027%。褚姓在全国姓氏人口排名第223位。在台湾排名第126位。

【渊源】

1. 源于姬姓：出自周王朝邑地褚，属于以居邑名称为氏。据史籍《姓氏寻源》记载，西周时期，有"褚"地（今河南洛阳）；在史籍《左传》中云，洛阳县南部有褚氏亭；《后汉·郡国志》记载，洛阳有褚氏渠，都认定"周有褚地，居之者以为氏"。在褚地居住之著民以居邑名称为姓氏者，称褚氏。

2. 源于子姓、出自春秋时宋国恭公之子段之后的封地，属于封邑名称为氏。褚氏族人大多尊奉子段为得姓始祖。

3. 源于官位，出自春秋时期各诸侯国官吏褚师，属于以官职为氏。春秋时期周王室设置的一种官位褚师，也称市令，专职负责掌管集市和贸易，类似今商务部长和工商管理局局长的职能。后来宋国、卫国、郑国等诸侯国都设有褚师之官。在褚师的后裔子孙中，以先祖官职称谓为姓氏者，称褚师氏，后简化为单姓褚氏。

4. 源于他族改姓，明朝清朝时期女真褚库尔部，属于以部落名称汉化为氏；满族、达斡尔族、蒙古族、锡伯族褚库尔氏多冠汉姓为褚氏、楚氏、金氏等；今天的回族褚氏等。

【得姓始祖】

子瑕的后代。据《通志·氏族略·以官为氏》载，春秋时，宋共公子瑕，字子石，受封于褚地（今河南省洛阳市），由于品德高尚，被人尊称为"褚师"。子瑕的后代子孙以"褚师"称号为荣，于是，有的就以"褚"为姓，称为褚氏。故褚氏后人多奉子瑕的后代为褚姓的得姓始祖。

【入闽迁徙】

出自河南。春秋时宋国恭公的儿子子石由于德行可嘉，被恭公任命为"褚师"，相当于现在的市长的职位，其子孙就以此作为自己的姓氏。

隋唐以后，褚姓有人南迁于福建、广东、江西。

据大浦茶阳汶上戴氏手抄谱记载，褚安桂公（第57世），授南唐银青大夫、检校国子监祭酒兼监察御史，因宦入闽，居福建漳州，为入闽始祖。传十八世杏公，于宋末由漳州迁广东大浦。

浙江与福建两省的部分族人正进行合谱；山东兰陵褚氏亦在七修族谱和重修家祠。

福建褚姓人口以泉州南安市最集中。居永春、德化、晋江、漳浦、福安等地。

【入垦台湾】

明清时期，福建褚姓开始入垦台湾，台湾光复后也有部分各省褚姓迁台。台湾褚姓人口排名第126位，主要集中台北县，占36.7%，台北市占15.1%，桃园占14.7%，是基隆8%，彰化占6.4%，高雄3%，其他各市县都有散居。

【郡望堂号】

河南郡：秦朝时期名为三川郡。西汉高宗二年（前205）改为河南郡，治所在雒阳（今河南洛阳）。

河南堂：以望立堂。此外，还有重熙堂、忠清堂、四伦堂等。

【楹联典故】

河南望族；江左名流。

——佚名撰褚姓宗祠通用联。

洛阳世泽；经学家声。

——佚名撰褚姓宗祠通用联。全联全联典指西汉的褚少孙，官至博士。创鲁诗褚氏之学。

宝重东南，不让凤鸣龙跃；仪惟端丽，争夺目秀眉清。

——佚名撰褚姓宗祠通用联。上联典出晋代中尉褚陶，十三岁作赋，见者奇之。有"东南之宝已尽，不意复见褚生"的评价。下联典出梁代长史褚向，风仪端丽，眉目如画，每公庭聚列，为众所瞻望。

【族谱文献】

福建南安蓬华镇蓬岛村褚氏族谱。2008 年 2 月，在福建省南安市码头镇，举行了海内外褚氏宗亲联谊会。来自印度尼西亚、马来西亚及山东、浙江、安徽、湖南、江西、台湾、香港等地的褚氏族人欢聚在一起共叙友情与亲情，在码头镇福建南安蓬岛褚氏衍派联谱告竣庆典大会。

【昭穆字辈】

福建南安蓬华镇蓬岛村褚氏字辈：甫班昭穆和敬宗惟兴孙子有候公忠孝克全遵祖德永修人纪万年同。

第二十一节 崔姓

崔姓在宋代版《百家姓》中排第189位。在今中国大陆姓氏中排行第54位，约占全国汉族人口的0.28%。在台湾排名第127位。

【渊源】

1. 出自姜姓，以邑为氏。据《唐书·宰相世系表》及《元和姓纂》等资料所载，炎帝神农氏后裔。崔姓出自于西周时期的齐国，有将近3000年的历史，齐国开国君主是吕尚，本来姓姜，因为他的先祖被封于吕（今河南省南阳），从其封姓，故称为吕尚。吕尚的儿子丁公伋，是齐国的第二代国君，他的嫡子叫季子，本来应该继承君位，但却让位给弟弟叔乙（即乙公得），而自己则住到食采地崔邑（今山东省章丘市西北），后来子孙以邑为氏，就是崔氏。是为山东崔姓。

2. 据《新唐书》所载，唐时新罗国有崔姓。

3. 出自少数民族崔姓。（1）清代高丽人、满族人姓氏中有崔姓；（2）今彝、回、蒙古、土等族均有崔姓。

【得姓始祖】

崔季子，相传炎帝神农氏为少典之子，因居于姜水（渭水支流）之滨而得姜姓。西周初年，其后人有姜姓吕尚，字子牙，人称姜子牙，因辅佐武王灭商有功，被封于齐（今山东北部）。姜太公之子在周成王时为齐丁公。

【入闽迁徙】

广东龙川县义都镇新潭村《崔氏族谱》载：以季子为始祖。封清河者一望而三房；封博陵者一望而四房。中华民族在历史上，由于天灾和战乱，曾经有过数次大迁徙，崔氏一族，在战乱中，一路向东北迁移至我国的东北三省和高丽（朝鲜）；一路向南迁至河南、湖北、湖南、安徽、江浙、福建、江西等省地。

崔姓入闽始祖崔承章，曾安居汀州府宁化县清化图。崔承章生二子：祖、富。祖生三子：德仁、德义、德志。富生四子：德举、德进、德儒、德胜。德仁生二子：旺玉、旺兆。德义生二子：旺元、旺能。德志生二子：旺业、旺全。德举生子旺训。德进生子旺选。德儒生子旺金。旺玉生孔章。旺元生三子：万章、百章、成章。旺业生子焕章。旺全生子傅章。旺训生子经章。旺选生子一章。旺金生子中章。成章即为广东新潭村崔氏一世祖。明时，先祖成章听闻广东征剿太平，与夫人郭氏，携三个儿子（长绅孙、次缙孙、三继孙）自宁化前往循州（今广东龙川县），始居于板塘中心村。明天顺三年（1458）成章病故，长子绅孙扶母郭氏前往广州沙河安居。次子缙孙往龙川通衢安居。三子继孙与夫人徐氏在龙川义都潭头村定居。继孙生子俊公。俊生三子：荣、祯、宁。至今已繁衍20余代，裔孙衍播龙川县佗城、附城等乡镇及广州、韶关、顺德、惠州博罗、河源、江西。留守在福建的子孙播迁在闽西、闽北、闽南等地。南平市崔姓人口较多，浦城县相对集中，有1700多人。

清代，崔述（1740—1816），字承武，号东壁，河北大名（今属河北省）人，历史学家，考据学者。乾隆举人。曾任福建罗源、上杭知县。任职期间，兴利除弊，为人称道。30岁后，因见群经的传记、注疏多与原经文有出入，由怀疑而进行考据，辨别真伪。他考辨先秦古事，一切取信于经。对战国以下的书，都以为不可全信，因而专攻古史。对近代史学界怀疑古书古事的风气，颇有影响。所著书以《考信录》为主，包括《三代考信录》《丰镐考信录》《洙泗考信录》等，近人汇印为《崔东壁遗书》。

漳州市东山县崔姓现有131人。主要散居在：铜陵镇的公园、顶街、下田、演武、苏峰、文峰、铜亭、桂花、大沃街，西埔镇的白石社区。平和县崔姓散居在小溪镇九一七社区，由河南迁入。

【入垦台湾】

清末，闽粤崔姓有入居台湾，台湾光复后各省都有迁徙入台，1949—1950年东山铜陵还有崔姓迁台。台湾高山族同胞也有崔姓。基隆最多，其次是台北，再次是台中、高雄。同时崔姓也播迁东南亚一些国家。

【郡望堂号】

清河郡：汉高祖所设置，相当于今天河北省清和及枣强、南宫一部分，山东省临清、夏津、武城及高唐、平原各一部分地。东汉时改为国。

博陵郡：三国魏正始三年设置，西晋时置为国，相当于今天的河北省安平，饶阳、安国等地。

汞阳郡：由三国时的河南郡分置，西晋时也被设置为国。相当于今天的河南省黄河以南，东至朱仙镇、西至汞阳南至密县，以及黄河以北的原阳县地。

嗫李堂："嗫李"是指使李白不能够开口吟诗。传说唐朝崔颢游黄鹤楼，在楼上题了一首诗，文情俱佳。后来李白也游黄鹤楼，见到崔颢的诗，便不敢在上面题诗了，只是吟道："眼前好景道不得，崔颢题诗在上头！"

此外，崔姓的主要堂号还有："清河堂""德星堂""敦叙堂""默阴堂"等。

【族谱文献】

福建浦城崔氏合修族谱十一卷，（清）崔维城、崔映魁主修，清同治十一年（1872）木刻活字印本。现被收藏在福建师范大学图书馆。

第二十二节 戴 姓

戴姓是当今中国姓氏排行第 54 位的大姓,人口较多,约占全国汉族人口的 0.4%。福建排名第 39 位。在台湾排名第 50 位。

【渊源】

1. 出自子姓,为商汤的后裔,以谥好为氏。据《元和姓纂》及《古今姓氏书辩证》所载,周初,周公旦在平定"管蔡之乱"后,封商朝末代君主帝纣之庶兄子启(子姓)于商的旧都(今河南省商丘南),建立宋国。宋国第 11 位君主(前 799 —前 766),史佚其名,死后被谥为戴公。戴公传子宋武公司空(前765 年—前 748)其子孙遂以谥号"戴"为姓,是为河南戴姓。《左传》宋有戴恶、戴溢之问政孟子。

2. 出自姬姓,以国为氏。据《通志·氏族略》及《左传》所载,春秋时有戴国,为姬姓诸侯国,在今河南民权县东,一说在河南兰考县。隐公十年(前713)亡于郑国,一说亡于宋国。其族人遂以国名"戴"为姓。

3. 戴是三苗族民祭祀兵主蚩尤的族称。兵主蚩尤的祖先像为戴。戴由两部分组成,外面的"戈"代表兵器,即兵戈,为兵主战神的象征,下面是蚩尤的图腾像。下面的两只手表示供奉。"異"字上部的田,表示蚩尤头戴一个金属面具幱,因为他是三苗的祖先,在其头上插三根山雉羽毛,所以"異"与冀、翼、魁、傩为一字,是蚩尤头戴魁陶氏连山天齐阳鸟皇冠的象征。崇祀蚩尤即为"戴",转为"爱戴"。

4. 出自改姓,少数民族。如,东汉明帝时,燕姓、殷姓有因故改为戴姓的。殷氏改戴姓而来。蒙古、满、瑶、回、土家、锡伯、土家、台湾地区少数民族均有戴姓。

【得姓始祖】

戴㧑。轩辕黄帝第五世孙子契的后代,戴氏得姓始祖。西周初年,周公旦在平定武庚之乱后,封商朝末代君王帝辛(纣)之庶兄微子启于商的旧都,

建立宋国,定都商丘。宋国第十一位君主(前 799—前 766 年在位)爱民好治,深受万民拥戴。周宣王赐谥曰戴,史称戴公,因是宋国国君,又称宋戴公,谥号曰戴公,其庶子㧑以王父谥号为氏,称戴㧑。后世亦沿用戴姓,并尊戴㧑为戴姓得姓始祖。

【入闽千徙】

1. 戴姓入闽始于东晋,因为西晋后期,中原地区战火连绵,再加上北方少数民族纷纷南下,黄河中下游一带动荡不安,大量的人口被迫南迁,流向相对比较安定的江南地区,其中有许多人都是举家或举族南迁,戴姓也在此时跟随众人来到江南。东晋太元年间(376—396)戴眇任福州太守。

2. 唐代,唐公九十九世孙戴金华曾于南北朝时期任刑部尚书,居河南光州固始。隋炀帝时,出任润州(今江苏镇江)太守。其子戴伯岳随隋朝开国元勋陈犊起义兵于并州,佐李渊、李世民平定天下。建立唐朝,以功补任府兵校尉。戴伯岳生三子,长元理,次元德、三元汉,居润州。后其子戴元德派衍涧州,戴元汉回原籍固始派衍。唐总章二年(669),戴伯岳、戴元理随陈政、陈元光入闽。故戴伯岳为戴姓入闽始祖,戴元理为二世祖。

漳州戴氏族谱《开漳戴氏源流》记载:隋炀帝时(605—616),刑部尚书戴金华之子戴伯岳为润州(江苏镇江)太守,世居润州丁卯桥,长子戴元理袭父职,于唐总章二年(669)随陈政、陈元光入闽,驻军云霄乌石山。戴姓尊伯岳为入闽始祖(一世),尊元理为入闽开基祖,戴伯岳也尊为"开漳戴"始祖。三世戴君胄历任司田参军、营将、兵马副指挥使,唐代宗大历十三年(778)君胄以 76 岁高龄,率兵剿寇阵亡,追封为玉铃辖司崇仪使郡马副元帅兼竭忠辅国大将军。其后裔居南靖、云霄、金浦等地。至十七世承事郎戴法台自南靖墨溪(漳州芗城区天宝镇墨溪村)迁居长泰县武安。戴姓在长泰文运崛起,成为大族。传至二十三世界戴真泰分居长泰下寮,

戴真荣分居彰信里古仓、坛头，戴真华分居戴乾（长泰陈巷镇古农村）。宋绍兴十三年（1140），宋高宗追封陈元光为"开漳州主圣王"，追封戴君胄为"唐钤辖司崇仪使，郡马副元帅，兼竭忠大将军"，戴元理、戴君胄父子乃是戴姓入居福建之太开基祖及开基祖。

据《台湾省通志·人民志·氏族篇》统计，唐初随陈政、陈元光父子入闽的共有45姓，其中就有戴姓。当时，随陈氏父子入闽的戴姓将佐主要有陈元光的女婿戴君胄以及戴仁等人，在开辟漳州之后，便在福建落籍定居。戴君胄父子是戴姓人入闽之始。戴君胄，字肃庵，祖籍河南光州固始县。其祖戴伯岳，曾与唐开国元勋陈克耕从高祖李渊兴起义军于并州（今山西太原），李渊登基，任戴伯岳为润州（镇江府）太守。其子戴元理随陈政入闽，为府兵校尉，驻军云霄乌石山。陈政故后，戴元理辅陈元光平定寇乱，创建漳州。长安三年（703），戴元理配方氏生子君胄，系与陈元光三女陈怀金同年出生。由于戴元理与陈元光有世交之谊，为人诚实厚道，深受陈元光敬重，遂将女儿怀金许与君胄。夫人陈氏怀金生三子：长子克纯，次子克绍，三子克统。唐代宗年间，戴君胄、陈怀金相继逝世，合葬于云霄火田七里铺碧云峰。据《漳州府志》载，戴君胄父子落籍漳州，是为戴氏入闽之始祖。

唐初名臣戴胄、戴至德父子相继于唐太宗朝（627—633）和唐高宗朝乾封至仪凤（666—679）官宰相，居河南相州安阳小屯村。传五世至戴翔，字文龙，唐玄宗朝官河南推官。天宝十四载（755）安史之乱，弃家南奔只带着道国公诰敕与飞白书及唐21君凌烟阁18学士遗像南迁入闽避难，卜居福州长溪县鹤衣山落洋村（今霞浦县西南）。传七世戴洽，仕唐为屯田员外郎，约公元800年左右又南迁入卜居仙游县香田里钟亭村龙树院（今仙游县盖尾镇一带），是为入居福建莆仙戴氏之始祖。传八世戴洽之子戴灿，唐宪宗朝（806—820）为亳州观察留后，守先世业，积产百万，马骡百计，世称"百匹翁"。戴诸、戴薛两公于唐长庆间（821—823）入莆，分别衍居黄石东井和常太吕溪至今。据载唐宋年

间，黄石东井建有屯田员外郎戴洽总祠堂和戴氏国族墓。南宋末元兵入境，东井遭遇丙子丁丑（1276—1277）之厄，"室庐为墟，诗书扫地"，民户十不存一，其幸存者，元气大挫，发展缓慢。传至明代，戴氏家族发展昌盛，簪缨荟蔚，凤起龙骧，共襄莆田文献名邦，科第显者50多位，塘东尤著。明、清间，或因遭明永乐八年（1410）年至嘉靖四十二年（1563）倭寇骚扰之祸，或遭清兵入境之屠杀和顺治十八年（1661）至康熙十九年（1680）沿海"截界迁民"的厄难，或因天灾人祸逃难，或因经商谋生，分别播衍开科本县山区、平原、沿海50多村，和仙游盖尾瑞沟、兴贤里吴洋、远至将乐、三明、建瓯、建阳、永安、厦门、福州，以及外省的上海、杭州、宁波、浙江衢州、苏州、武汉、台湾等地。

戴元理是戴姓开漳一世。元理于唐高宗总章二年（669）随归德将军陈政戍闽。驻军云霄乌石山。仪凤二年（677）陈政病故，戴元理随陈元光平定寇乱。永隆元年（680）移镇漳浦，以功授左郎将赠顺德将军。

戴元理之子戴君胄，娶陈元光之女陈怀金，历任司田参军、分营将、兵马副指挥使，辅佐陈元光后代开发闽南，为建设漳州立下功劳。戴君胄有三子：长子克纯，居南靖，次子克绍，居云霄，三子克统，居金浦。戴元理五世裔孙戴永明，于唐贞元二年（786），携历代祖公神牌，徙居南靖县游仙乡墨溪（今芗城区天宝镇墨溪村）传衍。

戴君胄长子克纯之子耀明，移居龙溪县天宝墨溪，传裔龙溪、长泰、南靖、平和。次子克绍，居云霄乌石山，后徙漳浦县城，其后裔于宋时转传戴坑；第三子克统，居漳浦县城，南宋绍兴年间分传赤土前坂，明代再传井尾。漳浦戴姓聚居于文安村，源自佛昙井尾（与佛昙东坂村同源）。元代至明初，戴姓聚居于井尾，为戴君胄第三子戴克统的后裔。戴克统的16世孙戴徽万于南宋绍兴末年开基戴厝林（今赤土乡前坂），其20世孙戴碧于元代开基金井（今整美），后裔于明永乐年间因楼寇之乱分别迁居佛昙东坂和马坪文店。

平和县山格乡《开漳戴氏家谱》（清乾隆二十七年修）载：戴伯岳为开漳始祖……二世祖（戴

元理）入闽戍边，三世戴君胄为陈元光季女婿。平和东坑戴氏始祖是戴一禄，为开漳始祖之23世孙。

3. 唐末，戴九郎随王绪、王潮从河南固始入闽，定居南邑诗山。后裔戴兴于宋绍圣元年（1094）任职尤溪。元时，其七世孙戴维清迁居南安琉塘开基，衍成南安大族。

泉州和南安《诗山戴氏族谱》记载：戴姓聚居于诗山大庭乡（今属码头镇），大庭的戴始祖九郎公，河南光州固始人，随王绪、王潮部南下入闽，于唐僖宗光启年间（885—887）卜居南邑诗山（今南安），择诗山之锦坂（今大庭村）而居，地处高盖山麓，此山又称诗山。遂有"诗山戴姓"。

南安族谱记载：聚支琉瑭乡（今分辖于洪濑、梅山、洪梅三镇），琉瑭戴姓入闽肇祖，戴兴号沈魁，光州固始人，于绍圣元年（1094）进士及第，授职尤溪，携眷入闽，戴兴历官节度使大学士，诰授光禄大夫，赠太尉，赐匾御书"经明行修"，官居一品，钦赐祭葬，入祀乡贤祠，始定居尤溪，传至七世孙戴维清，时逢元兵南下，地方混乱，兼之尤溪患瘟疫，疫患弥漫，为避劫难，戴维清毅然挑起其父戴舜恺（宋赐进士出身，授中宪大夫）之骨骸，和祖佛章侯府武德英侯（世称琉瑭相公公），随母逃难，沿晋江东溪顺流而下，行至琉瑭，见此地文山秀水，聚气钟灵，乃是发祥兴族之大吉地，遂在此择地卜居，为南安琉瑭戴姓始祖。

4. 莆田戴姓族谱记载，迁入莆田的主要有：唐代自霞浦县入莆。唐代入闽始祖为戴翔，唐玄宗朝为河南推官，天宝十四载（755），避安史之乱入闽，居霞浦县。又传第七世戴洽，仕唐为屯田员外郎，约在800年迁入仙游县香田里钟亭村龙树院（今仙游盖尾）。再传第八世戴灿，唐宪宗朝为亳州观察留后。生六子，长子簪，居仙游香田里上茅；次子诸，唐太学博士，居莆田黄石东井；三薛，迁莆田常太菖溪；四郎君，居仙游上彻（子二人又迁常太菖溪）；五祈，居仙游上茅；六潜，迁杭州新桥。

5. 唐末南唐兵马将使戴护避乱从安徽歙县迁江西。宋神宗年间（1068—1085），戴均钟从江西浮梁（景

德镇）徙居汀州府宁化县石壁，后又徙长汀县宣德里（即三洲）定居，名曰戴坊。均钟被奉为长汀戴氏始祖，裔孙分迁汀州、上杭、连城、永定等地。

6. 戴安桂于南唐入闽，宋末，戴杏从福建的漳州迁居宁化石壁。据广东蕉岭《戴氏族谱》载，这一支戴氏以戴安桂为戴氏进闽开基始祖。戴安桂为戴氏鼻祖戴云升的第五十七世孙、授南唐银青兵禄大夫、检校国子祭酒兼监察御史，进闽定居于漳州。戴杏为戴安桂的第十七世孙。戴杏的第三子戴澄逊有9个儿子：宗子戴玉英为永定城守；其后裔分居漳浦县，转徙至同安县。次子戴玉先的裔孙由福建迁居广东的长乐。第三子戴玉德的后裔迁居南京桂花街。第四子戴玉鼎任广东惠州都司；其裔孙迁居广东的大埔。第五子戴玉祥的裔孙迁居广西桂林。第六子戴玉祯的裔孙迁居广东的南雄、始兴。第七子戴玉麟由福建移居广东的镇平（蕉岭）开基；后传十二世至十四世裔孙迁居台湾的屏东、高雄、桃园、新竹、苗栗、台中等地。第八子戴玉仁居漳浦。第九子戴玉佳的后裔分居福建的南安、晋江等到地。

7. 《闽汀三洲戴氏总谱》：十五世祖胜公，生子均坤，北宋庆历七年生于峡江，26岁时（宋熙宁初）自江西浮梁（景德镇）迁居宁化石壁。其后，又迁长汀宣德里（三洲）辟土定居，名其地曰戴坊，均坤被奉为三洲始祖。

8. 《客家百姓南迁史略》：戴氏江南支派祖先原居河南商丘。自东汉初戴冯后裔传至戴济，在东晋永嘉时世乱迁金陵。唐末，护公、寿公迁江西婺源。传至安公二十一世孙仲兴，于明初从福建宁化石壁村迁兴宁县新陂曾坑开基。后裔分支五华县水寨、大埔等处，尊仲兴为入粤始祖。仲兴生三子：德甫（后裔迁梅县石窟）、华甫（居兴宁新陂）、顺甫（迁五华、龙川）。迁龙川戴氏系仲兴五世孙梓禄，于明代从兴宁曾坑迁铁场江背开基，后裔分居佗城黎咀义都丰稔细坳等处。

9. 宋代开始，戴姓人大量由江苏、浙江、安徽、江西等地南迁到福建、广东、台湾等地，有一部分人还进一步移居海外。据广东蕉岭《戴氏族谱》载，宋末，戴杏从福建的漳州迁居宁化石壁。这一支戴

姓以戴安桂为戴姓入闽西开基始祖。戴安桂为戴姓鼻祖戴云升的第五十七世孙、授南唐银青兵禄大夫、检校国子祭酒兼监察御史，入闽定居于漳州。戴杏为戴安桂的第十七世孙。戴杏的第三子戴澄逊有9个儿子：长子戴玉英为永定城守；其后裔分居漳浦县，转徙至同安县。次子戴玉先的裔孙由福建迁居广东的长乐。第三子戴玉德的后裔迁居南京桂花街。第四子戴玉鼎任广东惠州都司；其裔孙迁居广东的大埔。第五子戴玉祥的裔孙迁居广西桂林。第六子戴玉祯的裔孙迁居广东的南雄、始兴。第七子戴玉麟由福建移居广东的镇平（蕉岭）开基；后传十二世至十四世裔孙迁居台湾的屏东、高雄、桃园、新竹、苗栗、台中等地。第八子戴玉仁居漳浦。第九子戴玉佳的后裔分居福建的南安、晋江等到地。

元至正二十年（1360），戴天益以光禄大夫到尤溪任职，居城内衙后街，洪武十五年（1382）迁居尤溪水东秋竹乾；明万历三十六年（1608），其后裔迁徙至尤溪下村村林口后厝埕。明代自漳浦入莆。下传四世戴善继居东海，二十八世戴绣，明成化淞江知府，生五子，其第四子戴勉轩，明正德至嘉靖年间自漳浦迁入莆田江口石狮村。明清之际自汀州入莆，居莆田华亭戴厝，由泉州惠安迁入莆田城郡县巷戴弄里，自仙游西苑迁入梅峰西湖畔霞霄巷。

【入垦台湾】

据广东蕉岭县《戴氏族谱谯国堂世系源流》记载，蕉岭戴姓一世祖为戴玉麟，原居福建漳浦县，于元代徙居镇平（今蕉岭）招福乡黄泥崛，子孙繁盛，传至十二世（约当清代），有仁忠、仁恭兄弟一同迁往台湾屏东，十三世、十四世又有数十人迁往台湾，后裔分布于台湾的高雄、美浓、内埔、桃园、新竹、苗栗等地。清代福建戴姓陆续不断迁往台湾。雍正年间，福建戴姓迁居台湾省苗栗县大甲镇孟春里开基，这是大陆戴姓大规模入台之始。此后，乾隆九年（1744），又有福建戴姓入垦苗栗镇；嘉庆年间，龙溪的戴神保入垦台中北屯；道光二十六年（1846），有泉州人戴南仁到今新竹新富里开垦，南安的戴营、戴察父子入垦彰化鹿港；同治八年，南安的戴连宗

徙居屏东。戴姓分布在台湾的每一个区县，较为集中的有新竹、嘉义、台北市、屏东县、台北县、桃园县和台南，尤其是嘉义的东石、屏东的佳冬、新竹市区、桃园中坜等地区。广东焦岭县一支戴氏后裔迁到台湾屏东，其后又分布于高雄、桃园、新竹等地。目前，戴氏作为台湾的一个大姓，位居第52位，其子孙遍及台湾的每一个区县。

【郡望堂号】

谯郡：东汉建安末分沛郡置郡，治所在谯县（今安徽省亳州）。

广陵郡：西汉元狩三年（前120）改江都国置广陵国，治所在广陵（今扬州）。

清河郡：治所在清阳（今清河东南）。

独步堂：或曰"避贵堂"，都是源自后汉戴良的事迹。戴良有高才，议论与一般不同。他曾经说："我独步天下，谁能与我比？"举他为孝廉，他拒不接受。再请他做司空，他仍然不干。州官郡官强迫他出任，他就跑到山里躲起来。

谯国堂：东周时，宋国贵族戴云升迁居谯郡，其后代留居于此，以郡望为堂号。

另外，还有广陵堂、清河堂、清华堂、清河堂、赐礼堂、荣席堂、紫薇堂、注礼堂等堂号。

【祠堂古迹】

荔城蒲坂戴氏宗祠，坐落于莆田市荔城区新度镇蒲坂村。明成化壬寅年（1482）始建，现仍保存明代穿斗式木抬梁风格。坐东北向西南，占地面积1188平方米，建筑面积673.4平方米。为省级文物保护单位。

长泰武安牌坊群，位于长泰县武安镇中山南路，纪念曾氏的牌坊群系由建于明万历二十三年（1595）的"祖孙执法"，明万历四年（1576）的"春风桃李"及明嘉靖七年（1528）的"解元世科"三座石牌坊组成。均作仿木结构。

三洲戴氏家庙，也称明德堂，坐落于长汀县三洲乡三洲村下街路口。始建于明代，清代重建，1940年由时任国民政府福建省主席的戴仲玉带头出资维修，坐北朝南，占地面积332平方米，单檐硬山顶，省级文物保护单位。

漳州洪坑村的戴氏古村,是典型的闽南古民居。据族谱记载,戴氏先人是唐代"开漳圣王"陈元光的女婿戴君胄的后裔。洪坑村戴氏古村主体建筑是一字排开的七座三进、五进大屋,每座大屋的两侧各有两排单层护厝。

【楹联典故】

席传易学业擅礼经　逸情霞举峻节山高

——戴姓宗祠通用联

——经传旧德；　五世振儒风。

——戴姓宗祠通用联。上联典指东汉经学家戴凭(字次仲,平舆人)事典。下联典指唐代名人戴元益,桐城人。五世同居,皆有名,咸通中诏旌其门。

过石奇不尽；　出林香更浮。

——戴公怀撰戴姓宗祠通用联。此联为唐代诗人戴公怀《排律·奉和郎中游仙山四瀑泉兼寄李吏部包秘监赵婺州齐处州》诗句联。

碧水千塍共；　青山一道斜。

——戴表元撰戴姓宗祠通用联。此联为元代诗人戴表元《五律·苕溪》诗之颈联。

经传大小戴；　名与斗山齐。

——戴姓宗祠通用联。全联典指西汉经学家戴德、戴圣事典。

帘外微风斜燕影；　水边疏竹近人家。

——戴熙撰戴姓宗祠通用联。上联为清代画家戴熙(1801—1860)自题联。戴熙,字鹿床,号醇士,钱塘人。道光进士。官至兵部右侍郎。诗书画皆有名于时,画尤入神品,著有《画絮》。赠尚书衔,谥文节。

【族谱文献】

闽台戴氏族谱有《诗山戴氏谱志》南安诗山戴氏家族谱牒。戴棋兰主编。始修于明代十八世戴真祥,明嘉靖、万历,清康熙、乾隆续修;1949年,三十二世戴少斐九修;1991—1994年第十次续修,1995年刊印出版,不分卷共26册。第1册刊述有目录、序文、族史、诰命、图像等;第2册至第6册分载各派世系图,第7册至24册列述各世派传述;第25册刊列传;第26册附录杂志、地舆、古迹、祖山、物产诸项,并刊历代名贤、当代人名录、政治沿革、风物志、华侨志,以及补遗等项纪事。谱载戴九郎原籍河南光州固始石壁潭戴家巷,唐末随王绪入闽,居南安诗山锦坂肇启一族。还有台湾《诗山戴氏族谱》清戴希朱纂修,台北龙文出版社股份有限公司,2003年钞本,共10册。另有《福建省莆田戴氏联谱》2001年戴玉铸主编。永定《谯国戴氏族谱》戴高福编。南安《琉瑭戴氏族谱》戴银湖总编,2002年琉瑭戴氏第3次续谱版,共38册。

第二十三节 邓姓

邓姓人口全国约有702万邓姓人口，占全国人口总数的0.54%，排名第29位。在福建排名第41位。

【渊源】

1. 出自姒姓。相传夏朝时帝仲康有子孙封在邓国（今河南邓州一带），邓君的后世子孙就以国为氏，称邓姓。据《姓氏急救篇注》载：邓，古国名，本曼姓，其后称邓氏。以国为姓，是为得姓受姓之始。传说炎黄二帝时，一个以邓（登）命名的远古部落就已出现在今邓州一带。这一部落的首领邓伯温曾在黄帝时加入中原地区的部落联盟，并跟随黄帝与蚩尤战于涿鹿之野。到夏朝初年，夏王仲康把他的儿子分封到了邓地（今河南邓州市）。周王胡齐四年（前678），邓国为楚国所灭，其后裔以国为姓，称邓姓。

也有一种说法，说邓姓源于邓林。夏禹的曾孙仲康，封自己的一个儿子在邓林，建立了邓国。后来，商朝的时候邓国被灭，邓国的遗民就用国名作为自己的姓氏，从此姓邓。《路史·国名纪四》载："邓，仲康子国，楚之北境。史云阻之以邓林者，今之南阳。"古代的邓林即今的林扒镇，距邓州市西南30公里。邓林是中国古代的树林，《山海经·海外北经》说："夸父与日逐走，人日，渴欲得饮。饮于河渭，河渭不足，北饮大泽，未至，道渴而死，弃其杖，化为邓林。"《列子·汤问》中也有类似的传说。

2. 出自子姓，殷武丁封叔父季曼为邓侯，为邓姓。据《元和姓纂》及《广韵》所载，商王武丁分封其叔父曼季于邓国（今河南省邓州），称邓侯。春秋时有邓侯吾离期，朝鲁国。后邓国被楚国所灭，子孙以国为氏。商王武丁封他的叔父（曼季）于邓国曼城，是为曼侯，称曼氏，曼氏后来又改封邓国（此邓国在今河南省孟州市的西南）。西周时，邓国是周朝南方较为重要的一个异姓侯国，但因与楚为敌，于前678年被楚国灭掉。邓侯子孙为纪念故国，便纷纷改姓邓，史称邓姓正宗。许慎著《说文解字》载："邓，曼姓之国，今属南阳。"

3. 出自嬴姓，出自五代十国时期南唐后主李煜第八子李从镒的封号，属于避难以先祖爵号改姓为氏。五代十国时期的南唐后主李煜的第八子李从镒，受封为邓王。975年南唐为北宋所灭后，宋太宗下令缉拿南唐宗室，李从镒之子李天和出逃，以父亲封地为氏，其后世子孙遂称邓姓，世称"新邓"。在李天和的后裔子孙中，多以先祖封号为姓氏，称邓氏，世代相传至今。

4. 他姓及少数民族改姓。除上述所说的李从镒为躲避追杀，将李姓改为邓姓外还有熊姓改邓姓。还有满族、瑶族、水族、土家族、京族、蒙古族、彝族邓姓。

【得姓始祖】

曼季，是商王武丁的叔父。商朝时，武丁封曼季于邓国曼城，同时封为侯爵，后来曼季建立了邓国，人们称他为邓侯。《邓氏族谱》记载，商武封叔曼季于邓国，后以国为氏，姒吴氏，生二子：邓启，邓敬。邓国经西周、春秋，一直延续了六百多年。西周时周朝重要的诸侯国之一，至鲁庄公十六年（前678），一说为鲁桓公七年（前705），为楚国所灭，邓侯子孙便以国名为姓，尊曼季为邓姓得姓始祖。

【入闽迁徙】

邓姓发源于今河南省境，大举南迁于东晋之时，而播迁入闽、粤则早于汉代。邓姓移居福建最早是在西晋末年，始祖乃邓攸。《邓氏族谱·东汉源流序》说："永嘉末年，后赵石勒作乱，伊时有号伯通，叔攸公，友爱感天，舍一家命脉，救一方生命，即宁化石壁乡是矣。至绾，登进士第，相朝纲。后被谤审黜，寄迹泉州仁铺试剑乡。递后大猷公乃立勋树续为将军，今泉郡有邓将军墓，至元祐践位年间，后回石壁都禾口村居。"永嘉之乱中，邓攸避居福建的石壁都。邓攸是邓氏最早入闽者。邓攸（？—326），字伯道，平阳襄陵（今山西临汾东南）人。他小时以孝著称，被中正品评为灼然二品，出任吴王文学，后历任太子洗马、东海王可马越参军、吏部郎、河东（治今山西夏县西北）太守。由于把自己的亲子丢弃，邓攸自己便没有了后代，现在南方各地的邓姓，是传自其侄邓绥。此后，有第五十九世邓且，六十世邓继隆，六十一世晋哀帝时的竟陵太守邓锦常，六十二世镇国大将军邓姜，六十三世邓渊，六十四世宋顺帝时的中丞邓东，六十五世邓程汉，六十六世梁朝的豫州牧邓士奇，六十七世邓文含，六十八世邓禹元，六十九世邓振松，七十世邓宗亮，七十一世邓宏纶，七十二世邓清，七十三世唐朝官邦勤侯的邓煌（字开权）。邓煌有4个儿子，即邓景山、仁山、玉山、昆山。邓景山是唐肃宗的节度使，自他以下，有七十五世邓扬，七十六世邓城，七十七世邓降，七十八世为唐懿宗时殿平县令邓瑞廷，七十九世邓云彪，八十世邓镇玉，八十一世的邓斯礼于五代初期避朱温之乱，走避溶州，八十二世邓世祥，八十三世的邓高，是宋朝的镇南节度使，八十四世邓起补，八十五世邓绍，是宋神奈的御史中丞，八十六世邓调元，八十七世邓洵武，八十八世为宋徽宗时的国子祭酒邓肃，八十九世的邓大猷。邓大猷有3个儿子，其中老大邓简，便就此在福建定居落籍，他也跟其父一样，文武双全，人才出众，当时的赵家皇帝，招他为驸马。

邓简也有3个儿子，即邓俊、邓佐和邓傅。这3个人，便是此后闽、粤及台湾等地邓姓的主要传世之祖，他们后裔的分衍情形如下：长房的邓俊次子移居汀州上杭；次房的邓佐，仍居石壁都禾口村后，传子邓午；三房的邓傅，传子邓相，邓相再传邓显。邓显三子中老大邓志坚移居福建汀州上杭漳坑；老二邓志贤移居云南省；老三邓志斋，移居广东省嘉应州梅县松口乡，是"高密"邓姓的广东开基之祖。

唐光启元年（885），邓氏第七十二世祖邓静（字超群，邓禹后裔）从河南省光州固始县率四子：光布、光天、光化、光日渡江南下。邓光布，字明远，随王审知入闽。其孙邓克谐，字仲孝，被宋仁宗封为银青大夫。宁化治平《邓氏族谱》：邓光布，字明远，唐乾符初同威武节度使王审知出仕入闽……

子孙籍居于沙之兴义坊，是为闽中鼻祖，其子颙，迁于沙邑之南荆山卜居，乃称荆山邓氏。光布生颙舜、舜生威、威生庆、庆生秩、秩生知录七郎、知录七郎生俏、俏生克谐、克谐生八子为八房、列为金、石、丝、竹、匏、土、革、木字号。革字二十一郎讳有仪公，生二子。长五二郎，生二子。长如轻，一子奎，讳朝奉世居金陵竹子霸，传以恭人。子和谦，谦生衷懿，懿生八子，各居一地。长大七郎居龙岗，两支分衍。长九郎（一作十郎）传以克仁公，徙宁化会同里为始祖。宋恭宗时，丞相文公讳天祥，由赣起兵，谕召仁公（字有赞）督带二十六旗（骑）豪杰，劳于王事，职授督粮奉政大夫。景炎二年偕丞相文公奔漳州，敕授知府，其势不复兴，告职解组率家人父子旋归梓里，至止箐里径之上旱田坳寄居，复卜南山下，开基启宇，存姓易名为二十六郎，成余乡之始祖焉。据《剑沙三元邓氏（革房）家谱》载：其第八房第十二代孙邓泰七（讳康进）。撰于明洪武十七年（1384）《荆山重裕堂序记》叙述："正祖，系光州固始县人。一子分过南红州；一子分过抚州；一子分过留州赤水县；一子分过南剑州沙县马坑荆山。"邓氏四兄弟中，长子邓光布于唐乾符初年（874）入闽镇守沙县，为崇安镇将【注：《三元邓氏家谱》载为唐昭宗景福二年（893）入闽。此处按新编《沙县县志》的说法】。邓光布有2子：长子邓项以舅氏剑州路旧将罗石卒袭职，改封建州路将军（注：元代始设"路"的建制，旧谱有误），迁居建州。次子邓舜率部属于荆东（古名归仁里）田猎，始治宅屋。据《邓氏族谱·地宅志》载："荆村自（县）治而西百里，水可舟至，陆可步通……，舜臣公田猎至宿，治屋而居。"

唐乾符五年（878）三明城关一带。因此，建欧、建阳、建宁、泰宁一带邓姓多为邓项后裔，沙县、三明、永安一带邓姓多为邓舜后裔。福建邓姓多为邓光布的后裔，他们尊邓光布为邓姓入闽始祖。

唐末，邓绥辗转入闽，在汀州宁化石壁开基。

北宋乾德元年（963），邓肆与从江西乐安招携迁居虔化（今江西宁都）毕家塘迁居宁化、清流等地。宋哲宗天佑元年（1086），曾任御史中丞的邓缩弃官取道浙江直下福建,寄迹于泉州仁辅试剑乡,传4代孙大猷居汀州府宁化县禾口村。其长子邓简,俗称小二郎,生子三:俊、佐、傅。邓俊迁上杭县来苏里仙村(今中都镇仙村),次子邓佐迁广东嘉应(今梅县),为入粤始祖,裔孙由粤东迁台湾者甚众。据龙岩武平县邓坑《邓氏族谱闽汀世系图》载:他中进士后,被钦点为翰林侍卫,出征广西战亡;其长子邓简,配皇女赵公主为驸马,仍居宁化禾口村。邓植的后裔邓万义迁宁化县泉上镇邓坊,播迁到清流玉华里嵩溪。

宁化安远肖坊《邓氏族谱》:宋代,忠郎公,自河南涂水县迁入邓家塘,为当地一世祖。生子田郎。传一世,钺公,举进士,官至殿中丞。因世变,迁居肖坊。后裔志信迁居江西宁都,志陆徙居瑞金。

宋代,邓忠郎自河南涂水迁入宁化邓家塘;其裔孙邓钺中进士,官至殿中丞,因世变,迁居宁化肖坊。其后裔志信迁徙江西宁都、志陆迁徙江西瑞金。

【宁化安远(肖坊)《邓氏族谱》】南宋时,邓德郎从沙县迁居宁化湖村。

南宋绍兴年间(1131—1162),邓明郎因得罪奸人,弃官自颍川(今河南禹县)迁隐福建邵武禾坪,再迁居建宁。南宋庆元年间(1195—1200),邓志斋从宁化石壁经长汀、上杭而入广东松口,为入粤之始祖。元代,宁化石壁邓志斋的第六世孙邓均迁居广东兴宁开基;其后裔分迁梅州等地。元末,邓瑄的第七世孙邓志斋(号太乙)中进士后在广东任职,为避战乱,隐居于广东梅县松口镇;他的9个儿子分赴外地择居。邓志斋的长子邓文约在元末明初辗转迁徙至闽西武平县坑头村(现邓坑村)定居;其后裔分布于武平邓坑、湍下峰村、小坪坑村、贤溪村及江西会昌县、瑞金和四川等地。元末至明初,邓君瑞自江西省鄱阳县瓦屑(土付)避地入皖,迁居于安徽安庆府怀宁县的白鳞坂。(见安徽怀宁《邓氏宗谱》)明代,陆续有江西石城、瑞金、宁化等县邓氏徙居江西宁都(习惯上称之为老邓)。成化年间(1465—1487),邓思明自江西吉水迁居湖南常德府龙阳县大围堤,为六甲派始祖。(湖南龙阳《六甲邓氏族谱》)邓姓迁徙台湾最早的历史在明末。

【入垦台湾】

据台湾现存《邓氏族谱》记载,早在明朝末年,曾有郑成功部属江西宜黄县人邓显祖随郑入台,入垦于台湾筚路蓝褛地,过世后葬于现台湾彰化县的八卦山,这是邓姓入台的较早记载。台湾《邓氏族谱》称:"台湾邓氏始祖邓显祖,明代末年,由江西宜黄县经福建移居台湾。邓显祖的先祖由邓州迁徙新野,后由新野经江西、福建而迁入广东、香港。再由福建、广东等迁入台湾繁衍发展。"其后,不断有邓姓族人从大陆迁徙到台湾岛上,许多文献都记载邓姓到台湾地区已有300多年的历史。至清代,入台的邓姓同胞来自广东和福建更多一些:如清康熙末年移入台湾的福建泉州人邓旋其及粤籍义民邓彦友,居淡水(今台湾屏东)等等。此后,闽粤邓姓又有一些人向台湾迁徙,进而又有徙居海外者。有雍正年间的邓吸邓禹善(台北邓姓始祖,广东饶平人);乾隆年间的邓永仓、邓德友、邓承山等;嘉庆年间的邓添芳、邓芳瑞、邓彦拔;道光年间的邓忠贞等。1946年台湾光复后,更有不少邓姓同胞入台。据台湾文献委员会的调查统计,台湾人中有近6万人姓邓。1953—1954年间台湾省文献委员会对台北、基隆、台中、台南、高雄5市,阳明山特别区,以及台北、宜兰、新竹、苗栗、台中、南投、彰化、台南、屏东、花莲、澎湖11县所做的调查表明,除桃园、云林、台东、高雄4县外,全省居民828804户中,有邓姓2233户,占全部户数的0.27%,其中以苗栗、新竹、嘉义、台北4县邓姓人口为最多,分别有370户、357户、290户、261户,4县邓姓占全台湾邓姓的近60%。

【郡望堂号】

南阳郡:战国秦时置郡,治所在宛县(今河南南阳市)。此支邓姓以居新野而著称,其开基始祖为邓况。

安定郡:西汉时置郡,治所在今高平(今宁夏固原)。此支邓姓,其开基始祖为汉末武威太守邓晋生。

高密国:西汉置郡,治所在高密(今山东高密南)。此支邓姓,其开基始祖为东汉太傅、高密侯邓禹。

平阳郡：三国魏置郡，治所在平阳（今临汾西南）。此支邓姓，其开基始祖为西晋邓攸。

此外，还有长沙郡、陈郡、洛阳郡等。

堂号　"平寿堂"或"谦恕堂"：后汉时邓训为郎中，谦（谦逊不骄傲）恕（对人宽恕）下士（以礼待下属），士大夫都归附他，所以叫谦恕堂。邓训用恩惠和信义对待羌胡，少数民族都感激他，喜欢他，都来通好。朝廷封他寿平侯。还有郡望命名的南阳堂、高密堂、安定堂、平阳堂、南雄堂、世第堂等。

【祠堂古迹】

三元垂裕祠，原名"奉先垂裕"祠，坐落于三明三元区荆东村荆山麓。宋元丰年间（1078—1085）始建，明洪武间重建。江南西路按抚使邓柞，蒙敕于宋隆兴年间在旧址重建。坐南朝北，占地面积900平方米。

蒲坂邓氏家庙，坐落于德化县浔中镇蒲坂（土坂）村。明万历间（1573—1620）邓钦修建。为清雍正五年（1727）丁未科榜眼邓启元故居。主屋和左侧书轩保存完好。庙前有池塘。家庙后左畔有1株植于明万历年间的古柏树。

长泰县正达邓姓祖祠，堂号"敦和堂"，位于坂里乡正达村的格内。始建于明末，后被毁，1983年重建。祠堂坐西向东，宽4.5米、深7.2米。

邓拓纪念馆，邓拓故居位于福州乌山北麓天皇岭东北坡下第一山房七号，为福建省文物保护单位，1994年重修后辟为邓拓纪念馆。故居占地面积1015平方米。

沙县湖源邓氏祖祠，有名安怀堂，位于沙县湖源。该祠始建于元末明初，2000年，湖源邓氏子孙集资对该祠进行全面修缮。占地面积1000多平方米。

福州竹屿古木牌坊，在竹屿村村东路口，系木质结构，四柱三门，建于明嘉靖七年（1528），清同治三年（1864）、民国12年（1923）重修。

【楹联典故】

平天下更云台首列，小寰球曾谏院广闻；祖德高如山并耸；宗功深似水同流。

——此联为邓氏宗祠南阳堂通用联。

鞠躬恍觉祠门隘；诚益顿忘市井喧。

——此联为邓氏宗祠南阳堂通用联。

文武两魁元，竹里承芬垂祖泽；弟兄双院士，闽州毓秀蔚宗风。

——福州竹屿宗祠内的三组楹联。文魁元是指邓介以书经登南宋淳祐丙午科（1246）进士；武魁元则指清邓士显（字鸿通）、邓士发（字鸿达，号谓和）两兄弟分别荣中"武解元"和获赠"武魁"牌匾。"弟兄双院士"是指近代著名的中国科学院院士邓叔群、邓拓两兄弟。

邓伯堂风光北国，三登世第家声振；吾离族誉壮南阳，两秀名卿礼望兴。

——福州竹屿宗祠内的三组楹联。"邓伯堂风光北国"中的邓伯，是指曼系第58世祖邓逊，被东晋当朝皇帝授封为伯公爵位。

书香传竹里，金榜连镳三唱；鼎族甲榕城，箐箱式穀始名。

——"金榜连镳三唱"，是指明成化二年（1466）进士邓琪、明成化八年（1472）进士邓焯及明成化十四年（1478）进士邓液，三位同宗同代同朝进士均系福建福州闽县人。"箐箱式穀始名"，据清江西瑞金县志记载：邓思启于明嘉靖年间，被朝廷敕赐"箐箱式穀·薇垣鼎藻"匾额。

【族谱文献】

闽台邓氏族谱中较有代表性的有《治谷邓氏10修族谱》，明嘉靖年间（1522—1566）由其八世孙邓麟作序创修；清康熙四十年（1701），由邓叔甫主稿、进士邓子恒作序进行二修；乾隆三十二年（1767），由邓思南主三修稿，邓澜作序；嘉庆十二年（1807），由邓必簪、邓羽化作序，鲁芹主四修稿；咸丰元年（1851），由邓炳南主五修稿、邓元英作序；光绪十三年（1887），由邓元贞主稿并序六修；民国元年（1912），由邓拔元、邓体安主七修稿，俞微瀚作序；民国二十年（1931），邓彦臣作序八修；民国三十一年（1942）由邓壬荣作序九修。1995年，在江西石城木兰乡，由邓捷登、邓源清作序，邓扬柱、邓宏志主持十修，共19册约30万字。内容有旧序、源流考、列祖赞、墓志、祖产、各房世系图及各房子孙名录。谱载唐末邓禹后裔，第七十二世祖邓静，字超群，从光州固始率光布、光天、光化、光日四子渡江南下；宋绍兴年间（1131—1162）邓明郎因得罪奸人，弃官自颍川（今河南禹县）入闽邵武禾坪，再迁建宁。还有台湾《邓氏族谱》载，明末，台湾邓氏始祖邓显祖由福建迁台。邓显祖的先祖由邓州迁徙新野，后经江西、福建迁入广东、香港；再由福建、广东迁台湾繁衍发展。还有《闽侯邓氏族谱》《三元邓氏家谱》《南阳郡邓氏家谱》《上杭仙村邓氏族谱》《中华邓氏史族·福建卷》等。福建闽侯邓氏族谱，（现代）闽侯邓氏族谱编委会联合增修，首修于清乾隆丙午（1786），二修于清道光八年（1828），三修于清同治戊辰年（1868），四修于民国三年（1914），邓维初作序，2003年计算机激光照排胶印本。

第二十四节　丁　姓

丁姓在中国大陆人口排名第 46 位，约占全国汉族人口的 0.44%，在福建排名第 86 名。在台湾排名第 61 位。

【渊源】

1. 丁是炎帝第五世祝融氏一支的族称。丁为金属楔子。丁的图腾由金属楔子和祝融氏的图腾火龙组成。祝融氏为火正，世代掌管"铸融"，即金属冶炼，冶炼出的像丁字形的金属楔子有两种用途：一是用来做契刻的刀，也称为治，同时又是刑具，用来行刑的。二是做刑具时又写作"辛"，同时还代表权杖，所以在图腾的上方加"辛"字符号的都为帝。

2. 源出姜姓。《史记·周本记》载，周朝初年，姜子牙其长子姜假（又名吕伋）是周成王时的重臣，又是周康王的顾命大臣，谥号齐丁公，子孙以"丁"为姓。其中华始祖为丁公伋。

3. 出自子姓。春秋时，宋国有位大夫丁公，他的子孙以丁为姓。

4. 源自古丁国，出自丁侯的后裔。商朝末年，古丁国尚存，大概在河南，"商时丁侯叛，武丁讨之"。后为周武王所灭。子孙以国为氏。《太公金匮》载："武王伐殷，丁侯不朝，尚父画丁侯，三旬射之，丁侯病。"这位丁侯，就是最早的一位丁姓人。

5. 西域东来的回民姓名翻译成汉字，尾音多带丁，就以丁为姓。望族居济阳郡（今山东定陶县西北，一说今河南兰考县东北）。丁姓家族常用以下 2 位名人嵌作楹联，以事彰扬并表明为正宗丁姓之后。联云："麟分帝里；　凫俗家池。"典出丁密。

6. 他姓改姓，三国时吴国孙姓改姓，出自于氏所改。

【得姓始祖】

丁公伋，炎帝神农氏的后裔，太公望姜尚之子，又名姜伋、吕伋，嗣位于王官。周成王时为朝廷重臣，又是周康王的顾命大臣，死后谥号为齐丁公伋，其子孙便以谥号为氏伋，称为丁姓，并尊丁公伋为丁姓始祖。

【入闽迁徙】

由吕伋而来的丁姓在济阳（今河南兰考）形成望族，就以济阳为郡望。也是当今汉族丁姓的最大郡望。

唐总章二年（669），左郎将归德将军陈政率兵入闽，更替曾溥戍边，任丁儒为军咨祭酒。丁儒辅助陈政、陈元光整军平乱，开疆置州。唐垂拱二年（686）置漳州，丁儒任左承事郎（因丁儒行九，世称九承事郎），后任别驾，参理州事。卜居龙溪县江东象山（今角东路过井路段北侧），是入闽肇漳丁姓始祖。象山宋时属龙溪县二十九都白石保，故其世系称"白石丁氏"。

漳州丁儒派，丁儒（647—710），字学道，一字维贤，其先祖居济阳，后徙光州固始。唐麟德元年（664），随诸卫将军曾溥镇闽，在镇府为幕僚，参赞军事，深得曾镇府赏识，把爱女三娘嫁丁儒为妻，是丁姓一派入闽之始。另说，认为丁儒为宋初人。

赛典赤瞻思丁派，陈埭丁的先祖赛典赤瞻思丁，元时官拜平章政事，其后裔一支于元朝自苏州行商迁居泉州，元明易朝，避居陈埭，取其祖名尾音"丁"为姓，传裔于泉州一带。

据宁都皂角丁氏一世祖丁济墓碑及《济阳宁都丁氏九修大乘宗谱》载：宁都丁氏一世祖丁济，名雕，以武略迁任昭信将军，守虔州（今江西赣州），唐咸亨年因剿虔化县（今江西宁都县）密石寨土寇，遂卜居宁都清泰乡光化里皂角树下，即今宁都员布。丁宣义于宋景炎二年（1277）徙居宁都琳池田营。三世丁元弼于唐开元徙宁都州西门，北宋后迁梅州、潮州、建宁、安乡、宜黄、贵阳、云南、赣州等地。《丁氏八修族谱》载：丁孟春于清顺治从瑞金黄安迁宁都长胜丁屋。另一支也先于元代至元从山东昌邑迁宁都刘坑三百排。

据上杭丁氏族谱记载，北宋熙宁元年（1068），江西抚州府临川县丁十二郎，幼时勤奋攻书，聪明过人，24岁中壬申科（1092）进士，由朝廷派遣到汀州府上杭县任知县事。其时上杭县治设在钟寮场（今才溪镇荣石材），丁十二郎任满后，因为官清正，百姓力劝其留下定居，加上如要回抚州，交通不便，路途遥远，困难重重，故留居在钟寮场，遂成为客家丁氏入闽始祖。丁十二郎夫妇墓在钟寮场古寺后，地势"飞凤"形。丁十二郎夫人梁氏生有一子，取名念四郎。南宋乾道四年（1168），上杭县治由钟寮场迁郭坊村（今县城），念四郎之子府户率全家迁入新县城。丁十二郎裔孙播迁闽西的上杭、长汀、武平，广东的大埔、丰顺、潮州，四川，山西，江西，台湾的台北、北中，香港及新加坡等地。上杭迁台湾有丁十二郎裔孙正昌、忠义、更生、启焜等，而更多的则由福建永定、广东大埔向台湾迁移。

闽西客家丁氏主要散居在永定县的高陂，上杭县的临江、白砂、旧县、下都、官庄、临城，武平县的平川，长汀县的古城，宁化县的泉上、翠江、方田、湖村，清流县的长校等乡镇。

丁姓南迁经千年繁衍发展，丁氏子孙遍布赣闽粤等地，成为早期客家一大姓。

福建泉州（陈埭）丁姓，元至正二十六年（1366）从城内文山里避居海边陈埭，入明以瞻思丁末字"丁"为姓。《族谱·郾谱序》云："隐伏耕读于其中，远于法而保其家。"至今已750年。黄仲昭《八闽通志》载：元代，泉州设立福建宣慰司都元帅府。《泉州府志·元文职官员》载：有乌马儿等人。晋江丁氏主要聚居于晋东平原滨海陈埭镇的岸兜、江头、鹏头、花厅口、四境、西坂、溪边7个回族行政村，分布安海、东石等地，人口21953人。迁衍泽沟、鲤城、小桥、崇武、德化、安溪、南安官桥、石井、厦门、同安陈塘、莆田涵江、福清宏路、平潭、福安、福鼎、浙江苍南、温州、宁波、沈家门，及东南亚、泰国等地约3万人，衍居我国台湾2万多人。

【入垦台湾】

郑成功收复台湾时期，主要部将丁龙（泉州，回族），联捷武进士，随郑成功征台。丁姓迁台主要始于清雍、乾年间，以台北、澎湖、新竹、嘉南为多。明末清初，漳州龙海角美丁厝社人丁松、丁丈迁台。据台湾文献记载：清康熙三十一年（1692），龙海丁盈迁台。乾隆末年，丁藤枝由晋江陈埭到鹿港经商，后其子克家亦来鹿港协其经营，家业渐盛，店号丁协源。克家因其孝行曾被编入《三十六孝》。第六子丁寿泉，光绪三年进士，族人入泮者众，为彰化望族；同时期，丁名品等由晋江陈埭入垦今云林台西，其后裔主要聚居在海口、台西、海南、海北、山寨、光华诸村，近2万人。嘉庆年间，丁灵，生员居凤山；丁阿存由漳州入垦今屏东恒春；丁文开入垦今桃园大园、龟山；丁振福入垦今屏东里港。嘉庆二十年（1815），汀州的丁文开为官台湾遂留居。姓据族谱记载，由福建上杭迁台湾丁十二郎裔孙有正昌、忠义、更生、启焜等，而更多的则是由福建永定和广东大埔向台湾迁移。台湾丁姓主要分布于云林县、台北市、台北县、高雄市、屏东市等地。

【祠堂古迹】

晋江陈埭丁氏宗祠，坐落于晋江市陈埭镇岸兜村，始建于明代初年，历经修葺，闽南传统民居风格，是历史最悠久、规模最宏大、保存最完整的回族祠堂。祠坐北朝南，占地面积1359多平方米，以砖、石、木构造。全国重点文物保护单位。

龙海市白石丁姓家庙，位于丁厝社尾宅，堂号"追来堂"，灯号：端明殿学士丁府。始建于明正德二年（1507），清雍正七年（1729）奉旨修葺。祀始祖丁儒至二十世列祖。坐北向南，二进三开间，总建筑面积250平方米。

万田丁姓宗祠，堂号"思敬堂"，位于诏安县深桥万田，始建于明洪武元年（1368）。

【郡望堂号】

1. 郡望。丁姓郡望有济阳郡、济阴郡等郡望。济阳郡：战国时为魏邑，西汉置县，治所在今河南兰考东北、山东省东明南境。晋惠帝时，将陈留郡之一部分设置济阳郡，治所在济阳。

2. 堂号。驯鹿堂：源出东汉的时候，丁茂从小家里很穷，父亲饿死了。他对母亲最孝。母亲死后，他背土筑坟，又在坟旁栽了松柏。白鹿从山上到墓旁帮他守护坟墓。太守举他为孝廉，他为了守孝，拒绝不受。丁姓以"驯鹿"为堂号。此外，主要堂号还有："济阳堂""钟德堂""梦松堂""双桂堂""留馀堂""承德堂""五果堂"等。

泉州回族丁姓以"聚书"为堂号。

【楹联典故】

济阳世德；虎观家声。

——佚名撰丁姓宗祠通用联。

六百年肇造丕基，振铎与鸣琴，克壮鸿图依望族；二十一代相承后泽，参军而作牧，更期燕翼绍封公。

——福建上杭县丁氏祠堂楹联。

济阳继世代，繁衍杭川新福地；谈经留训古，传家诗礼绍趋庭。

——福建上杭县丁氏祠堂楹联。

清介游凫搏吉水；灵虚化鹤返辽乡。

光绳祖武济阳郡；克裕孙谋驯鹿堂。

——全联典指丁姓的郡望和堂号。

【族谱文献】

闽台丁氏族谱有漳浦《白石丁氏古谱》清丁仰高等编修。始修于宋，历代修增，嘉庆间增补钞本，共2卷。卷1载谱序、目录、懿德纪、节孝纪、传记等；卷2为世系图、年月纪。白石丁氏先世为济阳人，后徙光州固始。唐总章二年（669），丁儒随陈政军镇闽寓龙江，平寇开郡，职军咨祭酒，为郡别驾，子孙繁衍漳州各县，聚居漳浦、龙海等地；入闽开漳事迹、历代名宦、俊逸传记以及族贤与漳郡乡贤相交往等记述完整。有《晋泉丁氏族谱》，元代来晋江陈埭的穆斯林族谱。正德乙亥年（1515）丁仪始修，康熙二十六年（1687）续修。内载一世祖丁谨（1251—1298），字慎思，自姑苏行贾于闽泉居城南文山里。传二世祖丁嗣（1273—1305）。三世丁夔（1298—1379），因元末世乱，率子丁善迁居晋江二十七都陈江雁沟里（今陈埭），围海垦田，兴修水利，经营海荡滩涂成大族。十六世丁苏、丁派等大批迁台诸罗县斗六厅开发，成为丁氏聚居村落；从陈埭迁东石，又从东石迁台嘉义义竹乡后镇村。有2万多人聚居在陈埭江头、溪边、岸兜、鹏头、西坂、四境、花厅口7个村。有建阳《丁氏宗谱》清丁子造等修。始修明嘉靖间，清代曾三次续修，光绪二十八年（1902）各地宗裔合修，丁氏济阳堂木刻本，8卷9册。卷首即卷1，载谱序、目录、家政、家礼、谱论、凡例、族禁、服图、诗文及领谱字号；卷2祠、墓图，卷3至卷8世系传。谱载五代时，丁广自河南开封府迁居建阳书林钱塘开基，后世迁建瓯、崇安、浦城等地。名人宋工部尚书丁时进，明状元丁彦伟等。福建泉州丁氏族谱，（明）丁仪等修，明朝年间丁氏手抄本一册。现被收藏在福建省图书馆。

【昭穆字辈】

福建邵武丁氏字辈：芳传家敦孝。

福建三明丁氏字辈：国安光绍明文常。

第二十五节　董　姓

董姓全国有近800万人口，约占全国汉族人口的0.61%，居我国大陆姓氏的29位，在福建、台湾都排在第72位。

【渊源】

1. 出自黄帝己姓。传说颛顼后裔董父精于饲龙，赐董为姓。得姓始祖董父。

2. 源于姬姓。有史料称：周大夫辛，有二子，派往晋国为太史，董督（管理）晋国的史书典册，其后以董为氏。

3. 出自官名。据《姓氏急就篇注》所载，春秋时的周朝大夫辛有后裔。辛有两个儿子在晋国任太史，董督（考察并收藏之意）晋国的典籍史册，他的子孙世袭晋国史官，以官为氏，称董氏。但大多数董姓以董父为得姓始祖。

4. 源于地名，出自汉朝时期董泽，属于以居邑名称为氏。董泽，是古代的一个大湖泊的名称。在史籍《后汉书·郡国志》中记载："文喜邑有董池陂，古董泽。"古籍中所指的"文喜邑"，就是汉朝时期的"河东闻喜"，即今山西省运城地区，是"千古山西二雄"之一关羽的家乡，其时有一巨大的湿地地貌，因水中盛产"董蕖"因而称"董泽"。"董蕖"，就是古人对莲藕的一种称谓，在今天山西、陕西地区，菜市场上仍有称莲藕为"董菜"者。传说，董泽曾"浩淼数百里"，后被人类破坏，逐渐成为盐湖，最后干涸，消失得无影无踪，今只留得一个"运城市盐湖区"的行政名称。

5. 出自少数民族，属于汉化改姓氏。如源于蒙古族、满族。

【得姓始祖】

董父。仓底村原先叫"董泽里"，因为它在董泽湖畔。董泽湖就是董父当年豢龙的地方，所以也叫豢龙池。董父可是位大能人，他能文能武，还能腾云驾雾；最拿手的一招就是养龙。在董泽湖里养的有：金龙、赤龙、青龙、白龙，还有乌龙。它们都被董父驯服得像牛马那么听话。天旱了，叫它们去行云布雨，让下五寸，不敢下四寸九；夏天又管住它们，只许在湖里规规矩矩，不得去兴风作浪。董父养龙出了大名，在蒲坂的舜帝降下圣旨，请他去当宰相。董父不顾年老体衰，日夜驯服那些小龙。并把儿孙们都叫去，跟他学习养龙、驯龙的本事。没有多少时日，又把那些龙孙驯得服帖如初，举国又是风调雨顺了。

【入闽迁徙】

董姓入闽较早，过去很多考察认为历代董姓入闽者共有10多支。据近两年从事福建省《八闽董氏汇谱》编纂者的深入调查，发现大批入闽的董姓有31支。分布在全省57个县市区，160多个村庄，人数近8万多人。

最早是始于汉代，据载东汉末年"建安三神医"之一董奉，是三国时吴国侯官（今福州长乐）人，原住于长乐古槐福山，后到全国各地行医。今有一支后裔已迁至湖北攸县。晋朝八王之乱，董姓也"衣冠南渡"。

唐乾元元年（758），董玠（蜀汉邑宰董和十四世孙）任闽防御使兼福州刺史，居闽十二都古县（长乐）。乾符元年（874）董禹为左补阙，其次子琱，三子琳，四子玘，至宋太平兴国二年（977），由福唐城迁入长乐。福州长乐《董氏族谱》记载：远祖玠公原籍益州人，汉侍郎董允之兄中郎将和之十四世孙。唐乾元初年（1758）为福防防御使，他于闽十二都古县（今长乐市文岭镇古槐村），安抚闽海而波不扬，有德惠及于民，民请留之。乃留仲子元礼居福唐，元礼之孙讳禹乾符间为左补阙，禹生裴，裴生四子，长子在周显德四年（957）为县令，生二子，长讳思诚于宋端拱二年（989），宋太宗赵光义始迁于长乐黄崎沙里，次讳思仍居福唐城（福州）。今长乐市古槐董氏、文岭前、后董、金峰董朱，福州鼓山远西董氏，连江县董氏等皆为后裔。

唐光启元年（885），董章随王审知父子入闽迁晋江乌屿。其先为河南光州固始人，子董思安，为五代闽（越王）国兴化人，骁勇无比官居闽国（景宗帝王曦）大将军，始落籍晋江登贤里（见《泉州府志·忠议篇》）。后晋开运二年（945）南唐灭闽时，董思安忠于旧主退隐泉州，其裔孙分居晋江乌屿（今洛江区）。元至正十一年（1274）董思安第十四世孙董善顺因避元兵骚扰从晋江青阳迁居石狮永宁沙堤村，其弟董善应则避居于金门古坑乡，故今金门、同安、厦门、漳州、晋江、石狮董姓均为同宗。

唐昭宗年间，广川籍董方禄随王审知入闽，迁至福州罗源县潮格。

唐季乱中，董晋次子全溪元孙董期，自河南固始随王审知入闽，先迁霞浦溪长溪魁洋，至宋淳祐甲辰年间移居砚江芒芦洋，后又移居砚石村（今下砚村），至今已600多年。

宋朝初年，董昶从江西吉安九都宁岐董家湾入闽，始迁邵武府建宁绥安，正德年间再迁建阳兴贤里翠岭，现分布在建阳县徐市镇盖溪岭下村和条岭村岩前，已繁衍至十六代。

宋高宗（1107—1187）时，朝议郎董世兴余杭入闽做官，与泉州杨梦龄情同骨肉，因杨家无子，将其子入嗣杨家，其后承董杨双姓。南宋建炎元年（1127），董万一郎迁汀州。南宋绍兴初年，董纯永迁至闽海琅山，形成大族。明末郑成功的岳父董飏举家寓居金门，后入垦台湾。清康熙二十二年（1683），有弁屯董等五姓入垦台湾屏东。乾隆初年，安溪董显谟、董日旭入台，晋江董德龙、董德柳徙台。永宁沙堤迁到金门的董姓500多户。明清时期，播迁海外。有陇西、弘农、河东、范阳郡望，其中陇西郡是最重要的一个。

宋真宗宝庆年间，陇西郡董兴历武魁、三班殿直、辅太祖，封银青光禄大夫、上柱国太尉，入闽落籍晋江（今石狮市）。其后裔枝荣叶茂，子孙遍布泉、漳、厦、台、金门、龙岩、福鼎、广东、浙江苍南、平阳、玉林、香港等地，以及海外菲律宾、马来西亚、印尼、新加坡等东南亚国家。

南宋绍兴初年（1131），唐五代后汉随州刺史、

宋太宗钦赐朝奉大夫董宗本（涿州范阳人）九世孙董纯永，迁至闽海琅山，即今福州琅岐经济开发区琅岐镇。琅岐董氏世代支派繁衍，迄今已传四十一世，且部分外迁至闽侯埔下、溪下、马尾上岐、连江、福宁（三沙、西洋）、香港、澳门、台湾，以及海外地区。

南宋绍兴壬午年，建州刺史董彦瑜由浙江温州平阳迁入福建松溪。现松溪董姓主要居住在渭田、祖墩、东边、竹贤、溪东、董坑等村。

南宋理宗嘉熙四年（1240），从河南到福建任平章事的董政茂在泉州任中殉职，其子扶灵柩回河南，路经清流县龙津镇里拢村左龙坊枣树下鱼子塘就地安葬，其后裔在此繁衍。

南宋理宗年间，董九成由江西抚州乐安流坑迁居至福建汀州府长汀县左厢归阳里二固十甲，即今叶屋下董。

南宋德佑年间，陇西郡董关甫迁徙至建宁。现其后裔分布在建宁溪口镇、濉溪镇、里心镇、黄埠乡和宁化县安远乡，传至二十七代。

南宋末，由直隶河间任丘（今河北沧州市任丘市）籍董五十郎迁入闽，其三世孙董德源以闽博士在建阳考亭任教，后因元乱年间至汀州府连城县居董屋山，至今已传二十三世。

宋高宗（1107—1187）时朝议郎董世兴，由浙江余杭入闽为官，与泉州杨梦龄情同手足，因杨家无子，遂将其子与杨家为嗣，其后承杨姓。传至七世孙杨道会、杨道宾，皆登进士，道宾为第二名榜眼任布政，奏请复董姓。宋神宗御批："既承久代，不准复姓，钦赐董杨公。"仍以杨姓传嗣。今泉、漳、厦、台、港与东南亚等地之杨姓，大部分均为其后裔，泉州有大宗祠奉祀南宋董杨公为证。

南宋建炎元年（1127），董卓后裔董万一郎，董十三郎迁入闽西汀州（今长汀）。南宋宁宗开禧三年（1207）再由长汀青泰里迁至连城北郊下水竹洋村，是为连城董姓始迁祖。

南宋末，江西一支董氏迁居沙县的高砂渔珠村。明洪武三十年（1397），董杨发从江西牛栏角迁居沙县的后底村。

闽台寻根大典

元大德三年（1299）浙江温州罗阳的董万彤，由陕西西安华州同知辞官迁入福鼎安仁村。元至正四年再迁缙阳架屋。现其后裔大部居住在管阳镇的管阳村、缙阳村、七蒲村、西阳村和秦屿镇巨口。

元朝董纯五九从浙江温州罗阳郡马基，迁入闽泉州府。明洪武永乐年间其后裔又迁清溪（今安溪），清康熙年间再迁福宁廿一都大坪玉瑶冈，即今福鼎大坪玉瑶冈，其后裔分布点头街头顶及观洋村。

元至正十三年（1353），由江西抚州乐安流坑迁入闽汀州新桥叶屋（今福建省龙岩市长汀县）其始祖为董念郎，其后裔称上董屋，已传至二十八代。

元末因避北兵之乱流寓于江西南丰的兰田始祖董仕高，其子居安由南丰三十四都龙湖迁入闽邵武府建宁县北乡兰田堡排前，现多居住建宁县溪口镇溪枫村，已传至二十二代。

元末，董麟登始居湖广（今湖北省）襄阳，其子董安保随明太祖征战入闽，授怀远将军，后奉调至仙游兴泰里，在朗桥葫芦由下定居。其后裔分布仙游县钟山镇、大济镇和永泰县梧桐镇富泉乡，迄今已传二十三代。

元末，江西抚州乐安流坑籍董仲达迁入闽建宁府崇安（今武夷山市）平川曹墩。

元末明初，先祖为唐太宗贞观二年（628）浙江金华府同知董宁的后裔董念三，因再派福州府，遂入迁闽县龙塘堡（今连江县珐头镇塘头村）。

明初，江西抚州金溪县董荣，以功封武略将军，奉调闽武平，遂迁居于福建武平县民主乡高横村，传至今已十七代。

由泉州府德化县土楼的董绰，迁徙至侯邑五十三都秦洋（今闽侯县江洋农场澎湖村秦洋自然村），迁移年间不详，居至清同治四年（1865）已达二十二世。

明洪武十年（1377），董万一郎由延平府（今南平市）沙县石鼻头宁家营迁入龙岩（新罗区）董邦村，其后裔再迁至玉宝村，现今繁衍至雁石横坑（今云坪）坑源（今岩山乡芹园村）、铁山谢家邦及南靖县梅林镇寨头和浙江杭州苦竹，已传至二十五代。

明洪武三十年（1397），董扬发兄弟二人从江

西牛栏角迁入沙县为始迁祖。现其后裔分布在沙县虬江街道后底村、高沙镇冲厚村、渔珠村。

明成化年间，董梓兴由江西临川移居闽邵武（建阳近界首乌石窝）。

明成化元年（1465）董琼在朝职为摄相议政被奸臣陷害，全家从浙江金华出避各奔而去。钱福娘同子五人遁入江西广信孔家庄数年广置物业，恐前事发，留子普一及母福娘独居此地；余兄弟四人，迁至福建省福州府长乐县安居，之后，普九留长乐，普八迁建宁府，普十移南平樟湖坂，普十一迁居尤溪县十四都官台村，其子迁居十三都下墩村（今尤溪西滨镇下墩村）清咸丰十一年（1861），尤溪西滨镇下墩村董氏迁居尤溪联合东边村，现传至二十代。

明崇祯年间，原籍为直隶保定府雄县（今河北保定市雄县）人董趋，世业为酒库兼设水泉，因路过福城遇阻而滞留居之是为台江董姓始迁祖。

清乾隆年间由垅西冉桥南迁至龙江（今福清市音西林中村）始迁祖不详。

清乾隆壬申年，董延才从江西建昌县入宁化县石壁镇立新村，已传八代。

【入垦台湾】

明朝末期开始，董姓就进入台湾。郑成功的岳父董飏先在明末世乱之时，寓居于金门，为明木本水源之意，特地于崇祯十六年（1643）写下《沙筑公私志手书世系》记载家族的相关信息依据。董飏先坚决支持郑成功抗清事业，在他的激励下，沙堤董惟哲以武举人的身份，率军在仙霞关与清军作战，壮烈捐躯。董飏先的儿子董腾也加入抗清队伍，后追随郑成功收复台湾，曾长期率水师驻扎澎湖。董还多方搜罗人才，举荐给郑成功。清代《广阳杂志》就记载他向郑成功推荐杨于两的经过，郑成功也非常信任杨于两，表奏封其为兵部郎中，多次受郑成功委托，秘密赴京会见郑芝龙。顺治十三年（1656），董飏先去世，墓葬于金门古坑乡湖南。清代《金门志》视之为"寓贤"，为之立传。康熙元年（1662），郑成功收复台湾后，而随郑氏及其夫人董酉姑入台的将士中就有董姓。他们的后代在台开荒屯垦。康

熙三年（1664），晋江人董胜入台。《董氏族谱》中的第一页"董氏大昭穆"说，族谱中董思安（泉州始祖）支派的字辈就是董飏先所立的。而这一派的字辈的排名泉州、台湾、金门相一致。族谱还详细记载了泉州董氏迁居到金门、台湾的情况。第十三世董端亮生下了两个儿子，董善顺和董善应。董善顺是石狮沙堤董氏的开基祖，而董善应则是金门古坑董氏的开基祖，后来善应一派在明清时又迁居到了澎湖和台湾。

清康熙二十二年（1683），又有屯弁董等五姓入垦台湾屏东。乾隆初年（1736）及二十年（1755），董显谟、安溪人董日旭入台。根据《开闽董氏大成宗谱》载，由泉州晋江董兴第二十二世裔孙董德龙、董德柳徙台开垦大甲、清水。

董姓一支由晋江永宁（今石狮市永宁镇）董兴后代迁往同安浯屿，后再迁往金门。董姓目前由永宁沙堤迁到金门的董姓宗亲已发展到500多户，数千人，子孙多在台湾。其始祖董本先其祖籍就是在石狮永宁沙堤。

台湾董姓主要来着福建，其次是高山族同胞。台湾光复后，各省都有迁徙台湾。主要分布在台北、高雄、基隆、台南；其他市县也多有分布。

【郡望堂号】

陇西郡：战国时期秦国秦昭襄王二十八年甲子（前279）置郡，因在陇山之西而得名，福建董姓多为陇西郡。

济阴郡：汉景帝中元六年丁酉（144）置济阴国，汉元帝初元元年癸酉（前48）改为济阴郡，治所在定陶（今山东定陶）。

另有弘农（今河南灵宝）、河东、范阳（今河北涿州）等郡望。

陇西堂：以望立堂。

良史堂：春秋时候，董狐是晋国的史官，他写史求实存真，不怕权势。晋灵公被弑，董狐在史书上写道："赵盾弑其君。"赵盾要求他更改，他却坚持原记录。孔子夸奖他是"良史"。

直笔堂：同良史堂。

还有豢龙堂、正谊堂、三策堂、敦本堂、霞蔚堂、修书堂、永思堂、敦睦堂、江都堂、卧虎堂、芙蓉堂等。福建董氏堂号多为"三策堂""正谊堂"。

【祠堂古迹】

永宁镇董氏宗祠，坐落于晋江市永宁镇沙堤村。始建于明代，清嘉庆十年（1805）扩建，历代重修。祠堂天井左侧耸立的一天然天然"石笋"，高约3.5米，最大直径约1.5米，形同春笋。

琅岐董氏宗祠，坐落于琅岐岛下岐村牛屿山之麓。是琅岐岛规模最大、装饰最美的祠堂。始建明嘉靖初年（约1522）。坐南朝北，重檐歇山顶，占地1385平方米，建筑面积600平方米。

连江董公祠，连江青芝山麓的董公祠，是董氏后人为纪念董应举，于1995年兴建的，规模宏大，肃穆庄严。祠内，正厅正中悬挂"乡宦名贤"题匾，祀奉董应举造像。

董公祠堂，位于福州朱紫坊花园弄府学里3号，祠堂土木结构，石框门额上嵌有横匾，刻有"董见龙先生祠"六个大字，在横匾上方为一长方形石匾，上面镌着"奉旨重修"四字。面积约有300平方米。

霞浦董氏祠堂，位于霞浦县溪南镇下砚村。始建于明清时期。宗祠大门前有一对旗杆，为道光年间官方所赐立，以彰炳董氏三杰。占地面积1000平方米，建筑面积450平方米。

龙海市后丰董姓祠堂，堂号"仁和堂"，位于漳州龙海市港尾镇沙沄村后丰社，建于明代，历代多次修葺，2005年重修。

【楹联典故】

良吏箕裘千秋裕　大儒风范万世昌。

——董姓宗祠通用联。

春风先入户；暇日偶窥园。

——董姓宗祠通用联。全联典指西汉董仲舒事典。

苍松翠柏窥颜色；秋水春山见性情。

——董姓宗祠通用联。为明代擢本寺卿兼侍读学士董其昌（1555—1636）撰题联。

麝墨轻磨声韵玉；兔毫初点色翻鸦。

——董解元撰。此联为金代戏曲家董解元《西厢记》联语。

光前裕后；燕翼贻谋。

——佚名撰董氏家庙联。

【族谱文献】

闽台董氏族谱有《琅岐董氏族谱》福州琅岐董氏家族谱牒。始修始祖无考，历代多次修纂，有明弘治五年（1492）林克清序。嘉靖年间董仲恭修及万历二十九年（1601）董用武续修，民国修本是据明、清谱续修。不分卷，内容有序文、谱例、祭田、祭仪、晋主名次、祠堂等。自八世、十八世迄于民国，刊绘像传述，一图一赞；南宋时期迁琅岐，称"琅岐世家"。还有《董氏大成宗谱》明末清初编修，由董飏先主持并撰序，民国三十四年（1933）重印于同安。谱载始祖思安公由光州固始随王审知入闽，居住晋江。明末清初董善顺从古坑迁到永宁，到了董善顺的第三代孙董飏先的后代又从永宁传到了祥芝。明末清初董善应从永宁迁金门，成为金门董氏开基祖。族谱提及董酉姑曾劝说郑成功禁奸止杀，对巩固郑氏集团有积极的作用，记载董酉姑贤淑贞惠，是郑成功的贤内助。清顺治十八年（1661），南明政权亡，清兵打到闽南，董酉姑与百姓一道逃到台湾，别人都是携金带银，唯有董酉姑抱着郑氏祖先的牌位去台湾，让郑成功深受感动。另有晋江《开闽董氏沙堤分派宗谱》，纂修者无考，民国年间钞本，始祖董悌，始迁祖五代董思安。

全国杜姓人口约640万余，约占全国汉族人口的0.42%，当今中国大陆姓氏排行第53位，在福建排名第67位。在台湾第55位。

【渊源】

1. 出自祁姓。《通志》《元和姓纂》等姓氏古籍有大致相同的记载。《通志·氏族》载："杜氏，亦曰唐杜氏，祁姓，帝尧之后，建国于刘，为陶唐氏，裔孙刘累以能驯龙事孔甲，故在夏为御龙氏，在商为豕韦氏，在周为唐杜氏。"后来简化为杜氏，杜氏为帝尧之后。

2. 黄帝时有杜康，当为杜姓之始。在《世本》中有"杜康作酒"的记载，并注为"黄帝时人"。《酒诰》也记载："酒之所兴，肇自上皇。"这说明黄帝时期已有杜姓。传说杜康是黄帝的宰人（掌管膳食的官），而黄帝所居之地"轩辕丘"，在今河南新郑。许慎在《说文解字》中说："古者少康初作箕帚、秣酒。少康，杜康也。"如果说杜康是杜姓始祖，那么，这个姓至少也有四五千年了。

3. 源于芈姓，出自春秋时期楚国君主杜敖，属于以先祖名字为氏。春秋时期，楚国有君主名叫熊艰，号称杜敖，亦称堵敖、庄敖。在楚杜敖熊艰被弑后，其族人后裔分散避难，有以先王称号为姓氏者，称杜氏、或称堵氏，后统称为杜氏。

4. 源自少数民族。蒙古族、满族、鄂伦春族、裕固族、回族、壮族、土家族、藏族、朝鲜族、俄罗斯族等民族也有杜姓。

【得姓始祖】

杜伯，也有人称杜康。帝尧裔孙刘累之后。上古时代，帝舜封尧的儿子丹朱在唐（今山西省翼城），丹朱的子孙在夏和商时都是诸侯。到了周初成王时，唐国不敬当朝天子，被当时摄政的周公旦灭掉，而把其弟叔虞封于唐，把唐国原国君后裔迁到杜，因此改称唐杜氏。后裔尊杜伯为杜姓的得姓始祖。

【入闽迁徙】

杜姓以陕西西安为发祥地，唐时，杜氏就入迁汀州府宁化县，至唐中叶，杜氏一支从宁化迁江西石城上柏。约1215年，浙江黄岩人杜浚"由大理正知郡事"，他的儿子杜三郎"爱汀之山水清秀，留居汀州府"，裔孙杜晖于宋末元初迁闽南。宋理宗宝佑年间（1253—1255）杜时发从邵武入迁宁化县浣溪，裔孙向闽西北、赣东南及浙江金华等地传衍。上杭《杜氏族谱》载，杜铿于北宋哲宗元佑三年（1088）随其祖父由吉安府吉水县迁至南康府安远县，传五世孙杜大九郎携子：金一郎、金三郎、金五郎同徙广东南雄县乌径。不久，杜金三郎又迁到汀州府上杭县胜运里双坑乡龙窟窠（今太拔乡双康村刘耳窠自然村）开基立业，裔孙向本县及江西兴国、永丰、安远，台湾新竹，广西玉林，江苏苏州播迁。

《石城县主要姓氏来历》唐中业，杜氏从宁化迁石城上柏，衍居岩岭杜家、观下沔坊。

宁化杜家《神封杜氏金紫家谱》：宋治平乙巳苏洵作序云：京兆杜氏出于刘累之后，以杜伯为谥，因以为姓。杜氏原居建康，宋时迁邵武，至天启公徙居建宁客坊狮岗下。天启生三子：时发，于宋宝佑间，徙居宁化浣溪；时和，居中畲；时达，迁江西丰城。时发，生二子：元美、元一。元美生四子：长德祥迁瑞金、宁都；次德祐，明初回居邵武禾坪；三德安居宁化招得里浣溪村（今杜家村），四德昭居宁化招德里增坑，至永乐十三年（1415）又迁四都上宏地水口枫树嘴。在建康，以伯恒为始祖；在邵武，以显公为始祖；在建宁，以天启公为始祖；宁化浣溪以时发为始祖。

时发公之子元美生四子，三子德安居宁化招得里浣溪村，四子德昭，居宁化招得里四都上宏地。浣溪村德安公裔孙外迁者众：保玩迁光泽六源村；正时迁建宁水尾；在洲迁麻沙白山；光怜迁建阳呈

闽台寻根大典

村、从善村；光佑迁拿口；显八迁上梅里；贤茂迁将乐；其支又有迁浦城及玉山者；福海支下六世孙高鹏迁兴国塅水，再传明能公，三传光复公，再迁下坪、下沾；正耀徙兴邑牛栏塅；在兴迁宁都仁义乡里背坑又迁吉水、白水；高兴迁元屋村；在岳迁贵溪铅山。

宁化中畲时和公派下外迁的也很多：正潮、正伍迁广昌，又迁将乐泽坊；光麻兄弟、显广、士明迁浦城；达昌兄弟迁浦城洋溪坑尾黄茅岗；显恭迁崇安；明仲迁漳州；高养、明惠、明意、明显、明侃、光行皆迁宁都高圳；光壹居宁都小吴溪；光引居广昌田腰；正浩居广昌池源，又迁永丰西茅坪；显达居鸭子岭茶窠；显明居熊坊湾阴山下；天早、在兴、在隆皆居枫树坑；达运、达暹居岭下上村；天延、高伦、高传、高仲、明美、明德皆居永丰；天庆、明星、明俨、达俊、达杰皆迁石城江东坳；福宗迁抚州窑上；高桂迁南昌；高相迁江右。

唐末杜让能任山南节度使，遇战乱避居越州山阴（今浙江省绍兴），让能裔孙杜仁为避元乱又迁福建同安安仁里马銮乡，称为马銮杜姓始祖。目前同安杜氏人口较为集中。

据大田县山峡《杜氏宗谱》载："杜氏入闽始祖杜贞，又名四身，行二十，职授昭统将军，时寇乱，奉旨押兵到福建闽邦福州府怀安县，乃得择居于兹焉。后在庚午岁海若扬波，田屋流荡斯际，杜公与田、乐、章三公同行移来尤溪戚口住焉，继见田、乐二公再移来三十三、四都小田坂住三年，二公见风水未得吉地，爰是携囊同行，至牛田口双溪口，田公寻大溪直上至湖洋扶桑桥头相土架屋住居，表名梅岭。乐公寻大溪至上至水源土名后坑新塅，看得山蛇吉穴，筑室表号桃溪。我杜公来访田、乐二公，俱见肇基得地，由斯，奋志开基创业，于是乃来寻地山蟹看得吉穴，乃献天铜锣形，遂筑屋，表名山峡，是我杜公始祖肇基之地。"

大田杜姓始祖杜贞，为唐身膺将军，唐天祐二年（905），唐朝失政，后裔李政王名李远率杜贞将军南投福建尤溪，时有唐朝宗室李政王居翰林崎，唐旧臣温国老居温镇，范尚书居玉田，乐大夫居后坑，田副使居梅岭，杜将军逆均溪河而上，寻至无溪水的深山中，隐居于虎鼻崎下山峡居住，得一地名曰向天铜锣赫灵宫。杜贞配乐氏，亲生二子，长杜廿二（田地祖），次杜廿三（开基田地楼坂厝中坊），继子杜泽大（山峡祖），继子杜隆大（寿山祖）。二世杜泽大，于北宋年间创建文林祠，生三子：长杜建二、次建七、再建十。长子杜建二之后裔迁福州闽侯县。次子杜建七生一子文五，文五生三子：章七、章五、章八，子孙传山峡等支系。三子杜建十，生一子文八，文八生一子章大，章大生三子，翰八、翰三、翰九，兄弟移居大田县城溪仔边，今传28代。

泉州凤栖杜姓，以京兆为郡，乃唐杜之后，在族系源流上，属于杜姓的主流派系京兆杜陵派。族谱载，唐末昭僖年间（874—903），传杜氏兄弟四人：杜仁、杜信、杜侃、杜岱，辗转浙江、江西，翻山越岭，南下福建，分别定居于同安、泉州、建宁、建阳肇基。杜信（一翁公），肇基今泉州市洛江区马甲镇凤栖，始居马夹桥，传四世，五世子隆公旋迁凤栖，为凤栖杜姓肇基祖，拓基肇业，繁衍生息。迄今族裔6万余人，遍布海内外，亦堪称泉郡之大宗望族。"南昌旧志循臣绩，浙水新传名宦风"，是彰显凤栖裔孙杜应楚、杆小上两进士之政声的。杜应楚，字翘甫，明万历二十三年（1595）乙未科会试中式进士，历任河南怀庆府孟县、江苏镇江府丹阳县知县、南京户部广西司、贵州司主事，后升江西南昌府知府。杜中士，号蕉林，清道光三年（1823）癸未科会试中式进士，钦点翰林院庶士，官升御史，任浙江督量道，诰授中宪大夫。

南宋末，九世杜仁与从父杜浒，随文天祥勤王，兵败入闽避难，居同安县安仁里马銮乡，谱称马銮杜姓始祖。九世某公迁福州鳌峰坊，其兄弟又分三房：（元）杜牧支；（元）杜仁；（元）杜叶，长往省城，次往闽邑合北里，三迁连江宝林村。次房传至明末十五世亮甫公，迁居连江县西门，与子复迁连江集政洪江上园，为福州连江县洪江开基祖。

宋代始有文献记载。杜姓人从京兆辗转迁入江苏无锡后，至杜镐时入汴京（今河南开封）做官，便将家迁入汴京，杜镐的一后裔杜圮举家迁于邵武，杜坯之子杜铎，字文振，自幼读书习礼，天资聪明，敬老亲友，迁邵武时年15岁。他成人后，以博学多才闻名。宋高宗绍兴年间（1131—1162），他相继任右修职郎，政绩优异，迁任提点坑冶铸钱司检踏官。之后，他离开临安（今杭州），出任永春知县，再任万载知县，清廉爱民。杜铎之子杜颖（1142—1209），以才学著名，历任尤溪主簿，知建州瓯宁（今浙江建瓯），知吉州（今江西吉安）龙泉，皆有政绩，升任通州（治所在今四川达县）知府。他平定叛乱，组织军民生产，兴办学校，得到百姓称赞，升任户部郎中，寿终于任所。杜颖之子杜皋（1173—1248），字子昕，以才学人仕，任江淮制置使从吏，率军援救滁州，解除金军包围之难，升任知安丰军。他两次击败南侵的蒙古军，立下战功。之后，他历任淮西制置副使兼转运使、沿江制置使、知建康府等。晚年辞官，任宝文阁学士，研究理学，著书写草书，安度晚年，直至去世。皋子杜庶（1211—1261），字康侯。他十五六岁时就随父从军打仗，未入仕就立下战功。入仕后知和州，兼淮西提刑。他修城池，加强军事防御，又修学校，使吏民子弟读书，有政绩，直入秘书阁。后又出任淮西兼庐州安抚副使，政绩突出，再升任两淮制置使、知扬州、知隆兴府、江西转运副使等职，寿终。

宋代，杜天启从邵武迁居建宁。据宁化安远（杜家）《杜氏族谱》载，该支杜氏以杜显为始祖。杜显居福建的邵武。传至杜天启时才从邵武迁居建宁。杜天启有3个儿子：长子杜时发于南宋宝佑年间（1253—1258）从建宁迁居宁化浣溪（今宁化杜家）。次子杜时和居中畲。第三子杜时达迁居江西丰城。杜时达的孙字辈杜德祥迁居瑞金转徙宁都；杜德佑回迁邵武；杜德安留居宁化杜家；杜德昭迁居宁化上垣，后裔分衍于福建的光泽、建宁、建阳和江西的宁都、永丰等地。

福建《汀州府志旧序》说：元初，平江（今湖南平江县）的杜甫后裔迁入福建，居于邵武、汀州一带。传至清朝，汀州的杜姓人有杜惟敬，有4个儿子：杜荣富、杜荣凤、牡荣兰、杜荣柱，分立为4家。除杜荣凤一家在清世宗雍正三年（1725）迁回平江外，其他三家均留居汀州。

元代时，杜让能的裔孙杜仁为避战乱从山阴迁居福建同安安仁里马銮乡，为马銮杜姓开基始祖。

【入垦台湾】

明神宗万历年间（1573—1619），福建、广东等地的杜姓人开始向台湾谋生。明思宗崇祯年间（1628—1643），大臣杜三策曾奉命出使台湾。在云林斗六一带有姓杜的郑工屯升，到达该地开垦。崇祯年间，同安县杜高銮入垦台南南区。之后，杜姓人便有进入台湾谋生的，至清代始有记载。雍正年间，同安县杜将辉入垦苗栗后龙，后移垦竹南。康熙六十年（1722），在台湾苗栗县垦耕的移民中就有杜姓人。乾隆初年，同安县杜昭吉入垦台北松山；杜必荣入垦彰化溪湖；杜昭齐入垦后龙。乾隆中叶，杜文博入垦台北淡水；杜昭文携子入垦基隆中正；杜安然、杜昭魏、杜昭董入垦松山；杜有骥入垦后龙；漳州平和的杜读顺入垦南投，后裔移垦南投集集。乾隆六十年（1795），福建的杜瑞茂和杜銮成等携家人，入垦现在的台北淡水镇深奥里。嘉庆元年（1796），福建人杜伯瑞又携家人进入台湾淡水镇硬石里进行垦耕。嘉庆年间，杜创将入垦台北南港；杜胆力入垦松山；杜堃贤入垦台北新庄；杜五福入垦台北板桥；杜宋忠、杜兹表入垦后龙。道光年间，杜令水、杜珠德入垦基隆中正；杜週、杜天台入垦台北；杜士意入垦涛被永和；杜来岁入垦板桥；杜刚直入垦台中。咸丰年间，杜暖入垦淡水；杜妈寿入垦后龙。近代，1946年台湾光复，迁台国民党官员及各方人士中杜姓甚多。杜姓在台湾主要分布在台北一带，其次是苗栗、新竹、台南、彰化、台中、高雄等地。

【郡望堂号】

杜姓的郡望有京兆郡、南阳郡、汉阳郡（今湖北省汉阳市一带）、洹水郡（今河北省魏县西南）、濮阳郡（今河南省濮阳县）等。堂联有："兆陵世泽，杜甫家声。"兆陵乃指京兆郡的杜陵县（今西安市长安区东北）；杜甫为唐代著名诗人，有"诗圣"美誉。堂号有京兆堂、汉阳堂、南阳堂、濮阳堂等。

此外，还有汉阳郡、南阳郡等。

堂号主要有"诗圣堂"或"少陵堂"。由来是唐代大诗人杜甫自号"少陵野老"，历史上称他为"诗中之圣"。

另外，还有中和堂、京兆堂、宝田堂、宝莲堂、濮阳堂、襄阳堂等。

【祠堂古迹】

凤栖杜氏大宗祠始，位于泉州洛江马甲凤栖。建于明嘉靖年间，迄今逾四百年。虽历经数代，历代有修缮，故保存完好。现存宗祠坐北朝南。有谱《凤栖杜氏族谱》。

杜氏小宗祠，位于厦门市集美区马銮衙宅1号，建于清光绪十四年（1888）杜四端回到故乡建造。由两落大厝、双护厝、后界及回向组成，系闽南传统式居民大厝建筑，占地面积400多平方米。大厝坐东朝西。

惠安后苏杜氏祖祠，始建于明弘治年间（1488—1505），2009年由裔孙集资并获旅台旅外族亲赞助重建重修，占地二亩，台湾著名学才杜忠浩题大门楣匾曰"凤栖衍派"。

杜振兴崧光后苏祖祠，始建于明弘治年间（1488—1505），2009年由裔孙集资并获旅台旅外族亲赞助重建重修，仿古木石建筑。

【楹联典故】

京兆宰相家声大；莱公瀛州世泽长。

得姓自成周源远流长唐杜氏；渡台依郑帜饮和食德汉家山。

祁伯本尧宗经舜封龙赐杜姓历代勋功显族；仁公由宋室至泉住马渡台人垂朝祖德传芳。

奕叶秀千枝由来一本；开台分万族总是同宗。

清誉流芳春露秋霜追远泽；銮源衍派祖功宗德克贻谋。

元代逊三江仁启一门命脉；明朝试两县忠开百

世簪缨。

春祀秋尝万古千勋永耀；左昭右穆一祠世泽长传。

——台湾台南市杜氏祠堂楹联

【族谱文献】

记载闽台杜氏族谱现存百余部。其中较有代表性的有《晋安杜氏族谱》福州杜氏族谱。各房谱纂修时间不一。福清房谱修于明嘉靖万历，清康熙乾隆间续修；同安房谱修于清乾隆，民国间续修；连江房谱修于清道光，光绪间续修；会城房谱修于民国间。不分卷，内容有萨镇冰、陈宝琛等人序，谱例、传记、墓志铭、寿文、杂志、族谱总系、分派图系、附记、照片等。谱始载世系一世杜衍，止于三十一世。八世祖杜浒，字贵卿，为入闽始祖。元代，九世祖牧支公由浙江温州避乱迁福清，为福清大让乡开基祖。九世仁公迁往同安，为同安马巷开基祖。元九世某公迁福州鳌峰坊，又分杜牧支、杜仁支、杜叶支三房，长往省城，次往闽邑合北里，三迁连江宝林村。次房传至明末十五世亮甫公，迁居连江西门，与子复迁连江集政洪江上园，为福州连江洪江开基祖。名人杜锡珪（1874—1933），字慎臣，晚号石钟居士，福州人，清光绪二十八年（1902）南京江南水师学堂驾驶班第三届毕业，1922年后任海军司令、总司令、海军部总长，1926年兼国务院代总理，授海军上将军衔。此外有宁化安远《杜氏族谱》、晋江《凤栖杜氏》等。

【昭穆字辈】

福建泉州杜氏堂灯号瀛洲衍派京兆传芳杜氏字辈：孟实子立甫孺曰迪道光奕贞文德丕成振武威圣图恩广大宗治日清辉草昧英雄起讴歌历数归风尘三尺剑社稷一戒依陵寝盘空曲垣康守。

第二十七节　范姓　范姜

范姓是当今中国大陆姓氏排行第61位的大姓，人口约5760000余，占全国人口的0.36％。在福建排名第40位。在台湾排名第53位。

【渊源】

1. 范姓出自祁姓，为帝尧刘累之后，以封邑名为氏。在周为唐杜氏。据《姓纂》的记载："帝尧刘累之后，在周为唐杜氏，周宣王灭杜，杜伯之子温叔奔晋为士师，曾孙士会，食采于范，遂为范氏。"据《姓纂》的记载："帝尧裔孙刘累之后，在周为唐杜氏，周宣王灭杜，杜伯之子温叔奔晋为士师，曾孙士会，食采于范，遂为范氏。"

2. 出自楚国，以地为姓：楚国有范地，左传文公九年，有范山。

3. 源于西南夷，出自晋朝末期林邑王范文，属于汉化改姓为氏。是今广西地区瑶族、苗族、京族范氏的主流，并有迁播至广东、海南、福建、浙江等地者，皆已经汉化。

4. 出自其他民族改姓：满、京、彝、阿昌、土家、蒙古、回等民族有范姓。

【得姓始祖】

范士会（约前660—前583）即范武子（随武子），春秋时期晋国大夫，士蒍之孙。祁姓，士氏，名会，字季，因封于随，称随会；封于范，又称范会；以大宗本家氏号，又为士会。范姓的始祖，追溯到4000多年以前的圣君唐尧，尧的这一支子孙历经虞舜、夏、商诸代，都称为唐杜氏，入周被改封于杜。入周不久，至周宣王时，大夫杜伯无辜被杀，其有一子名隰叔，逃往晋国，被任命为士师（法官）。隰叔曾孙士会，担任晋国上军主将。公元前593年，因战功升为中军元帅，执掌朝政。士会先得到封邑随（今山西省介休），后来又得到封邑范，所以又称随会、范会，死后追谥武子，所以也称范武子。其后子孙遂以邑为氏，称范姓。范姓尊范士会为范姓的得姓始祖。

【入闽迁徙】

1. 据范姓族谱载，中原战乱，河内人范坤（范墍，又名范俊）举家18口徙居浙江杭州，后移江苏南京。唐僖宗元年（874）离京南迁浙江钱塘后复迁汀州府黄连县攀龙里（今宁化县大方里），又说迁居宁化县黄竹迳（今属曹坊乡），为宁化范姓始祖。范仲淹为范坤曾孙：一世范坤，二世范秋，三世荣重，生子四：仲淹、仲寿、仲延、仲文。至六十五世范衡之子十郎，官任长汀县丞，先居宁化黄连岗石壁村，共生11子，以百字为辈，按数序列自百一郎至百十一郎。他见宁化石壁村族人口众多难于发展，遂携家人迁入风光秀丽、景物宜人的汀江之滨的上杭县城福寿坊中街开基拓业，为念原居住地情谊，他号称"宁壁"，此后各房支系分发四方，繁衍甚广。宁壁即为自宁化来杭的范氏始祖，也是为范姓入闽始祖，至宋代，范姓称盛于福建。此后，范姓除在闽南一带发展繁衍外，又分出广东海阳、嘉应、梅州、大埔、长乐、陆丰、饶平等支派。范姓进入福建，当早在唐代，到宋代，七世监簿房范芟，任闽广道，告老后居福建。此外有：范仲淹之孙范祖禹任北宋谏议大夫，从苏州移居建宁府清溪县。范仲淹第七世孙范滋文的第十子范远冈，因父亲赴汀州府任，从福建宁化县石壁村迁往汀州上杭南湖村。六世监簿房范衍（礼部尚书）迁汀宁滑石村。二十世监簿房范兴霍之子范仪皋娶妻福建人，遂住闽中。忠宣房后裔范荣贻现在沙县城关。

2. 范氏入汀州还有一支是南宋淳佑年间（约1250），范仲淹九世孙范纬镇从苏州迁宁化，后裔分迁宁化、连城、龙岩、建宁、闽北、闽中、闽南及粤东等地。明清两朝范宁壁后裔渡海迁台有上百个支系。

3. 北宋末，范仲淹长子范纯佑有2子。其长子范如符迁居福建建宁；次子范如节，字祖禹，号正鼎，是北宋时期著名的史学家、政治家、文学家，宋仁宗嘉佑八年举中进士，出任资州花水县知县，后又官任秘书省正字、朝中著作郎、谏议大夫、翰林院学士、龙图阁大学士等职。1095 年，由湘入闽，携家眷和五个儿子入福建的清流县，为福建清流范姓的入闽始祖。生五子，长子范衡（亘一）与第三子范衍（亘三）从清流迁居宁化石壁，三子范衍在清流生三子：长子范芝，号万一郎；次子范芊，号万二郎；三子范谐，号万三郎。其中次子范芊官任广东潮州府同知，后升翰林院左中允兼大学士侍讲，生九子。

（见《范家珍宝·大成集》）

《福建莆田广业里范氏族谱》载："范仲淹四世孙如节，字祖禹，移居福建建宁府；次子纯仁的八世孙祖德在闽沙县开基。""广业里范氏之祖溯源于南安县清溪，即今东田乡西山村。清溪原名苦溪。"又记载："仲淹十四世代孙清公、澄公于元末为避陈友定之乱，率家人移居仙邑依安里。传至元公转居今大济镇三会郑庄。元公生男三：分为智、仁、勇三房系。仁房迁居今龙华镇龙西村；勇房迁居今西苑村；勇房的二房美公迁居今度尾镇圣山村大广，美公生男三：长男范熙（字肇平）和次男范烹（字肇箕）俩兄弟于明嘉靖乙酉，迁居莆田广业里洋坪，世人尊范熙为广业里范姓一代祖。范烹（肇箕）移居今新县镇张洋村开基。肇平后裔分布于洋坪、东埕、下山、南岑、新县、宝阳、前埔、萍湖村的后洋、山兜。"

闽西族谱记载，范如节字祖禹，号正鼎，生于宋仁宗宝元三年（1040），由湘入闽，携家眷和五个儿子入福建的清流县，为福建范氏的入闽始祖。1098 年，不料又被贬至广东化州，暂住在广东化州石牛岗（今名为狮山）的南山寺。因政治上打击太大，加之长途跋涉，万般奔波，水土不服，终于病倒在南山寺，同年 11 月病逝于寺庙，葬于狮山。范如节被贬广东后，其家眷及长子范衡（号亘一郎）、次子范微（号亘二郎）、三子范衍（号亘三郎）、四次范冲（号亘四郎）、五子范御（号亘五郎）等仍留居清流。范如节三子范衍在清流生三子：长子范芝，号万一郎；次子范芊，号万二郎；三子范谐，号万三郎。其中次子范芊官任广东潮州府同知，后

升翰林院左中允兼大学士侍讲，生滋才、滋文、滋圣、滋英、滋杰、滋贤、滋能、滋章、滋俊九子。

陆丰《范氏族谱》记载：范仲淹次子范纯仁，北宋名臣，被贬官福建定州并居住，其第五代孙松岗迁徙广东大埔清溪，再传二代为致政，后任莆田教谕。期满，因"自莆来棉，以为同宗"，在平和中寨开基。娶桥头曾氏女为妻，生二子（文紫、文勋），后任海丰令，再收庶室外莫氏，生二子（范相、范助），分创甲子范族。今平和、甲子范族各传二十八世。

4. 南宋淳佑年间，范仲淹的长子范纯佑的八代孙范纬缤，由苏州迁入闽，居宁化县；范仲淹次子范纯仁的八世孙范祖德，由江苏迁入闽，居沙县，后裔分迁莆田等地。

上杭《崇仁堂范氏族谱》（清宣统庚戌重修）载：唐僖宗甲午年，范堃由京南迁浙江钱塘后，复迁福建汀州府黄连县攀龙里（今宁化县大方里）为宁化范氏始祖。

5. 南宋初年高宗时（1127）由于北方金兵南下入侵大宋朝，范衍随南流人潮先徙入闽至清流县。范衍，如节公之第三子，号亘三郎，谥惠穆，又曰朴直。官至秘阁校理、谏议大夫、侍讲学士、翰林院大学士。后公与胞兄范衡（亘一郎）殁后兄弟都葬在宁化石磐村。妣吴氏，谥柔静，授封恭人。生三子曰：长子范芝，号万一郎，妣林、陈氏。后裔迁居湖南，广东等地肇居，后派不详。次子范芊，号万二郎。三子范谐，号万三郎，妣陆、钱、黄氏，生子不详。其后裔迁徙至浙江、漳州等地肇居，

6. 南宋咸淳十年（1274），范日耀同其父范积避乱由河南光州固始县入闽，居寿宁县，子孙于明正统年间转由永泰迁莆田等地。后裔迁嘉应、梅州、大埔、长乐、陆丰、饶平等地。

7. 范芊之次子范滋文，号宁壁，拔贡生，约于南宋中期（1200）官任汀州府教谕。举家迁居于原汀州府的宁化石壁村，后又迁徙至上杭县城福寿坊中街，继而又随庄移居南湖村（今上杭县芦丰安乡）繁衍生息，开基创业，生百一郎、百二郎、百三郎、百四郎、百五郎、百六郎、百七郎、百八郎、百九郎、百十郎、百十一郎共十一子。约于元朝至元二十年

（1283），范滋文三子百三郎，字梅岗，从上杭芦丰安乡先迁入永定金砂上金古木督；十子百十郎（字远岗）之长子范大一郎从广东迁入仙师兰岗，为永定范氏的开基始祖。

8. 元末，范子实由浙江浦江移居侯官十四门桥。其次子范六尹于明洪武二十八年（1395）到同安高浦千户所开基。明代，由于战乱，范姓大量入闽。清初，元范德祖后裔范灿授自南安迁徙安溪。

《剑沙范氏族谱》载：以隋公为远祖，文正（仲淹）为一世祖。隋公乃唐履冰公六世孙，居于苏州。自隋公至仲惠公计十一世居于建宁，仲惠公之弟祖德，家于沙邑，为沙邑范氏始迁之祖。祖德生二子：德正、世洪。德正之子月明、司里；世洪之子宗、祥。其裔孙分衍延平、将乐、三元、归化、顺昌、建宁等地。

宁化范氏自六世以后，子孙分衍建宁、上杭、龙岩、永定、长汀、嘉应州、瑞金、于都、赣县、兴国、连城、梅县、海阳、大埔、英德各地。

台湾《范氏族谱》：以范仲淹为一世祖。传至四世衍公，谥惠穆，宋高宗时翰林学士，自清流迁居宁化石壁。再传二世，千二郎，移居上杭。生十子：次子伯二郎徙永定；十子伯十郎迁潮州海阳。后裔再衍饶平、大埔、英德、兴宁、嘉应州、梅县、甲子所乃至台湾。《绿之旅》中《范氏之族谱》载：范仲淹之孙——祖禹，为宋谏议大夫，自苏州吴县徙福建清溪开基。传七世范元冈，原居宁化石壁村，于明嘉靖元年壬午徙居广东大埔。

石城七岭《范氏三修族谱》：唐僖宗年间，范公讳俊，别号七官人，位列龙图阁学士，避乱徙居宁化县攀龙里黄竹径大黄坊。传四世寿八郎，迁居长汀铁长张地。再传至元至正时，有十郎，生五子，其四郎迁居石城七岭，为肇基祖，后裔分居大猷芒东岭。

《高平范氏重修族谱》：子茂，自宁化入赣，迁居宁都固村土伦排。

宁化水茜（棠地）《范氏族谱》：本姓李，远祖李清公，生五子俱徙闽。长子益郎徙泰宁，传六世有名十郎者，曾任浙江宁波府推官，及致仕归里

而兴乔迁之念，于元成宗元贞二年（1296），携家至宁化县招贤里棠地辟土开基。后因时势不稳等因，遂随祖母之氏改姓范，为棠地范姓之始祖。

上杭《崇本堂范氏族谱》（清宣统二年庚戌修）载：范会六十六世孙范十郎，官长汀县丞，娶徐九娘、梁氏、张三娘，生十一子，范百一郎至百十一郎，携家人由宁化县石壁村迁上杭县城福寿坊中街定居，为上杭范氏始祖。为纪念原居住地，范十郎取字"宁壁"。此后，范宁壁派十一房系繁衍甚广，裔孙遍及闽、粤、赣、桂、琼、台乃至海外。

上杭《客家姓氏源流汇考·范》载：五十一世履冰次子冬菁支系隋（字以亨），于唐懿宗咸通十一年，自河南开封迁居苏州吴县，为苏州范氏始祖。六十一世范堃（即高位）于唐僖宗元年离京南迁浙江钱塘，后再复迁福建汀州府黄连县攀龙里（今宁化大方里），为宁化范氏始祖。至六十四世如节之子衡与第三弟衍，初迁湖南醴陵，后又迁福建清流，又由清流迁宁化县石壁村开基。衡之子十郎，官任长汀县丞，先居宁化黄连岗石壁村。娶徐九娘、梁氏、张三娘，共生十一子，以百字为辈，按数序列自百一郎至百十一郎。公见宁化石壁村族多人挤，难于发展，遂携家人迁入风光秀丽、景物宜人的汀江之滨的上杭县福寿坊中街开基拓业，为念原居住的情谊，他号称"宁壁"，宁壁即为江南入闽自宁化来杭的范氏太始祖。后裔长子：百一郎，字松岗，居上杭县岩头埔（今湖洋乡岩头村），后裔分衍上杭县城关、广东兴宁鸭康笼、翁源、武平县大禾、民主、东留、江西会昌、信丰等地。次子：百二郎，字柏岗，迁龙岩上车、万安、湖南长沙、广东大埔青溪，继迁英德、信宜等地。三子：百三郎，字梅岗，迁永定古木督、峰市，后裔有迁江西瑞金和广东增城。四子：百四郎，字峰岗，移居上杭太古村、长汀夏地、刘坊、芦竹坝、水口、长汀县城水东坊及永安、宁化、广东嘉应州、梅县松口等地。五子：百五郎，字庆岗，居上杭太拔、蓝溪、溪口，后裔分衍长汀圭田、田撩内外坑、安仁、天山、漳平新桥镇、永定书华、分水凹、江西瑞金、于都、兴国、赣县、万安、遂川等地。六子：百六郎，字鼎岗，居上杭土埔，裔

孙分衍连城、广东大埔等地。七子：百七郎，字彩岗，裔孙迁江西鸭婆坑。八子：百八郎，字歧岗，居上杭安乡及武平象洞。九子：百九郎，字久岗，居上杭中都镇黄坊，后裔衍广东梅县程乡。十子：百十郎，字远岗，迁广东，大埔青溪桃源肇基，裔孙分衍蕉坑、车碓坑、三河坝、饶平、三饶、丰顺小产、十八到、潮阳、揭阳、福建永定大溪、溪南里兰里、阳江、台湾、广东韶关、英德等地。十一子：百十一郎，字铁岗，居上杭蓝溪定坊、载丰、元里，后裔衍长汀古城，小夸、黄坊、园当等地。

【入垦台湾】

据族谱资料记载，明末，郑成功之子郑经治理台湾时，大陆范文华渡海，到达台湾，最先移台开基于现在的台南盐水镇旧营里，成为范姓第一位入台者。又如，清康熙六十年（1721）有叫范光儒的人从广东移到台湾下水港定居；雍正九年（1731），惠安的范善成入垦新竹；雍正年间，永定的范万唐入垦屏东东港。根据《台湾范氏堂号考》获悉：明清二代，范氏渡海迁台的有：雍正间，永定县范万唐入垦屏东港；范八茂入垦新竹竹市；乾隆初范朝亮携子入垦苗栗苑里；范宏高、俊琳父子入垦桃源中坜；范其儒入垦新竹县；范昌林、昌睦兄弟入垦新竹竹北、关西；乾隆中期范咸万、范世宗、范俊贤、范先炳等先后入垦今桃园、新竹一带；范仙锦入垦今新竹横山；范阿月入垦高雄美浓；乾隆年间，饶平县范勤列入垦今苗栗县。范氏目前为台湾省第53大姓，今台湾范氏人口57000多人，分布较多的县市依次为：新竹县、桃园县、台北市、台北县、苗栗县。分布较多的乡镇市依次为：新竹湖口、新竹市、新竹竹东、桃园中场、台北中和。入垦台湾的范氏，虽然以粤籍居多，但他们大部分均属范仲淹派（迁自宁化石壁）范宁壁系之后裔，他们认定老祖宗的根还在上杭。

【范姜血脉联宗】

范仲淹后裔有范姜姓。范姜是闽台的复姓之一。范姜姓是怎么来的呢？

北宋王朝著名的政治家、文学家范仲淹，生有四子，长子范纯佑下传第二十一世范集景，娶妻雷氏，

生二子范文周、范文质，范集景因病早逝，其妻雷氏无力抚养孤子，于是携二子改嫁姜同英。之后，雷氏在姜家又生二子，在范集景血脉为范文周、范文质，在姜同英家血脉为姜文能、姜文振。范文质长大成人后，娶妻张氏，生五个儿子殿荣、殿高、殿发、殿章、殿爵，范文质深感继父养育之恩，因此对自己五个儿子，一时不知是三个姓姜？两个姓范？还是两个姓姜？三个姓范？范文质在临终前决定，五个孩子都附加姜姓成"范姜"复姓，范姜家训发扬孝道，历代子孙忆念先祖养育之恩，永不忘怀，成百家姓外自创一姓，成为百家姓以外之姓氏，成百家姓外自创一姓。"高平天水"为郡望堂号，高平为范姓郡望堂号，天水是姜姓郡望堂号。

【郡望堂号】

南阳郡：战国秦昭王三十五年（前272）置郡。汉时辖境相当于今河南省熊耳山以南叶县、内乡间和湖北大洪山以北应山、陨县间地。治所在宛县（今河南省南阳）。

高平郡：指今宁夏固原。两汉、十六国、北魏均有此县。北周改为平高郡（治所在今宁夏回族自治区固原）。汉有"高平第一城"之称，言其险固。北魏在这一带置军镇，置郡，皆称高平。

钱塘郡：秦置钱唐县，在灵隐山麓，隋移今浙江省杭州市。唐加"土"傍为钱塘。民国与仁和县合并为杭县。治所在今浙江省杭州市。

汝南郡：汉置汝南郡，治上蔡（今河南省上蔡西北）。东晋治悬瓠城，即今汝南。隋唐汝南郡即蔡州（曾名豫州）。治所在今河南省平舆。

此外，还有河内郡、山阳郡、敦煌郡、外黄县等。

后乐堂：范仲淹在《岳阳楼记》中有名言"先天下之忧而忧，后天下之乐而乐"，范姓后世遂以"后乐"为堂号。

此外，还有芝本、鸡黍、永思、崇本、敦本、积善、忠恕、经义、经义、遂道等堂号。

【祠堂古迹】

南平峡阳范氏祠堂，也叫高平堂，位于南平市延平区峡阳镇。始建于明景泰四年（1453），历代重修。中存有高平郡古族谱《范氏宗谱》上下两册。修于

清光绪四年（1878）。

范氏家庙，位于晋江市金井镇岩峰陈厝村位于围头半岛南端，依傍着雅号"鳌江"，始建于清代，1999年于原址重建，是一座砖石木结构、三开间硬山顶的仿古建筑。两边厅壁刻着字径1米的"忠、孝、廉、节"四个大字，相传出于宋代忠臣文天祥手笔。

寿宁大安乡范氏宗祠，位于寿宁县鳌阳镇大安乡，始建于明代，现存清代重建，闽东土木构架，风火墙，歇山顶。为文物保护单位。

南平峡阳高平堂，又称范氏宗祠。位于南平市延平区峡阳镇，始建于宋朝末年，经多次修葺。

还有八都镇东坑范家祠堂，宁德市蕉城区八都镇东坑村，2008年重修落成。永定县蓝岗范氏宗，位于永定县蓝岗村，建于清代。

【楹联典故】

有祛病回春妙手；存先忧后乐雄心。

——范姓宗祠通用联。上联典出东晋名医范汪。下联典出北宋大臣、政治家、文学家范仲淹。

建庙卜蓝岗，水聚天心钟秀气；传家贻墨帐，门罗将相振宗风。

——范姓宗祠通用联。此联为福建省永定县蓝岗范氏宗祠联。

源自尧裔；望出高平。

——全联典出范氏源流和郡望。

责君碎斗显忠爱；后东先忧法圣贤。

——上联典出秦汉之际时期项羽的谋士范增的事典。下联典出北宋范仲淹。

有祛病回春妙手；存先忧后乐雄心。

——上联典出东晋时期的名医范汪。下联典出北宋时期的大臣、政治家、文学家范仲淹。

齑盐淡薄心常乐；潇洒襟期洽亦豪。

——上联典出宋朝时期的诗人范周。下联典出宋朝时期的诗人范良遂。

源自尧裔望出高平；文正世泽万笏家声。

——范姓宗祠通用联。

【族谱文献】

闽台范氏族谱有永定《范氏族谱》，2000年合族纂修刊定，精装1册。谱前刊列祖像、修谱执事

照片、村、祠、墓的图照、宗亲题词等；内刊目录、凡例、概述、谱序等；源流正史篇分述范姓考，详述入迁上杭、永定世系，突出永定各支脉派系纪事；后附宗族诗词、祠堂、庙宇、名胜、故旧轶事、祖训、遗风、楹联、人物篇、宗亲机构，功德榜等项纪事。谱载北宋末，范衍入闽经由清流、宁化石壁，任上杭县谕，携眷移居上杭，生十一子。入永定范氏主要有六支：元代有百三郎开基金砂上金，大一郎开基仙师兰岗，十八郎开基西溪光坑水口；明代景祥开基于仙师苎麻塘，念六郎开基于坎市分水凹；清乾隆间春莲开基于峰市河头城，各衍一脉。有长汀《剑沙范氏族谱》，汀州范氏联宗合修谱牒，共24卷分6辑，分别以"天""地""人""日""月""星"立名。"天"辑有凡例、谱序、祖像、远祖世系源流考，芳名录、源流概况、发迹迁流示意图、远世直系以及范仲淹年谱等；"地"辑载长汀各房派世系。谱载始祖范履冰，世居河南内府，唐代为相，生冬芬、冬菁、冬菖三子各衍子孙。迁汀州府长汀的有冬芬支系云谷（虎李郎）脉下志清，志显房派；冬菁系衡，衍支系各房如宁壁，远冈，百五郎，百十一郎等。各房后裔散居上杭、长汀、宁化等各邑，以及迁往江西、广东等地。延平区峡阳高平郡古族谱《范氏宗谱》上下2册。修于清光绪四年（1878），至今125年。经有关专家鉴定乃闽北迄今发现年代最久、保存最完整的一部珍贵史料。谱载，峡阳开宗鼻祖范大三公源于河南光州固始，为避战乱随节度使王审知辗转入闽。至此已繁衍30代，承续1200余年。后裔遍布闽北、闽西及赣南。故有"世系肇自唐尧，支派衍于西峡"之说。开宗以来人才辈出。明、清两代族谱有载州府以上官员达26位。还有《范氏族谱》范榕球编，2000年永定范氏族谱编纂委员会铅印本；延平《西峡范氏宗谱》等。

第二十八节　方　姓

方姓人口占全国 0.3%，在中国大陆排第 63 位，在福建排名第 34 位。在台湾排名第 51 位。

【渊源】

1. 方姓是燧人氏风姓支。燧人氏始立"番"，辨方正位，故其字上"方"下"人"，即"人方"，其地昆仑山称"方"山，继承者为方夷、方雷氏、防风氏、房氏，并创立方牙、方舟。方初始为天余与相风与人合文，指示上下左右即东南西北。"方"的"、"是树立风向仪"丁"的木杆，"勹"是守候"风向仪"的人。凡单指"方"指人方，冠之风姓，则为"旁"，或作"榜"，是最早称为"帝"的姓氏。

2. 源于姜姓，出自远古帝王神农氏裔孙雷之后，属于以封邑名为氏。出自方雷氏及方相氏，为神农氏第 8 代孙帝榆罔子雷之后，以地名为姓。传说神农有后裔开始得雷姓。传至 8 代孙帝榆罔之子雷，黄帝伐蚩尤时，因功被封于方山（大致为今河南省叶县南），其后子孙有以地名为氏姓方。

3. 出自姬姓，为西周后期周宣王时大夫姬方叔之后，以祖字为姓。据《元和姓纂》及《通志·氏族略》等所载，西周后期宣王时，有大夫姬方叔，在征伐淮夷、猃狁，特别是平息南方荆蛮的叛乱中居功至伟，周宣王封方叔于洛（今河南省洛阳市），其子孙以祖字为姓，称为方姓，史称方姓正宗。

4. 出自姬姓，为翁氏所分。（查阅翁姓）

5. 出自其他少数民族有方姓。如现今的满、蒙古、傣、回、土家、朝鲜、壮等民族及台湾地区少数民族均有此姓。

6. 他姓改姓。

【得姓始祖】

1. 方雷，是方氏的始祖。本姓姜，字天震，他是中华民族的始祖之一炎帝的八世孙榆罔之长子。《书洪范》说："雷于天地为长子。"《春秋合谶图》说："轩辕氏主雷雨之神。"他是黄帝之后嫘祖的父亲，原居雷泽（今濮阳和山东菏泽一带）。因"佐黄帝（伐蚩尤）有功，封方山"，名叫方雷。他的后裔以山为姓曰方；另一部分以方雷的名字"雷"为姓曰雷。

2. 姬方叔，西周后期周宣王时大夫。姬方叔智勇双全，曾奉命征伐淮夷，打退北方猃狁（匈奴）的侵扰，特别是后来在平息南方荆蛮的叛乱过程中居功至伟，周宣王封姬方叔于洛邑（今河南洛阳），逝世后还被追封为豫章伯，子孙享受周制第三等爵位。姬方叔的妻子为祁氏，生有二子：长子叫方启原，其后代皆以先祖名字中的"方"为姓氏，称方氏，成为方氏鼻祖之一。后代中有人因避祸难，加"廿"字头改为"芳"姓，称芳氏。

3. 翁乾度（898—951），官拜闽国补阙郎中，娶妻林氏，生有六子。为六桂方氏始祖。

【入闽迁徙】

唐高宗总章二年（669），方俨的二十二世孙方子重，字伯虞，河南固始人。当时从征入伍，时任陈政将军的府兵队正，平定啸乱后，被派驻漳州文山（即现在的龙海市榜山镇崇福村），就地肇基繁衍，成为方姓入籍福建漳州之祖。宋高宗绍兴二十年（1150），被追封为昭德将军。云霄方姓为其嫡传族裔最多的一支，世称"云阳方氏"，开基祖方国礼（乳名佛养），于元朝元贞元年（1295）从海澄碧浦徙居云霄阳霞村，衍成大族。传一支族裔至漳浦后港（一说，后港方姓之祖来自长桥堀仔，亦为"云阳方氏"衍派）。后港方姓开基于明代，聚居于中社、径仔头、溪头、峰山等社，与后港另一大姓杨姓和睦相处。后港方姓于清乾隆九年（1744），出了武举人方瑚辇，诰赠其父方魁三为"武信佐郎"，墓碑首部刻"荔林"两字，因方氏聚居地有"荔枝林仔社"，但今已无社。方国礼支系方姓开云始祖是开漳"昭德将军"方子重（字伯虞）第三十一世孙方国礼（乳名佛养）。原居碧浦（今龙海市辖属），于元初徙移云霄阳霞村定居衍传，其子孙统称"云阳方氏"。迄今方国礼在云霄衍传了三十世，成为一支专脉嫡传的方姓大族群。龙海方仲文支系为方子重（字伯虞）的第十九世裔孙所传。据清乾隆五十年（1785）续修的云霄《云阳方氏族谱》记载，仲文"生子四人（第二世）：曰元、曰亨、曰利、曰贞。次子亨公生二子（第三世）：曰道弘、道广。道弘生三子（第四世）：曰选、曰迪、曰达。道广生五子（第四世）：曰远、曰通、曰迁、曰大同、曰迎"。方子重在漳州的第三十一世孙、龙溪碧浦"瞻恩堂"族人方国礼支系目前已历传二十九世，播居全县58个村（街）。宋代，方子重的第十九世孙方仲文，任浙东团练使。仲文生四子：方元、方亨、方利、方贞。次子方亨的子孙即漳属各地方氏族众；方亨有两个孙子曾于南宋时期先后登乡试榜首，世称"崇福方家二解元"（即方迪、方大同堂兄弟）。方亨的后人播迁闽南及粤东等地。而其长、三、四3个房系后人散居何处未有确证。

唐僖宗时，辅佐王审知的方世琼，即伯虞公的后裔，曾为晚唐官员，先曾返居祖地固始，后来又徙居建康临水卫（今南京）。及"三王"起兵时，方世琼已赋闲家居，就投奔于王审知，被任为克定泉州的先锋官之一，成为另一支入闽之祖。其子孙返居漳州蓝江（即今龙海登第）；又有一说，宋代的方元、方利、方贞的后裔，有因谋生或从军者，流徙广西、海南定居繁衍生息。方子重的十一世孙方进益于唐大中十四年（860），迁居霞浦方厝城。方进益生有三子：翊周、翊有、翔周。长子方翊周为避战乱，于后晋天福七年（942），携家眷扬帆北上，至浙江苍南昆阳塘头肇基，为塘头派之祖。方翔周则徙迁浙江金华、义乌等地。方子重的十九世孙方仲文的后裔方大迪、方大迎、方国礼等分居于福建龙海、漳浦、云霄、广东惠来等地。后代居于云霄县（龙溪）者，有"方半县"之称，浙江淳安县、桐庐县、安徽桐城市、枞阳县、歙县、湖南平江市、广东普宁市等等。

长泰县方姓，世居欧码。迄今已大多数外迁。由欧码旧村迁移近处的新开发区而居。欧码方姓的高祖，于宋代自河南迁入，至明初传至方春仔。方

春仔传三子：纯庆、纯仁、纯美。纯庆居长泰县欧码后崛墩，传二子：昭阳、昭信，昭阳居欧码，昭信于明万历年间迁居浙江温州郡平阳县。

2. 唐僖宗（885—887）时，固始人方世琼为王审知将官，佐王潮、王审知兵克闽中，驻镇莆、泉等郡。后来，方世琼之裔曾居漳州海澄，但又多数迁居福州北门外厦坊村，而部分留居漳州，部分迁居广东。今龙海登第尚存其后裔80多户，奉此支系的方元珍为蓝江开基祖，建有祖祠"明荐堂"，尊其祖曰纳斋公。纳斋公讳正，字元珍，以儒行显于漳，定居龙溪之蓝江（即登第），公于宋嘉定十三年（1220）登进士，官拜征仕郎，后做监丞，继任顺昌通判。明末进士方文耀即其裔孙。现仍存于登第社。现居住在福州新店厦坊村，闽侯县方庄、廷坪的方姓人家，龙海市石码镇登地村方氏及台湾省的台中及台南之朴子、关庙、东势等方氏亦多属世琼公之裔。

3. 唐时，有方严瑞，居弋阳鹅山湖，传五世，裔衍宁化。另在北宋治平间，亦有方氏由崇仁迁宁化。

4. 唐时，方叔达官泉州，后居莆田方山，后裔称"方山方"。

5. 据《惠阳六桂堂方氏家谱》：唐昭宗（890—891）时，固始人进士方廷范奉命宦闽，先后历任长乐、古田、长溪等邑令，且定居莆田刺桐巷。方廷范生有6个儿子，先后中过进士，长子方仁逸为唐朝光化年间进士，次子仁岳、三子仁瑞、五子仁载为唐朝乾宁年间进士，四子仁逊、六子仁远中唐朝天佑年间进士，时称"六桂联芳"，方廷范也因此被称为"六桂之父"。又因为第五子方仁载官至上柱国、金紫光禄大夫，方廷范也被封为上柱国、金紫光禄大夫，于是便有了"金紫六桂"这个称号。

6. 《莆田县志》载，从唐到清，莆田方姓考中进士168名，居第2位。莆田历史上6大藏书中有3座是方姓所建的。由于科举盛况，很多族人在外为官，后裔遂定居他乡异地，以广东最多，其中惠来县莆裔方姓达17万人，莆田因而也成为继古歙县后，方姓迁徙的又一个重要中转地和发源地。莆田方姓家业繁盛，名士、高官辈出，"儒业功名，举不胜举"。主要名人有：宋藏书家方竣、方略，考据家方崧卿，

名士方信儒，名宦方大琮，理学家书法家方士鹏，诗人方惟深，元名医方焗，明刑部尚书方良永等等。

北宋雍熙二年（985），方伟，字豪君，从豫章府（今南昌市）徙居汀州府武平县帽村刘公坑。宋时，方敬斋，讳开宣，祖籍豫章，后徙宜春、吉州、泰和、兴国等地。宋治平二年（1065），自抚州崇仁县迁居汀州府宁化县在城里太平巷肇基，宣公为方氏入宁始祖。传十世保郎徙兴善里黄沙坑。开下传十五世，至宋咸淳九年（1273），能保公生三子：一郎、二郎、三郎。一郎，徙兴善里；二郎，迁江右梅潭江。其后世于明洪武十四年（1398）转徙宁化县新村里枧下村。据宁化曹坊（牛栏前）《方氏族谱》载，其先祖为秦汉时的方崧卿，居咸阳。晋建兴四年（316），方尚避乱迁居江陵，至隋大业元年（610）徙建康。唐天宝四年（755），其裔孙方君岐为南唐将军。广德元年（763），方君岐的儿子方肃隐居于江西抚州崇仁，族丁日繁。方开宣为方肃的后裔。南宋咸淳九年（1273），方开宣的第十五世孙方能保有3个儿子：长子方一郎迁居宁化兴善里；次子方二郎原居江右梅潭江，其后裔于明洪武十四年（1381）迁居宁化城关太平巷，洪武三十一年转徙至新村里枧下（今宁化安乐乡境）；第三子方三郎无资料记载。

【入垦台湾】

明代天启年间，孝思堂方姓便有人从云霄移居台湾观音里（今高雄县仁武乡境内）赤山仔庄，协力在此处"招佃垦耕"，繁衍生息，后世分布于宜兰、桃源等地。永乐年间，龙溪的方辙祉入垦台南，方氏入垦高雄；崇祯年间，同安的方献玉携子迁居白沙。后裔分布于宜兰、桃园等地。据传此系的方姓族人今已衍成万余人口。明崇祯初年，云阳第十四世孙、马铺大坪溪村人方养，字承烈，武职将官，在抗击后金（清军）入侵中原时阵亡，其妻蔡氏带着方承烈的画像，携次子方笃（字徵骏）、四子方夺（字徵骥），渡海赴台湾，后来迁居金门衍成一族。长子方益（字徵麟）、三子方炤（字徵凤）俱留居云霄，其后人也保留着乃祖承烈的另一幅画像，希望有朝一日，两幅画像能作为两岸本支族人相会聚首的凭证，以期共同告慰先灵。清雍正年间，云

阳第十五世、新林村人方蔼（1716—？），从云霄港渡海赴台，定居诸罗县（今嘉义市）中埔乡湾潭村，并于雍正十三年（1735）在诸罗生子方兹顺。方兹顺的后裔居嘉义一带。清乾隆六十年（1795），云霄阳霞村云阳方姓第十八世方远馨，字国琦（约1769—1846），以太学生身份而弃文从商，航海营运，多次往返于台海两岸乃至天津、上海诸埠，而且定居台南，娶妻生儿育女于赤嵌；迨方国琦年届半百时（约1819），故乡云霄阳霞村的老母寄信促其返乡，于是他将儿女托付于台湾岳父母家，自己谨遵母命返乡，后在云霄再娶妻室吴氏，生育儿女；至道光二十六年（1846），国琦年逾古稀逝于阳霞家中，卜葬竹塔仙人峰下。因而，方国琦的子孙分别衍播于海峡两岸：他早期在赤嵌所生的子嗣，颇有发展，先聚居于台南县"云霄街"，后代多数徙居于宜兰、桃园中坜、台北等地；而其返回云霄故里所生儿子在祖居地继奉祖宗香火，及第四、五世孙礽（云阳方氏第二十二、二十三世），后裔又有部分人于1945、1947年相继复入台湾定居，现均居台北（原台湾"行政院"顾问、兼办公室主任方妙才先生，即国琦的第五世孙，出生于云霄，迁居于台北；其叔父方策，于台湾光复时，从阳霞徙居台湾基隆，履职于基隆市港务局，后亦定居台北。叔侄俱衍裔于台北市）。此堪谓为云台两地返复衍播的典型例证。据《台湾云阳方氏族谱》（初印本，1983年编印于台北）等资料表明，此一历史时期赴台定居的云霄县方姓族人130多人，现均分布于台湾许多县市，这批赴台者大多数人在台湾又衍传二、三世子孙。云阳方姓自清代中期之后，即有部分陆续旅居海外，早期是以航海营运于南洋，逐渐有宗人定居于澳大利亚、星洲与吕宋（今马来西亚、新加坡与菲律宾等国），如清同治年间，阳霞方国琦之孙荣洲，偕族人徙居吕宋。及20世纪40年代至今，又有云霄县"云阳方氏"建章、建显、淑华、秀山、秀卿、醒我、淑闺（祖籍均属云霄船场村），还有淑安（祖籍阳霞）等宗人徙居美国；又有友辉、友良、友三、友山、加春、金草、金彩、沛山、金生等（祖籍云霄船场）徙居泰国；并有方淡水偕全家30多人徙居

马来西亚。而方闽阳（原籍阳霞村，系方国琦的第六世孙）等徙居加拿大等等。台湾方姓主要分布在台南、高雄、屏东。

【郡望堂号】

河南郡：汉高祖二年（前205）改奉三川郡置郡，治所在雒阳（今河南洛阳市东北）。

新安郡，治所在始新（今浙江淳安），后移治安徽歙县。

主要有河南堂、六桂堂、立本堂、伦叙堂、榴耕堂、聚乐堂、敦义堂、永思堂、大训堂、友庆堂、永锡堂、白云堂、发祥堂、世恩堂、壮猷堂、观礼堂、阳牧亭、光远堂、光启堂，正学堂，朔源堂。

【祠堂古迹】

云霄祖祠家庙云阳方姓开基祖祠，位于阳霞村中央社，始建于明初。祀奉开漳方氏太始祖方子重（伯虞公），开云始祖方国礼（佛养公）及其后至第六世的列祖考妣神牌，龛台上悬匾"孝思堂"为堂号。总占地面积约2400多平方米。

云霄全县方氏聚居地又相继建造了祠堂30多座。如：火田镇顶方村"光裕堂"、大坑村"孝思堂"；下河乡孙坑村"孝思堂"、上河村"中兴堂""孝思堂"；莆美镇向北村"树德堂"、阳霞村桥头"锡嘏堂"（新林系）、阳霞村厚港社"赞训堂""咸正堂""乐寿堂""致爱堂""绍德堂"、阳霞村西门社"仁爱堂"、村东港口庙南"慈恩室"、西门社"光裕堂"、南门社"昭庆堂"、中央社"迄成堂""继志堂"、东门社"追远堂""承庙堂"、中柱村"垂裕堂""孝义堂"，演武亭村"慈德堂"；宝树村"孝思堂"、溪边埭村"孝德堂"；东厦镇塘尾村"裕德堂"、船场村"种德堂"、顶高溪村"德馨堂"、西埔村"追德堂"、洲渡村"正爱堂"；云陵镇下港"绍依堂"；岜屿镇顶城村"笃轩"；马铺乡峰头村"礼法所在堂"、新林村"辉耀堂""宗本堂"；和平乡吉坂村"下厅大祖"、后坪村"方氏宗祠"等等。

大唐开漳方姓太始祖昭德将军伯虞公祠，又称"昭德将军方子重祠"。位于阳霞村方姓家庙后庑，始建于明代中期。单檐歇山顶、金柱抬梁木石结构，为方姓家庙原配套建筑。

东山县探石方姓祖祠，又称"光裕堂"，清光绪元年（1875）由开基祖振荣、振光肇建，1990年重修。

华安县方姓"孝思堂"，又称顶祖厝，位于新圩镇华山村下瑶入社口处。

龙海文山方姓大宗，又称崇福方氏宗祠，堂号"衍绥堂"，位于崇福下井岭边"蜂窠穴"，后圮。建于宋末，明嘉靖年间（1550—1556）重建，面东坐金钟。

【楹联典故】

方山赐姓源流远；杜水支分庆泽长。

——方姓宗祠通用联。

河南世泽；无双家声。

——方姓宗祠通用联。全联典指宋方阁，与兄方闳、弟方闻，同业太学。每试，迭为魁首。人称"两浙三方，天下无双"。

巨山名翰；正学孤忠。

——方姓宗祠通用联。上联典指南宋祁门人方岳。下联典指明代浙江省宁海人方孝孺；人称正学先生。

富文标榜；元老壮猷。

——方姓宗祠通用联。上联典指宋代莆田人方渐。下联典指周宣王时大臣方叔。《诗经·小雅·采芑》有句："方叔元老，克壮其犹（猷）。""壮猷"，谓宏大的谋划或功绩。

大道母群物；达人腹众才。

——方孝孺撰方姓宗祠通用联。此联为明代文学博士方孝孺撰书联。

四子超乎三家上；十族愿与一人荣。

——方姓宗祠通用联。上联典指明末清初学者方以智（1611—1671），与陈曾慧、吴应箕、侯方域等主盟"复社"，为"明季四公子"之一。下联典指明代文学博士方孝孺。

【族谱文献】

云霄《云阳方氏谱牒十章附录》方启德等修，1992年影印本。第一章序、跋；第二章渊源；第三、四章刊谱表、谱系；第五章载播迁，各乡与迁居海外各地宗支；第六章列家训；第七章科第；第八章述名贤传略；第九、第十章列祠宇墓图及文物古迹。附录有始祖入闽辟地考据等项纪事。载唐总章二年（669），始祖伯虞公随陈政入闽，后居南靖西城可塘；元贞元年（1295）方国礼迁云霄肇基；明清以后，人才辈出，有著名海洋生物学家、遗传学家方宗熙等。有莆田《云阳方氏族谱》，宋嘉定元年（1208）方南州首修，淳佑六年（1246）方梦荣重修，明永乐十九年（1421）、万历二十年（1592）、清乾隆七年（1742）、二十六年（1761）续修。不分卷，内容有方氏文苑，自宋至清数篇谱序，世系始记于一世，止于二十七世。谱载先祖世居光州固始，后改迁浙江歙州。唐大顺年间，方廷范历宰闽长溪（今霞浦）、古田、长乐三邑，后迁莆田刺桐巷，为入闽始祖，其六子时称六桂。另《六桂堂族谱汇编》为台闽六桂堂宗亲联谊会编印。洪桂己主编，高雄六桂堂宗祠出版，1989年铅印。记载六桂渊源，及以闽、澎、台为主世系与迁徙由来。内含洪、江、翁、方、龚、汪六姓渊源，各姓氏谱系世系及迁徙情形等。有长乐罗联乡《方厝村方姓族谱》《南洋龙田方氏家谱》中、马宗亲联合编修，方传仙主编，1950年马来西亚铅印本，内载自福清渡洋，至马来西亚诸岛，蓄殖各州县。

第二十九节 房 姓

房姓在宋版《百家姓》中房姓列第 170 位，在 1980 年国家配合人口普查所做的全国姓氏统计中，全国房姓约 52 万人，全国排名列第 199 位。在台湾排名第 157 位。

【渊源】

1. 房姓诞生于距今约 4300—4700 年前，起源于姬姓，出自陶唐氏，是尧的后代，以国名为氏。尧的儿子开始被封于丹水，尧没有把帝位交给丹朱继承，而是禅让给了立有大功的舜。这是禅让制的肇初，也是"公天下"的开始。舜继位以后，改封丹朱于房（今河南省遂平县），为房邑侯。其子陵，袭封后以封地为姓，史称房陵，后代遂为房姓。其裔孙雅为清河太守（今河北省清河县东），房氏家族开始定居于此，并成为一个望族，后又因唐朝开国宰相房玄龄也曾任清河郡守，故此清河郡成为房姓人最重要的郡望。并有"天下房氏，无出清河"之说。其裔孙雅为清河太守（今邢台市清河县东），清河房氏为邢台市古代十大名门望族之一。

2. 据湖北孝感《方氏族谱》记载，房姓另一可能来源系"神农炎帝十一世孙即八代帝榆罔次子'实'为轩辕黄帝右相，封于房陵，因姓房氏"。

3. 出自少数民族改姓而来。南北朝时，北魏鲜卑族有屋引氏，入中原后改为房氏。因房氏源自于五帝之首的尧，数千年传承一脉，流向清晰，且其后代中大唐开国彪炳史册的宰相房玄龄为"中国十大贤相"之一，故在史上向来为名门望族也，有天下房氏出清河，而后在山东淄博形成以房玄龄公为首的郡望。

【得姓始祖】

房陵。尧之孙，袭封为房邑侯，以封地为姓，为房姓开姓始祖。房姓为燧人氏和伏羲的后裔，与方、房、旁、韩、卫、章、唐等姓同出一源。尧有个儿子开始被封于丹水，人们称他为丹朱，因为他没有治理天下的能力，尧就把帝位让给舜了。舜又

把丹朱封到房（今河南遂平县），建立房国，为房侯。房姓望族居清河（今河北省清河县东）。丹朱的儿子陵，以父封地为姓，称房陵，其后遂为房姓，故房姓的得姓始祖是上古时期帝喾时房王及唐尧的孙子房陵。

【入闽迁徙】

西晋永嘉二年（308），中州板荡，晋人衣冠南渡，就有房姓人随波避难入闽。

唐总章二年（669）、唐光启年间（885—887），有房姓族人先后入闽定居。宋元时期，宁化赤壁亦有房姓入居，后来逐步迁徙广东，播迁海内外。

泉州泉港房氏族谱记载，祖先约在明嘉靖三十九年（1560），清河房氏后裔南迁入闽，居今峰尾镇前亭村。至今已经发族 5 个支系。清乾隆年间，前亭房五世支系外迁浙江温岭石塘镇，光绪三年（1877），八世房外迁浙江石浦，九世房外迁浙江石塘甲场，十一世房迁居浙江沈家门。前亭兴隆房迁居新加坡。还有部分迁徙东南亚的菲律宾、马来西亚以及澳大利亚、美国一带。

明朝，大将房宽长子房远绍，字燕基，号万宝，受父命持牒南迁，先居福建宁化石壁村，后赴广东潮州府大麻社银溪村（即今梅州大埔银江镇）开基。万宝公生三子：大贵、大才、大富。后裔分为三大房，包括大埔银江一支（明新、冠山、昆仑、磜头、明德、车上、坑口、坪上等地，近 10000 人）、梅县一支（汾水、畲坑含和等地，几千至上万人，主要是长房大贵公的后裔）、潮汕一支（普宁、潮州、汕头、陆丰等地，18000 多人，主要是二房大才公的后裔）、东莞凤岗一支（含深圳观澜，2000 人左右）、惠州博罗一支（近千人左右）、湖南平江一支、湖南浏阳一支、四川中江、绵阳、重庆大足等地一支、江西一支。万宝公后裔总人口达 8 万多人。

其裔孙晚清光绪帝殿前侍卫房殿魁公奉旨修建"房氏家庙"，并将堂号改为"国器堂"。取房玄

龄公年轻时被喻为"国器"典故，现内供唐朝名贤相房玄龄金像。万宝公开派时堂号本为"崇德堂"，其传四川中江的数支分别称为"树德堂""启昌堂""中江雷神庙支派"等，传江西、湖南岳阳、湖北等地的一支则称为"清河堂湘鄂赣白茅冲支派"。

房宽于明朝永乐元年（1403）辅助明成祖朱棣定鼎北京有功，封思恩侯。房宽长子房万宝南迁福建宁化石壁村，后转徙广东大埔银江镇。房万宝曾孙房鼎裔生八子，长子房再兴于明正统年间（1435—1449）从大埔移居潮阳县隆井都下灶寮地（今惠来东陇镇华房村），以晒盐为生，艰苦创业，其后人以姓氏命名为华房村。房再兴有三子：长子房怀远于明弘治十五年（1502）移居海丰县大坪多横村（今普宁大坪镇）另创基业，后裔分创大坪镇新竹、埔心、粘田、甲湖、善德以及香港、马来西亚等地；次子房观养仍居华房村守祧，裔分神泉、澳角及陆丰甲子、房厝乡等地；三子房德丰的裔孙移居惠阳、东莞、深圳等地。

广东化州《房氏族谱》记载："化州房氏由始公考讳名房安简原配余氏（时间无考，按谱可考察约为1500年间），始祖余氏祖婆于'福建省福州府浦田县（实为福州府蒲城县）'带二子维宗维祖兄南下，途经南雄珠矶巷，一路逃避当时流行鼠疫而南下到位于广东省高州府石龙（今化州市）笪桥镇旺林村。维祖在旺林开基、维宗在良垌镇香木径村开基，从而一分为二支。"多系明末清初由广东迁台，集居东势、南投，并有远移海外者，如新加坡、马来西亚、加拿大及巴西。另于1946年后自大陆迁台者，计有河北、东北、山东、江苏、安徽、河南、四川成都、重庆等地，多数散居于台北、高雄、台东，但均乏族谱，难叙辈分，均以兄弟姊妹称之，实属无奈。

福建房氏主要聚居：（1）泉州市泉港区峰尾镇前亭村，人口2500多人，辈分（辈字文）：积徽圣盛世，伯侯公子男，泰来昭绳武，孟仲叔季昌。（2）福州市登云上山村，人口500多人，辈分：元亨利贞仁义礼智信。（3）三明市宁化、明溪等县。（4）

南平市浦城县、建瓯市房道镇、南雅镇房村等。

【入垦台湾】

台湾房氏主要来之广东和福建，目前，台湾房氏有数百家2000余人，有宗亲会组织"台湾房氏联谊会"，主席为国防部前副部长房金炎教授。主要分布在台北市、新竹县、台中县、苗粟县、南投县、桃园县等。广东大埔房玉宽老先生收集整理的《房氏源流辑录》记载，在明末清初，广东房氏万宝公三大房后裔，有许多移居台湾，大约有数百人，现在发展人数应该有数千人。该《辑录》还提供了台湾许多地方约100多万宝公后裔的迁移及分布情况，因还没有形成具有一定规模的支派。新竹房氏，源于广东梅县、普宁等地，是万宝公后裔。一支是九世荣山公迁台，为该支迁祖。后裔几经迁移，最后落居县竹北大眉。现裔孙分布于新竹县竹北、湖口、新浦，花莲县、台中县、雾峰乡、北斗乡、彰化县等处，已传至十九世，共约400余人。另一支是新竹北埔房氏，源于广东普宁大坪，裔孙现分居北埔、台北、花莲、台中等地，已传至二十世，共约300余人。南投县、苗粟县房氏，源于广东梅县，是万宝公后裔。十二世恰敏公迁居台湾新店地区，十五世后迁台北、苗粟狮潭及南投的竹山、埔里、国姓等地，目前已传至二十世，共约300余人。台湾高山族同胞也有房姓。

【郡望堂号】

清河郡：汉高帝五年（前202）置郡。相当于今河北清河至山东临清一带地区。

济南郡：汉代有齐郡之地设置济南郡，治所在东平陵，相当于今山东省临淄一带。

河南郡：汉高帝二年（前205）将秦朝三川郡改为河南郡。相当于今河南省洛阳市一带。

清河堂为总堂号，中华房姓望起于清河，故用此堂号。江苏苏州、扬州、黄河南雎宁一支，湖南浏阳浏东一支，马来西亚沙捞越一支传此堂号。"中书堂"：典故堂号。房玄龄曾受封为中书令（相当于宰相），为相15年，该支以官衔为堂号。前亭房氏和浦城房姓使用"中书堂"堂号，福建宁化房氏为国器堂，外省有继锦堂（浙江嵊州市剡北），敦伦堂（湖南衡阳），亲睦堂（湖南桂阳蓉城北乡沙里），等等。

【祠堂古迹】

福建泉州泉港峰尾镇前亭村有房氏祖祠祖厝公五座，历代重修，每年春秋祭祀。

【族谱文献】

《闽浦水南房氏族谱》，著者待考，清朝年间木刻活字印本，今仅存第一卷和第四、五卷；著者待考，清光绪年间木刻活字印本。现被收藏在上海市图书馆。福建泉州《前亭房氏族谱》电子完全版，《前亭房氏族谱》历代有修撰，"文革"中被烧毁，2004年重修，中书堂纸版横排，房世明编。

【昭穆字辈】

福建泉州房氏字辈：积徽圣盛世伯侯公子男泰来昭绳武孟仲叔季昌。

福建福州房氏字辈：元亨利贞仁义礼智信。

福建茂名房氏字辈：光宗耀祖荣华富贵。

第三十节 冯 姓

冯姓人人口约8615000余，占全国人口的0.64%左右，中国大陆姓氏中排名第27位，其人口约占全国汉族人口的0.64%。在福建排名第65位。在台湾省名列第72位。

【渊源】

1. 出自姬姓，为周文王昌之后。第十五子毕公高后裔毕万的封地冯城，以居邑名为氏。冯姓系承毕公高，始祖冯文孙。据《元和姓纂》《后汉书》等所载，周文王第15子毕公高后裔毕万，西周时，在晋为大夫，当时晋献公陆续攻灭了许多小国，其中包括毕万被封给的冯城，其后子孙以邑为姓氏，称冯姓，为河南冯姓。

2. 出自归姓，为冯简子之后。据《世本》所载，春秋时郑国有大夫冯简子，以善断而名闻诸侯，他在任期间，郑国与周边诸侯的纵横往来、攻战联盟等大事，郑国君主都要向他咨询。简子广纳贤士，集思广益，其判断、决策无一不精当，深得郑君赏识。为褒奖简子的政绩与贡献，郑国君以冯邑封简子，简子入居冯邑后，遂号冯简子。而他的封地冯邑，正是后来并入魏国的冯城。因封邑在冯而得氏，后冯邑被晋国所夺，成为魏氏子弟长卿的封邑，长卿的后裔也称冯氏。是为河南冯氏。他们都可以称为冯姓之源或冯姓正宗。

3. 为司马迁的后代。为西汉司马迁之后，司马迁因受奸人所害，为逃避追杀，司马迁长子司马临将司字加一竖改姓同。司马迁次子司马观将马字加两点水改姓冯。这在古籍中虽然没有记载，但在民间有不少传说。

4. 源于少数民族。今蒙古族、满族、湘南瑶族的，属于汉化改姓以为氏。

【得姓始祖】

冯文孙。周文王昌之后裔，周文王有一子名毕公高，因随其兄周武王征伐殷纣时立下功劳，取得天下之后，被封于毕（今西安市长安区西南）。他的后裔毕万西周时为晋国大夫，毕万的一支孙冯文孙，再封于冯城（今河南荥阳市西南），其子孙后裔以邑为姓，称为冯姓。冯文孙也就被其后人尊为冯姓的得姓始祖。

【入闽迁徙】

唐总章二年（669），陈政、陈元光父子率军入闽平乱，有队正冯隽水等随行入闽。

唐僖宗年间（881），御史公冯孝业自河南光州固始县入闽，创居宁德白鹤盐场，继而迁东洋洪口、西乡虎贝心亭、冯家垅，至宁德白鹤盐场御史冯十五公、迁居莒溪岭兜，冯兆九公续迁莒溪象井。

据《将乐冯氏族谱》记载：先世景公，世居河南南阳，唐时，入闽居镛州（今将乐县）。

据传北燕时，北燕王冯弘派次子冯业率300人乘船从高丽（朝鲜）浮海到广东新会，投奔南朝宋文帝刘义隆，先后封为怀化侯新会太守、罗州刺史，成为广东冯姓开基祖。唐末黄巢起义时，冯业派下第十五世之后，有一支冯氏避难迁福建宁化石壁，宋代分出上杭、漳州、武平等支脉。元至元二十二年（1285）冯业第二十世孙冯雯（万八郎）的曾孙冯太昌于上杭迁徙广东省的平远、潮州、揭阳、梅州等。

唐代时，毕高的第六十二世孙冯萱有4个儿子：长子冯万一（又名震）居南海；次子冯万二（又名雪）居福建的象洞，又转徙至宁化石壁；第三子冯万七（又名云）居西安；第四子冯万八（又名雯）居福建。（见广东梅县《冯氏族谱》）

唐贞元三年（787），祖原籍河南固始的冯明立为避乱入闽剑浦（今南平）定居，子孙繁衍，散居各地。

唐末黄巢起义时，中原冯姓有一支避乱南迁至福建宁化石壁，到宋代分成上杭、漳州、武平等支脉。冯青山就是当时入闽的冯姓先祖，其裔称之三十五世七郎公，始居泉州。至宋末元初，上杭冯姓有的又南迁至广东。

据家族谱记载，福鼎先祖冯文泰，时任唐末广东知州，告老还乡南京时，途经福建省连江县潘渡乡，定居繁衍至今，已有千年，并有祖传厅联"庆堂世泽长，始平家声远"。因不知"联"何意，及先祖的南京祖系，恳求知情者赐教。

梅县《冯氏族谱》《客家姓氏渊源》第二集载：唐末，黄巢起义时为避"黄巢之乱"，河南固始一支冯氏迁徙至福建宁化石壁。至宋，有一支迁上杭太平里；另一支迁漳州；还有一支迁武平象洞。毕高的第六十二世孙冯萱有4个儿子：长子冯万一、次子冯万二、第三子冯万七、第四子冯万八。（见广东梅县《冯氏族谱》）原居陕西的冯万二，又名雪，辗转迁居汀州府宁化县石壁。冯万二生四子，长子念一郎迁广东镇平（今蕉岭县），次子念二郎迁广东梅县隆文，三子念三郎迁广东长乐（今五华县），四子念四郎居冗安。至宋代，石壁冯氏分出上杭、漳州、武平等支脉。南宋绍兴元年（1131）冯万八郎，名雯，字云章，经南宋大臣张浚荐为招讨使奉诏镇守武平，其家自宁化冯家园迁居武平象洞，裔孙迁粤东。南宋嘉定年间（1208—1224），汀州府军事推官冯硕，以汀州风景宜人，遂定居长汀，后裔迁粤东。明崇祯十二年（1639）江西兴国进士冯之图曾分巡漳南道，子孙定居长汀县，后裔迁闽南、粤东。冯四十郎于明洪武年间（1368—1399）从湖广鄂州江夏（今湖北武昌）一带辗转迁入宁化县石壁，再迁至上杭县胜运里冯坑里（今属蓝溪镇冯石村）后裔迁上杭、永定及赣南。《蕉岭县志》：唐宋之际，冯念七九郎，自宁化石壁迁居广东丰顺，是为入粤始祖，后裔再衍蕉岭。

《永定县志》：冯氏，名雯，字云章，始迁宁化县冯家围。宋绍兴元年（1131），张浚荐雯为招讨使，奉昭武平，留寓象洞，为武邑始祖。另有冯京之裔孙冯四十郎，明洪武间，避战乱南迁至宁化石壁寨，后转徙上杭胜运里载厚乡冯石村开基。

漳州东山安溪始平源流。先祖信天公仕官于宋仁宗理乱进入漳州开祖，在漳州分三条源流：一为玉洲伯谦祖（今为龙海市角美镇玉江村），玉洲又分出板美村；二为鸿田伯恣祖（今为南靖山城鸿钵村）又分平和怦徊，山城鸿砰；三为西洋伯举祖（今

为漳州市龙文区西洋村）又分七社冯，为西洋、崎领、山北、护国、桥尾、院前、青山，现始平祖谱为清康熙年间手抄残本，有海外做生意。

明英宗天顺二年（1459），汶公率子志浚三子志厚乔迁象坎晹晡，迁往宁德城关、金涵，飞鸾平坑、三都镇、城澳、竹头歧、蕉头、蕉溪，福安下白石北斗都、七都牛埕窝、望淡坪，九都洋岸坂、白叶洋、华镜，霍童镇，罗源中房白泉、北山、菜洋蜡烛、下牛楼，古田大甲村溪等地冯姓族人，子孙繁衍。其中乔居美国、新加坡。

光泽《冯氏族谱》载：先祖卅世伯坚公，原居建宁南乡隆下堡下杨坑，后迁宁化县。生二子：子真、子通。子真裔孙，住宁化下汪、邹家磜、葫芦塘（均为安远乡境）、东坑等地；子通公裔孙鳞良公（三十九世）原居宁化，后迁光泽县北乡二十三都大福、山坊。

【入垦台湾】

明清时期冯姓开始迁台。冯亭为韩上党太守入赵，宗族繁衍甚广。后宜都侯冯参入福建，是为迁台冯姓之始祖。冯姓迁台，有史迹可考者，明末冯仕通为郑成功参谋，随其来台。1661年，漳浦的冯仕通随郑成功来台入垦台南下营。冯登权原籍福建漳州府龙溪县二十八都刘瑞堡人。明郑时期，冯登权入垦台南官田。追随郑成功反清复明，航海来台。登权公初居赤山堡珊瑚潭，即今之乌山头，后为水库所没，该地名土称为吊钓仔，数代垦耕相传。第五代文灿公，虽有谋略，仍难挽逆境。六传红蚶公，善继父志，为谋求发展乃移徙中营，致力耕稼，家道始见起色。第七代振义公，置数间茅屋为居，其后不幸为怪火夷为平地，全家顿失居所，生活贫困。振义公有三子，分别为再福公、条草公及朝清公。再福公时期生活亦甚清苦，曾为贩卖业，奔走于台南与中营之间，后仍以务农为业，享年85岁。再福公育有六子一女，长子海龙公，多年务农，为人笃实，乃逐渐建立家业。其中海生未婚早逝，知仔因幼身患小儿麻痹亦未婚生子。幼子典从商，以木材贩卖为业，后迁徙至麻豆。条草公继其父志，以农为业。长子进财公移徙南埔（南部），自创基业，

并参与一贯道修炼。长子进财公移徙南埔（南部），自创基业，并参与一贯道修炼。三子四子则移居开化村现址之园仔顶，各自有相当成就。朝清公则世居茅港村，单传牛仔，以务农为业。清康熙六十年（1721）朱一贯及有粤籍义民冯若纪、冯维万居于下淡水港。乾隆初叶，永春德化的冯世阳入垦台北新店。乾隆中叶，同安的冯宗贵入垦苗栗通宵；平和的冯突入垦嘉义水上；汀州武平的冯盛元、冯月麟入垦台北淡水。乾隆末叶，龙溪的冯德梁入垦彰化，同安的冯天来入垦高雄。乾隆年间，安溪人冯姓入垦今台北新店直潭里中溪州。嘉庆年间，龙溪的冯监入垦高雄。道光年间，龙溪的冯兴入垦下营。据1960年统计，台湾省当时冯姓约一千五六百户，南县占1/3，其中下营乡聚居200余户。其次为新竹县约有200多户。其他如基隆市居100余户，台北县80余户，而其中新店镇占1/3。上杭《冯氏族谱》载：冯氏后裔维骥、维培、开松等人迁台湾桃园、台南。

冯姓族人渡海迁至台湾，现多居住在台湾的台北市松山区、大安区、台北县、屏东县麟洛、台南县下营及新竹新埔等地区。

【郡望堂号】

始平郡：东晋时置郡西晋泰始三年（267）时期置郡，治所在槐里（今陕西兴平市东南）。

杜陵郡：梁置杜陵郡西汉时期置县，其时辖地在今陕西省西安市长安区东南部一带。此支冯姓为上党冯姓分支，其开基始祖为冯唐之弟冯骞。

颖川郡：秦时置郡，治所在阳翟。始设于秦王政十七年（前230）。之所以名为颖川郡，是因为有一条河，名为颖水，其上游支系流经郡中大部分地区。郡治设在阳翟（今河南禹州）。颖川冯姓，是东汉光武中兴时的名将，"大树将军"冯异的后代。

上党郡：战国时期韩国置郡，秦国灭韩国后承之，治所在壶关（今山西长治市北），其时辖地在今山西省长子县。其开基始祖为战国时韩上党太守冯亭。

长乐郡：长乐郡有两处，一是南北朝时期北魏及隋朝所置，治所在今河北省冀州市、阜城县东部一带；二是唐朝所置长乐郡，治所在今福建福州一带。长乐冯姓，是西汉冯奉世之后裔。冯参是一位

精通尚书的学者，历任代郡、安定等地的太守，封为宜乡侯，后来被诬陷而自杀，他的子孙历经迁徙，最后在福建的长乐地区汇成巨族，又为冯氏家族增加了一个表明血缘依归的标志。

京兆郡：京兆原本为京兆尹，"尹"为太守。京兆冯姓，发祥之地在河北地区，则是燕王冯宏所传。

弘农郡：弘农郡始建于西汉武帝元鼎四年（前113），治所在弘农县（今河南灵宝函谷关城）。弘农冯姓，是西魏宁州刺史冯宁之后。

河间郡：河间郡始建于西汉高祖刘邦时期，治所在瀛州（今河北河间）北魏时期改回置郡，治所在乐成县（今河北献县）。

荥阳郡：三国魏正始三年（242）分河南郡置，治荥阳（今河南荥阳市东北）。

大树堂：堂联是"将军世泽天官家声。凌云怀祖德；大树溯宗功。"还有"大树家声远；凌云世泽长。"

市义堂：战国时冯谖，是孟尝君的食客。起初孟尝君对他只当一般门客对待，后来孟尝君派他到薛地，他把所有佃户叫来，宣布将账本烧掉，给所有佃户解决了困难。冯谖回去后，对孟尝君说："讨来的钱我全部买了'义'带回来。"（市就是买）。孟尝君当时不懂这句话的意思，后来，孟尝君罢了官到薛地去，薛人夹道欢迎，这时孟尝君才有所省悟，他感谢冯谖说："今天我尝到了你替我买的珍贵物品——义，这可是万金难买呀！"

始平堂：冯姓远祖始于周代。族谱载："受姓始祖毕公，名高，文王第十五子，左右武王率修文武绪业，武王践位于毕，今陕西西安咸阳市毕原，康王十二年保鳌东郊，厥后支子采食于冯邑，即始平郡。子孙去邑为氏，书作冯。"始平乃冯姓发祥之地，因名河南堂、始平郡。

四德堂：典自五代冯道。冯道，瀛州景城（今河北沧州西）人，字可道，自号长乐考。后唐、后晋为宰相，后汉、后周为太师，居官20多年，历四姓十君。其间，曾主持校定《九经》，《九经》之核心，乃孝、弟（悌）、忠、信之四德。也有的地方用"树德堂""竖德堂"等。

昌后堂，泉州市德化县龙浔蔡径村，始迁祖莱孙（原籍南京应天府溧阳市福贤乡七都二保人士1355年从军至闽，1390年逝世。1398年后人迁至泉州市德化县龙浔蔡径村）。

还有世德堂、同舆堂、三同堂。

【祠堂古迹】

鸿钵冯姓大宗祠，称"始平祖祠"，位于南靖县玳瑁山下，始建于明正德十三年（1518年），历代重修。占地0.8亩，砖木结构。

小陶麟厚冯氏祖祠，又称"燕诒堂"，位于永安市小陶镇新中埔头栋。始建明正统十一年（1446），由冯阳的第十二世孙冯世用主持修建，历代重修。现存五间正厅、书院、春亭、前堂及厢房。

永安小陶冯氏崇厚堂，位于永安小陶下湖口村石地坂，是一座土木结构的古建筑，总占地约3000平方米。该祠始建于元大德元年（1297），由永安冯氏第六世祖冯成江与其之冯千一、冯千二合建；后经数次修建，今尚存主房，两排厢房、围墙、花台和牌楼大门。

南靖冯氏祖祠家庙，鸿钵冯姓大宗祠，又称"始平祖祠"，位于玳瑁山下，始建于明正德十三年（1518），历代重修，1968年重修。占地0.8亩，砖木结构，祠内雕龙画凤，装饰典雅。

漳州冯氏宗祠，堂号"积善堂"，位于龙文区朝阳镇西洋村。堂前有四宗立的旗杆夹石，悬"积善堂"匾。

【楹联典故】

望出杜城为二马，名满西域号双星。

——上联拆字"二马"为"冯"姓。下联典出中国第一位女政治家、外交家冯嫽，与解忧公主合称西汉民族友谊史上的"双星子"。

大张国政；树立家声。

——上联典自汉朝时期的冯奉世，汉武帝时期出使大宛，当时莎车国王杀害了使，冯奉世率军攻击莎车国，斩杀了莎车王，在新疆地区大张国政。下联典自东汉时期的开国大将冯异，于诸将论功时，避立树下，人称"大树将军"。

始平世泽；大树家声。

——全联典指东汉时期的冯异，于诸将论功时，避立树下，人称"大树将军"。

一绝惊秋鹤；三言载梦龙。

——上联典指清朝画家冯秋鹤。下联典指明朝文学家冯梦龙，辑有《喻世明言》《警世通言》《醒世恒言》，世称"三言"。

关内侯，因慈母而贵宠；门下客，得孟尝以优隆。

——佚名撰冯姓宗祠通用联。上联典出东汉的司徒冯勤。下联典出西汉的冯媛。

【族谱文献】

闽台冯氏族谱现有永安《小陶冯氏族谱》，始修以及6修谱以前的年代和编纂人等都无考。清光绪二年（1876），冯熙主持七修，光绪三十二年（1906），冯锡庚八次修。民国三十年（1941），冯世兆、冯联高九修。1997年，冯锦生、冯锦椿10修。后面几次修的谱均有保存，共34本。内容有谱序、谱引、族规、祭祀、世系图、字派、人物传记、人文、寿文、诗词、坟图、祖像、祠庙楼、乡图、志、契约家课等。还有《冯氏登权公族谱》为台湾冯氏族谱。内载冯氏乃周文王十五子毕高之后，毕高封于魏，食采冯城，以封为氏。其后冯亭为韩上党太守入赵，后宜都侯冯参入长乐，是迁台冯氏始祖。明末冯仕通为郑成功参谋，随郑来台。清康熙六十年（1721）朱一贯及粤籍义民冯若纪、冯维万居于下淡水港。乾隆年间（1736—1795），安溪人冯姓入垦今台北新店直潭里中溪州。冯氏登权公原籍漳州府龙溪廿八都刘瑞堡玉州社人，明清初年，追随郑成功渡台，初居赤山堡珊瑚潭（今乌山头），数代垦耕相传。第五代文灿公，六传红蚪公。第七代振义公，有再福、条草及朝清三子。再福公与条草公合居原中营村，朝清公则居北村茅港尾。再福公育有六子一女，长子海龙公。幼子典迁徙至麻豆。条草公育有四子，各立门户。长子进财公移徙南埔（南部）。三子四子则移居开化村。朝清公则世居茅港村。此外有《始平郡冯氏族谱》武平冯氏宗族谱牒，历代纂修失记，1999年合族续修本，不分卷。

第三十一节 符 姓

符姓在当今姓氏排行榜上名列第 144 位，人口约 1156000 余，占全国人口总数的 0.072％ 左右。在宋版百家姓排名第 227。在台湾排名第 199 位。国外符姓人口约 30 多万，约占国外华人的 1％。

【渊源】

符，本义是信，古代称为符信，是出入关门的凭证，也是朝廷传达命令、调动兵将的凭证。最早的符乃是虎形，战国时期信陵君窃符救赵的兵符就是虎形的。唐初改为鲤鱼形，武则天登基后则改为龟形。符最早为竹制，以后有金制、铜制、玉制多种，但不管用什么质制，都是一分为二，双方各执一半，合之以验真假。因此，引申有符合之义。进而形成一种有权力的官职。符氏族应是世袭此官职的家族，符人以符为氏族原始图腾和族徽，最终出现符姓。

1. 出自姬姓，周族始祖后稷的后代，以官名为氏。据《元和姓纂》记载："鲁倾公孙公雅，为秦符玺令，因为氏琅琊。"又据《姓氏急救篇》上说："符氏，鲁倾公之孙雅，为秦符令，因氏焉。" 以上文献说明，符氏德姓是在春秋战国时期，迄今已有 2000 多年的历史。所谓符，是古代朝中传达命令、调遣名将所用的凭证，先用金、玉、铜、竹或木制成某种形状，再从中间剖成两半，君王的使者和被调遣者各持一半，传令时相合，以检验真假。战国时，鲁国被楚国灭掉以后，末代君王鲁国倾公有个孙子叫公雅，后来在秦国担任符玺令，其后人便以符为姓。符姓发祥之地，根据学者考证，在今河南省淮阳县一带。公雅的子孙，目前遍布全国各地的符姓人家，追根究源，他们的老家是在河南。望族居琅琊郡（今山东省诸城市）。

2. 在距今 1600 多年以前的南北朝时期，前秦氏族人苻洪改蒲氏为苻氏，从草不从竹，其孙苻坚登基称帝，淝水一战兵败后，苻氏后人有的因避祸逐渐改为符姓，所以符氏后人也融为符氏的一支。由此可知，符姓是世界上历史最久的姓氏之一。

3. 源于匈奴族、鲜卑族等少数民族官位，出自元朝时期官吏符牌使等等，属于以官职称谓为氏。今黎族、蒙古族、苗族、土家族、壮族、回族、满族等民族均有此姓。

4. 五代以后，有据其他姓氏所改，郎姓有改姓符的。

【得姓始祖】

公雅。符姓追根溯源，是远古黄帝的后裔。相传黄帝降生在一条称作"姬"的河边，他的后代便姓姬。据《元和姓纂》和《姓氏急就篇》载，符氏是姓始于春秋战国时期，迄今已有 2000 多年的历史。在残暴的商朝末期，周文王姬昌和周武王姬发，打败商朝建立周王朝。周文王的儿子姬旦和孙子姬伯禽的封国就是东方的鲁国，在鲁国传位 30 多代，至鲁顷公。顷公的孙子公雅任秦国的符玺令，他的子孙便以祖之官名符为姓。因此说符氏是中华民族炎黄子孙，是真正意义上的黄帝后代。故符氏后人奉公雅为符姓的得姓始祖。

【入闽迁徙】

至于符氏的部分发源地，一说公雅为官的地方，陕西咸阳一带，另一说公雅的祖籍地琅琊，今山东临沂、诸城一带，符公雅的后人在琅琊、淮阳一带繁衍生息。西汉至隋唐时符氏在琅琊衍为望族。后因金人入侵，南迁吴中。

唐宋时期符姓就播番入闽成望族。符元生为公雅三十九世孙，原籍河南宛邱，于唐昭宗大顺二（891），同弟元先，元量入琼。符有辰为公雅四十三世孙，生于福建莆田。宋仁宗天圣三年（1025）入琼。符大本为公雅五十四世孙，元至正十一年（1351）由福建莆田入琼。

符诸为公雅四十三世孙，于宋仁宗康定之年（1040）由福建莆田入琼。符氏上海始迁祖，相传于 200 年前自上海县龙华镇迁至三林塘百曲，后再迁至南汇县龙王庙（今川沙花木乡）镇定居。现花木乡有符姓人，聚居于龙王庙镇中街和南街……符氏在历史上也是人才辈出，史载南唐赵州刺史符令谦政绩显著，被老百姓称作"良刺史"。北宋时雄军节度使符彦卿，大破辽兵于嘉山、阳城，封魏王，加封太师，辽兵闻其名而丧胆，所以人称"卫符王"。1000 年前表现得灿烂辉煌的符氏家族，是发祥于现在的河南省淮阳县一带。

符有辰为符公雅四十三世孙，生于福建莆田。宋仁宗天圣三年（1025）奉命渡琼，任清化军指挥使，抚黎有功，封万户侯，落籍文昌，卒于军所。其子宗系、宗铭、宗举、宗安各任官职，分管琼、崖、儋、万四州清化军。

符大本为符公雅五十四世孙，举人，元至正十一年（1351）奉诏由福建莆田渡琼任会同县知县，其后代落籍会同（琼海）、文昌一带。

湖南符氏，该族系鲁公之后，先世有公孙雅者，仕秦为符玺令，因以官为氏。后伟明公，讳融，以文学著名东汉，九传济南公，由建昌徙丰城。十七传希贾，又由丰城迁福建汀州。二十五传庆，生彦文、彦武。彦武仍居汀州。彦文，字成章，元季授万户侯，又由福建汀州协镇湖南长沙，卒葬宁乡枫梓庙，生四子：公辅裔析居宁乡、益阳；公弼裔迁平江、湘阴。

宁乡符氏，始祖彦文公，字成章，元季授万户侯，由闽宦湘，协镇长沙。

福建符姓主要分布在莆田、宁德地区，寿宁县等。

【入垦台湾】

明清两代，符姓逐渐播迁到台湾，清代福建符姓开始入垦台湾。台湾光复后也有一批大陆符姓入台。台湾符姓人口主要分布台中、屏东、台东、新竹，其他各个市县多有散居。

【郡望堂号】

1. 郡望

琅琊郡：秦始皇置。相当于今天山东省东南部诸城、临沂、胶南一带。

苏州：自有文字记载以来，苏州的历史已有 4000 多年，是中国历史文化名城之一。

2. 堂号

琅琊堂：出自战国时期的符家族。西汉至隋唐他们一直在山东省的诸城、沂、胶南等地繁衍为望族。这些地方，过去属琅琊军郡境内，所以，散布于各地放的符氏人家，为了纪念祖先的出处，世代沿用"琅琊"堂名。

此外，符姓的主要堂号还有：苏州堂、积善堂、义阳堂、显承堂等。

【楹联典故】

幅巾高议；秘录修真。

——佚名撰符姓宗祠通用联。上联说东汉浚仪人符融，字传明，曾游学太学，拜名士李膺为师。李膺每见到他，都谢绝别的宾客，专门听他的高论。他往往晃动着头上的幅巾，挥舞着袖子，侃侃而谈，因为受到李膺的赞赏而出名。下联典指东汉人符乾仁，著有《修真秘录》一卷。

贤姊妹联成国母；良刺史感泣州民。

——佚名撰符姓宗祠通用联。上联典指宋朝符彦卿有二女，长女为周世宗后，次女为宋太宗后。下联典指南唐的符令谦任赵州刺史，卒后州民号泣送葬，人称"良刺史"。

【族谱文献】

福建省莆田市仙游《符氏家谱》。

【昭穆字辈】

新加坡、马来西亚、泰国《符姓新定派序表》：义阳标懋绩，史策永传芳。式谷诒谋远，前徽衍庆长。秉心存孝友，兴学育贤良。善继先人志，文章蔚国光。

莆田市符氏字辈：公侯伯子，男立万世，文章华国，书礼传家。

第三十二节 付 姓

付姓是一个多民族、多源流的古老姓氏群体，"付"，字从"人"，起初有逐渐相传之义，后意会为辅助、教导。目前付姓没有可靠的统计资料。

【渊源】

1. 付氏出自姬姓，为黄帝后裔。出自黄帝裔孙大由的封地付邑，属于以国名为氏。大由是唐侯丹朱之子，他曾被封于付邑（今山西平陆），还建立了古傅国。在大由的一部分后裔子孙中，有以国名为姓氏者，称付氏，世代相传至今，是最古老的付氏一族。

2. 源于姬姓，出自春秋末期赖国族人，属于避难改姓为氏。据家谱文献《赖氏族谱》的记载，春秋末期，赖国（今日河南息县包信镇）在周景王姬贵七年（公元前538）与付阳国（复阳国）一起被楚国所灭，赖国君主的族人和一些国人恐为当时的楚灵王芈围所害，为避祸及，便将赖氏改为罗氏、付氏、复氏等。

3. 源于姚姓，出自舜帝之后裔所建付阳国，属于以国名为氏。据史籍《姓源》的记载，在上古时候曾有一个诸侯国，叫付阳国，有的史书上亦称其为"复阳国"，故址在今山东省枣庄市台儿庄区涧头集镇西南候塘村，"城周十余里，中据土山"。据典籍《国语·郑语》中的记载，付阳国为商王朝大彭国陆终所封，姚姓，为陆终第四子。这个古国在春秋时期因孔子之祖孔纥（字叔梁）曾在此地作战，并以双手勇托溃落的付阳城门框、掩护士兵和民众撤退而闻名遐迩。

4. 源于官位，出自西周时期官吏太付，属于以官职称谓为氏。太付，亦称师付，简称付，历为王朝总教之师，负责教导君王、太子、王族子弟百般学问。各公爵、伯爵诸侯国亦设有太付之官位，为中央王朝的巨摩之一。到了三国时期的曹魏王朝，开始为各封王设置师付一名。到晋朝时期，因为要避晋武帝司马师之名讳，去"师"，单称"付"。

到了隋朝时期，有意改晋制，单称为"师"。到了唐朝，又单称为"付"，官秩为从三品，相当于今天的副部级。到了元朝时期，王廷之付称"太师"，各王所属之付称"师"。

5. 源于姬姓符氏，据《元和姓纂》鲁倾公孙公雅，为秦符笙令，因此为氏。《姓氏急就篇》符氏，鲁倾公孙雅，为秦符令，以符为氏。《广韵》：雅仕秦玺令，得氏，琅琊。春秋战国时鲁顷公之孙雅，仕秦为付节（玺）令，子孙以官为氏。

6. 源于他姓改姓、少数民族改姓。今黎、蒙古、苗等民族均有此姓。

7. 也有一种观点认为"付"只是"傅"的白字，只是人们滥用，使之广泛进入户籍、档案等方面，因而成了惯用字。虽然，法律上认可，修订字典时也将其解释为姓，但事实上，它不作为一个单独的姓氏。它的源流和迁徙常常与傅姓相混淆。

【得姓始祖】

大由，付雅，黄帝的黄帝有个裔孙。鲁顷公（前270—前256年在位）之孙，秦国官吏。鲁顷公为鲁国最后一任君主，后被楚国灭国。鲁国亡后，子孙外逃，雅流落到秦国，因办事认真，被秦王任为符节令（即保管令符的官员，符乃古时君王传达命令的凭证，用金属或竹木制成一定图案，然后一剖为二，一半为调动者执有，一半为帝王本人或符节令保管，上令下达，对符为凭）。符节令官位不高，却需要君王亲信担任，雅在秦国曾长期担任此职，其子孙为别他族，即以官为氏，称符姓，并尊符雅为其始祖。

【入闽迁徙】

春秋时，郑国有史付，其后以先祖之名命姓，遂成付姓。（见《偃师姓氏源流》）

南宋初迁居福建汀州上杭县治，其三世孙念九郎，后自邑治迁县南之白砂，为上福建付氏始祖。

付姓在人群中分布在湖南、鄂皖赣大部、浙江、福建北部、江苏南端、上海、重庆、四川大部、贵州北部、粤桂北端、陕西南端、山东北部、河北东部、天津、辽宁西部、内蒙古东南、黑龙江东部。

福建付姓家族主要聚居三明市，有人口 3790 人，在全市姓氏人口中列第 92 位，占全市总人口的 0.14%；具体分布为：三明市区 422 人（其中梅列区 319 人），永安市 163 人，明溪县 111 人，沙县 132 人，清流县 130 人，宁化县 1605 人，尤溪县 24 人，将乐县 442 人，泰宁县 125 人，建宁县 636 人。福州的福清、平潭也有散居。

其他地市也有付姓散居，部分傅姓由于企图简化笔画，把"傅"误写成"付"。

【入垦台湾】

台湾付姓人口罕见。东南亚华侨有少量付姓家族。

【郡望堂号】

付姓郡望：北地、清河。

主要堂号有：兴商堂、清河堂、琅邪堂、忠厚堂、积善堂等。

第三十三节 傅 姓

傅姓是当今中国大陆姓氏排行第 36 位的大姓，人口较多，约占全国汉族人口的 0.55%。在福建排名第 42 位。在台湾排名第 56 位。

【渊源】

1. 出于殷商名相傅说的后裔，以地名为氏。据《通志·氏族略》记载，傅姓是商相傅说的后裔，因居于傅岩，而以傅岩地名作为姓氏。而《唐书·宰相世系表》也有类似的记载，书中指出，傅姓源自姬姓，黄帝裔孙大由封于傅邑，以地为氏。

2. 出自姬姓，为黄帝裔孙大由之后，以邑名为氏。黄帝（一说尧帝）裔孙大由封于傅邑，其子孙以邑名为姓，称为傅姓。

3. 出自姚姓，为舜帝之后裔，以国名为氏。据《姓源》所载，古有傅国（故城今山东省枣庄南），舜之裔也。其子民以国名为姓，称为傅姓。

4. 出自祈姓，傅氏为尧之子丹朱的后裔。丹朱是尧帝子。帝尧生十子，丹朱为其嫡长子，出生时全身红彤彤，因取名"朱"。朱一开始被封于丹渊（丹水），故称之为丹朱，其封地在今天河南淅川县的丹水流域，淅川秦时为丹水县，《尚书·逸篇》记载："尧子不肖，舜使居丹渊为诸侯，故号曰丹朱。"丹朱的后代除了傅姓，还有房、沈、丹、朱、狸等。傅氏出自狸姓。夏王封尧的儿子丹朱之裔狸大由于傅，即古傅国之地（今山西平陆东），子孙遂以邑为氏有傅氏。

5. 出自赖姓，源自为避难改姓傅氏而来。据《赖氏族谱》所载，赖氏族人为楚灵王所害，改罗、傅二氏，故有赖、罗、傅联宗之说。

6. 出自清代有少数民族改姓傅。如满洲人傅恒（本姓富察氏）、傅开（本姓郎佳氏），还有高丽、蒙古、马、土等少数民族改为傅姓。

7. 此外，中国还有"傅其"与"傅余"的复姓。"傅其"姓见《续通志·民族略》与《通志·氏族略》注："傅余氏者，傅氏余之族也。"《姓氏考略》注引《姓氏英贤传》云："傅说既为相，有留居傅岩者，谓之傅余氏；秦乱（傅姓）自清河入吴，汉兴，还本郡，余不还者，曰傅余氏。"

【得姓始祖】

傅说（前 1335—前 1246），傅说是殷商时期卓越的政治家、军事家、思想家及建筑科学家，殷商王武丁的至高权臣——大宰相。《史记殷本纪》记载："殷高宗贤相，初隐于傅岩，傅岩有涧水环道，说故为胥靡版筑以供食。高宗梦说，求得之，与语，果贤，乃作说命三篇，号曰傅说，举以为相，国大治。"高宗武丁尊他为"圣人"。汉族傅姓家族的始祖。

【入闽迁徙】

《台湾省通志稿·卷二·人民志·氏族篇》记载："王审知为泉州刺史，中原战乱，乡人多来依之，如杨承休、郑璘、韩偓、傅懿……等，赖以免祸。"族谱记载：唐僖宗时（873—888），河南光州固始人王潮、王审知兄弟率部众入闽，其中有河南人傅懿为将佐随行，在福建安家落户，其后裔繁衍昌盛，子孙分布福建各地。

据《阳春傅氏世系源流序》载：唐广明元年（880），唐御史傅实避难入闽，由河南光州随王潮兄弟入闽，为傅姓入闽始祖。傅实始居泉州东湖，后肇基于南安桃源。越二世，其后裔傅瑞迁居仙游罗峰。河南人傅实，任银青光禄大夫兼福建路招讨使，开基泉州，子孙分衍福建各地，被尊为"银青公"。傅实，字仲诚，镇于泉，居泉之东郊。傅实五代初期做到银青光禄大夫兼福建路招讨使。他的后代子孙尊称他为"银青公"。 现存漳浦旧镇乌石海云岩的宋淳熙八年（1181）摩崖石刻，就有傅顼等人舍石槽的记载。生有八子：长居中，居晋江安海阳山；次居献，居武荣；三仁远，居石湖；四仁裔，居仙游罗峰；五仁济，居仙游腊村，后徙建昌军；六仁坦，居长泰白沙；七仁和，居福州连江后溪；八仁育（居地未详）。南宋绍兴六年（1136），傅颐从仙游罗峰迁居尤溪县汤川黄林村巫山大泽演洋。南宋绍定二年（1229），傅伟甫由巫山迁居尤溪台溪乡台溪村，为台溪傅氏始祖。如今，台溪傅姓有1974人，主要分布在台溪村的后坑垅、横洋、直水、西洋、西边栋、曾厝龙、上对面、枣树乾、曲斗洋、上溪坂、浮坑、富山街，洋尾村的后埔垅、家曲洋。台溪傅氏第十九世孙傅再兴迁居闽清八都；第二十世孙傅延瑞迁居闽清城关；第二十八世孙傅日火易 迁居江西傅家坪；第三十二世孙傅宗显迁顺昌仁寿镇。明代，傅实次子傅居献的后裔傅昌朝，生有三子：长廷章，次廷笏，三廷器。廷笏有三子：观我、观国、观寿。傅观寿迁居漳之玄钟，值漳寇陈吊眼作乱，于明弘治四年（1491）与千户李安轻从漳州迁居安溪县兴一里玳坂洋（今尚卿乡陈坂洋），其后裔傅盛斋（傅实的十九世孙）于明嘉靖年间（1522—1566）从尚卿乡陈坂洋迁居金谷洋内村。傅实后裔居南安，数传至傅仁瑞，始徙家仙游，分布在仙游赖店一带。莆田傅姓首登科第者为仙游县傅楫，傅仁瑞裔孙，字元通，少自刻厉于学，末冠，试广文馆第一。时陈襄有门人许安世、江衍，皆以文艺称冠，而陈襄独看中傅楫，从女妻之。傅楫登宋治平四年进士，授扬州司户，转福清丞，历太谷令、龙泉知县、太常博士、侍讲、监察御史、中书舍人，以龙图阁待制知亳州，卒年61岁。傅楫子谅友、谊夫、谦受，均授官。从侄傅权、傅希龙，登宋进士，时号：傅氏二龙。从孙傅知柔，宋宣和三年（1121）上舍登第。傅楫之曾孙傅丙、傅公棱，均进士及第。明宣德五年（1430），傅实六子傅仁坦的后裔由漳州长泰移居漳平永福，傅实十六世孙傅陈真约于明正德五年从永福官田移居安溪县崇善里登虎榜（今蓬莱镇登山村），（今金谷镇洋内村）。明正德元年（1506），傅进兴率300多位族人迁居尤溪九都石狮倒。明代中期，又开基尤溪十八都的大宁村蒋狮洋。北宋时，傅尧俞的裔孙傅琳九随父到潮阳，曾落脚于宁化；传至傅万金，由豫章抚州金溪县迁居福建的宁阳（即今宁化县）黄双洲（今属建宁县）。

据宁化安远（安家石祭）《傅氏族谱》载，其先祖为傅实，生于唐咸通七年（866），祖籍济州，因黄河改道，徙至河南固始县。广明元年（880）迁居福建，为傅氏入闽始祖。傅万金的第六世孙傅六七、傅六八各有4个儿子。其中，傅六七的长子傅一郎，生于乾兴元年（1022），因游猎招得理（今宁化安远）安家石祭，后便开基于此。其后裔分衍于建宁县。1992年由福建的宁化、建宁，江西的石城、兴国、于都等地的傅氏子孙共同编修的《傅氏十修族谱》的记述与该谱有所不同。《傅氏十修族谱》载，这支入闽的傅氏世系图为：奕——璧——显通（字万金）——璇郎——钦郎——少一——六七。傅六七有八子：一郎开基宁化安家磜，二郎开基长汀熊家坑卢洋，三郎开基坎头，四郎开基宁化水茜乡上傅、下傅，五郎开基石城、屏山大坪头，六郎留居黄双洲村，七郎开基儒地，八郎洋开基凹头双坑。傅一郎即是傅以南，讳天植，南宋宝祐元年（1253）进士，原任安徽宿州太守。约在南宋咸淳元年（1265），辞官不仕，偕家从宿州灵璧县避乱入闽，暂住汀州宁化县石壁村的大城坑、中门、凹里。景炎二年（1277）闻文天祥兵败，从赣南退回汀州后，傅以南立即率长子傅旦郎、次子傅景郎奔赴长汀，与文天祥相会；留第三子傅是郎居宁化石壁。在去漳州的途中，道路被阻，时局发生变化，文天祥等一行人，改变行军路线，转赴广东勤王，寻找端宗。同年三月抵广东梅州，五月出梅岭。傅以南不幸逝世于梅州。傅旦郎、傅景郎扶柩葬于梅州程乡县（今大埔县）。后来傅旦郎、傅景郎均下落不明。傅是郎从宁化石壁迁居长汀县宣豪里杉树坑、大岭背坑（今连城县宣和乡傅家墙）。据福建上杭《蛟洋傅氏族谱》载，傅三侍（即傅是郎）有8个儿子，除第三子守祖外，其余均外徙，分衍于广东的兴宁、南海、佛山等地。广东《兴宁县志》载，宋南渡后，傅一郎由吴抵宁化石壁。其孙傅念七迁上杭蛟洋。念七郎：正先公七子，妣李六娘。先移居江西，后迁上杭胜运里太拔乡增坑，最后定居上杭蛟洋，被尊为蛟洋的开基祖。

宁化、建宁、石城、兴国、于都《傅氏十修族谱》：说公六十二世奕，相州邺人。仕唐，曾任太史令、太史丞。唐咸亨中，自祖居地清河赴任江南，子孙遂散居南方各州。生六子：觐、现、壁、仁均、维光、兴。三子壁，生于唐武德七年甲申，登第后官至御史，生二子：鼎、显通。显通，字万金，携家自江西迁到福建宁阳（宁化古称）黄双洲村居住。显通生子璇郎，璇郎生钦郎，钦郎生少一郎，少一郎生六七郎，六七郎生八子，分衍各地：一郎游猎招得里（宁化安远乡）时，就在宁化安家礤开基，二郎迁长汀熊家坑卢洋开基，三郎迁坎头开基。四郎迁宁化水茜乡上傅、下傅开基；五郎迁居江西石城、屏山大坪头开基，六郎居黄双洲，七郎迁儒地开基，八郎先迁洋坑后徙凹头双坑开基。四郎裔孙孟保，于明嘉靖二年癸未，迁江西石城柏中里小秀开基。

北宋时，傅尧俞裔孙琳九，随父到潮州，曾落脚于宁化。传至傅万金，由豫章抚州金溪县迁福建宁阳（即宁化）黄双洲。再传六世，长六七郎、次六八郎，各生四子。六七郎长子一郎，生于北宋乾兴年间，游猎招得里安家礤（宁化安远乡境）卜居于此，肇基繁衍，后裔分衍建宁县。

《连城县客家姓氏源流初探》（第一辑）：傅以南，讳天植，名一郎，又名十一郎，南宋理宗宝祐元年进士，官授宿州太守，辞官后，由宿州灵璧迁居宁化县石壁大城坑中门坳里。元军攻陷临安，傅以南率三个儿子参加文天祥抗元部队。在途经连城宣河里大岭背杉树坑时，留其第三子侍郎定居于斯，以作勤王后援。傅以南则与长子旦郎、次子景郎，经朋口、直抵广东。景炎二年四月，以南卒于梅州。旦郎、景郎情况不明。侍郎生八子，唯三郎守祖，余皆分迁广东兴宁、南海、佛山等地。

蛟洋《傅氏念七郎公房谱》：先世金陵人，因避乱潜入闽，由宁化抵于上杭胜运里增坑，而七郎又自增坑移于蛟洋。

连城《傅氏念八郎公房谱》：十一郎公抵闽，携子十八郎公，居邵武路石壁村（宁化石壁），复迁于连。十八郎即侍郎（是郎）公也。生子八，迁居粤土，卜基汀杭，不一其区，独念二郎公居朋口；念八郎公为大理评事，寓于城。

马埔《傅氏汉生公房谱》：吾族系宁化石壁大承坊中门人，不幸屡遭战乱，离散外州，后移汀州长汀宣和墙里。开基始祖太傅侍郎公，历传数世，子孙蕃昌，汉生公迁居马埔图。

连城朋口《傅氏族谱》：原族燕土，支分延蔓于清河顺天府昌平县。至宋高宗南渡，徙于宿州。景定间，以南府君魁进士，任郡守，致仕后，自吴灵璧入闽宁化石壁村。生三子：旦郎、景郎、是郎。

宁化曹坊十八烈《清河郡傅氏族谱》：昔傅祖四九郎，原系连城县朋口，清河郡。仕荣公商游宁邑罗溪，觑见地名十八烈山环水绕，龙势锺英，于是筑室而居，置产入籍宁邑。

上杭《客家姓氏源流汇考·傅氏》：开发闽西的傅氏远祖：以南，讳天植，又名一郎、十一郎。南宋宝祐元年进士，景定间任安徽宿州太守。时当元兵南侵之际，公辞官携家南迁，从宿州灵璧县随中原父老入闽抵汀州府宁化县石壁村大丞（城）坑中门坳里居住。景炎二年（1277），爱国名臣文天祥到福建与张世杰、陆秀夫等统率义军抗元。以南携长、次二子旦郎、景郎参加抗元义军勤王。三子正先，号仰斋，乳名是（侍）郎，遵父嘱由宁化石壁迁居长汀河源里墙里大岭背坑（今连城宣和乡傅家墙）。是（侍）郎，原配万氏，继配陆氏、赵氏，生八子：念一郎迁广东，念二郎迁朋口，念三郎居傅家墙，念四郎迁山东（亦说迁泉州），念五郎迁潮州（亦说迁泉州），念六郎迁福州（亦说迁山东），念七郎迁上杭蛟洋，念八郎迁连城县东门，后裔一部分迁山西大同，一部分迁广东饶平。念八郎二十二代裔孙傅成章，于清乾隆八年从饶平迁四川简阳市踏水镇杨李沟。

是（侍）郎次子念二郎迁居朋口屋场坑，生五子，分衍各地：太一郎迁广东镇平，四九郎，住朋口周围村庄，五九郎失考，百一郎迁上杭太拔乡增坑村，后裔迁苏前、合甲、白砂等地，千一郎，后裔一部分迁新泉背头窠，另有部分迁长汀大同镇大铺下。

念七郎，先从傅家墙迁江西，后迁上杭太拔增坑，后定居蛟洋傅凹头，为蛟洋傅氏开基祖。其长孙太一郎迁广东电白县。十五世裔孙升伟迁浙江龙游县赤津渡头，升裕迁龙游方旦，裔孙大敏迁遂昌县塘岭头、汤溪。十六世裔孙万一，于清康熙间西迁四川简阳，如今已传十三代。

上杭增坑开基祖百一郎，繁衍迅速，自南宋末从朋口迁上杭西门，再迁增坑后，已传三十代，自第三代起便大量外迁。清末前外迁浙江龙游、衢州、衢县、金华、杭州开基的计有十七批；迁江西瑞金、兴国、万载开基的有五批；迁广东惠州、粤北开基的二批；迁福建、闽西各地的更多。

北宋末年，河南邓州人傅自得，字安道，其先祖济源人，先祖历仕仁宗、英宗、神宗三朝，父登进士，官吏部员外郎。遭"靖康之变"，宣和七年（1125），金将入寇，其父不屈死于金人，傅自得跟随母亲赵氏逃难至福建泉州，南迁避居南安丰州。傅自得字安道，福建晋江人。父察，宣和末使金，遇害。生于徽宗政和五年（1115）。以父死国，得补承务郎，迁福建路提点刑狱司，通判泉州，知兴化军，积官至朝奉大夫。自得在泉州、莆田开基，子伯寿、伯成等都为名宦，逐成大族。

江西宁都衙背《傅氏初修族谱》以傅维昌为一世祖，官为翰林院学士，任福建建宁府同知。二世为傅景隆，原居豫章金溪县，由仕宦而抵闽汀。第三世为傅一郎，官居中书舍人，致仕后因避寇而居宁化招贤里黄双洲。第四世为傅六八；其长子傅五郎徙泉州府南安县。第十九世傅仕通，号必和，自南安迁入赣州，初居洗马巷，继迁水茜坝。明洪武年间，为贸易迁居豫章石中里洋潭吞口。明嘉靖年（1523），傅孟保自宁化（上傅）迁居江西的石城柏中里小秀。明正德元年（1506），傅进从尤溪中仙迁居汤川丘山，后又移迁至台溪溪尾枣山洋再迁入梅仙村。梅仙傅姓后裔分衍于尤溪的台溪、城关、联合下云以及南平的樟湖坂。

傅实次子傅居献的后裔傅昌朝，生有三子：长廷章，次廷笏，三廷器。廷笏有三子：观我、观国、观寿。傅观寿流寓于漳之玄钟，值漳寇陈吊眼作乱，于明弘治四年（1491）与千户李安轻从漳州迁居安溪县兴一里玳坂洋（今尚卿乡陈坂洋），其后裔傅盛斋（傅实的十九世孙）于明嘉靖年间（1522—1566）从尚卿乡陈坂洋迁居金谷洋内村。

宁化傅氏子孙又不断向广东、湖南等迁徙，一支辗转迁徙、定居于湖南浏阳。清初，在"湖广填四川"的移民大潮中，傅氏家庭的各个分支不少人经广东、江西、湖南远迁陕西汉阴以及四川大竹、渠县、简阳、重庆梁平等地定居落户。清康熙五十九年至乾隆初年，傅氏经浏阳西迁共四房兄弟，一支迁陕西汉阴县，一支迁陕西镇安县，一支居四川，一支迁居湖北。陕西汉阴县涧池铺洞河、军坝傅氏祠堂，军坝九组大房裔孙傅盛久还保存有《浏阳傅氏族谱》。

傅以南，讳天植，名一郎，又名十一郎，安徽宿州府灵璧县人，南宋理宗福佑元年（1253）的进士，曾任安徽宿州太守，为人正直，为官清廉，主张抗元，与当朝宰相贾似道不合，遂致仕避祸，由灵璧迁到汀州府宁化县石璧大城坑中门坳里。南宋德佑二年（1276），元军攻陷南宋都城临安（今浙江杭州），文天祥组织勤王兵来到汀州，傅以南率儿子旦郎、景郎、是郎及全家参加文天祥的抗元部队。至上都宣河里大岭背（今连城县宣和乡傅家墙村）时，留下三子是郎及家属居住在这里作勤王队伍的后应。傅以南及长子、次子继续随军南下。傅以南在广东梅州战斗中以身殉国，旦郎、景郎下落不明。傅是郎（字正光）定居于宣河里（今为宣和乡），生八子：念一郎迁广东，念二郎迁连城县朋口，念三郎留守傅家墙，念四郎迁山东，念五郎迁泉州，念六郎迁福州，念七郎迁上杭县蛟洋，念八郎迁连城县城关。

蕉城区赤溪镇傅族谱记载：傅氏家族系"泉州仙游逻峰第三房偶公第三子滋派裔孙希明公，行中二官正将与张汉英等辈守樊城以御元兵四年。不解公射中元张宏范之肘城陷逃往福宁州（长溪县、宁德、福安）等地。发至周宁七步十二世裔孙万林公字'宗一'次子恭二公、胞弟宽七公同迁徙遂宅宁德赤溪。后则施于全国各地，有周宁、太顺、福鼎、福安、台湾、江苏、上海、北京等。赤溪南阳恭二、宽七两公是我族之开山祖者也"。恭二、宽七两公先由周宁七步而迁居福安大留，为了发迹生计，于明孝宗年间，从福安大留三迁徙居宁德赤溪南阳焉至今已数达五百多年。百业擢英，后先祖望，子息生养，昌如螽斯 。

【入垦台湾】

福建傅姓傅实有八子，繁衍分派于泉州、晋江、南安、仙游、安溪、尤溪、长泰、连江等市县，还有部分迁徙到广东、江西、台湾等地。广东、台湾傅姓大都记载是傅说的后裔。广东族谱记载，他们系南宋末由仙游迁入广东。明清时傅姓再漂移至台湾的。我国的台湾及海外各地的傅姓中国人，大多奉"银青公"为他们的"唐山祖"；他们所奉的一世始祖，则跟我国的大陆每一处地方的宗亲一样，是3300年前的殷商名相傅说。据台湾傅姓父老相传，在大陆沦陷以前的泉州城里，还留存有一处"银青公"的遗迹，那就是东门外"妙应禅宇"里的"傅公祠"。据说，那座"妙应禅宇"本来是傅实担任福建路招讨使时的府邸，鉴于他本人笃信佛教，后来才在一位妙应禅师的请求下，捐出来改为寺庙的。当然，妙应禅寺里的那座"傅公祠"，也是当初为了感谢傅实相赠庙产功德而兴建的。在台湾的仙游傅姓子孙，仍然珍藏着一篇抄录自该祠堂的"南安仆射招讨使傅公祠堂记"，文中对于他们的来龙去脉，有十分详尽的记述。

【郡望堂号】

清河郡：汉高帝置郡，后屡改为国，元帝永光后为郡，治所在清阳（今河北省清河东北）。

北地郡：治所秦时在义渠（今甘肃省庆阳西北），东汉移治富平（今宁夏武忠西南）。

版筑堂：又称"版筑傅氏"，在福建、台湾和海外多见的宗亲组织，菲律宾的"版筑傅赖同宗会"。所谓"版筑"，就是中以两板相夹，把泥土放在其中的一种古老建筑方法，后来被引申为营造的统称。创造者傅说，故现在有傅姓族人以"版筑傅氏"自称，以纪念始祖傅说。

兴商堂：商武丁时刻想振兴自己的国家，但缺乏贤人帮助。一天夜里，他梦到圣人来到他面前。这位圣人名说，治国的本领很大。于是武丁就画了那圣人的像，命许多人去找，结果在傅岩找到了一位泥水匠人，正在那里筑墙，他很像武丁梦中见到的人的模样，请到朝廷，他果然帮助武丁振兴了商朝。他就是傅说，是历史上的名宰相。

此外，傅姓的主要堂号还有以"清河堂""野版堂"等。

【祠堂古迹】

尤溪演洋傅氏宗祠，始建于明永乐年间（1403—1424）。明嘉靖三十九年（1560），该谱遭寇焚毁；明万历十六年（1588）重修；清光绪二十八年（1902）再次重修。

安溪蓬莱登山傅氏鸿胪祖宇，位于安溪蓬莱镇登山村，约于明正德十年（1515）始建。1984年重新修葺，焕然一新。祠坐乾巽兼戊辰，宫殿式建筑，土木结构，建筑面积207平方米。

安溪金谷洋内傅氏东山祖宇，位于金谷镇洋内村东山自然村。祖宇约于明末始建。祠坐甲庚兼卯酉，建筑面积468平方米，占地面积600平方米。

尤溪台溪傅氏宗祠，俗称"富山清河堂"，位于台溪村富山之麓，始建于明成化二十二年（1486），由傅绵远主持创建；清康熙年间重建。祠堂内有宋代理学家朱熹和书法家李联留下的楹联墨宝，有南宋忠臣文天祥为入闽始祖傅实题赠的"忠、孝、廉、节"四字真迹。

尤溪台溪傅氏井后宗祠，俗称"富山井后堂"（即二祖厝），位于台溪傅氏宗祠左侧，相距百米之地。该祠于明成化二十三年（1487），由傅佰英偕子傅成旺主持创建。

连城一郎公祠，位于连城东门城墙窝傅氏宗祠又名一郎（以南）公祠，午山子向，原为念八郎房所建，后该房乏人遂由一郎公裔管业，故称"一郎公祠"。

连城傅家墙祖祠，又称连城宣和傅家墙祖祠——崇本堂，庚山甲向，建于清初，祠宇规模宏伟、结构精巧，喜鹊御柴形。

上杭增坑祖祠，上杭太拔增坑祖祠，亥山巳向，是百一郎公故居。清咸丰九年己未岁（1859）按原样重新架造。祠前百余米有2处虎爪石，猛虎跳墙形。

上杭傅氏总祠，由胜运里、白砂里、蛟洋里傅氏宗亲集资共建，于乾隆六年（1741）建成，亦称傅氏高祖三里祠。三里祠坐落上杭城关东门贞洁巷，坐南朝北，占地350平方米。

赤溪镇傅氏祠堂，位于宁德市蕉城区赤溪镇，始建于清代，2001年重修。祠堂奉祀傅氏恭二公世祖。祠堂坐落于镇所在地，坐南朝北，占地面积600平米，五进殿落。

【楹联典故】

版筑家声传万古；云台事业耀千秋。

尊儒尚学；崇俭抑奢。

二邑称圣；三德兼优。

宋代博士；殷商圣人。

版筑垣亭古；有德世泽长。

学士科举列榜首；巾帼鼎甲第一名。

溯祖宗渊源，商朝相、汉朝将、宋代侍郎，自昔家声丕振；追孙支繁衍，始迁闽、继迁粤、分居江右，如今世泽流芳。

【族谱文献】

记载闽台傅氏族谱有《仙溪罗峰傅氏族谱》仙游傅氏族谱，宋康定二年（1041）傅衡始修，历朝续纂，民国十五年（1926）傅密修撰石印本，共18卷首1卷18册。卷首辑谱序、跋、凡例、摄影、目次；卷1刊历代修谱序、跋、敕诰、记文；卷2列科举、题名及名录、仕迹和坊、匾诸项列传、行状等；卷3刊列传、行状、志铭；卷4载墓图；卷5集图说、像赞及仙术、典礼、祭规；卷6艺文；卷7至卷18皆述世系。其中记述列祖功德颇详，如宋进士龙图阁少师傅楫、宋进士直龙图阁傅淇、明宝钞提举傅启等。谱载唐末，始祖傅实随王潮自光州固始入闽，择居泉州东湖；实传三世至瑞，徙仙游罗峰肇基一脉。台湾《傅氏宗谱全本》傅任垣主编，1997年台湾版，汇聚福建武平、广东镇平、台湾高雄、美浓、台中、苗栗、桃园、杨梅等地傅氏派系。一世祖傅说，二世傅伯征，传至九十五世 （傅觌十四世，迁台一世）傅廷俊于清乾隆三十九年（1774）渡台。生五子：长子盛元（居台中东势角开基），次子不详，四子盛珍、五子盛麟定居苗栗头份，三子盛乾居桃园县杨梅镇高山顶开基立宗。另有《上杭蛟洋傅氏族谱》清傅屏邦等编纂，始修于清道光十八年（1838），道光二十六年（1846）续修木刻本，共12卷首1卷13册。《傅氏宗谱》清傅韦仁主修，清宣统二年（1910）建阳傅氏木刻本9卷。载始迁祖唐傅云。尤溪《台溪傅氏族谱》始修于元至正七年（1347），傅阜主持纂修。

第三十四节 甘 姓

甘姓在当今姓氏排行榜上名列第180位，人口约1033000余，占全国人口总数的0.064％左右。福建排名第99位。在台湾排名第105位。

【渊源】

1.《说文解字》："甘美也。从口含一，一，道也。凡甘之属皆从甘。古三切。"可见，甘姓来源于职业。甘姓祖先是上古巫师，以占卜为业，所以说出来的话都是"道"。黄帝战胜炎帝、蚩尤，一统天下后，利用上天赐予的宝鼎，测定日月星辰的运行规律，制作干支；用占卜用的蓍草推算历法，预知节气日辰。按照节气教导百姓播种百谷草木，驯养鸟兽鱼虫。黄帝将掌管天文历法占卜这一重大事件交给第13个儿子，并封他在甘。后来子孙繁衍，以国为姓，是为甘姓祖先。

2.《甘氏源流记》记载：甘氏之先，黄帝第13子，名中，封于甘，子孙以国为氏。历虞夏世为诸侯，其地在有扈国之南郊。至商有盘公贤德萃拔高宗师焉，迨至周，仍世为诸侯。

3. 出自姒姓，以国名为氏。夏朝时，有诸侯国甘国（在今河南省洛阳市西南），其君主家族在亡国后散居各地，以原封国名为姓，成为甘姓的一支。

4. 出自子姓，以祖字为姓。据《元和姓纂》《姓谱》所载："甘，武丁臣甘盘之后。"商朝时，高宗武丁曾就学于甘盘，后武丁为商王，遂用甘盘为相。甘盘的后代子孙以祖上的名字为姓，遂成甘姓。

5. 出自姬姓，以地名为氏。据《名贤氏族言行类稿》载："周武王同姓，于畿内为诸侯，因氏焉，甘伯恒公是也，秦有甘茂、甘罗。"即周武王时，封同族人于畿内为诸侯王，其中有封于甘地者，称甘伯。后有甘伯恒公，其后代亦为甘姓。这一支甘氏，最初的发祥之地是在周天子的王畿之内。

6. 出自他族改性。今蒙古族、满族、土家族、土族、彝族、壮族等民族均有甘姓。

【得姓始祖】

甘盘，生卒年不详，原是一位隐士，中国商朝名臣，武丁之贤相。商王小乙时，甘盘即为大臣。殷商中兴名主武丁，年轻的时候，曾就学于甘盘的学者。后来继位，便礼聘甘盘为相。

【入闽迁徙】

唐光启元年（公元885），有河南固始甘姓先祖随王绪率领的义军入闽。甘姓肇漳始祖甘仙游，在战乱年代，几经艰难周折，于北宋后期，择居龙溪县六都（今龙海市东园镇东园村）。以农耕为生，繁衍生息。宋祥兴二年（1279），元世祖忽必烈入主中原，宋帝赵昺向南逃亡，人民生灵涂炭。当时，六都甘氏族人，已成富有群族，有号甘长者，家资巨富，遭南下元兵劫掠，族人惨遭杀戮，祖祠也被焚毁。族人更姓易名，逃亡四方，甘氏住地方圆数十里，空无人烟。所幸者，有九世甘苍皓在避难时，独负族里谱图逃亡。元末中兴始祖甘茂隆，回居鹭边（今属东园镇），重整家业。甘茂隆，生三子（二世）：昊、昺、旦，繁衍东园、南边、枫林、新林、茶斜、埭尾26社，分衍海澄沉屿、车郊、珠浦、内楼、浮宫、白水圳内。远播外县外省的有二房七世，传裔广西修仁、邵阳、江西抚州县。长房九世甘汝祚移居广东海丰。次房十一世传裔东山铜陵，长房八世甘守谦移居华安新圩铁钉坪。二十世纪五十年代甘永发等定居漳州白花洋农场。宋祥兴二年（1279），元世祖忽必烈入主中原，宋帝赵昺向南逃亡，人民生灵涂炭。当时，六都甘氏族人，已成富有群族，有号甘长者，家资巨富，遭南下元兵劫掠，族人惨遭杀戮，祖祠也被焚毁。族人更姓易名，逃亡四方，甘氏住地方圆数十里，空无人烟。所幸者，有九世甘苍皓在避难时，独负族里谱图逃亡。明嘉靖二十一年（1542），甘氏裔孙盛世修谱，族人以甘茂隆为一世再传，故称为中兴始祖。

甘氏迁入宁化的时间较早，《客家源流研究》

载渤海堂《甘氏族谱》：甘氏祖宗，原居福建宁化石壁乡葛藤保，后迁居江西赣州府信丰县，并分三大房派衍。开基祖甘仙一郎，同母崔老儒人，迁居广东长乐（五华），而后转迁惠州府陆丰县五云洞。

明代中期，有河南入闽的甘姓迁徙云霄。据古田县际下《甘氏族谱》记载：始祖甘细旷公于明朝正统二年（1437）自浙江入闽，定居际下繁衍，至今已有569年。肇基以后，甘细旷留下4个儿子：甘思亮、甘思玉、甘思应、甘思库，其中甘思应于明天顺年间迁居洋头寨村，甘思库大约于明天启年间迁居建瓯刘地洋。下村主要由甘思亮、甘思玉两支进行繁衍，甘氏五世甘朝隽、甘朝六、甘朝主兄弟于明万历年间由板兜迁出逐步定居小梨洋。乾隆元年（1736）屏南建县后将原二十二都改为屏南县十都，当时村名为龙际甘溪、简称龙际洋、县人则俗叫际下、又因纯姓甘氏，多称甘际下。旧属古田，清雍正十三年（1735）屏南置县后，属横溪里，称龙漈村，俗称漈下，龙漈甘氏民风淳厚，勤劳勇敢而直爽，崇文尚武，武风盛行，传统武术源远流长，人才辈出。历九世至清康熙四十八年（1709），便有武进士甘国宝。后有武举人甘攀龙等名盛一时。乡村里还涌现出一批没有出仕的武林高手，这里便是统台名将甘国宝的祖籍地。现存村落格局清晰，明、清二个时期的城寨遗迹均存，有祠堂、城楼、路亭、庙宇、花桥、水口桥、水尾桥和大量的民居建筑等。甘氏子孙因致仕、经商、就业而辽居古田本县各地及福州、古田、南平、建瓯、建阳、邵武、顺昌、崇安等地。泉州后柑、柑村都有甘姓人家聚居，崇武后厝村和辋川镇社坑村有甘姓后人。

【入垦台湾】

台湾甘姓主要来自福建，其次是广东。甘国宝入仕后，在广东、云南、福建、台湾等多个省份任职，戎马倥偬四十余载，其子孙亦跟随他的军旅足迹散布四方。台湾光复后各省都有迁徙入台。1940年前后，福州文儒坊的第六代裔孙甘景乐迁居去台湾后发族。2007年11月，甘景乐先生携子女从台湾远道而来，同胞弟甘景炘一家到小梨洋村寻亲认祖。为了让甘家后人不再遭遇类似寻根之苦，甘景炘从福州鼓山中学退休后，就着手查证宗族脉络，重修族谱。清代初期八世甘守德开始，陆续有裔孙入垦台湾。台湾高山族同胞也有相当一部分甘姓。主要分布在台北，其他依次分别在基隆、高雄、台南、台中等地。

【郡望堂号】

渤海郡：西汉时置郡，相当于今河北省、辽宁省的渤海湾沿岸一带。

丹阳郡：汉武帝元狩二年（前121）置郡，相当于今安徽省宣城地区。

洹水县：故城在今河北大名西。

长乐郡：故治在今河北冀州。

旧学堂：商代甘盘为商王老师，被封为"旧学"。

五城堂：战国时期，秦国甘罗12岁被派出使赵国。赵王郊迎。通过甘罗的外交活动，赵国割了五城给秦，秦国封甘罗为上卿，并把他爷爷甘茂当左丞相的田都赐给甘罗。

此外，以望立堂：渤海堂、天水堂、丹阳堂、长乐堂。还有敦本堂、永思堂、燕翼堂、友恭堂、受和堂、崇善堂。

【祠堂古迹】

鹭边甘姓甘姓大宗，堂号"懿愨堂"，位于龙海市东园镇东园村顶下房社。始建于宋代，重建于明代、清代。坐东南向西北，占地587平方米，建筑面积300平方米。

际下甘氏宗祠，又称"甘国宝祠庙"，位于宁德市屏南县甘棠际下村。始建于清朝嘉庆十五年（1810）。宗祠系土木砖石结构的明式建筑，占地面积416平方米。

东园甘氏祖祠，位于漳州龙海市东园镇东园村顶下房社，始建于明代，历代有修葺，坐东向西，砖木结构，悬山顶，占地面积2713平方米，建筑面积1449平方米。

龙翰大乾堂，位于德化县浔中镇龙翰村石古坡山下，系甘氏分支祖祠，土木结构，坐西向东，始建于明代万历丙午年。由甘氏九世公甘廷宾（字观甫，号念葵）创建。

龙翰太山堂，位于德化县浔中镇龙翰村坝内大尖山下，系甘氏十四世分支祖祠，坐北向南，土木结构，由甘际会（字其友）于乾隆壬辰年创建。

【楹联典故】

望出渤海；源自甘国。

旧学家声远；渤海世泽长。

——甘姓宗祠通用联。

夏禹苗裔，温良俭恭绵世祖；阳刚正源，礼义廉耻续家传。

夏禹苗裔，绵延世续承先祖；阳刚正源，礼义传家警后人。

——甘姓宗祠"夏阳堂"楹联。

祖德流芳渤海郡；孙支挺秀五城堂。

——全联典指甘姓的郡望和堂号。

【族谱文献】

记载闽台甘氏族谱中较有代表性的有古田《甘姓族谱》为甘夑鼎修，宋绍兴时始纂谱牒，明成化十六年（1480）续修，历清雍正、乾隆、嘉庆、光绪年间4次续修，现存民国二十六年（1915）六修钞本，已残。不分卷。辑录历代纂修纪事、甘姓门第、字行、序、家政、凡例、传文、人物、名宦、历代世系及开基世系。谱载殷朝盘公为其发祥始祖，至八十世甘得因，于明正统二年（1437）率弟、子、妇20余人，由浙江景宁迁居古田二十二都九保龙。谱中列龙公开基祖有细存、细旷等12人，本支开基祖为细旷，系八十一世。明清以后，族人多有外迁

播衍古田和屏南等县。名人有清福建全省陆路军提督甘国宝等。福建图书馆藏（福建屏南）甘姓族谱一册，《中国家谱总目》编号为044-0018。甘夑鼎纂修。据1915年稿本复印一册。存上册。该谱依次辑录历代纂修情况、甘姓门第、字行、序、家政、凡例、传文、人物、名宦、历代世系及开基龙漈世系明成化十六年（1480）始修族谱，历清雍正、乾隆、嘉庆、光绪年间四次续修，本谱系六修。本谱已残。甘得因，明正统二年（1437）携甘细旷等由浙江处州府景宁县花桥头村迁居福建福州府古田县二十二都九保龙漈下，清雍正十二年（1734）始隶属屏南。甘得因后归葬原籍，甘细旷留居漈下，是为屏南甘氏开基祖。清代名人甘国宝即其九世孙。该族繁衍至今约二十世。福建建阳甘氏宗谱保存也比较完好。其他，如甘氏宗谱，（清）甘国堂修，清朝年间手抄本一册。现被收藏在中国国家图书馆。甘氏宗谱，（民国）甘元抢等续修，民国九年（1920）铅印本一册。现被收藏在中国国家图书馆。甘氏族谱八卷，卷首上、下册，著者待考，民国丁已年渤海堂木刻活字印本十册。现被收藏在中国家谱网站档案馆。

【昭穆字辈】

福建字派：细思良廷朝，文元亨利贞，兴年春好景，久代振乾坤；经论绍上哲，诗书立显名，华宗传海宇，令望冠儒林。

第三十五节 高姓

高姓在大陆有 1400 多万人，在各大姓氏中排名18 位，约占全国总人口的 1.068%。在福建排名第37 位。在台湾排名第 30 位。

【渊源】

1. 高姓图腾是高族的族称。高族首创了观天象危屋华盖"天余"（天脐）建筑形式。像天余的"个"形尖顶，取像天穹。"冋"是立的坛台，或者像高出平地的塬、坝、丘、墟。要观察日月星辰，必须站在高处，视线才不被遮住，坛台有三重或九重，上小下大，像梯形，概括作"冋"。"门"为外廓底座，"冂"为顶上坛台平面图。《说文解字》："高，崇也，象台观高之形，从门、口，与仓舍同义。"该氏族专长建筑，故以"高"作为本氏族的徽号和名称，久之演变为姓。

2. 源于姜姓，出自春秋时期齐惠公之子公子祁，属于以先祖名字为氏。姜姓，原是炎帝的后裔，高氏则是炎帝的后裔，高氏的血缘初祖是炎帝，得姓始祖为高傒。在史籍《古今姓氏书辩证》《通志》中都讲道："高氏源于姜姓。"姜太公，又名吕尚、吕望，辅佐周文王、武王灭商立周，受封于齐国。齐国传至太公八世孙文公姜赤，文公次子受封于高邑，称公子高。依照周朝贵族礼仪，其孙傒取祖名为氏，为高傒。高傒在齐国为上卿。高氏五大望族有 4 支出自渤海高氏。

3. 以王父字为氏。据《通志·氏族略》所载，齐惠公的儿子叫公子祁，字子高，其后裔也为高氏，也为山东高氏。齐惠公元是齐桓公小白与姬妾少卫姬所生的儿子，当了 10 年齐国国君。齐惠公的儿子叫公子祁，字子高，其后代也以高为姓。

4. 出自外族改姓或出自他族。高山族、壮族、畲族、回族等 6 个少数民族使用高姓。

【得姓始祖】

高傒。姜太公吕尚的八世孙齐文公（姜赤），赤有一个儿子被分封高邑（今河南省禹川市西南）称公子商，高孙姜傒，是齐国的上卿。姜傒拥立姜小白做齐国的国君，是为齐桓公。姜傒在齐国功勋卓越，有很高的威信。齐桓公封他的后裔世袭上卿，并赐姜傒以及祖父的名"高"为氏。所以高傒被尊为中华高姓的开姓始祖。

【入闽迁徙】

唐朝咸亨四年（673）高俣，又名高斌，是南北朝时北齐政权奠基者高欢的六世孙，出任延平县（今南平）县令，由晋陵入闽，高俣的四世孙高德文一支迁居福建邵武。

唐天宝年间（742—756）高肇，是春秋战国时期高柴（字子羔，孔子门生，七十二贤人之一）的三十八世孙，携家由吴苏常熟入闽，定居闽中（今福州一带）。据长乐《龙门高氏族谱》载，高肇是春秋时孔子弟子、卫国人高柴的后裔，龙门高氏的祖上由河南迁吴地（今江苏苏州）。至唐初，该宗支又迁居闽中，长子高良器定居于长乐龙门村，成为乐安高姓的始祖，后裔分布于福州、福清、宁德、古田、莆田、同安及广东潮州等地。唐末至五代十国时期，中原极荡，不少地方民众相继南迁。入闽如高钢、高曦等名人，即此系族彦。为姑苏高肇派。

唐朝中和元年（881）高钢，字一清。河南光州府固始人，因避黄巢农民义军战乱，率领家族等人南渡入闽先后迁徙历经 24 年，于天祐二年（905 年），始定居怀安县（今福州仓山区）凤岗里（今建新镇）高宅洋。高钢于后梁开平年间（907—911）特奏举为从政郎。其后迁徙晋江县安平村、安溪县大坪村等地。高姓逐步为泉南大族，贤才辈出。时相继擢第者四十八科，五十八进士。理学家朱熹赠联曰："后周忠节第，有宋尚书门。"泉南周太史赞曰："著姓冠巨族，人文甲一邦。"泉州太守王十朋赞叹："泉南一郡，不如高家一门。"朱熹亲书"有继"二字，此后高姓族人有以"有继"为堂号者。及东渡赴台湾生息。称为安平高家。

唐朝光启元年（885）高曦，随光州刺史王绪入闽，王潮攻占汀、漳两州后，高曦寓居漳州。五代后梁开平元年（901），王审知被封为闽王，高曦父子皆为王审知臣僚，定居侯官县华林坊（今华林路）。建有侯官高氏宗祠一座。高曦在闽越政权中出任高官，家居于斯，故子孙散居福建各地。长子高钦居长乐，次子高旰居漳州，季子高晴居福州侯官；第六世孙高一才分迁莆田。至南宋时，高曦的后裔有一部分迁居广东珠江三角洲地区。

客家高氏。唐末高姓就迁入汀州府宁化县。五代后周显德年间（954—959）宁化高懋昭迁居江西石城横江烂泥坑。宋时，高六九自江西抚州迁居宁化县淮土。南宋淳熙十年（1183），高旷随朱熹讲学于武夷精舍，遂定居于邵武。高旷子谭生子三：嶷、嵬、岐。高嶷居尤溪，高嵬居邵武，嵬生三子：文昭、文辉、文章。文辉徙居宁化县石壁林家千家围，有子十郎，于元成宗元贞二年（1296）迁上杭县胜运里曹田乡（今蓝溪镇曹田村）开基。高十郎，名作岐，姚沈氏、童氏，生有四子：百一郎、百二郎、百三郎、百四郎。高十郎墓在蓝溪镇黄潭村龙礤。百一郎，名高成，号士立，在元泰定二年（1325）考中进士，任潮州兵备参议，裔孙居广东的梅县、兴宁、五华、大埔等地。百二郎裔孙除在上杭繁衍外，还迁往福建武平，广东揭阳汤坑、大埔、丰顺、揭西、五华，广西，台湾等地。百三郎后裔主要分布在上杭、南靖、建宁等地。

宋熙宁二年（1069），高拱、高照兄弟，由山阴（今浙江绍兴市）避居福建，直下漳浦九都（今杜寻村）定居。高照先居福清，后裔传衍闽东一带。淳熙十一年（1184），高宏，由河南固始迁徙平潭县苏澳镇罗澳村。

《闽粤赣高氏族谱》：南宋淳熙十年（1183），高旷随朱熹讲学福建武夷精舍，遂卜居邵武。旷子谭，生三子：嶷、嵬、岐。嶷居尤溪；嵬居邵武。嵬生三子：文昭、文辉、文章。文辉迁居宁化县石壁村，生子十郎。十郎于元成宗元贞二年（1296）迁居上杭胜运里，生四子：长，百一郎；次，百二郎；裔孙多衍粤之惠、潮、嘉各地；三，百三郎；四，

百四郎，后裔多居闽、赣各地，均奉十郎为始祖。传三世德富（百一郎长子），由漳州迁居宁化大田里丰正村。生三子：长，必英，迁居大浦湖寮；次，必勤，裔失考；三，必善，自宁化迁兴宁刁坊铺油房里；后裔衍五华。德寿（百一郎次子）、伟盛（百一郎三子）均由揭阳迁居梅县。

宋时，高六九从江西抚州迁居宁化淮土；其后裔扩衍至江西石城的小姑。

高耀祖派。据广东陆丰《高氏族谱·流源》，北宋高琼之子高继伦之孙高耀祖与高继和之重孙高重光于北宋熙宁二年（1069）因逃"青苗债"，自浙江山阴（今绍兴）徙居福建，分别居福清。漳浦，漳浦开居祖高耀祖孙高登（号东溪）为进士，授迪功郎，广西古县令，为南宋理学家、文学家、著名爱国历史人物，《高东溪文集》载入清《四库全书》。据有关谱牒记载，宋神宗间，王荆公（王安石）行"青苗法"，高东溪之父迪欠公钱。兄弟二人由山阴遁入闽，一居福清，一居漳浦九都。居九都者为高时中，时中生高登，后此系高氏裔胄留居一小部分人在漳浦，其余陆续布居闽南的今龙海、云霄、南靖、平和、东山、诏安，有一部播迁广东潮汕、陆丰、惠来等地，并有旅居港、台，以及海外的新、马、泰等国家。据悉，高东溪裔孙现在海内外已繁衍10多万人。

南宋时，原居福建邵武的高文辉迁居宁化石壁。据《闽粤赣高氏族谱源流序》载：汉代睦，高洪任勃海太守；唐代时，高洪的第十一世孙高柴赠封为共伯，宋代时又被追封为供城侯。南宋淳熙十年（1183），高柴的裔孙高旷随朱熹讲学至福建武夷精舍，遂卜居邵武。高旷之子高谭有3个儿子：高嶷、高嵬、高歧。其中，宗子高嶷居福建龙溪；高嵬留居邵武。高嵬也有3个儿子：高文昭、高文辉、高文章。其中，高文辉迁居宁化石壁。元元贞二年（1296），高文辉之子高十迁居福建上杭胜运里曹田乡（今蓝溪曹田村），为上杭高氏开基始祖。高十有4个儿子：宗子高百一，次子高百二，三子高百三，四子高百四；他们的后裔遍及闽、赣各地。后来，高百一的宗子高德富从漳州回迁至宁化大田里丰正村。高德富有3个儿子；其中宗子高必英迁

居大埔湖寮；次子高必勤后裔繁衍情况失考，三子高必善从宁化迁居广东兴宁坊埔油房里，后裔扩衍至五华。

元朝末年为避时略冬高留神从明溪大吉溪移居贡川岩下，为永安贡川高氏开基始祖。据永安贡川岩下《高氏族谱》载，这一支高氏进闽始祖是高钢，为河南固始人，进闽后定居福州。后裔卜居邵武、尤溪、宁化石壁等地。高留神有2个儿子：高进十和高信十。高进十有4个儿子：高忠一、高忠二、高忠三和高忠四；其中，高忠一、高忠二分别移居尤溪、明溪。永安贡川高氏第四世孙高伯瑶移居三元区莘口镇楼前；第七世孙高仙吾移居永安城西。

明朝永乐二年（1404），高元龙，由江西吉水县入闽清屯军，定居闽清县二十二都。万历十五年（1587）高玉宇自山东入闽，先居长乐县南乡，后迁到省垣（今福州市鼓楼区），后裔分迁鳌峰坊与道山路定居。清朝初期高阿闽，由浙江入闽千徙，定居福清长安村。清朝乾隆年间高永兴由江苏南京入闽千徙，定居福清文场村。

（1）邵武高俨支系。南宋末年，高俨的后裔高去，由邵武迁徙临安（今杭州市），徙常州城东。元朝泰定年间高询，出任浙江衢州推官，明清以后子孙散居于各地。

（2）长乐龙门支系。唐贞元十八年（802），高肇的长孙高良器（字元桶）迁到长乐后澳（今航城街道龙门村）定居。十三世高汝信迁居锦屿（今长乐屿头村）。十五世高士仪迁居福清磁瑶，高士行迁衢州府。十六世高克成迁广东潮州。十八世高继盈迁宁德，高继原迁古田县。十九世高以正迁省城（今福州市）石井巷，其子孙迁福州、罗源、连江、南平等以及北京、天津等地。二十世高伯均迁宁德飞鸾，高伯明迁莆田，高伯综迁同安。二十三世高景玉、高景志、高景涛 迁三都澳。二十五世高维奎迁闽侯回峰，高维大迁凤岗（今仓山高宅）。三十世高肇政迁闽侯罗洋。三十七世高依相、高依朗迁台湾三十八世高居鼎迁新加坡，高春瑞迁青岛市，高全金、高金俤迁台湾。其后裔迁海外各国。

（3）长乐流水支系。唐朝贞元年间（785—

805）高良材、高肇的次孙，初居吴航（今长乐市东渡上元龙前桥畔），后移定流水村（今漳流村）。其后裔居长乐首占孝里村、东关村、龙津村，侯官县洪塘瓦埕村（今仓山区云程村）后街等地。

（4）仓山高宅支系。唐朝高钢迁到瓦岗里高宅村。高钢生高渊，历官评事郎。渊生四子，后裔迁福清、泉州、南安、安溪、安海、古田、永福、邵武、上杭、宁化等地。

（5）侯官高玉支系。后梁开平元年（907），高曦定居侯官县华林坊（今福州华林路）发祥。生三子，后裔迁长乐、漳浦、同安、莆田、南雄、珠江三角洲一带。

（6）漳浦高姓支系。北宋名将高琼的六世孙高耀祖之子高拱迁徙漳浦九都（今杜浔村）。南宋末年，后裔传衍闽南、潮汕一带，中国台湾，还有迁徙泰国、菲律宾。

（7）闽清感德洋高姓支系。高元龙生子高文浩，文浩生三子：高一弟、高兴鱼、高肖泉。分衍兴、立、成三房。后裔分支下洋斜湾、黄坪桥、大箸、鹭鹚及侨居马来西亚等国家。

（8）福州中山高姓支系。中山高姓一世祖高玉宇，生二子：高文龙、高文凤。后裔名人辈出，繁衍本省及浙江、陕西、北京、上海、成都、台湾，及国外。出有名人高士其。

（9）福建客家高姓支系。客家高姓，先祖原居在黄河流域的豫、晋、鲁等省，为世家望族，自西晋"永嘉之乱"始的历次乱中，陆续举族南迁定居闽、粤、赣交界的山地地带。这支高姓与宋朝福建宁德人高颐为共祖。高颐，字元龄，宋庆元年间进士，历官泉州府惠安知县。其子高伯埙，字汝谐。孙高旷生子高谭，迁居邵武。高谭生三子：高巍、高嵬、高岐。高巍迁徙漳州。子孙分布上杭县茶地乡高屋、黄潭。

【入垦台湾】

高氏早年就开始播迁两广、海南，明清开始播迁台湾。台湾高姓主要有三大来源；一是属于原住民高姓；二是来自福建各地高姓，被称为"福佬"；三是来自粤东客家高氏。其中"福佬"的人数最多。郑成功统军收复台湾时，其中随军入台时就有高姓人。但高姓人大规模迁徙台湾垦辟，是在清康熙二十二年（1683），郑成功之孙郑克爽归服清廷之后。据《台湾省通志·氏族篇》记载：清政府收复台湾不久，福建太平高氏各派就先后入台，择地垦辟，定于淡水，聚族文山一带（今景尾、新店）他们都成入垦地高姓始祖。泉州、漳州高姓族人迁徙台湾，先后还有在康熙年间，雍正年间，乾隆年间。高姓在台湾的姓氏中，有6000余户，15万多人。其中，台北市最多，占台湾高姓的1/3。分布较多的镇区依序为：台北市大安区，台北市木栅区、台北市新店、台北市松山区、台北市景美区。分布较多为县市依序为：台北市、台北县、高雄县、高雄市、云林县。从这些迁徙台湾的高姓的先祖渊源上看，其中大部分为是属高钢后裔的各个分支。

【郡望堂号】

渤海郡：汉高帝时设置。这支为高傒三十五世孙高洪，东汉渤海郡太守，成为当地望族。

渤海郡：历史上的渤海郡在地域上有2个称谓，另一为渤海国。在今辽宁、河北、山东3省之间的渤海湾沿岸一带。

渔阳郡：秦朝时期置渔阳县，其时，地在今北京密云西南一带地区。秦、汉、魏、晋诸朝均为渔阳郡。

广陵郡：亦称江都郡、江阳郡。原为战国时楚国广陵邑。秦朝时期置广陵县，南唐时期又恢复为广陵原名。北宋朝熙宁五年（1072）并入江都。

河南郡：秦朝时期名为三川郡。西汉高祖二年（前205）改为河南郡，治所在雒阳（今河南洛阳），唐朝时期为洛州河南府，其辖境都远小于汉朝时期的河南郡。

高姓的堂号中除"渤海"与郡望混用外，还有"供侯堂"。据《客家姓氏渊源记载》汉代，高洪任渤海太守，其十一世孙高柴，唐赠共伯，宋封城侯，此为高姓"供侯堂"之由来。

广陵堂：以望立堂，亦称江都堂、江阳堂、扬州堂。

辽东堂：以望立堂，亦称扶余堂、襄平堂、辽阳堂、凌东堂。

渤海堂：以望立堂。唐朝时高固、高崇文都被封为渤海郡王；北齐高欢被封为渤海王，其后裔子孙遂以为堂号。

厚余堂：孔子弟子高柴，曾担任费城宰（县长）。孔子评他："柴也愚。"朱熹注"愚是知不足而后知有余"。《辞海》：愚，纯朴也。由是，高氏后代以"厚余"作为高氏的堂号。

【祠堂古迹】

长乐高应松祠堂，又称高应松忠烈祠，坐落于长乐市古槐镇洋布村。始建明洪武年间（1368—1398），朝廷追懿高应松为文忠公，占地面积800多平方米。

火田高厝寨"高氏家庙"，位于云霄县火田镇高厝寨。建于南宋末期，坐北向南，二进一院，悬山顶木石结构，总占地面积约1000平方米。

云城高氏家庙"追远堂"，位于云霄县云陵镇水流沟望安山南麓。建于清乾隆五十四年（1789）。祠堂属悬山顶单檐燕尾式木石结构，总占地面积近300平方米。

高坑卿山高姓宗祠"永思堂"，位于龙海市高坑社东麓。始建于明永乐七年（1409）。后第十二世高祖简斋于明景泰年间再扩建。宗祠坐东面西，总面积300多平方米。

长乐龙门村高氏宗祠，是一座经清代重修过的明代古建筑，祠堂前有宽阔的石埕。祠堂依山而建，共有三进院落，逐层升高。

漳浦县高东溪祠，位于漳浦县城绥南。建于明成化十四年（1478）。坐北向南，原为二进三开间一围墙土木建筑，悬山顶，现仅存后进。内祀高东溪塑像。朱文公匾曰："忠孝两全。"

永安贡川岩下高氏家祠，又名"永锡堂"，位于永安贡川本里，始建于清顺治年间（1644—1661）。坐南向北，奉祀入永始祖高留神。历代重修，1984年重建，占地面积200平方米。

【楹联典故】

渤海一郡九州望；东西南北有同宗。

渤海家声远；龙门世泽长。

——高姓宗祠通用联，长乐市龙门村高氏宗祠联。

渤海家声远；禹州世泽长。

——高姓宗祠通用联，武平县高氏宗祠联。

从安海、溯渤海，海阔渊源远；由凤山、迁平山，山秀人文多

——高姓宗祠通用联，福安溪县大坪乡高氏宗祠联。全联典出本支高姓族人的迁徙历史。

孝子三年泣血；郡王八战铭功。

——上联典指春秋时卫国人高柴，孔子的弟子，性情仁爱，对父母孝敬，为双亲执丧礼，泣血三年。下联说唐代南平郡王高崇文，治军有名。驱吐蕃犯兵有功，封渤海郡王。剑南西川节度使刘阐反乱，他率兵讨伐，在鹿头山八战八胜，活捉刘阐。

【族谱文献】

闽台著名族谱有《漳浦高氏族谱》，始修于宋嘉熙元年（1237），明永乐十九年（1421）及历代续修，现本修于清顺治四年（1647），共4卷。卷1宋明两朝序，卷2世系图，卷3有讳字、昭穆、婚姻、男女、生卒，卷4墓志铭、传记等。世系始记于一世（高登），止于廿世。谱载唐中和元年（881），高纲由光州固始避乱入闽居怀安凤岗（今福州）。宋时高登迁漳浦，为漳浦始祖。名人高登（1104—1159）字彦先，号东溪，漳浦人，宋绍兴二年（1132）进士，南宋学者，著有《东溪集》。龙海《高氏族谱》为泰国高氏宗亲总辑，始修于宋嘉熙元年（1237），明永乐、弘治、嘉靖、清顺治重修，嘉庆间高岚增补为钞本。本次重辑是以清牒为主，补录高氏衍派闽、粤、台及海外分布情况，共4卷。卷前附录有泰国高氏宗亲总会物刊部分篇章、像图；卷1至卷4系原钞本；卷1列诸序文；卷2刊世系宗支图；卷3辑讳字、昭穆、婚姻、男女、生卒、墓穴；卷4载传记、祠记、寿序等文篇。推崇始祖高登，于谱序、像图及传志中多有称颂，并辑录有宋朱熹《乞褒录高登疏》一文。高登为一世始祖，居漳浦；传五世至一举，宋绍定三年（1230）迁住龙溪乡山（今龙海海澄）。石狮《霄江高氏三房第六支谱》，内载开基祖高一清，自光州固始入闽；入泉开基祖高镒公为安平四厅祖，镔公为安平长房祖，蔷公为永宁肇基祖。续修谱续载有分居台湾的启马一支。光泽《高氏家录》为清代高澍然辑，清道光间刻本，不分卷，共3册。福州《中山高氏家谱》为清代高福康等修，《高氏族谱》永安贡川岩下族谱，始修于清乾隆九年（1744）。

第三十六节 葛 姓

葛姓在《百家姓》中排名第44位，人口近140万，在2007年全国姓氏人口排名第126位，大约占全国人口的0.11%。在台湾排名第133位。

【渊源】

1. 出自嬴姓，以国名为氏。夏代，有诸侯方国葛国，在今河南省长葛市，《孟子·滕文公》载："汤居亳，与葛伯为邻"。其后有葛氏。

2. 为鲜卑族复姓所改。

3. 以部落名作为姓氏。传说葛氏为"古葛天氏之裔"。

4. 出自他姓改葛而来。据《姓氏考略》所载，汉时蒲庐，一作葛庐，乃洪曩祖之子，起兵佐汉光武有大功，封下邳僮县侯，为吴中葛姓所出。据《魏书·官氏志》所载，北魏贺葛氏入中原后，改单姓葛。今蒙古、土家等民族均有葛姓。

【得姓始祖】

葛天氏，传说中的上古帝王，为上古时期的重要氏族与氏族首领。葛天氏善于治理天下，开创了上古和谐盛世，封泰山，兴货币，以制数会，故沈滞通而天下泰矣。其治世不言而信，不化而行，是远古社会理想化的政治领袖人物。《初学记》卷九："女娲氏没，次有大庭氏、柏皇氏……葛天氏……凡十五世，皆袭庖牺之号。"《太平御览》也有相似记载，葛天氏在十五帝中排名稍后，称"伏羲葛天氏"。晋朝陶渊明《五柳先生传》："无怀氏之民欤，葛天，辅坏谢。"南朝梁刘勰《文心雕龙·明诗》："昔葛天骊离脃炕玄鸟在曲；黄帝云门，理不空绮。"

【入闽迁徙】

据宁德地方志、霞浦地方志记载：相传东晋时期，丹阳句容（今属镇江人）人葛洪率众入闽，在宁德霍童、霞浦修道炼丹。葛洪（公元284—364年），字稚川，自号抱朴子，三国方士葛玄曾孙，东晋著名道教理论家、医学家、炼丹术家，世称小仙翁。好神仙导养之法，后卒于罗浮山。其对化学、医学的发展有一定贡献，著有《抱朴子》等传世。

《武夷山志》载：南宋闽人葛如晦家住琼州，至雷州为白氏继子，改名为白玉蟾，博览群书，善篆隶、草书，工画梅竹，隐居武夷山著有《武夷集》。这是葛姓入闽的最早记载。

明正统年间（1436—1449），葛孙翁携姚罗氏开基于汀州府长汀县，为葛氏闽汀一世祖。明弘治年间（1484—1505），闽汀葛氏四世孙葛盛由长汀迁上杭县城区。

闽西客家葛氏分散居住在永定县的峰市、湖山、洪山，上杭县的临江、临城，武平县的桃溪，长汀的汀州等乡镇。上杭葛氏在台湾定居的有祖康、长春等人。

福建葛姓村庄69个：

福州4个。仓山区葛屿村；永泰县葛岭镇、葛洋；闽侯县葛岐村。

莆田市1个。仙游县葛林。

泉州市6个。德化县葛湖、葛坑乡；南安市葛岸；永春县葛头；晋江市葛山村；惠安县葛山寺。

漳州10个。诏安县东葛头村、霞葛镇、霞葛圩；漳浦县葛后；平和县葛厝门、下葛；南靖县葛竹村、葛山村、葛山；华安县葛山林场。

龙岩市7个。葛竹洋；上杭葛斜、葛屋、葛坊；连城县葛坑；长汀县葛坪村；武平县青葛窝。

三明市11个。宁化县葛坳、葛岭下，尤溪县葛竹、葛竹村、葛竹寺、葛竹洋，明溪县葛坊，大田县葛埔，永安市泥葛、葛州，三元区葛坪。

南平市24个。葛坪、葛大村；蒲城县葛山、里葛山、葛墩村、葛堀，政和县葛后，建阳市葛源、葛畲、葛墩、溪葛，建瓯市前葛洋、上葛、葛坪庵，邵武市葛坳，松溪县葛畲，武夷山市葛仙、葛香岩、葛仙山、葛岭亭，顺昌县葛厝。

宁德6个。葛藤坪；寿宁县葛藤岔村、葛垄村，福安市葛厝，福鼎市葛染，屏南县葛畲村。

清代，福建葛姓入垦台湾；台湾光复后，各省都有迁徙台湾的人。主要分布在台北、基隆。高雄、台南、台中也都有分布。

【郡望堂号】

顿丘郡：汉置顿丘县，在今河南清丰西南。晋以此为顿丘郡治所（今河南清丰西南）。北齐废顿丘郡。唐五代曾以顿丘为澶州治所。

梁国：即梁郡，汉建梁国，治所在淮阳（今河南商丘南），南朝宋为梁郡，移治下邑（今安徽砀山）。隋曾以宋州为梁郡，唐为睢阳郡。

句容县：汉武帝元朔元年（前128）置县。即今江苏句容。初隶鄣郡，元封元年（前109）改隶丹阳郡。

颍川郡：秦灭韩，以所得韩地置颍川郡，在今河南中部，治阳翟（今河南禹县）。东魏迁治颍阴（后为长社，即今许昌）。隋唐为许州颍川郡。

以郡望堂号：顿丘、梁国。自立堂号：清柳、余庆、崇德等。

【祠堂古迹】

福建建瓯葛姓宗祠。郡望有顿丘郡（今河南省清丰县）。堂联有："稚川传冶术，金石重荡阴。"典出葛稚川与葛龚、葛邲。堂号有顿丘堂，梁国堂等。

【族谱文献】

福建建瓯《璜溪葛氏宗谱》12卷，（民国）葛樑城修，葛赞新等纂修，民国十六年（1927）福州焕文五彩石印局石印本12册。今本乃首修，体例完备，凡溯源、叙支、建祠、坟山、祭享、服制、宗法、谱式等，皆铺陈详备，族史资料亦堪丰富。现被收藏在福建省图书馆。璜溪葛氏宗谱12部，该谱系建瓯县吉阳玉溪乡葛氏宗族谱牒。据谱载，元明之交，（明）葛行五自河南开封府南迁至闽，居建瓯玉溪，肇基开族，是为玉溪葛氏一世祖。该谱不分卷，12册，第1册载有民国时修谱名序文，第2册刊有谱例、谱规、宗法、五服图、祭文等项，第3册记玉溪地形、坟山、祠庙等情形，第4册刊历代题咏佳作，第5册列像图并赞文，以及始祖墓图，第6册述祀田产及祭祀条规等项，第7册至12册为世系总图，详列葛氏一族宗支总系情形。该谱为民国十六年（1927）始创修。收藏在福建省图书馆。

第三十七节 龚 姓

龚姓是当今中国大陆姓氏排行第99位的大姓，总人口约有220多万，约占全国汉族人口的0.17%，在福建排名第69位。在台湾排名第86位。

【渊源】

1. 出自黄帝之臣共工氏的后裔。相传上古时期，黄帝大臣共工专门管理水土，因治水有功，被封为"水神"。据《元和姓纂》所载，黄帝之臣共工氏（炎帝的后代）在黄帝时为水官，因治水有功，被奉为社神。其后有一支开始以单字"共"为整个家族的姓氏。其后裔又再加龙字改成"龚"氏，遂演变成龚姓。

2. 出自古共国之后。据《通志·氏族略》所载，共国（今河南省共城，一说今甘肃省泾川县北）共，亦作恭，为商代诸侯国。因侵犯周而受文王姬昌的讨伐，被周文王姬昌所灭。共国灭亡后，其子孙以国为氏，就是共氏，后演变为龚姓。

3. 出自姬姓共伯和之后。西周后期，有一个王室贵族叫姬和，被封于共（今河南省辉县），为伯爵，称为共伯和。当时，周厉王在"国人暴动"中被赶出国都，然后诸侯便推举他代行天子的权力，史称"共和行政"，这也是中国历史有确切纪年的开始。共国在春秋时被灭后，其子孙以国名为姓氏，称共氏。后演变为龚姓，是为河南龚姓。

4. 出自姬姓晋献公的后裔，以谥号为氏。据《尚友录》所载，春秋时，晋献公（晋国为姬姓诸侯国）的儿子奚齐即位以后，给其兄申生（在被人诬陷后，以自杀表示对父王忠心的前太子）加谥号为"恭君"。因古代"恭"即"共"，申生的后代以谥号为姓氏，也称共氏。后演变为龚姓，是为山西龚姓。

5. 出自姬姓郑武公的儿子共叔段的后代。据《元和姓纂》《史记·郑世家》等资料所载，春秋时，郑武公的大儿子郑庄公继承了帝位，后来郑武公的小儿子叔段企图夺取政权，被郑庄公打败后，逃到共，当时在郑国境外，称为共叔段，其后代，或以"段"为氏，或以"共叔"为氏，也有以"共"为氏的，

称共氏。后演变为龚姓，是为河南龚姓。

6. 出自姬姓，为翁氏所分。（参考翁姓）

7. 为避皇帝名讳演变而来。五代十国时，后晋皇帝叫石敬瑭，因为避名讳，"敬"氏改为同义的"恭"氏，后也演变为龚姓，是为河南龚姓。

8. 他氏改姓或少数民族汉姓而来。如，贵州黎平三龙乡兜房族吴姓有改龚姓者。土族龚塔氏汉姓龚。京、瑶、彝、白等族均有龚姓。

9. 龚古通共。《元和姓纂》载：洪、共两姓，本都姓共，因避仇而改洪姓，故龚、洪两姓同源。

【得姓始祖】

共工。传上古时期，黄帝大臣共工（炎帝后裔）专门管理水土，因治水有功，被封为"水神"。后与兜、三苗、鲧结为"四凶"，被流放到幽州（今河北、辽宁一带）。开始以单字"共"作为家人的姓氏，子句龙继承父职，若干年后，共姓为了避仇，有的在"共"字上加一个"龙"字，成了龚姓。龚姓以共工治水有功而引以为荣，尊其为得姓始祖。龚姓是以祖先的官职和名字中的一字改造而来的。龚姓以共工治水有功而引以为荣，尊其为得姓始祖。

【入闽迁徙】

唐末，为避战乱，浙江钱塘的龚氏一支入闽，后分三派，一在福州，一在莆田，一在闽西。宋初在福建邵武有龚慎仪，北宋仁宗时顺昌县有龚懋，南宋高宗时宁德有龚郯，均为当地有名望的家族；南宋孝宗时名臣、参知政事龚茂良（字实之，谥庄敏，宋绍兴八年进士）为莆田名门大族，说明龚氏在宋代相当兴旺。此后，福建、广东龚氏大多以龚茂良为始祖。

唐开元年间，有龚志远者，为避乱，逃至宁化石壁安家落户。其后，又徙邵武府。志远为龚氏入闽始祖。传至十一郎，其父因得罪官府，父子双双易姓彭外逃。父死后，十一郎只身流亡到长汀新桥茜坡定居，恢复龚姓。十一郎即为茜坡开基祖。

唐末，为避战乱，河南光州龚氏，有一支迁徙至浙江钱塘而居，此乃龚氏隐君一脉派系，旋移入闽。其子龚忠于五代十国时，携家南迁至莆田，为龚氏莆田开基祖，传下二世龚恩、三世龚聪、四世龚谅、五世龚行中、六世龚汝翊，其七世孙龚茂良，暨裔孙移居晋江、漳州，分衍于闽南各地，所以龚茂良便成为闽南龚氏一世祖。龚茂良的四世孙龚庄有4子，长子龚英居荆山，其后裔一支迁入晋江安海；次子龚沼徙晋江龚山沙堤南塘西编定居开发，其后有的又迁居安溪；三子徙居福州城内梅枝里；四子留居莆田。

武平《客家百姓源流郡望堂号汇考》载：据谱载武平龚氏先祖系从浙江衢州迁福建邵武，后迁汀州宁化，之后迁龙岩青草盂，续迁上杭兰溪乡黄潭村，再迁武平湘店龙归磜。黄潭起系始祖百十一郎，元顺帝时代人。居黄潭南山州保桥亭上龚屋坑。武平龙归磜自黄潭三十七郎公起系。始祖三十七郎——十四郎——十一郎——十五郎——三十郎——百大郎——元二郎——百三郎——千一郎与万七郎。

上杭《走进客家》：宋朝年间，龚百十一郎，居住胜运里黄潭村竹园里（今蓝溪镇黄潭村），姚伍氏，生九子，裔孙分衍福建上杭、石狮、江西分宜、安远、广东梅县等地。

云霄《龚氏祖谱》记载："元至大元年（1310）前后，龚茂良后裔少齐相率20人，由漳州府龙眼营迁徙云霄定居，龚少齐为云霄开基祖。"宁化龚氏宋、元时期为旺族。明时，官宦、学者不少。龚廷琇，官任黄陂主簿；龚炳，为按察司经历；龚显球为泸州卫经历。明、清后大量外迁。现主要居住地为翠江、城南、河龙、水茜、安远等乡镇。

据《福建通志》所载，福建、广东龚姓宗族大多尊南宋淳熙年间参知政事龚茂良为其始祖。南宋，莆田华亭园头龚氏家族兴旺繁盛，蔚成巨族。龚遂良、龚茂良、龚梦良三兄弟，俱登科场。莆田龚姓首登科第者为龚茂良，字实之，莆田县龚屯人，南宋高宗绍兴八年，登黄公度榜进士第，宋淳熙元年（1174），官拜参知政事兼权吏部尚书，迁城关义井街和美巷居住。

宋著名学者陈宓《告院龚公墓志铭》记"公讳堪，字少任，八世祖縡，钱塘入闽为兴化军人。祖讳茂良，淳熙中参预大政……。"龚遂良，南宋绍兴三十年（1160），登梁克家榜进士第；弟龚茂良，进士及第；弟龚梦良，南宋绍兴十八年（1148），登王佐榜进士第，官筠州司户参军；从弟龚史良，南宋淳熙二年（1173），登进士第，官归善知县；其弟龚友良，南宋淳熙五年（1178），登进士第，官授龙岩县尉。龚茂良子龚政，莆田城内人，以父荫任承奉郎监泉州市航务，历知惠安、汀州等；龚茂良孙龚堪，以祖遗恩授承务郎监南安盐税。明代，龚与时，明洪武四年（1371）进士及第，官广东行省检坟；龚云从，嘉靖十六年（1537）乡试考取举人，二十年（1541）进士及第，官南京户部员外郎；龚兆云，万历三十七年（1609）乡试考取举人，官高州推官。

据清康熙年间莆田《龚氏族谱》载：莆田龚姓出自晋代隐士龚玄之伯从侄龚黎，龚黎子龚祈，世居汉寿（今湖南常德），此地属武陵郡，故龚姓古代家族发祥地为武陵郡。泉州《沙堤蓬莱龚氏家谱》记载：今石狮永宁镇沙堤村龚氏因王潮自固始入闽，遂卜居于龚山。泉州《西偏西房龚氏家乘》记载：今石狮永宁镇西偏村龚氏始祖龚十三，自光州固始首居晋江之龚山，以后分居沙堤、南塘、西偏等村。

福建翁姓分支而出的龚姓，在当地形成望族（以"六桂"为堂号），更为福建龚姓的发展注入新的源泉。

福建龚姓武陵郡堂号宗脉三大支脉：闽北愈公派衍；闽南茂良公支脉；闽东临公之子良公、载公、庆公、厚公支脉。人口68341人：其中福州市8038人、厦门市6234人、莆田市5021人、三明市2524人、泉州市16945人、漳州市2882人、南平市11884人、龙岩市4236人、宁德市10677人。人口较多的市县依次是寿宁县5837人、石狮市5401人、晋江市3675人、安溪县3191人、光泽县3124人、建瓯市2341人、邵武市2095人、湖里区2061人、惠安县1808人、上杭县1745人、思明区1697人、建阳市1687人、蕉城区1534人、福安市1502人、晋安区1386人、鼓楼区1132人、仓山区1058人、长汀县1034人。

【入垦台湾】

明至清代，福建龚姓族人渡海迁入台湾，现多居住在台湾的高雄县、台北市、屏东县、嘉义县、高雄市、嘉义市等地区，其中尤以高雄林园、嘉义太保、屏东恒春和台北市松山区为众。明清二代，除明郑时期安溪龚姓族人随郑成功入台外，乾隆五年，府城（台南）绅士庶立诺公穆布甘棠遗爱碑记时，即有生员龚帝臣者参与，四十二年（1777），台湾府城西定下坊坊长为龚文中，五十年（1785），龚合源居今屏东里港，与乡民同立吕分县德政碑。台湾高山族同胞中也有龚姓。

【祠堂古迹】

云霄龚姓益宝山祖祠，位于云霄县莆美镇益宝村。建于清乾隆初，为二进三开间，悬山顶的土木结构，为云霄龚氏总祠。

泉州龚氏宗祠，位于古榕巷后街埕，建于清同治（1862—1871）年间，占地约两亩，坐南朝北。

光泽龚氏"大夫第"，又称"太史第"。位于光泽县寨里镇山头村。因主人龚文焕、龚文炳、龚文辉三兄弟连登进士，入选翰林而称。占地面积36亩，建筑面积15亩。

寿宁南阳龚氏祖祠，始建于宋代。龚氏载公迁移福建省寿宁县南阳成为始祖，至今1016年历史，占地2000多平米四进祖祠。

【郡望堂号】

武陵郡：最早出现在西汉初年。西汉武陵郡治，历来有二说：一曰治索县，二曰治义陵。

六桂堂：指"六姓联芳"之誉称，隋代治所在闽县（今福州市），唐代移治晋江（今福建省泉州市）。

中隐堂：宋朝时候龚宗元任句容县令。他在破案、挖掘藏犯、追捕逃犯上，像神仙一样。有一次，为政酷苛的杨弘（隋文帝的弟弟）奉旨到各地视察。但当他到句容边境时，却对人说："这里已被龚先生治理得很好啦，我再去，不是徒找麻烦打扰他吗？"于是没入境就到别处去了。龚宗元官至都员外郎，退休后建了一座"中隐堂"。朝野上下都赞他是"耆德"（年高有德）。

此外，龚姓的主要堂号还有六桂堂、中隐堂、耕读堂、渤海堂等。

【楹联典故】

武陵世第渤海家声；抚循异迹行谊纯修。

姓启炎帝；望出武陵。

——龚姓宗祠通用联。全联典指龚姓的源流和郡望。

抚循异迹；行谊纯修。

——龚姓宗祠通用联。上联典指汉代水衡都尉龚遂为渤海太守。至任所，悉罢捕盗之吏，劝民务农桑，一郡大治。下联典指宋代学者龚郯。龚郯，字墨伯，师承朱熹，不务口耳，一意躬行。

武陵世第；渤海家声。

——龚姓宗祠通用联。此联为龚姓宗祠"武陵堂"堂联。

读书先审器；稽古有遥源。

偷闲颇异凡夫法；著书先成不朽功。

——龚自珍撰龚姓宗祠通用联。此联为清代思想家、文学家龚自珍诗句联。

【族谱文献】

闽台龚氏族谱中最著名是《中华龚氏·福建寿宁誌乘》上、中、下三册，根据明代南阳老谱修撰，分凡例、序、龚氏源流、繁衍迁徙、生计 墓葬、宗祠 谱牒、艺文、文物古迹、人物等章节。闽东临公之子良公、载公、庆公、厚公支脉。其中迁移寿宁始祖龚载公至今1015年历史，龚载公后裔遍布闽东、浙南、台湾等地。

【昭穆字辈】

1。石狮沙堤字辈：

名行：延懋丕一云，邦仕必善希（文），志大承丕显；诗书万象亨，观光咸利用，忠厚保元贞；

字行：则由汝迪＊，思见体候人，士以文为上；斯称华国贤，簪缨＊世德，踵武子孙延（＊原稿缺字）；

——乾隆十八年（1753）诸子孙公订

2. 福建晋江

侨臣中迪，克绍有光，钦纯贻谋，奕绪延绵。

——《南宋名相龚茂良》（1998年出版）

第三十八节 辜姓

辜姓是一个多源流的姓氏群体，但在今中国大陆的姓氏排行榜上未列入前500位，在台湾省则名列第123位，多以晋江、惠安、彰化为郡望。

【渊源】

1. 源于子姓，出自唐朝时期江南道观察使林正，属于帝王赐姓改姓为氏。辜氏始祖为林正，字达中，生于隋炀帝大业六年（公元610），原姓林，为殷商比干之子林坚的后裔，闽晋安林氏始祖林禄之十三世裔孙林孝诚（字允谦）之孙。其家世居福建莆田太平村永定里（今福建莆田尊贤里北螺村）。林正在22岁中举人，在唐太宗李世民贞观八年（634）甲午科进士及第，授江南道观察使。林正在任期间励精图治、兴学校、除苛政、廉政爱民，是应贞观之治。

唐贞观十五年（641），江南道大旱，民不聊生。林正悯民饥苦，不及禀奏朝廷，便毅然下令开官仓放粮赈济饥民。当地豪绅乘机构陷，事闻于朝，唐太宗起初大怒，诏令将林正逮捕下狱法办。江西百姓闻讯，不忍林正蒙受冤屈，联名上万民表与朝廷，代其辩冤。唐太宗派人调查，方知林正真的是个清官，是坏人对他罗织构陷，便即下诏放林正出狱，并传他上京陛见。陛见之后，唐太宗先对林正进行一番抚慰，又自我检讨，说："卿乃无辜受罪，今赐卿姓为'辜'。"唐太宗虽然贤明，但仍脱不了动不动就给臣属赐姓的习惯，不过以往都是对有功之臣赐以李姓以表示亲近。这一次，因为林正差一点无辜丧命，因此就赐他以辜为姓，昭其"辛苦"之德，合二字为一，是为"辜"氏，是为该支林氏辜姓的始祖。在起初，大家还是以"辜林"称呼这个新生的姓氏，对林正也是以"辜林正"称呼之，后来就干脆把林字去掉了。林正成为辜正，成为辜氏得姓始祖。帝王赐姓，全族荣耀，因此该支林氏家族皆改为辜氏，世代相传至今。辜正告老后，没有回莆田老家，而是继续定居于江西南昌地区。在他逝世后，当地百姓为其建嘉德祠以表怀念。辜氏族人大多尊奉辜正（林正）为得姓始祖。

2. 源于妫姓，出自宋朝时期福建厦门同安陈氏渔民，属于避难改姓为氏。该支辜氏先祖本姓陈，世代在福建厦门同安捕鱼为生。到陈敦源时，因酒醉失手伤人，为避官府缉拿，携带家眷远渡南洋，最后在马来半岛的槟榔屿落户，成为伐榛辟莽、开垦这块蛮荒之地的华人前驱，旅居时间比英国人还早。事过境迁，陈敦源痛定思痛，罪疚之心难以释怀，于是干脆改姓"辜"，以示悔罪之意，从此传下一支辜氏家族。在辜敦源（陈敦源）的后裔子孙中，有清末民初拥有13个博士头衔的著名北京大学教授辜鸿铭。

3. 源于官位，出自西周时期祭祀执疈辜，属于以官职称谓为氏。执疈辜，简称执疈或执辜，是西周初期就设有的一种官职，专职掌管在盛大祭祀活动中对牺牲的处置，隶属于春官府司管辖。"辜"，在古代祭祀时分裂牲畜肢体的过程就称作"辜"，也就是"磔"；而"疈"，则是剖开牲畜身体的过程，与"副"的含义是一样的。因此，执疈辜实际上就是官家屠夫的官称，只不过执疈辜只负责宗室祭祀活动中的牺牲宰杀、处置，并按规定和要求将牺牲的各个部位予以剖解，安置在祭祀台上的指定位置，且非常受社会上人们的尊畏，称执疈辜氏、执疈氏、执辜氏，后皆省文简改为单姓执氏、疈氏、辜氏、宰氏、屠氏等，世代相传至今，是非常古早的姓氏之一。

【得姓始祖】

林正（林达中）、陈敦源。

【入闽迁徙】

弘道年，唐高宗帝崩。正公思念成疾，不幸逝世于弘道癸未元年（683）十一月十九日辰时，葬在莆田紫霄岩三台石畔，享年74岁。灯号为"唐皇赐姓"，堂号"晋安堂"，祖祠"嘉德祠"。

赞曰：伟哉正公，德望功丰。比干英烈，林坚

闽台寻根大典

愚忠。效诚纯良，晋安淳风。勤政廉洁，保唐有功。励精图治，黎民尊崇。太宗隆恩，嘉德锡封。赐为辜姓，万世同宗。

辜（林）正传至四世，有辜源、辜澜两兄弟，均为唐朝开元年间进士。兄弟皆曾赴福建为官，以闽中乃其祖籍，相约回闽定居。

辜源居福建南安罗溪，辜澜居福建漳州磁窑乡。

辜源传子辜桓，逝世后葬于福建同安县白礁文圃山。

辜桓有子四人，分四个房系，统称白礁辜。二房、三房先后向永春、泉州、惠安等地播迁，又于清朝康熙年间迁台湾。迁泉州的是辜桓二房派下，辜正第十五世裔孙辜志明，南宋初期居泉州打锡巷。其族谱记载：其后子孙向潮州、台湾彰化等地播迁。

泉州却是辜姓人的主要居住地，许多辜姓名人都是从泉州走出去的。如清末民初北京大学的著名怪教授辜鸿铭、现在仍在台湾政坛和商界十分活跃的辜振甫、辜伟甫兄弟的祖籍就皆是福建泉州，辜振甫曾任台湾海基会主席，辜伟甫是台湾数家大公司的董事长。辜氏兄弟是辜正的第31代裔孙。所以，潮汕辜氏应该是迁自泉州而非迁自莆田。潮汕辜氏与台湾辜氏是同根同源，因为天下就只有这一支辜氏。

目前福建辜姓主要聚居泉州，人约6000人。分布泉州市区、晋江市、永春县、南安市、惠安县，永春最多，其次是惠安县，再次是南安城关和泉州城区，此外分布漳州市。

【入垦台湾】

台湾最集中的是台湾省的彰化、台北，高雄、基隆、台南、台中都有分布。台湾高山族同胞中也有辜姓。台湾辜姓主要为福建泉州籍。辜振甫（1917—2005），辜振甫先生字公亮，台湾彰化鹿港人，祖籍福建惠安县。著名台湾海基会主席。台湾最大水泥企业集团及中国信托企业集团核心人物。著名台湾资本家。

【郡望堂号】

豫章郡：亦称南昌府、南昌郡。

晋安郡：亦称晋江，是1980年以前大泉州的通称，原来的泉州仅指鲤城区一地。

【祠堂古迹】

永春辜氏宗祠，又称"嘉德祠"，位于永春县五里街镇儒林村的金峰山下。

螺阳镇辜氏宗祠，位于惠安县螺阳镇上坂，1999年春重建。

【族谱文献】

台湾彰化辜氏族谱，笔者待考，民国年间木刻活字印本。现被收藏在台湾省彰化县鹿港辜氏宗祠。中华辜氏源流总汇，（现代）辜家贵主编、辜振甫题字作序，1997年重修，2002年计算机激光照排胶印本。公开发行。

【昭穆字辈】

福建惠安辜氏字辈："庭守成大君伯子男伦行克敦光世泽叔光绪启后昆温勤让贻谋远益荣昌"。注：与浦尾浯浦陈氏字辈一致。

福建南安东田、丰州、台湾彰化辜氏字辈："继禹芝道文章振华国诗礼传家风"。

广东雷州辜氏字辈："明开启鸿德玉文昌家培梓（子）茂"。

第三十九节　古　姓

古姓人口在中国大陆没有列入前100位。在台湾排名第69位。

【渊源】

1. 出自姬姓。周族先祖古公亶父的后代子孙，以古为氏。

2. 出自苦成氏（参见词条郤雠）。周代有大夫受封于苦城（今河南省鹿邑），其后人以讹音古成为氏，以后去成单姓古，称古氏。

3. 出自南北朝时北魏鲜卑族吐奚氏。后魏吐奚氏入中原后逐渐与汉文化融合，改为单姓古氏。

4. 出自回族。自唐初进入中国于天宝十四载（755）任大将军的古都白丁后裔有姓古。其先古都白丁初在新安郡（今安徽新安江流域、祁门及江西婺源等地），北宋时迁至扬州。古氏原有家谱，历三十三世，后毁于兵难。在明代时，扬州还有一回族收藏家也姓古。古姓回族主要分布在江苏和河南地区。同时，古姓也为回族姓氏之一，主要分布在云南等地。

5. 源自"姑发氏"。古姓来自吴国泰伯弟仲雍次子旻，吴国被卧薪尝胆的越王勾践灭国，吴王室逃亡一蹶不振，从此改姓隐居，春秋后期受男尊女卑思想的影响，由"姑发氏"改为"古氏"。

6. 源于苗族，属于汉化改姓为氏。苗族古氏主要居住在贵州省修文县、云南省河口县、屏边县、文山县及越南。源于蒙古族、满族、高山族，属于汉化改姓为氏。

【得姓始祖】

古公亶父，姬姓，名亶，是轩辕黄帝第十五世孙、周祖后稷的第十二世孙，豳（今陕西旬邑）人。上古周族的杰出领袖，周文王祖父，周王朝的奠基人，在周人发展史上是一个上承后稷、公刘之伟业，下启文王、武王之盛世的关键人物，是一位远见卓识的政治家、改革家、军事家，历史上的著名贤王，史称西伯君主。周武王姬发建立周朝时，追谥他为"周太王"。

【入闽迁徙】

据清举人丘荷公主编《上杭县志·氏族志》载："古氏，新安郡，周太王古公之后，因以为氏。"新安为古姓远祖居地，这个远祖就是北魏吏部尚书、宰相古弼。上杭古姓，人口不多。民国《上杭县志·氏族志》云："县东安乡有古姓十数户。"这些"安乡"古氏住的村子——马祖滩，现已改属临城黄竹行政村所辖。20来户村民，务农为业。他们由于历史变迁，只知道远祖源于新安郡，其他无谱可依。

宋、元时期，宁化就有古氏入迁定居，后又陆续外迁，在古石壁盆地至今仍保留有以古氏命名的村庄古坑村。二十世纪三四十年代，又有古姓从广东返迁宁化县城及安远等乡镇。古氏迁台，发生于清康熙年间。康熙六十年（1721），朱一贵起义以反清复明相号召，称"大明重兴元帅"时，就有古氏从广东五华来台开基，其中义民古兰伯、古芬兴等就居住下淡水港东西二里处。至乾隆年间，又有一支古氏从泉州移台，初居今桃园县龙潭坡，后迁住台北、台东、新竹等地。多分布于台湾的台北、台东、新竹等地。

【入垦台湾】

台湾岛上古姓有来自大陆的汉族和世居本岛宜兰、花莲县的高山族。从台湾古氏现存族谱中已调查出最早去台湾的时间是清康熙四十七年（1707）。而自大陆迁往台湾的，可划分为两个时期：一是台湾光复前，即1945年之前；一是光复后，即1945年日本投降之后。居于岛上的古姓，祖籍或原籍在广东省的有90%，且大部分是客家人。1995年，古小彬与台湾中山科学研究院的古国瑞先生合作，决定编辑古氏文献丛书第二部——《古氏渊源暨分支》，古小彬负责大陆各地的采访工作，古国瑞负责台湾全岛的采访，并多次晤面交流意见。经古国瑞先生全台采访而得的不完全统计，在台湾光复前古姓迁去开基的约有 160 多人。其中福建省平和县 1 人、广东省梅县 40 余人、广东省五华县 74 人、广东省蕉岭县近 40 人、广东省陆丰县 4 人、广东省惠来县 1 人。聚居在花莲县、宜兰县等地的高山族古姓，是在台湾令高山族冠汉姓时才出现的。台湾，现聚居着古姓 30000 余人（1978 年统计时有 20000 余人），在台湾姓氏排名中列为第 69 位，更是"客家人"的第 24 大姓。人口遍布岛内各县市，尤以桃园、新竹、苗栗、台中为最。

【郡望堂号】

古氏望出新安郡。新安堂：源自北魏吏部尚书、宰相古弼。他世居代州（今山西省代县）《魏书·地形志》载："代州有新安郡。"古弼子孙繁衍，成为当地旺族，古氏遂以"新安"为堂号。古姓的主要堂号还有"国宝堂"等。

【楹联典故】

源自亶父；望出新安。

——佚名撰古姓宗祠通用联。

乡贤世泽；国宝家声。

——佚名撰古姓宗祠通用联。此联为古氏宗祠"国宝堂"堂联。

【族谱文献】

在南方以唐末山西古云应为南迁始祖的族谱中，要数广东省梅州市梅县区（旧称程乡县）和五华县（旧称长乐县）的《古氏族谱》较为完整、全面。《台湾·绘图古氏宗谱历代全书》一卷，手抄本，1915 年古定青编，现存台湾中坜市。《苗栗·古氏族谱》一卷，1921 年手抄本，现存台湾苗栗县铜锣乡。《古氏族谱》一卷，手抄本，1935 年古关琏编，现存台湾苗栗县。《龙潭古氏族谱》一册，印刷本，1952 年古德，清朝古阿振编，现存台湾台中。《台北·古氏宗谱》一册，印刷本，1972 年古焕谟、古贵训编，现存台湾台北市。《竹北·古氏宗谱》一册，印刷本，1977 年古廷旺编，现存台湾新竹市竹北。《新安堂古氏宗谱画集》一册，印刷本，1982 年古焕谟编，现存台湾台北市。《杨梅·古氏历代世系表》一册，印刷本，1981 年古秀海编，现存台湾桃园县杨梅。

第四十节 关 姓

关姓人口约 140 万余，占全国人口总数的 0.09% 左右。在现今中国大陆姓氏人口排列位于第 153 位。在台湾排 140 位。

【渊源】

1. 源自颛顼帝的后裔关龙氏。颛顼帝是黄帝的孙子，有圣德，为五帝之一。帝舜时，颛顼的后裔董父为舜养龙，被赐为豢龙氏。上古时豢与关二字互相通用，所以豢龙氏又写作关龙氏。到夏朝末年夏桀在位时期，他荒淫无度，不理朝政。大夫关龙逄苦苦劝谏，反被杀害。后来关龙逄的后人把姓简化为关氏，并尊关龙逄为关姓的始祖。夏人的活动范围主要在河南、山西等黄河中下游地区。夏朝的国都曾设于安邑，亦即现在的山西省夏县北方。据说，关姓的始祖关龙逄，便是当时的安邑人。换言之，关姓家族的发源地也就在这里。

2. 春秋时期关尹喜的后人，以官名为氏。关尹即守关的关令。春秋时期老子见周王室衰败，欲离开周地西游，走至函谷关时，负责守函谷关的关尹喜非常景仰老子的学问，再三请求老子为其著书。老子就写了《道德经》，阐述了其哲学思想。传说喜将此书传播于世后，也随老子成仙而去。喜的后人就以其官名为氏，称关姓。据说，这一支关姓主要是繁衍于山东、江苏的交界之处。

3. 一些少数民族改姓为关。今满、蒙古、土家、壮、回等民族均有此姓。

【得姓始祖】

关龙逄，夏朝末年的著名贤臣，夏桀时之大夫，为有史关姓第一人，是关姓鼻祖，高阳氏之后，山西省解州安邑人（今山西省运城市安邑）。夏帝桀暴虐荒淫，用酒作池，酒糟堆成小山，他在旁边通晓畅饮，不理政事。他为官正派，刚直不阿，敢于犯颜直谏，触怒了夏桀，结果被囚禁起来，遭受了"炮烙之刑"，但由于他敢为民请命，勇于犯上死谏，千百年来一直为人们所拥戴，彪炳史册的诤臣，

被誉为"死谏开先第一人"。在长垣县城东南 10 公里处的龙相村，原有一座大墓，据传是夏朝末年犯颜直谏的忠臣关龙逄的陵墓。

【入闽迁徙】

福建关姓，据史志记载，首自唐代，关长信于贞观十年（636）任泉州刺史，十一年（637）任福州刺史（籍贯及去向均不明）。

唐广明年间（880—881），有河南光州固始关姓，随王潮、王审知兄弟起义入闽，后定居于福州之乌石山麓，可惜其后宋、元的历史失传。至元末，由福州乌石山迁至宁德市之浦源（七都），后由关肇迹带三子霍、鹰、璺迁至六都河源，霍公后裔留在河墩，有的迁居宁德城关及霞浦县溪南镇。鹰公迁居洋中，璺公居沙坪乡。

后唐时（923—936），福建省莆田县有关斌字文质一支，其祖籍无法辨考，在莆田已传至十六世，其十五世中之世日、世清二人，迁居浙江永康之岘川，只传世日一支。而其在莆田的十六世人及其傅人至今未见踪迹。

宋初，邵武府建宁县（或作建宁府瓯宁县）的关景器，任左春坊中允，被诬贬守冈州为州同，秩满定居于现新会谈雅里，其后代有迁居开平者；其伯兄景敏，仲兄景尹随迁，景敏卜居南海九江乡，景尹卜居顺德黄连乡（据广东关氏族谱），即现在广东省西、南各地关裔。

怀安关韶，大观三年（1109）进士，任安邱簿，其从曾孙文通（闽侯）于淳熙二年（1175）进士。关唐任福宁州长溪县县丞。福清之关翼龙，咸淳三年（1267）幸学出官，长乐的林佳成妻关氏，该五人已无法查清具体支系，前三人疑与固始一支有关。

浙江的关希声（会稽）皇佑末为长乐令，关景山（钱塘）元佑间（1089）福州鼓山（1090）乌山有其题名。关咏嘉佑八年（1063）以太常少卿知泉州，兼提举市舶司监舶务。

宁德关肇迹支系，600多年来繁衍至今，分布在闽东宁德市的浦源（七都）、河墘、沙坪、斗姥、福安市的迭石（秦坎）、霞浦县的溪南、下砚、古田县的杉洋以及闽北的沙县，浦城县的莲塘、锦城等市、县的32个乡、镇。

尤溪关氏迁浙江省临海宗支。关洪于明正统十三年（1448）由福建省延平府尤溪县迁入浙江省临海市、现住于大田街道寺后村约250人，永丰镇吕山店村约百人，大洋街道双桥村洋头下自然村人口不详，涌泉镇管岙村约150人。

霞浦县长春镇后洋村关姓，据口传系从天津府徙居后洋的至今300余年，第一世为祭英，现有18户92人，相跨四世，原无谱，1980年始建谱，昭穆排字第二世起，用：友高起兴枝，贤廷云庆德，文家友仁羲，永发大昌期。

莆田县华亭镇瀬厝关尾关姓，开族何人、何时迁入均不详，传说为先祖打死权贵避难至关尾。鼎盛时达299人，后因灾祸迁至半山暂住田庄，尔后逐步迁到山下瀬厝定居。至今可上溯七世，不少人出赘当地周、黄等姓，后裔姓关者寥寥，少数迁居莆田县城，一户迁居建阳黄坑镇。

莆田江口蒲坂关氏入莆始祖六十七公（名元棠，任兴化路海防府同知）、六十八公（名元荣，任浙江行省参政）兄弟两人弃官及其子五十二、五十三两人计两代四人，于明洪武二年（1369）避乱隐名，定居于霞溪之坂（原名下坂）名其乡为蒲坂，以示不忘山西蒲坂故土。现分五大房八个分支，已繁衍至廿四世万余人，为江口镇四大姓之一。集居于园顶、园下、顶坡、后郑、桥尾（福清新厝镇）几村的全部或大部分，及周边的塘翰、林埔、上陂、后俞、东山、郑坂、江口街的塔兜、观前、后枯、涵江、常太、荔城区（赤柱、县巷、大路、书仓巷）、福清市的漆林、江兜、灶、蒜领、渔溪、宏路、城关，福州市区、罗源县城关、霞浦县宝福乡石坝塘等村点。还有移民至建阳、建瓯、邵武、武夷山市。现移居我国的香港、澳门、台湾和国外的人口比例，已经超过在乡的，在乡人口约六七千人。

明清时期，关姓分布于福建之闽县、怀安、侯官、长乐、宁德、霞浦、泉州、莆田、光泽、浦城、诏安、东山等12个市县。

现代,关姓分布于全省之福州、闽侯、罗源、宁德、霞浦、古田、寿宁、南平、松溪、浦城、邵武、光泽、顺昌、建瓯、建阳、武夷山、三明、沙县、清流、龙岩、漳平、永定、漳州、龙海、华安、平和、东山、厦门、泉州、晋江、德化、永春、南安、莆田、仙游等35个市县，占全省68个市县的半数。

【入垦台湾】

明末清初，郑成功收复台湾时，就有关姓将士入台驻守，后定居于当地。清政府统一台湾后又有不少关姓人从福建、广东等沿海地区迁居台湾。现在关姓子孙已广泛分布全国各地，并流播海外。莆田关姓最早去台湾约在清末。主要是从军从政，或经商求学，铸就出一些有成就的人物。关仲乐，民国时留学美国，获库鲁大学商科学士，哥伦比亚大学经济学博士。专长银行业务，历任广西大学经济系、广西省立医学院、江苏省立学院银行系、福建学院、台湾大学经济系教授。亦曾任广西省建设厅主任秘书、台湾煤矿公司业务部主任、台湾西螺桥工程处总务主任。关承永，原台北关姓宗亲会理事长，原空军上校（已退休）。关承永长子，海军陆战队少将（已退休），现任台北关姓宗亲会理事长。以上均为莆田祖籍。台湾人口排名第140位，人口分布密度依次为台北、高雄、台中、基隆河台南。

【郡望堂号】

陇西郡：战国时秦昭襄王二十七年（前280）置郡，相当于今甘肃省东乡、临洮一带。

东海郡：有二处。汉代东海郡在今山东省郯城一带。东魏及隋唐时代的东海郡，相当于今江苏省东海县以东、淮水以北地区。

忠义堂：宋朝时候，丰有俊先后为扬州府和镇江两处侯。督荆州，为前将军。东吴孙权偷袭荆州，关羽腹背受敌，壮烈殉汉。谥壮缪，封武安王，明朝时又追封为"协天护国忠义大帝"。所以关氏又称"忠义堂"。民国三年（1914），明令与岳飞合祀武庙，称"武圣人"。

【楹联典故】

百代宗持蒲坂溯源远；万家灯火霞溪世泽长。

——这是福建莆田蒲坂关氏中堂联。

蒲渚源长奕世绵瓜绵瓞；瑂峰秀发清时为凤为麟。

——这是福建莆田蒲坂关氏正堂对联。

兄玄德，弟翼德，德兄德弟，师卧龙，友子龙，龙师龙友：横批"三晋一夫"。

——这是新加坡关帝庙的对联。

六载固金汤，问何人忽坏长城，孤注空教躬尽瘁；双忠同坎坛，闻异类亦钦伟节，归魂相送面如生。横批"我不如你"。

——这是林则徐写给关天培的挽联。

【族谱文献】

福建莆田蒲坂关氏族谱，（现代）关永辉总编，1998年计算机激光排印本一册。原稿现被收藏在福建省莆田市涵江区江口镇蒲坂关氏宗祠。

第四十一节 官姓、上官姓

官，原姓上官，官姓（上官）是一个典型的南方姓氏，官姓是当今中国姓氏排行第274位的姓氏，人口较多，约占全国汉族人口的0.02%。在福建排名第90位。官姓在台湾排名第112位，上官在台湾排名392位。

【源流】

1. 出自周代，以官职名姓。据《姓源》所载，周大夫刘定公夏为官师（官吏之长），其后以官为氏。《左传》载，官姓出自周代朝臣命官之后，以官职为氏。据《姓氏考略》载："据官有世功，邑亦如之，古人以官命族，故有官氏。"意谓古人有一氏族因先世为官建功，便以"官"命族姓，故知"官"姓始见于春秋时期，历传迄今。

2. 出自官族。据《姓苑》《左传》所载，周代对于有功于朝廷的官员，封邑长久保存，成为官族，遂形成官姓。

3. 改姓而来。谱记载：两宋时期有70多名在朝为官，元灭宋时，族人因鼎革兵燹而颠沛流离，散处他乡，在这时改为"官"字隐姓埋名。据1976年台东所修《官氏族谱》所载，解良（今山西运城）人关膺，于黄巢起义时避居福建宁化石壁，改姓官。

4. 出自他族。新疆锡伯族官加（关佳）氏汉姓为官；今满、蒙古、藏、仫佬、彝等民族均有官姓。

5. 上官姓源流单纯，源出芈姓，春秋时楚国有上官大夫，其后以邑名为氏。春秋时，楚怀王封他的小儿子兰为上官邑（今河南省滑县东南）大夫，在公子兰的后裔子孙众，有以先祖的封号为姓氏者，称上官氏，后又改为单姓官氏。

【得姓始祖】

1. 得姓始祖刘定公夏。周代人，周大夫刘康（一说为刘康公）之子。刘康史无记载，刘康公为春秋时人，其事迹见于《左传》。刘定公夏可能夏为其名，其他不详，后世官姓有尊其为始祖的。

2. 上官子兰。上官氏有简为官氏者天水堂上官氏。天水郡之官系是由上官姓人省略上字简化而来的官姓，其始祖与上官姓始祖相同，都尊战国时期楚国令尹上官子兰公为始祖。 古代春秋时期，楚国有处地名叫上官，就在现今河南滑县东南一带。那时楚国楚怀王将他的小儿子封为上官大夫。这位公子名叫子兰，他的子孙就居住在上官地方，后来以地名为姓，形成了上官姓。故上官氏的始祖就是子兰。

【入闽迁徙】

官姓得姓于北方的姓氏后世却昌盛于南方。唐末纷扰，逼得中原民众大举南迁，上官氏的先人就迁到了福建的邵武。

又记其之七世孙谓资，封为侍恒帝官拜谏议大夫。因谏李之事逐致仕而归，生一子兼。兼生一子胜。胜为蜀太尉，生二子光、茂（兄弟分为东西二派祖）。光（为东派祖）是我官姓始祖，生一子谓严。茂（为西派祖） 严（光之子）晋黄门侍郎，生一子会。会，符秦辅国将军，生一子莱。莱为避慕容秉之乱居洛阳，生一子谟。谟，生一子回。回，生一子贤。贤，汾州太守，生一子谓宏。宏，隋唐江都官总监，生一子谓仪。仪，唐追封为楚国公为古谱一世。妻杨氏居天水郡生二子庭芝、庭璋，以此入闽。

按照邵武《上宫官氏族谱》序：入闽开基始祖偕公，"上官偕于唐元和四年（809）及第进士，由陕入闽，官拜福州户曹参军，定居福州"。建宅于福州城内塔巷（今文兴里），坐南向北，后为我氏族会城宗祠，正门有"上官氏宗祠"匾额。"偕公生四子，幼子丁道迁居邵武，自此后400年，上官氏进入鼎盛时期，邵武上官凝为铜陵校尉，上官均、上官恢、上官怡祖孙三代，试太学居第一，纶缨不断，冠盖相连，朝官显臣层出不穷。光泽人上官超，时为孝子。后裔旺盛遍居闽西北，由邵武至宁化，宁化至清流，清流至汀州。""偕公为江南诸省、港、澳、

第二章

台，以及东南亚等地上官氏及由上官衍生官氏之开基祖。""明朝时念七郎定居于汀州府上杭县余枣堂。据《泗洋官氏族谱》记载，一世祖念七郎，妣陈氏三娘，传二世原福，三世张腾，四世祖恭，五世臧祷，六世公政，七世日荣、日兰、日贵。日贵公妣许氏生四子，即八世寿宁、寿兴、寿福、寿禄，约清顺治年间，八世四子一并南迁，长子寿宁居福清金芝，次子寿兴居福清洋下，三子寿福居莆田新县镇薛洋，四子寿禄居水泊亭下。"

三十四世闽始祖偕公，字志能，煜公子，唐宪宗元和四年（809）己丑科登进士第，由陕入闽任福州户曹参军并定居福州，卒葬福州闽县鼓山则岌岗，妣刘氏诰赠夫人。子四：大道、辛道、丙道居福州，丁道迁邵武光泽上乡。

三十五世闽二世祖丁道公，偕公幼子，唐太和三年（829）始迁光泽上乡永宁里，妣陈氏，子二：岳、峰。

三十六世闽三世祖岳公，丁道公长子，仕唐文宗（826—840）任镇南将军，加封孝廉方正。晚年迁居邵武（即樵川）禾坪（今邵武市和平镇前山坪），为邵武禾坪开基祖。妣魏氏卒葬光泽南门陈家凹。

继妣郭氏，子五：器、豪、霸、泊、庞。霸公子逢公传特卿，卿传璞公，璞公传德迎，迎传善诱和开宝，其后代在光泽、沙县、三元、梅列一带繁衍。

邵武市现有2000多人姓官、身份证、户口本都写姓官。邵武官姓在各个朝代，有人写姓官，也有人写姓上官。但在皇帝的诰命书中都写"上官"，如"上官凝、上官郁"等。据传，宋末元初福建邵武上官家族，几次被灭族才造成改性导致至今人丁不旺。这说明官姓与上官姓有其共源性和互通性的。而皇上则尊重古制依然写姓"上官"。《福建邵武和平上官氏宗谱》自北宋建中靖国元年（1101）至民国十九年（1930）共历12修，现已13修。

据《安溪县志》载，宋高宗建炎年间（1127—1130）或绍兴年间（1131—1162），十六郎公自福建上杭武彭坊迁徙入清溪县（今安溪县）还二里，肇基于福春村，是为安溪上官氏一世祖。相传十六郎生三子。长，大五郎失传；次，大六郎外迁（这

支系先迁漳州再泉州后转迁永春下洋镇《文书堂》，现有人口三百多人，现姓江，但每年都有回福春参加祭祖）；季，大九郎留守福春，繁衍生息至九世分三房：长念八，衍寨兜、水缸、尾园；次念九，衍西岭、和春、河图、岭西；季念十，迁徙永春苏坑。

宋元明时期，官氏常见于宁化、建宁、沙县等闽西北地区邵武和平一带。史书记载：明代，福建长汀出了官谦，明永乐中知汝州，招抚流民有方，秩满，吏民思慕不已。还有，明代学者官寅，福建顺昌人，嘉靖间由贡生教授嘉兴，后学深受其益。代理平湖县事，清介不染。有《枝言缶声集》。明代官吏官希稷，福建光泽人，万历间以恩贡为嘉兴府通判，能为民兴利除害。岁饥，发粟赈民，全活甚众。清代学者官献瑶：福建安溪人，乾隆四年（1739）进士，历任三礼馆纂修、编修，广西、陕甘等地学政，司经局洗马等官。笃好经学，乃蔡世远、方苞之高足，著有《读易偶记》《尚书偶记》《春秋传习录》、《石溪文集》。清代学者官崇，福建侯官（今福州）人，乾隆四十四年（1779）举人，治古文，著有《志斋文钞》。

宋元之际，在今河南、山西、山东、陕西等北方省份均有官姓人家，而在南方的四川、浙江、江苏、安徽、福建、湖北、湖南、广东等省份。

族谱记载：和平上官家族系东祖上官先之后裔，东祖生子名岩（东祖：即指迁居东都洛阳的东阳祖）楚怀王的少子，予兰公是开姓始祖。因子兰公被封为上官邑大夫，子孙遂以上官为姓。后人简称为上姓或官姓。邵武和平上官家谱把仪祖定为一世祖。六世祖：偕祖，字志行。唐元和四年（809）以进士为福州户曹，子孙因此而居闽。七世祖、丁遒祖始迁邵武，当时居光泽（原光泽属邵武县管辖）；八世祖岳祖生子五，始迁和平（其中岳祖第四子泊居和平）为和平上官氏之始祖。广东普宁市官氏、大埔县官氏的祖先是从福建宁化迁去的，而宁化官氏的祖先又是从邵武迁去的。

安溪姓上官人口约1万人以上。泉州的上官家族主要集中在安溪县，此外，永春苏坑也有上官族亲居住。安溪上官家族聚居在长坑、祥华、感德3

个乡镇的交界处。长坑的福春、水缸,祥华的福新、和春、河图,感德的岭西6个行政村几乎全部为上官家族,其他如福德村的香岭、大格村的尾园两自然村也居住着上官家族,泉州上官家庙在长坑乡福春村,上官姓人口一万人多,"文革"期间多数将姓简写为"官",近几年很多人已改回"上官",因证件使用等原因,还有人仍写"官"或上官。

福建省的官姓(上官姓)分别居住在全省82个县市区。主要分布在三明市三明市区、永安市、宁化县、明溪县、清流县、宁化县、沙县,漳州市平和县,龙岩市长汀县、大田县,厦门市,南平市光泽县、武夷山市、邵武市,泉州市安溪县等地区。在这些县市上官姓人口集居的乡村,即使一脉宗亲的近亲,即有称姓"上官",也有称姓"官"的。称姓"官"者,有时也称姓"上官",宗亲们认为两者均可。

明正统七年(1442)由闽宁化、泉上官卫场,分徒广东江西等地兴展繁衍,距今已五百余年。上官氏迁至广东后,从第三世开始改为官姓,并重定字辈:法文朝中卿;士日捷必如。洪韶伦常举,正自见昭明。

【入垦台湾】

台湾台东《官氏族谱》载:官氏源自关膺。官膺,原本姓关,山西解梁人。唐末,黄巢起义后,随祖母南迁,避居宁化石壁,改姓官。传至元代至元间(1279—1294),有裔孙兄弟四人,分徒南方各省:官耀,迁广东大埔;官擢,迁福建诏安;官跃,迁广东海丰。后裔续衍台湾及东南亚各地。据台东《官氏族谱》载,官膺本姓关,解良人,黄巢起义后,携祖母避居宁化石壁,改姓官。元至年间,遭祸乱,其第四代孙四兄弟,官耀迁广东大埔,官擢迁福建诏安,官跃迁广东海丰,他们的后裔又陆续迁往台湾以及东南亚地区。广东普宁梅林边埔《官氏族谱》载:普宁官氏先祖是从宁化石壁乡葛藤洞迁来的,裔孙在广东普宁和台湾台北定居。

官姓入台于清代,台湾的官姓主要由泉、漳所属之县以及广东潮汕、梅县地区渡海来台,在台北、宜兰、新竹、台南定居定籍。明清时期,安溪姓上

官有大批上官族亲移居中国台湾和马来西亚等海外地区。

【郡望堂号】

东阳郡——三国吴设置,治所在长山(即今浙江金华),南朝陈改称金华。

东阳堂:春秋时期,晋辖有东阳、南阳。

天水堂:天水为上官家族总堂号,子兰为上官家族一世祖,原居郢都(今湖北省荆州江陵县),后三世祖上官屹、四世祖上官荣迁徒居天水郡,五世祖上官禄,西汉高祖时封谏议大夫,公元前206年赐天水郡作为其封地。从五世祖上官绿被赐天水郡后,后裔居天水郡成为望族。故就以居住地为郡望堂号——称天水郡,以居住地天水——为姓氏祖籍。

官姓的主要堂号还有:"东阳堂""中山堂"等,东阳堂:广东、浙江、福建大部分谱用的东阳堂。另外,还有冀纶堂:福建省龙岩市长汀县 。

【祠堂古迹】

河田上官氏宗祠,位于长汀县河田镇,始建于明代万历年间(约1590),由河田上官氏第十世祖上官承恩所建,是土木结构。1991年重建。把古代写的"官家祠"改为"上官氏宗祠"。

邵武上官家庙,位于邵武和平古镇前山坪村,始建于明末清初,有360多年历史,至今保存完好。大主牌写着"天水堂上官氏历代祖考妣一脉宗亲神位"。

上官周故居,又称上官氏宗祠"建于清代,占地500多平方米,是上官周青少年时代生活和求学研习诗书画印的地方。

安溪上官氏肇基祖祠,又称福春上官氏家庙大宗,也称敦苇堂。位于安溪长坑乡福春村寨兜。始建于南宋(1127—1162),系安溪上官氏肇基始祖十六郎公建就。占地面积6689平方米。

光泽司前新甸上官宗祠。

【楹联典故】

赍金兴学;勘田辨诬。

——官姓宗祠通用联。上联典指明代长汀人官谦。下联典指明代平度人官廉,由进士历官户部郎中。

天水郡义门德政；孝友堂世代贤声。

——上官姓宗祠通用联，全联典指上官姓的郡望和堂号。

上正下必顺；官清民自安。

——此联为以鹤顶格镶嵌复姓"上官"二字的嵌字联。

奉嫂抚孤，名扬宋史；量才评士，梦应昭容。

——上官姓宗祠通用联。 联典指宋代邵武人上官怡。下联典指唐代上官婉儿。

天水世泽长，上官恒古至於今；西台家声远；历代源流振家声。

——邵武市和平镇的祠堂名"上官家庙"。天水：指甘肃天水。子兰：指被封为上官邑大夫的子兰，食邑在天水。西台：指唐朝上官仪曾被封为西台御史，因身任宰相，又创西台体诗，名满天下

庙枕文昌快睹奎联璧合；门罗天马欣占龙起蛟腾。

——安溪上官氏肇基祖祠祠堂联。

【族谱文献】

上官氏族谱，5 卷 5 册，天水堂，民国二十五年（1936）版，邵武始祖上官文善，由陕州陕县迁邵武禾坪。分局长乐、石狮、江西等地。

第四十二节 管 姓

管姓在当今姓氏排行榜上名列第143位，人口约1169000余，占全国人口总数的0.073%左右。在台湾排名第144位。

【渊源】

1. 源自姬姓。据《通志·氏族略》《中国姓氏起源》及《广韵》所载，周武王灭商以后建立了周朝，周武王封周王文第三子叔鲜于管，以国为氏，是为管氏。

2. 系自姬姓，为周穆王之后，以邑为氏。据《通志·氏族略》及《风俗通》所载，周穆王时，将其庶子分封于管邑，至管仲始显于齐，其后世子孙以邑为氏。该支管氏与管叔之后同宗同源。以前的管叔因叛乱被杀，身败名裂，而管仲声名显赫，德才兼备，又使周穆王支庶管氏一族扬名天下，故而管氏子孙尊奉管仲为管氏的得姓始祖，史称管氏正宗。

3. 出自他族改姓。少数民族汉化改姓为氏。

【得姓始祖】

管叔鲜，姬姓，名鲜，周文王姬昌与太姒所生第三子，周武王姬发同母弟，周初三监之一，因受封管国，故称管叔或管叔鲜。周武王灭商建周后，将管叔鲜封于管地，建立管国，与蔡叔度、霍叔处协助、监督商纣王之子武庚，一同治理商朝遗民，史称"三监"。周武王死后，周公旦摄政，诛杀管叔鲜，管国人以管为氏。

管仲，姬姓管氏，名夷吾，卒谥敬，亦名敬仲。颍上（今属安徽省）人，春秋时齐国著名政治家，乃周穆王之后。管仲原辅佐公子纠，并用箭射杀公子小白，公子小白通过装死才逃过一劫，后公子小白回国即位，即齐桓公。他不计前嫌，重用管仲为相，管仲感恩戴德，辅佐齐桓公实施改革，他通过通货积财，尊王攘夷，九合诸侯，一匡天下，使齐桓公成为春秋五霸之首。管叔因叛乱被杀，身败名裂，而管仲声名显赫，德才兼备，又使穆王支庶之管姓扬名天下，故管姓子孙尊管仲为管姓的得姓始祖。

【入闽迁徙】

北宋年间（1094—1098），二十七郎管俞自江西随征入闽，始居于汀州馆前里，后迁沙邑三十都石峰（今小陶镇石峰村），再迁垇头（今小陶镇垇头村），为永安管姓开基始祖，郡望平昌。永安管氏主要分布在小陶镇坚村、美坂、石峰、垇头和牛益村，洪田镇东坑、生卿村，曹远镇下早村及罗坊乡半村村等。明代时，管成宗、管成富兄弟迁尤溪县城关水东村；管印迁居漳平市双洋镇香僚村；管佛法迁居汀州府长汀县；管益彩迁居沙县登龙坊；管益照迁居沙县城头西门。清代时，管以义迁居泉州府安溪县，其孙管斯钟迁居广东嘉应州（今梅州）厢城大旺口；管以明、管以昌迁居沙县石斗；管继腾迁居沙县菖蒲坑；管继旺迁居延平府（今南平）；管文源迁居建宁县。管文源于清乾隆年间迁建宁县。清末，管振�、管大芹兄弟于迁居沙县。民国时期到台湾的有管文汉、占腾、占宏、占木，定居在台北、高雄等地。管台生一家先后移居台湾。

宁化水茜（张坊）《管氏族谱》载：管氏之裔，盛于春秋，当时有管仲，名夷吾，起家颍上，为齐国著名的政治家。夷的二十一代孙敬公，字仁狮，仕汉宣帝为御史。下传至道鹰，徙居豫章之带源（宁都县境）。再四传，有琦殷，其侄思藏，任山东副都军务，于东汉初，与叔琦殷，自带源迁居宁阳（宁化）招贤里洋岗坝（水茜乡张坊村），为入闽始祖。思藏之十四代孙梦雷，登唐进士，后因甘露之变逃难远迁。其胞弟梦衢，仍居招贤里（水茜乡）。至后唐年间，有裔孙真郎返迁宁都带源。

明末，管成宗、管成富兄弟从永安小陶镇后头村迁居尤溪城东。

宁化管氏裔孙分衍闽、赣、粤等省地。福建永安市的小陶镇垇头村、石峰村等一些乡村，有管姓人口2444人。三明市尤溪县城关、沙县、建宁县，龙岩市漳平的双洋镇，福建省南平市，广东省梅州市，台湾省的台北、高雄等地，都或多或少地分布着我国一个古老的姓氏居民——管姓。

《大埔县姓氏录》：管氏，自宁化县石壁村迁入大埔县。

《福建永安姓氏志》记载，永安管氏裔孙，于明代外迁的有：管成宗、管成富兄弟迁往尤溪县城关水东村；管印迁往漳平市赤水镇香寮村；管佛法迁往汀州府的长汀县；管益彩迁往沙县登龙坊；管益照迁往沙县城头西门。于清代外迁的有：管以义迁往泉州府安溪县，其孙管斯钟迁往现广东省梅州市的原广东嘉应州厢城大旺口；管以明、管以昌迁往沙县石斗；管继腾迁往沙县菖蒲坑；管继旺迁往现福建省南平市的延平府；管振翮（hé）、管大芹兄弟于清末迁往沙县；管文源于清乾隆年间迁建宁县。于解放前随国民党到台湾的有管文汉、管占腾、管占宏、管占木，分别定居在台北、高雄等地。管台生一家先后移居台湾。据管其家烈士的亲属介绍，管其家烈士的遗骸骨灰墓葬永安市洪田镇东坑村，其墓地就在东坑村与洪田镇遥遥相对的一座山的山腰上。站在管其家的墓地上，可遥望洪田全镇。

【入垦台湾】

清朝时期，管氏族人有渡海赴台，主要由广东、福建入垦台湾。台湾光复后各省也有迁徙台湾。台湾高山族同胞中也有管姓。管姓在比较多台北、基隆，其他市县也多有分布。同时管姓开始侨居海外者。另有山东之管氏族人闯关东谋生。

【郡望堂号】

管姓的望郡在平原郡（今山东省平原县）、晋阳郡（今山西太原）。

平原堂：以望立堂。

晋阳堂：以望立堂。

匡世堂：春秋时期，管仲为齐桓公的宰相，他帮助齐桓公平定、治理天下，成为历史上有名的宰相之一。孔子称赞他"一匡天下"，意思是救了整个天下。

【祠堂古迹】

永安管氏始祖大宗祠"平昌堂"坐落在永安市小陶镇垱头村。始建于清康熙四十六年（1701），占地面积2.5亩。清光绪年间小修，1993年秋大修。祠堂联："从宋随征闽省地，安居乐业永宁乡。"

管氏崇山庵"永兴殿"位于小陶镇垱头村。始建于清乾隆年间，建筑风格独特，殿内雕梁画栋。"文革"期间被毁。

尤溪县城关水东村管姓宗祠，位于尤溪水东村，始修于清代。

【楹联典故】

平原世泽；相国家声。

——佚名撰管姓宗祠通用联。上联典指管氏的望族平原郡。下联典指春秋时期齐国宰相管仲。

九合诸侯匡天下；三迁少卿宁国邦。

——佚名撰管姓宗祠通用联。上联典指春秋初年政治家管仲，一名管夷吾，字敬仲。颍上（今安徽省境）人。先助公子小白（即齐桓公）争位，失败后，经鲍叔牙推荐，被齐桓公任为上卿。他执政40余年，因势制宜，实行改革，使齐国不断富强。对外致力于"尊王攘夷""九合诸侯"的活动，使齐桓公成为春秋时期第一任霸主。有《管子》七十六篇。下联典指宋代官吏管湛，字定夫，龙泉人，侨居临川。累官广西提刑，三迁至大理少卿，政绩显著。有《定斋类稿》甲、乙集。

尊王攘夷成霸业；通易精术积天文。

——佚名撰管姓宗祠通用联。上联典指春秋时期齐国人管仲事典。下联典指三国时魏国学者管公明事典。

【族谱文献】

小陶《管氏族谱》，始纂于清宣统二年（1910），由二十四代孙岁贡鸣和、景明等主持编纂，历时二年告竣。其内容有世系、世录、谱序、凡例、族规、服制、谱跋、行派、世传等，共36本。20世纪90年代后，各地管姓自行编修家谱。宁化水茜（张坊）《管氏族谱》始修年代不详。该谱载，东汉初，管思藏从江西宁都的带源迁居宁化水茜。

第四十三节 郭 姓

郭姓在当今中国姓氏排行第18位，约占全国汉族人口的1.1%。在福建排名第19名。在台湾排名第14位。

【渊源】

1. 出自姬姓，来源于虢氏，为黄帝后裔，以封邑为氏。据《新唐书·宰相世系表》《元和姓纂》等记载。古代"郭"与"虢"相通，郭姓即为虢姓。按此说法，郭姓为黄帝姬姓后裔。周武王时封文王弟虢叔（一说虢仲）于西虢，虢仲（一说虢叔）于东虢（今河南荥阳东北）。周平王时，郑武公灭郐和东虢有功，建立郑国，都今河南新郑，平王遂将虢叔之地分封给郑武公。周平王的做法引起了诸侯的不满，位于南方的楚国从楚庄王时起不断发动对周的战争，兼并了周围许多国家，被分封给郑国的虢叔之地就在其中，周平王不得不将东虢叔的裔孙序封于阳曲作为补救。虢序号曰"虢公"。因虢、郭音同，又称"郭公"，其后代遂有郭姓。

2. 据《姓氏考略》所载："夏有郭支，见《抱朴子》。商有郭崇，见《三一经》，此郭氏之始。"此支出自夏代郭支和商代郭崇之后裔。

3. 以居住地为姓氏。据《风俗通》所载，姓氏取自"氏于居者，城、郭、园、池是也"居住地。"郭"，字义为外城，即因住在城外，而以郭为姓。在我国大多数姓氏的起源中，这种现象比较少见。

4. 出自冒姓。据《五代史》所载，如后梁有成纳，后冒姓郭姓；后晋有郭金海，本突厥人，改姓汉姓；后周太祖郭威，本常氏子，幼随母适郭氏，改姓郭。

5. 出自他族或他姓改姓。据史料所载，有常姓人及少数民族如回族、拉提氏、戈勒氏、鄂尔根千氏、瓦勒克氏、郭包勒氏、郭尔佳氏、郭罗罗氏、果尔齐氏等众多姓氏改为郭姓者。福建回族郭氏成为福建郭氏主流之一。

【得姓始祖】

虢叔被尊称为郭姓的得姓始祖。周季历的第3个儿子，周文王的弟弟，周武王的叔叔。周武王封叔父虢叔封于西虢（今河南），周平王东迁时，因郑武公护驾有功，就将虢地封给了他。楚国发展强盛以后想要向中原扩张，就以平王无故灭虢为名讨伐周室，平王无奈，找来虢叔的后裔姬序，封他虢国以平息矛盾。封于阳曲（今山西太原），号"虢公"。其后代就以郭为姓，虢叔为郭姓的受姓始祖。

【入闽迁徙】

福建文献文物知，福建有郭始于三国：据长乐县志载，三国时，孙皓遣会稽太守郭诞做船于长乐；东晋文学家、训诂学家郭璞（276—324）曾身临福州南台岛看风水估测曰"南台江沙合，即有宰辅相"。800年来，闽中郭姓五贤（宋代福州长乐郭坑郭隍教授、莆田魏塘三孝子郭廷炜教授、明代兵部尚书莆田郭应聘、清代大理寺卿莆田郭尚先及福州"五子登科"湖广总督巡抚郭柏荫）等对入闽始祖源流的探研，考无定论。

漳州府志载，唐总章二年（670），归德将军陈政、陈元光父子，两次奉旨率20万汉蕃联军出征闽疆治乱，固始县郭淑翁随军入闽开辟漳州。郭淑、郭鱼在龙溪郭棣乡落籍。陈政女婿郭鱼（有称郭益）时任十六卫之第十二卫（右金吾）队正，实为首批入闽始祖。郭鱼以九龙江中下游东岸及沿海沙洲地为策源地，军民尊称其"十二使洲"翁；其后裔耳瘤、天德（号郭岱），经宋元数十代聚族筑溪围埭（俗称郭埭），位于榴山之南，世称郭鱼为"榴阳始祖"，此祖居地曰流传。明代耳瘤自流传避乱迁居晋江石湖金井，再分支闽中、闽东、浙南、台湾等地沿海。他们中不少还留存回民丧葬等习俗。

宁化郭氏均以虢叔为鼻祖，以其六十代裔孙唐中业郭子仪为一世祖，入迁时间为唐宋间，主要居住地为龙上里、龙下里和在城里，即石壁镇、济村乡及宁化县城关，明、清后逐渐外迁。现宁化县城仍有郭头街，城郊乡有郭公坑等古时以郭姓命名之街、村。

郭子仪因平定"安史之乱"有功，被封为汾阳王，其后裔便以"汾阳"为堂号，这一支的郭姓族人后裔郭嵩，迁入福建，成为入闽郭姓的始祖。通谱载称入闽始祖"咸通中从节度使王审知从弟摄新宁令想，避乱奉王香火入闽家于新宁芝山……"，据金谷华芸郭姓《蓬岛郭氏家谱》载，郭子仪有八子，曜、旰、晞、㫰、晤、暖、曙、映。暖之玄孙郭嵩（为郭子仪的六世孙）始入闽。郭嵩之长孙恂公官户部侍郎，弃官而南，寻其宗祖嵩公入闽，居福州乌石山下，未几，迁居仙游大蜚山下，郭恂的曾孙郭赟迁泉州，数传至裔孙郭起辗转从侯官（福州）迁德化下涌侯伯坑。郭起之裔郭肖五迁德化山坪，肖五曾孙郭五七，字德昭，始迁南安蓬岛。族谱载始祖为郭子仪长子郭曜、六子郭暖两分支：（1）长乐福清及莆仙谱称始祖代国公郭嵩（闽东称郭顺，台湾称郭颂），有三子：即上郭赟（世居长乐），中郭贵（迁居福安），下郭赟（迁居仙游、福清）；其第九代孙郭琪（宋代兵部尚书屯田郎），因遭误杀，虽然皇帝恩准赐葬，族亲仍四处逃命避难，迁他郡邑求生，有迁莆田魏塘，宋末元初出"魏塘双阙""三孝子"：郭义重、郭道卿、郭廷炜；有徙居福清、闽候、德化、永泰、漳州、平潭等地。另有称郭弼子五代入迁南平剑浦岭兜、有称郭华子宋初入迁福州玉湖郭宅、有称郭玉珪子明嘉靖入迁闽清小园，皆认先祖属郭曜次子支派。（2）南安蓬岛谱称入闽始祖郭崇；华安宝山、同安马山谱称入迁始祖郭镕属郭暖第四子支派；又闽西上杭—永定新谱认入迁始祖郭福安（郭延嵩后裔），系郭暖次子支派。

郭福安，字海晏，宋真宗年间（998—1022）受朝廷派遣任上杭县衙承事郎。当时县治在紫金山，解职后，携带家眷开辟郭坊村，为郭姓始祖。宋干道三年（1167），县令郑稷奏准将上杭县治移到郭坊。郭福安生二子：小四宣义、小九儒士。二子分派榕园系、麦园系，裔孙派衍流长。如，麦园系七世十郎承事生五子：千一郎天钰迁至广东嘉应州；千二郎天锡迁广东大埔大麻；千三郎天爵迁漳州铜钵；千四郎天佐迁广东平远长田；千五郎天佑裔孙在本县及广东大埔百侯繁衍生息。后裔散居于广东大埔、饶平和港澳台地区，以及东南亚、美洲等地。上杭县城杭中路59号有建于明正德五年（1510）的"郭氏家庙"。另一支为郭子仪裔孙于郎、民郎，自浙江迁居汀州府宁化县，后裔迁江西瑞金、广信、兴国、会昌等地。

北宋庆历年间（1041—1048），郡望太原的郭正一从福建南平坂头迁居大田广平。（见大田广平《郭氏族谱》）

北宋时，太原郡汾阳府郭子仪派下的郭文昌（改名郭颜明）从福建德化县的下涌村迁居南平将湖坂岑兜，后又迁居尤溪县十八都新田（现溪尾）。北宋庆历四年（年），郭文昌的第八世孙郭文邓从尤溪溪尾迁居尤溪台溪的后湖高楼厝，为尤溪台溪郭氏开基始祖。郭文邓有5个儿：长子居后湖，又迁居台溪上宅、洋尾下井；次子开基四斗，又迁居坑头、洋头；第三子迁居际坑；第四子迁居凤洋；第五子迁居秀坪。后裔郭敬居从台溪乡坑头村迁居尤溪梅仙乾美村下垅尾（眠狗形）。明正德四年（1509），郭文邓的第十三世孙郭永清开基四斗早田坪；明万历年（1573—1620），第十五世孙郭胜寿开基台溪洋头张坑。郭武六公也从尤溪台溪的迁居台溪上宅自然村，为上宅祥山支派。如今，台溪郭氏有1390人，主要分布在洋头村，洋尾的下井、林尾，上宅村等地。

大埔《郭氏族谱》《小留竹林郭氏源流考》云：十四世福安，原居华州（陕西），宋时，以军镇福建龙岩，徙居宁化县石壁村。后世迁上杭郭坊，至二十九世百二郎，生五子：天钰、天锡、天爵、天佐、天佑。据大埔光德韩华家谱云：百二郎，生七子：天锡、天柱、天佐、天华、天荣、天佑、天禄。后裔衍五华、梅州、漳州、大埔百侯、饶平、海丰、陆丰、福建龙溪等地。

《崇正同人系谱》：郭子仪第七子暄（曙）出守汀州，年近六旬，纳妾刘氏，生子福安，进士擢第，任福建泉州太守、袭职承事郎，以官福建，故逐家于汀州郭坊村。谱载一世祖十六承事郎即福安公也。历唐五代及宋，传至九世，有十三郎一支，分居于竹山下。至十一世，有曰六七郎，生十二世：念一郎、念二郎、念三郎。念一郎，仍居竹山下；念二郎，迁居肇庆；而念三郎讳万，号直礼，生十三世：仲一、仲二、仲三、仲四、仲五。时已入明之中业。仲一，居嘉应石寨河坝村，其子惠元又分居于黄佑；仲二，亦迁居石寨神下村，又分居于狮公脚田贝红田等处；仲三，留居竹山下大坪内；仲四，迁居长乐郭公塘；仲五，迁居潮州陶埔村。而仲一之裔至十五世时，当清初，有福联、能定、仕昇、仕龙又迁居增城之池岭官塘各乡。其十三世以前另有分居于惠阳、淡水，三多祝等处至英德诸郭，则不出福安，而出于郭子仪第二子郭暖之后。

梅州《客家姓氏渊源》第一集郭氏条：十四世福安，原居华州（属陕西），宋时，以军镇福建龙岩，徙居宁化石壁村，后迁上杭。二十九世百二郎，生五子（亦说生七子）：天锡于宋末自上杭迁大埔；天柱移梅州；天佐、天华徙漳州；天禄迁蕉岭；天佑亦徙大埔，续衍五华、海丰、陆丰、饶平。

饶平《郭氏族谱》：嘉庆十三年（1808）抄明西埔乡分派六房族谱记录：我祖宗系太原郡分派福建汀州府宁化县石壁乡居住，至元仁宗延祐二年乙卯岁（1315），赣州蔡九午因马经理月括田租与知县横科酷暴逼抑作乱，陷汀州宁化县，僭称为王，浙江平章张驴讨平之后，我祖因此流来广东潮州饶平县元歌都岭脚社田心坝里居住，立籍创业。奉处士西庵为始祖。

龙泉市屏南乡地畲村《车盘坑郭氏家谱》载：元朝仁宗三年（1314），郭子仪第三十四世孙千三公从浙江青田沙阜徙迁福建古田北门内廓，千一、千四居青田，千二公有两子，万一、万二，然万二公因迁龙邑一都南溪口。万一公生六子：贤一、贤二、贤三、贤四、贤五、贤六。贤一、贤二两公迁居浦城，贤三、贤四、贤五迁福安，而贤六居浙龙泉岭根。

寿宁县郭姓主要系思礼公由浙江龙泉安仁里肇迁本邑繁衍之后裔。据《彩坑郭氏家谱》载：郭王已公之裔孙源流自太原徙冯翊、又迁汝南、再迁直隶（河南），宋淳熙中必大公官至宰相，由直隶继迁杭州八角井边，居不满十世，由防公徙括苍（今浙江丽水）龙邑安仁里一派温州三巷口，传十九世

至思礼公，于明朝洪武年间自浙江龙泉安仁里偕四子肇迁寿邑章坑、彩坑。

白奇郭开基祖郭仲远，其祖父郭德广，来自浙江杭州府富阳县文宪公之孙：郭章公之子，《华山回房郭氏家谱》载：郭德广在蒙古人统治的元朝时代任太常寺卿，于元武宗至大年间（1308—1311）以宣差微禄，奉命到泉州督粮，其时干戈加剧，他无法还朝，遂纳室于泉州，援例占籍于晋江法石，后从汉姓改作郭德广。生子洪公，子洪公生三男，长和卿公分支江西；次仲远公，开基白奇；三季渊公居于法石。白奇郭族谱载：德广寿84，配吴氏寿80，墓在晋江。洪寿49，配翁氏寿60。仲远，洪次子，名泰，元至正戊子（1346）二月二十三日生，永乐壬寅（1422）七月十三日寅时卒，享年75岁；配陈氏寿83，墓石狮披铁甲穴。明洪武九年（1376）徙居白奇开基。生五男为二世祖，分五房。长子仕初，仁房，居白奇；次子仕原，义房，分居里春、后海、田岭及斗门头；三子仕壁，礼房，居山兜，子孙传播漳州、同安、南靖；四子仕敏，智房，分居墈上、大山、贺厝及下墈、杏圃；五子仕昭，仪房，居里春。各房子孙均徙居台湾。

福建回族郭氏：阿拉伯人后裔，《郭氏家谱》载：先世落籍于浙江省杭州府富阳县。郭德广（回族名"伊本·库斯·德广贡·纳姆"），于元武宗至大年间（1308—1331），"以宣差微禄，奉命来泉，督粮供应。其时干戈扰攘，弗克还朝，遂纳室于泉而家焉"。洪武初，援例占籍于晋江法石。郭德广"生子洪公。子洪公生三子：长和卿公，分支江西；次仲远公，开基白奇；三季渊公，居于法石"。孙子郭仲远（1348—1422），名泰，字仲远，别号毅轩，生于元至正八年（1348），乃于明洪武九年（1376）率妻、子从泉州法石（东海石头街）来惠安，择地筑室卜居二十三都白奇铺奇山之下。暇则优游泉石，而构轩于别业，匾其轩曰毅轩，遂以为号。生五男二女。逝世后葬于吉浦与下墈间龙头山之阳，因其地形似而号"狮穴"，郭氏子孙尊称为石狮墓，基墓纯属回族墓葬，俗呼"石棺"，周围雕刻花卉图案及阿拉伯文，内容是古兰经章句。郭仲远墓说明

了白崎郭氏宗族最初的信仰与文化倾向。百崎郭氏宗祠中的这副对联，"聚奇水"，说明开基祖郭仲远是在崎水之滨聚族而居。祖先墓葬采取回教形式，族属分明的百崎郭氏，却自认是汉族人郭子仪之后裔，"源晋水"，却强调补"祖汾阳"的血缘认同，这一点颇值得探讨。百崎回族自肇基本地以来已有600多年的历史，现有13000多人，遍布于13个自然村。至今尚有2万多百崎回民遍布于我国台湾、香港及大陆各沿海地区，以及东南亚。为惠安百崎回族开基祖。

【入垦台湾】

郭氏台湾是台湾的十大姓之一。明末清初，郭姓入垦台湾，主要来自漳州、泉州和客家地区。《环球郭氏宗谱》载：台湾的郭姓，绝大多数都是当年中兴唐室的"汾阳王"郭子仪的后代子孙。另据《台湾省通志》对郭姓播迁入台的记载，最早入台的郭姓族人名叫郭怀一，是一位名载史册反抗外来入侵的民族英雄。他早年随郑成功之父郑芝龙纵横海上，为其得力部将。在明天启年间由福建入住今台南市。龙溪县郭由饱于清顺治八年（1651），入垦今台南麻豆；雍正年间，郭光传入垦今台南县；乾隆年间，郭其读迁今澎湖马公；郭振德、郭安政、郭长等，先后入垦今台北万里。南靖县郭锡馏在清康熙中叶入垦今彰化。雍正五年（1727），郭崇饱入垦今台北市内湖。乾隆年间，郭砒石、元记、纯直兄弟入垦今台北金山。郭荣兴入垦今万里。平行县郭朝球在清乾隆年间入垦今万里，郭阿叶入垦今台北瑞芳。漳州郭光天入垦今桃园龟山，郭崇嘏、郭龙文、郭玉振、郭樽等，先后入垦今桃园大园、龟山。同安县郭行足于乾隆十九年（1754）入垦今麻豆，长房下传六房，是为郭六合，郭川入垦今台北八里，郭植厚入垦今基隆市。嘉庆年间，郭盘衍入垦今苗栗苑里。南安县的郭宽于乾隆初年入垦台南佳里，后迁台南市。郭卜入垦今台北树林，郭云山、云河兄弟入垦今台北汐止。乾隆三十五年（1770）郭恭亭入垦今新竹市。安溪县的郭畅于道光年间入垦今台北坪林。泉州的郭百年于嘉庆年间率众入垦今南投埔里，郭福富、郭景先后入垦今台北石碇。郭姓目前

为台湾省第十四大姓。今台湾的郭姓人口众多，分布较多之县市依序为：台北市、高雄市、台北县、台南县、高雄县；分布较多之乡镇市区依序为：高雄市前镇区、台北市士林区、台北三重、台北市松山区、新竹市。

郭福安二十世元魁、元珍、元兴从潮州迁新竹县关西围；二十一世开吉清乾隆二十五年从大埔迁高雄；二十二世舆广在雍正十年从大埔迁新竹竹北，开敏在乾隆六十年（1795）迁新竹关西，若朋从大埔大麻迁台中石冈；二十三世尚鼎从梅县丙村迁新竹关西；二十五世隆淑、全淑、宜访从潮州迁屏东、新竹；二十六世禄云、寿云从蕉岭文福迁台北新庄，世传、永来从广东平远迁桃园龙潭、花莲等。二是从闽西地区。如：上杭迁台有耀源、坤祥、行健、家瑞、中兴、立沣、永堂、寿文、喜勋、南荣、新生、忠宁、钦祥、明源、祖强、志洪等，从永定迁台湾有秀微、秀林等。

台湾郭姓均称汾阳王郭子仪后裔，并以太原、汾阳为其郡望堂号，郭姓在台湾许多县市，并都有宗亲会组织。

【郡望堂号】

1. 郡望

太原郡：战国时置郡。此支郭姓为汉郭全之族所在。汉末大司农郭全世代居太原阳曲，成为望族。

华阴县：汉时置。此支郭姓为太原郭姓分支。隋大将军蒲城公郭荣，太原人，后居华州，成为望族。

冯翊郡：三国时置郡。此支郭姓为太原郭姓分支，开基始祖为东汉冯翊太守郭孟儒。

汾阳县：西汉时置。此支郭姓为华阴郭姓分支，开基始祖为郭子仪。

京兆郡：即为首都长安直辖区，在今天陕西省西安市至华县一带。开基祖为西魏右仆射郭嵩，郭淮八代孙。

此外，还有河内郡、广平郡、敦煌郡、中山郡、馆陶郡、昌乐郡、阳曲郡、颍川郡、固始郡。

2. 堂号

尊贤堂：战国时燕昭王招贤，郭隗说："你如招贤，先从我开始。你把我当贤人尊重，比我贤的

人就会找你来了。"于是昭王给他建了宫室曰金台，并敬郭如老师，后来乐毅、邹衍、剧辛及其他有才能的人纷纷归附燕国，燕国于是强大起来。

此外，郭姓的主要堂号还有太原堂、华阴堂、冯翊堂、汾阳堂等。

【祠堂古迹】

钞岱郭氏宗祠，钞岱古称蔡垵，坐落于晋江市金井镇。宗祠创建于明中叶。原宗祠坐落于后份树林前，坐东向西，历代重修，宗祠占地600多平方米。

泉港龙山郭氏宗祠，位于泉港区山腰街道龙山社区前郭村，坐东朝西，西阔三间，进深四间，横宽10.5米，纵深32米，占地面积336平方米。

上杭杭川郭氏宗祠，祠址在瓦子街杭中路59号。始建于明正德五年（1514）。总祠占地面积3000多平方米。

百崎回族乡郭氏宗祠，位于在泉州湾北岸、与后渚港隔海相望的惠安县百崎回族乡。家庙创建于明宣德七年（1432）。初建时为三间张式大厝。百崎回族乡是福建省十八个少数民族乡中唯一的回族乡，也是泉州市唯一的少数民族乡。世称"宣慰府"。现正厅前上方尚悬挂着一块题有"宣慰府"的匾额，此乃缘于其入泉始祖郭德广主政宣慰使司而得名，故族人也称郭德广为"宣慰公"。

厦门市翔安区郭氏家庙，位于新店镇后村社区中部，始建于明代，清代重建，坐东北朝西南，占地面积约325平方米。

永春郭氏家庙，位于永春县横口乡。郭氏家庙也就是郭氏宗祠，是元代武宗时这里郭氏的祖先"四二公"开始兴建的。历代重修，总建筑面积有4000多平方米。

福安上白石郭氏祠堂。

霞浦斜滩坂头郭家祠堂。

【楹联典故】

功封虢叔家声远；威重汾阳世泽长。

晋水功勋世族；汾阳将相传芳。

——全联典指唐朝时期的郭子仪事典。

汾水状元裔，崧山节度家。

——同安新店后村郭氏家庙大门楹联。

国恩光俎豆；世孝表门闾。

恩隆双阙旌三孝；祀肃四时锡九重。

——莆田魏塘正殿大门联。

开辟郭坊吾始祖，源流杭邑我家先。

——福建上杭杭川郭氏宗祠联。

祖汾阳、派富阳、族螺阳、旅台阳，一阳光照天下；原晋水、分法水、开奇水、聚淡水，万水濴洄吾宗。

——惠安县百崎回族乡郭氏宗祠联。

山河气象果新奇到处堂号汾阳；栋宇历史真悠久满眼裔盘龙山。

——福建泉州泉港龙山郭氏宗祠联

【族谱文献】

郭氏家族大部分是清末民国初年所修，明代修的族谱现存有两种：一是《凫溪郭氏宗谱》，明代人郭志高纂修，明万历十一年（1583）家刻本，现收藏在中国国家图书馆；另一部是《〈福建漳州〉汾阳郭氏谱》，明代人郭兴重修，明万历二十八年（1600）抄本，现日本和美国各收藏一部。福州《郭氏支谱》十二卷首一卷（清）郭柏苍等六修，清同治十三年（1874）序，光绪三十一年（1905）刊本，八册；存日本、美国。福州《郭氏支谱》十卷（清）郭杰昌等修，清光绪十八年（1892）刻本，五册，存福建图。《闽中郭氏支谱大略》不分卷（清）郭柏苍修 清光绪十四年（1888）福州郭氏刊本第一册，存首都图、北京师大、福建图、福建师大。莆田《魏塘郭氏族谱》（清初郭绍荣始修）不分卷附世庆堂家志，清末手写本，五册，存历史所。莆田《郭氏世谱志》不分卷，清人编，旧抄本，存福建师大。泉州郭氏族谱不分卷 （明）郭萌等修，（郭萌始修于明正统元年，）清郭肇汾续修 据泉州郭氏钞本传钞，一册，存福建图、福建师大。惠安《汾阳奇山二房郭氏族谱》（清）郭天合纂修，清康熙五十三年（1714）修，约民国元年（1912）重抄本，一册存台湾。漳州《澎湖郭氏流传派家谱》（清）郭朝勋撰，清道光二十六年（1846）钞本，一册，存台湾。漳州《汾阳郭氏谱》一卷，（明）郭兴重修，明万历二十八年（1600）钞本，一册，存日本、美国。

第四十四节 韩 姓

韩姓是当今中国姓氏排行第25位的大姓，约占全国汉族人口的0.26%。在福建排名第87位。在台湾排名第91位。

【渊源】

1. 黄帝后裔。韩姓起源最古老的一种传说：黄帝有二十五子，得姓者十二人。《世本》记载，黄帝娶了西陵氏的雷祖（嫘祖），生了青阳和昌意，昌意又生了颛顼。《山海经》记载：昌意后来被贬谪到若水，生子韩流；韩流娶淖子族的姑娘阿女，生了颛顼。韩流是颛顼之父，也是其所在氏族的名称。这个氏族便以韩为姓，第一批韩姓人由此产生。韩流所处时代在距今5000年左右的龙山文化时期。

2. 以国为姓。西周灭商，武王殁，周公旦辅政，重新实行大分封，封周成王之弟于韩，为姬姓之国，地处今山西河津东北。春秋时期被晋国所灭，韩亡国之后，子孙便以韩国为姓。

3. 出自姬姓，以邑为氏或以国为氏，为唐叔虞之后裔，据《风俗通义》《元和姓纂》及《新唐书·宰相世系表》所载，春秋时晋国兄弟阋于墙，韩万（韩武子，名万，字武子）佐曲沃武公杀晋哀侯，立下大功，被封于韩原（今陕西韩城）西南，后人以邑为姓。下传至韩虔时，与赵、魏三家分晋，秦灭韩后，子孙以国为氏。

4. 曲沃桓叔之子韩万的玄孙韩厥，曾为晋国正卿，帮助韩姓在晋国逐渐扩大了势力。春秋晚期，晋国由韩氏、赵氏、魏氏、知氏、范氏、中行氏六卿专权。前490年，范氏、中行氏灭于赵。前453年，韩、赵、魏三家共灭知氏，三分其地。从此，晋国为韩、赵、魏三国瓜分。前403年，韩厥的七世孙韩虔（景侯）时，周天子正式承认三家为诸侯。战国时期，韩国成为战国七雄之一。韩国起初定都平阳（今山西临汾），后来迁至阳翟（今河南禹州市）。到韩哀侯时，攻灭郑国，迁都于郑都新郑（今河南新郑），疆域包括今山西东南部和河南中部，介于魏、秦、楚三国之间。韩哀侯的曾孙宣惠王开始称王。到宣惠王的玄孙韩王安时，韩国势力日衰。前230年，秦灭韩，俘韩王安，置颍川郡（郡治阳翟，今河南禹州市）。韩国灭亡后，国人以韩为氏，颍川成为韩姓的第一个郡望。

5. 少数民族改姓为韩姓。

6. 异国韩姓。汉武帝时获直侯韩陶，朝鲜人。唐宪宗飞龙卫士韩志和系倭国人。

【得姓始祖】

1. 韩姓远古始祖是韩浞（亦作寒浞），夏朝伯明氏之子，今山东潍坊东北人。曾杀羿代夏，立为帝。因为在姬周之前，所以是韩氏的远古始祖。他是现存所有先秦古籍中记载最早的韩氏人。

2. 韩武子。韩万、姬姓，韩氏，名万，谥武，故称韩武子。又称韩侯。生卒年不详，生活在公元前679年前后。曲沃桓叔的庶子，曲沃庄伯的异母弟，即曲沃武公的叔父。春秋初期晋国的著名的政治家。战国七雄中韩国的先祖。曲沃武公即位为晋侯后，将韩原封给了韩万作为采邑，因而以韩为氏。为韩姓得姓始祖。

3. 韩虔，即韩景侯（？—前400），韩厥的七世孙，战国初期韩国国君，名虔。晋卿韩武子之子。三家分晋之后，韩国建都于平阳。韩景侯元年（前408），攻郑，取雍丘（今河南杞县），迁都于阳翟。次年，为郑败于负黍（今河南登封西南）。五年（前404），与赵、魏合兵攻齐，入齐长城，三晋声威大震。六年（前403），被周天子正式册封为诸侯。其宗室子孙遂以国为姓，称为韩姓。韩虔即为韩姓的受姓始祖。

【入闽迁徙】

据《信阳地区志》载，唐总章二年（669）。河南光州固始县砖仔埕角竹仔林社的韩器、韩尧、韩球兄弟，随陈政、陈元光父子入闽，平定"蛮獠啸乱"，安抚地方，创建漳州，居留传衍漳州。（1）

韩器派系：韩氏兄弟随陈政、陈元光父子入闽，平定啸乱，落籍戍守漳州，韩器为府兵队正，是漳州韩姓开漳始祖。另尧、球两派无考。韩姓第一祖居地在云霄火田，传衍四世后，唐贞元二年（786），州治迁设九龙江平原的龙溪县，韩器四世随州治迁徙，择地龙溪县始安乡惠恩里（即今龙海市颜厝镇）居焉。传衍第十六世韩铉，宋宣和三年（1121）进士，官至户部尚书，为莲浦（今龙海市颜厝镇）世系中祖。韩铉又传衍九世韩观佑。韩观佑娶林氏生四子：均宇、均海、均谦、均爵。元延祐六年（1319），由莲浦移居郡西天宝辂轩里路边社，为天宝路边大宗肇基祖。韩观佑分衍四房，繁衍13脉。长房均宇生宽玄（谥荆林，遂为荆林支脉）、宽大（号见山，为见山支脉）、宽宁、宽镇；次房均海生显瑞、显祯、显超、显住；三房均谦（文兴）生弘安、弘祥；四房均爵生真瑶、显瑶、显赐。（2）韩朝风派系：明中期，韩朝风奉令驻诏安守边关，任都指挥，留居诏安居城关。传衍至今已有十二世。（3）韩观佑支系韩均宇支脉（辂轩路边大房韩姓）：天宝路边，乃辂轩韩姓的祖地。肇基祖观佑长子均宇。均宇，字世兴，称世兴祖。由于路边地处低洼处，常年内涝，故子孙很多向外迁徙。除观佑长子均宇留居路边传衍外，其余大多数向周边地带迁居传衍。只有均宇长子宽玄，号对山，谥号荆林，称荆林祖，留居路边繁衍。宽玄（荆林祖）生长子孔珍，居路边传衍，三子孔明、五子孔哲，即路边观佑六世，孔明的派系汝秀迁白塔对面埔仔，其长子七世，世典于明正德间（1506－1521）迁丹坑社，遂为丹坑社始祖。同时，汝秀次子世振迁白塔社，为白塔社韩氏始祖。路边荆林祖的五房孔哲派九世爱（陆之子），生二子，于明末移居郡城杨老洲，据传今芗城市区韩姓不少为此支的后裔。天宝镇辂轩韩姓主要迁播传衍南靖县。迁省内有同安、安溪、莆田、仙游、福州、福清、龙岩、厦门等地。迁播省外主要有广东和浙江温州。广东有徐闻、化州、惠州、阳化、惠东、海丰、惠来、大埔、揭阳、蕉岭、普宁、平远、罗定、饶平等地。（4）韩均谦支脉（辂轩三房韩姓）：辂轩韩姓观佑第三子均谦（文兴）生子弘安、弘祥，长子弘安支脉除少数留居天宝路

边守祖外，大部分易地迁徙。均谦（文兴），长子弘安支脉，八世荣（期成四子），于明万历年间移居广东惠州。八世诹（期引次子）、询（期引三子）兄弟二人于明万历年间移居广东（惠州）。八世长（期学长子），明万历移居广东惠州。八世存爵子时荣，生六子，一户八人，明崇祯间移居广东海丰。八世名三姐，移居温州。弘安派系，其十一世创，仕隆之子，生旱、庆迁居台湾。 西文大房弘安支脉六世孙汝蓝，生四子：汉夫、唐夫、宋夫、明夫，全家于明弘治年间，由路边社移居同安西门外韩道亭（今同安新民镇一带）。（5）南靖县山城镇韩姓，系天宝辂轩肇基祖观佑次子均海（号兆兴）的派下。均海生四子：显瑞、显祯、显超、显住，先居阡，后分居南靖山城等处。山城杉行街即长房显瑞的派下。下庵尾，亦称下安美。属南靖均海的次子，二房显祯派系的祖居地，与顶庵尾同系显祯长子四世廷宗的派下，称下三卞，统称三卞淀，亦属南靖县二房显祯派系。显祯的次子廷口在此传衍。刘山村的五峰社，属南靖二房显祯三子廷贵所传衍。葛山社（亦作刘山，原称葛园），还有坑尾社，下吴韩，均属南靖县三房显超的派系，显超次子廷爵所传衍。径山社（原称霞径），属南靖三房显超的长子廷加在径山及三卞村的赤尾林传衍。源湖村（亦称元湖社），属南靖县四房显住的派系。（6）天宝辂轩观佑四子均爵，称老四房，均爵号德兴，生三子：真瑶、显瑶、显赐。元末真瑶、显瑶分居天宝市前；显赐先住南靖县西街（今靖城西街），称靖西派，后分居南靖镜山、翠微、大坪、磨坑、西山等处。其后裔向外迁，由于年代久远，已无考。据查现龙文区朝阳镇楼内桥仔头社姓韩属老四均爵（德兴）的派下。 靖西老四房大多向外迁徙，据《韩氏旧谱》载：观佑（天宝韩氏肇基祖），第四子均爵，衍布南靖县城一带（称靖西老四房），三世孔昭分居同安县。

光启元年（885），王绪、王潮入闽，韩姓亦随之。唐著名诗人李商隐的连襟韩瞻之子晚唐诗人韩偓，昭宗龙纪元年（889）进士，历翰林学士、中书舍人、兵部侍郎、翰林承旨，后因不附朱全忠屡被贬斥。唐天祐二年（905），韩偓携其族人入闽，定

居福建，后裔在福建传衍。

据揭阳《韩氏族谱》记载，韩清奇的远祖是唐朝末年卜居于福建沙县的兵部侍郎韩偓。韩偓（842—923），字致光，唐京兆万年（今陕西西安）人。韩官拜左谏议大夫，迁中书舍人。乾宁三年（897）任兵部侍郎。后为避迫害而占籍福建沙县，成为福建韩姓的始祖。按江苏《锡山韩氏宗谱》，韩乃是韩愈的五世孙。韩愈生韩昶，韩昶生韩绾，韩绾生韩亘，韩亘生韩。由此看来，韩清奇是韩愈的后世裔孙。据韩思道编撰，刊于1973年的《韩氏家乘考》，祖籍河南孟县（韩愈家乡）的韩姓"清"字辈中，有韩清濂，韩清溪。后来两人皆南下迁徙卜居台湾。这说明，河南孟县的韩姓辈序与由莆田迁潮的韩姓辈序相吻合。

宋理宗宝庆年间（1225—1227），韩林卿官汀州府通判，后定居长汀县，宋末元初，子孙迁居于长汀县河田、宁化、上杭。南宋，韩峣，授将士郎，后扈驾南下，封越海将军，由越入闽，卜居宁化县。生子启，号开庐，由宁化携眷属迁广东省平远县八尺等竹村开基。

广东平远《韩氏族谱》：吾氏始自南阳系，后迁昌黎县，遂为昌黎系。以术公为始祖（一世）。南宋时，有裔孙峣，字先，授将士郎，建炎间，先公偕叔祖父膺胄公扈驾南下，封为越海将军，由越入闽，卜居宁化石壁村。生子启，号开庐，后由宁化迁粤之平远县八尺筦竹村浮光寨开基。梅州奉峣"韩先公"为始祖，启为开基祖。启娶钟氏，继娶谢氏，生五子：忠、政、智、允、勇。忠，名千一郎，居博罗县；政，名千二郎，居朝阳；智，名千三郎，裔衍江西赣县大布；允，名千四郎；勇，名万五郎，后裔衍播廉州合浦、揭阳河婆等处。

南宋末，曾于建炎南渡至浙江的韩姓后裔御前大将军韩先，扈驾南下，由浙江人福建。

福建省韩姓分布全省各地，主要聚居地：漳州市南靖县、平潭经济区韩厝楼村、东屿村，约1000人；连江县坂顶韩厝里，约500人。漳州天宝镇大寨村，过塘村，路边村，月领村，盘古村，东坑村，约有20000人。福安市溪潭镇仙石村，约200人。

【入垦台湾】

明清时期，韩姓入垦台湾。台湾文献所载，台湾韩姓多由闽粤入台。据揭阳《韩氏族谱》记载，今台湾的桃园、八德等地的韩姓也是韩清奇的后裔。明嘉靖三十六年（1557），另一支韩姓也由福建莆田迁徙入潮。其开基祖为韩镇翁。韩镇翁最先卜居于潮阳峡山都长厝村（今属沙陇镇）。清初迁界，韩镇翁裔孙被迫迁徙各地。这就更进一步证实了韩清奇（莆田人）是韩愈（河北昌黎人）的后裔。自韩清奇占籍潮汕之后，韩姓便在潮汕地区繁衍迁播。广东、福建等地的韩姓，多为韩世忠的支系子孙。清康熙之前已有闽南韩姓族人在台湾下淡水港居住。康熙之后，大陆韩姓也大批入台。康熙六十年（1721）朱一贵起义有位叫韩任贤的义民已住在下淡水港多年。当然，这位韩任贤并不是韩氏入台的始祖，在他之前还有先人，有待进一步考据。康熙末年，龙溪的韩友德携弟韩甫入垦台南新化；南靖的韩报行入垦云林斗南，后裔移垦云林古坑。道光年间，南靖的韩正直入垦宜兰。台湾高山族同胞中也有韩姓。台湾的韩姓，多在台北、基隆、阳明山、新竹、台南、台中、高雄、屏东等地，人数最多的是新竹县。

【郡望堂号】

颖川郡：秦王政时置郡，治所在阳翟（今河南省禹州）

南阳郡：秦以宛为治所，置南阳郡。隋唐邓州南阳郡改良穰县（今河南邓州市）为治所。元明清南阳府治南阳。堂联有："南阳望族，北斗高名。"典出唐代著名文学家韩愈。

昌黎郡：自曹魏至隋初，以昌黎（今辽宁省辽东义县）为中心，在辽河以西，有昌黎郡。今河北省昌黎县隋唐在卢龙县境内。

泣杖堂：汉朝时候，韩伯愈最孝。一次他犯了过，母亲用拐杖打他，他的眼泪像下雨一样掉下来。母亲很奇怪地问："我过去打你，你都是欢欢喜喜地接受，今天为什么掉泪呢？"伯愈哇的一声哭了出来，对母亲说："娘呀！过去您打得疼，我知道母亲健康有力，所以喜欢；今天杖落在我身上，我一点儿感不到疼了，我知道母亲体力衰弱了，所以难过得掉泪。"

昌黎堂：唐朝大文学家韩愈，河北昌黎人。他一生从事古文运动，反对骈体文的华而不实，主张恢复秦、汉时的散文体。历史上称他"文起八代之衰"。

韩姓的主要堂号还有颖川堂、南阳堂、画锦堂、荣归堂、荣事堂、书锦堂、继锦堂、福荫堂、恭寿堂、永思堂、翕和堂等。

【祠堂古迹】

天宝路边辂轩韩姓祖庙，名曰"遹追堂"。位于漳州芗城区天宝镇路边的韩姓祖庙，是辂轩韩姓总的宗祠。始建于元至顺元年（1330），时称韩氏祖厝，明万历三十四年（1606）重建时，历代重修。

山城葛山韩姓宗祠，原称土葛园，原位于南靖县过社（俗称），后被洪水冲毁。民国期间在葛山圩重建。葛山宗祠是祭祀开山祖韩显超而建。韩显超是天宝辂轩观佑的曾孙。

河田韩氏宗祠，坐落于长汀河田中街，始建于明朝年代，建筑面积 200 平方米，系土墙结构。

天宝路边威惠庙（天宝辂轩保福庵），位于芗城区，庙下厅左墙壁有石碑，清乾隆五十二年（1787）立。据碑中记载，1787 年台湾十三世韩熙文（时任布政司理问），带三位侄儿，韩高泽、高翔、高瑞回祖地天宝路边（辂轩）拜祖，重修保福庵。

路边韩姓荆林宗祠（小宗），堂名曰"崇贤堂"。俗称小宗，位于芗城区系辂轩路边大房六房祖祠，建于明万历间，清乾隆十二年（1747）重修。

天宝月岭韩姓宗祠，又称月岭宗祠，名曰"绍德堂"。位于芗城区月岭社东北侧，属路边荆林派系。建于清康熙六十一年（1722）。

天宝大寨韩姓祠堂，位于芗城区天宝过塘同，大寨过塘盘谷的西文宗祠名曰"世德堂"，主祀韩文兴、韩弘祥及历代列祖列宗。建于康熙六十一年（1722），历代有修葺。

【楹联典故】

开漳立庙无双品；鼎晋分封第一家。
——芗城区路边大宗大门对联。

唐开漳昭德将军，神威显赫；元肇基辂轩始祖，科第世家。
——芗城区路边荆林宗祠有柱联。

派衍天宝以开基，津来胥宇；支由阡陌而聚族，长发其祥。

祠宇重新，左昭右穆常念，孝思不匮；宗支衍庆，春祀秋尝永怀，明德为馨。

琼树琪花，分宝山之瑞气；龙身鳌背，发葛里之祥光。
——南靖县山城葛山宗祠石柱联。

天宝分支，源源本本家声远；鼋湖衍派，水水山山世泽长。
——南靖县山城元湖韩宗祠对联。

南阳望族；北斗高名。
——佚名撰韩姓宗祠通用联。全联典出唐韩愈，博通经史百家，为文笔力雄健，气势磅礴，为后世古文家所崇，仰之如泰山北斗。

第四十五节 郝 姓

郝姓在当今姓氏排行榜上名列第 82 位，属于大姓系列，人口 3323000 余，占全国人口总数的 0.21% 左右。在台湾排名第 172 位。

【渊源】

1. 出自子姓，其始祖为帝乙。相传契为商的始祖，他曾协助禹治水有功，被舜任为司徒，掌管教化，居于商（今河南商丘南）。相传其母因吞玄鸟（燕）卵而生下他，故被赐姓子，相传为火正，又称阏伯，所以子姓也叫赤姓，又叫郝姓。商族后来不断的壮大，终于在契的 14 代孙汤的领导下，推翻了夏桀的统治，建立商朝。据《通志·氏族略》及《名贤氏族言行类稿》所载，殷商在第 27 代天子帝乙即位时，将他的儿子子期封到太原郝乡（今山西太原），其后子孙也以地为氏，称郝氏。该支郝氏被史称郝氏正宗，族人皆尊奉商康丁、郝伯子期为得姓始祖。

2. 源于姜姓，出自炎帝神农氏又称郝骨氏（又称郝省氏或赫胥氏），属于复姓省文简改为氏。

3. 为古代乌桓国姓氏。古代乌桓国以太阳为图腾，其都城后来也以赤色为记，即今内蒙古赤峰一带。乌桓国后来与其他民族融合，接受汉文化，其人有以图腾颜色起汉姓称赤或赫，有以地为姓称郝，其中赫、郝又多误记误传，混淆起来。

4. 少数民族改姓。唐代南方蛮族中也有以郝、刘、杨为姓氏的。据史籍《旧唐书·南蛮传》中记载："南蛮有郝、杨、刘三姓。"回族也有郝姓。

【得姓始祖】

帝乙。据《史记》记载可推知郝氏的初祖为轩辕氏黄帝，但疑点太多，而经现代研究可推定郝氏初祖为契。商朝的帝乙即位，帝乙的大儿子就是历史上有名的暴君商纣王子辛。帝乙还有一个儿子叫作子期，是商纣王的亲弟弟，被帝乙封到太原一个叫"郝"的地方为王，子期的后人为了显示身份的尊贵，始以郝为姓。这么说来，正宗郝姓其实就是 3000 多年前的商朝王族后人。纣王的弟弟第一个姓郝。郑樵、章定均称郝氏出于赫胥氏，而无名氏却删去"郝氏出于赫胥氏，太昊氏之佐也"等语。

【入闽迁徙】

据史籍《旧唐书·南蛮传》中记载："南蛮有郝、杨、刘三姓。"

唐宋以前，郝姓主要还是以中原地区为其繁衍的中心地带，主要分布地区：山西太原郡，陕西京兆郡。至于郝姓南迁，较他姓要晚，规模也要小得多。

《客家风情》：郝氏于宋末避乱入闽汀，后裔居于宁化与泉州。明清之际，郝姓在南方各地的分布渐广，湖南、福建等省都有载入史册的郝姓人物。郝梦龄，而居于福建的郝姓则有渡海赴台。当今福建郝氏主要为散居。

【入垦台湾】

台湾郝氏人口数百人，台湾郝氏主要为散居。除了部分福建、广东籍以外，主流是北方迁台。主要分布在台北、基隆，其次是高雄、台南、台中。

【郡望堂号】

太原郡：今山西太原。

天水郡：西汉置天水郡，治所在平襄（今甘肃省通渭西北）。

广汉郡：今广汉市古为雒县。

堂号有天水堂、京兆堂、龙泰堂、稼穑堂、渭滨堂、敬睦堂、云磐堂、森阳堂等。

【楹联典故】

人曝笼内物；我晒腹中书。

——全联典指晋朝时期的参军郝隆，字仕治。每年七月七日，人皆晒衣物，惟隆卧于庭中，人问之，答曰："晒吾腹中书耳！"

太原世泽；廉洁家声。

——全联典指汉朝时期的郝子廉，性廉洁，过姊饭，默置钱于席下，远行饮路帝井水，投钱于井中。

望出广汉；源自姜滨。

——佚名撰姜姓宗祠通用联。全联典指姜姓的源流和郡望。

第四十六节 何 姓

何姓在中国大陆姓氏排行第17位的大姓，在福建排名第23位，约占全国汉族人口的1.2%。在台湾排名第27位。

【渊源】

1. 出自姬姓，其祖先可追溯到周文王，为黄帝后裔。司马迁在《史记·韩世家》中写道："韩之先与周同姓，姓姬氏，其后苗裔年晋，得封于韩原，曰韩武子，武子后三代有韩厥，从封姓韩氏。"西周成王的一位弟弟叫唐叔虞，他的一位后人被分封于韩原（现在山西省汾水以北，河津与稷山一带）这个地方，让他侍奉晋国，人称"韩武子"，名韩万，之所以称之为韩是因其封地而得名。韩武子的三世孙名韩厥，按照周王朝的册封，韩厥是韩姓始祖，是天下何姓第一人。据《姓纂》记载："周成王弟唐叔虞裔孙韩王安，为秦所灭，子孙分散，江淮间音，以韩为何，遂为何氏。"即周成王分封其第叔虞于韩。其孙韩王安，原居韩邑（一说在山西河津市）为秦国所灭。子孙分散于江淮之间。江淮方言，音"韩"变"何"，逐为"何"姓。因此，何姓是由韩姓分化出来的。

2. 黄帝时代东夷归夷的一支，以荷为图腾，在山东菏泽建何国，后裔以何为姓。

3. 以国为姓。唐代的"昭武九姓"之一有何姓。隋唐西域阿姆河、锡尔河流域各氏族统称为"昭武九姓"，即康、史、安、曹、石、米、何、火寻和戊地。

4. 出自冒姓或赐姓。如，元末吐蕃宣抚使锁南之子铭入明，被朝廷赐姓何氏，其后也有以何为姓的。

【得姓始祖】

韩厥既是韩姓始祖，也是何姓的第一始祖。西周成王的一位弟弟叫唐叔虞，他的一位后人被分封于韩原（现在山西省汾水以北，河津与稷山一带）这个地方，说是让他侍奉晋国。此人世称"韩武子"，名韩万，其实，他并不姓韩，之所以称之为韩是因其封地而得名。韩姓的得来，是在韩武子后代三世的时候，韩武子的三世孙名韩厥。

【入闽迁徙】

何姓入闽最早为汉武帝时，江西九江何姓兄弟九人，因知其父参与淮南王阴谋叛乱，所以逃入闽，于仙游九鲤湖飞升，世人称为何姓九仙祖。泉州城郊马甲双髻山有庙宇奉祀，又称（北）大仙公。

三国时的何雄。何雄东汉末人，为侯官（今福州）长官商升部将张雅之婿。建安初，孙策遣南部都尉驾齐讨商升，商升欲降，但为部将张雅，詹强等杀。张雅自称无上将军，结果与女婿何雄争势不和。贺齐离间二人拥兵相图，然后驾齐乘机进讨，大破之。另据《入闽掌故》引《闽省何氏大宗谱》载："先祖何雄于汉末入闽，拒孙策战死，子孙皆留于闽。"

何乔远《闽书》载："永嘉二年（308）中原板荡，衣冠始入闽者八族，所谓林黄陈郑詹丘何胡也。"何姓入闽居晋安（今福州）。何玉钰由陕西扶风入闽。留居福州。唐末时，裔孙迁汀州府，后分迁上杭，连城，永定等地。《邵武何姓族谱》记载：其先光州固始人，东晋末避乱入闽，居邵武小溪（含邵武东区七台）。入闽历史悠久。自汉至唐五代先后有多支入闽，大都是何庶公后裔。

据《诏安何姓家谱》记载：唐高宗时，光州固始人何嗣韩随陈政、陈元光父子入闽；何嗣韩是入闽始祖。垂拱四年壬子（688）置漳州府，授元光为刺史，韩诏封光禄大夫，迁任泉州，定居于惠安县域。何德，字衍，号嗣韩，其父何罗娶陈政胞妹为室，与陈元光是昆仲，何德主管军需财粮职。自唐初何德入闽至唐末何德裔孙何京官授安抚使，与陈元光的孙女结成儿女亲家。唐昭宗授何京为"入闽安抚使"，主管民政，分田划地，安插闽人，何京卒后，夫妇合葬福建惠安县北偶埔崎青竹山舍利院旁，当地人称"安抚公墓"。何京之子讳成就，字子铎。南唐授昭信校尉，今惠安犹存"校尉"地名。宋太祖赵匡胤御笔亲题"入闽人祖"四字为庙额，表彰何德家族。

南安姓氏志资料载：庐江何姓于安徽长江北岸南渡，何修十六代孙何佟，生子何德，字定肃，号嗣韩，唐麟德二年（665）受荐任职河南光州，择居固始。唐总章二年（669）追随陈政、陈元光父子定闽开漳，功勋卓著，何德升迁泉州任职，食采螺阳；唐垂拱四年（689），武则天封其为光禄大夫；唐僖宗文德元年（888），追封其为安抚节度使；宋高宗绍兴二十一年（1151），追封其为竭忠辅国将军。何姓尊其为安抚公，认定为何姓入闽始祖。

《唐宋元间宁化的江西移民》：唐时，有继源、捷源。捷源迁江西；继源至三世大一郎，原居广昌，后避风尘，游于宁化永丰里大河坊（今宁化中沙乡何屋村）。

何大一郎从江西广昌迁福建汀州府宁化县永丰里大河坊（今中沙乡）开基立业。何氏三十五世何旦，又名禀，字景行，法号大郎（太郎），原籍庐州庐江县，生于唐昭宗景福元年（892），后梁末帝龙德元年（921）中进士，选授福建汀州宁化县令，后唐明宗天成元年（926）任满解职，定居宁化县石壁。次年，何旦因事至粤东梅州、潮州，回途路经武平县岩前，喜此地平畴绿野，田土膏腴，遂定居于岩前。何大郎生五子：三郎迁长汀河田，四郎迁陕西汉中，六郎迁广东海丰，八郎迁广东河源，五郎随父迁武平冷洋。何大郎裔孙播迁闽、粤、赣、台，可谓枝繁叶茂。明初，祖籍湖州府建德县的何天佑奉调来武平县武所（中山镇）征寇，封世袭将军，其子何肇南定居武所。

宋高宗绍兴二十年庚子（1151），朝旨封为竭忠辅国昭德将军，赐爵昭德侯。昭德侯祖居闽，历200多年，传至安抚，讳京，字衍解，生于唐懿宗（860）世居惠安，由武科入宦。僖宗中和间，授南京留守右卫。何嗣韩其大号嗣韩，寓有怀念韩改何之意，讳德，寓有以德育人，以德服人之意。功勋卓著，闽越当时赖之，闽人思其德，塑像祀之，卒葬惠安北门外青林山舍利院。1140年宋高宗时敕封辅国将军，光禄大夫，安抚节度使，故又称安抚公、昭德侯。

夫人陈氏，荫封一品夫人。漳州北庙曾设有何公讳德神位，泉州崇福寺原设有祭坛，供奉安抚公塑像，族人春秋祭祀。

唐僖宗时，又有固始人随王潮、王审知兄弟入闽，何姓部将随之入闽。建立闽国，称王。何嗣韩后裔也回闽治理闽国。唐光启二年（886），王潮、王审知兄弟带兵入闽，固始何衍庆率兵随军入闽，官任泉州安抚节度使，镇守泉州，定居在惠安。惠安何姓主要分布在辋川、洛阳、螺城、崇武、黄塘等镇，其中辋川峰崎是福建何姓较大聚居地，周围大小26个自然村的何姓，均由此分衍。何元剑四世孙何宽移居辋川镇试剑村，今传20多代。据《何氏族谱》载，景福元年（892），庐江何旦及其子孙先后迁徙至广东梅州、潮洲、福建汀州地区。

何旦，讳睿，号何太郎，太乙郎、驮大王，唐末浙江处州龙泉县人，五代时官宁化尹，后定居福建武平县，子孙散居闽、粤、赣等省。何旦是清源郡二世祖，也是本人之二世祖（吾为一世起算是三十三代孙）。何旦是庶公第四十二代孙。

另有资料载：唐昭宗末年，何旦为宁化县尹，居石壁。

香港《崇正同人系谱》梅县、宁化《何氏族谱》：始祖，大郎（三十七世），后梁贞明五年进士，授宁化县尹。后唐天成元年（926），任满定居石壁村。次年，游于广东，路经武平岩前，嘉其地美，而迁居斯地。生五子：长子三郎，分居河田；四子六郎，迁居海丰；五子八郎，移居河源。何氏后裔，播衍江西会昌、赣州、瑞金、分宜、于都、福建龙岩、广东兴宁、梅县、长乐、海阳、翁源、大埔、潮安、丰顺、龙川、饶平、揭阳、蕉岭、湖广益阳、广西贺县、郁林州、湖南、香港、深圳、台湾等地。

《客家百姓南迁史略》：三十七世何大郎于后唐明宗天成元年（926）任宁化尹，遂居宁化石壁村。后迁武平岩前开基。生五子：三郎、四郎、五郎、六郎、八郎。长三郎居河田；次四郎居赤岸；三子五郎居岩前；四子六郎迁海丰县；五子八郎迁河源。五郎生五子。其中十郎任赣州节推，迁居会昌；十六郎居岩前亦生五子，长念八郎迁大埔县为何氏始祖；念四郎生三子，有一支迁兴宁县石马开基。传至五世六一郎，生三子。长子伯一郎又名发伯，迁梅县松源开基。三子伯九郎，迁上杭县中都，后裔多迁兴宁石马。

武平岩前六世伯一郎，又名发伯，由上杭迁梅县松源为开基祖。生九子，其中三子千三郎迁永定县；六子千六郎迁镇平县；七子千七郎，有裔孙迁五华县。松源何氏十三世何乐善迁梅县中江开基为一世。十三世应春迁河源。十八世中龙迁江西瑞金。二十世春生迁电白、连生迁湖广亦阳县。二十一世宏祥迁海阳县；宏源迁台湾；宏才迁电白；宏淑迁广西贺县。二十二世允中，清嘉庆进士，任石埭县知县，于嘉庆间全家迁台湾；奕富、亦松迁广西分宜县；进元、春元迁龙川县；汉中、丈中、受中三兄弟、皆由乾隆间迁广西郁林县。

《兴宁县志》：五代后梁贞明三年（917），大乙郎为宁化县尹，解职后迁武平岩前。明洪武二年（1369）何全迁梅县开基（为始祖）。洪武十四年，再迁兴宁县。

《兴宁何氏族谱》：继源字清煌，妣王氏，生一子文坚。文坚妣朱氏，生四子：大一郎（为迁闽祖），大二郎，大三郎（俱留江南），大四郎（迁南京）。大一郎，名旦，原南京直隶庐江郡人，生于唐昭宗景福元年。后梁末帝，龙德二年壬午（922年）选授宁化县尹，任满解组，居宁化，次岁往梅，复由梅至潮，莅岩前，时南岩为龙泉县，后易汀州，为闽属，而龙泉改号武平，开基置产，遂卜居焉。

大埔《何氏族谱》：何氏源流：按韩而源于姬姓又始于何瑊为始祖。传至何修为卢江始祖。何修西汉时人。传至37何大郎，后唐明宗时任宁化县尉，其裔孙何棠、何栗、何炬及何源美（念四郎）于宋时迁粤。

《龙川姓氏渊源》：迁龙川何姓：一为从兴宁、梅县迁来念四郎后裔；一为从顺德迁来朝广公（何琪）后裔。何朝广（何琪）为宋进士何棠第五世孙，于明洪武初迁龙川古循州（今佗城）为开基祖。朝广（琪）生二子：富、贵，裔孙衍居老隆佗城黄石通衢四都义都等处，今传24代。源美公（念四郎后裔），生

四子：文渊、文滨、文深、文汜。其裔孙分衍锦归佗城四都通衢岩前。

《和平何氏谱》载：何大郎于后唐明宗时任宁化县尹。初居宁化，后迁武平岩前，传六世伯一郎，又名发伯，迁梅县松源开基。发伯第九子千九郎仕琼号源素，其第四子念四郎，讳铨，字源美，号罕明，迁兴宁蓼沙。源美生四子：文渊、广滨、文深、文汜。其裔孙迁和平县。文渊次子德源于明宣德正统间迁龙川通衢，复迁优胜鱼溪开基。文渊四子德英迁附城秀溪洞开基。文深长子德新十世孙何兰从兴宁迁礼士直塘开基。十二世盛瑞从兴宁迁县城东门头。德远后裔友隆从老隆迁附城老村。文滨裔孙迁下车、青州等处。文汜裔孙志才，从兴宁迁城西，分迁合水河口等处。

后梁龙德二年（922），大一郎名何旦，原南京直隶庐江郡人，选授宁化县尹，后易汀州，开业置产定居。

南宋淳祐年间（1241-1252），何逊基由螺阳迁居温陵、浔江，后隐居泉州清源洞，生有五子：长元镇，号我泉，为和地之祖；次元钊，号同泉，移居惠安埔崎；三元铤，号思泉，为诏安之祖；四元镛，号念泉，迁居漳州岳口莲花；五元铉，号志泉，移居邵武光泽县。宋代，何姓还有一支自庐江迁来福建。宋代以后，何姓入闽也时见于族谱。

宁化中沙何屋《何氏族谱》：以休公（或为修公）为始祖。休公，汉时人，封庐江。其五世孙武公，为京兆尹。再传九世曾公，其曾孙充公，晋康帝时（343）为尚书。充公之四世孙子平，宋武帝时为海虞令。下传七世泰公，唐高宗时，博览群书，隐居不仕。再传十世继筼公，辅宋太祖征辽有功，封领隶川牧。其子永矩，佐太祖战契丹于雍州。又传五世，若公，南宋高宗时为签书枢密院事。曾孙叔京之后基公，寓江右广昌。其三世孙大郎，宋绍兴间，游于闽汀宁化永丰里（中沙乡）卜居大何坊肇基。

元至治年间，祖籍岭南西路的何严，元至治元年进士及第，官兴化路总管兼劝农事，累升朝奉大夫。秩满后择仙游城北门定居。第三子何建七定居在文贤里（今度尾）中岳村。明末何贵峰从中岳迁到折

桂里（今榜头）。其子进五迁到仙游兴泰里（今钟山）。清初一支后裔迁到东门何厝，清末，又一支从北门迁西苑、赖店。

江西上犹营前梅口《何氏合修谱·新序》（1939年版）载：何氏，系战国时代韩国之后，秦灭韩，韩之子更姓为何。其祖修公居江南卢江县，传十八世子孙何宣，为后梁开平进士，授福建宁化县尹，遂家焉，再传十三世何金，明洪武年间，由闽迁粤之兴宁县。清康熙间再迁江西上犹县。（摘自《客家与中原文化国际学术研讨会论文集》载《赣南客家姓氏渊源研究》）

【入垦台湾】

1755年的《何氏家谱》记载，从明朝中期开始陆续有人外迁。有迁居台湾、球流巴、陕西、南宁、扬州、南太武、琴州、福宁、肇庆、潮州、海丰、吾宁、岳溪、阳江、福州、泉州、仙游和湖狮尾山等地。《何氏家谱》记载，最早迁台的始于何地第六七世（约于1500年左右）。明末，祖籍泉州何斌入台，是何姓族人入台的先辈之一。何斌，又名何廷斌，泉州府南安县人，曾任荷兰人通事，是郑成功父亲郑芝龙的部将。收复台湾后，何斌成了郑成功的重要幕僚；其后裔也因此在台湾留居下来，并代代繁衍。随郑成功入台的还有将士何义兴等。云霄县马铺乡大湖村何地，何姓九世孙何义（1628—1689），随郑成功收复台湾，升为左虎卫将军，带领堂弟何仪和族亲何灶等加入郑军。何义因直谏郑经，为其所忌，妻子马氏被绞死，何义投奔施琅，康熙二十二年（1683）协助施琅平台。康熙帝嘉其两度征台之功授何义左都督，封何义为"内大臣籍世袭骑都尉""一等伯爵"，其原配夫人诰赠"一品夫人"。清朝时，到台湾来开创新天地的何姓更多，在凤山、基隆、士林内双溪、台中东势，以及新竹宝山乡，都有何姓的足迹。乾隆五十四年（1789），何光添入垦新竹市。清末有何启仁、何神来、何兴化、何阿标等人前往台湾台北垦荒，建家立业，传衍后代。据《云霄县志》有关资料表明，云霄何氏迁台人数居其他姓氏迁居人数之首位。

乾隆十八年（1753），何地创建何氏开祖大宗祠，

赴台何氏后裔纷纷筹银捐送。据《何氏家谱》记载，居台何氏捐资捐物有251人（户）：双缓（现属嘉义县）38户，青埔（现属嘉义县）44户、西庄和西势潭20户、竹仔脚15户、毛蟹寮2户、牛稠山13户、大竹园和林仔头19户、燕务22户、快官（现属彰化县）12户、山仔脚15户、崎脚13户、砂辘（现属台中县）11户、何厝庄4户、太子宫1户、三载厝2户、旧社沟5户、荷包屿13户、林仔头（专项）2户，以上251人（户）捐金、银、钱等折合银共1415大圆，占建大宗祠总捐资数4735圆的30%。现大宗祠内的六支石柱，是当时迁居台湾林仔头12世子愚（柴）公、奕熙（汉）公、建候（国）公等三兄弟喜捐的。繁生公喜捐桥仔头祀田五甲三分，虎大房德承公迁居台湾双缓（现属嘉义县）捐银220大圆，虹三房第十一世烨公（住台湾的西庄或西势潭），捐银80大圆 。他们为建大宗祠做出较大贡献。

迁台宗亲不仅捐款捐物共建大宗祖祠，且世代相传，保持联系。据1921年修大宗碑记记载，虹五房住台湾的何天静喜捐龙银600大圆，虎大房住台何能近捐龙银600大圆，还有住台宗亲何永芳、何阿枝、何水盛、何学诗、何兴化等捐银650大圆，以资修建大宗祖祠，原碑记尚存。现多分布在嘉义民雄、台北市士林区、松山区、嘉义新港及台中市、台中县、新竹市等地。

【郡望堂号】

陈郡：辖今豫东、豫南及安徽近30个县市的广大地区。家族的奠基者是东汉末年的何夔，自汉代至魏晋时期，陈郡何姓家族见于文献记载者有4代11人。

东海郡：东海何姓家族具体在东海郯县（今山东省郯城市）。何姓该郡望的形成大致在南朝刘宋时代，影响大者有三，何承天一门最负盛名，另外两支为何思澄家族、何慧炬家族。

扶风郡：汉武帝置右扶风，治所在槐里（今陕西省兴平东南），西晋移治池阳（今陕西省泾阳西北）。此支何姓，其开基始祖为汝阴（今安徽省阜阳）何姓六世孙何比干及平舆（今属河南省）汉吏何并。

丹阳郡：又称润州，治所在今江苏省丹阳。治

今镇江、丹阳一带，隋置润州，治延陵（今江苏省常州），唐移丹徒（今镇江）。北宋政和间升镇江府。

此外，还有齐郡、北海郡、郏县等。

水部堂：南朝梁代何逊，官至尚书水部郎，长于诗文写作，著有《何水部集》，其后世子孙为纪念这位先贤，就以"水部"为堂号。

四友堂：明朝大学问家何良俊不仅学问做得好，而且处世态度也极豁达，自称与庄子、维摩诘、白太傅三人为友，加上自己合为四友，并把书房称作"四友斋"，他的后人也就很自豪地称自己的家族为"四友堂"。

庐江堂：韩瑊为何姓始祖，其说言之凿凿，据《浈阳水木记》："瑊公姜妣皆寿百龄，卒后葬于庐江东乡望淮岗，也称何坟冈，至宋犹存。"后来韩（何）瑊子孙就在庐江一带繁衍，发展成为望族，后代人就以"庐江"作为何姓的堂号，称为"庐江堂"。

此外，何姓的主要堂号还有：学海堂、敬享堂、忠义堂、仁义堂、务本堂、庐江堂、广右堂、缵续堂、赐策堂、义门堂、慈荫堂、世德堂、三桂堂、咏梅堂、抚逸堂等。

【祠堂古迹】

何地何氏家庙，坐落于云霄县马铺乡顶何后厝村，系云霄、平和何氏总祠。始建于清乾隆十八年（1753），历代重修。坐西北向东南，占地220平方米，建筑面积150平方米，现台湾有众多分祠。

苍霞何氏宗祠，坐落于永泰大洋镇苍霞村。始建于明朝永乐年间（1403—1424），六世祖何文代明正德十六年（1521）修建，祠庙、崇福桥，以及高达五层的奎光阁。历代重修。祠堂坐北朝南，建筑面积共1400平方米。

福清三山镇虎丘村下厝何氏宗祠，坐落于虎丘村中部虎头山下，始建于清朝乾隆五十五年（1780），由本族第十四世祖18户兴建祠堂，中落、前落400平方米。历代重修，重建后祠堂坐北向南。

福清龙田何氏宗祠，始建于南宗咸淳九年（1273）度宗皇帝钦赐名宦何万之玄孙礼部尚书何君粥（字梦登）回乡立祠祭祖。坐南朝北，建筑面积733平方米。

连江浦口何氏宗祠，坐落于连江县浦口，占地面积3100平方米，祠堂建筑宽15.8米，长60米，三厅两天井。

峰崎何氏宗祠，也称安抚使公（何嗣韩）祠堂，位于惠安县辋川镇峰崎主村。始建于南宋淳祐七年丁未（1247），为何嗣韩后裔何崇禧所建。历代重修。总面积700多平方米，由门厅、天井和祀厅组成。

【楹联典故】

庐江尊祖敬宗地，巷口和亲睦族园。

六十地开基创业；九秋天饮水思源。

——福建省长汀县县城何氏宗祠"学海堂"联。

庐地吉祥光万丈；江山永固耀千秋。

宗派肇庐江叶茂枝繁千秋乃盛，源流分前门地灵人杰万世其昌。

缔造果然难，历十五年掌握筹持，差幸科岁偕来，免傍他人门户；守成也不易，愿千百世灵钟育秀，喜见英才蔚起，共扶一族纲常。

——福建省长汀县县城何氏宗祠"学海堂"联。

【族谱文献】

闽台何氏族谱有福州《龙田何氏支谱》为何刚德等编，始修于清嘉庆二十四年（1819），今本为何刚德、何公敢等主持3修，1934年福州铅印本4册。卷分福、禄、寿、喜，与册俱名同。福卷载龙田何氏台江世系图纪略、谱序、得字兄弟序次，迁闽始祖世系，台江支谱世系；第禄、寿、喜各刊分派系图，后附历代契约文书。内载明代九世孙祥筹即有图绘传目，十三世孙良言始撰全书，明末十六世孙玉成始梓行。入闽始祖何万。有《蚝浔何氏族谱》漳浦何氏族谱，始修不详，明永乐丙申年（1416）何修二修，正统壬统（1442）何豪南三修，清乾隆十一年（1746）何恒志续修，民国廿六年（1937）何承华续修。上杭《中都何氏王修宗谱》为何选元等修，明嘉靖年间初修，民国二十七年（1938）五修铅印本16卷18册。入闽始祖大郎，五代唐天成间仕宁化，至五世孙六一郎移居上杭来苏里中都肇开一族，子孙分派闽粤。《何氏家谱》云霄何氏家谱。始修于乾隆二十年（1755），石印本。共9卷首1卷，卷首包括谱序，大宗图，何氏源流纪略，漳泉何氏世系图，何地何氏世纪，坟图，家训，列祖传记，卷2至卷9为各支房谱。载唐仪凤年间，何嗣韩祖籍河南固始从陈元光入闽，为入闽始祖；明洪武九年（1376），何添河公迁云霄马铺何地开基；明清130多人迁台。《葛藤窠何氏宗谱》1991年建宁伊家乡沙洲村何氏族谱，何光显作序，何懋伦主稿重修，共13册约30万字。福建福清《龙田何氏台石派五房家谱》，（民国）何咸德修，民国六年（1917）铅印本1册，现被收藏在福建省图书馆（有3部）。福清《龙田何氏台石派六房家谱》，（民国）何心埙修，民国八年（1919）铅印本1册，现被收藏在福建省图书馆（有3部）、福建师范大学图书馆。福

清《龙田何氏支谱》，（民国）何氏台石派各房重修、何刚德编辑民国二十三年（1934）铅印本，现收藏在江苏省南京市博物馆、福建省图书馆（一部4册。另一部存3册）、福建师范大学图书馆。云霄和地《何氏族谱》（《闽南何氏家谱》）17卷，著者待考，清乾隆二十一年（1756）木刻活字印本12册。现被收藏在美国犹他州家谱学会。福建平和何氏手抄族谱，（清）何子祥纂修，清乾隆二十年（1755）木刻活字印本1册，现收藏在台湾省。福建平和《何氏家谱》，（清）何子祥纂修，清乾隆二十年（1755）序，民国十七年（1928）翻印本10册，现被收藏在台湾省。

第四十七节　洪　姓

洪姓是当今中国大陆姓氏排行第107位的姓氏，在福建排名第18位，约占全国汉族人口的0.16%。在台湾排名第16位。

【渊源】

1. 源于姜姓，出自上古共工的后代。据《元和姓纂》及《尚书》等所载，共工从黄帝时起就担任了治理天下水利的官职，被人们尊为水神。帝颛顼时，共工氏发动叛乱，颛顼召集了很多部落酋长，并委派其孙子祝融去征讨共工氏。祝融善于用火攻，共工氏节节败退，一怒之下撞倒了支撑天地的不周山，一时天地倾斜，山川易位，日月星辰运行发生了错乱。帝尧时，共工氏又起造反之念，他们造成洪水泛滥成灾。尧帝派大禹治理洪水，禹召集天下诸侯，共同出兵征服了共工氏。禹把共工氏放逐到江南蛮荒之地。共工氏的后裔便在江南定居下来，为了记住祖先当过水神，就在共字前加水，成"洪"字，作为姓氏。

2. 出自姬姓，为翁氏所分。据传莆田翁姓始祖翁何的五世孙翁乾度原为王审知所创闽国之补阙郎中。五代后晋太祖天福年间，闽国被南唐与吴越合力瓜分而亡，归隐莆田的翁乾度为避国乱，将六子改姓为洪、江、翁、方、龚、汪。长子名处厚字伯起，分姓洪。

3. 源于姬姓，出自轩辕氏黄帝的后裔，属于以先祖名字为氏。据《路史》所载，相传帝鸿（即轩辕氏）之后有洪姓。

4. 共国之后所改。据《通志·氏族略》所载，西周有共国（故城在今河南省辉县），子孙以国为氏，后加"水"成洪。

5. 源于地名，出自古代洪洞国之子民，属于以国名为氏。周时扬侯国，因建都洪洞（今山西洪洞），又称洪洞国，子孙以国为氏。

6. 为宏（弘）氏因避讳而改：如，南北朝时，北魏献文帝名拓跋弘，孝文帝名元宏，当时北方的宏（弘）氏为避讳改为洪姓。又据《百家姓考略》所载，豫章宏姓、常州弘姓为避唐高宗太子、唐明皇名李弘之讳而改洪姓。又据《姓源韵谱》所载，五代刘弘昌、刘弘果为避宋太祖之父讳而改洪姓。

7. 出自他族改姓，属于汉化改姓为氏。今满、朝鲜、蒙古、壮、土家等民族均有此姓。

【得姓始祖】

共工。上古炎帝的后裔，黄帝时任水官。史书云："共工，人面，蛇身，朱发。"是把共工神化的一种描绘。其活动中心应在黄河中游，近伊、洛流域。古史记载炎黄两系争权激烈斗争的传说。为了怀念这位先人，遂有共姓。后因避仇，又因共工有水德，成洪姓，尊共工为洪姓的得姓始祖。

【入闽迁徙】

唐高宗总章二年（669），河南固始人陈政、陈元光父子入闽开漳，洪瑀随从陈姓父子戍闽的中原将士有洪姓落籍福建莆田涵江，这当是洪姓最早入闽者。洪瑀，唐中宗（683—684）年间曾贬为潮州刺史。其5世孙洪圭（洪大丁）唐贞元七年（791）贬潮州刺史，自此迁居潮州，为潮汕洪氏始祖。相传其中有洪有道，后裔居闽中、闽南一带。唐光启元年（885），河南光州固始人洪十四郎（唐广明元年（880）授朝奉大夫，后裔称十四朝奉）偕二子随王审知南下入闽，翌年从王潮驻武荣泉山，后三迁而肇居晋江十四都英林。后裔衍南安、鲤城、安溪、永春等地。北宋末，洪皓、洪皎昆仲属这衍派，《洪氏渊源》载："（宋）真宗时，洪仁燧为长泰知县，派裔传衍闽省，奉为一世祖。"唐朝长安人洪崖迁居福建仙游；宋朝庆历年间又有洪忠去福建；传至洪浩之孙迁居广东。

唐末五代，有河南光州固始人洪十四郎（朝奉）偕二子随王审知入闽，驻武荣泉山，后迁居晋江英林。古淡公奋迹河南光州固始，助威武将军节度使王审知攻克福州，后三迁而肇居晋江英林。古淡，生于唐会昌乙丑（845），号十四郎，生四子。咸通甲午（874）奋迹光州固始，僖宗广明庚子（880）授朝奉大夫，中和壬寅（882）为使军王绪参议，乙巳岁（885）偕二子洪宣义、洪评事随部南下。光启丙午年（886）从观察使王潮驻武荣泉山（今泉州鲤城区），昭宗景福癸丑（893）助威武将军节度使王审知克闽州（今福州），经三迁而肇居晋江英林。

唐末洪氏自婺源（今属江西省）迁汀州府宁化县，据《南洋客属总会六十周年纪念特刊》第三期载，洪贵生自宁化迁广东丰顺再迁花县，为太平天国洪秀全之先祖。明洪武年间原籍抚州金溪县洪克淳调至汀州府武平县千户所，其子洪良冲被封为"世袭将军"，在中山落籍开基。唐末，一支洪氏从岩前迁枫木桥；南宋时入闽西汀州宁化石壁。（见深圳圩《洪氏族谱》）

北宋年间，洪仁燧迁闽南长泰乡，为洪氏开漳始祖。三十七世孙洪士会（为岩前蔚公传派，与洪士良同辈）迁江苏吴县阊门，其子洪仁燧，宋大中祥符九年(1016)进士，大理寺评事，乾兴元年（1022）知福建长泰县，遂携眷定居于此（长泰县武安镇积山村史山社），为洪氏开漳始祖。有一子名洪文宪，迁龙溪珠浦，十一世孙洪尾发迁漳浦东下营，十二世孙洪苍纯迁海澄河福。洪仁燧一支洪氏的苗裔分播于漳州、龙海、漳浦、东山和广东、台湾以及海外各地。

宋乾兴元年（1022），江苏吴县人洪仁王遂任长泰知县，其后裔定居长泰县。洪仁璲被尊为洪姓开漳始祖。

北宋初，江西乐平的一支洪姓入迁福建宁化，后又派分出两支，一迁广东海阳汤田，旋迁嘉应州；一迁丰顺布心，再迁梅县石坑玉坪（奉洪贵生为开派祖）。南宋嘉定四年（1211），原籍江西饶州府鄱阳（今波阳县）的洪茂入闽，任南剑（今南平）少府，后转任沙县县尉；嘉定十年至十七年间(1217—1224)，洪茂之子洪源从沙县城关移居沙县的夏茂。明正统元年（1436），洪天球从高山后门厝徙迁至尤溪溪尾的埔宁，为溪尾埔宁洪氏宗支始祖。尤溪溪尾埔宁洪氏主要分布在埔宁、大宁、纲纪、洋中、

团结、三明、邵武、顺昌等地。

北宋末南宋初，汉代共普的四十世孙、江西乐平金山乡洪源村人洪皓（南宋初任徽猷阁侍制、礼部尚书、金国通问使），生有三子：洪适、洪遵、洪迈，皆贤达，时称"洪氏三瑞"。 南宋乾道五年（1169）洪适的长子洪权，称十六郎，同洪楷、洪模、洪植、洪璞诸弟侄一起随洪迈（知泉州）到闽南为官，洪权挈眷居武荣石竹（今属南安丰州）、同安柏埔、金门烈屿等地。

洪权之孙洪天锡南宋咸淳初任监察御史，因得罪权贵而辞官还乡，途中蒙难。为避祸，洪天锡的诸从兄弟纷纷外迁他地。咸淳三年（1267），洪天锡之子洪俊卿埋名隐讳携眷避居南安英都，别号九使，人尊长者。元初，宋清源军节度使陈洪进的七世孙顺斋因避元兵带子温斋入英都，时洪九使父子身亡，仅有一女，温斋入赘洪家，承其基业，子孙随母姓洪。三世洪良斋自立堂号"翁山"。

洪皓之弟洪皎于南宋建炎年间（1127—1130）丞福州府，奉谏议大夫。后其长子迁居建宁府。其次子洪道约于绍兴十年（1140）隐居同安小嶝，后裔称"下三洪"。

南宋建炎年间（1127—1130），江西乐平人洪皓之弟洪皎丞福州府。后其长子迁居建宁府。次子洪道于南宋年间遵父训移居同安小嶝岛。

据《剑沙茂溪洪氏族谱》载：夏茂洪姓迁沙始祖洪茂于南宋嘉太二年（1202）任沙县尉（主管全县治安保卫的职官）。洪茂逝世后第3年，其子洪原携家眷从沙县城关迁来夏茂水南开基，后移居夏茂水北七姑台。其后裔分迁四川江油县、福州洪山桥、沙县南坑仔（今南霞乡）松树坑、夏茂洪厝窠自然村（建国后移居松林村岭尾自然村）。

南宋乾道五年（1169），江西乐平人洪迈（洪皓之子）知泉州府，其子十九郎暨诸从兄弟十六郎、十七郎、十八郎随洪迈到泉州，后裔分居武荣石竹（今南安丰州）、同安柏埔、金门烈屿等地。宋乾兴元年（1022），江苏吴县人洪仁王遂任长泰知县，其后裔定居长泰县。洪仁璲被尊为洪氏开漳始祖。

宋末元初，清源军节度使陈洪进之后裔陈顺斋，

携子温斋为避 元兵追剿而入英都，温斋入赘洪家，生子良斋，始承母姓为洪。考洪家先世，系十六郎洪权之孙洪天锡后裔。洪天锡子洪俊卿，因避难从武荣石竹迁英山，埋名隐讳别号九使。九使身后仅存一女 ，温斋入赘后，生子改姓洪，自立堂号"翁山"。裔居英都10个村。

《新山客家公会庆祝创会八十周年纪念特刊》（2006年12月）载：据洪仁玕口述，洪秀全先世远出于宋代，北方汉人南迁第二期，自安徽婺源迁江西乐平，嗣迁福建宁化。第三期迁广东阳汤田（今丰顺），旋迁嘉应州（今梅县）。第四期迁番禺南海北部之花山（今花县），以耕种为业。

《南洋客属总会六十周年纪念特刊》：太平天国洪秀全之先世，于第二期（唐末）自婺源迁江西乐平，嗣迁福建宁化。至第三期迁广东海洋（阳）汤田，旋迁嘉应州。

花县《洪秀全家谱》：始祖贵生公，由宁化石壁迁丰顺布心，再迁梅县石坑玉坪。

深圳圩《洪氏族谱》（手抄本）：唐末，洪氏由岩前迁枫木桥，南宋时入闽西汀州宁化石壁，裔孙衍播闽、赣、粤各省地。

古山洪姓有十三世洪源迁同安岗头。华美洪姓有十二世洪日放迁福清县镜洋。码头洪山洪姓后裔，曾于明代分居仙游黄沙、金田及浙江的平阳桥墩。英都洪姓东三房、东四房后裔在明万历间各有分支迁居浙江平阳塘坡，还有一支分居福清江口。丰州洪厝堀洪姓曾有分居福清龙田。

【入垦台湾】

南宋时期，洪道（洪皎子）迁徙同安大嶝镇小嶝村，洪适次子洪楷（十七郎），字宣曦、号仕同，生于宋高宗绍兴己未年（1139），登宋高宗绍兴三十年（1160），末期庚辰科进士，在朝为官，谏诤朝纲不振，开罪权臣，于绍兴辛巳三十一年（1161），贬谪福建泉州同安县令，忠于任事，三年政绩颇有卓者，由于金兵大举南侵，战事蔓延不息，公衙停办，豫赣相继陷金，归计难酬，于宋孝宗隆兴甲申二年（1164），携眷萍泊托迹于烈屿西方。明代，洪坤载迁徙金门水头。

据史料记载，万历中叶，同安的洪君直由金门迁居澎湖，其次子洪延万开基湖西洪罗村，六世孙洪久，再由澎渡台，入垦云林水林。又据《台湾省通志》载，明郑末年，福建洪水阁入垦台北万里。清康熙十三年（1674），一个叫洪应兴的福建人率徐降华等七人，从闽来台旗后捕鱼，以后在此修建始祖宫。清康熙末叶，洪氏入垦云林。乾隆初叶，洪世尊入垦新竹；洪必谦、洪必赂入垦彰化芳苑；洪汉文入垦新竹。乾隆初叶，漳浦洪戒入垦彰化芬园，后移垦南投草屯；漳浦毛蟹公支派洪大斌、洪清坛、洪宽厚、洪宗光及洪石等，先后入垦草屯，洪姓成为草屯四大姓之一。洪玉埤入垦台北林口。乾隆中叶，洪畅迁居新竹；洪京入垦芳苑；洪纯入垦彰化二林。洪凤、宪、育德、晓四兄弟入垦草屯；洪原性入垦草屯，后入垦台中太平。乾隆末叶，洪叔入垦芳苑；洪琛入垦二林；洪盛入垦苗栗竹南嘉庆十五年，漳浦阳明支派洪垅、乾、秉正、监、贤兄弟，及秉正子宽宏、孙善述等，入垦草屯。嘉庆年间，洪纯化、洪有淡及洪猛等，先后入垦二林。道光年间，洪纯树入垦芳苑；洪思巨入垦二林。道光末年，洪思义、洪断入垦二林。乾隆元年，南安的，洪士集入垦嘉义太保。乾隆中叶，洪世德入垦台北淡水。乾隆初叶，安溪的，洪士栋入垦台北树林。乾隆中叶，晋江洪汝贝（来贝）入垦彰化伸港。道光年间，洪樑迁居新竹；洪腾云伺父渡台，居台北万华；洪国插入垦淡水。由长泰繁衍同安县洪姓柏甫派渡台，其中东房居二林镇，西房居芳苑乡顶廓村、芳中村、仁爱村、信义村，嵌山派长房和三、四房传彰化县芳苑乡，二房传南投县草屯镇。

洪仁五鋈17代孙洪原璋迁居漳浦县板龙保车田下营社，为漳浦洪姓开基祖，其子孙繁衍三派：其一为毛蟹公，即35代孙洪性桂，因其墓为"毛蟹穴"，子孙乃尊称毛蟹公，其派下洪赵行于清乾隆初入垦今彰化县芬园乡茄著村。其二和苍公派下洪戒于乾隆初期开基彰化县芬园乡县庄。其三阳明公派下洪乾、洪秉正等于嘉庆十五年（1810）入垦南投县草屯镇顶茄老。洪秉正子宽宏、善述随后随父入垦北投堡张犁份。

洪姓在台湾主要分布在彰化县、高雄市、台北市等。以彰化芳苑、二林，南投草屯、高雄小港、高雄市前镇区为集中。

【郡望堂号】

敦煌郡：汉武帝元鼎六年（前111）置。在今甘肃省河西走廊西端。

宣城郡：晋时置郡。治所在宛陵（今安徽省定城）。

豫章郡：汉代将秦代的九江郡改为豫章郡。在今江西省南昌、九江一带。

双忠堂：源自宋代洪皓，以礼部侍郎的身份出使金国。金人扣留了他，他坚决不屈服。被扣15年中，他经常暗自派人向宋朝廷汇报金国的情况，人们把他比作苏武。他的儿子洪迈，又以翰林学士的身份出使金国，金人强迫他称"陪臣"（诸侯的大夫朝见天子，自称陪臣），他坚决拒绝，因此被金人拘留。他父子都为了祖国恪尽忠诚，人称"父子双忠"。

洪姓的主要堂号还有义居堂、招隐堂、平山堂、敦煌堂、积德堂、六桂堂等。

【祠堂古迹】

晋江金井英围洪氏宗祠，坐落于晋江市金井镇围头半岛上，奉迎"六桂"始祖。正堂面积137.85平方米，堂前铺砌石埕，面积493.79平方米。

草埔尾洪氏大宗祠，位于于泉州东门草埔尾（现温陵路与湖心街交界处）。清同治间，泉郡洪氏族人和台湾宗亲开始在府城择址建祠。原占地约1000平方米，建筑面积约550平方米。

夏茂镇洪氏宗祠，位于沙县夏茂镇，集镇区里洪罗两姓占大多数，始建于明朝初年，历代重修。建筑面积约200多平方米。

洪窟洪氏祠堂，又名龙窟洪氏祠堂。位于石狮市东北角。始建于宋代，由肇基始祖设简陋祠宇供奉洪氏祖先，至明丙子午年倡建成功。祠堂占地800多平方米，坐东朝西。

英都洪氏家庙祠宇建筑群，位于洪承畴故里的南安市英都镇荣星村的凤山东麓。始建于明万历四十五年（1617），历代维修、扩建，总占地面积9000多平方米。

【楹联典故】

天帝次子声威远，共工水神源脉长。

敦煌郡豫章郡千支共仰，积德堂招隐堂一脉相承。

——全联典指洪姓的郡望和堂号。

道祖遵父命荡舟嶷屿首创百业；衰公秉祖意巧赘窗东始传四房。

——同安马巷窗东洪氏祠堂。

驷马高车地；忠臣理学家。

——泉州市草埔尾洪氏大宗祠联。

派别衍敦煌，宗支百世；地灵钟衮绣，庙貌千秋。

——泉州市草埔尾洪氏大宗祠前的这副对联，相传是翰林院编修龚显曾的笔迹。

宋朝忠臣世系；剑州少府名宗。

——此联为福建省沙县夏茂镇洪氏宗祠"敦煌堂"堂联。

敦盛宗支，源来一本。

煌明衍派，义属同家。

——此联为台湾省南投县草屯镇洪氏家庙"敦煌（洪氏郡望）堂"联。

【族谱文献】

记载闽台洪氏族谱其中较有代表性的有《洪氏族谱》为尤溪溪尾埔阳族谱。始修无考，明末遭兵燹焚烧；清雍正四年（1726），洪自登、洪瑢、洪范等重修；光绪三十三年（1908）续修；民国时期及1984年、1997年续修。谱载洪氏祖上溯共工氏至入闽史纪，洪成福之孙祖祠"爱敬堂"等纪事；载有世系图、祠堂条例、录仙流大宗谱凡例、埔阳志胜、祠堂小引、埔阳洪氏祠堂记、埔阳地图、埔阳重修谱凡例、宋以来历代师元记、世祖传、祖坟座址、各房业产界址、白云书院、书斋轶事、名人墨客对埔阳十景诗赞以及增埔宁村地图、祖祠修缮后的彩照，修祖祠捐款人名单等。还有《武荣翁山洪氏族谱》南安洪氏族谱，1卷附录1卷。辑有明弘治元年（1488）、万历二十五年（1597）、四十七年（1619）和清乾隆二十五年（1760）续修谱序和杂文。辑有凡例、谱记、墓志铭、历世缙绅简录。载开基祖姓陈，光州固始人，唐景福年间，随王潮入闽。其后居泉州，元末迁南安武荣山英山,开基祖顺斋,其子入赘洪氏,改洪氏至今。另有《龙海洪氏族谱》龙海上洋洪氏族谱。始修于明弘治十一年（1498），现存为民国本。《梅岗洪氏族谱》泉州梅岗洪氏族谱，明万历丙申（1596）十二世洪懋缙首修。《瀛州洪氏池头房续修支谱》闽侯瀛州洪氏房谱，始修于清同治元年（1862）。《鸿团洪氏族谱》龙海鸿团洪氏族谱，始修于明弘治十一年（1498）福建泉州《武荣翁山洪氏族谱》，清．洪恭乾编撰，清咸丰七年（1857）重钞本，一册，存台湾。晋江《武荣英山洪氏族谱》不分卷，此谱洪有相首创于明万历二十五年（1597），洪承胄校修，曹抄本（后人均纂至民国年间），存福建师大。南安《洪文襄公宗谱》为洪承畴之宗谱，民国间钞本，历博编撰。漳州洪氏《窗东谱》清康熙五十五年（1716）再修， 1961年洪锦川钞本，一册，存台湾。漳浦《洪氏祖谱》（清）洪道南修，清道光十一年（1831）钞本，存台湾。金门洪氏《始祖十七郎公传派顶寮私录族谱》（清）洪海树修，清咸丰四年（1854）钞本，全册，存台湾。

【昭穆字辈】

晋江英林洪氏昭穆：

亶兹孙子，尔玉汝球，溯源我祖，肇于光州，瞻斯英里，乃奠厥攸，诗书礼乐，燕翼贻谋，分支析派，近远一侔，掇科取第，文采风流，忠孝廉节，令闻长悠，谟烈昭垂，亿万春秋，后昆踵武，仪式作述，曰昌载炽，克绍箕裘，敬勖来许，交勉家修，名题麟阁，身登瀛洲，为国祯干，德业炳彪，永似以续，弗愧前猷。

第四十八节 侯、候、刘侯、猴

侯姓为中国人口最多的 100 个姓之一，近 400 万人口，位居百家大姓之 73 位，占全国总人口的 2.9%。在台湾排名第 58 位。

【渊源】

1. 出自姒姓，以封地为氏。《姓氏寻源》载："侯氏出自姒姓，夏后世之裔，封于侯（今山东省武城县西南），子孙以为氏。"

2. 出自姬姓，以封爵为氏。《唐书·宰相世系表》载："出自姬姓，晋侯缗为曲沃武公所灭，子孙适他国，以侯为氏。"

3. 赐姓、改姓。据《梁书》载："侯景赐竟陵王子邕为侯氏。又侯景以夏侯潘为长史，潘遂去夏称侯，托为族子。"

4. 据《水经注》所载汉上谷长史侯相碑云："侯氏，出自仓颉（传说为黄帝时的史官，古代文字的创造者）之后，逾殷历周，各以氏分，或着楚、魏或显齐、秦、晋，卿士苏斯，其裔也，食采华阳。"

5. 少数民族改姓。瑶、彝、苗、畲、满、土家、蒙古等民族都有侯姓。

【得姓始祖】

侯姓的渊源可追溯到周文王。第一支侯姓，根据《元和姓纂》的记载，在春秋时期，晋国缗侯的后代逃亡去别的国家，就以侯为氏。当时，郑国有侯宜多、侯多羽，鲁国有侯叔下、侯妃，齐国有侯朝，魏国有侯嬴。而根据《唐书·宰相世系表》上的记载，晋缗侯被晋武公所杀，他的子孙后代逃往国外，以爵位"侯"为姓。据考证，这一支侯氏是 3000 多年前周文王的后裔，属正宗源流。故氏后人奉缗侯为侯姓的得姓始祖。

【入闽迁徙】

侯氏子孙从上谷郡不断南迁，后择居于宁化县石壁。至南宋淳佑年间（1241—1252），侯乡贤，字安国，为举人任程乡（今广东梅州）教授，随任由闽入粤。民国《上杭县志·氏族志》载："侯氏，上谷郡晋侯缗之后，迁他国，以侯为氏。入杭始祖仲三郎，初居官田（今稔田镇官田村），后徙县南定坑，亦称侯坑。"宋理宗端平年间（1234—1236）侯仲三郎从石壁迁入上杭。明代有侯姓迁入武平县武所，为军籍。梅县《侯氏族谱》载：侯氏望族，居于上谷郡，后裔故号"上谷堂"。历经汉、晋、唐之乱，侯氏不断南迁，后择居于宁化石壁。我祖乡贤公，名安国，宋淳祐间乡贡进士，教授程乡，随任由闽入粤，肇基程乡城东攀桂坊，建祠于城东。至清嘉庆年间，又在城内西南建祠一座，已传二十七世，人丁达八九万之多。

泉州《侯安侯氏族谱》记载：侯氏入闽始祖侯宗贵，名情（赠），字洪孚，号宗贵，系东汉大司徒、关内侯侯霸之裔孙，世居河南光州府固始县。南宋度宗淳元年（1265）登进士，历官太常寺正卿。南宋恭宗德佑二年（1276），元兵攻陷宋首都临安，侯宗贵率九子与民族英雄文天祥、张世杰等共扶宋幼主赵曰正、赵曰丙间关播越至泉州。侯宗贵驻廨于西街古榕境万厚铺（今旧馆驿 35 号）。宋端宗赵曰正于景炎三年（1278）驾崩，陆秀夫、张世杰诸大臣拥立赵曰丙为帝。祥兴二年（1279）曰丙帝投海殉国，南宋灭亡。南宋亡后，侯宗贵令其五子回原籍河南，而与四子同留武荣，卜居南安十八都丰年里后头境（今罗东镇维新村）避元不仕。由于战乱五子也没回到原籍，而在漳浦、漳州一带定居繁衍。第五子道经住漳浦，后裔迁永邑；第六子英茂住漳浦，后裔迁广东揭西；第七子安住漳州，后裔迁嘉应州，即广东梅县；第八子瑞住漳州；第九子无考。

浙江乐清《二谷山人集·谱传》侯氏，始迁祖唯贯，福州人，于唐乾符五年因黄巢克闽，航海至于乐清维山定居。

【刘侯姓】

泉州一带，历史上曾有"刘侯同宗"之称，据说，两姓曾经演绎过一段令人刻骨铭心的生死情谊，并在坊间传为佳话。晋江刘炳火所写的《晋江刘姓源流》一文对"刘侯同宗"的说法解释称，刘氏世祖刘至敏的先辈与原浙江安抚使王锜镒因朝内斗争，祸延宗亲。当时朝廷派林将军包围刘家，林将军怜悯刘至敏年幼，将其藏于战袍之内，飞骑冲出重围后把至敏交托在朝的一位侯氏官员。为保刘、林后裔不受株连，林将军自杀，侯家以一孙顶替抵命，救了刘至敏，至敏遂改姓侯。宋景炎年间，元兵入侵，宋太常寺正卿侯宗贵及夫人杜端慈携九子扶幼主端宗入闽，先住泉州古榕境旧馆驿，后卜居南安十八都侯乡，随后把至敏和林将军的后裔也安置于侯乡，至敏恢复原姓刘。至敏后裔为纪念这段生死情谊，大门灯写上"刘侯"，祠堂门匾也写上"刘侯宗祠"。

南安刘侯姓主要分布在：南安康美，梅山镇明新村，罗东镇维新村。南安洪濑刘氏宗亲会负责人刘佳水介绍，刘姓是与侯姓同宗的。据他了解，南安的康美镇有侯姓约500多人，洪濑有侯姓后人100多人，在南安梅山镇的明新村有侯姓3000多人，罗东镇维新村有侯姓1400多人，在仑苍、英都、金淘三个镇共有侯姓人口1000多人；在惠安洛阳桥附近，也有少数侯姓后人；其余侯姓人口主要分布在晋江深沪。

清朝雍正年间，大批刘侯氏族人从南安码头、梅山一带迁居至台湾南部，目前单是高雄、嘉义就有12个村，人数将近5万。从家乡石马宫奉请林元帅香火入岛，在当地建庙奉祀，同号石码宫，代代相传。1929年，大陆的侯氏宗亲陆续恢复本姓刘。但因历史原因，再加交通不便无法沟通，恢复本姓的消息无法及时传递给台湾及其他海外宗亲，这些地区的宗亲至今仍保留侯姓。

香港《崇正同人系谱》载：宋淳祐间有侯安国，本闽之宁化人，以乡贡进士，司铎梅州，乐其风土，遂奠居焉。今嘉应侯氏即其后也，该系侯氏遂有曲江、梅州两派。

闽西客家侯姓散居于上杭县的临江、下都，武平县的武东、中山，宁化各乡镇等。

【猴姓、候姓】

猴姓、候姓是现行较罕见的姓氏。有关文史资料记载。

"猴"姓是中国目前较罕见的姓氏，也仅见汉族有此姓。说起"猴"姓的族源，并没有确切说法。说法之一，猴姓系出史皇氏，仓帝史皇姬名冈，字颉，后为侯氏。另一说法，猴姓可能就是候姓之笔误所造成的。据统计，现在全国仅有山西太原、大同、临汾、晋城，甘肃舟曲，河南卢氏，山东之新泰，湖北之武昌，湖南益阳、宜章，福建漳州、清流、安溪，台湾嘉义、台南、彰化等地有猴姓。目前福建全省"猴"姓只有4人，三明有2人，龙岩、泉州各1人。台湾文献会资料统计，台湾猴姓有18人，在台湾排名第425位。2012年版《台湾姓名探讨》将"猴"姓列入稀有古怪姓氏，书中记述台湾猴姓有6人。猴姓都是清代由福建入垦台湾。

候姓，据传始祖叔段（前754—？），郑庄公的弟弟，姬姓。是现行较罕见的姓氏。

【入垦台湾】

明朝末年，南安人侯成，进入台湾开荒，当时侯成居住在大槺榔西堡下双溪。这件事在日本学者伊能嘉矩所著的《台湾篇》和《台湾文化志》两本书有明文记载。之后，又有侯姓人进入台湾开荒，如侯堪民与魏喜英二人，进入大槺榔堡的大涂师（一称土狮仔堡）开垦；侯定、侯住二人结伴在大槺榔堡的溪墘厝庄开垦。大槺榔堡，大概位于现在的云林地区。清朝初年，福建、广东等地的侯姓开始大批迁入台湾，福建迁入台湾的侯姓有许多是来自河南固始的侯姓人，清朝咸丰年间的《侯氏九甲四房分派古池内后坑族谱序》记载："我始祖宗贵公，自河南光州固始来闽，驻廨于泉州城街万厚铺，后卜居南安县十八都，地以姓名，因名侯安乡。……开九甲一族焉。数传而支分派别……四世三房复分一支于旧馆驿，即宗贵公旧公馆也。然考闽志所载，家乘所记其为光州固始者，皆宗贵公后无疑也。……迨乙邹之初秋，余适渡台谈及修谱一事，乃有下双溪庄铺美子孙国富、国谨、国统、文守、文勒等，有心显祖欲捐资重修对面祖宇。"

在台湾候姓排名第 179 位。主要来自福建。台湾高山族也有候姓。分布在台北、高雄,其次是基隆;台中、台南也都有居住。

【郡望堂号】

侯姓郡望有上谷郡(今河北省张家口至小五台山以东,北京市延庆区以西,内长城和昌平区以北一带地区)。常用堂联有:"霓龙节度,梦兆长虹。""迎宾名流远,治道功泽长。""清忠良佐,王国康侯。""德泽旁流,闾里攀辕惜其去;清忠着节,朝廷虚席待其来。""桐时题诗缘谐名士,桃花落命血溅香君。""霓龙节度,松鹤梅郎。""龙门世泽,上谷家声。"等。堂号有上谷堂等。

【祠堂古迹】

后坑侯姓祖祠追远堂,位于漳州市龙文区蓝田镇后坑村,始建于元大德四年(1300),1978 年遭火烧,1993 年族人捐资重建。为二进砖木结构,建筑面积 330 多平方米。

入闽始祖侯祚昌墓,位于漳州龙海市角美石门山(又名暗井山),因墓穴外观似龟形,俗称龟仔墓,群众称将军墓。年代久远,渐废。1998 年重修,立"唐大将军"墓碑。

台湾二重港侯氏宗祠。

【祠堂楹联】

蜺龙节度;松鹤仙郎。

——佚名撰侯姓宗祠通用联。上联典指唐代节度使侯弘实的事典。下联典指唐代道士道华的事典。侯道华,芮城人。初在道净院任供给使,好子史,手不释卷。一日入市醉归。悉斫其院前松枝曰:"勿碍我上升处也。"后七日,松上有云鹤笙歌。道华飞坐松顶,挥手谢去。

迎宾名流远;治道功泽长。

——佚名撰侯姓宗祠通用联。

【族谱文献】

闽台侯氏族谱最著名的是《侯安侯氏谱碟》,始修于元朝,由入闽二世祖刑部大夫侯华和编撰。族谱主要内容:侯氏之来源、繁衍、播迁都记入当时的族谱。谱载:"元至末,天下大乱峰起,家乘庐舍尽付寒灰,支派流瀛。"清康熙年间,由十世

沙县教谕、龙岩知县侯梦和编撰续修。咸丰年间,由十三世侯芝英编撰续修,并续万厚小谱、田盍 世谱、后坑族谱以及续修台湾下双溪庄铺美一派家谱。第五次修谱是 1993 年至 2004 年间。1987 年,台湾二重港宗长侯吉定根据祖上保存下来的族谱,四越海峡来到祖籍侯安寻根谒祖。清朝咸丰年间的《侯氏九甲四房分派古池内后坑族谱序》中记载:"我始祖宗贵公,自河南光州固始来闽,驻廨于泉州城街万厚铺,后卜居南安县十八都,地以姓名,因名侯安乡。……开九甲一族焉。数传而支分派别……四世三房复分一支于旧馆驿,即宗贵公旧公馆也。然考闽志所载,家乘所记其为光州固始者,皆宗贵公后无疑也。……迨乙邹之初秋,余适渡台谈及修谱一事,乃有下双溪庄铺美子孙国富、国谨、国统、文守、文勒等,有心显祖欲捐资重修对面祖宇。"有闽侯《侯氏族谱》,第一次修谱在元朝,由华资公、华岳公、华美公、华和公倡修,华和公是元朝官。上面写"避元不仕,爰入我明",台湾还有民国广东军政参军授任旅长杨树主持修撰《侯氏族谱》,《二重港侯氏族谱》等。泉州南安侯氏修谱是始于元朝,由二世祖刑部大夫侯华和编撰,侯氏之来源、繁衍、播迁都记入当时的族谱;明朝万历年间(1573—1619)、清代、民国都有重修;2004 年闽台侯氏联合新修,为五修谱。福建南安太溪侯氏宗谱不分卷,(清)胡朝翰、王世昌修纂,清嘉庆十年(1806)木刻活字印本一册。现被收藏在浙江省图书馆。福建南安太溪侯氏宗谱不分卷,(清)侯宝九、侯允晚修纂,清道光二十九年(1849)木刻活字印本二册。现被收藏在浙江省图书馆。注:书口镌《昆阳上谷侯氏宗谱》。福建南安太溪侯氏宗谱不分卷,(清)夏增荣辑,清光绪二十六年(1900)木刻活字印本三册。现被收藏在浙江省图书馆。注:书口镌《上谷郡侯氏宗谱》。

第四十九节 胡 姓

胡姓在中国人口为1400万人，居第13位，约占当代中国人口的1.3%。福建居32位。在台湾排名第40位。

【渊源】

1. 胡姓源于黄帝授姓。传说以白鸟翁为图腾的胡部落，有胡曹发明制衣，得黄帝授姓胡。胡姓是盘古氏（伏羲氏）以葫芦为图腾的族称。胡由古和月组成。古像一个"葫芦"，"古"是在坛（坛四周有水环绕）之上立竿（扶桑木）"十"，也就是后来的天干第一位"甲"，象征观测太阳，这种方法被共工氏、句芒（重）氏等继承，"月"即月亮。"胡"即观测日月运行。

2. 源出妫姓，以谥为姓。唐人林宝《元和姓纂》云："胡，帝舜之后，胡公封陈（今河南淮阳），子孙以谥为姓。"胡公满本姓妫，名满，胡公乃是他在西周所得的谥号。公当为爵位，而妫是舜所得之姓。据说殷革夏命，分封舜的后裔于陈，西周仍旧承认这一事实。陈国王室为妫姓，胡公满之后裔有不为国军而不能姓妫者，则以谥号为胡，即为胡姓。

3. 以国为姓。春秋时期，在今天的安徽、河南境内曾经建立过两个胡子国。一个为妫姓胡子国，另一个为归姓胡子国。异姓两个胡子国，依据姓氏形成的一半规则，其中应有以国为姓的。可是胡姓的各种家谱、族谱中几乎没有以胡子国的国君为本家族的祖先的记载。

4. 由他姓改从胡姓，是胡姓的又一重要来源。少数民族的姓氏；满、回、黎、侗、瑶、彝、苗、畲、蒙古、东乡、土家等民族，及台湾少数民族均有胡姓。

【得姓始祖】

得姓始祖为胡公满，胡公满是舜帝的后裔。远古时代，舜当天子之前，尧将其两女嫁给舜，让其居于妫河边，从此舜的后代便称为妫姓。西周初年，周武王灭商后，将自己的长女嫁与舜帝的后代妫满为妻，封于陈，建立陈国，定都宛丘（今河南淮阳），

妫满在陈地建国为陈。他选贤任能，扬善罚恶，励精图治，使陈国强盛多年。妫满死后，谥号为陈胡公，故又称胡公满。其子孙有以其谥号为姓者，称为胡姓。陈胡公亦被后人尊为胡姓的得姓始祖。

【入闽迁徙】

1. 早在汉代，就有胡姓先人居莆田壶公山一带，与居九华山的陈姓先人遥相呼应。《八闽通志》载："唐光化中，邑人徐寅记：'昔有陈、胡二仙隐迹兹山，其后羽化，乡人尊而庙之。'宋大观元年（1107），郡人祷雨数应，请赐今额。建炎四年（1130），封显应侯。宋淳熙十二年（1185）夏旱，知县张少英祷而复应，因建拜壶亭，始塑陈、胡二仙之像。知县傅丑为记。"壶公山名由胡公演化而来。三国时东吴胡琮，河南固始人，其子孙迁徙闽中（今福州一带）。

2. "永嘉之乱，衣冠南渡，始入闽者八族"（《三山志》）。史称"衣冠南渡，八姓入闽"。中原士族大举南迁，八姓入闽。其中有胡姓，系中原大族，入闽后先在闽北（今南平地区）及晋安（今福州）定居，而后渐向闽中和闽南沿海扩散。

《闽省胡氏大宗谱》载，东晋胡方生为晋安郡守，其子孙皆留闽定居。胡方生为入闽始祖。

3. 约唐武德三年（620），河南省光州固始县胡标入闽，定居沙县高砂樟墩玉溪；其后裔分支于沙县的郑湖高地、杜坑、大炉和高砂冲厚等地。

4. 唐总章节二年（669），有府兵队正胡贤及孙胡宝随陈政、陈元光由河南光州入闽开漳，是为入闽胡姓始祖。胡贤，字国宾，乃胡公满的第六十九世孙（列为七十世），河南光州固始县人，李唐枢密使，平闽戍漳有功。唐垂拱二年（686），漳州建立，胡贤受命驻守石井一带（今泉州），但他的定居地为龙溪。胡贤配金、蔡氏，生3子。迨南宋末年，胡贤及开漳的数十位"府兵队正"俱被追封为"昭德将军"。胡贤公之九世孙胡襄住宋相

国。子孙居平潮寇人丹霞，徙泉州南山为一世，派分漳城九湖木棉村龙眼城，传衍南诏西门外，建宗"孝廉祖祠"，后裔播迁南诏镇南关秀峰街、光良街，建设镇长镇村，万石溪村，北骥等处。

5. 唐僖宗乾符元年（874），胡竦迁入晋安郡（包括漳、泉二州），被奉为闽中胡姓始祖。胡竦有5个儿子，长子胡博回迁安徽寿春，次子胡审、三子胡慎、四子胡明、五子胡笃分别移居福建崇安、剑蒲（今南平）、闽县（今闽侯）、晋江。传至胡致济、胡浩济，因避元兵而分居闽南各县。史料记载："至唐有胡辣者，登进士第，官中议大夫，即闽中胡姓第一世祖。迨至宋末，避元入粤，居于闽南各县，今闽中胡民俱其后裔。唐乾符六年（879），胡仁七，于避战乱，自闽迁居永嘉五潮，后遂成大族。"（永嘉《胡氏宗谱》）

6. 唐天启二年（713），中洲24姓南迁入闽，监察御史胡登，带领胡氏家族64户，204人。迁徙福州北门外战坂桐积家村（今斗顶）发祥。其后裔繁衍于永泰红星乡坂尾村，南平市樟湖坂下洋及中川等地。

7. 唐代时，原籍河南光州固始胡金庐从南京入闽，定居福州。胡金庐后裔分迁的闽清、延平（今南平市）等地。南宋隆兴元年（1163），胡金庐的第五世孙胡文渺从延平马坑迁居尤溪十九都东山境后团，为胡姓入尤溪开基之始祖之一。胡文渺有4个儿子：胡应湜、胡应泽、胡应期、胡应满。长子胡应湜迁居尤溪汤川溪坪，次子胡应泽迁居沙县，第三子胡应期留居尤溪东山胡厝，第四子胡应满迁居尤溪汤川仓霞埕。尤溪东山胡厝第十世孙中有二支迁徙至尤溪梅仙。如今，尤溪东山胡厝的胡姓已下传33代，子孙达2万多人，分布于尤溪以及福建各地。

8. 唐末，陈留一支胡姓经崇仁辗转进入福建，繁衍为著名的崇安胡姓。据樊明芳先生的《华林山的胡氏渊源》载："五代胡瑜，字可佩，号雪宝，后唐明宗天成年间（926—929），官陈留令，徙崇安，为陈留、崇安之共祖，卒葬华林宅后。"新编《崇安县志·氏族志》也认为是胡瑜的后裔胡夒（约

六至七世孙）从江南迁到崇安绩溪的。这一支胡姓就是著名南宋理学家胡安国的先祖。

10. 宋淳熙三年（1176），胡常清父子由浙江湖州迁徙至闽，卜居于明溪驿南大塘坑（今胡坊镇）。（见明溪胡坊《胡氏族谱》）

11. 宋末（1278），一支胡姓入闽，繁衍为庞大的永定胡姓。这一支胡姓为胡藩的华林胡姓派下、宋资政殿大学士、兵部侍郎胡铨的后裔。胡铨立基于江西吉州芦芗城繁衍100余年，传至其第四世孙胡万九（名梓）携家眷始迁于江西省宁都州上三乡苦竹凹，后于宋末由江西宁都入闽，卜居于福建的汀州府（今长汀县）第三街大塘背村。胡万九有3个儿子：胡五、胡六、胡七。元朝初年，因避战乱，胡万九的第三子胡七又举家从长汀迁徙永定（原属上杭）金丰里下洋的塘下墩开基。胡七郎在下洋塘下墩肇基后，传下十二郎、念八郎、五六郎、百七郎、明广、彦成、宗贵、铁缘共九代，并先后播迁至下洋的中川、觉川、下村等地。至此，胡七郎为永定胡姓的开基始祖。九世胡铁缘移居永定中川，为永定中川开基祖。明万历十三年（1584）中川建有祭祀胡铁缘的"胡氏家庙"（安定堂）。家庙有联："开辟自前明，五百年岳秀山灵，文武衣冠光上国；沿流及后嗣，二十世椒延瓜衍，春秋俎豆介中川。"记述了开基祖胡铁缘自下洋迁至中川，家族已繁衍二十世代的历史。永定下洋胡氏在清代渡海至南洋群岛谋生创业者约在1.5万人以上，著名企业家有马来西亚槟城胡子春、胡泰兴、胡曰皆，新加坡胡文虎、胡文豹。子孙分布三明下洋镇、湖坑镇、湖坑镇、大溪乡、凤城镇以及南靖、平和、诏安、漳浦、漳州的许多乡镇和广东、广西、江西、四川、台湾和海外各国。据传入汀州胡姓一系以胡铨（南宋赣西南人）为始祖，称"宋始祖忠简公"。

12. 《客家学概论》：胡氏发祥于河南淮阳，分迁安定而成望族。唐末至北宋，分两批入闽。其中一支从苏、皖、入赣，经武夷山东麓入宁化肇基。宁化胡氏入迁时间早于北宋。据会同里石牛（今曹坊乡双石村）《童氏族谱》载：石牛茂林密树，古号松林，又称岩镇，唐、宋尚有人村，唯胡姓最早，

关外胡屋即其地也。南宋以后，宁化胡氏逐渐外迁，留居的较少，湖村镇下埠村焦坑原是胡氏聚居地，至清代已全部外迁。

另一系始祖胡辛于明洪武年间从江西临川入汀州，分迁馆前镇，童坊胡岭。长汀胡姓有西胡、东胡，自然是"五百年前共一家"。

13. 约在明正德八年（1513）左右，胡文洲从山西永济县迁居延平；洪武六年（1373），胡天禄从延平迁居尤溪梅仙村。梅仙村胡姓迁徙至尤溪的联合岭头、埔头、乾美以及南平建阳、樟湖坂等地。

【入垦台湾】

明末清初，福建沿海胡姓族人开始迁徙至台湾。清顺治十八年（1661）郑成功收复台湾时，胡靖在延平郡王郑成功麾下任游兵镇，随军入台，奉命札南路屯垦；其后裔和族人均在台湾南部地区安家落户。康熙五十年（1711），又有泉州人胡姓族人入垦台北县泰山乡黎明村。此后，闽粤胡姓族人入台者络绎不绝。乾隆初叶，汀州府胡永兴入垦今台中丰原；南安胡石齐入垦彰化溪湖；胡念东入垦彰化。乾隆十六年（1751），胡良猷捐资修建台南县麻豆镇北极殿斋房。乾隆二十二年（1757），胡文聪、胡邦碧二人捐资修建里港的天后宫。乾隆三十年（1765），漳州人胡楚到达台南县善化里东堡社仔庄开垦；泉州人胡顺观捐资修凤山北门石路；漳州胡楚入垦台南善化，子孙繁衍，成为当地大族。乾隆中叶，汀州胡昌福入垦台中东势，胡海通入垦南投，南安胡志兴入垦溪湖，诏安胡连入垦台中西屯。乾隆年间，泉州人胡某进入现在台北县平溪乡紫来村的香子坑拓垦。乾隆末叶，汀州胡凯清入垦桃园中坜，胡文良入垦台中北屯；同安胡求入垦台北。三明胡七郎支派族谱记载，移居台湾有第十八世胡瑞铨（仲佩之子，绳武之孙）。胡姓入台，主要是从南部的安平港、鹿港和北部的淡水港登陆，然后分别到台湾各地。主要分布在台湾的台北市松山区、大安区、台北县、台南县（善化）、高雄市前镇区、桃园县及新竹市等地。居住较为集中并且人数最多的，则是台南、台北、彰化和新竹等地。

【堂号郡望】

1. 郡望

安定郡：（1）汉代设置，有安定县，在今甘肃泾川北，并属于安定郡。（2）蒙古以陕西安定堡为安定县，1935 年改子长县（谢子长烈士），移治原县治东的瓦窑堡。

新蔡郡：晋惠帝置，从汝阴郡分出，在今天河南省新蔡县一带。

戈阳郡：隋置戈阳郡，武德三年（620）改为光州，郡治在今河南省潢川县。

此外，还有定城郡、义阳郡、洛阳郡、东陵郡、恒山郡、河东郡。

2. 堂号

安定堂："安定堂"出自宋胡瑗的故事。胡瑗，海陵人，以经术教授吴中，景佑初年，授校书郎，子弟数百人，其徒甚众。庆历中礼部所得士。胡瑗弟子十居四五。学者称"安定"先生，故胡姓取堂号"安定堂"。

澹安堂：得名是由于宋朝胡诠所著的《谭安集》。

庐陵堂：庐陵堂胡姓的始迁祖是胡公霸，即胡杲。八传至胡铨。胡铨的家族在宋代已成为大族，胡铨的兄弟胡铸、胡锷，儿子胡泳等，孙子胡桦、胡椅等人，虽然名声不如胡铨显赫，但都小有成就。江西吉水、湖南汝城县三塘、浙江绍兴厚宝等地的胡姓，都是胡铨的后裔。著名华侨领袖、万金油大王胡文虎，就是胡铨的第三十二代孙。

绩溪堂：绩溪堂胡姓因为近代出了大学者胡适而蜚声中外。据谱牒记载，他们是宋太祖开宝二年（969）迁来的，始迁祖是胡昌翼的儿子胡延正。绩溪胡姓一度祭祀胡公满，后来又改祀胡昌翼。胡适自己也说，他在孩提时参加过始祖昌翼公一千岁的纪念祭典。

胡姓的堂号还有安定堂、澹安堂、庐陵堂、绩溪堂，还有淮阳堂、敬爱堂、履福堂、笃敬堂、敦仁堂、本始堂等。

【祠堂古迹】

永定中川胡氏家庙，又叫安定堂，位于永定下洋镇中川村后的虎形山麓，系祭祀中川胡氏开基始祖铁缘公而修建。始建于明朝万历十二年（1584），坐北朝东，占地面积4847平方米，主体面积960.5平方米。

龙海市莲池胡姓宗祠，位于颜厝镇胡厝社中，始建于明朝，2005年重修。原来悬挂清康熙四十五年（1706）御书"霜松雪柏"及"进士"等匾。

漳浦县鹿溪胡姓祖祠，亦称东胡大祖庙，堂号"世经堂"。位于绥安镇鹿溪桥社。坐西北向东南。

云霄县大埔胡姓宗祠，堂号"永孝堂"，灯"父子进士"（系远祖贻荫之荣）。位于云霄大埔，建于清乾隆至嘉庆年间（1736—1820），总占地面积约280平方米。

【楹联典故】

古来大千多奇彩；月到十五分外明。

流水断桥芳草路，淡玉微雨养花天；玉燕怀中先兆瑞，石麟天上早呈祥。

——云霄大埔胡氏家庙

安国家声大；清河世泽长。

——典出胡姓的古代家族聚居地在甘肃平凉的安定郡。联下句说唐代胡响的故事。

经资羽翼播恩泽；莲幕留图纪惠风。

——台湾台北县胡姓家庙楹联之一。联上句赞誉宋代胡氏先贤、崇安人胡宁。联下句称道胡氏家族名宦胡原，明代人，他曾经在福建兴化府（莆田）做过幕僚。

【族谱文献】

闽台胡氏族谱有《杭武胡氏族谱》为胡锦峰等修，各支历代有过修纂；民国八年（1919）上杭、武平合宗合谱。1949年铅印，共5卷首1卷末1卷24册。卷首刊闽汀胡氏源流考、序、纂修人员和例言；卷1载建置、祠图、像图、坟图、祀产、文献及题名等；卷2列谱图、纪年、世系源流及世系传；卷3至卷5为各房世系；卷5后附迁徙调查表、户口统计表、领谱字号及跋等项纪事；卷末补遗。宋末，始祖胡芝山由庐陵入闽汀州，为开基祖；其子五郎，移居郡东青岩里，衍分三支。本谱系三子大一郎后裔千一郎、千九郎派，千一郎衍上杭白砂裔；千九郎衍珊瑚裔，珊瑚胡裔复蕃支杭、武二县。还有《胡姓族谱》为上杭武平合修谱牒。历代各宗支皆修有谱牒传世，自清康熙后，谱牒失修。谱源自宋枢密编修胡铨，民国十年（1921）杭武胡氏曾有合修族谱已毁，今本于1949年杭武胡氏合修。共5卷，卷首1卷，卷末1卷。谱载宋绍定年间，始祖胡公避乱由江西入闽迁长汀，传下三子，长子宋五郎徙居胡岭后，又传三世至胡子材，迁珊瑚乡开基，繁衍杭、武二邑。胡文虎、胡文豹系出此宗。有《安溪胡氏族谱》安溪胡氏宗族总谱，共2卷。《同永胡氏谱》胡锡元督修，1924年傅经堂石印本共40卷40册。

第五十节 花 姓

花姓在宋版《百家姓》中能位列于第55位,当今中国姓氏排行第285位的姓氏人口18万人。在台湾排名第153位。

【渊源】

1.《中国姓氏起源》载:"花姓又一支是周文王的后代。"唐朝以前,有华姓人以其与花字通用,自改为花姓。除《述异记》载有南北朝时有女英雄花木兰外,正史上发现最早的花姓名人在唐朝。见《通志》二九《氏族》五《平声》,还有唐代大将军花敬定等。

2.《通志·氏族略》载:"花氏出《姓苑》,出自何氏。"《百家姓》注:花姓"系出华氏,古无花字,通作华。后专用花为花草之花,故华姓亦有改为花姓者"。清段玉裁《说文解字·华注》:花字"起于北朝前此书中花字,出于后人所改。花姓源起繁杂"。《通志·氏族略》:花氏,出《姓苑》是以植物名为氏,望出东平。

3. 源于子姓,出自华氏。春秋时,宋戴公之子考父食采于华邑(陕西华阳县一带),其子孙以地名氏,是为华氏。汉代以前无"花"字,花通作华,遂从华姓分出花姓。

4. 少数民族有花氏。

【得姓始祖】

始祖:周文王(源自何氏)、宋微子(源自华氏)、花季陆。

1.《名贤氏族言行类稿》上记载,花姓的始祖是唐代仑部员外郎花季陆。

2.《通志·氏族略》一书中指出:花氏,出《姓苑》是以植物名为氏,望出东平。

3. 据《姓氏考略》记载:"金代的范用吉改姓花。"源于唐代。望族居东平郡(今山东东平县一带)。花氏后人多尊花季陆为得姓始祖。

【入闽迁徙】

宋元之际,花姓开始南迁入闽。福建花姓族谱记载,花姓世居河南光州固始县。南宋末年祥兴二年(1279)元军南下,宋室户部侍郎花帽军随护送卫王赵昺入闽福安府(今福州)。后来元军穷追,到琼崖崖山决战,南宋军大败,宰相陆秀夫负幼帝投海死,南宋王朝灭亡。花氏转展到同安前街居住,其后裔元末明初迁居同安东桥小坪,其中一支由小坪拆居南安田下、东田,再拆迁英溪田隙,清顺治年间再拆迁南安内桥。泉州的花姓后人主要分布在南安柳城、东田镇盖凤村、三都镇榕桥村。子孙繁衍,遍布漳州浦口、角美,厦门灌口闽南各地。

早在南宋时宁化已有花氏居住。宋元之际,花姓除遍及北方大部省份外,在江南之地的分布已日趋扩大到福建、广东。《石城县志》载:山东东平一支花氏,南迁江西石城花园、濯龙、枫树下等地开村。宁化安远张坊村有花氏,入迁时间不详,居住已传数十代。明清之际逐渐外迁广东等地,留居户数不多。

现在福建花姓族人,主要分布在泉州南安、安溪、德化,漳州,厦门以及沙县、建宁、宁化,灯号都是"东平传芳"。

明代,原籍福建安溪县,三世天赐,子孙繁昌,一居山门。始祖来平,河北省邯郸市曲周县侯村镇花屯村,皆祖功宗德所留遗也,人口一千多人。

主要聚落有柳城西坪洋坑、柳城上都后糠、霞美梧坑、石井建设、厦门灌口、沙县梨林、建宁洋林、德化螺城。

福建花姓也是人才辈出。花润生,明代官吏,福建邵武人,永乐二年(1404)进士,中第二甲九十一名,初为古田县令,有政声,擢提学金事。工诗文,著有《介轩集》。

【入垦台湾】

明末清初,沿海闽粤的花姓入迁台湾。台湾的花姓后裔,大都源自于福建同安,全台有四大聚族,分别位于台北市大直、新北市三芝北海岸一带石门、彰化福兴、高雄桥头，约有几千余人。同属同安四世祖花赤的后裔。台湾花氏宗亲会族谱记载，三芝、石门的花姓是同兄弟，早年生活相当艰苦，分家后仍保持密切联络，每年农历三月三日，十一月十五日是祭祖日，全族人都会扶老携幼参加，至今从未间断。以东平郡望，入垦台湾已经第六代，来台发展已超过一百年。台湾台北县三芝乡乡长花村祥，是台湾少数连选连任四届乡长的政治人物。也是北基农田水利会会长。台湾高山族同胞也有花姓。台湾花姓人口主要分布在台北、彰化；其次是台中，宜兰、苗栗、新竹也有分布。

【郡望堂号】

《姓氏考略》也载，"花姓望出东平"，望即郡望，意即世居郡属地，说明花姓的发祥在东平，就是现在山东东平，后世各地的花姓人家，大都是从该地繁衍出去的。

堂号："东平""紫云""珠树"等。据《通志·氏族略》一书中指出，花氏，出《姓苑》，是以植物名为氏，望出东平，南安花姓都用"银铜"。

【楹联典故】

誉满成都；勇称怀远。

——南安花姓祠堂楹联。上联指花惊定，下联指花云。

源自华氏；望出东平。

——全联典指花氏的源流和郡望。

花伦状元；木兰英雄。

——上联典出《词品》载：杭州花纶《人名》年十八，黄观榜及第三人。初读卷，宫进卷以花纶第一，练子宁第二，黄观第三。御笔改定以黄观第一，练第二，花第三。南京谚有"花练黄，黄练花"之语。故后人仍以花状元称之。下联典出南北朝时期的女英雄花木兰，因为父亲年老，她扮男子替父亲从军。

润生自有介轩集；茂将独列功臣录。

——上联典出明代诗人花润生；下联典出明代将军花茂，巢县人。

【族谱文献】

安溪宫岭《花氏族谱》，始修于明洪武二年（1369），明清都有续修。

【昭穆字辈】

发文廷宗，世载国应，而时景朝，立爱致敬云礽继起，源流光庆，敦本安仁，建中秉正，诗书克承，诏谋永定，孝友传家，子孙丰盛。

第五十一节 华 姓

华姓当今中国姓氏排行的第196位，约占全国汉族人口的0.047%。在台湾排名第148位。

【渊源】

1. 源于姒姓，以地名为姓。夏朝时，仲康封观于西岳华山，称为华氏。姒姓是颛顼的孙子夏禹的后代所建立。泰华是夏桀的宠臣之一，在其后裔子孙中，当有中国最早的华氏。所以华氏无论是姒姓的一支，还是子姓的一支，统统都是颛顼的后代，所谓两支，不过是得姓的先后与途径有所不同罢了。

2. 源于子姓。商汤裔孙微子启，在西周时封于商丘，建立宋国。史籍《名贤氏族言行类稿》上记载："宋戴公孙督，字华父，相宋公，因自立为华氏，华督、华元、华定、华亥，并为宋卿。"这支华氏是因字得姓，而且他们在春秋时期的宋国是一个显赫的家族，子孙历代都是宋国的公卿。宋戴公之孙督，字华父，又称华督，在宋穆公时任太宰，子孙以华为姓。古时，"花"与"华"通用，有华姓改写为花姓，如南北朝时代父从军的女英雄花木兰。史称华氏正宗。

3. 源于姬姓，出自春秋时期郑国世子华，属于以先祖名字为氏。据史籍《春秋公羊传》中记载："僖公七年夏，郑杀其大夫申侯。其称国以杀何？称孔子国以杀者，君杀大夫之辞也。秋七月，公会齐侯、宋公、陈世子款、郑世子华，盟于宁毋。"郑世子华，就是郑文公捷的二儿子太子华，在周惠王二十五年（公元前652）农历一月，他代表郑国，同周王使者、齐桓公小白、宋桓公御、卫文公毁、许男爵、曹昭公班、陈世子款等诸侯国会盟于洮（今山东鄄城），这次会盟，确定了齐桓公的春秋霸主地位，是历史上一次重要的诸侯国会议。在郑世子华的后裔子孙中，有以先祖名字为姓氏者，称华氏，是为新郑华氏。

4. 源于嬴姓，出自战国末期秦国公子华，属于以先祖名字为氏。公子华，即秦惠王的儿子之一，名华。公子华善武，为当时秦国大将。周显王四十一年（癸巳，公元前328年），诸侯国合纵对抗秦国。在秦公子华的后裔子孙中，有以先祖名字为姓氏者，称华氏，称咸阳华氏。

5. 他姓改姓，少数民族改姓。源于回族、满族、锡伯族、蒙古族等等。

【得姓始祖】

华父督，一作宋督，字华父，名督。春秋时宋国人，宋戴公之孙。前710年，时任太宰的华督杀死大夫孔父嘉，夺其妻据为己有，然后一不做，二不休杀死宋殇公，并迎立公子冯为宋庄公，自任为相。后华督自立为华姓，后世子孙遂称华姓，并尊华督为其得姓始祖。

【入闽迁徙】

《客家风情》：华姓于唐末南迁，分居浙、赣。宋末入汀，留居宁化。后分衍长汀、上杭、连城等地。至清代，裔孙散居浙江杭州、广东惠州及湖南长沙等地。春秋时华姓已播迁于楚（都今湖北江陵）、吴（都今江苏苏州）、卫（都今河南淇县）、齐（都今山东淄博）等国。前286年，宋被齐、楚、魏三国瓜分，华姓渐有北徙山东，南迁安徽、江苏者。汉初，华寄、华毋害追随刘邦征战有功，封为列侯，子孙袭爵，为沉寂近一个世纪的华姓重新增光添彩。两汉时，华姓可以说遍布山东大地，华岩，福建上杭人，清代画家。擅画人物、山水、花鸟草虫，为扬州画派代表之一。诗亦古质、兼工于书，时称三绝。有《离垢集》。

华瑛，字一郎，原籍江苏无锡，曾任职于宋朝京城，故又称为京一郎，南宋绍兴年间外放入闽，任延平府沙县知县，辞官后，携眷属居汀州府宁化县，后又徙居连城县姑田龙坑。华京一郎生子九郎，九郎生五子，长子五一郎迁广东英德县湖洋塘；次子四郎迁连城县吉坑；三子三五郎移居福建泉州；四子三十郎留居连城县龙坑；五子二五郎开基上杭县白砂仙阁峦（今属蛟洋乡中村村）。其时，仙阁峦仍是一块尚未被开垦的深山老林，野兽横行，荆棘丛生，华二郎不避艰险，披荆斩棘，栉风沐雨，经过几年辛劳，经于营造出一片既可生产又能生活的新天地，他又将年迈的双亲迎到仙阁峦奉养，并尊华九郎为杭邑华姓开基始祖，清代著名画家华岩为其裔孙。华氏裔孙播迁闽西各县及本省浦城、顺昌、沙县、将乐，台湾的台北、桃园、屏东、台中及海外。

华家村位于蛟洋镇西南部，距蛟洋镇政府10公里，省道308线贯穿之中。全村占地面积16.8平方公里，有耕地2427亩，林地16757亩，现有2个自然村，19个村民小组，483户，1900余人。其中大坪自然村雷姓50余户，200余人。全村平均海拔680米，平均气温18度，属闽西高寒地带。全村有党员52人，贫困户数30多户，村两委班子10人，村民人均收入6400元，村财收入60余万元。

江南华氏始于武陵郡华覈，字永先，仕吴孙皓为东观令，封徐陵亭侯，南迁于江苏无锡。华覈的第20代孙华荣，仕北宋，居汴梁。子华兴、孙华良，皆受国爵。曾孙华原泉，27岁护驾南渡，复居江苏无锡梅里隆亭。华原泉的第五玄孙华瑛（长珣、次瑞、三琪、四珹、五瑛），字一郎，曾于宋任京职，故称京一郎。南宋绍兴年间，外放入闽，任延平沙县令，携眷居家县衙背。辞官后转徙居于宁化，后又迁连城姑田龙坑，为华氏连城始祖。京一郎生子九郎，南宋上将军，挥师闽粤。九郎生五子：长五一郎，迁韶州英德县；次四郎，居连城吉坑；三名三五郎，移泉州；四名三十郎居连城姑田龙坑；五名二郎，迁上杭白砂之仙阁峦。至京一郎第六代孙三九郎，于元至大二年（1307）复迁连城姑田张洋定居。其二弟三七郎，定居上杭华家亭。三弟四三郎，裔孙复迁宁化。宁化温泉团新坊原有华姓居住，其地名为"华阁堂"。

据《闽汀武陵华氏族谱》载，华京一郎迁徙台湾的后裔有：二十世东羡，二十一世朝瞻，二十七世树德，二十八世筱玲、清硕，二十九世发功、启良、

武生、汝松、文彬，三十世兆中、兆南，三十一世善传、芝仙等。据上杭蛟洋《华氏族谱》载，迁台裔孙有行健、贵仁、志明、瑞麟、清硕等。据上杭蛟洋《华氏族谱》载，迁台裔孙有行健、贵仁、志明、瑞麟、清硕等。

华姓在福建省主要分布在龙岩市永定县的坎市，上杭县的临江、蛟洋、白砂，武平县的平川，长汀县的汀州、南山、庵杰、古城、四都、涂坊、铁长，连城县的莲峰、揭乐、姑田、曲溪、文亨、庙前、赖源、新泉，宁化县的水茜等乡镇。还在泉州、顺昌、永泰、武夷等市县开创了基业，而且迁徙江西、浙江、广东、湖南、台湾、广西、山东、贵州、四川、北京、南京、镇江等省市。

【入垦台湾】

清代，福建华姓族人入垦台湾。台湾高山族也有华姓。台湾光复后各省也有迁徙台湾。主要分布在台北、其他依次是基隆、宜兰、高雄、新竹、台南、台中等地。

【郡望堂号】

华姓郡望有沛国郡、武陵郡、平原郡。三国时期华姓有三大支系，分成三个郡望：汉末神医华佗，属沛国（今安徽省濉溪县西北）支系，为沛国郡。吴国侍中左将军华融，属武陵（今湖南省常德市一带）支系，为武陵郡。魏国太傅博平侯华歆，属平原（今山东省平原县一带）支系，为平原郡。所以有沛国郡、武陵郡、平原郡等。堂号有沛国堂、武陵堂、平原堂等。

【祠堂古迹】

华氏寅山祠：上杭蛟洋乡华家村。又称"华氏统祠"，" 华家寅山祠""华氏甲山祠"是清代著名华家华华岩（1682—1756）祖祠，一作华喦，明代始建，清代重修。

【族谱文献】

长汀《华氏族谱》，二十七册，民国三年（1914）版。

第五十二节 黄 姓

当代黄姓的人口已达到 3000 万人，约占全国人口的 2.3%。黄姓是全球华人十大姓之一，是现在中国大陆第七大姓，福建和台湾第三大姓。

【渊源】

1. 黄是轩辕黄帝的族祢，是图腾，是姬姓姬的别体。黄图腾是龟的正视图，臣为龟，称玄武。巳为蛇，龟蛇合文也称玄武，作"熙"。后裔随母系（女性下传）称（姬），随父系下传姓黄。黄姓始于轩辕氏黄帝，而黄帝随母姓——姬。轩辕氏在没有成为中原领袖之前只能称轩辕氏，不能称黄帝，黄帝王字本为竜，读作"龙"音，至今日本人仍然使用这个字。后人以"黄"为龟"不雅训"，改为"黄鹂"，称为黄夷。

2. 出自嬴姓，以国为姓。传说伯益的后裔有 14 支，合称嬴姓十四氏，黄氏是其中的一支。《元和姓纂》载："黄，陆终之后，受封于黄，为楚所灭，以国为氏。"宋郑樵《通志·氏族略》更详细，载："黄氏，嬴姓，陆终之后，受封于黄，今光州定城西十二里有黄国。僖公十二年（前 648）为楚所灭，子孙以国为氏，亦嬴姓十四氏之一也。"

3. 起源于春秋时期，金天氏少昊裔孙台骀的后代，以国为姓。《左传·昭公元年》载："昔金天氏有裔子曰昧，为玄冥师，生允格、台骀。台骀能业其官，宣汾、洮，障大泽，以处大原。颛顼帝用嘉之，封诸汾川，沈、姒、蓐、黄，实守其祀。今晋主汾而灭之矣。由是观之，则台骀，汾神也。"

4. 起源于古代中国南方少数民族。武陵溪人、岿人和壮族、土家族等少数民族中，都有黄姓。《唐书·南蛮》：邕管蛮（今广西一带少数民族）有黄姓，唐人黄少卿、黄少高、黄少温都是南蛮黄姓后裔。

5. 他姓改为黄姓。闽州越地王改黄，浙江陆改黄、丁改黄，江西巫改黄、金改黄、游改黄，安徽吴改黄、范改黄，江苏廖改黄等。

6. 出自回族中的黄姓来源：泉州市的少数蒲姓回族为避元代"反色目"的诛杀而改黄姓。但由于出自不情愿，将黄姓故意写成"苗"（莆）字，因苗（莆）与蒲同音，若被人发觉，落下加上两点就是黄字，久之便成了"黄"姓。

【得姓始祖】

伯益为始祖。《史记·秦本纪》载："秦之先，帝颛顼之苗裔孙曰女修。女修织，玄鸟陨卵，女修吞之，生子大业。大业取少典之子，曰女华。女华生大费。"《汉书·地理志》载："秦之先曰伯益，出自颛顼帝。"

姬姓黄氏血缘始祖陆终。陆终，是中国上古传说中火神祝融的儿子，是黄帝之孙颛顼（即高阳）的玄孙。后其继任祝融。周代时，其后被封于黄（今河南省潢川西十二里），建立了黄国。黄国后来被楚国所灭，遂以原国名为氏，称黄姓。并尊陆终为其得姓始祖。

【入闽迁徙】

汉魏六朝时期，固始黄氏族人南迁福建。宋路振《九国志》载："晋永嘉二年（308），中州板荡，衣冠始入闽者八族：林、黄、陈、郑、詹、邱、何、胡是也。"晋安莆田派黄氏族谱载，这支黄姓来自江夏，是黄香、黄琬、黄忠的后裔。祖自黄歇始居江夏，汉初有黄大纲，任光州刺史，迁光州，后来到黄香父辈时回居江夏；到黄忠次子黄公衡时，又迁回固始。公衡生黄腾，黄腾生知运，知运生元方。宁德黄鞠派的族谱则记载，其固始开基始祖为黄初。谱称黄氏世居江夏，"传五十世到汉末，初公于汉灵帝时职任御史，因宦官专权，弃职隐居光州固始县，家焉"。

1. 西晋末年，永嘉之乱，中原八姓衣冠南渡入闽，其中黄姓为：黄知运、黄元方（即黄彦丰）父子，从河南光州固始入闽，黄元方任晋安（今福州市）太守，卜居福州乌石山山麓古城内黄巷，在郊外榴花洞建万卷书楼。

黄元方传衍十一世便是黄岸。黄岸（703—

785），字宗极，籍侯官（今闽侯）。黄岸出身贤良，唐圣历戊戌年进士，任过尚衣监主簿，断案明允。唐玄宗年间，因上书受权臣排挤，出任广西桂林刺史。当时桂林地处偏远山区，地险山窄，少见阳光，瘴疠流行。黄岸炮制"辟疬方"，救活数万人，受到百姓称赞。当时，桂林民风彪悍，稍有不合就酿成械斗；民俗以逢年过节挖土取石斗胜负，如果有人挖到五色石头就是胜利者，即使是杀人也不偿命。黄岸极力倡导法治，努力宣传法律，指出有法不依的危害，教育百姓遵守王法，民风逐渐开化。唐上元三年（761），他辞谢桂林政事，乘船由海路北归，看到涵江延福山山清水秀，就决定在此定居。为了纪念先祖在福州居住的黄巷，涵江村落也名叫黄巷村，山由村而得名，也叫黄巷山。黄岸子孙分居在延福山前和山后，称前黄、后黄，黄璞居前黄，黄蟾居后黄，俗称涵江黄。子孙黄峻一支迁到永泰；黄峰后裔迁到泉州南安。黄岸的子孙现居莆田市的有31万人，海南省的有180多万人，广东省数十万人。

2. 黄鞠（567—？）号玄甫，于隋大业九年（613），从河南光州固始弃官避祸入闽，开基宁德霍童石桥。黄鞠是当时水利专家，帅民凿龙腰、开水渠，并在霍童溪对岸凿琵琶洞，引水灌溉东北过溪坂百顷田地。黄隆的长子黄淑、第八子黄推、第十八子黄尧、第二十子黄威等人的后裔，也相继从各地迁入宁德一带，繁衍生息，形成宁德市黄姓最大的宗支。他们分布于今宁德、南平县市。其中仅黄鞠世系就繁衍了300多个宗支、20余万人。福建省遍布11个县市区137个村，44867人；浙江102758人；其他省市35000人；海外25000人。

3. 紫云五安黄姓。隋末唐初，黄元方的十一世孙黄崖，先居侯官，后迁南安丰州东南（今泉州鲤城区）。黄崖生二子：长黄守恭，次黄守美。黄守恭（629—712），字国材，号一翁，晚号紫云居士。他经商泉州，富商大贾朝夕盈门。先后垦置桑园580余亩及36座田庄，绵延7里，并雇员百名从事桑蚕生产，380人从事缫丝纺织。至唐高宗年间（650—684），每年大约输帛百万匹。其产品远销波斯、占城、阇婆、苏禄、暹罗等国，开创了泉州海上丝绸之路。

黄守恭也因此富甲一方。

黄守恭禀性乐善好施，致富后更是时时扶贫济困，人尊"长者"，享誉四方。时有一高僧法号匡护，在泉州鲤城区一带弘法，屡次登门讲经，求请黄守恭献地建寺。唐垂拱二年（686），黄守恭桑园内出现桑树开莲花的奇异现象，他视之为祥瑞，献出所有宅第桑园，建造禅寺，并请匡护主持建寺工程。寺建成后，初名白莲应瑞道场，后改称莲花寺。因建寺时常有紫云盖地，又称紫云寺。守恭派黄氏子孙"紫云黄氏"之称即由此而来。唐开元二十六年（738）始称开元寺。黄守恭因舍田宅建寺被尊为"施主"，僧众于寺中法堂之西为他建檀樾祠纪念。唐玄宗皇帝特赐额"义善"，以示褒奖。

黄守恭生有五子，献田舍宅建寺后，便分遣五子奔赴各地开基创业。五子奉父命徙居南安、惠安、安溪、同安和诏安"五安"。紫云黄姓至今已传衍四十五世，人口达420多万人。子孙族裔还播迁八闽大地。

4. 885年，黄敦自光州固始县随王审知入闽，后辞官不就，择居闽清凤栖山盖平里。敦生六子，世称六叶传芳。称虎丘六叶黄姓，黄姓入闽始祖黄敦。《闽清县志》载："黄敦，本固始人，从王审知入闽，授以职不就，隐于梅溪盖平里之凤栖山，结庐垦田，辟园亭，艺花木，非有道之士不接。卒葬后山。相传有虎葬之异，其后子孙遂家焉。"黄敦，娶江南陈氏，生六子。尤其闽中闽和福州市区各县市区，共七万余人，总人口近200万人。

其中四子勃，传至五世，为宋朝散大夫，娶永阳柯氏，迁永泰龙井，再传至十二世复，委义序林氏，为宋迪公郎，迁福州义序，为义序黄氏之始祖，迄今已有800多年，繁衍4000多户，2万余人。

主要名谱有《虎丘六叶黄氏总谱》《义山黄氏世谱》《麟峰黄氏族谱》等。主要名祠有"虎丘黄氏祠堂"（六叶祠）"义序黄氏宗祠""永泰黄氏祠堂""东岐黄氏宗祠"等。

5. 唐朝末年，中原战乱，寿州王绪起兵。王潮、王审知兄弟投奔其麾下。固始人黄迁后裔黄敦、黄膺兄弟与王审知素来友善，遂随王氏兄弟，于光启元年（885）一同南下，安家在邵武军武阳旧县仁泽乡。生二子：茂材、茂哲。茂材天赋明敏，志向诗书，天祐间任秘书丞，特进光禄大夫，太子少师。生四子：黄宾、黄推、黄惬、鸣凤。子孙播迁古田、长乐知、邵武、浦城、泉州。黄膺家族，脱颖而出，形成声名震朝野的江夏黄氏名门望族。黄宾任长乐知事，长子黄昶随父落籍长乐青山村，繁衍生息，家族兴旺，后人称"青山黄"。因后裔黄瑀官升监察御史，又称"监察房"。

黄宾任古田县令，天福三年（938）遂命次子黄颙定居璜溪，后子孙显贵，代有贤才，号称"少卿房"，亦称"少师房"。

黄推，世居邵武。后裔有北宋大书法家黄伯思，官任秘书郎，后人称"秘书房"。秘书房光耀宋史，最显赫的是资政殿学士、会稽郡公、功高望重的尚书右丞黄履。南宋抗金主战派大臣、绍兴五年（1135）榜眼黄中，历官兵部尚书、端明殿大学士，极力反对秦桧的投降政策，深得国人敬仰。黄推后裔昌盛，可谓望族。

黄鸣凤儒学传家，"鸣凤房"人才同样出类拔萃。茂哲公次子黄颜，居长乐炉峰，世称"炉峰房"。子孙播迁海内外，后裔20多万人。

膺公宗系名谱：《潭溪黄氏宗谱》《环峰黄氏家谱》《青山黄氏世谱》《黄文肃公世家宗谱》《三黄宗谱》《松山黄氏宗谱》《鹤山黄氏宗谱》《璜溪黄氏宗谱》等。

黄膺宗系，子孙支庶繁多，六大房派族裔遍布福建福州、宁德、龙岩、南平、泉州、厦门、漳州各市及海内外，总人口达170多万人。

6. 唐僖宗广明元年（880），黄巢攻入洛阳、长安，皇帝西逃蜀中，黄春兄弟5人，挈家南下，分别寓居于婺州金华县、信州铅山、衢州、兴化府莆田县和福州府侯官县。黄春（？—886），早登进士，历上党县令、谏议大夫、中书省、检覆尚书。卒，受赠金紫光禄大夫，谥"文穆"。生子一，名列。黄春一家三代寓居福州侯官。后子孙分两支：一支迁往浙江台州；一支至感德场（今宁德），子孙分布在宁德、古田、福安、霞浦、周宁以及连江、罗源、浦城、漳浦等地，共有3万余人。

7. 邵武禾坪《黄氏宗谱》载，始祖黄膺，字惟淡，号五经先生，自光州固始入闽，徙居邵武平洒。三传至黄锡，由平洒迁至邵武南乡禾坪，居住鹳薮（今邵武市和平镇坎头村）。黄锡生五子，长黄峭（871—953），又名峭山，字仁静，号青岗。黄峭自幼沉宏，有智略，官至后唐工部侍郎，配上官氏、吴氏、郑氏，共生21子。后周广顺元年（951），黄峭80岁，已弃官归隐在家40余年，眼见王朝更迭频繁，深感"多寿则忧，多男则惧"。于是，召集儿孙安排家事，三妻位下各留长子奉侍，其余18支俱令各走他乡，开创家业，繁衍生息。黄峭后裔现已历40代左右，主要播迁于南平、三明、龙岩市、闽南和闽东的部分县以及海内外，号称人口约千万人。

清光绪十五年（1889）黄峭宗支《禾坪黄氏大成宗谱·总谱》，保存3篇具有珍贵价值的谱序：宋咸淳七年（1271）文林郎知江夏太康县知县周士枢撰《禾坪黄氏重修大成宗谱源流序》。

8. 泉州南安有一支黄姓，世称燕山黄姓。燕山黄姓开族始祖黄忠勇（1246—1326），原籍元大都燕京顺天府（今北京市）大兴县，姓答剌，名贞，字真，生于宋理宗淳祐六年（1246）。元至元十七年（1280）登进士。翌年，随军南下入闽，为南安县尉，官至闽浙粤三路宣慰使，主福州路海口总场总宪兵使，历元世祖、成、武、仁、英四宗及泰定帝六朝。元泰定三年（1326）四月初一日卒于福州路总场官邸，返葬于南安县治西狮子山，入籍南安，遂为南安黄姓燕山派始祖。因其来自燕地，遂以"燕山"为堂号。

燕山黄姓今传二十六世，分布于南安、泉州及海内外，总人口212896人。建有五房三世祠、十房三世祠、九房赐珠堂、十房玩槐堂等明代古建筑，均列为南安市文物保护单位。

9. 黄天从（1205—1297），南宋宁宗年间生于杭州，配赵温淑，一品夫人，皇亲。子二：长黄材，次黄文简。南宋祥兴二年（1279），元兵南侵，杭州失陷。黄天从与子黄材随宋皇室离开杭州南下，几经周折，流亡崖山港。集结战船千余艘，以舟抗元。浦西黄姓用全家族几代人的生命代价，在极其艰难的逆境中，保护了赵氏血脉。直至明洪武十八年（1385），赵若和的后裔才恢复原姓。

浦西黄姓，传五世，子孙从原来的浦东向西拓展，故命名"浦西"，以黄天从为浦西黄姓入闽始迁祖。迄今，历传三十世，子孙分布漳浦县、龙海市、龙文区、芗城区、南靖县、华安县、平和县、厦门市、同安区、南安县、莆田县、连江县以及海内外，人口13万多人。

10. 唐肃宗上元元年（760），淮西监军宦官邢延恩谋去节度副使刘展起兵作乱，北方震动。为避刘展之乱，河南固始人黄鼎率家从固始南下入闽，卜居闽北浦城县永兴乡永康里溪东（今浦城县仙阳镇溪东村），浦城黄姓自此开基。黄鼎（716—786），避居闽地后生子黄锡。黄锡生三子：黄霖济、黄毗、黄宏琏。现黄鼎后裔聚居浦城忠信、散居福州、延平、闽北各地及海内外，共有 50610 人。谱载，黄宏琏这支后来最为繁盛。

【入垦台湾】

黄氏是台湾第 3 大姓，早年随郑成功复台并任文武官职就有 20 多人。文职如礼部都事黄昱、举人黄襄陛、兵部职分司中都事黄事中、黄田等人，武职如亲军勇卫左都督黄安、神威镇黄屿、前锋镇黄茂、后卫镇黄昭、护卫镇黄联、建咸中镇黄良骥、水师四镇黄国柱、中都督前镇黄球、中权镇黄兴。根据台湾省文献委员会调查，在延平郡王郑成功收复台湾之前，便有不少来自闽、粤的黄姓大陆移民，到达台湾，投入开天辟地的行列。明代从大陆移居台湾的黄姓开拓者，就有 140 多名。有史可查的，明天启末年（1625—1627），福建大旱，连年灾荒，郑芝龙曾舟载饥民数万人入台，其中便有一批黄姓族人。明崇祯十年（1637），南安人黄正束移居台湾马公，后分支澎湖湖西。此后，黄姓族人连接不断东渡。清顺治十八年（1661）郑成功驱逐荷兰侵略者、收复全台期间，跟随大军赴台的更有大量黄姓子孙。住台的黄姓人口益增，逐渐成为大姓。福建紫云五安黄姓移居台湾的最多。黄氏宗亲会多祀东岳大帝，源自《封神演义》，周武王良将黄飞虎战死后封为东岳大帝。台北"江夏种德堂"黄氏祖

庙，位于台北广州街 265 巷 3 号，至今仍春秋二祭。宗亲会和祠堂成为血缘联系的纽带。黄氏后裔迁居台湾，由于祖籍地不同和年代先后，派衍繁多。台北锦田堂 台湾有"国际锦田堂黄氏宗亲总会"和"台北锦田堂黄氏宗亲联谊会"。根在惠安县张坂镇黄氏家庙，即锦田黄氏祖祠，家庙始建于唐文宗开成年间（836—840），毁于明倭患，清康熙年间裔孙黄岳牧（晋江浦口人）独资重建。台湾黄氏金墩派和铺锦派，该派源自晋江市潘湖村和石狮市龟湖铺锦村。晋江潘湖村黄氏开基祖黄三千，讳权观，字本经，系黄岸长子黄谣派下，由莆田黄石镇金墩迁来而名金墩衍派。两岸六斗村 一在福建南靖，一在台湾嘉义。南靖县六斗村在和溪乡博平岭下，开基祖黄英于明洪武二年（1369）由永丰里山坪村迁到和溪上塘林，同年又携妻林氏到六斗村开基。台湾浦西派和粤香派该派尊奉黄宁为始祖，为黄峭山夫人吴氏所生后裔。台湾湖西派 源自福建漳浦县湖西乡诒安城。莆阳黄岸族裔移台的也很多。两岸炽昌堂一在福建诏安县秀篆乡，一在台湾宜兰土城庄，属闽西客家黄姓迁台的后裔。

【郡望堂号】

黄姓在历史上形成的郡望主要有江陵郡（治所在今湖北省江陵县）、江夏郡（今湖北省云梦县）、颍川郡、栎阳郡（今陕西省临潼市）、安定郡、房陵郡（今湖北省房县）、江东郡、上谷郡（今河北省张家口至小五台山以东，北京市延庆区以西，内长城和昌平区以北一带）等。堂联有："江夏源流长，颍川世泽长。""孝友无双，教化第一。""颍川德政，江夏贤声。"这三副对联既是寻根联，也是史迹联。"江夏""孝友"讲的是黄姓江夏始祖黄香，"颍川""教化"指的是黄姓颍川始祖黄霸。黄香，东汉江夏安陆人，字文强，出自官宦人家，名列"二十四孝"之一。黄香被尊为后世江夏黄姓之共祖。黄霸，字次公，西汉淮阳阳夏人，官至丞相。他在任颍川太守时"外宽内明"，重视农桑，史书称他"自汉兴，言治民吏，以霸为首"。堂号有江夏堂、会稽堂、零陵堂、巴东堂、西郡堂、江陵堂、洛阳堂、晋安堂、濮阳堂、东阳堂、南安堂、栎阳堂、安定堂、房陵堂、

汉东堂、上谷堂、谯郡堂、思敬堂、逸敦堂、敦睦堂、紫云堂、种德堂、燕山堂等。

江夏郡：据史籍记载，禹继舜而立，领九州，江夏地区原属九州之一的荆州地域。汉高祖六年（前201），从南楚中析出部分地立江夏郡，隶属荆州。此支黄姓，为东汉大臣黄香之族所在。

南阳郡：于秦昭襄王三十五年（前272）设南阳郡，治宛县（今河南南阳市）。

黄姓的郡望还有会稽郡、零陵郡、巴东郡、西郡、江陵郡、洛阳郡、晋安郡、濮阳郡、东阳郡、松阳郡、南安郡等。

黄姓的堂号有：江夏堂、炽昌堂、思敬堂、逸敦堂、敦睦堂、炽昌堂、紫云堂、种德堂、两义堂、忠孝堂、彝伦堂、叙伦堂、德永堂、志坚堂、云积堂、崇德堂、追远堂、双井堂、诚明堂、一诚堂、四元堂、月会堂、古本堂、聚斯堂、望烟堂、五桂堂、保粹堂、永思堂、思孝堂、景福堂等。

【祠堂古迹】

厦门江夏堂，坐落于厦门市思明区钱炉灰埕2号文安小学内，清末最后一位武状元黄培松御赐建立的黄氏宗亲总祠。光绪六年（1880），南安县仁宅乡武举黄培松，高中庚辰科殿试钦点状元及第。钦赐建盖状元府和江夏黄氏宗祠各一座。占地面积373平方米。

莆田黄滔祠，坐落于莆田市荔城区镇海街道东里巷，始建于元朝大德八年（1304），占地面积约780平方米，建筑面积650平方米。

察阳黄氏祠堂，座落于福安市阳头镇阳下村黄厝巷，朱熹门徒黄干宗祠。始建于宋代，明万历年间重建，历代重修。坐西朝东，占地面积约2500平方米。

义序黄氏宗祠，坐落于福州市仓山区盖山镇的中亭村，坐鲤山，面榴麓，义序黄氏"衍派此间，藩然大族"。始建于清康熙元年（1662），占地600多平方米。

金墩黄氏家庙，坐落于晋江市安海五里桥以东的金厝居民区。这里古时称作永安庄。始建于明朝中期，为奉旨鼎建。祠占地近700平方米。祠内还有先贤遗著多部，《金墩黄氏家谱》及《黄氏家谱累编》以及省内外多部《黄氏家谱》。

黄氏祖庭檀樾祠，檀樾祠是闽、台黄姓宗族的祖祠，位于泉州市鲤城区开元寺内，开元寺位于泉州西街北侧，为全国重点文物保护单位。祠坐北朝南，现存建筑系清代重修格局，共四进，并配有东护厝，硬山顶，砖木石结构。

尤溪梅仙黄氏宗祠，尤溪县梅仙黄氏祠堂位于梅仙镇坂中，背靠狮王山峰，面向沈溪河畔。始建于明万历元年（1573），历代修葺。占地面积1237平方米，建筑面积470平方米。

闽清坂东镇黄氏六叶祠，"六叶祠"坐北朝南，占地2300多平方米，规模冠省内，有"万祠之首"美称。

邵武和平古镇的黄氏宗祠，又称黄氏峭公祠，坐落邵武市和平镇坎头村上井自然村，为后唐工部侍郎黄峭的享祠。创建时间当为清光绪十五年（1889），坐东北，朝西南，砖木构。

【楹联典故】

江夏垂德源流远，三七遗芳世泽长。

——黄姓宗祠通用联。（峭山公派系）

地峙湖城，愿作祖先肖子；支分梅月，期为盛世良民。"

——漳浦县湖西畲族乡黄氏宗祠联。

启后光前，想当年事业炳炳麟麟，自是既明且哲；元功硕德，愿来世子孙绳绳继继，无忘显祖荣宗。

——黄姓宗祠通用联。此联为福建省漳浦县湖西畲族乡黄氏宗祠联。

同科文武魁天下，奕世桑莲溯祖风。

——泉州开源寺檀樾祠黄氏宗祠有联。联褒泉郡紫云始祖黄守恭裔孙黄思永（招安人）、黄培松（安溪人）于清光绪六年同科分别中式文、武状元之事。

金墩入阁一相国；黄府进士三尚书。

——莆田市黄石镇沙坂金墩黄氏宗祠联。

凤翔守魁卿督及第；榜眼探花文武巍科。

——莆田市黄石镇沙坂金墩黄氏宗祠联。

【族谱文献】

黄氏族谱有《福建黄氏世谱》丛书，福建江厦黄氏源流研究会编，主编黄如伦，分人物、祠堂、族谱等卷和源流、黄氏通史卷等；全面收集闽台和各省黄氏族谱，研究整理，统揽福建闽台黄氏各个支派的各个源流繁衍历史和现状，是目前最完整最系统的闽台黄姓族谱。有《紫云黄氏南安房笋溪楼下族谱》内载东汉会稽令黄隍避难入闽，居仙游大小尖山迁桐城复归固始，至晋其孙元衣冠入闽，为晋安太守，入闽始祖。紫云开基祖守恭公五子徙居"五安"。邵武《黄氏族谱》清光绪七年（1881）刻本，3卷12册，载始祖唐黄峭，始迁祖宋黄膺。上杭《黄氏家谱》清光绪十六年（1890）黄干卿修刻本，载始祖黄峭，徙汀州府宁化石壁村。《青山黄氏世谱》宋绍熙五年（1194）黄东始修，咸淳六年（1270）黄选再修，1920年志坚堂铅印本4卷，有吴征鳌、萨镇冰、高向瀛、孟昭涵序以及像赞、传

略和世系等。载唐黄应偕兄黄敦随王审知入闽居邵武仁泽，为入闽始祖。宋朝黄榦肇基建阳，遍布全省。元黄绂，返长乐青山阳夏开基。另膺公皆兄敦随王审知入闽，后裔宾公知长乐县开基青山。名人黄榦（1152—1221）、黄钟瑛等。《台湾江夏兴化军城黄氏祖谱》载黄元方自光州入闽，入莆始祖岸公隐入兴化游洋乡，六传为太常寺卿公中庸迁军城西雷山巷黄宅。台湾《黄氏大成宗谱》，始修于清黄培松，由台湾及南洋各宗亲会共同修订补编，1986年出版，有蒋介石、严家淦、蒋经国等政要题词，还有名人抗倭名将黄大邦。福建邵武《禾坪黄氏大成宗谱》3卷末1卷，清黄希勉等修，邵武黄氏宗祠据清光绪十五年（1889）木活字本影印本，三册。现存福建省图书馆。

第五十三节 吉 姓

吉姓在宋版《百家姓》中排名第190位,人口约603000余,占全国人口总数的0.037％左右,在2007年全国姓氏人口排名第201位。在台湾排名第259位。

【渊源】

1. 出自姞姓所改。姞姓,是中国最古老的姓氏之一,据《唐书·宰相世系表》所载,黄帝有个裔孙叫伯鲦,受封于南燕国(在今河南延津县东北一带),赐姓姞。后来他的子孙省去"女"旁,遂成吉氏。

2. 出自姬姓,以祖字为氏。据《元和姓纂》所载,上古周宣王有个贤臣叫尹吉甫,他的支庶后代以祖字为姓,世代相传姓吉。

3. 他姓改姓,少数民族改姓。

【得姓始祖】

伯鲦:据古籍文献记载上也可以看出燕国地位的微末。燕国国君的世系自召公奭至燕惠侯,中间九世无名无谥,自燕惠侯以下有谥无名。燕国史事见于记载已迟至春秋之后100余年,而且第一件大事记载的就是齐伐山戎路经燕国,第二件大事是国君款逃奔齐国,都是借助齐国史官的记载记下的。当时在今河南汲县还有一个姞姓的燕国,史称南燕,始封国君为伯鲦,并赐姓姞。据《左传》称南燕国为燕,称燕国为北燕,倒是南燕国的史事较北燕早得多地频频见于记载。后伯鲦的子孙省去女旁,称吉氏,世代相传姓吉。故吉氏后人尊伯鲦为得姓始祖。

【入闽迁徙】

自吉瑄(兮伯奇)开基冯翊之后,其子吉馀、吉馀、吉餐昆仲三人遵循祖德父训,立足冯翊,绳绳继继,艰苦创业。一直到汉、唐时期,冯翊吉氏一族出了很多名人,冯翊因此成为吉氏家族的著名郡望。吉氏族人的迁徙,是历史上中原人民几次惨痛大迁徙的一部分。迁至江南赣粤桂的吉氏族人目前多属客家民系。吉氏客家民系在漫长的迁徙、流离岁月中,在经过赣南、粤北时,一方面保留了中原汉民族的

许多特点,另一方面也吸收、容纳了当地畲族和其他民族、民系的许多特点。如旧时客家男女的服装、头饰、发式,生产、生活习惯,特别是命名,都汲收有畲族的明显习俗。吉氏先人吉百一,吉千七、吉千八、吉万一、吉万二、吉万三等等,都属畲族命名色彩。

据吉世芳《吉氏五千年》和吉高翔《吉姓维客留言》:吉学礼,一作学孔,吉氏迁闽始祖,其后裔定居于福建莆田。至明万历年间(1573—1619),吉仕铨从福建莆田迁徙海南,任昌化(今海南昌江)教谕。其后裔形成海南崖州(今海南崖县、保亭、乐东一带)吉氏,奉仕铨公为崖州吉氏一世祖;二世祖为吉邦豪,生于元顺帝年间(1333—1368);三世祖为吉昌(微),生于明洪武十五、六年(1382—1383)左右,宣德三、四年间(1428—1429)岁贡。自闽迁琼的崖州吉氏后代,现居住在海南的昌江、东方、乐东、三亚沿海,都是汉人。(据清吉大文《海南吉氏谱考》、吉世芳《吉氏五千年》、吉高翔《吉姓维客留言》)。

明初,吉贵和,行茂一,号别驾,江苏丹阳吉氏4世,以孝悌征入官,明洪武四年(1371)授福建邵武同知(据《云阳吉氏家乘》)。子孙有留居闽北。

【入垦台湾】

台湾吉姓来自全国各地,高山族同胞也有吉姓,主要分布台北、基隆;高雄、台南、台中也都有分布。

【郡望堂号】

冯翊郡:秦朝时期置郡,汉武帝太初元年(丁丑,公元前104年)设置同名行政区左冯翊,与右扶风和京兆伊合称"京畿三辅",其时辖地在今陕西省大荔县一带。三国时期曹魏国改左冯翊置郡,治所在临晋(今陕西大荔),其时辖地在今陕西省韩城市以南、白水以东、渭水以北大荔县一带地区。北魏时期移治到高陆(今陕西高陵)。

洛阳郡：以今河南洛阳城为中心的河洛地区，历史上被称为"河南"，与"河东""河内"相对应，是华夏民族最早的政治活动中心。洛阳现辖偃师市、孟津、新安、洛宁、宜阳、伊川、嵩县、栾川、汝阳等一市八县和涧西、西工、老城、廛河、洛龙区、吉利、高新7个城市区。

堂号有冯翊堂、洛阳堂、辽东堂、扶余堂、襄平堂、辽阳堂、凌东堂等。

【祠堂古迹】

龙海市磁灶吉氏家庙，祖祠家庙吉姓，位于磁美村中，堂号"正纪堂"，始建于明朝。建国初期被征用改建为粮仓，1990年归还，至今尚未修复重建。

【祠堂楹联】

吉氏宗祠有堂联云：黄帝子孙，汾阳骏业，越五千年，源远流长传四海；伯奇后裔，冯翊根基，衍百余世，叶茂花繁耀九州。

第五十四节 纪 姓

纪姓在当今大陆的姓氏排行榜上名列第136位，人口约1353000余，占全国人口总数的0.085%左右。在福建排名是第71位大姓。在台湾纪氏排名第71位。

【渊源】

1. 源于姜姓，出自西周初年周武王封炎帝的一个后代于纪地，属于以国名为氏。纪国建立于商朝后期，在周朝分封列国时正式确立为国在今山东寿光，国家一共存在了500年（前1046—前523），纪国被齐国灭亡后，纪侯仍然作为一城之主并作为齐国的附庸国而又存在了167年，历十代"君主"。亡国后的纪国王族子孙，就以故国名为姓氏，称纪氏。

2. 源于纪族，出自上古伏羲氏之臣，属于以先祖名字为氏。上古时期有一纪族，伏羲氏之臣中有个人叫纪侗，据说即其族人。后来在舜还未为帝时，身边有个老师名叫纪后，也是古纪族后人。在古纪族的后裔子孙中有以氏族名称为姓氏者，称纪氏。

3. 源于子姓，出自大禹执政时封赐之地，属于以国名为氏。 该族先祖原居南阳（今河南南阳）河畔，因在大禹执政时，曾有族人出策导河入海有大功，故赐以纪国（今山西沁县），该纪国境内有纪河（今庶纪河），因以为国名，族人以国名为姓氏，称纪氏。

4. 源于少数民族。源于女真族，出自金国时期官爵纪王，属于以官职称谓为氏。源于蒙古族，出自明朝时期官蒙古族官吏丑驴，属于以官职称谓为氏。他族改姓，李贤逝世前，令其二子以其先官职"纪善"之称为姓氏，改姓纪氏，以念明太祖的知遇之恩，其后以纪氏世代相传至今。

【得姓始祖】

炎帝，即烈山氏，号神农氏，又称赤帝，华夏始祖之一，与黄帝并称为中华始祖，中国远古时期部落首领。传说中的炎帝人身牛首。

【入闽迁徙】

唐景福二年（893），纪三从闽中迁居尤溪"万园"（即尤溪旧县衙基地）。纪三之子迁往水南街马掌石（今文公书院门首），南宋景炎元年（1127）再迁居尤溪新阳的葛竹大孟坪，为葛竹纪氏的开基始祖。葛竹纪氏第十世孙纪祺四迁居新阳镇林尾村林下。葛竹纪氏第十一世孙纪昌胤迁居南平市虎壁山；纪宁移居尤溪县溪尾乡埔宁村；有一部后裔迁回尤溪西城镇潘山等地。葛竹纪氏第十二世孙纪淳球迁居新阳镇溪坂村坋头。

唐初，纪氏就已入迁宁化。宁化拓疆开县先驱巫罗俊的第二位妻子就是纪氏夫人。宁化南部会同里铁树坪雷氏，自十一世代达公（生于周万岁登封元年）起，连续数代与纪氏通婚，宋代以后，宁化纪氏逐渐外迁。

五代时，纪氏祖先，自河南光州固始县，肇迁闽泉州惠安县纲上居住，同支同派分居于漳泉延建等处。又有移居江西永丰、广丰、双溪、贵溪、常山，浙江玉山。更有一支居丽水碧湖九龙。一支由惠安迁移同安县，复由同安转徙安溪新溪里五里埔（坡）居住。至元时，南传第十五世祖长者公，富甲一邑，年高德邵。元延佑二年（1315）七月初三日，漳之富人通引流贼李世荣乘夜洗劫屋宇，契据族谱殄灭殆尽，长者公于初四日辰时就舌血书于白绫绸，曰："金九盘、银九盘、存第九水内。至申时公仙逝。十六世祖应祖公知先世遗迹，至延佑五年，招集兄弟四十一位，复恢先绪，渐辟土宇。"

五代后梁开平四年（910），纪长者，字德颖，自河南光州固始入闽，先居泉州惠安辋川，后移居同安。纪长者为入闽纪姓一世祖。

宋代，纪姓是从山东迁来泉州。开闽第一世祖讳日，名江仁，谥赐忠简。纪姓由石狮龙安祖地发源，传裔广泛分布于闽台各地。

长者公后裔，传至明末清初二十四世：于显公讳旺号双溪、于让公讳兴号肖溪、肇西公、于吉公讳公保号双泉、于德公讳公振号近泉、大为公字仁贤等六大房子孙徙迁来台湾。当时栖居台中州大甲郡南简庄，土名陈厝庄（今梧栖镇南简里），又因与蔡氏庄民起纷争，再次移居龙井乡龙津村海埔厝现址。明末清初又有同宗同支，一麟公肇迁浙江瑞安；一凤公迁平阳；一贯公迁塔边，四世后再迁文成赤砂；朝凤公迁南港凤村；朝盛公迁杭州；一廉公居南港东坑；凤溪公居敖江梅源梅溪。故台湾龙井及福建安溪、浙江均以长者公为第一世祖。

据《龙安纪姓本源世系综述》，北宋皇祐五年（1053），高阳郡的纪忠简（字汝霖）从山东济南府利津县迁入福建晋江二十四都东安村，为开闽第一世祖。忠简公来闽时，携三男，夫人留籍山东，后长子俊奉命还籍山东，次子纲居漳州，三子守坟阊于龙安，传子辉，孙可久，曾孙用，家族渐次繁衍。今忠简公墓尚在石狮蚶江东安纪厝墓地，碑题"龙安宋左枢密右丞相忠简纪公墓"。传裔率以"枢相传芳"作为堂号。纪忠简的第四世孙纪泽从东安迁入尤溪，沈城水南。纪泽有三子：长子纪梦龙、次子纪梦凤、第三子纪梦璋。

元大德四年（1300），纪长者下十四世裔孙，自同安县移居安溪县新康里五里埔（今安溪县官桥镇燎原村美寮）。燎原纪氏尊纪长者为一世祖。明末清初，居安溪官桥纪氏部分移居江西、浙江等地。清乾隆五年（1740），族人移居台湾台中县龙井乡，现已繁衍1万余人。民国十九年（1930）族人移居马来西亚，现已繁衍50多人。

漳州龙海磁灶纪姓开基始祖纪元勤讳子珰，号磁江，生三子（二世），长子纪国甫，字登龙，留居磁灶社，分衍庄林村东坑社、方林村市尾社；明嘉靖年间有后裔迁往泉州四十一都崩山岭福山腰，清末有裔孙迁往汕头。次子纪国明，字仁甫，开基磁美村寨里社，分衍庄林社。三子纪国兴，字威宗，开基庄林村美居社。 还有散居于石码、角美、海澄、浮宫等城镇，多数是磁美、庄林纪姓迁入的。有个别纪姓于民国期间，从南安迁入。

据台湾《姜卢纪氏族谱》载："吾泉之有纪姓也，始自宋进士讳曰公，裴军节度使，枢密院参知政事，谥忠简公，其先光州人，后由离阳徙居建业，至北宋时，公以宰执忠谏犯颜，诏贬入闽，居泉州

路，身后卜居龙安之麓，遐尔单叟，莫不知有枢密茔也，冢男取面籍，次男居漳，男守庐公墓而籍于是，绍兴八年（1138）壬戌科，孙可久公遂捷南宫进士，嘉定元年（1208）戊辰科，裔孙用公旋登甲榜，数世传至泰公以元进士，任枢部郎，瑛公元规公相继缀科，追秉刚公避元不仕，隐居庵上，造徒门以溉氏乡人德之……是故有分而车桥蔡巷、祥芝、溜石、日湖、海尾者，有分而锦江、笋江、霞亭、黄门、法石、浯埭者，又分而诗岳、福山、新塘、南塘、与夫澎溪、洪濑、四都锦田，若而旋不宁，惟是至于银同、后社、新溪、来苏、桃源、龙浔，莫不有吾族萃于其间，且远而榕城、福清、龙溪、漳浦、仙遊、尤溪，诸名邦，凡纪姓者，皆其裔也……泰公长子铭谥元勋公，先自惠安苑妹夫郭子仁同迁于同字县城之北，后又徙居南门……随择地于全禾里四都后社保，离邑南十余里……铠复徙于漳州府漳浦县磁灶乡城内……宣兴出居安溪五里埔，开兴出居溪埔后，其子孙在后房龙屈东西居，宣命在后社大乡尾居住……。"

明天顺年间（1457—1464），尤溪新阳葛竹村一支纪氏迁居尤溪管前的九曲；尤溪管前的纪姓人口主要分布皇山，柳塘，绿柳三地。明万历年间（1573—1620），纪姓进进尤溪坂面乡二十九都厚禄坪村（今因街面电站建设已沉没）；约在清乾隆年间（1736—1795），纪氏后裔纪湖六二十九都厚禄坪村下尾自然村迁居坂面的山岩村。乾隆年间，纪玉璞从山岩村迁居永坑村；此后，山岩村纪氏子孙陆续开基到原街面村后孟、半岭山（现闽湖村）等地。三明市有纪姓人口7114人，在全市姓氏人口中列第68位，占全市总人口的0.27%。

福建省的纪氏主要分布在：

福州市。福清市区、福清市安路镇周店村、闽清县金沙乡东坑村、闽清县金沙乡上滨村、闽清县池圆镇井后村、罗源县城风南街；

厦门市。厦门市思明区大井村、同安区洪塘镇后麝村；

泉州市。鲤城区福山腰村、晋江市陈埭镇海尾村、石狮市蚶江镇东安村、石狮市蚶江镇锦江村、安溪县官桥镇美寮村、德化县水口乡北山村；

漳州市。龙海市白水镇庄林村、龙溪县坂面镇下尾村（闽湖村）、龙溪县坂面镇街面村、龙溪县坂面镇永坑村、龙溪县坂面镇山岩村、龙溪县新阳镇葛竹村、龙溪县西城镇潘山村、龙溪县梅仙镇玉石村、龙溪县梅仙镇惠州村、龙溪县西滨镇厚丰村、龙溪县溪尾乡埔宁村、龙溪县中仙乡下洋村、龙溪县台溪乡圆盘村；

三明市。主要聚居尤溪县 6462 人，其次是三明市区、大田县、永安市等，散居在沙县、泰宁县、明溪县、建宁、将乐县、清流县、宁化县等地。

莆田市。莆田市常太乡顶坑村、仙游县西苑乡仙山村；

宁德市。福鼎市中山街、霞浦县乐城镇西岭村。

【入垦台湾】

福建泉州人纪受华。他于乾隆末年（1795）渡海而来，并在当时的港东中里开垦定居。台湾纪姓以台中一地最为旺盛，大约有半数纪姓台湾籍人士聚居于该地；其次，则为彰化、南投和澎湖等地；另外，新竹、苗栗、嘉义、台南等地也有一部分。

据台湾《姜卢纪氏族谱》载，为底从同安县四都后社保社壇乡开基台湾省云林县大康乡保水漆村庄。纪姓移居台湾省台北市的至少有：福建省泉州府南门外晋江县廿三都龙安里东安堡（今晋江蚶江纪厝）的纪姓先祖。纪姓移居台湾省台北县的至少有：福建省泉州府南门外晋江县廿三都龙安里东安堡（今晋江蚶江纪厝）的纪姓先祖；福建省泉州府同安县后社乡马巷竹脚的纪姓先祖。纪姓移居台湾省台中县的至少有：福建省泉州府安溪县美寮乡的纪姓先祖；福建省泉州府同安县后社乡马巷竹脚的纪姓先祖；福建泉州府南安县十六都樟脚乡的纪姓先祖。纪姓移居台湾省漳化县鹿港镇的至少有：福建省泉州府南门外晋江县廿三都龙安里东安堡（今晋江蚶江纪厝）的纪姓先祖；福建省泉州府锦江县的纪姓先祖。

纪姓移居台湾省澎湖县的至少有：福建省泉州府南门外晋江县二十三都龙安里东安堡（今晋江蚶江纪厝）的纪姓先祖。纪姓移居台湾省云林县大康乡保水漆村庄的至少有：福建省泉州府同安县后

社乡马巷竹脚的纪姓先祖。纪姓移居台湾省嘉义市的至少有：福建泉州府的纪汉仁等纪姓先祖。纪姓移居台湾省台南市的至少有：福建省漳州府漳浦县二十八都石坑堡磁灶社的纪姓先祖；福建省泉州府南门外晋江县二十三都龙安里东安堡（今晋江蚶江纪厝）的纪姓先祖。纪姓移居台湾省高雄市的至少有：福建省泉州府南门外晋江县二十三都龙安里东安堡（今晋江蚶江纪厝）的纪姓先祖。

台湾纪氏主要来自福建；台湾高山族同胞中也有纪氏；台湾光复后各省都有迁徙入台。纪氏主要分布在台中、彰化、台北；其余依次是台南、苗栗、高雄、基隆、南投等地。

【郡望堂号】

高阳郡：东汉桓帝置郡，治所在高阳（今河北高阳县东），后废。

平阳郡，三国魏正始八年（247）置，在今山西临汾西南。

天水郡，西汉置，相当于今甘肃天水、陇西以东地区。

高阳郡，战国时为高阳邑，北魏置青州高阳郡，在今河北高阳一带。

高阳堂：以望立堂。原是黄帝孙子颛顼的名字（黄帝→昌意→高阳），汉朝时期设有两个高阳县，一属幽州涿郡，二属徐州琅邪郡。晋武帝泰始元（265）立高阳为郡国，管辖地区在河北省高阳县一带。

平阳堂：以望立堂。

天水堂：以望立堂。

【祠堂古迹】

龙海磁灶纪氏家庙，位于漳州龙海市磁美村中，堂号"正纪堂"，始建于明朝。建国初期被征用改建为粮仓，1990 年归还，至今尚未修复重建。

台湾纪姓大宗祠，又称龙津纪氏宗祠，自元朝长者公于元朝元佑年间由福建、同安分居安溪县新溪里五里埔（今安溪县宫桥乡美寮）为安溪肇基始祖，传至第十代，于显公（号双溪）、肇西公（启酉）、于让公（号肖溪）、大为公（字仁贤）、于吉公（公保）、于德公（公振）等子孙，均在清朝乾隆年间迁徙来台。并订每年农历十月二十四日为纪氏宗祠堂庆。

【楹联典故】

代主舍身真赤胆；编书华国乃宏儒。

——纪姓宗祠通用联。

天水世泽；笃行家声。

——纪姓宗祠通用联。全联典指明朝纪经纶，纪宗德均以笃信而名著。

临湘凤翼；济北龙头。

——纪姓宗祠通用联。上联典指晋纪赡事典。下联典指清纪昭事典。

雪里梅花惊雅士；淮中秋柳动诗情。

——纪姓宗祠通用联。上联典指元代戏曲作家纪君祥。下联典指清代女诗人纪映淮。

代主焚身，祠成忠祐；为友嫁女，厚治资装。

——纪姓宗祠通用联。上联典指秦末汉初刘邦部将纪信。下联典指西晋秣陵人纪赡。

【族谱文献】

记载闽台纪氏族谱有《台闽高阳纪氏宗谱》为1994年纪竹林等修，共4卷精装1册。内载台湾纪氏宗祠源由、安溪纪氏宗谱、高阳纪氏历代纪事、台湾纪氏宗祠堂务等。台中龙井乡龙津村海埔厝纪氏家族，奉双溪公等六大柱公为迁台始祖，以"为德丰隆盛、传经乃华荣、孙曾承祖宇、孝友振家声"为辈序。谱载纪原为春秋时国名，后毁于列国战乱，故当时纪国皇族为纪念亡国，以纪为姓，意在激励自己完成复国大业。入闽一世祖忠简公。尤溪《纪氏聚星堂家谱》，1980年修撰，谱载北宋皇祐五年（1053），高阳郡的纪忠简（字汝霖）从山东济南府利津县迁入闽晋江二十四都东安村。纪忠简的第四世孙纪泽从东安迁入尤溪，沈城水南。纪泽有三子：长子纪梦龙、次子纪梦凤、第三子纪梦璋，播番各地。民国时有纪燕火（居桃源县大溪镇）、纪谋湖等渡台。福建同安、台湾澎湖《纪氏族谱》，清乾隆三年（1736）编撰。台湾《姜卢纪氏族谱》，姜卢纪氏族谱编委会纂修，1967年台湾彰化商工文化出版社铅印本。《纪氏世系图》，1976台湾嘉义编撰，《纪姓族谱》1984台湾云林编撰。

第五十五节 季 姓

季姓来自春秋时期公族季札的后代，在中国姓氏排行第116位的姓氏，人口约2080000余，占中国人口的0.13%。在台湾排名第207位。

【渊源】

1. 季氏来自姬姓和兄弟排行。据史书记载，黄帝居姬水，因之为姓。传至仲雍，因其居于吴，周武王封他的子孙于吴（江苏吴县），其后代便以吴为姓。至吴寿梦时，他生四子：分别为诸樊、余祭、夷昧、季札。札公有才干，德行好，其父欲让王位于札，遭拒绝，隐居延陵（今江苏常州延陵镇）农耕为业，因他排行第四（伯、仲、叔、季）寿梦无奈，只好封他为延陵季子，往后，吴季札后人，便以其排行第四之"季"为姓，因此，季札公便为受姓始祖，至今已有2500余年历史，以上即是季氏的来历。

2. 系出芈姓，为颛顼后裔。据《元和姓纂》所载，颛顼帝裔孙有陆终，生有六子，其中有子叫季连，因排行为"季"，他的后代子孙就以单姓"季"作为姓氏，有的以复姓"季连"作为姓氏。季姓为陆终之子季连之后。

3. 出自姬姓，为春秋时鲁桓公之子季友的后裔。据《通志·氏族略》及《古今姓氏书辨证》所载，春秋时，鲁庄公的弟弟季友平定了庆父之乱，子孙以他的字命氏，称为季孙氏，在鲁国鲁僖公时为相执政。季友的孙子季孙行父执政时，举贤任能，分财济贫，受到国人爱戴，谥号季文子。季孙氏其孙行父以王父字为氏，后来简称季氏。季文子、季武子、季平子三代执掌国政，当时几代鲁君都昏庸无能，以致出现了人民只知道有季氏，不知道有鲁君的情况。季氏后人以季为姓。

4. 春秋时齐国公族有季姓。

5. 战国时魏国公族有季姓。

6. 出自他族改姓。唐时西赵渠帅有季姓；今满、土家、东乡等民族均有此姓。

【得姓始祖】

季札。春秋时吴国公族。为吴王寿梦四子，诸樊（后袭王位）之弟。受封于延陵（今江苏省常州）、州来（今安徽省凤台），史称延陵季子或延州来季子。他贤明博学，多次推让王位。曾北游齐、郑、晋等国，并观乐于鲁，论盛衰大势，颇中时要，以有远见而著称。因他远见卓识，贤明仁德，后世子孙以其排行次第为姓，以别他族，称季姓。他们尊季札为季姓的得姓始祖。

【入闽迁徙】

唐代时，寿春之季姓依然长盛不衰。北宋的覆灭，不少士族迁徙入浦城。朱熹《晦庵文集》卷八十三"跋吕仁甫诸公帖"云："靖康之乱，中原涂炭，衣冠人物，萃于东南"。明正统年间（1436—1449），季氏后裔，从龙邑迁徙入浦。他们先以客家身份生活，以后逐渐富裕买地建屋后，入籍浦城。至清末民初，已成为当地名门望族之一了。

明代正统年间（1436—1449），入闽始祖光公生三子，长俊、次才、三能，兄弟三人因狩猎而由龙泉的金山下延仙霞岭入闽至浦东巾帽山，我祖才公见巾帽山"山环水绕""绿树成荫"而定居该山村，而俊公则移居浦北的官田高路村，能公便迁至浦南临江寨下。次年，又一堂兄弟——智九公也来至浦南临江余源。因此这四支季氏后裔便成了如今浦城季姓的主流，历经500多年，浦城季氏人口已繁衍近万人。

福建季姓主要以浦城为中心聚居，散居闽北、闽西、闽东一带。

【入垦台湾】

1946年台湾光复后有福建、江浙一带之季氏族人和学生以及军人随之赴台。台湾季姓主要散居，台北密度第一，其次是高雄、新竹、台中、台南、宜兰等市县。

【郡望堂号】

渤海郡：汉治所在浮阳（今河北省沧县），后移治南皮（今河北省南皮东北）。

鲁国：西汉初年将秦朝原有的薛郡改为鲁国，相当于现在山东省曲阜、泗水一带地区。

寿春县：战国时属于楚国。楚考烈王迁都于此，命名为郢。秦代时置寿春县。相当于现在安徽省寿县一带地区。

三思堂：春秋时季文子聪明又好学，遇到问题肯向人求教，即使学问不如他的人，也不觉得丢面子。遇事再三考虑成熟才去做。

主要堂号还有："三朝堂""静思堂""纯孝堂"等。

【祠堂古迹】

浦城瑞安季氏宗祠，位于福建省浦城县瑞安，始建于清道光八年（1828），建筑时间长达40余年。今观其门楼砖雕，保存基本完好。

巾帽山季氏宗祠，季姓肇基鼻祖才公后人，先后在浦邑东乡巾帽山村、瑞安村建季氏宗祠两处，先由子政、子胜公等人，在巾帽山土名东山寨白鹤仙庙右侧建季氏宗祠，春冬二祭从未间断。

【楹联典故】

望出渤海；源自季连。

——佚名撰季姓宗祠通用联。全联典出季姓的源流和郡望。

炎黄后裔皆兄弟；天下季氏一家亲。

父吏部子宰辅父子三贤忠北阙；里泰宁村瑞安里村诸士爱中原。

次第为姓；忠孝传家。

——佚名撰浦城季姓宗祠通用联。

信全一诺；事必三思。

——佚名撰季姓宗祠通用联。上联典指汉初楚人季布，楚汉战争中为项羽部将，数次围困刘邦。汉朝建立后，被刘邦追捕，他由朱家通过夏侯婴向刘邦进言，得以赦免，后任河东守。他原是楚地著名"游侠"，重信义、诺言，当时有"得黄金百斤，不如得季布一诺"的说法。下联典指春秋时鲁国大夫季文子，字行父，相继任鲁宣公、成公、襄公三世相，生活节俭，办事谨慎。《论语·公冶长》说："季文子做事三思而后行。"孔子听到了，说："考虑两次就可以了。"

【族谱文献】

《福建浦城高路季氏宗谱》，又名《延陵季氏宗谱》，二十卷，（民国）季孝维、季梦熊等修，民国二年（1913）续修刊本，卷一刊目录、序、谱例、谱训、谱戒、词图词记及高路世居图记、领谱编号联句芳名、续修襄事纪名等；卷二载科名、乡举、明经、例贡、封赠、宦迹、行实及季氏家乘赞等；卷三传赞；卷四寿序、行说、志铭、挽文；卷五述祀田、坟山、墓图；卷六墓图；卷七、八像图；卷九至卷十九皆载世系；卷二十辑万年图、螟蛉系。现存福建省图书馆、福建师大图书馆。

季氏世居浙江龙泉，明天顺初季俊移居闽北浦城高路，肇浦北季氏一门。季氏一族初族浦北，备极艰辛，入清时裔孙极力文武功名，族乃显盛。是谱创修于清康熙初年，嘉庆间与龙泉族合修，同治七年（1868）专修浦支谱本，今谱系四修本。是谱龙雪述渊源，明祖业，显宗绩，详宗支，在卷一至卷八各目中多有载明，保留了大量季族宗史资料；各图、像錾刻风格，保存有闽北建刻刀述遗范。近年有续修本存祠堂。

第五十六节 茣 姓

茣姓是发祥地在福建的稀有姓氏，在全国人口排名没有进入前 300 位。主要分布在客家地区。在台湾更为稀少。

【渊源】

茣姓。《风俗通》茣成僖子，晋大夫。《百家志》荀永之娶平阳茣氏。原系郑姓，周分定鼎之支系，原籍江西，自始祖茣四郎公于南宋末年为避战乱入闽，去耳加草为茣姓。

【得姓始祖】

茣氏可能是茣成僖子的后代。茣成僖子是春秋时晋国人，晋大夫。"成"可能是"氏"的误读。古时篆书这两字有点形似。茣氏发源于平阳，也就是现在的山西汾阳。史书有茣是郑去耳加草而来的记录，那可能是福建一带的情况。郑姓主要发源于河南的荥阳和湖南的武陵。湖南古属楚国。

【入闽迁徙】

周成王定鼎于郑（河南郑县），居此者以地为氏。春秋时，郑大夫郑张，其先以所封邑为氏，晋国有大夫食采于茣城（一说茣成），称为茣成僖子，其后遂为茣氏。《风俗通》茣成僖子，晋大夫（见《世本》）。《百家志》荀永之娶平阳茣氏。原籍江西，自始祖茣四郎公于南宋末年为避战乱入闽，去耳加草为茣姓。

宁化、清流《武陵茣氏族谱》：宋时，郑姓为江右吉安府牛栏角望族。宋室南渡后，郑四郎避乱举家东迁入闽，出于时局所迫，易郑为茣，音从乎同，郡仍乎旧。茣四郎卜居宁化县在城里薛家坊，后又徙芹溪。至八世，分衍成石保、永福、隆海、成美四房。至十三世石保公房张生公长子公明，讳子珍，又名七先，姚萧氏，举家徙居宁化县新村里大原村（今属城南乡茜坑村），拓基繁衍。裔孙成大公子瑞金，为广东通使官，遂落籍广东。惟兴之子付子，移居泉州。成付之子周旺徙漳平。

清流芹溪先祖茣华先考取明朝国子生功名，累官至武英殿、文华殿中书。

宁化茣氏裔孙分衍闽、赣、粤、皖诸省地，多为散居。

【入垦台湾】

明清以来有少量茣姓迁徙台湾，以及东南亚国家。

【郡望堂号】

郑氏望出荥阳、武陵郡。

【祠堂古迹】

茣氏宗祠位于清流县余朋乡芹溪村，芹溪因境内溪流为芹水，故名。该村住民以茣、陈二姓为主，还有江、邓等 14 姓人杂居，全村 129 户 538 人。茣姓占全村人口的一半。芹水横跨廊桥一座。茣氏家族兴建有茣氏宗祠，始建于明末清初，祭祀芹溪先祖茣华先考。祠堂卫闽西客家土木结构建筑，祠堂为拱门，祠堂前有祠埕、门楼、主殿等构成。

【传奇故事】

芹溪茣姓的由来却有丰富的传奇色彩。

故事一。唐末，太原王氏第三十七世王审知三兄弟率兵入闽。审知三世三十郎迁居芹溪单传至九世五八郎，至元代，芹溪仍居住王审知后裔百余户人家，但元末一次兵祸却使全村王姓改为茣姓。其时，芹溪村春甫公之女满姑招赘曾祖一代从福清迁居至清流大焦、十岁起就在一间盐店当学徒、喜欢舞枪弄棍、很是出众的陈友定，婚后生下一子。陈友定初为明溪驿卒，武艺超群、用兵有谋略，经九年磨砺，直升为福建平章政事，独揽全省军政大权。后被朱元璋击败，解送京都，父子同被处死。元朝覆灭后，朱元璋派兵追剿陈友定残部。一天，明兵追至芹溪村，村中空无一人。陈友定是芹溪村人女婿，村人恐被株连，早藏匿深山。逃不及的村人惊慌地钻入茂密的豆茣地，依然被追兵发现。村人惊吓得浑身战栗，深感灾难来临。明兵追至他们身旁高声叱问："是哪村人、姓什么？"村人指着前面村庄，却说不出

第二章

213

话，更担心说出自己是王姓，必将成为明兵刀下之鬼。于是，手指豆荚。明兵以为荚姓，村人连连点头，方躲过这场浩劫。因为荚姓救了村人的命，经族人商议，向神明昭示，王姓一族全改为荚姓，自此，世代传承。

故事二。宋朝，芹溪村民都姓王，后改姓荚。其时，金兵侵扰北方，山河破碎，金人野心勃勃，直逼南方，芹溪村的"五马夫人"招集兄弟七人揭竿而起，抗金保家卫国。义愤填膺的人们经多次集议，决定年三十夜丑时由"五马夫人"刺杀金朝皇帝，同时联络各方义士，策划暴动，恢复宋室江山。"五马夫人"为何人，未见文献记载。行动之前，他们先上山砍来箭竹，特制几支长箭，并在箭头涂上剧毒药汁，直至三十夜丑时，第一声"喔喔"鸡鸣，"五马夫人"将第一支箭从高山之巅射出，准确无误地射向金营皇帝行宫宝座，连续三支箭，箭箭皆击中。他们才轻轻嘘了口气。不料，事与愿违，密探回山禀报：皇帝未死，刺杀之事败露，闯下了大祸。原来是土地公发现了机密，提前装鸡叫，坏了大事。丑时未到，皇帝仍在龙床安睡，"五马夫人"射出的三支箭全插在皇帝宝座上。皇帝上朝，看见龙座的三支箭，几乎吓破了胆，慌忙唤来军师。军师趋前取过箭端详，仔细揣摩，沉静地禀告皇上，箭竹颤巍巍，不是福建就是江西；箭竹颤淋淋，不是余朋就是莒林。因为箭竹尾部标着一个微细的"王"字。于是，断定谋反之人必在余朋芹溪。皇帝龙颜大怒，顷刻颁旨追捕反贼。皇帝率领军师和几万兵马直扑芹溪。无论男女老幼见人就杀。谋反义士四处奔逃，几乎被杀尽，只有"五马夫人"无处可逃，将满脸涂上乌泥，躲在村前的豆荚地。追兵见她蓬头垢面很是可怜，便问："喂，你姓啥？""五马夫人"话噎在喉咙说不出，信手指着豆荚。追兵疑她是哑巴，也不再追问，急忙转过身去追捕反贼，临行时，却有人丢下一句话："你姓荚不姓王就饶你一命！由于豆荚保了命，芹溪村人自此就改姓荚。"

第五十七节　简姓、张简

当今简姓人口约有 676000 余，约占全国人口总数的 0.042%。在当今姓氏排行榜上名列第 188 位，在福建排名第 100 位。在台湾排名第 32 位。

【渊源】

1. 出自唐叔虞之后。《通志二八以谥为氏》记载的"简氏，姬姓。晋大夫狐鞠居之后。狐鞠居之子号续简伯。续，邑也；简，谥也"。《简姓世学》云："简姓为春秋时晋大夫续简伯之后，晋与周为姬姓，盖后稷之子孙，而黄帝之苗裔也。其后在范阳或涿郡。"春秋时期，晋国大夫狐鞠居，其先祖是周武王的小儿子叔虞，史称唐叔虞。至春秋时狐鞠居，官为晋国大夫，受封于续，在晋国的争斗中遇害，他的后人因赵循网开一面，仍留在一个叫续的封地生活，并受封为续伯，续姓也产生于此，续伯死后，谥号为"简子"，称续简伯，其子孙开始以他的谥号"简"为姓氏，遂成简氏。

2. 帝喾有位妻子叫简狄，吞食一只玄鸟坠下的五色卵，因此怀孕，生下契，契就是殷商王朝的始祖。简狄是简姓人的老祖母。

3. 源于姬姓。出自殷商晚期吴国君主姬季简，属于以先祖名号为氏。姬季简，是吴国创始人之一姬仲雍的儿子，为吴国第三任君主。史书记载，姬季简生于殷商祖甲子载十五年（公元前1169），逝世之年待考，卒葬常熟（今江苏苏州锡山城郊）。姬季简娶高氏，生有两个儿子：长子叫姬叔达，次子叫姬叔夏。后来姬叔达继承君位，为第四代吴国君主。在姬季简次子姬叔夏的后裔子孙中，有以先祖名字为姓氏者，称季简氏，后分衍为简氏、季氏，世代相传至今，是非常古老的姓氏之一，是为吴中简氏。

4. 出自鲁简叔之后，有简姓。此支简姓也似源于姬姓，因为鲁国是姬姓诸侯国，周公姬旦长子伯禽是始封君，所以此支简姓当为周公姬旦的后裔，当然也是黄帝后裔。

5. 源于姜姓，出自春秋时期秦国大夫蹇叔，属于以先祖名号为氏。蹇叔，是春秋时期著名的秦国大夫。蹇叔有贤名，为五羖大夫百里奚推荐给秦穆公赢任好。在蹇叔的后裔子孙中，有人后来以先祖名字中的"蹇"为姓氏，再后改以同音字"简"为姓氏，称简氏，是为咸阳简氏。

6. 源于嬴姓，出自春秋时期晋国大夫赵简子之后，属于以先祖名号为氏。赵简子，即赵鞅，又名志父，亦称赵孟（前？—前458），他是春秋末年晋国正卿，史称其为简襄功烈。在赵简子的后裔子孙中，有以先祖尊号为姓氏者，称简氏，世代相传至今，是为邯郸简氏。

7. 源于改姓。一是耿氏所改，三国时蜀国昭德将军简雍之后，本姓耿，幽州人读"耿"与"简"同音，遂变为简姓。二是出于春秋时期周大夫简师父之后。三是出自检姓，唐朝林宝著《元和姓纂》记载：东汉有一位姓检名其明的官吏，因其祖上担任过检察官，便以检作为姓氏，后来为了避讳，不得不把检姓改为简姓。

8. 源于少数民族改姓。如，元太祖成吉思汗（铁木真）的后代，出自铁穆氏宰相之家。朱元璋打败元军以后，就追杀铁穆宰相的9个儿女。在过一条河的时候，为了避免招来杀身之祸，才改名换姓。大儿子依然姓铁，其余的有姓甘、何、余、简等9个姓氏。台湾高山族也有简姓。

【得姓始祖】

续简伯。关于简姓的来源，有文献考证。《范阳简氏家谱》记载，简姓的始祖是晋大夫狐鞠居，狐鞠居食邑于续，谥号续简子，世称续简伯，他的子孙以其谥号为氏。《简姓世学》上也有记载，简姓为春秋时晋大夫续简伯之后，而晋与周皆源出姬姓，简姓可以说是黄帝的后裔，郡出范阳郡（今河北省涿州市），涿郡。简姓后人奉续简伯为简姓的得姓始祖。

【入闽迁徙】

简姓入闽虽然有多支，但影响大的只有一支。就是闽西的简姓开基祖——简会益派系。简雍传至三十一世简鲁仲居清江县喻北祠村，生二男：孟一、孟二。北宋末年，金兵南犯，清江为中原通往广东要道，为进兵必经之路，遂举家避乱，长途跋涉，迁移至相对安定的福建宁化县石壁村居住。

简国鸣生韶、沪、武三子，子孙繁衍，人丁兴旺，后裔继续向南播迁。简国鸣长子简韶，行三十一郎，又名世昌仍居宜春，后为清江喻北桐村简氏的开基始祖。传至第十一世简会益（简鲁仲长子），字孟一，行万五郎，为江西省临江府清江县民籍，后来福建南剑州（今南平市）教学儒训，为简氏第一位入闽始祖。

简会益进入福建南剑州（今南平市）儒训期间，被委任为该州教谕，专管文庙祭祀监督考核科中秀才事务，并举家定居于永定。

《简氏祖先考》记载：简国鸣后裔孙简会益，字孟一，行万五郎，生于北宋政和五年（1115），中解元，客家入闽始祖。简会益，来福建南剑州（今南平市）教学儒训，被委任为该州教谕，专管文庙祭祀监督考核科中秀才事务，并举家定居于闽。但此时，金兵不断南侵，战争忧患日益加重，为避战乱，全家又于北宋建炎一年（1127）经长途跋涉，迁徙至相对安定的闽赣边山区的原汀州府宁化县石壁村居住。52岁时，简会益被委派到上杭城县监督筑城，其家眷于乾道二年（1166）又转迁上杭县城郊蓝路口定居。生简驱、简骥、简骤。简会益长子简驱生一子简致德于宋理宗端平三年（1236）与夫人李氏携子简永同又迁居至距上杭城70里的永定县太平里洪源村蔡屋对面坪隔口车公塘开基创业，繁衍生息。按客家风俗惯例，简致德之祖父简会益为永定开基第一世，简驱为二世，简致德为第三世。

洪源村建有简氏祖祠"惠宗祠"奉祀简氏入闽始祖会益公。

元代末年简德润进入南靖开基，德润生八子，形成八大房，分衍闽南各地。

简会益的九世孙简德润于元朝末年，从永定县培丰镇洪源村迁往南靖县梅垅教书，而后迁徙张窖（今南靖县梅林镇长教）定居，为南靖长教简姓开基祖。

《简氏祖先考》记载："在涿郡者，汉时有简卿，其在范阳者，三国时有简雍。晋统一天下后，简氏因离乱南迁，散居南海、靖安、新喻、东管、马平、四川等处。宋时南渡，避乱于福建宁化，后游南剑州，建宁府。乾道二年（1166）迁上杭。三世祖迁太平里洪源村（先为洪源开基祖）。九世德润，于六至六六年（1280）入赘南靖张家。是为张窖开基祖；子三、二世贵祯，自南靖移居广东，子孙分播潮阳、番禺等县。"据《简氏姓族考》曰："三国时，简雍为中郎。时天下大乱，家人从之，有在邵阳，有在远安，有在江西新喻，靖安，蜀之巴县。五季后梁时，契丹寇北方，涿州无日不忧兵，其宗有宦游岭外者，乃留焉不归。若黎涌系一山，则自涿州逾河涉江，而先入粤者，后晋割北方十六州贿契丹，而涿在其中，简姓宗族因而至岭外者渐众，分居粤东诸邑。"从这两项文献，可以知道简氏是在五代之前，就已经逐渐向南播迁的。他们有的直接徙入广东，有的由赣入闽，再分支至广东，后来就在广东繁衍成为一个大的家族。台湾简姓族人，很多是从福建省南靖迁居的。简会益后裔迁徙到漳州南靖后成为望族，以后有数以百计的简氏播迁台湾。子孙续衍龙岩、长汀、永泰、福鼎、霞浦、南靖以及浙江、台湾。

【入垦台湾】

台湾简姓族人，很多是从福建省南靖迁居的。简氏最早入台的人是简汉超，于清顺治年间（1647—1661）由福建永定入垦台南左镇。明永乐年间入垦台南左镇。海峡两岸广泛传诵的简大狮是一位忠义之士，他本名简忠浩，生于台北，自幼习武，身材魁梧，力大无比，能举起石狮转几圈，他的始祖简德润于明朝洪武年间从福建迁入台湾。1895年，他目睹日本霸占台湾，率领1万余人，在台北与日本侵略这血战100余次，最后被清朝政府出卖，惨遭日军杀害。与他一起奋战的还有简成功、简精华父子。根据廖汉臣所撰《台南县志稿人物志》的记载，郑成功治台时已经有一位简姓移民，与欧、廖、田三姓，在现在台南县的左镇、木公、芊馆口等地开垦。到了清朝，自"唐山"来台开辟新天地的简氏子孙便络绎不绝了，以南靖的"简张"一族为例，他们或是联袂而至，或是接踵而来，彼此互相提携，共创基业，不久之后，便分别在基隆、宜兰、桃园大溪、新竹、台中、南投草屯、嘉义大林、凤山、屏东等地，奠定了稳固的万年基业。一直到今天，在上述各地，"简张"一族都极为旺盛。来自南靖的"简张"一族，在台湾的表现的确是可圈可点的，以南投草屯的"简张"来说，在清末叶，他们便一连出了两位举人——一位是咸丰己未科的简化成；一位是光绪乙酉科的简瑞斌。

盛清沂《台北县志稿开辟志》记载：嘉庆二年（1797），漳州人简树，进入现在台北县金山乡三和村的林口开垦。跟简树同一时期，还有一位简起，跟另外五个人合垦于金山乡三和村的横溪头。《高雄市古碑文集》记载：嘉庆四年（1799），有一位简垣生住在今高雄市的左营，捐银襄事，有功于地方。陈淑均《噶玛兰厅志》记载：嘉庆七年（1802），简东来与杨斗、林胆等人，随吴表在今宜兰县的三结堡和本城堡开垦。《台北县志稿开辟志》记载：嘉庆九年（1804），南靖人简查某，在今台北县金山乡三和村下孔尾开垦。《台湾省通志人民志氏族篇》记载：嘉庆九年（1804），漳州人简重西，垦于台北县双溪乡保民村内厝和八股。《高雄县古碑文集》：嘉庆二十三年（1818），简振兴捐修凤山双慈亭。《台北县志入开辟志》：道光年间，简文秀入垦今台北县仁里村。

现台湾省属于梅林第长教简氏宗祠派下嗣孙的简氏总人口为181000多人，主要分布在台北县板桥、桃园县、台北市、南投县草屯、宜兰县、嘉义大林、高雄大寮等。在台中市南屯区丰乐里，有一座建于清乾隆年间的简氏大宗祠"溯源堂"，祠中供奉着客家简氏始祖简会益。台湾高山族同胞中也有简姓。

【血缘联宗】

张简同宗，张简姓是中国的一个复姓，源自张姓与简姓，多见于闽西南、台湾等地区。根据台湾户政主管部门2005年的数据，张简姓为台湾第一大复姓，人口有9000余人。台湾简姓是张简这一特殊姓氏的后裔。"张简"在福建南靖县梅林乡长教村（又称张教村）诞生六七百年了，祖为简德润，本姓张，来此教书，当简家的上门女婿，说："生姓简，死归张。"为张简姓。他生8个儿子，分布在闽、粤两省，后去台湾开垦，都姓简。张简姓起源于一次联姻，大明洪武四年（1371），漳州府南靖县永丰里梅林村的简德润入赘张姓进兴家，后来简德润希望张、简两姓均有子嗣可传，在和张家商量后，决定其子嗣双姓张简。清中叶，十二世祖张简成祯渡海来到台湾南部定居，在高雄县的大寮乡有其众多子孙，是台湾张简姓的发源地。咸丰年间，张简家族宗祠追远堂建成，许多简姓改姓张简。日治时代，为避免麻烦，一些张简姓改姓张或姓简。台湾光复后，有部分人恢复张简姓，也有一部分人没有恢复，但其子女为张简姓。德润公传八子其第八房贵信，明洪武年间以人才出仕，特受南京户部主事，官名张班。

对于张简之得姓，梅林镇还相传一个饶有趣味的故事。传说，简德润是个文武双全的少林拳师，以游历天下传艺教书为业。元至正年间，他游学到梅林村，设学堂教授生徒。邻社长教张姓家族族长张进兴，3个儿子婚后尚无嗣，不幸去世，留下3个守寡的年轻媳妇。张进兴视为亲生儿女，不忍让她们终身守寡。他看到简德润操行高洁，心生爱慕，便托人说媒，愿将3个儿媳许配为妻。当时立下规约：三女共事一夫，不分妻妾长次，生儿育女姓简姓张，不分嫡传庶出。简德润就这样在长教安家立业，传衍下八个儿子。

在台湾地区，还有这样一个传说：有位四处流浪简姓的孤儿，有一天梦到一个仙人让他一直向南走直到绳子断掉。后来他来到一位姓张的员外家时绳子断了，于是留下来帮员外干活，后被员外收为义子，娶了张员外独子的遗孀刘氏，继承了张员外的财产。为了纪念张公，简姓孤儿将自己子女改姓张简。

张简姓氏的承传，并非自德润祖后就绵延不断，户籍资料的散失及其他因素，使得张简姓氏出现多样性变化。其情况大致如下：一是在咸丰年间追远堂的兴建，追祭简德润祖，大量的简姓宗亲认同并改姓张简。二是在日据时代，日本方面认为只有日本人才有两个字姓氏，中国台湾人都是一个字姓氏，因此不管入学登记或在服务的机关，都只登记姓张或姓简，直到台湾光复后，部分人才恢复姓张简，不过，有些人本身并未恢复本姓继续沿用姓张或简，但其子女却又恢复本姓张简，造成父子不同姓的情况；也有部分人自此改姓张或简，从此子孙无人姓张简。

张简姓从德润祖开基之后，世居南靖，一直到十二世祖成祯等人带眷来台，并分别定居在台湾南部开基。从唐山到台湾，张简姓的子孙分布在基隆、南投、宜兰、新竹、嘉义、高雄、屏东等地。以高雄县大寮乡分布最多，而且集中在现今的昭明、义仁、新厝、拷潭、三隆、永芳、山顶等村落。因此如果说"张简"为大寮的特产并不为过。简德润的八个儿子，除长房无嗣失传外，其余房派都有众多子孙入台。

在台湾主要集中在大寮乡和凤山郡，有张简姓"五脉三十一派下"的说法。张简姓堂号有洪源、范阳、梅魁、南靖等，但主要以"南靖"为主。

【郡望堂号】

范阳郡：三国魏黄初七年（22），改涿郡设置，治涿县（今河北省涿州市）。

涿郡：春秋战国时为燕国涿邑。汉高祖六年（前202），分广阳郡南部、巨鹿郡北部及恒山郡一部，置涿郡，治所在涿县（今河北涿州市）。

德感堂：宋朝时有简士杰任清江司礼参军。范成大请他入幕府，改任蒲圻知县。他在做县官的时候，不设科条，只重教化，百姓都不忍犯罪。后被升为贺州知州。

主要堂号还有：范阳堂、溯源堂、恩孝堂、追来堂、显清堂、惠宗堂等。

【祠堂古迹】

会益公总祠，又称简氏大宗祠。坐落于永定县培丰镇洪源村，始建于明朝天启二年（1636）。历代重修，现基本保持原貌。宗祠中堂右边墙上镶着一块石刻，乾隆庚子（1780）年间原文为："吾宗始祖会益公，自宋入闽与二世驱公侨居上杭，三世致德公始基洪源，而始二世卒葬杭邑，坟茔失记。"

长教简氏大宗祠，又称长教简氏总祠，坐落于南靖县书洋镇坎下村。始建于宣德六年（1431），历代重修。坐北朝南，占地面积2600平方米，建筑面积1500平方米。

南靖简氏东山祠，位于梅林镇官洋村东面的虎头山下，相传为老虎跳墙穴，始建于明正德元年（1506），为简氏第四祖简维厚派下的祖祠，历代重修。东山祠占地面积1500平方米，建筑面积448平方米。

南靖简姓枫林祠，位于南靖县县书洋镇枫林村，始建于明嘉靖六年（1527），历代重修。祠坐东朝向西，占地面积420平方米，单檐歇山顶，三山式。

洪源惠宗祠，坐落于永定县培丰镇洪源村，始建于明朝天启二年（1622），供奉简会益为洪源开基始祖，谥万五郎。历代重修。台湾中国国民党中央委员会副秘书长简又新特献手书"溯远流长"镏金匾额。

漳州简姓侨馆，坐落于漳州市新华西路218号—220号，由旅居印尼的南靖县长教人简番忠发动海外简姓侨胞捐资所建的房屋，三进的土木结构古建筑，已有160多年历史。这里是清朝抗日英雄简大狮避难的地方，漳州市级文保单位。

漳州杨老巷简氏祠堂，坐落于漳州市新华西路220号。1894年，简大狮变卖家财，募集义士反抗日军侵台，为台北抗日义军首领。1899年前后，简大师回到漳州，避居杨老巷简氏堂。

【楹联典故】

殷商鼻祖源起；中国状元第一。

系承姬姓；源自叔虞。

——全联典指简姓的源流。

脉接洪源，八派初分源可溯；基开长教，一门递衍教难忘。

范城虽远家风在；阳德方声古处敦。

派衍洪源，登斯堂始知后海先河之义；基开教里，绍我祖勿替左琴右史之风。

——南靖梅林简氏总祠。

受尚书之峻业；建定国之鸿谟。

——简称宗祠通用联。上联典指汉朝简卿事典。下联典指三国蜀国简雍，拜昭德将军。

【族谱文献】

记载闽台简氏族谱有《简氏世系族谱》清简赞衷修，始修年代不详，清顺治、道光有2次重修，今本清光绪间重修钞本，不分卷共2册。宗族源流考释较为详备，第一册刊录诸序、乡图、祠图、墓图及宗派世系吊图，后列世传；第二册续载世传。内载始祖会益，原籍江西临江，宋乾道间诣闽南剑州教读，后移居汀州府上杭，为入闽始祖。传九世至德润，元末赴龙溪永丰里梅垅乡（今南靖）教读，娶长窖（今长校）张进兴媳刘氏，为张氏若子，承张姓户籍，谱尊张进兴为义祖，简德润为默林长校肇基始祖。后世复姓张简氏，即源于此。德润生有八子，裔孙代有才俊。还有《南靖默林长教简氏族谱》南靖默林长教简会益，法名万五郎分派下支谱。作者及纂修年代不详，钞本。不分卷，残缺，共1册。载有简乃西序，洪源世系，长教世系等。载宋时简氏万五郎卜居上杭后徙永定洪源，为简氏入闽始祖，传至九世简德润，号四先生自洪源徙居南清长教，为长教简氏支脉，肇基始祖，族中支脉繁衍迄今。另有《范阳郡简氏世代族谱》为南靖默林长教简氏族谱。

第五十八节 江 姓

江姓人口约占全国汉族人口的 0.26%。江姓人口在中国大陆排名第 74 位。在福建排名第 27 位。在台湾排名第 25 位。

【渊源】

1. 出自嬴姓，传说是大禹的贤臣伯益的后代。据《通志·氏族略》和《姓谱》记载，起源周朝时代的"江国"，江姓的始祖是颛顼帝的玄孙伯益之后。唐·林宝《元和姓纂》记载："嬴姓，颛顼元孙伯益之后，爵封于江，后为楚所灭，以国为氏。"

出自黄帝传自高阳氏，由高阳氏三传而生伯益，当尧之时，举益为虞典官。益生三子，长子大廉封地于秦，次子若木封地于徐，幼子玄仲封地于江，遂以国为姓。周武王时，仍旧封益地，所以春秋时称江人，鲁文公四年楚国废江国为济阳郡，江姓始称济阳族系。

2. 出自姬姓，为翁氏所分。据传莆田翁姓始祖翁何的五世孙翁乾度原为王审知所创闽国之补阙郎中。五代后晋太祖天福年间，翁乾度为避国乱，将六子改姓为洪、江、翁、方、龚、汪。宋朝六子三次参与科举传为"三科六进士"佳话，设"六桂堂"为共同堂号。其中次子名处恭字伯虔，分姓江。

江姓和我国其他姓氏一样，有避难等种种原因改姓的。

【得姓始祖】

江姓得姓始祖：江元仲。名恩成，字元仲。舜帝时为伯益之三子，侍夏帝启为大理（主掌刑名之官），受封于江邑，并建立了江国。江国后被楚国所灭，其后子孙以国名为氏，称江姓。故江氏后人尊江元仲为江姓的得姓始祖。

【入闽迁徙】

永嘉之乱，八姓入闽。西晋时期，中原战乱，中原人士族大规模南迁，就有江姓子孙入闽千徙。江姓先贤最早来闽如吴兴令江淹、建安内史江倩、建阳令江洪，多属任官游幕。八十五世道兴公，官

建安令居泰宁，临淄派廿九世仕荣迁莆田。西晋建兴四年（316），汝南定阳的江赞善随元帝南渡，徙居福建建阳江墩。传若干代后，裔孙江明出任归化镇临，定居归化（今泰宁）。

唐初，河南固始陈姓人陈政、陈元光父子奉命入闽，开辟漳州郡，其随行军人 61 姓，其中有河南的江姓，但均落籍闽南沿海一带。

新编《清流县志》也有比较详细的记载："唐僖宗乾符二年（875）鲁一野偕鲁二野举家 20 余人，由江西建昌府南丰县入闽避乱，途中涉江，拜江为姓，改姓江。江礼之祖江（鲁）一野、江（鲁）二野兄弟逃往南剑州将乐县归仁里明溪，而后转往汀州路宁邑皇华驿（宋代改清流麻仁里，复改仓仁里），再徙清流大路口。江礼之子九郎、十郎、六郎及五郎之孙八郎等衍布清流、连城、长汀、宁化等地，三郎、四郎、小八部衍在永安、明溪等地。

唐代，江孟德自江西饶州入闽，开基宁化石壁，其后裔播衍福建的永定、上杭和广东的潮州、大埔等地。（见新编《宁化县志》《淮阳江氏本源》）唐末，永安安砂小江坊江氏开基始祖江伯的个儿子中，除第五、六子留居永安外，长子江小一、第三子江小三郎均迁居龙岩，次子江小二迁居江西赣州，第四子江小四迁居浙江，第五子江小五郎居永安凉坑，六子小六郎迁永安小陶镇北山（今松山村），七子小七郎迁连城中心坑，八子小八郎迁连城姑田，九子小九郎迁泉州。江伯一的第十二世孙江智四、江荣五、江景六迁居龙岩，江文琏迁江西兴国新圩水南村。

据闽西《江氏渊源》载："唐时江氏入闽，其属济阳者，大抵由江西入汀州至今闽西汀属各县，多属济阳派。"《江氏本源》载："开基于汀州宁化县石壁再分于潮州、大埔。"清流县长校乡江坊村济阳江氏族谱（1917 年木刻版印七修）族谱记载：鲁一野公，号重宜，唐僖宗乾符乙未二年（875）与

弟鲁二野公举家20余人入闽，渡江赴任雨剑州刺史，祷祝河神方保无误，遂将江为姓，建济阳郡。明洪武二年（1369），其第十世孙江安迁居宁化城。

南宋德祐年间，江子玉知南剑州（今南平），后裔落籍福建各地。据江氏族谱记载：江姓一百零九世江晔，四子万顷及其子孙由江西都昌迁徙福建汀州宁化石壁村，南宋从江西都昌避乱入闽的万里、万载、万顷三兄弟（雅称三古）之子侄，由万载公携迁入闽。万里生三子：镐、铸、镗。江镐居江西饶州；江镗居福建同安；江铸生子二：长肇祖居连城，次承祖居宁化石壁，后迁永安。江万载居同安县。江万顷生五子：十八郎（铎）、念二郎（锜）、念三郎（铜）、念四郎、念五郎。宋恭帝德祐元年（1275），时任户部尚书的江万顷及长子江铎被元兵杀害。江铎夫人丘氏奉婆婆钱氏夫人殉节前之命，带着两个小叔子和儿子先居宁化县石壁，后肇居上杭县胜运里三坪村（在今庐丰乡横岗村）。江铎生九子，其裔孙由上杭分支衍传福建的永定、南靖、漳浦、平和和广东的大埔、饶平以及台湾的台北、淡水、桃园等地。三古属元仲第一百一十一世孙，江墉第六世孙。据族谱所载，上杭江氏属由江万载携迁入闽的江万顷一脉。江万顷及姚钱九娘成为客家入闽始祖。故江姓万顷为江氏闽西籍的入闽始祖。

闽北闽西江姓大多推崇宋朝末年的江万里、江万载、江万顷三兄弟为基祖。元朝初年，江万顷的子孙转往宁化石壁乡开基，后来迁往汀州永定务义乡、上杭三坪乡和广东大埔定居，闽西及粤东地区的江姓，大都是传自江万顷的后代，是江姓得姓始祖江济的后裔，他们属于"济阳派"。据有关资料记载，闽西之江姓系唐末黄巢作乱时迁入，在宋朝期间的300年中，有一明显的共同特点，都是用数字为名，如八郎、十八郎、百八郎等，在闽西及广东北部江姓族谱的世系均能看到。唐代后，宁化石壁江姓后裔迁徙上杭；继而又从上杭迁入永定苦竹乡高头村和仙师乡的务田村。留学生居永定的江姓族人分布于永定的凤城、仙师、洪山、下洋、虎岗、大溪、西溪、湖坑、岐岭、高陂、抚市、坎市、苦竹等地。高头村的江姓后又迁往南靖、台湾等地。

宋靖康年间，金兵攻陷汴京，江姓有一支自汴京迁杭之仁和（今浙江杭州市），还有一支由江确率领由山东济阳迁至江西都昌，传至江晔（八郎）生三子，江万里为宋度宗左丞相，抗元殉国，其弟及子孙再由江西迁入福建宁化石壁村，其后有迁永定高头、平和葛希大溪村者。又有江正因仕宦安陆刺史而世代落籍湖北安陆。

据《上岐江氏族谱》记载，元末明初，朱元璋起义时，祖籍浙江金华府兰溪县白水井的江君丽，跟随朱元璋农民起义军南下福建，扫荡元兵，因征元有功，敕封都政使司。随后与同姓江姓族人一起，居住在福州连江县一个叫祠台的地方，后江君丽又携妻儿迁到琅岐定居，成为第一个踏上琅岐岛的江姓先民，至今已有660多年历史。

综上江氏历经路线主要有：河南——浙江——福建——东南沿海，河南——安徽——江苏，河南——福建及江西，再由福建进入两广和台湾，有的转入湖南、四川。经武夷山入闽西，再分迁各地区。

永定高头江氏十三世江宽山（1507—1561），字东峰，号烈轩，明嘉靖三十六年（1557），广东饶平巨寇张琏、李亚虎、薛封等，聚众万余劫掠金丰里各乡，江东峰挺身携弟宽虎及子侄率乡勇奋起抗御，大破贼阵，诛贼数百，贼迹乃敛，但其弟宽虎及侄遇难。明嘉靖四十年（1561），苦竹乡又为张琏贼所掳，江东峰又率乡勇驰援，误陷埋伏受重伤，仍执刀砍贼，回家后身亡。同时阵亡有其子、侄等。乡邻将其阵亡处命名为"宽山凹"，并建祠祭祀。永定江氏迁台时，将江东峰神位带到台湾，现为台湾客家人的保护神。高头江氏从15代开始向台湾迁徙，直至三十世，迁台者达323人。十八郎是所有闽粤台江氏公认的始祖。

《永定县志》：本县江姓，先从宁化石壁迁入上杭，继由上杭迁人永定苦竹乡高头村和仙师乡务田村。高头江姓裔衍南靖、台湾。永定《济阳江氏高头族谱》：始祖八郎公，宋时由宁化石壁下移居上杭开基。至九世分五房，长房传四代，至十三世于明崇祯十二年（1639）移居海澄石斧岗头；二房传三代，至十二世移平和葛布大溪；三房（东山房）

至十世外迁福州、温州各一支;四房(北山房)至十五世开始往台湾分迁的很多。

【入垦台湾】

明末,有江姓将佐随郑成功收复台湾。台湾的江姓,多是宋末江万里的后代。据不完全统计,台湾现有江氏族人15万多。几百年来,江氏在台湾繁衍,遍布各县,并成为全台的第25个大姓。《唐山过台湾故事》唐代,五世祖江孟德,自江西饶州入闽。开基宁化石壁乡,后衍丰顺、紫金、深圳及台湾各地。台湾《江氏族谱》:宋末元初,江万载的弟媳钱氏、侄媳邱氏带领子孙家人自同安县迁居宁化石壁乡,后世子孙分衍永定、上杭、广东大浦,再衍台湾。入来自广东、福建的江姓人氏,主要聚居在台北、嘉义、彰化三县,其次是苗栗和台南,再次为新竹、台中、南投、花莲等地。明清之际,有江姓族人跟随郑成功入台,在台湾定居。

康熙末年,江涵和由福建永定入垦今彰化员林,江士灏由粤东入垦今屏东,此为江氏入台较早者。清雍正年间,江琪臻入垦今桃园观音,江朝雪入垦台中西屯,江汉瑜、汉瑾入垦台北扳桥。民初以来仅从惠安下坡赴台江姓族人至今已繁衍千余人之多。

台湾的江姓,主要是由两支组成,一支是以"济阳"或"淮阳"为表记的江姓,一支则属于"六桂堂"。换句话说,"济阳"与"淮阳"之江,是江姓家族的本支。"六桂"之江,则是后来才加入这个姓氏的。据永定谱载,永定江氏移居台湾后现有人口近万人。

【郡望堂号】

济阳郡:西汉置济阳县,治所在河南省兰考东北。

淮阳郡:汉高帝十一年(前196)置淮阳国,惠帝以后,有时为郡。

忠廉堂:宋时上高尉江灏,因勤王功升建浦丞。因统义兵捕盗有功,历任柳州、象州两州知府,为官忠廉。

六桂堂:六桂乃"六桂联芳"的誉称,分布在古时的泉州。

江姓堂号有济阳、淮阳之别,实则济淮同宗、同源。现今,福建江姓主要有四大支:闽西鲁野公、景祥公属济阳派;闽南万里公属淮阳派;闽北

之建阳、崇安均谓为江统公后裔所分衍(绍安族谱:淮济开基)。东南沿海可能是先后随陈元光、王审知入闽宗亲,故不无交互关系。

【祠堂古迹】

福鼎江氏祠堂,座落于福鼎市山前办事处水北上坪园。始建于清道光十三年(1833),占地面积1430平方米,其中建筑面积680平方米,建筑富有民族特色。

琅岐江氏宗祠,坐落于福州市马尾区琅岐街上岐中心地段的鳌山北麓。由江氏宗祠(总祠)、江氏支祠、江氏妥遗祠三座祠宇组成。始建明万历年间(1567—1572),历代重修。总祠坐南朝北,包括右边妥遗祠,总面积1100平方米。

平和大溪江寨村江氏宗祠,平和县大溪镇江寨村有3座江氏宗祠,分别为梦笔堂:济阳堂、淮阳堂。江寨江姓始祖江肇元,江氏祖祠为万三这一支的祠堂,始建于清朝,2002年重修。万四的祠堂称为济阳堂。

福鼎江氏祠堂,坐落福鼎市山前办事处水北上坪园。

【楹联典故】

千秋文藻富;五色笔花新。

——江姓宗祠通用联。全联典指南朝梁文学家江淹。

孙支挺秀济阳郡;祖德流芳馀庆堂。

——全联典出江姓的郡望和堂号。

元仲千秋饮誉;闽南六桂联芳。

——全联典出江姓的得姓历史渊源和堂号。六桂堂在古时的泉州。治所在闽县(今福州市)后改为闽州。

济世安民恩泽厚;阳春白雪品位高。

——此联为以鹤顶格江氏郡望"济阳"二字的嵌字联。

大启千门惠泽仁风容驷马,广储业案宏词博学赐金鱼;

郁郁斌斌千载汇文章礼乐,唯唯诺诺一门联圭族簪缨。

——平和大溪江寨村济阳堂的石柱有对联。联

中的"金鱼"是指金鱼袋，唐代规定，只有三品以上的官员才能佩挂；"簪缨"则是指贵族官僚们的帽饰，此处代指贵族和士大夫。

【族谱文献】

闽台江氏族谱有《漳州平和大溪江氏》，世系始记于一世江千五，止于二十三世。漳州平和开基百十三郎江六公生五子：千一郎分于新寨屋；千二郎迁南靖清宁里河头；千三郎分居瓦窑；千四郎迁南靖清宁里大丰村；千五郎迁平和，开基新安里葛布大溪江寨，生万三、万四二子。世居平和新安里的江千五派下（今大溪镇江寨村）。乾隆初年，江肇元第四世江巽、江湘，相携迁彰化县燕务下堡（今彰化）。巽取号巽王，湘取号子澄，尊巽王公、卫澄公，或江雄公、江潜公，1761年卒，灵柩运回大陆，安葬于平和大溪寨下径岭头峒。平和大万三公生一子渊璜，派下十六四潜及雄二兄弟，于清乾隆初迁台，居彰化燕雾下堡东山镇兴庄。传至江树之子，第十四世士印、士香、士根三兄弟时，清乾隆五十五年（1790）三兄弟渡海来台，定居于埔顶仁和宫庙前，开基桃园县大溪溪畔。由世根三子承立入嗣，子孙辈排序从十五世到三十四世共20字，承世排次序，宗支衍庆长，耀闾称帝德，祖恩万载扬。名人江丙坤。有台湾《江氏大族谱》为2003年江春霆纂修，载唐初，江姓军校随陈政、陈元光父子入闽开漳；宋时江万里、江万载、江万顷兄弟为入闽祖。明清，部将江胜、江子灿等随郑成功入台。永定江添澄长子继富派下一十八世秋贵、阿龙往东都即阿龙渡台祖。十八世江汉鼎、江汉壮去台，济阳郡号。有《济阳江氏谱受公一脉宗谱》为上杭三坪村江氏谱受一房后裔所修谱牒。

【昭穆字辈】

平和大溪江氏字辈：承世排次序，宗支衍庆长，耀闾称帝德，祖恩万载扬。

第五十九节 姜 姓

姜姓在当今以人口排名的百家姓氏中居于第60位，在福建排名98名。在台湾排名第82位。

【渊源】

1. 出自炎帝神农氏。传说中的炎帝，即神农氏，相传为中国历史上最远古的"三皇"之一。因炎帝生于姜水（今陕西岐山县），故以姜为氏。因此，炎帝的出生地，也就是姜氏的发源地。据《元和姓纂》载，炎帝神农氏，因生于姜水（今陕西岐山县西），而以姜为姓。

2. 出自桓氏改姓及其他民族改姓。当今满族、侗族、瑶族、彝族、蒙古族、土家族、保安族、白族、俄罗斯族、朝鲜族、高山族等民族均有此姓。

【得姓始祖】

炎帝。姓伊耆，也姓姜；氏：烈山氏；号神农。姜水之岸（今陕西省宝鸡市境内）。《国语·晋语》载："昔少典娶于有蟜氏，生黄帝、炎帝。黄帝以姬水（陕西武功漆水河）成，炎帝以姜水（陕西宝鸡清姜河）成。成而异德，故黄帝为姬，炎帝为姜。二帝用师以相济也，异德之故也。成而异德，故黄帝为姬，炎帝为姜。二帝用师以相济也，异德之故也。"其子孙都有以姜为姓的，他们尊炎帝为姜姓的得姓始祖。

姜太公（公元前1156—前1017），姜姓，姜子牙，吕氏，名尚，也称吕尚或姜尚。先后辅佐了6位周王，因是齐国始祖而称"太公望"，俗称姜太公。西周初年，被周文王封为"太师"（武官名），被尊为"师尚父"，辅佐文王，与谋"翦商"。后辅佐周武王灭商。因功封于齐，成为周代齐国的始祖。他是中国历史上杰出的政治家、军事家和谋略家。姜太公也被尊为姜姓的受姓始祖。

【入闽迁徙】

1. 天水姜维后裔，乃唐舒州刺史姜神翊的先人。姜神翊嫡孙姜公辅在唐德宗时任宰相，后贬为泉州刺史，当是姜姓最早入闽者。神翊后裔，为保血脉，继续远迁蛮荒之地，发展成中派天水分支——九真姜姓，因其族人仕途而南移福建，后沿海岸线西迁广西。姜公辅后裔姜胜从泉州迁居福州侯官七星井。元末，因避兵寇掳掠，姜胜又举家隐居闽清县十四都杏坑底。明洪武元年（1368），姜胜之子姜熙和从闽清迁居尤溪二十三都龙漈（今中仙西华）。姜胜的第三世孙姜九有4个儿子：长子姜崇光、次子姜崇旺、第三子姜崇兴、第四子姜崇良。4个儿子有一支从龙漈迁居梅列（今梅列区列东）。姜崇光的次子姜国通生二子：长子姜永成、次子姜永寿。明弘治元年（1488），姜永成从龙漈迁居尤溪十八都龙口（今尤溪溪尾乡高山村林口），为溪尾龙口姜姓开基始祖。后来溪尾龙口姜姓分衍为林口、华兰、埔宁、九峰等支系。明弘治五年（1492），姜永寿从尤溪溪尾高山龙口移居尤溪十八都华兰溪（今西滨镇华兰村）林口坑，为华兰姜氏大宗始祖，郡号"天水"。西滨姜姓，主要分布华兰村的大石、上下新厝、高厝兜院头隔、领尾等地。

2. 北宋建隆元年（960），元昌公携子一郎公从江西吉安府吉水县迁到归化（今明溪）砖坛溪；宋宣和元年（1119），一郎公之孙九郎公姜九从江西吉安府吉水县迁到归化砖坛溪；次年，他迁徙永安贡川熊荆山（今贡川镇张荆村）定居，为永安姜姓开基始祖。

明万历年间的《杭川姜氏世谱》载，上杭姜氏始祖姜千三郎原居江西广信府贵溪县（今江西省鹰潭市贵溪市）永和乡，宋熙宁年间（1068—1077），千三郎曾孙万一郎，因任汀州府上杭县金丰里巡检，见上杭白砂里长岭下（今白砂镇长锦村）山清水秀，就率全家定居彼处，并将曾祖父千三郎夫妇、祖父辛一郎夫妇金骸从原住地迁葬于白砂，尊曾祖父为入杭一世祖。后裔迁长汀县古城，永定县抚市，上杭县蛟洋及浙江等地。北宋宣和元年（1119），姜九从江西吉安府吉水县迁到归化（今明溪）砖坛溪；次年，他又迁徙永安贡川熊荆山（今贡川镇张荆村）定居，为永安姜姓开基始祖。明洪武年间（1368—1398），姜念五郎定居汀州府归化县之贡川（今永安市贡川镇），裔孙姜旺郎迁汀州府宁化县铺头岗。

南宋初期，永安姜姓的姜十二郎的后代迁居明溪、将乐、宁化、建宁、泰宁等地。十三郎后裔分布在永安、三明、沙县、尤溪、大田、安溪县、漳平、福州北门等地。明洪武年间（1368—1398），永安姜姓的姜宗二迁居明溪。（见永安贡川《姜氏族谱》）另据宁化安乐（陈坊）《姜氏族谱》载：明洪武年间，姜福二的儿子姜念五迁居闽汀归邑之贡川（今永安市贡川镇）。传至姜寿福迁徙至归邑胡坊（今明溪胡坊）砖团坑。姜寿福有3个儿子；长子姜官庆留居故地；次子姜官寿的裔孙姜旺迁居宁邑（今宁化县）铺头岗；第三子姜官九于明永乐年间（1403—1424）从归邑（今明溪县）迁徙至宁化新村里（今宁化安乐乡）陈坊，为陈坊姜姓的开基始祖。

明天顺年间（1457—1464），姜苗三从沙县二十一都焦山迁居尤溪联合乡十一都（今惠州村）；下传三代后迁徙至联合联南村定居，为联合姜姓开基始祖。

明嘉靖二十九年（1550），龙口姜姓第三世孙姜仙泰、姜仙起、姜仙椿、姜仙郎等尤溪小宁长岭圳（今埔宁村）。明万历八年（1580），又有姜仙良、姜仙理迁居尤溪小宁近德兜。埔宁村长岭圳姜姓现主要分布在埔宁村、尤溪县城关等地。清乾隆二十五年（1760），龙口姜姓九世孙姜正霭、姜正系又迁居尤溪溪尾九峰山仙僚（今九峰村）。九峰姜姓分布于上洋（上九峰）、下洋（下九峰）。

明嘉靖年间（1522—1566），又有永安姜姓的姜宗四迁居沙县。据永安贡《姜氏族谱》载，从南宋初期开始，永安姜姓族人陆续迁徙至三明地区各地，如姜丙六（姜丙十）迁居大田县；姜丙四后裔迁居尤溪县；姜福二迁居三元区的忠山；姜向盛、姜正英迁居明溪胡坊；姜宗绍、姜佛金迁居明溪岩浒、十六都岩后前庄；姜德永迁居明溪县吉口（今三元区吉区）；姜宗一迁居明溪廖坑；姜宗三迁居

三元区莘口镇龙安发龙峰；姜眉四迁居明溪桃枝坑；姜世德迁居三元区莘口镇沙阳；姜宗一迁居永安贡川的双峰村；姜胜四迁居沙县的洋口；姜振焘迁居三元区岩前镇的白叶坑。

明洪武年间（1368—1398），永安姜氏的姜宗二迁居明溪。（见永安贡川《姜氏族谱》）另据宁化安乐（陈坊）《姜氏族谱》载：明洪武年间，姜福二的儿子姜念五迁居闽汀归邑之贡川（今永安市贡川镇）。传至姜寿福迁徙至归邑胡坊（今明溪胡坊）砖团坑。姜寿福有3个儿子；长子姜官庆留居故地；次子姜官寿的裔孙姜旺迁居宁邑（今宁化县）铺头岗；第三子姜官九于明永乐年间（1403—1424）从归邑（今明溪县）迁徙至宁化新村里（今宁化安乐乡）陈坊，为陈坊姜氏的开基始祖。明嘉靖年间（1522—1566），又有永安姜氏的姜宗四迁居沙县。据永安贡《姜氏族谱》载，从明代始，永安姜氏族人陆续迁徙至三明地区各地，如姜丙六迁居大田县，姜丙四后裔迁居尤溪县，姜福二迁居三元区的忠山，姜向盛、姜正英迁居明溪胡坊，姜宗绍、姜佛金、姜岩浒迁居明溪十六都岩后前庄，姜德永迁居明溪县吉口（今三元区吉区），姜宗一迁居明溪廖坑，姜宗三迁居三元区莘口镇龙安发龙峰，姜眉四迁居明溪桃枝坑，姜世德迁居三元区莘口镇沙阳，姜贵一迁居永安贡川的双峰村，姜胜四迁居沙县的洋口，姜振焘迁居三元区岩前镇的白叶坑。

明隆庆年间（1567—1572），江西饶州的姜宣琼迁居福建的宁化。据宁化河龙（沙坪）《姜氏族谱》载：姜锦九的长子姜富琼（字东溪），原居江右饶州府安仁县崇德乡十三都基湖社黄塘，于明隆庆年间徙居宁化县招贤里（今宁化水茜乡）张坊村，历数年后又迁徙至潘家石祭。明万历末年（1620），姜富琼的第三世孙姜延洪、姜延胜兄弟迁居永丰里沙坪村（今宁化河龙乡），开基立业。明崇祯九年（1636），永安贡川镇一支姜姓迁居尤溪八字桥乡村头村。明末清初，姜全禄从沙县的镇头迁居沙县虬江的田坑村。

【入垦台湾】

明十五年（1661），龙溪的姜亮入垦台南下营，

收养林日升为子，其后合姜林为复姓，后复单姓姜，为当地大族。另外还有一个到台湾来的姜姓开基始祖是姜朝凤。姜世良先迁至福建漳州龙溪，以后，正是这支姜姓家族的后代最先由大陆迁居台湾。姜世良第十一代孙，于清朝乾隆二年（1737）航海过峡，迁居台湾，住在台湾新竹县红毛港。民国时，永安姜姓的姜清松、姜清泰兄弟迁居台湾。此后，闽、粤姜姓陆续有人迁至台湾，有的又远播海外。姜姓繁衍增多，又由新竹县分迁台北等地。福建和广东姜姓族人入垦台湾和经商的也不断增多，逐步发展成为大族。据姜氏族谱记载，明朝洪武年间，姜世良迁至福建漳州龙溪县红豆村，并在此发迹。其后有分支徙居广东陆丰盐墩乡，继续繁荣发展。后来姜世良十一世孙于清乾隆年间由内地移居台湾。此后，闽、粤姜氏陆续有人迁至台湾，有的又远播海外。世尊姜世良为闽、粤、台姜姓始迁祖。

明清福建姜氏迁台族人，现多分布在台湾的桃园县、台北市、台南县、新竹县、台北县、基隆市，其中以台南下营、桃园新屋、台北市大安区、松山区及中坜区为众。

【郡望堂号】

天水郡：西汉置郡在平襄（今甘肃通渭西北），西晋移治上邽（今甘肃省天水市）。

广汉郡：西汉治所在乘乡（今四川金堂东），东汉移治雒县（今四川广汉北）。

河南郡：在今河南省洛阳市一带。

渭川郡：姜子牙的后裔，分布未详。

天水堂：湘阴姜邦（始祖："后周"姜松年；先祖：姜应麟）、福建漳州姜世良公后裔、广东、香港、台湾等地姜姓。

稼穑堂：湖北、四川、福建。神农教民稼穑，所以叫稼穑堂。

渭水堂：江苏沭阳、福建。山东盐城姜姓（始迁祖伯六，明洪武三年奉诏自姑苏迁徙）、合肥姜氏（始迁祖永贵，明洪武初自句容迁合肥东乡浮槎山）。

孝友堂：江西九江瑞昌市井泉庄，为汉姜肱、季江、伯淮三兄弟孝友传世，大被流芳。

寅清堂：为孝友堂分支，为孝友堂分支，湖北华荣郭店姜姓。

孝思堂：福建石狮市姜厝。

此外，还有云磬堂、表海堂、敬义堂、瀚静堂、崇本堂、经草堂、馀庆堂（余庆堂）敦本堂、仁德堂、贵三堂、乐颜堂、追远堂、鲁文盛堂。

【祠堂古迹】

姜氏"致严堂"，位于永安贡川古镇熊荆山，现名张荆村。北宋初期，天下大乱，时任江西吉安知府"一郎"公随父隐居福建清源，为入闽一世祖，后由三世祖"九郎"公游猎山水、相阴阳、观流泉于贡川熊荆山，开创产业起建致严堂。该祠堂坐壬向丙居之，形似落地梅花，另建寺庙、桥梁等。

贡川姜氏宗祠，位于永安市贡川镇贡堡之南的会清桥头。该祠始建于明万历二年（1574）。门表及下堂于天启六年（1626）被洪水冲倒，清乾隆年间重建。1996年因旧城改造拆去门表和下堂，1998年冬重建。该祠占地500多平方米。

龙口姜氏宗祠，位于尤溪溪尾龙口溪河畔的西北面，始建于明弘治二年（1489），历代重修，由溪尾龙口姜氏开基始祖姜永成主持、姜永寿协助兴建。该祠5个单元，土木结构，占地面积约1600平方米。

长岭圳姜氏宗祠，又称天水郡，位于尤溪埔宁村龙爬山下，始建于明嘉靖二十九年（1550），由龙口姜氏第三世孙仙泰、姜仙起、姜仙椿共同兴建。该祠堂占地面积966平方米，建筑面积210平方米。

台湾姜氏家庙，建立于1923年，姜家为当时北埔之最大家族，故特聘请名匠兴建此座祠堂。姜氏祠堂的彩绘是由广东名匠邱玉坡所绘，其擂金彩绘更是一绝，为国宝级的作品；木雕部分是采"对场作"的方式，当时从大陆请了两位漳派大木名匠，姜氏家庙因匠艺之不凡而被誉为台湾四大家庙之一。

【楹联典故】

望出广汉源自姜滨；炎农世泽渭水家声。

——姜姓宗祠通用联。全联典指姜太公尝垂钓于渭水之滨。全联典指姜姓的源流和郡望。

岐水世泽；四岳家声。

——姜姓宗祠通用联。

出郊祀禖，帝妃履武；永巷待罪，周后称贤。

——姜姓宗祠通用联。上联典指姜嫄于郊外踏着巨人的足迹有娠而生后稷。下联典指周宣王姜氏脱簪珥待罪于永港，感宣勤理朝政。

天序有伦，自昔一衾常棣乐；水源在渭，于今远派竹林春。

——姜姓宗祠通用联。此联为台湾省新竹县北埔乡姜氏家庙联。上联说东汉广戚人姜肱，与两个弟弟仲海、季江相友爱，常常同盖一床被子而眠。常棣，《诗经·小雅》篇名，用来比喻兄弟。下联说姜氏起源于渭水的支流姜水，而本支姜氏则迁到了台湾省新竹县。

渭水家声大；炎农世泽长。

——联上句说西周齐国国君姜尚的故事。联下句说姜姓的始祖为炎农帝。

【族谱文献】

漳州《姜林连支同谱》，清乾隆二十六年（1761）钞本，不分卷一册，清姜世俊序。《范姜氏宗谱》，台湾桃源县新屋乡范姜氏祖堂族谱。不分卷，范姜明和编纂，1954年铅印线装本一册。现被收藏在台北市"国立"博物馆、台湾省桃源县新屋乡范姜氏祖堂。《范姜姓族谱》不分卷，范姜姓族谱编辑部、庄吴玉图，1976年铅印精装本一册。现被收藏在台北市"国立"博物馆、孝思堂。永安贡川《姜氏族谱》始纂于元至正年间（1341—1368），由姜宗一主持编修。明万历十八年（1590），姜丙六主持重修，正式印制为木刻印本。清乾隆三十一年（1766），由姜佛云再次主持重修，增加了谱跋、坟图、重修序等内容。光绪三十年（1904），由永安姜氏第二十六世孙姜承学主持重修。1998年秋，由贡川井岗村姜振庚主持重修。共24卷。其内容有谱序、祠图、世系、世录、蒸田、凡例、族规、服制、世传、年号等。《金门姜氏家谱稿》、台湾《姜氏九贻堂思源集》和《后浦姜氏族谱》、宁化安乐（陈坊）《姜氏族谱》宁化安乐（陈坊）《姜氏族谱》始修年代不详。该谱载，明洪武年间，姜福二的儿子姜念五迁居闽汀归邑之贡川（今永安市贡川镇）。厦门《姜氏统宗谱》《沐阳渭水堂姜氏五修族谱》、龙岩《天水郡姜氏族谱》。

第六十节 蒋 姓

蒋姓人口在中国大陆排名 43 位，人口约占全国汉族人口的 0.47%。在福建省姓氏人口中排名第 46 位。在台湾排名第 63 位。

【渊源】

1. 出自姬姓。据《左传》《唐书·宰相世系表》《元和姓纂》等所载，西周初期，周公姬旦的第三个儿子叫伯龄，被封在蒋，建立蒋国，是周朝的一个小国。后来蒋国被楚国所灭，伯龄的后代子孙就以原国名命姓，称蒋姓。《元和姓纂》中记载："周公第三子伯龄封蒋，子孙氏焉，国在汝南期思县。"期思县因期思公复遂而得名，治所即今河南淮滨县。因此，蒋姓祖根在今河南省淮滨。

2. 出自其他少数民族中有蒋姓。如满、蒙古、回、拉祜、保安、布朗、苗、瑶、傣、土家、壮、羌及苦聪人有此姓。

3. 左传成公十六年宋国有将锄，打败了郑国子罕。当子姓为蒋氏。

【得姓始祖】

蒋伯龄，据《元和姓纂》中记载，蒋氏出自姬姓。周武王姬发灭掉荒淫无道的商纣王之后，建立周王朝，在位不久即撒手人寰，由周成王继位，因成王年幼，便由周公旦摄政，周公旦助成王平息了商纣王之子武庚和东方夷族的叛乱，确定宗法制，创立了典章制度，并不断分封同姓诸侯，其中将自己第三子伯龄封于蒋地（今河南省固始东北蒋集，一说今河南省光山县西），世称蒋伯。公元前 617 年，蒋国被楚国所灭，其后子孙便以国名为姓，称为蒋姓，并尊蒋伯龄为蒋姓的得姓始祖。

【入闽迁徙】

据《漳州府志》载："唐朝陈政、陈元光开漳将佐亦有蒋姓，可知唐初已有蒋姓入闽，后繁衍于漳州、潮州、泉州、福州等地。"

《固始县志》载："河南进入福建是唐末随王潮、王审知入闽德尔 34 个姓的将佐中有蒋姓，当王审知攻入福州为闽王时也有蒋姓将佐随从。"说的是唐初，陈政、陈元光父子入闽开辟漳州，有河南蒋姓将佐随从前往，后在福建安家落户不断繁衍并形成村落，今龙岩地区还留有"蒋武""蒋邦"等古代村名。唐末之乱，蒋勇全家南迁入赣，其子蒋纪入闽，留居汀州宁化石壁。宋代，蒋纪后裔迁长汀。同时期，蒋姓有迁入粤东、粤北。如南宋理宗时进士蒋科为电白（今广东高州市东北）人。蒋仕杰（宋神宗金紫光禄大夫蒋浚明之裔）始迁奉化武岭禽孝乡（即今溪口镇），此即蒋介石之先祖。元末，永嘉（今浙江温州）人蒋允汶避乱移居闽中。明代工部侍郎蒋淦为泉州人。

《客家风情》：汉光武帝时，蒋横的第九子蒋澄迁居江南宜兴。汀州蒋氏多为蒋澄后裔。唐末之乱，蒋勇全家南迁入赣，其子蒋纪入闽，留居宁化县石壁，宋代，裔孙迁长汀县。明洪武年间，蒋勇裔孙蒋和任汀漳镇游击，调广东剿倭阵亡，葬梅州，子蒋法德荫袭军职，官至南昌总兵。解职后返居梅州，裔迁兴宁，惠州、淡水等地。南宋庆元年间（1195—1200），原居江苏丹阳的蒋澄后裔蒋十八郎游宦于闽，先居于连城县文亨乡郑屋村，30 年后，全家迁居席湖营蒋坊。定居后，十八郎回丹阳探亲，却不知何故未再回连城，后裔在郑屋村建墓，葬以银牌，在蒋坊建有蒋氏祠堂。

入闽的蒋姓族人中间，约有 10 支发展成大族衍派，形成德义衍派、子慎衍派、高公衍派、莆仙衍派、连城衍派、屿头衍派、福全衍派、绍公衍派和钟英衍派。也有入闽蒋氏中繁衍成宗支。

1、子慎公衍派，是四十八世祖云阳侯默公之血脉，其子孙主要生活在闽东的十几个村落；唐咸亨年间，蒋子慎，官建安令，被尊为蒋姓入闽始迁祖，后裔散居各地；据宁德岛屿《蒋氏族谱》载："六十三世子慎公于唐咸亨年间前后，任福建建安县令。生三子：长子绪迁回常州，次子夭折，三子绵随父居建安。绵生擎、费二子，擎生建为长溪县（今霞浦）县令，立足辖内赤岸定居。传十世仁甫公时，生二子，长旦杰、次俊。后因长溪寇发，迁居霞浦北隅，传至二十二世伯玉公，公为宋开禧进士。因无子以其兄郡载长子霖龙为嗣子，并在宁德蓝田创业。七十三世俊公于后唐天成四年（929），奉旨率兵守吴越界，迁徙长溪县（今福安霞浦）。传七世至八十世具瞻公时宋绍熙元年（1190），公仕秀王府主簿，家于福宁府戚田（今霞浦沙江镇）。明洪武后，具瞻公后裔陆续乃至全部外迁。今分布于闽东宁德城关南门、霞浦北壁、北港、崇儒丘山、福鼎秦屿东山下、福安福屿岛、开泰、坤元、东屿等九个村落蒋稔稔稔建古田矮树下等地。”

2. 高公衍派，是四十八世祖九江侯稔公之宗支，主要在仙游繁衍，后代遍布德化、永春、大田、尤溪等地几十个村落并均有分支，后在闽西、闽北等地也有其后代繁衍。尤溪尤井《蒋氏维富支谱》载："高公约于887年由江西入闽。先居兴化府仙游县西乡万善里，缘居非得其所，他到九鲤湖祈梦，公遂按仙人指点择德化县龙岭金山上涌黄井积善坊虎跳巷居之。"尤溪《蒋氏族谱》载："高公生七子，岱、寀、岳、嵒、昌、峦、□。长子岱居上涌廷即坊，子孙居仙游、支分德化、尤溪管前双山。次子寀居塘边前板。三子岳居赤陵万足坊，子孙外迁去向不明。四子嵒居兴化府仙游乡，墓在西乡万善里。公传十二代裔孙益二公时迁居沈川洋蒋湾（今尤溪汤川）为三径、龙源等处始祖。繁衍甚速，不断扩建新居点。当今，整个三明地区蒋氏村落除大田（老蒋）和尤溪双山外，全部都是嵒公儿孙。五子昌公守金山，子孙在仙游居住，昌公后裔一支到德化，又分支迁居大田县太华汤泉。六子峦，择居桃源蒋状，七子□，家仍祖居，七世生励，官居薄尉。高公家族兴旺，科榜辉煌，省内分支多达百处，人口超过三万人。"

3. 莆仙衍派，为宋枢密直学士兼礼部恃郎堂公之五子渊公，任宋清源郡（今泉州）刺史，自江苏宜兴入闽，其六弟陆公侍兄定居仙游东蒋，至今莆仙境内蒋氏均为四十八世祖澄公的宗支。据莆田资料载，莆仙始祖是蒋渊、蒋陆兄弟，乃江苏宜兴宋

枢密直学士兼礼部恃郎堂公之五、六子。约于宋仁宗年间（1023—1063）蒋渊钦命为福建清源郡（今泉州）刺史，携胞弟蒋陆自江苏宜兴入闽上任，路经兴化府仙游县华山宝幢峰，乐仙邑凤土定居，后又迁往仙游王仓常德里东西蒋。蒋渊公"天地葬"，墓在王仓昆仑山九子湾。蒋渊公六世孙蒋雍，宋绍兴二十一年（1151）进士，官赠龙图阁学士，知江阴军通判，通知通州，雍公举家迁回龙华山，居仁德里（今龙华镇），支分赖店镇蒋岭居住，后裔迁花湄潭，再分迁城东镇龙窟村，雍公六代孙侍郎公，于元代迁徙泰里枫兜下蒋（今钟山南兴村），支分钟山镇后埔、土妹、合木、霞村、东湖、汾山、闽清扶山、漳浦以及浙江杭州等地。蒋陆公单传四代至蒋彦成时于徽宗宣和年间避乱迁往莆田新安里后山村（今忠门半岛蒋山村）传今后山、塔林、前林、田头、东头、岳秀、亭厝、梧杭等村。莆仙衍派自宋起后裔还陆续迁往广州、琼海、海南、浙江和台湾等地。据莆田文献考证，最早入台的蒋姓就是福建蒋姓渊公传于泉州的后裔。南宋的大学士蒋邕（雍），，他是莆田仙游人，在南宋绍兴年间由中原来泉州教书，后来定居下来，成为开山祖。

4. 海澄衍派。始祖进公于宋朝入闽，今漳州、龙海、南靖、华安、厦门翔安、漳平等地多有其后裔。

5. 连城衍派。九十四世祖十八郎公的宗支于宋朝从江苏丹阳经江西入闽，今连城、长汀、龙岩都有其分支。据闽连《蒋氏族谱》载："连城衍派始祖木公是宋魏国公蒋之奇侄孙，宋宁宗六年，公在任上因解粮失误难以交差，化名十八郎公，自江苏丹阳入闽，经尤溪、清流等地后择居连城郑屋村。公传有三子，长子和三子分别远徙省外，次子一郎公留居连城，肇基于席湖营蒋坊。今儿孙主要分布于连城县和长汀县内，衍分省内外十多个县市。"

6. 屿头衍派（蒋吉衍派）。吉公于宋末从南京凤阳府八角井迁入长乐三溪莲池，后又迁徙屿头而人口大发，是全省蒋氏人口最多、量集中的一支，约有蒋姓族人8000多人，还不包括迁往福州、连江、闽东、闽北、上海、台湾等地者。据屿头《蒋氏族谱》载："蒋吉上代随唐末王审知入闽，但始迁祖

讳名不详，只知经兴化、福清入长乐三溪莲池而居，宋年间吉公从长乐八都（三溪）迁移至离二十华里的十一都屿头乡建基立业，成为屿头始祖。经过数百年繁衍发展，形成全省蒋姓人口最多的村落。"据《福州蒋氏》和资料记录，蒋吉五世孙孔昭公生二子，长子汝俊从明太祖灭元，授武信郎，镇守连江安庆里长门口（今连江长沙）遂定居；次子汝文，官至中都留守司凤阳右卫长官，在长乐生五子：闽、清、建、极、复。闽公袭武信郎，镇守连江长沙，十一世柏林袭武略骑尉。生二子，长文根袭武信郎，十五世濂溪公时迁移连江浦口益砌，今传三十一世；十五世让溪公迁移连江长龙黄花庄，今传二十七世。清公袭父在凤阳府守明皇陵，其后裔子孙衍分安徽凤阳、定远等处。留守屿头的建、极、复衍分为三房。长房建生三子：愿、愈、裕。次、三子外迁，留居长乐屿头则分为南北房，今传二十六世。中房极因袭留守明皇陵而入伍，又娶凤阳女乃殉于凤阳，其后裔衍分安徽凤阳、定远县。极公从戎前在家娶高氏，生一子意字宗真，后子孙大发，枝繁叶茂发十二房，今传二十九世。尾房复公永乐十二年（1414）举人，官浙江永嘉县州导，升常山都渝，其后裔有清朝新疆布政史蒋浩、民国海军蒋拯上将、抗日爱国将领蒋斌上将和蒋英少将、海军教育家蒋超英少将。他们分别都曾居于福州北后街和南街花巷、安民巷。

7. 浦城宗支。九十二世祖给公于宋朝从江西广丰迁入浦城，其后裔广播浦城各村落。据浦城大源头等地《蒋氏族谱》载："唐末蒋氏八十世延徽公封信州刺史（今江西上饶），因未接圣旨合兵剿灭黄巢起义而遭贬，择居江西广丰安度晚年。传至九十二世之绐、之缊兄弟，于南宋嘉熙元年（1237）自广丰迁居福建蒲城渔梁茄罗，即入蒲城，是蒋氏蒲城始祖，之缊传数代而无后，故蒲城至今全是给公子孙。据 1987 年统计，蒲城共有 365 个姓，蒋姓 27 位。"

8. 德义支（德义衍派）。于宋元年间入闽后，在福建、浙江辗转，后在霞浦、福鼎等地繁衍。据福鼎东嫁白叶坑《蒋氏族谱》载："始祖德义公汉代陈州知府蒋成之子，丞相蒋德清堂弟。2000 多年

前自河南入闽居安溪柿树兜，他们是中原地区南迁福建的第一支蒋氏族人，历经漫长的岁月，子孙繁衍缓慢。传数代后迁往浙江奉化，传二代后又回迁安溪，居依仁里上汤，又传数代至大纲公。大传公时，约明天启年间，第二次乘船迁徙浙江，中途遇大风兄弟拆散。大纲公到浙江苍南平阳、莆门、玉环等地后定居。清乾隆三十五年（1770）德义后裔文贵、文发兄弟携眷三度入闽，择居福鼎石门乡东嫁白叶坑村，为开基始祖。"今传十代。"而大传公遇难脱险，于 1626 年定居霞浦牙城梅花，由于环境恶劣，其后裔外迁，今牙城蒋姓族人不足百人，武夷山名画家蒋步云、蒋步梯则是牙城人。"该衍派是否汉代入闽，有待考证。

此外，福鼎白林藤屿洋心蒋姓始祖天英公。据谱载是明末崇祯年间从浙江苍南移至，而先祖也是从安溪柿树兜移迁浙江苍南的，迄今传十五世。

9. 福全衍派。明朝，东南沿海各省屡遭倭寇骚扰，始祖蒋范、蒋旺，旺公于洪武二十年（1387），夏侯周德兴由安徽凤阳奉旨入闽仕宦，在东南沿海建几十座小城抗倭。在泉州建崇武、永宁、福全、中左、高浦五座卫（所）块。蒋旺任福全所千户，属武职五品官衔。蒋范随侄到泉州定居，今晋江福全、泉州、厦门、惠安各地均有蒋姓后裔，人口多达万余。据福全《蒋氏族谱》载：福全蒋姓始祖蒋旺与其兄追随明太祖朱元璋起兵，征战 30 余年，身经百战，屡建战功，洪武九年蒋旺升任福建省兴化府前所百户，首度入闽。洪武二十五年（1393）旺公带子正到福全上任，遂入籍于福全山为福全蒋姓开基祖。洪武二十八年（1396）封赠武节将军骁骑尉、福全守御千户所正千户世袭，遂家居焉。其子橹、真俱封寿州副千户好、蒋兴于高州袭千户。明代福全所作为泉州海防的门户、东南沿海的军事文化重镇，有"万人烟、百家姓"之称，涌现出众多英贤俊才，蒋氏更是人才辈出的世家，先后十一代袭任千户。蒋姓不仅在捍卫边城做出巨大贡献，历代还出了许多饱学之士。特别是蒋德景（1584—1646），崇祯年间任户部尚书、文渊阁大学士、国相。今日福全已成为"中国历史文化名村"。蒋旺的后裔迁徙各

地并形成支派。三世孙信公次子迁徙兴化府莆田新安里（今忠门半岛），正公次子义公号永升，分派惠安崇武十三乡为崇武开基始祖。福全儿孙主要分布于泉州城区、泉州奇树、潭美、崇武、厦门同安曾林、厦门翔安澳头、晋江深沪、广西全州、惠安蒋厝平潭下苏澳、福鼎敏灶盾头、永春、南靖池园等地，支分广西、广东、辽宁、金门、台湾、香港、澳门以及东南亚许多国家。蒋旺、蒋范的后人为纪念自己是从凤阳迁移而来的，就称"凤阳肇始"。

10. 钟英衍派，翠岗公于元明时由漳州迁龙岩，漳州蒋姓这支则是由福州螺州迁徙而来，至今龙岩蒋姓分衍成3个宗支。据龙岩《蒋氏族谱》载："不知始祖是谁，何年入闽。仅知一世祖世英，讳杰，居福州闽侯嘉泉里螺州城门，娶吴氏生一子通，名伯达，娶黄氏生四子：贵聪、贵兴、贵德、贵诚。兄弟四人因避兵迁漳州，贵聪生三子：子敬、子华，后又由漳州迁往龙岩，后裔钟英成了龙岩蒋氏名人，并办不少善事，故龙岩建有祠堂和钟英堂。"

11. 绍公衍派，公于明太祖时自江苏金陵入闽，其分支只在永泰、闽侯几个村落缓慢繁衍。据永泰资料记载，始祖绍公明太祖时金吾将军，封万户侯，于明永乐二年（1404）奉旨自江苏金陵，携家眷入闽，但何处不明，仅知后定居永泰县丹云乡赤岸水沟村，支分闽侯竹岐乡前山村，今传二十五世。

12. 积善坊蒋。德化上涌积善坊蒋姓始祖蒋高乃魏晋太尉蒋济之子孙，唐僖宗时，初为吉州太守，清廉有声望，后升为尚书仆射。时因黄巢起义，蒋高避乱入闽晦迹远遁闽中，昭宗嗣位屡诏求之，适逢王审知据闽称王，蒋高不仕，择德化上涌积善坊隐居，生七子。

福建蒋姓人口约9万余人，在全省姓氏人口中排名46位，分布在福建300多个村落。八闽蒋姓族人都属于横公9个儿子的后裔，伯龄公的血脉。

【入垦台湾】

福州长乐屿头衍派（蒋吉衍派）。吉公于宋末从南京凤阳府八角井迁入长乐三溪莲池，后又迁徙屿头而人口大发，是全省蒋氏人口最多、最集中的一支，约有蒋姓族人8000多人，元明清开始不断播

迁往福州、连江、闽东、闽北、上海、台湾等地者。泉州福全衍派，福全儿孙主要分布于泉州、厦门、平潭、福鼎，元明清也播迁广西全州、广西、广东、辽宁、金门、台湾、香港、澳门以及东南亚许多国家。

明三十七年（1683），有位叫蒋毅庵的人，跟随郑成功父子在台湾高举义旗，反清复明。和另一军队中蒋琬部将，定居在台湾垦港东里西势庄，是泉州始祖蒋雍的后裔。他是去台湾最早的蒋姓人士，被公认为蒋姓移台的始祖。蒋毅庵去世后，就葬在台湾省彰化市的八卦山麓。据台湾《姓氏探源——台湾百大姓探源》一书对渡台祖及分布是这样叙述的："明、清二代，蒋氏族人渡海来台祖，除蒋毅庵外，清康熙年间（1683—1722），有蒋氏族人与蔡氏入垦今屏东竹田。乾隆四十三年（1778），有蒋宽、蒋兴、蒋同捐款重修今台南麻豆关帝庙。嘉庆四年（1799），凤山县蒋喜、蒋大有热心公益，捐款襄事。嘉庆初年（1796），有福建尤溪蒋氏入垦宜兰市。道光十一年（1831），蒋大德捐建观赢桥，该桥为昔日东势往卓兰必经之道。"据莆田蒋姓史料载，在清末、民国年间，蒋氏有很多人赴台湾经营或开发。据长乐屿头《蒋氏族谱》载：1949年前后有海军总司令蒋拯上将后裔蒋铭、蒋秀莹、蒋秀光等举家迁居台北市，海军教育家蒋超英在海军任职后裔迁居台湾，还有蒋亨灏带部分家眷于1948年2月和蒋氏宗亲由上海迁台北。蒋开慧、蒋心德也居台北，连江蒋书训、蒋启弼等一家也住台北，还有蒋书浩等十多人举家迁徙台湾，他们都是屿头吉公子孙、世祖稔公之后裔。台湾光复后，各省也有迁徙入台，台湾高山族也有蒋姓。据《台湾人的祖籍与姓氏分布》统计，台湾蒋姓人口有33000多人，在全省大姓中排行第63位。现多居住在台湾的台北市、台北县、高雄县、高雄市、台中县及板桥市等地区。

【郡望堂号】

东莱郡：治所在东莱（汉高帝置郡，治所在今山东）。

乐安郡：治所在临济（东汉永元十年置郡，治今河北青县高苑镇西北），三国时移治高苑（今山东博兴西南）。

乐安堂：蒋姓出自姬姓，是周王朝的后代。周公旦的第三个儿子伯龄，被封在蒋地（今为河南省淮滨县期思镇），建立了蒋国。春秋时蒋遭楚灭，伯龄的子孙即以国名为姓，称蒋氏。后来子孙中有人迁在乐安（今山东省邹平），并在那里发展为望族。

钟山堂：后汉时有秣陵尉蒋子文在山中剿匪时牺牲了。他生前说过"我的骨头轻，死后一定成神"。到了三国时代，吴国孙权在建康（今南京）建了国都。一天，孙权到钟山堂游览，果然看到了死去了好久的蒋子文，骑着白马，拿着鹅毛扇子，孙权于是就在钟山上给他盖了庙，封他为蒋侯，专门派人奉祀他。蒋姓因以"钟山"为号。

九侯堂：西汉时蒋诩忠于汉室，王莽篡汉后要他做臣子，他坚决不干，就被王莽杀害了。光武帝中兴汉室后，蒋诩已死，光武帝就把他的九个儿子都封为侯。蒋姓因以"九侯"为号。

此外，蒋姓的主要堂号还有居易堂、亦政堂、慎枢堂、乐安堂等。

【祠堂古迹】

华安仙都蒋氏宗祠，坐落于华安县仙都大地村。始建于乾隆三年（1738），为乡绅蒋士熊筹资兴建。嘉庆七年（1802）和光绪十八年（1893）重修，建筑面积2200平方米。

长乐市屿头蒋氏宗祠，位于长乐市屿头村定山东麓，始建于清乾隆三十五年（1770），建成了现有建筑中的"后座"，建筑面积约为370米。占地面积达1870平方米。

华安仙都镇大地村蒋氏祖厅，位于著名的华安土楼群的二宜楼内。二宜楼是闻名于世的圆形土楼，取宜山宜水宜室宜家之意作为楼名。清乾隆五年便开始建造了，落成于清乾隆三十五年（1770），建造了31年。

【楹联典故】

廷材建乐安，万古诗书铭美；宗功耀大地，千秋俎豆增光。

廷诏待颁文经武纬；宗祧克肖子孝孙贤。

——华安仙都蒋氏宗祠廷宗堂联。

廷诏待颁，文经武纬；宗祧克肖，子孝孙贤。

——蒋姓宗祠通用联。此联为华安县仙都镇蒋氏宗祠廷宗堂联。

九侯世泽三径家声；山亭世泽玉渚名流。

山亭绵世泽；荆渚颂名流。

——上联典指蒋伯龄受封之地蒋国，古有山亭。下联典指宋朝文学家蒋煜等名流。

蜀中曾继如龙相；湘上今传伏虎名。

——此联为蒋琬祠联，祠祀蜀汉名臣蒋琬。

【族谱文献】

闽台蒋氏族谱有尤溪《蒋氏族谱》，经五次编修。内载蒋高七子蒋裔孙蒋班卿于宋开庆元年（1259）始修，内容为入闽始祖蒋高七房七子族谱；明嘉靖四十五年（1566），蒋元敬增修蒋万二世系，载有明叶向高、进士卓迈、进士严自泰等人写的序；历代续修，1998年蒋建瑾等再修。谱载明永乐十二年（1414），第十七世孙蒋松五迁二十五都福藤坑。翌年，蒋松六迁二十二都玉溪。有长乐屿头《蒋氏族谱》，蒋利人主编。始修于明嘉靖十年（1531），蒋铁岩主修，万历三十一年（1603）蒋行义续修，民国续修。今谱卷首历史照片、题词、序、目录；源流篇，渊源考、中华蒋氏、福建播迁、分布表；莲池屿头世系、支派世系、名人名贤；文化篇有文物、宗祠、谱牒介绍、备考等。载民国初期海军总司令蒋拯上蒋后裔蒋铭、蒋秀莹、蒋秀光等居台北，蒋亨灏带部分子女和蒋氏宗亲由上海迁台北蒋开慧、蒋心德也居台北，连江蒋书告蒋启弭等一家也住台北，他们都是屿头吉公子孙，四十八世祖稔公之后裔。在台湾的蒋姓还有从浙江迁去的蒋中正家族和其他蒋氏族人。金门西山前社《蒋氏族谱》，同安澳头村蒋孟育公福全派下蒋旺后裔，孟育公是明万历十七年（1589）进士，授翰林院庶吉士，补国子监祭酒，南京史部左侍郎，由澳头迁金门西山前社。后裔在1958年有1000多族人迁入台湾居嘉义、高雄等地。金门至今仍有后裔300多人。有汤川下井《蒋氏族谱》始修于宋理宗宝佑二年（1254），十七代裔孙蒋松四主持编纂。

第六十一节 焦姓

焦姓是当今中国姓氏排行第 128 位的姓氏，人口较多，约占全国汉族人口的 0.1%。在台湾排名第 208 位。

【渊源】

1. 上古神农氏后裔，以国为姓。焦氏的得姓早在周朝之时，迄今已有 3000 多年的历史，是华夏古老姓氏之一，也是南夷的大姓之一。焦伯：神农氏的后裔。据《通志·氏族略》《广韵》及《史记》所载，西周初周武王立国之后，周武王大肆分封诸侯，除分封有功之臣及王族外，还分封前代圣贤之后，经查访，他找到神农氏的嫡系后裔，就将其封于焦（今河南陕县东北的焦城），建立焦国，因其为伯爵，故世称焦伯。焦国（在后世的陕州东北百步之遥的焦城），春秋时被晋国所吞并，其后代子孙以国为氏，遂为焦姓。

2. 出自姬姓，以国名为氏。据《广韵》所载，周朝时，有王室同姓诸侯国焦国（故城在今河南省陕县南二里之焦城），后被晋国所灭，原焦国王族之后遂以国名为姓。

3. 系自姜姓，以地名为氏。春秋时许灵公（即姜宁，为春秋诸侯国许国君主：公元前 581 —前 547）迁焦，其后以地名为氏。

4. 出自他族改姓。

【得姓始祖】

他们尊焦伯为焦姓的得姓始祖。周朝初年，周武王大肆分封诸侯，除分封有功之臣及王族外，还分封前代圣贤之后，经查访，他找到神农氏的嫡系后裔，就将其封于焦，建立焦国，因其为伯爵，故世称焦伯。

【入闽迁徙】

始建于西周初年的焦国，春秋时灭于晋，于是子孙纷纷出奔，焦氏开始频繁活动是在两汉时期，此时的焦姓人物有不俗的表现，其中以焦先与焦延寿为代表。焦先是东汉末年的处士，生平饥不苟食，

寒不苟衣，被皇甫谧称之为："弃荣味，释衣裳，扩然以天地为栋宇，羲皇以来一人而已。"连著名学者蔡邕也曾经在写作中称赞他。焦延寿是西汉经学家，通《易经》。

焦氏望出中山、广平、冯翊郡。始建于西周初年的焦国，春秋时灭于晋，于是子孙纷纷出奔，在两汉时期，其中以焦先与焦延寿为代表。三诏堂：源出江苏省镇江市名山焦山处士焦光的家世，自东汉焦光结庐隐居此处，堂号还有："饮仙堂""中山堂"等。

宋靖康之耻后，焦姓避居江东，繁衍于今安徽、江西、江苏、浙江、福建一带，焦氏，宋时迁入宁化石壁十八寨。潭飞礁宋时亦有焦氏住居。元、明之后逐渐外迁。现湖村镇、泉上镇和水茜乡都保存有古时以焦氏聚居而命名的焦坑村。闽台焦氏多为散居。如泉上镇焦坑现仅有 2 户焦姓。

【入垦台湾】

清代，福建广东焦姓开始迁徙台湾，19 世纪 40 年代，北方焦姓随军教人员入台，台北人口相对集中。根据台湾 1978 年户籍资料，全台有焦姓 640 户，人口约 2800 余人。台湾焦姓来自福建、广东以及全国各省。主要分布台北、基隆、高雄、台中、桃园、彰化等地。

【郡望堂号】

据《郡望百家姓》记载：焦氏望出中山郡。又《姓氏考略》记载：望出中山、广平、冯翊。

中山郡：战国时为中山国，被赵国所灭。秦代为巨鹿郡的领地。汉高帝初年（前 206）设置中山郡。汉景帝后改为中山国。相当于河北省北部地区。

广平郡：汉景帝中元初年（前 149）置郡。在今河北省南部永年县一带。

冯翊郡：汉武帝时置拆蠖腭碑，相当于今陕西省大荔县一带。

三诏堂：源出江苏省镇江市名山焦山处士焦光

的家世，自东汉焦光结庐隐居此处，平生饥不苟食，寒不苟衣，故焦山便是以焦光为名的。在这里，可看到上游八九里，矗立江流转折处，江中心号称浮玉的名胜区焦山。东汉时，焦山大宅的姓焦主人，因汉灵帝三度下诏请去做官而拒绝，名传千古的焦光后裔，就以"三诏堂"作为堂号。此外，焦姓的主要堂号还有："饮仙堂""中山堂"等。

第六十二节 揭 姓

揭姓出自史姓。揭姓的始祖揭猛原名史定。揭姓的始祖揭猛原名史定。西汉时期因屡立战功受封，被皇帝赐姓改名，至今揭姓后裔估计已达五六十万之众，中国大陆揭姓人口28万，揭姓排名第253位。在台湾排名493位。

【渊源】

1. 据《姓氏考略》所载，西汉初年有揭阳定，为功臣，原姓史氏，官拜揭阳令，以任职的地名为"揭阳氏"，后改为单姓"揭氏"。

相传于公元前135年西汉时期，闽越王王郢发兵进攻南越，汉武帝派王恢、史定兴师平乱，后收平南越，东越归汉。史定平乱有功因屡立战功受封，公元前111年被武帝封为安道侯，世袭揭阳令，帝赐姓改名，并以史定任职的揭邑为姓，赐姓"揭"邑，改名猛。至今已有2000多年历史。《中华万姓渊源》载："揭猛"，原名史定，后因任南越揭阳（今属广东省）令而因地取代。2000年前祖因揭阳得姓，揭氏的由来与2000多年前岭南的一段历史有关。揭氏始祖揭猛原名史定，曾任汉武帝的护驾将军。《辞源》"揭"词条："姓，安道侯揭阳定之后，改为单氏，江西建昌府多此姓。" 遗世独美潮汕之光，上述资料，确证全国各地揭姓，皆源出于揭阳县。虽为稀姓，其流亦代出名贤；《万姓统谱》言：《元史》记载中有揭轨；《辞源》独标之揭斯；范《范德机诗》集中之揭景哲，皆籍豫章郡。据饶宗颐《郭之奇年谱》：1649年，兵部尚书揭重熙兵败程乡（《小同典纪年》）。现代高州有揭培支（见《高州文史》）。据不完全统计，目前揭氏后裔已达五六十万之众，遍布广东、江西、福建、广西、浙江及湖北等地，其中仅广东省廉江市便有3万人左右，有关对揭氏起源的研究也引起各地揭氏后人的关注。

2. "史"为以官为姓，"揭"为以古县名为姓。《万姓统谱》中列"揭阳"为一姓，这在中华姓氏史中为孤例，比"欧阳""司马"等复姓来是独具特色，

后"揭阳"改为单氏（见上文），这在表示中国各省、市、自治区、县地名俗称的姓氏中亦仅一见。《万姓统谱》"揭"姓条："《千家姓》说：古代家族在豫章郡。"

3. 源于芈姓，出自春秋时期楚国官制之司揭，属于以官制称谓为氏。司揭，为春秋战国时期楚国的一种官职，主要执掌和管理君王的旌旗依仗队，自己则亲举华盖（王伞）。元朝学者范梈在《赠揭景哲茂才别》中说："司揭本楚官，子孙以官氏，揭阳汉建侯，揭氏突出于史，回源而异流……驱与燕山市，路遇子揭子，为我述其先，本自司揭氏，及乎盱徒洪，着与揭阳通。以兹究其源，濒海而南东，南东烟涛恶，将身犯蛟鳄。远拜故侯坟，遗踪尚如早……"明确指出司揭为楚国官职称谓，子孙以官名为氏。

4. 源自少数民族姓氏汉化。源于壮族，出自蒙古族济喇敏鄂玛特部落；源于满族，出自女真族济喇敏鄂玛特氏部落，属于以部落名称汉化改姓为氏。

【得姓始祖】

揭氏的始祖揭猛，原名史定，即揭猛。公元前111年被汉武帝赐姓"揭"，改名"猛"并封为安道侯。据清《揭阳县志》有记载："史定，秦时人，仕南越，为揭阳令。元鼎六年，汉兵下番禺，定决计属汉，武帝嘉之，封安道候，邑六百户，子当时袭侯爵，子孙遂家于揭阳，祀名宦。"

【入闽迁徙】

《万姓统谱》"揭"姓条："《千家姓》说：古代家族在豫章郡。"

据福建《回化瀚溪揭氏族谱》《明溪县志·姓氏源流·揭姓》等族谱称："始祖揭猛，原姓史名定，任揭阳令。元鼎六年，被汉武帝赐姓'揭'，改名'猛'，并封为安道侯。" 三明揭姓郡看豫章。

元末，邵武揭太守从江西丰城迁居邵武禾坪；明初，其后裔徙居建宁县赤上。邵武揭佑民，元代广昌县（今江西省）人，后寓居盱江（又名建昌江），

自号旴里子，晚年又号希韦子。泰定年间官邵武经历，以正直而有才能闻名，好游览，每遇到故都遗迹，往往徘徊悲歌。著有《旴（xū 音虚）里子集》。

明永乐二年（1404），江西丰城一支揭氏迁居明溪瀚仙；其后裔播衍于将乐、沙县、尤溪等地。三明市有揭姓人口 3340 人，在全市姓氏人口中列第 95 位，占全市总人口的 0.12%，其中建宁县 1529 人。

福建揭氏分布在福州、宁德（地区），福清、闽侯、长乐、石狮、连江、罗源、闽清、平潭、南平、政和、沙县、永安、建瓯、建阳、顺昌、松溪、明溪、尤溪、将乐、建宁、漳州、南靖、龙岩、漳平、长汀、永定、上杭、武平、连城、宁德、福安、寿宁、柘荣等市县。

【入垦台湾】

清朝以来，揭姓有闽粤入垦台湾。据有关统计在台湾有 280 人，以人数排名在 413 位。

【郡望堂号】

襄城郡：原治襄城（今河南省襄城）晋元帝太兴元年（318）侨置。领二县，繁昌、定陶一同侨置。郡侨置于春谷县，安帝隆安（397—401）后曾移置历阳，晋末省郡，二县改隶淮南郡。

揭阳县：揭阳县是广东潮汕历史文化的发祥地。

襄城堂、广昌堂、揭阳堂：以望立堂。

【族谱文献】

福建《归化瀚溪揭氏族谱》。

【祠堂楹联】

豫章公储材孔亟；邵武丞抗直有声。

——佚名撰揭姓宗祠通用联。上联典指元代富州人揭傒斯，字曼硕，早年就以文才出名，大德年间由程钜夫、卢挚推荐入朝，曾三次入翰林，后官授经郎，教授贵族大臣子弟，深受文宗器重。元统初年官至侍讲学士，参与修撰《经世大典》及辽、金、宋三朝史，死后追封为豫章郡公，谥文安。文章严整简洁，诗尤其清丽，有《文安集》。晚年时，丞相曾问他治理国家什么最关键，他回答说："储材（储备人才）最亟。"下联典指元代广昌人揭祐民，后寓居旴江，自号旴里子，晚年又号希韦子。泰定年间官邵武经历，以正直而有才能闻名。好游览，每遇到故都遗迹，往往徘徊悲歌。著有《旴里子集》。

侯封安道，系朔朝阳，赐氏历千年，犹想见先代忠诚，手擎国图归汉室；

地处上淇，派分建邑，族居传八叶，更深幸后人奋起，重修祖堂报宗功。

——佚名撰揭姓宗祠通用联。全联典指西汉揭猛（史定），是中华揭姓始祖。始祖揭猛，本姓史，名定，史焕公之长子也。汉文帝己卯（前 162）十一月十六日子时生。司马迁《史记·建元以来侯者年表》清楚记载：元鼎六年三月乙酉日，史定因功封安道侯，世袭揭阳令。《揭氏族谱》记载：汉武帝发诏书封为安道侯，赐姓揭，名猛。苏轼第三子苏过于北宋哲宗元符三年庚辰（1100）所撰的《史揭合序》载：史定于汉武帝建元六年（前 135）以护驾将军随王恢出豫章，未逾令而东越解兵；翌岁便是武帝元光元年（前 134），乃随严助赴南越；至武帝元鼎六年（前 111），史定以素教聚蓄储者，挈地归汉，收平两粤，武帝旌其忠，发诏书封为安道侯，世袭揭阳令，赐姓揭，赐名猛。从这个时期起，岭南地区进入了国家版图，汉文化直接进入，此区开始有了隶属于中央政权的县郡建置。至今已 2115 年。揭猛（史定）不仅是揭姓始祖，也是《史记》《汉书》记载在汉武帝时期为国家统一立下了卓越功勋的一位先贤。

第六十三节 金 姓

金姓在当今中国大陆姓氏排行第69位的大姓。在台湾排名第92位。

【渊源】

金姓来源较为复杂，主要为以下几支：

1. 为少昊金天氏之后。相传少昊为古代东夷首领，又为上古五帝之一，是黄帝的己姓子孙，作为黄帝的继承人。《通志·氏族略四》：金氏，金天氏之后也。黄帝之子元枵亦为少昊氏，曰少昊挚，亦为青阳氏，己姓。后为嬴姓，鸟官。曾在位84年，建都在今山东曲阜一带。少昊死后，被尊为西方大帝，按照古人的五行学说，西方属金，所以少昊又有金天氏的称号。他的后裔就以"金"为姓，称金氏。这一支源自黄帝血统的金姓，史称金姓正宗，发源于今山东境内，后逐渐向南繁衍。检汪溪《金氏族谱》。其中《辨金氏源流》一篇考其出源甚为详尽，语云："玆历考史册，按金姓其源有四；周慎靓王时有金投，汉文帝时长陵有金王孙，或云皆出少昊金天氏，此其一也。"

2. 夏后氏苗裔淳维，传至休屠王太子金日磾之后。西汉时，匈奴休屠王太子日磾归顺汉室，汉武帝对他甚为器重，后来与霍光、桑弘羊等一起受遗诏辅政，是功在汉室的辅国大臣。由于他曾铸金人祭天，汉武帝因而赐姓"金"氏，称金日磾，封秺宅侯，其弟伦发枝，子孙族望京兆。

3. 源于官位，出自远古时期官吏金正，属于以官职称谓为氏。传说，在远古时期即有"金正"之职，负责粮食秋收事务，属于五行官之一。在史籍《左传》中有专门的记载："金正曰蓐收。"蓐收，就是孟秋收获，包括收割采集、晾晒入仓。在金正的后裔子孙中，有以先祖官职称谓为姓氏者，称金正氏，后省文简化为单姓金氏，世代相传至今。

源于官位，出自殷商时期官吏金工，属于以官职称谓为氏。金工，是殷商时期王室六官之一，主要负责执掌冶金工类。到西周王朝时期，专职负责

金属制造业，为"工官"，分"枭氏""筑氏"之属，隶属于地官府司管辖。在金工的后裔子孙中，有以先祖官职称谓为姓氏者，称金工氏，后省文简化为单姓金氏。

源于官位，出自西周时期官吏司金，属于以官职称谓为氏。司金，亦称职金，是西周初期便设置有的官位，在典籍《周礼·秋官》中记载："司金，职金，掌凡金、玉、锡、石、丹青之戒令。"也就是如今的矿产资源管理司司长。到后来的三国时期，曹魏政权设置有行司金中郎将，在唐朝时期亦设置有金部司金。而在宋、辽时期，称其为山金司，元朝时期就干脆称为淘金司。

在司金、职金、司金中郎将、山金司、淘金司等官吏的后裔子孙中，有以先祖官职称谓为姓氏者，称司金氏，后省文简化为单姓金氏。

4. 因各种原因改姓金氏。西汉"文景之治"以后，刘姓人口占全国比例较高。但是王莽篡政作乱时，为了达到巩固他的政权，因此推行"欲灭刘氏，见刘即杀"的政策，汉光武帝刘秀为避王莽之乱而去刘字卯字刀旁改金姓，以示本姓不变。由于刘金同属彭城郡，且掌握政权时间长，子孙繁盛，支派众多、分布广泛，所以在政治的压迫下只好改刘为金。如汉景帝的第七子长沙定王刘发的后裔，汉景帝第九子中山靖王刘胜的后裔等等刘氏众多支系均改刘为金。

汉赐项伯刘氏，五季间子孙为避吴越国王钱镠讳改金姓（因刘与镠同音），其裔孙金履祥在宗世以道学鸣称仁山先生。

五季间的吴越国王钱镠，因镠与刘同音，国内刘姓人为避讳，皆去刘字的卯头刀旁，改为金氏。

5. 少数民族金姓。南北朝时，羌族中有金姓。据《旧唐书》载，唐时新罗国王姓金。新罗为朝鲜古国名，与高句丽、百济并立，7世纪中叶统一朝鲜半岛大部，与唐朝有密切关系。

明永乐年间，成组伐汉漠北，蒙古王子也先土干率妻子部落来降，赐姓金氏。

金时女真人中有金氏。清代受新觉罗子孙中多有金姓。今回、蒙古、土等民族均有金姓。

【得姓始祖】

少昊。相传少昊是上古五帝之一，是黄帝的己姓子孙，少昊死后被尊为西方大帝；东汉应劭《风俗通义》所云：金姓是"少昊金天氏之后"。少昊是古代东夷部落首领，东夷部落以鸟为图腾，他曾以鸟名为官名，设有工正和农正，管理手工业和农业。相传他因修太昊之法，故曰少昊，按照古人的五行学说，土生金，他以金德王，故号为金天氏。《帝王世纪》上说：少昊自穷桑登帝，后徙曲阜。穷桑在今山东曲阜市北。少昊的子孙中，有一支简化他的号"金天氏"而为姓氏，就是金姓。

【入闽迁徙】

1. 据《金氏家谱》记载福建至汉晋时就有金氏族人迁居闽长溪赤岸（今福建省霞浦县城东）至五季时闽国王政、王曦兄弟争权，致使闽疆大乱，祸及群黎，各大族群相继出逃避难，金姓祖上也开始驾海扬帆迁徙至吴越国温州平邑等地发展，直至清朝后期赤岸已无金姓族人居住，但至今大榕树和长溪石桥见在。唐至德间，原籍福建赤岸，始迁祖金景挟资至横阳径口（今平阳水头）构屋，遂居焉（《南雁荡山志·志余》）。

2. 唐河南光洲固始人氏，金衡，字秉政，号六行平一，于唐中和元年（881）辛丑科进士，殿试一甲第三名探花及第，后愤中原多故，朝政日衰，遂弃官携眷入闽追随舅王审知，首迁长乐吴航，随即转福州定居，并在其麾下为中书参军，金衡墓葬东关外金鸡山。其子金弼，闽王授指挥史，赠谏议大夫，金弼墓葬东关外金鸡山。后裔十一世祖金达知宋末转迁福建温陵（今泉州）。

3. 据《莆田县志》记载，唐时就有中原金姓定居莆田，后裔金鲤重中进士。为官后举家迁出，目前已无后代留居莆田。当今莆田金姓主要为清康熙年间莆田县令金高谢的后裔，主要定居在莆田秀屿水潮村。

4. 宋金骞由温州镜口迁闽福宁长溪（今霞浦）苏洋村，其孙金洪由苏洋村转迁杨梅村（今寿宁城关），金洪子金敬于宋徽宗政和丁酉年（1117）由杨梅村迁居寿宁大安。

5. 元至顺年间（1330—1332）武略将军金吉一安由上都奉旨入福建泉州平乱，定居泉州清源。

6. 金大宽于元季由浙江金华兰溪入闽，其子金有长又于元季转迁福安十三都赛江利源。

7. 一支由兰溪迁徙福宁温麻里，（闽东，温麻现为连江县）其后裔金弹于元季转迁柘荣西源郑歧山下，后又定居柘荣江家洋、叶山富乐和等地。

8. 一支彭城钱江分派先迁福建龙岩，后裔金宽一与明洪武间（1368—1398）由龙岩转迁福鼎南溪，至今保存有寻根的始祖木雕座像一尊。

9. 金堂庆于明初由长溪（霞浦）赤岸转迁霞浦芹头村。

10. 清初，广东雷州徐闻县金耳鼎、金耳廖入泉州之晋江涂门街外三十六都石头街普月铺美山乡尾。清初倭番扰害，其后裔金殿麟金殿佑避居永春州。

11. 宋时宁化永丰里（中沙乡）就有金氏居住。元、明时期逐渐外迁。现金氏主要居住在宁化泉上镇。

【入垦台湾】

清康熙三十三年（1694）金姓澎城衍派入台开基祖金首声，字鸿禧，以年29岁只身自福建泉州府晋江县南门外二十五都浦内外来台，由台南县七股乡下山仔寮起水，与乡亲望族苏氏连结成连娘，落足于苏氏嫁妆地（今台南县七股乡城内村200番地，即城仔内东侧之旧厝），建居传后并奉祀由大陆携带来台的金王爷为守护神祇，由于该地狭小，后迁往庄南水师寮（俗称下寮仔），形成另一聚落，代代传衍，后裔散居台湾省各地，至九世孙聪字，信庸，武昌由水师寮迁居高雄市并于1987年岁次丁卯奉金王爷千岁分炉在高雄县仁武奉祀瞻拜为守护神。清嘉庆年间，金寿老入台，也被金人后世奉为台湾金氏的开基始祖。民国期间，闽侯侯官镇新洲、荆溪、竹榄、柴排、杯安乡、石沙近百户官兵迁居台湾。福州古楼都司巷、仓山区对湖民国期间迁台，目前散居台湾各地。福清三山横坑金厝头，永泰崇口玉湖，长乐龙门，民国期间有金姓族人迁居台湾。台湾光复后，各省都有迁徙入台。主要分布在台北、基隆，

其次是高雄，台南、台中、宜兰、桃园、新竹等都
有分布。

【郡望堂号】

彭城郡：最早为西汉时改楚国而设，东汉时又
改为彭城国，治所在彭城（今江苏徐州），其范围
大致为今山东微山县、江苏徐州市、铜山县、沛县
东南部、邳县西北部及安徽濉溪县东部等。

京兆郡：西汉时改右内史为京兆尹，职掌相当
郡太守，为三辅之一，治所在长安（今陕西西安），
辖地有今陕西秦岭以北、西安以东、渭河以南的地区，
三国魏时改称京兆郡。

金姓郡望为其堂号，金姓又有以"彭城""京
兆"为其堂号名的。另外"丽泽堂"：宋朝的金履祥，
长于濂洛之学，皇帝召他任国史馆编修，没到任就
死了。他曾在丽泽书院讲学，所以称"丽泽堂"。

【祠堂古迹】

新洲村彭城金氏宗祠，位于闽侯上街镇。上街
新洲金氏由河南光州固始彭城随王审知入闽，其始
祖为金衡。后因愤于时弊，举家归隐侯官县璧团洲，
成为彭城璧团金氏始祖。

金履丰纪念祠（金将军府），坐落闽侯县上街
镇新洲村南部，为南宋抗金名将金履丰纪念祠。建
于明代，清光绪年间重修，是为纪念宋末元初开拓
新洲的金氏始祖金履丰（官驾前大将军）而建的祖庙。
庙坐东朝西。

闽侯县竹岐金氏赠闽侯新洲金氏宗祠、福州仓
山对湖金氏宗祠、长乐金珠庄金氏宗祠、罗源县金
氏赠闽侯新洲金氏宗祠等。

琴（芹）金氏宗祠，位于霞浦东南方，溪南半
岛丘林地带。始于明代，占地面积约 3 亩，历经三
次重修。琴（芹）头村，全村总人口 2981 人，金姓
人口 386 人，现任村长金付象。金姓是该村最早的
开拓者。宗祠始建于明代，占地 1300 平方米，地面
建筑面积 500 平方米。

赛歧宅里金氏宗祠，位于福安赛歧宅里。

【楹联典故】

彭城世泽长；少昊家声远。

源自少昊；望出彭城。

——金姓通用楹联，全联典指金氏的源流和
郡望。

汉室忠勋素著；义门孝友流芳。

——上联典指西汉大臣金日磾（前 134—前
86），字翁叔。与霍光、桑弘羊一起受遗诏辅政有功。
下联典指宋朝孝廉金彦，邵阳人。力学善属文。好
施与，淳孝友，郡人号"义门金氏"。后奉诏举孝廉，
为天下第一。

万花烘锦绣；七叶耀簪缨。

——全联典指西汉金日磾。

寿门多国宝；若采有才名。

——上联典指清朝书画家兼诗人金农（1687—
1763），字寿门，仁和人（今浙江杭州）。为"扬
州八怪"之一。下联典指明末清初文学批评家金圣
叹（1608—1661）。

溯曲阜望彭城理学传家瓜绵长垂百代；源璧团
支琯城军功赐卷德业功高炳千秋。

——连江琯头金氏祠堂。

溯系本彭城源远流长百代簪缨光宗耀祖；璧水
衍玉渡文经武续四时俎豆世代流传。

——永泰玉湖金氏祠堂。

侯邑桔州绵世泽；三山都司继家风。

彭城流派璧水宗功垂八闽神州；探花显裔将军
绵世载玉融金峰。

——福清金厝头祠堂。

【族谱文献】

《金氏家谱》记载：汉晋时就有金氏族人迁居
闽长溪赤岸（今霞浦县城东），五代时闽国王政，
王曦兄弟争权，致使闽疆大乱，祸及群黎，各大族
群相继出逃避难，金氏祖上也开始驾海扬帆迁徙至
吴越国温州平邑等地发展。晋江《清源金氏族谱》
全册，始迁祖金吉，号一瘫。

【昭穆字辈】

福建平越金氏字辈：光土之家承先德安邦定国
永发祥。

第六十四节 经 姓

经姓人口总数在中国的大陆未列入《百家姓》前300位,在台湾省未进入前400位。在宋版《百家姓》中排序为第169位。

【渊源】

1. 源于姬姓,祖名字为氏。有关史料记载,春秋时期的周王室大夫被封于经邑,因此史称经侯。古经邑之所在,就是今河南省的洛阳市一带,著名东汉科学家张衡在《东京赋》描写洛阳的天文气候特征时就说:"洛阳,昔先王之经邑也。其掩观九隩,靡地不营;土圭测景,不缩不盈,总风雨之所交,然后以建王城。"经侯的后裔,有以先祖名字为姓氏者,称经氏。

2. 源于姬姓,属于改姓。春秋时期,郑武公小儿子姬叔段被封于京(今河南荥阳),简称京叔段,他的子孙中有以封邑名称为姓氏者,称京氏。姬叔段是郑武公姬滑突的次子,其母武姜厌恶长子姬寤生,多次请求郑武公立姬叔段为太子,郑武公未同意,后子孙为避难改姓经,属于避难改姓为氏。

3. 源于嬴姓,属于改姓。出自汉朝时期易学大师京房。有一个著名的易学、音律学者叫李京房,他崇尚易学,自称精通五行天地之律,赤诚迷恋,因此"推律自定为京"以"京"为姓氏。在汉元帝刘奭执政时期(公元前48—前33),京房以《易》干政,他把灾异与政治相联系,试图以这种方式向汉元帝刘奭推行自己的政治主张,结果得罪了当朝权臣石显,被中书令石显罗织了一大堆罪名,投入监狱,后在监狱中死去。京房的后裔子孙及族人为了避免灾祸而纷纷迁逃,遂取"京"的同音字"经"作为姓氏,改京氏为经氏。

4. 源于芈姓,以祖字为氏。东汉时期,光武帝刘秀的族父刘歙,字叫经孙。汉光武帝刘秀的族父(叔叔)之在东汉王朝建立后,被汉光武帝敕封为泗水王,封地在泗(今安徽濉溪),他的后裔子孙中有以先祖之字号为姓氏者,称经孙氏,后来随着历史的演变,多省文简化为单姓经氏、孙氏。

5. 源于少数民族汉化改姓。据史籍《黑龙江志稿·氏族》记载:鄂温克族布喇穆氏,亦称博拉木氏、比渣穆氏、卜拉木氏,世居黑龙江汉古河(今黑龙江中下游)、布特哈(今嫩江流域和大小兴安岭)、呼伦贝尔(今内蒙古呼伦贝尔)等地。后有鄂伦春族、满族引为姓氏者,满语为Bulamu Hala。清朝,鄂温克族、鄂伦春族、满族布喇穆氏多冠汉姓为经氏、卜氏、蔡氏等。

【得姓始祖】

经侯,古代春秋时期,魏国有一位贵族称经侯,古书上说他是经姓的始祖。可惜古籍上对经侯的传略记载甚少。

京房 (前77—前37),亦称经房,本姓李,字君明,东郡顿丘人(今河南清丰)。著名西易学家、大臣。京房之所以驰名于中国学术史,是由于他开创了今文《易》学,学业界称"京氏学"。《京房易传》云:"分天地乾坤之象,益之以甲乙壬癸。震巽之象配庚辛,坎离之象配戊己,艮兑之象配丙丁。八卦分阴阳、六位,配五行。光明四通,变易立节。"显然,京房的纳甲原则为阳卦配阳干,阴卦配阴干,即:"阳卦乾震坎艮,阴卦坤巽离兑,阳干甲庚戊丙,阴干乙辛己丁。"他的音律学很有造诣,《京房传》说他"好钟律,知音声",采用六十律相生法,当升到五十三次(即第五十四律)时,已与出发律极为相似,可以周而复始了。《后汉书·律历志》在介绍京房的音律学见解时说:"房言律详于歆所奏,其术施行于史官,候部用之。"京房在乐器改良方面也做出了贡献。过去,笛不用商,只有四孔,对应于宫、角、徵、羽。京房加商于笛,合成五音。他加孔置笛后上部,便于按指吹奏。这一做法一直沿用至今。

此外,还有姬叔段(京叔段)、刘经孙。

【入闽迁徙】

文献记载，崇武经姓始祖名胜，生卒年不详，原籍直隶凤阳府临淮县（今属安徽省）。始祖于明洪武二十八年（1395）九月，授任崇武千户所第250户，同年十二月到任。当年崇武千户所直属省都司，千户官及百官都由中央直接受命。百户官统士兵百名，由2名总旗及10名小旗带领，配400料官船一艘。明代军制，官兵均可带家眷入籍定居，世代世袭。经姓因此在崇武定居繁衍。据《崇武所城志》记载，经姓"传至经铠，明隆庆三年（1569）四月跟指挥欧阳枢大擒斩倭功升副千户"，后因抗倭有功再升千户。

经鸣枢任正千户时，清兵已经攻陷北京城。两年后清兵入闽，卫所官军制度也被废除。15年后康熙即位，下令迁沿海居民入内地，崇武城几乎成为废墟。当年经姓千户府也被清兵纵火焚毁，估计经姓族人都外逃流浪，不少到台湾和海外谋生。

福建经姓主要在泉州。泉州惠安县崇武古城内，经姓始祖与古城密切相关，其经姓先人参加过抗倭战争。他们都住在崇武的潮乐村，现只有400人口，属于稀有姓氏。

【郡望堂号】

经姓起源，据《姓氏考略》载"望出平阳"；《郡望百家姓》载"望出荥阳郡"。

平阳郡，三国时分河东郡一部分建置，相当于现在山西临汾一带。荥阳堂，以望立堂。

荥阳郡，三国时分河南郡一部分置，相当于现在河南郑州一带。平阳堂，以望立堂。

赐宴堂：明朝的时候，有一个叫经济的人是乡中有道德有学问的人，而且是乡中年纪最大的人。明太祖因为这个专门请他吃饭，并且勉励他："教训子孙孝敬父亲。尊敬长上，友爱兄弟，勤于生产，节约开支。"

此外还有萼联堂、裕仁堂等。

【楹联典故】

源自经侯；望居荥阳。

——佚名撰经姓宗祠通用联。

平山孝子；固原提督。

——佚名撰经姓宗祠通用联。上联典指明代孝子经承辅，字兰谷，江都人。性孝友，少孤，事母诚笃，抚弟成名。隐居平山之麓。栽梅种竹，耕读教子，年77岁无病而终。下联典指清代将领经文岱，满洲镶红旗人。道光间，由二等侍卫累擢云南昭通镇总兵。后积功官固原提督。

【族谱文献】

现存经姓旧家谱系民国初年修纂，抄本保存于下经一族人手里，记载实际从十三世的经端仁开始。经端仁名成邦，生于康熙六十一年（1772），卒于清乾隆五十七年（1792），享年71岁。据该族先人传说，经端仁系身怀武技漂泊四海的游侠，曾是乾隆皇帝的好友，受封后即返回故里重振经姓家业，从此崇武经姓再度复兴。复兴后的崇武经姓，族人已不再当官，也未见进学记载，而多从事捕鱼及航运业。自嘉庆初至光绪中100左右年间，该族4代人死于海难的有6人。经姓这一家谱透露出清代后期崇武人的生存情况及渔民的苦难遭遇。崇武经姓旧谱中还有一段称为"皇恩国戚"的记载，谱载：镜光讳照明号照堂，生于道光四年（1824），族人称他为"一脚草鞋一脚靴"的老爹公。据口传，这位经镜公是给皇帝抬轿子的，有一天他抬皇帝出门，有个朝廷掌握重权的官要谋杀皇帝，其时旁边没有别人，只有他蹲在墙边，他冒着生命危险冲上去把那大臣踢倒。皇帝为了感谢他，赐给他一双朝靴，并享有一个官衔，从此，他便回家享清福。

第六十五节 居 姓

居姓目前人口总数约在5000人左右，在中国的大陆没有列入《百家姓》前300位，在宋版《百家姓》中排序为第346位。在台湾排名第365位。他们主要生活在沿海城市。

【渊源】

居姓出自杜姓。相传周大夫杜伯的儿子在晋国做官，被封在先邑，他的子孙于是有以邑为姓，称为先姓。晋文公提拔他的后人先轸为中军元帅，职掌国政。先轸曾经率领晋军在崤山一带打败秦军，他的儿子先且居后来继位中军元帅，在彭衙再一次打败秦军。先且居于是变得很有名，他的子孙于是有以他的名字中的"居"字作为姓氏的，称为居氏，世代相传。

【得姓始祖】

先且居。居氏源出于先氏。春秋时期，晋国的先轸和先且居父子曾先后担任晋国的中军元帅。分别在崤山和彭衙打败了秦军。为晋国立下赫赫战功。先且居的子孙因祖上的业绩而感荣耀，便以他的名字为姓氏，称为居氏。故居氏的得姓始祖就是先且居。

【入闽迁徙】

据《元和姓纂》记载，"晋大夫先且居之后，以王父字为氏"，"今钱塘多此姓"。先且居的父亲先轸在晋国为中军元帅，执掌国政，先轸曾率晋军在崤山一带打败秦军。先且居后来继位中军元帅，在彭衙再一次打败秦军。先且居的后人便有以父名中的"居"为姓，称居氏。出自河北境内的居氏家族，后来却成长于长江流域的江苏沛县居大庄、高邮、江阴、句容一带，另外湖北省也有不少姓居的人，这种情形，从古代已经开始。《姓氏考略》记载："望出渤海、信都，今江苏之高邮、江阴、句容及湖北多此姓。"望族居渤海郡（今河北省沧县）。

宋、元时期，居氏迁入宁化，以后又陆续外迁，其中一支西迁江西宁都。宁化居氏，现主要居住在翠江镇。

【入垦台湾】

台湾居氏人口来自福建以及全国各省，主要散居台北、基隆以及各市县。

【郡望堂号】

居氏望出渤海郡。《姓氏考略》记载："望出渤海、信都，今江苏之高邮、江阴、句容及湖北多此姓。"望族居渤海郡（今河北省沧县）。

闽台寻根大典

第六十六节 康姓

康姓出自姬姓，周文王的第9个儿子，周武王弟康叔后裔，以祖上谥为氏。得姓始祖康叔。康姓是当今中国大陆姓氏排行第75位的大姓，约占全国汉族人口的0.23％。在福建排名第58位。在台湾排名第78位。

【渊源】

1. 出自姬姓。据《通志·氏族略》所载，周武王少弟康叔谥号"康"，后人有以其谥号为氏者，是为河南康姓。周武王灭商后，把同母幼弟姬叔封在康，故称康叔。武王死后，成王即位，由周公摄政，三监（管理商朝旧臣封地的管叔、蔡叔和霍叔）不服，社会不集，爆发武庚（商纣王后裔）和东方夷族反叛，后被周公平定。成王独立执政之后，再次大规模地分封诸侯，把原来商都周围地区和殷民七族分封给当时素负贤名的康叔统治，并改封康叔为卫君，建立卫国，定都朝歌（今河南淇县），故又称卫康叔。康叔把卫国治理得很好，声誉日益上升，到周成王亲政时被举为司寇，权位高于其他诸侯。他死后谥号是"康"，其后便有以谥号为氏，或以封邑为氏，称康氏。史称康姓正宗。

2. 出自汉代西域康居国王子之后裔。以国名为氏。据《梁书·康绚传》所载，汉代时，西域康居国派遣他们的王子来到中国，以示臣服，汉代在西域设置都护，那位王子到达我国后就在河西落脚待诏，后康居国王子定居河西（河西走廊与湟水流域一带），其后人以国为氏，是为甘肃康姓。到隋唐时，这个位居东亚的国家仍然存在，被称为康国。

3. 出自古代突厥族有康氏。据《隋书》载："突厥亦有康姓。"突厥为公元6世纪在今新疆境内的游牧民族。西魏时建立政权，康居王定居河西，主要是繁衍于我国的西北一带。关于这个康居国，根据《汉书·西域传》的记载"离长安城一万二千里"，拥有现在新疆以及苏俄中亚之地。隋之前疆域最广，族中有康姓。

4. 出自匡姓。为避宋朝开国皇帝赵匡胤名讳，匡氏改为康氏。据《宋史》载，宋朝开国皇帝赵匡胤登基后，为避其名讳，令"匡"氏改为音近的"康"姓。

5. 出自少数民族中有康姓。（1）金时女真人纳喇氏、清时满洲赫舍里氏、达斡尔族华力提氏，汉姓为康。（2）今瑶、蒙古、土家、羌等民族均有康姓。

【得姓始祖】

康叔，姬姓，名封，又称卫康叔、康叔封，周文王嫡九子，周武王的同母弟，获武王封畿内之康国，故称康叔。成王即位后，周公旦平定武庚叛乱后，徙封康叔于卫（今天河南淇县朝歌），建立卫国，他就是卫国的第一代国君。他赴任时，周公旦作《康诰》《酒诰》《梓材》，告诫他："必求殷之贤人君子长者，问其先殷所以兴，所以亡，而务爱民。"康叔在当地统治有方，很快就把商朝的殷都改造成了周的普通方国，成了卫国和卫姓的始祖。康叔治国有方，开创了卫国大治的局面，深深受到淇人敬仰。清康熙三十四年（1695），当地人民在淇县县城阁南街路西侧创建了康叔祠，春秋两次举行祭祀。据《元和姓纂》和《姓苑》等书记载，汉族的康姓，出现于距今大约3000多年以前，他们的始祖康叔。康叔后人以其功绩、声誉为荣，取其谥号为氏，称康姓，康叔自然成为康姓得姓始祖。

【入闽迁徙】

康姓最早发源于卫国，卫国所辖范围：今河南东部、山东西部、河北西南部一带。康姓早期播迁缘于卫都的迁移，范围止于河南北部。

秦时，康姓主要徙陕西、山东二地，故早期康姓在此二地繁衍旺盛，遂有京兆、东平两大郡望。魏晋南北朝时期，甘肃康姓为避战乱，徙蓝田（今陕西省蓝田西灞河西岸），后渐向东南迁移。史载，南朝宋时，设华山郡蓝田县，用以安置康穆（初仕后秦河南尹，后举族众3000余人迁湖北省襄阳之岘南）族人，并任命穆为秦、梁二州刺史，其子孙亦多仕宦，康穆一支遂枝繁叶茂，人丁兴旺。唐代，有宁夏灵武人康植之孙康日知被封会稽王，其子志睦因功封会稽郡公，后世子孙繁衍昌盛，发展成望族，其家族所在地浙江绍兴则为南方各地康姓迁徙之主源。宋代，因避帝讳而改姓的匡姓，成为康姓新的支脉。另有洛阳康再遇位居开国功臣之列，遂加官晋爵，门庭荣耀，显达当朝。北宋末年到元朝建立期间，改朝换代频繁，北方多动荡，故有康姓徙迁南方安居乐业。明代，康姓作为大槐树移民姓氏之一，分徙于河北、河南、山东、安徽、江苏、湖北等地。从清代开始，闽、粤康姓陆续有人迁至台湾，后又有移居海外者。今日康姓尤以安徽、四川、甘肃、山东、陕西等省居多，这五省的康姓约占全国康姓人口的60%。

1. 东晋时，元帝南渡，由林氏先祖林禄将军护驾，林禄率北方数十万军队入闽，其中有康姓者随军。晋代"永嘉之乱"，迁入福建的仅在泉州一带。

2. 康子元，是唐开元年间入住福建泉州建阳县的官吏，是福建康姓族人公认的康姓入闽始祖之一。根据族谱记载，入闽始祖子元公，字毓琪，号紫元，凳唐玄宗开元四年（716）丙辰进士，历官正太卿上柱国。时观天下将乱，疏请致仕，准旨入闽观风。唐朝开元年闽，同夫人孔氏、子仲璟来自山东东昌，先居建宁府，后住兴化城之仁德里崇福乡。子仲璟是山东澄洲刺史。所以仲璟有一子叫康澄，康澄任后唐大理寺少卿，因石敬瑭之乱，与子康杨同避难到莆田，成为莆田开基祖。六世澄、九世杨俱为乡贤。康杨传士禄，生子有三，唯三子天德公迁徙泉郡。子传真福，真福生昆保，入闽二十三世至安溪县湖上乡。康澄后人子孙众多，分居福建、广东、湖南和海内外。分支包括惠安、永春、同安、漳州、香港、澳门、台湾，以及新加坡、马来西亚等地。莆田是福建康姓族人集中地之一。自康澄一世（931年）计算，距今有1000余年，50多代后人。现存尚书祠堂、侍郎祠堂、光禄祠堂、孝廉祠堂以及太史坊、文华应制坊等。另外，莆田档案馆保存着莆田康氏族谱

和莆田塔山康氏族谱。

3. 永春玉斗凤山是福建最具特色的康姓族人主要聚集地之一，凤山康姓系永春大族。永春《桃源凤山康氏族谱》记载：今永春玉斗镇桃源凤山康氏，其先祖于唐末由河南光州固始入闽，先定居兴化，后迁安溪感德里。明中期康孟聪迁居永春，为入永始祖。在这里形成播迁康姓人口众多的一支，其始祖为福建始迁祖康子元的后人。康孟聪与王夫人于明宣德年（1426—1435）间因避难，兄弟分散，由安溪感化里相随入永春，先居锦斗芦丘，后移凤山美安，子三，福成于明成化八年办理入户陈贵，福瑞移居院内，福清移居江西。凤山康姓入永春至今历570余年。后人分布到永春的凤溪、竹溪、玉斗、炉地、伯卿、梅田洋、坑仔口、下洋、曲斗等地；移居到福建省福清、三明、永安、尤溪、福州、厦门、泉州、南安。

4. 《客家风情》载：康氏于唐末南迁，宋初入闽，留居汀州府宁化、长汀等地。康邦，字均保，原居江西吉安府泰和县明德乡，明成化年间（1465—1487）迁居汀州府长汀县城关水东登俊坊定居。裔孙分迁长汀、宁化、明溪及粤东。

5. 厦门同安区康姓族人。同安康姓目前主要分布在新店镇洪前村新民镇禾山村（即豪山）。传说因为康姓族人与5座山有关。同安族人"本出光州固始"，南宋家住龙海的康厝林社的康氏5兄弟为逃兵患，择山隐居，有待日后寻亲。今天永春的坑仔口、玉斗的凤山、同安洪前的箱山、龙海紫泥镇的安山、新民镇的豪山的康姓族人均系"五山"后裔。

6. 唐末第二次大南迁，唐武王在河南光州固始举兵，经安徽、江西入闽，其军中也有康姓者。

7. 五代南唐时，泉州康姓家族著名人物康仁杰，以道德文章，名扬四海。河南固始农民义军南下到漳州，后来建立闽国，其中就有康姓。所以，漳州康姓族人始祖是随军队南迁而来。

8. 汀东《康氏族谱》：原姓匡，赵宋避讳改康姓。有康化章者，原居江西吉安泰和明德乡四十二都。其子湖廷，登进士第，于明成化七年任汀州知府，定居长汀。湖廷生子商。商生三子：常、亮、端，

分别当任长汀、宁化、明溪三县知县。裔孙振能之子富友，从馆前迁居宁化会同里曹坊三黄村。康氏裔孙分衍闽、赣、粤各省地。

福建康姓族人众多，有多支入闽，主要分布在同安、漳州、龙海、诏安、漳浦、惠安、华安、南平、南安、厦门、福清、闽侯、福州、福鼎、福安、霞浦、罗源、闽清、三明、永安、龙溪、莆田、仙安、泉州等市县。

【入垦台湾】

迁入台湾起于明清时期，清代最多。现嘉庆年间，同安康熊、康碧桃入垦今彰化浦盐；康敬伯入垦今台北新庄；晋江康钟灶入垦今嘉义朴子；龙溪康四海入垦今台北金山，后又迁宜兰礁溪。漳浦的康浪入垦今宜兰头城。道光年间，同安康仪生入垦今台北淡水；惠安康永入垦今苗栗竹南；漳浦康舜忠入垦今彰化。咸丰、同治年间，康沙入垦今彰化浦盐，康寿入垦今彰化大城；康文城入垦今新竹；康丁入垦今台北内湖；康清芳入垦今台北淡水；安溪康文举入垦今台北淡水；漳浦康太阳、康荣辉康眼等入垦今头城。长汀康氏十五世子澄，十六世康谅、迪农，十七世绍周、绍箕、绍棠、令贻、顺贻、康泉、世其，十八世康选、康遴、康迪，十九世承德等播迁台湾。台湾康姓多居住在台湾的台北市、台北县、台南县、彰化县，人口比较集中的有台南市新化、台北县板桥、彰化大城、宜蓝头城、台北市松山区等地区。

【郡望堂号】

京兆郡：三国魏时置郡名。汉武帝时改右内史以京兆尹、左冯翊、右扶风置京兆尹，为"三辅"之首。治所在长安（今陕西省西安市北）。"尹"为太守。唐以雍州为京兆府，置京兆尹。以上称京兆者，均指京师及其附近地区。金元在陕西置京兆府（路），此"京兆"与建都之地无关。民国改顺天府为京兆地方，府尹为京兆尹，符合金以前"京兆"之意。

东平郡：汉时改大河郡为东平国，治所在无盐（今山东省东平东）。南朝宋时改为郡，治无盐（今山东平东）。隋唐曾以郓州为东平郡，治须昌，在今东平西北。宋宣和时以郓州为东平府，治须城，即今东平。明清为州，民国改县。

会稽郡：秦始皇时置郡，治所在吴县（今江苏省苏州市），包有江南、浙江大部及皖南一部。汉顺帝时移治山阴（今浙江省绍兴）。西汉更包有浙、闽全部。东汉永建四年（129）分吴、会稽为二郡，会稽移治山阴（今绍兴），有浙闽之地（今杭嘉湖均属吴郡）。三国吴分设临海（台州）等郡后，辖境缩小。隋为越州。又隋分山阴县置会稽县。民国时合二县为绍兴县。

华山郡：治所在今湖北省宜城市。西魏置华州，辖境历代屡有变迁，治所在今陕西华县（曾名华山、郑县）。

会稽堂：唐朝时有康志睦，身材魁梧，善于骑马射箭，官大将军。后来讨平张韶，升平卢节度使，又平了李同捷的叛乱，加检校尚书右仆射，封为会稽郡公。康姓因以"会稽"为其堂号。

此外，康姓主要堂号还有："京兆堂""华山堂"等。

【祠堂古迹】

龙海市康姓大宗祠，堂号"追远堂"，位于紫泥安山村岸尾角，建于明末清初，坐北向南，二进三开间，1986年重建。

新岭康姓家庙，位于龙海市角美镇社头村新岭社，堂号"霞下堂"，建于清乾隆年间，堂联："郡居守口，独坐防心。"

九湖康长史祠，位于龙海市九湖镇田中央村，又名康仙祠、岱仙岩，始建于唐，乾符年间漳州刺史黄碣扩其祠，至明清多次重修，总面积700多平方米。

前岭龙虎宫，位于华安县高车乡前岭村，面积30多平方米，坐东南向西北。

永春的康氏大宗祠，位于永春县玉斗乡玉斗村，现存祠堂修建于民国十三年（1924）。

永春凤山康氏各支都有祠堂，如院内二房祠堂、院内五房祠堂、坪上祖祠。大宗凤馆、小宗凤馆可惜被毁。康氏族人为赴永春县城办事及县学考试之便，在县城建有大宗凤馆、小宗凤馆。大宗凤馆在西门，即县堂与老城隍庙之后，现拆建为县粮食局；小宗凤馆在东门文庙后。

浦南康氏宗祠，浦南是多姓共居之地，箱山康姓居其中。1995 年重建宗祠。

豪山康氏家庙，位于同安，始建于元代末，历经明清，代代有修缮现存为明代建筑。

箱山康氏家庙，坐落于今福建省厦门市翔安区新店镇洪前社区大中社后，是洪前箱山康氏家族大宗祠。家庙始建年代失纪，今家庙基制，仍沿自清康熙间旧制。占地面积是 272.54 平方米。

【楹联典故】

名族相承京兆郡；高楣共仰华山堂。

京兆世泽；诰命家声。

——康姓宗祠通用联。全联典指康叔，周武王同母幼弟，封于康，因得名；《尚书·康诰》载周公旦命其"明德慎罚"。

斯文在天地；至乐寄山林。

——康有为撰康姓宗祠通用联。此联为近代改良派首领康有为自题联。

驰誉明经，少小荣登科第；有声乐府，文词待诏金门。

——康姓宗祠通用联。上联典指唐代进士康希诜的事典。下联典指典出康姓历史名人康伯可。

【族谱文献】

记载闽台康氏族谱较有代表性的有《塔山康氏家谱》莆田康氏族谱，始修年代与始修者无考，今本为民国年间钞本共 3 册。第一册辑世序、神位、祭文等项纪事，第二册记祝辞，第三册录历代祖墓。内载入莆始祖康澄，唐代自广东迁闽莆田，传至宋康鼎成，衍支分脉，是谱奉为支祖。记事简要，于世次下标记神位，实为宗祠纪序谱本，或称祠录。第一册世系神位名下附注官品补服，为仕宦人家。第三册列书"谨录国清历代祖墓"，其坐址、祭规等记述较详，是民国年间记载的较真实较完整地清代以来民俗祭祖素材。还有《莆阳康氏家谱》明代康廷盘修，康天球续修，清嘉庆十年（1805）康仁声编修，不分卷。载入闽始祖唐康澄，字莹之，唐时由四川因石敬瑭之乱逃难入闽开基祖，迁莆田霞江，谱载至二十七世。永春《凤山康氏族谱》，1992 年八修族谱。谱载其始祖为光州固始康毓琪，讳子元，唐开元四年（716）进士，历官宗正太卿上柱国加右丞相，入闽观风，同夫人孔氏暨子仲王景居建宁府，后往兴化城仁德里崇福乡。继传至康士禄、禄生子三，其三子天德迁泉郡，子孙播番入永春、福清，江西铅山。

第六十七节 柯 姓

柯姓在《百家姓》排第 164 位，在中国大陆姓氏人口排名第 188 位，在福建排名第 39 位。在台湾排名第 44 位。

【渊源】

1. 源出姬姓。据《史记》《柯氏族谱》记载：周文王祖父古檀父，生有三子：泰伯、仲雍、季历。古檀父立季历为帝，长子泰伯和次子仲雍双双迁至南方荆蛮之地，学当地人，断发文身，自号勾吴，泰伯卒。仲雍又为吴伯，传到第六代，为柯相，封地在常州柯山郡。吴国后人以柯为姓，尊柯相为肇姓始祖。

2. 出自姜姓，是炎帝神农氏的后裔。为姜子牙的嫡系子孙，源出齐国。

3. 北魏柯拔氏改姓柯，其后世子孙称柯姓。《魏书》记叙：柯拔姓改为柯姓。代羌族、鲜卑族中都有柯姓，其后代子孙亦称柯姓。《姓氏考略》有谓：羌及鲜卑俱有柯姓。

4. 《柯氏考略》有谓：羌及鲜卑俱有柯姓。《魏书》论称：柯拔氏改为柯姓。

综上所述，柯姓除泰伯一系外，尚有少数民族加入。台湾高山族中的柯姓便是一例。

【得姓始祖】

1. 柯卢，得姓始祖是周文王太伯父仲雍的后裔吴公子柯卢。周太王古公亶生三子，长泰伯、次仲雍、三季历。季历生昌（即周文王），昌生来有圣瑞，得古公亶喜爱。泰伯遂与仲雍商议，主动退让，以使古公宣传位于季历，然后传给昌。两人投奔南方，断发文身，开拓荆蛮之地，创立吴国。泰伯先立为吴君主，泰伯卒，无子，仲雍继立，是为虞仲。虞仲历传简季、叔达、周章、熊遂、柯相、疆鸠、余桥疑吾、柯卢。《史记·吴太伯世家》："余桥疑吾卒，子柯卢立。柯卢卒，子周繇立。"是春秋时期吴国的君主之一，为吴国第十任君主，承袭父亲余桥疑吾担任吴国君主。柯卢死后，儿子周繇继位。

这一支源起于浙江，被尊为南方柯姓的始祖。

2. 姜尚：吕尚（约公元前 1128－前 1015），中国历史上最享盛名的政治家、军事家和谋略家。一支源起于河南柯姓，尊为姜尚北方柯姓的始祖。

【入闽迁徙】

唐高宗总章二年（669），陈元光率军入闽，镇守泉漳，随他南来的偏将、军士58姓，其中就有柯氏。唐昭宗天复年间（901—904），有闽籍的柯荣以文章才华被授以太子校书。南塘柯氏宗谱则记载：唐僖宗光启二年（886），有祖自河南光州固始从王审知入闽。初居桃源（今永春）和平里田内及石码聚族，因族繁地窄，而兄弟离乡分处不一。斯时先祖择乔温陵晋江，世居元妙观西水沟巷，俗呼柯家巷。数传至八世祖塘边叟公，在南宋高宗绍兴末叶至孝宗乾道间（1162—1173）徙居南塘。其繁衍支派众多，悉称"南塘衍派"，堂号"瑞鹊"，郡望"济阳"。在唐昭宗天复年间（901），就有一位籍贯福建的柯崇，以卓越的才华被封为太子校书，扬名当世。

按《漳州府志》：陈元光开漳，入闽之偏将，亦有柯姓。故知柯姓之南迁，当始于唐初。唐总章三年（670）府兵队正柯敦颐，随陈政之母魏妈从河南光州入闽开漳。屡立战功，并定居漳州、繁衍子孙，被尊为柯姓入闽始祖。

《柯蔡氏族谱》《南塘派亭》记载："唐僖宗光启二年（886），祖自河南光州固始，从王审知入闽，而居泉之元如观西水沟巷，今呼柯厝巷即是。石晋天福元年（942），祖讳宝公，自水沟巷分居莆阳，其仍居泉之观西者，历五世，及北宋至庆文公为泉之望族。及南渡后，家道中微，始分散播迁。"

柯庆文，南安人，宋天圣二年（1025）进士。其子柯述，宋神宗龙图阁学士、名宦乡贤。柯述派下，一是以柯翰为福建同安开基祖，其长子缵宗，徙居福建安平（今晋江安海），次子绍宗居莊江（今同安鼎美西柯）。分衍霞岐西柯。后世厚又择居梧侣为后柯，西柯梧侣派开居祖。

泉州的柯姓族人从中原迁徙而来。据清乾隆己亥年（1779）上饶广嘉置局雕印的永春《济阳柯氏宗谱》记载：泉州柯姓自唐僖宗光启二年（886），由河南光州固始入闽千徙。有祖延熙公名彪炳一家十七人随从刺史王绪、部将王潮王审知兄弟入闽，共除乱政，助开八闽，勋家世阀阅。初居永春桃源和平里，继而移至卓埔乡桃源之西达理之东的田内及石马聚族而居，并起盖宗祠，亦建造为祭扫祖坟栖所数栋。因族繁地窄而择乔漳州，或择乔大田、德化及福州三山驿等地，散处不一，以晋江为盛。惟择乔温陵晋江的柯姓，世居元妙观西水沟巷，人称菜巷柯氏巷。石晋天福元年宝公自水沟巷分居莆阳。其仍居泉之观西者，历五代及北宋至庆文生述、述、迪、延兄弟四人。父子贵显相继科第，潜龙舞起瑞鹊芳传，世传为闽望族。宋蔡襄知泉时，曾到水沟巷看望屯田员外郎庆文公，述兄弟执文请阅。见柯述兄弟才华横溢，蔡襄赋诗赞颂，果然以后兄弟四人俱登巍科策。柯述登宋进士，官至龙图阁大学士。

安溪《蚯城柯氏族谱》记载：今安溪蓬莱镇蓬溪村柯姓先祖，唐末由光州固始入闽，世居泉州元妙观西水沟巷，元代时柯万山移居蚯城，尊其父柯守顺为始祖。

晋江《鳌岱柯氏族谱》记载：今晋江英林镇埭边村柯姓先祖柯延，于唐末由河南光州固始县从王审知入闽而居南塘，以后又移居柯仓、鳌岱等地。

《客家风情》载：唐末，柯氏入闽，扩衍留居宁化等地。同期，安徽铜陵柯氏的柯亮（字延熙，号商奄）随王审知进闽，驻寓福州金斗桥，为柯姓进闽始祖。二世柯孝思迁居永春柯罗村；第三世柯希夷再迁龙岩州宁洋县（今大田、漳平）；第四世时，有柯吉、柯宝、柯昌三兄弟分别徙居南安、莆田、长乐。大田柯氏以柯应清为开基始祖。柯应清生柯惠法；柯惠法有三子：柯法宁、柯道真、柯洪嘉。第三子柯洪嘉无传，因此，大田柯氏分为长房派、二房派。长房柯法宁有五子：宗子柯石生（字荣宗）的后裔多数移居永福，少数迁屈斗（下洋镇）；次子柯治

生（字荣宽）的后裔居龙地，或移迁江西、浙江、光泽、建宁、尤溪；第三子柯法保（字荣华）移居盖德（今蓬壶镇都溪村）；第四子柯五生（字荣富）的后裔移居大田、龙泉；第五子柯尾生（字荣美）的后裔不少移住江西。明正德（1510年），柯应清的第十四世孙柯法保（荣华）移居廿二都蓬壶盖德。柯荣华四子四：真保（号中泉）、真养（号涌泉）、真童（号盖山）、真秀（号混泉），分为四房。

据《闽省济阳谱系》记载：南宋时，有兄弟三人由河南济阳府，相率入闽，初居福州下大路风陈张勤乡，嗣后分姓分居，辟地开族，长兄入辛姓，三弟入蔡姓，各分居惠安、泉州一带，次弟则入柯姓，分支泉州东门外，后再分永春诗山一带。又台北新庄镇《柯姓氏谱》有谓：先世居广信府贵溪县（江西境），始祖柯某为潮州太守，当北宋金人之乱，乃隐于福建漳州府龙溪县二十五都都良村，支派繁衍，遍于闽南。台湾的柯姓，据省文献会所查悉者，是从乾隆初年开始，陆续播迁分衍于台。

台北新庄镇《柯氏族谱》记载：先世居广信府贵溪县（江西境），始祖柯某为潮州太守，当北宋金人之乱，乃隐于漳州府龙溪县二十五都都良村，支派蕃衍，遍于闽南，从乾隆初年开始，陆续播迁分衍于台。

元顺帝年间（1333—1368），大田桃源一支柯氏迁居尤溪二十七都坂边。

《南塘柯氏族谱》称："惟我祖徙居泉之晋江南塘，号曰塘边叟。"塘边叟十四孙、顺治进士柯庚昌的祖父柯宗仑所作《柯氏祠堂记》称："逮播迁以后（指宋南渡），家运偕国运中微。维我塘边叟公和诸兄弟同处于泉之水沟巷，寻薄其湫溢，不足以启振绳，及始各分其袂，有适清漳武荣者，有适莆田文笔山，分其派往浙之嘉义县者。有徙居安平者。塘边叟公适泉之南曰南塘市，故因此为号，而今祀之为南塘开祖。"遂为柯述之孙塘边叟由泉城水沟巷徙居南塘，成为肇基南塘柯姓始祖。"南塘衍派"自此成为闽泉望族，绵衍不绝。自塘边叟曾孙柯云从的生年（南宋理宗宝庆元年，即1225年）推测，塘边叟由泉州城厢东街天庆观（即元妙观）

西水沟巷徙居晋江南塘，当在南宋高宗绍兴末叶至孝宗乾道年间（1153—1173）。

明嘉靖元年（1522），柯福宗开基尤溪二十六都迎祥，建"种德堂"为柯氏宗祠。柯二十六从大田桃源龙湖迁居尤溪梅仙的白坑，后又转徙至梅仙的三港头定居，为谢坑村柯氏始祖。谢坑柯氏后裔子孙相继迁居梅仙的源湖村白坑自然村、邵武墩等地。清宣统年间（1909—1911），谢坑柯氏第十六世孙柯世仁迁居梅仙的源湖村白坑自然村。

【入垦台湾】

明清以来，福建柯姓而外传支派分布江西、广东、海南、浙江、江苏、北京、香港、澳门、台湾。清乾隆年间有福建安溪二十八都士林乡人，入垦今台北县泰山乡大料村的柯厝坑。乾隆十六年（1751）有柯干梁、柯献瑞居麻豆保捐北极殿斋房。乾隆三十三年（1768）有柯廷第系页生，捐修凤山县北门石路。乾隆三十八年（1773）闽人柯步生在今高雄县燕巢乡兴建龙角寺。乾隆三十九年（1774）柯正寿，重修楠梓坑桥。嘉庆三年（1798），有柯有成与何绩，赵良盛二人随吴沙进垦今宜兰县头城镇。道光年间，又有柯姓漳州人，到现在台北县万里乡大埤村冷水掘开垦，道光二十七年（1847）有柯福隆，入居今台南县盐水镇。晋江南塘四使，徙居同安鼎尾柯姓尤为突出，大批柯姓族人迁台湾传衍至今已枝繁叶茂。现在台湾仅彰化市新埔、台中溪底就有数万柯姓族人，他们当中绝大多数为"南塘衍派"柯姓。台湾的柯姓后裔们为了怀念祖籍地安海林口，而将在当地的地名改成祖籍地地名的，而且台湾林口村的柯姓后裔还将祖籍地安海林口村中普庵庙供奉的普庵祖师迎到台湾敬奉。因此，今天在台湾也有安海林口村普庵庙分灵而去的普庵寺，供奉的是同一尊普庵祖师。普庵祖师之所以被海峡两岸供奉是因为普庵祖师圆寂后，因灵验事迹彰著，护国佑民有功，得到宋、元、清各朝七次敕封，如宋朝理宗皇帝诏谥为"寂成禅师"，元朝仁宗皇帝加封为"惠庆禅师"等等。

【郡望堂号】

济阳郡：晋惠帝时，将陈留郡之一部分置济阳郡。在今河南省兰考县一带。

钱塘县：秦时置县，属于会稽郡。后汉时为吴郡治所。在今浙江省杭州市。

齐郡：西汉初年将临淄郡改为齐郡。相当今山东省临淄一带。

瑞鹊堂：瑞鹊的意思是奇怪的小鸟。宋朝时柯述历任淮州知府，累官朝散大夫。他曾经在漳州当辅佐的官。漳州地方荒年，他千方百计赈济灾民，亲自住到灾区。这时有两只奇怪的小鸟在他的屋梁上垒了窝。等他回到招待所，两只小鸟也跟着他。他完成任务回漳州城时，小鸟飞着追他数十里，叽叽喳喳不忍离去。

济阳堂：以郡望为堂号。

【祠堂古迹】

南塘柯氏家庙，坐落在晋江南塘村中。南塘柯氏家庙始建于明初，几度重修。祠堂是占地面积1000余平方米，坐西朝东。

塔尾村柯姓宗祠，位于漳州天宝镇塔尾村村中央，号"紫阳堂"，又名"瑞鹊堂"。坐西北朝东南，祠堂宽20米，长40米。

漳浦溪南柯姓家庙，位于绥安镇溪南社，堂号"一经堂"，挂匾"柯氏家庙"。坐西向东，两进三开间土木建筑，悬山顶。

魁头祖宇，又称蓬溪柯氏大宗祖祠，坐落在泉州蓬莱镇蓬溪村龟背脊。明嘉靖十九年（1540）由八世孙柯景勋集资始建，历代重修。宗祠负乾揖巽，占地面积2915平方米，建筑面积375平方米。

柯尚迁纪念馆，又称尚迁公园。位于长乐市漳港镇柯百户村。占地15亩，由公园和纪念馆两个部分组成。

永兴柯氏祠堂，浦城县永兴镇驻地。

【楹联典故】

万枝兰桂宗竹圃，济阳柯木蔚成林。

源溯中州衍闽台，承世泽子孙济济；本承大莆传美阳，尊祖德瓜瓞绵绵。

——漳州塔尾村柯姓宗祠楹联。

龙图阁老先朝望；异鹊堂诗永世传。

——苏轼题柯氏宗祠瑞鹊堂。"瑞鹊堂"柯氏家族，由于他们的入闽始祖柯延最初开基于南塘，所以，有时候也以"南塘"名派。他们大多奉所谓的塘边叟或东边叟为始祖，目前生活在台湾岛上的一代，大致是那两位"叟"的第二十五、二十六世裔孙。自此以后，柯姓族人都以"瑞鹊堂"为号。

七世联登九进士；八闽独占一状元。

——柯姓宗祠通用联。此联为莆田县灵川镇柯朱村柯氏宗祠联。

【族谱文献】

闽台柯氏族谱有永春《柯氏宗谱》为清代柯宗亮主修。始修于明永乐二年（1404），系南塘肇修；历明正统，天启、清康熙三次重修，乾隆三年（1738）始灵地裔纂修，又经乾隆十九年（1754）、乾隆三十六年（1771）灵地二次重修，今本为八修，系灵地柯氏迁江西广信府裔孙重修，清乾隆四十四年（1779）江西上饶广嘉置局刻本。谱仅存一卷，

刊列目录、修谱年届、凡例、谱序、家规、祠堂图并记文、祖像并赞、屋图、字派谱号，以及南塘始祖系传图。载唐光启间始祖自光州固始南迁入闽，居泉州元妙观西水沟巷；历传至塘边叟，元末迁晋江南塘，创闽中望族，历代簪缨相继，子孙播蕃支省内外。至明弘治年间（1488—1505），十一世孙应清移居永春桃源灵地肇族。谱序中多有铺叙，谱本已残。有长乐《南阳柯氏族谱》，始修于明万历二年（1574），清乾隆四十一年（1776）十一世柯兴耀重修，道光年间增修，今为1997年合族同修本。依次刊录有修谱执事彩照，祠、乡图照，谱序、目录和渊源，以及闽中柯氏世系源流等。有晋江《上郭柯氏东升公长房谱》《闽南柯氏家谱》《南塘柯氏相公二房分派台舍家谱牒》《武荣柯氏族谱》、闽侯《盛汉柯氏书房家谱》《济阳柯蔡渊源考略》等。

第六十八节 孔 姓

孔姓当今中国姓氏排行第98位的大姓，人口约3323000余，约占全国汉族人口的0.29%，占全国人口总数的0.21%左右；占台湾人口的129位。

【渊源】

1. 出自子姓，以王父为字氏。孔子出生在鲁国昌平乡陬邑。其祖先为宋国人，名叫孔父嘉。孔父嘉的儿子生下叔梁纥。叔梁纥和颜氏的女儿不合礼仪生下孔子，他们向尼丘进行祈祷而得到孔子。鲁襄公二十二年孔子出生，因头顶中间凹陷，所以就取名叫丘，取字叫仲尼，姓为孔氏。

2. 源于姬姓，出自春秋时期卫国大夫姬孔悝之后，属于以先祖名字为氏。春秋时期，卫国大夫中有姬孔悝，所以在姬孔悝的后裔子孙中，有以先祖名字为姓氏者，称孔氏。

3. 源于妫姓，出自春秋时期陈国大夫孔宁，属于以先祖名字为氏。据史籍《古今姓氏书辨证》等有关资料记载，春秋时陈国（今河南淮阳）有个大夫叫妫孔宁。

在妫孔宁的后裔子孙中，有的以先祖名字为姓氏者，称孔氏，是为陈郡孔氏。

4. 源于姬姓，出自春秋时期郑穆公姬兰之后，属于以先祖名字为氏。春秋时期，郑国（今河南新郑）君主郑穆公姬兰有后人名姬孔张，在其后裔子孙中，有以先祖名字为姓氏者，世代相传至今，史称郑国孔氏。

5. 出自古佶姓的孔氏。卫成公时大夫孔达，也称孔庄叔，卫庄公时大夫孔悝，均为姞姓之后。姞姓孔氏也有2500年历史。

6. 源于少数民族，属于汉化改姓为氏。

【入闽迁徙】

《客家风情》：孔氏入闽，始于唐末。宋代，主要居住在汀州之宁化、长汀、上杭、永定等县。元至治年间（公元1312—1322），孔氏54代思铭，字新世，原居临川（今江西省抚州市临川县）出仕汀州，因世乱，定居上杭县西门宣德坊（今城关孔巷），遂为孔氏杭川肇基祖。裔孙播迁福建漳州、永定，广东大埔，台湾和国外。明代，宁化孔正经曾任吁江樵舍驿丞，任满回籍宁化故里。

济村古背《江夏黄氏族谱》载：北宋，始祖化公入迁古背村。此前，古背有村名孔家边，均为孔姓，居约100多户。孔氏入迁该地约在唐末至五代十国时期，黄氏入迁古背后，孔氏逐渐外迁，黄氏遂将孔家边改为黄茶洋。至清雍正九年，孔氏裔孙将村中部分房屋典卖给黄氏建祠堂，现"江夏名宗"祠附近即为孔氏居地。上杭孔姓人才辈出，有中华人民共和国开国少将孔瑞云（1917—1992）等名人。

柘荣孔氏，郡望鲁国，是邹鲁圣人第56代裔孙希顺公，官至总旗，诏敕屯田，于永乐三年（1405年）自南京大松园迁柘为东峰孔氏肇基始祖，历代人才辈出，后裔分布闽、浙各地。人口约5000人。

《孔氏家谱》记载：孔子第五十五世孙克伴公，为江苏镇江丹徒人，16岁报壮丁，挑入汤元帅麾下，官升右卫总旗。明洪武元年（1368年），征战福建，其间被敌军围困三天三夜，最终阵亡，录军功世袭右卫总旗。由于被困时，克伴公曾使其外甥解困，却始终不见援军，临终前，克伴公对天发誓："非孔姓子不入孔门。"根据克伴公临终遗言，其侄孔希顺（第56代孙）于洪武十三年（1380年）袭补福建建宁右卫总旗，此后屯兵长溪柘洋里（今柘荣），并治水患，而家于东峰。清朝康熙年间，孔子第64代孙孔尚荣、孔尚志兄弟，又从柘洋迁居福鼎管阳镇西昆村。西昆因此被誉为"江南孔裔第一村"，2007年又成为第三批省级历史文化名村，2012年入列中国传统村落目录。家族聚居为主，播迁闽省各地，他们中间还出过女博士。

闽西客家孔姓居住在永定县的湖雷、合溪、凤城、城郊；上杭县的城关、临城、旧县、才溪；连城县的姑田、北团；宁化县翠江等乡镇等。

【入垦台湾】

清朝初期福建孔姓进入台湾地区,上杭孔氏迁台有庆德、庆书、庆堂、宪贺、金生、令明、庆铨等人;19世纪40年代全国都有孔氏人口进入台湾,孔氏人口在台湾排名第129位,台北、高雄人口较为集中。

【郡望堂号】

孔姓望出东鲁郡和会稽郡。因为孔子的名望,他所居住的鲁国和后代一部人南迁居住地会稽(今浙江绍兴),被作为孔姓的两大著名郡望。孔氏堂联有:"泰岳钟灵,洙源萃秀。""东山振锋,北海倾樽。"都是指孔子。堂号有鲁国堂、东鲁堂、会稽堂等。

【祠堂古迹】

西昆孔氏家庙,位于福建省福鼎市管阳镇西昆存,始建于清代,坐西向东,始建于1653年,由孔子六十四代孙孔尚策为首共建,砖木石结构,总面积1400平方米。孔庙大门前有"孔氏家廟"四字。

柘荣双城镇孔氏家庙,位于柘荣县双城镇东峰村中心,坐东南朝西北,始建于明弘治八年(1495),前后两座,前座奉祀本祠祖宗神牌、灵位;后座为"大成殿",奉祀"大成至圣孔夫子先师"神位,两旁廊庑与两楼相连,前、中、后三天井,四周空斗砖墙;左前侧建坐北朝南门楼。

【祠堂楹联】

东山振铎;北海倾樽。

——佚名撰孔姓宗祠通用联。

安富尊荣公府第;文章礼乐圣人家。

——佚名撰孔姓宗祠通用联。上联典指孔府,在山东曲阜城内,为孔子后裔直系子孙"衍圣公"住宅。下联典指汉朝的孔仪、孔光、孔融,隋唐的孔颖达等历史名人。

莲潭水明,直同泗水;半屏山秀,俨如尼山。

——台湾省高雄市孔庙联。该联以当地的莲潭水、半屏山与山东的泗水和孔子出生的尼山相比,来说明地灵人杰。语言不多,但自豪之情溢于笔端。

【族谱文献】

福鼎管阳镇西昆《孔氏家谱》,钞本全卷,始修于明末清初。只是以抄本传世,记载世袭奉祀的宗子名字。规定"凡不孝、不悌、犯义、僧道、邪巫、优卒、贱役等,都被认为是,辱祖玷宗,丧名败节,皆不准入谱"。福建上杭《闽杭孔氏家谱》五卷,首一卷,(清)孔昭音等纂修,清光绪三十二年(1906)木刻活字印本。注:始迁祖为元代孔新。

第六十九节　赖　姓

赖姓人口当今排在第 98 位，约占全国总人口 0.18%，约 250 万人。在福建排名 22 位。在台湾排名第 19 位。

【渊源】

1. 出自姬姓，皇帝后裔以国名为氏。据《通志·氏族略》及《文献通考》等资料所载，建于武王十三年（前 1122）。商末，纣王昏庸无道，民不聊生，武王命弟叔颖率众诸侯起兵伐纣，功成后退居河南省赖地。武王念其功勋，赐为子爵，并封叔颖所居地为赖国。史称赖子国。后赖国被楚国所灭，迁于鄢陵，遂以国为姓，尊叔颖王为太始祖。史称赖姓正宗。

2. 出自姜姓，为炎帝神农氏的后裔，以国名为氏。据《中国史稿》《炎黄源流史》等资料所载，炎帝后裔有四支，属于古羌族的四个氏族部落，其中一支是烈山氏。古时烈与厉通，又音赖，故烈山氏、厉山氏、赖山氏皆同。古时的烈山氏居住在山西汾水流域，有一支东迁在河南厉乡县建赖国，依附于商朝。

3. 源自少数民族有赖姓。如，阿昌族赖姓源于阿昌语"喇来"，因其尾音与汉语"赖"字谐音，故姓赖。另外满、蒙古等少数民族台湾地区少数民族均有赖姓。

【得姓始祖】

叔颖，是轩辕黄帝廿九世孙，文王之第十三子，周武王之弟。据史料所载，武王令叔颖率兵与诸侯讨伐无道之纣王，功成退居河南省赖地。周朝为黄帝姬姓后裔姬发所建，为加强其统治，武王大封同姓诸侯。前 841 年，武王封弟叔颖于赖国。鲁昭公四年（前 538），赖被楚灵王所灭，其后子孙遂以国为氏，称为赖姓。故叔颖则被尊为赖姓始祖。

【入闽迁徙】

唐末，赖得由江西宁都沿石城入闽，定居于长汀。

据《清流县姓氏资料》载：赖姓郡望颖川，世居河南省颖川。东晋太和元年（366），因兵乱赖氏后裔迁徙活州丰宁桴原；后定居安远松阳。唐乾符元年（874），赖氏后裔赖标徙居汀州古路上杭县古田；五代十国后梁乾化二年（912），赖标之孙始迁居清流县赖安、赖武等地。迁入清流县的赖姓主要定居清流县赖安、赖武，其后裔播迁县内各地。

宁化下曹《赖氏松阳谱》载：唐武德五年（622），赖德之子赖桂，自浙江松阳迁居宁化石牛村（今曹坊双石村）。另一谱载：龙泉，家居江西吉安，转徙宁都，后逃难外迁，兄弟三人同盟"逢石下居"：长居宁化城乌龟石前；次居宁化会同里石岭前（曹坊上赖）；三居上杭赤面石。

据广东梅州《赖氏族谱》载：南北朝元嘉末年（453），这一支赖氏的第三十世祖赖硕迁徙至江西宁都，为闽、粤、赣赖姓奉为开开基始祖。赖硕的裔孙赖得（赖硕的第三子赖灿的次子）仕唐，官至太尉，由宁都迁居福建上杭古田。赖得有 3 个儿子：赖标、赖桂、赖枢；其中，长子赖标由古田迁居宁化石壁。南宋时，赖标的第十一世孙赖五为守殿将军。他有 9 个儿子，依次名六郎至十四郎。其中赖八郎后裔衍至清流、归化；赖九郎迁居上杭；赖十郎迁居大埔，后又转徙汀州赖坊；赖十三郎迁居兴宁、长乐。

宁化中沙练畲《松阳赖氏族谱》：晋永兴间（304-306），士瑞迁居松阳，其子名迁，字臣庆，任东江太守。又一传至相国茹公，食邑颖川，遂家于此，代代相传。至宋绍兴间，极（报）公，号素轩，自宁都迁居宁化登荣巷（赖家巷）。后裔衍中沙练畲。

平和、台湾《赖氏族谱》：五胡乱华时，八世评一郎与九世孙赖深，自河南迁江西南康。深子重郎，东晋真州知府，其子功行，卜居虔州，定居松阳，为松阳始祖。下传十八世硕，晋末居虔化。生三子：长、次留守；三迁长沙。至二十一世赖标，唐末，征西番将军。后定居宁化石壁。赖标入闽不久，其

253

二弟赖极、三弟赖枢，亦先后迁闽。

台湾台中《赖氏大族谱》：三十三世朝英于宋英宗时（1064-1067）迁居宁化石壁。其子二六公（亦名宁化公、万芳公），生九子分衍各地：荆，为大溪庵后祖；梁，为芦溪葛竹始祖；雍，为田心房始祖；豫、徐、杨三子随母许氏衍往惠潮开基；青、衮、冀三子随母黄氏留居宁化石壁守祖祠。

诏安《赖氏族谱》开基祖赖雍，原籍闽西宁化县，明洪武初年，迁至诏安田心。生五子：长卜隆，衍平和县双溪心田；次卜英，留居诏安；三卜芳，迁平和芦溪案头开基；四卜茂，住诏安都下葛。在田心建有祖祠名"颍州公祠"。由于重视子孙的文化教育，从明代中期至清光绪间，该家族共有文武功名者332人，其中进士一名，举人14名。

据湖南的一些《赖氏族谱》载，湖南最早的赖姓来之福建汀州上杭县古田，为赖标的后裔，居于三湘、益阳一带。

隆安二年（398），赖光的裔孙赖遇任江东太守，他奏请朝廷准许他以松阳为府第。晋安帝司马德宗恩准并御笔题写"松阳世家"匾赐予赖遇。松阳赖姓以"松阳"为郡望，成为当地望族。据台中赖罗傅宗亲会的资料载：南北朝后期，松阳赖姓的赖灿有7个儿子，其中2个儿子留居松阳，其余5个儿子全部迁往江西。后来，留居松阳的赖姓后裔又有一些人迁居福建，先后定居在汀州、宁化、上杭、永定、古田、延平、永安、南靖、诏安、平和，以及广东程乡、大埔、饶平、揭阳等地。其中，居于诏安的赖显生有5个儿子，分别迁居平和心田、葛竹、安厚等地。

据台湾《西盛赖氏族谱·松阳七十二房考略》载：东晋安帝四年（400），颍川赖姓有一支迁居潭州丰陆桴源（今湖南长沙一带），不久又迁到虔州石城礼上里秋溪，至宋代又迁居汀州府宁化县田心里石壁城，明洪武二年（1369）又迁漳州府平和县葛竹社。

武德五年（622），赖得的次子赖桂自浙江松阳迁居宁化石牛村（今曹坊双石）。（见宁化下曹《松阳赖氏族谱》）

硕公的第三子灿公生七子：昭、得、度、明、思、求、彦。昭公留居祖地赤竹坪（虔化即今宁都）；度公返迁桴源（后裔又迁广东）；明公之子由虔化迁水西（江西抚州）；思公迁江西石城；求公迁江西会昌。得公原居虔化，长子标公锦衣卫仕唐，升直殿大将军。唐高宗乾封元年（666），因闽省寇乱，统兵剿寇平乱。奉旨西征，功勋卓著，升直殿大将军，奉谕敕守镇闽汀，其极、枢二弟也随迁入闽。高宗甲戍年（674）闽省寇乱，加封威武都将军，统兵五路，由松阳出发，至建宁之疆，乱寇闻而丧胆，追至上杭地界，一鼓而定，蒙圣恩谕敕，镇守闽汀上杭古田坪埔，遂率眷属而家。公奉旨莅任，仁政于民，垦荒造田，号称"周公复生"。盖因辅佐皇朝，功劳盖世，传十一世子孙，皆世袭将军。

唐代，叔颖的第三十三世孙赖标奉旨率兵入闽剿寇平乱，由松阳入闽，镇守汀州古田。其弟赖极，唐举孝廉，官任益州（今四川成都）太守，仁政爱民，也由松阳迁上杭古田，后又继迁宁化石壁村开基，曾改郡名为石源郡；三弟赖枢由松阳迁汀州清流县。赖标、赖极、赖枢兄弟三人为赖氏入闽姓祖。赖标的第三世孙六郎公有四子。到元代，元太祖即位时，六郎的儿子很有出息，赖虞观、赖朝美有天恩户、天明户之称谓，虞观的开天恩户在西川郡，西川郡是赖氏自松阳郡之后的一个郡望。其义取叔颖公为文王之子，远祖文王迁于岐山，出自西岐，如川之流，溯厥本源，所以称"西川郡"。子孙后代繁衍闽、粤、台各地，播迁海内外。

唐大历初（约766），于都县令李景肠说："三国时隐士庞统名其家乡曰冠盖，东汉著名经学家郑玄称其家乡为通德，赖棐与他们比并不逊色。"于是，人们把赖棐的住宅称为"秘书坊"。赖姓后裔以"秘书堂"为堂号，祀祠先祖。唐末时，赖硕的后裔赖由率领族下从宁都沿石城进入福建，定居于长汀，后又迁居上杭古田、清流、宁化、永定、连城等地，明清间又进一步迁到广东大埔、梅州、兴宁等地，也是赖姓在南方影响较大的一个支派。唐乾符年间（874—879），赖朝英出任汀州府宁化知县，举家定居于宁化石壁田心。福建、广东许多赖姓族人都是赖朝英一支的后裔。

北宋末年，金、元相继入侵，宋高宗南渡，更多的赖姓裔孙向福建西部、南部，广东东部、北部迁徙。进入闽省的赖姓裔孙其上祖也许就不单是一个标公及其兄弟一脉派系的了。明代，赖姓后裔又继续不断地向南迁徙，进入广东、广西及沿海一带。宋末元初，赖廷贵的裔孙赖泽翁由泉州择居晋江八仙山凤山里。晋江赖厝赖姓为当地名门望族赖忠郎为明翰林侍讲、江东太守中宪大夫。

【入垦台湾】

福建赖氏不断迁徙广东、广西、江西和台湾等省市。明末清初，赖姓族人开始迁徙至台湾。据《台湾文化志》《云林沿革志》等书载：清康熙十六年（1677），郑成功收复台湾后，原郑成功部将赖某与杜某合垦沙连堡社寮庄及山脚庄；另还有一位赖姓人与林杞一起入垦台湾竹山镇后埔社寮东埔蚋，成为第一批进入台湾岛的赖姓人。据《新埔赖氏族谱》记载：在康熙六十年（1721）时，宁化公后裔天经公由漳州平和县葛竹乡迁入台湾北板桥镇，成为新埔赖姓开基祖。由大陆迁往台湾省的赖姓，以原居福建龙岩、漳州、泉州各县者为最多，赖姓，是台湾第十五大姓，其中有不少是宁化客家赖氏裔孙，台北《赖氏族谱》（颍川赖氏）载：宋时，先祖自虔州石城里之秋溪迁居闽汀州宁化石壁。明洪武二年（1369），再迁漳州府平和县葛竹社。于清康熙间，裔孙东渡台湾。台湾赖氏大都居在台湾的台中、台北、彰化、嘉义，尤其是沙鹿、鹿港、清水、台南、高雄等地为众。

【郡望与堂号】

郡望有颍川郡、南康郡、河南郡、河内郡、松阳郡。

颍川郡：秦王政十七年置郡。治阳翟（今河南禹州）。此支赖姓，其开基始祖为叔颖。

南康郡：晋太康三年置郡。东晋移至赣县，相当今江西省南康、赣县、兴国、宁都以南地。此支赖姓，为赖光之后。

颍川堂：赖氏族谱载："赖氏之先本姬姓，为周文王第十三子仲叔九代之孙颖公。宣王时赐封颍川，是为赖国。颖公之后，计十四世而国并于楚，

子孙遂隐居颍川，以赖为姓，以颍川为郡焉。"故颍川为赖姓发祥之地，堂号颍川源此。颍川，考其地在今河南省信阳市。

秘书堂：唐代赖棐，从小聪明，7岁会写文章。20岁通九经百家之言。乾元中，中了进士，拜崇文馆校书郎。他不愿意干，退居乡里，人们把他的家叫作"秘书里"。

此外，赖姓的主要堂号还有南康堂、河南堂、西川堂、松阳堂、五常堂、五美堂、锡美堂、怀德堂、积善堂、思敬堂、水声堂等。

【祠堂古迹】

赖厝赖氏家庙，晋江市的赖厝，包括了烧厝、后间、苏塘、吴厝在内五个自然村落，聚居连片，统称赖厝。创建于明洪武年间，明正德间赖凤回乡重修宗祠。

平和县心田赖氏家庙，坐落于平和县心田，地形如猛虎下山，坐丁向癸兼子午分金（坐南偏西）。兴建于明代天启元年（1621），历代重修。

漳平赖氏九族堂，坐落于漳平市新桥镇西北15公里，海拔800多米处，建于宋朝，坐向乾山兼亥，木框架结构，现存建筑面积180平方米，正堂悬挂"九族堂"匾额。

葛竹赖氏开基始祖大宗祠，坐落于南靖县南坑镇葛竹村境内，由葛竹赖氏开基始祖六十二郎公于明朝洪武二年（1369）兴建，历代重修。

上杭县古田赖坊赖氏宗祠 又名"致爱堂"，坐南向北，是古田镇为数极少保存至今最早建筑之一。占地面积1015平方米，建筑面积435平方米。

德化大铭乡琼溪赖氏家庙，又名颍川庙堂，俗称横溪祖厝，位于德化县大铭乡琼溪村，为明崇祯进士出身礼部右侍郎赖垓的家庙。建筑面积494.6平方米，占地面积2178平方米。

永定培丰赖氏宗祠，坐落于永定县培丰镇东中村的"弥勒献肚"山形之下。宗祠大门的大理石门柱上的楹联"踞弥勒胜景，传好古家风"。建筑主体坐北朝南，其建筑面积达289平方米，总占地面积达3833平方米。

清流赖氏祖庙，又称"龙门祖庙""赖氏一门"。

自唐末始建后扩修建于宋咸淳年间和明泰昌元年（1620）、同治壬戌年重新修建。

泉州罗溪赖氏宗祠，坐落于泉州市洛江区罗溪，系一世祖允公七世孙志学公（号南溪）建于明万历年间。清康熙年间迁建于现址，距泉州市50公里。几度修复。

【楹联典故】

秘书遗后家声远，好古传芳世泽长。

——赖姓宗祠通用联。此联为赖氏宗祠"秘书堂"堂联。

思亲笃念光前哲；敬祖虔诚荫后贤。

——佚名撰赖姓宗祠通用联。此联为赖氏宗祠"思敬堂"堂联。

致信致诚，秘书世德；爱亲爱族，好古家声。

——赖姓宗祠通用联。福建省赖氏宗祠大厅正柱联。为赖氏"秘书堂"堂联。

追本溯源，千秋思祖德；承前启后，万代念宗功。

——赖氏适中宗亲撰赖姓宗祠通用联。福建省赖氏宗祠"秘书堂"堂联。

颍水周封，绵延万里裔孙传四海；松阳晋敕，勃发千秋业绩布九州。

——赖姓宗祠通用联。福建省赖氏宗祠大厅口柱，"秘书堂"堂联。

先人原重和宗，从明水结庐，望云每忆湖山宅；小子何能耀祖，自丹墀旋里，登堂犹带御炉香。

——清代赖华钟撰福建省永安市大湖镇曲尺街赖氏家庙联。

溯祖德肇西周由秦汉以迄明清屈指二十朝绵绵延延祖豆馨香今胜昔；衍祖枝在南国从浙赣而蕃闽粤计丁亿万振振蛰蛰衣冠文物后光前。

——永定县汤湖赖氏家庙上堂两柱的对联。

【族谱文献】

闽台赖氏族谱有《永定县赖氏族谱》，2000年永定赖氏合族共修刊定。刊题词、目录、祖像、祠、墓、照片及宗族活动图照，续刊姓源，播迁及上古世系图表，永定赖氏脉系图文，详述迁永各支脉世系情况，后辑录有传略及人物、文征等项，并附录了永定赖氏各主要聚居点概况等。内载入闽始祖赖标，赖极，赖枢。唐末入闽分别于上杭古田、宁化石壁、清流黄家地开基。有《福州颍川赖氏家谱》赖丰烈编，始修于清道光三十年（1850）咸丰初梓行，今本民国三年（1914）二修铅印本，共2册。第一册集诸序文、凡例、诰命、家传、行述和跋文；第二册详述世系。内载先祖系辽阳人。九世祖赖宠宁为该族谱载始祖，传至通照，明中叶寄籍辽阳，后裔编在清汉军正黄旗下，至赖坤随军征闽耿精忠之乱，遂入闽驻防福州；清雍正七年（1729）移守闽江三江口海道要津洋屿。其族祖因军功而擢职，一门俱有诰封。有《南靖船场梧宅赖氏族谱》，不分卷，内容有谱序、小引、世系，唐乾符元年（874）赖标自江苏松阳入闽上杭古田开基，宋代赖永兴迁居南靖。世系始于一世赖孔英，止于十五世。《南靖南坑葛竹赖氏家谱》，唐乾符元年（874）赖标入闽开基，宋代赖朝英孙赖延兴，由宁化择漳州平和芦溪开基。

第七十节 兰姓

兰姓在今中国大陆的姓氏排行榜上名列第154位，在台湾省则名列第268位。兰姓人口约104万。《百家姓》没有兰姓，只有蓝姓，现实中真正的兰姓很少，很多兰姓是蓝姓的简化造成的。

【渊源】

1. 出自姬姓，为周文王之后。据《通志·氏族略》载，年龄郑国穆公名兰，支庶以王父名为氏。据史籍《通志·氏族略》记载，春秋时期郑国君主为郑穆公姬兰。在周宣王执政时期，把同父异母少弟姬友封于郑（今陕西华县），称郑桓公，为西周最后分封的一个诸侯国。郑国传至周襄王姬郑二十五年（郑穆公姬子兰元年，公元前627年），郑桓公的孙子姬子兰即位。传说，郑穆公之母在生他时，梦见天使手执一株兰草，异常恭敬地赠予她，其时幽香扑鼻，醒来似乎余味无穷，不久即产下一子，遂将其取名为"兰"。姬子兰在位22年，逝世后谥号为"穆"，史称郑穆公。其支庶子孙中有的以王父之名为姓氏者，称兰氏，世代相传至今，文字简化改革之后，兰氏简笔为兰氏，史称兰氏（兰氏）正宗。

2. 出自芈姓，为楚庄王幼子兰的后裔。但是，大多数汉族兰姓以姬兰为得姓始祖。

3. 源于芈姓，出自春秋时期楚国大夫的封地，属于以封邑名称为氏。春秋时期，楚国有个大夫食采于兰邑（今山东枣庄），其后裔子孙中有以邑名为姓氏者，称兰氏。

4. 源于鲜卑族，出自鲜卑族拓跋部，属于以氏族名称汉化改姓为氏。南北朝时期，北魏孝文帝拓跋宏迁都洛阳后，在北魏孝文帝太和元年以前即有改为汉字单姓者，为兰氏、卜氏。

5. 源于羌族等少数民族，出自古羌族白兰氏部落，属于以部族称谓汉化改姓为氏。今彝、土家、满、回、壮、瑶、蒙古等民族均有此姓。

6. 兰姓部分因蓝写成兰而形成，与雷氏一样为畲族，是古代当地居民之一。很早就居住在宁化石壁一带。北宋开宝八年（975），兰六五从宁化的会同里兰家庄迁居清流芹口、仁场。清流县东北部余朋乡太山畲族村就是兰姓人口的一个重要集居地。

【得姓始祖】

兰氏族人大多尊奉郑穆公姬子兰为得姓始祖。

【入闽迁徙】

郑穆公时，郑国已迁都于新郑（今河南新郑）。公元前375年郑国为韩国所灭。兰氏子孙纷纷外迁，大多西迁陈（都城今河南淮阳）、宋（都城在今河南商丘）间地。此后至秦汉，兰氏基本上在中原一带繁衍发展。两汉时期，见诸史册之兰氏仅有武陵太守兰广和兰夫人，且只有只言片语，让人难知其详。魏晋南北朝时，前秦有将军兰殊，南朝有兰子云，中昌魏（今河北大名）人兰钦、兰夏礼父子。可见此际已有兰氏因仕宦之故徙居江南。

宋、元之际，兰氏因仕宦，躲避兵火、瘟灾等原因始大举播迁江南各地，广泛分布于今江苏、安徽、浙江、江西、湖南、湖北、福建等地。

明正德年间（1506—1521），福建省闽清县坂东镇兰氏迁居尤溪中仙的吉安村溪边，后因该村为尤溪县通永泰县必经之地，兵匪连侵，又于清乾隆五十年（1787）迁居吉安村前坪。

约在明嘉庆年间（1796—1820），兰长春从尤溪中仙吉华村迁徙至西城镇七尺新建自然村。尤溪县西滨镇拥口村湖坞头一支兰氏迁居尤溪溪尾的秀峤村。1978年，秀峤村兰氏搬迁到赤坑自然村。

福建省的兰姓主要居住在龙岩市武平县、三明市将乐县，泉州市、莆田市、福州市连江县、宁德市等地。

【入垦台湾】

明、清两代，始有沿海之兰氏漂洋过海迁居台湾。台湾兰姓主要来源福建，高山族同胞也有兰姓；

特光复后也有各省迁徙入台。散居台南、高雄、台北等各个市县。

【郡望堂号】

中山郡、汝南郡、东莞郡。

主要堂号有：中山、平水、东莞等。

【族谱文献】

福建上杭城区兰氏家谱，（现代）兰汉民编纂，2002年计算机激光照排胶印版。原稿现被收藏在福建省上杭县县志办公室。

闽台寻根大典

第七十一节 蓝 姓

蓝姓是当今中国大陆姓氏排行第260位的姓氏，约占全国人口的0.02%，在福建排名第85位。在台湾排名第63位。

【渊源】

1. 出自嬴姓，以封邑名称为氏。远古贤者伯益之后裔秦子向受封于蓝邑，在今陕西蓝田县，为蓝田君，子孙以封地为姓，奉子向为始祖。据《姓氏考略》《竹书纪年》所载，梁惠王三年，秦子向命为蓝君，蓝即蓝田（今属陕西），子孙以地为氏。在秦子向的后裔子孙中，以先祖封地名称为姓氏者，称蓝氏，世代相传至今，史称蓝氏正宗。

2. 据《战国策》《通志·氏族略》所载，中山大夫蓝诸之先祖食采于蓝田，因氏。

3. 出自芈姓。据《百家姓考略》所载，楚公族食采于蓝邑，子孙以邑为氏。

4. 出自姜姓。何蓝韩宗亲会所编的《蓝氏族谱》：蓝氏系炎帝后裔。福建畲族蓝姓族谱也记载，出自神农氏之后榆冈之子昌奇为蓝氏赐姓始祖，受封于河南汝南。

5. 源于其他少数民族，属于汉化改姓为氏。源于满族，苗族、瑶族、傣族、布依族、彝族、土家族、黎族、高山族。蓝姓为广西近百万人均为瑶族蓝姓，蓝姓是瑶族的大姓，福建亦有很多蓝姓为畲族。

6. 源于畲族。畲族的篮氏来源于畲族的创世传说："蓝氏始祖昌奇，是神农氏第十世孙帝榆冈之子，也就是神农氏第十一世孙也。"认为昌奇是炎帝神农氏的后裔，基本上是所有的畲族蓝氏族谱中都认同的说法，并以昌奇为畲族的先祖。另外，远古时期盘瓠的次男蓝光辉，受封护国侯，居处汝南郡，亦为畲族蓝氏始祖。福建省委党校雷弯山教授研究认为畲族是元谋人的后裔，属于福建当地人。

【得姓始祖】

1. 子向。战国时秦国人。梁惠王（即魏惠王）三年（即公元前三六七年），秦子向命为蓝君，蓝即蓝田，即今陕西蓝田县，蓝田位于秦岭之北，蓝

水之东，以产美玉而名闻天下，子向之后以地为氏，称蓝姓，并尊子向为种玉堂始祖。

2. 昌奇。据《蓝氏族谱》载，蓝姓为炎黄子孙，第一代昌奇公生于帝喾二十二年，即公元前2738年，时以秀蓝赐名，分封为汝南郡（河南省新郑市）火旺公。历年蓝氏兴旺，代代有名人，子孙遍及全国海外。至十代善公助夏禹治水。授以"牧"都安邑。遂住安邑（山西省安姨县），嗣后，蓝姓子孙又徙迁陕西，隐居长安，甘肃陇西县，湖广荆州、江苏上元县，今南京市朱紫坊。蓝姓后人尊昌奇公为蓝姓的始祖。

3. 戒君堂始祖，大夫亹。本宗源自芈姓。楚国公族大夫亹，因任蓝县尹，世称蓝尹亹，后裔子孙亦以地名为氏，其后代以蓝为姓。为本宗得姓始祖。

【入闽迁徙】

唐宋时，蓝氏进入汀州府，据传五代后梁年间蓝奎（蓝夫子）的后裔自泉州徙居上杭蓝屋驿，生九子，播迁宁化会同里蓝家庄等地。武平、上杭等地的《蓝氏族谱》记载，唐中宗天授元年（690），蓝氏一百零八世孙蓝明德任扬州节度使，宦游金陵（今南京），由北豫（河南）迁居建康（今江苏省江宁市），居上元县朱紫坊，为江南开基始祖。

汝南郡一支蓝姓迁居今福建上杭蓝尾驿，后周广顺二年（952），其裔蓝有善迁居会同里蓝家庄，有善后裔分迁清流、顺昌、石城。

宋理宗宝庆元年（1225），江南第十五世（受姓第一百二十二世）的蓝吉甫，遭金国之乱，弃建康故居（今江苏句容），迁奔闽居福清五福乡，成为蓝氏入闽始祖。吉甫妣林氏七娘生三子：常新、常美、常秀。宋理宗淳佑六年（1246—1265）常新迁居建宁县崇善坊，妣李氏一娘生五子，依次取名万一至万五郎。宋度宗咸淳元年（1265），万一郎迁汀州府宁化县石壁村。万一郎妣赖氏秀娘生三子：熙一、熙二、熙三。熙三郎，字子安，妣张氏月娥生三子：和一、和二、和三。元英宗至治二年（1322）和二

郎率妻、子由石壁迁到长汀县城下里坪岭水口。和二郎之子大一郎，讳君厚，生七子，依次取名为念一至念七郎，裔孙播迁闽西各县、闽南、粤、赣、湘、浙、桂、台、港、澳，及海外。客家蓝氏流传一首《祖先入闽迁徙歌》："吉甫上祖入闽疆，初到福建五福乡。公生三子又分散，长徙建宁崇善坊。万一郎公成长大，家搬宁化石壁寨。金兵压境乱为麻，南宋衰亡生感慨。十九世祖和二郎，身居宁化心惊惶。父母启金随身携，牛栏祖地葬妥当。长汀水口是老家，一株挺秀七枝花。念七来杭扶阳住，念四官庄朴树下。"（注：元泰定三年（1326）和二郎父子返回石壁将父母金骸取回坪岭，安葬在坪岭"牛栏祖地"。）

宁化治平《蓝氏族谱》：五代后梁太祖年间，奎公（称蓝夫子），生四子：长子锦，徙临川；次子光，居祝家山；四子耀，迁安南；三子焕，仕吉州。焕生二子：正、礼。长子正，移虔州；次子礼，任泉州教授。礼生子五：长智祐，居泉州晋江；次元祐，迁居邵武；三昌隆，由泉州徙居上杭蓝尾驿，于牛栏峰建祠开基。昌隆，生九子，其第三子继德，迁宁化南铺；第八子有善，字宣，号云谷，于后周广顺二年，自上杭蓝尾驿迁入宁化，后裔分衍清流、石城、顺昌等地。

南宋淳熙四年（1177，有谱作政和七年1117），蓝万福从安徽凤阳迁居江宁府句容县（今江苏省句容县）。蓝万福有4个儿子：蓝吉甫、蓝吉享、蓝吉利、蓝吉庆。

南宋宝庆元年（1225），金天大举南侵，蓝吉甫逃难时，与父母兄弟中途失散，只身入闽，卜居于福清县五福乡，为蓝氏入闽开基始祖。蓝吉甫（1208—1276），字永嘉，自建康入闽。兄弟妻室，道途相失。只身逃至福清五福乡开基立业。蓝吉甫有3个儿子：蓝常美、蓝常新、蓝常秀。淳佑六年（1246），次子蓝常新从福清县迁往建宁府（今建瓯市）崇德坊。蓝常新有5个儿子，其中长子蓝万一（字巨泰）于咸淳元年（1265）迁居宁化石壁。蓝万一娶宁化赖氏为妻，生有三子：蓝熙一、蓝熙二、蓝熙三。其中蓝熙三也有3个儿：蓝和一、蓝和二、蓝和三。元泰定三年（1326），蓝和二举家迁居长汀城下里坪岭水口白露树下，为蓝氏入长汀的始迁迁祖。按《蓝氏族谱》世系排列，蓝吉甫为蓝氏第一百二十二世祖。蓝吉甫之子蓝常新从福清迁徙至建宁府崇善坊（今建瓯市）。咸淳元年（1265），蓝吉甫之孙蓝万一（字巨泰）从建宁崇善坊移居宁化石壁。

蓝姓是畲族的第一大姓，广布于闽、粤、赣山区。宋元之后，一部分或者是为了躲避汉族的屠杀，或者是出于对汉族文化的崇敬，总之改变了自己的族称。这种状况持续了几百年，直到20世纪80年代中期，福建的漳浦、龙海、上杭，广东的大埔、饶平等地的蓝姓才恢复为畲族，总人数达几万人。而族源相同，散布于海内外各地的更多蓝姓族人，至今仍以汉族面目出现。

明初，又有蓝元晦由江西迁居福建的漳浦亭岭下尾，开基立业。这一支蓝氏以"种玉"为堂，追认蓝玉晦的祖父蓝炯为一世祖，父亲蓝琛为二世祖。蓝元晦生三子：长子蓝庆福居长坑（今赤岭），为漳浦蓝姓始祖；次子蓝庆禄迁居蓝教（今隆教），为龙海蓝姓始祖；第三子蓝庆寿迁居广东大埔河廖（今湖寮），分支又迁徙至广东的饶平蓝屋村。明末清初时，漳浦蓝氏迁居广东的潮汕。

闽南地区的蓝姓畲族，主要聚居于漳浦县赤岭、湖西以及龙海市的隆教乡一带，据目前已知的资料表明，他们于明代初期从江西一带迁到漳浦，先后定居于龙海的镇海、隆教、漳浦的前亭、和赤岭湖西地区。清代，福建漳浦蓝氏发展成为一个让世人注目的家族。清康熙二十二年（1683），清朝政府决定武力收复台湾。福建漳浦的蓝理立下了赫赫战功。蓝理的胞弟蓝瑶困参加平台功高加封为左都督，四弟蓝瑷累官福建总兵，五弟蓝珠为参将。康熙以后，蓝理家族任五品以上的武官就有20人，其中从一品的就有：蓝理、蓝廷珍、蓝元枚3人，故有"漳浦蓝氏多将才"之誉。

明中叶以后，闽粤沿海之蓝姓有渡海赴台者，有播迁东南亚国家，其中移居印尼等地的蓝姓宗亲较多。如，从漳浦蓝氏"种玉堂"外迁繁衍的蓝氏后裔，分布11个省（包括台港澳）25个地市近50个县及东南亚国家，人口达40多万人。

【入垦台湾】

明中叶始，闽粤沿海之蓝姓有渡海赴台湾。

据台湾《蓝氏族谱》记载，蓝姓最早来台的是郑成功时代漳州人蓝凤，到达今台南县的大农村开垦台南大康村。他们繁衍后代，聚族而居，成为台湾蓝姓主要聚居区，他们每年都有祭祖活动，如屏东里港祭祀蓝鼎元，台北县树林镇祭祀蓝林泉，双溪乡祭祀蓝愿，宜兰罗东有蓝引垦亲会，据了解，这几个较聚居的蓝姓，祖籍都是来自赤岭，蓝引系四房十二世祖，祖居赤岭杨美，于乾隆年间由淡水上陆转台北松山定居，来台已传十世，约230年。蓝引移台时，带来三个儿子，来台后又生了两个儿子，蓝引将长子及第五个儿子留居台北内湖务农，把另三个儿子带到宜兰罗东，第四个儿子不久死去，蓝引夫妇死后分别安葬在罗东和内湖。蓝林泉（又名蓝敬），祖居漳浦张坑（今赤岭），后迁徙至泉州南安廿四都金田乡，未几，再迁廿九都蒋田乡赤晚内，约在乾隆初渡台，居海山郡三角埔，即今台北树林镇，已传十代。蓝欢官，赤岭蓝氏第十四世，乾隆十年（1745）由哧岭携子官生渡台，居台北红毛港大仓庄创业，开垦数百甲，乾隆三十八年（1773）死，其子孙分衍于屏东，嘉义等地。

台湾《蓝氏族谱》又称"康熙末年蓝鼎元后裔入垦屏东里港"，蓝鼎元膝下有云锦、云龙、云翔、云翼、云鹗、云灿6个儿子和2个女儿，康熙六十年（1721），台湾朱一贵起义，蓝廷珍受命专征，蓝鼎元随军入台，充当高参，时年仅19岁的云锦亦随父入台。台郡既平，蓝鼎元"鼓棹西归"，云锦亦随父回到漳浦，雍正五年，蓝鼎元受命普宁，潮阳知县，十一年赴广州任内，云锦都没有离开他父亲，可见，蓝云锦迁台应是在蓝鼎元去世之后的乾隆初年。

根据《蓝姓族谱》所记载的种玉堂子孙分衍情况，开基祖庆福公以下三房，几乎都有播迁于台湾者。其中二十世保仔、水土，大房二十一世柳兴，三房蕃公后裔的二十一世的文仔，四房五才公后裔的二十二世文德，二十三世介民、庆民、志民等，都是有明确记载且有联系的。多数定居于台湾宜兰、罗东，与蓝鼎元派下混居在一起。屏东里港玉田路是台湾蓝姓的主要聚居地，他们都是蓝鼎元长子蓝云锦的后裔。蓝廷珍的后裔，也有不少迁居台湾者，

传说府第前所铺设的石埕，其中的条石数以百计，排列纵横有致，迁台者回乡认祖，却多能说出条石排列的规律。其中，二十世一名叫义佬的，是蓝廷珍之孙蓝元枚派下，迁居台湾后，曾任台湾某县县长，娶台湾籍妻子。

据武平《蓝氏族谱》载，自清康熙末年，大禾乡蓝鼎元迁台后，从雍正四年至嘉庆年间，有蓝仲、蓝爱、蓝寒、承开、承略、蓝欢、蓝宗、蓝员、蓝正、蓝引、蓝悦、蓝星、仕元、蓝杰、蓝数等迁台湾的屏东、南投、新竹、桃园、台北、宜兰、台南等地开基。上杭蓝氏迁台：荣锦、健平、汉初、业方、承焕、月耀、月焕、正德、蓝忠、奎煌、辅新、寿永、兆光、彩荣、业才、汉钧、高汉等。

据台湾省文献会1977年调查资料台湾蓝姓有31302人，其分布较为集中的是台北县、台北市、校园县、宜兰县、屏东县，分布较集中的乡镇是台北的双溪，桃园的大溪，高雄的冈山和屏东的里港。这些蓝姓中有一部分是漳浦赤岭迁来的。据台湾有关人士统计，目前全岛各地的蓝姓人中，约有3万人为漳浦种玉堂的后裔，其数量超过现漳浦县内的蓝姓家族。台湾高山族同胞也有蓝姓家族。潮汕的蓝姓，有一支是由铁安公直接从漳浦迁居而来的，初居澄海大衙，再繁衍至樟林、河浦、达濠等地。入潮时间应在明初，因为明嘉靖三十五年（1556），世居漳林山边的十五姓排户具呈潮州府，请求筑寨屯聚防御寇盗，十五姓中就有蓝姓。蓝吉甫被尊为福建、台湾的蓝姓鼻祖。

【郡望堂号】

1. 郡望

中山郡：汉代设置，治所在卢奴（即今河北定州），辖境相当今河北狼牙山以南，保定、安国以西，唐县、新乐以东，滹沱河以北地区。

东莞郡：汉为城阳郡，晋改称东莞，治所在莒（即今山东莒县），后改名东安，辖境相当今山东临朐、沂水、蒙阴、沂源等地。

汝南郡：汉代设置，治所在平舆（故城在今河南平舆北），辖境相当今河南淮河、颍河之间。

2. 堂号

种玉堂：种玉堂得名于郡望汝南。相传蓝氏得

姓始祖昌奇受封汝南郡，又称蓝田，以产美玉出名，故有"蓝田种玉"之称。此外，蓝姓的堂号还有汝南、蓝田、蓝玉、中山、戒君等。

【祠堂古迹】

漳浦蓝氏宗祠，又称种玉堂，取"种玉蓝田"之义，坐落于漳浦的赤岭畲族乡石椅村。始建于明嘉靖二年（1523），历代重修。清康熙三十四年（1695），定海总兵官左都督的蓝理，捐出俸银拓建两廊。种玉堂东北朝西南，建筑面积540.96平方米。

上杭蓝氏宗祠，又称为福省祠，称为"汀杭同登堂"，位于郎官巷西段北侧30号，据上杭县庐丰畲族乡保留的族谱记载，清道光十九年（1839），乡里60位蓝姓族人在福州建造了这座蓝氏宗祠，历代重修。蓝氏宗祠坐北朝南，前后二进，四周设风火墙，占地面积1000平方米，建筑面积383平方米。整个建筑由大门、天井、祠厅、后楼组成。

蓝廷珍府第，位于漳浦县湖西乡顶坛村，俗称新城。建于清雍正五年（1727）。府第规模庞大，气势恢宏，占地5000多平方米，坐西向东，为三进三开间土木建筑，连同后壁楼及两厢有厅房108间，厢房72间，共180间。

武平县城蓝氏家庙，位于现县城宾馆后边右侧，壬山兼子，于民国六年（1917），十二月隆重升龛入火。当时主持兴建这座蓝氏家庙的是蓝玉田（三房中堡章丰人）。蓝氏家庙大门至今仍存石刻门联一对："海国功深，勋名虎将；文澜张阔，集著鹿洲。"

大禾蓝氏家庙，位于武平县大禾村，号"种玉堂"。相传蓝氏得姓始祖昌奇受封汝南郡，又称蓝田，以产美玉出名，故有"蓝田种玉"之称。祠堂初建于明洪武五年壬子（1372），泥木结构，

【楹联典故】

种子耕孙文风鹊起，玉堂金屋甲第蝉联。

种德馨香光祖烈，玉堂高敞耀宗榜。

——漳浦赤岭蓝氏家庙种玉堂楹联。

种义耕礼，念祖宗聿修厥德；玉荀兰芽，愿子孙长发其祥。

——龙海隆教蓝氏家庙种玉堂楹联。

望重闽都恩泽远　名高泉郡韵源长或。

汝水源流远；蓝田世泽长。

——蓝姓宗祠通用联。此联为福建省上杭县官庄蓝氏宗祠联。

由镇海而分支，木本水源思先德　卜苌溪以衍派，文经武纬振后昆。

铜柱海疆曾著绩；铁衣戎略凤知名。

种义耕礼，念祖宗聿修厥德；玉笋兰芽，愿子孙长发其祥。

——漳浦种玉堂对联。

【族谱文献】

闽台蓝氏族谱现存数十部。有《上杭城区蓝氏家谱》旧传本已佚，1999年据各地蓝氏谱本辑修刊行，依次刊始祖像、目录、谱序、凡例、蓝胜渊源及迁杭史考，祖祠、祖训、家规等项；世系部分有蓝氏高曾祖吊线图，源流支派行述，分述念一郎至念七郎系，系内又按房派排列。附录故事摘钞、诗词、修变花絮、编后记等。载宋宝庆元年（1225）蓝吉甫为避金兵之乱，自建康句容迁福清五福乡，为入闽始祖，其子常新于宋淳佑六年（1246）由福清徙建宁崇善坊，后其子万一郎迁宁化石壁；元泰定三年（1326），万一郎子熙三郎次子和二郎迁长汀水口落业，生子大一郎。大一郎生有七子，分奔长汀、上杭、武平开基，奉大一郎为始祖，念七郎为一世祖。有《重修连江蓝氏族谱》连江畲族谱牒，蓝朝华编。清道光二十五年（1845）始修纂，同治十三年（1874）重修。1993年据同治钞本续修，共2册。第一册为题词、谱序、跋、家规、谱例及宗传；第二册载弁言、合约、图规、宗产，以及宗支系考全图。追溯族姓缘起，为帝喾高辛氏三胄，后分派流长。尊耀冶为鼻祖，原籍漳浦长坑里，明末迁连江，卜居财岭；传五世，族丁渐旺，始分二房衍派，择里辋川，聚族滋蕃。有武平《汝南郡蓝氏族谱》，蓝荣昌主修，1993年武平种玉堂铅印本共2册，载始祖宋蓝吉甫，始迁祖元蓝熙三郎。《松源蓝氏宗谱》松溪大村蓝氏宗谱。始修于清同治七年（1868），重修于民国八年（1919），本次修于1985年共3卷。《晋江丰山蓝氏族谱》晋江丰山蓝氏族谱。

第七十二节 乐 姓

乐姓在当今姓氏排行榜上名列第 279 位，人口约 233000 余，占全国人口总数的 0.014% 左右。在台湾排名第 233 位。

【渊源】

1. 出自子姓，为春秋时宋国国君宋戴公子子衍之后，以祖字为氏。据《姓纂》记载："宋微子之后，戴公生公子衍，字乐父，子孙以王父字为氏，南阳。"另外，史游在所著《急就篇》也有同样的记载说："乐氏之先，与宋同姓；戴公生乐父衍，是称乐氏。"乐姓这个在我国早期历史上非常神气的姓氏，是出现在大约 3000 年以前的春秋时代，是宋国王族的后裔，发源于河南省商丘。周宣王时，宋国的一个国君叫宋戴公。本为子姓，其儿子名衍，字乐父。衍衍生子倾父泽，倾父泽又生子夷父须，夷父须以其祖父衍之字乐父命姓，成为乐姓。夷父须就是这一支乐姓的始祖。

2. 出自子姓，为春秋时宋戴公四世孙乐莒之后，以祖名为氏。据《姓氏急就篇》《新唐书·宰相世系表》等载，春秋时宋戴公的四世孙，有个叫乐莒的人，是夷父须的族兄弟。他在宋国任大司寇。大司寇是西周王朝开始设置的一种官吏。其职责是掌管刑狱、纠察等事。乐莒的子孙引以为荣，便以祖上名字命姓，也成为乐姓，这支乐姓的始祖就是乐莒。

3. 源于官位，出自西周初期官吏乐正，属于以官职称谓为氏，读乐 lè。古代有名字叫夔的人，为宫廷典乐官，即是个为君王奏乐的官，亦有封国为穷石。后裔以官职为姓。

4. 源于地名，出自汉朝初期夜郎国乐王邑，属于以居邑名称为氏。该支乐姓，出自汉朝初期夜郎国乐王邑，即今贵州省黔西南布依族苗族自治州望谟县乐旺镇。该支乐姓的正确读音作 yuè。

5. 出自他姓改姓。如，湖南省新田县潭田村有一支乐氏族人。族谱记载，系南宋抗金名将岳飞之族人，属于避难改姓为氏。自称"河南南阳郡乐氏门宗"。该支乐姓的正确读音作 yuè。

6. 源于蒙古族，属于汉化改姓为氏。

【得姓始祖】

公子衍。乐姓源于春秋时的宋国，跟后世以宋为姓的人，算起来是血脉相同的一家人。当时的宋国，是由殷商纣王的长兄微子所建，这个地方，原来是封给武庚的，可是武庚在周成王时叛变，后来被讨平，周成王就把包括河南省丘县以东至江苏省铜山县以西的一大片地方，封给了微子，并且封他为封建制度中地位最高的宋公，以奉商汤之祀。后来，宋戴公之子公子衍的后代，又以王父字为氏，于是就出现了"乐"这个姓氏。故乐姓后人奉公子衍为乐姓的得姓始祖。

【入闽迁徙】

根据闽台族谱记载：闽台乐姓，多出自唐末入闽始祖乐仁燧之后。乐仁燧唐咸通八年（公元 867）举进士，官至银青光禄大夫兼检校太子少师，按察院御史，妻官氏诰命夫人。唐末天下大乱，仁燧公受命入闽平乱，征战于建瓯及福州，战功显赫，诏封威武大将军，病逝于福州，安葬于闽侯县永隆寺后山。乐仁燧生四子：长乐济、次乐孔目、三乐五、四乐通判。长子济公因随父平闽，袭父职，统领全军，至今敕命尚存，为桃坑始祖；次子孔目公开基牛田口；三子五公开基漳平西埔；四子通判公开基乐祠。

唐天祐年间（904—906），左御卿、朝奉大夫许文郁携眷属河南省光州固始县移居浙江省温洲平阳县归仁里须奥村（今苍南县项奥村）。许文郁有五子：长子许令隋早逝；次子许令骥迁居闽清，第三子许令环迁居尤溪，第四子许令纵定居政和县，第五子许令通定居建州，后裔分衍于清流、福州等地。许令环有九子，其中长子许国渝迁居福州闽侯县上街都巡。南宋末，许文郁的第三世孙许仲行又迁居尤溪县二十六都跃坑（今台溪乡跃坑）。传至许履信又开基尤溪二十二都后垅隔（今中仙乡上仙后垅隔自然村）。

唐宪宗年间（778—820），聘君公自河南固始入闽，任南剑州（后称延平府）二千硕官长（相当于现在地市级政府领导职务）。第一世初居南剑二都洋尾村，聘君公在沙县涌溪村找了配偶后又定居在涌溪村沿袭后代，发展快的子孙已到 35 代，慢的也有 26 代。现沙县乐氏后裔全属聘君公的子孙，聘君公孙子兖公、裘公、襄公还有第五代孙师叔、师尹皆获得功名，开基沙县涌溪村。目前沙县乐氏宗亲，聘君公的后裔已达到 3142 人。后裔播迁南平开基，子孙远播美国。

南唐之变，乐济袭父职任威武大将军，镇守福州。时城已破，君已降，遂与挚友田本盛迁于剑州之尤邑廿九都东埔坑。一年后，又迁入七口，再一年再移三十四都丰城乡小田坂居住，并在乐祠建南阳堂以暂居。因未得地，田本盛择居于大田梅岭，乐济寻水源居于桃溪葛竹洋，筑室于新墘南阳堂，名其乡曰桃溪。

宋朝建立后，乐济诸子孙读书成材。至宋太宗皇帝时，乐丰出而应试及第，拜天子时言及家世，皇帝以抚先朝忠烈，浩封追赠乐丰为朝散大夫。乐丰生四子：长子二公讳鐸宋御史中丞，子孙开基尤溪七口后又分迁中仙官洋尾南洋村、汤川黄林村、梅仙南洋石坪村、尤溪清溪象山村、南平来舟、沙县南阳乡大基村乐厝、大田桃坑新墘前后厝、牙口等地；次子乐四讳贤任游奕使，子孙先迁龙岩后迁回大田长溪溪柄、小湖林兜等处，又分大石、永春蓬壶八乡村及永泰；三子乐六讳佑，任营口使，子

孙开基小湖大尾垅、龙门下老厝、牛田口、文江大赛、柴桥头、琼口、永安西华及沙县等处；四子乐七讳敏，任教授，开平庄，子孙分迁尤溪枣岭后迁回大田下岩、大海坂、沙县、平庄保、太华菖坑复迁东埔、广平苏桥等。

自仁燧公入闽开疆拓土以来，今已繁衍四十代左右，全省乐氏人口 15000 余人，分布于大田、尤溪、沙县、永安、漳平、永春、宁德、南平、永泰、上杭等县市。播迁江西、台湾各省。形成大田县石牌桃坑、小湖、龙坑、龙头、大海坂、溪柄、炉山、牙口，均溪白岩、上太，文江大赛，均溪乐祠，太华东埔，广平苏桥、东坑，永安市西华，尤溪县七都中仙、新阳下桥、台溪象山、新桥碗厂，漳平市新桥镇西埔、云墩、双洋下洋双洋、下桂林，永春县蓬壶福坪，宁德七都，江西上饶茶亭下裴村以及沙县涌溪村等支派。此外，有贵溪雷田乐家、万年乐源，还有弋阳、铅山等乐姓家族。

【入垦台湾】

从宋至民国，先后有 10 余支迁往台湾，特别是乐孔八子孙于清朝咸丰年间始陆续从闽南的南安、晋江等地迁台，但繁衍人口不多，零星散居于台湾台北、基隆以及南部的几个县市。

【郡望堂号】

南阳郡：秦置南阳郡，郡治于宛。

河内郡：魏文帝黄初年中，河内郡析置朝歌郡（郡治今河南省淇县）改属冀州（治今河北省冀州市），4 县随之改属、后又回归河内。

主要堂号有：南阳堂、河内堂、笃本堂、承启堂等。

第七十三节 雷 姓

当代雷姓的人口已达到 300 余万，为全国第 78 位姓氏，大约占全国人口的 0.24%。在台湾排名第 119 位。

【渊源】

1. 来自神农氏。据《古今姓氏书辨证》载：神农氏后裔榆罔之子方，黄帝伐蚩尤时，奋勇杀敌，佐黄帝平定蚩尤有功，封于方山（今河南嵩山一带），其族世称方雷氏，方雷氏的子孙以国为氏，后又分单姓方氏、雷氏，因而世称"天下方、雷一家"。

2. 为雷公之后，以祖名为氏。据《姓苑》所载，雷姓是个古老的姓氏。相传黄帝有大臣雷公，精通医术，是个名医，曾与黄帝讨论医学理论。《素问·着至教论》说，黄帝坐明堂，召雷公问之。殷纣王有宠臣雷开，黄帝的基地主要是在河南。

3. 南方雷姓一部分来自南蛮盘古氏之后。据传，高辛帝三公主与忠勇王（亦称龙麒王，即神犬盘瓠）所生的子女，有盘、蓝、雷、钟四姓，雷姓为其第三子的后裔，即今之畲族雷姓，为浙闽赣地区畲族四大姓之一。

故有汉、畲两种雷姓。目前，雷姓主要集中在四川、湖北、陕西，其次分布于福建、贵州、湖南。

4. 出自外族改姓。据《姓氏考略》载：东汉末以及魏晋南北朝时期，有"潳山蛮"和"南安羌"改姓为雷。壮、苗、彝、瑶、水、阿昌、羌、土家、蒙古、回等民族均有雷姓。

【得姓始祖】

1. 方雷。炎帝神农氏的第九代孙名雷，黄帝伐蚩尤时，双方激战于涿鹿，雷奋勇杀敌，将生死置之度外，佐黄帝剿除蚩尤立下大功。战争胜利后，黄帝论功行赏，雷被封于方山（大致为今河南省叶县南、方城县东北一带），其族称方雷氏，为古诸侯国之一，方雷氏的后代有以国为氏者，称雷姓。他们尊方雷为雷姓的得姓始祖。

2. 雷公，黄帝的大臣，是个名医，精通医术，曾与黄帝讨论医学理论。

3. 盘古氏。（参考蓝姓）

【入闽迁徙】

战国及其以前，福建三明境域居住的少数民族有畲、苗等少数民族；而雷姓是畲族的 4 大姓氏之一。战国末期，越人大批南下，与土著居民融合，形成闽越族。东汉时，豫章雷氏的雷峒为校尉，由豫章南昌县西河坡迁居福建宁化石壁中市（见福建《上杭才溪雷氏族谱》）。其后裔播迁福建的清流、连城、古田、龙岩、武平、长汀、上杭，浙江的衢州、遂昌、龙游、兰溪、开化、平阳、泰顺、遂昌、黄岩、温州，江西的瑞金、万安、安远，福宁、龙泉、万泉、万城、会昌、宁都以及四川的壁山和台湾省等地。现在，这些播迁闽、浙、赣三省的雷姓后裔大多为畲族。从东汉起至两晋南北朝，中原汉族难民纷纷南下，进入三明境域各地。

唐代陈政、王绪两次武装入闽，三明境域才逐渐形成以汉族为主的多民族聚居的地区，向南方和东南地区的移民成为主流，尤盛于赣闽地区。豫章雷焕第二十三世孙雷鸾，唐天复二年（902）避乱入闽，居建安璜溪（今建瓯房道镇），为璜溪雷氏一世祖。雷鸾第十九世孙雷机，元朝延佑五年进士，仕宦泉州。雷机子雷灿仕元，为泉州涂岭巡检。灿有三子，长墉、次政、幼堪。雷政仕明，为指挥使，卜居泉州西隅，璜溪雷氏落籍泉郡自雷政始，其兄雷墉弟雷堪仍居建安。雷政有三子，长成后分居三处，长子雷思颜徙居南安十六都城山（今坑内），次子雷思斌居南安三十五都白石，幼子雷思文徙居晋江内坑橘里，时在明洪武年间。明朝成化间，雷思斌后人离开白石再度迁徙，依雷思颜后人在城山定居。雷思文后人有一支由内坑迁徙南安丰州庙下。

唐宋时期，迁入汀州客家地区的雷姓多支：一支以雷焕为始祖，在武则天的周万岁通天年间（695—696），雷焕裔孙雷世宗迁居宁化。另一支以雷宪为先祖，居陕西冯翊郡，后族人向南迁徙，在唐德宗建中四年（782）雷宪裔孙雷甫因谤讼，从江西洪州（今南昌）先迁抚州再移汀州府宁化县。为宁化雷氏开基始祖。据宁化治平、中沙《雷氏族谱》载：雷甫的先祖为雷宪，始居陕西冯翊。雷宪生子雷和；雷和生子雷平。雷平有3个儿子，其中第三子雷应的裔孙雷阎在浮州为官，于东晋永和十二年（350）避乱举家迁居豫章（今江西南昌）。雷阎有9个儿子，其中第三子雷永任刑部侍郎。雷甫就是雷永的儿子，进士出身，原任洪州刺史，举家移居抚州。雷甫有5个儿子，其中次子雷祥进士出身，任河南开封主事。雷甫的后裔分徙清流、闽西、广东、台湾以及江西石城等地。雷师从为筠州尉，率侄儿雷徽之一同迁居来宁化。五代时，雷甫的一支后裔迁居清流县后，分衍于东华大巷头和林畲；雷师从的第九世孙雷存裔从宁化移迁清流县。雷存裔的次子雷宣徽、第三子雷宣猷、第四子雷宣清三兄弟又回迁回宁化。

据上杭《雷氏族谱》载，雷梓福，号钦五，生于宋景炎二年（1277），祖居山西平阳府，因避元兵乱，携兄弟入闽，分别在清流、宁化留居，梓福再迁上杭县城。上杭《雷氏四修族谱》载：明嘉靖年间，雷世倖兄弟六人从延平府迁上杭县城东门瓦子街。

宁化治平、下沙《雷氏族谱》载：先祖，宪公，始居陕西冯翊郡，生子名和。和生子平。平生三子，其第三子应之孙阎，任浮州，为避乱举家迁豫章。阎公生九子，其第三子永，任刑部侍郎。永生一子名甫，进士及第，官任洪州刺史，居家抚州。传至唐德宗建中四年（783）甫公因谤讼，由抚州白水障迁宁化县永丰里下沙村居焉。甫公为入宁始祖。甫公生五子，次子祥，进士及第，任河南开封主事，后裔分徙清流、闽西、广东、台湾以及江西石城等地。

宁化《桃源祠雷氏族谱》载：阎公，于东晋永和十二年（356）九月十二日避乱举家迁豫章。其第九子汉公，为沙县主簿，遭谤，避居扬州建安郡黄连镇之西地竹筱窠（现宁化城关）。至六世孙甫公，任洪州刺史，于唐建中四年（783）移居抚州白水障，再移汀州宁化县。

谱载：宋代，雷惇，官封鲁国公，于政和壬辰，

自南丰迁居宁化石壁下。惇之子仲辉，辉子桢孙、佑孙。因宋元兵扰，由宁化迁居广东长乐。现居兴宁、梅县、平远、镇平、五华、龙川、惠州、河源、和平、广州、新宁等地雷姓，皆为此祖之后。

上杭《雷氏族谱》：先祖原居山西平阳府，为避元胡兵乱，梓福偕兄弟入闽，居于宁化。其后，迁居上杭，奉梓福为上杭雷氏一世祖。

上杭严雅英《客家族谱研究》云：雷千一郎，在明正德年间，同母离开宁化石壁，迁往上杭来苏里小黄昌（坊）（今下都乡五峰村）开荒种地肇居创业，立为下都雷氏始祖，并建有宗祠。

兴国《明春公雷氏四修族谱》：帝锡，元至元间入赣，自宁化移居对坊上焦。

明嘉靖年间，有雷世珍从宁化迁入江西，居于仁义乡上团香村，上杭《雷氏族谱》载，迁台裔孙有：禄庆、喜庭、维鉴、汉金、烘庆、先春、萱庆等。

闽西雷姓主要分布在永定县的湖雷，上杭县的临江、临城、下都、太拔、才溪、蛟洋、古田、中都，武平县的东留，三明市人口多集中在宁化县，宁化县有雷姓人口5640人，占全市雷姓总人口的一半以上，为54.30%，占全县总人口的1.63%。其主要分布于城区、城南、济村、湖村、泉上、石壁、淮土、方田、安乐、曹坊、治平、中沙、水茜、安远等地。

明洪武初，雷思颜由泉州西隅徙居南安十六都城山石门坑（今坑内村），到了成化年间，其曾孙雷徽已经成立，家境渐好。期间，雷思斌之孙雷魁携侄儿雷庆离开南安三十五都白石乡举家迁居城山，与雷徽一家合爨共居，共谋发展。后来，雷徽有子五，雷庆有子二，俱为雷机八世孙，族兄弟七人成立之时，雷徽已去世，遂由徽妻黄氏主持分家，写下"慈惠温良恭敬信"七个字号的阄书，财产配置一视同仁，由七兄弟各自抓阄均分，所抓到的字号即作为本支房号，于是城山雷氏有"慈惠温良恭敬信"七个房派，繁衍日炽，成为当地一大族姓，于今，雷氏国内外人口已逾万人。今在南安码头镇，雷氏主要分布于坑内、丰美、锦林、铺前、店口等相邻的几个行政村或自然村落，俗称"五雷"，现时国内人口有七千多人，侨居世界各国的也有四五千人，定居

港澳台地区的近千人。

根据谱乘记载，明代中后期以降，陆续有族人迁徙到本省的永春、大田、尤溪、永福、福州、漳州、福清、光泽以及江西省广信府等地发展。

明时，少数民族雷氏、蓝氏由闽罗源分别迁居平阳旺庄、书阁、桥墩、莒溪，后裔散居平阳、苍南、泰顺、文成等地（《温州市志·少数民族》）。

【入垦台湾】

明末清初，雷氏第十三世有雷复露、雷伯辰等一批族人入垦台湾。台湾雷姓主要来源福建，其他各省也有入台。主要分布在台北、基隆、台南、高雄、花莲、台中等各市县都有分布。

【郡望堂号】

冯翊郡：汉武帝太初元年（前104）设置"左冯翊"的行政区，与"右扶风""京兆尹"合称"就畿三辅"。三国改左冯翊置郡，治所在临晋（今陕西省大荔）。北魏移治高陆（今陕西省高陵）。此支雷氏，其开基始祖为西晋雷焕之族的后裔。

豫章郡：汉置豫章郡，治南昌（今江西省的省会），辖境大致同今江西省。后世所辖渐缩为南昌附近一带。又隋改南昌县为豫章县。唐后期改钟陵县，又改为南昌。

谦让堂：东汉雷义和同郡陈重是好友。太守举陈重孝廉，陈重要让给雷义，太守不允。刺史举雷义茂才，雷义又要让给陈重，刺史不听，雷义遂装疯披发而去。

雷姓的主要堂号还有：冯翊堂、豫章堂、精易堂、亦山堂、汝南堂等。

【祠堂古迹】

霞浦县雷氏冯翊堂，位于霞浦县溪南镇白露坑村。雷氏宗祠，清雍正八年由雷家四个兄弟合资兴建，该祠坐北朝南，占地180平方米，建筑面积136.9平方米，为硬山顶砖木结构。

霞浦半月里雷氏宗祠，雷氏宗祠背靠状元顶，前为笔架山，是村中风水宝地。该祠坐北朝南，为硬山顶砖木结构，大门为牌楼式。

举人府雷世儒故居，位于霞浦县半月里村，坐北朝南，占地1300平方米。举人府雷世儒，武艺高

强又善于经商，曾带领许多村民经商，生意通达福建广东台湾等地，建祠办学。

【楹联典故】

学精易理；忠播睢阳。

——佚名撰雷姓宗祠通用联。上联典指元代学者雷德润，建安人，精通《周易》。雷德润及其三个儿子雷机、雷栱、雷杭俱精于研究《周易》而知名，着有《周易注解》，当时人称"雷门易"。下联典指唐张巡偏将雷万春，安史之乱时，任张巡部将。安禄山的部将令孤潮围攻雍丘时，他站在城头与令孤潮对话，被对方埋伏的弓弩手射中，面部中六箭，仍岿然不动。万春强毅用命，敌大惊。后在睢阳战死。

一门父子皆英烈；半千贪官尽服诛。

——佚名撰雷姓宗祠通用联。上联典指宋代勇士雷三益，清流人。景炎初，文天祥入汀，开府集兵，三益同丙、戊、庚三子应召，父子英烈，皆殁于军。下联典指金代翰林修撰雷渊，浑源人。字希颜，一字季默。至于进士。为东不录事。兴定末拜监察御史。弹劾不避权贵，出巡都邑，所至有威誉。至蔡州杖杀贪官污吏五百人，时号"雷半千"。

宝婺灿瑶，阶星近五云，冯翊风各翻彩蠋；高辛荣凤，诏堂开三代，香庭膝绕舞斑衣。

——此联为福建省霞浦县溪南镇白露坑村雷氏宗祠联。

【族谱文献】

记载闽台雷氏族其中较有代表性的有《上杭县雷氏梓福公一脉家谱》为雷元辉等修，始修于明弘治八年（1495），万历、清乾隆重修，民国元年（1912）4修，木刻本，共7卷。卷1辑列谱笺、序文、凡例、目录、服制图、家训、纶音和行述；卷2刊艺文、家传、寿序、行状、墓志铭、题赠及著述；卷3载人物并祠、坟图；卷4至卷6皆为各房世系；卷7集补遗、附考、尝业及跋文。其中卷1—3重在溯源述流，详列历代祖德与荣宠，明清二朝族裔进取功名者众；著述一文，举列先贤遗文篇目，为族增毓秀文名。载始祖梓福，宋末来上杭开基立业，传衍一族。还有《冯翊雷氏宗谱》连江畲族族谱，不分卷。有2篇谱序、凤凰山祖祠记、墓图、护五铭志、

护王祠志、福宁府石碑文、谱例、族规、家范、始祖、讳字排行录，冯翊雷氏世系图，山场图坪产业等。谱载盘、蓝、雷、钟为一脉原籍河南，唐光启二年（886）盘、蓝、雷、钟共 361 人从王审知为乡导官入闽至连江马鼻，徙罗源大坝头。雷氏后裔雷斌遭兵灾之通罗源转迁连江冯翊穆洋粘坂为该谱本支，以雷斌，字宋违法㙟，号步舟，行建三为一世，载至二十四世。另有《晋江丰山雷氏族谱》晋江畲族雷氏族谱。清蓝世煌修。不分卷。内容有修纂者序、雷氏源流、世系、墓志。世系始记一世止于十世。载明永乐年间（1403—1424），南靖匪乱，当局召募畲人平乱，蓝友禄、雷三叔等在浙江省闻知，率子孙入闽平乱。

明正统年间，龙岩州永定盗起，漳州同知召募蓝雷氏畲众，入龙岩，大败盗贼。平叛后，雷氏未回浙江稽山，在漳州定居，其后裔迁往兴化、仙游、南安、永春等地。晋江雷氏由漳州入迁泉州府惠安，始祖孙光辉居晋江四十四都白洋社。《潭西雷氏族谱》建阳嘉禾里雷氏族谱牒。民国十八年（1929）初修。仅存 1 册，记有民国修谱序文，以及凡例、像图等。内载肇迁始祖清念项三十三郎，清初自漳州迁建阳嘉禾里。潭西雷氏族谱，该谱系建阳嘉禾里雷氏族谱牒。据载，其肇迁始祖为（清）念项三十三郎，清初自漳州迁来建阳嘉禾里，衍族传脉。

第七十四节　黎　姓

黎姓在当今中国大陆汉族姓氏人口排名第92位大姓，台湾排序第91位，人口较多。在福建排名未进入前100位。

【渊源】

1. 出自九黎的后裔。九黎在远古时代是一个部落联盟，居住在长江流域的今湖北、湖南及江西一带。或说大抵上古之时，江汉之区皆为黎境。九黎共有9个部落，每个部落有9个氏族，蚩尤是他们的大酋长。九黎族中有一支叫羽人或羽民的，他们信奉鸟、兽，把它们当作祖先，因而信仰、崇拜鸟、兽图腾，而良渚文化中玉器上的神秘图案下部分似乎也象鸟、兽，也是良渚人崇拜的一种图腾。所以良渚人就是羽人或羽民。从各种习俗上看，九黎很可能是来源于南方骆越后裔。译音"黎""里""俚""李"，在壮语中是"蛇"的称呼。据《风俗通义》等所载，九黎，古时为我国南方土生土长的庞大种族之一，相传为少昊（传说中古代东夷首领）金天氏之时的诸侯。黎曾被封为北正（一说火正）官，掌管民事，其后裔有以字为氏，称黎姓。

2. 出自黎国后裔。据《元和姓纂》等所载，商时有诸侯国——黎国，一个在今山西长治县西南，商末被周文王所灭，另一个在今山东郓城县西。这两个黎国的子孙，后以国为氏，姓黎。又据《风俗通义》所载，这两个黎国均为古部落"九黎之后"，亦有黎姓。

3. 出自帝尧的后代。据《元和姓纂》等所载，商末为周文王所灭的黎国，在周武王分封诸侯时，被封给帝尧的后裔，赐爵为侯，并且仍然沿用黎国的名称。春秋时黎国迁都于山西黎城县东北的黎侯城，后为晋国（在今山西西南部）所灭，其子孙后以国为氏而姓黎。又据《路史》所载，古黎国被周文王戡平，武王克商后，封商汤后裔于黎国，后有黎侯丰舒，其子孙有黎氏、犁氏。这一支出自帝尧后裔的黎姓人家，史称黎姓正宗，后来成了整个黎姓家族中最为主要的组成部分，是为山西黎姓。除上述黎国外，还有一个黎国在今山东郓城县西，也是以国为氏，姓黎。

4. 少数民族改姓为黎。今京族、黎族、满族、壮族、瑶族、苗族、回族、台湾地区少数民族等，均有黎氏族人分布。

【得姓始祖】

1. 重黎：轩辕黄帝孙子颛顼后裔有重黎，传说中人名，重与黎，为羲、和二氏之祖先。担任火正，让天下充满光明，因有功被帝喾命为祝融，后讨伐共工氏遭到失败，被帝喾杀死，重黎的子孙就以黎作为姓氏。《史记·楚世家》："高阳生称，称生卷章，卷章生重黎。重黎为帝喾高辛居火正，甚有功，能光融天下，帝喾命曰祝融……（帝喾）诛重黎，而以其弟吴回为重黎后，复居火正，为祝融。"

2. 相传上古时代，黄帝孙颛顼代少皞而有天下（公元前2513），命北正黎司地，封黎阳为黎国，子孙以国为姓。唐虞之际，子孙世掌是职。上杭黎姓，得姓的第一位祖先即为黄帝的裔孙北正黎，郡望为京兆郡。

3. 丰舒。丰舒系商汤后裔。夏商朝时期就有方国，即黎国。商末，西伯姬昌攻打商朝灭了黎国。武王克商后，大封天下，封成汤后裔于黎国，赐为侯爵。成汤后裔有黎侯丰舒。春秋时，被晋国吞并，为纪念祖国社稷，族人便以黎为姓。丰舒之后，子孙有以国为氏者，称黎姓，尊丰舒为得姓始祖。

【入闽迁徙】

唐末宋初黎度后裔避乱入闽，留居汀州府宁化县。黎度后裔黎衬，宋时封京兆郡侯，立基汀州。上杭《黎氏族谱》载：宋初，黎度二十二世孙黎在仁，字胜万，号十二郎"率兵至上杭西门外离城十五里之地扎营，遂名为营上乡，公与姬同殁于此，因家焉"。营上乡即今上杭县临城镇六甲村，黎在仁夫妇墓在六甲小学后山，保存完好。黎在仁六世孙天麟仕于粤，为番禺令，为人清廉，政声卓著，因归途多梗，遂卜居程乡大拓村落马桥（今属广东省平远县），为粤东黎氏始祖。上杭县太拔乡张芬村黎氏十九世

第二章

理泰、玢泰在清乾隆年间到贵州省仁怀县种植蓝靛，并定居在仁怀县，他们回张芬祭祖时，带去毛竹幼苗6株栽种在仁怀县，在贵北发展成万顷竹海，运送红军四渡赤水的毛竹竹筏就是源于客家祖地上杭。

五代十国后梁时，黎侨之子黎献为后梁的将军。黎侨的第十二世孙黎度举孝廉，授江西虔化（今江西宁都）令，举家迁居虔州。其后裔东徙闽汀（今福建长汀），开基宁化。据广东梅州《黎氏族谱》载，黎侨于齐明帝时以佐命之勋功封永乐侯，为明州（今福建泉州）黎氏始祖。宁化黎氏的黎天麟为广东番禺尹，迁居梅州程乡大柘村落马桥，为黎氏进粤开基始祖。黎天麟有3个儿子：长子黎文举有7个儿子分衍广东的梅州长城内、五华、平远、丰顺、揭阳、陆丰、海丰、惠阳、兴宁以及江西的寻邬、安远、会昌、兴国、长宁等地。次子黎文质的后裔分衍于江西、广东、广西、湖广等地。第三子黎文敏为饶州推官，举家迁居江西。

北宋时，黎度二十二世孙黎十二郎徙居福建上杭，为黎姓入闽始祖。上杭黎姓，得姓的第一位祖先即为黄帝的裔孙北正黎，郡望为京兆郡。据闽西谱载，十二郎"率兵至上杭西门外离城十五里之地扎营，遂名为营上乡，公与姚同殁于此，因家焉"。所指营上乡，即今上杭临城镇的六甲村。十二郎夫妇同坟，墓地在学校后山，保存完好。十二郎，字胜万，名在仁，姚苗一娘。生三子：三八郎、三九郎、伯三郎。三房伯三郎留居六甲村，其裔孙有徙江西兴国的。次房三九郎裔孙外迁长汀城关或迁长汀水口和任屋冈开基繁衍。长房三八郎迁稔田杨梅洞，此地尚有黎家坪，坟墓亦在此地。到五世万一郎，由于世居地山深林密，虎豹出没无常，便由杨梅洞徙到现在的蓝溪镇梅永村岗下自然村开基。姚张氏、刘氏，生子五：福兴、福山、天福、天麟、天富。福兴仍居岗下；福山迁太拔乡张芬矿坑里；天福移居与梅永村毗邻的邓坊；天麟、天富分别迁广东的梅州和潮州海阳。黎天麟仕于粤，为番禺尹，为人清廉，政声卓越。因归途多梗，止于梅州，遂卜宅程乡大柘村落马桥今属平远。为东粤黎姓始祖。姚陈氏，生子三：文举、文质、文敏。据梅县《黎氏族谱》载：文质率诸子向外搬迁；文敏为饶州推官，

亦迁外省；文举生七子：逸善、逸士、逸能、逸才、逸甫、逸叟、昌和，各居一地，自成裔系。天麟一脉，衍成岭南望族。天麟迁居平远后，曾返杭将其生母刘氏金骨带至广东，葬于平远县机头。天福传至曾孙黎贤，从邓坊迁至今太拔张芬上村开基。黎贤迁徙动机有一喜人故事。张芬原先有彭姓居住，黎贤与此村彭千一郎之女彭一娘定亲后，经常过往张芬，发现此处盆地宽广，四面环山，有一溪自东北而西南贯流全境，两岸大块平地，大可发展。经长辈同意便在张芬开发新村，开基创业，耕读传家，相济相扶，成为上杭黎姓的主要聚居地之一。五百多年来，从张芬外迁的多达多处，迁往地本省的有：南安、沙县、龙岩雁石、龙溪十四都、建宁城内及西乡、水吉、南坑子、秋竹坪等处，南平城内及黄岩山、坡坑等处，永安城及安沙、星桥、东坑、贡川、西洋、同修、载径等处。

南宋嘉泰四年（1204），黎跃从湖广岳州迁居福建的宁化中沙。据宁化湖村（黎坊）《黎氏族谱》载，黎跃进的父亲黎惠徙居湖广岳州。黎惠的长子黎朗迁居广东的雷州。次子黎跃剿寇有功，因拒绝受禄，于南宋嘉泰四年自岳州隐居闽宁永丰里（今宁化中沙乡）。黎跃进的后裔黎四二迁居宁化的泉上（黎家坪）；黎四五迁居福建的长汀。

梅州《黎氏族谱》：黎氏远源发自黄帝曾孙北正黎，近源发自文魁公。至战国梁相国黎顼之弟喁逗留江右。汉晋而后，黎侨于齐明帝时以佐命之勋功封永乐侯，为明州（今泉州）始祖。黎侨之子名献，为梁大将军。

有谱载：唐德宗时，黎干，官为京兆尹，其子度，任虔州县令籍居宁都，转迁福建宁化。黎度五世孙黎裳之长子衬，宋封京兆郡侯，立基上杭县。

入粤先祖天麟公，原籍宁化县，仕官于粤，为番禺尹，举家于宁化迁居梅州程乡大柘村落马桥，被奉为岭东始祖。天麟公生三子：文举、文质、文敏。次子文质迁外省，其裔孙又播迁于江西、江南、湖广、广东、广西等地。三子文敏任饶州推官，亦迁外省；长子文举生七子：逸善、逸士、逸能、逸才、逸甫、逸叟、昌和。裔孙分衍梅县城内、五华、平远、江西寻邬、安远、会昌、兴国、长宁；梅县城东、丰顺、

揭阳、大埔、陆丰、海丰、惠阳；衍兴宁县；平远境；梅县李坑、松口、兴宁城西、平远东田。

宁化湖村黎坊《黎氏族谱》惠郎，徙于湖广岳州。长子朗郎，迁居广东雷州。次子跃郎，南宋时剿寇有功，然拒绝受禄，于嘉泰四年自岳州隐迁闽汀宁化县永丰里（中沙乡）上跃村。历数传，至四二公迁居泉下里黎家坪（湖村镇黎坊）；四五公徙汀州。

上杭《走进客家·上杭客家姓氏源流》载：北宋时，黎度二十二世孙十二郎，字胜万，名在仁，率兵至上杭西门外离城十五里之地扎营，遂名为营上乡，遂家于此。为黎氏客家入闽始祖。公生三子：三八郎、三九郎、伯三郎。伯三郎留居六甲村，裔孙徙兴国；三九郎，裔孙衍长汀水口任屋岗；三八郎迁稔田杨梅洞。至五世万一郎徙居蓝溪镇梅永村岗下开基。生五子：福兴、福山、天福、天麟、天富。福兴居岗下；福山迁太拔乡张芬里；天福移邓坊；天麟、天富分迁梅州和潮州海阳。宁化湖村黎坊黎氏原建有祖祠，惜于20世纪动乱年代折毁。

明代时，建瓯县一支黎氏迁居尤溪十三都羊稠，后移迁十一都桥头。至黎八迁居尤溪十都下保隔柄，再迁下保彭。

【入垦台湾】

清乾隆年间，福建与广东黎姓族人渡海迁入台湾，最先入居现在的台北县新店镇公仑里由旧车子路开基，然后繁衍开来的。现在台湾的黎姓之中，既有汉族，也有世居南方的少数民族，还有台湾土著民族的平埔族、高山族。黎姓多分布在台湾的苗栗县、新竹县、台北市、台北县、桃园县等地区，其中尤以新竹新埔、新丰、苗栗头份、桃园中坜、台北松山区为众。

【郡望堂号】

京兆郡：汉太初元年（前104）改右内史置京兆尹，职掌相当于郡太守，为三辅之一，治所在长安（今西安市西北），相当于今陕西秦岭以北、西安市以东、渭河以南地。

九真郡：公元前3世纪末，南越赵佗置郡。前111年入汉，相当于今越南清化、河静两省及义安省东部地区。

宋城郡：隋时此地为睢阳，是宋朝的治所，宋时改睢阳为宋城，为今河南省商丘市南。

黎姓来源虽有数支，郡望也不止一处，但闽粤赣黎姓大都属黄帝后裔，北正黎一脉，望出京兆，有京兆堂等。

载酒堂：宋朝时，黎子云兄弟家贫好学。苏东坡曾去访问他们兄弟，子云和弟弟也经常载酒（带着酒）去拜访苏轼，向他请教。苏轼在他们兄弟的大门上题了一块匾叫"载酒堂"。

黎阳堂：后周黎景熙曾任黎阳郡太守十二年、拜任史官著作佐郎，其著作史称"黎阳信史"，子孙以"黎阳堂"为堂号。

此外，黎姓的主要堂号：九真堂、宋城堂、载酒堂、新安堂、敦本堂、礼序堂等。

【楹联典故】

修沙阳志开孝义门；蓉城世泽京兆家声。

——黎姓通用楹联。

望出九真郡；名扬载酒堂。

——全联典指黎姓的郡望和堂号。

世笃忠贞，声和韵远；家传孝友，泽浚源长。

——全联为清代黎宣生纂《黎氏家谱》广东东莞黎姓字行辈分排序。排序严谨，字浓意悠。

远景登楼有赋；熙阳信史堪传。

——上联典指黎希声有《登远景楼赋》。下联典指北周车骑大将军黎景熙的事典。

锦熙国语传新韵；参赞尊园续古文。

——上联典指现代语言文字学家黎锦熙（1890—1978）。长沙府湘潭人。对语言文字科学深有研究。著有《新著国语文法》《中华新韵》《国语新文字论》等。下联典指清末外交家、散文家黎庶昌。历任驻英、法、德、日四国参赞。著有《拙尊园丛稿》，编有《续古文辞类纂》。

经术传家钦北宋；文章华国耀西川。

——佚名撰黎姓宗祠通用联。

气压英雄，丕振状元令誉；学通经史，堪称直讲才华。

——佚名撰黎姓宗祠通用联。

第七十五节 李 姓

李姓人口总数约为1亿，其中中国大陆有李姓9207.4万人，占中国人口总数的7.19%。人口在中国大陆排名第1位，福建排名第7位。在台湾排名第5位。

【渊源】

1. 源于嬴姓，或姚姓。或出自皋陶之后颛顼帝高阳氏的后裔理征，或出自周朝道教创始人老子李耳，属于以官职名为氏。

李姓远祖追溯到4000多年前的"五帝"时期，高阳氏颛顼出自嬴姓，颛顼氏族源于东族，最早生活于今河南东部。到了唐尧时代，颛顼部落已分为8个部落，其中一个为庭坚，首领为皋陶，皋陶为尧帝的大理官，皋陶之子伯益掌管火种驯养兽鸟，协助大禹治水成功，因之，皋陶子孙，一直做大理直至夏朝，子孙始以官名为姓，遂为理姓。因之，李姓根出黄帝，血缘皋陶。

2. 出自姬姓。商朝时期，有周的同姓后裔，名巴人，居钟离山（今湖北长阳西北一带）。周武王灭商后，封巴人于巴（今重庆巴南区）称巴子国。公元前316年，秦国灭巴国。一部分巴人留于渝境的成为板楯蛮，而南移到湘西的巴人成为武陵蛮的一部分，迁移到鄂东的称江夏蛮和五水蛮。巴人以虎为图腾，巴语读虎为李，当虎图腾演化为姓时，巴人崇仰汉人之姓，遂依音用李姓。公元前303年，巴人李姓在四川建立大成国，史称成汉，这是李姓在中国所建的第一个王朝，后灭于东晋。这支姬姓李氏的历史有2800年。

3. 出自他族改姓。《魏书官氏书》《通志·氏族略》记载，三国时，诸葛亮平哀牢夷后，赐当地少数民族赵、张、杨、李等姓。北复姓鲜卑氏叱李氏、高护氏，随孝文帝入中原后，改为单姓李姓。有复姓叱李氏，汉化后，改为汉字单姓李氏，为洛阳李姓。

4. 出自皇帝赐姓。据有关资料所载，唐开国元勋有诸将徐氏、安氏、杜氏、郭氏、麻氏、鲜于氏等16姓，以及其他少数民族因立功从唐朝国姓，赐予李姓。

5. 少数民族中本有的姓氏。延边朝鲜族常见姓氏有李姓。回、苗、壮、白、瑶等少数民族中也有李姓。

【得姓始祖】

1. 理利贞为得姓始祖。

理征（公元前1069—前992）时任理官，因执法如山，忤逆昏君商纣王的旨意，招来杀身之祸。理征的妻子契和氏，带着年幼的儿子利贞外出逃难。契和氏本是陈国人（今河南淮阳），想逃回娘家，又怕连累娘家人，于是便往豫西方向逃。当逃到"伊侯之墟"（今河南伊河流域）时，母子二人饥渴难忍，疲惫不堪，尤其是小利贞，饿得奄奄一息。这一带荒无人烟，幸好发现路旁的树上结一种叫作"木子"的果实，采下来充饥。就这样，母子二人靠吃野果保全了性命。一是感恩木子救命，二是为了避难改姓，又因理、李同音，所以理利贞改姓李利贞。李利贞被尊为李姓始祖。

2. 老子李耳，是李姓的得姓始祖。

【入闽迁徙】

1. 汉武帝时期，当时由于闽越国对汉朝的反叛，受到汉武帝的镇压，并采取了"尽徙其民于江淮间，以虚其地"的政策，并派了大量的军队屯兵戍闽，设立候官都尉等职，当今武夷山市的兴田镇"城村"，凤号"古粤"的，就是汉武帝平定闽越国徙民而遗漏余下的后裔，随后南迁入闽有望族林、李、赵三个大姓，也聚居于此，繁衍至今。

2. 三国时期东吴国曾五次出兵入闽屯军，其中不乏李姓军士，但无以考证。

3. 晋朝永嘉之乱，于"永嘉二年"（308）中州板荡，衣冠入闽者以八姓，林、黄、陈、郑、占、邱、何、胡为主，中有李姓。

4. 唐贞观十一年（637），唐高祖李渊第二十子李元祥被封为闽越江王，入闽节度建州。李元祥生于 618 年，贞观五年封许王，贞观十一年封闽越江王，他 35 岁时（662）到永安大湖乡开基。元祥公二世胶公封武阳王，赠司徒，谥曰桓，王妃许氏合葬鄂州江夏县。《永安大湖李氏族谱》记载："闽越江王"35 岁时奉旨到永安开基。元祥妃肖氏生七个儿子，长子焯，为永嘉郡王；次子皎，为武阳郡王；三子昕，封任国公；四子皓，封义兴公；五子灵，封广平郡公；六子晃，封巨鹿郡公；七子暹，封威卫郡公。武则天乾纲独断时期，对李姓皇族大肆籍没，黜夺封爵，子孙避难回福建，不敢回老家南安，便躲避到剑州尤溪皇历村（今永安槐南乡皇历村）。

元祥公三世丛公，中宗嗣圣元年（684），嗣封武阳王，载初元年二月武后批准少卿索元礼、来俊臣奏章，黜夺封爵，同年七月初二，丛公与其叔晃公入大狱，晃死，丛流放岭南，至闽南安，载初二年，又遣使杀之，王妃王氏同殉难，葬南安向阳乡八都。

元祥公四世万康公，以父枉死奔温陵依少尹李融家居，改正后受敕申叙，食俸朝请，以子楚珪，赠秘书监，同平事仪，同中书门下三品，夫人王氏赠弘农郡君，万康公生有四子，裔孙官爵显，枝繁叶茂，分迁福建多个地方。今福建的上杭、永定、漳州、平和、南靖、泉州、安溪、南安、莆田、惠安、永春、德化、永泰、福州、福清、平潭、长乐、三明、永安、宁化、南平、尤溪、福安等各地都有李姓旺族在该地发展。

李元祥的第二十七世孙李君怀，后敕封为五州节度使、南靖王，后葬于南安大盈。李姓在闽者多王苗裔，诸如永安、三明、大田、明溪等地均有望族。主要支脉有：

1. 李火德脉系：据《李氏族谱》记载，李火德传自李渊第二十子李元祥，自利贞始，李火德为七十三世孙，火德公所生三子，长曰三一郎，次三二郎，三曰三三郎，皆克家善继，善述厥后，子孙繁衍，诗礼簪缨，代不乏人，若海礼巡检念四，三江推官文通，开封府博明，善王府引礼克修，皆其所出，卓然为李姓荣耀。

2. 李富公脉系：李富（1085—1162），字子诚，号澹轩，李元祥公弟十八世孙，乐善好施，兴资办学，修筑海堤，兴建妈祖庙，乐善之举，震动朝廷，赐李富捐建之梅峰寺为报恩广孝寺。李富后裔分居莆田、惠安、福清、平潭、永泰、福鼎及广东潮州、海南、台湾等地，每年前往李富墓拜祭者不下万人，其后裔称为"白塘李"。

3. 孝梓公，孝梓公生于福建永安湖坑，乃火德公八世孙，得江姓勘舆先生厚爱，授意于祖祠竣工进火之时，当带一雄鸡，径向南走，鸡鸣为止，即为发祥腾达之地，因而迁居南胜县散坑（即今平和县小溪镇产坑村），晚年又于南郑坑，觅得一穴名曰：真武踏龟蛇，一日夜间，公竟无痛而逝，并得无数蚂蚁运土埋葬，乃至天明，已然成坟，故谓天葬。大明正德年间，漳州府督兵阮大人，围城筑寨，名曰"候山玉壁"，"李氏祖庙"亦建其中。其后子孙繁衍，称"候山李""西山李"。

4. 李侗脉系：李侗（1093—1163），字愿中，号延平先生。世居南剑州剑浦县崇仁里樟林乡，族谱记载，延平先生侗，楚珪三子尚芬孙支。三七公为延平一世祖，李侗为朱熹理学之师，熹述侗"延平答问"一书行于世，淳祐六年，赐谥号"文靖"，清康熙四十五年，文学臣沈涵上疏，康熙御书赐额"静中气象"。其支脉称"延平李"。

5. 李光地（1642—1718），字晋卿，安溪湖头李君达裔孙，康熙九年（1670）成进士，康熙十七年（1678）为内阁学士兼礼部侍郎，康熙四十年（1701）冬拜文渊阁大学士，因御纂《朱子金书》《周易折中》《性理精义》深受康熙喜爱，康熙御制祭文、碑文，赐谥号文贞，后人称其为"盛世良相"。其脉人称"湖头李"。

6. 唐总章二年（669）为平定闽南"蛮獠啸乱"，陈政率子陈元光和府兵 3600 人、将校 123 人入闽镇抚，入闽将士及亲属就地落籍，生息繁衍，据记载当时有：分营将李伯瑶、医士李如刚，校尉李牛，还有队正李彪、李仙客、李宏等，《漳州府志》记载："李伯瑶者，固始人，随陈元光开漳州，平獠三十六寨，战功推第一。"李伯瑶，据河南固始记载为唐卫国公李靖之孙。宁化武昌、方田、横锁《李氏族谱》：茂郎，唐高宗总章元年（668），以武功著绩，职授参军，初镇守广昌，复调守建州卫，后宦游卜居邵武建宁桂杨乡，转迁黄连（宁化）武昌乡，为汀宁之一世祖。

7. 唐光启七年（885），农民起义军黄巢功陷长安，僖宗西入光州，时安徽县人王绪等人聚众起兵，占领光州，固始人王潮、王审知兄弟率光州、秦州两州34姓乡民随军南下，攻下汀州、漳州、泉州、福州等地，最终据有全闽。随王审知入闽的李姓将领有李沪、李盈、李晦翁、李仁遇等。明正德十一年（1516）编的《同安地山李氏家谱》记载："其始光州固始县人也，同闽王王审知入闽，逐县南仁德里地山保，家焉。"罗香林《宁化石壁村考》：唐之末年，有宗室李孟因避乱由长安迁汴梁，继迁福建宁化石壁乡。

8. 李泳为越敬王贞子定淮公垲之裔孙，唐末"泳避乱徙家邵武，迓五季时，有讳光远者事闽，官尚书。生子浚，资拜司徒，浚生少保僧护，僧护生太保赓侨家无锡，赓生夔，夔为中大夫右文殿修撰，封卫国公，夔生右丞相特进观文殿大学士，陇西郡开国公赠太传溢忠定纲"。李夔、李纲均宋名臣。

9. 《宋史李虚己传》记载："李虚己，字公受，五世祖盈自光州从王潮徙闽，遂家建安。"

10. 唐末迁入闽的还有浙江余姚李姓，该支派出自汉李广之后裔李泌，字长源，为唐德宗时丞相，其房系中有光州刺史李杞，为避朱梁剪灭之祸，于五代时，随王审知到福建，定居于长溪（今称为尤溪），其后裔成为当地望族，后裔中有李秉义，是被送福建江口服役筑堤，于是把家安在江口，后裔子孙繁衍众多。

【入垦台湾】

顺治十八年（1661）南安人郑成功，收复了台湾岛，开始治台。时追随郑赴台之李姓，可以说是允文允武，人才济济，有李魁奇随郑芝龙守寨于笨港。郑成功收复台湾时，有许多李姓人在战斗和开发台湾中做出优异成绩，其中有李民、李景、李茂等人。清康熙二十二年（1683），清政府统一了台湾，设立台湾府属福建省，为加大开发膏腴之地，福建省渡送了大量的移民，有关史料记载，泉州移民7849

名共101姓前往开基，漳州移民5000多名共98姓。兑山李姓记载渡台已达142名。

【郡望堂号】

陇西郡：战国时置郡。相当于今天甘肃省东乡以东至临洮县一带陇西地区。此支李姓，其开基始祖为秦司徒李昙长子李崇。

赵郡：汉时置郡，治所在邯郸一带（古赵国夏区，都故址今河北省邯郸市西南郊）。此支李氏，为秦司徒李昙四子、开基始祖秦太傅李玑及次子李牧。

顿丘郡：西晋时置郡，晋武帝置，治所在顿丘（今河南省清丰西南）。此支李氏系陇西李氏分支，开基始祖为西汉名将李广孙李忠。

中山郡：汉时置郡，治所在卢奴（今河北省定州）一带。此支李氏为赵郡李氏分支，开基始祖为李玑三子李齐。

广汉郡：汉时置郡，治所在乘乡（今四川省金堂东），东汉移治雒县（今四川省广汉北）一带。此支李氏系陇西李氏之分枝，开基始祖为李广之父李尚。

还有，渤海郡、襄城郡、江夏郡、梓潼郡、范阳郡等。

以郡望为堂号：陇西、赵郡、范阳、顿丘、渤海、丹阳、安邑、平凉、姑臧、敦煌、绛郡、武陵、牛山、颍川、常山、平棘、辽东、江夏、广陵、汉中、柳城、略阳、鸡田、武威、高丽、西哉、代北、河南、京兆、南阳、梁国、广汉、梓潼、中山、襄城。

自立堂号：绵远、平棘、衍庆、笃谊、本立、雍穆、培元、善庆、世美、介祉、追远、师俭、敦复、崇礼、如在、敦本、青莲、叙伦、四平、百德、敦睦、三鉴、四平、龙门、五经、思孝等。

【祠堂古迹】

安溪湖头贤良祠，原名"榕村书屋"，坐落于安溪县湖头镇湖二村安溪第三中学内。是李光地（1642—1718）于康熙二十四年（1685）命其长子李钟伦建造的。坐西朝东，占地面积2000平方米。

稔田李氏大宗祠，坐落于上杭稔田乡官田村河谷盆地，四周群山叠翠。为纪念入闽始祖李火德公建造的总宗祠。清道光十六年（1836）始建，历代重修。建筑占地5600平方米。

邵武李纲祠堂，原名李忠定公祠，全称"丞相太师忠定李公祠"，俗称"李公祠""李纲祠堂"，坐落于邵武市区李纲路。南宋淳熙十三年（1186）始建，奉祀南宋丞相李纲而建。历代重修。占地面积2600平方米。

院前李氏家庙，坐落于南安石井镇的院前村，始建年代在明朝年间，历代重建。

汀州李氏家庙，坐落于长汀县汀州镇五通街民主巷二号，后门为三官巷。李氏家庙，始建于清朝嘉庆甲子九年（1803）。坐北朝南，壬山丙向，占地面积880平方米，计有3栋9厅36房间，砖木结构。

古田杉洋凤林祠，也叫李氏宗祠，坐落于古田县杉洋镇西南3公里的凤林山下，占地2500平方米，始建于唐天佑二年（905），后唐天成四年（929）改建善院，曰凤林。立祖祠由入闽四世祖李灏创建。是李氏奉祀入闽始祖李诲的祠堂。

泉州东美李氏家庙，始建于明嘉靖年间（1522—1566），屡有修葺，原址在刺桐路口，近年因建路迁建于东霞街112号。历代重修，面积约150多平方米。

登美李氏家庙，位于丰泽区丰泽街道东美社区。原称"东尾"村，后改名为"登美""东美"村。家庙始建于明嘉靖年间（1522—1566），屡有修葺，原址在刺桐路口，近年因建路迁建于东霞街112号。家庙坐北向南，三开间二进，面积约150多平方米。

英山奎兜堂，位于德化县龙浔镇英山村奎兜山。李纂公于北宋熙宁年间（1068—1077）肇基英山，鼎建奎兜祖祠。

沙堤李氏宗祠，位于惠安县小岞镇后内村。原为李氏故宅，约始建于北宋元丰三年（1080）前后。南宋建炎二年（1128）李文会举进士入仕，绍兴十年（1140）扩建为府第。占地面积约740平方米，建筑面积约460平方米。

三元区龙安李氏崇德祠，坐落于三明市三元区莘口镇龙泉村龙安，始建于明景泰三年（1452），清康熙十四年（1675）、1997年两度重修。该祠占地面积750平方米，建筑面积220平方米。

【楹联典故】

原本陇西神仙祖，派系唐朝帝王孙。

——李姓宗祠通用联。

丞相将军府；忠臣孝子门。

——福建上杭县稔田乡官田村 "李氏大宗祠"（火德公总祠）宗联。

犹龙紫气当前现；旋马清风奕世存。

——此联台湾省屏东县内埔李氏宗祠联。上联典出春秋时思想家老子（李聃）。下联典出北宋大臣李沆。

原本陇西神仙祖；派系唐朝帝王孙。

——此联为台湾省台北县淡水镇忠寮里竹围子李氏祖厝联。

自唐入闽陇西派，由宋改堂绍兴年；陇西衍派家声远，凤竹分支世泽长。

——闽南凤竹李氏祠堂。

【族谱文献】

李姓族谱始于宋代，盛于明、清，还有一些是近现代的，基本上都是私修，而且有初修、续修、再修等版本。修谱的主要目的是"尊祖收族"，并对宗族成员进行"尊尊亲亲之道"的伦理教育，也就是尊敬祖先，加强宗族团结，明确怎样为人处事。族谱的主要内容是记载李姓世系（即世代相传的统系）和重要人物的事迹，一般前有序文、凡例，后记祠堂、祖茔、辈分、族规、家训等。序文介绍李姓起源、分支始祖、本谱编修宗旨等。百家姓李氏家谱之李氏祖训等。李氏家谱种类繁多，数量惊人，据说美国犹他州谱学会存有115种李姓家族、家谱、家族、家族网，北京图书馆收藏有67种，民间保存者不计其数。福建李姓族谱现存千余部，有《李氏族谱——火德公宗系》上杭火德公宗系编辑委员会修纂。始修于明永乐年间，李崇城作序。1989年编撰为李氏史记，2009年重修再版。不分卷，10个篇幅25个章节，内容有目录、新旧序、凡例、世系篇、宗祠篇、功德篇、文史骗、古今名人篇、编后语等。载入闽始祖李珠宋进官居都督，宋末避乱由山西移汀州宁化石壁村，子元火德移至上杭胜运里丰郎乡。宋宝庆二年（1226）火德率其妻伍氏由石壁村迁居上杭胜远里丰郎村开基。始迁祖火德公，稔田李氏大宗祠著名。名人李光地、李登辉、李光耀、李嘉诚等。泉州《李氏族谱》，明末修纂。明代名人萨琦等人作序，世系分支图始记于十九世李闾，止于林李同宗分派第八世。名人有明代思想家和文学家李贽（1527—1602）等。建阳崇安李裔联合纂修《李氏宗谱》，共 21 卷 21 册。唐末，李邺仕闽王审知麾下入闽，子孙广布闽北。名人丞相李纲。《台湾李氏族谱》修撰者无考。内载渊源沿革志、序集有燕楼派，前街之祖来自龙溪东门外李定夫；仙景派李玄理来自漳州龙涓。嗣后子孙移居台北。

第七十六节 连 姓

连姓在全国有 54 万人，排名所有姓氏的第 190 位，约占全国总人口的 0.04%。在福建排名第 56 位。在台湾排名第 64 位。

【渊源】

1. 出自姜姓，为炎帝连山氏后裔，是姓源最古老的姓氏，距今已有五千年历史。唐代孔颖达在《周易正义》中指出："神农一曰连山氏，亦曰列山氏。"宋代罗泌《路史·后纪三·炎帝》中说："炎帝神农氏……肇迹列山，故又以列山、厉山为氏……八八成卦……所谓'连山易'，故亦曰连山氏。"宋代郑樵《通志·三皇记》亦说："炎帝神农氏起于烈山，亦曰烈山氏，亦曰连山氏。"由于炎帝姓姜，故这支连姓被称为姜姓连氏。

2. 出自姬姓，为鲁周公旦之后，以齐国大夫连称为开派始祖，是中华连姓的主流支派。连称葵邱著迹，《春秋左传》《国语·晋语》《史记·齐世家》等史书均有记载。嵌于明万历二十二年（1594）创建的襄垣县南峰沟村"上党连祠"西壁的石碑题记，称："连族乃知，氏源周鲁，系出伯禽矣。"

3. 出自芈姓，为上古陆终氏第六子季连之后。《姓氏考略》云："连氏出自陆终第三子惠连之后。"并注云："楚连尹、连敖皆官，连姓必有以官为氏者。"然而《世本》宋衷注曰："惠连是为参胡。""斟姓，无后。"《史记·楚世家》记载：陆终第六子"曰季连，芈姓，楚其后也"。楚国连姓应以季连为始祖。

4. 由少数民族改姓连姓。满、蒙古、苗、壮、傈僳、土家族等及台湾少数民族连姓。

【得姓始祖】

1. 炎帝，烈山氏，号神农氏，又称赤帝，华夏始祖之一，与黄帝并称为中华始祖，中国远古时期部落首领。距今 6000 年至 5500 年左右生于宝鸡姜水之岸（一说湖北随州厉山），为中华民族的人文初祖。他与黄帝结盟并逐渐形成了华夏族，因此形成了炎黄子孙。

2. 惠连。据《姓氏考略》上说，连姓出自陆终三子惠连之后。这就是说惠连之后"以王父字"为氏而姓了连，而《名贤氏族言行类稿》有记载说，左传齐大夫是连称之后。根据这种说法，我国连姓家族发祥于如今山东省境内，算起来已有有 2000 多年的历史。然而《魏书·官氏志》则认为，连氏，太连氏，皆改连氏。由此可见，我国的连氏家族非常地复杂，要想找到真正出处，困难很大。望族居上党郡（今山西长治县），连氏后人尊惠连为连姓的得姓始祖。

3. 连称。春秋时齐国的大夫，曾经风云一时。他的事迹，《左传》是这样记述的："襄公使称与管至父戍葵邱，瓜时而王，曰，及瓜而代。期成，公问不至，请代弗许，遂作乱，弑襄公。"这位连称，据说便是后世连姓的始祖。

【入闽迁徙】

唐代中后期，上党连姓首迁福建。《连氏谱牒》记载最早入闽的连姓有两支：一是婺州入闽。据大田县魁城族谱记载："连氏之先高阳氏颛顼帝，后曰恭父者，事夏后氏有功，封连城，遂以连为姓。妻吴氏育子，因名曰连城。其事齐为大夫者曰连称，徙居上党，子孙繁衍，遂为上党著姓。故后世称连姓者，咸宗上党，此以所封之邑为氏者也。历数传，而迁于鄱阳，分于南阳，徙于汴州，再迁于严陵，于安州，于婺州。自婺（婺州，今浙江省金华市）入闽谋，娶延陵吴氏，生子四，彬彬有礼，欧阳詹称之曰：木边、楠、横、梓，其大连抱百围，是岁得孙，因名曰抱，续得孙，名曰揔。揔字会川，唐咸通中领乡荐登进士第，官至金紫光禄大夫，仓库部员外郎，属闽县人。"宁化石城联修《上党郡连氏族谱》：一世光裕，生于梁开平庚午年四月初七巳时，殁于宋淳化甲午十月初三亥时。祖籍闽县，为湖北随州应山令，复任磁、郓二州推官，解组后遂家于应山。后裔迁云梦县，分迁孝感县、荆门州、嘉应州、潮州府、迁宁州，分迁龙岩、顺昌。八世祥公，字肇祯，原居邵武禾坪，后迁建宁县南乡三滩。因商于汀州宁化城，遂卜居上进贤坊，为入宁之始祖。后裔迁江西宁都、漳州、龙岩。据仙游县前连《凤阿族谱》记载："余连氏，上党郡也。世居光州之固始。至唐僖宗乾符间，恺公以明经擢第，仕叶州通议大夫。弃官避乱，奉双亲入闽，家于福建闽县。"宁都下西关《连氏初修宗谱》载：始祖：光裕，祖籍闽县，宦居于应山，生子正公。四世：庶公，字君钖，宋进士，初为寿春令，欧阳公荐其学行，迁职方员外郎，与弟庠公同二宋学于文忠公。今德安府有四贤堂二连二宋也。公生于宋咸平庚子（1000），娶齐氏恭人，生六子：显、笃、迪、谦、灏、楠。后裔分迁欧宁县、建安县、龙岩，于宋绍兴间分迁泉州府安溪县。娶王氏，生二。后裔分迁吉安、赣州、信丰县、安溪、建宁府、南安、永安、松溪、光泽渭水、邵武、建阳县、崇安、邵武禾坪、建宁府、兴化县、莆田。

经考证，闽县开化里（今福州仓山区城门镇）为福建连姓最早的聚居地，由于连姓繁衍生息和开发，其山川、文物均以"连"或连的谐音"濂"字命名，如其村子分别名为连坂村、连浦村、福连村、濂江村，村内小河流名为濂江，宋代书院名为濂江书院。连坂村现存一座建造于唐宋时期古石桥——连坂桥，桥上镌刻"当境连满与妻林十六娘为所生父母造桥一所，愿家国平安，同沾利禄，上元辛亥岁八月三日造"等铭文。传为宋代连知府夫人出资建造的连坂村高架石板条路——蜈蚣路，供人、车行驶700余年。

唐咸通九年（868），闽县培育出中华连姓历史上第一个进士连摠，被福建各支连姓奉为"第一不桃祖"。

唐朝开成元年（836），连氏始祖连总、连仲英父子同朝为官，为了逃避战乱，乞身引退，谢爵辞仕，从山西上党入闽，过三山（现福州）到大田县魁城开基；魁城原名蓬屋村，世祖循音究义，取入局年号"开成"两字为村名，"开与魁声相近，成与城

音相同，魁城之名始于此也"。子孙繁衍至今已有四十代。魁城连氏奉连总为第一代肇基祖。大田境内有张地、菖坑、万湖、西埔、沧州、广平及县城，人口1万多人。

新、旧《五代史》和福建《八闽通志》、福州《三山志》等史籍记载，唐末五代年间，河南光山人连重遇，随闽王王审知入闽，任控鹤都将。王审知去世后，其子孙残暴无道，连重遇屡立屡废闽王，后被杀，其后裔下落不明。

《宁化客家姓氏源流》宁都下西关《连氏初修宗谱》：始祖（一世）光裕，生于梁开平年间，祖籍闽县，为湖北随州应山令，留家其地。复任磁郡二州推官，解组后仍家应山。至五世显公（庶公长子），名耀祖，字贤桢，为龙岩令，随任居家龙岩；迪公（庶公二子），讳弥，宋进士，光州固始县令，升饶州府尹，调升建宁府刺史，后由应山隐居建宁府建阳县西罗；谦公（庶公三子），迁浙江；灏公（庶公四子），迁江南；楠公（庶公五子），迁闽汀；益公（庠公次子），迁潮州府；迥公（庠公四子），迁宁州。六世：太光，名九郎，讳琳，由应山迁居泰宁县南乡善溪下堡坑桃源坊；太宁，字重城，由应山宦迁连江；在滨，皇裕乙丑生，由应山迁龙岩，潜公，名子谭，字孔昭；号养静，宋绍兴己未进士，任绍州通判，因往南剑州守丧，侨寓顺昌。七世：凯成，迁瓯宁县；仰成，迁建安县；企成，字鹳程，祖籍龙岩，于绍兴年间迁居职泉州府安溪县；爵成，由龙岩迁居邵武禾坪；廖成，迁居吉安；颂成，迁赣州府；美成，迁信丰县；五盛，字楷梧，由连江迁魁城；致和，宋熙宁甲寅生，由龙岩迁连城。八世安陵，字为阜，于绍兴二十八年（1158）擢山陕观察司使分巡山陕诸路，卜居闽之兴化府莆田县卷桥村；叔和，号隽陵，居建宁府；寅曙，迁赣州；寅旷，迁建宁府；寓暄，字大煦，嘉泰年间，山禾坪迁建宁县黄溪堡名其里曰连坊；祥公（庄公之四子），字肇祯，于宋建炎二年（1128）因商入宁化，后自建宁三滩迁居新村里连屋坪，转迁案湖，为入宁始祖（后裔春郎迁江西抚州、秋郎徙龙岩续衍宁都）；祉公，居顺昌；祚公，亦居顺昌；祺公，字国兆，

绍兴甲寅生，登进士，授临川县令，擢本路别驾，由顺昌迁居洋田铺。

在宋太宗年间（977—998）由闽县宦迁随州应山令（属今湖北省广水市）光裕公，其裔孙先后回迁入闽。其中：南夫公知泉州府，终于福州寓所，其子孙留居福建；端夫公知南剑州（今南平市），卒葬顺昌县来富村，子孙定居顺昌。据有关族谱载，显公为龙岩令，定居龙岩；弥公宦迁建宁府（府治在今建瓯市），卜居建阳县西罗。

武平县中堡村阡一郎公迁自广东省揭阳县，顺昌县墩头村尾德公据传迁自江西省铁板桥，建瓯市徐墩镇东边村田元自然村连姓迁自江西南昌府太平桥，浦城县古楼村德裕公迁自江西省广丰县，福鼎县溪美村国德公迁自浙江省瑞安县；漳浦、南靖等县连姓亦迁自广东。值得探讨的是，明洪武年间，上党人连楹任福建道监察御史，在福建巡海、巡城、巡防、巡仓长达23年，建文四年（1402）因"靖难"之役被燕王朱棣杀于南京金川门下。连楹有五子，连楹被害后，"族人惧赤族灭门之祸将至，四散逃走"。

形成几大支系：

1. 魁城支系：唐开成丙辰年（836），摁公之子仲英公从闽县迁居"延平府尤溪丰城乡万足里蓬屋村"，即今大田县太华镇魁城村。五传至胤公，登五代闽忠懿银青光禄大夫把截使，生九子，其第三子光信公，生三子，次子玠公，谱载北宋仁宗间进士，仕至侍讲侍读、吏部侍郎、摄理文渊事。玠公生四子：长献臣、次鼎臣、三正臣，三兄弟同入太学，号"连三虎"。献臣赐广文馆进士出身，正臣宋哲宗戊辰（1088）科特奏名出身，仕至朝奉大夫。魁城连姓自开基至今近1200年，已传四十余世，是福建乃至中华连姓现存最古老的聚居地。以魁城为中心，人口向四周乡村扩散，现较大村落有本乡的温坑、张地、菖坑、万湖、西埔等村，以及广平、梅山等乡村。

从魁城外迁的有：

（1）宋初有胤公第九子仁业公、宋乾道年间有谦公迁居龙岩城东（今新罗区），分为厦老楼墩和城东昆正两支连姓。宋绍定、淳祐年间有寅公、梦魁公，明万历年间有继芳公先后进士及第。继芳公历任德清知县、安庆知府、广西左江按察司兵备道副使，致仕诰赠中宪大夫。昆正连氏已流传三十一世。元代，仁业公五世孙季叟迁和睦里桂林（今漳平市溪南镇大山村），已传二十四世。

（2）宋代有正臣公之孙小五、小六昆仲迁龙岩和睦里白泉（今漳平市新桥镇白泉村）。数传至垒公，于明正统十四年（1449）避乱扶母徙居长泰善化里崎岸社（今枋洋镇江都村）。垒公生二子，长佛保，迁龙溪；次佛祖，衍江都各社及长泰武安等乡镇，已传二十三世。漳平白泉村另有一支迁莆田涵江区大洋、庄边等乡镇6个村落。

（3）明初，克宗公（行十三）徙居德化县甲头村（今格头村），再衍杨梅、桂阳等乡村，现已传二十三世。

2. 凤阿支系：一世祖恺公入闽之后，传至九世祖治公，字素庵，据谱载，宋淳熙年间（1174—1189）任右邦丞相兼护国大将军，宋隆兴年间（1163—1190）隐退仙游云顶山北麓之连坂。因连坂府第被地师误伤，治公率子应祖公徙居阿头（今盖尾镇前连村）。应祖公生三子，分居三地，成"三凤鼎立"之势，世称凤阿连姓。长子铖公承守阿头，已传四十世；次子钊公于宋嘉泰年间（1201—1204），分迁惠安县七都鲁店尾坝头村（今属泉州市泉港区），已传三十二世，人口分布凤山、凤阳、凤南、凤北、凤林、凤安、坑内7个行政村和岭口、鹅头两个自然村，成为福建乃至中华连姓第一大族。三子锡公携长子训公与侄诰公徙居延平（今南平），其后由尤溪辗转开基德化县佶头（亦称甲头）。

3. 应山支系：据宋《三山志》载：宋嘉定十三年（1220）进士、闽县人连少嘉为"南夫六代孙"。说明当时闽县衍传南夫公裔孙。据清《漳州府志》《龙溪县志》载：连南夫"为秦桧所恶，谪知泉州，寻隐于邑尚书峰之麓（龙溪十一都，今龙海市榜山镇翠林村境）"。南夫公在尚书峰连厝传下一脉子孙。《漳州府志》又载："南夫五世孙琇璇，字康居，据家谱所载，与文信国天祥招募勤王，拒元兵于五坡岭（在今广东海丰），一族战死三十八人，而史不传，忠义英灵几于磨灭，可胜浩叹。"为避元兵株连报复，连姓族人举族逃遁至时为小岛的玉田山（今龙海市海澄镇屿上、黎明村属地），隐姓埋名，从事农渔，明代陆续外迁。

龙海、漳州市区和云霄等地，其中，龙海市榜山镇马崎社最集中。2006年3月新修《马崎连氏族谱》载："明宣德年间（1426—1435），马崎始祖连佛保的子孙来到马崎社定居，以后子孙在岐山一带繁衍生息，奉连佛保为马崎始祖。"（关于马崎连姓源流，有二说：一说源于长泰县江都村。据台湾郑喜夫《民国连雅堂先生横年谱》载："明英宗正统十四年（1449），垒奉母避难长泰善化里江都崎岸，尊奉四八为该地连氏始祖；娶陈氏，生子三：长佛保，字时冲，分往龙溪马崎。"一说源于宋代名臣南夫公。据连俊三、添福等人所编《霞漳（连山）连氏族谱》载："时南夫公第十世裔孙连佛保公，德配李氏，生三子，在玉田居住150年后，于宣德年间连佛保公的子孙移居九龙江的三叉河上游马崎社。"

端夫公长子潜公定居顺昌县来富（今来布）村。潜公宋绍兴己未（1138）进士，任绍州通判，生四子，其第四子茹公，宋乾道二年（1166）进士。自宋至清，七品以上职官26名，为闽北名门望族。清咸丰八年（1858）遭太平天国石达开残部杀戮，人口骤减。端夫公四世孙祥公迁宁化县，已传三十世。

据福安族谱记载，端公第四子恒公居顺昌连坊里，生一子应公，于宋嘉定三年（1210），避乱浮海，居于长溪可河（今霞浦县渔阳村）。应公生四子，长、次、三子居霞浦；第四子克亮公迁居韩阳坂（今福安城关），后迁秦溪村，已传二十七世。明清时期克亮公裔孙先后由福安迁宁德、周宁、寿宁、霞浦、福鼎、柘荣、政和、松溪及浦城等地。

弥公卜居建阳县西罗，其后朝公迁崇安县（今武夷山市）五夫典村，现主要聚居于五夫村；另有一支迁浦城黄毕洋；英公传建阳各地。

据有关族谱记载，显公知龙岩，其后裔有一支迁安溪县崇善里，另一支迁邵武县禾坪里。

4. 白石境渔民支系：在福建沿海和闽江水系，

原生活着为数众多的连姓渔民，人口最集中。究其源流，据目前了解主要有两部分：大部分人是源于侯官县三十六都白石境（今闽侯县荆溪镇白石村），主要分布在闽江及上游支流沿岸，以及从长乐至福鼎沿海各港埠，没有族谱传世（现仅福鼎沙埕分支近年修有族谱）；少部分属霞浦、福安支系，主要分布在霞浦、宁德沿海，有统修族谱。在厦漳泉沿海原也有少数连氏渔民，已较早上岸定居，从事农业及第三产业。

江西宁都连振华、连长福《山西上党连氏族谱》：南康西华叶坑连氏开基祖为进步公之十二世孙万瑞公。传世《族谱》载：祖先的源流是：大始祖连称公发祥山西上党，后迁福建汀州府宁化县，再迁广东五华，最后从五华分迁江西南康县西华乡叶坪村。

宁都连氏源流：连氏受姓于周时齐大夫子亚公，自宋光裕公居闽县任湖北隋州应山令，其子正公、孙舜宾公。舜宾公生四子：二子庠公生五子，其第五子灿公生二子。长子潜公又生四子，其三子庄公之子祥公，祥公生二子：富郎、贵郎（亦称大郎、二郎），富郎（大郎）之子兆甲，由福建宁化县迁入宁都县，成为宁都连氏开山祖。

各支入闽连姓由于任职为官、谋生和避难，不断择迁新的聚居地，至今已遍布全省各地。据统计，现全省85个县（市、区）中，83个县（市、区）都有连姓聚居地，连姓总人口约13万余人，是全国连姓人口最多的省份。

【入垦台湾】

连氏在明末清初迁台的，清康熙年间，连兴位公从龙溪马崎社（今属龙海市）迁到台湾台南马兵营定居，七传至连横，连横生子连震东，连震东生子连战。

【郡望堂号】

连氏郡望有上党郡、东海郡、齐郡等。上党郡："上党"在字面意思指山上的高地，"上与天为党也"，故名。上党地名最早见于春秋时期的晋国，此后赵魏韩三家分晋，都占据了上党地区的一部分，战国时期韩国置郡，但是具体的郡置如今已经难以考证。

清冻堂：宋朝应山县连庶、连庠兄弟同为进士，同任县令等职。连庶聪明清廉，人们称他为"连底清"；而连庠对事物看得清晰、透彻，处理事物很严肃，人们称他为"连底冻"。清冻堂也有称为双贤堂。此外，连姓的主要堂号还有瞻依堂、上党堂、武功堂等

【祠堂古迹】

连姓思成堂，位于龙海马崎村，始建于明万历年间，清康熙中重建，后历代屡有修葺。2006年，中国国民党荣誉主席连战携眷从台湾回祖籍地马崎，在思成堂隆重举行祭祖仪式，因而名闻遐迩。

长泰江都瞻依堂，位于长泰县江都村，始建于明景泰三年（1452），原为二世祖新建学馆，万历年间改建为大宗祠。厅堂中悬挂有福建巡抚、船政大臣丁日昌题赠台湾举人连日春（系江都连氏第十五世孙）"文魁"匾。

坝头连氏家庙，也称坝头祠堂，位于泉港区前黄镇坝头凤山村，坐东朝西，背靠凤阿山，面对坝头溪。兵营（时称马崎上党连氏）。连战是连兴位的第九世孙。连氏家庙始建于元末。历代重修。

山后连氏祠堂，位于德化县国宝乡格头村山后。即格头连氏故居，俗称"山后祖"，即祖屋之意。始建于明正德三年（1508），坐南朝北，由主楼、赞楼、阳庭、品字池等组成，占地1000多平方米，建筑面积585平方米。

魁城连氏祖屋，又名龙井祠，系魁城连氏总祠。坐落于福建省大田县太华镇魁城村。宋宝祐二年（1254）始建，历代重修。祠堂坐北朝南。国民党荣誉主席连战特为龙井祠题词"大田县魁城村志念——连氏龙井大宗祠"，署名"连战敬题"。

江都连姓祖祠，位于长泰县枋洋镇江都寨中，堂号"瞻依堂"，灯号上党，始建于明万历年间（1573—1620），屡有修建。祖祠坐西向东，依山坡而建，屋顶飞檐翘角，厅堂建筑面积225平方米。

福建连姓的主要堂号还有大田县魁城村蛟龙井祠堂、龙岩东门追远堂、泉港区坝头祠堂、德化县格头村怡燕堂、福安市泰溪村泰水名宗堂等。

【楹联典故】

瞻崇祖德恢先业；依赖宗功启后人。

祖有功，宗有德，自大田而开长泰，宗派唯有一家；

父为作，子为述，由上掌而连江都，源头初无二脉。

——长泰江都连氏祖庙瞻依堂。此联为福建省闽南地区连氏宗祠"瞻依堂"通用堂联。联以鹤顶格嵌"瞻依"堂名。

国士升华光世德；惟思懋建永昌宗。

——清代连日春撰，长泰县江都村连氏宗祠"瞻依堂"联。此联为清代连氏裔孙、光绪二年（1876）丙子科台湾府举人连日春所撰。后来，江都和开台连氏家族共同将它作为子孙昭穆，从十二世启用，历代相沿。

源头由和睦，和睦千秋；匾额树瞻依，瞻依百世。

——长泰县枋洋镇江都村江都寨连氏祖祠"瞻依堂"堂联。

【族谱文献】

记载闽台连氏族谱有《马崎连氏》，原有钞本1册，20世纪60年代遗失，2006重修族谱正式出版。2005年，马崎连氏组建族谱编纂小组，并邀请漳州台办、龙海台办和龙海方志委领导给予协调和指导。2006年正式付梓，共30多万字，内容有连氏渊源，马崎连氏渊源，马崎连氏系谱志，还有宗祠、人物、风物名胜、台湾连氏宗亲行事录、马崎与台湾连氏、岐山连氏碑文节录等。族谱还收集了部分反映马崎连氏的文物古迹、名胜古迹、村容村貌、寻根祭祖以及相关人物活动等的珍贵照片。其中"台南马兵营连氏世系图"就是连战寄到马崎社的。主要根据马崎现有的族谱资料、牌匾、地方志书等，以及龙海连氏宗亲会宗亲多年来查证资料。内载开台始祖兴位公为马崎连氏十世。连战为第十八世（连兴位的第九世孙），系出连山氏望出上党先世有居于漳州府龙溪县万松关马崎社二十七都，大清康熙年间（约1682），上党连氏后裔连兴位从龙海马崎村渡海到台湾，定居于台湾城内凌南坊马兵营境（时称马崎上党连氏）。有泉州《高阳上党衍派凤阿连

氏坝头族谱》，明朝隆庆元年（1567）的钞本。内载连姓入闽始祖为上党连恺公，因黄巢起义南迁。连恺公遂弃官奉双亲，随王审知入闽。连恺公的第十一世孙连钊公是坝头连氏的始祖。泉州的连姓有二支。一支在泉港区前黄镇坝头；坝头一世祖连钊，字兆钦，自宋嘉泰间迁到惠安曾店尾（今泉港区坝头）。一支在德化国宝乡的格头。两地的始祖为亲兄弟，皆由仙游盖尾镇前连迁来，堂号灯号都是"上党衍派，凤阿传芳"。《麟山族谱》大田魁城连氏族谱，修于清光绪十二年（1886），收录的谱序是北宋连献臣所写。福建崇安连氏宗谱五卷，（清）连润青等纂，清嘉庆十七年（1812）木刻活字印本三册，今仅存第一卷、第三卷、第五卷。现被收藏在中国家谱网站档案馆。福建崇安连氏宗谱五卷，（清）连仰宸等纂，清光绪十八年（1892）木刻活字印本四册，今仅存第1－4卷。现被收藏在中国家谱网站档案馆。福建省福安市秦溪连氏家谱，堂号为忠孝堂。

【昭穆字辈】

福建浦城连氏字辈：永世达朝廷忠孝全家友。福建仙游连氏字辈：宗、殿、协、建、公、侯、伯、子、元、德、升、闻、燕、翼、贻、谋、克、绳、朱、武。福建沙县连氏字辈：椿日鹏遑起自元焕增瑞荣昌（鸿）才开世治骏德毓明英。福建三明尤溪、广东汕尾连氏字辈：天冲仰瑞延君特宫道兴文仕贤。

第七十七节　练　姓

练姓源于伏羲风姓，东方氏。练姓主要在福建形成与发展。练氏至今已有1300余年历史，大陆人口排名未进入前200名。在台湾排名171位。

【渊源】

源于伏羲，属于帝王赐姓改姓为氏。伏羲传至六十四代裔孙东河，世居河南河内（今河南沁阳市），仕于唐。据南朝宋何承天所撰《姓苑》记载：东河于唐贞观十八年（644），任总管府录事参军，奉诏助大将李绩伐高丽有功，高丽南苏罗城为巨木构建，坚固无比，唐军数次攻击皆失利，东河跟军实矿，献火攻战术，唐军攻破南苏罗城有功。因功，唐太宗李世民以东河精练军戎之事情，在他原姓"东"加"乡"，以"丝"为"社稷之固"之意，赐东河姓练，称练何，并封岐山侯，世居河南河内（今河南沁阳）。其后代相传姓练，称为练氏。

【得姓始祖】

练何，字子俊，本姓东，即东何，河内人，伏羲传至六十四代裔孙。据《百家姓》中记载，练氏的始祖本姓东名何，世居河内（今河南沁阳）。东何智勇超群，唐贞观年间任总管府录事参军，贞观十八年（644）十一月庚子日（农历十一月三十日），奉诏协助李绩出征高句丽。征战久攻不下，东河到实地勘察，献火攻之计，大破南苏罗城。贞观十九年（645），在临渝关的汉武台刻石记功会上，唐太宗以"精练军戎"封东何为岐山侯，赐姓练氏，封三世恩荣世袭骑尉将军。就这样，东何改名叫了练何。钦差大臣兵御尚书大总管李绩赞曰拜题："舜友贤裔，岐山侯第，贞观恩及，赐姓启宇，诗书冠冕，诒谋济美。"姓赵氏，封一品夫人，后与夫合葬于怀州河内县紫金坛（今沁阳市神农坛）。练公与赵氏夫妇生育二子：练舜麒、练舜麟。长子麒袭职骑尉将军。麒公有四子友钦、友明、友文、友思，长孙钦公袭职骑尉将军。钦公子贤相，亦袭职骑尉将军。如此殊荣，故练氏后人奉东何为练姓的得姓始祖。（参阁957印景文渊阁《四库全书》子部二六三957—449页钦定《四库全书·万姓统谱》卷一百二、《中国人名大辞典》1525页）

【入闽迁徙】

在《百家姓》有记载："练氏东何公得姓后，其孙友明从河南第一次入闽建宁（唐朝建州府）。传至第二十二代诏嘉公时，迁到江西新淦县三洲；传至第二十八代渊文公，字豪，任宁化教谕，再次从江西入闽，适值赣寇蔡五九作乱，攻陷宁化，豪公率眷属沿山区走避，迁居武平县象洞乡洋贝村（今洋背村）开基繁衍。"

族谱记载，从练何之孙练友明迁建州（今福建建瓯）开始，传二十二世孙，后迁江西新淦县（今江西新干）；又传二十八世孙练渊文，迁福建武平县；又传至三十二世孙练元龙，明朝初期迁至广东梅县，后又迁至兴宁。练元龙为入粤兴宁的始祖，历经600余年，嗣裔分布广东兴宁、紫金、惠阳、惠东、陆河、河源、博罗、增城、信宜、高州、郁南、云浮、新兴、阳春、阳江、阳东、四会、广宁、鹤山、中山、广州等40多个市县，人口将近7万人。而今深圳龙岗区坪山镇的练氏族人，就是入粤兴宁练元龙的第五子练思宁的后裔。由于练何世居河南河内县（今河南沁阳），故练氏族人以"河内郡"为望。在福建省聚居有"河内郡""丹阳郡""建安郡"3个支系的练氏。

《宁化客家姓氏简介》：练氏得姓始祖练河，字子俊，姓赵氏，生二子：舜麒、舜麟。长子舜麒，娶陆氏，生四子：友钦、友明、友文、友思。次子舜麟，娶张氏，生二子：友德、友善。舜麒次子友明，字小聪，由河南河内县迁福建建州宁化县（一说建宁），为入闽练氏开基祖。友明姓王氏，生二子：贤佐、贤佑。裔孙分衍建宁，传二十二世孙，再衍江西临江新淦县三洲。临江练氏六世学洙第四子练渊文，讳豪任，元延祐间任宁化县教谕，延祐二年（1315）

八月，农民起义军蔡五九攻陷宁化县城，豪任避乱举家迁居武平象洞肇基繁衍。又传至三十二世孙练元龙，明朝初期迁至广东梅县。练元龙为入粤兴宁的始祖，清光绪中叶（1890年前后），练朝锦自武平返迁宁化县安远乡开基，已历100多年。

练氏入闽历经600余年，武平象洞练氏以豪为始祖。清康熙四十八年（1709）修撰的武平县象洞《练氏族谱旧序》记载：二十八世渊文，名豪，授宁化教谕，遂家焉。豪本贯江西临江新淦县，时蔡五九乱，陷宁化县城，豪归里，爰携仆至家，由宁化葛藤村而至武平象洞阳贲开居，今称之为练坊者，即豪故居也。嗣裔孙广布闽、浙、陕、蜀、黔、滇、粤、桂、湘、台、赣等省地。

练氏家族在福建主要分布于闽西为主的客家地区，其次为闽北浦城（1200多人）等。宁化县中沙乡仍保留有唐宋时期练氏聚居地练畲村。练氏多数散居在上杭县的临城，武平县的平川、象洞、岩前、城厢、中山，宁化的城南、翠江、济村、河龙、安远等乡镇。

练（东）何得姓后，其孙练友明从河南第一次入闽建宁（唐朝建州府）。传至第二十二代练诏嘉迁江西新淦县三洲。传至第二十八代练渊文，字豪，授宁化教谕，再次从江西入闽。适值赣寇蔡五九作乱，攻陷宁化，练豪率眷属沿山区走避，迁居武平县象洞乡洋贝开基繁衍。至明洪武初年，练氏后裔逐渐迁往广东，有的落居在兴宁龙归洞，有的在广东惠阳等地。清乾隆年间第四十九代练庆廷，字芳飞，翻越丛山峻岭，渡汪洋大海登陆台湾台中迁居苗栗头份，披荆斩棘，耕耘斯土。练庆廷生练集泰、练良泰、练享泰、练兰泰、练求泰。练良泰生练端云、练生云、练辛云、练增云、练根云。练辛云生练盛干、练盛立、练盛玉。练盛玉生练官保。练官保生练春皇、练春富、练春贵、练春祥、练春发、练春华。练春贵生练金兰、练荣枢。练金兰生练锡九、练锡铭、练正沼、练锡麟。练锡铭生练智文、练颜任、练兆钦、练兆铭、练兆国。练兆钦生练龙斌、练晓帆。练庆廷至今有数百年之久，子孙繁衍已十余代，遍及台、闽、粤、港，及美洲、大洋洲等地。氏族繁众，如

星之耀，祖德宗功，共相辉映。

【入垦台湾】

清嘉庆年间（1796—1820），在武平象洞的练氏后裔练蕃榜，字在君，率儿子练兆科，2个孙子和族亲40余人渡海，去台湾省台北县石门乡干华村开基发展。至1971年，因该村建核能电站征用，遂分道他迁台湾各地。练姓在台湾排名第171位，主要来自福建和广东，人口密度依次为台北、基隆、台中、宜兰、苗栗、南投、彰化。

【郡望堂号】

郡望：由于练何世居河南河内县（今河南沁阳），故练氏族人以"河内郡"为主郡望。

河内郡：古以黄河以北为河内，以南、以西为河外。

丹阳郡：丹阳又称润州、丹杨郡，是我国十分古老的地名，所指的地方迭有变动。

建安郡：今福建省建瓯市，东汉末分侯官县置郡。三国时期孙吴分会稽郡置建安郡，以建安县为治所。福建与浙江分治始此。以后建安郡渐缩小为今在福建省西北部。隋、唐时期以闽州、建州为建安郡。

河内堂：以望立堂，是练氏的总堂号，河内即是今河南省河内县，为练氏的发源地。

此外，有丹阳堂：以望立堂。龙兴堂，等等。

【祠堂古迹】

台湾茂林练氏宗祠，位于武平乡茂林社区，为两层钢混结构。祠堂楹联："台山连接岐山业；淡水长流淦水风。""思我祖别井离乡，由汀武而适台湾，辟土开疆，克俭克勤新世泽；嘱尔曹守成创业，自士农以及工贾，继志述事，毋忘岐淦旧家风。"纪念他们入垦台湾省开基。

浦城城西练氏夫人祠。练氏夫人练玉姑世系是：练何——练舜麒——练友明——练贤佐——练裔庆——练岐安——练山毓——练侯籍——练玉姑。练侯籍即是练氏夫人的父亲。练氏夫人是练何的第九世孙。

武平县练家祠：武平县象洞乡登塘尾村，明代

永乐年间始建。

【族谱文献】

聚居在福建省内的有"河内郡""丹阳郡""建安郡"3个支系的练氏，依"丹阳郡"和"建安郡"两支系提供的现存谱料，此两郡均是练何的后裔，只不过是因遗失了迁入"丹阳郡"和"建安郡"以前的具体世系谱料，遂而以"丹阳郡""建安郡"立谱。

【昭穆字辈】

1. 福建、广东练氏字辈。首序："舜友贤裔岐山侯第贞观恩及赐姓启宇诗书冠冕诒谋济美"；续序："顺星公庭粤科伯积德家子孙奕余庆富贵享荣华成尔予琦元中华汉朝廷儒曰文思广世永仕天明"。

2. 燕山练氏字辈。原序："秦喜富贵和华…代千孙荣通顺志"；续序："靖让永兴旺有来应祖盛宗起奕世桂昌隆庆暖玉谐富禄发祥承美景礼仪长辉积懋财诗书文采家声秀昆仲常存泽远扬"。

3. 缙云练氏字辈：亿万千百谦恭懋德仁义礼智文忠信贤良方英俊高明清廉。

4. 景宁河内练氏字辈：明国文日元秉学时忠章温良奕世昌。

第七十八节 梁 姓

梁姓梁姓的人口已达到1100多万，是当今中国姓氏排行第21位的大姓。人口众多，约占全国汉族人口的0.84％，在福建排名第49位。在台湾排名第46位。

【渊源】

1. 出自嬴和姬姓，以国为氏。据《元和姓纂》所载，出自嬴姓伯益之后裔。据《元和姓纂》所载，嬴姓伯益传至第十六世孙非子，因善于畜牧而出名，周孝王很高兴，就封他在秦谷为附庸国，让他恢复嬴姓，称为秦嬴。其曾孙秦仲为周宣王大夫，征讨西戎时不幸被杀。秦仲的5个儿子征得周宣王的同意，率兵七千，再战西戎。终于获胜，恢复了被侵占的疆土。周宣王大喜，便给秦仲的5个儿子一一加官封地，封二儿子康在夏阳梁山（今陕西韩城市南），建立梁国，立为国君，称梁康伯。公元前641年攻灭梁国，其子孙便以国为氏，称梁氏，史称梁姓正宗，是为陕西梁氏。

《通志·氏族略·以国为氏》载，周平王时，秦仲讨伐西戎有功，其少子康，受封于夏阳梁山（今陕西韩城市南）。春秋时，梁国亡于秦国，其后为梁氏。据《路史》载，东周时，平王有儿子康被封在南梁，治汝（今河南汝州市西南），后被楚所并，子孙以国为氏。安定梁氏出此，也为河南梁氏。

2. 以邑为氏。据《通志·氏族略》所载，春秋时晋有梁益耳、梁弘、梁由靡，因晋有解梁城（在今山西临猗西南），高梁、曲梁等地，以邑为姓，为山西梁氏。公元前645年，晋惠公以解梁等五城贿于秦国，居其地者以"梁"为氏。

3. 源自魏国、魏文侯少子毕的后裔。据《通志·氏族略》所载，战国初年，赵、魏、韩三国分晋后，公元前361年魏惠王迁都大梁（在今河南开封），从此魏国亦被称为梁国，后亦有梁氏，是为河南开封梁氏。

4. 古代鲜卑族复姓所改。据《魏书·官氏志》所载，南北朝时，北魏代北三字姓"拔列兰"氏，随魏孝文帝移都洛阳，定居于中原，改为汉字为单姓梁氏。另外，壮族、仫佬、侗等众多少数民族及台湾地区少数民族均有梁姓。

【得姓始祖】

伯益为梁姓的得姓始祖。相传伯益因辅佐大禹治水有功，帝舜赐他嬴姓，伯益便为古代嬴姓各族的祖先。西周时，因其后裔中秦仲父子征讨西戎有功，周宣王封秦仲次子康在夏阳梁山（今陕西韩城附近），建立梁国，立为国君，称梁康伯。伯益也就成为梁姓的得姓始祖。

康伯，又叫嬴康、梁康，为梁氏受姓始祖，号伯侃（也叫秦康，也就是秦仲的儿子）、字秦庆、谥康伯。

【入闽迁徙】

1. 西晋"永嘉之乱"时，有梁芳率家族随晋南迁于浙江杭州与广东河浦之间，又有梁遐等兄弟入闽，开基福州，南安、邵武，被视为闽、粤始祖。

2. 据族谱记载，鼓岭梁厝在是福建梁氏最早的开基地，梁氏也是较早开发鼓岭的家族。入闽梁姓多属安定梁，堂号称安定。梁姓入闽在西晋末，安定梁的梁芳，官卫将军大司徒，梁芬之女为晋怀帝后，因晋室离乱，举族随晋室愍帝渡江，择钱塘定居。子孙繁衍于钱塘（今浙江杭州）、合浦（今属广西）间。梁芳之孙梁遐。梁遐仕晋安帝（397—418），为仆射大将军、安固令（今河北保定一带）。东晋元兴二年（403），因桓玄篡晋立"楚"国，授梁遐为"东征大将军"，梁遐"不受伪楚将军令"，弃官逃入闽之三山（今福州一带），后定居，是为梁氏入闽始祖。梁选、梁逸仕官福建，子孙遍布八闽。福建梁氏举梁遐为安定梁氏入闽开基祖。

梁遐十三世孙梁选，仕于唐，授"奉直大夫"，唐嗣圣元年（684）官南安令，其孙梁文仲率儿子梁进章、梁直辉，在南安开族，子孙播衍各地。自梁选为"南安令"因居南安,次曰逸奉议郎闽县令、移居于甫为甫下林,梁逸长子曰笼次子曰范,讳福即五府居,子析居于泉之惠祥符里黄淡村为惠安县人,政奉母夫人迁于泉城遂为晋江人,文靖公立谱以范为始祖,范乃公之八世祖。梁选之三子(三舍人)梁(王余),梁(王余)四子为梁文仲。开象运翔云支脉。梁文仲长子梁生字进章、次子梁定字直辉,为象山梁氏二世祖。约于北宋初年分别分基前山和东山:生公为前山祖,定公为东山祖。

梁逸仕于唐,奉礼郎闽县令,后移官于莆,居莆田下林。其次子名范讳福,折居惠安祥符里黄淡村。为温陵支脉始祖。

梁宗于北宋天禧三年(1019)由河南光州固始入闽,任闽县主簿,秩满不归,隐居福州鼓岭茶洋(今鼓岭梁厝)。宋熙宁五年(1072),三世梁伯重自鼓岭茶洋迁徙永福石壁(今永泰赤壁)。又传五世,至宋隆兴元年(1163),最早住在这里的梁氏先人大多数迁到福州燕山(今城门梁厝)开拓发族。《福州姓氏志》载:五代时,有梁政者为后唐廷州马步军、都校,定居晋江。梁政第七子梁宗,授闽邑尉,于宋天僖三年(1019)秩满不归,隐居在福州鼓岭的茶洋山。梁氏世居河南光州固始,始祖宗公,字有本,开始过农耕的生活,传三世由伯重公于宋熙宁五年(1072)迁徙永福(永泰)赤壁,又传五世于宋隆兴元年(1163)汝嘉公携弟汝熹公再由永泰回迁福州之凤山今福州梁厝开基发族。子孙自元明代大批迁徙,除福州、长乐、连江、罗源、永泰、福清以外,还迁往全省莆田、南平、霞浦、尤溪等地。

世居陆浑(今河南嵩县东北)的梁肃,在安史叛军入洛阳后,"窜身东下,旅于吴越"。梁遉的二十一世孙梁顺,于唐代移居泉州惠安县黄淡村;二十五世孙梁熙嘏,于北宋时迁入广东顺德石蜡,其四世孙梁孟坚又迁至宁化石壁乡。

梁范三子梁济,济之子梁政,举进士。奉母令,居郡城,遂为晋江人。梁政生于宋太祖乾德二年(964),卒于宋仁宗庆历四年(1044),享寿80岁,奉母宋氏入泉州始居为晋江梁氏开基祖。

南宋,泉州梁氏家族出状元梁克家,立族谱,以梁范为始迁祖,这一派称"梅镜堂"。梁克家,为"梅镜堂"始祖。梁克家九世孙梁妈保,于明永乐1403年由泉州仕曹里迁徙诗山丁科头。而后卜居诗山黄升寨之麓,于平旷大埔依山傍水结芦栖身,地名黄埔,缘于地形,更名为"凤坡",即今诗山凤坡村。梁妈保为"黄埔梁氏"开基一世祖。第三世长房世祖添祖公及第三子三郎父子播居永春县柯筑洋。第五世长房三:显隆第三子愈奇播居台湾高雄市小港区坪顶里。第六世四房四:愈敏其子侄,文定、文石、文贞、文才、文贵及文浩等人,移居浙江平阳市、苍南县。第八世二房二:道宾、道庚、道举等人移迁徐州市。第九世五房:赞彩等人移居崇武。

梁克家六世孙梁立,字仲能(梁嗣昌之三子)生于元朝世祖,至元二十七年(1290)。元初由晋避难移居浯州(金门),子孙有移居同邑县(同安区),至梁盖溪,于明崇祯年间,由同邑(同安区)与美地(今厦门坂头、后溪附近)移居溪边围内,即今官桥碧溪村。梁盖溪为"溪边梁氏"开基一世祖。

梁盖溪之四子梁实齐(梁克家十五世孙),于明末清初由官桥溪边分支后浦,即今霞美仙河后浦。梁实齐为"后浦梁氏"开基一世祖。

象山梁氏在定居地繁衍的同时,自十八世起,就有族人不断向外播迁。十八世,东山章义讳育,约于明初(1382)播居安溪县官桥岩头;梁期赐于明洪武十四年(1381)播居龙溪县龙居义焦田田头。十九世东山梁佛生于明洪武九年(1376)播居安溪县官桥岩头,二十一世东山梁惠乞再改梁惠卿,约于明初播居长泰县葛尾;梁惠生改名梁均惠,于明永乐(1404)播居安溪县光德里。

梁遉支脉的第二十七世、二十八世,大约在明中叶即1400年起,播居南安县东田、英都、仑苍等;还有迁往安溪、永春、德化、惠安、泉州、安海、同安、厦门、龙海、漳州、福州、福安、福鼎、崇安、霞浦等。

3. 唐代时,祖籍甘肃安定郡青云第梁震五,唐大和六年(832)进士,唐建中元年(780),以宦入闽,出任泉州刺史。他致仕后卜居闽地樵城(今邵武市)。梁震五第三子梁九(宣义)迁徙泰宁,为泰宁梁氏开基始祖。时为绥城乡,有"未有杉阳,先有杜梁"

之说。梁九后裔分衍于泰宁的杉城城关、南会熊家栋、东石王石坑，大布乡暗岭、老虎际等地，繁衍泰宁、邵武、光泽、尤溪等地。唐末梁氏南迁，散居福建汀州，广东合浦，浙江杭州。梁氏入汀州有多支。

4. 夏阳九世鳣公后裔梁兴宗，唐时任统政御史平海将军，世居山东兖州府曲阜可乐庄。梁兴宗十六世孙梁毅，于宋绍兴二年（1132）由福建将乐迁徙明溪石珩村，梁毅始传至今已三十余世，裔孙散居宁化、永安、三元及台湾等地。

5. 夏阳二十四世梁让之子后裔由河东（今山西西北）徙迁陕西凤翔扶风平陵，子孙均为扶风人。夏阳二十世禄公生赠、赐、则三子。赠公曾孙谈（桥）于汉平帝末王莽篡位时由河东举族徙迁安定乌氏（今甘肃平凉、宁夏固原一带）。尊父褚公（夏阳二十三世）为安定开基始祖，子孙为安定人。其部从桥归安定者，归扶风，子孙均为扶风人，逸民梁鸿其后也。夏阳梁氏自禄公起，其后分安定、扶风两大派系。夏阳梁氏二十五世梁鸿，其十世孙渲公大唐间徙居江西鄱阳，至鸿公三十世孙日成（讳艮，字东皋），于后周显德年间避兵乱携子念四由饶州鄱阳迁闽樵邵治南乡三十七都仁顺东堡梁家坊。成了安定郡扶风派入闽始祖。后裔播衍邵武、将乐、光泽、建阳及南昌、四川等地。其中梁鸿后裔五公裔孙迁徙福建，先后经历南剑州（今南平）建阳等地，最后定居邵武市和平镇海拔700多米的坪上村。

6. 唐末，梁孟坚公迁汀州宁化石壁，子孙再迁南安、惠安，广东合浦、梅州，部分入潮州。

7. 《安定堂汀州梁氏族谱》载：汀州梁氏的鼻祖同是梁康公，远祖源于山西，属安定郡望。上祖为宋代入闽宁化石壁始祖——状元及第、兵部侍郎讳固，号宁波，字孟坚公，是固公脉传永贞公（谥三一郎）裔孙中，由粤返汀蕃衍的一个宗支。汀州梁氏始祖是永贞公第四子祐（祐）公之子八十郎。八十郎公生于元泰定三年（1326）丙寅七月十九日，于元末只身由粤来汀，为汀州梁氏始祖。

8. 上杭《客家姓氏源流汇考·梁》：上祖三十郎，世居浙江杭州府钱塘县琉璃八角井，生三子：忠、思、念。梁忠于南宋宝祐二年（1254）因贸易迁福

建上杭东门郭坊，为上杭开基祖，生子国才（二世），授龙岩教谕，姓傅氏，生四子，衍天、地、人、和四房。长子均惠（天房），字可久，生六子寿长、寿兴、寿发、寿旺、寿康、寿宁，裔孙繁衍古楼螺田、太拔张芬、官庄余坊、白砂水竹洋、古石草怀岭、武平尧山、长汀水东街、永定县、永安县及广东、浙江、江西、四川、北京、台湾等地。至九世永升、永吴外迁南洋群岛。次子均宝（地房），讳法保，生于上杭东门，后迁泮境彩霞背屋，生六子：寿高、寿昌、君祥、千一郎、五一郎、君荣。裔孙繁衍古楼培上、岗下、南阳豪坊、茶地千龙、长汀新桥、清流、宁化泉上、泉下及广东、江西、湖南、台湾等地。三子均德（人房），讳梓，先往宁化石壁开基，生子寿隆，因世乱，寿隆自宁化石壁徙居上杭中都上徐坑、裔孙繁衍永定、武平、长汀、广东英德、四川重庆碧山、江西卢陵及湖广等地。四子均庆（和房）生子寿春，裔孙蕃衍上杭珊瑚彩霞村、山潭头、庐丰金乡、白砂、大金梁屋、武平岩前迳田、江西赣州、遂川、福建漳平、湖南浏阳、传至十六世仲尧子孙迁台湾，八世佐、九世魁父子；八世侃、九世聪父子都外迁海外。

据宁化《梁氏族谱》载："宋时，梁孟坚公为兵部侍郎，居汀州宁化石壁。"梁孟坚，名固，由粤顺德石蜡迁入宁化，后裔迁长汀。宋末，梁孟坚六世孙永元（也有写"年"的）、永利沿汀江南下，移居梅州、潮州。上杭《梁氏族谱》载，南宋理宗宝佑二年（1254），原居浙江杭州府钱塘县琉璃八角井的梁忠，因经商而定居于汀州府上杭县城东门，并与上杭郭坊村的郭氏结为夫妻，裔孙播迁上杭县城乡，长汀县城、水东街、河田、新桥、羊牯，武平河口、尧山，永定洪山，新罗，宁化，三明，顺昌，建瓯，江西，广东，湖南，台湾及国外。

梅州《仙口风情录》（2007年版）载：元文宗年间，宁化石壁孟坚公与满房叔公亿公（梁氏六十五世）传下的部分裔孙，集中100来人，男女老少一行，以亲房大叔公文生公（梁氏六十八世）为首，中有刘婆太携亲子祯、福（松冈公）及卢氏第三子祐等，经沿路风雨，长途跋涉，抵达松源堡（松源镇）之青塘一带落居，梅县梁氏认宁化石壁孟坚公为上太

始祖。孟坚嫡传五世梁本直生四子，其第四子永贞，官授惠州太守，娶二妻卢氏、刘氏，生七子：祈、祷、佐、佑、祯、福、禄。福（松冈公）、禄（松渊公）为入梅一世祖。松冈，讳福，自宁化石壁迁梅县松口城南里，后迁仙口田心开基。

【入垦台湾】

播迁台湾。最早出现于台湾岛上的梁姓先民，是清康熙二十二年（1683）在延平郡王郑克。麾下任中提督下三领的梁三老。此后，粤、闽梁氏入台及在台湾各地活动的情形，散见于有关文献者，大致有下列几项：康熙六十年（1721），粤籍移民梁元章居住在下淡水（今屏东地区）；乾隆十六年（1751），梁登兑捐款兴建麻豆的北极殿斋房；乾隆二十四年（1759），梁尚滨、梁伯章捐置里港天后宫香田；乾隆二十五年（1760），住在台湾县的梁舟元中了举人；乾隆三十九年（1774），梁毅颖自大陆渡海到台湾，卜居于桃园涧堡龟仑枫树坑，第五子梁运寿，迁居新竹县龙潭乡八德村，其后裔繁衍于高雄、屏东等地；乾隆四十三年（1778），梁顺兴住在今屏东县枋寮乡；乾隆年间，福建移民梁某进入今台北县淡水镇的龙山、龙安、龙镇、龙川、龙德五里开垦；嘉庆八年（1803），梁拔居住在今屏东县的内埔乡，捐款修建天枯宫；嘉庆末年，梁万、梁虎二人合垦于今台北县石碇乡的格头村；道光十一年（1831），居住在彰化县的南安移民梁济时，中了举人。播迁台湾人数最多，达700人。人口高居全省的第46位。主要彰化、新竹、台南、台北、苗栗、台中、南投等地。

【郡望堂号】

福建主要是安定郡望。而堂号则很多，名气较大的有：安定堂、仪国堂、梅镜堂、贻燕堂、集贤堂、永敬堂等等。还有天水堂、河南堂等。

安定堂：梁姓人在得姓以后的发展中，东汉时，居住在安定（今甘肃省平凉西北）在东汉的几十年中是梁姓最为风光的时候。安定堂就是以郡望立堂。

梅镜堂：关于梅镜堂的来历掌故，据传梁克家游学潮州时间，揭阳县令陈彦光（同安人）见梁克家少年英俊，遂以女儿许之。一日女儿晨妆，镜中出梅花影，后花园的梅花也盛开。陈县令大喜，约梁克家游园，并命赋诗。梁克家即吟："老菊残梧九月霜，谁将先暖入东堂。不因造物于人厚，肯放寒枝特地香。九鼎燮调端有待，百花羞涩敢言香。看来冰玉相辉映，好取龙吟播乐章。"此诗竟为其及第入相之谶，遂题揭阳县府第为"梅镜堂"。台湾的梁氏，不论是河洛，还是客家，绝大多数都属于"梅镜堂"，是宋朝名相梁克家的后裔，详情已如上述。梁克家是宋代福建晋江人。

仪国堂：宋朝时其的右丞相梁克家，风度修整，原则性强，虽近亲、权、幸（权是大官，幸是宠官），也按原则办事，好人赖以保全。后被封为仪国公，因以为堂。

贻燕堂，是永盛梁氏的堂号，原是属安定堂，更名与宋代的理学大师朱熹有关。宋理学大儒朱熹与他的挚友梁汝嘉于宋隆兴元年（1163）到燕山讲学游览时，见这里山川秀美，十分合适读书授教，择燕山而居，设书斋，亲笔题写"贻燕堂"。"贻燕堂"为朱熹亲书题赠，永盛梁氏就将它作为堂号。

【祠堂古迹】

永盛梁氏宗祠，坐落在仓山氏城门镇梁厝村。元至治二年（1322），十四世翰林学士梁恩观返乡祭祖、续修家谱时，将"贻燕堂"改建为梁氏宗祠，坐西北朝东南，占地面积693平方米。

南安市翔云梁氏祠堂，位于南安市翔云镇翔云村前山寨东麓山腰。始建于明末，历代重修。一世宗祠又名"象山梁氏宗祠"，占地面积1714平方千米，建筑面积473平方米。

崇仁乡洋塘梁氏宗祠，坐落于光泽县崇仁乡洋塘村水西自然村。始建于明崇祯七年（1634），为明代祠堂建筑风格，面积360平方米。

【楹联典故】

沂渭流源绵世泽；夏阳绩绪播惠长

崇圣教，袭卫户，二十一代簪缨累绶；本山东，开云麓，三百余年俎豆重新。

——云霄县梁姓开基宗祠"崇本堂"门联。

春祀秋尝，遵万古圣贤礼乐；左昭右穆，序一家世代源流。

——长泰吉美梁姓祖祠联。

梅镜光辉宗祖德；东山支派世泽长。

——长泰魁柄梁姓宗祠对联。

追五世迁居隆兴纪岁；历四朝构宇永盛宗祠。

——福州永盛梁氏宗祠楹联。

朔族分支固始七；开宗发肇天禧三。

——福州永盛梁氏宗祠楹联。朔族分支即梁氏由豫入闽开始分支。固始七：永盛梁氏始祖讳宗，（字有本），系周翰公第七子，由河南光卅固始宦闽。开宗发肇：指宗公由光卅固始宦后，为梁氏开基始祖。天禧三：北宋真宗赵恒年号（1019）。

第七十九节　廖　姓

廖姓在中国大陆各个姓氏中位列第 62 位，约为 410 多万人，占中国总人口的 0.32%，在福建排第 31 位。在台湾排名第 21 位。

【渊源】

1. 出自己姓，为上古时期廖叔安之后裔，以国名为姓。据《左传·昭公二九年》及《风俗通》等资料所载，相传帝颛顼有个后裔叫叔安，夏朝时，因封于飂国（又作蓼国，今河南省唐河县南），故称飂（古廖字）叔安，其后代以国名为氏，称廖姓，是为河南廖姓。

2. 出自姬姓，为周文王之子伯廖之后裔，以封邑名为氏。据《广韵》《姓氏考略》等资料所载，周文王有个儿子叫伯廖，因受封于廖邑，其后裔也有以邑名廖为姓，称廖姓。这支廖姓，望出巨鹿。

3. 出自偃姓，尧、舜的贤臣皋陶的后裔，以国名为姓。据《潜夫论》云："皋陶庭坚之后，封于蓼（今河南固始县），子孙以国为氏。"

4. 出自躲避殷纣暴政，为缪、颜二姓所改。据《小溪廖姓祖祠房谱廖姓考源》所载，缪、颜二姓皆皇帝所赐，商末，殷纣王执政时，残酷无道，缪、颜二姓有隐居于黄河西北（今陕西与山西交界处黄河段），改姓为廖。

5. 出自张姓，入赘廖家而改姓。据《廖氏大宗谱》所载，明代福建人张元入赘廖家，改姓廖，其子孙遂为廖姓。

6. 出自赐姓或其他少数民族有廖姓。

【得姓始祖】

廖（飂）叔安。帝颛顼相传生于若水，居于帝丘（今河南省濮阳东南），为南方楚国的先祖，其后裔叔安夏朝时受封于飂（古廖字）国，故称廖叔安。春秋时，廖国被楚所灭，国人以国名为氏，称为廖姓，廖叔安作为始封国君，被尊为廖姓始祖。

【入闽迁徙】

廖姓在三国及晋时就已入闽。晋代隐士廖堂，将乐（今属三明）人，为最早入闽者。隋唐时，廖姓大量入闽，居于闽北将乐、顺昌一带。清《宁化县志》：廖忠，陈隋间人，南北朝（公元 420—489）迁入黄连峒（宁化古称），一妣二子，卒葬东郊连山，因经常显灵祐民，民念其德，遂在其葬地建连山庙，塑其像敬祀。

廖仕耀《适者生存·廖达郎族系文史资料》：以叔安为一世，原为汝南郡。至七十七世奇可，生三子衍为武威、清河、太原三郡。至七十九世崇德，廖崇德，号王郎，唐贞观庚子岁（640）进士，唐贞观庚子授虔化（今江西省赣州市）令，有贤声，子孙留居虔州，生三子：长兰阶，裔传建宁、宁化中沙练畲；次兰芝，生三子（长光禄，为达郎系；次光尧，裔衍将乐、安溪；三光景，其孙四十一郎自虔州迁宁化石壁，后裔又迁延平府顺昌县合阳，裔衍顺昌、宁化陈坊及清流）；三兰德，留居江西。八十一世光禄——德迁——友麓——昌岐——銮公——三传——通公——克敬——伯九郎一达郎（九十世），初迁宁化济村古背，后迁石壁溪背。至九十三世来郎，徙淮土礤下。生六子：长四二郎迁上杭（今龙岩小池），裔衍四川、重庆。次六二郎，迁长汀。三五六郎，生三子，裔衍宁化礤上、清流廖武坪、宁化治平茜坑。四章郎，生二子，长益郎居礤下，裔衍禾岭下、禾坑、石桥下；次七二郎，迁岭下、泗溪、坪上。五七郎，徙治平绍冈，裔分三房衍清流里田廖坊、宁化罗溪廖坑、龙岭下、黄田馆。六万郎，迁长汀新桥廖家坊，裔衍江坊、长汀城关。

唐初有廖姓随陈元光父子开漳入闽，有镇戍故绥安地的府兵有廖公远。唐末有廖姓随王潮、王审知入闽。唐兵部尚书廖奇轼第五子廖琼由光州固始入闽。

唐贞观四年（630），泰宁开善九峰山的山寇高海、高澄作乱。原籍湖北江陵的荆州大司马廖轮奉命领兵前往征剿。历经28战拔除贼寇山寨后，廖轮率军班师回朝，留下儿子廖董钊与外甥杨晋马镇守葫芦二泽（今开善乡枫林和洋坑）。廖董钊垦土立业，结庐而居，成为泰宁开善廖姓开基始祖。廖董钊的第二十世孙廖永啸有10个儿子，分别迁居于福建、江西、广东各地；其中，次子廖谅留居泰宁开善。

唐咸亨三年（672），廖前任南剑州刺史，并举家入闽，经从南平迁将乐县龙池团定居。据将乐黄潭《廖氏族谱》载："廖氏世系之亲，初出自河南，迁居陕西长安祖廖权。权公生于东汉顺常年间，为武陵尉，因子廖立入仕蜀国，避入吴地，而后将乐，始焉。继而二十有一世之孙廖前任真州通判，理政清廉，升南剑州刺史。"据将乐档案馆保存的《廖氏宗谱》载："自汉季武陵尉世重公至唐季刺史胜公之父隆平侯孟光公供二十世旧谱，相传仍勤卷首而笔，族龙池实由刺史公定为一世祖考。"

《兴廖氏族谱》述："其先祖世居汝南，魏晋南北朝时，因北方战乱，播迁于江南各地。唐时，其祖由江西雩都，避唐末之乱，迁于福建汀州宁化石壁寨。后子孙因乱，又迁顺昌，廖氏居于闽者益众。至宋末，再由宁化经长汀、上杭、永定，而入广东——大埔、梅县、兴宁、五华等地区。"

廖崇德于唐太宗贞观庚子年（640）科举中明经登第，升宣州刺史。生兰芝、兰阶、兰德三子，长子兰芝承继武威郡派宗，娶卢氏生光禄、光尧、光景三子，其中长子光禄于唐中宗景龙元年（710）中进士，官任汀州节度使。传下第十六世廖四十一郎，时值黄巢起义，廖四十一郎为避战乱，便随中原客家人第二次南迁，即从江西迁到福建宁化石壁村，为廖姓入闽始祖。

明时，其一支族人廖德源沿江南下，迁居粤之兴宁。唐廖崇德公是江西及闽、粤廖氏各支之始祖。

五代时，迁居宁化石壁的廖四十一郎的第五世孙廖实蕃，字循正，号五郎，从宁化石壁迁居福建上杭。廖实蕃的第三世孙廖百三从上杭迁居广东蕉岭。

崇德孙（廖兰芝之子）——光尧进士出身，任兵部侍郎，其子奇轼为唐进士，官至兵部尚书。奇

轼生五子：长子廖璠任刺史；次子廖玚为唐韩林院侍讲，曾任漳州刺史；三子廖琬，唐进士，任杭州太守；四子廖琰任苏州刺史；五子廖琼——字世丹号桂亭，唐懿宗咸通初年榜眼及第（进士第二名）官授福州佐武威将军。节度使万胜将军、转运使、漳州司马光禄大夫。

廖俨，字端庄，官至御史中丞上国柱，自光州固姓敕令小溪场（今安溪县）为长官，开发蓝溪两岸，开丰三年（909）后避乱举家入泉，为上苑开基祖。在安溪县、南安市衍传至今已有千余年的历史，传四十世。廖俨入安溪肇基上苑生八子，子孙后裔迁居泉州北门，儿孙都在安溪繁衍，分居于上苑、善益、马狮、新厅、益林、后塘、美井、官桥、尚卿、后沟、东林、房巷等地，并播迁到泉州、惠安、南安等地。部分后裔迁居宁德市飞鸾镇梅田塘田、迁居宁德县二都榕溪村建碗窑、九世万英之子梁迁往台湾、迁居沙县富口镇、迁居永安县安沙镇、迁居惠安县涂寨镇廖厝村、迁居台湾琅峤、迁居台湾琅峤、迁居台湾八分寮、迁居台湾北路新庄、迁居政和县三里亭。播迁江、浙、湘、鄂、川、粤、桂、台、港等地，以及东南亚各国。

北宋嘉祐二年（1057），郡望武威的廖镇万的第五子廖达郎携家人从江西宁都麻兰寺入闽千徙，居宁化县。南宋时期，宁化廖姓后裔廖铜郎复迁清流县仓盈里童家岭，后又迁居清流廖武坪。

北宋时，福州闽侯廖姓迁居尤溪城关小桥头。北宋末至南宋初，廖元益从尤溪城关迁居尤溪二十五都，为尤溪台溪山头廖姓开基始祖。北宋末，邵武禾坪廖姓迁徙泰宁小北斗。宋末，将乐廖十九郎游猎至建宁。廖刚的裔孙廖觐（字万十三郎）因避战乱，携6个儿子由顺昌交溪迁到永安大源（今曹远镇大源村）定居，子孙繁衍成为当地的望族。廖觐为永安廖姓始祖。其后裔陆续有人外迁，居建宁府、迁泉州墙头、江西广信府铅山县。

据闽粤赣各地廖氏族谱记载，廖崇德九世孙廖花，字实蕃，号循政，世居顺昌合阳。宋太祖建隆四年（963）任湖广参政大夫，致仕后，定居于汀州府上杭县胜运里觉（郭）坊（今蓝溪镇觉坊村）。

廖花墓在上杭庐丰乡立英村，其墓为"田鸡浮塘"形，2007年海内外裔孙重修，上杭县人民政府将它列为文物，加以保护。觉坊有廖氏花公祠。廖花裔孙播迁闽、粤、赣、苏、浙、湘、鄂、桂、川、滇、港、澳、台，及日本、东南亚、欧美等国。其中，迁台众多，他们多从粤东、闽南等地向台播迁。仅民国时期修纂的《闽粤赣武威廖氏族谱》就记载廖花十七至二十世迁台裔孙有80多位。

龙岩市进贝村廖姓家庙知本堂堂联所说："源出武威汝南，历周汉晋唐宋元明清，世推望族；派盛楚豫闽粤，数公侯卿相台垣督抚，代显伟人。"廖姓开基祖宗长，字翠峰，自明永乐年间徙居进贝，已传二十四世，宗亲散布国内各省（区）以至世界各地。长汀廖姓分属清河、武威廖姓，均系崇德的后裔。聚居较集中的有城关、河田、四都、南山、新桥等镇。千七郎与其子文一郎是武平县象洞乡光彩村廖姓的开基祖，系福建杭永廖姓始祖实蕃的后裔。分布在14个乡镇37个自然村。

至宋代，福建廖氏繁衍成为大族。分布于宁化、顺昌、建宁、邵武、上杭、永定等县。清代康熙年间，第十七世廖君弼公由永定迁居福州东关外，定居古闽都，君弼公成为廖姓福州家族的始祖。嘉庆、道光年间是廖姓福州家族的鼎盛时期。五子登科，满门皆贵，成为福州老城区内四大望族之一。嘉庆皇帝对廖姓宗族似乎情有独钟，格外恩宠。翰林院学士廖甡回乡探亲祭祖，嘉庆皇帝御赐一副对联给他："溯源本于西周，祖德文谟昭百代；肇冠堂兴南宋，家声世彩振千秋。"

《梅县志》：廖氏五世祖诚公，居汝南，东晋太元九年（384）复迁江南。唐末，裔孙由江西宁都避乱经石城迁宁化石壁，后又迁顺昌。至宋末，复由宁化石壁经长汀、上杭至永定而入广东兴宁、梅县、大埔、五华等地。

兴宁廖氏宗亲提供的资料：该族是福建上杭廖花（实蕃）的后裔。先祖廖光景是崇德之孙，曾任安徽宣州刺史，于唐中宗景龙年间（710）落户江西宁都钧州。生三子：长琼宣，钦取进京，死于途中，琼宣之子四十一郎，迁居宁化石壁，有玄孙九人，

其中之一名文兴，其次子名花（即实蕃）。光景次子琳宣，迁居莆田；三子瑞宣，徙居广东增城。

廖金龙《梅州廖氏渊源及衍播》（载《客家人》2003年第二期）：廖叔安七十九代廖崇德，号瑯，唐贞观庚子进士，任江西虔化令，任满后率子侄从浙江松阳迁居虔化（江西宁都）。唐玄宗天宝末载，其四代孙廖腾骧，因父辈在朝受人诬陷，为避祸，合族迁居福建宁化石壁寨。其后，屡遭兵祸，迁居延平府顺昌县合阳墟。至廖花，宋太宗四年进士，官至湖广参政大夫，因变乱于五代后周显德七年（960）迁居上杭郭坊，其五世孙仲远迁广东梅州城。

宁化中沙《廖氏族谱》：子璋公（廖叔安六十八世）裔孙明德，唐时迁居兴国三僚，传至达郎，迁居宁阳招得里（宁化安远）七都牛斗寨。其孙德郎，卜居廖家坪（中沙乡）。宁化济村、淮土《廖氏族谱》载：崇德裔孙达郎，宋嘉祐年间，由宁都麻兰寺前白鹭树下迁入宁阳（宁化古称）龙下里济村，再衍淮土。

安乐礤上《武威廖氏族谱》（1995年五修）载：一世卿祥（五七郎），于南宋隆兴年间，从牵县淮土礤下（今宁化淮土乡礤下村）迁入安乐礤上，迁入之初，没有寸土立脚，从卿祥至念八郎，念八郎生二子：镒郎、引郎。祖孙三代都帮高畲坑畲人耕田管山。引郎在帮罗屋厅人做长工时，娶罗氏女为妻，后定居罗屋厅（现名廖武村）。镒郎生子三六郎，娶高畲坑兰氏女为妻，生二子：六二郎、六五郎。长子六二郎，住高畲坑；次子六五郎居鹅公窠。

《清流县志》：北宋嘉祐二年（1057）达郎入闽，居宁化济村古背。其裔一支分徙安乐礤上。南宋时钮郎迁居清流仓盈里童家岭。

香港新界上水《廖氏族谱》《崇正同人系谱》：蜀汉骠骑将军廖氏之十九世孙四十一郎（有谱载为琼宣之子），宋时自宁都迁居宁化石壁。裔孙德源迁居广东兴宁。传至廖荣寿、廖璇迁陆丰；廖恩敬徙梅县；廖千十郎迁大埔；廖宗国移南靖；廖琼徙安溪。元时，续衍深圳、香港。

【入垦台湾】

廖姓是台湾的第21个大姓。在台湾相传："先

世为南剑州将乐（今福建南平人），始祖廖严，唐昭宗时，官国子祭酒，朱全忠篡唐，避乱入泉，陷于小溪场（今安溪）、后嗣繁衍，居闽者甚众。"廖姓自闽、粤迁台是在明末清初开始的；当时，随郑经到达台湾的麾下三名将官廖进、廖义、廖冬。另外，台北新店镇的廖姓也世代相传等等。台湾廖姓人有单廖与双廖之分。单廖是指纯粹廖姓人；而双廖，又称张廖，是明初漳州府诏安县官陂乡张愿（元）仔的后裔。云林县、台中市西屯区、台中市北区、台北县板桥市这5个地区都是张廖族系的聚居地，是所谓"福佬人"。单廖系廖姓族人的主要聚居地为台北新店市、桃园县、新竹市、苗栗县、高雄县、屏东县等地，他们的先人是从闽西南和广东省大埔、陆丰、蕉岭等县移居台湾的，是所谓"客家人"。廖世崇支脉最早建筑宗祠，在观音乡，廖姓为仅次于黄姓的第二大姓，1988年重建宗祠时，统计廖世崇派下现约有3000余丁，大多以"国泰民安逢景运，文经武纬振家声"的字辈命名。

【郡望堂号】

汝南郡：廖姓最早发源于河南省境，最大郡望"汝南郡"早期即出此地，汉高帝四年置郡。

巨鹿郡：秦始皇二十五年（222）置郡。东汉移治今宁晋西南。

武威郡：三国时的廖化裔孙廖延龄，到今甘肃省任武威太守，其裔孙在武威繁衍。

武威堂：唐贞观年间，廖崇德任虔化（今江西省宁都）县令，政绩显著，深得民心。崇德的父辈曾任武威太守，其后裔从唐代起几百年间声势显赫，均以"武威"为堂号。

世彩堂：是廖姓的主要堂号之一。"世彩"的内涵：一是长寿而有福气，"为官者只有造福于百姓和乡里人，才有这样的好福气"；二是宋皇帝（钦宗）御封"世彩堂"，更为显赫而耀。廖刚是宋朝一位极有胆识、极有谋略、威望很高的大臣。他的曾祖母活到93岁，曾祖父享年88岁，他们都看过自己的第五代孙子。廖家累世奉养白发老人，所以廖刚把自己的厅堂命名为"世彩堂"。

汝南堂：汝南郡是廖姓最早的发祥地，汝南堂是廖姓人以其祖先发祥地汝南郡取名的堂号，是廖姓最古老的堂号。

紫桂堂：宋朝时候，廖君玉以朝清郎兼英州知府，他一生好学，在桂山建了一个书房叫"紫桂堂"，因此有称"紫桂堂"的。

万石堂：宋工部尚书廖刚，娶秦国夫人张氏，生子四，皆仕，皇上赐每人官禄两千石，父子五人共享万石，时人号称"万石廖氏"。诗云："万石家声远，三州世泽长。瓜锦欣瓞衍，栾世庆荣昌。"

清武堂：据《廖氏大族谱》载："明初，张元子入赘廖家。"为诏安官坡张廖一族之源。这派族人从张姓郡望"清河"、廖姓郡望"武威"中各取一字，合为"清武堂"。

此外，廖姓的堂号还有：果烈堂、中乡堂、中乡堂、垂裕堂、崇远堂、馨德堂、知本堂、本思堂、五桂堂、武城堂、慕维堂等。

【祠堂古迹】

樟湖廖氏宗祠，坐落于南平市樟湖镇溪口村村后的一小坡上。坐东向南，占地约五亩，原址现淹没于水库区内，1995年迁于现址。

汀州廖氏家祠，位于长汀县前街中段，汀州廖氏家祠在县衙左60米左右。是武威郡廖氏后裔祭祀高祖实蕃公的宗祠。家祠占地600平方米，坐北朝南。

上杭县古田廖氏宗祠，即古田会议会址，称廖氏宗祠，又名"万源祠"。位于上杭县古田镇社下山西麓，处在梅花山的腹地。清朝宗祠建筑，始建于1848年。它坐东朝西，建筑面积826平方米，占地总面积2万多平方米。

永定清溪廖氏宗祠，廖氏宗祠又称"宗兴祠"，位于永定县坎市镇清溪村。坐东朝西，黛瓦白墙，占地面积约2000平方米。

安溪廖公祠，又称"廖长官纪念馆"。廖公名俨，唐大顺中小溪场（今安溪县）长官。招集流民，有功于地方，邑人于五代后周显德（954—960）中，邑令王直道偕邑绅建廖公祠于邑署大门内西侧崇祀。祠坐西向东。

安溪上苑廖氏厚家宗祠，位于官桥镇上苑村厚家角落。由廖复亨始建，后几经修葺，祠坐东南朝西北，占地面积 700 多平方米。

武威廖氏花公祠，坐落于上杭县蓝溪镇觉坊村塘背，祭祀开基始祖廖花（字实潘）。清乾隆以来多次修复。该祠范围约 3000 多平方米，占地 500 余平方米。

邵武廖氏宗祠，位于邵武和平镇坎头街，清顺治十二年（1655）建。占地 800 平方米，坐北朝南。

顺昌廖氏宗祠，位于顺昌元坑镇福峰村。

【楹联典故】

派衍天横源流远，郡封武威世泽长。

——此联为廖氏宗祠"武威堂"堂联。

源出武威汝南，历周汉晋唐宋元明清，世推望族；

派盛楚豫闽粤，数公侯卿相台垣督抚，代显伟人。

——永定县廖氏宗祠联。

万福攸同祥绵世泽；源泉有本派衍叉溪。

——上杭县古田廖氏宗祠联。大意是说，各种幸福都是先世的恩泽，追溯族源发现来自于叉溪。

二水绕金盆，源长流远；三峰朝祖庙，人杰地灵。

——宁化县地区廖氏宗祠通用联。

甘肃武威，承前启后源流长；闽杭觉坊，继往开来子孙昌。

——上杭县蓝溪镇觉坊村廖氏大宗祠联。

源出武威汝南，历周汉晋唐宋元明清，世推望族；派盛楚豫闽粤，数公侯卿相台垣督抚，代显伟人。

——龙岩市进贝村廖姓家庙知本堂堂联。

【族谱文献】

记载闽台廖氏族谱较有代表性的有《永定廖氏族谱》永定廖氏宗族谱牒。廖梦麟始修于明朝万历三十七年（1610），历代续修情形无载，至民国十七年（1928）廖镜波重修，1970 年香港廖经才续修，今本为 1994 年永定廖氏新修。不分卷，依次有谱序、源流、考录及祖茔、祠堂、照片等，世系部分详载开基祖及彻、敏、改三房世系图，迄于四十世，转徙地俱有注明。谱系后附录人名录以及修谱赞助榜等。内载入闽始祖四十一郎唐时迁宁化上杭，开基祖廖花，字实蕃，号王郎，宋太祖年间从顺昌来上杭，为杭永始祖，当时永定属上杭县治。还有《南剑龙溪廖氏族谱》南平樟湖溪口村廖氏族谱。初修情况无考，清康熙年续修，仅存乾隆三十四年（1769）本及民国七年（1918）本，1995 年综合江西、广东等谱牒重修。不分卷，依新体例编排，对廖氏渊源略作考证，第一部分为固始至宁都，延汀世系图；第二部分为闽汀至樟湖溪口世系图；第三部分系溪口前廖世系图，包括长房伯麟、二房伯寿、三房伯裕的世系；第四部分详载老谱序、跋、辩、考、例等篇。入闽始祖四十一郎，唐末由宁都迁宁化石壁乡。《龙池廖氏族谱》顺昌廖氏宗族所修谱。始修于明末，清乾隆年间重修钞本。《龙池廖氏族谱》将乐、顺昌、归化（今明溪）、泰宁四县廖氏宗族合修谱。

第八十节 林 姓

出自子姓，为黄帝高辛之后商汤子姓后裔，主流得姓始祖比干。如今林姓人口在全国排名第16位，福建和台湾的人口最集中，都是第2大姓，有"陈林半天下"的说法。

【渊源】

1. 出自子姓，形成于西周初期，为黄帝高辛之后商汤子姓后裔，其始祖为比干。子姓是殷商帝王家族的姓氏。唐林宝《元和姓纂·林》载："林，殷太丁之子比干之后。比干为纣所灭，其子坚逃难长林之山，遂姓林氏。"春秋战国时代，他们的子孙散居于北方的山东及河南各地，然后于秦始皇统一天下之后，逐渐在山东的济南一带聚居，汇为望族。

2. 出自姬姓，形成于东周初期。得姓始祖周平王的庶子开。周平王的庶子名开，字林。宋郑樵《通志·氏族略》中云："林氏，姬姓，周平王庶子林开之后，因以为氏。开生林英，英生林茂、林庆，世系甚明。"子孙以他的字为姓，姓林。这支源于今洛阳的南郡，谱书也因此称为河南林姓。

3. 他民族他姓改姓。

【得姓始祖】

1. 林姓太始祖：

比干（公元前1092—前1029），殷商贵族子姓，沫邑人（今卫辉市北）。为殷商贵族商王太丁之子，20岁就以太师高位辅佐帝乙，后受托孤重辅帝辛（即纣王）。商末帝辛纣王被妲己迷惑了，暴虐荒淫，横征暴敛，比干叹曰："主过不谏非忠也，畏死不言非勇也，过则谏不用则死，忠之至也。"于是他到纣王寻欢作乐的摘星楼，连续三天苦心谏言，都不离开。纣王不但不听并且惨无人道地剖开了比干的胸膛，挖出他的心。周武王灭了商朝以后，封比干为国神，建庙祀奉。

2. 受姓始祖：

林坚。比干被害的消息传到家中，比干夫人妫氏已经怀孕在身，担心纣王再来加害，为了避免受

害出逃，带着奴婢逃到朝歌（今河南淇县）一带的长林山石室中避难，就在当地生下了一个儿子，因常喝泉水便起名字叫泉。周武王灭了商朝以后，把他们母子找了回来。周武王有感于比干的儿子在山林中所生，又因他的父亲坚贞不屈，便赐他姓林名坚，封爵博陵。林坚就成了林姓的得姓始祖。

【入闽迁徙】

1. 晋建武年间，永嘉之乱，晋元帝司马睿率中原汉族衣冠仕族臣民"衣冠南渡"，晋室衣冠八姓入闽，冠始入闽者八姓，林、黄、陈、郑、詹、邱、何、胡八姓入闽。东晋明帝太宁元年（318），林禄奉敕征闽，守晋安，任晋安（今属福建）太守。林禄举家迁居晋安。其后裔在八闽繁衍，称"晋安林"堪称林姓第一旺族。成为林氏最庞大、最著名的一支。有诗云："中兴姓氏无双谱，南渡衣冠第一家。"发展为林姓人口最多一支，其子孙遍及福建、广东、海南、江西、浙江、台湾等地。林禄公的张氏所生的5子为"五马林"，其中第三子林畅后裔主要分布在福州、长乐、连江、闽侯、永泰，其中有部分迁居大田梓溪林。唐代，入闽林姓传至第十六世分衍为阙下、九牧、游洋3个大支系。唐代林萍迁居漳浦，开发龙溪、仙游游洋；又有后裔迁台湾，迁台湾的称为"雾洋林家""板桥林家"，列入台湾五大家族。

2. 林禄传十世林英，天嘉元年（560）任贵平主簿，由莆田北迁江西洪州（今江西南昌）。林英生子礼，林礼生子士弘。林士弘为闽林第十二世，字世荣，在隋末称帝，是林姓史上唯一的皇帝。隋朝末年，林士弘是南方农民起义的首领，鄱阳（今江西）人，为林禄的十二世孙。隋炀帝大业十二年（616），林士弘与同乡农民操师乞等商议聚众起事，旋召集流民、农民等起义，攻占豫章郡城（今江西南昌）。操师乞自称元兴王，以林士弘为大将军。不久，操师乞战死，林士弘代统其众，在鄱阳湖一

带大败隋军，斩杀隋将刘子翊，豪杰聚众攻杀各郡郡守以响应起义，起义军很快发展到10多万人。次年，起义军占领虔州（今江西赣州），控制了今江西的大部分地区。林士弘自号南越王，不久又自称皇帝，建国号楚，建元太平。到唐高祖武德五年（622），起义宣告失败。林士弘的后裔为了免遭杀身之祸，林姓由此始入居客家地区，有的逃到浙江武林山中隐居下来，改林姓为柴姓，形成比干后裔之柴姓林氏。历后梁至后周，士弘裔孙柴守礼有个妹妹嫁与郭威（后周太祖），被立为皇后。郭威无子，以守礼之子柴荣嗣立为帝。柴荣即五代后周世宗，继郭威帝位五年（955—959），在北伐契丹的征途中患病，回京逝世，其子柴宗训7岁即位，半年后"陈桥兵变"禅让于赵匡胤，赵建立北宋，诏封恭帝为郑王，安置于房州。当时柴荣之弟柴穆率子柴惺等起兵反宋，集兵郑州，宋太祖遣大军镇压。当时柴太后健在，忧恐不安。开宝六年（973），宗训假托病故，默然从房州携家眷南逃福州避难，居福州济南山，改柴复回林姓，易名判官，并以山名称"济南林氏"。但汉代宣帝时林尊称盛山东济南，族人已有"济南林氏"的称谓，故宋代始于林判官的林姓族人，称"新济南林氏"。

林宗训易柴复林后，适值北宋进行统一南方的战争，开宝八年（975），南唐国为宋所灭，林宗训又开始逃亡历程，从福州转移到士弘祖居地莆田，后续迁偏远荒凉的宁化落籍。林宗训生子四，朝、宝、厚、严，子孙遂分衍闽西及赣南、粤东各地。林宗训曾孙千六郎讳融，宋神宗时为员外郎，仕南昌太守，宋元祐初（1086），因兵乱，林融夫人巫氏携六子（五一郎、五二郎、六三郎、七郎、八郎、九郎）及六三郎（一说五三郎，又说六郎）之子万一郎、万二郎、万三郎，从宁化石壁迁长汀河田开居。此后，五一郎、五二郎、六三郎继迁武平、上杭。八郎徙居濯田巷头，九郎迁武平中堡。此一世系，称为"回闽世系"，林宗训为林姓"回闽始祖"。林融则为闽西长汀、上杭、武平等县柴林世系林姓始祖。

3. 唐高宗总章二年（669），河南光州固始县的林孔著随从陈政将军在闽广征战，屡立战功，受

封为军咨祭酒。陈政以第九女嫁林孔著为妻。在陈政病故后，林孔著大力辅佐妻弟陈元光左郎将。林孔著因建树殊功受封为经略都护、嘉议大夫，逝世后又追封为谋国将军。他的后裔遂定居于浦南（属今漳州市）、东园（属今福州市）、兴化（今莆田市）。

4. 唐末，河南光州固始王潮、王审知入闽，随行固始林氏有28个大支系，即陶江林、濂江林、控鹤林、福全后安林、上街六桥林、阳泰林、元祯林等。其后发展成林姓较有影响的支系。（1）《控鹤林氏族谱》序："广明中，黄巢据亳，抵安丰，一苇可航，州民惊鼠窜。吾祖延皓与固始县王潮弟审知有旧，遂往家焉。"唐僖宗时，林延皓（870—936），字仁寿，寿州人。他与河南固始人王审知有旧交，遂在唐僖宗广明元年（880）举家迁往河南固始，投靠王审知。林延皓随行开辟漳州，成为王审知入闽之部将，授威武军节度副使，拜拱宸控鹤都使。唐末始居福州，五代后梁开平三年（909）居吴山。他的后裔以其官衔而称为控鹤林姓，又称福州吴山林姓，尊林延皓为一世祖。林延皓生林通，林通生四子：林经、林总、林绍、林续，他们分居四地，各自发展。林总仍居福州吴山，林经居于闽侯，林绍居于福清，林续居于长乐。（2）唐景福二年（893）林廷甲任骠骑兵马司，居福建晋江凤山、后安一带。其子林亮兴迁居晋江后安，故后裔称为后安林姓。他们由光州南下入闽时带了一批林姓同乡，其中知名者有：林廷甲、林穆、林硕德、林阳泰、林元祯、林陶、林靖等人。林廷甲亦出自济南林姓，是晋江福全后安林姓的开基始祖。他及其后裔居住在晋江县凤山自成林姓的一支派系，称"福全后安林姓"。（3）唐昭宗乾宁元年（894），林穆官至左朝奉大夫随王审知入闽，卜居于闽县归义里枕峰（今闽侯县）。他的后裔世居闽侯县尚干镇，称"陶江林姓"。陶江林姓先世源于济南谏议大夫林旦，其后裔由济南迁居光州。（4）林硕德随王潮、王审知入闽，受封为"威武军都统使"和"开闽都统使"，并赐给食邑古侯官县（今福州），为六桥林姓入闽始祖。中和五年（885）正月陷汀（今长汀）、漳（今漳州）两州，于乾化三年（913）受闽王分食邑侯官县治，退居大屿头山东

南侧闽王王审知赐建的三进封第（今上街村祖厝），见玉浦周围水绕，始建郑屿、温阳、玉浦、山后、玉丘六座木桥以渡，使道路四通八达，遂称六桥林姓。（5）五代年间，来自河南光州固始县入闽福州濂江林氏，是福建固始林的杰出族群。至明中叶，出现"三代五尚书，七科八进士"巅峰时期，脍炙人口。（6）始祖林元祯公，字有祥，河南光州固始人。因避黄巢之乱，随王潮、王审知从河南光州固始入闽，初授朝散郎，迁知吴郡太守，继任中顺大夫。初居福州，葬福州北门神圣坑。配赵氏，封宜人，生子三：舜文、舜武、舜全。称"元祯林"。（7）阳泰林氏入闽开基祖是留后监军林靖，字阳泰，封忠烈侯，唐末随王审知入闽。梁开平元年（907）王审知被梁封为闽王时，审知起用林靖为相。阳泰公生二子，长子珙公，袭父职，任统，后裔居福州三山尾。迁长乐南乡复庐山下祉溪（今作首祉）。支分笼下、黄石、东屿、屿南、岱边、福清、平潭、金峰书堂半山以及浙江。

5. 北宋时，林放的后裔林希元从沙县城关迁居沙县的夏茂，后裔分衍于沙县的儒元、李窠山堂、长阜村黄历、后垅等地。宋代，九龙门林氏第三十八世祖林文德中进士，为宁化知县，宋末不回籍，而居宁化为始祖。

宁化《西河郡林氏族谱》（清同治元年修）载：始祖景源公发源自宋，由柳州迁居于汀州府河田乡，后又迁长汀归阳里大息铺开基创业。至六世祖茂昌公迁居于宁化新村里马尾桥林坊。其子六五郎生五子：长七郎、次十郎、三习郎、四辛郎、五立郎。三、四、五子各徙别处。长子七郎生二八郎。二八郎生聪郎，徙居龙上上里南城堡焦屋，建造祖堂，安祀祖公牌位。次子十郎生六八郎。六八郎生五九郎，仍居故里高埠头，后复迁高排开创基业，并造祖堂，安祀西河林氏祖先一脉牌位。

【入垦台湾】

相传，东晋时代有一批林姓渔民航海到达澎湖、台湾等地，他们以捕鱼为生。唐代中国商人林灵仙经常来往于大陆与台湾之间，他是当时有名的富商，可称早期入台经商的杰出代表人物之一。唐朝开元年间，东石林知祥之子林銮，经商航海至台湾，当

是林姓最早入台者，乃台湾林姓入台第一人。先后主要有三批：随郑成功收复台湾之时（1661），龙溪人林凤，同安林圯等，他们以对台湾开发的奉献，人们将其居地分别命名为林凤营、林圯埔以示纪念。他们为台南、云林、南投的开发贡献不少。其次，随施琅收复台湾的林氏众多，稍后移民的如游洋林氏派下平和林石，于乾隆十一年（1746）迁居台湾雾峰，衍成名门望族，其裔林文察官至福建提督，授太子少保；又如龙溪二十九都白石堡林应寅于乾隆四十一年（1776）迁淡水兴直堡新庄。其子林平侯经营有方，成为台湾巨富，平侯子国华、国芳迁台北板桥，后遂称为板桥林家，当年还为清海军建设、辛亥革命做出捐资的贡献。台湾五大家族中林氏大家族占2个，都是福建漳州的。据《连城县客家姓氏源流初探》载，连城林氏迁台有：泰德、掌德、辉德、若德、容德、桂如、宝望、报辉、以崧、俊铭、仁德、茂松、维长、克西、报川、菊波、昭永、贞祥等。上杭林氏迁台有：树民、克章、正辉、道端、家福、杰炎、其先、端泳、国椿、坤德、培德、定泉、定和、鸣岗、毅德、开明、强民、长椿、鸣辉、汉标、汉星、文兴、锦章、福生、福飞、文盛等。另据记载：诏安县"应源堂"林氏开基祖向日，祖居福建汀州石壁村，林向日于元末迁居诏安溪东上营村，其后裔林学优、林先图等移居台湾嘉义县诸罗、白杞寨等地。

【郡望堂号】

1. 郡望

晋安郡：林颖的次子林禄，于东晋明帝太宁元年（325）举家入闽，定居于晋安（治在今福州市），成为"晋安林"的开基始祖。

柴林氏：隋代末年，林士弘其后分布于福建龙岩，堂号亦为"济南堂"。

此外，还有"下邳郡""济南郡""西河郡""南安郡"等等。

2. 堂号

九牧堂：（1）来源于唐代时，闽林始祖林禄的孙子林披。披公唐天宝间授太子詹事，赠睦州刺史，由北螺迁居澄渚乌石（今西天尾镇龙山村）他生了

9个儿子：林苇公端州（今广东肇庆）刺史、林藻公容州（今广西容州）刺史侍御史、著公横州（今广西横县）刺史、林荐公（韶州即广东韶关刺史）、林晔公通州刺史、林蕴公邵州（今湖南邵阳）刺史、林蒙公循州（今广东博罗）刺史、林迈公雷州（今广东海康）刺史、林蔇公福唐（即今福清）刺史。由于州刺史又称州，兄弟九人合在一起为"九牧"。

（2）宋"九牧堂"，闽林始祖林禄的孙子，为阙下宋代分支，发祥地在晋江。

忠孝堂：来源于皇帝御赐的堂号，因这支林姓人的史祖林悦以忠孝见称而得名。"忠孝堂"在客家人历史上，还有一支林姓因躲避元初对林姓汉人的屠杀，被迫改姓杨，俗称"新杨"，也是林姓后裔。

孝瑞堂：又称"双阙堂"。始于林攒，闽林始祖林禄的十八世孙，早年任福唐县尉（今福清）。唐贞元元年（785），他的母亲在莆田病重，他得知之后，急忙从福唐赶回，未到家母亲便去世。他悲痛欲绝，回家后扶尸痛哭，几次昏死过去，四五天也不吃东西。母亲下葬之后，他又在墓旁搭一座茅屋住下，亲自搬运土块、石头，为母亲的墓葬添土筑石。这样过了一年多，每天如此。结果感动了苍天和其他生灵，以至相传有甘露三次降临到墓旁的松柏上或其他附近地区，又相传有白鸟两次飞来。事情传到朝廷，唐德宗专门下诏旌表他的门闾，并在宅第前立下双阙，他的家族也免除了徭役。家乡以此为荣，把他的家族称为义门，所居地称为孝里，所在的林姓支派，称为阙下林，分为五房，后裔以孝瑞为堂号。

培远堂、绥丰堂：游洋林氏昌公六世孙林子慕后裔，先后建有平和绥丰堂、培远堂和漳州宫保第。雾峰林家的开台始祖林石，是埔坪开基祖林子慕的第十四世裔孙。自林石渡台后，台湾林氏族亲与平和县五寨乡埔坪村宗亲就经常往来，世世代代不曾中断。以林文察、林朝栋、林祖密祖孙三代为代表的雾峰林氏是其中最显赫的一支。

此外，林姓的主要堂号还有：尚干堂、西河堂、十德堂、九龙堂、绍闽堂、双阙堂、青龙堂、永泽堂、林平堂、善庆堂、济南堂、敦本堂、崇本堂、梅鹤堂、下邳堂等。

【祠堂古迹】

林禄公墓，林禄在晋安郡辞世后，被追封为晋安郡王，葬于温陵九龙岗（在今惠安），穴名龙马毓奇。

九牧祖祠，位于莆田荔城区西天尾镇龙山村乌石。乌石古属仁德里澄渚村，为唐九牧林氏发祥地。澄渚古称"陈俞"，据明代名士俞钊（梯云斋记）载："自唐林蕴立券就陈暄市地，筑读书草堂于梯云斋之北，遂改陈为澄，改俞为渚。"

泉州林氏宗祠，位于古泉州子城崇阳门承人巷内，占地面积3000多平方米。该宗祠基本保持明、清祠堂的规制。大门联："唐代兄弟九刺史，宋朝父子十知州。"

尚干林氏宗祠，位于闽侯尚干，淘江林氏穆公后裔宗祠。始建于明末清初，清咸丰五年（1855）改建为宗祠，光绪三十二年（1906）添建"义姑祠"于宗祠西侧。民国二十一年（1932），将宗祠改称"尚干林氏祠堂"。

闽南比干庙，位于晋江永和镇马坪村灵秀山之南，觉峰以北。占地18亩地。奉祀的是太始祖比干公的夫人陈氏、林氏始祖坚公。右边奉祀的是海神妈祖林默娘。

福州林文忠公祠，位于福州市鼓楼区澳门路。清光绪三十一年（1905）兴建。坐西向东，占地面积3500平方米。

世宫保尚书林公家庙，坐落于福州市仓山区城门镇林浦村。始建于明正德十三年（1518），时任兵部尚书林瀚主持。明万历三十七年（1609）林烃重修，增建"四知堂"。历代重修。坐北朝南，占地面积1020平方米，其中祠埕160平方米，系典型的明代建筑。

漳州林氏宗祠，又称比干庙，坐落于芗城区振成巷华南小学内，始建于宋代，历代重修。漳州林氏合族建的祖祠，接待本宗族赴考往来生员用，也是台湾漳州后裔所瞻仰的祖祠。占地面积约852平方米，正殿面积430多平方米，全国文物保护单位。

漳浦海云家庙，又名乌石大厅，坐落于漳浦旧镇镇浯江村，系林氏乌石祖祠。明正统十三年（1447）

乌石七世祖林普玄率侄柔兴创建。明万历十年（1582）探花林士章等主持，在原址上重新构筑，历代多次维修。祠堂坐西朝东，面积约1500平方米，家庙前面有5000平方米的广场，竖立着60余座石旗杆。

南靖林氏聚斯堂，位于南靖县和溪镇林中村，始建于明宣德年间（1426—1435），历代多次维修。坐南向北偏西，占地面积546平方米，建筑面积292.49平方米。

洋埭林氏宗祠，位于晋江市陈埭镇的洋埭村。始建于明嘉靖四年（1525），明正德十二年（1517），应漳州，漳浦分裔会亲之需，倡议建祠。六世林存馨主持建造祠宇，木石结构建筑，二进院落。嘉靖年间落成。万历四十四年（1616）曾重修。

五寨林氏家庙，位于平和县五寨埔坪村刺仔寨山脚，始建于明嘉靖年间，现建筑建于清顺治年间，1986年重修。面积843平方米，坐北朝南。

【楹联典故】

九牧家声远；十德世泽长。

——佚名撰福建省福清市海口镇牛宅村林氏宗祠联。

草舍百篇集清气；虎门一炬振国威。

——上联典指明代贡生林时跃。下联典指清代大臣林则徐。

进士难进士不难难在七科八进士；尚书贵尚书非贵贵在三代五尚书。

——福州市仓山"宫保第"林氏宗祠"四知堂"联。

崇以忠，崇以信，忠信承先，本本源源绵世泽；德言孝，德言慈，孝慈裕后，支支派派衍长林。

——林姓宗祠通用联。福建省南靖县新村镇林氏祖庙"崇德堂"联。

振作那有时，少时、壮时、年老时，时时须努力；成名非易事，家事、国事、天下事，事事要关心。

——福建省永定县林氏宗祠振成楼堂联。

燕翼栖丹林千枝万叶增光祖德，贻谋传曲港源远流长培耀宗功；历受员外郎莆内风声遵帝制，御前通政使饶州德泽洽民情。

——云霄陈岱镇竹港村林氏家庙燕翼贻谋堂，是台湾云林县刺桐乡林氏的祖祠。

【族谱文献】

闽台林氏族谱有《林氏开族统汇图谱》东晋始编成集，唐贞观六年（632）中书全温彦博撰写《林氏源流总序》，唐贞元间林蕴从国史馆获重要史料，续修《续庆图》日臻完整。1985年重修，名《闽林开族千年谱》分五集：自黄帝至唐九牧；阙下林家；九牧林家、游洋林家、雾峰林家；闽林总集。有《台湾雾峰林氏族谱》原名《西河林氏族谱》，因记录雾峰林石派下改名。1935年台湾银行经济研究室编，台中林献堂等主修，1971年铅字，分公谱、私谱两帙。公谱载林石以上，溯其源流：谱序、凡例、世纪源流、比干公墓识语铜盘铭、比干墓先师孔子书、唐太宗追赠比干太师诏及祭文、重修太师殷比干祠墓碑记、晋安郡王禄公墓识语、宋仁宗皇帝御书题诗、世系；私谱载林石以下，演其支派。主要分两目，一为家传，太高祖石公、高祖考逊公、曾祖考甲寅公、祖考奠国公、先伯父文凤公、先二伯父文典公、先考文钦公等诸家传，还有曾祖考太对翁、先伯祖刚憨公家传、先考荫堂公家传，先祖父志芳公家传；二为世系、世谱，志历世系统与列祖名讳、生卒、婚葬等项。插图有比干墓图、比干铜盘铭图、孔子墨迹石刻图、晋安禄墓图、宋仁宗御书石刻图、朱熹墨迹石刻图；题字有日据台湾总督中山健及国民政府主席林森墨迹。载自始祖子慕公迁于莆坪（今平和），传世十四至太高祖石公，始入台湾；初寓彰化，数迁至大里杙庄，雾峰林氏与台湾史有关纪事。有1992年台湾林忠义等编《林氏东山兴仁公系谱》铅印本，始祖钦荣。1981年编修台湾《虎邱林氏族谱》以及《控鹤林氏族谱》《凤池林氏族谱》《仙溪林大宗祠族谱》等。

第八十一节 凌 姓

凌姓全国人口74万，在全国排名第174位。在台湾排名第122位。

【渊源】

源出姬姓。《通志·姓氏考略》记载："凌氏，姬姓，卫康叔支子，为周凌人，子孙以官为氏。"周文王第九子康叔被封于卫国后，他一个儿子被留在周朝的首都镐京（今陕西省西安市东南），担任凌人之官。凌人，掌冰之官，专司冬日采冰，贮藏于"凌室"，以备夏季为王室消暑之用。由于这一官职具有较强的技术性，因此使家族得以承袭，世代担任这一官职。《周礼》上所记载的："凌人掌冰，正岁，十有二月，令斩冰，三其凌。"其后裔以官职为姓，称凌氏。

【得姓始祖】

康叔。凌姓是黄帝姬姓后裔。头一个以凌为姓的人，是出身于周代初年周文王幼子所建的卫国。当时卫国的位置，是在今河北、河南一带，他们的始祖是周武王的弟弟康叔。《姓纂》说："康叔支子为周凌人，子孙以官为氏。"所谓"凌人"，是当时的一种掌管夏季藏冰的官。凌氏是源自周文王的孙子，由于在周天子的朝廷上担任"凌人"，以官为氏，称凌氏。故凌氏的后人尊康叔为凌姓的始祖。

【入闽迁徙】

凌氏在早期历史上，历史上的卫国即现在的河北、河南一带，有渤海郡（今河北南皮沧县）、河间郡（今河北河间献县）等郡望，距今大约有3000多年的历史。当代凌氏主要还分布在湖南、江西、江苏、广东、浙江、福建等地。

唐代凌姓入闽东福安开基，子孙分布城阳乡占洋村、溪潭镇歧山村、凌秒村等聚居已经周边各县。占洋村历史悠久，全村凌姓现有265户1100多人，村内留有唐代的"天福禅寺""浮山禅寺"，该寺规模较大，雄伟壮观。村内有凌氏祠堂、古井、民谣与村庄的古朴风格相映成趣，

据族谱记载，唐末，凌准，字山长，自河间郡入闽开拓，始居闽侯，已逾千年。南宋末年，凌万石因战乱移居德化县葛坑田地，开创德化凌氏之基，后裔凌辉（又名邦辉，字清峰），于晚年定居尤溪县坂面乡。清代凌翰，字青翰，号溪阳，安溪县光得里犁园乡人。嘉庆二十三年戊寅（1818）乡试，中式第35名举人。他谨言慎行，时人称为"凌圣人"。以道德文章受知于三山（福州）陈铁香御史。历任漳州府学正堂、厦门玉屏书院山长、代理福州鳌峰书院山长（泉州人名录）。嘉庆十七年（1812）许玉成、凌翰、林大鸿、刘清振、陈仲高等往厦门募得修建清水岩款3000余元，存县备用。福建德化凌辉（1389—1461）又名邦辉，字清峰，葛坑田地人，生于明洪武二十二年（1389）。少年曾就学于湖头香林寺香山学社。14岁进秀才；17岁，即永乐三年（1405）乙酉科乡试中举人；24岁永乐十年（1412）壬辰科会试中进士。为明代德化名进士，国史《大明一统志》撰修者之一，有史可查第一部《德化县志》主纂者。凌辉晚年，徙居福建尤溪县坂面，在蓬莱山下建一堂屋。并于附近建木桥两座，便利尤溪、德化往来交通。泉州市南安眉山乡三凌村，是凌姓聚居村，原名三乡，系由雾罩岭、考湖、苏坑三乡合并得名；革命老区基点村，位于南安西北部的边远偏僻山区。东与金淘镇占石村叶飞故居接壤，西与安溪县参内乡镇东村交界，部分农田在参内乡镇东村后山自然村和祐水村参林自然村境内，双方村民和睦相处，友谊深厚，北连诗山镇社一村为邻，南与该乡高田村相连。

寿宁归洋村凌姓，寿宁县坑底乡西南部归洋村的谢姓始祖于北宋崇宁四年（1105）从福建省松溪县迁入，而后凌姓又从屏南县叠石村迁入成望族。

周宁县纯池镇莲地村因村庄地形状似莲花，以莲叶蔓地之意，取名"莲地"，后因村中凌姓居多改称凌地。凌姓先祖于明世宗嘉靖三十九年（1560年）

浙江逢源迁来建村。

明太祖洪武二十二年（1389），凌万圣从江西来汀州府经商，后定居宁化县会同里，斩草开基，卜筑斯土，以其姓命所住地曰凌家山，裔孙分迁粤东、闽西、赣东等地。据上杭《凌氏族谱》载，南宋末年，浙江余姚人凌吉为宋朝刑部侍郎，因元兵攻宋，君臣失散，各自逃生，凌吉迁徙至赣州府寻乌县澄江大顿凌富村开基创业，成为凌氏客家始祖。明中叶凌吉六世孙凌秀玉携子千一郎，从寻乌县迁徙至汀州府上杭县泮境乡定达村塘背开基，裔孙迁长汀县南山、广东平远等地。另凌吉裔孙凌均实从寻乌县迁长汀县。

闽西客家凌氏散居在上杭县的临江、泮境，武平县的中山，长汀县的南山，宁化县的治平，清流县的里田等乡镇。

凌姓在福建的分布：

莆田市。仙游县西苑乡岭峰村、度尾镇圣山村、龙华镇建华新村；荔城区新度镇凌厝村。

三明市。宁化县曹坊乡罗溪村凌家山，尤溪县坂面乡坂面村。

宁德市。寿宁县坑底乡归洋村，周宁县纯池镇莲地村、凌地乡，福安市城阳乡占洋村（老名瞻源村），溪潭镇歧山村、凌秒村，屏南县屏城乡陆地村、寿山乡叠石村。

泉州市。鲤城，安溪县归善乡乐善村，安溪县城厢镇光德村、官桥镇五里街；德化县汤头乡汤头村、葛坑镇田地村，南安市官桥镇霞光村。

龙岩市。上杭县泮境村凌屋村、漳平市和平镇安靖村、长汀县四都镇圭田村，还有武平县。

南平市。浦城县万安乡石角源村。

福州市。罗源县中房镇乾溪村。

【入垦台湾】

凌姓迁徙台湾始于明清时期，据台湾资料显示：最初至台北市大安移垦的多来自福建泉州府（安）溪人，当时较显赫的家族更陈姓、林姓、周姓、廖姓、凌姓等十数家。各家族曾拥更幅员宽阔的田产，建了不少栋相当考究的华丽古厝。今日在原地仍保更昔时风貌的已不多见。陈姓古宅、义芳居、芳兰

大厝及黄家古厝更是少数仅存之古厝。凌姓在台湾主要分布于高雄县桥头凌氏；台北大安去四维路，台中市凌氏等。

【郡望堂号】

凌姓有渤海郡、河间郡等郡望。常用堂联有："吴中直史，江表虎臣。"上联指南宋高宗朝御史凌哲，以直声闻于朝野；下联指三国时吴国孙权麾下大将凌统。"二拍流芳远，三籁世泽长。"此联指明代文学家凌蒙初，他着有初刻、二刻《拍案惊奇》和《南音三籁》等多种著作。堂号有渤海堂、河间堂等。

【祠堂古迹】

安溪井仔头凌姓宗祠，位于安溪县井仔头，由锦霞一世祖凌积智当时在井仔头搭建祖厝和宗祠，历经数百年风雨侵蚀，破烂不堪。1921年族人择"地接亳山灵秀，门迎霞溪碧水"之胜地重建"凌氏宗祠"，仿古兴修，巍峨壮观，春秋二祭，缅怀先人。宗祠解放初曾开办"毫光小学"，教育培养出一批又一批大中学生，后又辟为"文化活动中心"，活跃乡亲文化生活。宗祠楹联有："河间衍派，锦霞传芳""河间衍派振宗功，锦霞传芳泽流长""河间源流长允矣，锦霞笙世远宜乎""地接亳山钟秀色，门迎碧水泽流长"等。

福安凌姓宗祠，位于福安市城阳，建于明末清初。

寿宁归洋村凌氏宗祠。

【楹联典故】

望了渤海；源自周官。

——佚名撰凌姓宗祠通用联。上联典指凌姓的郡望。下联典指凌姓的得姓源流。

剑南雅望；江表虎臣。

——佚名撰凌姓宗祠通用联。上联典指北宋泾县人凌策，字子奇，雍熙年间进士。据传初登第时，梦中见有人送他6颗印章和一把剑，后来果然6次到剑外任职，他为官精审，所到之处均有政绩。官至工部侍郎。下联典指三国时吴国余杭人凌统，字公绩，15岁任别部司马，征讨江夏时为前锋，曾随周瑜在乌林击败曹操，后任校尉、偏将军，曾在合肥魏兵重逢中救出孙权。他礼贤下士，轻财重义，有国士之风。

【族谱文献】

《锦霞凌氏族谱》于清道光年间（1821—1850）由安溪内园举人凌翰宗亲主持编撰，昭穆起初沿用安溪内园的10个字：积（仰）尚世建复、仕望汝继志。后又续拟20个字：文武怀忠孝，叙伦克友恭，家齐国有信，衍庆大周宗。《族谱》因"文革"毁损，于1990年乡人重修。福建泉州凌氏辈字：仰尚世建天，仕望汝继志，文武怀忠孝，叙伦克友恭，家齐国有信，衍庆大同宗。

第八十二节 刘 姓

刘姓是全球华人十大姓之一，中国大陆第 4 大姓，人口在 7100 万人以上，大约占汉族人口 5.4%。福建刘姓现有人口 138 万，占福建总人口 3.8%，居全省第 9 位。在台湾排名第 8 位。

【渊源】

1. 源于祁，帝尧后裔。据《史记·五帝本纪》记载，帝尧，是黄帝曾孙帝喾高辛氏的次子。《史记正义》引《帝王记》云："帝尧陶唐氏，祁姓也。"即尧帝姓祁，名叫放勋，初居山东定陶，后迁河北唐县号称陶唐氏。《国语·晋语》记载，黄帝后裔十二姓之三为祁姓。帝尧本姓祁，因其生地及部落封地的变迁，又称伊祁氏、陶唐氏。其中伊祁氏，是尧的母族伊姓和父姓祁姓相结合而形成的部落名。尧帝伊祁，其子孙有一支祁为姓，被封于河北唐县，后来便以国（邑）为姓称为刘。

2. 源于姬姓的刘姓是以封邑为氏，形成于春秋时期。据唐代林宝《元和姓纂》载："周大夫食采于刘，亦为刘氏。"春秋时有周大夫被封于郑国之刘邑（也作留邑，在今河南偃师南），其子孙即以刘为姓。

3. 赐异姓为刘姓。赐姓刘有两支：一支是公元前 202 年刘邦在洛阳即位后，接受戍卒娄敬建议，决定迁都长安，并赐娄敬姓刘；另一支是项羽的叔父项伯因鸿门宴上救助刘邦有功，刘邦赐其家族姓刘。

4. 外族改刘姓。西汉初期的匈奴贵族内附，高祖刘邦行和亲政策，以皇室宗女嫁给匈奴单于冒顿为妻。按照匈奴贵者皆从母性的习俗，冒顿子孙皆姓刘；南北朝时，北魏孝文帝迁都洛阳后将鲜卑族的夏姓独孤氏改为刘姓。清朝普及满洲八旗文化，这中间均有外姓人改姓为刘姓。

5. 源于少数民族，属于汉化改姓为氏。匈奴刘氏、独孤部、沙陀刘氏、契丹刘氏、蒙古族刘姓、维吾尔族刘氏、满族刘姓、壮族刘氏、高山族刘姓等等。

【得姓始祖】

1. 刘累：夏朝，尧之裔孙。据《左传》鲁昭公二十九年（公元前 513）记载：夏王孔甲在位时能够顺从天意，天帝特地赐给他 4 条驾车的龙，黄河和汉水各两条，各有一雌一雄，但孔甲不知道如何喂养。当时有个刘累的人，是陶唐氏后裔孙，他曾随豢龙氏学习过养龙技术，便自告奋勇去为孔甲养龙，孔甲因此佳奖刘累，赐他为御龙氏，还把豢韦氏的土地封给他作采邑。《左传》载："陶唐氏既衰，其后有刘累。"

2. 监明、刘式：刘姓的始祖应为当年封于刘邑的得姓始祖监明或其儿子刘式。据流行于两汉之际的纬书《尚书中侯》记载："尧之长子监明早死，不得立。监明之子（名式）封于刘。朱又不肖而弗获嗣。"

【入闽迁徙】

西汉时期，闽越国就有刘姓。西晋时期有刘琨，到东晋年间，刘延寿、刘辛等先后任晋安太守；南朝以后刘姓在福建任晋安太守的有刘隐、刘瞻、刘景超、刘业、刘融等，隋开皇间有刘弘任刺史，他们有的定居福建。到唐初，随陈政、陈元光父子入闽，其部下府兵校尉刘举等居闽。唐中叶后由于北方赋税沉重，有不少北方刘姓农户逃到福建山区垦田而居。据宋淳熙《三山志》载：唐开元年间，侯官县山洞洞豪刘疆"因古昔田亩，垦辟而居"。其祖父于咸亨四年（673），来侯官垦田为业，繁衍生息。刘姓最早到此辟居，人数多，势力大并成为首领。故唐开元二十九年（741）古田置县（从侯官析出）名为古田。清乾隆《古田县志·建置》载："古田……缘刘氏始锄芜菁，为厥疆畎，田锡之名曰疆。"古田县民众为纪念刘疆开疆垦土之功，建灵显庙祭祀他。唐至德上元间（756—760），京兆人刺史刘守谦，道经福建浦城，悦其山川佳胜，乃定居县城越王山下，成为浦城刘姓之始。

唐开元年间，宰相刘泊之孙刘韶（713—

769），河南光州固始人，累官司起居平章台，749年任泉州别驾，后卒于官，刘韶之子刘友扶梓归籍，路经莆田，适逢兵乱，阻莆弃归，全家卜居涵江沙坂。子孙定居莆田涵江，刘韶为入莆一世祖，称刘韶后裔为"涵江刘"。现涵江区刘姓有11支2.23万人，刘韶后裔播迁莆田城厢区、秀屿区、仙游县、泉州市泉港区、漳浦、龙海、南靖、长泰、古田等县（市），国内分布160多支，约18万人口，其中莆田市刘姓人口约8万，列全市第9位。

南朝陈国（557—589），有汉景帝之后裔刘国祥徒居宁化石壁。晋永嘉年间（307—313）随着晋政权的南移，居于洛阳的刘永后人也迁居江南。刘永是三国蜀汉主刘备的次子，蜀国被魏国灭亡后移居洛阳。唐朝末年，刘永的第三十三世孙刘天锡唐僖宗时（874—888）为翰林学士、视察使。刘氏也成了汀闽望族。唐乾符二年（875），开国公、刺史刘祥（782—878），为避黄巢之乱，与其子天赐（翰林学士、观察使）从浙江金华徒居福建汀州宁化石壁村。所以，刘祥为入闽刘姓开基始祖之一。刘祥后裔迁上杭、南靖、潮州、梅县等地。现闽西刘姓人口近30万，成为江南刘姓望族。分布南方几省、市、区，包括港、澳、台，以及海外20多个国家。

唐中和、光启年间（881—887），黄巢起义，王绪攻陷河南固始。彭城丛亭里司空大夫刘茂十七世裔孙刘存，为避战乱，从河南光州固始率子侄，渡江来闽。文德、龙纪初居漳浦，唐昭宗景福二年（893）五月抵瓯冶（今福州），于天祐元年（904），肇基凤岗里刘宅（今仓山区金山街道刘宅村），俗称"凤岗刘"。后裔刘冠雄是民国初期海军总长、上将，其四兄弟先后就学和从事福州马尾船政工，长兄、次兄均海军造舰大监，三兄是海军中将，有54艘军舰是其兄弟领导或参与研制出来的，该姓后裔在海军就职颇多，亦称"海军刘"。凤岗刘姓已繁衍41代。现居福州五区八县（市）的凤岗刘姓有280多个宗支世系，人口16多万，加上国内外约有50万人。

唐乾宁元年（894），镇国将军，光州大都督、吏部尚书刘楚之子刘翱（陕西万年县洪固乡人，少府监、开国公）、刘翔（金吾卫上将军）、刘幽（将作监薄）三兄弟，以不仕梁，自京兆（陕西）避居入闽。

刘翱定居建阳县麻沙，刘幽居建阳马伏，号称西族；刘翔居崇安（今武夷山市）五夫里，号东族。其后裔迁居闽北、闽西、闽南、福州、江苏、江西以及台湾等地。东西两族在宋代出"五忠"——忠显刘韦合、忠定子羽、忠肃刘珙、忠简刘领、忠烈刘纯。宋孝宗皇帝御书："精忠望族、理学名家。"

唐乾宁三年（896），刘技（祖籍山东曹州南华），字仕能，官鄂州节度使判官，因湖南马氏僭伪不从，宵遁孥家入闽，居温陵（今泉州），其次子刘文济居福州，后裔迁闽侯南屿、永泰际洋、马尾闽安镇、浙江金华以及台湾等地。

唐末，来自长安和河南光州固始，以光州都督刘楚、刘在、刘存兄弟为入闽开基始祖，以刘宗汉为迁南平开基始祖。刘楚为楚元王刘交的第41代孙，原籍京兆（今西安市），后任光州大都督。公元9世纪末奉诏入闽为官，从河南光州来到福建。福建南平五忠堂《南平彭城刘氏宗谱》有记载。

后梁年间，大燕皇帝刘守光后裔刘茂，避乱从河南迁周宁龙潭；后唐年间，威惠节度使刘皈，迁居福安苏阳。刘茂后裔迁居闽东诸县市及海内外各地。现闽东刘姓有10万人口。后唐清泰元年，世居闽长溪拓岸刘宝、刘路兄弟避王延钧乱，迁居永嘉檽溪西巷，又因避吴越王谬讳，易刘为金姓（《永嘉县志·金石》金宗儒墓志）。

刘沉郎，原籍江西吉水，北宋仁宗天圣二年（1024）任延平府尹，其子新郎卜居宁化县。元朝至元年间（1335—1340），刘益浩从江西徒宁化县淮土。刘少奇家庭先祖，派衍于中山，孕育于宁化，分迁至赣湘，终于诞生了伟大的刘少奇，此乃客家之荣、石壁之光。

北宋天圣二年（1024），原籍江西吉水的刘沉郎为福建延平府尹；其子刘新郎不愿还乡，卜居宁化。（宁化下沙《刘氏族谱》）

北宋嘉祐八年（1063）刘赐从江西省广信府铅山县迁徒剑浦（今南平）定居。其子孙迁居沙县、永安等地，今永安刘姓人口近2万人。

南宋年间，刘锜季子刘明迁安溪，寓居泉州，其后裔居晋江石狮大堡、厦门同安等地；后裔迁台湾地区和东南亚各国。

明宣德三年（1428）刘彬从南京调福州任右卫指挥使，举家从河北宛平县龙山迁居福州光禄坊。后裔迁海内外各地，民国时期其后裔刘崇伟等，在福州兴办电力、电话、水电工程，俗称"电光刘"。清代以后，又有不少刘姓民众来闽定居，在福建这块土地上，世代相传，繁衍生息。

刘姓人口在闽分布较多（万人以上）的县（区）：龙岩市武平、长汀、上杭、永定；福州市闽清、长乐、连江、仓山、福清、鼓楼、闽侯、台江；厦门及同安；莆田市涵江、仙游；泉州市晋江、永春、惠安、安溪；漳州市漳浦、龙海、南靖；宁德市福安、福鼎、周宁；南平市建阳、浦城、武夷山；三明市永安等县（市）区。其中福安市5万人。武平县4万人，长汀县3.9万人，闽清县3万人。

【入垦台湾】

明、清时期，福建刘姓族人渡海定居台湾，以闽南漳州、泉州居多，刘姓移居台湾有的是追随郑成功入台的三位将军：武平侯中提督刘国轩、宜武将军刘国攀、大将刘俊。郑姓三代治台期间，有属官刘陶、刘斌、刘秉忠等人在台开发。漳州府迁台以刘祥第20代刘开七后裔居多，刘姓家族在台聚落有30多处。泉州府、汀州府福州府、闽东、闽北都有刘姓迁台的记载。2007年台湾刘姓人口72.68万人，占台湾总人口3.17%。刘姓人口在台湾分布较多县市依次是：台北县、台北市、桃园县、台中县、高雄县与高雄市。刘姓人口分布较多的乡镇（市），依序为中坜、板桥、中和、新店、桃园市与大安（北市）。刘姓人口在全台各乡镇（市），占百分比率特高者，台中县东势镇刘姓人口占有该乡总人口的13.76%，其次为石岗乡12.14%、公馆乡12.11%、新社乡11.02%、美浓镇10.97%与湖内乡10.45%（10%以下略）。

【郡望与堂号】

刘姓族源多，因而其郡望堂号也多，有彭城郡、中山郡、琅琊郡、沛国郡、弘农郡、河间郡、梁国郡、顿红郡、南阳郡、东平郡、高平郡、东莞郡、平原郡、广陵郡、临淮郡、兰陵郡、东海郡、丹阳郡、宣城郡、南郡、高堂郡、高密郡、竟陵郡、长沙郡、河南郡等25个郡望，其中彭城郡为最著名。其著名的郡望

有18处：

1. 彭城郡：西汉的时候设立，当时将楚国改为彭城郡，后又改为彭城国，治所在彭城（江苏徐州）。主要有2支，一支是楚元王刘交的后裔，一支刘氏是汉宣帝的后代。

2. 沛国郡：西汉时置郡，治所在相县，相当于今安徽、河南等地。

3. 弘农郡：西汉置郡，治所在弘农。此支刘姓开基始祖为汉时代顷王刘仲。

堂号彭城堂、藜照堂、德馨堂、怀贤堂、继崇堂、敦睦堂、后继堂、墨庄堂、百忍堂、重德堂、正字堂等，堂号著名的有：

彭城堂：使用最普遍的堂号，这是因为彭城刘姓其源出西汉皇族，时间较早，支脉繁多，历代以来，人才济济，影响巨大，因而被天下刘姓视为堂号正宗。

五忠堂：是以祖先名号为堂号。宋朝时期，福建建州、建阳刘氏一门忠烈，有5人死后被朝廷赐谥为忠，世人号称刘氏五忠：建阳五夫里的忠显公刘韐、忠定公刘子羽、忠肃公刘珙，建州麻沙里的忠简公刘颌、忠烈公刘纯。后人为了纪念刘氏祖先这一光荣的历史，鼓励族人精忠报国，就以五忠堂为堂号，五忠堂的堂号，主要在福建刘氏及其分迁到各地的刘氏支派后裔中使用。

豢龙堂：夏相刘累，善养龙，封豢龙氏。

此外，还有藜照堂、中山堂、蒲编堂、墨庄堂、汉里堂、七业堂、铁汉堂、清爱堂、磐宗堂。

【祠堂古迹】

玉阪刘氏宗祠，又称玉阪刘氏维济公纪念堂，坐落于闽清县六都洋三演溪东畔、坂东新街巷口之间，东依台岫，西朝柯峰。始建于清乾隆五十五年（1790），由二十七世孙刘世辉等人倡建的。二历代重修，宗祠建筑面积2024平方米。

凤岗忠贤刘氏宗祠，坐落于福州市仓山区建新镇的刘宅村之西部凤岗，坐北朝南，面积约840平方米。为纪念入闽始祖刘存、司马参军刘贻孙而建的。石敬瑭后晋天福元年（936）初建，后历代有过多次重修。

汀州刘氏家庙，坐落于状元峰下长汀县城小巷深处。它北倚卧龙山，西连横岗岭，东临龙岩潭，

南通兆征路，是江南刘氏五大宗祠之一。始建于北宋淳化三年（992），为刘氏八闽始祖刘祥公七代孙河南怀庆府尹刘参常为首倡建。历代重修，占地一千多平方米，该庙完整地保留着明代建筑风格。家庙坐北朝南。

福鼎沙埕刘氏祠堂，沙埕刘氏祠堂（又称刘公纪念馆），坐落于福鼎沙埕港畔的金狮岗上，面积600平方米，两层仿古建筑，飞檐翘角，琉璃瓦顶。

桥南刘氏家庙，泉州东门外二十公里的洛阳桥边，过去为晋江市境，现属于洛江区万安办事处。由刘钦羲公于明成化年间首建祠堂主体，至明末由苍梧司令刘缙（字愧吾）扩建"下落"，历代重修。总面积达500余平方米。庙中两壁，有仿写甥曹文丞相字体的"忠孝廉节"四个大字。

晋江塔江刘氏宗祠，《重修家庙记》，塔江刘氏祠堂"本建于明，国朝（清代）定鼎，郑藩在海，朝令迁居，子姓星移，毁于兵燹。后界后，公馨叔乃相宅，爰以康熙壬辰（1712）率诸族人始行卜筑，而春秋祀事依然俎豆馨香矣"。

永安刘氏宗祠，又名"崇仁堂"，位于永安市下吉山中心，坐北向南，建于清乾隆年间，建筑面积595平方米。

五夫刘氏宗祠，位于武夷山市五夫镇的兴贤古街，门楼前，对着"宋儒"和"刘氏家祠"的精工石雕，祠堂门楼后有天井、两侧有厢廊，天井中间有供世代裔孙谒祖的正步道，门楼内立有复原的朱熹手书的"两汉帝王胄，三刘文献家""八闽上郡先贤地，千古忠良宰相家"的牌匾、宋孝宗御书的"精忠望族"和"理学世家"的牌匾。

【楹联典故】

万卷珠玑朝汉室，一天星斗照彭城。

——上联记载刘氏汉朝的辉煌；下联中的彭城，是刘姓的重要郡望。

家从别驾肇金钗，簪笏先后三十世；

派出涵江开碧海，频繁俎豆八千秋。

食德服畴，用资祖泽；象贤迈种，克振家声。

——福建省漳浦县霞美镇刘坂村刘氏宗祠"思敬堂"堂联。

山发灵芝生瑞象，海呈瑰宝兆祯祥。

——福建省泉州芝山大堡刘氏家庙（吴王祠）联。

远从北里分宗派，近自东楼肇本支。

大汉分封大宋宦，八闽著姓八贤家。

中山靖王衍派，北里忠臣分支。

——晋江塔江刘氏宗祠联。

世号五忠光世第；家传七业振家声。

——佚名撰刘姓宗祠通用联。此联为福建省地区刘氏宗祠通用联，上联典指福建省刘氏分支在宋代有刘颌、刘纯、刘铚、刘子羽、刘珙5人被谥为"忠"公的历史，下联典指刘氏在晋朝时，著名学者刘殷的7个儿子分别攻读"五经"和《史记》《汉书》，后来都功成名就的典故。

【族谱文献】

闽台刘氏族谱有泉州《温陵刘氏宗谱》，始修于宋末，明崇祯四年（1631）16世刘氏增修，今本为清末祥芝刘氏纂修，残本2册，第一册载宋迄明朱熹、蔡元定、文天祥等人序文，渊源；第二册前叙谱序，载祠庙，祖茔、山川诸项，后刊列世系谱录，载至9世，其后谱本蚀灭原传。载南宋时刘制置肇迁泉州，传5世刘文聚，迁祥芝开基，以祥芝为晋江、石狮、同安等刘氏堂号。元代同安县令以及县城"米市刘"的"金安"，先祖来自金门。有福州《凤岗忠贤刘氏族谱》，40卷31册，前2册分别刊录凤岗刘氏忠贤纪念堂堂法、凡例、始祖世系，以及各房分迁溯源图、传记、修谱纪事和纪念堂等项，第三册以下皆刊载世系，包括总世次和各房世系次，有福州、长乐、闽清、连江、古田、建阳、宁德、福鼎等地支脉。载始祖刘存，唐中和元年（881）率子侄入闽，定居凤岗开基，子孙繁衍省内外海内外。有台北《刘氏宗谱》大宗谱，刘麒麟编，民国二十二年（1933）铅印本3册。第一册刊目录、序、跋、源流及世系；第二册续刊世系；第三册列各祖系统图格、各派近代考妣格式，供续填写用，后附丧服制图。尊帝尧陶唐氏长子讳监明为大始祖。明清以来历代有渡台者，有平和派、南靖派、安溪派、漳浦派、同安派及大埔派、饶平派等。《刘氏忠贤传》（《建阳建州刘氏三谈忠贤传》）共10卷。内载肇基始祖唐末刘翱，与建阳令蔡炉等带领多姓入闽，为麻沙令，定居衍族传脉。

第八十三节 留 姓

留姓在今中国大陆的姓氏排行榜上未列入《百家姓》前300位,在台湾省则名列第203位,多以会稽、扶余、辽东为郡望。

【渊源】

1. 源于伊祁姓,以国为姓。在史籍《姓源·韵谱》中记载:"留姓,出自周封内大夫食采王畿之留,以邑为氏。春秋郑国邑,后有人为姓。"尧之时,部落之间的战争仍不断,且很激烈。尧时曾对南方的三苗进行讨伐。尧本在北方,丹朱是尧之嗣子。尧被封于丹朱丹水。在史籍《山海经》一书中,记载古代首领有帝号的不多,而丹朱却有了帝号,称作帝丹朱。郑玄注释说:"德配天地,在正不在私,曰帝。"说明丹朱在汉朝时期人们眼里,是一位在古代很有德望、声名很显赫的人。传说,丹朱有九个庶兄,其中有一个被赐封于留邑(今江苏沛县),其后裔子孙遂以先祖封邑名称为姓氏,称留氏,世代相传至今,是非常古早的姓氏之一。

2. 帝尧登高山观洪水,一妃袁氏从焉,因见日累累而行,遂有孕而生子。子生七日而左手不开,帝曰:"朕之适子,何令有疾。"取水噀之其手乃开,中有八字文云"戴卯玄系,重田在中"。帝曰:"戴卯者在其上,玄系者在其下,而重田居焉。以文拆之,则一田属上卯为留字、一田属下系为累字。"另有载帝尧八十七年(公元前2286)尧子封于留者为留姓。(见清源留刘氏族谱、仑上氏族谱)

3. 源于姬姓,出自春秋时期郑国留邑,属于以居邑名称为氏。据史籍《姓源韵谱》记载:周王朝时期的"王畿之留",在春秋时期属于郑国留邑(今河南偃师),其住民中多有以居邑名称为姓氏者,称留氏,世代相传至今,姬姓是非常古老的姓氏之一。

4. 出自尧帝后裔。尧庶子,其封于留者为留氏。留姓跟刘姓同宗,为尧帝后裔。留姓始于尧、舜时,早于刘姓。

5. 源于改姓。南朝宋文帝六子刘诞,谋反被杀后,子孙被贬为庶民,改姓"留"。据台湾留怏先生研究,很多留姓族人认为留姓是刘姓改姓而来,是错误的。目前所知只有留姓改姓刘,没有刘改留。历史上只有南北朝时,南宋竟陵王刘诞谋反遭株连改姓为留。

6. 源于少数民族姓氏,蒙古族、满族、锡伯族中也有留姓。

【得姓始祖】

始祖:尧帝。帝尧是中国历史上传说中上古五帝之一,为祁姓,名放勋,号陶唐氏。

赐姓始祖:留累。帝舜夏朝刘国人,刚生下来时手上就有纹样,便取名刘累。随董父学习养龙的本领,被夏帝孔甲封为"御龙氏"。

【入闽迁徙】

两汉期间居河南,因汉高祖刘邦封先祖留盼为强围侯,而古之封侯都有实际封地食邑,围地在今河南杞县。留安谱载,八王之乱衣冠南渡,留氏南渡一世祖留因、留固从湖广渡江南下居浙江金华,留许、留凭居原乡。

唐朝中期,留姓十八世留钟自浙江南迁泉州开基。在五代、宋朝时期显贵,时有留从效(906—962),字元范,永春留安村人。宋鄂国公晋江王。幼年丧父,以孝顺母亲、尊敬兄长名闻乡里。少年时,到泉州当衙兵,后升为散挥指使。初为散指挥使,击败朱文进之党,遂自领漳、泉二州,南唐以泉州为清源军,授留从效节度使漳泉等州观察使。后遣使贡南唐,又入贡于宋,未至卒,年五十七,南唐赠太尉灵州大都督。后唐时,官至同平章事兼侍中、中书令,封鄂国公、晋江王,管辖泉州、南州(漳州)等地,卒赠太尉、灵州大都督,是五代时期对泉州的开发和建设有较大贡献的历史人物。他倡导在泉州广植刺桐树而有"刺桐城"之美称,刺桐花又是泉州的市花,那么"刺桐城"这个别名与留氏密切相关。

留姓多位先祖在泉州创造许多辉煌，也留下多处历史遗迹，如泉州三大丛林之一的承天寺，为二十七世留从效南园故址，泉州文庙内有奉祀二十七世留从效和三十三世留正塑像供人瞻仰。

泉州系自二十七世始有西房派，为泉州西房第一代；二十八世后有衢州、松阳、兴化派下；二十九世有漳州、青田派；三十世有惠安章坑派；三十六世有福清海口、增城、建宁、博罗、福清、广州、建宁、惠州博罗；四十一世再分"新留府""大留府""西留府"。这么多留姓房系中，在历代科举中曾出过多为进士，最后进士为"新留府"系留志淑、留震臣、留敬臣祖孙三人，自此后留姓在泉州也没再出进士，只有漳州在清乾隆时的刘国柱（为留改刘），因此留姓在泉州也可能就此没落。

泉州留姓从十八世留钟到今 2011 年也居住1200 年以上，繁衍裔孙有四十代以上。但今泉州市内尚未找到留姓聚落，只有散居的留姓族亲。

北宋初年兴化府就有留姓，兴化留姓始祖是二十八世留居道，留居道是留从效嗣子承袭留从效名位。两宋时期也出过多位进士，且兴化府志上也有记载在赤湖枫亭，形成仙游县的留姓兴化府系。但已经外迁，今尚无兴化留姓。

目前形成留姓几个聚居地：

1. 福全留姓

福全留姓为今泉州市晋江金井镇溜江村。福全留姓第一次迁入约在赵南宋（1200），始祖为三十三世留待时，三世孙三十六世留尚贤自设海湾曰留湾也，称留澳。中有没落到四十二世留泗见时再兴，故福全西楼派族谱称留泗见为福全再兴之祖。此支系分支有晋江龙湖仓上仓上系。第二次迁入为元末明初（1380），始祖为三十三世留正裔孙四十世留敬生（改名顺义），开泉州"西留府"系。此支分支有晋江龙湖仓上仓山系，晋江永和旦厝。

福全留姓,建有泉州西留府系祖祠、留从效庙（尊王公宫）。

堂号为"大明"。福全所内祖坟上的堂号大明，指的是明朝称号，应不能算为堂号，后人无法得知源处，其他祖坟应该还有不同的堂号。

2. 仓上留姓

仓上为泉州市晋江市龙湖乡仓上村仓上村，为留洪两姓村，洪姓 1000 多人留姓约 800 人。仓上留姓有两个支系。依其家谱上封面载分成三十三世留待时系为仓上系，四十世留顺义系为仓山系。仓上系始祖为三十三世留待时，于子汝犹登科时迁福全，五十世震聪公自福全迁至仓上，字行为族谱载之"亦尔宜施，文章典籍"（五十三世至六十世），此支系人口数只有近 60 人。谱名为《仓上留氏族谱》，建有祖祠。

仓山系属泉州"西留府"，始祖为三十三世留正派下四十世留敬生（改名顺义）。明成祖辛巳年（应为建文三年，1401 年）留甫生四子留伯敬（留氏族谱皆载甫生只有惠、观、广三子）由福全迁仓上。人口数七百多人，自有字行"朝廷金榜开，奕世簪缨才"（五十六世至六十五世）。谱名为《仓山留氏家谱》，建有祖祠。

3. 旦厝留姓

旦厝在福建省泉州市晋江市永和镇旦厝村。旦厝村为留、邓两姓村，留姓约 800 人，邓姓约 500 人。留姓人口除 200 人为商业人口和制衣业外余为农业人口。

旦厝属泉州"西留府"，源自三十三世正公派下，四十世顺义（敬生公）迁至福全，开旦厝仰参公不知为第几世，建有祖祠、留王府庙。

堂号有"福全""全城""清源"。

4. 陈埭留姓

陈埭位于福建省泉州市晋江市陈埭镇海美村，人口数百人。陈埭系属泉州"大留府"，源自三十三世留正，始祖为四十二世留孟、留仲兄弟，约 1400 年迁居陈埭。堂号为"万春"，建有祖祠。

5. 同安留姓

同安留姓祖宅于同安县大同镇后炉宫、莲花乡。同安留姓属泉州"新留府"，源自三十三世留之奇，四十四世祖为明朝弘治进士留志淑，据永春留安《清源留刘氏族谱》载，四十七世留俊意约于 1570 年左右徙居同安小西门。

堂号"清源"。

6. 湖内留姓

湖内位于泉州市晋江市内坑镇湖内，居住此近200年。现人口数约两百人，何时何地迁至此无考，但其和旦厝来往非常密切。

7. 厦门留姓

厦门市留姓属于散居，有福全系留火朝、同安系留根诠、旦厝系、留安系等等，约有百余人。

8. 其他聚落。青田留姓在今浙江省丽水市青田县境内，应有多处留姓聚落。浙江省青田留姓源出二十五世留玫，迁青田始祖为二十九世留节，在青田已超过千年。衢州留姓在今衢州市衢江区大洲，源出二十五世留玫，迁衢州始祖为二十八世留昱，人口数当在数千，在浙江西部及江西东部上饶地区应都有衢州留姓分支。丽水市松阳留姓，源出二十五世留玫，迁松阳始祖为二十八世留煦。江西上饶留姓有一支2000多人的留姓聚落。

【留改刘姓】

台湾留怵先生研究，目前所知只有留姓改姓刘，没有刘改留。主要分布在：

泉州永春县桃城镇昭善里留安村留安刘姓。留安刘姓属"留子房"，源自三十三世留正，三十九世天禄公于宋朝末年时因不仕元朝而整族改留姓为刘姓，有自创字行，但字行辈仍照族谱字行辈排行。留安村现有人口约1400人，分布在永春南星、花石，泉州、厦门、港、澳，及南洋各国等。

留安有泉州系留氏祖祠、千年修爵堂、留安塔、金犁山有二十五世祖坟。

龙岩大田县奇韬镇永德村刘姓。属永春"留子房"系分支，按留安例将留姓改姓刘，为三十三世留正裔孙，始祖为五十二世刘元照，至今约200多年以上。

广东省广州市增城区荔城镇螺岗村村刘姓，此支系属泉州西房系，为三十三世留正裔孙，始祖为三十六世留渊，至今已超过700年。

福建留姓很早就播迁海内外。回迁河南省固始县祖师乡童圩村。700年前三十三世留正，三十六世留清迁居建宁（今福建建瓯），留安谱载留清孙留伯春、伯秀兄弟俱居河南固始。故始留姓有自创辈分字行：福俩计减，正其荣孝，学明才达光尚

国，大作宇宙时太真。族谱记载，留姓在三十四到三十八世时，是三十三世留正裔孙，因官宦迁居广东沿海一带，如增城螺岗、潮州潮阳、饶平、惠州博罗等地，但如今只找到留改刘姓的增城螺岗，其于尚无讯息。

【入垦台湾】

明清时期迁往台湾省，现居台湾的有311户，台湾的留姓大部分是从晋江和厦门的同安迁往的。族谱记载，仓上分支入垦台湾云林县东势乡月眉村，东势自大陆移入时也有两支系，堂号为"仓上""福全"。旦厝分支入垦台湾鹿港镇。同安留姓分支入垦台湾台北县三重市德厚里后埔，堂号"银同"。青田支系有迁居台湾及大量旅居欧洲族亲。

【祠堂古迹】

永春留安修爵堂，位于永春县桃城镇昭善里留安村，为二十八代留绍镇于1007年所建留氏祖祠，留安塔、金犁山有二十五世祖坟。

【族谱文献】

清源留氏族谱，著者待考，清朝年间木刻活字印本。现被收藏在福建省泉州市博物馆。清源留安留刘氏族谱，著者待考，明嘉靖戊戌十七年（1538）木刻活字印本。现被收藏在北京大学图书馆、福建省泉州市博物馆。台湾省有台北县三重市后埔留氏族谱，王侯将相家谱。还有福建晋江《清源留刘氏族谱》、《仓山留氏族谱》、《仓山留氏家谱》；永春留安清源留刘氏族谱载，1925有青田留继芳者因修谱至永春留安对族谱。

【昭穆字辈】

泉州留氏字辈：我留启运放勋肇基述迄于今千派万枝英豪俊杰每协昌期忠贞节孝世代祢奇立人之道曰仁与义礼智廉能咸所当知恩惠信德亦尔宜施文章典籍易乐书诗殷勤勉励正直是师荣宗显祖富贵由兹慈祥恺悌钦敬威仪淡素敦朴法度矩规谋猷嘉善谨慎维持寿考炽臧福禄绵熙克遵此诵享获有余。

晋江留氏字辈：伯贵永颜华国君绍大孟曰文瑞奇朝廷金榜开奕世簪缨才伯贵永颜华国君绍大孟曰文瑞奇朝廷金榜开奕世簪缨才祖泽经书重孙谋位鼎台祖泽经书重孙谋位鼎台。

永春留安系四十世后留氏改姓刘氏字辈：邦君仕子伯仲叔恭宽信敏惠敬绳祖武光辉奕世燕贻孙谋邦君仕子伯仲叔恭宽信敏惠敬绳祖武光辉奕世燕贻孙谋昭其景运笃乃公侯永垂大业丕振春秋云礽鼎盛衍庆万筹昭其景运笃乃公侯永垂大业丕振春秋云礽

鼎盛衍庆万筹。

台湾留氏百世源流歌：我留启运，放勋肇基，逮迄于今，千派万枝，英豪俊杰，每协昌。

（参考留怅的博客材料）

第八十四节 柳 姓

柳姓在当今姓氏排行上名列第133位，人口约1403000余，占全国人口总数的0.89%左右。在福建排名第92位。在台湾排名第97位。

【渊源】

1. 柳姓主要出自姬姓，为春秋时鲁国展禽之后，以邑名为氏。据《元和姓纂》上的记载，周公的裔孙鲁孝公的儿子叫展，展的孙子无骇以王父字为姓，称为展姓，传至展禽这一代，食采于柳下这个地方，子孙就以柳为姓，世称柳氏。

2. 出自芈姓，出自春秋时楚怀王孙子心之后，属于以都城名为氏。战国末期，楚怀王熊槐有孙子名熊心，在秦末农民大起义时，被西楚霸王项羽推为首领，也称楚怀王，号称"义帝"，建都于柳（今湖南常德）。史籍《通志·氏族略六》记载："怀王孙心，都郴，其后遂为郴氏。"而在司马迁的《史记》中则明言："怀王心无后。"虽然楚怀王根本就未能到达既定的新都城长沙，被项羽派九江王英布等追杀于郴县（今湖南郴州）。《史记集解》中引汉朝名家文颖的话说："郴县有义帝冢，岁时常祠不绝。"文颖是汉朝末期的人物，果如其言，则对楚怀王的祀祭实际上完整地持续了两汉的全历程。楚怀王熊槐之孙熊心，建都于柳，其子孙有的以都城名柳为氏，称为柳姓。

3. 出自改姓为氏和少数民族中柳姓。（1）出于避难改姓。如，明末清初有著名民话艺术家曹逢春（1587—1670）改姓柳，即柳敬亭。（2）满、蒙古、彝、苗、水、鲜卑族等族均有柳姓。多为明、清时期，在中南、西南地区实行改土归流运动中，被地方汉族最高行政长官赐予的汉姓，亦有汉族兵员驻守边疆时与各民族联姻后带入的汉姓。

【得姓始祖】

柳下惠，周公旦之子伯禽之裔孙，西周初年，伯禽代父就封，为第一代鲁公，下传至春秋鲁孝公时，生有一子叫展，展之孙无骇以王父字为氏，始姓展。

无骇生子展禽，名获，字禽或季，鲁国大夫，曾掌管刑狱，食邑于柳下。据说他夜宿郭门，有女子来同宿，恐其冻死，坐之于怀，至晓不为乱。展禽死后，因其有坐怀不乱之美德，故谥曰"惠"，史称"柳下惠"。（《淮南子》说展禽门前种有很多棵柳树，由于他讲究惠德而被人称之为"柳下惠"）。孟子赞其为"圣之和"的圣贤君子，柳下惠的后人以其封邑为氏，称柳氏。这位被孟子赞誉为"圣之和"的圣贤君子，正是中国柳姓的始祖。

【入闽迁徙】

1. 隋末，柳氏始祖育六公原隋炀帝殿侍御史，痛恨炀帝荒淫无道，愤而弃官，寻找避难之所，于隋末唐初由浙江省温州府平阳入闽定居福安市柳溪（原名蠹坑），其后人文蔚起，至北宋时期堪称鼎盛，有柳燮字太叔中进士，后官授云南道御史，为官清廉、刚正不阿、声名煊赫，后死于任所，为一代廉史。帝念其刚直，有祖公权之风，授匾"正笔宗风"以彰其正，赐葬故里，其坟尚存（福安县志、福宁府志与柳溪族谱尚有记载），柳燮公曾亲书"五禁""五戒"以诫后之子孙。

2. 唐总章二年（669），"开漳府兵校尉柳彦深"入闽。将军陈政、陈元光，率府兵65姓将士挥戈入闽，平乱靖边，为长治久安之计，奏请设立漳州郡。当年的府兵校尉柳彦深，河南光州固始人，随陈氏父子建功立业于闽南，建州后受命驻守漳浦，并在闽南始传后裔，从此历代传承扩展闽本省内外各州县，凡此脉的柳姓支系，俱尊柳彦深为开闽始祖。他的后人初居漳浦赤土乡乌石村的霞苑（亦称下坂）社，渐次扩展至邻近的上柳社。迨元末明初，霞苑柳国泰（又名柳逢春）徙居云霄火田乌石村（时属平和县辖），因而云霄乌石柳氏尊柳国泰为柳姓开云始祖。这支自漳浦徙云霄的柳姓族人，陆续衍播，于明代中后期有一支返迁漳浦，择居霞美乡北江社。明末至清代中期的百余年间，原漳浦下坂、上柳诸社的柳姓族人，又相继迁居云霄或其他地方择址而居；追清代中后期，边北江社柳姓一支也返迁云霄，定居于列屿沿海的江头一带。

3. 据《漳州府志·宦绩》上记载：柳少安于建唐中三年（782）出任漳州刺史，不仅熟稔政事，且精通天文、地理。时陈元光的第四代孙陈谟为漳州别驾，少安看他年轻有为，且是将门之子，便有心栽培他。陈谟也把柳少安当作父执辈。按唐代政府的规定，做刺史的必须经常巡视所辖制的各属县，于是新任刺史柳少安偕同别驾陈谟到龙溪县巡视。他们实地勘察了龙溪县内的山川形胜，调查了气候、物产、民情等各方面的情况后，认为这里山川清秀，原野平坦，四季如春，可以开辟万顷良田供人民生聚繁衍，如此天府之国，才是最上乘的州府所在地。终于在贞元二年（786）朝议，恩准漳州府再次迁治所于龙溪，终于实现了柳少安刺史的夙愿。明嘉靖年间为躲避倭寇战乱，有柳氏兄弟两人从龙溪一路逃难，来到福州，并定居于福州新店上柳村、下柳村。

4. 唐末，王潮、王审知兄弟起兵入闽，柳姓亦有人跟从，这次的柳姓，多分布于闽东、闽中和闽北，具体有待进一步查考。如唐僖宗光启元年（885），莆田县忠门镇柳厝村柳姓始祖（名字卒不详，籍贯河南光州固始县，系唐朝著名书法家柳公权之兄柳公卓后裔）随节度使王绪及王潮、王审知等辗转入闽，之后，择居本村。

5. 宋淳熙年间（1174—1189），柳姓因避金兵而南迁入闽，卜居惠安县辋川乡五柳村湖边社。有后裔徙居泉州南关坝头乡。另有后裔于明永乐元年（1403）迁同安县十都（今同安县新唐镇）。

6. 宁化招贤里庙前村柳氏庆郎，宋时原居宁化泉上里乌村田坎背（今湖村镇），且建有柳氏宗祠。至清代，柳氏徙居水茜乡庙前村。《石城县志》：清代，有柳氏自宁化迁居石城观下柳家庄。

7. 大约元成宗元贞年间（1295—1297），柳崇二（柳下惠四十八世孙）从浙江景宁县英川村徙居福建浦城。大约元泰定帝泰定年间（1324—1328），柳崇二长子柳福一与妻张氏自浦城移居惠安县三十都苍湖（今东山岭镇湖边村）。

8. 元代末年，山西河东人柳惟政徙居福建兴化（今莆田），至明洪武年间（1368－1398）登进士，授职广西桂林府教授（主管教育的官员），遂携眷赴任于桂林，后调任广东潮阳。任满后，惟政的第四、五、六子随母返居福建莆田，而其长子、次子、三子则落籍潮阳县和平里，衍裔于粤东一带。

9. 据《寿宁柳氏族谱》记载：柳之祖氏，始自展氏和圣惠公，名获，字子禽，谥曰惠。鲁公族，公子夷伯之孙、无骇之子。春秋僖公时为鲁士师，食采柳下，后裔遂以柳为氏。考之世系，子厚年谱有云，秦末柳下惠裔孙名安，始居河东解县。自鲁之秦末，中间遗失数百年无可稽考。远传十七世，耆公纯公分为东西二眷，纯之子习公徙居襄阳。传之十九世东晋宁康时，尚书郎光禄大夫延宗公出守临海，更迁东阳。于宋（南朝）元嘉间其子肃公为军器祭酒、本居衢州龙游乡，元嘉二十年（443）徙居栝（丽水）之松邑，后即安葬于松。其子元晔公既毕父丧，爱求山水佳丽，于元嘉二十三年（446）税驾于丽水西阳里浮云乡，即今云和县治也。及卒葬于俊义里浮敖山，即今之岗头山，后实开氏族焉。传六世汪公迁湖上，油公徙湖下。八传都篆良偲公遂以其族甲于云和。然则徙居于云者自元晔公始也。初云邑始为椤林，宋元嘉时，自吾祖柳氏居之，省齿渐繁，垦地日广，因而成市。唐初名为西阳里，南宋干道己丑年（1169）郡守范公户部与乡人王右司，东里改为浮云、元和二乡，时有梅柳街之号。明景泰壬申年（1452）巡抚孙原真以辟邑宏化，上疏于朝，乃立县以云和名之。厥后有讳德隆公迁柳阴山下，其子珪公于宋中分徙青田十三都英川，即今景宁县英川村也，更传五世崇七公于至元三十一年岁次甲午（1294）徙居兴化府莆田县，遂迁徙广东潮阳县玉峡洋内乡，肇基洋内柳氏始祖是也。六世福一公徙居惠安县东岭镇湖边村，肇基湖边柳氏始祖，八世平六公徙居福建省寿宁县，为寿宁柳氏始祖鼻祖也。

寿宁柳氏又分二祠，梧洋祠和底柳祠。梧洋祠（外柳）柳氏主要分布寿宁城关小东门，南阳溪南村，武曲白岩村。底柳祠柳氏主要分布于竹管垅乡，城关等地。

底柳祠、梧洋祠源于良舒、良广两兄弟因浦城"碗底街"一事分家，各立一祠。

寿宁斜滩大溪头村另有柳氏，也是从浙江省景宁迁来的，但不属一支。

【入垦台湾】

柳姓入台，据台湾文献载，顺治十八年（1661），柳天生随郑成功来台，后徙居今云林口湖；又传柳樱亦随郑成功来台，后迁居嘉义东石。

清康熙末叶，漳浦县柳惜入垦今嘉义竹崎，柳正直之父入垦今后龙，其后裔柳良于道光六年移垦宜兰罗东。雍正年间，柳永春入垦今刺桐。乾隆初叶，柳林升入垦今嘉义市；柳侃雄、柳后寿、柳国珍、柳宣等，先后入垦今竹崎。诏安县柳全凰、柳天宝、柳麟等，入垦今彰化社头。雍正年间，柳全胜入垦今社头，后裔移垦今南投镇。

乾隆初叶，诏安县柳阳光入垦今台南下营；柳淑潘入垦今社头。乾隆中叶，诏安县入垦今彰化溪州。南靖县柳阿瑞入垦今彰化，柳文质入垦今台中。乾隆年间，平和县柳同入垦今台中。

清嘉庆二年（1797），福建的漳州柳姓人氏，东渡过海，移居今台北县金山乡五乡村的。嘉庆年间，柳蓝入垦今云林莿桐；柳定入垦今云林斗六。道光年间，诏安县柳忠正入垦今宜兰头城。惠安县柳再为入垦今台中大安，柳永定入垦今苗栗后龙。道光年间，柳老成入垦今嘉义六脚，柳仕傅入垦苗栗苑裡，柳进来入垦今后龙，柳恶米入垦今桃园龙潭。嘉庆年间，南靖县柳粘入垦今台中大里，柳朴远入垦今基隆，柳朴他入垦今金山，柳永吉入垦今宜兰，柳兰入垦宜兰元山。同安县柳士命入垦今台北市北投区。

清道光年间，柳仁德入垦今基隆；道光年间，柳笃义入垦今云林西螺，柳敏入垦彰化永靖；道光咸丰年间，柳清良入垦今台北金山，柳新连入垦今罗东，柳厚入垦今嘉义市。

清雍正年间，晋江县柳岑入垦今彰化福兴。乾隆中叶，柳天麟入垦今福兴；乾隆末年，柳文山入垦今嘉义市；嘉庆年间，柳偏生入垦今基隆市。咸丰年间，柳本入垦今福兴；福建柳云浑入垦今高雄左营区。

台湾柳姓人口分布较多的县市为：高雄、台北、嘉义、彰化。分布较多的乡镇为高雄左营区、彰化社头、嘉义竹崎、高雄前镇区。

【郡望堂号】

河东郡：据《广韵》记载："鲁展禽食采于柳，后因为氏"望出河东。此郡秦初置，治安邑，辖晋西南地区，治所在今山西省黄河以东夏县一带。

河东堂：以望立堂。

积庆堂：址在乌石村，始建于明嘉靖年间。因嘉靖四十年（1561）云霄乌石柳伏昭中了举人，任龙川知县。族人为感戴祖宗贻泽，便推举柳伏昭为主董，建造积庆堂并镌匾"河东世泽"以昭示郡望。

【祠堂古迹】

柳溪村有古祠堂，位于福安市福安市松罗乡柳溪村，旧称福安县二十七都柳溪境。据族谱记载为明代明经进士维城公所创，村口有石拱桥二座，守于村水口。

乌石柳姓宗祠，又名积庆堂，位于云霄县乌石镇，始建于明嘉靖四十年（1561）。

船场星光柳姓祖祠，位于南靖县星光村，堂号"正德堂"，建于清代中后期。存有对联："正祖由河南，鸾迁历序择秀水；德派自天宝，余旺分支拱尖山。"

探石下柳柳姓祖祠，位于东山县探石下，相传第二世祖于明弘治十八年（1505）建。

北江柳姓祖祠，位于漳浦县霞美镇北江社，称"柳氏祠堂"。坐东南向西北。

寿宁柳氏分梧洋祠、底柳祠。梧洋祠建于乾隆年间，木结构，三进，大门以内是天井，两边为厢房，中间阁楼两层，后面大厅一层，高6～8米，厅前有鱼池，这是一座宏伟的建筑。

柳永纪念馆，位于武夷山风景名胜区武夷宫古街中段，一曲溪北岸，是一座三层楼阁式仿宋民间建筑，占地300米，坐南朝北，有展厅及办公室、储藏室、茶室等设施。

【楹联典故】

和丸世泽馨香永；正笔家声蕃衍长。

河东世泽；笔正家声。

——上联典指唐朝时期的柳宗元。下联典指唐朝时期的书法家柳公权，唐穆宗常向其询问书法，柳公权答曰："用笔在心，心正则笔正。"

夷旷笃学登高第；柳永工词咏太平。

——上联典指唐朝时期的进士柳浑。下联典指北宋朝时期的著名词人柳永，崇安人（今福建崇安）。

洁廉为心，忠信为仗；文章在册，功德在民。

——此联为唐朝时期的文学家柳子厚（宗元）祠联。

第八十五节　龙　姓

龙氏当代龙姓的人口已近280万，为全国第81位姓氏，大约占全国人口的0.22%。在台湾排名第135位。

【渊源】

1. 黄帝大臣龙行的后裔。据清人张澍《姓氏寻源》及《竹书纪年》中记载："黄帝臣有龙行。"据各种史籍记载，黄帝居住在有熊，也就是今天的河南省新郑市，作为皇帝重要大臣之一的龙性行自然也应居住在有熊，因此，这一支龙姓出自河南省新郑市。

2. 舜时纳言龙的后裔。据《通志氏族略》《广韵》和《元和姓纂》等书记载，舜有个大臣叫龙，任纳言（《书·尧典》中说纳言是负责宣达帝命的官员，相当于后世的尚书令）之职，《书经》《舜典》中说："命汝作纳言，夙夜出纳朕命。"指的就是龙任纳言之事。他的后裔就以龙为姓氏，舜的活动区域主要在晋南地区，因此，这一支龙姓应出自今天的山西省境内。

3. 出自己姓，豢龙氏的后裔。据《左传·昭公二十九年》《通志氏族略》及《名贤氏族言行类稿》记载，董父曾经为帝舜驯养龙，因此被赐姓董，任为豢龙氏。他的后代中有一支就以龙为氏。董父是黄帝的后裔，黄帝为己姓，所以说皇帝出自己姓。相传今天河南省临颍县境内的豢龙城就是董父的封邑，另一种说法是董父的封邑位于今天山东定陶县西北。

4. 御龙氏的后裔。《姓氏考略》引《姓氏急就篇》所载，龙姓出自御龙氏，望出武陵、天水。尧帝的后裔刘累曾经跟豢龙氏学过驯养龙的技术，因此被夏朝第13代后孔甲赐为御龙氏，负责驯化孔甲的几条龙，此事见于《史记·夏本纪》。刘累的后裔中的一支以龙为氏。《史记·正义》引《括地志》中的记载："刘累故城在洛州缑氏县南五十五里。"洛州缑氏县位于今天河南省偃师县南，因此这一支龙姓也出自河南。

5. 据东晋常璩所著的《华阳国志》中记载，西汉时的牂牁大姓中有龙氏。牂牁郡，西汉时设置，治所今天贵州省凯里市西北。

6. 西域古国且弥（今天新疆鄯善县）、焉耆（今天新疆焉耆西南四十里）王族的后裔。据唐朝李延寿所著的《北史》中记载："且弥王、焉耆国王均龙姓。"焉耆西汉时西域的一个王国，龙会为其王时，国势甚胜，在葱岭以东地区声名远播。后来，他的儿子龙熙继位，自龙熙之后，这支龙姓渐渐融入中原文化圈中，成为龙姓家族中重要的组成部分。

7. 宋元时期位于今天贵州省惠水一带少数民族中的龙番的酋长都姓龙，明清时期其后裔融入汉、布依、水、苗等民族。

8. 彝族卢丝普氏族汉化而来的龙姓，卢丝普的汉语意思为龙氏族，后来该氏族的人就以龙为姓。此外，龙姓还是回族、苗族等少数民族的重要姓氏。

9. 《姓氏考略》的记载，夏朝御龙氏刘累（尧之后，因有驯化龙的本领，被夏帝孔甲赐为御龙氏）后裔中，也有以龙为氏的。刘累，是后世刘氏的始祖。刘累的故城在今河南偃师县南，是为河南龙氏。

【得姓始祖】

董父，系帝舜臣，为龙姓鼻祖。相传颛顼（传说中古代部族首领）的己姓（颛顼之孙叫吴回，吴回之子陆终，陆终的大儿子名樊，赐己姓，封在昆吾国。）之后裔飂（音刘）有个儿子叫董父。据《通志·氏族略》及《名贤氏族言行类稿》等资料所载，董父对龙的习性很有研究，帝舜就任命董父为豢龙氏，让他专门养龙。在董父的精心驯养下，许多龙学会了表演各种舞蹈。董父精于饲龙，因畜养龙而被舜赐姓"豢龙氏"。其后代有以龙为氏的，是为湖北龙氏。

刘累，帝舜夏朝刘国人，刚生下来时手上就有纹样，便取名刘累。随董父学习养龙的本领，被夏帝孔甲封为"御龙氏"，因他被孔甲封为"御龙氏"，后人有以龙为氏者。

【入闽迁徙】

唐末宋初，龙姓已经入闽落籍莆田。北宋徽宗崇宁三年（1104），原籍福建莆田坎头村的龙海清奉命渡琼任宣慰使，授封为琼州总镇，率兵数千入驻海南，他们在文昌县会文镇冠南墟附近的下洋登陆，龙海清的后代便落籍文昌会文镇龙家村，龙海清成为龙姓进入海南的始祖。至今已有900多年，子孙发展繁衍到三十五世。龙近天（1135—1223），字飞，南宋孝宗淳熙四年进士，初任福建莆田知县，后升南雄路刺史，他为官清廉，为民办实事，政绩彪炳，为世人所颂。宋宁宗开禧元年（1205），亲领南雄珠玑巷97家居民迁徙粤中。其后代人才济济，文官武将，学者专家和富商层出不穷。他们的后裔散居于海南全省各地，主要居住在文昌、海口（含琼山）、陵水、定安、琼海、万宁、三亚、澄迈、屯昌、琼中、乐东等市县，170多个村庄，还有的漂洋渡海出洋谋生，侨居马来西亚、新加坡、泰国、中国香港、中国台湾、中国澳门等地区。

龙伯高公为一世祖，三十六世通方公，三十九世瑞公，至四十八世时霁公，字沛寰，宋元之际人，入闽任泉州知府。子五：贵、道、兴、伯、仲。后裔定居湖南湘乡。元末至元年间，因朝纲不振，兵戎四起，兄弟由湘乡同迁安化龙塘排门观塘后，贵居安化及平；道居安化丰乐；伯招赘入蔡；仲居安化石橙；兴徙宝庆新化太阳七都古塘村官渡桥茅坪，为新化始迁祖，

永定龙氏，始迁祖龙廷周公，吉水人，明洪武初官永定卫，遂著族于此。

福建龙姓散居为主，分布在闽西永定、闽北浦城、松溪等。

【入垦台湾】

清代，闽粤龙姓入垦台湾，台湾高山族同胞也有龙姓。台湾光复后各省也有龙姓入台。台湾龙姓主要台北、基隆、彰化、台南，其次是高雄、宜兰、台中、屏东、花莲，再次是苗栗、桃园、南投等各市县。

【郡望堂号】

武陵郡：汉高帝时置郡，治所在义陵（今湖南溆浦南）。

天水郡：西汉元鼎三年（前114）置郡，治所在平襄（今甘肃通渭西北）。

武阳郡：隋代将魏州改为武阳郡，治所在贵乡（今河北大名东北），唐代又改为魏州。

太原郡：战国秦庄襄王四年（前246）置郡，治所在晋阳（今太原市西南）。

武昌郡：221年孙权分江夏、豫章、庐陵三郡置郡，治所在武昌。

南阳郡：战国秦昭王三十五年（前272）置。治所在今宛县（今河南南阳市）。

主要堂号有：世师堂、八德堂、敦厚堂；三堂号皆源自后汉龙述，字伯高，为山都长官。

【昭穆字辈】

新加坡龙姓的派序排列如下：武陵发其源，莆田仕籍登，官声著南粤，英杰垂继承。据此排序来看，新加坡龙姓很有可能是北宋时迁入海南的龙海清或其所率官兵中龙姓人的后裔。

【族谱文献】

福建泉州龙氏族谱不分卷（清）湘乡龙氏修清抄本二册中山大学。注：该族散居江西、湖南一带。

第八十六节 卢 姓

卢姓是当今中国大陆人口第55位大姓，人口约5415000余，占全国人口总数的0.47%左右。在福建排名第33位。在台湾排名第42位。

【渊源】

1. 出自姜姓，据《元和姓纂》记载，“姜氏，齐太公之后，至文公子高，高之孙高傒（人称傒公），食采于卢，今卢县也，因姓卢氏。”为炎帝神农氏之后裔。西周时，有炎帝的后裔姜姓，字子牙，因辅佐周武王兴周灭商有功，被周武王封于齐，有太公之称，俗称姜太公，名尚。

2. 出自复姓改单姓卢姓。据《通志·氏族略》所载，以“卢蒲”为姓的一支，出自姜姓，是传自“九合诸侯，一匡天下”的那位齐桓公，到后来，纷纷改了单字的卢姓。古代我国北方少数民族鲜卑族拓跋部有姓“莫芦”的，后来改为姓“芦”，再后来则去掉草字头，归于卢姓。又有少数民族姓吐伏卢、伏卢、豆卢、卢浦氏、莫芦、奚什卢，也改为单姓卢。

3. 他姓改姓和赐卢氏。隋炀帝时，河间人章仇（复姓）太翼，善天文，赐姓卢氏。如范阳有雷氏，以卢氏为著，又与雷、卢音相近，所以在后周初改姓卢氏。少数民族汉化改姓为氏，清代满族以及蒙古、朝鲜、土家、布依、黎、苗、壮等族，及台湾地区少数民族皆有卢姓。

【得姓始祖】

高傒（傒公）。傒公是吕尚的十一世裔孙，任齐国正卿，因屡建丰功，故受封于卢（卢以故城卢邑为中心。卢邑址在今山东省长清区偏西南），其子孙遂以卢为姓。

【入闽迁徙】

西晋“永嘉之乱”后，卢姓大举南迁至江西、江苏、四川、福建、广东一带。

唐初高宗朝，陈政、陈元光父子先后率府兵58姓军校入闽平定“蛮獠啸乱”，其中有府兵校尉卢铁家族，字如金一，在战事平息、漳州创置之后定居于漳州，其后世子孙皆以为望出范阳，而故居在河南光州固始。因此，闽南多推卢如金为卢氏入闽始祖。

较早入闽卢姓还有河南固始县人卢邹，于唐僖宗年间（862—888），游宦于闽。后合族卜居同安，其裔孙于明代迁往金门。厦门市同安古庄村卢氏开基始祖卢邹，在僖宗朝任御史中丞，后合族卜居同安。其裔孙一支由卢宗发带领于明代迁往浯州岛（今金门）定居。

卢如金曾孙卢武辉开基漳州墨溪（今天宝镇卢桥头村），如今，卢氏人口分布闽南的平和、漳浦、长泰、南靖、龙海、漳州市芗城区、石狮市永宁镇、漳平、云霄等地。

唐僖宗乾符七年（880），卢珖将军随王绪率光州、寿州部队自河南入闽，居于闽侯（今福州市），卢珖作为闽王千总兵，893年5月攻破福州后，遂居福州，其后裔主要衍闽中、闽北。后迁尤溪县，其后代迁延平（今南平市）西郊，约在宋代其裔孙迁宝珠山。元代分别迁尤溪、沙县，后徙顺昌、建阳等地，至今已历30余代。卢氏因此为闽北大宗。

唐僖宗光启元年（885），卢仝曾孙、十三郎侍御史邹暨弟十六郎、谏议大夫都（讳简能、字从易）、楚州刺史鄯、闽王千总兵珖及高士皓等，从王绪入闽，分别居泉南大同嘉禾里三埔坂（今厦门市湖里区），泉南西埔下构庐，后徙安溪上第侯邦（今安溪县祥华乡祥山村）和泉南大同嘉禾里（今厦门市湖里区）某地。据明洪武丙寅年（1386）撰写的泉港区蜂尾卢厝《德音族谱》载：卢仝传有丁、添丁，添丁传处权、徽、苍，处权传都、郁、邦，徽传鄯、郢、邢，鄯传琛、瑶，等。这些带右耳朵辈及其家眷多数被王绪驱赶入闽。唐末入闽的卢姓祖先，第一代，单个字的均带右耳，第二代，单个字的均带左王旁。根据现存的史料记载，只有邹、邹胞弟、都、鄯、珖和皓6家被王绪驱赶入闽。

唐代中叶，卢傒传六十一世孙卢宗泰任江西虔州刺史，后代留居江西。《唐山过台湾故事》：宁化卢姓，传自开封刺史卢孟坚的第四子卢馆延。馆延七世孙三六郎，名处信，自虔化迁居宁化石壁乡，生子文宝。后裔衍同安、安溪、永定及广东、江西、台湾等地。其曾孙衍宗为台湾卢氏奉为“唐山”一世祖。

《旧唐书》卷12载：“唐贞元元年（785）一月丁未，以饶州刺史卢惎为福州刺史、福建观察使。”卷18载：“唐开成四年（839）一月丙午，以大理卿卢贞为福建观察使。”后任福州刺史，以疾卒于任所，其子孙落籍闽地。唐大中八年（854）晋江某寺尊胜陀罗尼经幢《佛顶尊胜陀罗尼经序》记载“入缘人”有卢澣、卢一娘、卢二娘、卢相，“镌字人”卢准、卢口口等6人，人数仅次于陈、杨，与吴姓并列第三。

《江西赣州乡情报告》：唐末，率众起义，受梁太祖封为舟汝王、主政虔州三十三年的卢光稠，据赣南麻田卢氏始祖墓志铭及谱载：其先祖，卢宗泰于唐开元从幽州经湖南桃源抵虔化洛口，其后裔自虔化迁宁化石壁及梅县田背，远播海内外，乃至成为韩国、泰国望族。

《兴宁县志》：唐玄宗时，卢宗泰任江西虔州（一说吉州）刺史，随任居家。南宋初，卢宜冈由虔州迁居宁化。南宋末，卢天保由宁化石壁迁广东大埔。其子卢隐乾徙梅县开基。传五世，崇辅、崇福移兴宁南厢开基。《永定县志》：本县卢姓，于南宋时期自宁化迁入坎市及抚市之龙潭村定居。今分布岐岭、抚市、坎市、苦竹、凤城、峰市、高陂等乡镇。

据广西卢氏族谱记载，卢孝裔孙：四十二世，文楚为莆田知县，携子清海居莆田在溪山；四十四世，福铁第5子法潢传2子，官至漳州府云集都尉，居漳州府城30里桂山村龙乡南埠头；四十五世，法浚传5子，官至泉州府都阃（大总兵），居泉州城南门外25里龙井村；法浚弟法洞，官至福建州同，其裔同法浚后裔一处居住；法洞弟法洲传3子，其裔亦同法洞裔一处居住；法洲弟，法河传6子，居兴化府蒲田县南厢廿里龙井村；四十五世，法念七郎传4子，官至汀州府宁化县知县，落籍汀州。

唐末入闽的、带右耳旁的为卢从愿的后裔，根据安溪南宋及惠安明初谱书分析，唐末入闽的带右耳旁的是茶圣卢仝的后裔；且都是光州固始人。根据江西卢氏谱，卢从愿长子缵为王屋县令，王屋县（今为济源市）有王屋山，玉川子、茶圣卢仝为济源人，居王屋山。从史书可知卢仝长子有丁，幼子添丁，且有丁和添丁在年龄上最少相差30岁；有丁的后裔有金瓯标志，添丁的后裔均标明是仝的后裔。卢邹一家四代人入闽，之包弟十六郎最少3代人入闽，都、鄯各携次子3代人入闽，珧、皓各2代入闽；侍御史卢邹虽和朝议大夫卢都、楚州刺史卢鄯为同辈兄弟，但邹的年龄最少长都、鄯30年，卢邹在金瓯相裔的兄弟排行中排第13，可推，若分布在朝、韩几十个村庄的30万卢氏也是卢从愿的后裔，那么，韩国卢惠所携九子，都是邹从兄，当时徙高丽时，应该是从王屋（济源）出发。

漳浦盘陀乡通坑村（维祯撰写同邑族谱3年后去世，葬于故里通坑村），元祐下传九世有世忆（成金将军之父），于清咸丰年间徙金门后埔（这是金门从宋初至清末，先后6支卢氏迁入的第四支，成金将军，清二品官衔，仕于温州，现住清廷建造的金门后埔将军第），元祐下传十一世、进士芳年之祖，于清咸丰年间徙福州，后裔分散在福州市区。

建瓯县南雅镇大康村卢姓基祖卢珧，随王破福州后，分驻福清县（系军籍），宋季徙延平西郊外。其后裔还有徙顺昌县榜山镇、南平宝珠山、尤溪县等处。

据《平潭县志》（民国）载：高士卢皓、林甲自光州从王审知入闽，居福唐小练山。后世以文显，号小瀛州。后二姓繁衍盛，遂为福州巨族。卢皓有后裔在平潭，余者失考。

卢宗泰后裔在福建繁衍。天佑，南宋度宗七年（1271），由宁化县徙永定县陈东乡；天惠留守宁化石壁；天爵后裔开基南靖县金山水头、平和县小坪乡、惠安县洛阳桥（失考）；天禄开基永定县太平里，其四子：长子锡徙永定西坪、次子万孙徙江西赣州安远县、三子万春徙广东饶平县、四子胜保在永定吉竹乡；天保派衍广东大埔县三河坝、嘉应州饶唐乡、潮州等地；天佐开基坎市，子孙繁盛。

据永泰县卢氏家谱载，永泰卢姓基祖振元于北宋皇祐元年（1049）从福州卢塘入赘于永泰县廿八都石龙溪陈崇芳之女。他在北宋治平四年（1067）的谱序志中，记述其前四世祖，均在河南开封县。

据记载，永泰县秋垄卢姓，系卢招于明代洪武年间（1382）因功授指挥使之职，永乐二年（1404）奉诏分屯，自江西广昌县迁入永泰二十三都秋垄村，已传二十二世，传至第4代添治，转徙仙游县之社硼、书峰、枫亭等乡镇。永泰伏口乡卢姓，系卢馥九于明正德年间，自德化县迁往。据记载，漳平卢姓有一房徙德化县西溪村；西溪卢氏有一房迁大田县早兴乡；有一房馥九迁永泰伏口后亭；馥十迁福州；馥九第三代孙贤聪、贤明兄弟于明正统元年（1436）迁福州侯官县（今福州）。仙游县有些卢姓，系由永泰县秋垄乡法贤徙仙游社硼上埠村；上埠卢姓又徙连江县筱埕镇凤贵（髻）村。

【入垦台湾】

福建及广东、浙江卢姓迁徙台湾，始于明末清初。岛内各地都有，尤以台南为最多，俗称"南河卢"。大批量迁徙者则在清代康熙、乾隆及嘉庆年间。1664年，当延平郡王郑成功去世，台湾的南明郑政权发生嗣位之争时，就有一位官拜兵部尚书的卢若腾，随着世子郑经自厦门来台，成为最早出现于台湾有关文献的卢姓人物。据台北兴化店和北新庄卢氏族谱载（卢中立约1732年撰写的），同安县绥德乡仁德里兑山堡山美社卢真锡传孝隆、孝先、孝忠，孝忠之子琏迁徙同安西庄，琏孙乾胜于嘉靖年间迁徙同安下亭，乾胜曾孙亨国迁徙苎溪上卢，亨国子辈迁徙苎溪苏营。亨国曾孙廷甫、神机分别于乾隆年间从苏营社迁徙台北县三芝乡店子村北新庄和淡水镇兴仁里兴化店。兴化店有一半是亨国这支系的后裔，另一半是亨国的堂兄们，也就是孝忠的长孙那房的后裔，北新庄全是神机的后裔。他们多为廷泰兴全字辈迁台。台北县和台北市的闽南籍卢姓占有一半是亨国的后裔。永定《卢氏族谱》载，卢处信后裔从十四世周弦、华茂，十五世秉三、子保，

十六世佛保、玉兴开始，到二十世宗秀、仰光等数十人迁徙台湾。上杭有卢荣德等人迁台。

【郡望堂号】

卢姓郡望有范阳郡、河南郡、河间郡、淮阳郡、弋阳郡、三原郡、顿兵郡。

范阳郡：秦朝时期置郡，其时辖地在今河北省定兴县一带。

河南郡：秦朝时期名为三川郡。西汉高宗二年（前205）改为河南郡，治所在雒阳（今河南洛阳）。

卢氏堂号众多，主要有以郡望立堂的。如范阳堂、河南堂、河间堂、淮阳堂、弋阳堂、三原堂、顿兵堂等。还有以事迹立堂的：

专经堂：东汉卢植，少年时和郑玄一起拜马融为师。马融在讲坛上设绛纱帐，帐后设女乐，在帐前讲书。卢植只专心听讲，几年从没看女乐一眼。后人即以"专经堂"为堂号。

讲述堂：明朝大理学家卢一诚，他著有《四书讲述》，此书行世以来，影响很大。卢氏以"讲述堂"为堂号，以纪念卢一诚。

考礼堂：北魏时期范阳人卢辩，年少时聪颖勤学，知识广博，精通经书古籍，官至太学博士，著有注解大戴礼记等书。卢氏后人为纪念卢辩"考礼"的功绩，以考礼堂为堂号。

得闲堂：缘起于卢孝标的《得闲堂集》。南宋时期，卢孝标为父守墓3年，事毕在山林中筑室居住，一边讲学一边著书立说。著有《玉溪文集》《得闲堂集》等。

显承堂：漳州市天宝镇卢桥头村的卢氏宗祠的堂号就是"显承堂珑"。其意在于彰显先祖卢如金将军的功绩，激励后人继承与发扬先祖的拼搏精神。

【祠堂古迹】

宝珠村卢氏宗祠，位于南平茫荡镇宝珠村。始建于清康熙三年，祠联："姓自长清采邑地四大名门望族，祖籍范阳涿州郡八相佐唐世家。"宗祠神龛对联"剑水家声远，范阳世泽长"，说明宝珠村卢姓是从延平迁来。

卢氏祠堂，又名"忠谏府"，也称卢氏家庙、豸绣堂（长泰青阳的堂号）。位于地跨长泰、安溪、

同安三县区的枋洋镇青阳村。清朝雍正年间，由朝廷派官督造的。忠谏府坐北朝南，石砖木结构。

【楹联典故】

姜水家声源流远；范阳名族世泽长。

范阳名族；涿郡高楣。

——卢姓宗祠通用联。

自古幽燕无双地；天下范阳第一州。

——清乾隆帝爱新觉罗·弘历题卢姓的发祥地范阳郡。

姜水源流远；范阳世泽长。

——卢姓宗祠通用联。

士林楷模，象贤子千；词韵风雅，叹美照邻。

——佚名撰卢姓宗祠通用联。上联典指唐代兵部郎中卢群事典。下联典指唐代诗人卢照邻，字升之，幽州范阳（今北京市）人。任新都县尉时，因染疯痹辞官，自号幽忧子。其诗多忧苦愤激之作，以《长安古意》最为有名。被誉为"唐初四杰"之一。终因不堪病痛折磨，投颍水而死。

锦标状元，吟咏独别；白衣卿相，风度自闲。

——佚名撰卢姓宗祠通用联。上联典指唐代状元卢肇，字子发，宜春人。会是中，与黄颇同举，郡牧独钱颇。肇以状元及第归，郡牧迎接，因观竞渡，肇赋诗云："向道是龙人不信，果然夺得锦标归。"

下联典指唐代开元魏州刺史卢晖的事典。

【族谱文献】

闽台卢氏族谱有《卢氏宗谱》南平茂地宝珠村卢氏宗族谱牒。始修情形无考，内载清乾隆二十一年（1756）修纂过，今本为1986年增修。主要记录了梓四以下世系，以及后世分派情况。谱载北宋卢丙燕由河南迁居宝龟山（今宝珠村），今宝珠卢氏尊明卢梓四为始祖，梓四为丙燕的八世孙。还有《卢氏族谱》尤溪中仙华口族谱，始修于清嘉庆九年（1804），第三世孙卢天晟主持修编；今本为1990年卢圣祖、卢有旺主持续修。内容有谱序、渊源、谱牒、祠图、世系图等。永定《范阳卢氏族谱》永定坎市东溪宗支修谱组编，1991年坎市东溪卢氏铅印本，共4卷4册。内载始祖宋卢锡，字绪龄，号县尹，始迁祖宋代卢璧达，号东溪。漳州卢氏家谱不分卷一册，（清）卢元朴方序，清同治十一年（1872）抄本，存台湾。平和卢氏宗谱不分卷一册，（清）卢元朴修，清同治十一年（1872）抄本，存台湾。台湾台北卢氏家谱不分卷一册，（清）卢元璞序，清同治十一年（1872）序光绪十五年（1889）抄本，现存美国。

第八十七节　陆　姓

陆姓分布极为广泛，是中国100个大姓之一，占全国汉族人口的0.31%。在中国大陆排第70位，在福建排名第74位。在台湾排名第96位。

【渊源】

1. 黄帝之后，陆终族裔。传说帝颛顼的孙子吴回在尧时任火神祝融，他有个儿子名叫终，因为封在陆乡（今山东省平原县一带），所以叫陆终。他的子孙有的以陆为姓，称陆姓。

2. 出自妫姓，以封邑为氏。战国时，田完裔孙齐宣王有孙子名通，受封于平原县陆乡（今山东省平原县陆乡），即陆终的故地，其子孙以封邑为氏，因此以陆为氏。史称陆氏正宗，也为山东陆氏的起源，是为山东陆姓。

3. 出自陆浑国。春秋时期的陆浑国，是由一支名为陆浑之戎居于伊川（今属河南境）得名。这支陆浑戎，是允姓戎的别部，最早活动于今陕西、甘肃、四川三省交界的若水流域。西周初年迁到陕西秦岭以北。西周末年乘周王室东迁之机，东迁到今陕西和河南交界的崤山、熊耳山一带。公元前638年，被秦晋两国强行迁到今河南以南的伊河流域，公元前525年被晋国所灭。亡国后的陆浑之遗民依照汉人的习惯，以国为姓，后代以陆为姓，称陆氏。

4. 出自他族改姓。南北朝时，北魏孝文帝迁都洛阳后，实行汉化政策，改鲜卑复姓步陆孤氏为陆姓。相传成吉思汗之孙阿里不哥，排行第六，为避灾祸隐姓埋名，以排行为姓，故姓陆。侗族、彝族、高山族、京族、土家族、满族、蒙古族等少数民族均有陆姓。

【得姓始祖】

1. 陆通。上古五帝之一的舜是颛顼的后代，因其出生地为姚墟而得姚姓，又因其曾居于妫河边，所以后代又有妫姓。周朝初年，舜的后裔妫满建立了陈国（都今河南省淮阳），其十代孙陈完，后因避难逃到了齐国，因功被封于田地，遂以封地"田"为姓，更名田完。战国时，田完的裔孙田和代齐，

自立为君，田和曾孙齐宣王有一子名通，字季达，受封于平原县陆乡，其后代以其封邑为氏，称为陆姓，并尊陆通为其得姓始祖。

2. 陆终。陆终生子六人，坼（chè）剖而产焉。其长子曰昆吾，二子曰参胡，三子曰彭祖，四子曰会人，五子曰曹姓，六子曰季连，芈姓，楚其后也。昆吾氏，夏之时尝为侯伯，桀之时汤灭之。彭祖氏，殷之时尝为侯伯，殷之末世灭彭祖氏。陆姓奉为得姓始祖。

【入闽迁徙】

唐总章二年（669），河南光州固始人陈政率府兵3600名、将士123员，入闽平乱。据《云霄县志》记述：有陆姓将佐随从陈元光父子开漳入闽，落籍于此。唐总章二年陈政率府兵入镇云霄，其中陆明在《唐开漳将士名录》栏中，列在"府兵队正"第一位。

唐代元和七年（812），陆姓第三十八世祖——陆庶，时任福建观察使。陆庶便编辑了一部陆氏族谱。

据长乐《陆氏族谱》记载，先人陆广，字彦博，唐代由吴郡入闽，首迁筹峰溪上（溪新村）。天圣二年（1024），司封员外郎，集贤校理，提点京东刑狱，陆姓于唐时"吴郡陆充命工造"桥石刻暨大王宫旧址犹存。后来其子孙有迁县城，有徙福州等处。至宋代，福州陆姓已为大族。据《福建通志》记载，陆藻（约1073—1127），字敦礼，侯官（今长乐西隅河南）人。徽宗崇宁二年（1103）进士。后入京为吏部侍郎。陆藻胞兄陆蕴，字敦信，绍圣四年（1097）进士。先任太学春秋博士，"经废员省，改会要所检阅文字"。大观中（1107—1110）任太常少卿。其父陆宣，"字潜甫，后改名畸。终朝散郎，知潮州"，为宋嘉祐四年（1059）进士。蕴善学而思，每有独到见地，为师所重。陆蕴家自长乐西隅河南陆庄，迁居福州城。据《榕城考古录》记载："秘书巷，旧名善寿坊。因陆蕴、陆藻兄弟官秘书，居此，

因名。俗讹为篦梳巷。东口达于汤门大街。"可知，秘书巷的地名，因陆家兄弟官职荣耀，便将旧名"善寿里"改称。今此地名仍存，地名颇为众知。又载："陆庄园，在高峰桥西，宋陆蕴、陆藻兄弟别业，园地亭馆，今皆颓废。"

《石壁与客家》载《宁化石壁客家张氏宗族组织的形成和发展》云："石壁的十八寨，是因为早期有十八姓移民居于该地，而这十八姓有张、朱、马、谢、程、虞、焦、唐、陆、李、过、科、蒋、陈、雷、鄢、夏，他们结成兄弟，相互之间不得通婚。"说明陆氏，早在宋代即已迁入宁化石壁。

南宋，陆姓由江南徙江西，进而定居于汀州府。宁化县泉下里新军胡家塘陆坊是陆氏聚居地，裔孙分迁闽、粤、赣。明代万历中期陆姓从浙江省桥金海迁上杭县城郊城西村深陂定居。泉上镇陆坊陆氏宗亲提供的资料：其祖，原居江西金溪县陆坊村，后迁居于汀州府宁化县泉下里新军胡家塘，乡人以姓名其住地为陆坊。至明代，陆坊陆氏已发展到300多户，人丁1000多人，成为当地旺族。裔孙陆胤敬，以功名官任宁津典史。于清咸丰间，因遭太平军清洗，全村绝户97户，多数人外逃。裔孙分衍闽、赣各地。上杭陆氏迁台有耀祥等人。

据漳浦《赵家堡》及《赵家族谱》也载述：南宋祥兴二年（1279），元将张弘范攻陷广东崖山宋帝行宫，丞相陆秀夫背着年仅九岁的帝昺投海殉国。陆秀夫（1237—1279），字君实，楚州盐城（今江苏盐城）人。宝佑年间与文天祥同年进士，官至礼部侍郎。陆秀夫与文天祥、张世杰等，先后扶立赵昰、赵昺为帝。德佑二年（1276），宋都临安沦陷，被元军攻占。陆秀夫誓死不降元，护幼主南下，立益王于福州。陆秀夫等南下退入福州，途经泉州、厦门、嵩屿、南太武、东山等地，后转入广州，最后退到广东崖山。元兵杀来的时候，陆秀夫从容拔剑将妻子、儿子驱逐下海而死，接着背起年仅8岁的幼帝昺跳海而死。陆秀夫殉国后，其随行族亲和后裔不少定居福建，皆避难流落闽粤各地。

【入垦台湾】

陆姓迁垦台湾始于明清时期。据《台湾省通志·人民志·氏族篇》（盛清沂纂修，由文献委员会1973年出版，众文图书印行）内排列序为第108位，户数为439。陆姓在台湾诸姓中占第94位。在台湾分布较多之县市依次为：台北市、高雄县、台北县、高雄市、宜兰县。分布较多之乡镇地区依次为：高雄桥头、台北市松山区、台北市大安区、永和市、台北市古亭区。

【郡望堂号】

吴郡：三国吴宝鼎元年置郡，治所在乌程。此支陆姓为陆通的直系后裔，其开山始祖为西汉时的陆烈。

河南郡：汉高帝二年（前205）改秦三川郡置郡，治所在洛阳。

颍川郡：秦王政十七年（前230）置郡，治所在禹县。此支陆姓为吴郡陆姓的分支，其开山始祖为东汉颍川太守陆闳。

平原郡：西汉置郡，治所在平原。

河内郡：楚汉之际置郡，治所在怀县，西晋移至野王。

忠烈堂：南宋左丞相陆秀夫誓死不降元，立益王于福州。元兵杀来的时候，陆秀夫从容拔剑将妻子、儿驱逐下海而死，然后自己也投河自尽。

黜霸堂：汉朝时陆贾跟随刘邦灭秦建汉。他的口才相当好，两次出使南越。还曾写了一本《新语》送给高祖，大意是崇王黜霸。

三畏堂：大清国正一品镇国将军、诰封不入八分镇国公陆锟。雍正朝，"镇国将军陆锟卒，上体恤故臣，加封镇国公，典葬从不入八分之制，世袭"。自此以后，恩封的爵位还有金陵侯、长恩伯（承恩伯）、骁骑二等子。先祖原为宗室封爵第九级，在不入八分镇国公下，辅国将军上。品级为武官正一品。亡故后受皇帝恩典，加封不入八分镇国公。赐江宁镇国府一座。"三畏堂"取意"畏天威、畏地怒、畏人心"，表达了上承皇恩天威、中正国法律例、下顺民心民意的为官之道，同时也是对陆氏子孙后代的谆谆教诲。

此外，陆氏又有河南堂、平原堂、河内堂、吴郡堂、怀忠堂、三德堂、源本堂、绳武堂、咸秩堂、天随堂等堂号。

【祠堂古迹】

芗城区崇德堂，位于宁德芗城区新城社区港脚村。始建于清康熙七年（1668），面积200平方米。港脚、港口、店上3个村陆姓祖祠。灯号"金华府正堂"，后面写陆府。 对联："一片丹心扶宋主，大忠大义，钦大宋我高祖； 六鳌海面抱君王，越孝越仁，宝会豁尔胤孙。"灯号"八闽第一"。

屏南县双溪陆氏宗祠，陆氏宗祠位于屏南县双溪镇双溪村，于宋神熙宁年间（1069—1072）始建，历代重修。祀肇基始祖陆噩公及游夫人。祠占地面积约1600平方米。

光泽陆氏宗祠，位于南平市光泽县西部止马镇虎塘村，富屯溪发源地溪畔，东与华侨乡官屯村接壤。

【楹联典故】

源自陆乡绵世泽 望追豫郡播惠长。

颍川郡平原郡河内郡诸支挺秀；忠烈堂黜霸堂翰英堂各族争芳。

——全联典指陆姓的郡望和堂号。

诗稿剑南万卷；文章洛下双龙。

——上联典指南宋诗人陆游。著有《剑南诗稿》等。下联典指西晋文学家陆机、陆云两兄弟。

一门十世忠良第；六相三贤理学家。

——象山所在的陆氏家族曾因十世同堂不分灶而名动大江南北。

官无长物唯求石；家有遗书何用金。

——佚名撰陆姓宗祠通用联。上联典指三国吴·陆绩事典。下联典指南宋陆游事典。

朝来色艳芦江橘；春到香分陇阪梅。

——佚名撰陆姓宗祠通用联。上联典指三国吴·陆绩事典。下联典指晋代陆凯曾自江南寄梅至长安与范晔事典。

第八十八节 罗 姓

罗姓是中国大陆第 20 位姓氏，大约占了 0.86%，总人口大约在 1030 万。罗姓人口数在福建排名第 21 位。在台湾排名第 28 位。

【渊源】

1. 出自妘姓，以国为姓，为颛顼帝之孙祝融之后裔。唐林宝《元和姓纂》载："罗，祝融之后，妘姓国。初封宜城，徙枝江。周末居长沙。"又云："罗氏有齐郡、襄阳、河东三族。"宋代《广韵》云："本自颛顼末胤，受封于罗，今房州也，为楚所灭，子孙以为氏。"

2. 出自"罗子国"。传说古代木神句芒发明捕鸟的"罗"。《礼记》注疏说："木初生之时，句曲而有芒角，故云句芒。"句芒辅佐伏羲，发明了捕鸟的"罗"。罗部落生活在河南罗山一带，为罗姓的先民。《正义》曰："罗，熊姓。"

3. "大罗氏"以官名"大罗"（掌罗鸟兽与女以贡）为氏，秦时有将军大罗洪（弘），秦以后"大罗氏"历史罕见，其后裔可能已加入罗氏，是早期融入罗氏的先民。

4. 他族改姓：《通志》记载：代郡叱罗氏复姓改罗姓。西域斛瑟罗后裔姓罗姓。少数民族中改自己姓氏为罗姓的。也有外国人改为罗氏。

【得姓始祖】

罗人尊颛顼为罗姓得姓始祖。"五帝"之一，号高阳氏。《山海经·海内经》："黄帝妻嫘祖，生昌意，昌意降处若水，生韩流。韩流……取淖子曰阿女，生帝颛顼。"相传为黄帝之孙、昌意之子，生于若水，居于帝丘。10 岁佐少昊，12 岁而冠，20 岁登帝位。在位 78 年。颛顼是上古时期华夏族与东夷族融合的部族首领，主要活动在冀、鲁、豫一带。

祝融吴回是最早在朝中为官者，故后世又尊祝融吴回为罗姓开宗始祖。

【入闽迁徙】

隋代时，豫章罗氏罗珠的第二十一世裔孙罗景春由豫章入闽，居沙县。罗景春有 4 个儿子，其长子罗万发于隋大业十四年（618）自沙县迁居黄连竹筱窝（今宁化县治所）；他的第四世裔孙罗毓政（字令纪，号维纲）创建黄连县。（宁化《罗氏联修族谱》）

唐高宗时，陈政、陈元光带兵入闽，河南人罗幼邻官队正，随军入闽定居。据正德本《大明漳州府志》记载，唐高宗总章二年（669），随陈政从河南入闽开漳的罗幼邻，在陈元光建立漳州后，奉命驻守闽西龙岩（漳州初建之时所辖区域北抵汀州，南辖潮安、东临各岛，西接临川），且定居连城。因此，漳州罗姓族人较为集中的地方。

唐建中元年（780），罗清松从大田白石峡迁徙至尤溪鲁坑（今彭新村，原属洪牌村），后定居于八字桥的彭坑村。

唐兴元元年（784），黄巢义军攻入江西，为避战乱，罗姓家族在罗珠第三十六世孙罗邵节、罗邵筠兄弟率领下，迁入福建。罗邵筠长子罗周文，官任邵武、沙县县尉，在沙县开基。罗邵节的后裔罗太郎由南剑州迁往宁化、连城、莆田等地，尊罗邵节、罗邵筠为入闽始迁祖。

罗珠三十一世孙罗周文于唐宪宗元和年间（806—819）为沙县县尉，为罗姓入闽始祖，罗周文的后裔罗万一郎、罗慈、罗丰等于宋朝年间分别从沙县经宁化迁至连城县的罗坊、揭乐、城关等地开基。

连城县青岩罗坊《豫章堂罗氏族谱》载：先祖系珠系三十世裔邵筠，字浙，生子：周文、周武。周文，字源达，唐元和庚子年（820）因避乱率子迁福建南剑州沙县，为罗氏沙县始祖。生三子：矩（赠）、觊、况。赠，唐长庆时居沙县和仁坊罗家巷，唐末携妻迁居宁化县石壁。生三子：复伯、健伯、吏伯（一说生子四）。传至珠系四十二世琬公，生二子：仲元、绍祖。仲元，又名万一郎，宋皇祐癸巳獬榜进士，官任泉州司理参将，后迁居长汀之青岩罗坊。罗氏自宁化石壁入迁连城罗坊已历时800多年，繁衍27代，裔孙达2000多户一万多人，从十一世起，分为惠公、忠公、永麟、仲达、仲发、仲通、宗保、得珣、五六等9个房系，子孙播居全国各地。

唐元和六年（811），罗周文被授予邵武县尉，举家从江西洪都南昌县柏林里迁居邵武。据豫章罗氏的世系排列，罗周文系豫章罗氏罗遵生的第十五世裔孙。罗遵生的第十三世裔孙罗弘广有两个儿子：长子罗邵节迁徙剑州；次子罗邵笃迁任镇守江西省洪都，举家迁居江西洪都南昌县柏林里。罗周文，又名吉，字源达，号绍簠，为罗邵笃之子，生于唐贞元元年（785）。元和十五年，罗周文改任沙县县尉，又举家迁居沙县城西罗家巷。罗周文卒于唐咸通十四年（873），葬于今梅列区洋溪半路洋乌亭坑。入闽罗氏尊罗周文为入闽始祖之一。罗周文生有2子：长子罗赠，字循甫，生于唐永贞元年（805）。唐太和五年（831）任山东青州府博兴县丞，卒于唐乾符元年（874），葬于今梅列区碧湖。次子罗赆，字功甫，回南昌祀祖。罗赠生有4子，分居二十都、二十一都、永安贡川、楮林。入闽罗氏第五世的一支，分迁连城（约在唐天祐或梁开平年间（904—911）、三元岩前、福州和岩前忠山等地。第五世罗延一支又分别传入中村乡的山峰、大焙坑、筠竹。罗延生宗兴。罗宗兴移居中村的山峰，生崇惠；罗崇惠生有3个儿子：大十七、大十八、大十九，分别居中村山峰、大焙坑、筠竹，各为这三地罗姓开基始祖，繁衍至今已有800多人口。五代末至北宋初期，又有罗瑚、罗琏两兄弟共同开发于建宁。宋宝祐元年（1253）又有罗盛九（字肇开）肇基于尤溪进福村，传至第二十世罗义昭，迁居今梅列区列西。

唐僖宗时（878—900），罗珠三十二世罗仪贞由西山（今江西省吉水、永丰之间）徙虔化县（今宁都、石城之间）鸦鹊林，三十三世罗景新再迁汀州府宁化县石壁。传十一世孙罗尚古、尚崇、尚立的裔孙分迁汀州府的上杭、长汀、永定、武平、连城各县。

罗珠三十二世罗均二于唐僖宗时，从江右（今江西）迁徙至连城县，定居莒溪梨树下（今莒溪厦庄）。

上杭《客家姓氏源流汇考·罗》：罗氏首先入闽者为珠系三十三世景新，字天庆，号文新，生于唐僖宗广明二年（881），避黄巢兵乱，随父由西山（江西的吉水县、永丰县之间）徙虔化县（宁都、石城之间）鸦鹊林，后又迁居福建汀州府宁化县石壁村。四十四世昌龄，字应朝，名文，号鹤山，生三子：尚古、尚崇、尚立。

罗珠三十四世孙罗翁源，讳洪祖，字观旺，于唐末率妻及家人由剑州沙县鱼鳞阁（今属南平市）经宁化县移居汀州府连城县坑子堡（今文亨）。

宋《游洋志》载：罗氏，"古豫章人，唐末始迁入闽，居于清源里之昆山。"说明仙游县早在宋代已有罗姓家族存在，这一支家世不详。

宋朝罗诚中，字泰阳，于大同甲子年，任福建省宁府军参政，转授侍御史罗景新，字天庆，号文新（罗仪贞之长子），于唐僖宗末年，因避黄巢起义时之战乱，从豫章之西山迁徙虔州虔化县太平乡定居（即今宁都州鸦鹊林）。不久，又转迁福建省汀州府宁化县石壁乡定居。罗景新为福建罗姓的入闽西始祖。

沙县华村罗姓来自江西南昌罗珠之后罗周文奉任沙县太守之职随同眷属移居城垣罗巷。据闽沙乾隆丙子族谱记载考证，罗家始祖系罗丹三为第一世，于宋朝时期由沙县城中徙迁沙县七都村（华村古称）来定居创基业，而繁衍数百家人丁。罗周文第二十世孙丹三公居沙城中生一子罗富六，为谋生来村头（今南阳华村）养母鸭，而定居后厝祠堂。经考证年代为宋朝公元1180—1198年间从城中迁至村头养母鸭创业而定居，繁衍裔孙达二十八世。

宋末，小九公，原籍宁化石壁村，官任循州学正，任满回家，道出兴宁，爱其山水，遂筑室于东郊居焉。其后裔冕、儒造、儒进、儒周均居兴宁县东郊。

《闽杭罗氏文海公族谱》载：始祖罗斌，为珠系五十世孙，生五子：长子千一郎，讳穆，号肃斋，孙文海，开基上杭角龙乡。四子千四郎，讳纲，为上杭大洋坝开基祖。五子千五郎，讳纪，开基上杭嫩洋乡。

《上杭县罗氏万三郎公族谱》载：宋末元初，万三郎公次子罗十郎，原籍宁化石壁，到上杭县属

闽台寻根大典

地杨公岭贸易经商，择县治架屋安居，奉万三郎为始祖；十郎为始迁祖。

元末，有江西吉安吉水人罗应祥随大将汤和的部队，自海路进入福州，明永乐二年（1404），迁闽清县。闽清县三溪乡利洋村罗氏族谱载：其村先祖为罗国民，由江西南昌境迁往福建兴化府。

永定罗姓均为豫章郡，共分布12个乡镇35个村，占全县总人口的1.22%，罗姓第一百三十三世罗景新在宁化县石壁村足繁衍了15代人之久。传至罗尚崇，于宋末年间率三子罗洪敬从宁化石壁迁本省连城县开基。罗尚立，因经商于江西吉郡，后避乱率妻子回祖故居宁化，后又徙迁上杭县城关开基。罗洪敬，生二子，并留居连城长孙罗朝鉴随三子千三郎从上杭县城关北门迁永定县抚市抚溪枫山角开基。不久，后裔遵循祖训，拓展家业，分迁永定各地。至此，罗朝鉴为永定罗姓的开基始祖，永定罗姓世系称为珠系世系。

政和东平罗姓和倪屯罗姓是同祖同宗的两个分支，其先世出自豫章，后入闽居汀州。据倪屯《罗姓宗谱》记载，其先世居汀州府连城县西门外五里之坑子堡村。其一世祖七十郎于南宋时迁居罗地，传五世罗元分居罗家营。十世罗文敬，生二子，长子罗元应于清初从连城坑子堡村徙建宁府政和县，肇基于石屯之倪屯村（今工农村），是为该村罗姓之开基祖，罗文敬之弟罗文象，生四子，其第四子罗元保，则在清康熙间，从汀州连城坑子堡，徙政和县东平里之东常市（今东平镇），成为东平罗姓之始迁祖，这两支罗姓入迁以来都已传十余世。

明代宣德年间（1426—1435）从广东大埔县湖寮乡水平山大产司埋头的罗美源（又名罗云），始迁至漳浦县新安里油坑呈奇岭（即今云霄马铺乡龙镜村）开基的。

唐代罗氏后裔遍布江西及湖南、湖北，开始进入福建。宋末元初又由闽入粤。豫章罗氏第四十五世裔孙罗尚立由江西虔州迁居福建汀州宁化石壁村，明代又迁往上杭县扶阳；其子罗新松徙居广东梅州。

【入垦台湾】

明清时期，罗姓族人迁入台湾。清雍正初年（1723），福建漳州罗姓人与郭、何二人一道到台湾基隆开垦，这是目前所能见到文献记载罗姓族人外迁海外最早记载。雍正八年（1730），广东人罗朝章又赴台湾新竹红毛乡开垦。雍正十一年（1733）有福建泉州人罗合泉在台湾彰化县东螺西堡新庄仔庄开垦。此后，大批罗姓族人远渡重洋进入台湾谋生。如今，罗姓成了台湾大姓，其人口在台湾排名第28位。现多分布在台北县、台北市、新竹县、桃园县、嘉义市、苗栗县、新竹市及板桥市等地。乾隆初期，漳州诏安的罗文色，入垦今台北市北投区；乾隆初期，诏安的罗队入垦今桃园县龟山乡，后代分传至桃园县；乾隆初期，诏安的罗道兴入垦今桃园市一带；乾隆初期，漳州南靖的罗甘入垦今南投县竹山镇；乾隆中期，漳州平和罗文盖入垦今台北县土城乡；乾隆中期，漳州平和罗仲桂入垦台中县潭子乡；乾隆中期，漳州平和罗仲归入垦今台中市北屯区一带；乾隆四十一年（1776）罗某与魏、张、邱、吴、官、童、王、李、郑诸姓购今新竹县竹东镇旧员山仔番仔湖冢牧埔；乾隆末年，漳州诏安罗大珣、罗仲聚入垦今台中市一带。一说"罗大珣"为"罗大眴"，其裔罗阿狮今居于台中市西屯区；嘉庆二十三年（1818），罗茂松入垦今嘉义县水上乡湖内里一带。嘉庆年间，漳州平和罗孟良、罗水二人垦居今桃园市一带。道光年间，漳州诏安罗神宗入垦今台中县丰原市一带；同治六年（1867），罗阿传，垦南湖庄十股（今新竹县关西镇）。

【祠堂古迹】

沙县罗金秦公祖祠堂。始建于明朝嘉靖年间，据查乾隆丙子闽沙罗氏族谱载可能是罗应卿、罗应隆兄弟为首所建。祠堂上下栋六拼五植，占地面积2800多平方米。

宁化城关罗氏家庙，原址在城内翠华山南冬茅窠（今宁化一中），始建成于后唐同光年间（923—925），为纪念罗姓鼻祖罗珠和宁化开县始祖罗令纪而建。明永乐十年（1412），该祠迁建成于城关小溪边，并为"豫章书院"。该祠历经沧桑变故，先后有过7次整修。清乾隆三十年（1765），原江西崇仁训导、教谕罗登标致仕返乡，以罗氏宗祠办"豫章书院"，开馆讲学，故罗氏宗祠又称"豫章书院"。 2001年，该祠与罗令纪古坟同时被列为县文物保护单位。

尤溪坂面青坑罗姓祖祠堂，位于尤溪坂面的青坑村。该祠始建于南宋建炎元年（1127），于1996年重修鼎新。

尤溪坂面芹洋罗氏宗祠，为开基始祖后裔罗尚二于元泰定二年（1325）所建。该祠坐坤申，内水出甲，外水出癸归艮，门行巽巳，双向道行坤艮寅申，沟水余涵之字归辛，接水相迎。

沙县罗从彦贤祠位，于沙县城关，始建于元至正元年（1341）。据明永乐元年（1403）知沙县事倪峻撰《豫章先生祠堂记》说："先生讳从彦，字仲素，古剑州人，后居沙阳。……宋淳祐七年（1247）诏赐谥曰：'文质'。……元至正辛巳年（1341），五世孙天泽清建祠堂许之。卜地于邑，洞天岩西麓立祠以奉先生之祀。……元季兵戈扰攘，居民流漓，栋宇变为瓦砾。"

尤溪洋中洋边曲底罗姓祖祠，始建于明代。历代重建。

永安小陶美坂罗氏宗祠，又名"肇光堂"，寓"开始，光大"之意。该祠位于永安市小陶镇美坂（原名"尾坂"）村，始建成于明末，占地面积487平方米。宗祠为两进院落，前有低矮围墙，围墙内外矗立着10根功名旗杆。

梅列列西罗氏奉先祠，始建成于清同治十三年（1874）。该祠原址在列西街上，坐东朝西；建筑面积300多平方米。祠堂建筑为悬山式，其外围三面面砖墙，大门的上方悬挂"奉先祠"三个红色大字。其左植供奉罗仲栗的神位。祠堂大门斗拱雕艺十分精致。奉先祠为列西罗氏的总祠。

罗东舒祠始建于明嘉靖年间，明万历三十五年（1612）续建，于万历三十九年（1616）竣工，系罗氏子孙为祭祀宋末元初隐士罗东舒而建的家庙。祠堂按孔庙格局建造，整个建筑包括照壁、棂星门、左右碑亭、仪门两庑、拜台、享堂、后寝等，共四进四院，且一进比一进高。

【郡望堂号】

1. 郡望

豫章郡：治所在南昌（今江西省南昌市）。

长沙郡：治所在临湘（今湖南省长沙市）。

襄阳郡：治所在襄阳（今湖北省襄樊市）。

2. 堂号

豫章堂：以望立堂。

尊尧堂：宋朝时候，豫章人罗从彦是大儒陈颐、程颢的再传弟子。他谨慎地遵守老师的教诲，隐居不愿做官，传朱熹的理学，著有《尊尧录》。人们称他"豫章先生"。清朝人廖绍朱在《罗氏族谱序》中云："罗氏之先系出周之罗国，厥后子孙以国为姓。汉大农令怀汉公（即珠公）肇迁豫章，世为豫章罗氏。"民国学者罗元鲲考证，罗珠"实为罗氏鼻祖，分布天下者皆其后也"，故豫章为罗氏郡望。豫章堂号源此。

尊尧堂、豫章堂：宋朝时候，豫章人罗从彦是大儒程颐、程颢的再传弟子。他谨慎地遵守老师的教训，隐居不愿做官，传朱熹的理学，著有《尊尧录》。人们称他"豫章先生"。清朝人廖绍朱在《罗氏族谱序》中云："罗氏之先系出周之罗国，厥后子孙以国为姓。汉大农令怀汉公（即珠公）肇迁豫章，世为豫章罗氏。"民国学者罗元鲲考证，罗珠"实为罗姓鼻祖，分布天下者皆其后也"，故豫章为罗姓郡望。豫章堂号源此。

此外，罗姓的堂号还有嘉德堂、贻谷堂、柏林堂、明德堂、锦厚堂、崇文堂、永祭堂、归厚堂、光裕堂、火龙堂、敦睦堂、丕振堂、渝德堂、尊敬堂、崇彝堂等。

【楹联典故】

乔木千枝皆一本；长江万派尽同源。

——秋战国时期，罗国与赖、傅两国毗邻，人员交往密切，难分彼此，因此，有赖、罗、傅同宗之说，已召开过十届代表大会的"世界赖罗傅宗亲联谊会"便是此历史的产物。

龟山受学；鸟梦征奇。

——上联典指北宋南剑人罗从彦，字仲素，在萧山跟从杨时（人称龟山先生）学习。建炎年间他曾官博罗县主簿，任职期满后，入罗浮山隐居，不再做官。朱熹曾说：龟山在东南讲学倡道，弟子很多，但能深思力行、得其旨趣者，只有仲素一个人。

学者称"豫章先生"。

豫章裔孙万代福；罗氏宗亲一脉亲。

豫章馆豫章笼瑞气；珠玑巷珠公常降福。

【族谱文献】

闽台罗氏族谱有《豫章郡大洋坝罗氏族谱》上杭大洋坝罗氏族谱。始修于明嘉靖四十五年（1566）罗璋灿，清道光七年（1829）重修，光绪二十一年（1895）罗云芝重修，民国八年（1919）罗谟重修，今本为1994年六修本。65卷20册，附补正1卷。卷1记前言，卷2列历次修谱名录，卷3举凡例，卷4载家训，卷5刊祠记数篇，卷6述源流及历代修谱诸序，卷7载传略，卷8记字派，卷9列现代裔宗通讯录，卷10—11分列村况、寿宁谱序，卷12至卷65分别刊述得姓始祖及至肇迁始祖，以及各支房脉世系。内载约在元至正年间（1335—1340），由江西初迁安溪后迁上杭大洋坝赖浦排，罗纲，千四郎兄弟五人随父任广东归善县讼，避元乱迁上杭来苏里转大洋坝定居，肇衍大洋坝。后代裔孙遍及诸乡村以及省内外，迁新、泰国、马等国。有《连城罗姓族谱》为罗佩光主编，1989年台湾铅印本。依次收录祖像，编纂人员摄影、族姓源流、传略、谱序、闽连城与台湾各支世系，后附祖祠楹联摘钞、编族谱诗等项。内载肇迁始祖讳邵节，唐僖宗时避乱南迁沙县，生文举、文源、文命子三子。文源继迁连城连阳，源之孙太郎，择居邑长岭坪开基。迁台开基有连城罗氏十三世公孙派下；十六世纪公派下景源、景南2支；十八世世仁派下；二十三世大福派下其琼、其瑶、星灿等支，以及十九世大祯、大祥派下世系。并收录闽、赣罗氏族谱诸序，追崇黄帝为大始祖。有《亨子堡罗氏族谱不》连城亨子堡（文亨）罗氏谱牒。《中化豫章罗氏家族渊源谱》福州罗氏谱牒，始修于清宣统三年（1911），今本为1999年合族重修，罗郁尧总编。

第八十九节 骆姓

骆姓是当今中国姓氏排行第132位的姓氏，约占全国汉族人口的0.1%，在福建排名第100位。在台湾排名103位。

【源流】

1. 源于姜姓，出自齐国姜太公之后裔公子骆，以先祖名字为氏。据《姓谱》《元和姓纂》等的记载，在周武王姬发敕封姜太公于齐地，建齐国，公爵，立都于营丘（今山东淄博），授以征讨五侯九伯之特权。姜太公之后叫公子骆，其后裔子孙以先祖名字为姓氏，称骆氏，世代相传至今，史称骆氏正宗。因姜太公功高盖世，智慧超群，因此姜姓骆氏族人皆尊奉姜太公为得姓始祖。

2. 源于嬴姓，出自殷朝纣王时大臣恶来之玄孙大骆，属于以国名为氏。据史籍《史记》记载，殷商王朝纣王时期，有大臣嬴恶来，其玄孙名叫嬴大骆，嬴大骆的长子为嬴成，建有大骆国。大骆国在周厉王姬胡执政时期（公元前？～前841年，待考），西周王朝内乱频繁，大骆国被西戎民族乘机攻灭。亡国之后，其子孙以国名为姓氏，称大骆氏，后省文简化为单姓骆氏，世代相传至今。嬴姓骆氏族人皆尊奉嬴大骆为得姓始祖。

3. 源于姒姓，据史籍《史记·东越列传》记载："或称夏禹裔孙少康之后有骆氏。" 出自夏禹裔孙少康之后，以先祖名字为氏。

4. 源于姬姓，出自春秋时期郑国大夫王孙骆之后。春秋时期，郑国有一位大夫名叫姬骆，为王孙贵族，在其后裔子孙中，有以先祖名字为姓氏者，世代称骆氏至今。

5. 源于官位，出自周时期官吏大荒骆，属于以官职称谓为氏。大荒骆，亦称大驾、大荒辂、大荒落，就是为周王朝历朝历代君主驾车的车夫，即御用司机。这在史籍《史记·天官书》中有记载："大荒骆，岁阴在巳。又作大荒落。与辂同。"司马迁在《史记·秦本纪》中还特别加以说明："非子为

周大骆是也。古驾辂皆同骆字，骆主车驾，故字可互用，犹甸之与椉也。"在大荒骆的后裔子孙中，多有以先祖官职称谓为姓氏者，后省文简改为单姓骆氏。

6. 源于妫姓古越族，出自秦汉时期古越国后裔，属于以先祖名字为氏。据史籍《史记》记载："越国东海王妫摇，骅氏，骅一作骆。"在史籍《史记》中给予了比较详细的记载："佗以兵威边，财物赂遗闽越西瓯骆役属焉。骆，越也。索隐曰：姚氏按广州记云：交址有骆田，仰潮水上下，人食其田，名为骆侯，诸县自名为骆将，后蜀王予将兵讨骆侯，自称为安阳王。尉佗攻破安阳王，令二使典主交址九真二郡，即瓯骆也。"

7. 出自他族改姓。《魏书·官氏志》载，北魏有复姓骆拔氏，后改为骆姓；唐时吐谷浑人有骆姓；唐时骆元光，祖先为安息人，过继为骆奉先养子，改骆姓；金时女真人散答氏、独鼎氏，后改汉姓骆；清满洲八旗姓萨克达氏后改为骆姓；女真族、满族、布依族、土家族等民族均有骆姓。

【得姓始祖】

1. 姜太公，名尚，字子牙，又字望，又称吕尚、吕望，号太公望。生于公元前1156，死于公元前1017年，寿至139岁，先后辅佐了6位周王，因是齐国始祖而称"太公望"，俗称姜太公。西周初年，被周文王封为"太师"（武官名），被尊为"师尚父"，辅佐文王，与谋"翦商"。后辅佐周武王灭商。因功封于齐，成为周代齐国的始祖。姜太公之后有公子骆，为别他族，子孙以其名为氏，称骆姓。因姜太公功高盖世，智慧超群，于是骆姓子孙便奉姜太公为骆姓得姓始祖。

2. 嬴大骆（生卒年不详），嬴姓，赵氏，名大骆。西周时期赵城旁支，蜚廉、恶来之后，秦国先祖，秦国开山之主——非子之父。大骆的叔父造父因为战功封于赵城，大骆也跟随着父亲太几荫蒙赵

城，以赵为氏。造父是这一辈廉族的首领，善于驾车，得宠于周穆王；大骆属于赵城旁支，善于养马，造父多次言及大骆一族善于息马，周王甚为器重。后申侯将其女嫁于大骆，生一子叫赵成；大骆本还有一子叫赵非子。周孝王时期，欲封非子于西陲，申侯却欲立赵成为大骆继承人。后犬戎攻杀赵成，非子得以继承大骆，续嬴姓之祭祀，建立秦国700年的根基。源于姬姓骆氏族人皆尊奉嬴姬骆为得姓始祖。

【入闽迁徙】

魏晋南北朝时期，永嘉之乱，五胡乱华，于是骆姓伴随其他士族，大批南下，与原居会稽之骆姓相融合，经繁衍发展，逐渐形成了骆姓会稽郡望。

据文献资料记载，始于五代贞明年间（916—921），骆姓先祖河南光州固始人，"初唐四杰"骆宾王之后骆万安、骆万保兄弟于唐末从王审知、王潮兄弟入闽，据南平《西峡骆氏宗谱》载，"始祖万安公，河安光州固始人也。缘唐黄巢叛乱，同弟骆万保从王审知入闽。万保居闽地南街，发于骆家铺（今福州），而兄万安择地相土，卜南平西峡。"先驻延平府浦城县，峡阳是骆氏的发祥地。旋移龙岩府，再徙防泉州府，最后定居于泉州府城。骆姓的上祖骆如麟赴京应试，登进士。其后裔骆必腾生三子。长子天保居住泉州府辖的惠安县；二子天佑迁徙浙江义乌市；三子天维于明永乐年间，由泉州埕边路下迁徙至漳州府漳浦县。

唐末，骆氏为避战乱，从河南省嵩县、苏州入闽，后迁入闽南。其裔元末明初又迁居广东陆丰，再迁入晋江池店新铺，其开基祖为玉庭，至今已传衍20世。

据南平县志载，骆家曾在明代天启年间出了一个进士，名叫骆天闲，官至中央礼部仪制司主事。

肇基祖骆必腾公，河南光州府固始县内黄乡人，因避南宋末之乱，随宋王朝流亡入闽，迁泉州清源，徙云里（今惠安县秀土），二世祖孚仲公移居埕边，卜筑玉埕，建祠启宇。必腾公生于南宋宝祐元年（1253），原名不详，必腾为字。必腾公入闽后，始住福州三山，后迁泉州清源释仔前，尔后徙居云里（即秀涂），至元朝至正七年（1347），始由孚仲公定居玉埕。所住区域，统称顶，下骆。顶骆有张坂、下宫、新厝围、东安、赤石、埔边、杏坑，下骆有埕边，山高富，卜洋等村落。此外，在惠安城内，涂寨前埔及秀涂等地，亦各聚居数十户。必腾公来自河南省光州府固始县内黄乡，惠安骆姓灯号，总称"内黄"。据传，必腾公于除夕与祖妣发生口角，遂携子天眉离家出走，直抵广东。今广东花县骆姓裔孙也甚多。目前泉州骆氏族居的村落有玉埕、张坂、下宫、玉山、前埔、杏坑、下洋、墩头、秀涂等，人口超过1.6万人。灯号，亦称"玉埕"。在秀涂者，则称"锦云"。派系分支，由灯号可知梗概，如以人数多寡而论，则以孚仲公派下之顶、下骆为主体。

骆氏始祖系骆万安，唐末随闽王王审知平判黄巢之乱而入闽，后择闽北峡阳安居，肇基开宗繁衍生息，绵延闽、粤、台。惠安骆姓发祥地之秀涂及顶、下骆地区，均背山临海。土地狭隘。族人密集居住，人口昌盛。当地虽有鱼盐之利，唯耕种面积有限，粮食不足，生活维艰，因而不得不向外发展。福建惠安骆氏宗亲迁居广东东莞县篁村乡，此一小村全部为吾骆姓聚居。广东的博罗，阳江、两县，各有骆姓两三千人，中三县、花县，均有骆姓播迁。另徐闻县四面环海，有一个小岛，全部为骆姓聚居，人口约3000人。海南骆姓入琼始祖骆始逊，原籍福建泉州府，同安县嘉禾里，宋代自闽入琼，居文昌县高隆村。

【入垦台湾】

随后于明清时期，惠安骆氏足迹遍及台湾者，以基隆，台北，新竹，高雄为多：在苗栗之白沙屯，则聚居成村。在台湾被排为第103个大姓的是骆氏。骆氏族人，于清乾隆年间由大陆迁台，初居苗栗，后延至台北、新竹、南投等地。据台湾文献记载，台湾的骆氏，均来自大陆的福建和广东。这两地的骆氏，于清乾隆二十年（1755）最先到达台湾苗栗的新浦海岸开基立业。以后，又有骆氏迁居台北、台南、屏东。200年来，骆氏虽在台湾排为第103位，但也是分布台湾各地的。比较集中的首数苗栗，次为台北、新竹，再是宜兰、南投、彰化、台南，就是屏东、花莲也有不少。

【郡望堂号】

内黄郡：治所在今河南省内黄县。

会稽郡：秦始皇二十五年（前222）于原吴、越地置郡，治所在吴县（今江苏苏州），辖境包括有江南、浙江省大部及皖南一部。

河南郡：秦朝时期名为三川郡。西汉高祖二年（前205）改为河南郡，治所在雒阳（今河南洛阳）。

谯阳郡：亦称洛阳郡，主要是指今河南省的洛阳地区。殷商时期称谯阳。

辽东郡：在中国历史上，"辽东"这个称谓有四重意思：（1）郡、国名，战国时期燕国置郡。（2）都司名。（3）军镇名。（4）地区名，泛指辽河以东地区。

堂号有：内黄堂、会稽堂、山阴堂、绍兴堂、河南堂、三川堂、河内堂、谯阳堂、洛阳堂、白马堂、东都堂、成周堂、辽东堂、扶余堂、襄平堂、辽阳堂、凌东堂等。

【祠堂古迹】

峡阳骆氏宗祠，骆氏宗祠始建于大宋年间，坐落在南平市峡阳镇阳屏山前墓堂坪，已历数朝。峡阳骆氏始祖骆万安，系河南光州固始县人，乃"初唐四杰"骆宾王之后。

玉埕骆氏家庙，位于惠安县东园区玉埕，始建于元末明初，现存清代建筑，闽南建筑风格，凤尾脊悬山顶，三进五开间，门匾为"玉里传芳"，祠堂联："乃祖惟正身正家，知廉知耻，堪为后训；尔曹有不孝不悌，无礼无义，愧登斯堂。"

佳栋骆氏祖祠锦云堂，位于云霄县火田镇佳园村佳栋社，始建于明天启二年（1622）。一进山门，伸步下厅堂，进而庭院，二进三开间悬山顶的土木结构。占地面积350平方米，建筑面积230平方米。

【楹联典故】

峡阳衍派家声远，云里肇基世泽长。

——惠安县东园秀土骆氏家庙楹联。典出骆姓族人世系源流。

内黄世泽；江国家声。

——上联典出骆氏郡望，下联典指唐朝时期的骆奉先，累封江国公。

三军韬略；两溪山林。

——上联典指唐朝时期的人骆元光，贞元年间官华州节度使。下联典指明朝时期的武康人骆文盛，官翰林院编修，曾两次主持考试。

名高四杰；勇冠三军。

——上联典指唐朝时期的文学家骆宾王。下联说南朝陈国的临安人骆牙，文帝任吴兴太守时，征他为将帅。跟从文帝平定杜龛、张彪，勇冠三军。

第九十节　吕　姓

出自姜姓。以国为姓。始祖为伯夷。吕姓人口在中国大陆排第47位，约占全国汉族人口的0.47%，在福建排名第44位。在台湾排名第26位。

【渊源】

1. 出自姜姓，以国为氏，始祖为伯益。《说文·吕部》上所说："昔大岳为禹心吕之臣，故封吕侯。"太公望吕尚者，东海上人。炎帝之裔，伯益之后。伯益者尝为四岳，佐禹平水土甚有功。虞夏之际封于吕，或封于申。夏商之时，申、吕或封枝庶子孙，或为庶人，本姓姜氏，从其封姓，故曰吕尚。公元前389年田和篡齐，齐国包括齐康公在内的72城（大夫）的齐太公后裔的贵族祖先纷纷逃离齐国，其后裔分别以其封邑或其祖先的氏号为姓。这是天下吕姓的主源。

2. 出自魏姓，据《姓源》及《通志·氏族略》所载，春秋时晋国有吕姓，系从魏姓分化而来。山西的吕人故地，被晋国所并，晋侯将此地作为封邑，赏给姬姓公族大夫魏姓。魏姓后裔虽系晋之公族，姬姓，但因封于吕人的故地，因而仍袭用吕的故号。晋惠公时有大臣吕甥。《读史方舆纪要》卷41霍州吕城条："州西三里，故吕乡，晋吕甥邑也，今有吕陵，在州西南十里，亦以吕甥名，隋因置吕州。"吕邑后被晋并吞，吕甥后代以邑为氏，形成吕姓。是为山西吕姓，为魏姓小宗。

3. 出自少数民族改姓。

【得姓始祖】

伯夷，相传上古华夏部落首领炎帝神农氏，因居姜水流域，故以姜为姓。后向东发展到中原地区，与黄帝部族杂处，分为四支胞族（即四岳），伯夷曾佐尧帝掌管四岳，后又助大禹治水有功，为大禹"心吕之臣（心腹重臣）"，故封之为吕侯，其封地在今河南省南阳市西董吕村一带，商、周两代均为诸侯国，春秋初年（前680），吕国被楚国所灭，其后，子孙以国为氏，散居于韩、魏、齐、鲁之地，史称吕姓正宗，伯夷则被列为吕姓始祖。

【入闽迁徙】

唐末，吕谭后裔竞茂，讳占，光启元年岁次乙巳（885）元月，从王绪入闽，居泉州晋江七都曾埭吴坑（今晋江安海西安村）。吕占为福建吕姓始祖。

吕占六世至天申，讳晏，荐为泉州助教，住泉州相公巷。七世至季玉，讳璃，号心节，宋景祐元年（1034）进士，历官，终授光禄寺卿，赠镇国公。吕璃侨寓西安，旋移居泉州相公巷，后因姻亲曾公亮之母欲求吕府侨寓西安地归一，重新为曾府，乃听地师黄应钟言，再择南安朴乡（今为南安水头朴里）而家。吕璃择居于此，奠定吕姓望族的千年基业，朴乡遂成为闽省吕姓的发祥地。

北宋靖康之难后，安徽寿州人吕好问从宋高宗南迁，始居婺州（今为浙江金华），其后代繁衍成巨族。好问曾孙祖谦，祖谦后代由婺入漳，由漳徙潮，成为东莱吕姓在闽粤的一支派。此支派因祖上居金华，故又称金华吕姓。

此外，蒙正派下春炳、慕亮叔侄，相传系南宋高宗朝，尚书仆射吕颐浩后裔，由河南移住晋江，后，子孙部分再徙居浯州（今金门岛）。

吕占六世孙晏，号天申，以贤德见聘于宋君，官至工部侍郎，生二子俱进士，长子生二十九子，成丁者十人，其中登进士者八人。赵宋时期，吕姓儿孙昌炽，衣冠盈门。

宋季，理学名宦吕大奎（字圭叔）因念诗书甲第著代谊，拒署蒲寿庚降檄而被杀于浯江（今金门岛），蒲姓同时捕杀在泉之赵宋宗室及士大夫族人，史称这事件为"圭叔之难"。时吕姓族人星散四方，有隐姓埋名者，有改易他姓者，亦有逃遁为僧者。今南安石井许姓、石井溪东部分李姓、晋江内坑吕厝蔡姓及南安沿海部分吴姓等，系元初易姓之吕姓胤裔。

吕占八世裔孙惠卿之玄孙大方，讳中，淳祐七年（1217）进士第六人，历官国子监丞兼政殿说书、秘书郎，曾出知汀州，旋复旧官，主管成都玉局观。生二子，元初，次子甫避难逃往南安诗山衢门，为衢门吕姓始祖。

大德为汀州教授，宦居永定金丰，据修职佐郎吕日炽倡修的乾隆丙午年（1780）刻本《吕氏宗谱》卷三十载："汀溪肇居祖敦明公为宏廷公子，据其谱序，系淮公、河公（惠卿之子）于正德年间负父遗骸由漳州南靖县移居同安汀溪。兹汇修大宗谱其裔孙能事者到南靖查询，惟施洋乡有吕姓。施洋称系大德公派，大德公宦居永定，四世分支移居施洋。按，南靖吕姓惟有施洋乡，而汀溪祖系南靖，想必自施洋移居而同为大德公之派也。大德为汴公派，汴公与淮公、河公兄弟，两志之以俟稽。"

惠卿次子廷元于南宋光宗元年（1190）分居浯州西仓，以廷元为浯州吕姓一世祖，十三世朝兴移居同安卿朴乡，十四世前成由西仓徙居刘澳吕厝（也在金门），十六世长顺号潜德于洪武二十六年（1393）从金门吕厝移居同安霞崎（霞岐）石井，与潜德同时由刘澳吕厝迁出的潜溪，定居于今凤南农场土楼坝仔内。吕姓进入同安以后，逐渐发展成为万人大族。

现朴乡吕姓居民为大奎派下：二甲为温之裔，称使舍房；九甲为和之裔，称宗千房；一甲为正之裔，称侯舍房；大奎第四子直之裔，称解元房，现居东田南坑；今眉山境内吕姓，则为南坑迁入。

夏卿后裔现散居于晋江科任及泉、厦、浰屿各处。

宋时，吕万春居宁化县石壁，后裔分迁闽西、漳州等地。据上杭《吕氏四修族谱》载，迁杭始祖吕太德（也有写大德），名宦，子旷兴，原籍金陵宁国府旌德县（今安徽省旌德县），宋宁宗进士，简命福建漳州司马，后迁居上杭县胜运里赤嘴岗（今属永定县虎岗乡）。太德生四子，长子七十二郎，回迁金陵（南京），次子念九郎迁上杭县胜运里张芬村（今太拔乡张芬村），三子六四郎迁新罗，四子六五郎迁建宁府建阳县。另据《南靖书洋吕氏族谱》载，吕太德之弟吕太正（也有写大正的）长子良簜，次子良簋，由汀州府上杭县胜运里迁徙至金丰里大坡头吊枧开基。吕良簜又从大陂头吊枧村迁到南靖

县书洋乡开基；吕良簋之子吕石福移居永定县古竹乡溪口村开基。

相传，吕祖谦六世孙有万春、大正、十二郎。吕万春世居汀州宁化石壁乡，其子秉仁、秉居居诏安二都秀篆河尾，传北田、玉龙、石溪、中楼、营唇、盛坝、园门、瑶头诸房；吕大正居汀州上坑，大正传二子：良簜、良簋，明初徙永定金丰，后良簋移居南靖书洋；吕十二郎亦居汀州上坑，子授社移居广东丰顺塘肇基。

明初，祖籍安徽合肥的吕源任汀州府副千户，定居长汀县城。另一系吕恒安，为中营游击，也定居长汀县城。

【入垦台湾】

吕姓族人迁徙台湾垦殖可溯明末清初。台湾东莱吕姓万春公支派《吕氏族谱序》云："国潮顺治甲申登极……斯时也，南安郑成功父子同刘国轩……奉朱一桂荡海来台……扫除荷兰夷，镇红毛楼，筑砖仔城，建安平镇……招集漳泉之人来台……开疆拓土，五谷隆登，称为易沿。自康熙廿三年甲子……天心眷顾皇朝，郑氏克塽同刘国轩归诚服化，收入舆图，始设一郡三县，而彰化则于雍正元年蓝提廷珍开建设县也。……自靖乱以后，吾人来台益众，迄今已八九世矣，生齿繁庶。"东卫吕姓开澎始祖吕成都，于清顺治年间自金门徙来东卫，其后族人西迁至西屿，南迁至望安山，后再衍至七美等地，北迁至白沙。林投吕姓开澎始祖吕万寿，于清康熙年间自金门来澎，瓦碉吕姓开澎始祖吕诚，于清顺治年间来澎。永定县古竹乡吕良簜十四世凤仪、十八世鸿兆、二十世征兵、开营；南靖书洋吕良簜十一世吕尾子、德佑、廷玉、国治，十二世贤士、睿士、攀桂、光赐等数十人。

据近期统计，现台湾省吕姓族人15万多。台湾吕姓绝大部分由福建泉州、厦门、漳州和广东潮州等地区迁入，泉、厦、漳、潮的吕姓虽是两支派，即一支为吕竟茂派，一支为吕蒙正派，实则一家亲，因吕竟茂与吕蒙正同为吕諲后裔，故闽台吕姓同宗同祖，门额皆可书"河东世胄"。他们分布较多的县市依次为：桃园市、台北市、高雄市、嘉义县，

乡镇市区为：桃园县、板桥市、八德市、中和市、中坜市。台湾、南靖、诏安《吕氏族谱》载：闽系吕氏，为南宋吕祖谦第六传孙，有吕万春、吕大正、吕十二郎三大支。均经宁化石壁传播。其中吕万春世居石壁，其子秉仁移居漳州诏安，建宗祠名"著存堂"。吕大正迁上杭，其子良甫迁居南靖。吕十二郎，徙居上杭，派分广东丰顺。今漳、泉、澎湖、台湾吕氏，均出此三支。台湾吕芳郎乡亲提供的资料：其祖秉仁、秉彝（又名九有）、秉翟（又名肇基）、秉东、秉信，兄弟五人原住宁化石壁村。明时迁居漳州诏安秀篆，其父名字失考，修谱时，随意起父名为吕万春。据先人说，原吕氏在石壁有祠堂，其左边为李氏祠；右边为赵氏祠；中间为吕氏祠。有资料称：自清康熙后，龙潭楼共有24个房派去了台湾，大多住在桃园一带，其中吕传胜、吕秀莲就是首先迁台的十一世廷玉公的第六代裔孙。

【郡望堂号】

1. 郡望

河东郡：秦置河东郡，治所在安邑（今山西省夏县西北），辖晋西南地区。

淮南郡：汉曾置淮南国，治六安（今安徽省六安北），后迁寿春（今寿县）。

东平郡：汉有东平国，南朝为郡，治无盐（今山东省东平东）。

金华郡：元末，朱元璋取婺州路，改为宁越府，旋改金华府，治金华（今属浙江省），民国废府。

晋江郡：唐开元六年（718）析南安县东南地置晋江县，领晋江、南安、莆田、龙溪、清源（今仙游县）五县。

2. 堂号

渭滨堂：商朝末年，吕尚（姜子牙）在渭水滨钓鱼隐居。周文王访贤聘他为宰相。他帮助周文王、周武王打下了周朝800多年基业的基础。

东莱堂：南宋吕祖谦，官著作郎兼国史馆编修，著《东莱博议》，对春秋三传有独到的见解。

还有河东堂、锦上堂、明烟堂、敬和堂、三相堂、著存堂等。

【祠堂古迹】

南安石井大奎吕氏宗祠，祠址在大奎村。大奎村在南安四十三都杨子山之左，原名"杨山"。 大奎村是为纪念吕惠卿之四世孙、南宋抗元名士吕大奎而题名的。建筑占地地面积为170平方米。

科任吕氏宗祠，位于晋江深沪镇科任村乌浔。自清代即建有吕氏宗祠。历代重建，坐西向东而大门向南。墙壁悉以细琢条石砌筑。大门两旁装嵌青石镌刻"菲律宾渭水吕氏家族会重建宗祠志"，石碑、腰堵、水车堵装饰雕花青石。大门镌联："源宗渭水帝师世，派衍洛阳宰相家。"横额是"渭水流芳"。

南安市水头镇朴里现存大宗祠有三座：使相家庙（二甲祠堂）、九甲祠堂、恭懿侯家庙（一甲祠堂），其分别主祀名贤吕大奎之长、次、三子吕温、吕和、吕正。二甲祠堂冠以"使相"者，盖因其八世祖吕惠卿曾任北宋参知政事、节度使；十二世祖吕大奎以南宋秘阁修撰知漳州军事；十三世祖吕温于宋末随幼主播迁，平雷州府有军功，故名。南安水头使相家庙，也称二甲祠堂，是吕大奎长房吕温派下家庙，主祀吕大奎长子吕温。因谱载吕温曾任河南按察使，故称使相家庙。建于明万历丁酉年（1597）。

南靖县南靖书洋田中龙潭楼，龙潭楼建于清康熙二年（1773）十月，该楼是一座碉堡式的方形楼，高四层，底墙厚为1.73米，四周长104米，占地面积676平方米。

汀州吕氏宗祠，位于长汀汀州镇正义巷。

【楹联典故】

渭水流芳光万古，河东分郡焕千秋。

——吕姓宗祠通用联。

入闽而泉（州）而南（安）而金（门）而同（安）；开基唯忠唯孝唯俭唯勤。

——同安西柯吕厝是明洪武二十六年金门西仓刘宗裕徙此，吕氏家庙门联。

渭水源流远；河东世泽长。

——吕姓宗祠通用联。

视富贵如浮云，人间清福；寄耕渔以笑咏，隐逸高风。

——吕姓宗祠通用联。上联典指唐代京兆人八仙之一吕洞宾。下联典指宋代隐士吕徵之。

老弃钓竿荣佐帝；少交中散喜多才。

——吕姓宗祠通用联。上联典出西周吕尚，字子牙，俗称姜太公。下联典出三国魏东平吕安。

四世六登元辅；十子八捷南宫。

泉郡名贤文章粹美；紫阳高弟造诣精深。

理学绍新传致知格物宗朱子；孤忠殉国难取义成仁比信公。

理道绍述唯物观振兴宋室；学渊善辩伸正气光耀闽疆。

——南安石井大奎吕氏宗祠楹联。

【族谱文献】

南靖书洋吕厝《吕氏族谱》，始修无载，2001重修，不分卷1册。有台湾吕秀莲的胞兄吕传胜作的谱序；所载世系从一世至二十世，谱系流派良箎公派下。内载吕氏第七十五世入闽始祖佛义，第七十六世良箎移居南靖书洋吕厝龙潭楼。良篑公移在古竹溪口居住，良篑公移漳州府南靖书洋社蔡溪头进赘蔡家，未姓蔡延用本姓。传到第四代吕乾旺，于清嘉庆年间迁到吕厝，为吕厝一派肇基始祖。清朝至康熙年间，龙潭楼吕氏子孙从第十世至十二世，有良篑后代德佑、尾子几十人迁徙台湾。其中，第十一世吕廷玉夫妇、第十二世吕夏渊迁台湾，后来居桃园县，成为桃园吕氏开基祖。吕廷玉后裔在台五六千人，在桃园先后兴建吕氏河东祠堂、吕祖圣殿及吕祖陵寝等在台湾著名的祭祖物业。吕夏渊后裔在台2万余人。名人吕秀莲，是南靖书洋镇龙潭楼吕氏第17代孙。清乾隆五年（1740），书洋吕氏第10代孙吕惟良的第6个儿子携妻子渡台，在桃园埔子拓荒，后裔有六七千人。有闽粤《吕氏新族谱》为华侨大学吕日清所编纂。1992年合修谱，不分卷。载序言、吕氏来源、吕氏王侯志、吕氏分支姓氏志，分述吕氏人口分布，吕氏世系及广东吕氏世系，吕氏古代人物志、编后记等。内载吕占，号竟茂，唐中和年间随王潮、王审知入闽，居泉州。广东吕氏有两大支派，一支为北宋年间哲宗宰相吕大防的后代大防公派，另一支则是南宋著名学者吕祖谦的后代东莱公派。名人有吕夏卿、吕惠卿、吕本中、吕祖谦等。

第九十一节 麻 姓

麻姓在中国是一个多民族多源头的古老姓氏，也是一个罕见的姓氏。在福建人口排名在 300 名以外。在台湾排名 388 位。

【渊源】

1. 源自芈姓，春秋时齐国有个大夫叫麻婴，据《风俗通》记载，麻婴即为楚大夫之后。他的后代子孙以他名字中的麻字命氏，称麻姓。

2. 源自芈姓，以祖先食邑为氏。周代时，楚国有熊姓大夫食采于麻（进湖北省麻城），其后代子孙以封邑命姓，改麻姓。据《风俗通》记载，麻婴即为楚大夫之后。

3. 回族中的麻姓，多取自经名首音。如麻速忽、麻合马之后裔姓麻。（参见《回教民族说》）在明代，回回"麻氏多将才"，故有"东李（铁岭朝鲜族）西麻"之誉。在山西大同任参将的麻禄家族中就有麻锦（宣府总兵官）、麻贵（宁夏总兵）、麻承恩（大同总兵官）、麻承诏（宁夏参将）及"第承训、承宣、承宗皆官总兵"。（《中国名人大辞典》）另，远在金代就大同人麻秉彝（兵部尚书），不知否麻禄先祖。麻姓回族主要分布在西北地区。

4. 满族中的麻姓。在女真人以地为氏的命姓中，尚有部分满族宗族，由于受中原汉文化的影响，将本支的姓氏从满语中汉译过来，加以沿用。这类汉译的姓氏，早在金代即已出现，并一直发展着。由金代裴满姓译成的麻姓。

【得姓始祖】

麻婴，是春秋中期的楚国公族大夫，芈姓，食采于麻邑（今安徽砀山）。楚康王向东扩张取得进展时，吴国也毫不示弱。吴国大军于当年冬季反击楚国，楚国军队一时溃败不堪，吴军一举攻占了楚国境内的麻邑、棘邑（今河南永城）、栎邑（今河南禹县）三地，楚康王也因此忧愤而亡。楚子熊郏敖在惨败后迁怒于麻邑之尹婴，欲斩之，麻婴遂领部分族人逃赴齐国，后在齐国出任大夫。麻婴成为

当时社会一个威望很高的大夫，也是很有智慧的人。子孙怀念故国以邑名为氏，其后裔子孙皆世代沿传称麻氏。

【入闽迁徙】

麻姓人口不多，却贤才辈出，史书记载：后赵时太原胡人麻秋，仕后赵皇帝石虎（295—349），官征东将军，筑城驻军，人称麻城，性暴戾残忍。百姓如有孩子啼哭，母恐吓曰："麻胡来了。"啼声立止。

唐代（618—907），著名画家麻居礼，善画佛像，声迹甚高。蜀州圣寿寺八难观音画壁一堵，即其手笔。唐末北宋初诗人麻温其，居临淄（今山东淄博市临淄区麻家卸村），《全唐诗》收《登岳阳楼》诗 1 首。

宋朝时，有学者、诗人麻仲英，与诗人宋白至交朋友。神童之称的麻九筹，通晓经典，为文精密奇健。他勤奋好学，博通五经，尤精于春秋，正大初年，特赐进士，官至应奉翰林文字。为了研究易经，他熟读邵尧夫的《皇极书》。后来研究医学时，他又习读张子和的著作。他所作之文章精密奇健，诗词工致豪壮。著有《知几文集》。金代兵部侍郎麻秉彝，其子是元代有诗人麻革，字信之，号贻溪，山西虞乡王官（今永济）人，终身不仕，是当时期著名文学家，在金代文学上占有较高的地位。明清时期，少数民族麻姓加入吗姓家族队伍，更是涌现了一批文韬武略的人才。

据永嘉东岸《麻氏宗谱》记载：麻氏，先世居闽长溪赤岸（今霞浦），唐时麻垣任温州刺史，挈家居郡城麻行。北宋天禧间（1017—1021），有麻钟迁居永嘉麻埠，后子孙繁衍散居永嘉各地。子孙播迁浙江南部缙云一带。

三明市沙县南霞乡霞村，原为八都双溪堡，据其谢氏族谱记载，始祖谢启祥于宋朝嘉定四年（1211）迁入南霞潘坑，启祥第四世孙从潘坑迁入霞村。而后麻姓从闽北迁入霞村，发展至今。可见，至少在

宋元之交的动乱中，麻姓开始播迁福建闽北闽西，在福建闽西闽北已经形成大族。明朝时期麻云汉，号若仙，福建邵武人，画有萧疏之致，一时称名笔。

目前福建麻姓主要聚居闽西沙县，其他地区多为散居。

【郡望堂号】

上谷郡：公元前 222 年秦灭赵后置郡。在今河北省西北部怀来县一带。

金紫堂：宋朝时有麻希孟，年 90 岁。当时太宗召见天下年老的人，所以麻希孟就到了金殿之上。他向皇帝提出了许多建议，多被采纳。后来太宗赐给他金（当官的印）紫（印上的带子），任他作工部侍郎，他辞退不作。

此外，麻姓的主要堂号还有"榆荫堂"等。

【楹联典故】

上谷望族；大同名流。

——佚名撰麻姓宗祠通用联。上联典出麻姓的郡望。下联典指明代嘉靖大同参将麻禄。大同右卫人，因战功显赫，擢为宣府副总兵，其子麻锦从父行阵有战功，为千总。后官至宣府总兵官。

上谷世泽；金紫家声。

——佚名撰麻姓宗祠通用联。全联典指宋代麻希孟。太宗召天下高年，希孟年九十，趋便殿，赐金紫，授工部侍郎，皆辞不受。

——功垂圣学；道重师尊。

【昭穆字辈】

福建沙县麻氏字辈：昌奕世积德立上克振家声。

第九十二节 马 姓

马姓人口约1846万余人，占全国人口总数的1.15%左右。是当今中国大陆姓氏排行第19位的大姓，在福建排名第63位。在台湾排名第66位。

【渊源】

1. 《元和姓纂》载：马氏"嬴姓，伯益之后，赵王子奢，封马服君，子孙氏焉。奢子兴，赵灭，徙咸阳，望出扶风。"伯益因协助大禹治水有功，被舜赐姓为嬴。伯益的九世孙造父被封为伯爵，受禄于赵城（今山西省洪洞县北），子孙以赵为姓。造父的十七世孙赵襄子联合晋国重臣韩康子、魏桓子三分晋国，建立赵国。周郝王四十五年（前270），秦国派兵攻打韩国。韩国向赵国求救，赵惠文王派赵奢率兵救援。"赵奢纵兵击之。大破秦军。"赵惠文王封奢为马服君。赵奢的裔孙以"马服"为姓，慢慢地又去掉了"服"字，以"马"为姓，故后人有称"赵马原是一家人"。

2. 据《姓氏考略》记载，西域古有"马"姓，后西域有姓"马"者入内地，即以"马"为姓。

3. 又据《姓氏考略》载，元代礼部尚书月乃和，因祖父曾任金代的马步指挥使，而改姓"马"，名祖常。

4. 回族中马姓很多。

【得姓始祖】

在远古的舜帝时代，东夷部落首领伯益因佐大禹治水有功，被舜帝赐姓为嬴姓，伯益的后代造父被周穆王封在赵城。战国初期，赵衰子联合魏氏、韩氏瓜分晋国后，建立了赵国。当时，赵国公子赵奢（赵武灵王的裔孙）能文能武，以善于用兵而著称。赵文王二十九年（前270），赵奢奉命抗击秦军的进攻而大获全胜，因战功卓著被赵惠文王封在马服（今河北省邯郸市西北），称为马服君，他死后便葬在封邑。他的子孙最初以"马服"为其姓氏，后去掉"服"字，称为马姓。赵奢从而就成了马姓的得姓始祖。

【入闽迁徙】

唐代时，僧人马祖在福建、江西一带从事传道。马祖（即道一）本姓马，汉州什邡（今属四川省）人，师事怀让，学禅十年，后到建阳（今属福建省）佛迹岭、临川（今属江西省）、南康（今属江西省）龚公山等处传扬禅法，因长期在江西传扬禅学，后人尊称"马祖"，故又称"江西马祖"。

清流北团里扶风堂《马氏族谱》：马氏三十六世榜郎公（即马徵），原居江西豫章南昌丰城太平里，英年游洋，于唐代戊子登科，官至监察史，后入闽寓居新罗郡（即汀州府），次子发龙，生于唐敬宗宝历乙巳年，娶妻赖氏，住清流北里南山下，夫妇合葬宁化安乐马家围。

唐德宗年间（780—805），马徵，字克巍，先在邵武，后在汀州为官，因病死在汀州。马徵生子腾蛟、发龙。马徵卒于汀，其次子发龙，号在田，在汀守制数年，经父亲的同僚和好友的资助，才将父亲棺柩运回祖地河南郏城（今河南省郏县）安葬。此时，河南天灾，加上藩镇割据，战祸频仍，唐文宗大和元年（827）马发龙返回汀州，在长汀县北团里南山下（今为清流县赖坊乡南山村）定居。成为闽西客家马氏始祖。发龙娶妻赖氏，生四子：虔龙、旺龙、俊龙、贵龙。虔龙居清流罗村里；旺龙留居南山，后裔迁宁化、连城四堡；俊龙居清流北团里（亦称北里）；贵龙迁清流嵩口炽溪（职溪）。马发龙死后葬宁化县安乐乡马家围。唐昭宗大顺二年（891），马旺龙裔孙二十一郎，讳益郎，由宁化安乐乡迁连城四堡赖家坪开基为一世祖，裔孙七郎又徙居四堡里折桂乡为始祖，四堡马氏裔孙外迁广东的共有43支。北宋初马二郎、三郎迁宣河；四郎迁清流。南宋初，有马七郎初居宁化丘源（今清流邱元），因家穷，难以糊口，又辗转到四堡赖家墟一户姓赖的富家当长工。不久，七郎在田寮养了一只母鸡。母鸡在芒草丛里做窝、产蛋。过了一段时间，母鸡从芒草丛中带出一群小鸡觅食。七郎忖思，母鸡做窝之处定是风水宝地。于是在那里搭起了一间草棚作住处。后来，七郎与一名贫女结为夫妇，开荒种地，生儿育女，逐渐发展成为马氏大村。明朝初年，该村名叫万寿村。传至十一世马驯，中了进士，官至都察院右都御史，村名改为折桂乡。后来，又因周围赖氏、萧氏、王氏、黄氏、邓氏、谢氏、张氏先后他迁，全村成了清一色的马氏，故又把村名改为马屋村。明清时期，马屋村印坊栉比，书楼林立，和雾阁村邹氏族人共同建立了中国四大雕版印刷基地之一的四堡雕版印刷。连城四堡马氏族辈歌曰："大化隆洪祚，源从伯益传。勋华启昭穆，淘美扬英贤。茂桂宜芳远，乔松锡寿金。云祁尤孔耀，显允万支延。"马七郎四堡开基后，子孙播迁情况：元末明初，马福通（念七郎）从四堡迁武平县霞光（下坡）开基立业，成为武平马氏始祖，其裔孙迁上杭县白砂，江西兴国万安乡，广东。明洪武年间，马祖清从四堡迁上杭县白砂西洋村，后裔迁播福建上杭古田、新罗龙门，永定仙师，广东英德沙口镇，浙江云和赤石乡。明代右都御史马训（1421—1496）后裔分布在四川、江西、长汀等地。明永乐五年（1407），马七郎九世孙十三郎任惠州千总，永乐十年（1412）落籍兴宁西厢茅塘堡，后裔留居梅州、兴宁。明末清初马龙泉一脉裔孙因从事印刷和经营书店，迁往广东省惠东白花镇定居。马七郎裔孙播迁范围很大，本省有连城、长汀、上杭、新罗、武平、宁化、永安、邵武、顺昌。迁至外省有：江西龙南、会昌、瑞金、于都、宁都、万载、兴国、万安、宜春、铜鼓、武宁、南昌市郊，广东翁源、惠东、兴宁、英德，湖南宁乡、新化、攸县，四川南充、利川，重庆江津，浙江云和等地。

宁化新村里马家围马氏远祖京公，原居江西建昌府南门水卷街，为避黄巢乱，其裔孙辗转迁徙江西各地，曾居住相近的丰城太平里。自十二世凯公，偕父、母及二个弟弟一郎、五十郎（伍拾郎），于五代后周显德年间（955—960）入迁汀州宁化新村里腊坑，至十九世发龙公之孙十二郎，改居新村里相距祖居地腊坑一里远的梨树隔，到二十二世殿臣

拓基距梨树隔五里的水源外村（宋时改名为马家围小地名岗头坑）。裔孙衍播闽西、闽南、江西、广东、湖南、四川、台湾等省地。

唐朝末年，王潮、王审知入闽，有河南马姓人随同前往，在福建省安家落户，后发展成为大族。许州鄢陵（今属河南省）人马殷从军作战，在唐末、五代十国时期被封为王，建立楚国，包括现今湖南全省，广西大部及广东、贵州部分地区，从而使马姓在广大的地区内得到巨大发展，分布于各地。宋代以后，闽、粤地区马姓逐渐增多，到了明代，马姓族人得以进一步发展，遍布于福建。至清代，马姓开始有些移居于台湾省，进而又远徙东南亚及欧美。

马姓经过唐末五代的战乱流徙，到了北宋，分布更为广泛，其中，第三十六世祖燧公，唐玄宗天保时（742—756）为河东节度使，封司徒侍中，加官同平章事，又封北平郡王，升光禄大夫。其长子徵公，字克巎，在贞元时（785—805）入福建邵武府任府尹，至永贞时（805）任汀州府尹。其妻管氏，生二子：腾蛟、发龙。徵公卒于汀州府任内，发龙在汀守制。徵公为官清廉，家无积蓄，经同僚和朋友资助，才将灵柩运回桑梓河南郏县，又因老家天灾作乱，发龙又返回福建汀州府长汀县北团里南山下始居，为入闽汀州马氏一世祖，传至四十一世允衡公号益郎，唐昭宗龙纪己酉（889）时至后汉隐帝乾祐二年（949），子孙居宁化县新村里（安乐乡）马家围村。至乾宁元年（950年，应为乾祐三年）分派殷公（发龙五世）为江西永新县令，后在湖南鄞州、湘潭当县令，至四十九世祖成中公，为湖田马氏始祖。湖田马氏家谱记载：二世祖光佑公，顶父职从军，父子战功显赫，明永乐八年与堂兄葛新公于长沙租船载母携夫人赵氏和子彦祯、彦祥沿湖江逆上，从杨溪埠上岸，见湖田万顷沃土，遂长居于此，繁衍生息近六百年，裔孙由杨溪埠衍播至湘潭、衡山、衡东、醴陵、株洲，湖北、广西、四川、贵州、云南乃至华东五省、台湾，以及泰国、马来西亚、加拿大等地区。

福建马氏主要集中闽西客家三明市，具体散居

三明市区、永安市、明溪县、沙县、清流县、宁化县、将乐县、大田县、泰宁县、建宁县。宁化县客家马姓主要居住的翠江、安远、泉上、湖村、水茜、安乐、泉上、城南、石壁、方田等乡镇。永定县的凤城、高陂、仙师，上杭县的旧县、临江、临城、白砂、蛟洋、古田、步云、官庄，武平县的桃溪、永平，长汀县的汀州、馆前、南山、策武、童坊、涂坊、宣成，连城县的莲峰、四堡、曲溪、赖源、北团、塘前，以及宁化县的翠江、安远、泉上、湖村、水茜、安乐、泉上、城南、石壁、方田，清流县的县城、赖坊、灵地、嵩口、长校、嵩溪等乡镇。

【入垦台湾】

马姓移居台湾最早者是陕西人马信，他在郑成功麾下任提督亲军骁骑镇，1661年随郑成功收复台湾，在台湾定居。此后，闽、粤两地的马姓又有不少人到台湾开基，台湾文献记载清代入台的即有：康熙六十年（1721）朱一贵起兵反清，遭严酷镇压后，其部下有广东籍人马怀珍等移居台湾淡水港避难，遂在此繁衍。雍正年间，福建漳州海澄县丰海乡马清云，入垦今彰化县秀水乡；乾隆六年（1741），马、廖、陈、杨、蔡、吴、张等7姓人家来台，合建今苗栗县苑里市场；乾隆十二年（1747），马、余等9姓入垦今苗栗通霄，马文焕捐建凤山县学明伦堂；乾隆十六年（1751），马绍文入垦海山堡（今台北新庄）；嘉庆四年（1799），马士敏居于凤山，捐款襄事；道光八年（1828），马祝观捐修楠梓坑桥；道光十年（1830），马岗智捐修鹿港凤山寺；道光十六年（1836），马勇捐题嘉义城工；光绪三年（1877），马班唛居于左营，题名碑列有其名。据《（四堡龙足）马氏族谱》载：迁往台湾的马氏后裔有玉林、允林、春林、勋吉、勋旺等。上杭马氏迁台有淦忠等。1949年又有大批马姓军教人员迁台现在，马姓在台湾姓氏中居于第66位。台湾的马姓分布相当普遍，几乎每一个县市都有姓马的人家，现多居住在台湾的台北市、台北县、高雄县、高雄市及台南县等地区。其中尤以嘉义、台南和新竹为多。

【郡望堂号】

1. 郡望

扶风郡：汉太初元年置右扶风，为三辅之一。三国时改右扶风为扶风郡，治所在槐里（今陕西省光平东南）。

京兆郡：今陕西省西安。汉以京兆尹、左冯翊、右扶风为三辅。

郏县：秦置县，今河南省郏县。

茌平县：今属山东省茌平县。

临安郡：今属浙江省杭州市。宋建炎三年（1129）升杭州为临安府。

西河郡：魏取秦今陕西黄河沿岸地，置西河郡，则以晋陕间黄河为准，西岸为西河。

广陵郡：秦置广陵县，在今江苏扬州西北。

华阴郡：古代县名。春秋时为晋国之地，汉代时置华阴县（因在华山之北故名华阴）。故城在现在陕西省华阴县东南。

正平郡：即今山西省新绛。春秋属晋，战国属魏，汉为临汾县地，北魏置正平郡兼置东雍州。

2. 堂号

铜柱堂：汉伏波将军马援征趾，胜利后，在交趾立铜柱表功。到了唐朝，马援的后裔马总做安南都护，在原汉立铜柱的地方又立了两根铜柱，铸上了唐朝的威、德，说明自己是伏波将军的后裔。到了五代时马希范也立了铜柱。

绛纱堂：汉校书郎中马融，才高博洽，为世之通儒。弟子常千余人。他在教室里设绛纱帐，前授生徒，后设女乐。弟子都专心听讲，没有人顾盼女乐。

马姓的主要堂号还有：扶风堂、骃德堂、回升堂、孝后堂、睟眩堂、唏眩堂、宝善堂、体仁堂、志诚堂、聚未堂、忠孝堂、树德堂、裕本堂、诚忍堂、刻鹄堂、善述堂、书诚堂、敦远堂、存德堂、文英堂、监兹堂、公明堂、衍庆堂、乐真堂、敦悦堂、静业堂、藏拙堂、青云堂、伏波堂等。

【祠堂古迹】

四堡忠显王马援庙，位于连城县四堡乡马屋村，是纪念东汉名将、伏波将军马援的寺庙，当地人也叫马公庙。马屋村马氏族人是马援后人马氏入闽始祖第三十六世祖徽公的后裔。明朝万历年间，马氏族人为缅怀先祖功德，由马屋村始祖七郎公（马援三十七世）的二十一世裔孙文田公，集众资在当地建了一座规模宏伟的马援庙。庙总面积1029平方米。

清流县赖坊马氏宗祠，赖坊南山马氏宗祠位于南山村中部偏南，是一处建于明代中期的祠堂建筑，祠中供奉福建马氏入闽始祖马发龙灵位。这是一座具有典型明代风格的木构建筑，由山门（又称"风水门"）、围墙、大坪、正堂、左右配厝等几部份组成。正堂坐西朝东，堂门外"八"字开。省级重点文物保护单位。

厦门市马厝社马氏宗祠，位于厦门市湖里区金山街道金村社区，旧时地址是汀州府同安县嘉禾里二十一都二图。开基祖是马先进。始祖应宋朝年间迁居同邑嘉禾里二十一都二图（今马厝社）。

汀州马氏宗祠，位于长汀县城，占地3000平方米，园林绿化2240平方米，建筑面积达1160平方米。规模之宏大，气势之雄伟，堪称汀州之最。

【楹联典故】

龙虎出谷鸾凤冲霄；铜柱世泽绛帐家声。

——马姓通用楹联。

大启扶风之绪，源远流长，序昭穆于百世；

丕振铜柱之功，祖德宗功，荐馨香以万年。

——连城四堡马氏祠堂楹联。

铜柱世泽；绛帐家声。

——上联典指汉代马援征交趾，立铜柱表功。下联典指东汉的马融设绛帐以授生徒。

远浦帆归曲致远；长春留引经季长。

——上联嵌入了元代戏曲家马致远名字。下联典指东汉经学家马季长，在联尾嵌入季长之名。

孝道必萦怀，春露秋霜，祀列祖于明堂，彝伦攸叙；

思亲宜追远，水源木本，集群裔于族宇，俎豆重光。

——连城四堡马氏祠堂楹联。

【族谱文献】

闽台马氏族谱有永安罗坊乡张地《马氏家谱》，始修年代无考，以笔记形式记下家谱。1994年永安马氏第十六世孙马正荣等人重修。内载东汉时，马援、马融显于朝，世居扶风茂林（陕西兴平），后世即以扶风为堂号。马援之后，唐初迁山东博州茌平，唐大和元年（827）迁福建清流。昭宗大顺二年（891），再徙长汀。南宋初，七郎移居宁化安乐乡。七郎九世孙十三郎，于明永乐五年（1407），出任惠州府营千总，十年落籍兴宁西厢茅塘堡。一世祖京公。十九世发龙公，唐大和年间入闽，生十一郎、十二郎、十三郎、十四郎四子。二十世十一郎，徙宁化田背村；十二郎，讳湘，号见川，宋进士，临安解组后，举家迁居建昌府饶州涯隔，南宋时，携妻避乱徙居汀州宁化会同里梨树隔，生子念八郎、二十二郎；十四郎，迁居田背。二十一世念八郎，迁汀州城。二十二郎自幼随母迁梨树隔，转徙马家围岗头坑。生十郎、十一郎二子。二十二世十郎，生十八郎、十九郎、二十郎、二十一郎四子。还有宁化安东《马氏族谱》始修年代不详。内载唐大和年间（827—835），马发龙从江西豫章入闽。其长子马十一、第四子马十四迁居宁化县田背村。次子马十二于南宋时携妻避乱徙居宁化会同里梨树隔，后裔迁宁化马家围、长汀县城。永定《高陂和兴扶风马氏族》马作钊编，1999年和兴马氏族谱编委会铅印本1册，载始祖马二郎，始迁祖南宋马懋寅。

第九十三节 麦 姓

麦姓在今中国大陆的姓氏排行榜上名列百家姓第211位。在台湾省则名列140位，人口约516000余。

【渊源】

1. 出自春秋时齐桓公封赐麦丘地之后，以地名为氏。麦氏源于麦丘地。春秋战国时期，齐桓公至麦丘，遇一老人年八十三，为桓公祝寿。齐桓公赐封地"麦丘"与老人，老人的后裔就跟从封地"麦丘"为氏。后来随着历史的变迁，再去丘为麦，改复姓成为单姓，称为麦氏。

2. 出自韩姓，因避难于麦地而改为麦氏。西汉初立，韩信因功高震主，遭吕后谋害，累及九族，其族人四散逃命。逃难途中，有的因渡河幸免于难者，遂以同音字"何"而易韩改为何姓，称为何氏。有的因躲入麦田幸免于难者，而易韩改为麦姓，称为麦氏。故有民间传说，韩、何、麦三姓同宗。

3. 出自刘姓，为汉景帝之后，以封爵名为氏。源自公元前116年，汉武帝封景帝后裔刘昌为麦侯，地属琅琊郡。其后世子孙遂以祖上爵号为姓，称为麦氏。

4. 出自麴姓，因避乱去匊改为麦氏。据《麦氏族谱》载："余家麦氏之谱，或问姓从何来？曰：去曲为麦。"西晋时有麴丞相者，浙江省处州府松阳县人，因逢五胡之乱，为避战乱，携亲属二十四户去匊改为麦氏，迁往始兴郡百顺里居住。遂又成为另一支麦氏。

5. 出自何姓，源隋朝时何饶丰之后，因隋文帝赐姓而改为麦氏。据《麦氏族谱》载："至隋朝有铁杖者，东征辽东，屡立战功，仕至石屯大将军，其日行百里，吃麦三斗，贤孙三才皆以仕官。"隋朝时，铁杖之父，姓何，名曾唯。中年生二子，长子饶丰，号铁杖，次子饶瑞。何铁杖因屡立战功，隋文帝问其愿任何职，铁杖答说："愿能日食斗麦足矣！"文帝遂赐姓麦，成为岭南麦氏始祖，其子孙相传姓麦，称为麦氏。麦铁杖后来并成为隋朝开国元老，功绩显著的大将军。铁杖之弟饶瑞仍姓何。

6. 出自回族中有麦姓。回族中的麦姓，取自祖上经名首音。在元代，有任中书亭章政事的麦术丁（麦术督丁）和任义乌县（今属浙江）达鲁花赤的麦术丁。另，"麦术丁"（Maisad-Din）又可译作"买述丁"，故麦和买姓也有一定的关系。现今，"麦"字头的经名仍在使用着，如"麦扎儿"。麦姓回族主要分布在西北地区。

【得姓始祖】

西晋时期，有大臣曲允，浙江处州府松阳人，官居右仆射（丞相），与游氏世代为豪门大族。后逢"五胡之乱"，为避战乱，携亲属二十四户去"匊"改为"麦"氏，迁往始兴郡百顺里居住（今广东南雄），遂逐渐生息繁衍一支麦氏，世代相传至今。

【入闽迁徙】

相传系出成汤姓子氏。西晋末年曲允丞相之后（新会宋代麦氏族谱记载），系浙江翁州府松阳县人。承扬子孙，俱擢任显官、而为公卿大夫、又为刺史守令等官职。绳绳相继、家兴赫奕。及逢南北变迁，五胡云扰，收拾儿孙24户往南越（现广东）保昌县（隋属始兴郡）立桑梓。至隋朝铁杖公，仕隋。智勇过人屡立战功，帝赐姓，曲去匊麦，授封宿国公，光禄太夫。至辽东战役，为国捐躯。谕葬于南雄县百顺大水迳凤形山中。其婚配冯、伊氏（均一品夫人）、许氏、甘氏；生三子：孟才、仲才、季才。十三世祖志远公从百顺麦府迁往南雄珠玑古巷，姓竺氏，生二子：文富（迁居贵州）；文贵落居南雄珠玑，葬于雄州水南麦屋岭（现雄州公园内），姓赵、陈氏（都一品夫人）；生三子：昆璧、昆泰、三璧。长子生三儿：原鲁、原清、原道；次子生二儿：顺吉、原吉；三子生五子：必荣、必秀、必达、必端、必雄。麦必荣、麦必达兄弟陵墓位于广东省番禺市（今南沙区）黄阁镇，五子必雄有一脉居南雄城区，葬于南雄珠玑三驳桥巩埂蛇形。如今已有五十多世，

第二章

约120万人。所幸子孙繁衍昌盛，永发其祥。-- 参考《中山、三水、南雄、清远古城麦氏族谱》

唐总章二年（669），安抚节度使、光禄大夫麦成肃自河南光州固始随陈元光将军入闽。

唐宋时期，泉州、漳州就有麦氏居住，泉州龙田（今前黄镇古县村）就有麦氏聚居。

南宋绍兴元年（1131），麦氏第十二世麦仁昌，名炽，字亿昌，娶叶氏，因避五代之乱，自广东顺德县香山辗转徙居福建泉郡，卜居惠北杨厝（今南埔镇仑头村）。麦氏又在福建开基繁衍，传至南宋，有麦进成，居福建莆田，淳祐七年(1247)丁未科进士，官正奏士郎左春坊内阁主簿。

今凤翔村麦厝，原为麦氏聚落，迁徙情况不明，后族人为联合何氏，依照族谱记载得姓缘由，改为"何"姓。归入惠安何氏家族。

【入垦台湾】

台湾麦姓主要是有广东和福建迁入，高雄麦氏宗亲会数据2万多人。主要分布桃园、新竹、高雄、台北、苗栗等市县。高山族同胞也有麦姓家族。

【郡望堂号】

1. 郡望

麦丘：即今山东省济南市商河县。春秋战国时属齐国麦丘邑。

汝南郡：西汉高祖刘邦四年（戊戌，公元前203年）置郡。

始兴郡：始兴自古为岭南交通要冲，人杰地灵，物阜民丰，商贾云集，著称为"古之神地"。

2. 堂号

麦丘堂：以望立堂，亦称商河堂。

汝南堂：以望立堂。

始兴堂：以望立堂。南雄属始兴郡管辖，麦氏始祖铁杖公出生在始兴郡百顺里（今南雄市百顺镇，今建有麦氏大宗祠），此地遂成为岭南麦氏发祥之地。铁杖公后裔从此分枝开叶，散居岭南各地及海内外。后世子孙为不忘先祖，饮水思源，因以"始兴"为堂号。

此外还有序睦堂、种学堂、成安堂等。

【楹联典故】

性刚继武，法肃靖氛。

——上联说隋朝时期的始兴人麦孟才，字智棱，性格刚烈果断，有其父麦铁杖的风范，官至武贲中郎将。下联说麦铁杖，骁勇有膂力，隋朝开皇年间官车骑将军，跟从杨素北征突厥，每作战捷足先登，因功进柱国，为政法令严明。

始兴祖业；宿国家声。

——全联典指隋朝的始兴人麦铁杖，封宿国公。

第九十四节 毛 姓

毛姓在当代中国人口数为330万，为全国第86位。在台湾排名108位。

【渊源】

1. 以国为姓。毛氏，出姬姓，是黄帝后裔，周文王姬昌之裔。《通志·氏族略》载："毛氏，周文王之子毛伯聃之所封，世为周卿士，食采于毛，子孙因以为氏。"《姓源》说："周文王第八子郑封于毛，《左传》周大夫毛伯是也，后因氏。"《毛氏族谱》称："吾姓系出周姬，文王子毛伯之后，世为周卿，因国为氏。"

2. 以封邑命姓。周文王姬昌的儿子伯聃（一作明），受封于毛邑（今河南宜阳一带），爵位为伯，故世称伯聃（伯明），以封邑取名毛伯聃，在周王室任司空之职，负责土木工程建筑事务，为周成王六卿之一。他的后世子孙以其封地命姓，遂成毛姓。《通志·氏族略》载："周文王之子毛伯明之所封，世为周卿士，食采于毛，子孙因以为氏。"

3. 赐姓及少数民族姓。因功赐姓毛，《明史·毛忠传》载：毛忠初名哈喇，西陲人，正统三年（1438）与都督蒋贵征讨尕儿只伯，大获全胜，升都指挥金事，坚守边疆10年，皇帝为表彰他，赐予毛姓。另《明史·毛胜传》：毛胜，初名福寿，元代右丞相伯卜花的孙子，因讨还湖广、巴蜀等处有功，赐姓毛。《姓氏考略》注："明有伏羌侯毛忠，为赐姓。" 现在，氐族、羌族、回族、蒙古族、满族、瑶族、土家族、维吾尔族、侗族、壮族、苗族、水族、彝族、仡佬族、哈尼族均有毛姓，在金时女真人中也有毛姓，其中以氐族、蒙古族、回族等族毛姓名人为多。

【得姓始祖】

毛叔郑。毛姓的开宗鼻祖是周文王第八子、周武王异母弟叔郑，因受封伯爵，又被称为毛伯、毛叔郑。公元前11世纪，周武王姬发联合各诸侯国讨伐商纣王，商朝灭亡，周朝正式建立。周武王分封诸侯，叔郑封于毛（毛国，今陕西岐山、扶风一带），其后遂以国为姓，后世毛姓主要是毛叔郑这一支派繁衍下来的，以西河为郡望。这就是中华毛姓的起源。

【入闽迁徙】

西周时封邑于陕西岐山扶风，是为毛姓发祥地；繁发于陕、晋、豫三省交界之宜阳韩城的洛水浜。春秋中后期毛姓家族发生内乱，一部分始徙江南，西晋末东晋初，战乱频仍，饥荒遍地，北方姓氏纷纷南迁，唐末五代播于甘肃、山西、河北、河南，繁盛于江南之浙、苏、皖、赣、湘、闽、云、蜀。

1. 毛璋世系。毛璋，字肇林，官名国臣，原籍浙江衢州须江清漾（今江山市石门镇清漾村），宋吏部佐侍郎。宋咸淳甲戌年（1274）度宗赵禥驾崩，太子年幼，总管太监巫忠、宰相贾似道制作内乱，蒙古忽必烈挥师中原。宋德祐丙子年（1276），宋恭宗赵显及三宫被虏北狩，毛璋同学士陆秀夫护驾幼主益王和信王从燕都南渡，取道温州海路入闽，将军张世杰、右丞相文天祥在闽江五虎海口迎驾至福安府（今福州市）。毛璋授封兴化府（今莆田市）太守督道。宋祥兴己卯年（1279），文天祥被俘江西，张世杰战败惠海与太子投海同归于尽。宋朝灭亡，元朝建政。毛璋为隐居，择地玉融六十一都鳌峰半岛梅林之中启宇定居。因地处梅树茂盛，风气攸钟，背山面海，群阜员秀，海中有山绕抱，涨潮似塘，故取名曰：梅塘（今福清市沙埔镇坑北村梅塘），成为福清毛姓开基祖。今已繁衍30代，人丁兴旺，名人辈出。在此发展壮大后，又以坑北为中心逐步向全省、全国及世界各国迁徙，代代相传。现毛璋后裔主要分布在福清市沙埔镇坑北村的梅塘、西厝、东厝、祖厝、新厝下、后楼、下海、东贵盛和文场村，以及福清融城、阳下油楼，福州西门、灵响、仓山下渡、盖山、阳岐，福鼎市城关、秦屿、小箬笪，闽清廷洋，连江北艾、定田，闽侯瓜山、荆溪，长乐市，平潭县，永泰城关、新口、石塘和莆田、厦门、宁德、南平、来舟、沙县、建阳、浦城、泉州、龙海等地及广东、浙江、山东、四川、海南、台湾等省和香港地区，以至日本、新加坡、印尼、马来西亚、美国、加拿大等国家。毛璋后裔成为福建省毛姓人口最多的一支毛姓。

2. 毛蔚世系。毛蔚，字学周，原籍江西吉水龙城乡寺丞派，毛让十三世孙，为江西宣抚司参军毛寿甫次子，宋度宗咸淳间（1265—1274）授吉州学正，端宗景炎年间（1276—1277）出任汀州府宁化县主簿，后卒于官，葬宁化县西郊，其子滨、鸿以奉岁时祭祀，遂家城永福坊定居。后毛滨子毛俊、孙立桂迁汀州府城即定光寺前毛家巷定居；其次子毛鸿孙立槐之子志文、志武先后于明永乐元年（1403）在招贤里（今水茜乡）大示坪、招得里（今安远乡）张家墙购置产业定居，志韬、志略、志广居江右（含江西宁都东山坝）。景泰三年（1452）志文移居招得里张家墙，后裔适居宁都赖坊乡；明天顺六年（1462）志武迁居大洋，为大洋开基祖。现毛蔚后裔主要分布在宁化水茜、安远、赖坊、大洋、宁化县城，长汀城，江西宁都、铅山、永丰，明溪下坊，建宁斗埕，崇安下梅，光泽台山等地。

3. 长汀毛姓。长汀有二支毛姓，一是县前毛姓，一是古城毛姓。县前毛姓位于长汀县城关南门旧县衙前，是毛蔚四世孙毛立桂，从浙江入闽居汀州府长汀县城，明建文年间（1399—1402）自宁化迁长汀毛家巷，后迁长汀县前定居，人丁兴旺，裔孙毛槐行商至宁化，爱其地美，遂定居于宁化县禾口；十四世后以大树屏毛汝洋、毛汝猷、毛汝明、毛汝钦四大房称之；迁出以新加坡、上海、福州为最。二是古城毛姓位于长汀县西郊与江西瑞金相邻的古城镇，属江西吉水龙城毛任次子仕简后裔，约在清中期由吉水经瑞金，进入长汀古城。

4. 毛显世系。毛显，原籍江西吉安府吉水县八角井里，于明永乐二年（1404）镇守福建延平府（今南平市），后调往闽清摩天任官校骑尉将军，遂定居闽清县下祝乡杉村。毛显之子毛保藩、保衍世居下祝杉村。明末，保藩后裔迁徙屏南。毛显后裔主要分布在下祝杉村、兰口村，桔林乡高洋村，梅溪

镇扶山村、池园镇宝山村，白樟镇前庄村，东桥镇过洋村、朱山村、青窑村，梅溪大路村、上埔村，还有一些后裔于清至民国年间迁马来西亚、新加坡；福州洪山镇祥坂村（今台江）、平潭龟仔村，台江祥坂又分迁三明、上海、台湾及海外等地。

【入垦台湾】

毛姓迁往台湾的历史悠久，不只是平民百姓，还有政府派去的官吏。清康熙于1683年统一台湾后，派官员进驻台湾，治理台湾。《新竹县志初稿》中记录了一位广东博罗人毛殿飚，他是康熙甲戌年（1694）的进士，康熙四十四年（1705）由诏安调补到台湾诸罗县任知县。他在任期间，废除陈规陋俗，打击豪绅强暴，修建桥梁道路等，做了许多有益的事。在台湾毛姓名人中清代主要有康熙三十九年（1701）年由福建建宁府建阳县知县调任台湾诸罗县知县的毛凤纶（凤伦），他祖籍盛京奉天府，在台湾的知县任上政绩突出，颇有才干，得到好评，当他43岁秩满时，升任江西吉安府同知而调回大陆。另一位是清广东惠州府博罗县人毛殿扬，他是康熙三十三年（1694）进士，四十四年（1705）由诏安调任台湾诸罗县知县。以前在大陆时颇有政绩，敢于改革陋规恶习，与恶势力斗争，到台湾就任后不肯与贪官同流合污，洁身自好，不苟言笑，但命不长，赴任仅数月即逝世了。毛姓人迁台湾省规模较大的是在清雍正乙未年（1734—1735），有毛、蔡、李、龙、陈六姓合垦今台湾苗栗县苑里镇等地区。清道光年间（1850—1921）漳州龙溪县（今龙海市）田里乡人毛士剑以孝友祀台湾府学文庙，其后裔迄今仍盛传于台南县六甲乡。

1946年台湾光复以后，毛姓人又一次规模较大迁台。最多的一批是官员和学者随国民党军队撤退入台。这些毛姓人有的在台湾成家立业，有的从军队退役后无家室，在养老院安度晚年，也有一些毛姓人及其后裔迁居于海外各国。据福清《毛氏族谱》中的《分迁志》记载，福清迁台定居的毛姓宗亲有：典枝、祖锦、廷国、允邦、培心、维凌、维云、忠台、国兴、胤凤、厚鹊、祚军、祚祥、胤华、祚梁、念栋、祚贤、念智、祚彦、厚中、祚明、厚诚等。如，

毛培心：原籍梅塘南支，是福鼎桐山始祖文珩公派下。文珩，字周善，号春还，太学生，璋公十六世孙，梅塘南支唯复公派下，于清康熙八年（1669），八府抽调领兵到桐山，而留居福鼎，是福鼎城关始祖。文珩公生三子，长子必发，生四子，分为春夏秋冬四房：长子习义为春房，次子习松为夏房，均居桐山街；三子习云为秋房居长头街；四子习礼为冬房，居浮岐叠石脚。培心系二十三世孙，现定居台北市。毛培心，字学惇，号麟鸿，福清梅塘支迁福鼎，定居台湾。

台湾毛姓主要居住台北、台南、基隆、嘉义以及彰化、台东等市县。

【郡望堂号】

毛姓郡望有西河郡（治所在今内蒙古东胜县境）、荥阳郡（今河南省荥阳市）等。堂号有西河堂、荥阳堂、舌师堂等。

【郡望堂号】

满美毛氏家庙，又称毛氏庵美内祠堂，位于龙海市满美的毛姓祖祠家庙，约建于明代，坐北向南，二进三开间，砖木结构，多次重修，保存完好。庙中存有《西河郡》石门匾。

【祠堂古迹】

光泽毛氏宗祠：光泽台山的毛湛毛家也是如此。该村现存有3座宗祠，分总祠和分祠。毛氏总祠在村西面，坐北朝南，重建于清嘉庆八年（1804）三月，占地面积469平方米，砖木结构，房高7.2米，正面高墙三开门，正中大门，上方有"毛氏宗祠"楷书大字。

毛氏四房祠堂，建于清嘉庆九年（1805），坐落在村东，现村口处。坐西朝东，占地面积489平方米，砖木结构。

毛氏六房祠堂，建于嘉庆九年（1805）。坐北朝南，占地面积676平方米，建筑面积720平方米，砖石结构，一字式门楼，没有大门，只有两边月门，里面前后三进，三开间。前殿上方有"温柔敦厚"牌匾，后殿上方有"安孔成寝"牌匾，该祠堂属省文物保护单位。

第九十五节 茅 姓

茅氏在宋版《百家姓》中排序为第119位。全国茅姓实际只有10万人，比例为0.008%，居第373位。在台湾排名第289位。

【渊源】

1. 源于姬姓，出自周朝周公旦第三子茅叔，属于以先祖名字为氏。周朝时期，周公旦的第五子茅叔被周成王封于茅邑（中国山东济宁金乡与江苏丰县之间），建立了茅国，是一个古老的姬姓小国家，子爵。周简王二十五年（前547），卫国君主卫殇公因卫国执政大夫孙林父叛逃至晋国，曾经联合茅国，与晋国之间展开了一场战争。到了春秋末期，邾穆公改邾娄国号为邹，史称邹国。周敬王二十七年（前493），鲁国攻伐邹国，邾隐公打不过鲁国，被迫进贡赔礼。在恼羞成怒之下，随后即攻灭了紧邻的茅国泄气，以挽回面子。这样一来，有465年左右历史的茅国消亡了。茅国被邹国吞灭后，茅国公族子孙以及国民就以国名为姓氏，称茅地氏、茅成氏，后省文简化为单姓茅氏、茆氏、菅氏。

2. 源于姬姓，但出自春秋时期晋国大夫先茅，属于以先祖名字为氏。先茅，是先轸的弟弟。而先轸是晋文公执政时期的重臣，是晋国的军事统帅，为晋国立下许多功勋，其家族因此飞黄腾达，先茅也被晋文公任为大夫，赐封地在"先茅之县"（中国山西平陆茅津渡）。到了（前627）农历三月，晋国与白翟（白狄）在箕地（中国山西榆社）争战，元帅先轸、先茅及其儿子一同战死。大夫胥臣推荐郤缺为晋军主帅。当年农历八月，郤缺再率晋军攻灭了翟国，并俘虏了白翟的首领。晋襄公任命先轸的儿子先且居为中军主将，以告慰先轸。但因大夫先茅全家战死，没有后裔了，便将先茅原来的封地赏赐给了胥臣，以奖励他举荐郤缺的功劳。胥臣非常敬重先茅及其子，将自己的新封地改称为茅城，建茅亭追念其功，并令先茅的故旧家臣皆改姓为茅氏，世代相传。

3. 源于姬姓，但出自春秋时期邾国大夫茅夷，属于以先祖名字为氏。茅夷，全称为茅夷鸿，为春秋晚期邾国大夫。子孙何至以茅夷为氏。周敬王姬丐三十二年（吴王夫差八年，前488），鲁国军队强行攻入邾国，大肆掠夺后，将邾国君主邾子益（曹益）也虏回鲁国。当年农历七月，邾国派大夫茅夷鸿携带束帛求见当时春秋霸主吴王，上奏道："鲁国攻邾，邾子益为鲁师所擒，献于亳社，囚于负瑕，邾国都城遭鲁师肆虐。茅氏拜请吴王顾念吴邾结盟之情，出兵相救。"茅夷鸿有大功于邾国，晋升上大夫。茅夷鸿的后代孙子名叫何至，他以先祖的名字为姓氏，称茅氏，由其后裔子孙世代相传。

4. 源于妫姓，出自战国末期秦国大夫茅焦，属于以先祖名字为氏。茅焦，妫姓，是战国末期的齐国人。因为学识渊博，而且胆识超人，茅焦被秦王政聘请为客卿。茅焦在历史上的最大贡献，就是为"中华第一皇帝"的秦始皇保留了一个好名声。在茅焦的后裔子孙中，有以先祖名字为姓氏者，称茅氏、焦氏，世代相传。

【得姓始祖】

姬茅叔、先茅、茅夷鸿、茅焦

茅焦：秦代谏官，齐地人。任始皇谏官。为始皇迁母于雍地事，劝谏者被杀了27人，他冒死又谏，历数始皇罪恶并指出其对秦王朝的危害。终于使始皇警醒，被拜为上卿。

【入闽迁徙】

茅姓入闽时间未考。唐光启之乱，入闽始祖讳奭号晶寰，累仕江淮。由光州随王潮参军入闽。唐赐进士，敕镇清源节度使，谥光禄大夫。莅仙始祖讳君宠，号南轩居士。乃奭公之季子。官授凉州刺史都督。由福而泉，析居仙游县南迎薰门之蓝溪，聚族于斯。考证：《仙游古今》载"东门张、西门傅、南门茅、北门顾"，四城门确系四大姓古老故居。仙游茅姓，曾是仙游四大望族之一。至宋代，茅姓家族已有闻人涌现，茅知至，福建仙游人，宋代国子助教，操尚介洁，博通坟典。介六经孔孟之道，以开明人心。著二十一史绎，注十三经旁训，以阐发奥旨。后荐于朝，补国子助教。明代，茅镛，字庭韶，福建仙游人，性嗜学，通经史。正德、嘉靖间，纂修孝宗、武宗实录，镛皆被征与修。书成，授博士。现在每年九月九重阳节会有不少莆田、仙游的茅氏子孙汇聚在宋代名儒茅知至的诰命夫人墓拜祭。子孙播迁莆田、福清等地。

唐代，茅姓已经从江南入闽千徙，在唐宋时期已经活跃在福建，居住在闽北和闽西，到宋代成为望族，人才辈出，涌现了大批杰出人物。茅汝元，宋画家。号静斋，建宁（今福建建瓯）人。进士。善墨梅。与同里艾淑齐名，以艾竹、茅梅为称。《画史会要、冬心画梅题跋》。茅知至，仙游人。宋代国子助教，操尚介洁，博通坟典。倡六经孔孟之道，以开明人心。

元朝世祖二年（1261），开基始祖茅元万于由江苏吴江大街坊经浙江严州府（今浙江杭州）淳安县西门坊，未居数年即携眷入闽在延平府（今福建南平），一年后转迁至沙县，元万公有兄弟四人，元万居首，亨万居次，利万居三，贞万居四。后裔散居各地。茅元万生子2人为二世祖茅廷祥、茅廷礼。茅氏约有2000人，主要分布在沙县，尤溪，大田各县。

明宣德九年（1434），茅福庆，从浙江省钱塘县大田县周田，周田茅氏开基祖，立东海郡望东海堂。

福建省茅姓主要居住在福清市、莆田市、仙游县、尤溪县、大田县、沙县、尤溪等地，全省多地均有茅氏族人分布。

【入垦台湾】

明清以后，茅姓开始入垦台湾，散居台北、基隆、台南等市县；同时播迁海外。

【郡望堂号】

茅姓主要郡望有东海郡、陈留郡、晋陵郡。

茅姓主要堂号以望立堂有东海堂、陈留堂、晋陵堂。

【祠堂古迹】

仙游茅氏宗祠，始建于仙游县南迎薰门。宋、元均有重修，现保存明代古建筑风貌。穿斗抬梁式结构，单歇山造，坐北朝南，占地面积805平方米。土木空架结构，面宽三间两进，上为正堂，下是大厅，两旁走廊，右边厢房，中设天井，前有庭园，雄伟壮观。楹联有"唐节度祠宇开先蓝水汇溪清俎豆，宋名儒经书启后紫薇登第耀云礽"。

南桥茅氏宗祠，位于仙游县鲤城街道办南桥社区后嵩迎勋路，始建于明代。现列为文物保护的有："宋理学名臣茅知至及浩命夫人古墓葬""双林书院""温泉灌缨池"等。

【楹联典故】

广平世泽；孝义家声。

——佚名撰茅姓宗祠通用联。全联典指宋·茅信卿，四世同居，治家有方，朝廷表彰为"四世孝义之门"。

老群拜司命；始皇封上卿。

——佚名撰茅姓宗祠通用联。上联典指西汉道人茅盈，字叔申，咸阳人。相传，太上老君拜他为司命真君。下联典指秦代谏官茅焦，齐地人。任始皇谏官。

博通经典推知至；广览桥梁忆以升。

——上联典指宋代国子助教茅知至，仙游人，博通坟典。下联典指当代铁路桥梁专家茅以升。他于1920年在美国获工学博士学位。任过中国土木工程学会理事长、铁道部科学研究院院长等职。著有《钱塘江大桥》《武汉长江大桥》《中国桥梁——古桥与今桥》等。

【族谱文献】

1997年三明茅氏修撰了《茅氏族谱》。

【昭穆字辈】

福建东海茅氏字辈：泰元天道会礼乐盛家声立得宗先哲培才毓俊英志学方邦远文章佐国桢继武绵祖泽增华弈世荣。

梅姓是当今中国姓氏排行第136位的姓氏，约占全国汉族人口的0.1%。在台湾排名第159位。

【渊源】

1. 系出子姓，属于以封邑名称为氏。出自商汤后裔，商王太丁封其弟梅伯于梅。殷商时候有梅国，是殷的同姓封国。殷王太丁分封他的弟弟于梅国（今安徽亳县东南），后来太丁有封了他为伯爵，于是世称梅伯。梅伯是位忠于国家、爱护百姓的王族，但后来到了商朝的末代君主纣王统治的时候，由于纣王的残暴荒淫，导致国家败坏，百姓苦难。梅伯关心民生疾苦，看到殷商如此，心急如焚。梅伯曾多次劝说纣王改邪归正，而纣王竟恼羞成怒并因此用残酷的刑法将梅伯折磨至死。后为殷纣王所废。周武王克商后，武王灭商后，周武王很尊重梅伯的为人，追加给梅伯的称号叫忠侯，并优待梅伯的子孙后代。封梅伯后裔于梅邑（今安徽怀宁梅城），又封梅伯的后裔于黄梅，号为忠侯。而梅伯的子孙为了纪念梅伯，就以封地为姓氏，其后世子孙遂以祖先封地为姓氏，称梅氏，史称梅氏正宗。

2. 源于姒姓，春秋是越王勾践之后封于梅里，以封邑名称为氏，后散居沅湘。

3. 源于改姓而来，属于汉化改姓为氏，如源于百越族，出自南北朝时期百越王梅安氏族，因境内有梅溪河，称梅氏，后大部分融入汉族，少部分流入安南（今越南）。在古代，梅姓望族大多聚居在汝南。

【得姓始祖】

梅伯。商朝末年直臣，纣王时在朝任卿士。他为人正直敢言，见纣王荒淫无道，几次冒颜进谏，纣王不纳。时有臣劝他，忠言逆耳，以免招来杀身之祸，而梅伯却慷慨陈词："文谏死，如果人人都不敢直言，朝廷还要我们这些大臣干什么？"他依然如故，凡遇纣王无道，即当庭指出，纣王忍无可忍，就把梅伯杀了，还残忍地把梅伯的尸体剁成肉酱。

梅伯因冒死直言，忠贞不屈而流芳千古。武王灭商后，封梅伯之裔于黄梅，号为忠侯，其后世子孙遂以祖先的封邑为氏，称梅姓。他们尊梅伯为其得姓始祖。

【入闽迁徙】

梅姓发祥于今湖北黄梅一带，后不知什么原因，大批迁衍于河南汝南。魏晋南北朝时，梅姓在汝南郡繁衍地尤为昌盛，并呈族大人众，枝繁叶茂之势，后逐渐发展成为梅姓历史上最重要的郡望——汝南郡。唐朝中后期，安史之乱加藩镇割据，阉宦专权，又加唐朝所请的援兵回鹘烧杀掳掠，黄巢起义又紧随而来，社会激剧动荡，梅姓在南方分布更广，今广东一带也有了梅姓人定居。宋元之际，梅姓在江南各省繁衍昌盛。

福建梅姓分布闽东和闽西闽北。北宋仁宗朝景佑年间（1030年左右），浙江大际奉熙公派下的仲文公，在首次迁徙到福鼎点头镇的梅山，一世开山祖为仲文公。仲文公派下繁衍到第十九世的梅顺公，在明朝成化年间，由梅山分支到柏柳，开垦田园，划购山林，建祠立庙，始成柏柳规模。南宋淳佑年间，大际奉因公派下第八世中起公迁徙到柘荣，继续繁衍至二十一世的日近公。于明朝末年再迁福鼎刘山，繁衍至今。清康熙年间从浙江省泰顺县溪坪迁至福鼎前岐镇的黄仁村，一世祖为玉珏公，至今已传14代，人丁繁衍约1400人，并在黄仁建造宗祠。福鼎梅氏源于浙江省景宁县的大际乡，历史上共分3次迁徙到福鼎，由于时代变革的原因和家族发展的需要，经过前代人的不懈努力，精诚团结，终于在1957年进行了宗族大联合，把两支梅联谱联宗融合为一支。分别是老大奉因公、老二奉安公、老三奉熙公派下。子孙迁徙海内外。

据资料载：宋时，梅氏就已入迁宁化定居，一些乡村至今还保存有以梅氏命名的村庄，如水茜乡的梅坑，中沙乡的梅林。元、明之后，逐渐外迁。至清代，广东、闽西又有梅氏入迁宁化。现主要居住在宁化翠江镇。湖南郴州市桂阳县梅家村《梅氏宗谱》记载，元龙公由福建汀州府上杭县猪屎街迁居江西吉安府太和县，土名鹅颈丘。姝谢氏落业营生。生子奇公，姝余氏，得生四子：本福、本禄、本祯、本祥。事业未序，及至五世祖白湖公恩赐进士，姝李氏生二子。白湖公姝吴氏谐诸子侄迁居郴州府宜章县、长沙府湘阴县、宝庆府邵阳县分居落业。及至汝顺公姝胡氏与兄同到桂郡，安居何地未详。汝明公姝庆氏安居桂郡，土名大塘尾。后又迁居阴泉坊传至三世鼎和公，姝王氏。进朝祖书立排行地名以传后世，居住地名芭蓠堡梅家园：祖叙功远、宗德族大、金世正朝、万代兴隆、孝弟忠信、礼义廉耻。本族排行诗：叔伯和子贵、思国绍继承、仁义礼志信、万世永昌隆、文才逢景盛、朝廷显大荣、祖德渊源（开基）远、诗书孝敬忠（后代光前功）、家邦陈善荣（传身齐家政）、安保定全功（诗书耀宗公）。诚能遵崇道、自然基业宏。明清时期，闽北地区有梅姓聚居村落，至清嘉庆年，有梅树德与林则徐同科举人，任浙江西安县知县。福建闽北梅姓而邵武梅氏是江西移民，而且他们至今还是说江西赣话的，分布在浦城的有600多人，光泽和邵武都有散居。

漳浦县旧镇镇梅宅村梅宅社和霞美镇山前村后山梅厝社，原居住梅姓家族，后来外迁，现梅宅无梅姓，仅存梅宅社神庙中梅姓题名石柱。山前村后山梅厝社梅姓系从梅宅传衍，有梅氏祖祠一座，现有梅姓约30人。又传石榴镇梅林社（梅东、梅西）原也有梅姓聚居，今已无梅姓，记以存考。

仙游县钟山镇元峰村，该村落大都是梅姓，现有人口约500来人，始祖也不知哪个朝代迁来，祖上的家谱已在"文化大革命"时遗失。邻县的莆田市灵川镇径里村也有200多人梅姓人口，他们是从仙游县钟山镇元峰村迁出的，听说已有200多年的历史，莆田市灵川镇径里村祖上有家谱。子孙播迁三明将乐县万安镇良方村安居。

浙江玉环位于浙江东南沿海黄金海岸线中段，介于宁波、温州两开放城市之间，坎门办事处前坪村和应东村，现有梅姓人口几十人，大多数人讲闽南语，可这里的梅姓不知是从哪里迁来的，家谱也没有，听说先人是背着老祖宗的骨瓶到这里安居的。全县梅姓人口有200来人，但无宗祠，亦无谱集。

清康熙年间，黄仁梅氏肇基始祖玉珏公于从浙江泰顺罗阳溪坪迁居来福鼎前岐镇黄仁村，至今有300多年，已传14世，子孙繁衍近1400百人。

据不完全统计，福建梅姓人口只有四千多人。福建梅氏上了千人的县市，估计只有福鼎市和邵武市；厦门、福州、漳州、泉州都是散居。

【入垦台湾】

清朝以后，福建梅姓渡海赴台，侨居海外者。19世纪40年代，有大批梅姓人口入台。台湾公布的梅姓人口只有3000多人，台湾籍梅氏有500人左右，其余的都是大陆籍梅氏，客籍远远超过土籍人。台湾排名159位。台湾梅姓人口依次台北、台中、高雄、基隆、台南。

【郡望堂号】

1. 郡望

汝南郡：汉高帝时置，治所在平舆，故城在今河南平舆北。相当今河南省中部偏南和安徽省淮河以北地区。早期的梅姓，主要活跃于现在的河南汝南一带。西汉末，梅姓逐步播迁到现今的江西九江一带。

2. 堂号

梅姓的主要堂号：汝南堂、华萼堂、绩学堂、北海堂、宛陵堂、尉仙堂、太公堂、汉中堂、华萼堂、余庆堂等。

宛陵堂：宋朝时宣城（古名宛陵）人梅尧臣，世称宛陵先生，任尚书都官员外郎。工诗，与欧阳修为诗友，著有《宛陵集》。

【祠堂古迹】

黄仁梅氏老祠堂，位于福鼎市前岐镇美丽的黄仁村，始修于清代，2013年重修。

柏柳梅氏宗祠，位于福鼎市柏柳村，位于福鼎市的西南部，距福鼎市区24公里路程，海拔约400米，在福鼎名山梅山。

惠安梅氏祖厝，位于惠安县净峰镇五群村村中村角。

【楹联典故】

中侯苗裔；汝南望族。

——佚名撰梅姓宗祠通用联。全联典指梅姓的源流和郡望。

仙隐吴市；诗咏都官。

——佚名撰梅姓宗祠通用联。

上联典指西汉寿春人梅福，字子真，少年时在长安求学，懂《尚书》《穀梁春秋》，后官南昌尉，不久，弃官还乡。成帝、哀帝时，曾多次上书。元始年间，王莽专权，他离家到九江，相传后来成了仙；有人曾在会稽见到他；又说改姓埋名在吴市做门卒。下联典指北宋诗人梅尧臣，字圣俞，宣州宣城人，少年时举进士不第，历任州县属官，中年后赐进士出身，任国子监直讲，官至都官员外郎。论诗注重政治内容，对宋初有些作家的靡丽文风表示不满；写作技巧上重视细致深入，认为要"状难写之景，如在目前，含不尽之意，见于言外"；作品致力于反映社会矛盾，风格平淡，对宋代诗风的转变影响很大，很受陆游、刘克庄等人的推崇。有《宛陵先生文集》。

浓香满袖；绩学参微。

——佚名撰梅姓宗祠通用联。上联典指宋朝梅询，侈于奉养，喜焚香，以公服罩之而出，坐定拔开，满室浓香，人谓之"梅香"。下联典指清朝梅文鼎，精历算之学，清圣祖尝以"绩学参微"四字赐之。

【族谱文献】

梅氏族谱，4册，民国二十七年（1938），建宁、邵武族谱。

第九十七节 蒙 姓

蒙姓是中国古老姓氏，是伏羲氏后裔掌管蒙山之祀，出自风姓。在全国人口 47 万，人口排名第 200 位。在台湾排名第 323 位。

【渊源】

1. 源于风姓包氏，出自以山名、官名为氏；《百家姓·蒙》载：包羲伏羲氏后裔掌管蒙山之祀，建立东夷蒙国，世为东蒙主，属于以国为氏。

2. 来源于高阳氏，以地名为姓。出自远古黄帝之孙颛顼的后裔，属于以封邑名称为氏。

3. 源于南诏国。唐朝时南诏蒙氏，为父子连名，哀牢之后代，入中国者为蒙氏，居于蒙舍州，其后进入中原，定居于安定（今甘肃定西），遂为安定人。又是当今南方蒙姓的重要成员。

4. 为他姓所改，出自清朝时期巫罗俊后裔，属于避难改姓为氏。于都蒙氏又称其先祖原为巫氏，始祖原为福建黄连镇的巫罗俊，传至二十二世时在广东兴宁为官，因犯案逃至江西于都长河堡西山定居，遂改为蒙氏，世代相传至今，并已将其正式定入八修"昌远堂"蒙氏族谱中。

5. 少数民族汉化姓氏。元朝时，蒙古族统一中国，由于一些原因，有不少人改姓蒙古（复姓蒙古氏），后来随着元王朝败退漠北以及时间之推移，后来，其子孙逐渐以单姓"蒙"为氏，改为单字蒙，这些蒙姓主要分布于我国内蒙古、北京、河北。今壮族、苗族、瑶族、水族、侗族、布依族等少数民族中，均有蒙氏族人分布，其来源大多是在唐、宋、元、明、清时期中央政府推行的羁縻政策及改土归流运动中，遂改为汉姓蒙氏，世代相传至今。

【得姓始祖】

蒙双。蒙姓中国人是黄帝的直系后裔，许多姓氏古籍都有详尽的记载。根据《路氏疏传记》是所说，蒙姓是高阳帝的后代，高阳氏距今大约有 4500 年的历史，他是黄帝轩辕氏的嫡孙，秦时有将军蒙骜。而《姓氏考略》上说，高阳氏的后代被封蒙双，有

蒙氏，双氏。蒙氏是先秦时期赫赫有名的家族。望族居于安定郡，即甘肃省固原县。蒙氏后人奉蒙双为蒙姓的始祖。

巫罗俊。字定生（582—664），号青州。罗俊先祖巫暹，东晋末年由山西省平阳郡夏县（今山西省临汾市）避乱到山东兖州，巫罗俊"少年负殊勇"，"筑堡卫众"，开发黄连峒（今宁化），开辟从宁化至长江的航运，与"吴地"的通商，发展经济，后管福建南平。隋大业（605—617）年间，罗俊随父再迁居宁化。他带领人民开发古宁化，表现出高度的冒险进取、勇于开拓的精神，是隋唐时期客家先民的代表，这种精神后来成为客家精神或谓客家品性的核心。

【入闽迁徙】

上古时候的黄帝是著名的氏族首领，他有一个孙子叫作颛顼，也是著名的部落首领。蒙氏一门三代蒙骜、蒙武、蒙恬和蒙毅均为秦朝的名将，为秦统一中国立下了不朽的功勋。

蒙氏原为巫姓。先祖巫暹，东晋时从山西平阳府夏县避乱山东兖州，后迁福建剑津（今南平）。

至隋唐，由于战乱、自然灾害、官职调迁等原因。巫罗俊（582—664，即隋开皇二年生，唐麟德元年卒），字定生，号青州。罗俊先祖巫暹，东晋末年由山西平阳郡夏县（今山西临汾市）避乱到山东兖州，后迁福建南平。隋大业年间（605—617），罗俊随父再迁居宁化。因罗俊开疆拓土建镇有功，唐贞观年间被封为镇国武侯黄连镇将，被奉为宁化巫氏始祖。传至十九世巫禧，字忠立，宋文学祭酒，敕授修职郎，于南宋开禧元年，以文学游粤，遂居家广东兴宁县岗圩洋塘堡，为兴宁巫氏开基祖。禧生子回。回生五子，其第四子景茂，妣袁氏，生四子：仲兴、贵兴、能保、必子。必子于明洪武十八年参与兴宁县户房吏，因事戍滇南，涉及兄弟。贵兴、必子逃至江西会昌县长河堡西山（今为安远县），隐姓换名，改为蒙姓，

并在西山建立祖祠,堂号"积庆堂"。至其孙彦常公,时在明中业,又举家迁至安远县下五堡仁凤村富塘(今为于都县盘古山镇人和村),建祠名为"恒心堂",至清代更名为"昌远堂"。人和村巫氏,虽改姓蒙,但昌远堂正厅神龛上首席牌位仍为一世祖巫罗俊公,然后才为二十二世始迁祖蒙贵兴公,二十三世开基祖蒙万承公。

宁化巫氏为平阳郡。自廿二世贵兴、必子在广东兴宁遭难逃至江西更姓改名,自此渴望有更安定平和的生活环境。同时,蒙氏郡望为"安定",遂将郡望改为安定郡。自贵兴逃难迁至江西安远县下五堡仁凤村开基立业,改姓蒙后,人丁兴旺,子孙繁衍,裔孙播迁赣、粤、桂等省地,人数在百万众以上。

【入垦台湾】

清代,福建蒙氏开始迁徙台湾,19世纪40年代又有大批蒙氏族人迁徙台湾,今主要在台北、台南、基隆、台中、新竹等各市县。

【郡望堂号】

安定郡:汉武帝西汉朝元鼎三年(前114)置郡,治所高平(今宁夏固原)。

辽东郡:战国时期燕国置郡,治所在襄平(今辽宁辽阳)。

安定堂:以望立堂。

献典堂:春秋时期,楚国复国以后,楚昭王决定重新治理国家,壮大楚国的势力。

昌远堂:资料有待补充。

【楹联典故】

望出安定:姓启蒙山。

——佚名撰蒙姓宗祠通用联。联典指蒙姓的源流和郡望。

典五官治楚:筑长城防胡。

——佚名撰蒙姓宗祠通用联。上联典指秦代楚瞀楚大夫典五官有则,楚国大治。下联典指秦代蒙恬筑长城,胡马不敢南下。

国掌谋,无愧名卿显职;中山得颖,永为文士宝珍。

——佚名撰蒙姓宗祠通用联。上联典指秦代上卿蒙瞀事典。蒙瞀,出则参乘入则御前。常为内谋,诸将相莫与之抗。下联典指秦朝名将蒙恬发明毛笔事典。

第九十八节 缪姓

缪姓在当今姓氏排行榜上名列第 221 位，人口约有 467000 余人，占全国人口总数的 0.029%。在福建排名第 95 位。在台湾排名第 181 位。

【渊源】

1. 源于嬴姓，出自春秋时期秦国的国君秦穆公，属于以先祖谥号为氏。春秋时期，秦国的秦缪公（秦穆公）是著名的春秋五霸之一。秦缪公本名嬴任好，在位长达 39 年（前 659—前 621）。秦缪公精明强干，但当时秦国崇尚武力，不喜文治，还非常迷信，许多治国的规则也都不文明。在秦缪公逝世的时候，还让他那 3 位最有名的贤人殉葬，他认为生前陪他的人，死后也要陪他。孔子对这种事就非常反对。秦缪公死后谥号为"缪"。因为古代"缪""穆"二字同音，所以秦缪公又常常被写作秦穆公。在秦穆公的支庶子孙就以他的谥号为姓，称缪氏，世代相传至今。

2. 源于官位，出自秦、汉时期官吏缪吏，属于以先祖谥号为氏。缪吏，亦称缪人、缪使，是战国末期出现的并延续到清朝时期的官吏，也就是专职负责绞杀罪犯的刽子手。"缪"，在古代通"绞"，原来是将麻线扭绞在一起成为绳索称"缪"，后延伸为绞杀、绞刑，是一种宽宥性质的死刑，因为绞刑之后保留了受刑者的全尸。缪有艺，缪吏既可以令受刑者迅速死亡，也可以令其死去活来地受罪，因此缪吏是一种很重要的职官，甚至多有受刑者家属以重金行贿于缪吏，以使亲人在受刑时免受痛苦。在典籍《礼·檀弓》中记载："衣衰而缪绖。缪，当为不樛垂也之樛。疏注：缪绖，谓绞麻为绖。"在史籍《前汉书·孝成赵皇后传》中记载："即自缪死。师古曰：缪，绞也。"缪吏多为世袭，在其后裔子孙中，有以先祖官职称谓或职业称谓为姓氏者，称缪氏，世代相传至今。

3. 缪姓为鲁穆公之后。鲁穆公，即姬显，是鲁国第三十任君主（前 415—383），他为鲁元公儿子，承袭鲁元公担任该国君主，在位 33 年，使鲁国一度出现安定局面。鲁穆公死后，谥号为"缪"，古代"缪""穆"同音，所以鲁缪公也写作鲁穆公，他的庶子以他的谥号"缪"为姓，称为缪姓。西浦缪姓为鲁穆公之后。福建、浙江、江西、河南、山东、江苏、湖北、湖南、广东、广西、云南、四川、安徽等省的缪姓均为鲁缪公后裔分支。

【得姓始祖】

秦缪公（？—前 621）。一作秦穆公，嬴姓，原名任好。春秋时代秦国国君。在位 39 年（前 659—前 621）。在《史记》中被认定为春秋五霸之一。秦穆公非常重视人才，其任内获得了百里奚、蹇叔、由余、孟明视、西乞术、白乙丙等贤臣良将的辅佐，曾协助晋文公回到晋国夺取君位。周襄王时出兵攻打蜀国和其他位于函谷关以西的国家，开地千里，因而周襄王任命他为西方诸侯之伯，遂称霸西戎，为 400 年后秦统一中国奠定了基石。公元前 621 年秦穆公安葬于雍（今宝鸡凤翔东南），殉葬的人数达 177 人，死后谥号为缪，因为古代缪、穆二字同音，所以秦缪公又常常写作秦穆公。他的支庶子孙就以他的谥号为姓，称缪姓。

【入闽迁徙】

隋朝（581—618），隋州录事参军缪珙，娶黄氏，生七子，徙会稽（浙江绍兴）之表孝乡通德里。缪珙第三子缪守规，唐太守，娶林氏，生九子。缪守规第五子缪定器生三子。缪定器第三子缪文华娶陈氏生四子，长子缪祐。

第一世祖缪祐，字汝锡，号介庵，谥忠诚（825—887），唐宣宗大中四年（850）任监察御史，大中十一年（857）官拜银青光禄大夫，左丞相。夫人周氏诰封一品夫人。夫人陈氏，吴氏，生子二：缪承霸、缪承保。唐僖宗广明元年（880 年，当时闽东只有长溪一县），为避五季之乱，除缪承霸时任襄阳（湖北）县令外，举家入迁福建长溪赤岸青皎泥湾（缪家琦）。

缪祐被尊为入闽第一世祖。第二世祖缪承霸、缪承保。第一子缪承霸，字谦伯，唐僖宗时进士，襄阳（湖北）县令，仙峰岭兜缪姓老祖宗。第二子缪承保，字聚伯，唐僖宗时进士，东阳令，配陈氏，生子三：缪延朗、缪延亮、缪延爽。第三世祖缪延亮，字光贞，后唐庄宗朝进士，为越州（浙江绍兴）司户参军，配林氏，生子三：缪铜、缪录、缪钱。

第一子缪铜（912—995）于后唐清泰二年（935）由福建长溪（霞浦）赤岸青皎泥湾入迁浙江平阳江南十六都睦程麟头（今苍南龙港缪家桥）定居。缪铜为浙江平阳江南十六都睦程麟头（今苍南龙港缪家桥）缪姓肇基祖。

第二子缪录（915—991）于北宋开宝九年（976）由福建长溪赤岸青皎泥湾入迁福建寿宁犀溪可洋，旋迁犀溪前山（缪田洋），再迁西浦。缪录为寿宁西浦缪姓肇基祖。

第三子缪钱（917—991）由福建长溪赤岸青皎泥湾入迁福安穆阳溪南定居，旋迁浙江永嘉石家桥。缪钱为福安穆阳溪南、浙江永嘉石家桥缪姓肇基祖。

缪录生五子，建（洗）、恒（诚）、通（诚）、恺（说）、悌（咏）。第四子缪说，自犀溪迁福安穆阳北山下。缪说为福安穆阳迁居祖。

福建缪姓主要聚居地：寿宁城关、西浦、赖家洋、南山下、富家庄、汤洋、聚宝洋、坑头、斜滩、官田、甲坑、翁坑、鱼家山、仙峰岭兜等。福安穆阳、溪南、古岭宅、洪岭、赛岐镇青江村、康厝乡梧溪村等，福安穆阳就是因缪姓聚居而得名。福鼎江美、秦屿、潋城、沙龙等。连江东岱等。

【入垦台湾】

清代福建缪姓入垦台湾。福安穆阳缪君盛，为当时台湾城守营把总，穆阳人缪怀德之祖父。缪如海，为当时台湾城守营把总，穆阳人缪怀德之父。开拓了缪姓在台湾的根基，台湾缪姓来自闽粤乃至全国各地，高山族同胞也有缪姓家族。主要分布在苗栗、台北、基隆以及高雄、台中等各市县。

【郡望堂号】

1. 郡望

兰陵郡：晋元康元年（291）时，从东海郡分出了一部分置兰陵郡。相当于现在山东省枣庄及滕县东南一带。陵郡又称济宁、承县、枣庄。

2. 堂号

尽忠堂：晋朝时候缪播在惠帝时任太弟的中庶子。太弟当了皇帝后就封他为给事黄门郎，后又升中书令。他和胞弟胤尽忠报国。

此外，缪姓的主要堂号还有"公辅堂"等。

【祠堂古迹】

连江县东岱缪氏宗祠，宗祠位于连江县东岱镇缪厝路，始建于明代，清顺治丙申十三年（1656）海寇周八陷堡焚毁，重建康熙，修于嘉庆。同治七年（1868）四月十一夜又遭焚。同年八月复建，四面风火墙，由前厅、天井、大座及后围埕等组成。

福安穆阳缪氏宗祠，即总祠一座，下分八个支祠。总祠名曰"万公祠"，位于穆阳百岁坊中心地带，该祠始建于宋元间，坐丑向未，宽24米，长90余米，雍正十二年扩建，为三座三进式建筑，历代重修。祠堂正门上悬"缪氏宗祠"牌匾，正上又镶"状元及第"竖匾。上联："鲁邦故郡三千纪"，下联："穆水名宗第一祠"。

溪潭城山缪祠，位于福安市溪潭镇。始建于南宋淳熙年间，位于村中心，下城山西侧，坐乾向巽。由于旧祠规模小且栋梁经久腐朽，清咸丰五年（1855），族人相议在旧址拆建扩大，完就外围深十五丈五（46.5米），宽达六丈六六（20米），为二进式建筑，分上、下两座。

松罗牛落洋村缪祠，位于福安市松罗镇卧牛之处。据族谱载，道光十八年重建过该宗祠，历代重建。

西浦缪氏宗祠，位于寿宁县西浦镇。西浦是南宋状元缪蟾的故里。村中有座状元坊，造型别致。大门中部上镌"状元"二字，坊顶图案浮雕，形象逼真，坊内建有皇姑亭。

状元坊：一在福建长溪古县（霞浦），一在犀溪缪田洋，一在寿宁城关状元境，一在西浦村中，宋绍定二年（1229）为缪蟾魁特赐状元立。今状元坊在西浦下碓岭，1997年建。

状元坊：在福建福安穆阳，宋淳佑十年（1250）为缪幼节魁释褐状元立。

进士坊：在福建寿宁犀溪前山（缪田洋），南宋庚辰三十年（1160）为进士缪梦弼立。建议在西浦重建进士坊。

省元坊：在福建福安穆阳，南宋淳佑四年（1244）为特奏名缪烈立。缪烈，南宋淳佑四年（1244）特奏名（进士），省元。

【楹联典故】

秦室家声远；兰陵世泽长。

——此联为缪氏宗祠联。上联典指缪氏始祖秦缪（穆）公。下联典指缪氏的望族兰陵郡。

兰陵博士；东海名儒。

——上联典指汉朝时期的长沙内史缪生，申公弟子，兰陵人。下联典指三国时期曹魏文学家缪袭，东海兰陵人。官至尚书光禄勋。著有《魏鼓吹曲》十二首。

一瓢画稿传名远；三畏书院被惠长。

——缪姓宗祠通用联。上联典指明代诗画家缪

仲蒉，字醇之，福安人。号淡如。下联典指清代侍讲缪彤，字歌起，吴县人。康熙进士。殿试第一，官侍讲。忧归，立三畏书院，以教学者，所造就甚多。

崇文威德兰陵郡；注礼名家公辅堂。

——全联典指缪姓的郡望和源堂号。

二贤世泽；鼎甲家声。

——全联典指晋朝时期的缪播及其从兄缪胤事典，时人称之为"二贤"。

【族谱文献】

穆阳缪氏族谱，始修于宋绍兴元年（1131）。此后至今，有记载的共修九次。

城山兰陵谱牒，始修于南宋淳熙十五年（1188）戊申岁冬，由九世孙讳靖（进士第官授楚州淮阴县尉）撰序。

【昭穆字辈】

福建寿宁缪氏（西浦）字辈：光明正大道（德），忠孝永传芳。

第九十九节 莫 姓

莫姓在当今姓氏排行榜上名列第137位，人口约2338000余，占全国人口总数的0.15%左右。在台湾排名第149位。

【渊源】

1. 出自高阳氏，是颛顼之后。据《三郡记》和《姓氏考略》所载，上古帝颛顼造"鄚阳城"，其支庶子孙有定居鄚阳城者，后人去邑为莫，以地名为姓。鄚阳城故地在今河北省任丘市、平乡县，古巨鹿郡地。

2. 出自芈姓，以官名为姓。据《广韵》所载，春秋时，楚国有莫敖（官名）之职，其后世子孙以官职命氏，称莫姓。屈原的家族便世居此官职，故莫氏也有一部分是屈氏的分支改姓。而芈姓为祝融八姓之一，亦出自颛顼。

3. 由"幕"氏改姓莫。据《通志·氏族略》文，莫即幕省文，望出巨鹿、江陵，乃上古圣君虞舜之祖——幕的后代。也就是说，莫和幕同源，莫只是幕的省略书写文字。此说法可能是前两个说法的综合。

4. 广西壮族的创世史诗《布洛陀》第十一章《分姓》记叙：远古之时，壮族人无名无姓，彼此相称十分不便。布洛陀请卜黄为众人分姓，卜黄为此而累病。部族里的人关心卜黄，纷纷送礼物给他，卜黄由此便生出安姓的办法来。凡送李子的，就安他姓"李"；牵牛来探病的，就安他姓"莫"（壮语黄牛叫莫）；送篮子的，就安他姓"蓝"……从此，壮族人也就有"莫"等姓氏。广西忻城县有莫土司衙署，占地总面积38.9万平方米，其中建筑占地面积4万平方米，被誉为"壮乡故宫"。莫姓土司官职世袭，统治该地区近500年，电影《刘三姐》中的"莫老爷"就是这种世袭之土司。

5. 唐五代后建立西夏王朝的党项人，也有姓莫氏者。

6. 南北朝时，北魏鲜卑族有邢莫氏，莫那妻氏，入中原后改为莫氏。北魏时蠕蠕族有莫姓。

7. 西南少数民族布依族、侗族、瑶族也有以莫为姓者。如贵州独山人莫与俦、莫友芝、莫庭芝三父子，皆为布依族人，此莫氏建立的"影山文化学派"对西南地区影响深远（莫友芝一族之族源有争议，莫友芝等自称为江南汉人，然现代专家考证，莫友芝居地为传统莫姓布依族的居地，莫可能为了参加科举考试才自称为汉人。本人较支持莫友芝为汉人，因清代为少数民族政权，随汉姓并无多大优势，且西南少数民族不得参加科举只是清初雍正年间之事，而莫却是清末同治年间人，并无虚报必要。另，莫友芝为"西南巨儒"，精研经学，旁及金石文字书画，虚报有损其道德操守，今暂从专家之说）。专家认为西南少数民族是上古三苗族的后裔，也就是上古蚩尤部族的后裔，如此则西南少数民族原居中原，与中原各大姓氏实是同根。

8. 出自他族改姓。据《魏书·官氏志》所载：（1）南北朝时期，北魏少数民族邢莫氏、莫那娄氏改姓莫。（2）北方满族人那莫氏，其汉姓也有改单姓莫为姓的。

【得姓始祖】

颛顼。昌意子，黄帝孙，炎黄联盟重要首领之一。号高阳氏，下分8个民族。活动据点在帝丘（今河南省濮阳西南），曾在夺权斗争中击败共工氏。他重视人事治理，努力发展农业，曾命南正重、火正黎"绝天地通"，实行人神分职，标志着原始宗教向神权的过渡。后世莫姓主源均出自颛顼，于是莫姓子孙便奉颛顼为莫姓的得姓始祖。

【入闽迁徙】

莫氏古代在河北、湖北聚居繁衍。莫姓郡望有巨鹿郡（今河北省平乡县以北至晋州市一带）、江陵郡（今湖北省荆州市）、河间郡（今河北省中部河间市一带）等。堂联有"雄雌墨阳剑，衍源巨鹿堂"。

唐代，莫氏一支由今天的河北省迁到江西省贵溪市，再徙福建莆田。又据海南《莫氏族谱》载：

闽台寻根大典

莫姓始祖祖辈早在公元965年，受荆南王封为世袭千户总。莫恭万袭封为同安千户后，出生于福建连宁府蒲田黎山村，北宋初期从福州府同安县任上被朝廷派来海南做武职官，到定安建立千户所，组织地方军，因世袭官职而落籍。落籍地今属定安。恭万公，字大彪，公生丙辰年据推算，应为公元896年，也是晚唐始宗乾宁三年八月十五日，自后汉乾佑二年（949）奉钦玉旨维持社会稳定有功，受封"掌善伐恶大将军"。汉没出周，显德三年（965）调任千户之职，宋初，仍任千户职，调镇琼之西南境。莫恭万领军在潭榄坡扎营，其家族居住之地，以姓为村，即今定安县莫村，因调柳州叛乱和归来后平息琼州贼乱，立了军功，提升任南建州同知，在王官手下任职。从此，定安汉人王、周、陈、蔡等大姓族中，增加了莫氏家族。莫恭万尊为南莫姓始祖。

五代十国至两宋，莫姓在江南各地愈加壮大起来，而北方的莫姓却由于夷族的入侵而沉寂下去。此际始有莫姓入迁福建。莫俦，湖州人，一说为吴县（今江苏吴县）人，字寿朋。生于宋哲宗元佑四年（1089），卒于宋孝宗隆兴二年（1164）。宋徽宗政和二年（1112）壬辰科状元。靖康元年（1126），擢为吏部尚书，翰林学士，知制诰。徽宗、钦宗成为金国阶下囚后，莫俦为之奔走效力，国人以其投靠金国，视作汉奸对待。莫俦因罪被流放今广东潮州。

南宋，随着宋朝南迁，一部分莫氏迁入福建、广东等地。莫十郎原居高州府茂名县大车村。元至正四年（1344），因族人犯上，莫十郎"遂弃茂名，而携妻男、财帛，飘海入闽，初居榕城（福州）"，后经莆田、长汀到汀州府上杭县安乡大园角开基，后再迁入上杭县城。莫十郎妻刘氏，生四子：朝忠、朝贤、朝宣、朝泰。夫妻合葬于安乡小官田下坑"走马排鞍"形。朝贤、朝宣、朝泰均失传。朝忠后裔播迁于福建武平岩前、江西、广东、云南等。

闽西客家莫姓散居在上杭县的临江、临城、旧市，武平市的中山、岩前，长汀市的汀州，宁化市的石壁等乡镇。

漳州莫姓分3个支脉：一：明末清初本地就有，来源未考，莫氏祠堂在市中山公园附近。漳州漳浦县盘陀镇盘陀塔内社莫姓乃县城印池边莫姓传裔，县城印池边莫姓是从本县赤湖前张村传衍而来，今前张村已无莫姓。又大南坂场下楼作业区一带原也有莫姓居住，现存墓后社附近山间明万历八年（1580）摩崖石刻《朱姚二侯宪断石碑存证》上有树碑人莫让的题名。今下楼已无莫姓。云霄县自明末清初就有的本地莫姓，来源无从考究，建有莫姓祠堂。二、从海南万宁县来，开基祖莫丁贵。三、从福清沙瀑镇开来的莫姓。

明末张献忠屠川，造成川地人口锐减。清初，清政府移福建、广东和湖南之百姓入川，史称"湖广填四川"，两湖之莫姓亦由此入居今四川、重庆。

【入垦台湾】

清中叶之后，福建为主、广东部分沿海之莫姓有渡海赴台，入垦台湾。高山族同胞也有莫姓。台湾光复后各省也有迁徙台湾。主要分布在台北、基隆、台南。高雄、云林、台东、屏东都有分布，

【郡望堂号】

巨鹿郡：秦始皇置郡于巨鹿。在今天的河北省平乡、任县以北至晋州市一带的地区。

江陵郡：汉代的时候设置了县，南齐的时候改置了江陵郡。在今天的湖北省江陵县及川东一带。

河间郡：汉高帝的时候置郡，因为地处黄河与永定河之间而得名。相当于今天的河北省中部河间市一带。

巨鹿堂：最早的莫姓堂号。

敦本堂：巨鹿堂的分支。

德荫堂：敦本堂的分支。

威远堂：宋朝莫蒙，两次法科考试都是第一。

此外，莫姓的主要堂号还有："思济堂""河间堂""安定堂"等。

【祠堂古迹】

塔内莫姓大、小宗祠，漳州市漳浦县位于盘陀镇割埔村塔内社。两座并列，大宗在右，小宗在左。坐北向南，为两进两厅四房一天井的土木建筑，悬山顶。大宗堂号失记；小宗堂号"永德堂"，堂壁石匾"德范流芳"。

【楹联典故】

雄雌墨阳剑；衍源巨鹿堂。

——佚名撰莫姓宗祠通用联。此联为莫氏宗祠"巨鹿堂"联。

登科称五宝；对策第一名。

——佚名撰莫姓宗祠通用联。上联典指宋代官吏莫琮，字叔方，仁和人。历明、福二州幕官，行已俱有可观。子五人：元忠、若晦、似之、若拙、若冲俱登科。时比"燕山五宝"。下联典指唐代台州别驾莫宣卿，字仲节，封川人。大中间对策第一，授台州别驾，以母老乞归养，诏赐其乡名锦衣。

祖德仰当年，秀拔香绵延世泽；神恩垂此日，灵钟道显荫家风。

——佚名题莫氏宗祠"德荫堂"中堂联。

第一百节 穆姓

穆姓在宋朝人编的《百家姓》中排98位，在当今人口统计中排第230位，人口约553000余人，占全国人口总数的0.034%左右。在台湾排名第154位。

【渊源】

1. "穆"是古代帝王诸侯逝世后的谥号，是"布德执义，中情见貌"的意思（贤良，和气）。按周礼规定的宗庙制度，父居左为昭，子居右为穆。周王朝将微子封于宋（辖有今天河南省东部和山东、江苏和安徽交界的一些地方），以商丘为都城（今商丘市睢阳区），从此微子的后裔开始在宋繁衍，传至宋穆公。宋穆公因此受到国人称赞，死后谥号为"穆"，宋穆公的支庶系子孙以此为荣，有的就以"穆"为姓，这是穆姓的最早起源。穆姓郡望河南。其支庶子孙中，有以先祖谥号为姓氏者，称穆氏；历史上名人辈出，为中华民族的发展做出了巨大贡献。

2. 源于子姓，出自春秋时期宋国国君宋宣王的弟弟子和，属于以谥号为氏。

3. 源于少数民族汉化改性，藏族、蒙古族、回族、满族、鄂温克族中都有。

【得姓始祖】

宋穆公（子和）、穆生、穆古必立、呢牙咱木、郭佳·穆彰阿。

宋穆公。宋穆公是宋宣公的胞弟，宣公去世时舍太子与夷不立而欲立穆，宋穆公三让而受之。为感兄恩，穆临死时遗命，将君位还给宣公之子与夷而不传己子公子冯，并让公子冯出居郑国。不久宋穆公薨，与夷继位为宋殇公。殇公继位不久即被华督所杀，公子冯乘机回国并争到君位，即宋庄公。此后，宋国统治权皆由宋穆公的后人掌握。传到宋文公时，宋国发生了以昭公之子为首的反对宋文公的叛乱，宋穆公与宋武公的宗族也被卷了进去。事后，昭公之子等人被族诛，穆公、武公的后裔被逐出宋国。被逐的宋穆公支孙一族为怀念宋穆公的豁达大度、兄弟友善，而以穆公谥号为姓，尊宋穆公为穆姓的得姓始祖。

【入闽迁徙】

穆姓的迁徙始于春秋时期。公元前609年，宋国发生内乱，一些穆姓家族被迫逃出宋国，四处流亡，穆姓自此开始向全国迁徙繁衍。唐朝的肃宗时期，"杨、穆、许、李"被视为4个大世家。

唐德宗贞元年间（785—804），穆赞，穆宁长子自河南洛阳来泉州任刺史，以德政著名，得民爱戴，遂建居于泉。据家谱记载：穆姓一世为穆宁；生四子，穆赞、穆质、穆员、穆赏都成名士，分别为工部尚书、御史中丞、监察御史、给事中，显见穆氏家法的成功。穆赞生一子，穆修；穆质贬为泉州司户参军事。子质诉其枉，三年始得通。厥后子孙或散居龙湖亭，或分派永宁卫、泉州城郊花园头、永春、德化、延平、沙县、浯屿、大营、后深坑等地。历经沧桑，至今晋江穆氏仅有聚居深沪山头一支八户数十人。是为福建泉州穆氏始祖。

穆赞之曾孙，穆龙祯之子有穆星民、穆星天奉诏征伐南诏国，后驻屯古播州，是川黔渝一带（古播州地域）穆姓的同一先祖。由于川黔渝穆姓至解放前一直沿袭军事世族习俗，聚族而居。

宋元以来，建瓯穆姓家族聚居，部分迁往三明、漳州漳浦县等地区定居。

【入垦台湾】

清代，福建穆姓开始入垦台湾，高山族同胞中也有穆姓，台湾光复后各省也有迁徙入台。主要分布台北、基隆；其次分布台南、高雄等各市县。

【郡望堂号】

穆姓形成的郡望主要有：河南郡，治所在雒阳（今河南省洛阳市东北）；河内郡，楚汉之际置郡，治所在怀县（今河南省武陟西南），西晋移治野王（今河南省沁阳）；汝南郡，治所在上蔡（今河南省上蔡西南）。

堂号：穆姓以河南堂、河内堂、汝南堂、明经堂等作为堂号。

【族谱文献】

福建泉州温陵穆氏族谱，（清）吴启芳纂修，清同治十三年（1874）木刻活字印本。到 2009 年 1 月为止，仍然被收藏在福建省泉州市晋邑沪江山头穆朝宗处。

福建泉州穆氏字辈：孟国邦士成弘元再世振家传孝贤惟念子孙光祖德谦恭笃敬永绵延。

第一百零一节 倪 姓

倪姓宋《百家姓》列为第71姓，倪姓是当今中国大陆姓氏排行第111位的姓氏，人口较多，在福建未进入前100名。在台湾倪氏排名第102位。

【渊源】

1. 倪。郳，初名作兒（读音均为ní）。古文“兒”字，东汉许慎《说文解字》云：“兒，孺子也，从兒，象小兒头囟未合。”李孝定《甲骨文字集释》：“契、金文兒字，皆象总角之形。”“兒”字最早是作为方国名或地名出现的，因而此字最初含义似与儿童无关，可能表示某一物定地域的原始习俗或崇拜观念，观其字形结构，下部为人，上部为臼。人头部顶臼，显然与崇拜某种事象有关，而这种事象又与加工某种谷物密切关系。《说文·臼部》解释：“古者掘地为臼，其后穿木石。”此字应为舂米之臼的断面，表示窝里存有加工的谷物。兒、缯这些东夷小国，在殷商之际就已存在，且殷墟武丁时期（前1250—前1192）卜辞见有“兒人”“兒伯”“师于兒”，更有著名的“兒氏”族谱卜辞等有关“兒国”在商代活动的记载。

祝融被尊为传说五方帝中南方炎帝的辅佐——火神。祝融吴回生子陆终。陆终在倪氏历史上也有重要地位，《邾公幼钟》铭文即说：“陆终之孙邾公（全力）作厥和钟。”因而邾国、朱氏、倪氏都自称为陆终的后裔。族谱记载，黄帝生昌意，昌意生乾荒，乾荒生颛顼，颛顼生称，称生老童，老童生吴回，吴回生陆终，陆终娶了一位奇特的夫人，名叫女嬇（也作女陨），她来自一个叫鬼方氏的西南部族。这位奇特的女人怀了一胎，孕3年（有的说是11年）之久还没生出，于是做了世界上最早的人工剖腹产，竟取出6个儿子。3个从左胁下取出，3个从右胁下取出。陆终的6个儿子分别是：樊、惠连、篯、莱言、晏安、季连。六兄弟后采都封疆立国开姓，其中樊封昆吾，后裔形成己姓；惠连封参胡，后裔形成董姓；篯封大彭，后裔形成彭姓；莱言封郐，后裔形成坛姓；晏安封曹，后裔形成曹姓；季连封楚，后裔形成芈姓。历史上把这6个姓再加上从彭姓分出的秃姓和从曹姓分出的斟姓，合称“祝融八姓”。倪氏，便源出“祝融八姓”中的曹姓一支。所以，今天的倪氏，可称为曹姓朱氏的分支；倪氏与今天中国的朱氏、曹姓，在血缘上属于同宗。

2. 源于姬姓，出自曹姓。黄帝后裔邾武公次子之后，以国名为氏。据《通志·氏族略》《姓氏考略》及《倪姓是由郳姓改来，辞源》所载，春秋时期，邾武公将次子封于郳（故城在今山东滕州境），建立了郳国，为邾国附庸。子孙以国名为氏，称为郳氏。战国时郳国被楚国所灭，为避仇改氏为兒，再后又以郳去“阝”加“亻”旁成倪姓。汉初有御史倪宽，其先即为公子肥后裔。《左传·庄公五年》亦云：“郳之上，出于邾国。”就是通常说的：倪氏出于小邾，小邾出于邾。尔后邾改为朱，小邾先改为“兒”，“兒”又改为倪。故倪与朱同源。

3. 源于郳氏，出自春秋时邾国后人郳黎来之后，属于避难改姓为氏。据《尚友录》所载，春秋时邾国有郳黎来之后，别族为倪姓。《姓氏考略》也指出：“倪氏，即郳氏，避仇改为倪，望出千乘。”

4. 出自他族改姓或少数民族。据《魏书·官氏志》所载，后魏代北复姓贺郳氏改郳姓，后又改为倪姓；清满洲八旗人有倪姓，世居宁古塔；满、蒙古、土家等民族均有倪姓。

5. 出自商诸侯儿伯。商诸侯有儿伯，子孙为倪姓。

【得姓始祖】

1. 倪宽。千乘（今山东广饶县）人，西汉大臣，水利家。治《尚书》，历侍御史、中大夫、左内史等职，后拜御史大夫。在任期间，重视水利建设，调发民工，于郑国渠上流南岸，开辟六辅渠，使周围高地得以灌溉。他政绩卓著，得到人民拥护。宽乃颛顼后裔。倪宽幼年家境贫寒，每下地劳动，总是把《五经》

挂在锄钩上，有空即读，"带经而锄"的故事广为流传。后因精通经学为汉武帝所赏识，擢升左内史，负责治理京城长安所在的关中地区民政。在任期间，首倡在郑国渠上游南岸开凿六辅渠，促进了关中地区农业发展。汉武帝元封元年（前110），倪宽升任御史大夫，随武帝东封泰山。汉武帝太初元年（前104），倪宽奉诏与司马迁、公孙卿、壶遂等修改历法，经过精心推算制订出新历法——《太初历》，比秦朝的《颛顼历》有很大进步。周武王时，封颛顼后裔于郑，传到夷父颜时，由于有功于周天子，就将其次子友（一说肥）别封为附庸，居于郳，因郳为邾之附庸，所以又称小邾国。其曾屡次从齐桓公尊王攘夷，所以荣耀一时。战国时郳国被楚国所灭，子孙便以国为氏，后由于避仇，去掉"邑"旁成姓，后又加"人"旁成倪姓。因郳国始封于谁众说纷纭，莫衷一是，而其后裔倪宽见诸史册，名声显赫，故后世倪姓尊倪宽为倪姓的得姓始祖。

2. 郳友。倪姓，原是郳姓，出于邾姓，系邾挟后裔。邾，原为战国楚地。楚宣王灭邾国，迁其居于郳，称郳国。郳国的开国君主，为邾武公的次子友（一说名肥），其地在今山东滕县东。郳被楚灭，友的子孙便"以国为氏"，即郳氏。若干代以后，为避仇，改郳为儿，尊邾友为始祖，是为郳友。

【入闽迁徙】

春秋时郳国的所在地，山东省的滕州和枣庄两地，有叫作郳城的地方，是后世倪姓和郳姓的最初发源地。郳国被楚灭国后，逐渐北移，大多在千乘之地落足，后繁衍昌盛，逐渐成为倪姓千乘郡望。战国时，有宋国人郳说，说明此期已有倪姓人在河南落籍。唐末时，由于安史之乱和黄巢起义，致使民不聊生，百姓苦不堪言，始有倪姓大批迁往江南。两宋时，倪姓已分布今江苏、安徽、江西、福建等地。倪姓入闽有多支：

1. 唐贞元五年（789），淮西倪振，官吏部尚书，赐封为梁国公，迁入闽。

2. 唐开成年间（836—840），河南光州固始倪姓迁入闽，初居侯官，有倪曙于唐中和五年（885）登进士第，官授太学博士。黄巢乱时，避乱归返侯官，与泉州刺史王延彬友善，常聚吟诗作歌。倪曙后为南汉平王刘隐所招聘，为幕僚，升工部侍郎，迁尚书左丞平章事。其后裔倪承德，宋大观年间，由侯官迁往长乐。

3. 五代后唐清泰年间（约935），有倪康民之孙倪圣，官福州催军使，由安徽入闽居闽县。

福建倪姓大都属于浙江龙门派分支，历史上迁居福建的倪盈派倪姓等大多已融入当地倪姓，依居住地分，有福州鼓楼倪氏、福州仓山倪氏、晋安倪氏、马尾倪氏、福清倪氏、连江倪氏、永泰倪氏、罗源倪氏、平潭倪氏、长乐倪氏、闽侯倪氏、南安倪氏、东歧倪氏等。家谱有罗源《员峤倪氏族谱》、连江《拱屿经锄堂倪氏宗谱》、福清《倪氏宗谱》、永泰《霞倪倪氏宗谱》《千乘堂倪氏族谱》、闽侯《南屿凤岸倪氏支谱》、闽侯《南屿街倪厝支谱》、马尾《快洲倪氏支谱》（天寿派）、马尾《快洲倪氏支谱》（天福派）、马尾《快洲倪氏支谱》（新厝倪）、《东歧倪氏宗谱》等等。另外，倪姓村庄有：福建省的福鼎市白琳镇翁江村倪家地、福鼎市点头镇马洋村倪家山、福州市福清市倪埔村、福州市倪坑厝、福清市三山镇南倪村、安溪县魁斗镇大岭村倪厝，等等地，均有倪姓族人分布。宋嘉定元年（1208），倪立言，原籍闽莆田由玉环迁居浙江乐清蒲岐。

4. 宋崇宁年间（1102—1106），倪姓一支徙居浙江金华龙门，百年间累朝科甲，有进士7人，时称"七第"。据《金华县志》载，南宋淳祐十年（1250），龙门七世祖倪普登进士第，廷试第三名（探花），历官刑、礼、吏部尚书，德祐元年（1275）拜端明殿学士同签书枢密院，后为奸相贾似道所忌，被劾归，筑亭山椒，以望临安，国亡，北向恸哭。临卒，唯戒族人不可出仕。七世倪崇义于宋咸淳十年（1274）入闽，在闽提举学事司任职，后倪普被劾，倪崇义也退隐业儒，居福州凤池，成为福建倪氏先祖。元代中叶，倪崇义之长孙字先生，应邀从福州来泉州游学，传授圣贤经典，择居晋江陈江乡，并与陈氏结亲，繁衍后代。故字先生是陈江倪氏的开基祖，人们称之为"先生公"。洪濑倪氏一部分来自晋江陈埭，一部分来自泉州河市。

5. 泉州地区大多为陈江倪姓，非浙江龙门派分支，从他们的字辈中分析出祖先是从山东一带为避难而南下泉州的。且福建多地区的倪姓都为陈江倪氏。南安有两个地方有倪姓：洪濑和丰州，都是陈江倪氏，而且仍是用"孔仁与孟义，恪守念祖宗，文章重汉宋，勋绩载太常，簪缨长济美，科甲永传芳，前徽期克绍，奕世允炽昌"来排字辈，凡泉州地区的都属于同一祖宗，且传南安丰州的倪氏有一些族人还迁到朝鲜半岛易"李"或"朱"姓。

福建省倪姓分布于全省各地，主要聚居地有福鼎市白琳镇翁江村倪家地、福鼎市点头镇马洋村倪家山、福州市福清市倪埔村、福州市倪坑厝、福清市三山镇南倪村、安溪县魁斗镇大岭村倪厝。

【入垦台湾】

清代，福建倪姓族人渡海迁入台湾，现多居住在台湾的台北县、台北市、屏东县、桃园县、新竹市等地区，其中尤以台北松山区、大安区、板桥市、云林斗六为众，云林大竹围陂是林氏与倪氏世代和睦相处的例证。台湾倪家始祖五郎公，福州闽县永北里鼓山人，祖行五。台湾倪家始祖五郎公，福州闽县永北里鼓山人。台湾光复后，各省也有迁徙入台。主要分布台北、基隆、新竹，其次依次是彰化、苗栗、宜兰、台中、南投等市县。有千乘郡，千乘堂。

【郡望堂号】

1. 郡望

千乘郡：西汉置郡。治所在千乘，故城在今山东广饶县。

2. 堂号

郡望堂号：千乘。

自立堂号：经锄、锄经、带经、怡德、世德、承德、合一、贞一、建本、报本、崇本、爱日、宁远、永思、集义、继善、乐善、雍睦、遗安、培德、种德、敬业等。

【祠堂古迹】

拱屿"倪氏宗祠"，坐落闽江口左岸蓉山西麓的中段，地属连江县琯头镇管辖。据谱牒记载，原祠系拱屿开祖保全公第七世孙思赞公献资购买龚姓的祠堂地，始建于明万历十七年（1589）。最初只是"干打垒"石木结构的200平方米小祠。后来多次重修扩建。其整体由前座大堂厅，中座思亲楼，后向思园三部分组成。坐东面西，总面积超出1700平方米。

陈埭四境倪氏宗祠，位于泉州陈埭。闽南建筑风格，双燕尾脊，宗祠门楣千乘传芳，楹联"名宦功勋垂千秋，乡贤德芳仰百世"，正门前有精致石雕双龙柱。有天井，大殿，大殿也有石雕双龙柱。

此外，还有东张倪氏宗祠，位于福清东张镇。

【楹联典故】

源自姬姓；望出千乘。

——全联典出倪的起源和郡望。

系衍邾郡绵世泽；世承倪曙播惠长。

——倪姓通用楹联。

龙里家声远，凤池世泽长。

——福建倪姓通用楹联，对联铭记源流。

榕峤衍宗支谱系相承拱屿钟灵祠宇壮；

桐庐溯家学书香罔替琯江分派水源长。

——连江拱屿"倪氏宗祠"楹联。

宋朝遗逸；汉吏循良。

——上联典指南宋朝时期的福安人倪文一，字元芳，咸淳年间进士，任安仁县尉，曾妥善安抚邻境的少数民族。后官清流知县。元兵南下，归隐而不再做官，曾拒绝元世祖的征召。下联典指西汉朝时期的千乘人倪宽，少年时家贫而爱读书，为人家耕种时，常把经书带到田头。汉武帝时，射策补廷尉文学卒史，曾代掾史写奏章，受到武帝称赞，后历官左内史、御史大夫。为官受到吏民信任和尊敬。

【族谱文献】

倪氏家史——霞楼倪氏，先祖由河南固始迁福州。明洪武九年（1376），其裔避乱，徙晋江县陈江村，故称陈江倪氏。传七世倪继浩，生四子，第四子廷祥，于明末迁新丰里霞楼村。《倪氏宗谱》南安倪氏家族，据说宋咸淳十年，倪崇义从浙江入闽任"提举学事司"之职，择居福州凤池坊，后迁居南安。南安倪氏属浙江金华龙门派倪氏分支，为倪宽后裔。《倪氏宗谱》福建霞浦长春镇下洋城倪氏，家族排行：匡、帜、昌、兴、庆、学、匡；有祠堂。《倪氏宗谱》晋江陈江倪氏，宋淳熙年由浙江入闽。此外，还有《福清倪氏宗谱》《霞倪倪氏宗谱》《南屿凤岸倪氏支谱》《清溪倪氏族谱》等。

【昭穆字辈】

宁德千乘堂倪家 2003 年修，辈分排行：庆、兴、昌、帜、盛、长、发、积、康、祥、立、志、承、祖、德，有祠堂。

南安倪氏家族排行：智、斋、宜、勉、辈、才、尧、继、茂、林、嘉、德、燕、诙、贻、谋、延、拥、植、功、维、孝、友、恭、传、芳、世、美、仁、们、蔚、起。

晋江陈江倪氏，宋淳熙年由浙江入闽，辈分排行：孔、仁、与、孟、义、恪、守、念、祖、宗、文、章、重、汉、宋、勋、绩、载、太、常、簪、缨、长、济、美、科、甲、永、传、芳、前、徽、期、克、绍、奕、世、允、炽、昌。

第一百零二节　念　姓

念姓，北史载，"为金城抱罕之姓，吐古口树洛干之母念氏。"福建最为集中，上海、浙江、云南、四川都有分布。在台湾排名第 428 位。

【渊源】

念姓单一渊源，源于羌族，出自汉朝末期鲜卑族拓跋部念氏部族，属于以部族称谓为氏。据史籍《通志·氏族略》记载："西魏太傅安定公念贤，代人也。北史载，为金城抱罕之姓，吐古口树洛干之母念氏。"据史籍《续通志·氏族八》记载："西魏有念贤。明河南祥符有念氏。云南陆良、罗平有念氏。"念氏，四川西北羌族的一支，以居地念邑为部落名称，族人仿汉制称念氏。

念氏，四川西北羌族的一支，以居地念邑为部落名称，族人仿汉制称念氏。

在吐谷浑王国历史上，有一位著名的氏族王后念氏，她美丽聪慧，颇有胆识，在立志要"秣马厉兵、争衡中国"的丈夫吐谷浑·视罴英年早逝后，按照吐谷浑"父兄死，妻后母及嫂"的转房风俗，她又转嫁给了吐谷浑·视罴的弟弟吐谷浑·乌纥堤。但吐谷浑·乌纥堤是个懦弱无能的人，整天沉溺在酒色之中，荒废了国事。于是，美丽能干的念氏干脆自己掌握了朝政，对外发号施令。对此，著名北宋朝史学家 司马光在著名的 《资治通鉴》中对念氏评价道："念氏专制国事，有胆智，国人威服之。"一向反对女性参政的司马光，非常难得地肯定了念氏的政治才能，但他仍然忽视了念氏在培育子孙方面更有杰出之处。这一时期，吐谷浑·阿豺向南方挺进，拓土到了四川松潘（龙涸）、黑水县芦花镇东北一带（今甘肃平康）；吐谷浑·慕向东推进，将吐谷浑的东边疆界扩展到了渭河之源、三秦之边；吐谷浑·慕利延则向西远征，将吐谷浑的势力延伸到了喀喇昆仑山，并一度从新疆且末南征，征服了于阗、宾（今克什米尔地区）诸国，统治了今青海、甘南和四川西北地区，包括原羌族的念氏部族。之后，

吐谷浑部仿汉制建立了准国家机构。使吐谷浑王国在当时成为西北地区举足轻重的强国。唐太宗 李世民贞观九年 (635)，唐王朝遣大将军 李靖率大军击破吐谷浑部，改立吐谷浑·诺曷钵为可汗。唐贞观十四年 (640)，唐王朝以弘化公主妻吐谷浑·诺曷钵，加封其为青海王。

【得姓始祖】

念贤，字盖卢，氏胡，金城枹罕人也。父求就，以大众子戍武川镇，仍家焉。贤美容质，颇涉经史。为儿童时，在学中念书，有善相者过学，诸生竞诣之。贤独不往，笑谓诸生曰："男儿死生崇高，皆在天也，何遽相乎！"少遭父忧，居丧有孝称。后以破卫可环功，除别将，又以战功封屯留县伯。从尔朱荣入洛，兼尚书右仆射、东道行台，进爵平恩县公。永熙中，孝武以贤为中军北向多数督，进爵稳定郡公，加侍中、开府仪同三司。大统初，拜太尉，为秦州刺史，加太傅，给后部鼓吹。三年，转太师、都督、河州刺史、上将军。久之还朝，兼录尚书事。后与广陵王欣、扶风王季等同为正直侍中。时行殿初成，未有题目，帝诏近侍各名之，对者非一，莫允帝心。贤乃为"圆极"，帝笑曰："正与朕意同。"即名之。河桥之役，贤不力战，乃先还，自是名颇减。五年，除都督、秦州刺史，薨于州。谥曰昭定。贤于诸公，皆为父党，自周文以下，咸拜敬之。子华，性和厚，有尊长风。官至开府仪同三司、合州刺史。

【入闽迁徙】

念氏源于甘肃"金城枹罕之姓"（《周书》卷十四），郡望为甘肃天水郡金城。南北朝时迁入河南祥符（今河南开封）一带。公元 4 世纪，北方吐谷浑王国树洛干之母念氏王后，北齐天保六年念姐羌东造反。西魏大臣念贤，北周念华，后唐念九、念公山、念坦，后晋念庞里，念丑奴、念星虎，唐朝念奴，宋朝念金锁、念窦、念常，明朝念泰来，清朝念作霖等均为念氏历史名人，于朝于族显赫。

367

《平潭县志》记载：南宋绍兴年间（1132—1162），念子华，河南祥符县人，宋绍兴年间任合州刺史，入闽定居于福清杞店（今福清南厝），后子孙播迁于福清县杞店和海坛海下里，子孙分迁各处。清康熙二十年（1681）取消截界后，始迁入平潭观音澳，后播迁各村。明洪武二十年（1387），沿海倭寇作乱，海坛住民奉旨内迁，念氏亦随迁福清海口一带。这说明在明洪武二十年以前，念氏已迁入平潭。明嘉靖年间（约在1522—1550年之间）念氏建祠于福清仁寿里杞店村（今海口镇南厝村），有一古井沿刻"嘉靖庚戌年（1550年）家长念廷铨始建"字样，历经几百年，乃清晰可辨，记录下念氏先人踪迹，让子孙后代饮水思源，牢记根本。念子华被尊为福建平潭澳前念氏始祖。

平潭念氏宗亲数东星（东岳美）人口最多，2000年统计，有500多户，2000多人。东星（东岳美）念氏宗亲世代以渔业为主，近年发展以海洋捕捞，海洋运输，海产品养殖为辅。念氏宗亲以勤劳、善良为本，与乡亲相处和睦，德邻仁里，受到乡亲乡里的尊重与敬佩。

清乾隆三十年间，应发念公同妣林氏，从福清杞店迁入霞浦县牙城镇钱大王村，该村念氏族人后享国家"造福工程"的优惠政策举村迁移后山村。

当今，福建省念姓主要分布在的福清市江镜镇、海口镇，平潭县澳前镇、霞浦县牙城镇，散居莆田市、厦门、福州等市县。

【入垦台湾】

明清以后，念氏家族开始播迁台湾已经海外。

台湾念氏排名第428位，祖籍基本是福建。散居台南、台北、嘉义、基隆、高雄等市县。

【郡望堂号】

陇西郡，其时辖地在今甘肃省东乡县以东的洮河中游、武山以西的渭河上游、礼县以北的西汉水上游及天山市东部，包括今甘肃省兰州市、临洮县、巩昌县、秦州区一带。

【祠堂古迹】

东星念氏宗祠，是福建省民间宗祠名录的会员单位，是福建念氏宗祠的重要标志。民国十年（1921），族人念必文，年必铿，念必俊，念必堂，念必干等倡建念氏支祠，在澳前，南赖等地方选址未果之后，筹建支祠于东星（东岳美）村。民国十三年（1924）秋，祠堂落成。这是平潭第一个念氏宗祠。祠堂为木石四扇平房，硬杉为屋顶，选料讲究，古朴典雅。占地面积747.59平方米，建筑面积120.6平方米。祠堂的落成，对敦睦宗亲、团结世系、敬祖怀远起了重大的教育作用。1992年台湾宗亲念其森再次献资，在祠堂东侧建两层楼房一座。

【族谱文献】

平潭念氏族谱"文革"期间被烧毁，在大炼钢铁、破四旧时，家父偷偷收藏了立于祖厅上的公祖牌，而免于被烧。此公祖牌立于公祖厅上神龛中间，用红布包裹的木质公祖牌，高40公分，上下宽20左右，形制类抽屉式，拉开可见用毛笔繁体书写记录的本支世系。从公祖一世祖到清朝道光年间的十六世祖，从九世祖开始记录有详细生卒、行序、配偶及墓葬等。

第一百零三节 聂 姓

聂姓是当今中国姓氏排行第126位的姓氏，约占全国汉族人口的0.1%。在台湾排名第190位。

【渊源】

1. 出自姜姓。妆子牙以灭商建周的盖世奇功，受封于齐。春秋时，下传至齐丁公，丁公封其支庶于聂城（今山东茌平县），后世子孙以国为氏，尊姜尚为聂姓先祖。

2. 出自姬姓。据《元和姓纂》所载，春秋时卫大夫（一说楚国大夫）食采于聂（今河南省濮阳），子孙以地为氏。（据袁义达与杜若甫的《中国姓氏大辞典》所载，卫大夫采邑地为今山东聊城，而楚有摄叔）

3. 古有地名聂北，春秋时属邢国（今山东省茌平西），亡后属齐，居者以地为氏。

4. 出自他族有聂姓或改聂姓。宋时犹太人入中国，在元、明时采用汉姓，其中有聂姓。今满、土家等民族均有此姓。

【得姓始祖】

姜尚。字子牙，一说字望，又称吕尚、吕望、齐太公，号太公望，又号太师尚父。是周初著名的政治家、军事家。垂钓渭水河边，被文王礼聘为相。后佐武王伐纣，居功至伟，是周朝第一开国功臣。成王时封于齐。下传至齐丁公时，丁公封其支庶于聂，后世子孙以国为氏，称聂姓。他们尊姜尚为聂姓得姓始祖。

【入闽迁徙】

聂姓之确切发源地，由于众说纷纭，今无从考证，但聂姓发祥于今豫鲁一带应无疑义。见诸史册的第一位聂姓人是战国时的聂政，为韩国轵（今河南省济源西南）人，其后西汉有雁门马邑（今山西省朔州）人聂壹（一作聂翁壹），东汉有颍川襄城（今河南省襄城）人聂季宝，另有蜀郡（今四川省成都）太守后为廷尉的聂尚。隋唐之际，聂姓在上述两大郡望依旧繁衍兴盛，并以两地为中心，向周边地区播迁。

两宋之际，见诸史册之聂姓以南方人居多，今福建、湖南、湖北等地均有，尤其是南宋偏安临安之后更甚。

北宋景佑二年（1035），江西白露树下的聂龙德父子游学入闽，卜居穹宁化石壁滑石聂坊，为宁化聂氏开基始祖。据宁化曹坊罗溪《聂氏族谱》载，文书先祖始发于山东茌平县，并设河东郡，后发至江西白露树下，宋景佑二年入闽卜居宁化石壁。至第九世孙迁居龙坪。至第十三世孙聂树再迁至大塘尾（今罗溪）；宁化县曹坊乡罗溪村聂族，人口数千。目前居住地有：大塘尾、庄背、茶山下、罗溪布等。其后裔播衍至长汀、邵武、明溪以及广东、台湾等地。

宋时，聂念三迁徙至福建泰宁的衫阳，为泰宁聂氏开基始祖。先世谱谍毁于兵灾，不知发祥地。21代之后有班行诗："永以思源远，长来占世昌；英才钟圣代，理学振明堂……"（民国有14代孙聂钟衫，住泰宁县城中山街70号。）——本支可能迁于双厚聂族。考双厚五世祖以"念"排郎，有行念一、念二、念十而无念三郎。今查湖南娄底印溪聂族又有念八郎。

宋末，聂姓从邵武禾坪迁入建宁。聂姓原姓张，后改姓聂。聂姓迁徙至建宁后，始居于金溪乡水西；后徙迁城关、大元、邱家地。

明建文三年（1401），聂智观（字上周）从江西临川县松湖迁到永安贡川经营药材，并定居贡川，为永安聂氏始祖。清顺治二年（1645），聂大荣迁到永安新街后人丁兴旺，人称"聂半街"。清嘉庆三年（1798），聂家炎迁居今三元区莘口镇；后裔播迁到三元区岩前镇星桥村。清道光年间（1821—1850），聂大勋的后裔迁居莘口镇沙阳；后裔播迁到台湾。

宁化罗溪笔山《河东聂氏族谱》载：先祖原居山东茌平县，南迁居江西清江白鹭树下，笔山始祖龙德公，于宋景祐二年，携子游学至宁化，举家徙于会同里滑石聂坊，传至九世祖五九公，迁居龙坪，至十三世祖树郎公，又迁今之大塘尾开基，至今已历千年，传世四十代，人丁繁盛，衍播闽、赣、粤及台湾等地。

明溪张源《聂氏家谱》（老卷）载：龙德公原居江西赣州府瑞金白鹭树下，生子福履，福履迁居闽汀宁化会同里大塘尾。至九世五九公于元大元年间，迁归阳之南七十里之张源。妣黄氏七婆，生五子（邱崇、四八、五三、竹叔、满叔）居宁化会同里大塘尾聂家坊；继妣左氏生四子（四七、五十、五一、五二）嗣一子壬二，居归化归下里陈村张源坊，奉五九为一世祖。后裔徙建宁府建安县小溪正墩、建宁县蒋口村、建宁正墩、建宁府建安县小溪、建宁县虚田村、将乐县大源、建宁府建安县将口。

族谱载：明洪武年间，福建永安聂族始祖聂智观，字上周，迁自江西抚州府临川县松湖。初居永安贡川经营药材，至第八代时，后裔分居永安城内及沙阳等地，班行诗："忠孝为家政，诗书报国恩；克承先祖训，奕世庆长蕃……"民国时人丁五百余。

族谱记载：清康熙年间，龙岩市武平县聂氏始祖到十方镇处明村开基发族。村里3000多人，基本上是姓聂，其中有部分后来搬到江西，湖南等地。

福建聂氏主要分布在福州市闽侯县聂山村；南平市邵武市和平镇聂家埠，聂家，上聂，下聂，聂家洋，光泽县彭家聂；龙岩市长汀县聂屋、童坊镇聂屋；三明市宁化罗溪笔山、曹坊乡，三元区莘口镇，建宁县蒋口村、正墩、虚田村、将乐县大源、将口等。

【入垦台湾】

清代，福建、广东聂氏族人开始迁台，台湾光复后又有大批聂氏入台，人口密度依次为台北、高雄、基隆、台中、台南、屏东等各市县。

【郡望堂号】

河东郡：治所在安邑（今山西省夏县西北）。

新安郡：晋改新都郡为新安郡，治所在始新（今浙江省淳安西）。

主要堂号有："赐书堂""三礼堂""环溪堂""河东堂"等。

【楹联典故】

源自聂国；望出河东。

——佚名撰聂姓宗祠通用联。全联典指巩姓的源流和郡望

草泽辛楚第；晚唐诗韵家。

——佚名撰聂姓宗祠通用联。

【族谱字辈】

明溪张源《聂氏家谱》、宁化罗溪笔山《河东聂氏族谱》、宁化县曹坊乡《聂氏家谱》等。

宁化县曹坊乡辈分行第诗歌：永文宣友茂，崇华尚可显，承宗绍圣德，敬祖亲贤才，忠厚家兴盛，明良国远长。

泰宁聂氏字辈：思远长来。

第一百零四节　宁　姓

宁姓，分"寗"（作为姓氏读去声）和"甯"（读平声），汉字简化合为一个姓氏，宁姓在宋版《百家姓》中排名第241位。在当今姓氏排行榜上名列第173位，人口约873000余，占全国人口总数的0.055%左右。宁姓在台湾"甯"姓排名第228位，"寗"姓排位409位。

【渊源】

1."甯"出自姬姓，为周文王之子康叔之后。据《姓纂》载："卫康叔之后，至卫成公生季亹，食采于宁（在今河南获嘉县一带），以邑为氏。"还有一支是出自嬴姓，为秦襄公的后裔。秦襄公的曾孙往世后谥号为"宁"，称宁公；其后裔以祖上的谥号为姓。

2."甯"出自嬴姓，以谥号为氏。据《姓纂》和《急就篇》记载："宁氏与秦同姓，秦襄公曾孙谥宁公，支庶因以为姓。"春秋时期，秦国国君秦襄公有曾孙去世后谥号"宁"，其支庶子孙有以其谥号"宁"为氏，世代相传姓宁。

3."寗"出自满族复姓所改。清满族有宁佳氏、宁古塔氏，入关后有从汉姓习俗，改单姓为宁氏。

【得姓始祖】

季亹，宁氏的远沮乃是周文王第九子姓姬名封，因他初封于康，后人称他为康叔。周武王灭商后，把殷民七族和商故都（今河南省安阳）周围地区分封给他，国号"卫"，定都朝歌（今河南省淇县），成为西周卫国的始祖。传至卫成公时，其子姬季亹分封于宁邑（今河南省修武县），后来他以邑为姓氏，其后裔世代相传姓宁，这便是宁姓的来源。到东周春秋战国时期，其后裔宁相、宁渝、宁喜等，皆为卫国史籍有名的大夫。其中一名宁戚者，从卫国迁去齐国的国都临淄（今山东省淄博市东北）居住，也当上齐桓公的大夫，后来世代为官。故宁氏后人尊季亹为宁姓的得姓始祖。

【入闽迁徙】

宁氏最早发源于春秋时期卫国的宁邑，得姓不久，便风光显赫，见诸史册者有宁俞（宁武子）及其子宁相，宁殖（宁惠子）及其子宁喜（宁悼子），宁速（宁庄子）等均为卫大夫，另有被放逐于秦的卫国大夫宁跪，这样宁跪子孙和秦宁公之支庶便在陕西相融合，另宁戚仕于齐，子孙便落籍山东。两宋以后，宁氏族人南迁者渐渐多起来，并逐渐播迁于广东、福建。

北宋时，进闽始迁祖宁念三从江西南城经南丰出任建宁尉，后定居建宁，为宁姓进建宁的开基始祖。宁念三有二子，分别定居建宁的里心宁源、均口台田。

宋代，宁姓经三明市宁化县石壁村集散湖北、江苏、浙江，以及云南、贵州等省，后来演变为"莲邵系""湘三阳""小云南"等支系，播迁更为广阔，衍派更加庞杂。至今宁化依然有宁姓人口949人。

宋末，又有一支宁姓从邵武禾坪迁居建宁。清中期，进建宁的宁氏修建"宁源大祠"，世代供奉宁氏先祖。宁氏后裔播迁全县各地，亦有少数迁往江西省南丰、宁都、兴国等地。

宋末元初北方大乱，原由广西北上的《宁越郡》后裔，有一支于元初（1279）南归，从燕京回楚地，最后落户于广东、广西。早期迁入赣、闽的另一支，也因明朝天启初年（1621）闽乱，迁离福建徙入广东，定居信宜，并远播马来西亚。此后，广东"甯"氏开始兴旺起来，现已成为"甯"氏宗族的活动中心。

明初从山西省洪洞县迁居洛阳地区，分布宜阳、伊川、嵩县、栾川、洛宁、鲁山、卢氏等7个县。除河南省、山西省以外，迁往吉林省、辽宁省、陕西省、河北省、山东省、安徽省、湖南省、广东省、广西省、福建省、海南省、台湾省、香港和马来西亚等地的宁姓也很多。

清初，宁文龙的势力威震建宁、宁化两县，他在建宁杀清将鲁云龙，在宁化杀黄通，在当时都算是惊天动地的大事，因此成为闻名两县的枭雄。后来，宁文龙的一个侄儿宁永忠（号隆廷）迁到宁化水茜，成为宁化甯氏开基祖。宁永忠的后裔，如今聚集在水茜乡沿溪村南山下。村里有座建于清代的九井十三厅砖瓦大厝，后依翠竹，前临池塘，景致优雅。

清朝康、乾年间以后，山东、河北、河南之宁氏族人随闯关东的风潮进入辽宁、吉林等地。

【入垦台湾】

清代，闽粤沿海之"甯"氏族人入居台湾。台湾光复后各省也有迁徙入台。主要分布在台北、基隆，其次是高雄、桃园、新竹等各市县。

【郡望堂号】

齐郡：据《姓纂》记载："卫康叔之后，至卫武公生季亹，食采于甯，以邑为氏。"望出齐郡。西汉先为临淄郡，后改齐郡，治所今在山东省淄博市。

济南郡：汉朝时期高祖刘邦设有济南国。

济阳郡：战国时期为魏国城邑，西汉时期改置为济阳县，治所在今河南省兰考县东北部。

堂号：齐郡、达孝、笃亲、成德等。

【祠堂古迹】

九井十三厅"的宁家祖屋，位于宁化县沿溪村，人们习惯称之南山下，创建于300多年前。法国远东学院劳格文博士主编的《宁化县宗族，经济与民俗》一书中记载：南山下背山向水，以南山溪畔为依托，以背山登龙为导向，十七世祖芳衍公（生六子）在此架造起一幢全封闭式的九井十三厅高级住宅群，面积约2000平方米。所谓九井十三厅，祖祠正厅和大天井外，还建有12个小厅和8个小天井。所有大小厅堂天井，悉为长条石砌成，大厅四周毗连的诸多豪华住宅相间其中，规模恢宏不凡，其前首门楼金光璀璨，屋内雕梁画栋，屋柱粗大庄严。墙壁、屋柱、门楼、门板、地脚、柱垫，全用油漆粉刷装饰，优雅美观。整个住宅群环环相扣，门路谨慎。门绊、门扣全用铜质材料，牢固安全防盗。厨房、居舍、客厅、澡堂相通配套。住宅内每两植房间砌有高墙，超过瓦顶，目的防火，亦称落井封火。

【楹联典故】

统系接闽江，由兹派别分支，数十世来绵两粤；祠堂归化县，此后宗联本根，五百年前证一家。

——佚名撰宁姓宗祠通用联。此联广东省化州县宁氏宗祠联。

严肃朝廷相；勤奋帝王师。

——佚名撰宁姓宗祠通用联。上联典指西汉骨史宁成。宁成，南阳人。执法严峻，为宗室、豪强所畏惧。武帝时任内史。下联典指西汉赵国人宁越，原为中牟农民。因努力求学，15年后即成为周威公之师。

第一百零五节 欧 姓

欧姓在中国大陆姓氏中排第158位，据统计全国欧氏总人口约70万人，占全国总人口0.6%左右。在福建排名第89位。台湾排名第70位。在福州市五区八县最新人口普查欧姓排第46位，有近3万人。

【渊源】

1. 出自欧冶氏，为春秋时的铸剑师欧冶子的后裔。欧姓出自欧冶子，欧冶子，春秋战国时期越国人，是我国古代铸剑的鼻祖。欧冶子，因为他居住在欧余山，又以冶炼锻造兵器出名，所以，以欧冶为姓。欧冶子后来移居到福建的闽侯县冶山，为越王铸造过湛卢、巨阙、胜邪、鱼肠、纯钩等5种利剑。名噪一时。后来又于徒弟为楚王铸造了龙渊、太阿、工布3把利剑。欧冶子的后代以祖先的名字坐为姓氏，形成了欧姓。他最早在福州欧冶池铸剑，后被越王允常聘到松溪湛庐山和龙渊（今浙江龙泉）铸剑。欧冶子铸造的一系列赫赫青铜名剑，冠绝华夏。在春秋五霸、战国七雄的争霸战争中，显示了无穷威力与摄人心魄的艺术魅力。

2. 出自姒姓，与欧阳姓同宗，为越王勾践的后裔。夏朝帝王少康的儿子无余，被封于会稽，建立了越国，为诸侯国。到春秋的时候被吴国给灭掉了。19年后，勾践又复国。到勾践六世孙无疆为越王的时候。被楚国所灭，无疆的次子蹄被封于乌程欧余山的南部，以山南为阳，所以称为欧阳亭侯，无疆的支庶子孙，于是以封地山名和封爵名为姓氏，形成了欧、欧阳、欧侯3个姓氏。后来虽然也有欧阳、欧侯省姓为欧，但是起源仍为这一支。《路史》记载："越王无疆次子，封乌程欧余山之阳，后有欧氏，欧阳氏。"《唐书宰相世系表》详载："出自姬姓，夏少康庶子封于会稽，至越王无疆，为楚所灭，无疆子蹄，更封乌程欧余山之阳，为欧阳亭侯，遂以为氏。"《姓氏考略》也载："越王无疆之次子封于乌程欧余山之阳，后有欧氏、欧阳氏、欧侯氏，望出平阳。"

3. 源于其他少数民族，属于汉化改姓为氏。今蒙古族、壮族、白族、苗族、彝族、土家族等少数民族中，均有欧氏族人分布，其来源大多是在唐、宋、元、明、清时期中央政府推行的羁縻政策及改土归流运动中，流改为汉姓欧氏。

【得姓始祖】

1. 欧氏族人大多尊奉勾践、无疆为得姓始祖。

欧氏是春秋时代著名的越王勾践的后裔。欧氏与欧阳氏同出一源，都是越王无疆的子孙，而越王无疆，则是距今2400多年前越王勾践的七世孙。根据《路氏》上的记载说，越王无疆的次子，被封于乌程欧余山的南边，后代中有欧氏，欧阳氏。根据《唐书·宰相世系表》的记载，欧姓出自姒姓，夏帝少康的庶子，受封于会稽，传至越王无疆时，为楚国所灭，无疆的儿子蹄，改封乌程欧余山南方，为欧阳亭侯，子孙就以欧为氏。而《姓氏考略》上也有记载。望族居于平阳郡，就是现在的山西省临汾市西南部。由此可见，欧氏和欧阳氏同出一源。故欧姓后人尊无疆为欧姓的得姓始祖。

2. 欧冶子（前514年前后），春秋末期到战国初期越国人，是我国古代铸剑的鼻祖。龙泉宝剑创始人。欧冶子诞生时，正值东周列国纷争，楚先后吞并了长江以南45国。越国就成了楚国的属国。少年时代，他从母舅那里学会了冶金技术，开始冶铸青铜剑和铁锄、铁斧等生产工具。他肯动脑筋，具有非凡的智慧；他身体强健，能刻苦耐劳。他发现了铜和铁性能的不同之处，冶铸出了第一把铁剑"龙渊"，开创了中国冷兵器之先河。

【入闽迁徙】

2400多年前的越国，即今浙江和江苏以南地区。在得姓以后的很长一段时间里，欧姓继续繁衍于此地。魏晋南北朝之际，欧姓人于史书鲜见。东汉时江南蛮荒，民不开化，经济发展滞后，故欧姓因仕宦、谋生等原因北上中原，其中一支欧姓越过黄河进入山西临汾，经长期繁衍，他们在山西临汾等地繁衍成为望族，这个地方过去属平阳郡，所以后世欧姓子孙有以"平阳"为其郡望堂号的。隋朝末年，山西亦成为军阀纷争之地，而平阳郡历来乃兵家必争之地，欧姓人涂炭于战火自不待言。

唐初，陈政、陈元光父子入闽开漳，有欧姓随之入闽，是故欧姓人南迁闽南，始自唐初。

宋度宗咸淳年间（1265—1274）广东新会区氏的始祖竹溪公从粤北南雄珠玑巷迁徙到广东新会。在这之前他们的祖先居住在福建莆田。

宋元之际，欧姓人有播迁两广之地者。明中叶以后，有闽粤之欧姓赴台谋生，进而播迁东南亚及欧美各国。

浙江平阳县自西汉以来有两千多年历史的县史，五代梁时吴越王镠改平阳，历经北宋南宋、元明清直到现在，1000多年来，是浙江沿海重镇——平阳县（元代曾经升格为平阳州）。因此，欧姓祖宗确定的"平阳堂"号也有1000多年历史。目前调查获知，平阳欧姓主要分布在沿海沿江的浙江平阳、苍南，福建霞浦、罗源、连江、南平、闽侯、福清、仙游郊尾、东山、广东深圳、湛江、吴川、茂名和广西、湖南等地。

欧冶子后人在浙江福建一带，建有宗祠，后人为念欧冶子。堂号：八剑。

欧冶子最早在福州欧冶池铸剑，是先秦闽族人，后被越王允常请到松溪湛卢山和浙江欧余山铸剑，再后来又被楚王请到"茨山"与干将一起铸铁剑。冶，与冶铁有关，汉初诸侯国中，只有闽越国都城称冶。欧姓的得姓始祖就是春秋晚期最早在福州冶山炼剑的欧冶子。至今，位于福州冶山原福建省财政厅院内的"欧冶池"名胜古迹保存完好、修葺一新，是天下欧姓人家祭祖的圣地。

欧冶子子孙多为能工巧匠，汉代在浙南"回浦县地，后汉章安县地"繁衍生息，五代梁时吴越王钱镠时期，欧姓在平阳聚族而居，形成望族。历经北宋南宋创修族谱、兴建祠堂、敦亲睦族，遂把欧氏祠堂统一命名为"平阳堂"，让子孙后代不忘祖脉。

欧光远祖系河南光州府固始县永丰前村人氏。唐末随闽王入闽，家于福州侯官之洪塘。传九代，

至太祖万一公，见南溪修竹茂林，水绕山藏，实始基之所，遂辟地开创，题曰厚林，为厚林开基始祖。现繁衍有后代1000多户，子孙遍布海内外，目前南溪村就住有500多户，2000多人。福清西欧东欧也是南平南溪欧氏后裔，福清西欧在清末有子孙迁到平潭岛苏澳，再由苏澳迁至平潭全县。

唐末，欧阳昌挈眷范氏由江西入闽，为泉通判。遂家泉晋江潘湖里。生子三，长暮为安固县丞，次巩为潮州司仓，三詹为唐贞元八年闽之首登进士科第。詹赏读书作诗于南安高盖山顶，有诗山读书处，故名诗山。后又读书于龙头山常泰里（今甲第宫后巷），是其故址，现有塑像，并建不二祠在泉州城北大城隍后与小山丛竹毗连，唐宋元明间文学大盛，而在潘湖科第者30余人，詹次子萌分居兴化莆田，能文，三世均举进士，传数世而至仪时，洪武二年（1369）遭变乱，仪公诸子散居各处。潘湖欧厝祀堂始于宋天圣二年（1024），号欧阳府第，后改建为欧阳宗祠，至明万历四十二年（1614）由黄氏外孙前来接管外祖物业，次殿欧阳外祖故名曰潘湖宗祠。

1. 福州欧姓

福州欧姓源流最早的记载见诸新编《南平南溪欧氏族谱》所录，宋淳祐元年翰林秘书陈桂所撰《欧氏族谱序》："昔战国时吴有欧冶子……后之子孙世为（河南）浮光人……始祖欧公……从王氏入闽。"元代至正四年第十世孙欧斌在《平阳宗派余庆谱》中写得更为详细："吾祖平阳一脉出自光州固始县永丰村……吾祖随王（审知）来闽，家于福州侯官县西。"明代洪武十年十二世孙欧汝砺在《厚陵欧氏家史誌》中说得更清楚："余欧氏肇自始祖光州固始人，唐末随王（审知）氏入闽侯官，南宋太祖欧公尚书十朝奉因家于霍潭。"清代康熙年间二十二世孙欧洁斋所著《洁斋公续修南剑厚陵欧氏家谱序》说得最完备："吾欧之传其源远矣！战国时吾国中有欧冶子者。世系莫考，不敢妄述。后汉唐之间，族蓄于河南、衍于光州固始关南之永丰前村也。唐末王潮王审知入闽，我祖从焉，遂家于福州侯官之洪塘。至南宋时，显祖讳光、字延显，由福州府学生以春秋首荐登宁宗开禧元年乙丑科进士，

官至户部尚书，后退隐延平长安南里鼋潭（今福建南平太平镇南溪村）。"洪塘凤山有座闽王庙，庙旁云楼（今名仓山区建新镇楼下村）有户部尚书欧光府第遗址，俗称"欧丞相府"。府第内有女眷住的云楼，据说四层高，故地名称为"云楼"。今日楼下村内遗有石狮、旗杆石等建筑附件，村内欧姓辈分排行为：清肇宗发，曾汉星详。留有古墓数座。

福州欧姓也是跟随王审知入闽的中原后裔。欧冶子在福州欧冶池的嫡系子孙在福州侯官南台阳岐、洪塘等地繁衍成族，今闽侯南通莲湖"欧氏宗祠"容纳了五区八县和闽东霞浦等地平阳欧氏祖先牌位，香火鼎盛。洪塘之外，博铺欧、海南欧同属仓山区的阳岐村也是欧姓聚居地。

2. 莆田欧姓

南宋咸淳年间（1265—1274），莆田县中式乡（现平海镇）坎头村就有欧姓人家聚居。史书记载欧达公出生在这里。现在的嵌头村属于平海镇，平海镇是明代抗倭的平海卫所发展而来，南宋时的旧地名中式乡是否就是现在的笏石乡，有特考证。与嵌头村同属于上林行政村的上欧村聚居着的欧姓有2400人。距嵌头村不到两公里巍然耸立着一座"欧阳家庙"，全村姓欧完全是一家人，子孙繁衍到海南和泰国。

2004年7月至8月，泰国欧兰集团公司董事长、泰国中国和平统一促进会荣誉会长、中国侨联海外顾问欧宗清博士率世界海南欧氏宗亲会16人，以及香港、广州、山东、福建，及加拿大欧氏宗亲寻根谒祖团共31人，在福建省侨联江宏真副主席陪同下，先后到福州、莆田、厦门进行参观考察、寻根谒祖，取得圆满成功。

3. 龙岩欧姓

龙岩欧姓源流，主要依据《龙岩欧氏石桥琢成公房谱》。该谱《原姓叙》曰："吾欧姓，出自平阳郡。始祖襄定公，汉宣帝封营平侯，至元帝改为屯田都尉，守河南。后因议事忤主，大司马王凤解印绶，卜宅光州固始。数传有宪伯公同唐将南征，荡平闽地，居兴化。待季复公闽王审知居泉州。及南唐王李煜时，伯举公镇守漳州路。有宋肇兴，守节不仕，

或家于漳，或回籍江左，厥后支派繁衍。元末，四方鼎沸，其子孙遂散处于兴之莆，征泉之晋南，同、惠、漳之溪浦，海南别籍分户，不一其处。大明崛起，海宇统一。我祖仁轩公从龙得功. 复自光州后河。侣海氛兵火，谱牒无传。犹幸大坪乡南靖分派世谱，亦屯田发迹，斑斑可考。本姓之来历源流，确可据也。"上述记载说明，龙岩欧姓郡望也是平阳郡。汉宣帝时营平侯欧襄定至元帝时改为屯田都尉，守河南，解职后卜宅光州固始。入闽始祖欧宪伯随陈元光南征，居兴化。又据该谱《琢成公叙》记载，明代洪武年间欧仁轩屯田龙岩有功，遂世居龙岩。传二世欧乐泉以明经崛起，四世欧隐约生二子，长子守质、次子西陵，居西山。欧西陵迁石桥为始祖，生三子，传十三世至欧琢清。传承脉络清楚。

4. 东山县欧姓

东山欧姓家族，始于清康熙二十年（1683），一世祖国盛公从漳浦马口村迁入定居，艰苦创业，繁衍子孙，迄今已有300余年。传至六世祖永珍公兄弟，协力开拓南北航运，乃发家致富，枝荣叶茂，遂成东山望族。尔后，又远播重洋，人才辈出。

【入垦台湾】

福建欧姓迁海南始祖欧达，莆田人，乡进士，宋咸淳年间，来琼任文昌县知事，落籍文昌。

明中叶以后，有闽粤之欧姓赴台谋生，进而播迁东南亚及欧美各国。由于社会的不断进化和变革，欧姓家族在神州大地，大江南北不断的流动、迁徙和繁衍，散居在全国各地以及台湾、香港、澳门等20多个省市和地区，还有的定居海外东南亚及欧、美、日本各国，分布于世界各地。

福建欧姓迁徙台湾大约在明清时期，主要是闽南、和闽西客家地区的先民。根据金门欧阳氏谱记载，欧阳姓开基祖欧阳文卿，是在明代嘉靖年间，即四百多年前，自福建泉州蚶江出海捕鱼，发生船难，漂流到浯洲（即金门），竹筏被巨浪打坏，有家归不得，就在烟墩山之南，辟草斩棘，搭盖茅屋落户，即现在欧厝。欧阳文卿娶附近薛厝坑薛氏为妻，育有五子，其中，长房、二房、三房及四房下，世代守在金门发展，第五房的欧阳定辉在约万历年间，

由欧厝渡海迁徙到澎湖鸡母坞（今五德里），为欧阳姓澎湖开拓之始。

然而，澎湖大姓为欧姓，而非欧阳姓，主要是与日本统治台湾有关，金门县欧阳氏宗亲会理事长欧阳彦森表示，日据时代的台湾，日本人不喜欢台湾同胞的姓名在四个字以上，认为会与日本人相混淆，此外，欧阳一姓的"阳"字，犯了日本太阳旗的忌讳，因此，强迫澎湖欧阳姓全部改为单姓"欧"。

祖先即是从金门欧厝，迁居澎湖湖西乡沙港村，日据时期再迁往台湾本岛的彰化鹿港，这次奉调金门服务前，曾任署立澎湖医院院长2年3个月，循着祖先走过路溯源，冥冥中似乎注定要回到金门为乡亲服务。

雍正十年（1732）福建同安人欧天送入垦今新竹新丰，嘉庆二十三年（1818）欧进兴参与重修鹿港敬义亭，又嘉庆年间有欧隆顺由福建率族入垦今屏东新园。

台湾欧姓主要分布在云林、高雄、台北、澎湖、台南，其次是台中、彰化、桃园、苗栗、嘉义、屏东等等各市县。高山族同胞也有欧姓。

【郡望堂号】

平阳郡：据《郡望百家姓》的记载，欧姓望出平阳郡。

八剑堂：春秋的时候有欧冶子善于铸造剑，越王请他铸了五把剑（湛卢、巨阙、胜邪、鱼肠、纯钩），后来，干将又为赵王铸造了三把剑（龙渊、太阿、工布），这八把剑都是历史上有名的剑。

六一堂：欧阳修号六一居士，即"藏书一万卷，集录三代以来金石遗文一千卷，有琴一张，有棋一局，常置酒一壶。……以吾一翁，老于此五物之间，是岂不为六一乎？"其后裔将家族的堂名称为"六一堂"。

此外，平阳堂、渤海堂、庐陵堂、鄱阳堂等。

【祠堂古迹】

塔潭祖祠积庆楼，位于龙海市塔潭社内。因为"木字楼心字建"的三层土木结构楼房，又名木字楼。其地基为邱氏所建，后来欧阳氏来塔潭定居，主动建造此楼，故将其二层楼房东厢房留给邱氏存上祖神牌。历代多次修建，1995年再次重修。

过田欧阳姓祖祠，位于漳浦县杜浔镇近院村过田社，堂号"世德堂"。为两进三开间土木建筑，悬山顶。

陂内欧阳姓祖祠，位于漳浦县旧镇镇东厝村陂内社，堂号"紫芝堂"。坐东向西，为两进三间土木建筑，悬山顶。

居龙山欧姓祖祠，位于云霄县火田镇下楼村居龙山自然村。始建于清乾隆二十五年（1760），堂号继德堂。坐西南向东北，占地面积300平方米，建筑面积250平方米。

潘湖欧厝祀堂，位于南安市潘湖欧厝，始于北宋天圣二年（1024），号欧阳府第，后改建为欧阳宗祠，至明万历四十二年（1614）由黄氏外孙前来接管外祖物业，次殿欧阳外祖故名曰潘湖宗祠。历代重修。

潘湖不二祠，系欧阳氏的祖祠，宋徽宗崇宁五年（1106）秋其詹十世孙欧阳珣始建于晋江潘湖，祠祀唐代欧阳詹。不二祠为土木结构。

【楹联典故】

崇宗显赫平阳郡，本祖巍峨八剑堂；平阳启绪宗风远，六一传家世泽长。

——上联典指广西平乐欧家是从平阳郡搬过来的。下联典指北宋文学家欧阳修。

文笔破开荒，名震贞元龙虎榜；武功宁海宇，爵开嘉靖万户侯。

——龙海市五亩园祖祠对联。

渤海金镛增国器；欧山玉笔破天荒。

东君聚宿高斗炳；西伯积旋元经廷。

——龙海市塔潭祖祠积庆楼对联。

千载麻光留惠泽，四时产物表诚心。

——云霄县居龙山继德堂柱联。

源溯祈山，大恢功业；派分铜岛，克振家声。

——东山祠堂联。

鲤郡分支绵世泽；蚶江衍派振家声。

——佚名撰台湾省金门县（岛）欧厝村欧阳氏宗祠联。明嘉靖年间（1522—1566），泉州市蚶江欧阳氏五世裔欧阳文卿漂居金门，为金门欧阳氏开基祖。乾隆年间，祖籍泉州蚶江的欧阳氏族人在金门欧厝村营建"金门欧阳氏宗祠"，并镌刻敬祖思

闽台寻根大典

源的这副对联，而蚶江欧阳氏则由晋江潘湖欧厝迁入，系潘湖欧阳詹之裔。

弱冠胪传，龙虎萃得人之榜；大儒纯孝，凤麟毓间世之英。

——佚名撰欧阳姓宗祠通用联。上联典指唐代晋江潘湖人欧阳詹，字行周，贞元年间，他年刚弱冠（二十岁），与韩愈、李观等人联名登第，当时人称为"龙虎榜"。官国子四门（学校名）助教，后与韩愈同为博士。胪传，即胪唱，科举时，殿试之后，皇帝传旨召见新考中的进士，依次唱名传呼。下联典指北宋庐陵人欧阳观，字仲宾，欧阳修的父亲。少年时为孤儿，勤奋学习。性情仁孝，每年祭祀先人时都哭着说："祭祀丰厚，不如奉养少薄。"

咸平年间进士，历泗、绵二州推官，官至秦州判官。

事业经邦，闽海贤才开气运；文章华国，温陵甲第破天荒。

——宋代朱熹撰福建省泉州市晋江潘湖欧阳氏宗祠"不二祠"联。

【族谱文献】

记载闽台欧氏族谱现存近百部。其中较有代表性的有《龙岩欧氏族谱》为龙岩欧氏族谱编纂委员会修，依据了《龙岩欧氏石桥琢成公房谱》。内容有源流探析、祖德流芳、草堂毓秀、世系经纬和先祖遗风，以及宗亲风采、族孙雅趣、修谱撷影、大事述略、拾英随录等。为平阳郡望。内载汉宣帝时营平侯欧襄定至元帝时改为屯田都尉，守河南，解职后卜宅光州固始。入闽始祖欧宪伯随陈元光南征，居兴化。明代洪武年间欧仁轩屯田龙岩有功，遂世居龙岩。传二世欧乐泉以明经崛起，四世欧隐约生二子，长子守质、次子西陵，居西山。欧西陵迁石桥为始祖，生三子，传十三世至欧琢清。《福州欧氏总谱》，欧潭生主编，不分卷，一册。内容包括序、拔、世系、先祖、祖训，以及宗亲风采、修谱撷影、大事述略、芳名录等，收编范围除福州市五区八县外，世系包括从福州迁去的福安、霞浦等地欧氏宗亲等支派。还有《南平欧氏族谱》等。

【昭穆字辈】

福州地区莲湖等地：朝国良善德明星拱照祥（长发其祥）。

螺州等地：德必兴利长发其祥。

洪塘等地：清肇宗发曾汉星祥。

第一百零六节　欧阳姓

欧阳是一个复姓。当代欧阳姓的人口约88万，大约占全国人口的0.07%，排在全国第149位。在台湾排名第130位。

【渊源】

欧阳是一个复姓，出自姒姓，以亭名为氏。根据《姓氏考略》记载："越王无疆之次子封于乌程欧余山之阳，后有欧氏、欧阳氏、欧侯氏，望出平阳。"追溯上去，欧阳姓还是黄帝的后裔。越王勾践的祖先出自姬姓，公元前2079年（距今4072年）即位的夏少康的庶子封于会稽。黄帝长于姬水，以水为姓。由此可见欧氏和欧阳氏都是越王无疆的第二房子孙，而越王无疆则是2400多年前越王勾践的七世孙。夏朝少康的庶子无余受封于会稽（今浙江绍兴），建立越国。到勾践的六世孙无疆时，越国被楚国吞并。无疆之子蹄，被楚王分封到乌程（浙江吴兴县）的欧余山之阳，称欧阳亭侯，其后有欧阳氏。传至裔孙睦、举，分两支，睦居青州（山东千乘郡），号千乘派，举居翼州（河北）渤海郡，为渤海派，宁化欧阳氏属渤海派。

【得姓始祖】

无疆。欧阳氏是春秋时代著名的越王勾践的后裔。欧阳氏与欧（区）氏同出一源，都是越王无疆的子孙，而越王无疆，则是距今2400多年前越王勾践的七世孙。欧阳氏的得姓，大约有2000年的历史。根据《路氏》上的记载说，越王无疆的次子，被封于乌程欧余山的南边，后代中有欧氏、欧阳氏。根据《唐书·宰相世系表》的记载，欧阳姓出自姒姓，夏帝少康的庶子，受封于会稽，传至越王无疆时，为楚国所灭，无疆的儿子蹄，改封乌程欧余山南方，为欧阳亭侯，子孙就以欧阳为氏。北宋欧阳修撰《欧阳氏谱图序》：欧阳氏之先，本出于夏禹之苗裔。自帝少康封其庶子于会稽，使守禹祀。传二十余世，至于允常，允常之子曰勾践，是为越王。越王勾践

卒，子王鼫与立。自鼫与传五世，至王无疆，为楚威王所灭，其诸族子，分散争立。滨于江南海上，皆受封于楚。有封于欧阳亭者，为欧阳亭侯。欧阳亭，在今湖州乌程欧余山之阳。其后，子孙遂以为氏。汉高祖灭秦，得无疆之七世孙摇，复以为越王，使奉越后。

【入闽迁徙】

欧阳姓第一大省是江西，约占全国欧阳姓总人口的52%。全国欧阳姓分布主要集中于江西、湖南、湖北三省，约占欧阳总人口的83%。其次分布在广西、甘肃、福建、广东等。全国基本形成了以赣湘为中心的欧阳姓分布区。其发祥地为渤海郡（今河北省沧县）。

越王勾践后裔欧阳氏的直系图谱：少典→轩辕黄帝→颛顼→鲧→大禹→启（建夏）→太康→仲康→帝相→少康→无余（少康庶子，分封会稽，商周时历二十余世至春秋时）→允常（建越国）→勾践（战国时封越王）→鼫（左鼫右石）与→不寿→翁→侨伯→侯→无疆（伐楚为楚威王所灭）→蹄（受氏始祖，封于乌程欧余山之阳，称欧阳亭侯，乃得姓之始也）。

陈盛美《明山秀水客家人》载：欧阳姓，于三国景元年间，随元帝入闽晋江，后迁徙宁化水茜。

宁化横锁蓬源《欧阳氏族谱》：唐时，欧阳詹公，宪宗元和间（806—820）为广西柳州指挥使，后迁洪州都尉。其子典，从兄翼公，宦于元和间，任浦城教谕，转居晋江。典之次子万春，十四郎公，号松庵，唐懿宗咸通进士，初任延平府沙县县尹，旋升建宁府尹。至僖宗乾符年间，挂冠归隐，卜居宁邑丰宝山肇基，建宅名曰"丰宝堂"。十四郎被奉为宁化欧阳氏始祖。

唐初，欧阳氏携眷由江西入闽，居晋江潘湖，生子三。三子欧阳詹于唐贞元八年（792）登进士科第。子孙播迁泉州、莆田。初建不二祠在泉州城隍庙后。宋天圣二年始建潘湖欧厝祀堂，号欧阳府第，

后改建为欧阳宗祠。

宁都半经《渤海欧阳氏三修族谱》：南乔，生于明正德壬申，从宁化移往江西，迁长胜斗经定居。

宁化《湖村乡志》载：明末，欧阳秀青从清流县嵩溪迁入宁化泉上里乌村（今湖村）肇基，名其居地为阳家屋。清时，村中建有阳氏祠。

【入垦台湾】

明清时期，闽粤欧阳家族入垦台湾。台湾高山族同胞也有欧阳姓家族。台湾光复后，各省也有迁徙台湾。主要分布在台北、基隆、台南；其次是高雄、彰化、宜兰、新竹、苗栗。在云林、屏东、花莲、潘湖都有分布。

【郡望堂号】

欧阳姓的郡望是渤海。欧阳姓以画荻为堂号。"画荻"堂号阳修。欧阳修从小死了父亲，家里很穷，买不起纸笔。母亲以地作纸，用荻当笔，教子识字。后来官进翰林院侍读，与宋祁等同修《新唐书》，又迁枢密副使、参知政事。荻，为多年生草本植物，与芦苇相似，秋天开紫花。后人遂以"画荻"怀念先人，以此为堂号。

【祠堂古迹】

鄱湖宗祠，位于晋江市潘湖镇，规模宏大，建筑颇具闽南特色。唐贞元八年（792），欧阳伯善的后人欧阳詹与当时著名青年文士贾棱、韩愈、李观、崔群等22人同登金榜，为闽南第一进士。根据记载，宋天圣二年（1024），后人以欧阳詹的"四门府第"为基础，建造了规模宏大的欧阳氏宗祠。

晋江龙首山有欧阳别墅，潘湖有欧厝、吟啸桥。

鲤城区有"不二祠"、甲第巷、欧阳詹故居，清源山有欧阳书室。

莆田福平山有欧阳詹读书处，广化寺旁有欧阳四门先生读书处，广化寺旁有欧阳四门先生墓，福州的南涧寺上方石佛像记崖刻等。

【楹联典故】

望出渤海；姓启欧余。

——全联典指欧阳氏的源流和郡望。

继固承迁五代史；书名刻石九成宫。

——上联典指北宋朝时期的文学家、史学家欧阳修，字永叔，号醉翁，晚年号六一居士。庐陵人（今江西永丰）。撰有《新五代史》等，为唐宋八大家之一。下联典指九成宫，唐朝时期宫殿名。在陕西麟游县西。本隋仁寿宫。唐太宗贞观五年（631）重修，为避暑之所，以山有九重，改名九成。唐贞观六年（632）得泉，命魏征作铭，欧阳询书刻石，称《九成宫醴泉铭》。永徽二年（651）改万年宫。清乾隆二年（1737）复旧名。

鲤郡分支绵世泽；蚶江衍派振家声。

——台湾省金门县欧厝村欧阳氏宗祠联。明嘉靖年间（1522—1566），福建省泉州市蚶江欧阳氏五世裔欧阳文卿漂居金门，为金门欧阳氏开基祖。乾隆年间，祖籍泉州蚶江的欧阳氏族人在金门欧厝村营建"金门欧阳氏宗祠"，并镌刻这副敬祖思源的对联。

第一百零七节 潘 姓

潘姓是当今中国姓氏排行第52位的大姓，约占全国人口的0.42%。福建第36位。在台湾排名第31位。

【渊源】

1. 以祖辈字命氏，源于芈姓。出自芈姓，为春秋时楚国公族潘崇之后，以祖名为氏。据《通志·氏族略》所载，颛顼后裔陆终生有六子，第六子名季连，赐姓芈。周成王时，封其后裔熊绎在荆山建立荆国，公元前740年，荆君熊通自封为武王，他的儿子于公元前689年改国号为楚，称楚文王。据《姓氏寻源》和《潘氏家谱》及《史记·楚世家》所载，公族子弟潘崇助楚穆王继位有功，受封为太师，其后代子孙以祖名为姓，称为潘氏。从此，潘姓在楚国成为有势力的家族，潘姓因此而来。

2. 以国名为姓，出于姬姓，是黄帝的后代。为周代周文王裔孙伯季之后，以邑名为氏。据《元和姓纂》所载，周文王第十五子毕公高让其子伯季食采于潘邑（今陕西省西安、咸阳一带），其子孙遂以邑名为姓，称为潘氏。据《广韵》也记载："周初四圣"之一的毕公高，他的小儿子季孙封邑在潘。春秋后国灭，其子孙不以姬为姓而以国名为姓，奉季孙为潘姓始祖。《姓纂》上面是这样记载的："周文王后毕公之子季孙，食采于潘，因氏焉。有广宗，河南两望。" 今天潘氏后裔，多出自季孙这一支。

3. 因地而得姓。潘水在河南，住在潘水边的人以水名为姓。据魏《土地记》载：下雒城西南故潘城，有以地为氏者。

4. 出自姚姓，为上古舜帝之后，以国名为氏。据《中国姓氏》载，舜帝生于姚墟称姓姚，建都潘（今北京市延庆县东北），后潘地移至今陕西省兴平北。商朝时，舜的后裔建潘子国，商末被周文王所灭，其子孙遂以国名为姓，称为潘氏。

5. 他姓改潘姓及少数民族有潘姓，（1）据《魏书·官氏志》所载，南北朝时，北魏有代北复姓拔略罗氏随魏孝文帝南迁洛阳后，定居中原，北魏孝文帝汉化改革时，改其姓为单姓潘。（2）清康熙末年，台湾岸里大社酋长阿穆归顺清廷，被赐姓为潘；光绪时，台湾高山族相率归化清廷，也被赐姓潘。（3）其他一些少数民族如满、水、京、蒙古、土家、彝、瑶、仫佬、回、壮、布依均有潘姓。漳州有满族、苗族、瑶族、壮族等使用潘姓。（4）据《五代史》载：溆州蛮酋有潘姓，如潘金盛。

【得姓始祖】

1. 潘崇。楚成王时，潘姓中有名为潘崇者曾为太子商臣之老师，在楚成王预谋另立太子时，潘崇极力支持太子商臣，并成功地使之继位为楚穆王。潘崇因助商臣继位有功，被封为太师，楚穆王并且还把自己任太子时的财产全部赐给他。从此潘姓在楚国成为有势力的家族。后人念潘崇兴潘姓有功，便尊他为潘姓的得姓始祖。

2. 季孙。潘姓其中一宗系的受姓始祖。据《广韵》记载："周初四圣"之一的毕公高，他的小儿子季孙封邑在潘。春秋后国灭，其子孙不以姬为姓而以国名为姓，奉季孙为潘姓始祖。

【入闽迁徙】

发源于我国北方和南方的两支潘姓，他们在血缘上实同出一源，即都是黄帝的子孙。春秋战国时，潘姓主要在今湖北省境内发展，此后，有向山东、湖南迁徙的少数潘姓人。唐初潘姓南迁于福建。

1. 总章年间（668—669）光州固始人潘源节应朝廷召，带府兵入闽开漳，任府兵队正副尉驻南安，辅政陈元光父子治闽。后佐州治有功，封忠勇校尉，为忠义将军，授"竭忠辅国昭德将军"，后留驻闽南，肇基繁衍。合五十八姓居漳水之北宅，梁山下之火田村。宋绍兴二年（1132）追封为昭德将军，是为入闽潘氏始祖。正室徐夫人亦诰封。葬于泉州南安清源北山潘厝口。潘源公的裔孙遍布世界各地。宋时，潘氏子孙再由福建进一步迁居广东、云南等地。

2. 唐天宝年间（约760）荥阳潘氏二十一世湖

州别驾潘殷迁南安（潘山）。潘姓最早入闽时间在唐代。又据莆田族谱记载唐大历年间，荥阳潘氏后裔潘殷（皇），官潮州别驾摄莆田县事，为避乱，从广宗郡迁入南安潘原（今泉州潘山），潘殷（皇）被尊为潘氏入闽始祖。潘殷（皇）生二子，次子潘谊（后改名为莹）。官至大理丞，生子潘序（原名潘武原），由南安迁莆田延寿。（明弘治《兴化府志》载："居常太里。"）潘序官永春尉，升古田令，生三子：潘崇胤、潘自力、潘崇钧。潘崇胤官太仆寺少卿，由莆田迁往北燕幽州（今北京）；潘自力官古田县山长，卒葬东岩山之麓；潘自力子潘承佑，"初仕吴，为光州司法参军。……因弃官归闽，遂归建州。及王氏据闽，仕为大理少卿。属王延政领镇武节度，辟承判官。……及僭号，以承佑为吏部尚书。"（《兴化府志》引《资治通鉴》）南唐军攻破闽建州，聘为卫尉少卿、鸿胪卿，李景十分宠信，委以南方事，凡升降人物、制置郡县，多采其言，迁礼部侍郎，升尚书，致仕。潘承佑生三子，长子潘慎修，字成德，以父补官南唐秘书省正字、水部郎中，起居舍人。入宋朝，赵匡胤诏为太常博士、历膳部、仓部、考功三员外，累迁知湖、梓二州。又诏直秘阁、右谏议大夫、翰林院侍读学士。六十九岁卒，"上悯之，录其子汝士为大理评事，升工部员外郎，直集贤院；汝砺为奉礼郎"（见《兴化府志》引《宋史》）。族谱记：潘慎修生四子：元成、元亮、元全、元会，称"学士房"。

3. 唐代，河南省荥阳县迁徙至福建的惠安县螺阳镇盘龙村；其后裔分支沙县根坑、上坪村。唐末之乱，潘法明携家入闽。

4. 五代间随王审知入闽。泉州《潘氏族谱》记载：入闽潘姓传为汉安平太守潘瑾之后裔。但泉南潘氏奉潘源节将军为入闽一世祖。唐末五代，潘氏散居福州、莆田、泉州、漳州。潘承祐，五代后唐卫尉，于宋初退隐泉州，为泉州潘姓入闽始祖。有五世潘纲迁福州长乐三溪，潘维一支后裔卜居泉郡泗行下径（潘径），传至九世潘贻徽迁徙漳州开基肇业。自潘贻徽后有五世潘世贵，于元末由漳州迁入泉州浮桥，派衍桃源潘氏；再传三世至潘佛惠，于明朝

宣德年间，入南安炉内繁衍肇业。长乐《潘氏族谱》又记载：闽潘三世存实，元和进士，官户部郎中左庶子。存实子闽潘四世潘纲、潘维之后迁长乐三溪，为三溪始祖。闽潘三世武原，为古田令，迁兴化。武原子四世崇胤、崇钧。崇胤次子承佑官南唐工部尚书，后裔播迁今莆田、惠安一带。崇胤长子承叙，检校司徒，自兴化迁北燕。承叙子处常，南唐散骑常侍，自北燕迁江宁（今南京）。处常子潘佑字廷佐，南唐太师，中书令。潘佑长子文焕，宋金紫光禄大夫，移居福建闽县苦参（今福州），子孙散居狮门、石狮、水口等处。潘佑次子文振，宋银青光禄大夫，移居怀安水南瓜山，为瓜山始祖。怀安水南即今闽侯南通。潘佑三子文亮，宋刑部郎中，移居江西饶州浮梁（今景德镇市北）；四子文绶，移居江西饶州乐平。

5. 唐代，河南省荥阳县迁徙至福建的惠安县螺阳镇盘龙村，其后裔分支沙县根坑、上坪村。宋末元初，潘进从邵武禾坪圳头中城堡迁居宁化招得里（今宁化安远）潘家堡。据宁化水茜（张坊）《潘氏族谱》载，其远祖为潘觉，任河中府尹，后居豫章（今江西南昌）潘觉的第四世孙潘均瑞迁居宜黄县大富冈，后九世潘荣游猎居南城二十五都，再六世潘京从南城迁徙至武陵。潘京之孙潘友文为青州刺史，居鄂州。潘友文的孙子潘三郎为邵武太守，随任居家于邵武禾坪圳头中城堡。宁化安远潘姓的开基始祖潘进就是邵武太守潘三郎的后裔。

6. 《客家人》1995年第二期载：广东梅州，除平远外，其余的五华、兴宁、梅县潘姓均系潘法明后裔。法明系潘任之子潘十三的次子，于宋末元初迁居宁化石壁。潘法明有个儿子：琴、瑟。潘琴偕弟徙居长乐。潘琴有个儿子，其中长子潘文质于明洪武年间迁居兴宁。据江西《兴宁县志》载，潘氏远祖世居开封，后裔潘法明迁居宁化石壁；后繁衍广东。入粤潘姓始祖为潘琴，于南宋末偕弟由宁化移居长乐。明洪武年间（1368—1398），其后裔潘鹏冲迁居广东的兴宁。明天启元年（1621），潘永生从福州潘东迁居尤溪洋中上塘村梅坪。清中叶，永春一支潘姓迁居尤溪城关水东。清末民国初，永春达普潘氏迁居尤溪西城的团结村。

宋仁宗年间（1022—1064）原籍江西南城潘尚松（字挺庵）任潮阳县尹，致仕归途经汀州府，爱其山水之美自江西南城迁居长汀县三洲，将住地取名潘坊，后裔向上杭、武平、江西安远、石城、广东平远、兴宁、韶关、始兴等地播迁。

南宋末，潘进郎由邵武禾坪迁宁化县招得里潘家礤（今安远乡境），后裔分迁长汀县河田潘屋及闽南。元初，曾任宋末兵部尚书的潘江隐居江西安远项山（今属寻乌县），后裔潘念六郎携妻及四子法贵迁武平县赤竹上坑（今中山镇上峰村）。潘尚松后裔主要从粤东兴宁、梅县等地播迁台湾。如：清乾隆三十年（1765），梅县潘庶贤迁台湾新埔，兴宁新陂潘氏二十五世志鹏迁桃园，兴宁永和镇潘氏二十六世坤全、毓朱，二十七世俊宏、作雄、作兴、柏香，二十八世永康等迁居高雄。

福建省潘氏聚落：福州市仓山区城门镇潘墩村、长乐市三溪村、福清市江镜南宵村；泉州市南安市乐峰镇炉中村、炉山村、福山村、厚阳村，永春县达埔镇溪园村、建国村、延寿村、达中村、岩峰村、新琼村；龙岩市武平县大禾乡坪坑村、山头村，武平县中堡镇互助村（又名：王子栋下）。漳州市漳浦县旧镇镇石桥村，石榴镇象牙村顶车社，马坪镇仙都村许厝、潘厝社；长泰县武安镇散居罗山、文泉、外武、登科居委会，陈巷镇古农、旺亭村，岩溪镇湖珠、高濑、径仑村，散居上宫居委会，坂里乡坂新村，古农农场大枋、共同、山后作业区，兴泰开发区十里村；东山县铜陵镇散居公园、顶街、下田、码头、桥雅、演武、文锋、铜亭、桂花街、苏峰街居委会，铜兴村，康美镇马銮、康美、钱岗村，樟塘镇樟塘、下湖、港西村，杏陈镇前何村，向阳盐场，前楼镇前楼、径里、岱南村，陈城镇陈城、白埕、山口、湖塘、黄山、后姚村，沃角管理区，华安县华丰镇草坂村，丰山镇后壁沟村，沙建镇汰内村，汰口农场，新圩镇黄枣村，龙海市海澄镇内楼、豆卷、上寮、罗坑、黎明、溪北、屿上、山后、和平、下埭、埭新、合浦、内溪、珠浦村，散居大埔、溪头、城内居委会，角美镇龙田、白礁、金山、鸿渐、桥头、锦宅、西边、石美、南门、杨厝、东山、社头、田里、

龙江、铺透、东美、福井、课堂、石厝村，散居共和、解放、东美、石美、侨兴街、团结居委会，白水镇西凤、山美、方田、楼埭、磁美、郊边村，程溪镇下庄、官园村，散居程溪居委会，九湖镇：岭兜、衍后、长福村，地质大队，颜厝镇：颜厝、田址村，榜山镇翠林、柯坑、芦州、田边、榜山、平宁、南苑、洋西村，紫泥镇锦田、溪洲、下楼村，东园镇：东园、茶斜、地尾、枫林、新林、过田、凤山、凤鸣、港边村，港尾镇：梅市、汤头、上午、考后、斗美村，东泗乡九龙岭林场，隆教乡新厝村，双第农场寨仔、洲仔管区，龙文区蓝田镇梧桥村，南靖县山城镇溪边社，三卞、翠眉、鸿坪、下潘、割山、桥头、六安村，靖城镇天口村，龙山镇竹溪村，金山镇下永村，奎洋镇店美村，船场镇鼎寮村，平和县文峰镇文洋村，芗城区通北街道办事处西洋坪村，散居和平里、团结、延安北、宝珠园、金源、芝山、湖内、漳华、北塔社区，浦南镇园坑村、后房农场，天宝镇大房农场、热作所，石亭镇鳌门村，云霄县莆美镇莆东、马山村，东厦镇东厦、洲渡村，马铺乡槐河村，常山华侨农场双山、常山、溪墘、吉仔、东升管区等等。

【入垦台湾】

台湾潘姓自闽迁台，康熙十三年（1674），潘涉在旗后盖寮捕鱼。清代，大陆潘姓有陆续漂流迁入台湾者，现多分布在屏东内埔、万峦、屏东新、枋寮、南投埔里及台北市、台北县、高雄县、花莲县等地。高山族同胞中也有潘姓。

【郡望堂号】

1. 郡望

荥阳郡：三国魏正始三年（242）始置郡。此支潘姓为汉献帝时尚书左丞潘勖之族所在。

广宗郡：东汉永元五年（93）置县，治所在今河北威县东。此支潘姓，出自潘勖之后，其开基始祖为晋代广宗太守潘才。

河南郡：汉高帝二年（205）改秦三川郡治。治雒阳（今河南省洛阳市）。此支潘姓，多出自鲜卑破多罗氏之后，其开基始祖为潘威。

豫章郡：楚汉之际始置郡，治南昌，辖境大致同今江西省，后世所辖渐缩为南昌附近一带。此支

潘姓为潘崇之后。

2. 堂号

黄门堂：西晋潘岳曾任河阳令、著作郎、给事黄门侍郎等职，故以其黄门侍郎之职称为堂号，又因其为荥阳中牟（今属河南）人，也称为"荥阳堂"。

此外，潘姓的主要堂号还有承志堂、如在堂、花贤堂、笃庆堂、优肃堂、永言堂、司谏堂、春茂堂、花果堂等。

【祠堂古迹】

三溪潘氏宗祠，位于长乐市江田镇三溪村，始建于北宋初年，宋状元、宰相郑性之，签书枢密事高应松，监察御史潘文卿，太守潘斌，理学宗师朱熹等，或传学，或游观，或就学于此地。

炉内潘氏家庙，炉内潘氏家庙始建于明宣德年间。家庙位于南安炉内乐峰街，坐南朝北，面积1000多平方米。历代修葺。

潘墩潘氏宗祠，又称龙津潘氏宗祠，位于福州市城门镇潘墩村，肇建于明弘治元年（1488），建成年限仅次于文天祥庙。清光绪九年（1883）扩建，祠貌犹今。占地面积1013平方米。

【楹联典故】

源自姬姓望出广宗，名高吴将位列楚卿。

源自姬姓；望出广宗。

——潘姓宗祠通用联，全联典出潘姓的姓氏源流和郡望。

系承季孙；望出河南。

——潘姓宗祠通用联。全联典指周文后人毕公子之季孙，食采于潘，因以为氏。

春发其华，秋结其实；业精于勤，行成于思。

——清潘龄撰潘姓宗祠通用联。此联为清末进士潘龄皋自题联。潘龄皋，历官甘肃布政使等。

【族谱文献】

记载闽台潘氏族谱现存百余部。其中较有代表性的有《李墩村潘氏家谱》松溪李墩村潘氏家族所修谱牒。始修情况无考，谱序中辑清康熙五十九年（1720）修撰钞本，乾隆四十九年（1784）十一世孙潘习飞重修，光绪二十九年（1903）潘毓忠重修，今本为1983年潘发忠等合修钞本，不分卷。辑录历代修谱序文、谱例、字行、传记并赞文、规范、颁胙和山场诸事项，世系图中刊列了始祖及以下各支房脉世系，载至二十一世止。内载肇迁始祖潘真功，明成化二十一年（1485）浙江青田罗源村迁居建宁府松溪畈伏里李墩村开基。还有长乐《荥阳三溪潘氏族谱》，始修不详。清雍正八年（1730）重修，1988年重修钞本，不分卷。内载开闽始祖第四世孙潘钢迁往长乐江田三溪村，为三溪始祖，裔孙文焕、文振、文亮、文绶为潘源节的第八世孙。同安《苟江潘氏族谱》潘思忠编，清光绪十三年（1887）刻本1册，载始祖唐代潘五致政，名人明末清初潘庚钟。永定《潘氏族谱》为清光绪刻本，不分卷，载始迁祖宋潘千二五郎。

【昭穆字辈】

仁美社潘姓昭穆：英隽开宏运，乾纲赖以扶。同仁为大道，正己是真师。

第一百零八节 庞 姓

庞姓在宋版《百家姓》中排名第120位。2007年全国姓氏人口排名第101位。约占全国汉族人口的0.17%。在台湾排名第163位。

【渊源】

1. 出自姬姓，以邑为氏。为毕公高之后，据《通志·氏族略》及《千家姓查源》等所载，周文王之子毕公高之后，其支庶封于庞，后世子孙以邑为氏。

2. 出自高阳氏，以祖名为姓。是黄帝之孙颛顼的后代，据《百家姓注》所载，颛顼八子之一庞降，后世子孙以祖上的名为姓。

3. 襄阳庞姓相传其家富盛，好为高屋，乡党荣之，曰庞高屋，后遂以庞为姓。

4. 出自他族或他族改姓。据《汉书·王莽传》所载，西汉西羌人中有庞恬；清满洲人姓，世居盖州；又，清满洲八旗姓庞佳氏后改为庞姓；今满、土家、瑶、蒙古等民族均有此姓。

【得姓始祖】

毕公高，周文王之子，周初著名政治家。商朝末年，周文王的第十五子高，随周武王兴师伐纣立下赫赫战功。武王时被封于庞。西周建立后，他负责处理被商纣王关押的犯人。他采取宽大为怀，平反了不少冤狱，表彰了因直谏受害的功臣，因而名声鹊起，为"周初四圣"之一。武王驾崩后，其为顾命大臣之一，他与周、召二公等一起辅政，使周王朝的经济文化有了较大的发展，并形成了"成康之治"的盛世。而其子孙中又有封于庞的。庞地一支的后人，便以庞为姓，兴起庞氏宗族。后世子孙以封邑为氏，称庞姓。因毕公高名声显赫，他们尊毕公高为其得姓始祖。

【入闽迁徙】

隋唐之际，庞姓上述郡望依旧兴盛，并以其为主源向四周扩散，并有一支庞姓入迁浙江、泉州。

庞籍（988—1063），字醇之，单州成武（今属山东）人。真宗大中祥符八年（1015）进士。仁宗时为广南东路转运使，徙福建转运使。重召"为侍御史，改刑部员外郎、知杂事，判大理寺，进天章阁待制"。被誉为"天子御史"。

海南始祖善政公，为宋宰相庞籍公的五世孙，世居福建省莆田市叠窖口，善政公博学多才，为宋进士，官至国学遮吉士。善政公生两子，长子居仁次子居义都为进士，解元，真宗年间居义被派到高凉郡（今高州）当教谕，善政公年时已过七十，携家带口从南海郡随沙村珠玑巷迁居化州木贤，开启了粤、桂、琼三省庞姓之开宗散叶。

化州庞氏族谱记载，宋代克家公，世居福建福州府闽县珠池村，批麟鸣鹿筮仕粤东，旋宅于南海飚窖随沙村，传及石骨佛山，蕴酿五世，维时太始祖。

庞尚鹏：南海（今广东广州）人，明朝官吏。嘉靖年间进士，曾任右金都御史，福建巡抚等职。"一条鞭法"是其首创，为政颇得民心。浙江、福建、广东皆感德之，立祠祭祀。有《百可摘稿》。

清代庞垲官至福建建宁府知府，政尚清简，力弭文字狱。

【入垦台湾】

清代以后，闽粤及沿海地区庞姓入垦台湾，台湾高山族同胞中也有庞姓。台湾光复后，江浙沪等部分省市庞姓入台。台湾庞姓主要分布在台北、基隆、其次是嘉义、高雄、宜兰、台中、台南、屏东等市县。

【郡望堂号】

1. 郡望

始平郡，晋时改置扶风郡，治所在槐里（今陕西兴平东南）。

南安郡，治所在狄道（今甘肃陇西）。

南阳郡，治所在宛县（今河南南阳）。

谯郡，治所在谯县（今安徽亳州）。

2. 堂号：有遗安堂、凤雏堂、南安堂等。

【楹联典故】

源自周代；望出始平。

——佚名撰庞姓宗祠通用联。全联典出庞姓的源流和郡望。

一州冠冕；五部侍郎。

——佚名撰庞姓宗祠通用联。上联典指东汉末刘备谋士庞统（179—214），字士元，襄阳（今湖北省襄樊）人。初与诸葛亮齐名，号"凤雏"。司马徽称这"南州士之冠冕"。后从刘备入蜀，谋策居多。建安十九年（214），进围雒县（今四川省广汉北），率众攻城，中流矢而死，追赐爵关内侯。下联典指清代尚书庞钟璐（1822—1875），字宝生，又字华玉，江苏常熟人。道光进士。历任编修，侍讲学士，国子监祭酒，侍读学士，光禄侍卿，内阁学士，吏、户、礼、兵、工等部侍郎，后迁工、刑等部尚书。卒谥文恪。

贤才第一；孝行无双。

——佚名撰庞姓宗祠通用联。全联典指唐代寿春人庞严，字子肃，举贤良方正，对策第一。文章语言俏丽，为人刚强不阿。太平年间官至京兆尹，后为翰林学士。下联典指北宋江陵人庞天佑，在家乡教授经籍。父亲病了，他割大腿上的肉给父亲吃；父亲双目失明，他号啕大哭。祈求上天保佑，还为父亲舔双腿；父亲死后，他背上土封墓，又在墓旁筑庐守孝，昼夜号哭。真宗时，旌表其门。

孝妇感天，曾闻鲤跃；德公避世，偕隐鹿门。

——佚名撰庞姓宗祠通用联。上联典指东汉广汉人姜诗的妻子庞氏，随夫侍奉婆母，极为孝顺。婆母喜欢饮长江水，她便按期去长江汲水。婆母嗜鱼，据说家门前忽然涌出泉水，每日有双鲤跃出来。下联典指东汉末襄阳人庞德公，躬耕于襄阳南岘山，与诸葛亮、司马徽、徐庶等友善，曾称诸葛亮为"卧龙"、司马徽为"水镜"、侄子庞统为"凤雏"，被誉为能知人。刘表曾以礼相请，他不去，刘表问："先生不肯受官禄，将拿什么留给子孙呢？"他答道："人们都把'危'留给子孙，我却留给子孙'安'。"建安年间与妻子一起隐居鹿门山。

裴姓在《百家姓》中排第 197 位。目前在全国人口仅 169 万，占全国总人口的 0.12% 左右。在台湾排名第 186 位。

【渊源】

1. 出自嬴姓。伯益之后。秦非子子孙封裴乡侯，因氏焉。据《名贤氏族言行类稿》载，伯益的后裔有个叫飞廉的，他的裔孙被封于苹邑（今山西省闻喜县东），称为苹氏，至六世孙为苹陵，他在周僖王时被封为解邑（山西省蔺猗西南）君，他就去掉邑字，改加衣字，表示已经离开了苹邑，称为裴姓。

2. 源于周朝秦国，以邑为氏。秦国先公非子被周孝王封于秦，史称秦非子。秦非子的后代中有人被封为侯爵，并被封为裴乡（今山西省闻喜县的裴城）的首领，称裴乡侯，这位贵族被称为裴君。他的后世子孙便已封邑为姓，称裴姓。

3. 源于春秋时晋国，以地名为氏。据《通志·氏族略》载，晋平公将颛顼的一个裔孙封到裴中（今陕西省岐山县北）那个地方做首领，这位贵族被称为裴君。他的后代遂以"裴"为姓，称裴姓。

【得姓始祖】

伯益。裴姓是 4000 多年以前舜之时贤士伯益的后裔。根据《通志·氏族略》上记载，裴姓是伯益的后代，被封于非（原字为上非下邑）乡，后代因此以非为氏，后来他们的后裔徙封解邑，就去掉邑旁，以衣旁为裴，称裴氏。而根据《名贤氏族言行类稿》上说，裴姓原为嬴姓，是伯益的后代，秦时的非子之孙被封为裴乡侯，子孙因此以裴为氏，即山西闻喜的裴氏家族。而《唐书·宰相世系表》上也记载，非子的孙子受封于非乡，后代因以封地为氏，后来徙离封地，就去邑旁从衣旁为裴。伯益是颛顼帝的子孙，善于调驯鸟兽，被虞赐姓为嬴，后又佐禹治水，建立大功。距今大约 2650 年以前的周朝时，伯益的后裔出现了一位裴陵，因立功被周天子封为解邑君，食采于现在河南省洛阳市南方的解邑，于是，他的家族也自然地从非乡搬到解邑，并且改姓为裴。然后，裴氏先人又以解邑为中心，往其他地方搬迁，繁衍至今，分布于全国各地。望族居于河东郡，即现在的山西省夏县北部。裴氏后人尊伯益为裴姓的始祖。

【入闽迁徙】

唐僖宗光启元年（885），寿州人王绪率农民义军攻陷光州，固始东乡人王潮、王审邦、王审知三兄弟奉母董氏率乡民 5000 人从义军入闽，揭开了光州固始向闽台移民的又一恢宏篇章，有裴姓家族杰随之入闽，裴杰后于后唐长兴四年（933）任如京使。

《客家风情》：裴氏于宋初入闽，留居清流、宁化、明溪等县。

武夷山市赤石村裴氏。裴坚字石湖，原籍河南固始。宋绍兴八年（1138）任福建都御史，而后留崇邑会仙五图四下梅里裴村。明武宗正德年间，居所遭火灾，族众星散，至清朝时才逐渐恢复，蔚为大家族。以上三地裴姓，俱有旧谱传世。

清流裴氏始迁祖是裴三郎，世居河东（山西西南部）裴姓宦闽者，宋元之际，游宦入闽，家于三山（今福州）。元至正十六年（1356）裴三郎避乱清流，家于九龙，为清流裴姓之始祖。清流裴氏在明代出了进士裴应章，他是明隆庆二年（1568）戊辰科第三甲第 251 名。裴应章（1537—1609），字元暗，号淡泉，官至户部侍郎、工部尚书、吏部尚书。清流县城关有"宫保尚书"府门楼，为县级文物保护单位。其裔孙衍居宁化东南部地区。

安溪裴氏，入闽的世祖是裴度的第十四世孙裴石湖（贵溪裴石涧之兄），他的曾孙裴一任泉州府安溪县令，致仕后卜居于安溪胡头。据 2004 年 12 月安溪县人口资料统计，安溪裴姓共 2190 人，在当今按人口多少排序的安溪姓氏中居第 49 位，主要聚居湖头镇仙都村 2117 人。

裴希度，崇祯七年（1634）第三甲第 162 名进士。裴铉，宫计部郎，初赠承德郎、都察院经历，再赠奉直大夫、户部福建清吏司员外郎。裴希度，太常寺少卿，于清康熙元年（1662）修太原裴氏家谱。

【入垦台湾】

清代至19世纪40年代又有裴姓族人大批入台。台湾裴姓人口密度依次为台北、高雄、台中、基隆、台南、宜兰。台湾很早就有裴姓的活动。现在台湾的裴姓族人仍有一定的数量。台湾裴姓成立了台北裴氏宗亲会，从事各种联谊活动。我国改革开放以后，很多台湾裴姓同胞回国探亲。他们回到阔别已久的家乡，和亲人团聚，去宗祠祭祖，到祖坟扫墓。

【郡望堂号】

河东郡：秦时置郡。相当于现在山西省黄河以东夏县一带。

绿野堂：唐朝时督国公裴度建有绿野堂别墅。

督国堂：唐宪宗时，淮蔡节度使不听朝廷的命令。朝廷派了许多军队去平叛，都大败。大臣提议罢兵。裴度力请征讨。朝廷拜他为门下侍郎同平章事（副宰相），督兵平淮南，擒吴元济，因功封督国公。

【楹联典故】

姓启周代；望出河东。

——佚名撰裴姓宗祠通用联。全联典指裴姓的源流和郡望。

太平宰相；典选知人。

——佚名撰裴姓宗祠通用联。上联典指唐·裴坦居太平里，号"太平宰相"。下联典指唐·裴行俭善知人，典选有知人之明。

【祠堂古迹】

漳浦县裴姓祖祠家庙，堂号"思敬堂"，位于旧镇镇石桥社。坐北向南，为两进三开间土木建筑，悬山顶。

清晏楼，漳浦县裴姓特殊传世标志，位于石桥社西北方，俗称石桥楼，建于清乾隆二十一年（1756）。楼圆形，四角各有突出碉堡，成"风吹辇"状，内有三层楼房。

【族谱文献】

福建裴氏宗谱，3卷全册，裴全百主修，民国25年（1936）九修，分居福建各地、浙江金华。

【昭穆字辈】

福建省《安溪裴氏族谱》，其中一支的排行字：

文章华国，诗礼传家。忠良保世，仁孝光邦。毓秀钟灵，祖德宗功。金枝挺振，玉叶流芳。

另一支的排行字：中和存大道，礼乐裕鸿猷。高才绳祖武，博学绍箕裘。

第一百一十节　彭　姓

彭氏在当今姓氏排行榜上名列第39位，人口约7876000余，占全国人口总数的0.49%左右，在福建排名第51位。在台湾排名第35位。

【渊源】

1. 源于姬姓，出自颛顼帝曾孙吴回之子陆终的儿子篯铿的封地大彭，属于以国名为氏。据《通志·氏族略》和《姓氏寻源》所载，颛顼帝有玄孙陆终，陆终第三子姓篯名铿，受封于彭地（今江苏省徐州），建立大彭国，称为彭祖，大彭国在殷商末期被周武王姬发所灭，其后，大彭国子孙以国名为氏，称彭氏。史称彭祖是所有彭氏的受姓始祖，是为江苏彭氏。

2. 源于其他少数民族和他族改姓而来，据《姓氏考略》所载，有胡、西羌、南蛮、清时满、蒙古、回、苗、白、瑶、土家、苦聪、彝、西羌族、西戎族、拉祜等民族有彭姓。

【得姓始祖】

1. 黄帝是整个中华民族的共同始祖。王瑾《黄帝本行纪》称："彭姓，黄帝之后。"张澍《姓氏溯源》也载明："彭，黄帝裔也。"彭姓始于轩辕，黄帝是彭姓的血缘初祖。

2. 篯铿，性善良，好寡欲，常食灵芝，善作烹调，讲究摄生养性，注重导引修炼，而成延年益寿之大道。且避名远利，恬淡自守，娶四十九妻，生五十四子，子孙繁衍，部族氏众尊称为彭祖。

【入闽迁徙】

1. 彭姓入闽第一世祖、武夷山作邑始祖。彭祖曾居住在武夷山，后裔绵延至今，成为崇安古老的望族。武夷山早就称为彭姓的三大圣地之一。在《崇安县志》卷四《氏族》中，彭姓列为第一，是开发武夷山之祖，但世系已无考。彭祖之后，彭姓入闽第一祖是彭迁公。迁公，字紫乔，润州丹阳人，隋大业二年丙寅（606）出生，唐贞观初年曾辅佐李世民平治隋末之乱，初授官前八部都尉，擢升中郎将，拜襄武太守。在封为左迁牛卫上将军、提节建州（今

建瓯市）诸军事后，就由润州丹阳举家迁闽。年老辞官后偃武修文，隐居建平北乡，因钦慕彭祖故庐，爱九曲山水，便雇募乡民万余人，上括信州，下折建平，斩草锄蒿，凿湖筑陂，引水溉田三千余顷，创立九十余村，聚族而居，取名"新丰乡"。卒赠上柱国、河间郡公，葬武夷当源中乳，被尊为丹阳迁崇彭姓始祖。迁公次子彭汉，字云宵，唐永徽二年（651）生于建州官舍，居住建州温岭。幼年博学力行，经监试部使推荐，授为洪县令，后擢升台州判官。汉公在台州任职两年后因母病离任回乡，侍奉汤药，并拓荒造田，从事桑梓开发事业。因德才兼备，深受民众拥戴，后补判南剑军（治署南平市）州厅事，颇具政绩。武后垂拱三年（687）继父遗志，奏准将新丰乡立为"温岭镇"，北面立街，设官守土。唐开元四年（716）病逝于建阳界墩，享年63岁，被尊为作邑彭氏初祖。汉公曾孙彭珰，字武仲，生于唐贞元二十年（804），自幼聪颖，精通经史，勇武过人。唐开成元年（836）荫袭建州兵马殿中监兼摄郡政。当时温岭镇已日趋繁荣，人丁兴旺，赋税充足，珰公也在唐会昌五年奏请获准将温岭镇升为"崇安场"。崇安场迁立彭城街中，并设立官署。北宋淳化五年崇安场晋升为崇安县。

2. 枨公——泉州虹山入闽一世祖。

虹山彭姓一世祖枨公，原籍河南汝宁府光州固始县宣公淮阳派下的后裔，但先祖的世次失传。枨公在唐僖宗广明元年（880）黄巢起义战事中随军过江，起初居住在泉州，后迁南安，又迁晋江中山，便在瑁峰山下定居。虹山彭姓以枨公为入闽一世祖，其子孙繁衍，人才踵接。自十六世源有、济有公起，虹山彭姓开始分为东、西两大房桃。从此一脉遁下，形成虹山人口发展的鼎盛时期，从现在，虹山乡下设虹山、松角山、苏山、张坂、白凤等5个村，全乡彭姓约有12000多人，位居泉州洛江五大姓之列，是全省彭姓最大的集居地。

3. 思邈公——闽东彭姓入闽始祖。

闽东彭姓入闽始祖思邈公的先祖乃唐初裕公，字伯温，生于隋开皇壬子年，卒于唐龙朔壬戌年，江南扬州府江都县人，官唐兵部尚书。唐高祖武德戊寅年从江西省新昌县（今宜丰县），迁浙江省温州府平阳县，创立鸿基。传至十一世思邈公，字有阙，生于唐太和丁未年，卒于唐同光甲申年，曾任开州司马（今四川开县）。唐僖宗广明元年（880），黄巢攻陷长安，思邈公随王潮入闽，官至礼部尚书，乃闽东彭姓入闽始祖。生三男。

思邈公二世兰胤公（854—924），字永祚，号芳谷，官任闽省侯官令，与父乔居福州西湖。兰居公迁往建宁府，生一男亶迁居邵武。兰膺公官任宁远统军使，生二男：长仲修，官武毅大夫，迁宁德为宁川始祖；次仲辅，迁莒洲十四都为始祖。

思邈公五世金公（908—975）字品南，于后唐清泰二年（935）因闽王审知之子互相争斗，与长子官公发兵入闽，先寓福州西湖。4年后，即后晋天福三年（938），金公、官公父子因往宁德，路经古田县杉洋，因爱其佳山秀水，就决心定居枫湾。金公被尊为古田杉洋始祖。长子官公肇基杉洋，次子安公迁居浯溪，三子宏公回平阳，四子密公迁宁德飞鸾渡头，复迁石后室头村。

思邈公六世官公（923—994），字公信，有饱学之才、过人之志，官任行军使，后晋天福四年（939）枫湾建造屋宇，成为杉洋开基祖。

思邈公七世润公，乃官公三子，在迁张际居住数载后，复回杉洋菴前，披荆斩棘，择地而居。传至三十二世兰老公（太封君，赠儒林郎）择居登瀛，为登瀛开基祖。并选择吉地，创建金公总祠。

思邈公八世泰公，乃沭公长子，迁居福源塘边。八世寿公（968—1048）乃沭公四子，字朝奉，号松亭，迁居玉湖（又名常熟洋彭家墩）。

思邈公九世稷公，寿公三子，其长孙季五公，历4世至得英公，于南宋淳熙年间（1174—1189）自熟洋彭家墩返回古田灵龟彭洋，遂使彭氏得传灵龟。得英公为灵龟开基祖。历八世至河公从灵龟迁到四十五都吉巷寮里。历十二世至真荣公，又迁居

古田前坪村。真荣公为前坪开基祖。

闽东彭姓自思邈公入闽已有1100多年，早期迁平阳，隶常州，徙西湖，籍杉城，播分熟洋、长溪、张际、东洋等派，厥后肇基灵龟，拓址寮里，创业前坪，使闽东彭姓思邈公后裔遍布古田、蕉城、福安、周宁、屏南、福鼎、霞浦、柘荣以及罗源县碧里乡等。

4. 莆田彭姓入闽始祖。

莆田彭姓入闽始祖有三支：第一支入闽先祖在港内世德祠手抄本记载中，莆田开基始祖为彭汝砺（1041—1094），鄱阳（今江西上饶阳县）人，字器质，号春湖，官至监察御史、吏部尚书、资政殿大学士，赠少师，谥文政，被誉为宋朝一代直谏名臣。汝砺公系允颐公（亦名德颐公）长子文吉公五世孙。莆田港内彭姓世祖"宋文学宗伯（字伯）公"，系汝励公长孙，是莆田彭姓第一支入闽先祖。

第二支入闽先祖是"世祖宋太学士、旌表孝行卓异，讳受公"。经考证，受公为太学生，事父母至孝，亲殁，其庐居于墓侧，孝心感动天地，时有白鹊翔于墓旁，世称孝子公，朝廷在莆田城郡建"孝行卓异坊"予以表彰。受公生应承公，应承公生泽公，泽公生启伯公，启伯公生念五公。念五公生直夫公，讳百福。百福公传二子：长子足翁公，讳奉，由港内徙横塘肇基，为横塘始祖；次子以忠公，讳泗。泗公传二子：长庆公，世居后彭；次积公，传一子济公徙居清江，为清江始祖。足翁公派下兆一、兆二、兆三、兆四为二世，分仁义礼智四房。十世孙彭鹏在顺治十七年（1660）中举后，历官广西左参政、赠兵部左侍郎，官至广东巡抚。因为官清廉，业绩昭著，康熙帝褒奖其为"天下廉能第一"。

第三支入闽先祖是宋国子监祭酒彭椿年。椿年公是侍郎彭思永玄孙，奭公之十世孙，乃宋绍兴二十七年（1157）丁丑科进士，历国子监主簿、编修官。淳熙末年提举福建（泉州）市舶司，遂卜居兴化军所城。后擢知处州、太常丞吏部郎中、国子监司业、江东转运副使，终右文殿修撰。

莆田彭姓先祖入闽已有950多年。另有几支莆田彭姓世祖：一是崇安始祖彭迁公后裔、乾房思温公同其弟思傅公在元至正年间迁莆的支派；二是南

宋淳佑七年（1247）特奏名进士第一人、官温州府教授彭彝甫迁莆的支派；三是闽东始祖思邈公六世官公之四子渥公约在北宋太宗年间迁莆的支派；四是虹山始祖枨公六世天禄公在南宋绍兴年间移居莆田小横塘的支派。以上支系因无谱牒查证，至今不明后裔何存，须进一步探寻。

5. 天禄公——同安彭姓入闽始祖。

同安彭姓，又称松山彭姓。远祖天禄公，别号念五，乃广东潮州府海阳县西门内第三巷人登宋仁宗宝元戊寅科进士，特授福州府推官，升任大理寺评事，后迁大理寺少卿。元丰七年（1084）他致仕，隐居潮州揭阳浦口村。

二世祖子安公，讳绍祖，先随任兴化路宣差的其兄伯福公。兄嫂去世后，又跟随在梧州（金门）盐司任职的母舅马氏生活。时值元末兵乱，子安公便长期客居在金门翔风里十七都，有三子。后裔人丁兴旺，自三世用乾公、用斌公起，分东、西两派。而用吉公，则迁往绍安县径口乡（今属东山县）。

东派：四世孔道公创业骏发后，就长居在彭厝，与其五子敬瓒公、敬源公、敬懋公、敬厚公、敬森公一同在1383年起兴建祠堂，而后在祠堂背后种植百株松树，因树得名松山，俗称"松山衍派"。孔道公成为彭厝开基祖。

西派：3世用斌公由梧州迁居同安之西。生三子：长孔敬公，次孔仕公，三孔学公。孔敬公亦生三子：长敬宏公，先居竹甫，为竹甫开基祖。传一房克坚公，后裔中有迁台湾竹堑属康垅庄，现是台北的彭氏支派之一。次敬亮公传一房克诛公，仍居同安后肖村。敬亮公为后肖开基祖。三敬肃公传一房克裕公，迁居西溪四口圳，后又迁他处。有一支迁出择居安溪县依仁里观山后宅（今龙门镇观山村）。孔仕公生一子敬明公和孔学公生一子敬初公，同为胡坵沙美开基祖。

同安彭姓先祖入闽已有700多年，聚居彭厝、沙美、后肖。

6. 福祥公——长汀彭姓入闽始祖。

长汀彭姓始祖福祥公，原籍江西赣州府宁都州钟鼓乡白鹭树下。后唐庄宗同光二年（924）迁入福建汀州府宁化县合同里龙湖寨（今宁化县治平乡）。定居，并将为彭坊（又称彭屋），于是绵绵衍衍，派繁支分，不断扩展。嫡孙福祥公南迁福建汀州，延年公因官落居广东，两系应是同宗共祖。

福祥公九世德诚公，于南宋淳熙年间（1180）复迁宁化县曹坊乡彭家庄。嘉熙年间（约1238）。德诚公与父进仪公携子十郎公又迁到长汀县南山乡朱坊彭屋。福祥公十世、即德诚公第四子仕满公，讳振范，是长汀县童场乡彭坊开基祖，历700多余年，发二十八世。

长汀县古城镇的彭姓，奉新祖公为一世祖。师范公是彦昭公后裔，彦昭公妾孔氏生二子：师范公、师俊公。师范公十七世孙新祖公在明永乐年间从江西宁都黄坑迁居福建汀州，被奉为一世祖。传至六世孙日赞公，号森宁，生于明嘉靖辛卯年，又迁居古城镇横街。日赞公为古城开基祖。

后唐国光二年（924）彭福祥从江西宁都移居汀州府宁化县孟溪彭坊（今治平乡彭坊村）。宋庆历年间（1041—1048），江西庐陵人彭延年中进士，初任福州推官，后知潮州军事。定居于粤东揭阳的浦口村。明朝初年，原籍潮州府揭阳县的彭永隆奉调出征闽粤边界，封将军，遂定居于武平县武所（今中山镇），裔彭五九郎从武平迁上杭县来苏里青潭（今中都镇青潭村），明朝正德、嘉靖年间，上杭有一批彭氏后裔迁广西容县、陆川、博白、福建莆田。并经莆田再迁台湾。另一支是明嘉靖二十四年（1543），彭行修，字计山，从安乐迁宁化招得里磜仁（今安远乡境）定居。

宁化安远磜下《彭氏族谱》：以宣公为始祖（一世）。宣，字子佩，汉成帝时，官授光禄勋右将军，后拜大司空，封长平侯。传十六世抚公，居兰陵。十七世赵公，隐居太山。至梁，乐公，字子兴，仕东魏并州刺史，封陈留王，居安定。至四十二世敬甫，游固始县，并于至元三十一年（1294），卜居于此。再传五世益仁，明洪武初迁居乐安之上罗增坊。其后十一世孔高，号东湖，其第三子行修，字斗山，于明嘉靖二十四年（1545）迁入宁化招得里（今安远乡）磜下定居。

7. 福建彭姓中其他支系的入闽先祖。

（1）德化彭姓霞碧南箕系，肇基祖庆公，生于元至顺二年（1331），原住江西省抚州府临川县八十二都第九社，明洪武八年（1375）乙卯调拨泉州府卫后千户所百户黄清总旗梁福下为小旗役，卒于洪武二十九年（1398）。其次子闻公生于明洪武九年（1376），父卒后补小旗役，永乐元年拨屯种迁住德化县惠民里霞碧村，开拓霞碧、蟠龙、碧潭、苏洋等村，卒于明永乐十二年（1414）。闻公为南箕系开基祖。

（2）德化彭姓陶趣系开基祖史亥公，字文己。原自长洲（今苏州）移江右（今江西），由江右迁泉州。洪武初年，奉命率泉州右卫所拨军入驻德化浔中涂厝格。先居西门泮岭，后迁北门外陶趣格。清乾隆二十九年（1764）建陶趣堂为陶趣彭氏祖宇。

（3）德化彭姓上围系开基祖顶生公，原籍江西，因助洪武建国有功，洪武二十三年（1390）以红牌事例奉调率江西拨军入驻泉州。后迁德化上围村，曾建有建美堂祖宇。

（4）德化彭姓凤阳系开基祖源德公，原籍失考，据直系相传，元末参加明军，于洪武十八年（1385）拨军到德化浔中凤阳定居。曾建剧坂堂为凤阳开基祠宇。

（5）武平高埔彭姓开基祖荣公，生于明万历年间，因明末战乱，迫于生计，徙迁谋生。先经差干洋坑，后到大中打子石，最后辗转到武平高埔村定居。而后将其高祖祯祥公骸骨也移迁到高埔下窝老地坪，建坟立碑，并尊祯祥公为高埔世系一世祖。荣公生二子，长廷才，次廷选。二世廷才公生一子锦，居雁岭，建有"狮形"家祠；廷选公建"象形"家祠，与雁岭"狮形"家祠并称为"狮象把水口"。高埔彭氏传至十一世元富、元隆、元英、元华起分为四大房，长房已繁衍至二十一世。

（6）上杭彭姓开基祖五九郎。据《上杭县志》载，入杭始祖五九郎，二世俊二郎，开基县南上都青潭乡，至七世福聪分居县东安乡（今庐丰乡上坊村）。又据《客家姓氏源流汇考》曹永英查考，上杭彭氏属庐陵吉水分宜传流世系，迁入青潭的始祖应是延年

公第五子营公后裔。自四世起分两大房繁衍：四世龄四郎系仍留祖居地青潭村，至十四世分恩九、崇九两大房，清乾隆年间该村建有"龄四郎公祠"一座，现已毁。四世德七郎系后裔文盛公，于清乾隆十三年（1748）迁到长汀濯田、江西万安等地。

散居上杭蛟洋乡梅子坝村的彭姓，是延年公第三子锐公的后裔，但其入杭始祖无法查考。

明嘉靖间一支入闽，留居汀州宁化后分迁长汀、永定、连城等地。宁化泉上彭氏宗亲提供的资料：其祖原居江西瑞金县，清同治元年（1862），举家迁宁化泉上里元仲乡团和开基。

【入垦台湾】

福建彭姓族人对台湾的开发很早。元末顺帝（约1360）在福建澎湖设巡检司，就有彭姓族人的记载。同安彭姓开基祖子安公早在此时就已安家金门，繁衍生息，并终老安葬在沙美风水宝地。明朝郑和下西洋期间（约1405），也有彭姓族人随迁入居马六甲，后因捕鱼避风而登陆台湾居住。迁台的几个主要时期：一是明末清初郑成功开垦台湾期间，大量随军留居台湾及沿海居民渡海来台垦种的；二是抗战胜利台湾光复以及大陆政权转移后，随蒋氏政府和军队迁往台湾的。居住新竹、桃园、苗栗一带。衍成今日台湾超10万彭姓族人，位列台湾35位大姓。

【郡望堂号】

彭城郡：大彭国都城名为彭城，即今江苏徐州市。

陇西郡：战国秦昭襄王二十八年（前279）始置陇西郡，治所在狄道（今甘肃临洮南）。

淮阳郡：汉献帝十一年（前196）置淮阳国，都于陈（今河南淮阳）。

宜春县：汉置宜春县，晋改为宜阳县，隋复改为宜春县，治所在今江西本部。

【祠堂古迹】

长汀童坊彭氏宗祠，建于元代初期（1311）武宗年间，距今700年之久。彭氏宗祠坐落于村中一座古木参天、风景秀丽的后龙山下。占地面积约1500平方米。

彭氏大宗祠，坐落在莆田县新度镇港利村涵口。

港利村原有世德祠、清源祠和尚书祠三座彭氏祠堂，1995年重修，祠内设立"彭氏历史名人纪念馆"，纪念受姓始祖彭祖等历史名人。

武夷山五夫镇彭氏迁公宗祠，崇安民众于南唐时在营岭县署义门旁建造"作邑彭氏三丈祠"，又称"崇德报功祠"。

入诏六世次房祖祠"宁远堂"，诏安县蒲姓祖祠家庙，位于诏城东关社区三民北路中段蒲厝街，建于清嘉庆间，坐西向东。

台湾新竹市南寮彭氏祖祠，建于1963年，天禄公派下裔孙每年祭祀列祖列宗的日程为：农历正月初六日春祭大典，正月廿二日始祖彭祖寿诞祭拜，三月十七日延年公忌日祭拜，六月十二日始祖彭祖忌日、十三日子安公忌日合祭拜，九月十日天禄公忌日祭拜（秋祭）。

台湾新竹县北埔乡中正路建有彭氏大宗祠，楹联为"彭氏宗祠承先启后数典不忘祖，延年子孙继往开来温故而知新"。

【楹联典故】

掌东鲁文衡家声；传西陵望族世泽。

源自高阳；望出宜春。

——全联典出彭氏的源流和郡望。

福随如愿至；寿比老彭增。

——全联典指上古彭氏始祖彭祖。

七百岁、八百年流沙记身世；四十妻、五十子独卧妙权衡。

——全联典出古代长寿彭祖（铿）传说事典。

春晖仰止淮阳郡；美誉称扬长寿堂。

——全联典指彭姓的郡望和堂号。

【族谱文献】

记载闽台彭氏族谱现存近百部。其中较有代表性的有《杉洋陇西堂登瀛彭氏续修谱》，光绪二十七年（1901），林维馨修撰。不分卷。内载始祖唐兵部尚书、秘书少鉴裕公，字伯温。传至十九世祖官公，字君信，后唐行军使，被封潜惠彭大真人。后唐清泰乙未秋（935），因闽王审知之子互相争斗，官公随其父十八世祖金公同穆冲相公发兵入闽，居福州西湖。五代十国后晋天福三年（939），官公因往宁德，路经古田杉洋，卦定于枫弯居住。为纪念肇基的始祖官公，在杉洋庵垱前建造玉峰宫，俗称彭厝宫。始祖裕公，始迁祖官公。还有泉州《虹山彭氏族谱》为南宋乾道七年（1171），六世迪功郎膜公始修，明嘉靖、万历、崇祯、清康熙和民国二十年（1931）秀春公共7修。2006年，彭国胜、彭德斌等主持第八次重修，3卷共23册，其中卷首1册、宗支卷4册、世纪卷18册。内载虹山彭氏先祖派在汝宁府光州固始，宣公的后裔。唐僖宗广明元年（880）黄巢起义战事中，先祖随军过江，初居泉州，后迁南安。自枨公起就迁到晋江中山，瑁峰山下居住。由于先祖的世次失传，就以枨公为虹山一世祖。较早迁移台湾二十六世懋彬公，出生于清康熙三十八年（1699）。以后二十七世5人、二十八世5人、二十九世3人、三十至三十五世也有人相继往台。另有《彭氏族谱》宁化安远族谱，始修年代无考，谱载元至元三十一年（1294），彭敬甫从固始迁居宁化安远。《陇西郡彭氏族谱》尤溪梅仙蕉坑族谱，始修年代无考，原本清时遗失，今本由王吉人、彭永坤重修。

第一百一十一节 蒲姓

蒲姓在《百家姓》中排名第 269 位。在当今姓氏排行榜上名列第 186 位，人口约 676000 余人，占全国人口总数的 0.042% 左右。在台湾排名第 158 位。

【渊源】

1. 源于姒姓，出自远古舜帝老师蒲衣，属于以先祖名字为氏。舜帝的时候，18 岁的蒲衣成为舜帝的老师，他成天穿着用蒲草编织的衣服，被称作"蒲衣子"。后来舜帝要把天下送给他，他不接受，就离开舜帝隐居起来。在蒲衣的后裔子孙中，就以先祖名字为姓氏，称蒲衣氏，后省文简化为单姓蒲氏、衣氏。

2. 源于己姓，出自夏王朝时期舜帝裔孙的封地，属于以封邑名称为氏。夏王朝时期，舜帝的裔孙被封在蒲坂（今山西永济蒲州），子孙中以封邑名称为姓氏者，称蒲氏。

3. 源于高阳氏，出自帝少昊后代的封地，属于以国名为氏。在春秋时期，帝少昊后代的封地在蒲地（今山西隰县），后建立有蒲国，蒲国王族的后代以国名为姓氏，称蒲氏。

4. 源于嬴姓，出自东晋时期氐羌西戎酋长符洪，属于以植物名称为氏。据史籍《路史》记载，蒲氏出自嬴姓，是古有扈氏的后代，世袭为氐羌西戎的酋长，至东晋时期，有酋长名。符洪，西戎族，先祖就是有扈氏部族的后裔，即历史上所称的"氐羌西戎"，符洪是氐族人，他生于西晋太康六年（285），其父亲怀归为氐族部落的小帅，家族世为西戎酋长。据十六国时期《前秦录》的记载，有扈氏酋长符氏的祖先初居武都，原无姓氏。后因符洪家中有一个池子，其中生长的蒲草"高五丈，五节，如竹形"，为时人所异，人们于是把酋长一家称为蒲家，后来他们家也以蒲为姓氏。

5. 源于回族，属于汉化改姓为氏。出自阿拉伯人后裔。宋、元两朝时期，阿拉伯人东来经商居住后，有人以蒲作为汉姓。中国在北宋时对留居中国的外国人实行了一整套的"都蕃"和"蕃长制"管理。这期间，外国人凡加官晋爵或入籍注册，就被冠以一个特定的汉姓蒲氏。据《中国伊斯兰史存稿》中记载：回族中的"蒲氏为唐宋时回教商人常用之姓"。早在南宋时期，福建省的泉州地区就已经是"回半城""蒲半街"了。

【入闽始祖】

福建蒲姓始迁祖蒲寿庚：（？—1283），号海云，原籍阿拉伯，一说为占城人（今越南中南部），世居泉州（今福建泉州）。著名元朝官商大臣。他拥有大量海船，为沿海地方势力首领。南宋末任提举市舶三十年，元兵南下时投降。元世祖忽必烈至元十五年（1278）被任为福建尚书左丞，招东南亚各国商人，恢复沿海贸易。《闽书》记载："蒲寿庚其先西域人，总诸蕃互市，居广州。"《心史》记载："蒲受晟南蕃人，富甲两广。"《福建通志》记载："西域人提举市舶蒲寿晟、寿庚。"《泉州府志》记载："宋末西域人蒲寿晟与弟寿庚以互市至。"

【入闽迁徙】

唐末五代的动荡不安，导致北方蒲氏族人迁徙南方者甚众，今湖北、湖南、四川、江西、安徽、江苏、浙江等南方省份均有蒲氏族人入居，并有一支进入福建福州一带。

福建蒲姓主流是宋朝末期，阿拉伯人蒲寿庚由广东广州徙福建泉州，降元后显贵非常，子孙散居于闽粤。

蒙古帝国于元世祖孛尔只斤·忽必烈至元十六年（1279）灭南宋后，实施强权统制，不准民众与外人交往，因而使蒲氏宗谱从南宋末至元朝无记载，其间断代十余辈。致使之后字辈混乱不堪。元朝期间也曾出过探花蒲谦益（湖北），官至翰林学士都察使，后任丞相，但因劝皇上改劣行，惹怒皇上而遭灭门。元末千总蒲正拜见元势已逐衰，假皇命招群雄反元，惹怒元主而大发军追捕，而造成湖北支派四处逃散避难。蒲正开、蒲承烈父子逃四川南充（顺庆府）；蒲正彪逃江南；蒲正明逃江苏；蒲正国、蒲正甫逃贵州铜仁后迁湖南芷江、广西、贵州惠水再望漠，逃贵州遵义者后迁桐梓、贵阳，重庆綦江、大足等地，因而使后辈字辈各行议定，混乱无统。

现在泉州市晋江市东石、东埕蒲姓原族居于古榕（又称榕树）乡，有蒲姓有百余人，二三十户。《蒲氏族谱》记载，在第六世记载了蒲寿庚的父亲，第七世记载了蒲寿、寿庚兄弟。蒲寿有较详的传略，而于寿庚却空一页无一字，只在寿庚之父传略内记有子：寿庚。蒲寿庚的子孙后裔迁东石古榕。第八世记寿庚子：师文、师斯，均文，侄：师孔、日和传略。第九世记寿庚孙崇谟。第十世记寿庚曾孙蒲太初迁居晋江东石古榕事及其传略，以及迁古榕后十一世至十七世的传略世系，而第十八世崇祯、顺治时起，至第二十四世同治、光绪止，全部无抄。

史料记载，蒲寿庚，祖上是阿拉伯人，因经商来到占城国（今为越南中南部），约在南宋初，又以占城使节兼经商来到广州，并安宅定居。蒲氏以航海经商起家，家资饶富。在居于广州，并建造了举世闻名的光塔（南海《甘蕉蒲氏族谱》）。到他父亲蒲开宗时，泉州港繁盛开来，为便于对外贸易活动，蒲家即由广州迁居泉州。

蒲开宗在泉州为发展对外贸易而乐善好施，曾董修名郡守倪思生祠，又修泉北的龙津桥与长溪桥。蒲开宗两子，一文一武，长子蒲寿学文，曾任广东梅州知州，颇多政迹，后任吉州，知宋将亡而不赴。次子蒲寿庚学武亦涉文，又好书法，既有统兵克敌之才，又有吟诗作赋之功（泉州丰州《傅氏族谱》等）。两兄弟从小随父航行列国，周游通商，史书记其"擅番舶利三十年"。（《宋史》）。兄弟俩因平海寇，完善地保卫了泉州港，而踏入仕途。蒲寿庚任福建安抚沿海都制置使，掌闽沿海军事与民政，肩负"肃清海道，节制水军"的任务。因蒲寿庚拥有较多的海军及大量的商舶与经济，景炎初封伊为福建广东招抚使兼福建市舶司（在泉州）提举。因此泉州历史上因蒲姓居多而有"蒲半街"的地名。

元朝廷认识到蒲寿庚的力量，未攻下杭州时，宰相伯颜即派人前来争取他。宋端宗南逃到泉，蒲寿庚认清国家统一之大势，闭城拒宋降元。元军上下很赞赏蒲氏之举，大将董文炳将元廷赐伊本人的金虎符转佩寿庚，以表对浦的信任与器重。蒲寿庚顺应历史，毅然地决策，除加速元朝的统一外，还保存了泉州的繁荣，对泉州地区免遭兵燹起了决定性的作用，使泉州港能继续发展成为东方第一大港，增加了元朝的收入，减轻了元朝的麻烦，其功勋是卓著的，入元蒲寿庚为福建行省左丞，其子侄亦历任高官，他们积极地为元廷发展对外关系，尽力争取海外诸国，积极发展对外贸易，无形中进一步推动开发泉州港。元初蒲寿庚上奏减轻因战争损失的泉州租税；曾经反对出兵日本，反对出兵爪哇。加上元廷怕蒲寿庚的势力庞大，慢慢地削弱其兵权。又怕蒲的经济基础雄厚，想尽办法控制其对外贸易的发展，蒲寿庚曾两次上奏元廷，要出海招徕番商，第一次是在宋元战争结束后，第二次即得不到批准。蒲寿庚之婿，侨居泉州的巨商佛莲死了，元廷借其无裔为由，夺其庞大的财产，这些当然引起蒲氏对元的不满。

元朝福建行省陈友定派其子陈宗海率军南下，在兴化灭那呐主力博、马合谋、金阿里部，围泉州城，用陈弦计，金吉开泉州西门，陈军入泉州，灭亦思巴奚，擒那呐，接着挖蒲寿庚诸蒲坟墓。在这种严重情况下，蒲家仆人王福，抱数月婴儿蒲本初，逃依晋江东石古榕杨氏母家。蒲本初换母姓杨，以杨本初之名，考得功名入宦。后辞官归古榕。临辞世时，还用心良苦地以迷信的说法立遗嘱，其后事以当地最简单的墓葬方式料理即可。怕喧哗引起人知其是蒲寿庚的后代。似此，可能是到几代后，才能复姓蒲。

蒲本初有幸得抱依母家，他依靠了谁？历来是个谜。几年前，笔者在《泉州府志》卷五十五中发现，是依靠其母舅杨颐翁。府志曰："杨颐翁，字正甫，晋江人。父英，元时为松溪县典史。颐翁幼失怙，稍长读书自励，有树立之志。属时多故，不少售，性磊落，耻与俗人偶。辟小馆于古榕树之阴，蓄名书画器物，莳花植果，日优游。其闲手不释卷，客至煮茗具肴，谈诗论史，终暮忘倦，晚岁自号万存翁。子本初，洪武甲子，乙丑联登进士，授长沙推官，寻调琼州，谳狱明允，人谓其有得于家教云。本初先卒，颐翁年九十五乃终。"

传中的"子本初"，应即是蒲本初。或许终明一朝，人们只知杨本初，不知蒲本初。笔者怀疑东石蒲氏复姓，是在明朝中期以后。

东石古榕乡名的由来，乃杨颐翁筑小馆于古榕树下，古榕奇特浓荫，闻名夏里；小馆建于巨树之下，幽雅精美，别是一格，又有名书，古画、文物增辉，更有从蒲氏等外商得来的奇花异果，四时红绿飘香，众香托一绿，绿内有白馆红楼，真是另一天地。于是此地被人称为古榕，就像唐宋的泉州城，以刺桐花别具特色，遂被人命名为刺桐一样。

东石古榕蒲为纪念杨颐翁对蒲姓的功德，祠堂门楣书："榕杨传芳"，至于衍派那当然是"河东"了。

蒲氏到东石古榕后，六百年来也有再外迁的。族谱记载：明朝中期蒲宋义、蒲奇明祖孙三代分居南安县娘仔桥。蒲茂、蒲香父子及其后裔迁居安溪，他们还多读书，一位当了训导，一位当了教谕，至今安溪城关尚有蒲园堂、蒲园的地名。在安溪县城西南5公里的澳江，明清都有蒲氏到那里做生意，其祖厝至今尚存，墓葬、墓碑都还有存在。族谱还记蒲德佑等几代人居于惠安县，后有人再迁往福州等地，明中期以后，蒲成春、蒲曰甲父子从东石再迁来泉州涂门东鲁巷。

目前泉州的蒲氏主要分布在晋江东石、永春、安溪一带。

【入垦台湾】

清代福建蒲姓开始入垦台湾，台湾光复后也有部分蒲姓迁台，蒲姓人口主要分布在彰化，占台湾蒲姓人口的36%左右。其余分布台北、嘉义、云林、基隆、高雄、台南、南投等各个市县。

【郡望堂号】

河东郡：古代河东郡有四：一是指今整个山西省。

晋江亦称泉州，泉州是从晋朝开始中原人士因战乱搬迁至此，怀念晋地，将居住地的河流命名为晋江，而居住地则因该江得名。闽台蒲姓，多以晋江位地望。

帝师堂：源出舜帝的时候，十八岁的蒲衣是舜帝的老师。舜帝要把天下送给他，他不接受，后来就隐居起来，后人以其为堂号。

此外还有河东堂、晋江堂，以望立堂；揖让堂、吉兴堂等。

【祠堂古迹】

清朝建的祠堂，族号河东。堂大三间，堂内有七块描金漆匾，书有进士等字，祠前有旗杆墩。民国初年，因瘟疫、匪患而废乡，蒲氏族人遂散居于附近的东石、东埕。现在古榕乡废址建东石华侨中学。

古榕蒲氏有祖墓（迁古榕始祖）在祠堂前东侧田地高处，今墓存，墓碑已佚。还有一些祖墓在石佛寺周围。

古榕蒲氏祠堂，建于清朝乾隆五年（1740）《龙溪蒲氏支谱》的序说："乾隆庚申，太高祖修敬公，始于省垣讳立恭字敬伯者，议建祠宇于古榕。"庚申即乾隆五年。蒲修敬即永春达埔汉口的蒲侯平，字怀五，生康熙壬戌至乾隆癸酉（1682—1753），他与福州的蒲立恭议建古榕蒲祠。在此之前，古榕并无蒲氏祠堂。他们同时还修族谱，"考究历代世系，纂修谱牒。无如世远年湮，不能珍藏，篇帙早已散失，惟有刻'安平蒲氏世谱'六字，一条印板遗于神龛之上，犹可及见"。

古榕蒲祠前东侧田地高处的祖墓，应即是迁东石一世祖蒲本初之墓。《龙溪蒲氏支谱》内的《先代坟墓记》说道："继绝开基始祖诚斋公坟，在古榕祠宇之旁右畔版土园中，世称翰林公墓。"谱记迁东石的蒲本初殿试后，"点选翰林院编修之职"。

安溪县阿拉伯后裔蒲姓墓葬，位于距离县城四公里的城厢镇澳江村。

【族谱文献】

莆田蒲氏族谱，（清）蒲慎齐纂修，据泉州蒲氏族谱抄本传抄一册。

永春蒲氏族谱，钞本，著者待考，初辑于清康熙年间（1662—1722），重抄于清光绪二十二年（1897），属于蒲寿庚脉下的支谱，蒲寿庚为总谱第七世。德化蒲氏家谱，系永春蒲氏族谱的翻刻版本。

永春龙溪蒲氏支谱，著者待考，清同治九年（1870）纂，系泉州蒲族的支脉，由总谱的第十七世开始记载。因蒲姓初到永春居于达埔汉口，旁有一溪称龙溪，故有此名。《序》中记载有失实：清朝是满族统治的时期，雍乾间又大兴文字狱，尽管是修族谱，亦不能造次，修谱不敢直说是元朝行省夷蒲，而移元为明，移陈友定为朱元璋，这样就无影射清兵屠杀明人之嫌了，这样才安稳。这就是族谱不记夷族实情的原因。诏安蒲氏家谱，著者待考，修于清光绪八年（1882），是泉州蒲氏分支迁漳浦县再分支诏安的支脉谱。

第一百一十二节 钱 姓

钱姓在宋代《百家姓》名列第2，人口在当今中国大陆姓氏排行第89位，福建未入前100位。在台湾排名第98位。

【渊源】

1. 出自周代有钱府上士官，为彭祖之后代子孙，以官为氏。据宋人郑樵《通志·氏族略》说：颛顼帝曾孙陆终生彭祖，裔孙孚，周钱府上士，因官命氏焉。又据《史记·楚世家》《姓谱》等所记载，陆终是颛顼的曾孙，他的妻子怀孕3年，剖腹产，生出6个儿子，"三曰彭祖"。彭祖是有名的大寿星，《世本》说他"姓篯，名铿，在商为守藏史，在周为柱下史，年八百岁"。他的后裔彭孚，在西周任钱府上士（钱府，掌管钱财的官署；上士，官名，周代士有上士、中士、下士）彭孚以官职为姓氏，就是钱姓。因西周建都于镐京（今陕西省西安），彭孚必在京为官，故钱姓形成于陕西。

2. 出自篯姓说。这种说法实际上是第一种说法的变异和补充，据《百家姓考略》所载，相传彭祖篯铿子女众多，而按照西周时期的嫡长子继承制，只有彭祖的长子长孙一系才能继承彭祖的名位和封地，其余诸子诸孙则无法享有这一权利。因为宗法制度规定，任何一个家族中只有嫡长子得以承袭父亲的一切权力和地位，世代保有本家族"大宗"的地位，其余诸子在分得一部分财产和土地后，另外分成若干新的别宗，称为别子，各有自己的氏号。彭祖的各支庶子孙多改换姓氏以有别于嫡系，其中有一支把彭祖姓篯名铿，后人以其名为氏，后又有简化"篯"为"钱"（有学者认为古无"篯"字）。

3. 出自他族改姓。据《清朝通志·氏族略》所载，满族世居烂泥河者为钱姓。明清时云南临安府瓦渣长官司土副长官姓钱，为哈尼族。今彝、蒙古、土家、黎等民族均有此姓。

4. 皇帝赐姓，是中国古代帝王彰布皇家威仪，昭示荣宠，笼络、褒奖臣属，邀集人心的重要手段之一。五代时钱谬曾以杭州为中心建立了吴越国，历时86年之久，是时境内安宁，人民富足，有不少吴越臣僚先后都被赐以国姓"钱"，而改姓为钱。《宋史·吴越钱氏世家》称，吴越王钱镠"与战士多赐己姓"，至忠懿王钱弘傲临朝称制，这些因赐姓而改姓钱姓之人"皆称同宗"，都自认为属于钱姓之人了。据《台湾姓氏源流》所载，清乾隆年间赐台湾当地七姓有钱；又赐台湾塞夏族沙拉湾氏汉姓为钱。

5. 合姓，即是合并而成的姓氏，是中国姓氏发展史上的一种特殊变异现象。钱姓的合姓是钱姓与其他姓氏合并或联姻的结果，以钱王、钱赖两姓人数居多。如钱王姓就是由钱姓和王姓协商合并而成，最早出现于浙江崇德（今桐乡）一带，以后又迁往浙江的其他地区及江苏、福建、安徽、广东甚至台湾、香港等地。钱王姓的出现在很大程度上可以说是当年崇德两姓族人出于人员互补、消除纠纷的目的而试图通过平等合作的方法寻求共同发展的最佳手段。至于钱赖姓，基本也是由钱姓和赖姓合并而来。据《台北文献》所载《犹他家谱学会在台搜集族谱报告》一文报道：在目前的台湾，便生活着一些以钱赖为姓的人。不过他们大多是钱姓与赖姓通婚后的主妇及子女，尤其是受西方从夫姓的文化传统影响，很多赖姓女性婚后在保持自己原有姓名的同时，在前面又冠以夫姓，形成复姓。

【得姓始祖】

钱孚，颛顼帝是我国南方早期主要八个姓氏的先祖，有裔孙名铿，后来封于彭城（今江苏省徐州），因此得了彭姓，彭铿是有名的长寿者，据说亲历夏商两代，活了八百多岁，被尊为彭祖。彭祖有孙名孚，西周时担任钱府上士，其后子孙便以其官名为氏，称钱姓。他们尊钱孚为钱姓的得姓始祖。

【入闽迁徙】

钱姓人最早居住于下邳一带，早期除部分分布于今山东、河南等省。秦汉时期逐渐发展到徐州、乌程、长兴、高密等几个相对集中的地方。在秦代及西汉，一些可考的钱姓人主要生活在今江苏省徐州、邳州一带，直到西汉末年才有钱逊为避王莽之乱而迁居乌程（今浙江省湖州南），钱林迁居长兴陂门里。唐代以后，伴随着临安人钱镠及其吴越国的建立，在其国力所及的两浙十三州之地几乎遍布其子孙，吴越归宋以后，由于其子孙中有不少人入仕于宋，则其子孙分布更广，方有《百家姓》位于第二姓之荣。此期有钱定海由杭州迁上海金山，宋元之际，钱姓已分布于山东、浙江、江苏、安徽、湖北、湖南、广东、福建、河南、陕西、河北、山西等地。

唐初，光州固始人陈政、陈元光父子衔命入闽开辟漳州，随行有不少中原钱姓将佐，后多在福建落户生根，成为福建钱姓的先祖。而随后出现的钱九陇与钱起这两个一武一文家族，则成为唐代钱姓的代表。

唐总章二年（669），有府兵队正钱仲先（宋荫封昭德将军）和钱姓子弟从河南光州固始随陈政、陈元光父子奉命入闽，后在福建安家落户。

五代时，吴兴人钱镠自称吴越国王，后裔显达，有钱文奉、钱文璀、钱弘宗、钱弘俶以及钱俶、钱惟演、钱严等都很出名。

唐末杭州临安人钱镠，任镇海节度使，乾宁三年（896）击败董昌，据有今浙、苏、赣、闽接壤地区，天祐四年（907）被后梁封为吴越王，自称吴越国王，共传三世五王，至钱镠之孙钱弘俶，于宋太平兴国三年（978）献所据地归北宋，被封为邓王。部分钱镠后裔从北向南迁徙传入闽粤。钱镠六世孙钱景钦于南宋建炎元年（1127）从浙江省长兴县平寮迁徙福州开基。被后世尊为入闽始迁祖。钱景钦生一子，二孙。次孙钱廷梁迁往长乐。三世孙钱振炽生二子：长子钱彦远，官任河南监察御史，子孙繁衍各地。宋末元初，钱彦远长子钱辂征剿有功，封官为统领。明代钱大年，莆田县新安里人，官香山县丞；清康熙四十一年（1702），钱辂第十二世孙钱怀竹，居福州，其后裔分迁莆田等地。

钱镠孙钱宏佐（忠献王），宏佐传三子：敬文、敬武、敬成；敬武生四子：洞、闰、澜、阔，阔居漳州。

始祖：[宋]钱镠；先祖：钱景钦；先祖：钱彦；先祖：钱辂；先祖：钱鉴；始迁祖：钱钞。

连城《钱氏族谱》载：十五郎，宋端平年间由浙江迁居连城，妣许氏，生子十八郎。十八郎生子庚淑，庚淑生子有道，有道第四子均显，下传至十八世，毓德、毓余兄弟，于清咸丰十一年（1861）迁居宁化李田。

明朝初，有名钱丝安，迁徙于龙溪县二十八都浒茂城内（今龙海市紫泥镇城内村）开基，称城内钱厝，为钱厝开基祖。其源流世系失传。

【入垦台湾】

明末至清末近300年间，钱姓人约有8次入垦台湾。国民党败居台湾时，又有更多钱姓人迁台，还有的漂洋过海，到东南亚和世界其他地区开拓发展。按照《台湾省通志·人民志》等书记载，1647—1661年间，福建同安人钱某入垦凤山县观音里竹仔门庄及后庄仔庄，首开钱姓迁居台湾之先河，惜其名已无考。乾隆二年（1737），安溪人钱甫举家移居台北县泰山乡大山科村钱厝坑，成为台湾钱姓第一位有名有姓者。乾隆十二年（1747）至五十九年（1794），大陆钱姓又分别有钱登选、钱（名无考）和钱子白等人率族众分3批入台，定居于凤山、苗栗、湖口等地。嘉庆四年（1799），钱桐迁居凤山县。道光七年（1827），钱兴和钱头等人迁居基隆。同治十二年（1873），又有钱国珍迁居台湾县，并在当年中武举，成为当地移民中较有身份的人。总计自明末至清末近300年间，钱姓人入垦台湾，不仅开拓了他们原有的生存空间，而且还为台湾带去了新的人口和劳动力，极大促进了当地经济文化的开发与发展。1946年台湾光复，大批军政科教人员随同国民党政权迁台，其中就有不少的钱姓人，如国学大师钱穆、化学教育家钱思亮、报业巨子钱震、国民党高级将领钱大钧、钱怀源等等都是其中有代表性的人物。他们的入台，无疑进一步扩大了在台的钱姓人数和影响力。

台湾钱姓主要分布在台北、基隆、新竹；其次彰化、南投、宜兰、台中、高雄、台南。此外在桃园、新竹等市县也有分布。高山族同胞也有钱姓。

【郡望堂号】

1. 郡望

下邳郡：秦朝时期在今江苏睢宁西北一带设下邳县。

彭城郡：彭城郡原为西汉时期的楚国所置。汉宣帝地节元年（壬子，公元前69年）以楚国改置彭城郡，治所在彭城县（今江苏徐州）。

吴兴郡：三国置郡，治所在乌程。相当今浙江临安、余杭一线西北，兼有江苏宜兴县地。

2. 堂号

吴越堂：钱镠是五代吴越开国君王。他在后唐时只是一个偏将。但是他深通兵法，很会打仗，打败了王郢，消灭了黄巢，剿平了刘汉宏。皇帝因他战功卓著，升他为镇海节度使。这时董昌造反，他有剿平了董昌，皇帝就封他为越王，后来又封为吴王。到了梁太祖的时候，封他为吴越王。

此外，钱姓的主要堂号还有锦树堂、享彝堂、燕诒堂、万选堂、丹桂堂等。

【祠堂古迹】

漳州城内钱姓家庙，堂号"崇本堂"，位于漳州龙海，建于明嘉靖间（1522—1566），2005年重修，坐北向南，二进三开间，双脊燕尾，建筑面积约200平方米。

【楹联典故】

才多隽永诗名重；学有渊源道脉长。

——钱姓通用楹联

吴越衣冠添一锦；江南名望数三钱。

——上联典指五代吴越王钱镠，号所居城为衣锦城。下联三钱为：钱学森、钱伟长、钱三强。

江上峰青君独秀；州中蟹紫我重来。

——上联典指唐代钱起，为"大历十才子"之一。有名句"曲终人不见，江上数峰青"；下联典指宋代钱昆，性嗜蟹，尝求补外职，希望能到"有蟹无通判"处。

【族谱文献】

福建闽清县白中镇田中村彭城龙田钱氏宗谱：不分卷：一世祖宋代钱镠。六世祖景钦，宋时自浙入闽。十世彦生三子：长辂居福州；次鑑居连江；三钞始居闽清。谱载地图、谱序、诏书、源流、小传、村图、宗祠图、祖墓、世系、传记、人丁统计、历代人才录等。

第一百一十三节 秦 姓

秦姓是当今中国姓氏排行第 78 位，人口约 379 万之众，占全国人口总数的 0.29%。在台湾排名第 115 位。

【渊源】

1. 出自嬴姓，为颛顼帝的后裔，以国名为氏。相传颛顼帝有个孙女叫女修，有一天，她捡到一只燕子蛋，吃下去后就怀孕了，生下了儿子大业。大业之子大费（伯益）辅佐大禹治水有功，帝舜赐他姓嬴。伯益的后人有个叫大骆的，他的庶子非子被周孝王封在陇西秦亭为附庸国，让他恢复嬴姓，称为秦嬴。秦国后来成为战国七雄之首并进一步统一了全国。秦灭后，王族子孙以国名作为姓氏，称为秦氏。

2. 出自姬姓，为文王的后裔，以邑为氏。周公旦之子伯禽的后裔食采于秦邑，其后有以邑为姓，称秦氏，史称秦姓正宗。《姓氏辨证》上说："伯禽受封鲁国，裔孙以公族为大夫者，食采于秦，以邑为氏，望出太原。"由此可见，周文王的姬姓后代，也有以秦为姓的，这一支，是后来山西太原一带的望族。

3. 古代大秦人来中国，有的就以"秦"为氏。大秦即罗马帝国。

东汉、晋朝时大秦皆曾遣使来中国通好，有留居不归者，以"秦"姓传也。古时西域称中国为秦，后来西方国家通称中国为支那，即"秦"音之变。

【得姓始祖】

伯益。相传颛顼帝有个孙女叫女修，吃下去燕子蛋后就怀孕了，生下了儿子大业。大业之子大费（伯益）辅佐大禹治水有功，帝舜赐他姓嬴。伯益的后人非子被周孝王封在陇西秦亭为附庸国，让他恢复嬴姓，称为秦嬴。

秦非子，嬴姓，始祖大费（伯益），因辅佐大禹治水有功，又助舜训练鸟兽，舜赐姓嬴。祖先恶来、女防、旁皋、太几、大骆，恶来是商朝大力士，

军队统帅，第一猛将。

【入闽迁徙】

在历史上，秦始皇真是一个威风凛凛、不可一世的人物。他自称"功盖三皇，德过五帝"，第一个创立了"皇帝"的称谓，并且自立为始皇帝。宋、元、明时期，秦氏有迁至今广西、安徽、贵州、福建、北京、上海等省市。

秦道建，官名炽，号赐谷，元至正十七年（1357）丁酉八月十五巳时生，南直常州府江阴县二十一里大胥王土地下人氏，明朝时期任福建延平府三府，寿 82 岁，明正统三年（1438）二月十八子时没，葬基南招穴上屋嘴爹公山丑山未向兼癸丁有碑墓表载本傅。原配：苏氏，江南人，元至正二十二年（1362）壬寅正月初一寅时生，寿 76 岁，明正统二年（1437）丁巳四月十一巳时没，葬同夫山向。子一：秦映霞。尊为福建秦氏入闽始祖。

秦升，明代安徽定远人。16 岁袭泉州千户所正千户，成化十四年（1478）年，岁已老，仍率官军平萧丙三等乱。清道光《晋江县志·卷 36·政绩志·武秩·明·前千户所正千户·秦升》据旧《志》、参《闽书》为作传："秦升，本定远人。高祖安，洪武中从开国功。曾祖惟，调任泉州千户所正千户。祖雄，督运道亡。俱没王事，而皆葬外地。升性至孝，年十六袭职。北至潼关祭奠高祖，修其坟茔。南浮江淮，徧求其祖雄故阡不得，虔诚祷天，修斋减膳，寻至环琼堡得之；涕泣大恸，庐冢匝月，乃卜日迁柩运回，由江直下抵福之北岭。祭扫曾祖惟坟，修茸之；未至家，闻父讣，哀号顿绝。既归，执礼维谨、卒哭。先葬祖父母，次乃购地葬父，庐墓三年。成化十四年（1478），寇萧丙三等作乱，升时已年老，率官军追至永春、长泰二县，捕获贼党王清仔等，杀贼苏尾仔首级，仍生擒丙三以归。母洪氏，年八十余，事之孺慕，终身侍疾，衣不解带者数月。巡按御史先后疏奏，正德三年（1508）旌表。"

秦椿，字国植，明泉州卫指挥使。嘉靖四十五年（1566）倭犯泉州，领兵守新桥，战死。清代道光《晋江县志·卷51·人物志·义行·明·秦椿》："秦椿，字国植，世袭泉州卫指挥使、昭武将军、昭勇侯。嘉靖四十五年领兵守新桥。六月十三日，倭寇突至，势甚猖獗，奋然曰：'此地万一失守，城中亿万生灵皆为涂炭矣。'督兵长驱，躬与寇格斗。寇用炮折其右手，身被重伤，血战益厉。寇退，城赖以完。至晚气绝。兴泉道万民英亲为主殓，颜色如生。事闻，授子一麒本卫所承袭，孙良弼。"

秦良弼，字景明，明代晋江人，泉州卫指挥使秦椿孙。万历四十七年己未（1619）武进士。天启（1621—1627）间授广西都司，崇祯四年（1631）进参将，崇祯十五年（1642）升直隶副总兵，转南京左都督。死于明末战乱。清朝道光《晋江县志·卷49·人物志·忠节·明·秦良弼》："秦良弼，字景明。万历己未武进士。天启间选举忠义，膂力第一，授广西都司。崇祯四年（1631），从总兵王承恩率兵破贼不沾泥，又与陕西都司曹变蛟追贼于毛山，四战俱捷，进参将。十年（1637），从左良玉破贼于舒城、六安等处，连战三捷。十二年（1639），大破西河贼飞虎刘国能于许州。十五年（1642）与刘良佐破张献忠于安庆，升直隶副总兵，转南京左都督。后殉国难，赐谥祭葬。"

秦允晋，他生有八子。其一子叫秦舆（七世），从他开始被皇帝敕赠文林郎，任湖广郧阳府郧西县知县，后为福建布政使司的布政使。他有一子叫秦国龙（号淑人），生于康熙八年（1669）十二月二十一日，在康熙庚辰年考中进士，任湖广郧西县知县，后被皇帝任云南监察御史，后历任陕西，山西，山东，浙江粮仓监察御史，在雍正元年（1723）考科道居第一名。后被皇帝任命为福建按察使，最后升任为布政使。其祖为人廉洁，为民做事，被皇帝赐进士出身，文渊阁大学士兼礼部尚书。卒于乾隆元年，享年六十八岁。所以湖北和福建都留有日照秦氏后代。

【入垦台湾】

明清时期，福建秦姓家族入垦台湾。台湾高山族同胞中也有秦姓。台湾光复后各省也有迁徙入台。当今，台湾秦姓主要分布在台北、基隆；其次是台中、台南、宜兰、花莲、新竹；再次为屏东、潘湖、南投、桃园等各市县。

【郡望堂号】

天水郡，西汉元鼎三年置郡，治平襄。

太原郡，战国时秦庄襄王四年置郡，治所在晋阳，在今太原市西南。

齐郡，西汉先为临淄郡，后改齐郡，治临淄（今山东淄博）。

河内郡楚汉之际置河内郡，辖今豫北的西部，治怀县（今河南武陟西南）。

秦姓堂号：

三贤堂，孔门七十二贤中有秦祖、秦商、秦非、秦冉四位。三，不是普通地说一二三，而是指多数的意思。

乐善堂，孔子看到七十二大贤中姓秦的有四位，夸奖秦氏好道乐善。

养真堂，秦氏好道乐善，能注重养真（本性的善）。

忠孝堂，秦琼后人因秦琼为唐朝开国元勋，既忠且孝。

淮海堂，宋代词人秦少游后人因为秦著有《淮海集》传世。

五礼堂，清刑部尚书秦蕙田，立朝三十年，刚介自守，著有《五礼通考》。

其他堂号：（1）郡望堂号：天水、太原、河内。（2）自立堂号：咏烈、敦伦等。

【楹联典故】

筑长城、兴帝制，美誉骂名皆占有；精切脉、通医术，灵丹妙手俱回春。

——下联典指扁鹊，名秦越人，战国时渤海郡名医。

石砫宣抚荣甲第；明朝都督俏人家。

——全联典指明·秦良玉，明代著名女将，其夫石砫宣抚使马千乘死后，代领其兵，被封为"忠贞侯"大都督，所部号"白杆军"，是古代著名巾帼英雄。

官仪锦袍忠贞第；巾帼英雄白杆军。

——全联典指明末巾帼英雄秦良玉（1574 或
1584—1648），四川忠州人。通文辞。

叔宝武功传奕世；少游文学俱芳名。

——上联典指唐代名将秦叔宝。下联典指宋朝
词人秦观少游。

嫩寒锁梦因春冷；芳气袭人是酒香。

——此联为北宋太学博士、国史院编修官秦观
自题卧房联。

【族谱文献】

福建《温陵秦氏族谱》，（清）秦金生纂修，
清光绪三十三年（1907）钞本，一册，台湾。

福建安溪《秦氏谱牒》，（清）秦永旭纂修，
清嘉庆二十四年（1819）钞本，一册。

第一百一十四节　丘　姓

邱姓目前中华丘（邱）氏约有人口 500 万，福建有 41.7 万人，排名第 24 名。在台湾 30 万人，排名第 16 位。

【源流】

1. 源出姜姓。

西周初年，姜太公封于山东一带建齐国，都营丘（即今山东淄博市临淄区），其支庶以地名为氏，始有丘姓，史称丘姓正宗，迄今有 3000 多年历史。炎帝生于姜水（今陕西岐山县西），因以水命姓为姜，炎帝裔孙伯夷，号太岳，虞夏之际辅佐禹治水有功而封于吕（今河南南阳西），侯爵，遂赐姓姜，以奉炎帝之祀。历经夏、商、周三朝。商末，其后裔吕尚，即姜子牙、太公望，辅助周武王灭商有功，封于齐而都营丘，后迁至临淄西北。姜子牙生三子：吕伋、将具、印，印公支庶居于营丘者以丘为氏。

2. 源出曹姓。黄帝之裔高阳氏颛顼，颛顼后裔祝融氏吴回，吴回之子陆终第五子安，曹姓。西周，周武王封曹姓后裔曹挟于邾（今山东曲阜东南南陬村），建立邾国，初为鲁国附庸。春秋时晋爵为子，迁邹县南，称邾娄。春秋时邾大夫丘弱之后称丘氏，并世居扶风（今陕西兴平市）。邾国丘弱是丘氏族源之一。五代大儒丘光庭在《兼明书·丘氏》中提出：“昭二十三年，左氏有邾大夫丘弱，则左氏为传之时已有丘氏。”

3. 出自姒姓。夏帝少康时，封其小儿子曲烈于鄫（今河南省柘城县北），至周灵王时，为莒国所灭，其子孙去邑为曾氏，其后分支中就有以丘为氏。此为曾、丘联宗之说。

4. 源自鲁太史左丘明之后。明公为春秋鲁国左史官，丘明为其姓名。孔府所藏《左传精舍志·谱系志》：左丘明为姜太公第二十一代孙。《风俗通义》载：“世居扶风。汉末，丘俊持节江、淮，王莽篡位，遂留江左。”受历代皇帝追封，丘明墓由丘氏子孙世代祭祀。

5. 出自少数民族改姓。汉代少数民族乌桓族有丘氏。南北朝时，北魏孝文帝迁都洛阳后，有鲜卑族复姓丘林氏、丘敦氏改为汉字单姓丘氏。清满洲八旗秋佳氏改姓邱，又彝、蒙古、苗、土等族均有邱姓。

清雍正皇帝时，由于避讳孔子的名号，而下令把“丘”一律改为“邱”姓。民国初，清末诗人邱逢甲倡议复丘姓本字，他首先将本人姓名写作丘逢甲，闽、粤邱姓族人也纷纷响应改邱为丘，但仍有不少邱姓人继续沿用邱字。结果现在的邱姓人士随处可见，而以丘为姓的人反而不多了。

《通志·氏族略三》：“又有丘林氏，丘敦氏，并改为丘氏，虏姓也。”汉以来匈奴、鲜卑、乌桓、羌等族改姓丘（邱）氏者甚多。《史记·索隐》曰：毌音贯，毌丘，古国名，卫之邑。郑樵《通志》将其列入《以邑为氏》中。三国魏有名将毌丘俭，出生于今山西闻喜县。其子孙改毌丘为丘氏。

【得姓始祖】

西周初年，姜太公吕尚作为开国功臣，被封于齐，建立齐国，定都营丘。据传，太公尊重当地人民的风俗习惯，简化君臣之礼，又鼓励百姓利用本地鱼盐资源发展生产，齐国呈现出一派祥和富足之景象，太公受到国人拥戴。后因故将营丘改称临淄，太公之子穆怀念都城故称，遂以地为氏，人称丘穆，丘穆后人遂沿用丘姓，奉丘穆为得姓始祖。因“邱”姓为“丘”姓避讳加邑旁而来，实属同源，故丘穆亦为邱姓得姓始祖。

【入闽迁徙】

《福建通志·丛谈》载：“自永嘉（307—312）不竞，中原板荡，江左衣冠右族，林、陈、黄、郑、詹、丘、何、胡八姓，迁入闽中。”沿荀江、沕江、淄江三江而居。因晋人入闽沿江而居，故此三江统称“晋江”，县名也因之。据明清永春《堂前邱氏族谱》、泉州《泉西锦塔邱氏宗谱》、仙邑《凤冈邱氏族谱》等记载：“晋永嘉间，中原板荡，我绐事中夷公，同衣冠族林、陈、黄、郑、詹、胡、何八大姓入闽，居住刺桐里。闽中之邱，夷公始也……"其后裔二十世孙讳祯者官仪真刺史，唐末为避后晋高祖石敬瑭相逼，移居凤邑（今仙游县）开基立业。凤岗宗祠请宋丞相李纲为其撰写"祠堂记"。后裔主要聚居于闽东南地区。包括泉州、石狮、永春、惠安、莆田、尤溪、霞浦、福清等地。又据《闽县乡土志》载："六朝有邱祚者，随宋（420—479）昌国郡守阮弥之入闽，后亦守郡，因家焉。"

陈盛羹《明山秀水客家人》称：丘（邱）姓，于东晋从河南迁居宁化石壁。宁化丘氏以穆公为开姓祖，礼郎为宁化开基祖。《中华丘氏大宗谱·福建宁化分谱》《宗族源流考》云：南北朝陈文帝时，先祖俊郎公官任镇国大将军。天嘉三年壬午（562）自河南固始迁居江西抚州藤桥。姬崔氏，生子名行恭。迨陈鼎迁，隋文承运，炀帝失德，行恭公因而避隐。至唐贞观间，受命征讨高昌有功，被封为天水郡公。生子名项，以进士授礼部侍郎。项生二子：崇、承。崇以进士官吏部侍郎；承以武进士官任江南水陆招讨大将军，支衍洪州。崇生一子名琥，登进士第，官任西台御史，生子昆清。昆清累官光禄大夫、治内阁皇宫太子太师。姬李氏念二娘，生二子：十七郎、十八郎。十八郎，姬佘氏，生二子，其次子兰郎迁居建宁府武夷山下；十七郎，姬何氏十九娘，生六子：礼郎、义郎、开郎、员郎、智郎、钧郎。义郎迁居建宁兰溪；开郎迁居建宁将屯坑；员郎迁居建宁山坊；智郎徙居汀州杉木屯；钧郎徙居南丰石含源；惟长子礼郎于唐长庆三年（823）迁居宁化招贤里双溪口石壁咀（今水茜中心坝），为宁化丘氏开基祖，裔孙繁衍闽、赣、粤、台各省地。

唐总章二年（669），府兵队正丘安道随固始人陈政入闽平乱。丘安道定居漳州，至第15代孙讳鸿衍者由火田朴徙龙溪十一都镇南社（今龙海市榜山镇洋西村渡头社）。鸿衍长子辙，南宋淳熙十一年（1184）进士，调番禺尉。另据江西上饶桥下村谱载：高宗仪凤三年（678），邱德淳以武略从将军陈元光讨闽。陈元光对老兵老将实行了奖励退役的政策，并提倡与当地妇女结合，使得陈元光及其部属

的后裔成为当时闽粤地区人口比例最大的居民。当年，他们都以唐朝军人为荣，自称为"唐人"，其后代移民至台湾、东南亚和欧美各地时，大都还用"唐人"这一称呼，这正是海外"唐人街"的由来。福州地区的男人，方言称"唐铺人"，也是起源于此。1990年5月6日台湾《联合晚报》报导，唐太宗的功臣丘行恭五世孙，光禄大夫兼内阁太子太师丘昆清，因避战乱从中原南下，于唐长庆三年（823）从江西南昌进贤县江南村避乱过江入闽，举家至建州（建瓯古称）居住。《建宁分谱》称，丘仕宾，名国宗，于唐天宝三载（744）自江西南丰军山客游邵武禾坪，娶刘氏女而居之，曾孙法从于唐昭宗元年（904）甲子徙居义宁军葛藤窠，继迁上黎高坑，遂居于此，为建宁鼻祖。唐末丘亮，字仲采，官千牛卫上将军，同兄定居建阳，其姪裔讳祥字仲瑞（坟墓尚在建瓯漈上村）赘于欧墩欧氏，因而家焉。仲瑞之八世孙善祥于宋景定二年（1264）初修《建安邱氏族谱》。

唐中和元年（881），王潮、王邦、王审知兄弟随王绪起义军南下。明嘉靖《固始县志·隐逸》记载有18姓，史称"十八姓从王"，光启元年（885）八月到达泉州。海南省定安县分谱转述元至正十二年（1352）的《清源丘氏宗谱引》道："吾丘氏之先祖讳杰公，原系河南郡光州固始人。唐广明（880）间避黄巢乱入闽泉郡清源，其后代有一支分迁海南定安。"景福二年（893），王审知率兵攻下福州。据厦门诒谷堂族谱记载，邱世延（讳延祚）在王氏兄弟军中任团练，并娶王潮之妹为妻。据武夷山黎口谱载，光启元年乙巳秋，邱祯（字季祥，846—923）随王潮入闽卜居建平之北乡（今武夷山市）石臼里黎阳屯黎口。古田岩富邱氏谱载：唐僖宗时（874—888）丘七携三子迁古田，"迨王审知入闽，第三世大理卿润公始迁岩富"。其裔孙恒山于南宋绍兴二十八年（1158）戊寅由岩富迁到连江马鼻贵丰。

北宋丘（邱）氏入闽史上的重要人物丘忝秀（1006—1086），乃宋仁宗景佑元年进士，河南光州固始人氏，筮仕鸿胪寺卿，因厌倦党争，举家南迁福建兴化莆田岩头乡，逝后于崇宁二年（1103）

受诰追赠为光禄大夫、枢密院使。长子丘成实于宋哲宗元符元年被授为通直郎，后历迁至枢密院使。宋崇宁元年朝庭焚"元佑法令"、立《元佑奸党碑》，党争升级，成实被波及贬谪出京，外放福建罗源县吏。三兄弟各成为广东、海南重要的开基祖。

宋"靖康之难"导致的大迁徙，福建各地丘（邱）氏族谱中，开基祖多是处于这一时期，时间、地点、名讳也记载得较为详尽。部分在本省内衍播，部分迁播临近省份。如争论颇多的上杭始迁祖的有关谱牒资料记载中，尽管对开基祖各有不同观点，但时间点基本一致，都在南宋末或元初。连江县邱姓人口近三万人，其三支开基祖肇连时间分别为南宋绍兴二十二年、二十四年和二十八年，彼此相差无几。

陈良学《宁化石壁客家人移垦秦巴山区考略》（载《石壁与客家》）云：陕南邱氏是福建上杭客家人。宋末元初，文天祥率兵南下，以邱文兴为参军，驻守广东嘉应州之镇平（蕉岭县），文天祥兵败后，残部分散闽粤各山岭，和当地畲族结好，安居下来。文兴即为嘉应州邱氏始祖。据《粤东邱氏家谱》载：邱氏卒姜太公开基，周朝成王封皓公于河南中州高邱，爰以邑为氏。后因人满遂迁于闽之上杭、宁化石壁。传到六世祖迁粤之沈香（今番禺县北、即广州市郊），从口而存。森公又迁惠郡龙川之张方约池鸡笼楼下，开基创业。

《曾氏族谱》和西亭《曾氏族谱》分别有载：新垵以邱氏姓氏为主，这个姓氏的繁衍可追溯到五代时期"开闽圣王"王省知的胞妹的丈夫——曾延世，此人五代时期的开闽副将，是福建龙山头曾氏的开基祖。在闽繁衍至第九世曾公亮，到第二十二世曾明，字永在，号迁荣，入赘海澄新安邱家，娶苏氏为继室，生二子，长日大发，次日正发（二人分别承接曾邱两姓宗嗣），大发姓邱，正发姓曾，但姓邱仍以曾姓昭穆为行辈，以纪念其血脉系曾姓所传，并订曾邱二姓不得婚配之祖训。这正是"曾邱同宗"的由来。族谱还昭示：海澄新安邱姓、厚境、清漳、管桥、田边、浦尾与同安曾营、浦头、曾厝坡，以及晋江、龙岩、平和、漳浦等地的曾姓，都属同一支派。台湾地区和菲律宾均成立有"曾邱同宗"会，借以敬宗睦族。

【入垦台湾】

台湾同胞中 80% 以上，港澳同胞及海外华人华侨中 50% 以上的祖籍地在福建，其中福建丘（邱）氏宗亲占海内外本姓人口总数的 1/10 左右。粤、桂、琼、赣、浙、台及东南亚等地的丘（邱）氏的诸多祖源也来自福建。明清时期，大量福建人东渡台湾，繁衍生息。据 1953 年台湾的户籍统计，在当时户政在 500 户以上的 100 个大姓中，就有 63 个姓氏的族谱明确记载了他们来自福建，且其先祖源于"光州固始"。1989 年的台湾文献会资料表明，在前 100 个大姓中，有 3/4 是台湾与福建所共有的。目前，台湾位列前十的大姓，竟有 9 个与福建十大姓相同。可见闽台渊源之深。目前，台湾邱氏人口约 30 万人，据不完全统计，自明清以来，我省邱氏先后播迁台湾的有 14 个县，共 82 支，主要分布在台北、桃园、台南、苗栗、新竹、彰化、屏东、高雄、南投、嘉义；其次是云林、基隆、花莲、台中等。以当年跟随民族英雄郑成功收复台湾者居多，仅诏安县秀篆村迁台的邱姓开基祖就多达 34 位。丘（邱）氏人物名贤众多，丘（邱）氏文化博大精深，收录于《中国名人大辞典》的历代名人 115 名。"从春秋时期以孝著称的丘吾子到《左传》作者、鲁国左史丘明；从一信降伏千军万马的丘迟到总领道教的大宗师丘处机；从《大学衍义补》作者、一代巨儒丘濬到民族英雄丘逢甲；从世界殿堂级数学家丘成桐到泰国前总理丘他信"，还有和现任总理英拉兄妹，数不清的邱氏先贤英杰为中华文化的丰富和发展做出了不可磨灭的杰出贡献。据不完全统计，收集在清以前的福建方志中，考取功名的闽籍邱氏先贤有 900 多位，其中兴化府莆田、仙游两县中过进士的就有 24 名。

【郡望堂号】

河南郡：邱姓起源于山东，早期主要向西、向南播迁，河南境内便有邱姓名门望族。此支邱氏，是以邱穆为其开基始祖。

扶风郡：扶风邱氏应该是来自山东。至汉武帝（前 140—前 87 年）时，由山东徙入关西的旧族不断增加，逐渐衍为望族，其中包括邱姓。如东汉时，扶风有丘诉，少有大才，清高傲世，不与俗人交往。一次郡太守召见他，他说："明府欲用我为僚属，还是想和我结友、尊我为师呢？这些都是我不感兴趣的。"郡太守异之，遂不敢强迫他。

吴兴郡：有说吴兴丘氏为春秋邾国大夫丘弱之后，曹姓丘氏与姜姓丘氏在秦汉以后逐渐融为一体，故吴兴后裔亦以姜太公为祖，并逐渐发展形成为著名的"吴兴邱氏"。

河南堂：以郡望为堂号。

文庄堂：丘濬，字仲深，号深淹，广东琼山人。历任明礼部尚书，文渊阁大学士等，谥文庄。子孙遂以文庄为堂号。

此外，还有吴兴、扶风、敦睦、砚耕、思敬、树德、忠实等堂号。

【祠堂古迹】

光泽邱氏宗祠，坐落于光泽县崇仁乡，始建于明万历年间，清雍正八年（1730）大修。

福鼎秦屿邱氏祠堂，清光绪丁丑（1877），邱楚成公邀族人云凤公、作华公等筹集公款，把祖厅基址拓为祠堂，农历七月动工兴建，同年十月初七晋主安位。占地226.8平方米。

上杭邱氏宗祠，坐落在上杭瓦子街解放路，早年为海内外邱氏裔孙纪念客家邱氏开基始祖丘三五郎的宗祠。建于清嘉庆二十年（1815），也是最具特色的客家古建筑之一。该祠占地约5000平方米，坐北朝南。

尤溪星明村邱氏宗祠，星明邱氏宗祠河南堂又名底厝园，建于明朝嘉靖三年甲申岁（1524），旗形。堂坐甲兼寅，向庚兼申。系邱氏尤溪开基始祖兆庆公十六世孙积善公奠基。

尤溪书山祠堂，又称祖祠时思堂，乃始祖福伍公所建。坐壬兼子，水出丁。

石狮东埔邱氏祠堂，清雍正丁未年（172）祠堂地基经地理先生详细选址，开工基建，雍正戊申年阳月（7128）竣工，建筑面积350平方米。

上杭邱氏祖祠丘氏总祠，位于上杭县城东登俊大街（今解放路206号），创建于清朝嘉庆三十年（1815），是一座有代表性的客家风格古建筑。该祠

"杭邑所建祖祠推此为冠"，占地5000多平方米，"造成中宫连进四大栋，后台及左右俱起围楼"，四周围屋配房两层计100余间。

【楹联典故】

渭水家风正；河南世泽长。

——邱姓宗祠通用联。上联典指邱姓的郡望为河南郡。下联典指齐太公姜尚事典。

系承姜尚；源出扶风。

——佚名撰邱姓宗祠通用联。全联典指齐太公姜尚封于营丘，支孙以地名为姓，是为邱姓。清雍正年间诏令改为"邱"，以避孔子名讳。

渭水家声远；琼山世泽长。

——邱姓宗祠通用联。上联典指源出姜姓的邱氏始祖姜太公"渭水垂钓"事典。下联典指明丘浚事典。

却聘高节理学流芳奕代；钟奇显宦琼山著绩明朝。

——同安小嶝邱氏宗祠对联。

系出太公，一脉精神崇礼德；功齐夫子，两书内外著春秋。

——邱姓宗祠通用联。上联典指齐太公姜尚事典。下联典指左邱明，姓邱名明，春秋末期鲁国人。

【族谱文献】

记载闽台丘（邱）氏族谱现存数百部。其中较有代表性的有《邱氏世昌公支谱》，始修于元至正年间（1335—1340），历明嘉靖、万历至清康熙、乾隆、道光、光绪、今本七修。3卷首1卷。卷1为清咸丰本，卷2至卷6为清光绪本，卷1辑历代序文、源流、凡例、祠图、坟图、传赞、同宗显宦及远祖世系传；卷2至卷6列高岭世系传，后跋佚。谱中较记述详祖业，卷1源流、传赞及祠、墓图和祭产等各子目中记载详细。内载唐邱行恭为始祖，唐贞观时因功封天水郡，遂世代以天水为郡望。传七世至礼郎，迁居宁化招贤水西，为迁宁始祖；至宋咸淳六年（1270）二十郎由水西称居高岭，为一世祖繁衍一脉。还有《邱氏族谱》台湾邱氏族谱。始修年代无考。内载西晋永嘉年间任参军给事中丘姨公，与中原洛阳林、黄、陈、郑、詹、邱、何、

胡八姓，入闽后先在今南平地区及福州晋安定居，渐向闽中和闽南沿海扩散，史称衣冠南渡，八姓入闽。穆公九十世，肇基公十二世，俊公九世道芳公从广东梅县五华利田移居台湾大甲日南开基祖。另有《河南堂丘（邱）氏族谱》永定丘（邱）氏宗族所修谱牒。

1999 年合修共修。《上杭中都丘民族谱》上杭中都丘氏宗族所修谱牒。《天水郡丘氏（谷桢公位下）房谱》宁化丘氏谷桢化脉下支谱，1994 年由丘恒谦主持九修本。

第一百一十五节　裘　姓

裘姓在北宋《百家姓》裘姓排名为171位。全国裘姓人口仅13.4万。裘姓人数在全国总人口数中不到万分之一，是少数姓氏之一。在台湾省则名列第248位。

【渊源】

1. 周庄王十五年（前682），南宫万宋闵公，杀仇牧。牧子仲奔萧，萧大夫见仲贤能，召出仕，三召不从，仲又迁卫进，改姓裘。仲十七世孙裘法居渤海，西汉武，昭时任华阳令，其孙治治鲁，王莽征之示就。六世孙睿居西州，晋惠帝时也官任黄门侍郎，永嘉之乱，从琅琊王渡江，建兴四年（316）定居于婺，睿子尚义，孝武帝时也官任黄门侍郎，罢任后，放怀比值情山水间，晋安帝义熙三年（407）"游越州，爱会稽云门山川之胜，定居于此，是为会稽云门始祖"，裘睿传至三十三世克升，生有三子柏清、柏顼、柏现，时值宋末，元兵陷绍兴，因兵乱携三子避居嵊县。逐渐形成了浙江裘氏大宗。嵊州市裘姓达2.2万余人，占全国五分之一。以崇仁裘姓而言，则要占全国裘姓四分之一，因崇仁裘姓连移居国内各省、市、自治区、县及国外在内2.5万人，占嵊州市总人数的百分之三，历来是嵊州望族，阖县大姓，闻名省内外。

2. 春秋时候，卫国有益为大夫叫作食，被分封在裘邑（今河南省夏邑）。他的后代以封地的名为姓氏，成为今天裘姓的来源。故裘氏后人尊裘侯为裘氏的得姓始祖，史称裘氏正宗。

3. 裘氏之先，原于姬姓，颛顼之裔。周宣王后生太子，手握如"裘"的掌纹，乃封于裘。子孙以封地为姓。始居河南，因唐末黄巢举义，有光公避难绍兴嵊县。

4. 来源于官职名，以官为氏。据《周礼·天官·司裘》中记载："司裘，掌为大裘，以供王祀天之服。中秋献良裘，季秋献功裘。救寒莫如重裘。"周朝设有五种皮官，官职叫作司裘，职责是负责制作皮质。他的后代于是以这个官名作为姓氏。古时候中原冬季寒冷，朝廷里面保存了大量的皮革衣裳（裘，就是皮革衣裳的意思）。周朝为了便于管理这些衣裳，设立了一种官职叫作裘官，专门司职宫廷衣裳的制造，等级，保管，赏赐等方面的工作。有些裘官的后代就一官职为姓，成为了今天裘姓的另一支源。

5. 来自求姓。为了书写简便，有一支求姓改姓为裘。在新昌《剡南求氏宗谱》中，亦记载有汉裘恭改姓为"求"的相似说法。今除嵊州外，浙江的绍兴、新昌等地亦有求氏族人分布。会稽义门裘氏一脉，瓜瓞绵延，繁荣昌盛，故裘氏向有"渤海震家声，会稽世泽长"之称誉。《广韵》记载，裘氏有来自于仇姓的，是仇姓为避难而改姓而来。

6. 居于菟裘城之鲁国军民，其后裔子孙中有以居邑名称为姓氏者，称菟裘氏、裘城氏，后皆省文简化为单姓裘氏，世代相传至今。源于锡伯族，出自清朝时期官吏裘骑都尉，属于以官职称谓汉化为氏。满族裘氏。

【得姓始祖】

裘侯，春秋时，卫国有个大夫被封于裘邑（在今河南省东北部），时人称其为裘侯。其后世子孙便以居住地为姓，遂成裘氏。故裘氏后人尊裘侯为裘姓的得姓始祖。

裘叔丰公，字温仲。

【入闽迁徙】

在古代，裘姓的望族大多出自于渤海。渤海郡治所在今天的河北省、辽宁省渤海湾沿岸一带。裘姓分义门和非义门两系，义门系人数约为10余万人，非义门裔人口约2万余人。义门分仁义礼智信，占据裘姓主流人口，晋时裘睿南迁金华隐居，开启了义门派。裘忻一支则继续留在北方，唐朝安史之乱从陕西肃州迁丰藤山前洋，非义门以天台奉化为中心。裘姓族人在全国许多地方均有居住，如北京，上海之松江，河北之景县，辽宁之清原，山西之太原、大同、运城，江西之崇仁，福建之清流、福鼎、霞浦等地。

裘姓在唐宋时期就播迁福建，北宋年间已经是人才辈出。唐代，有农民起义军领袖、嵊州人裘甫。裘甫起义失败后，其子弟逃到宁波奉化裘村（现名），宋后又有从宁波迁居至福建和浙江舟山等地。虽然没有族谱记载，但是《福宁府志·人物志·宦哲》载：金州刺史"林嵩，咸通中（860—874），读书草堂，有大志"。草堂在草堂山，即与安福山相连。读书之余，喜好山水的林嵩，想必抄草堂山小路，多次造访过安福寺，并结识不少投缘的僧人。记载的第二个造访者是北宋淳佑七年（1247）中进士的裘暨，字叔平，其兄裘钰，淳佑四年（1244）进士。裘暨来到安福寺，曾题："良月上浣来游于此……"

《霞浦县志》记载：北宋淳佑七年（1247），长溪县王长孺、裘暨、臧垕、郑能应、庄元龙、林孟焕、陈梦龙、王元野、姚遂、王宗洙、薛廉生、曹有开、赵与□13人同登丁未科进士第。

南宋长溪裘姓三兄弟裘概（暨）、裘钰、裘牲，都是当地名士。其中裘概（暨）、裘钰是两个进士。裘暨，字叔平，其兄裘钰，淳佑七年（1247）丁未张渊微榜。裘钰，字贵道，长溪人，牲之弟淳佑四年（1244）甲辰留梦炎榜。裘牲，端平二年（1235）乙未吴叔告榜。

据浙江省青田县家谱记载，祖先裘彪从福建赤岸迁徙浙江省青田县方山乡，已发族30多代（按，每代25年计算约800年，应在南宋），有几千人。

宋代，裘姓就从浙江宁波迁居至福建福州府长溪县。清乾隆后置县福鼎，为福鼎裘氏一支。

清乾隆年间，义门源五公派下裘瑛曾，号云门，是清乾隆甲子科举人，曾任福建闽清、凤山县知县。

福建裘氏比较集中的有：闽东福鼎市黄花屿，闽中长乐市鹤上下井，闽北南平市光泽县崇仁村以及闽西清流县。其他地方多为散居。福建仅非义门后裔有两千多人。在聚居裘氏聚落，多有祠堂、族谱。

【入垦台湾】

台湾裘氏来自福建及各省，主要分布在台北、基隆；其次是高雄、台中、台南、花莲等各市县。

【郡望堂号】

渤海郡：西汉时期设置，在今天的河北省、辽宁省的渤海湾沿岸。

敦睦堂：来源于一个和睦的家庭。宋朝时期的裘承询一家，居住在云门山的前面，他们一家相处得很和睦，从来不闹分离。19代没有分过家。

【楹联典故】

望居渤海；源自春秋。

——佚名撰裘姓宗祠通用联。全联典指裘姓的郡望和源流。

求同存异；衣锦荣归。

——佚名集句撰裘姓宗祠通用联。此联为集成语以鹤顶格嵌裘姓的"裘"字的析字联。

著书嗜古；治水标功。

——李文郑撰裘姓宗祠通用联。上联典指清代钱塘人裘焕，字煜炎，号了苍，15岁时为诸生。擅长绘画，又精通医术，博览古代典籍，终生以著书为事。下联典指清代新建人裘曰修，字叔度，一字漫士，乾隆年间进士，历官礼、刑、工三部尚书，曾奉敕撰《热河志》《太学志》《西清古鉴》《秘殿珠林》等书。治水尤其著名，多次受命勘察河道。

德同夏禹；惠比羊祜。

——佚名撰裘姓宗祠通用联。上联典指清代尚书裘曰修，字叔度，新建人。乾隆进士，历官礼、刑、工三部尚书。奉敕撰热河志、大学志、四清古鉴等书，所莅有名绩，治水尤为著，屡命勘视河道。卒谥文达。下联典指清代徐州镇总兵裘安邦，字古愚，号梅林，会稽人。嘉庆武进士，官至徐州镇总兵。好文治，能作诗。尤关心民间疾苦，时比之晋羊祜。羊祜是有名的儒将。邹湛曾赞扬他说："公德冠四海。"他去世之后，襄阳的老百姓怀念他，为他立碑建庙，每年扫祭。看到碑的人，都想到羊祜的恩惠，没有一个不流泪的，因此人们把这块碑称为"堕泪碑"（见《晋书羊祜传》）。

【祠堂古迹】

裘氏家祠，光泽崇仁乡崇仁村。清雍正十一年（1733）建，为家庙结构。大门上有砖雕牌坊，纹饰精美，斑斓辉煌，上嵌一青石匾，上书"裘氏家祠"。

【昭穆字辈】

福建福州裘氏字辈：以立德传家茂。

福建福鼎裘氏字辈：辈行：学诚思应时功爱自见纯献名登上策荣祖耀家声——字行——若敬用志严克建向有方斯奋扬维淑步超万人馨。

第一百一十六节　瞿　姓

瞿氏是一个多民族的姓氏群体，人口约 492000 余，占全国人口总数的 0.031% 左右。瞿姓在大陆没有列入百家姓前 300 位。在台湾排名第 223 位。

【渊源】

1. 以人名为姓。商王武乙名瞿，后瞿为地名。武乙后裔，因受封于瞿上（今四川省成都市双流县东瞿上城），而得名瞿父。其子孙后代遂以祖上名字为姓，形成瞿姓。

2. 以地名为氏。据《宣和博古图》记载，商代青铜器皿中有瞿父鼎。瞿父，是以封地名而命姓瞿的。

3. 以地名命姓的还有春秋时孔子的弟子商瞿，字子木，跟随孔子学习《易经》。商瞿是鲁国人，因生于四川双流县，居于瞿上，故名商瞿，其旧居称为商瞿里，后来在这里居住的人，分别以地名取商姓和瞿姓。

4. 源于官位，出自西周时期官吏执瞿，属于以官职称谓为氏。执瞿，就是古代王宫中执戟内侍卫的官称，专职负责护卫君王、贵胄的安全。

5. 源于净梵国，出唐朝时期净梵王子瞿昙逸，属于以先祖名字汉化为氏。

【得姓始祖】

瞿父，瞿氏后人多数尊瞿父鼎为瞿姓的始祖。根据《姓氏考略》的记载，商代遗留下来的青铜器中，有一件瞿父鼎，见于《博古图》。

【入闽迁徙】

根据《姓氏考略》的记载，商代遗留下来的青铜器中，有一件瞿父鼎，瞿父是瞿姓的祖宗，瞿姓都是以地名为姓氏的。根据《通志·氏族略》是的记载，瞿氏是晋东海王越参军瞿庄的后代，是博陵人。又有王僧儒谱说："河东的裴桃的儿子娶了苍梧瞿宝的女儿。"还有，根据《风俗通》的记载，汉代有河南太守瞿茂，梁有镇北将军瞿延，而唐时有绛州刺史瞿积，望族均出自高平，松阳。平江府与温州平阳亦有瞿氏。望族居松阳郡，即现在的浙江省松阳县西部。

明洪武十二年（1380），朱元璋下诏族灭松江巨族，瞿氏位列榜首。诏令明文规定，仅留长子"以存宗祧，余皆抄没"，下沙瞿氏"其族数百家""歼之殆尽"。据记另有两仆各负一幼儿逃出，其中之一即传高桥乡浜一脉。瞿姓遭此大劫，人员大减。

明朝初年，梧柏洋炉里村瞿氏分支迁入咸村岭尾定居，现有 200 多人。明后期，瞿姓复起，隆庆、万历年间，武进士瞿彦威主持上海兵防 12 年，瞿氏与李、周、曹等姓同为上海望族。瞿姓入闽始祖瞿志信，从浙江龙泉县迁古田县朝洋村，七代后，始祖瞿成显分迁大湖乡新塘村西宅、兰田村程洋、鸿尾乡南坑村。何时迁入待考。

福建省古田县大桥镇潮洋村有千余人。福州连江马鼻镇村前村有几千人。闽侯大湖乡新塘村西宅、兰田村程洋、鸿尾乡南坑村千余人。周宁七步梧柏洋行政村的梧柏洋等地。

【入垦台湾】

明清以后，开始入垦台湾。散居台北、花莲、屏东、高雄、宜兰、基隆等市县。东南亚及欧美也有瞿姓散居。

【郡望堂号】

高平郡：原为高平县（今宁夏固原）。

京兆：亦称京兆郡、京兆尹，实际是上不是一个郡，而是中央政府所在的地域行政大区称谓。

松阳郡：亦称缙云郡、松阳县。

主要堂号：松阳堂、京兆堂、高平堂。

【楹联典故】

松阳郡光绳祖武；华鄂堂雅著循声。

绍基善本藏恬裕；师道大名擢会魁。

龙跃奇诗题绝壁；楚贤碧赋比唐诗。

颖悟驰声翰苑；文词举显唐诗。

——佚名撰瞿姓宗祠通用联。上联典指明瞿景淳，累官礼部左侍郎兼翰林院学士。下联典指唐瞿楚贤，工文词，尝作《碧落赋》。

【族谱文献】

大湖程洋瞿氏族谱。

【昭穆字辈】

1. 福建闽侯大湖乡程洋村瞿姓行第：成洪邱

子孙正宇荣华思孔隆兴可欢汝宜为官。

2. 福建闽侯大湖乡新塘西宅瞿姓行第：光尚德思有应世代子孙贤绍述宏祖武为官存君国义则必其能圣用文先起长杨美景增。

第一百一十七节 阙 姓

全国阙氏人口约为405000余人，占全国人口总数的0.025%左右，在全国没有列入百家姓前100位，阙姓在大陆福建排名第96位。在台湾排名第107位。

【渊源】

1. 源于子姓，出自商末周初诸侯小国阙巩，属于以国名为氏。阙氏起源，最早可追溯到商末周初的"阙巩之国"。"阙"，是古代的一种建筑物，通常建在宫殿、祠庙和陵墓前，一般都是左右对称的装饰用的牌楼式建筑体，用来反映该建筑主人家族的地位和势力。史籍《左传·昭公十五年》中记载："阙巩之甲，武所以克商也。"唐朝学者杜预注："阙巩国所出铠。"宋朝学者罗泌在《路史·国民记》中记载："阙巩，周世侯伯之国。"上古时期，以国名为姓氏者很多，阙巩国就是一个制造铠甲闻名的小侯爵之国，后被周武王姬发所吞灭。在阙巩国的王族子孙以及国民中，有以故国名为姓氏者，称阙巩氏、阆门氏，后省文简化为单姓阆氏。

2. 起源于地名。春秋时期孔子居住在阙里，后来住在这个地方的人，就把地名当作自己的姓氏；春秋时的鲁国有邑名为阙党。有人被封在这个地方，于是以封地名为氏，称作阙姓。

3. 出自夏王朝时期大夫关龙逄的后裔，属于以居邑名称为氏。据史籍《风俗通义》记载，阙氏为以地命氏，而且是阙氏的主要得姓渊源。《阙氏谱》均载："本姓系关龙逄之裔。"史载："夏桀无道，为酒池肉林。龙逄极谏，桀因而杀之。"关龙逄遇难之后，其后裔子孙历经商、周，逐渐离开夏王朝的故都城安邑地区（今山西夏县），沿黄河向东逐渐迁徙。到了春秋时期的鲁襄公姬午执政后期，关龙逄的后裔子孙弁公到达鲁国曲阜县昌平阙里（今山东曲阜孔庙东侧阙里街），改以地名为姓氏，史称阙弁。

阙弁到达阙里的时间约在周简王姬夷三十六年（鲁襄公姬午二十三年，前550），第二年的周简王

三十七年（鲁襄公二十四年，前549），孔母携孔子（当时3岁）也到阙里定居，与阙弁为邻。

4. "阙"是古代复姓"阙门"简化而来，此复姓较早出现于鲁国（今鲁南），据《汉书·儒林传》所载鲁申公的弟子阙门广忌，曾任胶东内史，也是邹人（今鲁南邹县，离曲阜很近）。但汉代以后，"阙门"复姓不再见到，"阙门"很可能简化为"阙"了。

5. 源于少数民族。

【得姓始祖】

得姓始祖：阙党童子、阙弁。

1. 阙姓，根据《姓氏考略》一书考证，是来自孔子故乡的阙党。《姓氏考略》对于阙氏的来源，考证结论是这样的，根据风俗通记载，阙姓是阙党的童子的后代，一说传有阙巩之甲，有后代以地为姓氏，望族出于下邳。汉书梅福传师古注，阙里，是孔子的旧邻里，阙里就是阙党。因此，阙姓封于阙党邑，所在地应该是山东曲阜一带。望族居于下邳郡，就是现在的江苏省邳州市下邳故城。阙氏后人奉童子为阙姓的得姓始祖。

2. 在周景王姬贵二十四年（鲁昭公姬稠二十年，公元前521年），阙弁曾出任曲阜宰（县令）。其实，曲阜地区很早就聚居着阙氏族人，史书中又早就有"邹鲁阙氏"的记载。曲阜既是"圣人"孔子的故乡，又是阙弁的定居与为官之地，故而从元朝以来，在大多数《阙氏族谱》中，皆以阙弁为氏族之始祖。

【入闽迁徙】

福建阙氏主流是入闽始祖文山公的后裔。阙弁五十二世阙文山在宋哲宗时任吏部封朝散大夫，于宋徽宗初期（1100年前后）到泉州任职，携眷入闽赴任，为阙族入闽之始祖。阙文山在泉州理政近30年，至南宋高宗（1130年左右）辞官，定居龙岩。故现龙岩市永定、上杭县是福建省阙氏主要聚居地。

其后裔除居于福建外，并拓业至浙江、广东、广西、台湾等省，成为全国阙氏各支裔中的旺支。

另一支由赣入闽的是在明朝后期，乐安县云盖乡铜乡下的阙朝远、阙任贤两人，迁入福建邵武县家坊乡将石村。今福建长汀县亦多有阙氏族人分布，其老宗祠起自明朝年间。

晋代，阙氏南迁入赣，居抚州（今江西抚州市），至阙氏四十一世阙庚郎，生三子：孟宗、孟求、孟安（史称"三孟公"），分迁江西各地。孟安一系传至五十二世阙文山（字仲仁），于宋徽宗时携眷入闽，在泉州署理政务达10年之久。仲仁公，号文山，江西吉安城人，北宋徽宗初拜相泉州，携眷入闽，为入闽始祖。南宋绍兴初，辞官居龙岩城之西门，后逝，葬于城北青草孟，坟名铺天盖地形。入闽之后，最先在岭下，后分肇于今永定县境各地及上杭县，全闽阙姓大都是从今永定、上杭两县各个时代派生出去的，今已查清，浙江、广东、广西的阙姓，也大部分从闽西和闽南迁出，亦有回迁江西省境内，一部分则远迁湖南、湖北及四川。永定县：永定阙氏，均文兴公的后裔，至曾孙元铺、元弼、元卿（号寿卿）三公才分房，今永定阙氏，多尊元字辈三公为永定一世，唯岭下均志公裔尊应龙公为一世，富家地及永定城内思义公房以元弼公为四世。上杭县：文政公的后裔世居通贤乡、南阳镇、临城镇和官庄乡，文祥公的后裔则居旧县乡和才溪乡。南宋绍兴时辞官居闽西之龙岩城，为闽西阙氏始祖。阙文山后裔，科甲连捷，累官于朝，曾孙悬慰在朝为官，因上书理宗皇帝历数奸臣贾似道欺君误国大罪，反被贾伪传圣旨诛戮全家，悬慰与子八史及家人惨遭杀害，其孙文兴、文运、文政、文祥逃至上杭县丰田里岭下（今永定县龙潭乡联中村），幸免于难。宋末元初，阙氏兄弟在闽西、漳州等地繁衍，文兴裔居龙岩、上杭、永定，文运裔居漳州，文政、文祥裔居上杭。

北宋末，文山公拜相福建泉州，南宋初退隐居龙岩城之后，可说南安县全县入闽始祖文山公的后裔。

《客家风情》：阙氏于宋代入闽，留居宁化。南宋末，分衍长汀、上杭、永定。明清时期再衍广东。闽西客家阙氏人口上万的有永定、上杭两县。主要聚居在永定县的凤城、虎岗、峰市、高陂、坎市、龙潭、湖雷、抚市、堂堡、西溪，上杭县的临江、临城、旧县、官庄、南阳、才溪、通贤，长汀县的汀州、古城、童坊，宁化县的泉上、水茜、安乐、安远等乡镇。

长汀县阙姓，明成化年间（1471—1487），文政公房八世进宗公离通贤大东迁长汀县双青桥（今童坊乡双桥村）肇基。武平县，永定增瑞水井背二十世怀清公号越凡，先迁居上杭县官庄乡街，解放后其子大卫在武平工作，今已在平川镇建房定居，另一支居武平县城的是曾任武平县副县长的阙复隆（常用名张复隆、系增瑞长房存盛公房二十一世）的子孙，仍居平川镇。连城县，文政公房十三世宗最公于清康熙中期离通贤上村迁朋口镇良增村溪甲，龙岩市，文政公房二十世开福公于清同治年间离上杭县通贤培材村迁永定虎岗乡灌洋村大壁定居，至本世纪30年代子孙先后离大壁迁龙门镇龙门街立业。而二十世忠开也于同治年间离培材村迁灌洋铁扎坑。华安县，华安阙氏系永定县元弼公第六子思义公的后裔，思义公在永定富家地生三子，依序为廷新、廷宝、廷庆。廷庆公曾任四川华职县学儒司训，在任不久即返闽携眷肇业于南靖县船场梧宅，生子贵安、永隆，贵安离梧宅迁龙山地园，生五子依序为宗成、宗荣、宗辉、宗隆、宗琼，宗成公则于明景泰六年（1455）离地园定居于华安县高安茶坂，由茶坂派生到三洋和西洋两村，南靖县：元初，文运公任漳州府府学教授，隐退后居南靖金山水潮（又名水头），在明代，水潮是闽南漳州府重要水陆转驳码头之一，商贾云集，文兴公后裔陆续到水潮经商而寄居水潮。据今水潮长泉宗亲函告，水潮阙姓有上阙、下阙之分，文运公裔多居下阙，明末清初因兵祸、天灾、瘟疫交替为害，水头阙姓纷纷迁回永定或外迁异地，今台南、广西博白、钦州、广东高州的阙姓是文兴、文运两公的后裔。云霄县：今居云霄县城关王府街的阙姓，是60多年前从永定县湖雷镇增瑞村湖洋头迁去的，十九世加先公从湖南攸县新市返回居云霄的，宁化县：最先迁入宁化县的是在明末文政公房十一世廷珍公离上杭县通贤大东村，迁至安远乡东桥村龙门里。至清乾隆后期，文政公房十八世常兴公离上杭通贤上村先迁至清流县里田乡草坪村申坑，因兵乱子孙移居宁化县需内，最后定居于安远乡三大村陈坊。1939年，通贤文政公房雪昌公迁至泉上镇泉房村泉下。1947年住将乐高唐街的章云宗亲也迁到泉下（系通贤大东村玉华公的子孙）。再后，通贤秀坑村二十二世均桃迁宁化湖村巫坊村，秀坑村二十三世梁安迁水西乡太阳村。永定增瑞村水井背燕林因工作居安远乡城脑上。

永安市：文政公房十八世富兰、振兰两公在清乾隆年间从上杭通贤示下鱼子坑迁出至曹远陈凤坑开在，至清光绪年间，振兰公后裔恒泰、振泰两公离陈凤坑迁居至曹远的上早村、下早村、前坪村等地。清同治年间，长汀营背街华元公（祖籍永定增瑞村）的后裔，有一支因受太平军入闽影响，离长汀县城迁居永安城内，后发展到燕东麻岭村定居。民国初，上杭通贤大东村十九世盛光公迁居安砂镇水头岭。

三明市：陈大镇阙氏源流待考。徐碧乡洋山村的阙姓，是由上杭通贤秀坑迁来的。清流县：解放初，上杭通贤秀坑村二十世耀庭公在清流任职，部分近亲亦随至清流，今子孙居嵩溪镇及东华乡。邵武县：明末，江西省乐安县云盖乡铜山下朝远、任贤两公，迁入归化县下觉里村（即今明溪县盖洋镇下盖洋村）居住，至胜苗公离归化肇基于肖家坊乡将石村，后裔又派生到拿口镇加尚、固住两村。南平市：巨口乡阙氏，始祖清严公，清初从上杭县下杭坑迁出，今子孙居该乡的巨口村及黄连村。文政公房十六世恩椿公离上杭通贤岭下迁入王坑溪。二十四世昌亨公离大东村迁黄台高陂头。二十世昌瑞公于清道光初离大东村溪背杉树角迁入南平作坑垅，民国初复迁至廷台，最后定居于王台镇姜口南庄村。

据近年福建阙氏宗亲普查，福建省境内有阙姓世代族居的行政村共125个，这些村坐落在福州、龙岩、永定、上杭、长汀、连城、武平、华安、南靖、云霄、福鼎、福安、霞浦、周宁、永安、清流、宁化、三明、沙县、南平、古田、顺昌、将乐、建宁、邵武、建阳、武夷山、松溪计28个县（市）中，现有丁口合计35400人。宗亲介绍建瓯、泉州也有世居阙姓。

【入垦台湾】

台湾阙氏，为入闽始祖文山公的后裔，北宋末，文山公拜相福建泉州，南宋初退隐居龙岩城之后，

孙宣义公拓业至岭下（含永定县龙潭乡联中村）。明正德年间（1506—1520），永定念三郎公的后裔移居闽南的南安县27都坂埔，生子长廷贵、次廷选，后廷选公迁居同安县，县裔遂失稽考。廷贵公旋即也离坂埔，迁肇于南安县二十九都蟹坑乡蓝洋厝（今东田镇岐山村西岐自然村），子孙分散。今台湾汐止、南港阙氏尊成祖公为一世祖。清雍正中叶至乾隆年间，蓝洋阙氏七世诸公，分批离蓝洋厝渡海至台垦殖，最先落脚于横科头（含台北县汐止），三代之后，由于人丁兴旺，复分肇于南港仔庄，开辟后山坡庄（旧地名）之东边土地。其后，垦殖面积沿灌溉之水延伸至埤子堵、浮圳头、番仔埔及大竹围等地，成为当地巨族。元初，文运公任漳州府府学教授之后，定居于漳州府南靖县金山水朝。在明代，亦有派生到漳州府龙溪等地，就是如今的水潮阙氏，到明代后期，人口已发展到近2000人，明末，由于天灾、兵祸、瘟疫在水潮交替为害，族人纷纷外迁，向台湾等地迁移，由于水潮族谱佚，代远事湮，外迁阙氏各支的世系已无法稽考，今台湾宜兰阙氏，是从龙溪县迁台；云林、嘉义等地阙氏，是从南靖县迁台，为文运公的后裔。《南安蓝洋阙氏族谱》所载，其迁台祖系由福建泉州府南安迁居南港白云山，后又迁至基隆河附近开垦。台湾光复之后有福建永定县、长汀县等地的族人，因经商、从政或教育、从军而渡台为数不少。今台湾阙氏，多集居于台北市、台北县外，并分布于基隆市、宜兰县、桃源县、新竹县、苗粟县、台中市、台中县、台南县、南投市、云林县等地。据台湾省文献载，在1960年之际，阙姓高居为全台第107位大姓，总丁口已达1万余人。

【郡望堂号】

下邳郡：改自临淮郡，东汉时期将临淮郡改为下邳国，在今江苏省睢宁县西北，南宋时期又把下邳国改为郡。治所在下邳，相当于今天江苏省西北部。

铨仙堂：明代安南县县令阙士琦上任几个月以后母亲就逝世了，他于是回家再也不肯回去做官，而是闭门读书，写书。著作有《铨仙草》《阙野草》等。

此外，阙氏各支裔还有堂号，福州称"三韩堂"，上杭、永定称"邳州堂"，江西省乐安、永丰等县称"荆

州堂"，泰和称"叙伦堂"及"节高堂"，湖南安化、涟源称"思荣堂"，广东梅县称"追圣堂"。

【祠堂古迹】

华安县阙姓厚德堂，位于归德圩旁，始建于清顺治十七年（1660）左右。坐西向东，背靠纱帽山，建筑规模比较宏大，楼为方形，前后各有三层，土墙厚度较大。此楼建成后楼下中间大厅作为宗祠，其余兼做民居。原楼于清同治三年（1864）被匪烧毁，并于同治九年（1870）重修。现存"厚德堂"是1924年在原址重建。整个建筑面积1438平方米。

华安县阙姓追远堂，位于归德圩后，平房结构，坐东向西，宗祠始建于何时、几经修理均无记载（估计应早于厚德堂）。

汀州阙氏宗祠：位于长汀汀州镇五通街，始建于明代。

【楹联典故】

阙里家声远；荆州世泽长。

——阙姓宗祠通用联。此联为阙氏宗祠"荆州堂"堂联。

绩著南闽光世泽；麻扬东鲁振家声。

——阙姓宗祠通用联。此联为阙氏宗祠"邻州堂"堂联。

赐姓溯成周，风承阙里；家学传曲阜，美显昌平。

——阙姓宗祠通用联。此联为阙氏宗祠"邻州堂"堂联。

厚道守家风，忆当年才能，著誉治绩，驰名鸿猷高仰止；

德心恢世业，际此日常新，衣冠不改，千秋燕翼永流芳。

——华安县厚德堂对联。

厚配地，高配天，对一堂之昭穆，恍乎忧有闻，怆有见；

德润身，富润屋，集百世之衣冠，依然七日戒，三日参。

——华安县厚德堂对联。

厚泽问何来，溯始基家近尼山，阙里流芳未远；

德馨原有源，自幸此日堂开茶，坂邻衍派弥宏。

——华安县厚德堂对联。

第一百一十八节 饶 姓

饶姓全国人口约 72 万，全国人口排名 172 位，在福建排名第 91 位。在台湾排名第 117 位。

【渊源】

1. 源于尹祁氏，出自尧帝之后裔，属于以先祖谥号为氏。在《饶氏族谱》中记载："饶本尧后，尧都平阳。后世避秦，益食为饶。南迁鄱阳。" 尧，中国古代帝王中的五帝之一，名放勋，尧是他的谥号，《谥法》上说："翼善传圣曰尧。"尧生于丹陵，养在母亲家——伊侯之国，后来迁于祁地，所以称尧帝为伊祁氏，尧以祁为姓。《饶氏族谱》中，指明了饶氏源出尧帝之后，在先秦时期为了躲避秦人，加了"食"偏旁为"饶"，称饶氏。

2. 出自尧姓，尧帝之后裔，公元前 1045 年，周武王灭商，分封诸侯，追思元圣，周武王封地给帝尧后人二十三世"京"（字子京），在蓟（今北京附近）。其子"理"迁移到山西平阳，其子孙后代以祖上谥号为姓，称平阳尧氏。至秦灭六国，尧姓家族为逃战祸，从此子孙散迁天下，五十四世尧萱从自平阳徙居江西鄱阳（古饶州，今属江西），后迁临川（今抚州）。到五十六世尧濮时为西汉，汉宣帝刘询即位，刘询本名"刘病已"，即位后改名"询"，下诏全国要避帝名"询"之讳，如 把姓"荀"的改姓"孙"。尧濮任当朝京兆尉，同朝御史大夫魏相上奏皇上，说尧濮虽是上古唐尧的嫡系后代，但帝尧乃上古五帝之一，百圣至圣，尧濮也应该避讳，于是汉宣帝就在"尧"的左边加一个"食"旁，就变成了"饒"（后来简化为"饶"），赐尧濮改姓"饶"，为饶姓始祖，擢升为太傅，并下诏全国，要求天下凡姓"尧"的均改姓"饶"。"饶"姓以尧濮为始祖。

3. 源于妫姓，出自舜帝之后裔，以国名为氏。在史籍《姓源》中记载："饶，姚舜之后。舜支裔虞遂取饶为部落名，后为氏。"这在文献《百家姓考略》中也记载，商王朝时期，有商均的支庶子孙受封于饶国（今河北饶阳），其后代以国名为姓氏，

称饶氏。

出自战国时期齐国大夫的封地，属于以封邑名称为氏。史籍《古今姓氏书辨证》记载，战国时期，齐国有个大夫被封于饶邑（饶安，今河北盐山与山东庆云之间），战国末期，饶邑被赵国攻取，这在史籍《史记》中有记载："始皇帝六年，赵将庞暖攻齐取饶安。"

4. 源于嬴姓，出自战国时期齐国大夫的封地，属于以封邑名称为氏。史籍《潜夫论·志氏姓》中有记载，上古时期有个刹国，一作利国，国君为嬴姓，其后裔子孙中就有饶氏、穰氏、谷氏三支主流姓氏。

5. 出自嬴姓，以封邑名为氏。《姓氏辨证》载，战国时期，赵悼襄王封长安君于饶（今河北省饶阳一带），长安君为嬴姓赵氏，长安君的后代子孙以祖上封邑为姓，称饶姓。饶，是战国时期赵国的一个邑地。长安君，名叫赵然，是赵惠文王赵何的小儿子，被赵惠文王封爵为"长安君"。到了秦王嬴政八年（赵悼襄王赵偃六年，前 239），赵悼襄王封长安君于饶邑，想必长安君已经安然回国了。汉高祖刘邦统一天下后，在全国实行郡县制的行政区域管辖，期间先将饶邑置为饶阳郡，后改为瀛州饶阳县，即今河北省衡水市饶阳县。在长安君赵然的后裔子孙中，多有以先祖封邑名称为姓氏者，称饶氏，饶阳饶氏史称正宗。

6. 源于芈姓，出自汉朝初期淮南王英布之后，属于以先祖葬地名称为氏。英布，是楚国人，秦朝时期受秦律被黥面，反秦战争开始后，初属项羽，封为九江王，后归汉，封为淮南王，其的后裔子孙以及忠诚部下中有一支一直避居于鄱阳湖中的沙洲上，以先祖葬地名称为姓氏，称饶氏，为鲤鱼洲饶氏。

7. 源于鲜卑族，出自汉朝末期辽东鲜卑乌桓部，属于以居邑名称为氏。

8. 出自姜姓，源于炎帝后裔烈山氏或神农氏的分姓，也以封邑名为氏。据《古今姓氏书辨证》载，

战国时期，齐国有大夫封于饶（今山东省青州市境内）。其子孙遂以封邑为姓氏，称为饶姓。望族出自平阳、临川。

9. 源于尧帝后裔饶裕公。根据《平阳堂中南饶氏族谱》，饶本尧后，尧都平阳。后世避秦，益食为饶。南迁鄱阳。

【得姓始祖】

"饶"姓以尧濙为始祖，传至世饶次守时，时已至宋朝高宗皇帝，公元1129年5月，高宗皇帝下诏文武群臣进献宗谱备案，因"饶"系"帝尧"嫡系后代，高宗特命王钧甫细查当时任翰林侍讲的饶次守的祖谱。王钧甫受命之后，仔细核对"饶"姓的源流昭穆，确认饶氏"黄帝之苗，孔京之裔，尝食采于蓟，拜显宦于汉朝……"，"饶"姓实为"帝尧"嫡系后代。帝敕："尔之后裔世代其昌。"

皋陶，名繇，字庭坚，皋城（今安徽六安）人。

英布（？—前196），秦末汉初名将。六县（今安徽六安）人。

【入闽迁徙】

《始兴平阳堂饶氏重修族谱》记载：其始祖讳元亮，世世为饶之鄱阳人。饶氏四十一世元亮，讳素，字惟寅，唐德宗时，任浙东安抚使，两考转浙江安抚，封光禄大夫，原居平阳，后迁江西鄱阳（今鄱阳县），再迁建昌府蓝田乡。生五男：长男汉宁迁临川仙源乡，次男汉盛迁浙西，三男汉宇迁金陵，四男汉宙迁福建，五男汉典留居鄱阳。故元亮被后裔尊称为江南大始祖。传六十世日明，号四郎，行三，宋理宗宝庆元年（1225）九月生，任福建汀州府推官，自江西吉安府迁居汀州府长汀县城八角楼前，妣刘氏，生一男济宇。六十一世济宇，号建三，在宋度宗咸淳元年（1265）出任汀州府推官，曾随文天祥抗元，宋亡元兴之后，遂避居长汀八角楼，殁，葬于长汀县云山。妣钟氏，生四男：一郎，迁武平；二郎，迁上杭；三郎，迁龙岩；四郎，迁大埔。饶济宇被尊为闽西饶氏始祖。六十二世一郎，又名千一郎，移居武平县大南坑（今永平乡帽村），并将其父济宇之棺移至大南坑安葬。妣周氏、陈氏共生五男：世远、威德、维德、佑德、武德。裔孙

分迁连城县朋口，长汀县河田，上杭县白砂等地。另饶五益郎，宋代从江西南城迁至连城县文亨乡白坑村开基。

族谱记载：闽、粤饶氏家族，他们从江西而福建而广东，并且在福建的邵武和沙县繁衍成为当地的名门著姓。宋朝时饶氏在福建邵武和沙县两地的盛况，还有饶干和饶松二人的事迹：饶干，是当时的邵武人，于淳熙年间进士及第，出知长沙县，治绩卓著；饶松，就是道教中大名鼎鼎的祐真天师，他是沙县人，据说：他少年时入山采樵，遇到异人，学得一身的神通，最后坐化于毗山，成为中国的众多神祇之一。

北宋天禧四年（1020），祖籍江西饶州府鄱阳（今鄱阳县鄱阳镇）介岗村的饶锦开、饶锦传入闽。饶锦传迁居沙县的富口大祐山。至天圣九年间（1031），饶民顺从汀州龙寿坊迁居沙县的茂溪夫人殿（今夏茂水尾山尾仑东边）。后，饶尾起迁居回窑自然村。

连城《客家姓氏源流初探》载：饶裕四十世饶才俊，生二子：元兴、元亮，分别被尊为长江以北大始祖、长江以南大始祖。元亮选派浙东安抚使，两考转任浙西安抚使兼刑部尚书，封光禄大夫。致仕后，卜居江西鄱阳珀玕，后迁南城亦号珀玕。传至四十五世饶信，生四子：勋、烈、熊、罴，成为中南饶氏四大宗支。约在唐昭宗时，饶氏陆续从江西临川、南城等处，分迁闽、浙、湘及两广等地。

宁化饶氏入迁时间较早，宋时，宁化南郊就有饶氏聚居地饶家坊，元、明时期逐渐外迁。《石城县志》载：清康熙间，宁化饶氏移居石城横江、大由等地。

连城朋口镇池溪村桂花村（原名上村）饶氏始祖饶威德，字勋生，号百二郎。其曾祖日明，仕宋，任福建汀州府推官。致仕后，自吉安永丰县纤岗，迁居汀州城关八角楼。祖父济宇，亦任汀州推官，仍居此地。其父一郎，因父臣迁于武平县大南坑帽村。威德复迁汀州八角楼。其子三二郎，从八角楼迁居连城朋口池溪开基。传八世，仲衡偕侄儿永宁，再迁桂花村（上村）。威德八世仲信，迁长汀河田半坑开基，下传十九世，饶水金生等三户迁居宁化县泉上镇。

饶氏汀州公，名季礼，讳传，字济宇，号六郎，为江西大始祖元亮公之十九世孙，平阳五十九世，生于宋绍熙壬子三年二月二十九日，（1192）原籍江西永丰缠岗，因中江西乡试特授，后出任福建汀州府推官，居住在汀州八角楼前。济宇公是闽汀的开基始祖。 在任期间，遇宋元交替（1261—1279），济宇公因为一直是拥护文天祥抗元的，因此，宋亡后，他便命四个儿子分散到外地避乱谋生。在《中南饶氏族谱》中有载：济宇公属平阳五十九世。南宋末年，任福建汀州府推官。居住在汀州八角楼前。济宇公生有四个儿子：一郎；二郎；三郎；四郎。在任期间，遇朝代更迭，宋亡元兴，为避宋亡之乱，遂弃官归隐，令四个儿子分散到外地居住。

四个儿子告别慈父后，一郎即往武平，二郎往上杭（后再迁广东梅县松口）三郎往龙岩，四郎往广东大埔。历经七百三十余年，足迹遍及海内外的中国数省及东南亚许多地方，枝繁叶茂、香火旺盛，人口达数万人。汀州，成了饶氏汀州公后裔的一个发祥地、一个里程碑。

汀州公的四个儿子后裔分布情况：

一郎公生子世远、威德、维德、佑德、武德，共五子。其后裔遍布现在福建的长汀、武平、连城、新罗、上杭、永定县等地；台湾的苗栗；广东省的大埔、蕉岭、梅县、平远、惠东、云浮、信宜、始兴、南雄、曲江、韶关、英德、化州、连平、龙川县（市）等地；江西的赣州、全南、会昌、大余、崇义、兴国、吉安、石城、泰和、遂川、宁岗县等地；广西的容县、陆川、湖南省的炎陵、汝城等地。人口一万多人。

世远公：一郎公长子，是济宇公在江西永丰缠岗时周氏夫人所生，生二子：继宗、承宗，其后裔分迁武平象洞、岩前，江西会昌、湖南、台湾等地，原任国民党中央常委会常委、立法院副院长饶颖奇就是此支后裔。一般汀州府各饶氏村庄古谱中均未有世远公的记载。

继妻陈氏生四子：

威德公：一郎公次子，由汀州迁连城县朋口池溪开基，其后裔主要分布连城、长汀、清流等地。生子：三二郎。

维德公：一郎公三子，自武平迁上杭瓦子街经商，生二子：千九郎、千十郎，后又迁至上杭白沙金丰村定居。其后裔主要分布上杭、连城、长汀、永定、广东、江西等地。

佑德公：一郎四子，自武平县陈坑村迁中堡彩坑里开基，其后裔主要分布武平及长汀等地。

武德公：一郎公五子。是陈坑村开基始祖。后裔主要分布武平县陈埔、黄埔车头坪、炉坑饶屋、中堡悦洋、长汀新桥、广东、江西、四川、浙江等地。二郎公生五子贻谋、乐稳等。其后裔遍布广东梅县、大埔、潮州、丰顺等地；香港、马来西亚、印尼海外等地。人口数千人。三郎公生一子善夫。其后裔遍布福建龙岩、江西丰城、广东始兴等地。人口数千人。四郎公生一子仕泰。其后衣裔遍布广东及海内外许多地市。人口一万余人。

永安坂尾饶氏为来自大佑山饶氏支系，是千大五公（饶锦传）的后裔，永安坂尾村《燕江饶氏族谱》记载："其远祖来自江西饶州府鄱阳县介冈村，始祖为饶筠，又叫万五公，字尔苍，号松庐，官拜吏部尚书。生子三，长子，饶锦开、号千大一，宋真宗年间曾任福州府刺史；次子，饶锦传，号千大五，例捐郡司马，生子南桥；继娶邱氏银娘。三子，饶锦辟，号千大九，贡捐州二尹，生子南梓。千大一公偕兄弟从江西来闽做官，因乱世从福州南台迁沙阳石结巷后，多次迁移，最终定居于此并安葬大佑山顶。千大一公无嗣，千大九公后裔散居龙寿、龙溪、龙西、龙池、龙潭、龙岗六处。千大五公后七世为十一郎公，十一郎公由坡坑迁洋坑，十一郎公子宗六公由洋坑迁小蕉洋头，宗六公子千六公于元朝时由小蕉洋头迁永安坂尾，千六公被尊为永安坂尾开基始祖。"

华安黄枣饶氏源流于陇西的望族，汉唐时期进入中源开封一带，后有宗支迁入江西道，在赣江、蕃阳开办航运业。饶氏早于柯氏、庄氏、王氏、邹氏来到北溪冷水坑定居创基业。早期，饶氏主要是经营航运的，其船队沿海口进入九龙江，又沿北溪溯江而上来到冷水坑口的鲤鱼滩，见其洲滩开阔，江流趋缓，便定居下来。随着九龙江船队的频繁往来，黄枣洲一带又进来许多姓氏人口。为了防匪侵扰，九龙江两岸便筑有许多寨子、土楼，有下寨、中寨和顶寨。饶氏二十代祖饶子周在鲤鱼滩筑有坚固的土楼。华安新圩镇黄枣村饶氏启丰楼，是华安县至今保存68座土楼中的较完好的一座圆土楼之一。明正德七年（1512），九龙江发生了史无前例的大洪灾，地势比较低的黄枣洲遭到了灭顶的冲毁，鲤鱼滩上的饶家帆船队被冲走，土楼被冲倒一角，饶家主人饶幸爬到土楼的屋顶，逃过人生劫难，灾后马上搬到黄枣顶楼的小山上居住。

福州市晋安区宦溪镇建立村（旧时称福州府闽侯四十二都厚蓬村），当地族谱明确记载：开基祖饶孝七公由延平府沙县某年迁居此处建房安居，广置田产，现已发展至十八世代了，有200多人。

永泰县岭路乡凤落村族谱记载："我饶氏派分江右，支衍闽南既丁明衰，复阅耿变，中间由汀而永，永而莆，播徙非一，不绝盖如缕焉"。始迁祖既"第一世祖德斋公，籍贯永之德化；第二世祖中玄公，始徙居莆之广里西冲（今天的莆田市大洋、庄边等六镇）。第十世寿山公之三房子进公嗣子鸿炸公 派凤落。"

惠安县洛阳镇群山村割岭自然村及紫山镇油园村沙白自然村饶氏，其始祖于明朝永乐二年（1405）由江西建昌府南丰县龙池乡传入洛阳镇上桥村，后迁居割岭村。

据福建饶氏宗亲调查，已知福建饶氏居住地村庄约80—100个，人数估约3.5—4万人。

【入垦台湾】

武平县武东乡陈埔村：明朝—清光绪年间，宗亲外迁，外迁时间距今110—550年之间，有迁广东省、迁浙江省、迁四川省。清咸丰年间，迁台湾的仲光公（字伯玉）。武平武东乡有饶氏裔孙迁。据《上杭饶氏族谱》载，上杭饶氏迁台有：衍寿、汉滨、东方、润祥等人。连城饶氏迁台有：保生、荣科等人。台湾光复后各省也有迁徙入台。台湾饶姓主要分布在苗栗，其次是台中、桃园、台北、高雄、花莲、屏东、基隆；在嘉义、潘湖、南投、台东等都有分布。

【郡望堂号】

1. 郡望

平阳郡：三国时魏置，治所在平阳（今山西省临汾市西南）。

临川郡：三国时吴置，在今江西省南城东南；西晋移治到今江西抚州市西。

饶州：秦始皇二十六年（庚辰，公元前221年）属九江郡番县，汉高祖时期改称九江郡番易，新莽时期曾一度改称乡亭，再改称饶衍，仍属九江郡。

2. 堂号

惠风堂：惠风就是春风，温暖宜人。汉朝时饶威为鲁阳太守，推行政事像和暖的春风，深得民心。

朋来堂：孔子说："有朋自远方来，不亦乐乎？"宋朝时饶鲁，脾气行为端正谨慎，治学问注重实践。别人屡次推荐他做官，皆推辞不干。四方来聘他讲学的，天天不断。他专门建了一座"朋来馆"用来招待远路来找他学习的人。

此外，饶姓的主要堂号还有："平阳堂""临川堂"等。

【祠堂古迹】

武德公祠，位于武平县武东乡陈埔村。村庄历史上曾有过2个祠堂，较老的一个宗祠原来位于寨美顶南坡脚下，为开基祖永聪公所建；较新的一个宗祠位于现宗祠位置，传说是东山公之后怀山、思山及念山公三兄弟所建；2个祠堂均尊称为"武德公祠"。占地总面积300多平方米，大门石门两侧刻楹联"灵钟梁野，派衍平阳"八个大字。

济宇公祠，位于汀州府的四角井，始建于清仁宗嘉庆十五年（1810），神主中宫立"平阳饶氏太始祖考济宇公妣安孺人一脉宗亲"神位。侧配儿孙后裔名，以代之上下分左右，共列十层，每年春秋两祭。祠堂联文："溯缠岗二十代一脉而来合江广福会族汀杭俾知分派同源分支同本，自宋季七百年四分之后思元明清联祠民国足见宗亲如旧宗祀如新。"

坂尾村老祠堂，建于民国十二年（1923），称为"追远堂"，取自《论语·学而》曾子："慎终追远，民德归厚矣"。祠堂紧临燕江河畔，由追远堂主厅、东厅及西厅，春亭等构成，祠堂内坪有2座石桅杆。

顺昌饶氏宗祠，位于顺昌元坑镇福峰村。

【楹联典故】

饶邑启姓；平阳阀阅。

——佚名撰饶姓宗祠通用联。

河北源流远；平阳世泽长。

——饶姓宗祠通用联。此联为饶氏宗祠"平阳堂"通用堂联。

节着岁寒之烈；政敷春日之和。

——饶姓宗祠通用联。上联典指清代闽县人饶廷选。

轻财好义称长者；挂锡吟诗第一僧。

——饶姓宗祠通用联。上联典指宋代学者饶延年。下联典指宋代高僧饶节。横批为挂锡灵隐。

奏表节义名御史；为文俊洁号先生。

——饶姓宗祠通用联。上联典指明代中书舍人饶天民。下联典指明代学者饶瑄。

食足衣丰，春长人寿；尧天舜宇，海宴河清。

——佚名撰饶姓宗祠通用联。此联为以鹤顶格镶嵌饶姓的"饶"字的析字联。

临川绍美；邵武传经。

——佚名撰饶姓宗祠通用联。上联典指南宋抚州临川人饶节，字德操，曾跟三司使曾布做事，因变法中与曾布意见不合，剃发为僧，更名如璧。先在灵隐寺，后主持襄阳天宁寺，曾作偈语："间携经卷倚松立，试问客从何处来？"便号"倚松道人"，著有《倚松老人集》。陆游称他为"当时诗僧第一"。下联典指南宋邵武人饶干，字廷老，淳熙年间进士，官长沙知县，恰巧朱熹在长沙任太守，他便抓紧办理公事，有时间就去听朱熹讲学。后知怀安军。

第一百一十九节　任　姓

任姓在当今姓氏排行榜上名列第59位，属于大姓系列，人口约5169000余，占全国人口总数的0.32%左右。在台湾排名第111位。

【渊源】

1. 由远古妊姓衍传。黄帝有25子，其得姓者14人，为12姓。妊人之所以得生，在于母亲妊娠。因生得姓，从母从女，为妊姓，后传为任姓。可认为是母系氏族社会产生的古姓之一。

2. 出自黄帝的后代，为天子赐姓。据《唐书·宰相世系表》及《左传正义》所载，相传黄帝少子禹（禺）阳被封在任国（今山东省济宁市），其后裔以国为氏。周朝时，谢、章、薛、舒、吕、祝、终、泉、毕、过十国都是任姓后裔的封国。其中被赐以任姓者，其后裔就以任为氏，即为任氏。

3. 出自黄帝少子禹阳后裔，以国为氏。相传黄帝少子禹阳被封在任国，其后裔以国为氏，姓任。

4. 出自风姓。《通志·氏族略》记载，认为任姓子孙是太昊之后：为风姓之国，故址在今山东济宁一带，战国时灭亡，其后子孙以国为氏。

5. 历史上我国南方少数民族中有姓任的，其后代亦姓任氏。今瑶、回、满、蒙古、土家、羌、水等民族均有此姓。

6. 元代王信之子宣，为避难改姓任，其后代亦称任氏。

【得姓始祖】

1. 轩辕黄帝。

2. 禹阳，黄帝少子，封山东古任国，任姓始祖。

3. 任不齐（前545—前468）：字子选，孔子七十七贤弟子之一，春秋战国时楚国（今湖北）人，"楚聘上卿不就"。生于周灵王二十七年三月，殁于周元王八年九月。葬桃乡，墓在济宁城北房葛铺。唐朝皇帝追封其为任城伯，宋朝天子又加封其为当阳侯。任鄙：任不齐五世孙，生活在距今2300年左右，秦始皇前的秦武王时代。著名勇士。《史记》有秦人谚语记载："力则任鄙，智则樗里。"任鄙当时是大力士，"扛鼎抃牛者"。

【入闽迁徙】

唐乾符五年（878）黄巢起义军入闽。任伯雨（1047—1119），不齐五十七世，四川眉山县人，进士，居福建邵武，宋哲宗的驸马都尉，北宋著名经学家，官至右正言，资政殿大学士，世称"十贤"。与宰相寇准等为蔡京所害被贬广东雷州。任福兴，顺昌迁邵武，宁国府同知，殿寺御史，通议大夫。任希尹（任希夷之胞弟，朱熹弟子）宋隆兴元年（1163）进士，枢密院御史，通议大夫。

任文荐，字远流，又字希纯，福建闽县（今福州）人。任友龙祖父。南宋绍兴五年（1135）登进士。历任监察御史，江西提举，浙东提刑，福州太常少卿，浙西提刑，本路都运副使，终秘阁签书、知建宁府，浙江布政。其子有任道元，少年慕道，师从欧阳文彬，后承父职。据台湾东吴大学历史系教授梁庚尧《宋代墓志史料的文本分析与实证运用》文，任道元有任一（号鸟）、任一鸣、任一龙（友龙，婺州知州）等六子。到绍定二年（1229），任文荐的孙子辈中有9人登科，没有一个白丁。（《科举名录》）

任福源（1105—1198），字永昌。添统三子。宋太学生，绍兴十五年（1145）应经义科登进士，授建昌府教授，后选莆田县知县。生于崇宁四年（1105）四月十八日，卒于庆元四年（1198）八月十三日。妻姜氏，有子希圣、希贤。（据湖南岳阳添统支六修《任氏族谱》）

任孝友：顺昌任氏先祖之一。乾道壬午（乾道在隆兴后，不可能先进士，后举人。从壬午，应为绍兴三十二年，即1162年）举人，隆兴元年癸未（1163）待问榜进士，授通议大夫，枢密院御史，即枢密院御史通议大夫。诗人张东海有《送任孝友会试》诗一首："高帝龙飞进士家，参天乔木不闻鸦。恩荣有字镜苍石，孙子登科侍翠华。不用黄金常满橐，

要须白璧净无瑕。曲江骑马东风里，还问旧时红杏花。"（据《任氏族谱》、《顺昌籍科举人才榜》、《张东海诗集卷之二》等）

任友龙，字震卿，福建福州（有说贯建昌，居闽县）人，任文荐之孙。南宋宁宗嘉定十三年（1220）庚辰科刘渭榜进士第三人（探花）。历太学博士，官至婺州（即浙江金华）知州，卒于任所。其子任仕宏。值得一提的是，这位任友龙的儿子任仕宏，于南宋淳祐元年（1241）也考中了进士（为徐俨夫榜进士）。父子同为进士，这在历代科举考试中也不多见。本族：文茂、汇、一鹗、一龙、应龙、一震、士宁（加上文荐、友龙，文荐祖孙三代九进士）。历太学博士，终婺州倅。

南宋理宗宝庆年间（1225），三世祖任伯真公、任伯安公一举高中进士；任伯真公官至工部尚书；任伯安公入闽担任福州同知。四世祖任迪公出仕后担任安徽徽州婺源县令。五世祖任仲景公在南宋度宗咸淳年间（1265）科举中进士，官拜刑部郎中，后又迁升为山西省副使总理机务。六世祖任顗公举进士后官拜龙图阁大学士，后见宋室陵夷，便弃官隐居，以教授学生为生。七世祖有掺、参、叁三公；其中任掺公，字子占，中举后曾任福建兴化候县尉、邵武路知事。（《淳熙三山》卷第二十八，人物类三）

任瞻献，又名献文（1309—1338）为避兵乱从岳阳洞庭湖上君山迁至福州马尾君竹道头，子孙1200多位海军将士，孙中山亲书"天下为公"赠任光宇。任东山，献文公十二世孙，从福清迁平潭田美。子孙后裔播迁永泰、连江、平潭、福清、惠安等地。名嘉靖二十三年（1554）十七世任维雅迁徙惠安今后任村开基发族，部分后裔迁涂岭。

南宋有绍兴进士任文荐，为闽县人（今福建福州市），任希尹（任希夷之胞弟，朱熹弟子）宋隆兴元年进士，官至枢密院御史，通议大夫。

南宋末期赵姓末代皇帝四处逃亡，元蒙古骑兵南下，使福建任姓逃难于南方各地。

根据温州人口迁移的历史记载，任姓先祖自闽徙温定居。宋末，任掺公在福建为官，曾到温州访客游览，温州的明山秀水使公陶醉，于是便在广化厢择址定居。到了元朝至大二年（1309），任掺公的弟弟任参公到温州来拜访兄弟，也被温州的美丽山水所迷恋，于是也迁到温州定居发展。兄弟二人的后裔在温州市瓯海区的任桥村、丽岙镇任宅村和永嘉县桥下镇的西岸村形成任姓家族同宗嫡脉三大系。

宋时，广东等地任姓迁入福建。清代，任姓开始进入台湾。任承恩，山西大同人，荫生。任举的次子，任承恩（绪）于12岁补博士弟子员．1759年授三等侍卫，乾隆二十六年（1761）以父勋授巡捕京南营千总，1764年迁福建陆路提标游击，历参将、副将。1784年3月擢升江南提督，同年4月迁福建陆路提督。1787年台湾彰化县民林爽文起事，翌年奉命至鹿港平乱，不料福建水师提督黄仕简亦从厦门放洋至鹿耳门登陆平乱，形成二提督共剿一匪，但福建无人坐镇的窘况而被传旨申斥。5月7日任、黄以"不相统率、互相观望、临阵畏葸"被解除军职。按律承恩贻误军务，应行正法；但高宗念其功臣之后，加恩免其一死，仍置于图圄。隔年2月以台湾事渐平，再加恩释放，但勒令回籍闭门思过，并纳罚银。1790年11月因恭祝经坛，由兵部带领引见，奉旨以京师巡捕营参将调用。任承恩（绪）生前著有《任勇烈诗集》。

【入垦台湾】

台湾任姓主要分布在台北、基隆；其次是台中、台南、彰化、宜兰。在新竹、嘉义、屏东、台东、潘湖、苗栗、南投等市县都有分布。

【祠堂古迹】

宅里任氏祠堂，位于福州马尾区快安村，清代修建。始建年代无考，始祖从竹村任氏迁此居，坐北朝南，阔三开间，进深9柱，高16.4米，占地面积455平方米。

泉港任姓祖祠，位于泉州泉港涂岭镇西溪村下西溪，始建于明代，系开基祖任泰有福州迁徙至此开基，祖祠为其第四子所创建，占地面积646平方米。

长汀任氏半围屋，位于长汀大同镇东埔村。

【郡望堂号】

乐安郡：东汉永元七年（95）改千乘郡置国，

治所在临济（今山东高青县高苑镇西）。

东安县：今浙江富春县。

水薤堂：东汉时候任棠有奇节，不肯做官，隐居教授。太守廖参去访问他，他一句话不说，只拔了一颗薤，端了一杯清水放在桌上，自己抱着小孙子坐在门下。太守明白了他的意思："一杯水是要我太守为官必须一清如水；拔一颗大薤是告诉我要为人民办好事，必须把财大势大的土豪拔除；抱着幼孙当户，是要我留心照抚孤儿。"

【楹联典故】

源于有熊；望出东安。

——指任姓源流与郡望。《百家姓》注：任姓"系出有熊氏"。

任城世泽；禹阳家声。

——任氏得姓源流。"禹阳"，黄帝少子。

数典重先封，问周宗既灭以还，谁为庶姓；

降灵符列宿，自汉室中兴而后，代有传人。

——任氏宗祠联。上联：指任氏源于周代任国。"庶姓"，与君王无亲属关系的诸侯国。下联：指

任氏宗源世代有人才。

【族谱文献】

福建闽候君山任氏族谱不分卷、（清）任朝宁重修、清雍正五年（1727）写本、福建师大。福建闽候君山任氏支谱不分卷、（清）任正沛等续修、清光绪十九年（1893）木活字本、四册、日本、美国。福建闽候白沙镇白沙村任姓谱，始修清代，1990年重修。

【昭穆字辈】

白沙镇道头任姓，名：金木水火土文茂炳天以庭尚晁大新世守礼义臣良子孝南屏禹启毓秀钟英俊彦彬郁章甫雍容丰登介寿诗书裕昆策立勋扬烈衮弼挺纲华堂懿祚载授贻祥盛孚溥衍邦国仪同。字：汝谨节勤必自昌远维德时兴志思益广克振宗芳用宜敦本珍宝在贤谷善祺年秉彝笃厚福禄长延元恺嘉功建正立中民业安济圣统亨隆乾道赞成积善增荣卿云有瑞赓熙显明。

阮姓全国人口约 81 万，在姓氏人口排名第 189 位，在福建排名第 57 位。在台湾排名第 90 位。

【渊源】

1. 源于偃（嬴）姓，出自皋陶氏之后商朝诸侯阮国，属于以国名为氏。据传，皋陶生于曲阜，偃姓。这是中华阮氏的主要起源。先祖皋陶，与尧、舜、禹齐名，被后人尊为"上古四圣"。相传舜帝时，皋陶就被任命为掌管刑罚的"理"官，以正直著称。他辅佐夏禹理政、治水和发展生产，为中国华夏民族的发展做出了巨大贡献。皋陶有后裔子孙在商王朝时期被封在阮国（今甘肃泾川），商末，西岐西伯侯姬昌率军灭了阮国，原阮国王族相约以国名为姓氏，称阮氏。

2. 源于姬姓，出自春秋时期郑国公子丰又大夫，属于因故改姓为氏。据史籍《春秋公子谱》记载，春秋时期郑国公子丰又大夫，字石癸，其后世子孙以祖字为氏，称石氏。到东晋王朝末期，该支石氏族人因避战乱，有迁逃至今浙江衢州、福建厦门一带，改称阮氏，世代相传至今。

3. 其他姓氏改姓。据《南史》记载，石姓有人改姓阮姓，东晋末期有石姓人改姓阮姓。

4. 出自少数民族姓氏；今京、彝、回、壮、傣、蒙古、朝鲜、锡伯、苗等少数民族及台湾地区少数民族均有此姓。

【得姓始祖】

1. 皋陶，偃姓，又作咎陶、咎繇，亦作"皋陶""皋繇"或"皋繇"，我国古代传说中的人物。史书典籍中多称为"大业"，传说他是我国上古"五帝"之首的少昊（玄嚣）的后裔，东夷部落的首领。皋陶是舜帝和夏朝初期的一位贤臣，传说中生于尧帝统治的时候，曾经被舜任命为掌管刑法的"理官"，以正直闻名天下。他还被奉为中国司法鼻祖。上古中华第一任司法部长和首席大法官，后常为狱官或狱神的代称。

2. 阮髡。阮姓族谱记载：古有阮国追周，髡公袭其封居岐渭间，子孙遂以为氏，是阮之得姓自髡公始也。商代阮髡，有功于商，受封诸侯国，因不忘世袭阮姓，在泾渭建立阮国。认阮髡为得姓始祖。

【入闽迁徙】

晋代阮略，因避乱，自尉氏县迁往河南光州固始，阮咸，西晋永嘉年间迁到江苏，阮弥之，南朝元嘉年间，官任昌国郡太守，由江苏入闽，居福州。隋唐以后，阮姓散居各地。

唐僖宗广明元年（880），阮弥之第三儿阮贾夫的二十世孙阮鹏为协律郎，因避黄巢战乱，率家族隐居在仙游县金沙乡，被后世尊为金沙阮姓始迁祖。阮鹏生二子：阮宜耕、阮宜耘（二十三世）。阮宜耕的重孙阮程同父亲阮沂，迁入莆田阮巷居住，阮沂被后世尊为莆阳阮姓始迁祖。传数世，阮沂的后裔阮曰谊（三十六世）率家返回钱屿墩居住。其兄阮曰诚留居莆阳。

阮肇入闽，据霞浦盐田杯溪—长春洪江村明朝族谱、周宁李墩桃源阮家洞清朝族谱记载："刘汉永平年间阮郎公生二子，长曰肇，次曰荣，肇与友刘晨上天台山采药遇仙，遂飞升而去。荣生平……"入闽始祖（太傅）严公及其子（国公）能公系荣公之后代。第三十一世孙阮能（阮严公第三子，严公字国威，行阮三，乃唐咸通大使光禄大夫，拜为太子太傅），曾为唐朝节度使，被尊为国公京畿。能公有七子领唐军加入王朝、王审知队伍由南康入汀州，克漳浦，占泉州，过兴化，唐景福三年（894）抵福州。后梁开平三年（909）闽王王审知封能公七子官职，长子阮希颜为兴化太守、希颜儿子阮少彰为闽县县令；次子阮希郡为福州太守，后七子阮少惹任罗源县令；三子阮希畋为泉州千总，后七子阮少玫（功）任长溪县令；四子阮希踏为漳州太守，后其子阮少看任罗源县令；五子阮希袭为闽王驸马，受王率师守御长溪等郡，劳来安集，久而寇息民安，王奖其功，后其子阮少祯任长溪县令；六子阮希实为闽王随驾统领；七子阮希邵为侍御史，后其子阮少盛开平二年（908）进士、福州刺使、监感德盐场、爵晋御史大夫，其子阮少伟乾化初克南蛮贼寇有功，擢升御史大夫兼闽南都元帅。阮氏七兄弟及其子孙辅闽王治闽，传播中原文明，为使福建成为"海滨邹鲁"做出了重大贡献。诚如闽山郑堂赞阮氏曰："河岳之秀，邦家之桢，建树勋业，显宦于闽。"另据传，能公为避朱温之害，还安排唐昭宗李晔之子十岁的颖王李柷逃到福建周宁，改呼岳王李景。

唐末，阮晏，字永安，生太和元年（827），光州固始浮光山人，咸通元年武举进士，后厌武习文，中文进士，官授大中大夫河南节度使判官。唐咸通年间（860—874），安南王叛乱，阮晏奉命领度支所指挥管押钱粮征蛮，从海道趋进，尚未抵达就遭受前吴越瓯闽的兴兵攻击，重新部署后，自领五艘远引南海入闽，又遭遇肆虐的海寇，只好泊船靠岸停舟于古松岭之西乡地苏洋（今赛岐苏阳）。所随的二十姓将士就地肇基，辟址安居。福安阮氏可分为三大支系，除了溪柄村阮氏源自古田上溯淮阴外，其余的均为阮晏与阮能的后裔。其主要分布在 17 个乡镇及街道的 30 个村，现有 17600 多人口，位列17 位。

陈留郡阮安所于天祐四年（970）任邵武教谕，迁居绥安左街巷，为入闽始祖。传六世至阮文富，约在北宋时迁居福建汀州宁化上进贤坊官圳上。北宋时居于闽县（今福建福州），一支阮姓北徙吴县（今江苏苏州），南宋时此支阮姓出了阮姓历史上唯一状元——阮登炳。

据福州前屿阮氏族谱载，南进刘宋元嘉二年（425）阮弥之来守闽疆，任昌国（福州）太守，于是居此肇衍开族，后代支脉繁盛。阮弥之兄弟三人居乌石山偏东门外。一支后裔迁居晋江青阳，后由紫溪（沟头）迁居泉州西门外，尊阮致政为一世祖。

宋末，阮九避难由江西广信入闽，迁居霞浦长春，又迁十三都长沙渡。

宋，梁山泊阮氏三雄的后裔为避难于元末明初入闽，迁居厦门、龙海等闽南水乡，以捕鱼谋生。

【入垦台湾】

明中叶后，阮姓就有渡海赴台者，清代形成高潮。雍正七年（1729），漳浦的阮信入垦屏东林边；南安的阮嘉尚入垦北港，其孙阮文尧兄弟于乾隆五十年（1785），移垦彰化和美。雍正末年，安溪的阮尧入垦高雄。雍正年间，晋江的阮情入垦台中沙鹿。乾隆初叶，漳浦的阮章河入垦云林北港；南靖的阮刚毅后裔移垦云林古坑；安溪的阮标入垦嘉义，阮孟禋入垦屏东高树。乾隆中叶，龙溪的阮仪入垦台北；海澄的阮目入垦屏东新园；南靖的阮姓入垦台北仕林，其孙阮协移垦宜兰礁溪，另一孙移垦南投埔里，其弟阮房宇入垦礁溪，阮波入垦云林斗六，后再移垦嘉义后壁；南安的阮源入垦高雄，阮天入垦彰化花坛，阮尊入垦彰化秀水等入垦彰化。汀洲府阮才琳、阮望峰入垦苗栗通霄；汀洲府阮春琳入垦苗栗苑里。乾隆末叶，阮天德入垦高雄凤山；南靖的阮会粦入垦台中南屯；汀洲府阮筑入垦斗六，阮定轩入垦台北北投。嘉庆初年，阮立居入垦嘉义竹崎。诏安的阮福入垦台中大里，阮苗入垦台中雾峰，阮杰入垦南投草屯；平和的阮水入垦南投，阮恩生等入垦台中。嘉庆、道光年间，晋江的阮秋兰入垦台中丰原，阮蓝入垦台中神冈，阮松、阮九入垦和美；汀洲府阮傅入垦云林西螺，阮爱入垦台中。同治年间，汀洲府阮云清入垦嘉义，阮枝入垦雾峰。今阮姓在台湾多分布于台北市、屏东县、台北县、台中县、彰化县等地区。其中尤以屏东林边、彰化市、台中沙鹿、台北市松山区、彰化和美为众。此外，芗城、南靖、平和、漳浦、龙海阮氏迁往台湾、香港定居的裔孙为弘扬祖德宗光，缅怀先祖之恩，在台中、台北、台南建阮氏宗祠。

【郡望堂号】

太原府：亦称太原郡。战国时期秦国庄襄王四年乙卯（前246）置郡，治所在晋阳（今山西太原）。

陈留郡：武帝元狩元年置，属兖州（今河南开封地区）。

竹林堂：三国时候，阮籍为"竹林七贤"之一，曾官至步兵校尉。

还有三斯堂、敦伦堂、文焕堂、敦善堂、余庆堂、世懋堂、敬思堂、名贤堂、勺湖草堂等。

【祠堂古迹】

漳湾阮氏宗祠，坐落丁宁德市蕉城区五都辖峰之右，漳湾村街头。唐五代乾祐二年（949）为饶公致仕后创建，壬丙坐向，并辟有诚斋学堂。宋绍兴二年（1132），蕲王韩世忠入闽平寇，途经宁德，访防御使大成公。为阮氏族谱作序并题赠"海国斯文地，宁阳风节家"宗祠楹联，乃议扩建。宋绍兴六年竣工，称"防御使祠"。楹联镌刻于祠堂正门。嘉靖四十年（1561），倭寇犯境祠毁，万历十七年（1589）已丑大成裔孙德兴知县阮蟒重建。祠为前后三进深堂楼式，硬山顶、燕尾脊，前后座须弥、柱础，庄重质朴，字体建筑仍保存宋明建筑风格，为闽东不可多得的千年古代建筑。

角美阮姓宗祠，位于龙海市角美镇埭头村，号"世德堂"，始建于明嘉靖三十三年（1554），扩建于清乾隆十年（1745），再建于民国初期（约1918），1992年那霸市"阮氏我华会"捐资3万美元，修建"阮氏宗祠"，经历代修建。"阮氏宗祠"坐东北面西南，土木结构。每年农历十一月十五日为祭祀日。

埭内竹林堂，位于龙海市海澄镇豆巷村埭内社，建于明代。坐西北向东南，二进一厅二走廊，供奉开基始祖阮明焰及列祖列宗，祭奉日期是农历正月十八日和冬至。

墩上世德堂，位于龙海市海澄镇珠浦村墩上社，属大厝式建筑物，正殿神龛安放历代祖公祖妈大神牌，神龛顶刻有"陈留"大字，祠堂正大门为朝南坐向，每年二祭，农历春节和正月十六日，阮氏后裔到祖祠奉祭祖先。

南靖"追远堂"，位于南靖县山城镇下碑村，建于元朝后期，已有600多年历史。祠堂坐西向东，大门三开，进门三落进，分前厅、后厅，中有天井，正堂悬挂"追远堂"祠匾。祭祀日为农历正月初一、七月十五。

尤溪中仙善邻村阮姓宗祠，又称"龙岭堂"，位于尤溪中仙善邻村龙门场岭头崛底，坐丙向壬。该祠始建于明万历四十三年（1615），由阮惊人主

持修建；清康熙五十二年（1712）重修。

尤溪中仙善邻村阮姓长房祠，又称"凤岭堂"，位于尤溪中仙善邻村半岭，坐艮向坤。该祠由第九世孙阮清兴建成于清康熙年间（1662—1722）始建，于2001年重修。

浦城阮氏宗祠，位于浦城县富岭镇山路村。建于清嘉庆年间，占地面积600平方米，建筑面积320平方米。祠坐北朝南，砖木结构。

【楹联典故】

泾渭世泽陈留家声；才称逸骥志匹冥鸿。

陈留家馨远；象峰世泽长。

——诏安县桥东镇仙塘村象头自然村的"永思堂"对联

石美分基，木棉衍派；洞中暂住，塘仔开宗。

漳南衍派源流远；浦北开宗世泽长。

——漳浦县长桥镇塘仔村阮姓宗祠"世德堂"对联。

桃源仙骨恩泽厚；阳谷高风品位高。

——联上句说阮姓先祖、西晋阮咸的故事。阮咸字仲容，阮籍的侄子，历官散骑侍郎，精通音律，善于弹奏琵琶，为"竹林七贤"之一。联下句说明代莆田名臣阮哲的故事。

连州明吏播廉洁；永福清官颂惠名。

——联句说宋代莆田名臣阮鹏。阮鹏，莆田县人，北宋徽宗宣和六年（1124）进士及第，官任御史台主簿，升朝散郎，知连州。其生活俭朴，以廉洁著称。联下句说北宋末莆田名臣阮符。

【族谱文献】

尤溪中仙善邻《阮氏谱牒》始修于明嘉靖二十一年（1542），由阮法兴主持编撰并作序；清道光二十二年（1842），由阮应煊主持重修，增补谱序，世系图；1990年，由阮光藏主持，聘请台溪傅成续修。宁化济村《阮氏族谱》始修年代不详。该谱以阮肇为一世祖。第十八世阮安所，唐天祐四年（907）为岁贡，任邵郡教谕择迁绥安左街巷。其后裔阮文富迁居宁西之南坑（今宁化济村乡境）。永春县《新岭阮氏族谱》，其族谱清康熙十七年（1678）正月始修，林日勋主笔并序，乾隆十一年（1746）重修，

民国二年（1913）三修，1997 年四修，王宗协主笔，2010 年排版印刷。宁德漳湾《阮氏族谱》，始修于宋代，有宋元龄公入绿县州志的《恕魁文》，状元阮登炳公廷试论、谱序，宋蕲王韩世忠谱序、墨宝。

【昭穆字辈】

福建南安字辈：绵锦成章扬辉启祥敦仁耀德英俊贤良经伦用济大义悠长克绍芳典奕世永昌。

宁化辈分排列：文、紫、志、福、宇、延、祥、时、起、朝、光、胜、荣、兴、绍、蒲、宗、瑞、兆、臣、仙、泽、喜、开、太、平、华、英、贤、资、育、学、裕、锡、名、嘉。

第一百二十一节 商 姓

商姓在当今百家姓中名列第244位，在台湾省则名列第210位，人口约393000余，占全国人口总数的0.024%左右。在台湾排名第209位。

【渊源】

1. 源于子姓，出自上古时期商王朝贵族后裔，属于以国名为氏。据史籍《通志·氏族略》载："唐尧封帝喾之子契于此，传十四世至成汤，灭夏而有天下，以商为国号，后商被灭于周，子孙以国为氏。"相传，在远古时期，帝喾有个妃子叫简狄，她外出游玩是误食了玄鸟蛋，因而受孕生子名"契"。契长大后，仁惠博学，被舜帝任命为司徒，负责教化民众。后来，因契辅佐大禹治水有功，被赐姓为"子"，敕封在商邑（今陕西商县），组成了商族部落，号为"商国"。一直到契的第十四代孙成汤灭了夏王朗，建立了商王朝，其后裔王孙贵族开始以国名为姓氏，称商氏，为商王朝贵族为官者的专有姓氏。据典籍《遗子先生文集》记载："自典而降，得姓者十四，契始封商，以子命氏。"另据史籍《通志·氏族略》上的记载："商汤被灭于周，后世子孙就以故国号为氏，世称商氏。"

2. 出自成汤二十五世孙皋辛隐居于商城之东，遂以商为姓。相传黄帝的重孙以地名（今陕西商县）命姓。

3. 源于满族，属于汉化改姓为氏。满族商佳氏，亦称尚佳氏，后多冠汉姓为商氏、桑氏、尚氏等。乌库理氏，亦称乌色里氏，《曹南商氏千秋录》记载：曹南商氏，族姓所起，见于远孙正奉大夫赠昌武军节度使衡所著《千秋录》备矣。盖自少典而降，得姓者十四。契始封商，以子命氏，十三世而至汤，十七世而微子代殷，后为偃王。避宋宣祖讳，改殷姓为商姓。

4. 源于姬姓，出自春秋时期秦国大夫商鞅之后，属于以封邑名称为氏。据史籍《姓纂》记载："秦有卫鞅，受封于商，子孙氏焉。"春秋时期，卫国有一法家名士叫公孙鞅。公孙鞅，亦名卫鞅（公元前390—前338年，待考），今河南安阳市内黄梁庄镇一带人。战国时期政治家，思想家，著名法家代表人物。公孙鞅是卫国国君的后裔，姬姓，公孙氏，故又称为卫鞅，后被秦孝公嬴渠梁封于商邑（今河南淅川），后人称之商鞅。

5. 在商鞅的后裔子孙中，有以先族封地名称或名号为姓氏者，称商氏，亦世代相传至今。

【得姓始祖】

商氏族人大多尊奉契、商汤（成汤）为得姓始祖。

【入闽迁徙】

福建省的商氏族人，祖上为河南省的固始县，唐朝末期王潮、王审知兄弟入闽，居福州东郊鼓山下横屿。传至宋朝庆历年间，商玄胤"相地"至福清，看中石竹山东南的一片"风水宝地"（今福建福清东张镇），便在该地定居，后裔人才辈出。

赤礁的商氏一族是从商当开始的。商当是元宝庆二年（1226）进士，桃源县令商景春的第三个儿子，元成宗大德二年（1298）戊戌，娶林氏生三子，长子商潜，次子商浚，为赤礁三宗，故称"三商"。

唐朝末年（900）从河南光州固始县出发，随着闽国的创始人王潮、王审知迁入福建的，刚入闽南在福州城东郊（今横屿）定居，到了宋庆历年间（1041—1048），有一位名叫商玄胤的先人，精通青鸟秘术，相地到福清，见石竹山西南（今东张镇）山川景奇，土地肥沃，说是可以在这里建屋居住，求得子孙发达，于是就迁居到这里，迁入之后，又在附近的菌山和香山各选了一块风水好地，分葬了父母的骸骨。

商玄胤迁居石竹后，其余商氏子弟仍留在福州东郊（横屿）管理祖坟田产，子弟们见商玄胤年老而没有回来的意思，为了表达对他的孝敬和思念之情，就将居住的地方改名叫"孝思里"，连耕种的田地也称为"孝思田"。至今，那里的草丛之中还可找到刻有"孝思里""孝思田"的石碑。

商玄胤迁居石竹后，传到四代，孙辈们分别于宋绍兴、隆兴、绍熙、庆元年间先后登进士，登进士的有商份、商侑、商俌三人，登特奏名进士的也有三人，他们是商俊、商伉、商倬。商份官居监察御史；商侑为芦洲太守；商俌任监察御史兼太常，大理二卿，官至户部侍郎；商俊为临安府学博士（教授）；商倬、商伉也都是博士。商份、商侑、商俌和商俊是同胞兄弟，而商倬和商伉也是亲兄弟，一时传为佳话，所住的地势被人们称为"聚锦乡"。

后来，商份、商侑、商俊因为故居地狭小，兄弟一门显贵发达，恐怕很难继续下去，有所发展。于是就举家赴任，商俌迁往湖南，商份迁往浙江会稽，商俊博古通今，尤其精通玄胤公的青鸟之术，与兄商份在会稽占卜选地建宅，名叫"淳安山水明秀宅"，于是迁居淳安，接着商倬、商伉也在浙江做官，后来虽然不再当官，也就随着兄长定居那里不再回来了，唯独侑公落叶归根，终老故居，葬于香山祖坟南面。

商侑的儿子名叫商皓，商皓所生的儿子叫商政，商政的儿子叫商景春，庆元二年（1196）景春公登进士，任湖南桃源县令，几年之后，深感亢王朝内外交困，朝不保夕，商景春决意辞官还乡，落叶归根。没有多久，改朝换代，大亢的天下为元人取走，元世祖至元十二年（1275）泉州、福州也归附元朝。第二年春天，宋恭宗赵显在海上下旨，命将士收复国土，派官兵围泉州，欠攻不下，转而攻福州和兴化剑郡，收复归宋。前朝监丞刘全祖家住福清，与妻兄林同纠合义兵在故直宝章阁林琛旧宅（今福清融城瑞亭村设局，称"忠义局"，这里也就是刘全祖妻子的娘家，他们就在这里招募士卒，拉起队伍，当时，商景春的弟弟商景夏与林家是邻居，由于世代蒙受宋恩，商景夏也认"忠义"为号召，动员本族年轻力壮的男子来参加义军，商景夏也在家中设局，称"新局"。这年冬季，元军南下，各郡失守，元兵涌向福清，刘全祖与景夏公合力抗敌，终因寡不敌众而失败，刘全祖与景夏转移到亲友家中藏匿，至元十四年（1277）被捕，皆自缢而死，英勇殉国，

由此株连受害者无数。商氏子弟于是纷纷弃家逃难，有的避到海上，有的移居漳州，有的跑到永宾，冯阳一带，还有的往平南里（今沙埔赤礁），至于田地、房屋、山丘和祖政，只好任其荒废了。

最先到平南里（赤礁）的是商景春的季子名叫商当，商当是商侑的曾孙，当初商景春辞官归田，预感至大宋朝廷挨不过腊月（八月），老家大姓必有兵灾之祸，所以庆元初就预先石龙岭中准备了藏身之所，在由下盖了几间房屋为终老之用，又在平南里五十九都赤礁村买下山田海地，占卜选址在北圆高处从石间建造了小屋，在小屋四周种植桃树，并刻了题为"桃源"的匾额，意取"世外桃源"实为隐居之所，商景春辞官后往来其间，曾嘱附子孙如遇不测，可作为避灾之地，后来，直到商当公到家难，才携妻带子来到这里定居，附近的百姓只知道有一位老知县曾住在这里，不知道就是商景春，至今乡人还称这里为"桃源"。

从叔祖商晴沙从叔朋霞迁居福州省城，后在乡里选拔为贡生，做了定南县令，后转海南当官，留下仁德之声名。

【入垦台湾】

明清以后，华东、华南沿海之商姓有渡海赴台湾和海外。闽粤为主的华东、华南沿海之商姓有渡海入垦台湾。台湾商姓主要分布在嘉义、宜兰、台中、高雄、台北、基隆；其他市县也有散居。

【郡望堂号】

汝南郡：汉置汝南郡，治上蔡（今河南省中部上蔡县西北及安徽省淮河以北地区）。东晋治悬瓠城，即今汝南。

京兆郡：即国都直辖区。三国时魏置郡，治所在长安（今陕西西安），辖地约在今天的陕西秦岭以北，西安以东、渭河以南的地方。

濮阳郡：濮阳郡大致在今河南滑县、濮阳、范县，山东郓城、鄄城一带。

商姓的主要堂号有："追远堂""衍烈堂""三元堂""两贤堂""敬爱堂""好易堂""续志堂"等。

【祠堂古迹】

上埔社商姓祖祠，漳浦县商姓祖祠家庙，堂号

"追远堂"。位于大南坂农场上埔社，坐西南向东北，为三进三开间土木建筑。

商厝楼商姓祖祠，诏安县商姓祖祠家庙，位于南诏北门商厝楼内，建于清雍正年间。祖祠里祀始祖商容。

【楹联典故】

孔门二弟；明代三元。

——佚名撰商姓宗祠通用联。上联典指春秋末年鲁国人商泽、商瞿皆为孔子弟子。下联典指明代淳安人商辂，正统年间参加乡试、会试、殿试均为第一，是明代连中"三元"（解元、会元、状元）唯一的人。

吟诵不衰，芳年八秩；存亡虽异，贞节千秋。

——上联典指清朝时期的徐咸清之妻商景徽，年至八十犹颂诗书不衰。下联典指明朝时期的商景兰之夫以身殉国，商景兰作诗悼之曰："存亡各异路，贞白本相成。"

第一百二十二节　尚　姓

尚姓位列宋版百家姓第 319 位，尚氏全国人口约 120 万，约占中国汉族人口的 0.1%，是当今中国姓氏排行第 135 位的姓氏。在台湾排名第 227 位。

【渊源】

1. 出自姜姓。是姜太公的后裔，以祖名为氏。据《元和姓纂》及《万姓统谱》等所载，姜太公名尚，字子牙，辅佐周武王推翻了商王朝，被封于齐，是为齐太公。太公在周朝为太师，故又称太师尚父，简称为师尚父或尚父。他的后代子孙便以他名字为姓，称为尚姓。

2. 出自姒姓，以祖名为氏。夏部落成员尚黑，后世有以其名字中的尚为姓。

3. 以官职为氏。源于秦代，秦始皇统一全国后，设有六个带"尚"字的官职，即尚衣、尚食、尚冠、尚席、尚沐、尚书六个带尚之官职。有管理、负责和司掌之意，这六个官职就是管理服饰、膳食、冠冕、起居、沐浴、书籍的宫廷官吏。这"六尚"之官的后裔，有的以祖先职官为姓，也称为尚姓。唐朝时，有少数民族将领名宇文可孤，官至神策大将军，初赐姓李氏；后复本姓宇文。以功加检升校尚书右仆射；遂以职官命姓为尚氏，称尚可孤，其后亦为尚姓，融入汉族尚氏。

4. 源自少数民族及改姓。据《姓氏考略》所载，唐时尚书右仆射、冯翊郡王尚可孤，为东部鲜卑宇文之别种。据《唐书》所载，唐时吐蕃有尚姓，即宣宗时降唐的酋长尚延心一族。清满洲人姓，世居沈阳。景颇族木染氏汉姓为尚。景颇族、蒙古、保安、东乡、土家、朝鲜等民族均有此姓。

【得姓始祖】

尚父。即姜太公，名尚，字子牙，一说字望。商末周初著名的军事家、政治家，曾垂钓于渭水之滨，被周文王礼聘为辅助大臣。武王伐商时，任统兵师氏，被尊为师尚父号太公望，又号太师尚父。在牧野会战中，歼敌立功，是周朝的第一开国功臣。成

王时封于齐，建都营丘，授以征讨五侯九伯的特权，地位在各封国之上。春秋末年，田氏代齐后，原齐国王族有一支以其字名为氏，称尚姓。他们尊尚父为其得姓始祖。

【入闽迁徙】

尚父，因其祖上伯夷曾辅佐大禹治水有功，被封为吕侯，建立吕国，故又名吕尚，为炎帝后裔。尚氏源起周王朝时期的齐国。尚姓源起周代的齐国。公元前 386 年，周安王被迫承认田和为齐侯。目前尚姓分布广泛，已知北京、河北、河南、山东、湖南、湖北、江苏、上海、福建、广东、广西、贵州、四川等省市，以及香港、台湾地区，都有尚氏族人；国外如日本、美国、澳大利亚等，也有尚氏族人在这些国家定居。

尚姓入闽较早，五代闽国王王曦有宠爱尚妃，说明此际已有尚姓入迁福建。

【郡望堂号】

《元和姓纂》和《姓氏考略》讲尚姓望出京兆、清河、上党、汲郡。望即郡望或地望，指魏晋至隋唐时每郡显贵的家族，意思是世居某郡为当地所仰望。

京兆：亦称京兆郡、京兆尹，实际是上不是一个郡，而是中央政府所在的地域行政大区称谓。

汲郡：西晋朝泰始二年（丙戌，公元 266 年）置郡，治所在汲县（今河南汲县），其时辖地在今河南省汲县，不久即废。宋朝时期辖地在今河南省卫辉市。

清河郡：西汉高祖刘邦五年（己亥，公元前 202 年）置郡，后屡改为国，汉元帝永光年间（前 43—前 39 年）后期为郡，治所在清阳（今河北清河）。

堂号有：京兆堂、汲郡堂、清河堂、上党堂，都是以望立堂。

【祠堂古迹】

南靖书洋东山祠，位于南靖书洋镇书洋村内坑自然村。始建于明万历年间（1573—1619），清康熙、

道光年间重修。1986 年再修。祠坐东朝西偏南，面积 245 平方米，有门厅、天井、两廊和正堂。正堂面阔三间、进深三间、悬山顶，有梭形石柱。祠前有水池，池旁有清嘉庆、道光年间石旗杆各一对。

【楹联典故】

高人传纪；金判风流。

——上联典指汉朝时期的尚长隐居不仕，被列入《高士传》。下联典指宋朝时期的尚道长为金判，杨万里赠其诗云："风流文采旧家声。"

勒名彝鼎；擅术纵横。

——上联典指尚横（待考）。下联典指战国时期韩国的尚靳事典。

第一百二十三节　邵　姓

邵姓全国人口约 293 万人口，在当今中国大陆人口排行第 83 的大姓。在台湾排名第 98 位。

【渊源】

1. 出自姬姓，为黄帝之后。这是邵姓的主流。

一是召公姓姬，名奭，是周文王姬昌之子，周武王姬发、周公姬旦的同胞兄弟，因食邑于召，被称为召公或召伯。燕国被秦国灭亡后，召公的子孙以原封地"召"为姓，称召氏。《偃师姓氏源流》云：召公长子封南燕，次子留济源，三子南迁南召，以别济源的北召。春秋时南召被楚国并，陕西的召被秦国并，前 513 年召简公盈因卷入周王室王位之争被杀，召国亡，子孙四散，遂以地为氏。后来，便在"召"旁加上"邑"字，使二字合而为一，并把它作为自己的姓氏。

二是据《姓谱》云：周文王姬昌第十子季载后裔中也有邵姓。

三是据《通志·氏族略·以邑为氏》《万姓统谱》等史料所记载，周初大臣召康公，周同族，姬姓，因食邑于召，今陕西凤翔东南的古召方居地召陈，被称为召公或召伯。周武王灭商后，移封召国于河南济源西的召亭，与周公旦诸子凡、茅、蒋、邢、祭、胙、卫以及郑等国一起，环绕古商朝都城监管商之遗民。后来召公奭之长子转封于北燕国，留在济源的次子仍称召公，三子南迁伏牛山东端南麓的南召，以别济源的北召。入春秋不久南召被楚所并，陕西的召被秦吞并。春秋后期公元前 513 年，召简公盈因卷入周王室王位之争而被京城人所杀，召国亡，子孙四散，即以召为姓。其中有北上山西垣曲东的召原，再东北入河北易县北的古涞水城，又东迁山东惠民的邵城，这些均为召人迁徙中的遗迹。姬姓邵氏的历史也有 3100 年。　邵、召古时通用，史书上一般汉朝以前的多用召，三国以后多用邵，河南汝南、安阳召人最早改用邵。根据习惯，在当代的人群中已分邵、召为两姓，汉族中以邵姓为多。邵姓的正式使用历史才 2000 年。由于这支为邵姓的主体，故而后代邵姓人尊奉召公为邵氏得姓始祖。

2. 出自芈姓。楚昭王之后有邵姓。楚昭王诸器皆作"邵"。

3. 出自他族改姓或者汉化。清朝满洲八旗乌雅氏族在改汉姓时，一部分人选用了邵姓，族人后来多转化为汉族。明清时云南定边土把事有邵姓；今瑶、彝、蒙古等少数民族均有邵姓。另外朝鲜半岛亦有邵姓的分布，多是古代从中国内地迁徙过去。

【得姓始祖】

召（shào）公奭（shì），暨姬奭。一说是西周初的大臣，"与周同姓，姓姬氏"，名奭。为西周宗室，另说是周文王庶子（第五子），因采邑在召（今陕西岐山西南），故称召公或邵伯。他曾佐周武王灭商，被封于北燕，建立燕国，但他派大儿子去管理燕国，自己仍留在镐京（今西安市长安区西北镐村附近）任职。周成王时，召公任太保，是周朝三公（太师、太傅、太保之一），与周公旦分陕（今河南陕县）而治，"自陕以西，召公主之；自陕以东，周公主之"。他常巡行乡邑，曾在甘棠树下决狱治事，在他的治下，"自侯伯至庶人各得其所，无失职者"。《诗·召南》有《甘棠》篇记其事，后因以"召棠"为颂扬官吏政绩的典故。《古今姓氏书辨证》说，召公后裔孙穆公虎至简公盈，皆袭爵士，为王卿士，即召公的后代有一支世袭召公，一直是周朝掌管国家政事的官。周厉王暴虐无道，国人意见纷纷，召穆公虎曾以"防民之口，甚于防水"的道理劝谏，厉王不听。前 841 年，国人起义，周厉王逃跑，召穆公虎把太子静藏匿在自己的家，遭到国人围攻，他以自己的儿子替太子死。厉王死后，他又拥立太子静继位，即周宣王。据《通志·氏族略》载，周平王东迁洛邑后，召公别受采邑于王屋（《辞海》注为"在今山西垣曲东"）。《氏族博考》所云："召与邵，春秋本一姓，后分为二。汝南、安阳之族皆从邑。"

后代邵姓人（召姓）尊奉召公为邵姓得姓始祖。

【入闽迁徙】

唐总章二年（669），中原邵姓主要随从陈元光入闽。唐代有校书郎邵楚苌为闽县人。

唐"安史之乱"时期（755—763），河南安阳人邵刚入闽始祖也。南徙入闽，家于长乐（今福州）约26年。邵楚苌生于762年，始为福州邵岐邵氏始祖（今福州城门镇绍岐村）。其后迁徙福州周边各处以及省内外广东、江西、浙江等地。北宋时期，邵楚苌公第十一世孙邵汝霖，字沛时，号龙溪，是胊山邵氏始祖（今福州马尾区胊头村）邵龙溪生于宋神宗熙宁四年（1071）。入赘朱氏，卜居胊山朱家谷。至楚苌公第十七世孙邵馥公始分兰干壑居住、邵谦公始分新楼居住。后裔遍布福州市周围及台湾，还有定居美国、加拿大、新加坡的。

唐大中十年（856），邵宏明，原居闽福清，于任温州别驾，卒于任。后其子孙迁居永嘉场（今永强）和永嘉邵川（今邵园）等地（永嘉邵园《邵氏宗谱》）。宋代，邵知柔（1095—1167），字民望，福建政和人。政和五年（1115）考中进士。宋国子监祭酒、龙图阁直学士。闽北已经人丁兴旺，人才辈出。

南宋高宗皇帝时期，邵子厚公系河南光州人，南渡迁都时而开闽定居邵厝村开基。邵子厚宋乾道八年（1172）壬辰科登进士，官居节度使，忠宪大夫，在福州市为官，母白氏一品夫人，子厚公曾孙女在宋甯宗皇帝时选皇后未遂而身亡，甯宗皇帝赐十八枢棺安葬，赐匾牌"百世瞻依"。邵厝四面石山环村1435年间分居周坑村、四石柱村、圹下村，后移居广东、江西、浙江等省，福州、同安、西山、温州、宁波、厦门、泉州、惠安、南安、安溪、永春等县市。清朝年间数百人移居台湾省，另东南亚各国。

南宋末年，随着金兵南下和蒙古骑兵袭扰，邵姓为避祸再度南迁福建。

福州武林邵氏，始祖邵雍，始迁祖邵楩（pián），字良用，谱载为邵博之后、曾任同安县令的邵旭之子，浙江仁和（今杭州市）人，明嘉靖进士，嘉靖三十六年（1557）任福建巡海道，驻漳州抗倭，政绩、战功卓著，万历二十三年（1595）入祀名宦祠，

后代定居福州，以祖籍杭州"武林"为堂号，并与胊山邵氏联宗，后改为"观梅堂"。

明末清初，从江苏来的南平开基，祖上在河南，子孙繁衍闽北各地。

【入垦台湾】

从明清两代开始，有邵姓迁至台湾，后来又有一些移居海外。清朝乾隆年间，正值大陆民众赴台开拓的热潮，同安橄榄岭邵蕤春等29户乡亲，在另一些乡亲的号召下，前往台湾发展开拓，咸丰、同治年间，邵凤翔参与捐建府城天公坛。同治年初，戴万生反清，守嘉义城阵亡者中，有邵文、邵习。台湾高山族同胞也有邵姓。台湾光复各省也有迁徙入台。今台湾邵姓主要分布在台北、台中、基隆、屏东、台南；其次是高雄、澎湖、南投、彰化；其他市县也都有分布。

【郡望堂号】

博陵郡：东汉本初元年置郡，治所在博陵（今河北蠡县南）。

汝南郡：汉高帝四年（前203）置郡，治所在上蔡（今河南上蔡西南）。

安阳县：西汉置县，治所在今河南正阳西南。

洛阳郡：治所在雒阳（今河南洛阳）。

博陵堂：以望立堂。

安乐堂：宋朝时期的邵雍，好《易》理，因此顾颐称赞他"有内圣外王之学"。邵姓以安乐为其堂号。"安乐"堂号典出北宋哲学家兼文学家邵雍。邵雍少负雄才，于书无所不读，寒天不生炉，伏日不动扇，刻苦励学，夜不就席。曾游学于黄、汾、淮、汉诸河域之间，奔走于齐、鲁、宋、郑诸古国之地，幡然领悟到儒家之真谛，遂归隐于苏门山百源之上。他亲耕稼，自衣食，把他自己的居所命名为"安乐窝"，自号"安乐先生"，人称百源先生。他的才华和文章，宋理学大师程颐赞为"内圣外王之学"。

还有"博陵""种德""嘉会""天远""安乐"堂号等。

【祠堂古迹】

邵厝邵氏祠堂，位于泉州市晋江永和镇邵厝村，始建宋朝，1993年整体重修，面积500平方米，为

石木结构。

福州邵氏总祠遗址,在福州城里道山路白水井。建成时间在清康熙年间。福州邵氏总祠方便邵岐房、福州城里房、连江石头房、舺山房,共祀祖先。

福州马尾区舺山公婆厅总祠,始建时间在元朝时期,后又分支下新楼、上新楼及兰干各支派,又各自建支祠。面积 102.5 五平方米,昔时村中青壮年多在此练拳控武,前有石埕。

【楹联典故】

博陵名族世泽;安乐理学家声。

——邵姓通用楹联。

族名留誉博陵郡;德政传声安乐堂。

——全联典指邵姓的郡望和堂号。

武翼陕州取义;尧夫皇极传经。

——上联典指南宋武翼郎邵云。常聚数百少年藏于山谷中,袭扰金兵。跟从李彦仙守陕州,城破被抓获,不屈而死。下联典指北宋哲学家邵雍,字尧夫,隐居苏门山,后居洛阳,与司马光、吕公著等人有密切交往。著作有《皇极经世》《伊川击壤集》等。

桑枣园丁嗜刻画;龙图学士善丹青。

——上联典指清代诗书画家邵士燮,字友园,号桑枣园丁。芜湖人。善隶篆刻,尤嗜画。下联典指宋代进士邵必,丹阳人。善篆隶,累官京西转运使。后以龙图阁学士出知成都。

国子监诗文籍籍;东陵侯执瓞绵绵。

——上联典指唐代国子监邵谒,博通经史,为诗多刺时事。下联典指汉邵平,为秦东陵侯,秦破,寓居青门外种瓜,以东陵瓜或青门瓜名闻遐迩。

【族谱文献】

福州马尾区舺山《邵氏家乘》系北宋大观创编,续至民国,2002 年续编,其中有"馥字德馨,君益公次子,行八十三,娶叶氏十孺人,生子诚,合葬德头湖里山宗叟公墓南畔,初分蘭幹塈住"。福州武林邵氏族谱一册,(民国)邵守正纂修,民国十五年(1926)铅印本,存中央民院。永定邵氏世谱十四卷,艺文十四卷首一,卷末一卷,(民国)邵昌全主修,民国二十年(1931)天远堂重修刊本,存福建师大。

【昭穆字辈】

福州马尾区舺山邵氏字辈:思勤克谨世必永昌惟孝友敬允植循良宜尊孔孟宗德传芳远能承泽同庆发祥祖训应履家声自扬秉彝积善业葆宏煌。

第一百二十四节 佘姓

佘姓人群总人口大约有 32.06 万，大约占全国人口的 0.025%。佘姓在大陆没有列入《百家姓》前 100 位。在台湾排名第 185 位。

【渊源】

1. 源于人皇氏，出自远古三皇之一人皇氏的后裔，属于以先祖名号为氏。据 1995 年《邵东佘氏五修族谱》所记载的"佘氏得姓源流考"中说："据旧谱残卷相与考订，佘姓出自人皇氏之支裔，因以人为氏（称人氏）。后为黄帝作合宫接万灵，黄帝使主祀天神地祇人鬼之事，古以示为氏，因以示为氏（称示氏）。及夏后时失官，遂与不窋同于戎翟之间，聚族而谋曰：'吾欲仍以人为氏，则以远而忘君，仍以示为氏，又恐以远而意亲，不如合人与示而一之，庶君亲两无背乎。'于是遂合'人'与'示'为佘姓，此佘氏得氏命姓之始"。由此世代相传至今。

2. 源于姬姓，出自商末周族周太王古公亶父长子姬泰伯，属于以居邑名称为氏。"佘"字，本意为山阳之貌，是始于夏商之世居于今江浙之地的一个氏族，社会生活为刀耕火种，华夏称之为"化外之民"，故又曰"畲"。商杼中兴之时，该氏族族人积极义助，苟钺涉江，故又称之为越。姬泰伯是周太王古公亶父的长子。古公亶父共有三个儿子：长子姬泰伯，次子姬虞仲，三子姬季历。姬泰伯后来一直到了江海的边际，吟咏优游，仰览俯观，寻求肥沃的地方。后来又到了虞越之地，故又曰"虞"，至战国后期始改称"吴"。

3. 源于姬姓，出自春秋时期秦国大夫由余之后，属于姓氏音变转化为氏。春秋时，秦国有个名臣叫由余（罕之第三十七世孙）。他的祖先是晋人，因避乱逃亡西戎，初在西戎为臣，后奉命出使秦国。由余见秦穆公（前 659—621）贤德大度，便留在秦国为臣，很得秦穆公信任，官上卿，为秦穆公谋划征伐西戎，攻灭 12 国，使秦国成为西方霸主。他的后世子孙就以其名字中的"余"为姓，称余氏。

4. 源于地名，出自古代东海荼山，属于以居邑名称为氏。汉朝时期，东海滨岸地区有个地名叫荼山（今上海青浦），居住在荼山周围的住民，原本为淮夷民族，西周时期与周王室相争失败后，东迁至荼山地区，后来就以山名为姓氏，称荼氏。到了汉朝时期以后，一部分人随余字演变为"佘"，遂称佘氏，荼山也就变成了"佘山"。

5. 源于妫姓，出自东晋时期远古三皇之一人皇氏的后裔，属于避难改姓为氏。该支佘氏出自夏禹王之后，一说是三子少康，一说八子罕，皆名罕，被封于余地（余杭，今浙江杭州），为余侯，赐余为姓。据该支佘氏宗谱记载，自国邑中失之后，历秦汉，世居江苏之下邳。

6. 源于改姓，出自明朝时期吴氏后裔吴万邦，属于避难改姓为氏。据民国三十七年（1948）编纂的《石门佘姓氏族源流》中记载：该支佘氏基祖叫吴万邦，他于明季由湖广武昌府通城县因苦于长吏苛求无厌迁徙石门县花薮乡阜邱山东麓，其裔孙散衍花薮乡的太平岗、岩子岗、上五通，桑植县及湖北鹤峰县沙道沟等处。

佘氏的起源，古今姓氏专家研究，说法很多，但大部分认为佘姓由皇帝敕赐而来。

【得姓始祖】

姬泰伯，也称吴太伯。

余讽，即余颙。

吴万邦、佘显（吴显）、佘兴（吴兴）等。

【入闽迁徙】

据史籍《姓氏寻源》中的记载："古有余无佘，余转韵为遮切，音蛇。"汉朝以前，在姓氏群体中并没有佘氏这一姓氏，在西周、春秋、战国时期也都没有佘氏一族的记载。后来的"佘"字是从"余"字音变后转化而来，抑或笔讹随赊音而来。据《姓苑》上记载，佘姓起源于南昌。据《通志·氏族略》上记载，佘氏，音蛇，从示，唐开元年间太学士佘钦，是南昌人。唐朝开始佘姓迁徙福建的泉州、莆田、仙游等，进而播迁南方各地。

福建莆田佘姓族谱记载，佘姓本夏禹之后，东晋明帝于太宁三年（325）赐都尉佘讽"佘"姓，更名"顽"。此乃莆田佘姓始祖。其子昭元，官镇海大将军，因功赐"雁门"郡望位号。

唐开元二年（714），新安南昌佘钦登进士，官至大学博士，奉诏讲经与南昌阁。皇上再赐"南昌"阁名为郡号，改为南昌郡。世代世袭位官。

元武宗至大四年（1311），佘钦公后裔佘能舜入闽，任莆田县尹，居住莆田唐安乡望江里（今莆田涵江江口镇西村一带）开基，更地名为"佘埔"。佘能舜生三子：贵卿、任卿、汉卿，后分别播迁各地。元代天历二年（1329），佘能舜迁广东韶州，长子、三子同行，三子佘壬卿留居莆田，数代后择迁镇前定居。长子贵卿迁广东顺；贵卿长子肃斋登元代提刑官，又迁福建永宁港边，位鳌江一世祖，其后裔有中、维允、耿元、汉章等都是进士。

入闽的另一支是佘安洛，另一说是协博，安裕公、钦公后裔，钦的长子荣华，若干代后，有裔佘超，进士；起公玄孙佘安裕，探花，官至翰林院。后裔播迁南日岛、平潭岛、东茂村等地。

福建佘氏12355人，主要分布在莆田市仙游县、漳州市、晋江东茂、安海、前杆柄、惠安田船、南安丰溪边、洛江马甲、石狮、安溪、永春、德化、龙岩、厦门市佘厝新村、乌石浦、塘边等地区。子孙分布江西广丰、浙江龙游。

【入垦台湾】

清代福建佘姓族人开始入垦台湾。台湾佘姓排名185位，主要分布在高雄、其次是台南、台北，散居各市县。

【郡望堂号】

雁门郡：战国时期赵国赵武灵王置郡，秦朝、汉朝沿用，治所在善无（今山西右玉），其时辖地在今山西省河曲、五寨、宁武、代县一带。

新蔡郡：原为周朝吕国的地域，即今河南省新蔡一带。

新郑郡：即今河南省的新郑市。（前806），周宣王封弟弟姬友于郑（今陕西华县），曰郑桓公，此郑建国之始。

雁门堂、新蔡堂、新郑堂，以望立堂。还有慰忠堂、佑启堂等。

【楹联典故】

雁门绵世泽；豸府振家声。

——佚名撰佘姓宗祠通用联。此联为安徽省铜陵县大通镇佘氏宗祠联。上联典指北宋佘太君夫人杨继业曾率杨家将镇守雁门关、抗击契丹入侵。后来杨门只剩一家孤寡13人，由佘太君领阵御敌，传为一时美谈。下联典指佘氏为当地望族，"豸府"，指官府。宋代有佘起，一门聚义1300余口，子孙以科第显名；明代有佘可材，人称"佘天官"。

三朝元老贤丞相；开闽金科第一人。

——此联为福建省石狮市石狮港边村佘氏宗祠联。上联失考。下联典指明代福建闽南佘姓之祖佘梅江，尊称梅江公，大明年代，南京吾金卫（可能相当现在的军长级别）。

【祠堂古迹】

城垵村佘姓宗祠，东山县佘姓祖祠家庙。堂号"追远堂"，始建时间不详，后因多年失修倒塌，于1988年重修。宗祠占地面积约600平方米。外门匾："佘氏大宗"。门联："下邳世泽枝荣叶茂永昌盛；追远缅怀，宗功祖德颂春秋。"内匾："追远堂"。宗祠奉祀城垵佘氏列祖列宗神主，每年农历二月二十四日和八月二十日春秋二祭。

石狮永宁佘氏宗祠，位于永宁镇港边村。坐北朝南，建筑面积352平方米。始建于清康熙二十五年（1713），二进中央天井机构。

【昭穆字辈】

晋江雁门鳌江佘氏：姜子元尔，俊彩升隆，昭宣济美，植德由道，雍和伯仲，启迪有芳，流传至今，尊宗敬祖。

晋江雁门鳌江佘氏：龙维锡世，光衍辉煌，文明日盛，永昭书芳，立心忠孝，作述孔彰，吉士喜起，长发其祥。

第一百二十五节 沈 姓

沈姓的人口已达500多万，大约占全国人口的0.38%。沈姓是中国大陆的排第37位的大姓，在福建第28位。在台湾排名第39位。

【渊源】

1. 沈姓是以牛为图腾的氏族用牛沉河、渊，祭天求雨的巫觋职司。作为族徽，所以由水、渊、牛、方构成。"方"代表四方，是四时节气的象征。四时季节不及，该雨不雨，旱灾，以沉牛为牺牲祭河伯水神，以此方法求雨。沈沉一字，祖为实沈。

2. 出自姬姓，为周文王第10个儿子季载之后，以国名为姓。《姓纂》说："周文王第十子聃季食采于沈，因氏焉。今汝南、平舆、沈亭，即沈子国也。"读"真"音的沈，即是颛顼帝的后代。据《新唐书·宰相世系表》《元和姓纂》等有关资料所载，沈氏出自姬姓，是黄帝的后裔。沈本是上古国名，最早是夏禹子孙的封国。周初时，武王死后，由年幼的成王即位，周公旦（文王第4子）摄政。社会不集，武庚（商纣王之子）联合东方夷族反叛，后被周公旦所灭。文王的第10个儿子季载因平叛有功，被周公举荐为周天子的司空，后成王将其叔叔季载封于沈国，又名聃国（今河南平舆北）。季载又称冉季载。聃又写作冉，古时，冉、沈读音相同。前506年，姬姓沈国被蔡国吞并，沈国的子孙遂以原国名命姓，称为沈姓。

3. 出自芈姓，是颛顼帝的后裔，以邑名为氏。据《通志·姓氏略·二》云："楚有沈邑。楚庄王之子公子贞封于沈鹿，故为沈氏。"春秋时，楚庄王之子公子贞被封在沈邑，其后代子孙有的遂以封邑名命姓，称为沈氏。

4. 亦出自芈姓，为春秋时楚国王族弟子戌之后，以地名为氏。据《风俗通》《元和姓纂》《通志·氏族略》《姓氏考源》《姓谱》《中国姓氏寻根》等记载：春秋时，楚庄王有曾孙名戌，在楚平王时任沈县（今安徽省临泉县）县尹，世称沈尹戌，初

隐居于零山，后仕楚为左司马。其后人有的遂以地为姓，称为沈姓。

5. 出自金天姓，为少昊裔孙台骀（一作台胎）氏之后，以国名为姓。《姓氏考略》上说："《左传》沈姒蓐黄注，四国，台骀之后，系出金天氏。又，楚有沈尹氏，沈诸梁，并公族，以封于沈鹿得姓，则系芈姓，非一族，直深切者，为实沈之后，与音审者不同。"据《左传·昭公元年》及《姓氏考略》等资料所载，少昊金天氏裔孙台骀氏之后有人建立沈国，春秋时，为晋国所灭，子孙遂以国名沈姓，称为沈姓。

6. 出自姒姓，为春秋时沈子之后，以祖名为氏。据有关资料所载，沈姓源出姒姓，春秋时公族受封，为子爵位，世称沈子。沈子的后代有的以祖名为姓，称为沈姓。

7. 出自少数民族姓氏中有沈姓。瑶族、彝族、锡伯族、蒙古族、撒拉族、朝鲜族、满族、土家族、回族等均有此姓。

【得姓始祖】

季载，周文王有10个儿子，最小的老儿子叫季载，文王去世后二子武王伐纣后病故，三子周公代替幼年成王行政，周公封侯建邦时封老子季载为司空，封土为聃国，因此季载又称聃季。据《新唐书·宰相世系表》《元和姓纂》等有关资料所载，周初时，武王死后，由年幼的成王即位，周公旦（文王第4子）摄政。三监不服，与武庚（商纣王之子）勾结，联合东方夷族反叛，后被周公旦所灭。季载（文王第10子）因平叛有功，被周公举荐为周天子的司空，后成王将其叔叔季载封于沈国，又名聃国。季载又称冉季载。聃又写作冉，古时，冉、沈读音相同。春秋时，沈国为蔡国所灭，季载之后子逞逃奔楚国，其后子孙遂以原国名命姓，称为沈氏。冉季载从而成了沈姓的得姓始祖。

【入闽迁徙】

唐总章二年（669），福建泉潮地区部分土著首领聚众叛乱。唐高宗诏令河南光州陈政为岭南行军总管，率府兵3600名、将士自副将许天正以下123员，前往福建平乱。中原沈姓将佐随从陈政、陈元光父子入闽。有沈勇者随陈政父子入闽开漳，辟地教化，其功甚伟。宋淳佑间追赠武德侯，是为沈姓闽粤始祖。时，分营将沈世纪、校尉沈天学随从陈政、陈元光父子入闽，在漳州落籍。沈勇，原名彪，字世纪，光州固始县人，初为河南案牍吏，身材魁梧，能文善武。其子孙分传龙溪、漳浦、南靖、长泰、诏安以及泉州、南安等地。沈世纪为沈姓入闽始祖。

唐末，王潮、王审知兄弟入闽，又有中原沈姓族人随同前往。唐天佑年间（904—906），沈君荣自河南光州固始入闽，居泉州同安马巷沈井乡。

南宋初，有吴兴人沈启承官至汀州府知府，其子沈廷辅，随父入闽，后迁居福建省建阳县。沈廷辅，名太一郎，字帷，生八子：椿、楸、松、柏、桂、榕、根、杖。沈廷辅迁福建建宁开基（非客家），生八子命名均取木字旁，其后简称八木公派：长子椿，迁宁化（客家）；次子楸，迁诏安（非客家）；三子松，迁长汀（客家）；四子柏，迁清流；五子桂，居宁化（客家）；六子榕，迁南平；七子根，迁连城（客家）；八子杖，迁上杭（客家）。廷辅八子，名均取木字旁，称"八木公派"。八木公派下，传播繁衍闽、粤各处。《（台湾）缙杨沈公族谱》记载，沈杖六世孙沈念一郎，字若日，号流芳，由上杭县古田里沈家坊迁广东程乡开基，念一郎五世孙沈伯四郎（沈杖十世），迁平远县东石乡梅子村开基。清乾隆末年，沈缙杨（沈杖二十世），由梅子村迁台湾省桃园县平镇宋屋庄开基为始祖，尊八郎沈杖公为闽粤杭永一世祖。

梅县、乐昌《沈氏族谱》：聃季（季载）六十六世孙名发，居扬州。发子荣昌，居南京泗州府吴兴县，称一世，再后传至三十四世启承，南宋绍兴二十六年（1156）进士，授汀州知府，居家汀州。生子廷辅，授浙江处州府理刑，后任山西巡按，继升谏议大夫。初居杭州，宋室南渡后，随父移居建阳县。生八子：长子椿，迁居宁化贵溪；第五子

桂，徙居宁化招贤里。其余六兄弟分徙龙岩、长汀、清流、延平、连城、上杭等地，裔孙派衍大埔、梅县、平远、惠州归善与湖广等处。其后裔散居龙岩、长汀、清流、宁化，延平（南平）、连城、上杭古田。五世孙沈炽（千十七郎）生七子，迁居永定及广东梅州、大埔、平远、惠州归善与湖广等处。明初，沈那仔为广州右卫中朗，后迁居兴宁。入粤世系有"三善堂""四声堂"。福建上杭、清流、连城沈姓也是出于吴兴一支。据《吴兴沈氏五修族谱》载："先世居福建上杭沈家坊。"《连城吴兴沈氏族谱》载："宋末湖州吴兴沈氏隐居福建清流丰山，复迁连城。"明初，沈那仔为广州右卫中朗，后迁居兴宁。

上杭、清流、连城沈姓也是出于吴兴一支。据《吴兴沈氏五修族谱》载："先世居福建上杭沈家坊。"《连城吴兴沈氏族谱》载："宋末湖州吴兴沈氏隐居福建清流丰山，复迁连城。"

台北县《沈氏族谱》云：始祖沈荣昌，至三十四世沈启承时，随宋南迁，居福建之建宁。三十五世有沈二郎者，率族入漳（非客家）；沈三郎者入汀（客家）或有入粤者，故闽、浙、粤沈姓，皆为一族。

元、明、清时期，陆续有沈氏族人从河南等地迁徙入福建。

【入垦台湾】

明初，福建都司沈有容挥师入台击败日本倭寇首次收复台湾。沈光文在台30余年，不但开学堂、办诊所，惠及当时，而且踏遍岛上的山山水水，将所见所闻详加整理记述，为后人留下了不少珍贵史料，被誉为"台湾文献初祖"，他的铜像至今屹立。丹诏沈氏派下，明万历年间，退职里居的乡贤沈铁曾上《经营澎湖六策书》，就澎湖的防务、移民、通商、行政提出真知灼见。明末朝迁郎中使沈全期，被称为"医祖""医圣"。明末，沈斯庵徙居今台南县善化镇，为沈姓移居台湾之始。明末，怀安侯沈瑞，因抗清兵护南明而封侯，又因协助郑成功驱逐荷兰殖民者而捐躯；总兵沈诚在郑攻台之前，进澎湖，取安平，招募船民义兵，为胜利奠基，入台后经巡台南、盐水港、下营、新营、白河、诸罗山、

斗南一带，所至惩恶扬善，兴利除弊，安抚民众，鼓励垦荒。

清顺治八年（1651），沈光文到台湾开设学堂，办诊所，广泛传播中华传统文化，他去世后，台湾百姓为他建庙立像，并誉之为"台湾文献初祖"。沈扁聪敏英武，清康熙二十年（1681）随靖海侯施琅取台澎，因功官拜澎湖都指挥使。坐镇澎海期间，严明军纪、战海盗、平内乱、抚民心，海氛得以平靖，百姓商贾安居乐业，死后民众为其立"威镇澎海"碑。客居台湾的现代国画大师沈耀初，潜心研究国画艺术数十年，其作品意高笔简、独辟蹊径、色彩清新、气势不凡，在两岸画界有很高名望。一些土生土长的移民后裔也有不俗的表现，沈庆京从纺织品配额大王到股市天王到投资数百亿在台北、扬州兴建百亿新城，创造了经济奇迹。清康熙末期，诏安沈姓族人沈元相继越海另谋生计，入垦台南下营；乾隆中期，沈参入垦台南新营；清乾隆十八年（1753），漳州所属诏安三都西坑乡望族沈宣义的第22代孙沈参迁居台南县新营镇。台湾新营的沈姓至今已有170多年的历史，现在沈姓人口达三四千人，成为当地的望族，已成为"台南十大望族"之一。乾隆末期，沈回到云林斗六，沈举到苗栗苑里；道光年间，沈野到屏东内埔。清乾隆、嘉庆年间，福建漳州、泉州及广东沈姓，又有多支迁往台湾，进而又移居海外。清代沈鸿儒迁台湾教授，后代留居台湾。

民国三十四年（1945）台湾光复，沈春池等奉调入台接收，沈耀初等亦前往谋职；1949年又有国民党军长沈向奎等退往台湾。

清乾隆、嘉庆年间，福建漳州、泉州及广东沈氏，又有多支迁往台湾。今台湾沈氏主要分布在云林、台北、台南；其次为台南、高雄、屏东、桃园、彰化、南投、基隆、台中；再次是新竹、花莲等等，其余各市县也都有分布。

【郡望堂号】

吴兴郡：三国时置郡，治所在乌程（浙江吴兴南、晋义熙初移吴兴）。

汝南郡：汉高帝时置郡，治所在上蔡（河南省上蔡西南）。

吴兴堂：自东汉至隋代，沈姓名人基本上都出自吴兴武康（今浙江德清县武康镇），所以沈姓后裔以"吴兴"为堂号。

梦溪堂：宋朝时沈括博学能文，累官翰林学士三司使。对天文、历算、方志、音乐、医药无所不通。制造了浑天仪、景表、浮漏等天文仪器。开创了隙机、浑圆两术和弧矢、割圆术的先河。著有《梦溪笔谈》。沈姓因以"梦溪"为号。

三善堂：南宋兵部尚书沈度，字光雅。在当地方官时有善政：一无荒土、二无游民、三无冤狱，时人称为"三善"。沈姓后人为纪念沈度，以"三善"为堂号。

六礼堂：是指唐代沈佺期注《礼记》中的六礼一事。

此外还有以三易、九思、肃雍、承裕、忠清、树本、文肃、永思、聚顺、叙伦、敦伦、憩石、六宜等作为其堂号的。

【祠堂古迹】

连城沈氏大宗祠，位于国家级风景名胜区连城冠豸山东南的石门湖三姑娘山，沈氏大宗祠重建石门岩碑记——沈孟化（参政）。为宋元祐间（1086—1093）沈永钦建。明洪武间，本县沈彦和重建作沈氏祠，2010年重建沈氏大宗祠。

馆前沈氏宗祠，位于长汀县馆前镇坪埔沈坊村云霄山下，清道光年间（1821—1850）建，坐东南朝西北，占地面积2179.68米。

诏安沈氏宗祠，在诏安县南诏镇东城社区，建于明宪宗成化年间，故称"明宪祖祠"。历代重修，坐北朝南，现在宗祠即保留咸丰时期的木梁构架。

【楹联典故】

创新声律永明体；善作传奇不俗文。

——沈姓宗祠通用联。上联典指南朝宋代沈约。下联典指唐代沈既济。

三善名世；四韵家声。

——沈姓宗祠通用联。上联典指宋代沈度。下联典指宋代沈约。

武奠霞漳开十邑；德垂梅圃祝华封。

——沈姓宗祠通用联。此联为福建省诏安县南诏镇沈氏祖庙联。庙祀开漳功臣、武德侯沈世纪。

雺水源远家声大，蚶山峰高世泽长。

——莆田埭头镇后郑村沈姓楹联之一。联上句雺水系本支沈氏祖居地浙江雺溪村河名；联下句蚶山系莆田沿海之名山。

唐代晋侯封，卓著勋猷垂奕世；漳江崇庙祀，永留惠泽耿千秋

——台湾云林县泰安宫（沈氏家庙）楹联之一。其宫地处斗南镇大东里，始建于明郑时期，为大陆沈姓族人迁去台湾者合力建造，祀沈姓先祖、武德侯沈彪。

【族谱文献】

闽台沈氏族谱现存百余部。有《横口村沈氏族谱》为漳浦横口村沈氏族谱。谱修纂情况无考。内容有沈氏世系图、各朝代祖宗、各世祖传略、漳浦长桥乡康庄沈厝村沈氏家族来历。世系总图始记于一世东汉沈荣昌，止于长桥始祖沈积善，凡四十二世。内载唐仪凤年间，第十六世孙沈彪，字勇，从河南固始随陈元光、陈政入闽，为入闽始祖。到第三十四世孙沈廷辅，号恒忠，宋绍兴丁丑进士，居建阳，其次子沈楸行二郎迁往漳浦，为漳浦肇基祖。楸行二郎曾孙元沈景善因避乱入赘漳浦蔡坑蔡氏，为长桥乡康庄沈厝村一世祖。景善子积善，赘入衡山傅氏，为衡山开基祖。后裔迁往诏安、漳州、龙海、长泰、海丰等。有《吴兴沈氏溯源图》福州沈氏族谱。民国间沈观官编修钞本。不分卷。刊录历代沈氏源流，有入闽始祖沈子常衍派；杭房支世系图；宋沈文肃公基表；宋敷文阁学士文肃公群记；沈氏宪甫公本传；续纂吴兴沈氏小史序；沈氏小史述。幼丹，讳蔡桢，为入闽世祖。载始祖沈天祥从江南湖州迁往杭州，其长孙沈彦三子沈子常从杭州迁闽，为入闽一世祖。此外有诏安沈氏宗谱和新加坡沈氏宗谱等。

第一百二十六节　盛　姓

盛姓在当今姓氏排行榜上名列第175位，人口约861000余，占全国人口总数的0.054%左右。在台湾排名第165位。

【渊源】

1. 源于姬姓，出自周朝周文王之子郕叔武。

2. 源出于姬姓。周初，武王封文王之子于盛（今山东泰安南面华丰一带），建立盛国。春秋时被齐国灭掉，盛君的后人遂以国名为姓，即盛氏。

3. 源于姬姓，出自汉朝时期奭氏族人，属于避讳改姓为氏。周文王姬昌的第五子姬奭，因封于召（今陕西岐山县西南），人称召公、召康或召伯，后因助武王灭商有功，召公被封于燕，即今河南郾城县，召公的一支子孙被封盛（当时汝南郡境），是燕国的附属国。其子孙，就以祖上的名字奭为姓。到了西汉元帝刘奭即位，为了避讳刘奭的名字，奭姓人就以国名盛为姓。该支盛氏，得姓于西汉晚期，是由奭氏所改。西周初年，有名臣召公奭（姬奭），他是周武王姬发的弟弟，在周武王病逝后由周成王姬诵继位后，与周公旦一起，尽心竭力地辅佐周成王，平定了武庚叛乱、平定了东夷、淮夷、徐夷等，为稳定和进一步发展做出了巨大贡献。在召公奭的后裔子孙中，就有一支以先祖的名字为姓氏，称奭氏，世代相传。到了西汉元帝刘奭即位（前48）之后，由于其名为"奭"，天下百姓必须避其名讳，包括字讳与音讳，因此奭氏族人遂改为盛氏，世代相传至今，史称盛氏正宗。这在史籍《姓谱》上就有记载："北海太守奭伟，避元帝讳，改姓盛。"

4. 源于官位，出自西周时期官吏白盛，属于以官职称谓为氏。白盛，是西周晚期开始设置的官位。传说从周夷王姬燮开始，周王室开始将内宫墙壁粉饰为白色，因设白盛之官，其职责就是负责粉刷墙壁。其实，与其说是官称，不如说是职业，如同今天建筑行业的内装修之粉刷工匠。据典籍《周礼·冬官考工记》记载："白盛，盛之言成也，以蜃灰垩墙，所以饰成宫室。"

5. 源于少数民族。出自南北朝时期北周柱国贺兰祥，属于汉化改姓为氏。满族属于汉化改姓为氏。据史籍《清朝通志·氏族略·满洲八旗姓》记载：盛姓中融入其他民族的基因事件发生很晚，直到清朝初期，世代居辽宁的满洲八旗中的盛佳氏族集体改姓汉族盛姓。

6. 在白盛的后裔子孙中，有以先祖的官职称谓或职业称呼为姓氏者，称白盛氏，后省文简化为单姓盛氏、白氏，世代相传至今，是相当古老的姓氏之一。

【得姓始祖】

姬樊崔、召公奭、贺兰祥（贺兰·盛乐）。盛氏始祖为周朝燕国的召公奭，奭因被封于召（今陕西省岐山西南），所以又被称为召公或召伯。召公帮助周武王灭商有功，又被封于燕。召公奭的后代就以祖上的名为姓，成为奭姓。因避西汉元帝刘奭讳就改奭氏为盛氏。盛氏盛氏族人大多尊召公奭为盛姓始祖。

【入闽迁徙】

先秦时期，盛姓活动在河北山东一带，进入秦汉，盛姓已在古吴国之地江苏形成大族。

盛东吴翻开族谱记载，泉州先祖由江苏广陵入闽，始祖盛均于唐大中十三年（859）赴京试，荣取"刺史"官职，他是永春第一个开科进士，后赴任昭州为官，任建安郡（名起汉朝，为闽越王之地，以漳州为核心，周边在现在的龙岩，尤溪，龙海地界）官吏，为官清廉。明代宪宗年间（1475），永春桃城发生大洪灾，部分盛姓族人各自奔波，散居各地，只剩下少数的后人留守家园。清顺治十五年（1658）时重修的族谱早已遗失，康熙年间的又重修过族谱，光绪十六年（1880）续修。1998年，在中医名家盛国荣的关心支持下，盛氏族人再修宗谱。现在盛氏后人主要分布在永春桃城350人，永春岵

闽台寻根大典

山、莲山两地 130 人，德化下泳没找着宗亲，南安仙美村 600 人，南安诗山 50 人，南安山步岭 100 人，石狮 50 人，泉州城区 40 人，厦门 70 人，在泉州盛氏后人只有千余人。

闽北的浦城、光泽、武夷山等多有盛姓散居。

【入垦台湾】

明朝中叶，盛氏从浙、闽、粤迁居台湾。台湾光复后各省也有迁徙入台。台湾盛氏主要分布在台北、基隆；其次宜兰、南投、嘉义、高雄、苗栗、台中都有分布。

清代盛氏分布更广，散居全国与海外各地。

【郡望堂号】

蔡州：亦称蔡郡。秦朝时期把原来的蔡、沈二国之地改置为三川郡。

汝南郡：西汉高祖刘邦四年（戊戌，公元前 203 年）置郡，治所在上蔡。

梁郡：亦称梁国、梁国郡。

广陵郡：即江都郡。原为战国时楚国广陵邑。

盛氏堂号有广陵堂、汝南堂、梁国堂、蔡郡堂，以望立堂。

【祠堂古迹】

盛氏祖祠，位于安溪县码头镇仙美村，始建于清乾隆年间，宗祠横梁上有金漆书写的"广陵衍派"四个大字，天子壁上，是卢嘉锡书的"杏桔传芳"

和方毅的"长乐永康"两幅书法作品。

【楹联典故】

兄弟名士；父子画家。

——李文郑撰盛姓宗祠通用联。上联典指三国时吴国会稽人盛宪，字孝章，为人有器量。举孝廉，历官尚书郎、吴郡太守，与弟弟盛宏、盛仲都是一时名士。下联典指元代画家盛洪、盛懋父子，嘉兴武塘人。盛洪，字文裕，善画人物、禽鸟、山水。盛懋，字子昭，继承父业，工画山水，也画人物、花鸟，布置邃密，运笔精劲。至正末年，尤其享有盛名。

阁藏万卷；恩溥廿年。

——佚名撰盛姓宗祠通用联。上联典指北宋兴国人盛子充，官至朝奉郎。家中藏书极多，有阁名叫"万卷阁"。下联典指东汉会稽人盛吉，字君达，任廷尉。每到冬至日该执行死囚犯时，妻子擎着蜡烛，他携着册、提着笔，夫妻相对哭一阵子再诀别。任职二十年，被天下人称有恩无怨。

明府有名偕弟盛；太傅无忧闾属安。

——佚名撰盛姓宗祠通用联。全联典指汉代盛姓名人盛宪、盛豫事典

【族谱文献】

南安盛氏族谱，始修于清乾隆年间，光绪年间续修，光绪六年（1880）修成；1998 年再修。

第一百二十七节 施 姓

施姓在今中国姓氏排行榜上名列第97位，约占全国汉族人口的0.17%，在福建第43位。在台湾排名第38位。

【渊源】

1. 出自姬姓，为春秋时鲁惠公子尾生之后，以祖字为氏。据史籍《通志·氏族略》《元和姓纂》等记载，春秋时期，鲁惠公姬弗涅之子中有个姬尾生，字施父，史称施父尾。在鲁桓公姬轨（姬允）执政时期（前711—前694），姬尾生成为鲁国的大夫。据说，姬尾生精通音律，曾视来访的曹国太子赏乐姿态之变化，断言其父曹伯将不久于人世，后来果然应验。鲁桓公深敬姬尾生之才，委以重用，施父后成为春秋名臣。后传到其五世孙姬孝叔之时，干脆以先祖名字为姓氏，称少施氏，亦称施父氏，后省文简化为单姓施氏，史称施氏正宗。

2. 出自夏时施国，为夏时施国公族之后，以国名为氏。据《姓氏考略》所载，夏时诸侯有施姓（故址在今湖北省恩施市一带），国亡以后，其公族子孙就以国名为氏。

3. 出自子姓，商民七族之一有施氏。据《左传》所载，周初，武王之弟康叔受封为卫侯，分到了"殷民七族"：陶氏、施氏、繁（一称邦）氏、锜氏、饥氏、樊氏和终葵氏等。施氏为制旗帜的工匠，其后代相传姓施，称为施姓。

4. 出自方姓，为明代方孝孺同族方氏，避难时改姓施。据《姓氏词典》注云："系改姓，明代方孝孺被杀后，其同族外逃，惧怕株连改此姓。'施'字拆开为'方人也'。"

5. 出自他族改姓。今京、彝、苗、蒙古、羌、傣、怒、纳西、傈僳等族均有此姓。

【得姓始祖】

施父为施姓的得姓始祖。春秋时鲁国君主惠公之子，名尾生，字施父，人称施父尾。在鲁桓公时任大夫之职，据说他精通音律，曾视来访的曹国太

子赏乐姿态之变化，断言曹伯（曹国国君）将不久于人世，果灵验。桓公深敬施公之才，委以重用，传到惠公的五世孙之时，以祖名为姓。

【入闽迁徙】

1. 唐总章二年（669），河南光州固始人，武举人，光禄大夫施光缵随陈政陈元光父子入闽平"蛮夷獠乱"，镇守梁山下（南）故绥安地（今云霄火田），施光缵为开漳施姓始祖。是福建施氏见载文字第一人。

建漳州后，赐封为光禄大夫，为开漳施姓一世祖。第二世施良佐，漳州陆路总管、州尹。第三世施从谓，龙溪县文学、从讪漳浦县尹，卒，葬于漳浦凤山，衍传于此。至第十四世施象（古谱谓六世），宋哲宗元祐二年进士。第十八世（古谱谓八世）施总，宋宁宗嘉泰二年进士。施兴诗，嘉定十三年（1220）进士。第十九世施允寿，字伯和，宋儒林郎，漳州守臣朱熹门生。第二十世施思学、秘书郎，任于山东省；正学内省秘书郎。至此衍裔多于漳州城。又据龙岩白沙施姓保存的《施氏古谱》记载：原祖肇自河南汝宁府光州固始县，至始祖银光光禄大夫施光缵，随陈王南征。

2. 唐光启元年（885），吴兴施姓五十七世孙施惠张，官授威武将军，伺奉父亲施俊由河南光州固始随王潮、王审知入闽，定居建阳麻沙，传八世至施宗泽，官授京都福建盐转运使。宋宣和三年，迁往福清县，称："高楼施"。高楼施传三代，至施炳，宋绍兴五年（1135），官任大理寺评事，率三子：施秀、施英、施茂迁晋江南浔，世称："浔江派"，堂号："树德堂"，清初施琅将军即为浔江派，尊施炳为本支派始迁祖；施秀第十四世孙施世珠，传五代后迁入莆田南日小日岛定居。

3. 唐光启三年（887），施貌公自江苏金陵入闽，再播安溪、邵武、福清、浙江、台湾等地。

4. 唐乾符六年（879）一世祖施文仪从浙江吴兴郡入闽，往长溪（今福安）官拜秘书丞，再分居

坂中、社口、溪柄、台湾。

5. 唐昭宗天复四年甲子年（904）一世祖泰定郎居宁化，再播迁三明、永安、明溪、清流、邵安等。

6. 唐末，于唐乾宁元年（894），秘书丞施典，由河南固始随王潮迁居福建钱江乡，是为"钱江衍派"。钱江施姓尊施典为始祖。施典公携长子施敬敷、次子施敬承，随王潮、王审知自河南光州固始入闽，定居泉州，世称"吴兴施氏钱江派"，尊施典为本支派始迁祖，堂号："中秘堂"。 施典十二世孙施令于宋绍兴间迁福清龙田东枝，形成"东枝施，玉井施"。施典的十四世孙施菊斋于明洪武九年（1376）入赘当今石狮市（原属晋江）永宁镇西岑村李家，是为西岑施氏始祖。

7. 宁化《吴兴郡施氏合修族谱》（1996年修）载：吾族系出吴兴，始祖泰定郎公，讳安，字子坚，由唐昭宗天祐元年以广州贡士官拜宁阳（宁化古称）博士教谕，任满居家宁阳县城桥南，是为宁化始祖。至八世庆隆公，分军、匠二户，建二祠。至十四世子诚公，又建祠于五灵山，堂号"思成堂"。传至二十七世泽唐公，生五子：长子昌聚，居龙上上里大朱坊；次子昌成；三子昌元，徙居大坪地；四子昌圣徙居夏一园；五子昌近，徙居铁树坪，丁蕃派衍，世代昌隆。

宁化施氏早在县城儒学岭（三官庙左畔）建有施氏宗祠，堂号发祥堂，崇祀始祖泰定郎。后在城外上进贤坊（小溪边车脑上）建施氏宗祠，堂号笃亲堂，祀八世祖庆隆公。至十二世祖隆公创建永丰里夏官寮（今河龙乡）施氏宗祠，堂号有庆堂，祀八世祖应隆公。清代又在县城南关徐家山建施氏家庙，祀十八世贤俊公。光绪十二年（1886），在县城下进贤坊施家弄建施氏家庙，晋祀十八世双桥公（贤杰）。嘉庆己卯又在城外下进贤坊竹坳弄五灵山建施氏家庙，堂号著存堂，祀二十三世德斋公。十七世祖良壁公又建二祠：一在招贤里沿溪建施氏宗祠，祀十五世祖友显公；一在县城下进贤坊竹坳弄建施氏家庙，堂号思成堂，祀十四世祖子诚公及妣巫孺人。这些祖祠有的已毁，有的改作他用。

宁化方田乡（大坪地）《施氏族谱》：始祖太

定郎（亦作泰定郎），字子坚，籍出广东广州。唐哀帝天祐元年，仕官宁阳（即宁化），为宁邑博士，遂卜居宁化。传二十世，泽唐公迁朱坊（今方田乡）。明末，后裔分居江西石城。续衍永安、邵武等地。

8. 宋高宗绍兴三十一年（1161）进士，宋大理寺评事施炳，后裔称其"评事公"。宋隆兴元年（1163），从固始县率领族人渡江入闽，他们先落脚于福建西北的建阳县麻沙界首，后又迁至沿海的福清县高楼村，称"高楼施"。也许他们得知晋江沿海有一支是固始迁来的宗亲，于是旋又南下，择居于与钱江相邻的晋江南浔村（即衙口）。为浔江施姓始祖，浔江施姓尊称施炳为始祖。是为"浔江（又称浔海）衍派"，清初的施琅将军属于浔海施姓。施炳的次子施英和三子施茂双双由高楼乡迁居当今晋江市龙湖镇的衙口村。这支施姓现已繁衍近三十世，其子孙遍布当今晋江市龙湖镇的衙口、桥头、山前、大埔、鲁东、古婆庄、洪溪、草田、曾厝、西畲、英厝等村和深沪镇的九十九寮以及金井、安海、永和等乡镇，这支称为衙口（即后港）施或称浔江施，始祖即施炳。晋江施氏有钱江、浔江两大派系。

9. 宋咸淳九年（1273）施门公从浙江吴兴（今湖州）（护幼主）经福州北门入闽，定居闽侯，再播迁大田、尤溪、长乐等。

以上各支入闽施姓始祖，经分支衍派，分布闽南之泉州、漳州及沿海晋江、漳浦、龙溪和长泰、云霄等县，经九龙江流域，衍传同安、安溪、厦门；分迁闽西北山区，几经移居龙岩等开派续代，于此繁衍为大、二、三房，徙居德化而汀州；开基福清传莆田、闽侯、福州。又由闽而迁播台湾、广东、香港、江西、山东等地，再远播印尼、新加坡、荷兰，移居美国、加拿大、澳大利亚、日本等国。

【入垦台湾】

明清之际，上述迁至浔江的施姓，后来一部分人迁居入台，大陆移民台湾大致有三次高潮，施姓是随着这一移民潮迁入台湾的，他们大多来自泉州地区，尤其以晋江县为最多。一是明末清初郑氏郑芝龙郑成功时期。这时期的大陆移民大多居住在今台南、高雄、彰化一带；二是施琅时期，施是晋江衙口人，衙口是浔海施姓的聚居地。随施琅去台的晋江施姓亲属和族人不计其数。大多居住在彰化、台南、台中、高雄。三是在乾隆、嘉庆时期。乾隆四十九年（1784），清政府批准晋江的蚶江（今属石狮市）与台湾的鹿港"对渡"。八年后又开放蚶江与淡水河口的八里岔"对渡"，所谓"对渡"就是对口贸易。施姓迁入台湾，主要以台南、彰化、淡水、高雄、台北等地都有施姓的聚居地，但是，人数最多、最集中的是鹿港。

【郡望堂号】

吴兴郡：三国吴置郡。治所在乌程，故城在今浙江省湖州南。

临濮郡：施姓发祥于鲁地、濒临濮水。濮水，今虽湮没，但古代却颇有影响。鲁惠公之八世孙施之常，系孔门七十二贤之一，封为临濮侯，故施氏皆以"临濮"为郡望。

施姓的主要堂号有临濮堂、恭敬堂、务本堂、存仁堂、桓德堂、麟庆堂、敦睦堂、馀庆堂、式古堂、彰德堂、敦厚堂、志远堂、奉恩堂、亲亲堂、培远堂、学馀堂、永宁堂、永恩堂等。

临濮堂：鲁惠公之八世孙施之常，系孙子七十二贤人之一，封临濮侯，故华夏施氏多以临濮为堂号。

【祠堂古迹】

衙口施氏大宗祠，亦名浔海施氏大宗祠、浔江施氏大宗祠，位于晋江市龙湖镇钱江村（衙口村）。背倚万寿宝塔，右挹闽海碧波，左襟灵秀余脉，前布池塘七口，状犹七星拱月。宗祠始建于明崇祯庚辰年（1640），清顺治辛丑年（1661），沿海迁界因隳，康熙二十二年（1683）施琅统一台湾，翌年清廷展界，居民回迁。迨康熙二十六年（1687），施琅于故址重建之。迄今历300余载，保存完好。宗祠坐北朝南，系五开间三进带护厝，前设石庭，后附花园，系典型闽南硬歇山顶皇宫式建筑，整座为抬梁式与穿斗式相结合木构架。中轴线由照墙、前埕、大门、中埕、前厅、后埕、后厅组成，左右有两廊，左边有火巷隔开，还有一列厢房。占地面积2000余平方米，总建筑面积有1740多平方米。

钱江施氏家庙，晋江市龙湖镇钱江村。宋代，施梦说建祠堂，明毁，清康熙三十九年（1700）重建，屡有修葺，而原貌一直得到保存。2002年按原址原规制拆卸重建，砖墙改为石墙，木柱易作石柱。面墙悉以雕花堵石砌就。该祠宇坐西北向东南，是一座砖木石结构五开间二进带一列左厢房的闽南古建筑。

尤溪中仙东华施氏宗祠，位于尤溪中仙的东华水尾，坐壬向丙，列有"施琅大将军"塑像一尊。该祠始建于清康熙年间（1662—1722），由施玉节主持修建；历代重建。该祠为二层大楼，左右横厝，占地面积1600平方米。

平潭霞屿施氏宗祠，位于平潭特区霞屿村，始建于明代，清代以来历代重修。砖木结构，悬山顶，存有平潭《高楼霞屿施氏族谱》。

福鼎施氏宗祠，位于福鼎市区施厝巷，建于清道光五年（1825），宗祠总占地面积1200平方米，雕梁画栋，尽显庄重雍容气派。

福鼎施厝巷官厅，又名"大夫第"，位于福鼎市区，建于乾隆五十年（1785）。宅院坐北朝南，三开间、三进深构筑，分为前厅、中厅、下厅及前后花园。

【楹联典故】

名标青史千年在，功播清时万古传。
——施姓通用楹联。

树立本根，根深方知道山叶茂；德涌渊源，源远乃见浔海流长。
——云霄陈岱施氏家庙树德堂。

叶落归根流长源远万支繁衍怀临濮，血浓于水睦族敦亲四海宗情会洛江。
——台南市施氏大宗祠临濮堂联。"临濮"指施姓发祥地山东，"洛江"指施姓祖籍地河南。

诏拜仇博士；功封靖海侯。
——上联典指汉朝学者施仇。下联典指清康熙水师提督施琅封靖海侯。

著名著岂止水浒传；雄才非惟揽云集。
——上联典指元末明初小说家施耐庵。下联典指清代文学家施清。

临濮封侯亘古皆称圣门贤者；石渠讲易迄今尽

颂汉代儒宗。

人臣奏开阃殊勋谋猷克壮；国家锡报功巨典品秩加荣。

——衙口施氏大宗祠

【族谱文献】

闽台施氏族谱现存百余部。有晋江衙口《施氏宗谱》，始修于明嘉靖年间（1521—1566），崇祯元年（1633）修成；清康熙二十二年（1683）施侯琢续修，五十五年（1716）施世马来重修，1991年重修。谱79卷卷首2卷共23册，附录一哥四郎二派实录10卷、《靖海纪事》2卷。卷首部分辑录历代修谱序，祝文、祀引、族约、凡例家庙图、墓图、志铭，以及宗支吊图等项纪事；卷1至卷79皆刊世系，包括各分支派世系；附录世系迄载于清康熙五十二年（1713）世次止，靖海纪事辑录了施琅的生平文集，以及群僚序文、赞文等，有名士李光地所书一篇。

内载南宋末，肇迁始祖施菊逸，行六十二，泉州移居南浔（今衙口），尊宋详事施炳为一世祖，创南浔施氏大宗。名人清康熙年间所封的靖海侯施琅、"天下第一清官"施世纶等。谱序中还收录施琅，施世伦等人所撰序文。还有《施氏世谱》清光绪二十三年（1897）施调培修撰，1993年漳州临濮堂重修，施正渊、施斌编辑，钞本。谱载施氏源自周族，得姓始祖施父。孔子弟子施之常受封于濮为临濮侯，以临濮为施氏堂名。唐高宗时，施光缵随陈政父子入漳开基；宋末后裔分居长泰、漳浦、云霄、龙海等省内外及海外各地。

【昭穆字辈】

晋江施氏字辈：德昌其福广，志立（乃）建功长；克守忠和信，敦崇瑞兆祥。仁礼存贤慧，书林谱锦章；嘉行传盛誉，厚道美名扬。

第一百二十八节 石 姓

石姓在中国大陆人口排名第71位，在福建排名第84位。在台湾排名第67位。

【渊源】

1. 出自姬姓，为石碏之后裔。据《元和姓纂》及《春秋公子谱》等所载，春秋时康叔的六世孙卫靖伯之孙公石碏，又称石碏，是卫国的贤臣，有大功于卫，世为卫大夫。卫桓公二年，其弟州吁骄奢，被桓公撤去将军之职，出奔国外。十几年后，州吁领着党徒潜回国内，刺死桓公，自立为君。石碏之子厚也参与了密谋，被拜为大夫。后石碏把州吁和石厚骗到陈国，又暗中给陈桓公写了一封密信，信上说："卫国褊小，老夫耄矣，无能为也。此二人者，实弑寡君，敢即图之。"所以，州吁到陈国后，立即被抓了起来，后来，石碏命人杀州吁、石厚于陈，然后迎立桓公之弟公子晋为国君。《春秋》称赞石碏说："石碏纯臣也，恶州吁而厚与焉，大义灭亲，其是之谓乎？"厚的儿子（石碏之孙）骀仲，以祖父的字命氏，称石氏。史称石姓正宗。

2. 出自子姓，以字为氏。据《春秋公子谱》所载，春秋时宋国公子段，字子石，他的后代都以祖之字为氏，称为石姓。

3. 出自姬姓，以字为氏。据《春秋公子谱》所载，春秋时郑国公子丰又大夫，字石癸，其后世子孙以祖字为氏，称为石姓。

4. 出自他族加入或他族改石姓的。今侗、水、阿昌、满、拉祜、回、土家、东乡、黎、羌、蒙古族有此姓。

【得姓始祖】

石碏，本名公孙碏，字石，卫靖伯之孙，春秋时期卫国贤臣。其大义灭亲为世人所称道，被称为纯臣。公元前731年为卫国大夫，辅佐朝政。他为官清正，提出"倡六顺""反六逆"学说。春秋时史学家左丘明称石碏："为大义而灭亲，真纯臣也！"以后，石厚之子骀仲，以祖父的字为氏，为石姓。

其后人尊石碏为石姓的得姓始祖。

【入闽迁徙】

唐总章二年（669），河南固始石氏族人随陈政入闽开辟漳州，至五代时已发展成闽南望族。一是石先子派系：石先子随陈政、陈元光父子入闽开漳，唐贞元二年（786）迁徙龙溪（芗城）田下，于北宋末期分支赤岭，后移玄坛宫。二是石鲁千派系：石鑫扈的后裔九世石鲁千，宋赐进士，授奉议大夫、礼部侍郎，于宋绍兴年间（1131—1162）由鹤浦西安乡（今厦门高浦）迁居新埭洋，即今龙海市角美镇石厝，后分衍二十七都瀛洲土白南坂、天宝、程溪、平和、南靖山城、云宵镇海、漳浦濠浔。

上杭的陈嵩生《客家百家姓源流世考》介绍："石氏入闽太始祖鑫扈，字振卿，妣南宫赵氏，生于唐懿宗咸通元年（860）。唐僖宗光启二年（886），鑫扈26岁，授福建南部都尉，统兵入闽，旌旗标识'武威军'，后三年，战绩辉煌。回京后，因平乱有功，恩封副闽中王，光禄大夫，辅佐朝政。其妣南宫赵氏封一品夫人。其子琚，字子美，号正庵，谥文献，后唐明宗三年戊子（928）进士，官为内阁中书勋郎中，历官吏部尚书，拜右丞相，后派出江南寿州八公山景仪村为先籍。父子于后唐明宗天成四年（929）迁居福建，闽中始有石姓。初居苧溪（今厦门同安境内），后其裔孙迁泉州高浦西安乡。宋仁宗皇佑年间，石氏一门七进士三尚书，在泉州建有高浦祠堂石氏家书庙。其门联：宗室尚书庙；银同甲族家。在漳州城总爷后街有司勋石公祠，泉州内井亭巷建有石氏吏部书庙。南宋时，其后裔又再迁闽西各地，并经闽西播迁粤东。宋理宗淳佑三年（1243）石宗盛从龙岩县长塔迁入武平县中堡，为客家石氏始祖之一。南宋末，石三十七郎自宁化石壁经长汀、上杭而入广东，定居惠阳。宋度宗咸淳六年（1270），石宗盛长子念一郎，讳伯宗，生子均台从中堡迁上杭县平安里沙河埔田径（今珊瑚乡）。明世宗嘉二年（1523）武平县中堡石宗盛十二世孙廷仁、廷良分别迁上杭县平安里大富岭下（今官庄乡贵和村）和蓝屋驿（今官庄乡新风村）。明洪武年间，分迁梅州、兴宁、海阳。

漳州石姓保存的族谱记载，光启二年（886）入闽，分南北二部，石鑫扈始为（福建）南部都尉，因移居于高浦。其子石琚，号正奄，天成三年进士，授司勋员外郎，卜居泉州大同场西安乡，现在同安县城小西门外社坛尚有"石厝"，即为当时石姓居住地。（颜立水《"南陈北薛"与"东黄西石"——古同安四大望族》，载《同安文史资料》第十七辑）后移居同安仁里十四都鹤（高）浦西安乡（今属海沧区）开基，为同安石姓开基祖。宋代石姓为同安望族，有"南陈北薛，东黄西石"之称。明初式微，石姓分迁浙江台州、潮州，本省晋江、龙溪、厦门、同安、南靖等地。明洪武年间（1368—1398）石玉全开基南靖永丰里。子孙又迁漳州、福州及浙江省等地。

《兴宁武威石氏谱》：石崇山迁兴宁龙归洞黄陵陶石堡开基。生五子：庭珍、庭玉、庭庆、庭善、庭盛。五子分衍五房，迁和平县有长房六世镇邹支脉的十一世捷文，居长塘赤石岭；六世石金支脉的十一世宝生，居长塘木龙；三房六世石龙支脉的十一世仕华，居长塘；六世石金支脉的十一世茂宋，居长塘东桃岭；石铭支脉的十一世其宾，居长塘；四房六世石柏支脉传至九世相宏，生六子，居下车石头塘开基；相宏、相禄兄弟裔孙有迁南康；相喜裔孙迁赣县；廷栋裔孙有迁兴国。

据石家族谱记载，石家本是朝廷武官，唐末奉命来到闽南驻守高浦（今杏林高浦），历经四世便传衍到厦门岛上，坂美是石氏家族世居所在，石家累世为官，八世祖石开玉，号义斋，被朝廷封为奉直大夫，为二品官，九世祖石时荣封四品官，他的儿子石耀宗在台湾中举，后再考进士，至四品官员。

五代时石姓在福建形成闽南望族。南宋初入闽始祖世居开封南宫石桥头石德成迁福建长乐古槐镇中街村，至今已繁衍三十三代，后裔分布长乐、福清、宁德及全国各地及世界各国。

"两宋时期同安一县共有47名进士，高浦石氏占了9名，其中3人官至尚书。他们或兄弟连登，或叔侄同榜，或父子皆尚书，难怪高浦的石氏祠有'宋室尚书府，银同甲第家'、'日间千人拜，夜里万盏灯'的联语。"（载2005年6月10日《厦门晚报》）宋进士8人：咸平三年（1000）戊子陈尧咨榜：石昭。庆历二年（1042）壬午杨置榜：石仲甫（选再从弟）。庆历六年丙戌贾黯榜：石绛。皇祐元年（1049）己丑冯京榜：石仲攸（仲甫弟）。政和五年（1115）乙未何栗榜：石倪（锐子）。乾道五年（1169）已丑郑侨榜：石起宗。淳熙十一年（1184）甲辰卫泾榜：石大昌（起宗侄，一作起宗弟），石应孙（大昌子）。咸淳七年（1271）辛未张镇孙榜：石大祥。宋特奏名5人：宝元元年（1038）：石震。政和二年（1112）：石锐之（仲甫再从侄）。绍兴二年（1132）：石邦镇。绍兴二十四年（1154）：石侁（倪弟）。庆元五年（1199）：石寅。

【入垦台湾】

石姓自入闽始祖鑫扈唐一世传至十四世，福建多数县份有石姓，且扩展到台湾、江西、浙江、湖广、云南及四川等地。明代开始，福建石姓族人陆续渡海迁移到台湾。嘉靖二十三年（1544），石鹄（忠阳）、石金（谥芳成），从海澄县港尾墟酒斗崎脚于迁台中大里市。明郑成功治台时（1661—1683）安溪县的石仕行由泉州府、安溪县、归善乡，入垦今台南市。石包振（十三世）追随郑成功从龙溪县石厝社来台迁宜兰后迁罗东镇迄今。安溪县于仁里山东溪尾社石添福迁入台湾省台南县后壁乡，今凹仔（亦作"漯仔"）有三十来户，以石为大姓。有石玉全在福建南靖永丰里开基，其后子孙有许多人去台湾，进而又远播海外。

清雍正年间（1723—1735）福建石姓与戴、林两姓结伴渡海到台湾开垦，是大陆石姓较早迁台者。康熙末，南靖县的石光入垦今漳化县田中镇（原林东山三堡），后迁南投县名间乡；漳浦县十五都在县东南离县城五十里今赤湖乡月屿社，迁台湾省漳化县社头乡旧社。乾隆元年（1736），漳浦县的石日郡入垦今漳化县社头乡。乾隆五年（1740），南靖县的石士卿入垦今台北市板桥。乾隆三年（1738），漳浦县的石井入垦今漳化县社头乡，后移垦南投集集。乾隆初，同安县的石乳入垦今台中县龙井乡；龙溪县的石玉珍入垦今台北县，后代宜兰县。乾隆中叶，南安县的石熟和子石辍，入垦今台北市松山区；南安小眉吴钻，娘蕉坑人氏，与长子奋澄、次子奋雕往台；小眉奋岩、奋水、奋琼、奋常、奋帝弟兄五人俱往台湾。奋阶往台，在台传一子石友生。南安小眉起畜、起粮、起馈，同其母洪氏往台。小眉奕颜、奕匹居台顶淡水湖。乾隆期间树德、腾祥与子石晚和石熟、曾祖父偕其子石辍渡海来台，现居台湾省台北桃园市；龙溪县的石江侯入垦今高雄县阿莲乡。乾隆末年，南靖石丹入垦今台中市；石日赛从福建南靖县永丰里来台湾桃园市。嘉庆二年（1797），石时荣由同安县二十一都、嘉禾里（厦门）北山堡、坂美社（疑是同安县鼎尾社人），迁入今台南市大西门外，顶南河街，自营糖郊石鼎美号，建三兴堂、"三典"遂为石姓堂号。嘉庆时，龙溪县的石博敏入垦今漳化县员林镇。雍正六年（1741），南靖县船场镇吾宅村第十一世孙石文背到了台湾淡水港。后人来自台湾台北，名字叫石华仓。雍正年间，龙岩的石川迁居台南。道光年间，石时荣、石耀宗，道光癸卯科举人，原籍同安县厦门坂美社迁来台湾府城大西门外顶南濠，现台南市。

石姓现多居住在台湾的台北市大安区、松山区、板桥市、台北县、高雄市、高雄县、彰化县及南投竹山、南投集集等地区。同安石氏其后裔不仅散处福建各地，而且有部分迁入广东、广西，清末广西贵县人、太平天国翼王石达开即为同安石氏之后。明朝洪武年间石鑫崑十五世孙石玉全在南靖永丰里开基，其后子孙有许多人去台湾，进而又有远播海外者。

【郡望堂号】

武威郡：西汉朝元狩二年（庚申，前121）在原匈奴休屠王的地域置郡，治所在武威（今甘肃民勤）。

渤海郡：西汉时期从巨鹿、上谷之地分出渤海郡，治所在浮阳（今河北沧州东关）。

平原郡：始建于西汉高祖时期的西汉初年（前206），治所在今山东省平原县西南。

上党郡：战国时期韩国置郡，秦国灭韩国后承

之，治所在壶关（今山西长治），其时辖地在今山西省长子县。

河南郡：秦朝时期名为三川郡。西汉高宗二年（丙申，前205）改为河南郡，治所在雒阳（今河南洛阳）。

徂徕堂：宋朝石玠，徂徕人，官国子直讲（国子监的教授）。他写文章批评时政，毫无顾忌，升太子中允，作《庆历圣德诗》，人称"徂徕先生"。

此外，石姓的主要堂号还有平原堂、思成堂、敦睦堂、三典堂、雍睦堂等。

【祠堂古迹】

珠峤家庙，为珠峤石姓祠堂，位于龙海市颜厝下宫村珠峤社，始建于元至治二年（1322），历代重修。祠堂一进堂外有石埕近200平方米，堂内有石埕约70多平方米，祠堂建筑面积约70多平方米，祠堂有门联："珠峤名胜从此振，万石高风思水源"。

军山石姓祖祠，位于漳浦县赤湖镇月屿社。始建于明代，两进三开间土木建筑，悬山顶。门匾"石氏家庙"，挂匾"进士""文魁"。门前有石旗杆夹数座。现祖祠已倾圮。

崎岭乡下石石姓开基宗祠，位于平和县崎岭乡下石，堂号"著存堂"，始建于明万历八年（1580），后有十次维修，最后一次于2005年重修。祠堂有一座三开间主房和二座厢房，坐南向北。

坂美大夫第，位于厦门五通村坂美社坂美20号，红砖大厝。始建于清道光丁未年（1847）。"大夫第"为前后三进，左右有双护厝院落式大厝，门厅和主厅均为单条燕尾脊，护厝和后寝均为平脊马鞍形山墙。大厝的屋脊上有"联登甲第"四个大字。大夫第整体建筑气度雍容，尤其是琉璃雀脊，前庭的木雕是一组栩栩如生的故事人物。门上有联曰"宋室尚书府"。

【楹联典故】

万石风流传阀阅；一时文藻满江关。

宗德绍双莲，绳祖武，斩棘披荆，造就鸿图堪裕后；

盛公继万石，愿嗣裔，犁云锄雨，始谋燕翼可光前。

——武平县中堡石氏宗盛公祠堂楹联。

立朝正直，嗣刻祖祖圣德之诗；传世谦恭，再现万石家法之善。

堪作典型，义方善教呈忠谏；足承使命，雄辩折衷展异才。

万石名门，美人鼓瑟；二郡钦赐，合室受旌。

祖德高深，积厚流芳昌后裔；孙枝荣茂，瓜瓞绵延绍前徽。

——上杭县石氏祠堂楹联。

业启武威，万叶馨香延祖泽；世传文德，八公冠冕振家声。

基开高浦，闽省家声推西石；宅卜丰村，武威世家振和山。

万石家声春富贵，九和山色凤文章。

——平和县崎岭乡下石石姓祠堂对联。

孝子贤孙三坵衍庆，思恭作敬万石建国。

——平和县崎岭乡彭溪三坵田祠堂对联。

【族谱文献】

闽台石氏族谱现存数十部。有《小眉芦骨石氏族谱》，石诗元主编，福建南安、马来西亚联修族谱，1995 年铅印本，不分卷。本谱仅录选福建南安、马来西亚芦骨两宗，辑族亲活动照片，谱序、姓氏考、入闽历代祖、名人、南安小眉世系，马来西亚波德申世系、台湾系谱，编后及诗咏等。内载唐光启二年（886）入闽始祖石龘峘随军驻闽，传至明嘉靖、

万历间，石甫盛辗转迁居南安小眉乡开族。十九世纪末，外迁马来西亚。有武平中堡乡《石氏家谱》，历代重修，今本为 1993 年合族共修。不分卷，依次刊目录、始祖像、祠记、序文、族史等项，世系部分分述龘峘世纪，宋盛及其以下各房世系，后附录有建祠修谱执事名录，祭文、名人文集等。载后唐天成四年（929），入闽始祖石龘峘，字振卿，迁居宁溪（今同安），后徙高浦西安乡；传至宋淳佑三年（1243），石宗盛自龙岩长塔迁居武平中堡。有《南靖船场梧宅石氏族谱》，今本为 1995 年梧宅石氏据台湾石氏谱牒通及各支房谱综而修。谱前列目录，序言以及源流，续刊石氏入闽，梧宅开基，怀梓荟萃诸篇，附记祖茔情况，详述"彰美堂"，昭穆，世系图谱，各房谱系。载入闽始祖石龘峘，开基祖石玉金，明洪武年间迁梧宅，播番闽台。长乐《古槐石氏族谱》，始修于宋，到明朝石均泰、石则善重修，弘治十六年（1530）石璧续修。今为四修本。有明陈京、林侨、石璧、石宗泽等人的序，义例，世系。谱载该支石姓原籍河南汴梁南宫石桥头，始祖随从宋高宗南迁长乐，再迁宁德，又迁樟溪；元大德年间（1297—1307），石德成八世孙石瑛入赘长乐古槐迁回古槐开基。入闽始祖宋代石德成，即长乐始祖。

第一百二十九节　时　姓

时姓是当今中国姓氏排行第146位，人口较多，约占全国汉族人口的0.077%。在台湾排名第257位。

【渊源】

1. 出自嬴姓。据《路史》所载，古有时国，灭于楚，子孙以国为氏。据《通志·氏族略》所载，战国时齐国有一著书的贤人时子，其后有以其名中之时为姓。

2. 出自子姓，春秋时宋国有大夫来，受封于时邑。商纣王无道，周文王在姜太公等人相助之下伐纣，商纣王之胞兄长微子启不助其弟纣王，反助周文王，后，周文王取得天下，为了平抚中原腹地，即现在河南商丘一带民众之心理，特分封微子启到商丘诸侯国宋国国王；据《世本》所载，春秋之时，宋国有大夫来，采食于时，因地受封于时邑，子孙以邑为姓氏。周武王时封伯夷的后代于申国，春秋时申国为楚国所灭，子孙就以国为氏，姓申了。后来楚国上卿申叔时的后裔以其字为姓，而出现了时姓。

3. 据《通志·氏族略》所载，战国时齐国有一著书的贤人时子，其后有以其名中之时为姓。

4. 出自他族。今满、苗等民族均有此姓。清满洲人姓，世居沈阳；今满、苗等民族均有此姓。时姓发源于今河南南部，而该地春秋时属楚，楚国一度十分强大，而时姓作为楚国公族，由于仕宦等原因，随着时间的推移在楚有零星散居。

【得姓始祖】

申叔时。春秋时楚国公族，名叔时，因封地在申（今河南南阳），人称申叔时。春秋时，陈灵公无道，与大臣孔宁、仪行父一起与夏姬通奸，夏姬之子征舒知道后羞恨交加，就弑杀了陈灵公。时，楚国正欲争霸中原，即以此为借口，楚庄王率兵亲征，斩杀了征舒，然后灭掉陈国。班师回楚都后，庄王设宴庆功，群臣纷纷祝贺，独有申叔时持有异议，认为庄王除掉弑君的征舒，陈人会感激不尽，而灭掉楚国，只会适得其反，犹如蹊田夺牛（即牛踩了田里禾稼，田主为追偿而夺去其牛），非王道之举。庄王听后，连连顿足，遂下令撤回军队，恢复陈国。庄王之举，赢得了北方诸侯的信服，为后来成为"春秋五霸"之一打下了坚实基础。申叔时因此谏也名声鹊起，百世流芳，其后世子孙中有一支以王父字为氏，称时姓，并尊申叔时为时姓得姓始祖。

宋大夫来，时来公，陇西郡总来源，商汤支庶之后，纣王之兄微子启之后人，周文王夺得天下后为平抚中原腹地民众之心理，将微子启分封到河南商丘宋国王，微子启之后人，宋国大夫来采食于时地，因地受姓，为时姓第一始祖。

【入闽迁徙】

时姓发源于今河南南部，而该地春秋时属楚，楚国一度十分强大，而时姓作为楚国公族，由于仕宦等原因，随着时间的推移在楚有零星散居。在战国时代，像被孟子所推崇备至的齐国贤人时子，以及越国的谒者仆射时轨等，都是见诸史册的时姓杰出人物，枝繁叶茂之势。魏晋南北朝之际，在巨鹿郡繁衍的时姓发展迅速，并昌盛为时姓巨鹿郡望。南宋时，由北方迁居江南，而后遍及江南。

清《宁化县志》：时氏，讳阅，妻英，唐时人，以艺来游宁，遂居焉，卒后，葬于伍家山。宋明期间，福建闽北时姓成望族。时瑞，福建邵武人，明代官吏。为人有节操，任长沙府通判时，大盗何震东大肆劫掠，时瑞将其逮捕，并顶住来自上峰的巨大压力，将其杖杀，然后辞官回乡。

【入垦台湾】

台湾时姓的人口排名第257位，分布密度依次为台北、高雄、台中、台南。

【郡望堂号】

时姓在长期的繁衍播迁过程中，形成如下郡望：陈留郡，汉代设置，治所在陈留（今河南开封市东南）；陇西郡，秦时设置，治所在狄道（今甘肃临洮南），三国魏移治襄武（今甘肃陇西南）；巨鹿郡，秦时设置，治所在巨鹿（今属河北）。

堂号："陇西""仁恕""巨鹿"等。

史姓在宋版百家姓中排第80位，约有人口325万，占全国人数的0.25%。台湾排名第108位。

【渊源】

1. 源于上古黄帝时期，相传黄帝的史官仓颉，发明文字代替结绳记事，后代为了纪念这位祖先，便以他的官名"史"为姓。

2. 历代他姓史官，亦多以官为氏。出自周太史佚之后。见于历史最早的史姓人物，当属西周初年的太史史佚。西周初年有太史史佚，他为人严正，与太公、周公、召公并称为四圣。由于他终生在周朝任太史，他的子孙便以官名为氏。春秋时期，列国史官多以官为氏，后姓氏自春秋起逐步形成。

3. 隋唐时代"昭武九姓"之一。古西域康国支系有史国，居史城，为"昭武诸国"之一，史国有人来中原居住，遂以国名为氏。为突厥族阿史那氏所改。北魏阿史那部，有归附唐朝者，改姓史氏。

【得姓始祖】

仓颉，相传仓颉是黄帝时的史官，人称史皇氏。他生有四只眼，善于观察，见人们用结绳记事相当烦琐，便发明了文字，在其创制出文字的当夜，鬼神都为之哭泣。因仓颉造字有功，其后代便以其官职为氏，称史姓，仓颉自然成为史姓的得姓始祖。

始祖系黄帝玄孙帝喾高阳氏之子弃。

得姓始祖系尹佚，周成王史官，史家称为史官典范。

【入闽迁徙】

史氏主要发源地在仓颉的故里，即现陕西省白水县的史官乡境内和部分源于外域内迁。

汉朝史崇封江苏溧阳侯，后裔曾入闽定居于晋江。

元至正二十八年（1368），社会大动荡，溧阳侯裔孙史崇的四十一世孙史构（祃），号昌安道人，携妻、3个儿子由浙江宁波四明入闽住泉避难，初任泉州监漳门内（今新门内）栖身，居住在临漳门内（今新门城内），尊为泉州溧阳史氏始祖，其三个儿子为一世祖，分为三房。据《福建泉州溧阳史姓源流和现状》中载：传三子。

长房温泉公的第4代史于光明正德丁丑年（1517）考中进士，传六子，后迁居闽南各地，部分跨海出国往马来西亚等地。

二房寒泉公明代迁广东潮州城内。

三房冷泉移居晋江安海（古时称安平）。清朝初期，朝廷为防止沿海百姓与守据台湾、厦门、金门的郑成功来往，使郑成功势力壮大影响政权，实行迁界禁海令，安海史氏被责令内迁，自寻栖身之处，时冷泉后代二房梅窗公率侄子于1661年迁仙游盖尾，发现当地有丰富陶土资源，因有制陶技术，逐建窑烧陶，生产瓮、缸、坛、罐延续至今，定居繁衍，仿晋江安海地名称"史厝"，现传13代子子孙孙1000多人。

明洪武十一年（1378），溧阳侯44世裔孙史官英从浙江宁波从军入闽，迁居莆田（广化寺附近），后部分又移仙游盖尾莲坂村今有1000多人。

明中期，泉州史姓一世祖昌安公携夫人、三个儿子由浙江迁居福建泉州，居临漳门内（今新门街内），昌安母墓葬在泉州的南门外双坑（今清·科技工业园区），俗称鸟叫墓。她的3个儿子成为泉州的史姓一世祖。石崎现有史姓70多人，江南的大房村和古宅约400人，塔前村约200人，井尾村约400人，赤土村约500人，樟崎约50人，后厝尾约120人，目前江南街道史姓近2000人，整个泉州近3000人。有部分史姓后人旅居菲律宾、印尼、新加坡等国及我国的香港、台湾等地区。据不完全统计，自明代正德年间至清代乾隆年间的265年里，泉州出过史姓进士15人。其中史继偕当时殿试一甲榜眼，任吏部侍郎，与明辅宰相叶向高为两朝实禄。后又追赠左柱国大师兼太子太师，为官清廉，被后人所称道。

泉州范围有史姓后人近3000人，泉州史姓子孙繁衍生息，分布于安溪胡头、南安东海、惠安崇武、晋江深沪等地。莆田仙游史氏后裔约3000多人，主要分布仙游县。其他地市位散居。

福建晋江人史时隆，明宪宗成化十九年（1483）随军渡琼，以战功封崖营千总，落籍琼山，为史姓迁海南始祖。

【入垦台湾】

清朝以后，福建史氏族人有迁往台湾和海外。据不完全统计，福建史姓有11000千多人。台湾及海外后裔近10万人，其中分布台湾2万余人、海南2万人、新加坡东南亚等东南亚国家以及欧美等各国的史姓华裔近5万人。台湾主要将军在高雄、台北。其次在台南、台东、台中等各市县都有分布。

【郡望堂号】

建康郡，十六国前凉置郡，治所在今甘肃高台西南。

宣城郡，晋太康二年（281）置郡，治所在宛陵（今安徽宣城）。

高密郡，西汉治所在高密（今山东高密），西晋移治桑犊城（今山东潍坊）。

京兆郡，汉太初元年改内右史置京兆尹，为三辅之一。治长安（今陕西西安市西北）。

陈留郡，治所在今河南开封东南陈留城。

河南郡，治所在雒阳（今河南洛阳市东北）。

堂号："怀溧""忠烈""忠定""金朝"等。

忠烈堂：明朝末期，史可法以兵部尚书、大学士督师扬州抗清。当扬州城危的时候，史可法给老母个妻子写了遗书，因为自己没有儿子，命副将史德威做他的儿子。并且交代说："我死后，可把我埋在明孝陵帝的旁边。"城破以后，可法自刎不死，他又命史德威杀他。德威哭着不肯杀，结果被清兵俘虏。被俘后，清人劝他投降，他坚决不屈，壮烈殉国。

【楹联典故】

故泉州史姓在祖厅有"世传周太史，代续汉平台"这一楹联。

——西汉宣帝时，大臣史恭生三子，均封为侯，三子史高生史丹，其因辅佐汉成帝有功，官至左将军、光禄大夫、封武阳侯。史祖籍山东，其后裔在永嘉之乱后，迁居建康，成为江南史姓始祖。史丹的另一支后裔曾孙史崇，在东汉初年受封为溧阳侯，在他任职期间举家迁居溧阳（今江苏省固城）。

【祠堂古迹】

泉州史姓源于江苏溧阳，因此福建史姓堂号是溧阳堂堂号。祖厅牌匾"溧阳传芳"。

【族谱文献】

泉州溧阳史姓五世祖四房悌斋公派下家谱，记载明代溧阳史氏自溧阳埭头分居浙江，后史崇四十一世孙史昌安又从浙江入闽开基，卜居泉州临漳门内，及以后子孙播迁情况。

井尾史氏族谱，1996年二月井尾史氏祖厅筹建会编，史清泉执笔。

【昭穆字辈】

泉州史姓昭穆字辈：

师水弥之卿孙公祖必仕，本立自元孝起宗在节义。

绩善致悠久，济美习庭训，彩铭高荣，慎终仍复始，大中其允丛，昭文锡光又，昌言诲尔求时敏同秀茂。

第一百三十一节　世　姓

福建泉州世姓家族到明代才出现，这是个来自古锡兰国（现为斯里兰卡）的僧伽罗族，他们与华夏世姓之间并无任何的血缘关系。泉州世姓，是中国姓氏中人口最少的族群。但它有着与众不同的异域王族血统。闽台世姓，同根同源，500年前为一家。其姓氏为明代皇帝"钦赐"，取自于开基始祖古锡兰国王子世利巴交剌惹的第一个字"世"为姓，其族人均属斯里兰卡侨民。

【渊源】

1.《姓氏考略》："卫世叔氏之后，去叔为世氏。"《中国古今姓氏大辞典》云："此则系出姬姓。"显然是黄帝后裔。世姓，最早出现于春秋时郑国、卫国，源于世叔氏。后"去叔为世氏"。唐代，为避太宗李世民讳，曾改为太氏。福建部分地区有散居。

2. 据清代《锡兰支系》载："我开基始祖，本锡兰国君长，讳巴来那，于明初钦赐姓世，授四夷馆通事。" 又据清乾隆版《泉州府志》载："世拱显，字尔韬，号小山，本锡兰山君长巴来那公之后。"由此可见，泉州世姓为明初皇帝所"钦赐"，世姓族人为锡兰山君长之后裔。

【泉州世姓】

据《明史》记载，明永乐年间，郑和第三次下西洋时途经锡兰，其王亚烈苦奈儿蓄意加害郑和，郑和率兵将其生擒，并押解回国。其后，皇帝将亚烈苦奈儿放回，但遵从锡兰大臣的意见，另立邪巴乃那为王。这就是锡兰历史上著名的波罗伽罗摩巴忽六世。据《锡兰简明史》载：耶巴乃那"后来被称为不剌葛麻巴忽剌批，即波罗伽罗摩巴忽。他于公元1416年及1421年携带贡品亲访中国朝廷"。其后又4次遣使来华，最后一次为明天顺三年（1459）。王子世利巴交奉命来华朝贡，按《明史》卷326《外国传·锡兰山》的记载："天顺三年（1459），王葛力生夏剌·昔利巴交剌惹遣使来贡，嗣后不复至……"王子为何未归，留在中原？

为何选择留居温陵（泉州旧称）？各种各样的说法，至今众说纷纭。其中之一是：明成化二年（1466），锡兰王子奉使来华期间国王病逝，其王位被外甥巴罗剌达篡夺。从此，锡兰王子回不了国，只好留在中国。然而，在清代《锡兰祖训》中且是这样描述的："吾祖以锡兰君世子充国使，于前明永乐间来华入贡。蒙赐留京读书习礼。厥后归途路经温陵，因爱此地山水遂家焉。"王子选择了当年号称东方第一大港的泉州城定居，并娶了漂亮的阿拉伯贵族女子蒲氏为妻。在泉州安居乐业、繁衍生息。为了入乡随俗，按中国人的姓氏习惯，取自己名字世利巴交剌惹的第一字"世"为姓。从此，中华民族多了一个来自异邦的新成员。

【世姓繁衍】

泉州自唐以来，就有"市井十洲人"之誉，是一座"番汉杂处"的国际大都市。自从王子决定留居泉州后，世氏家族，广置产业，乐善好施，好文重教，重礼守节，全身心地融入到泉州这多民族社会的生活中，成为明、清两代泉州颇为显赫的一大望族。

世氏族人，广置产业，安身立命。据清代世氏《重修族谱序》中载：祖在"温陵南街，忠谏坊脚建有大宗祠"。在"城北一峰书街，亦建有小宗祠"。在城北的小山境，建有"世相公宅"。而且，在市区最繁荣的地段涂门街关帝庙边建有"锡兰古大厝"。同时，世家将泉州当作他们的栖息之地，既来之则安之。选择泉州东门外的清源山上，购置大片的山地，以作世氏家族的私家墓地。据清代《锡兰人房历代系》中载："长房裕斋公建置产山在晋江东门外世家坑，土名世厝埔。"时至今日，山上的"世氏产山"及"世家坑"等摩崖石刻仍清晰可见。锡兰王子及其后裔的墓穴虽被破坏，但墓的基本形状至今尚存。墓前的石雕狮子，有着锡兰国科堤王朝前的亚巴忽瓦王国时代的造型风格。墓前石板雕有一对呈交合状的蛇形图案，有着典型的锡兰国图腾。寓意人丁繁盛，是崇拜、祭祀祖先的一种象征。而且，锡兰王子阴刻墓碑"明使臣世公，孺人蒲氏墓"这重要文物，及其世家后裔"通事世公，慈淑谢氏墓"等20多方锡兰世氏的墓碑，均出土于世家坑。

世家后裔，乐善好施，造福桑梓。据《泉州白狗庙重修碑记》载："白狗庙系明代寓泉州锡兰王裔所建印度教庙，祀印度洋山神毗舍耶。"另据泉州释迦寺主持保存的一份清代《世氏买地契》，内记有雍正三年（1725）世济美向泉城洪泗卿买得位于龙会宫后的田地房屋。此契约虽未提及馈赠，但从该契所指的"田厝池塘"现为释迦寺产及契约由寺方持有这两点来推断，世济美馈赠田屋扩建释迦寺的善举是毋庸置疑。可见，锡兰世家后裔不仅是异域文化的传播者，而且是中华文化的崇尚者。

又据清代台湾《世家族谱》载："彰化有善养所也，以棲旅病之无依，废坠多年。父（世振治）为之捐题，重新屋宇，又经营田业，以为所费。与蔡君香翁、杨君祥光重兴元清观（彰化）……捐修南瑶宫（彰化），新建女（厕）所，以为往来烧香妇女方便。造南尾（彰化）之桥，铺妈祖宫之路……故属纩之日，阖城内外，尽皆叹惜。"可见，台湾世家在造福桑梓方面，同样也有不俗的表现。

世家男子，好文重教，名垂青史。除一世祖为使臣，二世祖为通事（翻译），三世祖为七品散员外，在明万历年间，世家出了首个举人，他是世家七世祖的世寰望。其名列于洛阳桥蔡襄祠内的《泉郡守五岳蔡公德政碑》。该碑所列之名人，均为当年泉郡著名官坤。世寰望虽是一位外籍侨民，但他能在"满街都是圣人"的泉州登科及第，实属不易。到清康熙三十二年（1693），世家又出了一名举人，他是世家第十世祖的世宗煊。二十年后，世家第十一世祖的世拱显再次中举。据清乾隆版《泉州府志·文苑》载："世拱显，字尔韬，号小山，晋江人，本锡兰山君长巴来那公之后，康熙癸巳（五十二年，1713年）恩科举人……设教于小山丛竹亭，执经问难者履满户外。"教书育材的同时，他著书立说。所著有《四书管窥》《诗经辑要》等诗文集。另据《锡兰支系》载：

世拱显，"少承李光波，延为西席……授永定县教谕，署汀州府学，钦差福建观风整俗使，刘公师恕，赠公'绩学砥行'匾额。"

在海峡对岸的台湾世氏族人在读书习礼中也有不俗的表现。据清代台湾《世家族谱》载："振治，字心源，号星垣，台湾府学庠生。恩授修职郎附贡生，在台湾彰化设馆授徒。"

世家女子，重礼守节，流芳百世。据《锡兰祖训》载："吾太祖简斋公有二女，一为黄文简公（黄凤翔，泉州历史名人，官至明代礼部尚书）太夫人，一为何镜山公（何乔远，明代史学家，著《闽书》）大夫人。皆驰赠岳父母一品诰封，戴纱帽，穿红袍。至今泉人以为美谈。"从近期晋江潘湖村发现的龟背碑文中，印证了黄凤翔确是斯里兰卡的"外甥"。2001年9月出土的一方明代何炯（何乔远之父）墓志铭中的铭文记载，何炯原配为世氏之女，也证实了何家与世家的关系。1998年11月，世家坑出土了一块翰林院庶吉士外甥孙杜中士为其舅公世开仕立的墓碑，它的发现再为锡兰王子世家新添了一位杜氏裔亲。以上史料，不但印证了锡兰王子的后裔与当地望族联姻的历史，而且，印证了锡兰王子的后裔自觉融入泉州社会的史实。由于世氏族人牢记锡兰世家的祖训"凡娶妇嫁女，务必耕读人家"。嫁女重文，娶妇重节。因而，被《泉州府志·烈女》载入表彰的清代世家后裔就有世华妻童氏、世哲候妻柯氏、世宗煊妻蔡氏和世恭观妻陈氏等。

【留守泉州】

泉州是锡兰王子异国他乡的落角地，也是闽台两地世氏家族的祖籍地。其堂号为"锡兰"。就目前发现的清代锡兰王子后裔，除上述内容外，有据可查的还有世华、世益昌、世哲候、世宗什、世敦岸、世开仕、世孙振、世铨观、世榜观、世培观、世炳观等数十人之多。如从锡兰王子定居泉州至今500多年的历史看，其后裔之少，实属少见。由于锡兰王子在泉州的后裔人丁不旺，又曾有过族人经商途中遇害及遭洋贼盗抢的经历，以至后人害怕因"王子后裔"，名声在外，引贼入室，害怕因"海外关系"，挨斗招批，株连子孙。因此，世家后人低调生活，只求平安度日，不求名利地位。到了 1985 年，斯里兰卡政府提出要我国政府协助寻找流落在华的王子世利巴交剌惹后裔一事。国务院文化部外联局指示《泉州晚报》社代为办理此事，但经多方寻找均无音讯。到了 1999 年 5 月，由于"世家坑"锡兰王子及其后裔的祖坟遭受破坏。一位自称为其后裔的女子许世吟娥要求政府出面制止。从此，隐而不露的锡兰王子后裔终于浮出了水面。据世家十八代的许世静波先生说：世家祖上多为单传过世，到第十四代世隆公娶朱文娟时，又只生二女，无男丁。为续"香火"，于是世隆就让次女世益娟招泉州本地一男青年许闯入赘，从此，许闯改名为世闯。至世闯寿终时，因许氏亲人见其兄许闯辛苦一生没名没分，求恢复其原姓。其子世九经深思熟虑后，遂将世闯出殡遗像及幡幢上的世姓前添加许字，成为许世闯。

从此以后，其后裔均改姓为许世氏，该支系繁衍至今也只有 13 人。除居住在泉州的许世吟娥（十九世）等 4 人外，其余的均居住在香港。

【入垦台湾】

泉州世姓王子后裔的另一支系，现居住在台湾的彰化嘉义等地。据台湾世家十六世孙文莱在重修《世家族谱》的序中写道："……十五代星垣公（世振治），于道光年间，客游台彰，家磺溪（现台中县大肚乡磺溪）。"世振治，清朝贡生，才学卓越，以教书为生。道光年间，被"钦点杭州督粮道"，因运粮途中连粮带人"被洋贼抢一空"，被迫避罪台湾，落脚彰化，成为世姓开台始祖。传至今日已到二十一代。除第十九代的世美贵、世来发、世坤明、世坤宗外共有 20 多人。台湾世姓人口排名第 426 位。

第一百三十二节 宋 姓

当代全国宋姓人口达1049万，居全国第22位。2010年11月，全国第六次人口普查，宋姓人口达1120多万，大约占全国人口的0.81%，居全国第22位。在台湾排名第52位。

【渊源】

宋氏以国为姓，《通志·氏族略·以国为氏》称：汉族宋姓，"子姓，商之裔也。武王克商，封纣子武庚以绍商。武庚与管、蔡作乱，成王诛之，立纣遮兄、殷'三仁'之首微子启为宋公，以备三恪，都商邱。……微子卒，立其弟衍，是为微仲。"周朝史官纪录成王封微子的诰命，即《微子之命》，中称："立微子为上公，'作宾于王家，与国咸休，永世无穷'。"

至今已历3000余载，传100多代，源远流长，人才辈出，精英迭现：君王将相、圣哲贤达、文豪巨匠、能臣廉吏，应有尽有，载入《二十五史》的就有130多名，记入方志家乘则有成千上万。不畏艰险，开拓进取，前赴后继，为富民强国献力，为中华民族文明史增添不朽篇章。

少数民族宋姓最早见于史册的，是《五代史》记载的辰州（今湖南沅陵）蛮酋宋邺。之后，满族、蒙古族、藏族、朝鲜族、苗族、彝族以及台湾地区少数民族等也有选用宋姓的，但总人数不多。

【得姓始祖】

微子启。周武王灭纣后，周成王立纣遮兄微子启为宋公，建宋国。微子卒后，因其嫡子已先微子而卒，遂按礼制，舍其孙脂而立弟衍为宋公，微仲衍为宋国第二位国君。宋国一建立，其子孙和部分族人即以国为氏。因此，微子启嫡传子孙应遵启公为开姓始祖；微仲衍嫡传子孙（如后来的孔氏、戴氏等），应遵衍公为开姓始祖；若传承关系不很清楚的各支宋氏，应遵微子启为开姓始祖，遵微仲衍为传代始祖，从而避免以讹传讹，自诬其祖。

【入闽迁徙】

福建宋姓主要有3支，他们的先祖都来自河南固始，其血缘先祖、宋氏远祖（开姓始祖微子启、传代始祖微仲衍）完全相同。

1. 用公入闽开漳。唐高宗时，闽粤交界处，发生"蛮獠啸乱"，总章二年（669），派河南光州固始人归德将军陈政为岭南行军总管，率府兵3600人入闽征讨。其时，宋用公任府兵队正，后落籍漳州东厢二图，后裔子孙散居各地，用公成了该支宋姓入闽入漳的开基祖。

2. 易公入闽开莆。《莆田宋氏族谱》载：唐懿宗咸通六年（865），璟公六世孙骈公入闽为福泉观察巡官（时泉州辖晋江、南安、莆田、仙游）；其父达公、祖父易公，从固始载三代主像（璟公、昇公、荇公）随任，就养于官，先后寓居莆田澜口，仓后；于唐乾符丙申年（876）定居后埭龙坡社界（今莆田城内英龙街），并拥有树龄达百多年的荔枝树，其树后人称为"唐荔宋家香"。易公成了该支宋姓入闽入莆的开基祖，璟公则被尊为一世祖。《八闽通志·地理·山川》兴化府莆田县乌石山条载："自唐以为，林、陈、方、黄、宋、刘、王、郑、李九大姓世居之。"

璟公的直系远祖可溯至义公。宋义（？—前207），宋国公族之裔，二十九世孙。义公始为楚令尹，公元前209年从项梁（？—前208）伐秦。《史记·项羽本纪》载：梁破秦军，有骄色，宋义乃谏梁曰："战胜而将骄卒惰者败。……"梁弗听，果为秦将章邯所袭杀。楚怀王心（？—前205）以义为上将军（前208），诸别将皆属，号卿子冠军。后义被项羽（前232—前202）斩杀。璟公之父玄抚公是义公之后裔，宋国公族之五十四世孙，黄帝的八十七世孙。

3. 曰富公入闽开宁。梁开平年间（907—910），河南光州固始郑、宋、方、谢、顾、林、黄、陈等"十八姓从王入闽"，曰富公官兵马指挥使，后落籍福州；

后裔子孙散居各地，曰富公成了该支宋姓的入闽始祖。其孙开派公成了宁德霍童宋氏始祖。

4. 自唐以降，或因逃难，或因谋生，或因为官，在不同的历史时期，都有不同支派的宋氏子孙入闽定居，繁衍生息。五代时，宋靖自闽长溪迁温之乐邑（乐清，《瓯海轶闻·氏族》）。

5. 南宋时，宋大郎举为孝廉，携妣赖氏十八娘，从河南南下游学至兴化府（今福建莆田），后又由兴化至汀州府连城县讲学，后在连城县定居，为宋姓该支入闽始祖。传至十世宋复盛，为谋生计，从连城县迁居上杭县城关。后裔中有宋赞周，善于书画，名扬闽粤，生子省予，为中国名画家。清穆宗同治年间（1862—1874）原居江西省宁都县赖村的宋克昌，因避官府苛捐劳役，逃至汀州府宁化县泉上里定居。

唐宋时，莆田宋姓是当地的名门望族，人丁兴旺，人才济济。在经历南宋、元朝一代的丁世兵燹，至明初时男丁骤减2/3，其中逃难外迁占大多数，宋姓人口在莆田的排位数也从"九大姓"之一降至第40位之后。2007年6月查询，莆田市宋姓现有人口12000多人，市内排名第45位。据不完全统计，外迁后裔却有10多万人，如广东雷州一地2万多人、广西博白2万多人、文地7000多人、浦北小江镇6万多人、台湾也有几万人。

自唐以来，福建9地市都有宋姓族人居住，其中绝大部分是用公、易公、曰富公的后裔。2007年9月统计，宋姓总人口（4万左右）在全省排名第75位。部分地市人口数如下：福州市14000多人。莆田市12000多人。三明市2807人。漳州市4349人。

【入垦台湾】

漳州用公之裔（用公起世）一世祖用公落籍漳州，娶妻定居，生6子：萃江、萃汉、萃谷、萃陵、萃宇、萃亭。二世祖萃江公生5子：本讵、本杰、本涌、本滔、本培，分居松州、笠沙行、蓝礼、山兜、芹霞（今华安县丰山镇芹坂）。二世祖萃江公5个弟弟的部分子孙析居今芗城、漳浦、同安马厝巷、漳平、莆田等地，还有的徙居省外乃至海外。

九世祖诠公之子孙于宋朝中后期移居莆田左厢义井、灵济社界。四代之后，子孙散居乡村。后裔

一支迁潮州；一支迁江西，徙广东，部分子孙再析居台湾桃园等地。

宋、元间，莆田宋氏后裔中的一支徙金门长林后再迁澎湖；另一支徙龙溪后，再迁台南新平。

浦头房支：二十九世祖孔如公迁连江合山。三十四世祖水官、依坤两公先祖迁连江壶江。三十六世祖希贞公迁闽安镇；振南公迁台湾。三十七世祖子鸿、增华、秉坤、秉清、秉仪、添财、添明、添发等公迁台湾；秉官迁天津；依钟迁同安。三十八世祖财双、财连公之子、志仁、知用、清勇、清辉、睿恒、睿哲等公迁台湾；知伙、知寿、清官等公迁福州；正正公迁塘来。三十九世祖仁增公迁新加坡；忠斌、忠梅、依枝、昇日、昇晶、凤泉、耀荣、忠民、信义、孝新、信钦、凤鸣、凤泉、信登、依豹、信财、信官、清等公迁台湾；信官公迁福州；信里公迁江西；信豪公迁永安；信干公迁建瓯；治汉公迁新加坡；福顺公迁福鼎。四十世祖友格、云、嘉晨等公迁三明；友权迁龙海；友降、友民、友光、水金、琳杰、裕民、友如、学林、清泉等公迁台湾；友华、友康公迁上海；鑫、友秋、友忠、友沂、敏夏、敏彬等公迁福州；大丘、中丘、小丘等公迁泉州。四十一世祖治汉公迁新加坡。四十二世祖建红公迁三明。

石埕房支：三十六世祖云发公迁台湾。三十七世祖水清、水明、发志、天长、天芳、天资、天正、发有、天灼等公迁台湾。三十八世祖根维、瑞麟、瑞成、根金、兆祺、灼银、栋民等公迁台湾。三十九世祖祥林、振文、振祥、振容、振城、振平、振泉、振雄、世敏、祥禧、振宇等公迁台湾；孝□迁福州。四十世祖茂杰公迁龙岩；兆桐、依香、兆安、友□等公迁福州；兆振公迁沪；友□迁台湾。四十一世祖宝宝公迁台湾。

南园房支：二十九世祖敦质公迁永泰穴利开基。三十八世祖崇凤公迁台湾。三十九世祖忠宝、增炎、天冠、茶俤、发钿、忠棋、忠璋等公迁台湾；增品公之子孙析居新加坡。四十世祖钦华、金党、忠明、发松、兆吴、兆光、友芳、兆庚、子澜、子春、桂钦、桂畴、友灿、桂群等公迁台湾；金奎公迁南平；鸿天公迁厦门；瑞坚公迁宁德；发信公迁新加坡。

四十一世祖建贵公迁南平；镇发、建凤、清泉、良栋、德国、德伙、瑞生、依巧、巧俤、钦增等公迁台湾；廷良、辉、大梅等公迁福州；大竹、大兴公迁缅甸。

四十二世祖锦村、凌、立宏等公迁福州；依铿公迁泉州；明鸿、明汉、立宇、立泰等公迁台湾。

新厝房支：三十七世祖兆阳、兆贵公迁台湾。三十八世祖春生公迁南洋；振藩、振前、振禧、振俊等公迁新加坡；兆煊、振顺、兆滔、龙瑞等公迁台湾；振霖、振灯、振务等公迁泉州。三十九世祖良存、良浩公转迁印尼；良钦、钦弟公迁美国；政雄、政安、良城、良清、良藩、良钲、良星、德章、根、良忠、良华、良光、良升、良威等公迁台湾。四十世祖能峰公迁台湾。

柯庄房支：三十七世祖森官、森贵公迁泰国；起游公迁新加坡；起钦、起凤公迁泉州；庆年公子孙迁福州；木花公子孙迁厦门。三十八世祖弟姆公迁新加坡；崇品、崇芳、崇礼、崇锭四公的子孙，用端、瑞梨、用克、好官公子孙、依金、增煊、依明等公迁台湾；依双公迁沙县；崇佑、崇华、崇国等公迁泉州；丙龙、丙清、水官等公及增椿公子孙迁福州；增斌公子孙迁长乐；增仁公子孙迁福清；用康子孙、依九等公迁福州；崇金公迁南平；财仕、长鹤等公迁泉州；用浩公迁香港；木盛、祥书、登润等公迁台湾；崇佑公之子迁美国。三十九世祖孝振、学林、永昌、居官、必生、伙木、孝开、宝连、依舫、春元、德福、德城、忠道、宝仁、宝昌、宝官、宝奎等公迁台湾；妹哥、幼弟、玉英、德香等公迁福州；瑞球公迁缅甸；福银公迁兰州；孝先公迁闽清；明炎、明清、孝良公迁马来西亚；仁祥、仁芳、伙弟、木水等公迁新加坡；炎灼公迁广西；生今公子孙、先雄公迁合肥；忠慧公子孙迁诏关；孝培公子孙、英哥、朝官、木金、朝香、朝奎、孝珠、连官、天福、天营、天宝、天龙、永华、季庵、德章、德盛、德欣、德世、德水、启松、启寿、卫华等公迁台湾；依秋、依铨、孝强、孝铭、孝圣、哲官等公迁福州；忠永公迁尤溪；治弟公迁福清。四十世祖茂新、茂海、茂金、水铨、培凑、森铨、森铜、森彬、森全、水镜、依新、友彬、伙、茂鼎、茂蔼、宝棋、兆仁、兆合、友伦、友正、友城、怡宣、荣钟、荣明、友亮、友香、昆山、友钗、友海、友引、友弘、忠平、炳波、炳富、友松、依铸、茂金、友鸿、伙钗、瑞炎、立章、宝宝、有容、柏毅、桂英、友兴、志文等公迁台湾；宝栋、宝铨、友振、霭南、友琪、友玲、友琼、朝辉、友佳、友敏、佳怡、晓燕、友姜、友丹、友伙、友新、明光、明强、友兴、友浜、忠清、友岩、彬、兆海等公迁福州；友明公迁三明；茂英公迁马腾；桂务公迁广州；友辉、友明、友晃、友香等公迁福清；兆宇公迁连江；春灯公迁文山；友亮、友仁公迁三明；友棋、友喜公迁美国；友捷公迁沙县；梓生公迁缅甸；友多公迁南通；兆基、友仁、友成、友光、友明等公迁新加坡；闽慧公迁山东；兆进公迁厦门；文静、蕾公迁陕西；友成公之孙迁长乐；友珠公迁浦城；华公迁莆田；友元公迁陆家；宝钊公迁南平；友慈公迁门口；友情、友利、友志、友连、友华等公迁同安。四十一世祖烺官、森金、烺钟、伯贵、伯练、伯炎、伯棠、建文、连彬、连增、连清、连枝、连波、建华、建辉、金泉、光震、宏珠、建辉、建毅、韦进、信贤、美燕、鹏羽、羽弟、建梁、建亨、王煌、伯元、伯方、建颖、建联、建伟、建勋、明衡、易晨、易莹、建翰、泰君、恺庭、建铭、建宏、建苇、建杭、建治、宾、建武、建英、建乐、伟、瑜、丽建、莹、倩田等公迁台湾；水星、伙弟公迁日本；标、连萍、建业、建勋、雅婷等公迁香港；连坚公迁福清；缝狮、建华公迁厦门；水明、兰英、学振、康弟、舒婕、建椿、秀鑫、文诚、嘉兴、苏榕、建德、建清、贞惠、敏敏、箐箐、诚宏、建新、建、雪梅、磊、春榕、建邦、凌飞、凌云、秋枫、淑云、淑玲、丽颖、丽钦、建宇、建文、林等公迁福州；连添公迁五溪；连彬公迁双溪；栋章、建舍、建长等公迁南平；建鹏、晓文公迁永安；芳涛公迁尤溪；如、华公迁闽清；建生公迁建瓯；东生公迁天津；建东、建兴公迁大同；政公迁广州；云捷、吴沁公迁上海；建宏、建韦公迁新加坡；建榕、建辉公迁美国；身榕、身辉、永彬、建伟、建淦等公迁永泰；旭、嘉、洁等公迁浦城；世泉、世武公迁芝田；建彪、建林公迁马尾；建全、建福、建华等公及友良公之子迁同安。四十二世祖奇明、秉峰、云天、白云、辉、丽光、威震、嘉顺、嘉伟、家庆、亚洛等公迁台湾；立强、立祥公迁厦门；立亮、立文、立荣、洁、立胖、晓星、立君、敏、锋、亮等公迁福州；立发公迁双溪；立金、立清、立斌、立东等公迁官宅；慕龙公迁日本；立飞、冬月公迁黑龙江；思成、思之公迁上海；立新公迁闽清；立群公迁澳大利亚。

南屿房支：三十八世祖享禄公迁台湾。

房支未详者：三十六世祖金枝、余官、云发、元照、元铠，三十七世祖享寿、秉鸿，三十八世祖贞松、崇品、兆栋、祥炳、兆开、崇恒、依姆、依生等，三十九世祖良藩、良钲、禄官、信枝、明生、依豹，四十世祖友明、茂岑、炳隆、赐惠、培榕、德伙、忠岩，四十一世祖金泉等诸公先后迁居台湾。三十八世祖启宇公（原居福州）迁台湾。

台湾宋姓主要分布在高雄、屏东、桃园、台北、新竹；其次是苗栗、台中、彰化、台东；再次是花莲、台南、南投、云林、澎湖等市县。

【郡望堂号】

宋姓最有名的6个郡望：(1)汉唐时的西河介休，名人有汉壮武侯宋昌、隋南宫令宋景、唐殿中侍御史宋务光等。(2)东汉时的扶风平陵，名人有东汉章帝的宋贵人，其四个兄弟衍、俊、盖、遏在朝为官，长兄封为盛乡侯。东汉灵帝宋皇后（？—176），皇后之父宋酆官执金吾，封不其乡侯。宋果官并州刺史。(3)汉唐时的京兆，名人有西汉少府宋尚，其子东汉大司空、宣平侯宋弘，河南尹宋嵩，东汉太仆宋汉，太尉宋由，颍州太守宋登，鄢陵令宋则等。(4)汉时的河南南阳，名人有汉五官中郎将宋伯，东汉尚书令、河内太守宋均，辽东太守宋京，司隶校尉宋意，司空宋俱等。(5)晋及南北朝时的敦煌，名人有前凉敦煌人、大夏宛都尉宋矩、北魏太武帝时河西王左丞相加安远将军宋繇、北齐西兖州刺史宋显等。(6)汉唐时的广平，名人有东汉尚书殿中郎中宋弁，洛州刺史宋维，前燕河南太守宋恭、北魏尚书吏部郎宋隐，中书博士宋温，济北太守宋演，河南尹宋翻，后魏荣阳太守宋世景，北齐秘书监宋钦道，北魏清河太守宋世良，北齐大理少卿宋世轨，北齐御史中尉、太府卿宋游道，北齐黄门侍郎宋士素，后燕卫将军

司马宋畿，后魏尚书宋洽，唐名相宋璟，唐同中书门下平章事宋申锡等。广平郡，汉武帝元朔元狩（前128—前117）间分巨鹿郡置，郡治广平（今河北鸡泽县东南）。在这最有名的6个郡望中，唐《元和姓纂》称：以"广平"为天下宋氏郡望之首。

福建宋璟公后裔支派主要堂号有：广平堂、赋梅堂、笃庆堂、荔山堂、荔园堂、莲幕堂、荔苑堂等。用公支派主要堂号有崇本堂、获渡堂、兆义堂等。

【祠堂古迹】

宋公祠，原名"乡贤宋公祠"，俗称"宋璟祠堂"，坐落福州鼓楼区中山路8号，系北宋年间的古建筑，占地4亩多。

镜江宋氏宗祠，坐落闽侯县南屿镇江口村，地处旗山东麓、大樟溪西畔。清光绪三年（1877）始建。祠堂砖木结构，面阔三间四柱。

玉墩宋氏祠堂和后洋宋氏祠堂坐落闽侯县。

穴利村宋氏祠堂，坐落永泰县城峰镇。

宋氏大宗祠，坐落今莆田城内英龙街，正堂三间，有后寝、两廊及外门、中门。宋仁宗时（1022—1063），封大理评事府君（诚公）建，祠堂后有宋家香荔枝树。明天顺元年（1457）英宗帝命布政司着府县在祠堂门外起盖牌坊。

茂园祠，坐落莆田城内双池（今英龙街北大路）。

宋氏大宗祠堂，坐落莆田新度镇下宋村，系东郊宋氏开基祖均瑶公创建。

宋氏明心院祠堂，坐落泉州宝林明心院之内，始建于唐天祐（904—907）中，后多次重修。

宋氏家庙，坐落永春儒林里。1995年，华侨投资动工重建，翻建面积1.44亩。"承事流光""宋氏家庙"横匾高悬在三层楼房的家庙门楣上。家庙大门的左右墙上镶进"荔谱永春宋氏家庙重建碑志"刻石。

嶝崎村宋氏宗祠，坐落厦门市翔安区大嶝岛。

后亭村宋氏宗祠，又称荔苑堂，坐落厦门市翔安区新圩镇。

水流统宗祠，又名仁里祠堂，坐落漳州芗城区，系开基祖宗用公所建。

芹坂宋氏祖祠，又称崇本堂，坐落华安县丰山

镇芹坂村北端，坐东向西，祖祠用地1亩2分，门口石埕下是占地2亩的池塘。

宋内宋氏宗祠，坐落龙海市，现存宋姓祖厝，二进结构，有龙虎脊，大六壁大厝，左右2列护厝，建筑面积500多平方米。

山后"宋氏宗祠"坐落龙海市，明末建于祖山山麓，坐西北向东南，二进三开间，三门，双脊燕尾，建筑面积220平方米。

天口村宋姓祖祠，坐落南靖县靖城镇，始建时间不详，重建于1998年。

兴贤村"宋氏宗祠"坐落宁德市霍童镇，二进三开间。

下白石镇宋氏祠堂，位于福安市下白石镇内，二进三开间，占地面积200多平方米。

【楹联典故】

1. 福州闽侯镜江易公之裔

渡闽山溯百世源流一代宗功扶孔孟，开宗祚垂千秋竹帛两朝相业媲伊周。

胜地犹传名重镜江邹鲁遗风追孔孟，贤人可聚德昭日月广平清望媲伊周。

2. 莆田市易公之裔

梅花学士赋，荔子状元编（一作篇）。

一树梅花学士赋，千年唐荔宋家香。

宋肇商丘，派衍五州；尊祖睦族，共展鸿猷。

广平广世泽，大宋大名家。

派出广平声望远，支分八闽泽绵长。

天香钟荔子，相业赋梅花。

广平家声大，双池世泽长。

派追广平源流远，支出双池道脉长。

荔谱家声大，梅峰春色新。

察推家声大，广平世泽长。

百世敬承槐里谏，千秋仰调军中粮。

广平广世裔，大宋大名家。

广平东皋肇祯源，莲幕风飘百代；兰水壶山开庙貌，芹香豆俎千年。

梅花祖泽长，荔子家声大。

开帘对春树，弹剑拂秋莲。

门额：广平衍派／广平世第／广平流芳／广平

世家／梅苑世第／荔园流芳／荔谱流芳／梅苑世居。

3. 泉州市永春易公之裔

荔发一枝春在永，谱传百代本于莆。

祖德千年重光旧业千祥至，宗功百代继美新楼百福臻。

五彩纷呈美奂美伦光祖德，八音齐奏丕承丕显耀门庭。

儒林紫气氤氲鸣新凤，宋宇霞光灿烂舞云龙。

学璟公名尊望重体国爱民，法廉祖节亮风高道德文章。

日丽风和题名雁塔家声远，山明水秀衍派儒林世泽长。

荔菲瑞气龙腾瑞彩千秋盛，宋宇祥云凤翥祥光万里昌。

门额：承事流光

4. 漳州市

（1）龙海市

宋内对联：京鹿浦水分宋祖万常，兆石南流居内业代传。

山后祠堂联：乔木传芳思报本，北溪衍派重探源。

（2）南靖县

靖城镇天口村祠堂联：籍贯浮山，祖宗公德佑后人；基奠圆山，宋氏子孙传万世。

祖拓圆山，东文西武召百世；祠对青山，左龙右虎腾万里。

志在四方鸿基固，林茂子孙福泽长。

（3）华安县

对联：启漳硕德，靖海武功。

光前若森树，崇本联支木自乔；裕后如巨川，弘源分派水长流。

列北溪四姓之乔，千孙永言木本；考室唐一流之派，百世如见水源。

漳州市宋姓门额：宋氏统宗／乔木崇源。

5. 宁德市

谱接光州北溯中原宗德厚，堂承京兆南延宁海祖功高。

【族谱文献】

记载闽台宋氏族谱现存数十部。有《宋氏家谱》连城姑田白联村上东坑家族谱牒。旧谱本已佚，始修无考。今本为1990年宋常礼重修，不分卷。内载谱序、序祖历实、宋氏茔垅纪、祭田纪和凡例、后述世系，自一世始，迄载于二十八世止。肇迁始祖宋六郎，南宋初自兴化（莆田）迁往连城，居姑田，衍族传脉。莆田《莆田、永泰、宁德宋氏联谱》从两岸宋氏族谱中，他们清晰地知道海峡两岸宋氏同根同源，两岸宋氏的开姓始祖都是公元前十一世纪建立宋国的微子启，传代始祖是微仲衍。他们还了解到，台北、桃园、澎湖、台南等地的部分宋氏宗亲祖籍地就是莆田。他们共尊的一世祖是微子启的五十五世孙、唐中兴贤相宋璟；入闽入莆始祖是璟公曾孙易公。漳州《宋氏古族谱》，上下分二册。龙岩《宋氏家谱》，民国万载司背宋珊公房谱；泉州《宋氏家谱》永春儒林宋氏族谱；长乐《宋氏族谱》，民国手抄本，线装。

第一百三十三节 苏 姓

当代苏姓的人口近 700 万，在全国排第 41 位，为全国人口最多的 50 个姓之一。约占全国汉族人口的 0.47%，苏姓在福建排名第 15 位。在台湾排名第 23 位。

【渊源】

1. 苏姓出自上古帝王颛顼高阳氏，以国名为姓。《元和姓纂》："颛顼、祝融之后。陆终生昆吾，封苏，邺西苏城是也。"颛顼帝裔孙吴回为帝喾火正，生子陆终，陆终生樊为昆吾，至周武王，其后裔有司寇忿生，受封于苏，建立苏国。后迁都于温（故城在今河南省温县西南）。其后代子孙遂以国名为姓，称为苏姓。

2. 出自古代少数民族群的分支。据《汉书》所载，塞外辽东乌桓在汉武帝时附汉，他们也有以苏为姓的，分迁至上谷、渔阳、右北平、辽西、辽东等郡地，千百年来渐渐与当地人融为一体，他们后代也成为苏姓中重要一支。

3. 出自古代少数民族改姓苏。

【得姓始祖】

昆吾。第一个以苏为姓的昆吾，是颛顼帝的后代。他们最初的发源地，在今河南临漳县。夏桀时被商汤所灭。周初，其裔官拜大司寇的忿生因功被封于苏国，后忿生迁都于温（今河南省温县西南）。春秋初，苏国为狄所灭，子孙遂以国名为氏，称为苏姓，并尊昆吾为其始祖。

【入闽迁徙】

隋大业辛未，苏惟忠、惟融、惟信三兄弟避乱自淮北入闽开基闽北。

漳州入闽始祖朴公。唐高宗总章二年（669），居住在泉州至潮州之间的少数民族，发生"啸聚"叛乱。朝廷命左郎将陈政为岭南行军总管，从中原统军南下平定。有陈政所率申、光、蔡三州府兵3600 人、部将 123 名；后有随军眷属、后勤人员、商人、平民百姓，其人数超过 2 万人。这些人后来都定居下来，范围包括今漳州、泉州、龙岩、潮汕在内。这次入闽，共有 58 个姓氏，苏姓也在其中。据《漳州府志》载，唯一一个姓苏的，苏道，河南固始人，入闽时为府兵队正，他是陈政 123 名部将当中的一员，入闽开基闽南。南宋绍兴年间，授封昭德将军，附祀陈圣王庙（俗称漳州北庙）。可见苏姓当时就有入漳州。现在，漳州苏姓主要集中在海澄。始祖朴公原居三都青礁，其父苏溥，南宋嘉定十三年（1220）庚辰榜进士；祖父苏竦，南宋庆元五年（1199）己未榜进士。两世进士，时论荣之，原有"进士坊"立于青礁，今已废。族谱记载，始祖朴公在南宋咸淳年间，因兵祸由青礁避居虎溪，始为开基祖。

唐光启二年（886），光州刺史奕嗣孙苏义带二弟等随王绪、王潮入闽，进兵泉州驻城隍庙，因军功戍泉关涧埕，世居南安廿都阜阳谷口前埔九郎园，仲弟居永春毗湖，一居晋江云台。固始苏益，隋王潮入闽初居晋江，其三子漳州刺史光海，开基同安芦山。固始苏羡入闽，居永春毗湖开基。南宋绍兴时，苏展由光州入泉，居晋江槐市、钱波开基；而后有苏妙入闽开基晋江；苏巍入闽开基泉州；苏毅入闽开基永定；苏守道入闽开基龙岩。晋江苏氏分有钱坡、清沟、龟湖等支派，悉以苏缄为始祖，其中钱坡以苏展为一世祖，仍奉祀苏缄于祠堂。

南安阜阳入闽始祖大郎公苏义。唐光启二年丙午（886），带二弟等随王绪、王潮入闽，转战进兵泉州驻城隍庙，因军功戍泉关涧埕，世居南安廿都阜阳谷口前埔九郎园，仲弟居永春毗湖，季弟居云台开山。义为阜阳苏姓入闽始祖，通称大郎公。大郎公入闽后，居涧埕，只生一子罕。罕生三子：长逊扮作商人回光州固始顾祖；次希；三臻生二子，长十九翁又回光州，次二十翁生三子衢翁、明翁、衡翁，归顺赵宋后分守惠、永、德关隘。希固守基业，五世单传，袭职关守。八世垂昌生四子：长端、四事徙居仙游枫亭，次仪子孙居埔上即今前埔，称东房祖，另自有谱。仪后裔大都外徙，其中四十五位师存和四十六位师圣兄弟，因逃兵，徙居安溪官仓庙、魁美等处，另一支迁居晋江洋店。三达，为西房祖，史称九世分东西。西房十四世兄弟四人，长伯通知文义，始修谱立字行；次伯善因看顾十二世坟，徙居沟头；三伯原，因看顾十世坟，带三子徙居安溪横阳；四伯达，因看顾十一世坟，徙居永春仙人桥。十五世祖梅斋，一身挺立，亢宗拓业，大振家声，传六房，三房子孙移居惠安张坂一带。长房苏希稷子孙迁居大河溪，苏希辙子孙迁居晋江石湖边高厝村。

晋江市钱坡古称前埔，其一世祖苏展居一都槐市（又名石埕市，今钱坡槐市山），苏展（1111—1190），家富殷实，然乐于捐厚资以广结善缘，有高士风采，宋绍兴年间由光州入闽，任泉州观察推官，绍兴十六年（1146）建梅溪桥，隆湖柄桥，献金数千，事载于郡志。其子孙先后分支同安、永春、南安、漳州、仙游、金门、台湾以及晋邑各地。苏展十一世孙联生，字联芳，号敬斋，明永乐年间迁居前埔（今钱坡），是钱坡苏氏开基始祖。钱坡六世孙苏守一、七世孙苏宇庶于明万历壬辰科同进士，朝迁特赐"奉天敕命"圣旨牌悬于苏氏祠堂，"一榜双龙"泽及故梓。缘此，钱坡步入闽南名乡之列。其间，六世孙苏守藩高中武举，之后，八世孙苏更生、文浚、孙龙，九世孙苏启蒙等先后中举，"两科四凤"。

据《同安苏氏族谱》记载，芦山苏姓入闽始祖苏益（856—949）字世进，又名利用，自光州固始县随王潮入闽，为泉州押卫都统使，至宋赠武安侯，卒葬同安内厝锄山蜈蚣穴。后晋开运年间（944—946），苏益的第三子苏光诲诛黄绍颇有功，被"晋江王"留从效表为漳州刺史，但平海节度使"陈洪进惮之，计召至同安，为大第，留不遣，密使人之漳州夺其任"。苏光诲受排挤后，便定居同安永丰乡葫芦山下。苏光诲所居府第因在葫芦山麓而称芦山堂，这支苏姓亦以"芦山"为堂号。北宋天禧四年（1020）十一月二十三日，我国宋代著名科学家、丞相苏颂诞生于斯，因此芦山堂1991年被列为福建省文物保护单位，2001年又被列为厦门市首批涉台文物古迹。明万历年间，进士苏寅宾（海南兵备道）移居金门蔡店，其裔也属芦山派系。

明朝洪武年间，苏达德从河南迁居福建汀州府宁化县石壁。清顺治年间，苏兴远、兴旺、兴宝三兄弟从永定县古竹迁至武平县中山镇。

福建苏姓发展成为大族。人口主要分布在厦门同安、泉州晋江、安溪、南安、惠安、永春、龙岩永定、漳州海澄、莆田仙游、南平、闽清、泉州、福州、连江、安溪湖头，宁德地区等地。

【入垦台湾】

庄为玑、王连茂合著的《闽台关系族谱资料选编》一书选编了近百部族谱，其中《德化使星坊南市苏氏族谱序》是记载最早到台湾的宋代德化苏氏史料，谱中写道：苏姓一族，"分于仙游南门、兴化、涵头……永春、尤溪、台湾，散居各处。"这是苏家七世祖苏钦于南宋绍兴三十年（1160）撰写的，序写于南宋初，移民到台，自会比这更早，有可能在北宋末或南宋初。郑成功收复台湾之后和清政府收复台湾后，鼓励大陆移民开垦台湾。台湾80%的苏姓来自泉州、漳州地区的苏姓族人迁往台湾创业。其中南安苏姓迁台达28支，尤其明清时入台拓荒者更多，其因有三：一随郑成功收复台湾，二是逃荒谋生，三是经商。明代末年，荷兰殖民者占领台湾。荷兰殖民者鼓励东南沿海的大陆民众到台湾移民。祖籍福建同安的苏鸣岗（明光）于明万历年间与人结伴到东南亚谋生，后定居巴达维亚，从事制糖业与商业，被当地华人公推为华人领袖。清政府实施对台湾的管辖权，不仅大陆居民激增，闽台间的贸易活动也日趋繁荣。台湾商号林立，为协调行动，减少内耗，而形成了对某行业、某地区市场的垄断，建立了以大商人为中心的商业集团——"郊"，又称为"郊行""行郊""郊商"。在"台南三郊"中的"北郊"，拥有商号20余家，郊行内部组织系统完善，有董事、秘书长、总干事等，立纲陈纪，章法森严，在当时的社会生活中具有重要的作用。"北郊"的核心是"苏万利商号"。清政府收复台湾后，实行了鼓励大陆移民开垦台湾的政策，从现存台湾的苏氏家谱中可以看到苏姓族人的入台始祖，大部分生活在清代。永定县古竹乡苏姓在明、清两朝从十六世至二十四世有其岳、承益、拔益、德官、广东、昌龙等几十支迁往台湾，已繁衍至五、六千人。

苏姓在台湾的分布在桃园、新竹、苗栗、彰化、台北等县市。由台湾省文献委员会编撰的《台湾省通志》中，专列有《人民志·氏族篇》，其中保存有许多珍贵的资料。该志依据的资料为1953年由台湾各市县所填报的数据汇总而成，其时全省共有828804户，苏姓，位列第24位，共有9646户。苏姓在台北县1399户，在宜兰县有12户，在新竹县有563户，在苗栗县有417户，台中县有175户，南投县有497户，彰化县有445户，嘉义县有1271户，台南县有2281户，屏东县有171户，花莲县有61户，澎湖县有123户。据1978年台湾官方统计资料，其各县市共有1694个姓，苏姓列第23位，人口总计达19万余人，主要分布在高雄县、台北市、台南县、高雄市。在乡镇、区级，依数量分别为高雄路竹、台南善化、云林北港、台北市松山区等。嘉义县有"苏厝村"，旧称"苏厝"或"苏厝寮"；台南县安定乡有"苏林村""苏厝村"，这些地名，有的还是现代行政村的名称，是苏姓早期活动轨迹的反映。新竹建有苏氏宗祠，祠内悬有一副寻根认祖的对联："武着千秋思苦竹，功垂万代念芦山。"联首嵌"武功"二字，这是苏姓郡望，"芦山"是苏姓在闽、粤所传派系，即苏益派系，"苦竹"即古竹。

【郡望堂号】

武功郡：战国时秦孝公置武功县，所在今陕西省眉县东四十里、渭河北岸。

扶风郡：汉武帝太初元年置右扶风，为三辅之一。三国魏时改为扶风郡，治所在槐里。

此外，还有蓝田县、河南郡、河内郡、洛阳郡。

芦山堂：北宋的时候，苏颂（芦山四世）发明了世界上第一台天文钟水运仪象台，集观测天体、演示图像与自动报时于一体，比欧洲人发明的时钟早了600年，被誉为中国时钟的祖师。苏姓以"芦山"为堂号。此外，还有忠孝堂、武功堂、扶风堂、蓝田堂、洛阳堂、白玉堂、路阳堂、嵋山堂等堂号。

【祠堂古迹】

钱坡苏氏宗祠，晋江市一都钱坡，古称前埔，是福建苏氏主要聚居地之一，也是著名的侨乡。宗祠鼎建于明万历年间，为苏氏后裔于祖居旧址新建。祠坐西朝东，龙虎环抱，山水绕拱，耐"飞鸦落田"的风水宝地。中为主祠，左右稍退10米各有一小祠，为开基二世长房、二房之家庙，三祠呈金鹏展翅状。主祠为三进三落式建筑，世谓"三才天地人"。

清沟苏家祖庙，位于晋江陈埭苏厝村。清沟苏氏祠堂始建于宋代，元时废祀。明嘉靖年间复建。祠堂轩昂壮观，面溪而立。更有特色处是祠堂开三通大门，门扉俱油漆朱红，以纪念先祖苏缄阖门36人壮烈殉国之赤胆忠心（邕州以苏缄为城隍神，其祠门扉亦是以红为饰）。谱中记："祭祀必取清晨阴阳之交，日是胖蟹者与明隔矣，而能以日中阳盛时求之门乎枋乎也？至今苏氏鸡鸣而奠，尽寅而徹，以为法云。"

厦门苏颂祠，坐落于同安孔庙内西南侧，始建于南宋年间（1127—1227），由朱熹倡建。清嘉庆十八年（1813）重修，现仅存正殿，清代建筑。祠坐西北朝东南，占地面积135平方米，面阔三间，进深三间，穿斗式木构架，硬山顶。内保持清代以前所立的花岗岩神位碑一通。

【楹联典故】

东汉苏章刚正天无二，北宋苏颂慧智钟第一。

引锥图强后三苏流芳，仗节全忠裔五教传诵。

——上联"引锥图强"指苏秦"悬梁锥骨"。"三苏"指"唐宋八大家"北宋的苏洵和其子苏轼、苏辙三人。下联"仗节全忠"指西汉苏武持汉节出使匈奴保持民族气节的故事。"五教"指隋代宰相苏威的"五教"。

唐宋八家三席占；指挥六国一身荣。

八家翰墨三分重；六国纵横一世荣。

——上联典出唐、宋两朝的八大家苏氏占了三人。下联典出战国时期的纵横家苏秦。

北海牧羊不屈志；南天放鹤超然情。

——上联典出西汉朝时期的大臣苏武事迹。下联典出北宋朝时期的文学家苏轼典故。

金莲绚彩武功郡；瑞雪飞花忠孝堂。

——全联典指苏姓的郡望和堂号。

【族谱文献】

记载闽台苏氏族谱现存百余部。其中较有代表性的有《德化县双翰苏氏族谱》为德化苏氏家族族谱。清顺治、雍正年间修纂，民国三十三年（1944）续修，1990年吴植忠、吴糜信等主修。共36卷，刊载先祖传记及世系，有清苏试、苏伯浚、苏齐南、宋庆烈、孙利民等人的序。内载唐苏益随王潮入闽肇基温陵，为入闽始祖。苏奉礼自永春桃林迁入德化，至元初苏道隆率子徙居德化双翰，为双翰肇基始祖。还有《永定县苏九三郎公系大宗族谱》为2003年苏钟生等编修，苏椿华主笔。内载苏昆吴、苏利用等人随王潮、王绪入闽，入闽苏益第十三世孙（永定一世）苏毅，号九三郎，生于元大德四年（1300）前后。于元皇庆二年（1313）前后，随母氏避难汀州府上杭金丰里苦竹乡开基。苏毅开基始祖。武功郡望。其裔遍布海内外，外迁到台湾、缅甸、新加波、印度尼西亚、广东等地。清乾隆、嘉庆年间，从汀州府永定苦竹入台湾的苏氏，多定居于新竹，建武功堂。名人苏增添。另有《衡阳苏氏大宗谱》为安溪与江西、浙江、台湾合族联修。4卷共4册。载唐光启元年（885）苏益公自光州府固始随王潮入闽开基。公三子光诲传佑图，佑图传仲昌、克昌、仲周。克昌传缄公、结公、绳公。结公即衡阳开基始祖。结公于嘉佑五年（1060）偕家人妻姜，长男九郎，由兴化至衡阳入宅开基；次男十二郎，三男十四郎，四男十五郎，播迁广远。始祖苏樊；始迁祖苏结。台湾《苏氏大族谱》，台湾苏茂钦名誉主编，1975年印本；《苏氏族谱》台湾苏光辉编，1980年写本；《湖子苏氏家谱》，苏德海编，光绪二十四年（1898）写本。

第一百三十四节　孙　姓

孙姓源于姬姓，出自上古八大姓之一的姬姓，在中国大陆姓氏排行第12位，在福建和台湾都排名第50位。

【渊源】

1. 源于姬姓，出自春秋初期卫武公卫之子惠孙，属于以先祖名字为氏。据史籍《元和姓纂》记载："周文王第八子卫康叔之后，至武公和生惠孙，惠孙生耳，耳生武仲，以王父字为氏。"公元前1055年，周公姬旦平定武庚叛乱，封康叔于卫（今天河南淇县朝歌），建立卫国。康叔在当地统治有方，很快就把商朝的殷都改成了周的普通封国，成了卫国的始祖。春秋时，他的八世孙姬和因为攻灭西戎有功，被周平王赐为公爵，史称卫武公。卫武公有一个儿子名叫惠孙，惠孙的孙子名乙，字武仲，把祖父惠孙的字作为姓氏以纪念其祖父惠孙，姓孙。因此武仲又称孙仲，他的后代就以孙为姓。

2. 源于春秋时期，楚国令尹孙叔敖的后裔。孙叔敖，字孙叔，他这一支的庶子孙以祖字为姓，称为孙叔氏，后来去掉了叔字改为孙姓。

3. 出自陈氏，是帝舜的后代。帝舜曾居妫，于是就姓妫，成为上古八大姓之一。西周初年，武王追封先贤遗族，找到了舜的后代裔孙妫满，封为陈地，根据胙土命氏的规定，称陈氏，遂名陈满。陈满的十世孙陈厉公陈佗之子陈完，陈国内乱时，奔齐国，改陈姓为田姓，谥敬仲，世称敬仲完。敬仲四世孙名无字。生子名书，在齐国为卿仕，因为伐莒有功，齐景公赐姓孙，食邑于乐安。后齐国内乱，孙书的子孙奔往吴国，"孙武为吴将，其后也。"

4. 出自复姓夏侯。据《汉书》载："夏侯婴为滕令奉军，号滕公，其曾孙颇尚主，主随外家姓号孙公主，故滕公子孙又有孙氏。"孙姓又出荀姓，是战国时著名学者荀子后裔。荀子名荀况，时人尊为荀卿，后世子孙遂为荀氏。西汉宣帝名刘询，以同音之故讳荀字，诏令天下荀姓改为孙姓。后来，

部分孙姓未恢复祖姓，遂成孙姓一支。

5. 出自芈姓，为春秋时楚国令尹孙叔敖之后。孙叔敖是楚国的贤臣，他的子孙就以他的名字命氏，此后又形成了孙姓的另一大宗。

6. 出自田姓。陈厉公的儿子陈完，避难到齐国，改称田姓，田完的五世孙田恒无字的小儿子田书，为齐国的大夫，因伐莒有功，被齐景公封于乐安，赐姓孙姓。其后有孙武子，为吴将。

7. 出自子姓，是商汤王后裔比干之后。比干受殷纣王所害后，其子孙避难隐姓，以本为王族之子孙之故，遂改为孙姓。

8. 出自他族改姓。据史书记载，北魏孝文帝迁都洛阳后，有一支鲜卑族复姓拔拔氏改单姓孙姓，是为河南洛阳孙姓。

【得姓始祖】

孙书，春秋时，陈（为周武王灭商后所封的妫姓国）厉公的儿子叫陈完，在任陈国大夫时同太子御寇很要好，御寇被杀后，他怕受株连而逃到齐国。到齐国后，陈完不愿再用原来的国名为姓，就改成田姓（古时田和陈发音相同）。田完的四世孙田桓子无字有二子，小儿子田书，字子占，在齐国为大夫，因为伐莒（周代诸侯国）有功，齐景公把他封在乐安（今山东省广饶县北），并赐他孙姓。孙书就成为孙姓始祖。

【入闽迁徙】

秦汉以前，姬姓孙姓在秦汉以前的几百年间主要是繁衍播迁于河南省境，其后则主要繁衍于今东南沿海地区。因兵家之圣的孙武，故后来孙姓人家便以"乐安"为堂号，后因齐国内乱，孙姓子孙便首次南迁于江苏、浙江一带。孙武其子孙明因父功而封富春侯，封地在今浙江富阳，形成郡望吴郡。西晋末年，"八王之乱"，很多孙姓族人再次南迁江左，至孙盛时定居会稽（今浙江绍兴），东莞孙谦侨居历阳（今安徽和县）。

1. 孙武二十二世孙，系三国时孙权，其子孙亮，因皇族内讧，被废入闽，后世尊孙亮为孙姓入闽始迁祖。

2. 唐高宗时期，固始人陈政、陈元光父子入闽开辟漳州时，带入大批河南固始籍孙姓军士，河南的孙姓族人随同着到了那里安家落户，如队正孙梁文等人。

3. 唐僖宗时又有河南孙姓族人随同王潮、王审知入闽，又有大批河南固始籍孙姓将士随军入闽，定居福建。唐昭宗景福元年（892）。孙敏，官任御史中丞，字永享，自河南光州固始迁入居福建连江县。福建泉州有一些孙姓家谱称，其先祖乃随王审知入闽的河南固始籍民。如惠安《玉堂孙氏族谱》称，其先祖于唐末自河南光州固始入闽，肇基于福清，再迁泉州东桥，而后衍派晋江、同安等地。《晋江沩田天孙氏族谱》记载，其先祖原籍河南光州固始县，唐僖宗时由河南徙闽，肇迹温陵（今泉州市），成为望族。

4. 据资料记载，有一支孙姓世居河南陈留。唐僖宗时，这支孙姓出任中书舍人、两浙节度使。他有个儿子名叫孙俐，文韬武略，很有才能。当时爆发了黄巢领导的农民起义，孙俐被朝廷选为佰将，带兵征战在闽、越、江右一带，立了军功，被封为东平侯，他和家人定居在了虔州虔化县（今天江西宁都）。他的后代又迁向了福建、广东。清康熙中，这一支孙姓族人迁至广东香山县翠亨村。后来出了伟大的革命先行者孙中山。

5. 唐咸通年间（860—873），孙煌，官御史中丞，后为汀州刺史，遂籍居长汀。至其曾孙太郎，于后唐同光二年（924），自汀州花园角迁居宁化龙上下里之青坪。后传七世孙四郎迁居汀州河田；念五郎徙居江西宁都，传八世，兄弟五人迁居瑞金。至少九郎之子雷郎，于宋元祐己巳（1089）开基宁化孙坑。另一支为孙权十七世孙俐，于唐乾符年间（874），平乱有功，封东平侯，籍居江西虔州（今江西省宁都县）。传五世裔孙十郎（有谱名宣教）迁居宁化石壁（一说长汀县河田）。至明永乐初年，裔孙友松再迁广东紫金县忠坝，至十二世建昌于清康熙年

间自紫金迁广东增城，又过了两代，再迁香山县（今中山市）涌口门村，传至孙殿朝自涌口门村迁至翠亨村定居。革命先行者孙中山先生就出生在翠亨村，他是从河田迁广东的孙友松第18代裔孙。至七世建邦，迁浙江余姚。传至十四世伯传，于明永乐间携四子迁广东兴宁。元末，有五十二世契全公，派名世全，为避荒乱，自宁化石壁沿途迁徙，于明洪武八年（1375）移居兴宁东厢留田堡官亭，为兴宁孙姓开基祖。

《上杭才溪孙氏族谱》载，宋末元初，原居江西吉安府吉水县东昌都的孙伯一郎，从东昌都迁徙到上杭县平安里回龙（今官庄乡回龙村）为入杭始祖，裔孙迁本县才溪、白砂等地。

6. 河南光州固始孙姓迁闽还有许多支家族，《北都孙氏宗谱》载，其先祖孙月，为河南光州固始县人，唐代中期避朱泚之乱，徙家福州长溪（今福安霞浦一带）。《鹤山集》"孙和卿墓志"亦载，墓主世居光州固始，唐末迁福州长溪县等处。

7.《南塘孙氏族谱》记载，其先祖孙顺仁，原籍河南光州固始县，后周时由河南辗转入闽，卜居泉州府安溪县长泰里狮渊乡，后裔分迁周围地区与海外。

8.《柳塘记》记载，其先祖孙朱，实际河南光州固始县，唐五代战乱之时由河南徙闽之福清，再转徙泉州之东门。

9.《晋江青阳孙氏族谱》记载，后晋兵部尚书孙严率家族避乱迁闽，徙居侯官建安郡（今福建晋安市），有三子：张子孙璠，迁同安（今厦门同安）；此子孙玦，迁晋江青阳（今晋江市青阳镇）；三子孙王比，迁嘉禾（今厦门五通），后裔分布福建各地。

10. 据史书记载，唐朝末年，孙姓族人从河南光州（今天河南潢川）迁入泉州。《台湾省通志稿·卷二·人民志·氏族篇》载："本省孙姓，未修谱牌。相传，其先世居（河南）光州固始，唐末五季之乱，南迁入闽，居泉州东门，后迁银邑（同安）之嘉禾（今厦门）。"

11. 孙平谕，五代时官任开封推官，两浙运使，入闽卜居清源（泉州）。五代时迁闽的孙姓族人在

宋代进一步扩展其迁徙地。如《柳塘记》记载，其族迁闽后，宋时由泉州迁同安（今厦门同安区）嘉禾里小演村，后又移宅柳塘（今厦门市平山西仓社）。后裔分布厦门、集美、同安、惠安、泉州、安溪、漳州及浙江、台湾等地。《禾山孙氏族谱》是该族的支脉，宋末由柳塘迁往集美。《晋江沭田孙氏族谱》记载，其族迁闽后，七世裔孙希元，在宋元之际，由温陵迁沭田塘市（今晋江市辖地）。后裔分布晋江、惠安、同安、广东、台湾等地。惠安《玉塘孙氏族谱》乃同族支脉，或由温陵迁晋江青阳，再迁惠安埔塘村，或由晋江塘市迁惠安玉塘村，诸村都属惠安张坂镇，汇成泱泱大族。还有上述德化县浔中镇隆泰村的乐陶孙姓一族，孙中山先祖由赣迁闽之族等。

【入垦台湾】

在三国时期孙吴黄龙二年（230）孙权曾命将军卫温、诸葛直率领甲士万人，浮海远航至夷洲（今台湾岛），这是大陆人民首次大规模到达台湾。台湾的孙姓都是从福建泉州迁徙而来的，现多分布在台湾的台北市松山区、台北市大安区、高雄市苓雅区及屏东县、新竹市等地区。明末清初，孙姓移居台湾主要也在此一时期。据《台湾省通志》说，早期移居台湾的孙姓有20多起，如乾隆年间同安人孙和定居淡水，孙德成移居永和溪洲，孙开移居永和秀朗，孙润移居新庄后迁北投，孙善抄移居今台北市东圆街，孙富挑移居新庄，孙贤生移居云林新港，孙思森、思仕兄弟移居嘉义溪口，孙海移居台南盐水，孙游寿移居今台南市，孙经移居苗栗苑里。龙溪人孙瑞敏移居彰化，后迁台中大肚，孙水移居台南麻豆，孙定宗移居台南市。安溪人孙玉尊移居新竹市。道光年间镇平县人孙永科移居苗栗三义，安溪人孙神福移居台中梧栖。台湾的孙姓多散居在台湾各地，较多的是台北、基隆、高雄、台南；其次是嘉义、彰化、花莲、云林等，其他市县也有分布。台湾的孙姓，大多来自福建泉州。

明清时期，孙氏家族开始播迁海外，现分布在新加坡，马来西亚，泰国，印尼及我国的台湾、香港等地区。晋江东石塔头孙村为海滨望族。支派传衍福建南安官桥、漳州、福州、古田、广东海丰、陆丰、中山、蕃禺、琼州、南海，以及台湾屏东、新竹、高雄等地，加上侨居南洋菲律宾、新加坡、缅甸等国家的族胞，人口已达数万。

【郡望堂号】

1. 郡望

太原郡：战国秦庄襄王时置郡，此支孙姓为富春孙姓之分支，其开基始祖为孙明的十一世孙福。

陈留郡：秦置，在今河南省开封东南陈留城。历代均置。1957年并入开封县。又西汉陈留郡，治陈留县。北魏时治浚仪，隋唐为汴州陈留郡。

乐安郡：东汉置郡，此支孙姓为兵圣孙武之族所在。富春郡，秦置郡，此支孙姓为乐安孙姓之分支，开基始祖为孙武次子孙明。

汲郡：晋置汲郡，治汲县（今河南省卫辉市西南）。隋唐汲郡即卫州。此支孙姓为孙姓世居之地，晋名隐士孙登之族所在。

东莞郡：汉有东莞县，治今山东沂水。

吴郡：公元129年，东汉分会稽郡置吴郡，治吴县（今江苏省苏州市），辖区包括建德以下钱塘江两岸，故今浙江省杭州市亦在吴郡之内。

富春郡：今浙江省富阳。秦置县名富春，晋太元中改富阳。

2. 堂号

平治堂：因孙叔敖把楚国治理得民富国强，赐号。

乐安堂：因田书伐莒有功被封于乐安。

映雪堂：晋朝时御史大夫孙康，幼时家贫，买不起油点灯，冬天下了大雪，在院子里映着雪光读书，终成大名，故赐此堂号。

此外，孙姓的堂号还有：富春堂、敦叙堂、积善堂、鹤衍堂、嘉会堂、东莞堂、燕翼堂、万石堂、垂裕堂、孝友堂、兵法堂、太原堂、致远堂等等。

【祠堂古迹】

连城集善堂，又名渔溪公屋，位于连城余庙前镇集芷溪村竹坑桥头，始建于康熙末年（1772），供奉开基祖第17代孙渔溪以及列祖列宗。建筑面积达5356平方米。

玉塘孙氏家庙，位于惠安县张坂镇埔塘村（古称玉塘里）洋宅，是惠安、永春、仙游、金门四县孙氏的祖祠。始建于明天启三年（1623）。家庙坐北朝南，建筑面积300平方米。

乐安孙氏家庙，位于永春县五里街镇华岩村崇贤路畔，门对大鹏山，背傍桃溪。始建于明天启（1621—1627）年间，历代有修缮。建筑面积分别为450平方米和235平方米。

塔江孙氏宗祠，位于晋江市东石镇塔头孙村。明嘉靖四十一年（1562），塔头族人孙振宗中三甲进士，出任江西佥事，荣归故里，始建塔江孙氏宗祠。历代重修。祠堂坐乙向辛兼辰戌，面积236平方。

周宁县枣岭孙氏宗祠，位于宁德市周宁县枣岭村。旧称"林洋境"，属宁德县十八都，境内佛事之题字多可见以"宁德县十八道林洋境"为地名。有孙氏宗祠2座。

【楹联】

兵法卓绝传后世；药方回春救苍生。

——上联赞兵圣孙武，下联颂药王孙思邈，是孙氏宗祠通用楹联。

东海表大儒，诗礼名家，旧望曾推唐谱牒；
南朝崇硕辅，弟昆报国，新封犹溯宋衣冠。

——此联为惠安玉塘孙氏家庙原联，永春乐安孙氏家庙亦用。

派衍玉塘，祖德宗功，勿负书楼绵世泽；支分桃水，孙谋子燕，尚摩雪案振家声。

忠臣遗祀肃馨室；孝子流辉隆庙宇。

——指奉旨旌表孙人凤而建孝子坊。

科第庆蝉联，龙虎榜中儿继父；功名欣鹊起，贤良书上弟并昆。

——指孙士澜父子皆是武进士，孙芳时兄弟同榜文举人。

侯伯子男永世显，易书诗礼传家长；文谟武烈成嘉会，尊祖敬宗启泰元。

——永春乐安孙氏家庙楹联。此联亦为孙氏自十九世起的昭穆辈序，并作为祠联刻在祀厅大柱。现在惠安、永春及台湾的孙氏族人都同此昭穆。

【族谱文献】

闽台孙氏族谱现存百余部。有宁化淮土《孙氏族谱》，始修年代无考。内容有历代序文、目录、凡例、家训及修谱登名，祠产、但缺祠堂、邱墓、祠祀象贤等。先祖肇基于东吴，唐咸通年间（860—874）孙煌为御史中丞，迁汀州刺史，籍于汀州。其曾孙孙太郎。后唐同光二年（924），孙太郎从汀州花角迁居宁阳（宁化）龙上下里青坪。再传至少九郎之子雷郎。北宋元佑四年（1089），孙九郎之子孙雷开基宁化淮土孙坑。有台湾《孙氏族谱》孙海等主持编撰。孙科校审撰序。1971—1972年搜集整理校核，1974年付梓刊印。谱载有祖庙、祖墓、碑记、历史名人雕像、画像如黄帝、炎帝、舜帝、孙武、孙膑、孙权、孙中山、孙真人、吴真人、许真人等；还载名胜古迹、发源地风貌、民俗风情、源流图、世系图等。内载清乾隆、光绪年间，孙氏由大陆徙台分布、迁徙路线图，台湾各县市孙氏分布情况，世系分布图。历代先贤列传、名人传录，如孙中山的儿子孙科、孙科的女儿孙穗芳以及孙连仲、孙海等人事迹简介；有孙氏名人题字题词，以孙氏人物命名的地名等。还有尤溪米罗石《孙氏族谱》，连江拱头《孙氏族谱》、泉州《禾山孙氏族谱》清孙鼎臣、孙应元纂修，清乾隆三十年（1765）钞本。

第一百三十五节 谭 姓

谭姓人口约 370 万，排名第 67 位。在台湾排名第 113 位。

【渊源】

1. 出自姒姓。相传尧时中原洪水泛滥，尧派鲧治水，鲧采用堵的方法，结果失败了。舜即位后任用鲧的儿子禹治水。据说鲧的妻子梦食薏苡，醒来后有了身孕，生下了禹。禹治水成功后，舜赐姒姓于禹。周初大封诸侯时，姒姓的一支被封于谭国（今山东省章丘县西），爵位为子。谭国国势一直不盛，不久就沦为齐国的附庸。到了春秋初期，齐桓公称霸诸侯，于周庄王四年（前 683）吞并了谭国。谭国国君之子逃亡到莒国（今山东莒县），而留在故国的子孙就以国为氏，称谭氏，史称谭氏正宗，是为山东谭氏。

2. 出自古代西南少数民族。据《万姓统谱》的考证，巴南（今云南、贵州一带）六姓有谭氏，自称盘古的后代，望出弘农，是为云南、贵州谭氏。

碌瓠也可写为盘瓠，又称盘王，是流传于湖南、贵州、云南、广西、广东、江西、福建、浙江等省区瑶、畲、苗族等少数民族的英雄祖神。《后汉书·南蛮传》中有关盘瓠的记载，高辛氏糠是黄帝的曾孙，15 岁的时候因辅佐颛顼而建立了很大的功业，被封为诸侯，都城在高辛。后来他遭遇一吴姓将军的侵扰，为此招募天下人，说谁能将吴将军的头斩下来献给他，他就把女儿嫁给他。当时，他喂有一条名叫盘瓠的狗，身上长着五颜六色的毛。盘瓠听到后，竟出其不意地将吴将军的头叼了回来并放到糠的帐下。糠没有办法只好将女儿让盘瓠带走。盘瓠带着公主来到南方一座大山的石室里，后来生了 12 个孩子——六男六女，盘瓠和他的孩子们，世世代代在此地繁衍生息，便发展成了被史书称为"蛮"的少数民族。这个传说虽然荒诞，却在《山海经》《搜神记》《淮南子》《水经注》中都有描述。

根据瑶族人的传说，盘瓠的后代主要有 12 个姓，分别是：盘、目（瞕）、包（瞕）、黄、李、邓、周、赵、唐、雷、冯、胡。其中的晖，在历史演变中逐渐变化为覃、谭、潭三姓，晖姓反而消失。

3. 他姓改姓。历史上有谈姓因避讳而改姓谭的。又据《万姓统谱》所载，谭氏有避仇去言旁为覃，今岭南（泛指五岭之南，大致相当今广西大部分地区）。湖南省《石门县志》记载，覃为古有竺氏后裔，于周穆王时分居覃地为民，遂以国为姓。当地的覃氏族谱记录有《覃氏源流世系歌》："覃氏鼻祖墨胎初，孤竹君后是有竹。"据湖南省张家界市覃氏族谱，覃氏是有竹氏的后裔。

【得姓始祖】

出自姒姓的潭氏尊大禹为始祖。谭国国君谭子为得姓始祖。

【入闽迁徙】

唐末五代时，谭峭（860 或 873—968 或 976），男，字景升，道士，著名道教学者。谭峭之父谭洙，官为国子司业，泉州府清源县（今属莆田市华亭）人。峭幼而聪慧，博闻强记。及长辞家出游，足迹遍及天下名山，后随嵩山道士十余年，得辟谷养气之术。后入南岳衡山修炼，炼丹成，又隐居青城山。谭峭的《化书》在道教思想史上有着重要的地位。对中国古典美学造成了深远的影响著作《化书》内涵物理、化学、生物、医药等科学，可谓是一名了不起的古代科学家。福建泉州人谭峭在嵩山从事辟谷养气炼丹之术。他提出要"均其食"，幻想一种"无亲、无疏、无爱、无恶"的"太和"社会。闽王王昶崇尚道教，拜谭峭为师，赐号"金门羽客正一先生"。

《客家风情》：唐末，谭氏南迁，留居江西弋阳。宋初入闽，居于汀州之宁化、长汀，后分衍连城、上杭。明时，谭伯苍生八子，散居于闽、粤、赣边区诸县。第七、第八子定居梅州、兴宁。后裔衍五华、龙川、河源、惠阳等地。

于都《澄溪谭氏六修族谱》：谭氏先祖从山东

齐国故都临江南迁江西抚州。寅郎于唐元和间转徙宁都石上斫柴岗。至北宋仁宗间，裔孙谭文徙于都县澄江村，而后，斫柴岗、澄江谭氏遂迁宁化。其后迁闽西，继迁广东。

明嘉靖四十二年（1563），倭寇又在广东、福建沿海大肆劫掠。三月倭陷兴化，朝廷命谭纶为右金都御史、福建巡抚，提督福建军务。谭纶日夜兼程，急赴平海卫。命浙江副总兵官戚继光火速从广东、江西一带回闽；令福建总兵官俞大猷，整饬营内，疏通河道，扼守海口，断敌退路；着广东总兵官刘显速率军驰赴兴化，对倭寇实行重围。四月上旬，各路进剿军先后入闽。谭纶召俞、戚、刘商讨破敌之策，自任总指挥，戚继光率中路军直捣倭贼大本营平海卫，刘显率左路军侧翼迂回，俞大猷率水师为右路，断敌退路。各路军分头进击，一举歼敌2200余人，解救被掳男女3000余人，随即收复兴化城。以军功升右副都御史。次年二月，2万余倭寇又围攻仙游等地，谭纶亲率戚继光部驰援，攻下仙游，斩敌千余，又追歼逃倭数千名，残余倭寇抢夺渔舟入海逃遁。谭纶迁陕西督抚。嘉清四十四年（1565）十二月，改调四川。不久，即以兵部右侍郎兼右金都御史，总督两广军务。

【入垦台湾】

大约从清代开始，闽、粤谭氏部分族人入垦台湾省，台湾覃姓，出自姒姓，源自春秋时谭氏为避难所简改为覃氏（tán 音谭）。人口排名第221位，主要是光复后各省迁徙入台。潭姓出自谭姓，为大禹的后代，因形近改姓，因为"谭"字言字旁草书与三点水旁近，部分谭姓因此改为潭姓，主要聚居广东揭西县，后迁徙台湾和海外。因此海外和台湾谭、覃、潭三姓联宗。主要分布在基隆市、苗栗县、新竹县、台中县、彰化县、云林县、南投县、台南市、台南县、高雄县、屏本县、台东县、宜兰县、台中市、高雄市等。

【郡望堂号】

济阳郡：晋惠帝时分陈留置郡，治所在洛阳。相当于今河南兰考东境、山东东明南境。

齐郡：西汉时改临淄郡置郡，治所在临淄（今属淄博市）。

弘农郡：西汉元鼎四年（前113）置郡，置所在弘农（今河南灵宝北）。

"善断堂"：唐宪宗时候，谭忠为燕的牙将，受燕的派遣出使魏。恰恰这时朝廷派大军越过魏国去伐赵。魏牧田季安要兴兵，谭忠说："不可！如果兴兵，就是对抗朝廷，魏的罪就大了。"季安采纳了他的话，按兵不动。谭忠又说服燕牧刘济出兵帮朝廷伐赵，连克赵城饶阳、束鹿。魏和燕都受到朝廷表彰，大家都佩服谭忠善断。另外还有"济南""弘农"等堂号。

【楹联典故】

七岁能登上第；
三子尽作大夫。

——佚名撰谭姓宗祠通用联。上联典指宋代人谭昭宝，相传七岁应童子试而登上第。下联典指北宋始兴人谭佚，皇祐年间进士，三个儿子也都成为名大夫。

仙客练月得到；
烈妇渍血留痕。

——佚名撰谭姓宗祠通用联。上联典指南唐谭峭炼丹得道，后仙去。下联典指宋谭氏妇赵氏为元兵所害，血溅殿楹，如妇人抱婴儿状。

终南山上神人，涉猎文史；
栖隐洞中道士，出入金门。

——佚名撰谭姓宗祠通用联、联典指南唐国子司业谭峭，泉州人。好仙术，居嵩山十余年，后登青城山，相传仙去。亦称紫霄真人。

第一百三十六节 汤 姓

汤姓在中国大陆是第90大姓，人口较多，约占全国汉族人口的0.19%，在福建排名第53位。在台湾排名第77位。

【渊源】

1. 源于子姓，出自夏朝成汤之号，属于以先祖谥号为氏。据《通志·氏族略》记载，汤氏其得姓始祖为成汤。夏朝末年，居住在黄河下游的商落首领名契，本是黄帝曾孙帝喾之子，因辅佐大禹治水有功，被帝舜封于商（今河南商丘），赐姓子氏。契传十四世至履，正值夏朝末代夏王桀统治时期。履，字汤，他即位后爱护民众，施行仁政，深受人民拥护，周围一些小国也慕名前来归附，因之势力迅速扩大。夏朝末期，帝桀为君。夏桀残暴无道，国内日趋动荡不安，诸侯们也不听从他的号令。汤见其形势，便产生了代夏的雄心。他顺从民意，不断积聚力量，开始有计划地讨伐夏桀。在贤臣伊尹的辅佐下，他先灭掉了商过附近的夏王朝死党葛国，接着经过十一次的出征，逐个灭掉了夏王朝的三个重要同盟附庸国韦国、顾国、昆吾国，成为了当时最强的诸侯国。汤在彻底孤立了夏王桀之后，领军一举灭夏王朝，把夏王桀放逐到南巢（今安徽巢湖居巢区）去悔过。之后，成汤建立了中国历史上第二个奴隶制国家商王朝，定都于亳（今河南商丘），始称商汤。汤逝世后，被后世谥为"成汤"，历史上尊称为"帝乙"。在成汤的后裔子孙中，有以先祖的字"汤"为姓氏者，是为河南汤氏，史称汤氏正宗。

源于子姓，出自西周初期亳国国王汤子偃，属于以先祖谥号为氏。

2.《万姓统谱》载，春秋时宋国有荡姓，后去草头成汤姓。出自春秋时宋国荡姓家族，属于简改姓字为氏。

3. 源于风姓，出自远古太暤（昊）伏羲氏的十个儿子汤，属于以先祖名号为氏。

4. 源于官位，出自秦朝时期官吏汤官，属于以官职称谓为氏。秦、汉时期，宫廷少府设置有汤官令、汤官丞，负责掌管帝王君主的御用糕点。在史籍《汉书·百官公卿表》中记载："太官主膳食，汤官主饼饵。"到了东汉时期，废黜了汤官令，仅保留了汤官丞。后该官职并入"尚食府"。

出自南北朝时期官吏汤沐食侯，属于以官爵称号为氏。

5. 商末宋国君偃之后，因避祸所改。《史记·殷本纪》载，周初，商纣王庶兄微子启受封商旧都周围地区，建宋国（都今河南商丘南），其后人有以子为氏者。秦始皇焚书坑儒，子姓畏祸，遂改姓汤。

6. 出自改姓及少数民族。宋代有汤悦，本姓殷，建隆初避宣庙讳改姓汤。另满、侗、蒙古、土等族均有汤姓。

【得姓始祖】

商汤，又称成汤。又名履、天乙、大乙、武汤、武唐、天一汤等，史称"汤有七名"，是中国历史上第二个朝代——商朝的创建者。其子孙后代为纪念这位开国君主，遂以其名讳为氏，称汤姓，商汤由此被奉为汤姓得姓始祖。

【入闽迁徙】

福建为全国汤姓第一大省，占全国汤姓总人口的15%。《台湾汤氏大族谱》载：唐代，汤蒙仕官江南江宁县，为汤姓南迁始祖，唐末，汤彦徙居福建宁化，是为闽、粤始迁祖，黄巢之乱，其后裔散居各地。汤姓入闽主要支派有：

1. 晋安帝隆安三年（399）将军、上柱国、假节、都督荆、益、宁三州诸军事的汤仲堪被桓玄击败。殷汤氏遭到桓姓的追杀，幸存者纷纷出逃避祸。汤（殷）景仁是汤（殷）浩侄孙、汤（殷）仲堪侄子，其家族避居于福建，汤（殷）景仁因精通国典朝仪、旧章记注，有国士风范，受到司徒王谧的喜爱，将其收为东床快婿。因而，汤（殷）景仁当上了江州晋安郡（福建泉州）南府长史橼,故称"汤（殷）晋安"。

2. 漳州汤姓。据云霄《汤氏宗谱》、江西南昌《汤氏宗谱》、范阳《汤氏宗谱》均有汤姓兄弟入闽的记载。唐高宗总章二年（669），有汤智、汤简两兄弟随陈政父子入闽平乱。汤姓兄弟是河南固始县人，属中山汤姓。当时汤智任陈政府兵校尉，平乱后加封竭忠辅国将军，其弟汤简封昭德将军。唐垂拱二年丙戌建立漳州府，汤智、汤简两兄弟奉命驻守在龙邑柳营江东乌浔坑（今龙海角美镇乌浔自然村），此地是陈政入闽平乱的军营重地。汤智、汤简兄弟后定居于漳州龙溪县柳营江乌浔村，为漳州汤姓开基始祖。唐代是汤姓入闽的高峰期，除唐初随陈政、陈元光父子入闽的汤智公、汤简公兄弟外，唐宪宗年间有太师汤泽率其子孙移居闽浙两地。正是汤姓族人代代南迁繁衍，今日福建才成为汤姓之第一大省。以后，他们在此安家，经1300多年繁衍，其子孙播居闽、粤、赣、台及新加坡等地。

3. 据福建周宁《汤氏宗谱》记载，河南固始朱皋里人、唐太师汤泽为避祸，率汤小录、汤福、汤时进、汤开、汤寿、汤庆、汤泰、汤道、汤德、汤仁、汤奉直、汤奉敬、汤艺十三子及仆从由安徽渡江，途经浙江平阳，留八子汤道于此；而后率众入闽。汤泽认为川中（福建周宁里亩、凤山、凤洋）是发祥之地，于是让五子汤寿迁居福建川中（周宁）开基；而其长子汤小录则迁居福建闽城开基；次子汤福迁居福建侯官开基；三子汤时进迁居福建古田开基；四子汤开迁居福建罗源开基；七子汤泰迁居福建南剑开基；九子汤德迁居福建永福开基；十子汤仁迁居福建泉州开基；十一子汤奉直迁居福建泉州洛阳镇开基；十二子汤奉敬迁居福建连江开基；十三子汤艺迁居福建建宁开基，形成福建汤姓十大望族。由此，福建成为汤姓郡望。

唐文宗开成年（836—840）朝廷委任汤克卿为福建建宁州刺史。但是《固始县志》《光州县志》《旧唐书》《新唐书》都没有查到有关唐太师汤泽、殷泽、阳泽、温泽的资料；所以，汤泽很有可能是从浙江平阳人，而河南固始只是东晋以前祖籍，因而汤泽墓在浙江平阳吴岙山。而《周宁县志》则认

为汤氏始迁川中（周宁县）的不是汤寿，而是他的两个儿子汤鼻、汤耳。范阳（河北涿州市）人汤华，为唐代名将汤晶之子，承荫授湖南衡州（衡阳）参军，秩满调任侯官（今福州）丞，汤华在闽广播中原礼仪化民风土俗，人皆乐于驱使，征赋自愿聚齐，政绩卓著东南。唐武宣之年，外强入侵，军阀割据，中原不靖，汤华秩满不得归路，于是携妻王氏及子汤宗铉、汤宗镐隐居于岭中连江邑（今属福建），因土风有殊，瘴疠所染，沉痼既构，天寿不避，唐宣宗大中八年（854）病逝，享年58岁，厚葬于竹林原，岁祭不终。其妻王氏率子孙蓬首护丧设身殉义，虽泣血以望故乡，但不忍弃卢庐而北归，礼节奉君子以慈和训闺门，艰险不惮旌旄之情，古今罕见。因而闽中多为汤华后裔。

4. 唐乾符五年（878）三月黄剿率义军由浙江转攻福建，隋唐时期福建绥城、将乐、邵武县归属于江西抚州路管辖；因而唐僖宗诏令汤季珍入闽联络诸军坚守抵抗，然因义军气势正盛，如蚁蝗潮涌而上，12月福州城失陷，汤季珍死战殉国。唐僖宗赐汤季珍为"公"，谥曰："忠勇"，并应抚郡军民所请，敕葬于抚州治北投湖山，立庙塑像岁祭不绝。宋丞相晏殊闻其事迹亲为其作《汤季珍传》；宋丞相王安石拜谒汤季珍庙时，亦诗赞汤季珍曰："忠贞贯日，义勇参天，英气不灭，启佑后贤"。汤季珍是江苏苏州温坊人，其所督率的江西抚州汤家军因战败而散居福州。

5. 唐僖宗光启元年（885），河南固始人王潮、王审邦、王审知三兄弟率乡民5000人义军入闽，封闽王。五代后梁时期，江西动荡不已，而福建却歌舞升平，江西石城汤姓闻知福建招贤纳聘，于是倾巢迁居宁化地区。

6. 蕉岭《汤氏族谱》：唐代，八世祖文公，状元及第。南唐时，十一世祖汤悦，拜相，赐封"吞星世德"。后仕宋，被宋太祖赵匡胤封为光禄卿。南宋高宗年间，汤氏分两路从中原南迁。绍兴三十二年，汤庆可经湖南、江苏、浙江萧山至福建宁化石壁塘肇基。传四世益隆公，于明洪武二十五年，携子五二、五三，分居上杭、武平。其妻何氏八娘，

带五八、五九两子迁往广东程乡，定居高思村。后裔播衍蕉岭、五华、汕头、揭阳、梅县、广州、增城、花县、曲江、乐昌及江西寻邬、会昌、上坪、泰和及广西柳州、贺县。清乾、嘉间，民榜公始迁台湾。子孙外迁巴西、日本、毛里求斯、印尼、新加坡、泰国、帝汶、澳大利亚等国家。

7. 南平汤姓。汤悦的第四世孙汤洋，于唐贞元年间（785—805）经浙江平阳入闽；另一支汤悦的后裔汤秀祖，于明嘉靖年间从浙江入闽。这二支汤姓分布在宁德、南平一带。

8. 宋真宗初年，汤彦游学福建汀州，遂定居于福建明溪，其后裔散居于福建武平、汀州、宁化、上杭、三明、将乐等县。宋代福建因是汤姓郡望，因而有30余位汤姓官拜福建州刺史、节度使，福建将乐县还出了一位武状元汤鷟。宋神宗元丰年间还有一支汤氏入闽，定居于龙溪云岭兜。闽西汤姓：主要居住在长汀、宁化等地，是宋代从南京句容镇迁入。

北宋初，汤氏后裔从河南商丘经湖南、江苏，迁至浙江温州路（今温州市）。北宋至道二年(996)，温州路平阳县处士汤监仓辗转到福建的将乐谋生。他见永康团安坊堡（今将乐县南口乡温坊村）土地肥沃，清溪环绕，是个安家立业的好地方，就携其家眷在此落户，成为汤氏入将乐的开基始祖。（将乐《姓氏志》）

南宋高宗年间（1127—1162），中原汤氏纷纷南迁。其中一路从河南商丘经湖南、江苏、南京、浙江萧山，进入福建，卜居于宁化石壁，落籍宁化石壁塘的是汤庆可。（广东蕉岭《汤氏族谱》）

南宋淳熙年间（1174—1189），汤铎任府学教授，并聘赣粤督学考试，宦游到福建的延平；旋而避兵乱迁居清流县治。（宁化中沙《汤氏族谱》）

宁化中沙《中山郡汤氏五修族谱》：大一郎，讳铎，字道行，号牧野，原籍江南松江府华亭县。宋进士，淳熙间任闽之延平府教授，两聘江西、广东督学考试，避兵迁居汀郡之清流县。传至九世尚义，号松轩，以进士授广东澄迈县知县，后升琼州府分府，生四子：讚、谏、谕、谦。长子讚，生子廷爵，字烈卿，号班郎。班郎自清流迁至宁化县鱼潭。传至班郎曾孙时名为新，于明正德元年徙居于金沙水西坊（今中沙乡）。至庭满公，又立籍于宁化县龙下里三图六甲。宁化金沙汤氏奉铎公为鼻祖，班郎为入宁一世祖；时新为金沙始迁祖。裔孙繁衍江西宁都、石城。

9. 永春汤姓，唐王朱聿于福州即帝位，改元"隆武"，以福建为政治中心，组织抗清斗争。各地汤姓族人纷纷入闽勤王。汤姓勤王诸将虽有精忠报国之志，但却难有施展才华的天地。由安徽安庆市望江县迁入，系明初名臣汤和的后裔。明末战争频繁，故有一支后裔移居永春避乱。

至明代，汤姓家族已有名人出现。莆田汤姓首登科第者为汤学尹，字伊人，清顺治十四年，乡试考取举人，官嘉兴推官，补嘉禾知县；汤姓首登武科者为汤钺，明万历三十七年，以武艺科擢英，万历三十八年会试录用，官兴化卫舍人。其后清代有汤志，乾隆三十年，乡试考取举人。汤大经，学尹子，清代由兴化府学贡，擢宁洋训导。

【入垦台湾】

福建作为南方汤姓最早发达的省份，也是人口最多的汤姓居住省份。从清初康熙三十五年（1696）以后广东、广西、福建等地的汤姓迁居台湾，在台岛北部的苗栗县、桃园县和新竹县，尤其是在苗栗县的苗栗、西湖和大湖等乡镇；桃园的平镇、新屋，新竹的新竹、湖口等地，都是汤姓分布较为集中的地区。广东镇平和福建宁化迁居台湾的始迁祖是汤四十七郎；汤辉元、汤民榜、汤文民等带领镇平的另一些汤姓人陆续抵台；汤显相、汤彦等率领福建宁化的一支汤姓迁居台湾；永春汤姓迁台的始迁祖是汤袍。据台湾省出版的《蕉岭乡亲入垦台湾概况》一书中统计，清朝嘉庆以前入垦台湾的蕉岭人在客居台湾的33姓中，数列第五位。

明清时期，汤姓族人也是随同浩浩荡荡的垦殖大军渡台开发台湾的，其中既有闽南人，也有客家人。根据族谱记载，清康熙三十五年（1696）始，福建宁化和广东镇平迁居台湾的始迁祖是汤四十七郎；汤辉元、汤民榜、汤文民等带领镇平的另一些汤姓人陆续抵台；汤显相、汤彦等率领福建宁化的一支汤姓迁居台湾；永春汤姓迁台的始迁祖是汤袍。据台湾专家收集整理：清雍正年间，汤伊炳入垦桃园，后迁桃园平镇。康熙末叶，汤洪梅、汤简英入垦屏东。乾隆初叶，汤德全、汤伯桂、汤拱鹏、汤俊禧、汤宗钦等入垦今苗栗，后裔有部分迁徙新竹、桃园；汤耀尹入垦今苗栗后龙，汤文发入垦杨梅。乾隆中叶，又有汤友伯、汤步绅、汤聿贤、汤聿顺入垦今苗栗，汤士辉入垦今苗栗铜锣，汤佑璋等入垦苗栗南庄，汤玉象入垦新竹的新浦，汤海伯入垦今桃园杨梅，汤孔任等入垦今苗栗头屋，汤聿文入垦公馆，汤兆凤入垦桃园大溪。乾隆末叶，汤振明入垦今苗栗后龙，汤裕尧入垦新竹宝山。乾隆年间还有，汤辉光入垦云林北港，后迁公馆，汤辉元入垦新竹竹东；汤元英、汤顺英入垦桃园龟山。嘉庆年间，汤玉新、汤添寿入垦今苗栗，汤增敬入垦今苗栗三义，汤名杰入垦新竹关西。至清乾、嘉间，民榜公始迁台湾，初居苗栗，后衍新竹、桃园等县口后裔续衍巴西、日本、毛里求斯、印尼、新加坡、泰国、帝汶、澳大利亚等国家。汤姓主要居住在台湾的苗栗县、台北市松山区、大安区、桃园县、台北县、屏东县、新竹县、苗栗市、中坜市及高雄市前镇区等地区，尤其是在苗栗县的苗栗、西湖和大湖等乡镇，桃园的平镇、新屋，新竹的新浦、湖口等地，都是汤姓分布较为集中的地区。

【郡望堂号】

中山郡：中国古代称"中山"者有四：（1）战国时期原为顾国的都城（今河北定县），秦朝时期归属于巨鹿郡。（2）西汉汉高祖刘邦初年（前206）设置中山郡（今河南登封），今河南省登封市西南部与河北省正定县之间一带，包括今河北定州、安国、唐县、新乐、无极、满城、顺平县、望都和保定一带。（3）宋朝时期以定州为中山府，治所为安喜（今河北定县）。（4）宋朝时期的香山县，今为广东中山市，孙中山故里在中山市南部的翠亨村。

范阳郡：秦朝时期置郡，其时辖地在今河北省定兴县一带。

掬星堂：汤悦，安徽贵池人，梦见飞星入盘，后来文思日进，官至南唐宰相、宋拜其为正一品光禄大夫、上柱国，封陈县男，食邑三百户。因而汤悦的堂号为掬星堂。

玉茗堂：都是因为明朝汤显祖命名的。汤显祖是临川人，所以叫玉茗堂。他的书房叫玉茗堂，又被族人做了汤氏的堂号。他在朝做吏部主事，性格直爽，看到皇帝不采纳忠臣的谏议，还往往把提意见的人治罪，于是决定冒死奏本向皇帝提抗议，于是被罢了官。他回到家里，一方面继续奏本抗议，一方面编写剧本，著有《玉茗堂集》。

此外，有以望立堂的中山堂、范阳堂和其他临川、玉茗、义士、叙睦、光裕、双桂、丹桂等。

【祠堂古迹】

云霄县思成堂，位于云霄县峿屿镇城内村，始建时间不详，为开云始祖汤崇勋后裔所建，系云霄汤姓第一家庙。坐艮向坤兼寅申，深30.6米、宽18.6米。分前、后座，开三中门、两边门，有明、暗石柱36支，天井铺砌石板72方。明万历年间（1573—1619）扩建，历代重修。

青阳汤姓家庙，又称汤氏祠堂，堂号"布泽堂"。位于龙海市青阳。始建于宋元符二年（1099），2000年重建，是汤姓王山衍派的祖祠。

坂里崇本堂，位于长泰县坂里乡新春村的鲤鱼山麓。建于清康熙末叶（1655），1985年重修。坐艮向丙兼子午，称鲤鱼吐珠。深16米，宽10米。

温坊村的汤氏祠堂，位于将乐温坊村西（坐西朝东），始建于宋宣和元年（1118），后多次修葺，现保存完好。占地面积374平方米。

周宁汤氏宗祠，位于周宁县咸村镇川中村，始建于明末清初，原为三甲外宗厅，俗呼房头厅，坐艮兼寅。历代重修。大门上的"善积大一"四个大字。占地面积1017平方米，建筑面积726平方米。

【楹联典故】

姓字高标鼎甲；文章雄列大家。

——上联典指明朝时期的剧作家、文学家汤显祖。下联典指明朝时期的南京国子监祭酒汤宾尹，字嘉宾，宣城人。万历中乡举第一，廷对第二，授编修。有《睡庵集》。

仁慈报本范阳郡；忠孝传家光裕堂。

——全联典指汤姓的郡望和堂号。

戏曲声临川传四梦；诗书画武进誉三奇。

——上联典指明代剧作家、文学家汤显祖。下联典指清代诗书画家汤世澍。

临州传梦家声大；中山望族世泽长。

启宇自唐朝，千载衣冠垂日月；立宗由固始，万年俎豆配乾坤。

——云霄"思成堂"对联。

【族谱文献】

将乐温坊《汤氏族谱》，始修于清康熙二十五（1686）。该谱定 40 代字辈为"宗应延才俊，邦期耀远筹；超怀敦古道，笃志绍前修；存美宜昌盛，持躬尚率由；万年崇尔德，奕代荐嘉谋"。并且设一卷专门记述本族成才者，知名人物还配制画像。该谱后经 4 次续修，至 1996 年已续谱 37 代。该族谱的主要内容有序、跋、凡例、族规、世系、世录、名人录、祠图、坟图、字辈等，共 12 册。明溪城关《中山汤氏族谱》，始修年代不详。该谱载，其开基始祖于元代从将乐永康堡迁居明溪盖洋，后转徙至明溪城关；其后裔播迁至宁化湖村。《福建·漳州·中山汤氏族谱》1992 年漳州云霄（列屿）编印本。林殿阁主编：《漳州姓氏·汤姓》，北京：中国文史出版社，2007 年 9 月版。

【昭穆字辈】

福建宁德汤氏字辈：日其平昌崇承大光。

福建周宁汤氏字辈：华开光洪序锡祖启彭。

福建漳州汤氏字辈：崇德兴文长发其祥隆儒重道继述必昌伦理有训明哲维新天锡景福英名日亨。

第一百三十七节 唐 姓

唐姓是当今中国姓氏排行第 26 位的大姓，约占全国汉族人口的 0.65%；在福建排名第 68 位。在台湾排名第 73 位。

【渊源】

《说文》："唐，大言也。" 构成汉族唐姓的来源主要有两支：祁姓、姬姓。第一支出自祁姓，有 4000 多年的历史；第二支出自外族的改姓，这包括汉朝的南蛮，三国时的羌人，元朝西域人的唐姓，清朝满洲八旗塔塔喇氏、唐古氏、唐尼氏、唐佳氏等氏族。

1. 出自祁姓和姬姓，为黄帝轩辕氏之后。相传帝尧是黄帝轩辕氏的玄孙，姓伊祁，名放郧，尧是他的谥号。他最初被封于陶，后来迁于唐，所以被称为陶唐氏。成为天子后，开始以"唐"为国号，所以又称唐尧。尧做了 100 年天子后禅位给舜，尧死后，舜封他的儿子丹朱为唐（今山西省翼城县）侯。到周武王时，唐侯作乱被成王所灭，唐国之地就被改封给成王之弟唐叔虞，原来帝尧的后裔则被迁往杜国，称唐杜氏。唐杜氏的后裔有以国为氏的，称唐氏。

（1）据《唐书·宰相世系表》所载，帝尧之子丹朱被舜封为唐侯，建立唐国。后其国被周成王所灭，其子孙有的以国为氏者，此为陕西唐姓。

（2）又周昭王时，为奉唐尧之祭祀，封丹朱裔孙在鲁县（今河南省鲁山县）为唐侯，后被楚所灭，子孙以唐为氏，此为豫鲁（今属河南、山东两省之间地）唐姓。

2. 出自姬姓，为周代唐国给唐叔虞之后，以国名为氏。据《姓氏考略》及《世本》所载，周成王封唐国给唐叔虞，叔虞子孙中有以国为氏者，此为山西唐姓。又有春秋时，楚地（今属湖北省）有一支姬姓唐诸侯国，被楚所灭后，其子孙以唐为姓，称唐氏，此为湖北唐姓。

3. 出自其他源流有唐姓：羌族、满族、土族、瑶族、苗族、蒙古族等少数民族中均有唐姓者。

【得姓始祖】

唐尧，即帝尧。唐尧姓伊祁，名放勋，尧是他的谥号。唐尧是传说中的圣明天子，被后人尊为"良师帝范""文明始祖"。据说，他做了 100 年天子，后来禅位给舜。他死后，帝舜又封他的子孙为唐侯。唐国经历夏商两代，周初被周公灭掉。周成王封弟弟叔虞在唐，改封唐侯后人为杜伯，称为唐杜氏。唐姓后人奉唐尧为唐姓的得姓始祖。

【入闽迁徙】

1. 闽南尊开基祖唐吉为入闽始祖。唐宗礼是随从河南固始人陈政、陈元光父子入闽的队正兵校尉等。唐吉系唐崇礼的裔孙。云霄唐姓第二世祖分支移居铜陵镇（今东山县城关），第三、第四世有外迁东山铜陵、诏安东沈、诏安县城，以及回籍漳浦县城等地。云霄唐姓自明嘉靖至清朝，英才辈出，科甲蝉联，出类拔萃，达官贵胄，诚然望尘莫及，后生可畏。有明进士唐朝彝、武进士唐述先、唐达先等。曾有文职官员 7 名，其中，明代广西副使唐文灿，朝列大夫、广西按察副使唐鸿图，清代宗人府丞唐朝彝，通议大夫、宗人府丞唐微、唐按弦，中宪大夫唐肃，荣禄大夫唐肇先；又曾有过武职官员 5 名，有清代时，侍卫广东竭石总兵唐述先，侍卫云南普洱游击唐达先，武显大夫唐建惠、唐绪，武翼大夫唐纲等。

2. 唐僖宗中和年间（881—884），唐汴自洪州南丰（今江西南丰县）适居汀州宁化县礤上（今安远乡境内），后裔分居长汀。《上杭唐氏族谱》载，元成宗大德七年（1303），赣州宁都唐坊市的唐世贤任汀州指挥金事，迎父仲益就养于汀州府衙，后卒于官署，世贤奉父枢归葬宁都。元英宗泰宁一年（1324）致仕后，唐世贤定居于上杭凤岗（今上杭城关），为该支入闽始祖，尊父唐仲益为一世祖。唐仲益八世孙唐元通迁上杭蓝溪黄潭开基，此后唐仲益裔孙由城关、黄潭两地繁衍发展。唐世贤墓原在上杭县湖洋乡水埔村，后改葬于蓝溪黄潭岭。明宪宗成化十六年（1480）在黄潭建有诒远祠，清康熙年间再建福清祠，县城有唐氏宗祠。唐仲益裔孙从第五世开始向南京和永定的大平村迁徙。如今后裔分居在福建的福州、龙岩、永定、南平、长汀、广东的紫金、大埔、浙江、江西、台湾等地。

3. 唐末入闽的为晋阳唐姓。名士唐叔虞称唐叔，他的后裔留居福建汀州宁化，宋代入长汀落户。后代分迁上杭，元末明初入粤，定居于大埔，约九世复分迁于梅州兴宁。据《石城县志》记载，唐姓是宋南迁到石城的29个姓氏之一。《建宁唐氏族谱》载，唐如胜于明崇祯年间从福建建宁通溪迁江西宁都田埠罗家斜。

4. 福州的石榴唐姓家族尊唐绮为入闽始祖。唐绮，河南光州府固始县魏邻乡怡山境人。唐叔虞传四十六世，迁至河南光州固始，再传二十四世，至唐绮，唐光启元年（885），随王绪、王潮、王审知入闽。唐绮初为王审知幕府，后参政事，屡建功勋，封为梁太祖赐封为"开国昭义大元帅"。定居福州鳌峰坊，府内栽数株石榴树，花开四季，时称"石榴唐"，故有"石榴唐氏"之称。建有"唐氏祠堂"，后毁于兵燹，由状元许将撰写的《唐氏祠堂纪》至今尚存。

唐绮三世唐顺长子唐裻居福州城，至十六世唐常成迁徙侯官凤岗里周宅（今建新镇周宅村）。衍分垚沙之浯江、月山、桐叶、榴花四个自然村。后裔有外迁闽侯县白岩、竹岐、合浦、苏岐、墉埔、洪塘、尚干辅翼等村者，有外迁福州、长乐、琅岐、连江、罗源、闽清、永泰等县和台湾省者，有旅居美国、加拿大、缅甸等国者。称"浯江唐"。1995年重建"唐氏宗祠"。周宅、垚沙、琅岐、定岐等唐氏均有族谱，近年又加重修。今闽侯垚沙村唐氏宗祠尚有传统家联："桐叶家声远，榴花世泽长。"

唐章四世唐罶于明成化三年（1467），由垚沙徙琅岐岛南兜村。长子唐世昭后裔唐昆父子移居水上，漂泊闽江流域鼓山边鳌峰洲、泛船浦、新港、苍霞洲、义洲、帮洲、尤溪洲、三县洲等处。次子唐世静迁合北长安。三子唐世盛居南兜，后代有一支远迁江苏镇江。

二十二世唐仪，由周宅移居福州阳岐牛栏角（今建新镇玉兰村）。长子唐善安迁长安（今马尾区亭江镇）；五子唐善碧迁连江县定岐，其后代有迁东岐者，有迁连江敖江镇林庄者，有迁荻芦岛塘下者。

唐顺次子唐道源之孙唐儒林，以福州城迁徙晋江，其后裔分迁南安、惠安、安溪、华安、长泰、莆田等地；有由安溪远徙福安、福鼎、霞浦及浙江苍南、平阳等县者；有由长泰迁福清善福里南宅村者；有由南安迁福城西河坡下者。

唐绮传六世唐知心，号儒林，宋太宗淳化五年生，考取乡进士，官授文林郎，征辟县令，生七子。其中第七子分支莆田平海前塘村、仙游县城关等地，以"儒木传芳"为堂号。

5. 宁化安远杜家《唐氏族谱》：唐时，唐百全，籍居江右洪州，以进士授潭州刺史。其子大章，讳世衍，迁居南丰黄荆坳。生七子，为避乱命诸子各择地而迁：汉公，迁抚州宜黄；湘公，迁宁都丘田；滨公，徙宁都小源；滚公，迁宁都建福里；湖公，居宣州城；淮公，留居南丰祖地。我祖汴公，于唐中和年间自南丰徙居宁化招得里礤上（现安远乡境）。

《客家学研究》（第二辑）：唐景嵩，字维卿，世居山东唐县，奉陶唐氏为始祖，西晋永嘉之乱迁于江西。至唐末，其裔孙再迁福建宁化县，明代万历年间，有裔孙移寓广西灌阳。

晋阳唐氏于唐末入闽。名士唐叔虞称唐叔，他的后裔留居汀州宁化，宋代入长汀落户，后代分迁上杭，元末明初入粤，定居于大埔，约九世复分迁于梅州兴宁。

6. 莆田唐姓首登科第者为唐岳，宋光宗绍熙元年（1190）与莆邑名贤康鼎成、陈轸、方纲考取特奏名进士。

7. 元末明初入闽的有唐计，江西省临川县十八都长宁乡人。元至正二十七年（1367年）随朱元璋部将汤和，由海道攻占福州，以军功受封"昭信校尉"，世袭中卫右所百户，居福州东门。

唐计之弟唐寿，随兄居福州城东门。寿长子出嗣唐计，次子唐斌于明初迁闽江口粗芦岛定岐村上埕，后代分迁亭江象洋村、连江连登村、潘渡村等地，后有旅居香港、美国者。

8. 满族改唐姓。其先祖系辽东满族，行伍出身。康熙十五年（1676），随军平定"三藩之乱"，转战江浙，进入福州，于清雍正六年进驻长乐洋屿（今琴江村），后以汉族唐姓为氏。至今仍保存满族建筑风格，与生活风俗习惯。其后裔有外迁福州、厦门、南平、台湾以及侨居泰国、美国者。

隋唐时期，随着陈元光开漳入闽，唐姓移居福建。宋元时唐姓人迁居江西宁都，后迁广东潮阳、大埔，又有迁梅州及广西，由北方发展而来的唐姓已是大量的居于南方了。明清时，又有唐姓人移居台湾，远徙海外。

【入垦台湾】

明、清两代，唐姓陆续有人移居台湾，开垦立业，后又有远徙海外他国。唐姓族人渡海来台祖，多属福建籍，明郑时期，唐轮泉由福建安溪迁今台南市，后裔移垦南投、彰化、花坛。清乾隆三年（1738），莆田县人唐山乡试，考取举人；乾隆七年（1742），登进士第。官授台湾府教授，后裔散居台湾。乾隆十六年（1751），有唐翰进者，参与捐建麻豆北极殿；十七年（1752），有唐谦由凤山县中举人；四十八年（1783），唐俊杰由安溪入垦台北汐止。嘉庆十八年（1813），有唐珍、唐营居今高雄路竹，与庄民同立元帅爷庙禁约碑。台湾唐姓在日本侵占台湾期间，曾被迫改用唐泽、唐田等日本姓，直至1945年台湾光复后才恢复唐姓。唐姓现多居住在台湾的台北市（松山区、大安区、古亭区）、台北县、高雄市（三民区）、彰化县、高雄县及板桥市等地区。

【郡望堂号】

唐姓郡望有晋阳郡（今山西省太原市西南），北海郡（今山东省潍坊市乐县一带），鲁国郡（今山东省曲阜市泗水一带）、鲁国郡、晋阳郡等。堂联有："东园高节，天部清风。""帝尧启绪，唐叔振封。"这都是寻根联。堂号有晋阳堂、北海堂、鲁国堂、禅让堂，晋阳堂等。上杭唐氏的郡望"晋昌郡"为上杭唐氏特有的堂号。唐世贤在汀州任官时，

娶解元黄伯八秀独生女黄五娘为妻，遵循岳父之命："婿半子也，尔为我婿，为我子也，我兄弟二人无嗣，汝苟不失予之禋祀，其福汝晋阳世世克昌焉。"故易晋阳郡为晋昌郡。

移风堂：汉朝时候，费汛为萧县令，爱民如子，先教后罚，在官9年，连地方的坏风俗都转变了，全县3年都没有打官司的。邻县沛县发生蝗灾，蝗虫到了萧界，不入萧境。皇帝封费汛为梁相。此外还有晋阳、晋昌、北海等堂号。

【祠堂古迹】

福州琅岐唐氏宗祠，始建于明嘉靖25年（1546），民国期间续建后座。2007年，旅美乡亲唐细俤等发起重建，并带头捐献巨资，海内外唐氏宗亲纷纷响应。新落成的唐氏宗祠，建筑面积近五百平方米。

长泰前山唐姓宗祠，位于长泰县积山村田中央社，堂号"追来堂"，始建于明代。历代重修。坐西北向东南，分前后厅，中留天井，主建筑宽17米，深22米，祖祠旁有护厝。门口有大埕，面积286平方米。

东沈唐姓宗祠"永锡堂"，位于东山县东沈村，建于明朝，康熙年间重修，2000年由海内外宗亲捐资再次修葺。主祀永锡堂一世祖唐君持和祖妈黄氏及列祖列宗共九尊神主。宗祠坐东北朝西南，悬山顶抬梁式土木结构，三载五瓜十二柱。

漳州唐氏宗祠，位于漳州龙文区后房社，堂号"追远堂"。建造时间待考，历代有修葺，到2002年又全面重修。内主祀开基始祖国子监唐正文暨原配赵太孺人神位以及列祖列宗。祠堂联："晋阳源远流长孕裔孙昌隆；古蓬地灵人杰育贤才辈出。"

温泉村唐氏家庙，位于安溪蓬莱镇，是一幢重檐燕尾脊的宏伟建筑，门前排列四座古式旗杆柱础，一块宋代墓道碑，门前有100多平方米月牙形池塘。"节孝两坊"建于清乾隆年间，是朝廷唐焜黎之母守寡50年及唐焜黎孝顺母亲的一种表彰。

【楹联典故】

世德孝思绳祖武；遗风勤俭启陶唐。
——唐姓通用楹联

帝尧启绪；唐叔振封。

——上联典指陶唐氏部落领袖为尧，后以唐为姓。下联典指周武王子叔虞封于唐，以国为氏。

台湾义举光史册；总统勋名记人心。

——全联典指清代同治进士唐景崧。

晋水发祥源流远；阳春得气棣萼辉。

——此联为唐氏宗祠联。

大节全由母教；侍儿幸配文魁。

——唐姓宗祠通用联。上联典指宋代唐璘。下联典指明代唐寅。

定鼎功高，形绘凌烟阁上；奇魁文妙，席首琼林宴中。

——佚名撰唐姓宗祠通用联。上联典指唐代天策府长史唐俭。下联典指明代唐皋、唐汝楫、唐文献三人，先后均举进士第一。

东园绵世泽；圹水衍家声。

——唐氏族人常用的楹联之一。联上句说，迁入莆田的唐氏家族系由汉代东园繁衍而来的。东园即汉代人唐秉，字宣明，号东园公，为商山四皓之一。圹水指莆田唐氏家族。

仙霞忠节立祀；化州品格著名。

——联上句说唐姓先贤、宋代名将唐元章的故事。唐元章字子焕，任文思院总管。当强悍的元兵入侵兰溪时，唐元章与兄子唐良嗣坚守兰溪，不断破敌，相持达2年之久，因后方粮草救援不济，唐元章一家俱阵亡。百姓感念其忠勇无畏，在福建边陲仙霞岭修唐将军庙祀之。联下句说明代莆田名臣唐道章的故事。唐道章，字志远，莆田县东厢人。

明洪武十九年（1386），由兴化府学岁贡，选入京。殿对称旨，初为儒学教授，品学兼优，再以办事精炼，升为化州知州，政绩称最。

【族谱文献】

记载闽台唐氏族谱较有代表性的有《垚沙唐氏族谱》福州唐氏宗族所修谱牒。清康熙年间唐渌芙辑稿本。康熙四十二年（1703），三十一世唐之屏续修，现存残本，今本为2004年垚沙唐氏修族谱编委会编撰。不分卷。内容有谱系志略、列传、事略、诗文、杂录、名人录等。内载入闽始祖唐琦，唐光启二年（886）自河南光州固始随王绪入闽，居福州，其子袭文职，居鳌峰坊，后唐常成于元至正十六年（1356）迁居凤岗周宅墩，传至二十一世唐宗彦，于明洪武三十年（1397）迁居垚沙墩，启唐氏一族。谱载宗支明图和一世唐绮至三十五世图；源流序，叙述唐绮入闽始末，描写垚沙月山形胜；收录小草斋诗话、唐漉《和方以圭华山八咏》以及唐庆、唐章传略等。还有《儒林唐氏族谱》为晋江樟林乡唐氏族谱。1994年唐族裔宗合修牒。不分卷。首刊目录、谱序、唐氏开国者姓考，始祖谱系考证、开闽台祖考引、唐氏宗支繁衍外纪，续载唐族分支图，以及"儒林公七子分支纪略"，儒林裔孙宗贤人物录、忠孝传，载录了先祖像并赞、墓图、祠图、字辈新编、题跋等。谱载晋江始祖宋代唐知心，号儒林，系唐末随王审知入闽的唐绮六世孙，先居泉州府城，后移居晋江衍族，被尊为闽南唐氏肇基祖。此外有宁化安远《唐氏族谱》《连江林庄唐氏族谱》等。

第一百三十八节　滕姓、腾姓

滕姓人口约 41.74 万人。滕姓是当今中国大陆姓氏排行第 211 位的姓氏，人口较多，约占全国汉族人口的 0.036%。滕姓在台湾排名第 220 位。

【渊源】

1. 滕姓自姬姓，最古老的姓。根据《国语》《史记索隐》《万姓统谱》所载，4000 年前后黄帝有二十五子，为四母所生，黄帝把他们分成十二个胞族，赐给他们十二个姓姬、酉、祁、己、滕、箴、任、荀、僖、佶、缳、依。地就建立起了滕氏方国。至于"滕"字，古为"塍"即田埂，因滕与塍同音，古文中即以"塍"。滕姓就是其中之一。

2. 出自姬姓，以国名为氏。据《通志．氏族略．以国为氏》所载，武王克商后，文王第十四子也就是自己的弟弟错叔秀，受封于滕国（山东滕县）。战国初被越国所灭。不久复国，后又被宋国所灭。其子孙为滕氏。后又有一部分滕氏因避难改为腾氏。滕姓后来在开封府发展成望族，世称开封望。

3. 出自他族。明洪武年中，一蒙古人获赐姓滕，名瓒住。今土家、苗、蒙古等民族均有此姓。

【得姓始祖】

（1）滕文公。滕氏出自姬姓，为周文王后裔、战国中期滕国国君滕文公之后。滕文公执政时，"以区区五十里"的小国，在"八百诸侯并立、战国七雄争霸"的情况下，不但没有被大国吞并，反而"疆为善国，卓然于泗上十二诸侯之上"，被誉为"善国"。故滕氏后人奉滕文公为滕姓的得姓始祖。

（2）错叔秀。根据《广韵》上的记载，滕姓是滕侯的后代，滕侯的子孙后代以国为氏，称为滕氏。因此，天下的滕姓中国人，追源溯本，统统都是3000 年前被封于滕国的周文王之子错叔秀的后代，古代的滕国就在今天的山东省的滕县，这里是滕姓的最早发源地。故滕氏后人奉错叔秀为滕姓的得姓始祖。

【入闽迁徙】

后唐（923—935）八世滕文纪，自江右（今属浙江）而入闽，居龙岩，称南阳堂滕氏，大清乾隆年间已传 37 世。文纪公可能为滕迈之孙，滕缣之子。滕缣，迈公第八子，唐武宗会昌元年（841）进士，官楚州（浙江丽水）缙云县令。晚唐福建莆田人滕玄龄因子滕昭为浙江乐清县丞，迎养在任，时世乱途梗，遂居乐清，是为浙南滕姓始祖。

十二世滕公谨，由河南宋城徙居汀州（今长汀县）宁化县。

十三世滕璘，字德粹，号缉（溪）斋，原籍江西婺源，淳熙进士，历四川制置司干官，经略安抚使，朝奉大夫，帝显时（1275—1276），为中书门下平章事。德佑二年（1276）显帝降元，平章公谪守福建南浦居家，为建瓯支派之始。

十四世滕庭，字子直，楚州通判，与长子滕琚，国学进士，徙居邵武军水福县。

十五世滕玢，字彦文，历任汀州青溪县令、泉州税官，孝宗乾道三年卒，葬邵武军邵武县，次子仲宣遂为福建邵武人。

滕康（1085—1132），字子济，令琼十四世，崇宁五年进士第，大宋尚书左丞，枢密副使，追龙图阁学士，赐谥忠肃。其祖七世滕俨（唐），因避唐季之乱，自东阳县迁应天府宋城（今河南商丘）而有了河南之滕。北宋末年，二帝北掳，天下无主。（滕）康率群臣劝进，大元帅赵构纳其言，使定登极礼仪（宋高宗，1127 年，南宋初年）。凡告天及肆赦之文，皆康为之；建炎三年（1129），力驳宰相吕颐浩"尽弃中原，焚室庐，徙居民于东南"之议，"当以死争"，上悟而止，稳住了半壁江山。南宋迁都绍兴，滕康跟随自应天府宋城迁吴中（苏州），为苏州的滕氏始祖之一。后又同其子宣义，迁回唐时期的祖籍地兰溪。滕康在苏州和兰溪的后裔在元末明初,特别是洪武时期,基本都散落到了全国各地,只在兰溪留下了一个大塘分支。元末明初,滕均宝从武夷山迁连江浦口（今连江县浦口镇）,为南宋执政滕康后裔。浦口滕氏始祖均宝公,为南宋中兴名臣、枢密公滕康的第十一世孙,祖籍浙江兰溪,移居连江浦口,至今已 646 年,在连江繁衍了 25 代共 7000 余人。均宝公次子宏寿公,明初移居江苏南京,已经在南京浦口区和安徽和县。南京市浦口区滕氏散居在以南方滕村为中心的几十个滕氏村落,繁衍了 23 代约有四万名滕氏宗亲。

三十九世滕茂发康熙年间从江西兴安太平乡徙居福建光泽县紫溪开族。

【入垦台湾】

清康乾年间以后,福建、广东、浙江等沿海之滕姓迁居台湾。台湾光复后山东等地也不少入台。主要分布在台北、基隆,其次是宜兰、台中、高雄,其他各市县均有分布。同时沿海之滕姓和台湾滕姓播迁东南亚等地。

【郡望堂号】

南阳郡:滕姓在历史上以开封、南阳为"郡望"传统的《百家姓》即注明"南阳郡"为滕姓郡望。大致是在汉代滕姓宗族以山东北海郡（今青州一带）为显。汉末以后迁到河南南阳、开封、邓州、西鄂一带,以南阳为望族。

滕姓堂号有卜正堂、方正堂、南阳堂、北海堂、廉靖堂、五聚堂等。

【楹联典故】

治边名师;安南杰侯。

——佚名撰滕姓宗祠通用联。上联典指宋代图龙阁直学士滕元发,字达道,东阳人。神宗时历官御史中丞,除翰林学士,知开封府。哲宗时除图龙阁直学士,知郓州,徙真定、太原,治边凛然,威行西北,号称名帅。下联典指晋代名将滕修,字显先,南阳人。初仕吴为将帅,历广州刺史。武帝时任安南将军,广州牧。封武当侯。在南积年,为边民所附。

楼成四绝;节著三滕。

——佚名撰滕姓宗祠通用联。上联典指北宋湖南人滕宗谅,字子京,与范仲淹同年进士,历官殿中丞,湖州、泾州知州,庆历年间由范仲淹推荐任天章阁待制。因事被贬守岳州,重修岳阳楼,范仲淹作《岳阳楼记》,苏舜钦书石,邵𬤂以篆书题额,世称"四绝"。下联典指北宋临安人滕茂实,字秀颖,政和年间进士,靖康间以工部侍郎与弟弟滕祗、滕承陶一同出使金国,被扣留,安排在代州。钦宗被俘经过代州时,他自写哀词,并篆书"宋工部侍郎滕茂实墓"九个字,报定一死的决心。当他穿着朝服迎接钦宗时,伏在地上大哭,金人让他换衣服,他坚决不从。又请求与钦宗一同到北边去,金人不答应。当时人们称他们兄弟为"三滕"。

南洋世泽;卜正家声。

——佚名撰滕姓宗祠通用联。全联典出《左传隐公十一年》:"滕侯曰:'我,周之卜正也。'""卜正",掌管筮之官。

修岳阳楼台,名传万古;获桑门瓜果,孝著千秋。

——佚名撰滕姓宗祠通用联。上联典指宋代名人滕子京的事典。下联典指晋代名人滕垒恭的事典。

【祠堂古迹】

浦口滕氏宗祠,位于福建连江浦口镇,2001 年建成。

滕康墓在浙江省兰溪市香溪镇牛石桥村。

【祠堂古迹】

福建建瓯滕氏六修宗谱,（民国）滕金泉等纂修,民国二十一年 (1932) 木刻活字印本八册。现被收藏在上海市图书馆。收录了《上海图书馆馆藏家谱提要》。

浦口滕氏族谱,福建连江浦口镇族谱。

华夏滕姓通谱,世界滕氏宗亲联谊会编撰,2016 年 11 月修竣。

【昭穆字辈】

江西石城、福建宁化、厦门滕氏字辈:远太定安帮诗礼传家宝经书辅帝皇。

福建连江滕氏字辈:金能通国用祖宗裕后惟善克昌。

第一百三十九节 田 姓

田姓是我国大姓之一，历史最久远的当属出自妫姓的一支。在当今中国大陆姓氏中排名第58，在福建排名在百位以外。是台湾的第77位大姓。

【渊源】

田姓一支较早的源头可追至传说中农神田祖，《姓氏急救篇》中记载田祖的后裔以田为姓，但这一说法缺乏充足的史料佐证。

1. 出自官名。田氏之先，职赋田，田之为氏。

2. 源出妫姓。周武王封舜的后裔妫满为陈侯，史称陈公满，数传至春秋陈桓公时，他的弟弟在陈桓公死后杀死太子，自立为陈厉公，太子的弟弟又杀死陈厉公，陈厉公的儿子陈完怕被株连而逃到齐国，齐桓公封陈完于田，陈完以食邑为氏，改称田氏。

关于"田氏代齐"。传至田和任齐国相国时，他将齐康公放逐到海上，自立为君，于是，姜姓齐国成了田氏齐国。这就是历史上有名的"田氏代齐"。其传承关系是：胡公满→皋羊（申公）→突（孝公）→围戎（慎公）→宁（幽公）→孝（厘公）→灵（武公）→燮（平公）→围（文公）→佗（厉公）→陈完（后改名田完，即田敬仲）→田稚→田昏→田文子→田桓子（无字）→田书→孙占。田姓在延续过程中，田书之子孙占因伐莒有功，被齐景公赐姓孙氏。

田姓由陈姓分出。值得一提的是，田姓代齐历8君184年后被秦所灭，其子孙纷纷改姓。齐王田建的三子轸，后来在楚国为相，封为颖川侯，复改为陈姓。也有改姓王的。从历史上看，田姓基本上是一个比较典型的北方姓氏。

3. 外姓和少数民族改姓。

【得姓始祖】

得姓始祖田完。田完，春秋时陈厉公佗之子，卒谥为敬仲，故又名田敬仲。

公元前672年，传到胡公满十世孙陈完时，陈国发生内乱，陈国宜公杀太子御寇，妫完与御寇私交相厚，敬仲陈完恐祸殃及自己，便逃于齐国，史称"完公奔齐"。陈完为人谦逊有礼，一向很有贤名，齐桓公很赏识他，要拜他为卿，完公辞而不受，桓公就封其为工正（管理工匠的官），并封他于田地，又古时田音与故国陈音近，完公感恩而改田姓。其后子孙就以采地为氏，称为田姓。他们尊田完为田姓的得姓始祖。

【入闽迁徙】

1. 唐开元二年（714），郡望雁门的田本盛从河南固始迁徙至大田梅岭（今大田梅林），为大田田姓开基始祖。（见大田梅林《田氏族谱》）田本盛（772—850），字开先，为唐魏博节度使田季安的儿子，官授节度使承德郎。据《资治通鉴》第238卷载：唐元和七年（812）"八月，戊戌（十二日），魏博节度使田季安去世。初，季安娶州刺史元谊女，生子怀谏，为节度副使。牙内兵马使田兴，庭之子也，有勇力，颇读书，性恭逊。季安淫虐，兴数规谏，军中赖之。季安以为收众心，出为临清镇将，将欲杀之。兴阳为风痹，灸灼满身，乃得免。季安病风，杀戮无度，军政废乱，夫人元氏召诸将立怀谏为副大使，知军务，时年十一；迁季安于别寝，月余而薨。召田兴为步射都知兵马使"。由于，田怀谏幼稚弱小，军中政事完全由家中的仆从蒋士则决断。蒋士则屡次凭着个人的爱憎调动诸将，引起军中将士的不满，发生内乱。于是，田本盛带着家眷与乐从德同奔闽地。途经大田梅岭时，见此地"土肥、水美、林茂、景佳"，便卜居此地。梅岭成为田氏入闽的祖居地之一；"梅岭"有3个乡村都姓田。宋代时，田大郎从福建长汀迁居宁化。

唐宪宗元和七年壬辰（812），田开先公与范一公、乐从德二公同奔入闽居福建之怀安（今闽侯），迁尤邑卅四都住小田坂，皆有年余，复定居梅岭。

2. 田氏裔孙田成嗣，唐宝应二年（763）官至魏博节度使、太尉，封雁门郡王，成为田氏雁门衍派始祖。根据诏安县田厝村新编《田氏渊源》资料：

雁门五世田兴为唐宪宗（806—820）时人，六世田世昌由河南南剑迁入漳州龙溪，七世田大郎官汀州太守，居宁化县石壁村。

据有关资料记载，宋代，浙江杭州人田希圣的玄孙田衍移居福建宁化。田衍之孙田滋茅于宋末徙居长汀。

3. 据梅林《田氏族谱》记载：田开先，讳本盛，行一，魏节度使季安少子，生于唐代宗大历七年（772）壬子，因宪宗元和七年（812）壬辰父薨，众将立兄为副将，奈兄懦弱，军政皆决家朴蒋士则，致众将操内变，公即更名带家眷与友范一、乐二同奔入闽地福建之怀安（现闽侯），迁尤邑卅四都小田住有年余，公看地理之秘，复寻风水大溪直上，至卅五都吴田口双溪拱谢山圪，又去湖洋湖桑桥架屋开基名曰梅岭，号岭柄，是为大田县田氏始祖。后裔除世居大田县梅山、隆美、灵川、六保、昆山、中华、太华、汤泉、元沙等地，人口5000多人，还分迁漳平市、尤溪县。

4. 据诏安县田厝村新编《田氏渊源》资料：唐宪宗为朝，五世田兴六世田世昌迁入漳州龙溪（今龙海一带），七世田大郎官汀卅太守，居宁化县石壁村。太始祖田七十二公朝奉，宋末官宣简使，妣罗氏诰封静懿一品夫人。二世孙田九郎负骸迁徙，明初择葬于四都梅岭（今诏安县梅岭镇）峰岐山麓虎头山。

5. 宋时，田姓南迁繁衍于今福建。据有关资料所载，田希圣为田姓闽始祖，原居浙江杭州，至田衍，移居福建宁化，至田衍孙田滋茅，于宋末徙居福建长汀。宋代时，有田大郎从福建长汀迁居宁化。

6. 广东《田氏族谱》：先祖原居山西省平阳府吉州县，后迁江西省赣州府兴国县。至宋代，田大郎从福建长汀迁居宁化。田大郎，讳宅中，字镇纲，钦点翰林院，为福建汀州知府，居任九载，政肃民安，大郎生五子：长讳宗甫，字复兴，号梅坡；次讳宗政；三讳宗教；四讳宗德；五讳宗道。宗政、宗教、宗德、宗道兄弟四人各迁他省，惟千五郎（宗甫），字复兴，号梅坡，梅坡公出任梅州教谕，娶妻余氏，遂居梅州布心塘面，子孙繁衍，枝繁叶茂。千五郎（宗甫）

梅坡公被奉为田氏梅州开基祖。明宣德年间（1426—1435）田千一郎从浙江余姚"筮仕闽中，因宦为家"。在上杭县胜运里丰朗司赖家塘（今稔田镇赖家塘）定居。田千一郎裔孙播迁福建永安、建宁、邵武，江西瑞金、吉安、吉水、泰和、兴国、大余、新于、湖南常德、广东梅州、韶关等地。

传三世念八郎，生三子，元明之际，一居梅州；一往福建；一往潮州府饶平县（今大埔三州坑下营村）。其裔孙广布闽、粤、赣、港、澳、台及东南亚各国。

据有关资料：念八郎之子十二郎，为大埔田氏一世祖。大埔田氏五世祖隐德公，于明正统年间定居在银滩村。为银滩田氏开基祖。传至十五世百畴公，官居河南府经历钦加六品官敕授儒林郎，其曾孙便是香港著名爱国实业家田家炳先生。

7. 明朝明弘治末年（1505），大田田本盛的第二十六世孙田濡从大田梅岭迁居尤溪县城内金鱼井，繁衍尤溪（城关）田姓一族，由于田濡之子田顼中进士后移居北门，俗称北门田。正德元年（1506），田五、田渊从尤溪六都双桥洋迁居尤溪六都吉坑高山垅（今西城镇吉坑自然村）。尤溪西城新联田姓主要分布在新联、玉池等村。不久，田品八从大田梅岭迁居尤溪九都三畈头，后迁居尤溪城关水东村后新街。明嘉靖七年（1528），田爵三迁入尤溪县城南，因避乱迁徙尤溪二十三都（今中仙乡东华村）。后有田诏五从东华迁入廉坑（今林坑自然村）。田诏五有六子：田秋成、田秋寿、田秋华、田秋丰、田秋华、田秋荣，其后裔扩衍至尤溪县各地。明崇祯十五年（1642），田绿为避乱从大田梅岭迁居尤溪的管前林源村，为尤溪管前田姓开基始祖。

福建田姓主要聚居于三明和漳州二地。如三明人口7000多人，闽西客家田姓人口集中在大田县有近6000人，漳州地区7000多人，其中诏安太平镇麻寮村麻寮及第三堂自然村、雪里村、河边村3000多人；霞葛镇天桥村石桥自然村近千；梅岭镇田厝村3000多人。约明弘治末年（1505），大田田本盛的第二十六世孙田濡从大田梅岭迁居尤溪县城内金鱼井，繁衍尤溪田氏一族。正德元年（1506），田五、田渊从尤溪六都双桥洋迁居尤溪六都吉坑高山垅（今西城镇吉坑自然村）。尤溪西城新联田氏主要分布在新联、麻洋等村。不久，田品八从大田梅岭迁居尤溪九都三饭头，后迁居尤溪城关水东村后新街。明嘉靖七年（1528），田爵三迁入尤溪县城南，因避乱迁徙尤溪二十三都（今中仙乡东华村）；后由田诏五从东华迁入廉坑（今林坑自然村）。田诏五有六子：田秋成、田秋寿、田秋华、田秋丰、田秋华、田秋荣，其后裔扩衍至尤溪县各地。明崇祯十五年（1642），田绿为避乱从大田梅岭迁居尤溪的管前林源村，为尤溪管前田氏开基始祖。迁移明代始，大田田氏后裔陆续迁徙至德化、永春、闽侯等地。田姓在福建省其他地区均有分布。

【入垦台湾】

明清时期，入垦台湾的田姓主要是来自福建，也有来自广东。明代随郑成功入台有田雨龙与泉州欧、廖氏开垦今台南山上、左镇一带，组织宏鸿会，施药济世，助官维持地方治安。田姓是台湾的第77位大姓。目前，台北、台中、屏东、花莲、澎湖等地都有不少田姓，但数在新竹、台南、南投三地最多，嘉义、苗栗次之。清康熙末年，田汉明由诏安入台，后移居台中大里。据台湾《屏东县志》记载："今琉球乡碧云寺之前身，称观音亭，即为田深氏于乾隆元年（1736）所倡建，今上福村之田姓，多为其后裔云。"康熙末年，诏安田汉明渡台，后裔迁移今台中大里。《台湾省通志》记载：乾隆八年（1743），有福建的田姓人台湾苗栗后龙。有来自福建的田，庄二姓，同时入垦现在的苗栗通宵。这是最早到达台湾的田氏开基先祖。乾隆年间，入台有诏安田若珍、田有秋，平和田金镇、田乃浆等多携家眷子女入垦云林、南投、新竹。嘉庆年间，田排入垦今台南新市。道光三年间，漳浦田象、霞浦有众多田姓入垦今台中雾峰。道光年间，有田才、田爱、田谟、田庭入垦今山上。同治年间，田哮营、田呔入垦今山上，田牛入垦今嘉义六脚。目前田姓是台湾的第77位大姓。

【郡望堂号】

北平郡：西汉置郡，治所在今河北满城北。

雁门郡：战国始置郡。秦汉时治所在善元（今山西右玉南），东汉时移治阴馆（今山西代县西北），此支田姓，其开基始祖为唐太尉田承嗣。

京兆郡：治所在长安（今陕西西安市）。汉时置京兆尹，为三辅之一。此支田姓，为西汉大臣田蚡之族所在。

河南郡：治所在雒阳（今河南洛阳市东北）。汉时改秦三川郡置郡。此支田姓，其开基始祖为北宋右谏大夫田瑜。

太原郡：治所在晋阳（今山西太原市西南）。

平凉郡：治所在平凉（今甘肃平凉市西北）。

天水郡：治所在平襄（在甘肃通渭西北）。

贫骄堂：战国时候田子方做魏文侯的老师，一次子方在路上遇到太子，太子急忙下车拜见子方，子方不还礼。太子问道："是富贵的人可以骄傲？还是贫贱的人可以骄傲呢？"子方答道："只有贫贱的才能骄傲！诸侯骄傲，就要失去他的国；大夫骄傲就要失去他的家；贫贱的人如果自己的行为不合当官的心，说话当官的也不听，就到别的国家去，像丢掉破鞋子一样。富贵的人怎么能和他们一样呢？"

紫荆堂：田氏与紫荆堂的传说，战国时期，齐国王子田完的后人田真（大将）他兄弟三人要分家，闹得不可开交，忽然发现院子里那棵原本枝繁叶茂的紫荆树枯萎了！一家老小大吃一惊，大哥说，连紫荆树也不愿意骨肉分离，难道我们还不如草木吗？于是三兄弟和好如初，决定不再分家了。再看那紫荆树时，竟然又活过来。三兄弟还是像以前一样友爱相处，那紫荆树生长得愈发枝繁叶茂了。

从此，以紫荆作为家族团结，家庭和睦的象征。"紫荆花称之为兄弟花"田氏族人把紫荆树定为堂号"紫荆堂"流传至今。香港特别行政区，把"紫荆花"定为区徽。

田姓主要堂号还有凤翔、北平、雁门、风鸣等。

【祠堂古迹】

大田梅岭正顺祠，始建唐大中十年（856），即左参知事兼枢密院副使田奎逝世后，朝廷加封他为正顺明王徽号，特立祠供祀。万历十九年（1591）田一俊病逝于京城后，著名书画家董其昌主动向朝廷告假，"走数千里，护其丧归葬"。他为正顺祠题写对联："现雁塔于雁郡，腾元发甲，堂堂挂列进士额；盖大田之大宗，荐藻献频，处处推崇尚书家。"明万历八年状元、吏部左侍郎罗万化和礼部尚书杨思齐为正顺祠题赠对联："第一等人品第一等文章，伟哉，代蔼金门科名不愧叔联侄；几千年事功几千年德泽，允矣，家传玉牒似续攸隆子若孙。"明户部左侍郎沈一贯和知府谢兴思为正顺祠题赠对联："梅山形胜鱼双地；剑水人文第一家。"

大田梅岭钱塘祠。

【楹联典故】

口传心授得真谛；十雨五风庆有年。

——田姓通用楹联。

梅岭先春占玉蕊；桃溪改岁换新枝。

——大田梅林田氏正顺祠楹联。

高山仰止，虞舜道德立乎此；景行行止，齐田文章始于斯 。

休戚与国将相第，兴衰同源君王家。

青山绿水仰天地正气；白云紫荆法古今完人

——田完祠楹联。

雁门世泽；招贤家声。

——全联典指战国时期齐国的田文，号孟尝君，"四公子"之一，招致天下贤士。

传心授得真谛；十雨五风庆有年。

——此联为以鹤顶格嵌田氏"田"字的析字联。

九十韶光方换信；三千上客共嬉春。

——全联典指战国时期齐国的田文事典。

号车丞相；封安平君。

——上联典指汉朝时期的车千秋，本姓田，昭帝时，千秋已年老，乘小车入宫殿朝见，因号"车丞相"。下联典指战国时期的田单，以火牛攻燕国骑兵，被封为"安平君"。

【族谱文献】

大田梅岭西湖祠田氏族谱，乾隆十七年壬申始修，后于乾隆、嘉庆年间续修。2001年新修。福建宁化《田氏家谱》不分卷，（清）田万先编，清雍正十年（1732），写本一册，台湾。

福建大田田氏字辈：昌光是民成佳。

第一百四十节 童 姓

童氏是黄帝后裔老童苗裔，以祖名"童"为氏。童氏是一个多民族、多源流姓氏群体，在当今大陆的姓氏排行榜上名列第 158 位，人口约 1021000 余，占全国人口总数的 0.064% 左右。在福建排名 81 位。在台湾排名第 95 位。

【渊源】

1. 源于姬姓，上古出自黄帝的后代。黄帝之孙叫颛顼，颛顼有个儿子叫老童，亦叫卷章。在史籍《大戴礼记·帝系篇》中记载："颛顼产老童。"老童的后世子孙就以祖上名字中的"童"字命姓，称童姓。传说，老童天生有一副好嗓子，说话唱歌时，嗓音就像钟磬一样洪亮清越，又有音乐的韵味。大概他是人类历史上最早的升 C 调歌王。老童的后代大多是赫赫有名者，例如重黎、吴回、陆终、祝融、彭祖等等。在老童的后世子孙中，就以祖上名字中的"童"字命姓，称童姓。唐人所著的《姓纂》载："颛顼生老童，子孙以王父字为氏，望出渤海。"

2. 源于风姓，出自胥姓。出自春秋时期晋国大夫胥童，属于避难改姓为氏。春秋时期，晋国有大夫胥童，是风姓赫胥氏的后代。在晋厉公姬寿曼执政时期，胥童为晋厉公的心腹大臣，由其亲手导演了"晋灭三郤"的历史。胥童的曾祖父名叫胥臣，字季子，是晋文公姬重耳属下重臣。在晋文公称霸春秋诸侯之后，论功行赏，曾被封于一个叫臼的采邑，所以又称为臼季。据史记《左传》的记载，胥臣当时在晋国官拜大司空之职，职掌水土事、凡营城起邑、浚沟洫、修坟防之事，则议其利，建其功。凡四方水土功课，岁尽则奏其殿最而行赏罚。凡郊祀之事，掌扫除乐器……凡有大造大疑、谏争，与汉朝时期太尉之职相同。胥童的后裔子孙族人为避杀祸，纷纷迁逃四方，且改以先祖名字为姓氏，称童氏，童姓的记载最早见于南朝宋《姓苑》。其姓源自胥童之后。据《通志·氏族略》记载，春秋时晋国有大夫胥童，其后裔为童姓。胥童与周朝的权臣栾书、中行偃积怨很深。后来栾书、中行偃受宠于厉公，胥童遂被杀害，他的后人为避仇杀，以祖父名字为姓，改"胥"为"童"，称童姓。

3. 源于地名，以方国名为姓。出自春秋时期郕国夫童邑，属于以居邑名称为氏。夫童，亦称夫钟，地在今山东省济宁市汶上县境内，原为郕国阚邑之地。郕国君主为姬姓，开国君主是姬武。到了战国初期的周威烈王姬午十八年（公元前 408），齐国宰相田悼子引齐国大军再度攻陷郕国，郕国君主姬鱼亡国。郕国被灭后，居夫童之地的姬姓住民中（郕、鲁国人皆有），有以故国邑名为姓氏者，称夫童氏，后省改为单姓童氏，世代相传至今。

4. 源于职业，出自古代罪犯童使，属于以身份称谓或因故改姓为氏。童使，在先秦时期至宋朝时期男性奴仆的称谓，童使并不是指童年的幼仆，也不包括因战争而俘虏者，战争俘虏为奴仆者，实际上不可称"使"，只能称"役"。童使是由于官吏犯罪后被判罚为官宦人家的奴仆者，包括不致死刑的罪犯、重罪官员的眷属族人等。在童使的后裔子孙中，有以身份称谓或职业称谓为姓氏者，称童氏，世代相传至今，该支童氏人口众多，渊源繁复，不可一论。

5. 出于董姓，系汉董卓之后，属于避难改姓为氏。据台湾董渊源所撰写的《董童联宗历史渊源》中记载，有一支童氏是因汉朝末期的太师、郿侯董仲颖的后裔子孙改姓而来，其记载曰："吾族本姓董，汉董仲颖将军，因女婢所害，后裔为避杀灭，弃"廿"，易立，而为童氏。董童本同宗。"按其童氏族人传说，一谓其先居浙江，后进闽连城。董卓当年被杀，其小妾貂蝉已有孕在身，因其身份特殊，左右逢源，在两兵相持中得以逃离。后生子改"董"（古董童通）为"童"避之。今闽、台有其后裔，且有家谱记之。此史料与有关志史、小说描述有很大不同，值得学术界研究。又据部分《董氏家谱》载称：始祖童褐同，与董褐同。又谓：吾族本姓董，汉董仲颖将军，因女婢所害，后裔为避杀灭，弃"艹"，易立，而为童姓，董童本同宗。

6. 属于少数民族汉化改姓为氏。今蒙古族、回族、苗族、土家族、侗族、傣族、彝族、黎族、藏族、台湾土著等少数民族中，均有童氏族人分布，其来源大多是在唐、宋、元、明、清时期中央政府推行的羁縻政策及改土归流运动中，流改为汉姓童氏，世代相传至今。

【得姓始祖】

老童，也称耆童。《山海经·大荒西经》曰："又西一百九十里，曰騩山，其上多玉而无石。神耆童居之，其音常如钟磬，其下多积蛇，即老童。"古代神话中的神名，传说是音乐的创始人。老童系颛顼与胜坟氏女禄所生之子。颛顼生老童，老童生祝融，祝融生太子长琴帝。古籍记载，颛顼生子老童，其后有老、童二姓。

老童学鸟鸣能引来百鸟。颛顼晚年，诸侯黎氏作乱，他亲率部队前去讨伐，黎氏英勇作战，颛顼的士兵怯战。颛顼帝灵机一动，叫儿子高声唱歌，其歌洪亮有如钟磬，又有音乐的韵味。士兵听了热血沸腾，斗志顿起，而黎氏听了却心惊胆战，斗志全消。黎氏之乱很快平定。奇怪的是此子至老，声音不变。依然如孩童般清脆，所以人称老童。

【入闽迁徙】

关于童姓的来源，"颛顼生老童，子孙以王父字为氏，望出渤海"。老童在我国的姓氏源流上也是一位极其重要的人物，帝喾时专司"光融天下"的前后两位祝融氏——重黎和吴回，便都是老童的儿子。童氏的两个儿子，重黎这边就发展成了司马氏，而吴回这边就发展成了胡、钱、彭、曹、娄、苏、顾、温和童姓了。那么，童姓和胡、钱、彭、曹、娄、苏、顾、温等姓就是同宗，而胡、钱、彭、曹、娄、苏、顾、温和司马又是同宗而不同族，但他们的共通祖先都是老童。所以，童姓真是一个大家族。童姓的先人，早期都是活跃于渤海，即今山东省北部地方，隋唐以后逐渐向南播迁成望族。

唐代时期，童姓人南迁者愈多，今浙江、湖南、湖北、四川等地俱有了童姓人家，并有一支入迁福建。

唐乾符六年（879），童其中，号万松，随王潮入闽住福州，后迁漳州十多年，又迁永福里长春社（今漳平市永福镇陈村）。为童姓入闽开基祖。据族谱最早记载，华安县高车乡童姓，祖先原在河南固始县，大业公后裔、朝魁公之子万松公于唐僖宗时（874年）迁闽拓垦。万松公的后裔自明朝始，陆续向台湾、德化、安溪、漳平、广东、潮州、惠阳等地迁徙。慎德堂，乃"雁门"童氏祖祠，于清康熙十七年（1678年），由二十七世童姓达天率众修建，距今已有331年，属漳州市重要涉台文物。它坐落在华安县高车乡高车村。

宋代童氏迁入闽西，南宋建炎元年（1127），童万益（又称万一郎）为避祸自浙江逃至汀州府长汀县清岩里童坊开基立业。南宋开禧乙丑岁（1205），童十三郎从清岩里童坊迁居连城县，在城关北门外水竹坪立足，为连城始祖。南宋末叶童三九郎迁长汀县，为长汀童姓又一支派的始祖。又据宁化曹坊（原名石牛）《童氏族谱》载："元朝至元中（1287年前后），四六郎由江西出宦清流，始建邑治于四堡童坊，生四子，一郎留居守祖墓，二郎迁连城，三郎返迁江西，四郎徙居宁化石牛村。曹坊童氏是为雁门郡。"南宋，沙县有一支童姓先迁至连城县姑田龙坑，后裔又迁曲溪，裔孙童联起（原名源贵），于清道光年间，任台湾府千总，后定居台湾。

童坊《童氏族谱》：唐安史之乱，童氏先祖迁至浙江宁波。宋代，枢密官童贯打死太子，犯下国法，童氏举族逃命，其中许多人改为他姓，唯万一郎携全家自宁波逃迁宁化禾口（今石壁镇）立业。之后，其子一郎与妻曾一娘，偕胞弟九郎，从禾口徙居汀州青岩里坪田营（童坊营里）开基。后有十三郎，迁居连城北门外水竹坪，为连城童氏开基祖。传至九世旺子公，于明成化间迁居宁化石壁。清康熙间又有十七世昌达（织公房）迁居宁化县城。

连城《童氏族谱》：宋元之际，童一郎携胞弟从浙江迁居宁化县禾口淮土，继而又迁汀州青岩里坪田营（今长汀童坊镇）定居，为童姓入闽汀一世祖。

宋元之际，童姓已成为南方的一个重要姓氏。

据曹坊《童氏族谱》记载：四六郎，元初教谕，从江西迁徙至福建的清流，官至清（流）邑，迁至四堡童坊。据宁化曹坊（石牛）《童氏族谱》载，童四六生有四子：长子童一郎留居清流守墓，次子童二郎迁徙至福建的连城，第三子童三郎回迁原籍江西，幼子四郎，于元至正年间（1341—1367）自清流迁居宁化石壁。裔孙一郎、二郎返迁原籍四堡。此支童姓先祖出自雁门郡，源于北方山西省境的童姓，经千余年风雨，已经落籍到了东南沿海的福建省。宋代，漳州、建州、汀州等都有大批童姓居住记载。建州一带童姓家族，也形成大族。

宁化石牛《雁门童氏族谱》载：我族发源江右，继隶清流，支分宁化石牛。元至元间，四六郎官任清流县教谕，逐隐居四保里童坊乡，其第四子四郎，于贞元乙未徙居宁化会同里石牛驿，奉四六郎为始祖（一世），至今已历700多年，裔孙繁衍闽、赣等省地。据宁化曹坊（石牛）《童氏族谱》载，童四六有4个儿子：宗子童一郎留居清流守墓。次子童二郎迁徙至福建的连城。第三子童三郎回迁原籍江西，第四子童四郎迁居宁化石牛（今属宁化曹坊乡），童四郎的后裔回迁清流四堡。

长汀县童坊镇童坊村族谱记载，南宋初年原在延平府任职的童五郎携兄弟三人辗转来到童坊，艰苦创业，繁衍生息。童五郎兄弟四人之后裔分为四门：楼下、大屋下、竹下、营哩。五郎为楼下始祖。尔后，子孙有些陆续迁往连城、武平、清流、明溪一带和赣南、广东、台湾等地。童坊是一个千年客家古村，是童姓客系的一个发祥地。童姓楼下祠堂，位于长汀县童坊镇童坊村中心位置，始建于明代，总面积420余平方米，土木建筑。其后裔因系官宦后代，一贯重视文化教育，因此人才辈出。当代知名人物有童小鹏、童绚远等。

元末，祖籍安徽含山县人童聚，号翼正，于明太祖时任湖广沅江洲卫指挥金事，卒于洪武十六年（1383），诰赠明威将军。其子国鼎，号绍庵，于洪武十八年（1385）赴京袭职，改授福建都司泉州卫指挥金事，举家住泉州。其子国真、三子观音先后袭职，遂以地含山为分堂号，以翼正为始祖，开拓闽南含山童姓一族，遂以祖籍地含山为分堂号，以翼正为始祖。含山童姓后代主要繁衍于泉郡晋江。二世国鼎袭职卒于官，其子元珙年幼，乃由其弟国真袭职。真传三子，长子琮，赠中都留守招勇将军。次子璋，以监生任浙江湖州德清县丞。三子琛，于永乐元年登癸末科武会魁，任福建都司金事，因征战有功，升锦衣卫指挥使。国鼎的三弟观音保诰授明威将军泉州卫指挥金事，传元瑜、元（王宣）二子（三世），瑜于永乐九年袭世职，传子：淳、源、流、汶（四世）。

福建童姓主要分布地：龙岩市永定县5000左右、连城县4000左右、武平县桃溪镇、鲁溪村；汀县童坊镇约3000多人。厦门市同安区、浦头村2000人左右。漳州市华安县高车乡 6000人左右。三明泰宁童家村3000人左右。莆田华亭镇估计有几千人。泉州市德化县国宝乡上洋村 800人左右。

【入垦台湾】

福建童姓早年就播迁海内外，闽西和漳州的族人播迁江西、广东、台湾以及全国其他省份。明清时代，福建童姓族人渡海迁入台湾。福建省华安县高车村慎德堂《童氏族谱》记载，华安高车和台北中和童姓家族，都尊四千前的老童为得姓始祖，以元代童学科为赴台肇基始祖。由童学科传衍的华安高车童姓，到明末已成巨族。族人又陆续向台湾、德化、大田、安溪、潮州、漳平等地迁徙。据谱载，明崇祯年间，童姓先民就已进入台湾北部拓垦。清乾隆元年，童氏二十八世童仕俊移居台湾，定居于板桥地区，后裔分布在台北县的板桥市、土城市、新店市、桃园县、基隆市等地。

台湾竹林《童氏族谱》记载，一世祖颜胜，立籍福建同安，是为畴溪童姓始祖。另清朝的同治十年二月，在台南县石鼎美所立的典契字中，有一中人名叫童采卿。据华安县高车村慎德堂《童氏族谱》载，明崇祯年间，童姓先民就已进入台湾北部拓垦。清乾隆元年，童姓二十八世童仕俊移居台湾，定居于板桥地区，后裔分布在台北县的板桥市、土城市、新店市、桃园县、基隆市等地。原祖籍在华安县高车的童姓家族达12000多人，约占台湾童姓人口的

47%。据《连城县客家姓氏源流初探》载，连城童氏二十三世源贵于清咸丰年间（1854年前后）迁居台湾高雄市，此外迁台还有二十三世源树，二十四世远西、志景，二十五世庆青、庆云、庆秋、庆莹、庆环、庆瑛、庆凯、宝珲、宝进、庆懋，二十六世长鉴、长波、文镕等。可见，童姓入台是为时较早的。现多分布在台湾的台中县、台北县、台北市、桃园县、高雄县、嘉义县等地区。人口分布较多之乡镇为台中梧栖和沙鹿、桃园市、板桥市。在新竹、南投、彰化、苗栗、台南、屏东等地，也有不少童姓族人。

【郡望堂号】

雁门郡：战国时期赵国赵武灵王置郡，秦朝、汉朝沿用，治所在善无（今山西右玉），其时辖地在今山西省河曲、五寨、宁武、代县一带。

渤海郡：西汉时期从巨鹿、上谷之地分出渤海郡，治所在浮阳（今河北沧州东关），其时辖地在今河北省、辽宁省之间的渤海湾一带。

建昌县：东汉朝时期置建昌县，隶属豫章郡，其时辖地在今江西省南城县一带地区。

童姓的主要堂号有雁门堂、渤海堂、五桂堂、启后堂等。自立堂号：五桂、崇本、德裕、树滋、厚本、南城、惟馨、敬义、启后、萃涣等。

【祠堂古迹】

华安县童姓大宗祠，堂号"慎德堂"，"雁门"童氏祖祠，位于华安县高车乡洋仔里，建于清康熙十七年（1678），由二十七世童氏达天率众修建。祖祠坐北向南，二进三开间，土木结构，面积110平方米。

华安县董将军庙，华安县位于高车乡高车村内洋，童姓大宗祠祠堂附近，始建于19世纪70年代，20世纪60年代后被毁，后粗修，2005年重建。主祀董将军。董将军为华安童姓家族保护神，因保护华安童姓祖先童学颜而殉职。单开间，坐南向北，主体面积31平方米。

【楹联典故】

孝经衍义垂泽远；操尚拔群惠芳长。

——童氏族人常用的楹联之一。

勤耕淳朴承恩赐　惠政清廉衍象贤。

——童氏族人常用的楹联之一。联上句说宋代童氏先贤童参的故事。联下句说童氏先贤童翊的故事。

孝经衍义垂泽远；操尚拔群惠芳长。

——联上句说童姓先贤、宋代瓯宁人童伯羽的故事。联下句说唐代文学家童宗说。

临清世上皆为宝；益智民间视所珍。

——联上句说童姓先贤、明代文学家童叙的故事。联下句说童姓先贤、清代学者童叶庚的故事。

行简家声大；雁门世泽长。

——上联童姓先贤、宋代学者童居易的故事。联下句讲本支童氏。

【族谱文献】

福建泰宁粹壹童氏房谱，（清）童日蛟纂修，清咸丰元年（1851）木刻活字印本一册。现被收藏在中国家谱网站档案馆。福建连城雁门童氏族谱，长辈堂号，董卓后裔族谱，开基祖是十三郎，始创者童文浩。

福建长汀童氏字辈：如作以忠（则）明其道（斯）学乃成。

第一百四十一节　帖　姓

帖姓在中国大陆所有的姓氏排名中，姓帖的排在 300 位以后了，人数在 50000 人左右。帖姓是福建省少数民族的罕见姓氏之一。在台湾排名 698 位。

【渊源】

帖姓，源自元代回族人自取或被赐给的蒙古名"帖木儿"之首音，是标准的"回族姓氏"。元代，蒙古帝国（帖木儿帝国）征服了欧亚非地区的一些国家后，大批阿拉伯人和信仰伊斯兰教的欧亚人也随之进入了中国，他们中的一些人便取（被赐给）了统治阶级——蒙古族的名字"帖木儿"。如"帖木送儿"（哈剌鲁人）"帖睦（木）烈思"（康里人）"明里帖木儿"（康里人）"哈达帖木儿"（康里人）"完泽帖木儿"（康里人）等。又如赛典赤·赡思丁这样的中亚血统的大家族中，也有人在回族名后缀上（赐给）了"帖木儿"，如"月鲁帖睦（木）儿"、"赛牙胡帖木儿"。特别需要指出的是，这些"帖木儿"的先祖伯颜（赛典赤·赡思丁之孙）的名下却赫然写着"蒙古人"。很显然，这里所指的"蒙古人"不是指"蒙古族"血统，而是指自己（布哈拉人）已经成了蒙古大帝国的国民。另外，从西域来的一些回族人本身就有（以音取姓、以名取姓）脱、妥、铁、帖等姓氏；同时，这也忽略了被征服者阿拉伯人等取了（赐给）征服者——蒙古人名字这一事实存在。对于这部分人，无论如何也不能说他们是"蒙古族"人。此外，由于"帖木儿"还可译为"铁木儿"，故回族中的一部分铁姓又与帖姓有着一定的关系。帖姓回族主要分布在我国西北地区。今天河北省宁晋县及四川省剑阁县均分部有一汉族帖姓分支。帖姓没有列进《百家姓》，甚至《千家姓》中也寻不见它的踪影。

【入闽始祖】

迭理弥实是帖姓始祖，是元侯，元即元朝，侯是对地方长官的尊称。其人性情刚直，事母至孝。早年有人问迭理弥实为何不入仕途，他说："吾不忍舍母以去也。"后从元顺帝入中原，元至正十二年（1352），以举孝廉为京都监察御史，至正二十五年（1365），出任漳州路达鲁花赤。

【入闽迁徙】

据《元史》载："迭理弥实，字子初，回回人。性刚介，事母至孝，年四十犹不仕，或问之？曰：'吾不忍舍吾母以去也。'以宿卫年劳，授行政院崇教，三迁为漳州路达鲁花赤。居三年，民安之。"文中"迭理迷实"是人名，"达鲁花赤"是官衔。达鲁花赤是蒙古语的汉译音，意为镇守使或掌印官，即掌有实权的最高长官。元世祖至元二年（1265）规定：各路达鲁花赤必须由蒙古人或个别出身高贵的色目人担任，汉人、南人一律不能出任此职。元代官制中"路"指行政辖区，以户数为限分上、下路，各路设达鲁花赤一名。元世祖至元十六年（1279），漳州改为漳州路，漳州路以十万户以上属上路，秩正三品。迭理弥实为漳州路最后一任达鲁花赤，据《漳州府志》载："迭理弥实，合鲁温氏，西域人，元至正末任漳州路达鲁花赤，时陈有定初取漳州，命张理问为总制，官民苦朘剥，迭理弥实厘正庶务，兴利锄害，民用少康。"比照《元史》载迭氏在漳城任职时间仅三年，由此可断定其任职时间为至正二十六年（1366）。

漳州帖姓是元朝漳州路最后一位达鲁花赤（蒙语掌印官之义）迭理弥实的后裔。迭理弥实，《明鉴》译成德尔密什，字子初，本姓合鲁温。《漳州府志》载迭理弥实是西域人，《元史·忠义传》载回族人，《明鉴》也说是回族人。根据这些史料，可以说迭理弥实是西域回族人。

迭理弥实，元至正二十五年（1365），出任漳州路达鲁花赤。在任三年，《元史》说那三年内漳民居甚安之，《漳州府志·宦绩》也载其政绩："厘正庶务，兴利锄害，民用少康。"明洪武元年（1368）二月，明军迫近漳州城，派招谕使劝降，迭理弥实拒之，穿着整齐的朝服向北拜毕，仰天叹曰："吾不才，位居三品，受国恩厚矣，今力不能支，报国惟有死耳。"刺血书于笏板："大元臣子"，置案上，然后拔刀割喉殉节。死后还持刀，按膝踞坐大堂上，毅然如生。其妻、奴婢、卫士都投井死。漳民闻讯，会集于庭，哭声震地，备棺殓葬于东门外，即原新华东路芗城区税务局处。迭理弥实与陈友定、柏帖木儿为元亡时殉节，《明史》称"闽有三忠"。据说迭理弥实与家人死时，遗一子被乳母夺走隐匿抚养。

迭理弥实孤儿名普颜帖木儿，入明朝，摘帖木儿的"帖"字为姓，落籍漳州城内。生一子名帖德合，后来帖德合生一儿子，未满月，帖德合便逝世，邻居涂思齐怜悯这婴儿是元侯忠臣的后代，将其收养，爱护如同亲生，改其姓为涂，取名逊。二十岁时为涂逊定亲，并送入县学。涂逊一直不知道自己是迭理弥实的后裔，到涂思齐临终时对自己的儿子阜文、阜质留下遗嘱："忠臣之后不可失嗣，待逊食禄后便复姓。"阜文未仕而卒。阜质遵照父命，分给田业，令涂逊之子朝辅复姓为"帖"。明成化十五年（1479），姜谅出任漳州知府，特来拜谒元侯墓，才知道帖姓是元侯的后裔。成化十九年（1483），姜谅为元侯"表忠碑"作跋，跋文最后说："斯固上天默祐忠义，使元侯不泯其传，又保祐善人使涂思齐有子有孙，以继先志，皆可以为世劝也。"帖姓为"元侯忠烈"的后裔，虽族人繁衍不多，但受到后代人眷顾，自迭理弥实到今已传衍二十多世。民国初期，传衍二十世左右有帖木梧兄弟，一居漳州城南门头，一居东铺头。子孙后裔部分外迁，播迁海内外。目前，常住漳州帖姓人口56人。

福建帖姓主要分布在漳州市。漳州帖姓是元朝漳州路最后一位达鲁花赤（蒙语掌印官之义）迭理弥实的后裔。中华人民共和国成立后，帖姓地方人民政府重视。

【祠堂古迹】

表忠祠，芗城区帖姓祖祠家庙，位于漳州市芗城区东门街，即今新华东路（明清称州主庙，表忠街。民国初期，名陆安东路，后改为中山东路）。明永乐元年（1403）建，是明廷派专使来为漳州迭理弥实建祠，以表忠烈，祠专祀元侯漳州路忠烈守臣迭理弥实。明成化五年（1469）按察副使何乔新视察漳州时，见祠颓毁，与漳州知府王文复建其祠，而不久又荒废。明成化十九年（1483），漳州知府姜谅见祠荒颓，修建之并为"表忠碑"作跋，明嘉靖元年（1522）漳州知府张鹏立"表忠"石坊于祠前。清雍正七年（1729），清廷诏福建巡抚刘世爵重修祠宇。

迭理弥实墓，墓主为元代朝廷命官，立碑人是明户部侍郎夏吉。建国初期，被列为福建省文物保护单位，是当时漳州市为数不多的省级文物之一。1676年被毁，1994年，区民政局给予修复。

第一百四十二节　涂　姓

涂姓是当今中国姓氏排行143位的姓氏，在福建排名第79位。该姓人口较多，约近110万人。约占全国汉族人口的0.084%。在台湾排名第83位。

【渊源】

1. 出自涂山氏，起源于夏朝，属于复姓简化的氏。是源于远古时期的涂山氏，始祖涂朴。原始社会末期，涂山氏部落主要活动在安徽蚌埠西部一带。夏禹时，涂山氏是夏朝在东南地区的重要方国之一。据传禹在涂山（今安徽省蚌埠市怀远县东南三公里，涂山地点有多说），与各诸侯、部落首领会盟。禹娶涂山氏之女娇为妻，生子启。启建立夏王朝。涂山氏后来不断发展，后裔以涂为姓，此为涂氏得姓之始。东汉末学者应劭《风俗通义·姓氏篇》说："涂姓，涂山氏之后。汉有谏议大夫涂恽。"这是今存最早的涂姓姓源文献记载。

2. 出自东汉以前，以居邑名称为氏。据《名贤氏族言行类稿》及《通志·氏族略》所载，东汉以前，古洪州（今江西省南昌）人居于涂水（唐时改涂作滁，今名滁河）。以水名命姓，称为涂姓。

3. 余姓改涂姓，秦始皇时，余振魁因谏焚书坑儒触犯朝廷，问成死罪，其夫人董氏携四子分迁各地，隐名改姓为余、徐、涂、畲。

4. 出自他族或他族改姓涂：今回族、土家、侗、壮、苗、布依、纳西、哈尼、傈僳等民族均有涂姓。

【得姓始祖】

涂钦。涂姓源出涂山氏，涂山氏原为部落，因该部落有女嫁于大禹，并育有夏启，夏朝时成为东南地区的方国之一，后发展成为诸侯。其名称进而又衍化为涂姓。涂钦为春秋时晋国人，赐爵新吴侯。后举家渡过长江，落籍豫章。因涂钦为涂姓历史上的第一位名载史册的人物，故尊涂钦为其得姓始祖。

【入闽迁徙】

1. 据谱牒记载，三国魏文帝年间（220—226），涂廷圭，字贲临，系涂蒙之子，即涂钦之父涂朝玉的胞弟，从平江迁徙福建邵武。涂廷圭生三子，其子后又迁安徽怀远、寿春。

2. 唐总章二年（669），跟随陈政、陈元光"开漳"的府兵校尉涂本顺、涂光彦，但其后裔没有族谱记载世系。涂光彦、涂本顺跟随陈政、陈元光父子及众将士在闽南拓垦开发，建置漳州，繁衍发展。入漳州聚居地主要有诏安县、漳浦县、东山县、市区、龙海市。

3. 唐末，河南省光州固始人王潮、王审知兄弟率兵入闽，建立闽国，涂建昌随王审知入闽居泉州。泉州涂姓中有涂连一支徙居浔西溪上游涂坂（今泉州市德化县浔中涂坂村），涂连为德化涂姓始祖。涂三十六郎之子涂振文从涂坂迁赤水小铭村陈婆社，为小铭涂姓开基始祖。德化涂姓后裔又传衍于三明市大田县济阳乡、尤溪县、闽清县、莆田县等地，并尊涂振文（绵十）为始祖。涂振文后裔传至四世涂百四、涂百六俱迁漳州、龙岩。现德化县涂姓分布11个乡镇、18个村社。

据《相卿涂氏族谱》载，德化县盖德乡氏先祖涂建昌于唐末随王审知入闽；其一支侨居于浔西上流，开基相卿祖为涂荣礼，明洪武时正式入住。德化《涂氏族谱》载：涂成九（智卿）生子五：长伯权、次伯时、三伯陶、四伯和、五伯昭。其中，一子从科孝使江陵尹，为泉州涂氏始祖。后裔迁德化涂坊，再迁小铭。另一支迁大田县实丰济乡（今大田济阳），一支迁上坑、尤溪等地。

福建地区涂姓以长汀为发祥地。唐末，涂氏入闽，留居汀州宁化，再迁长汀。唐末，涂姓入闽西，留居汀州宁化，再迁长汀。涂六郎，字伯元，行鼎一，系宜黄世系涂允第十六世孙，大任二弟，宋进士、南昌令大经的衍裔。南宋开禧三年（1207），六郎偕三子涂臻从江西省宜黄县徙赣县，游寓福建汀州长汀县福寿坊，后其六世孙移平原里丹溪（今长汀县涂坊镇）定居，涂霆为长汀涂姓鼻祖，涂六郎为长汀开基祖。长汀县涂姓分布 12 个乡镇，涂坊镇是长汀涂姓主要聚居地。其后裔自宋元起向外迁徙福州、厦门、漳州、泉州、三明、龙岩等地，迁徙省外有广东、广西、湖南、湖北等。其中，涂六郎第八世即长汀世系第九世的十八郎、四十八郎兄弟于元至正二十七年（1367），另说于宋季迁广东省大埔县青溪村开基，十八郎为大埔涂氏始祖。

宁化城郊官家坊《涂氏族谱》：以百一为始祖。百一公生子千四；千四生子五；五生子万一；万一生二子，长子建可，建可生三子，长子名德章。德章生子钦。钦为明洪武十八年（1385）进士。钦生四子，长名顺，永乐三年（1404）进士；次名资。资生五子，其次子名如。如生三子，其第三子名浒，字寅杰。浒生三子，次名文坚，乡进士，授绥安教谕，居家建邑。文坚生五子，次子名仁忠，忠生三子，长子名惠保。惠保生四子，三子名元盛，字仕显，自建宁迁居宁化兴善里官家边（宁化城郊乡）。惠保次子元举生子成友。成友生四子，长名汝聪。汝聪生三子：长子进忠，迁邵武禾坪；次子忠爵；三子中衬，徙新塘坑。次子忠爵生三子：长子永接，居宁化龙上里塘坑里；次子永胜，迁居江西石城。

长汀《涂氏族谱》：以朴公为涂氏始祖，至 115 世大郎公，祖籍江西豫章，后居南剑州游澜阁石崇村，娵赵氏，生四子：讳、访、臻、禹。于南宋开禧三年丁卯（1207 年），偕第三子臻，游寓长汀福寿坊开基。传至十六世天佑，于明代迁居宁化县会同里罗溪村十八烈（今曹志乡罗溪村）。

涂姓以长汀为开基地。长汀县西南有一涂坊镇。人口 2.9 万，行政村 15 个，涂姓人居多。解放军将领涂则生、涂通今都是涂坊镇人。一个乡镇出了两位将军，这是涂坊镇的骄傲。

此外，崇安涂姓，涂正胜四世孙名崇安（一说系涂追虑之子），据传约于宋光宗绍熙元年（1190）科第后，被选任漳州学官，居府口（今芗城区台湾路，府口的芳华横路尚有传统古民居涂厝）。崇安派系在龙溪繁衍发展，分为二支传衍。府口崇安派系涂纯齐支派：涂屯齐系涂崇安十三世孙。至明初洪武七年（1374）移居蓬坑（地点不详）。传二世分派

于漳，院前及漳浦盘陀。其后裔各有科甲；府口崇安派系涂佛孙支派：涂佛孙系涂崇安十四世孙，生三子（春惠、春英、先化）。至明成祖永乐二年（1404）间从漳州到漳浦默林（石榴镇梅东村、梅西村），见默林胜景及文王教化之地，因而聚居于此。

大田上丰《涂氏族谱》记载，有一位名叫光桂的，又由福建迁浙江处州（处州原在浙江括苍县，也就是现在的丽水市）龙泉门乡大南山定居北宋雍熙年间（984—987），涂元高从福建的德化赤水迁居大田县上丰。

唐以来历代都有涂姓入漳，宋、明时，漳州涂姓繁衍发展，散见于各地府志、族谱中。福建涂姓重要聚居地有漳州市的诏安县、漳浦县，泉州市德化县，龙岩市长汀县，三明市大田县。漳浦赤土涂姓，赤土乡下宫村的顶涂、下涂、田仔坪三社皆涂姓聚居地，发祥于顶涂。据说祖先源自莆田江口，何时开基不详，当约在明清。

【入垦台湾】

台湾的涂姓族人，大都来自大陆广东和福建交界的漳州和潮汕地区。

乾隆中叶，诏安的涂好晚、涂万生入垦台中。嘉庆年间，诏安的涂氏入垦彰化。清康熙年间，朱一贵在台湾率众起义时，有广东义民徐延澡、涂定思、徐华煊、徐定伟等人聚族东渡，落籍居于台湾下淡水港，现散居在台湾各地，主要分布在嘉义、台南、彰化屏东、台北、高雄等。涂姓从广东迁台与其他姓氏的不同之处是聚族而来，不是单独徙迁，成为台湾的涂姓先祖。在台湾涂为第 83 位的大姓。

【郡望堂号】

涂姓主要郡望有二，一为南昌县，一为豫章郡。

豫章郡：汉豫章郡治南昌，辖境大致同今江西省。后世所辖渐缩为南昌附近一带。又隋改南昌县为豫章县。唐后期改钟陵县，又改为南昌。

五桂堂：源出北宋涂济生五子（大任、大琳、大经、大明、大节）俱登进士，时曰"五桂堂"。济公，字时甫，宋朝封为朝散大夫、资治少尹。

涂姓的主要堂号还有豫章堂、静用堂、永昌堂、怀德堂等。

【祠堂古迹】

汀州涂坊涂氏宗祠,位于涂坊岗楼山下土楼场,是为涂氏涂坊开基祖涂大郎而建的涂氏祠堂,于清朝乾隆二十六年(1761)文仙公(汀州涂六郎公二十四世孙,大郎公十八世孙)建,辰山戌向,历经5年,乾隆三十一年(1766)建成,称涂坊大祠堂,堂号为本源堂。占地2000平米,建筑面积2500平米。

顶下涂涂姓祖祠绵世堂,位于漳浦县赤土乡下宫村顶下涂社,堂号"绵世堂"。坐东北向西南,门匾"涂氏家庙""梅圃传芳"。单进三开间一围墙土木建筑,悬山顶。

涂厝涂姓祖祠余庆堂,位于漳浦县绥安镇英山村涂厝社,堂号"余庆堂"。坐东北向西南,单进三开间一围墙土木建筑,悬山顶。对联:"漳传流芳解得意,枫林衍派世泽长。"

盘陀涂涂姓祖祠,位于漳浦县盘陀镇割埔村盘陀涂社。堂壁题"祖德传芳",坐南朝北,为单进一围墙土木建筑。灯号是"涂府进士"。对联:"至刚至大,塞乎天地;有典有则,贻厥子孙。"

涂徐余大宗聚德堂,位于诏安县南诏镇城西门内,由涂、徐、余三姓共建于清同治十三年(1874)十二月十五日。坐辛向己兼分金。供奉唐开漳宋封辅国将军涂本顺,唐开漳宋封竭忠将军徐睦怨,唐开漳宋封竭忠将军涂光彦等徐、余、涂先祖于正中。

仙塘村涂姓大宗积善堂,位于诏安县桥东镇仙塘村古城堡城外西甲社,堂号"积善堂"。建于明嘉靖年间,2005年重修。坐丙壬己亥,面向点灯山。宽16米,深20米,建筑面积320平方米。

【楹联典故】

裔源禹域家声远;姓肇涂山世泽长。

涂山启源;滁水流芳。

——全联典指涂氏的得姓源流。

爵封侯伯;学著易诗。

乡贤世弟;御史家声。

——福建省长汀县涂氏宗祠联。

石麓家声远;涂山世泽长。

——福建省长汀县涂氏宗祠联。

文封石麓公侯府;武赐新吴将相家。

——福建省长汀县涂坊镇涂氏大祠堂联。

系本涂山兴宋士;典修海国昭吴侯。

——涂氏宗祠"豫章堂"通用联。

大禹娶涂山,姻联王室;永嘉移江左,绩著帝廷。

——长汀县涂坊镇涂氏大祠堂大门联。

【族谱文献】

记载闽台涂氏族谱较有代表性的有《涂氏族谱》宁化城郊官家坊族谱,始修年代无考。南昌郡望。源于夏朝,本为涂山氏,后省又去山成为涂姓。内载始祖百一,生千四,四生五,五生万一。万一生二子,长名建可。建可生子三,长名德章。章生子钦,洪武十八年(1385)进士。钦生四子,长名顺,永乐二(1404)进士;次名资。资生五子,次名如。如生三子,第三子名浒,字寅杰。浒生三子,次名文坚,乡进士,仕绥安教谕,居家建邑。文坚生五子,次名仁忠。忠生三子,长名惠保。惠保生四子:次名元举,三名元盛,字仕显,自建宁迁居宁化官家边。元举生成友,成友生四子,长名汝聪。汝聪生三子,长名进忠,居邵武禾坪;次名忠爵;三名忠衬,居新塘坑。忠爵生三子:长名永接,居宁化龙上里塘坑里;次名永胜,迁居石城。其开基始祖涂元盛,后裔迁福建邵武、江西石城等地。还有《涂氏族谱》,载唐末涂氏入闽,留居汀州宁化,再迁长汀。南宋武宗丁未年(1302),六郎公偕三子臻游寓于长汀福寿坊(今东门街),后臻公遂定居长汀,为长汀开基始祖。名人将领涂则生、涂通。此外有莆田《涂氏族谱》、大田《涂氏族谱》、德化《涂氏族谱》等。诏安《豫章郡涂氏族谱》,著者待考,民国年间木刻活字印本。注:始祖为江西宜黄八世、宋进士、左从事涂大任。

第一百四十三节　万　姓

万姓在当今姓氏排行榜上名列第 86 位，属于大姓系列，人口约 312 万，占全国人口总数的 0.18% 左右。在台湾排名第 116 位。

【渊源】

1. 万氏渊源，出自姬姓。万姓的得姓始祖为芮伯万。周初，成王封同姓族人姬良夫于芮（今山西省芮城和陕西大荔一带），遂建芮国。芮国是一个诸侯国，其国君人称芮伯，芮伯传至春秋时，出芮伯万，因其宠姬众多，风流成性，致使母亲芮姜极度不满，将其驱至魏城（今山西省芮城）。其子孙有以万为氏者，称万姓，并奉芮伯万为万姓得姓始祖。

2. 源于姬姓，出自春秋时期晋国大夫毕万，属于以先祖名字为氏。据史籍《元和姓纂》记载，春秋时期，毕公高的后裔毕万在晋国担任大夫，在周惠王姬阆十六年（公元前 661），毕万等人辅助晋献公姬诡诸消灭了三个小诸侯国，即耿国、霍国和魏国，毕万以战功受封于故魏城（今山西芮城），因此他又称魏万，成为后来战国七雄之一魏国统治者的先祖。

3. 源于子姓，出自商王朝初期商王汤的属下万舞，属于以官职称号为氏。万舞，就是万人之舞的总名，为商王朝初期的盛大活动总指挥一类的官职。

4. 源于任姓，出自战国时期孟子弟子万章，属于以先祖名字为氏。据《通志·氏族略》中记载："万氏，孟子门人万章。"在万章的后裔子孙中，有以先祖名字为姓氏者，称万氏，亦称万氏正宗。

5. 源于地名，属于以居邑名称为氏。

6. 源于少数民族姓氏和改姓。蒙古族等属于汉化改姓为氏。

【得姓始祖】

芮伯万、任万、复姓叶万氏、吐万氏、万纽于氏、万俟氏。

【入闽迁徙】

唐初，万氏进入江苏、浙江、江西、福建、广东、广西等地。唐代泉州万姓已经名人辈出。据史料记载，

泉州"万氏妈"，唐乾符年间（874—879）人，女英雄，俗称"万氏妈"，从陕西扶风郡随其父母衣冠南渡到泉州浔美，万姑姑嫁东湖水漈村。有村联为证："七星湖宴请士风蔚蔚仰先哲；万老妪平倭良策昭昭育后昆。"万氏妈打草鞋，退敌保卫了泉州城。唐代有万氏妇居泉州东门外浔美村、泉州东街菜巷建有"万氏妈庙"。万氏始祖"初斋公"，字泰一，生南昌。历史名人有万正色，字惟高，号中庵，泉州东门外渡头铺浔美人，岳州总兵官。万绍烈，浔美人，清雍正元年癸卯科廖学信榜举人。

泉州丰泽区浔美村是万姓的聚居聚落，是著名的历史文化名村，浔美村杂姓聚居。宋、元、明、清时，浔美曾是福建省四大盐场之一（另三个是惠安山腰、晋江洲、金门浯屿）。主要住民姓氏有；万、陈、何、林、郑、蔡、阮、吕、李、谢、苏、戴、吴、胡、朱等 18 个姓氏，万姓人口为主流。初斋公为浔美万氏开基祖，明洪武二年（1369）生，宣德四年（1429）卒，享年 60 岁左右。　万正色，字惟高，号中庵。生于明崇祯十年（1637），卒于康熙三十年（1691），享年 54 岁。康熙十七年（1678）因平岳洲叛乱有功，授封"宫保提督"（有碑现存开元寺檀樾祠前）。万正色一生有三大功劳：（1）修洛阳桥（有"万安桥记"现存洛阳桥中亭）；（2）疏浚八卦沟；（3）建晋江会馆。现尚有《提督福建全省军务宫保万公惠乡碑记》存浔美村檀樾祠前（碑被定为泉州市文物保护单位）。万际障，字以昭，万正色的长子，康熙年间随父万正色平厦门、金门两岛，论功授左都督，改除南汝金事才名，旋署开归道，理河北漕定斗式平量法，建信阳魁星楼，以兴文运。四署篆，迁河东参议著劳绩，升右江副使，有平獴功迁荆南参政，未行，调两广盐道复署东粤臬定大狱四十案，疾卒于官（见《晋江县志》）。　万际昌，字尔登，万正色次子，凤慧过人，七岁能巧对。父奇之，延名贤耆宿授业，博览群书，又长于诗，著有《澜亭

集》《紫映楼诗草》。万际瑞，字示观，万正色的四子。以父功召入宿卫出为保定参将，历升广东提督。粤地番舶旧有陋规悉革汰之。惠州水灾，造木筏以济四门，赈粥救活多人，调任浙江捐构义冢给民安葬，以老病告归。年七十卒于家。 万承箕，字良候。万正色之孙，雍正四十九年（1784）甲辰举人，授翁源令，清慎自持。邑素刁健，初至，讼牒千计，日坐堂次第听断，案无留牍，而讼以息。署乐昌、曲江、俱有声，以才能调陵水烟瘴边缺，严查盗贼，重惩闽棍。海外之民，咸安乐业。卒于官。（见《晋江县志》1239 页）万绍炳雍正二年（1724）优贡，任尤溪知县。万师吉雍正十二年（1734）副榜亚魁，任瓯宁教谕。万元首乾隆二十七年（1762）任瓯宁府训导。 万际嵩，康熙年间贡生，建宁训导。 万克诚，清末，任福建省军功官（相当于省法院院长）。有军功碑，现存放于浔美万金印新厝内。（碑现存，文字清楚） 万际璜，万正色之子，贡生。著有《研斋诗草》。万朗斋，清雍正十一年（1733）任按察史。万绍祖（提督正色之孙）雍正十年（1732）副榜，寿拔教谕，寿宁教谕，南海知县。 万师敬（提督正色之孙）雍正十三年（1735），陵水知县。万希韩（提督正色之孙）雍正四年（1726），淳化知县，改候官教谕。 万世美，嘉庆十一年（1806），钦点第九名进士。万历志，嘉庆四年（1799），进士。 万志诚，乾隆三年（1738），举人。万善华，光绪十五年（1889），举人。近代：万马来（1866—1943），又名福来。字徽君，号廷璧，是孙中山先生的挚友，同盟会会员。少年时因家境贫寒，父母无力供其读书，在万东来私塾只勉强念到 12 岁，便辍学做买卖。在广州结识孙中山。28 岁东渡日本，经营新瑞兴号商业。在日本神户任中国国民党神户支部委员，又任国民政府侨务委员会顾问。

　　赣地万氏入闽西，以世昌长子恩荣——高文——准支为较早，准第四子与道之子不愆、不能，约唐玄宗开元时迁武夷、乌衣巷口，两地的具体地点不明，大体指向似在闽北、闽西北。宋元时代还有自赣继迁乌衣巷口，或迁入闽西建宁、南平，或笼统称迁闽，或为官入籍闽南莆田的万氏族人，但都不是主流。

清同治丙寅重修的仍园藏版《曹南万氏族谱》卷一序言载："万之先出自晋大夫毕万，毕万之先出自周文王十五子毕公高。""故万氏自周之末孟子弟子章，历汉而槐里侯德全，晋而樊城令培基，唐而信州千户侯近道、闽中瑞阳令縣，宋而大宗伯文渊，以迄有明，伟人代出，科举不绝。至国朝瞻华公，又以进士而官比部焉。曹南之族则由邹而扶风，而兖，而闽，而南昌，屡迁而居于此，姓源之远，人地之望，由来久矣。"杲公迁闽，因家汀州；縣公任闽中瑞阳令，家于高山幽兰塘。世昌长子恩荣——高文——爽支系的爽嫡子一支，晚唐传至万少六孙鼎、升、暹、杲、昊、昂，有升、杲、昂三支居汀州，杲称居州治长汀。虽升后官临川令，由汀州迁临川桔园，杲传至五十世德縣，任南昌令，升瑞州同知，由汀州居高安幽兰塘，昂迁汀州后也有徙幽兰塘者，但三支后裔必多数留居闽西汀州。汀州因为官回迁留居临川桔园的万升及留居今东乡地的万顷后裔，与之前进入交界地赣南宁都及临川郡的爽次子仰一支，因血亲关系较他支系更近，也呈现辗转互徙的情状。如宜黄就有多村称宋元时由临川橘园迁。

　　比高公之三十二世孙万义植，讳极，字皇建。其后有准公，受封为大夫，自高桥移居浙江。再传九世留公，字佛保，生子善郎，官南昌吏部郎中，于南宋嘉定年间（1208—1224）入闽，卜居宁化县招得里（今宁化安远乡）肇基繁衍，留公为入宁始祖，大约于宋末元代，再由交界地闽赣地继续下迁交界地粤东北嘉应州兴宁、长乐等地，裔孙衍播闽、粤、赣各地。四川成都龙泉驿区档案馆所藏客家《万氏族谱》三十云："始祖在扶风郡不知几传，始分一派至福建省宁化府石壁县（应作宁化县石壁村），又不知几传，始分一派至江西省抚州府金溪县居于竹岩。……惟传至金公，（元中世）始由豫迁粤，居嘉应州长乐县竹塘寨，是为粤中之始祖也。……又传至德铭公，始迁黄沙坑。"

　　福建万姓人口主要分布在泉州、长汀、宁化、浦城，散居全省各地。

　　【入垦台湾】

清代由福建、广东入垦台湾。台湾高山族同胞中也有万姓。台湾光复后也有部分省市万姓入台。主要分布在台北、基隆、新竹，其次在屏南、高雄、宜兰、苗栗、花莲等，各个市县都有。泉州浔美村也是著名的侨乡和台胞祖籍地。万姓华侨主要分布在菲律宾、印尼、马来西亚、新加坡等地。华侨对浔美村社会经济的发展起着非常重要的作用。

【郡望堂号】

扶风郡：周朝时期置郡，其时辖地在今陕西省兴平市、咸阳市一带地区。

河南郡：秦朝时期名为三川郡。

万姓的主要堂号还有："扶风堂""河南堂""成孝堂""滋树堂""永思堂""敦睦堂"等。

【楹联典故】

七篇流光远；四义播惠长。

——佚名撰万姓宗祠通用联。上联典指战国时齐国学者万章，孟子弟子，尝序诗书，述仲尼之意，作《孟子》七篇。下联典指蛤代知州万宣，字邦达，当涂人。以举人卒为天太学，选授陈州知州。刚果有为，立四义社学，以教民间子弟，州民德之。

继往开来，阐闲门道脉；安邦戡乱，振云台武功。

——佚名撰万姓宗祠通用联。上联典指战国时孟子的弟子万章的事典。下联典指东汉名将万修事典。

【祠堂古迹】

万仙妃庙，始建于唐代，原建在浔美村村里；现已迁往泉州菜巷。唐末黄巢寇闽，妃显灵寇遁。刺史王潮请于朝封护国英烈仙妃。（见《晋江县志》1657页）。

万氏家庙，建于明洪武年间。1369年，万氏始祖初斋公主持建筑（万初斋，明泉州漕运，万氏族谱有记载）。雍正十一年（1733）家庙曾大修，20世纪90年重修。保持明、清格局。

清代古大厝，清末福建商会副会长万灵运的"古楼"古大厝。该大厝一排约一百公尺长。中间二进有大厅，两排护厝均有木雕，雕刻有"梅、兰、竹、菊、四君子图"，还有"八仙过海"及古戏人物等非常精美的木、石、砖雕。海墘古大厝：这是由与孙中山结为挚友的同盟会会员万福来建的古大厝，厝大门亦画有"四君子"松、梅、兰、菊图；有一座护厝设置非常精巧，大门上还有两粒漂亮的古门乳，又有假山园林，大厝后尚建有三层洋楼，楼上有八副美丽画图；所画的麒麟、飞天走兽等精美至极。

第一百四十四节 汪 姓

汪姓在当今姓氏排行上名列第 56 位，属于大姓系列，人口约 5292000 余，占全国人口总数的 0.33% 左右。在福建排名第 71 位。在台湾排名第 80 位。

【渊源】

1. 源于姜姓，出自夏王朝时期古诸侯汪罔之后裔，属于以国名为氏。汪罔，古国名，被后世讹为汪芒国，国君防风氏。据史籍《通志·氏族略》《古今姓氏书辨证》及《国语·鲁语下》等记载：夏、商王朝时期有一古汪罔国，为神农氏的后裔所建之姜姓诸侯国，国君名防风氏。后来防风氏被大禹所杀，国人迁居湖州的深山里，称汪罔氏。汪罔国后为楚国灭之，国人避之于安徽歙县，改称汪氏。防风氏，是远古夏王朝前期古防风国的创始人，又名汪罔氏，是天下汪姓的始祖。

2. 出自姬姓，为周公之子伯禽之后。据《姓氏考略》《姓氏寻源》及《汪姓缘起考》等所载，春秋时鲁成公之庶子满食采于汪，其后遂以邑为氏。鲁成公之庶子为公子汪，受封于汪地，后被强国吞并，为缅怀故土，汪地子民以汪为姓。

3. 周成王封伯禽于鲁，传国到成公，黑肱次子颍川侯，生性贤良，有手纹类汪字，其后裔因之为姓。

4. 源于汪野国，出自秦、汉时期西北地区汪野国，属于以国名为氏。在史籍《山海经·海外西经》中，记载有"汪野"地名。据学者汪松寿考证，古汪野国在今甘肃省河西走廊西部祁连山脉的玉门、阳关一带，"汉朝以前未通中国"，是古代西羌民族的世居之地，其境在秦、汉时期初成为大月氏、乌孙国和匈奴之地。汉武帝刘彻汉元狩二年（前 121），大将军霍去病率汉军西征，灭匈奴，始置玉门县，隶属于酒泉郡，西羌民族一时纷纷归附大汉帝国，有以古国名汉化为姓氏者，称汪氏。

5. 出自姬姓，为翁氏所分。据《元和姓纂》载，宋初，福建泉州翁姓六子逃难中，第六子翁处休改姓汪。据传莆田翁姓始祖翁何的五世孙翁乾度原为王审知所创闽国之补阙郎中。五代后晋太祖天福年间，闽国被南唐与吴越合力瓜分而亡，归隐莆田的翁乾度为避国乱，将六子改姓为洪、江、翁、方、龚、汪。其子孙亦沿袭汪姓，并沿用方姓原有郡望平阳，融入汪姓原有大家族之中。

6. 出自他族改姓。如金时女真，元时翁观部有改汪姓者，今满、回、蒙古、土家、锡伯、东乡等民族有此姓。

【得姓始祖】

1. 汪满。鲁成公之子，为周公之子伯禽之后，系出姬姓。满出生时手上有纹样"汪"字形状，满后来受封为颍川侯，人称汪侯。汪侯食邑在汪（今山东省境内，具体位置待考），他的后代就以邑名为氏，称为汪姓。尊汪满为汪姓的得姓始祖。

2. 翁处休，翁乾度之六子。

【入闽迁徙】

唐总章二年（公元 669），陈政、陈元光父子奉命入闽，有队正汪子固、火长汪延（迺）君自光州固始随从落籍福建。

江西石城（琴高）《汪氏十修族谱》载，东汉兴平年间（194—195），第三十一世祖汪文和任龙骧将军，为汪氏入江南始祖。第三十二世祖汪彻，字子明，仕吴，为湘东郡太守，封新都侯。第三十四汪谦任豫章郡守，举家迁居豫章（今江西南昌）。宋初，第六十七世祖汪叔献为避乱挟家资外游，至抚州府临川县（今江西临川）崇德乡德化里乌墩开基立业。第六十九世祖汪叔野为南宋建炎二年（1128）进士，历官洪州司理、分宜丞。第七十世祖汪昌也是进士出身；其裔孙迁居宁化招得里下汪村头。第七十一世祖汪六二，字若虚，迁居清湖，后徙至南城珀王于。第七十七世祖汪延斌有 3 个儿子：长子汪朝倬迁广昌塘坊开基立业，次子汪朝福移居福建的建宁隆安福田开基立业，第三子汪朝宗徙至建宁下查开基。

北宋末，邵武禾坪一支汪氏迁居建宁县，建宁汪氏主要分布在建宁县里心镇，人数不足千人。

南宋绍兴年间（1131—1162），汪宣从建宁里心迁居宁化下汪村，为宁化下汪村汪氏开基始祖。据宁化河龙（永建）《汪氏族谱》载，汪宣为汪氏第七十二世祖。第八十二世祖汪太、汪孟亦自建宁里心迁入宁化招得里。第九十世汪廷佛迁徙至江西的宁都。清康熙十五年（1676），第九十二世祖汪学正迁居福建的光泽二十三都。

宋末，汪立信，字诚甫，号紫源，安徽六安人，宋淳佑七年（1247）进士，端明殿大学士，官任江淮招讨使。咸淳时，元兵侵宋，帝以立信为江淮招讨使，立信以妻、子托部将金明曰："我不负国家，汝亦必不负我。"遂率所部至建康，然宋兵已无抵抗之力，兵败如山倒，立信知事不成，乃率残部往高邮，欲控淮汉地区，以为后图。忽又闻太师贾似道师溃，江汉宋臣皆降，汪立信叹曰："吾今日犹得死于宋土地。"遂自杀殉节。立信之凛然气节，深受元兵大元帅伯颜赞赏，入京后曾下令求其家人而厚恤之。汪立信有二子：汪应麟、汪应鸿，因不肯降元，出走隐居福安府，宋景炎元年（1276），自海路转至泉州港，又迁惠安县洛阳镇象浦村，为汪姓入闽始祖，皆为立信之裔孙。汪应麟、汪应鸿被尊为闽南各县汪姓始迁祖。

约于南宋初，颍川汪姓六十九世祖之明，迁居闽之建宁武夷，生一子，名汪霄。霄于元至正三年（1343）十月十六日逃乱避居上杭县金丰里（1408年改隶永定县）奥杳欧坑村。

广东《潮揭汪氏族谱》："我揭之派，源出徽州，宋南渡时，迁福建宁化。元至正间，再迁永定县金丰里。"

元至正中期，唐越国公汪华之裔孙汪一龙自安徽入闽，官任布政司检校，入闽后在闽侯定居。明代，有汪华裔孙汪翰，随明太祖朱元璋征战，奉命驻守延平府。

【入垦台湾】

汪姓族人早在宋代就已登上了台湾岛，《台湾通志·人民志》记载：南宋孝宗乾道七年（1171）

汪大猷知泉州时，所辖领地靠海，海中有"沙洲数万亩，号平湖（今澎湖）"，经常被周围岛上的夷人上岸来抢掠东西，杀掳人口。为防止骚扰，起初，每年遇有南风起时，汪大猷便派兵守卫防备，但是反复如此兵士疲惫，耗费军资，还是防不胜防。于是亲自登岛，造屋200间，派遣将领兵士分别驻守，夷人不敢再来侵犯。此事《宋史·汪大猷传》中也有记载，汪大猷当是汪姓入台第一人。元代航海家汪大渊也曾自泉州渡海峡登岛，在其《岛夷志略》一书中，对澎湖（台湾）的地理环境、社会状态作了详细的记述。而汪姓定居台湾在清代，始迁者多为与台湾隔海相望的福建、广东人。台北三垂镇《汪氏族谱》称其来自福建，"汪姓起家新安（即歙县），后自歙县徙婺源，自婺源徙休宁（今安徽休宁县），而后入闽，居泉州之天马山"。后由闽入台。康熙四十至五十年（1701—1711），汪仰瞻入垦竹北堡苦令脚（今新竹市古贤里）；康熙五十九年（1720），汪玉润居台湾府，是年中武举；雍正七年（1729），泉州人汪东文开垦于翠竹北堡旧港庄（今新竹市）；光绪二十五年（1899），汪春源居今台南市，是年中举人。

汪氏是台湾的第80位大姓，1954年台湾文献委员会对台湾姓氏进行了一次调查，汪姓有1259户。人数最多的是台北，其中以台北县和基隆市为最集中地。其次是嘉南和新竹地区。在台北有205户，新竹51户，苗栗8户，台中1户，南投79户，彰化176户，嘉义171户，台南76户，屏东5户，花莲6户。以城市统计台北市104户，基隆市160户，阳明市38户，台中89户，台南80户。《台北县淡水镇汪氏族谱》曰："汪芒之后，望出婺源。"《三重市汪氏族谱》载："汪氏起家新安，后自歙徙婺源，自婺源徙休宁而后入闽，居泉州之天马山。"台北县有一支汪姓，就是传自歙姓。

【郡望堂号】

平阳郡：三国时魏分河东郡置治所在平阳，相当于今天的山西霍县以南的汾河流域及其以西地区。

新安郡：晋时由新都郡改置，相当于今天的浙江淳安以西，安徽新安江流域，祁门等地。隋代玫歙置，后来移到了歙县。

六桂：就是"六桂联芳"的誉称，分布在古代的泉州。治所在地闽县，相当于今天的福建全省。后来改为闽州。唐代景云年间改武荣州置县。

越国堂：唐代汪华封越国公。

忠勤堂：明代汪广泽封为忠勤伯。此外还有"平阳堂""六桂堂"等。

【祠堂古迹】

福州南后街汪氏宗祠，位于衣锦坊，始建于清道光甲申年（1824），由福州、永泰、闽清、闽侯等县汪氏宗亲集资兴修。并著有《汪氏敦睦堂谱牒》（现存福建省图书馆）。

旧馆驿汪氏宗祠，位于泉州西街旧馆驿汪衙巷内。明、清两朝均有修葺。汪氏宗祠占地 376 平方米。

霞春汪氏祖宇，又称霞春鼎甲祖宇、霞春汪氏开基祖宇，位于安溪县感德镇霞庭村鼎甲角落。元至正间（1341—1368）始建，明弘治间（1488—1505）、嘉靖间（1522—1566）两次翻建。坐南向北，占地面积 595 平方米。

安溪感德镇霞春汪氏宗祠，约南宋庆元六年（1200），汪十位由泉州迁居到安溪感德镇霞春村肇基。为霞春汪氏一世祖。有《霞春汪氏族谱》；光绪七年（1881）霞溪主持二修；民国 26 年（1937）重修，2004 年续修。

平和县汪姓大宗祠，平和芦溪连城肇基祖汪百二郎之宗祠，堂号：平阳流芳。位于村子后山下，约建于明嘉靖年间（1522—1566），占地 12 亩。

横口良房祠堂，堂号"世祀堂"，位于漳浦县官浔镇横口村（康庄）中，建于明代中期，为惠添四世孙纯正所建。前后 2 座，西南向。前座占地 650 米，土木结构，以砖埕围墙。

前亭田中央王姓祖祠，位于漳浦县前亭镇田中央社，堂匾"王氏家庙"。坐东北向西南，为两进三开间土木建筑，悬山顶。挂匾"垂荫闽南""光映儒林""太常寺卿""状元及第"。

【楹联典故】

六桂传芳遐迩同仰慕；千秋丕业里邻共褒扬。

清代三友流芳远；吴门四汪享誉高。

——汪姓宗祠通用联。上联典指清代天文历算家汪莱，与焦循、李锐合称"三友"。下联典指清代诗人、书法家汪士宏，康熙进士，与姜宸英齐名。与两兄一弟合称"吴门四汪"。

龙骧世泽；童子春风。

——汪姓宗祠通用联。上联典指东汉人汪文和，建安年间以龙骧将军为会稽令。下联典指北宋鄞县人汪洙，9 岁时能赋诗，人称"神童"。有当地官员召见他时，他穿着短衫，官员问他："神童的衣衫这么短？"他答道："神童衫子短，袖大若春风。"

龙骧世泽；越国家声。

——上联典指东汉朝时期的汪文和。下联典指唐朝时期的汪华。

状元甘雨；童子春风。

——上联典指宋朝时期的汪应辰，18 岁状元及第，尝祷雨得霖，谓之"状元雨"。下联典指宋朝时期的汪洙。

文风遗范平阳郡；忠孝传家世德堂。

——全联典指汪姓的郡望和堂号。

【族谱文献】

闽台汪氏族谱有福州衣锦坊《汪氏谱牒》，清道光五年（1825）修纂，光绪二十九年（1903）敦睦堂增修。不分卷。前载谱序，主要刊入闽汪氏支脉，包括分派各地裔系，后附一篇祠训、祠规，谱后还另附增订敦睦堂谱牒，兼收龙门派、梅溪登瀛房、永邑王都溪洋房、梅邑卜炉房等支系，以及增补祠规等。谱载始祖为唐代越国公唐汪华，明代唐汪翰自安徽迁入福建，开启汪氏一脉。《汪氏十修族谱》载，东汉兴平年间，第三十一世祖汪文和任龙骧将军，为汪氏入江南始祖。第三十二世祖汪彻（字子明），仕吴，为湘东郡太守，封新都侯。第三十四汪谦任豫章郡守，举家迁居豫章（今江西南昌）。宋初，第六十七世祖汪叔献为避乱挟家资外游，至抚州府临川县（今江西临川）崇德乡德化里乌墩开基立业。第六十九世祖汪叔野为南宋建炎二年（1128）进士，历官洪州司理、分宜丞。第七十世祖汪昌也是进士出身；其裔孙迁居宁化招得里下汪村头。第七十一世祖汪六二，字若虚，迁居清湖，后徙至南城珀王于。第七十七世祖汪延斌有3个儿子：长子汪朝俸迁广昌塘坊开基立业，次子汪朝福移居福建的建宁隆安福田开基立业，第三子汪朝宗徙至建宁下查开基。宁化河龙《汪氏族谱》，始修年代不详。该谱载，南宋绍兴年间（1131—1162），汪宣从建宁里心迁居宁化下汪村，为宁化下汪村汪氏开基始祖。

【昭穆字辈】

台湾等省的字辈：连珩端福荣，应维正先文，池洋浩泽深，广汝兴安宁，源流积德远，江河运久长，忠孝家名胜，麒麟永繁昌，吉人作天相，建树照升平，持俭培秀毓，蔚瑞显茂清。尚传周尧宇，普及焕隆（147代）。

第一百四十五节 王 姓

王姓人口将近1亿，是世界三大姓氏之一，是中国大陆第二大姓，约占全国人口总数的7.25%。在福建和台湾都排名第7位。

【渊源】

1. 出自姬姓，以爵为氏，为周文王之后，以王族爵号为氏。周文王第十五子周武王的弟弟毕公高之后，因本来是王族，后代子孙因故散居京兆、河间一带，所以他们以王为姓。又东周灵王太子姬晋，因直谏被废为庶民，迁居于琅琊（今山东省），羽化成仙，世人称其为"王"家，其后亦以"王"为姓，称为王姓。又河东猗氏有王姓，周平王太孙赤之后，其子孙也因是王者之族，以王为姓，是为山西王姓。"太原衍派"是王姓最大的支派，因此有"天下王姓出太原"之称。

秦末汉初，秦朝武城侯王离之子王元和王威，为避战乱分别涉迁到山东琅琊和山西太原，最终发展成天下最著名的琅琊和太原两大王姓望族，是王姓中排第一、二的两大群体。

2. 出自子姓，为殷商王子比干之后，以爵号为氏。据《百家姓》与《通志·氏族略》记载，"殷王子比干后亦曰王氏。"《广韵》中曰："东莱之王，殷王子比干为纣所害，子孙以王者之后，号曰王氏。"即商纣时王子比干之后。比干被杀后，其子孙为了纪念他，以王子爵号改"子"姓为"王"姓，形成了别一支王姓。东莱今山东龙口市（黄县）的古称。商末建莱国，史称：东莱古国。秦设齐郡。

3. 出自妫姓，为齐王田力的后代，以王族称谓为姓。据《通志·氏族略》记载，相传为古帝虞舜之后妫满被周武王封于陈，传至公子完，避难逃到齐国，改姓田，其裔孙田和成为齐国国君，史称"田氏代齐"，齐被灭后，其后人以王族身份改"妫"姓为"王"姓，称为王姓。

4. 姬姓王还有：（1）源出春秋初周平王之后。周平王死后，因太子早夭，由孙姬赤继位，但姬赤的胞弟姬林夺了王位，史称周桓王。姬赤出奔晋国，子孙以其曾为王者而改姓王。一直到唐朝，这支姬姓王一直生活在山西临猗一带，史称河东猗氏王姓。（2）源于东周考王（前440—前426年在位）的胞弟桓公揭之后。桓公揭封于王城（今洛阳王城公园），地虽小但处于东周王城的西部，史称其为西周桓公。国亡之后，子孙迁到河南伊川和临汝，以居王城改姓王，后来称为王城王氏。各姬姓王是王姓的最大的组成，据估计全国有家谱的王姓90%出自姬姓王。

5. 出自赐姓或冒姓的王姓。如战国燕王丹的玄孙嘉被王莽赐姓王，隋末王世充本姓支。由复姓简化而来，如王子、王父、王官、王人、王史、王叔、王孙、王周、成王、威王、五王、西王、小王、乐王等。如西汉末，王莽建立新朝，始建国二年（10）下诏说："明德侯刘龚、率礼侯刘嘉等凡三十二人皆知天命，或献天符，或贡昌言，或捕告反虏，厥功茂焉。诸刘与三十二人同宗共祖者勿罢，赐姓曰王。"

6. 出自北方少数民族有王姓或改王姓。今蒙古族、畲族、土家族、满族、女真族、契丹族、匈奴族、鲜卑族、羌族钳耳氏等胡人都有赐姓王的。

由于王姓有诸多家族，来源多，所以衍派众多，就现所知的约有200多个。

【得姓始祖】

1. 王子乔。"太原王氏"的始祖乃周灵王太子晋，也称为子乔。太子晋，字子乔，时称"王子晋"，又称他叫"王子乔"，王氏遂由此演绎发展而为姓。在山西太原晋祠修建的"子乔祠"就是对王姓始祖子乔的纪念。

2. 王子成父。王子成父，姬名森，周襄王九年戊寅生，继承父爵仕齐莱为成父，因护国有功，并被周定王赐姓王氏，成为琅琊王姓开族始祖。王姓始别姬为"王"，自成父始。事载三国魏《王基碑》及唐韩愈《王仲舒神道碑》，并见《春秋》《左传·文公十一年》。其后人由山东迁居洛阳后分琅琊、太原。

【入闽迁徙】

王姓在秦汉时期基本生活在今山西、河南、陕西、山东等地，而子姓为王的后裔则由河南卫辉迁至今甘肃天水、山东东平、河南新蔡、新野、焦作等地。两汉时期，开始出现了元城（今河北大名）王姓，即琅琊王姓，以西汉谏议大夫王吉为开基祖；太原王姓，以东汉征士王霸为开基祖。魏晋南北朝时期，五胡乱华，少数民族改王姓入主中原，而琅琊王姓的后裔王导和王敦兄弟辅佐司马睿建立东晋，时称"王与（司）马共天下"。

1. 东晋时期入闽。东晋宰相王导的从弟王彬到建安任职，遂由琅琊迁入福建，后被谥为肃侯。他的后嗣众多，有部分定居于龙溪、漳浦。文献载入闽第一人为三国吴永安年间（258—264）建安郡太守王蕃。

2. 南北朝时期（479—502），王坛自中原渡江入闽，后裔留居福建。

3. 唐总章二年（669），陈政以岭南行军总管，入闽平定"啸乱"。陈政父子率官兵58姓共8000多人入闽，其中有王华、王佑甫等3位王姓军校，定居繁衍子孙，世称之为"固始世代"。

4. 唐僖宗时，太子晋四十九代孙王审潮、王审知、王审邦随王绪提兵入闽，开疆辟土，又有一些王姓族人随其入闽。太原王姓一脉复显海疆，审知公被尊为"王姓闽台祖"，世称之为"闽台世代"。"三王"兄弟被尊奉为闽王的开山始祖，实属琅琊衍派。唐昭宗大顺二年（891），王潮出兵伐之，攻克福州，闽省全部归附。昭宗加封王审潮为威武军节度使、福州刺史。而其弟王审邦继任为泉州刺史。唐昭宗乾宁四年（897），王审潮病逝于福州，王审知继任。追唐亡，朱温建国（史称后梁）称帝，于开平元年（907）封王审知为"闽王"。王审知之子王延翰、王延均、王延曦、王延政，俱先后继位称帝。"王姓三兄弟"既绩显于闽，又传裔于闽。而衍传漳州诸邑的王姓，则多为王审知的长子延翰、第四子延政的后裔。如竹塔的王姓，尊王延翰为二世祖。而莆中王姓，则尊王延政为二世祖。王审知生（养）有12子，其后裔主要分布在福州地区，也有留居闽南、晋江。宋代，

王审知后裔王官升历官提举干办，自长乐迁省城后屿（今福州市晋安区鼓山镇）。明朝王审知后裔王君朝自泉州迁福州藤山（今仓山区）。王审邦的子孙主要定居在漳泉，也有从泉州迁到长乐的。明朝初，王审邦后裔王朝元由长乐移迁会城（今福州市），清康熙年间王子韬由福清迁侯官县凤岗里（今仓山区建新镇）。考其根源，都追溯于山西太原，成为福建王姓主流，可称为"福建王姓出太原"了。

5. 北宋末朝廷南迁，北方籍人民为避战乱，王姓大量南迁进入福建，如天圣年间王承邦于由江西南昌迁汀州宁化安远洋。南宋末年元兵南下，各省王姓大量人口逃入福建，嘉宝年间王伯一郎从江西吉安移居长汀开基。南宋末，河南光州固始人王尚贤，徙居海澄清溪玉州社，后移居北坊溪美社，传衍溪尾、许坑社，分衍东园新林新圩等社。

6. 《客家百姓南迁史略》《客家史料汇编》载：太原王氏十九世继宗，字田章，原居江西什乡，赐进士，任汀州刺史。生二子：伯一郎、伯二郎。伯一郎生三子：千二郎、千四郎、千八郎。千二郎，讳均用，任建宁学正，迁居宁化石壁寨。《唐宋元间宁化的江西移民》：王邦，五代仕唐，因世变，隐居西山，后自宁都移居宁化。宁化安远中郑《太原王氏族谱》载以王极为一世，源流甚远，其迁徙线路：岐阳—真定—太原—泉州—福州—建宁—宁化。

7. 长汀濯田《琅琊郡王氏族谱》：始祖九法二郎，于北宋太平兴国三年（978）自宁化石壁迁长汀河田王坊村开基，绍兴三十一村（1161）伯三再迁濯田王家巷。

8. 元初，金陵（今南京）乌衣巷王导后裔王撒达，受元世祖忽必烈嘉赏，赐姓唐兀氏，传至五世孙王翰，官潮州路总管。至正二十八年（1368）王翰自潮州入闽，至正二十九年（1369）调任福建省参知政事，时元朝已将危亡，王翰遂寓居晋江沙堤碧山下。改任福州路治中，带季子王傅定居永福（今永泰县）观猎村，为"官烈王氏"始迁祖。

【入垦台湾】

开闽王姓后裔迁居台湾，据新加坡《王氏宗谱总系谱》记载：明代即有，台湾的王姓主要源于福建，

尤其是泉州与漳州地区。入台绝大部分属三王派下裔孙。据《武肃王世谱》记载：自王审之二十一世孙"万良公以下，子孙蕃殖"，族人由南安象运黄田迁居台湾梧栖镇永宁庄，两地谱系相连。台北淡水《王氏支谱》记载，王审知三十六世、三十七世裔孙均有由泉州迁居台北者。三十八世爱纯公，"赏戴蓝翎，督造台北城，为母请竖节孝坊，建节孝祠"。新加坡《王氏宗谱忠懿王支下人物》记载："渡台先贤王世杰。"福建省泉州府同安县人，"忠懿王审知之后"。台湾有关族谱记载，王审邦有一支后裔王烨，常住泉州西南的船方巷，这支王姓后来迁居台湾，繁衍成为大族。"忠懿王支下人物"并记有"明郑顾问王忠孝"，也为入台较早者，泉州惠安沙格乡人，入台时受郑芝龙、郑成功父子的厚遇，传播儒教文化，著《孝经解》《易经测略》《四书录语》，宣扬中华传统文化，开发台湾有贡献。王忠孝侄孙王璋，字昂伯，长住台湾凤山，清康熙二十三年（1684），王璋以台湾（时属福建的府建制）生员的身份来福州应试，中选第六名举人，为台湾府第一个举人，子孙繁衍甚多。沙格原属惠安，今划归泉港区。沙格王姓与凤山王姓同属"琅琊衍派"，同为王忠孝族亲。还有"台湾名将王得录"，为台湾安宁，戎马一生。有泉州府同安府人王世杰，在台新竹开垦拓荒有功绩，后发展有王永庆、王金平家族等。据上杭才溪、大地等地的《王氏族谱》载，王氏迁台裔孙有赞梅、瑞清、瑞明、芳高、炎高、如华、育宝、洪兴等数十人。

又如，福建省惠安县洛阳镇两个支派：一个是"南山衍派"，一个是"仕旦衍派"。街上有南山衍派王氏祠堂，祠前高悬"开闽世胄"匾额，中厅奉闽王塑像，殿上挂着"南山衍派"横匾。清中叶南山衍派大房王清池渡海台湾，先在高雄定居，随着家业发展，子孙兴旺，扩展到台南各地，人口众多，两地宗亲时有来往，并捐资修祠堂。

如，龙潭家庙在福建诏安县秀篆乡，它不仅是秀篆乡王、游二姓共同家庙，而且也是台湾宜兰县、桃源县各地王、游二姓宗亲祖籍地共奉的家庙。台湾王姓宗亲会、台湾嘉义王游尤沈姓宗亲会、台湾基隆王姓宗亲会、金门王氏宗亲会以及全球王氏网等。

【郡望堂号】

1. 郡望

太原郡：战国秦庄王置郡，治所在晋阳（今山西省太原西南）。此一支王姓，始祖为周灵王太子。王姓起源于山西的太原，从魏晋到唐朝都非常显赫，与陇西李姓、赵郡李姓、清河崔姓、博陵崔姓、范阳卢姓、荥阳郑姓等七族并列为五姓七族高门。太原王姓是王姓的肇兴之郡、望出之郡，最早登上一流门阀士族的地位。

琅琊郡：秦始皇置，治所在琅琊，郡治相当于今山东省临沂、胶南一带。琅琊，亦作"琅邪"。琅琊郡初为春秋时期的齐国琅琊邑。琅琊王姓家族在衣冠南渡时为东晋政权的稳固居功至伟，琅琊王姓被司马睿称为"第一望族"，并欲与之平分天下，王姓势力最大时候，朝中官员75%以上是王家的或者与王家相关的人，真正的是"王与马，共天下"。

京兆郡：三国魏时置郡，治所在首都长安（今陕西省西安市长安区）。此支王姓，出自姬姓毕公高之后。

此外，王姓望族还有陈留（河南）、东海（山东）、高平（甘肃）、京兆（西安）、天水（甘肃）、东平（山东）、新蔡（河南）、新野（河南）、山阳（山东）、中山（河北）、章武（河北）、东莱（山东）、河东（山西）、金城（江苏）、北海郡、山阳郡、中山郡、河东郡、金城郡、海汉郡、长沙郡、堂邑郡、河南郡。

2. 堂号

王姓堂号众多，其中"三槐""槐阴"较闻名。

三槐堂：三槐堂的名称则源于北宋初期魏国公王祜。王祜文才武略，风流倜傥，天下望以为相。然因其刚正不阿，难容于时，终不能遂志。他于是在家庭院中植下3棵槐树，并立下誓言：日后吾子孙必有三公者。后来王祜的儿子王懿敏，孙子王巩果然以贤能而身居高位。王祜植槐树立志，以才德教育后代的家风为当时与王巩相好的大文学家苏轼推崇。苏轼为王家作《三槐堂铭》。一时才以物显，人以文传，三槐堂之名声传遍华夏。

【祠堂古迹】

福州闽王祠,又称闽王庙,坐落于福州市庆城路东侧,原是王审知故居,后晋开运三年(946)改庙,宋开宝七年(974),吴越刺史钱昱奉钱俶命重修府第为忠懿闽王庙,祀开闽王王审知。明万历二十九年(1601)奉旨重建,改称闽王祠。祠占地1621平方米,坐北朝南。

白礁王氏家庙,又称白礁王氏祖祠堂,号世飨堂,太原堂。坐落于龙海市角美镇白礁村。明永乐十年(1412)始建,明隆庆四年(1570)、历代重修。家庙坐北朝南,占地面积1627.48平方米,建筑面积612平方米。

紫星王氏家庙,坐落于晋江紫帽镇紫星金星村,家庙始建于明洪武二十年(1387),历经6年方才竣工。历代重新修缮。祠封"南宫第一",明兵部侍郎兼右阶都御史左懋第题联"福省开闽第一,南宫特祠无双"。家庙坐北朝南占地面积约35亩,建筑面积235平方米。

开闽三王祠,原名王氏家庙,坐落于泉州市区南俊路71号、承天寺西侧。开闽王氏23世孙王寰及其子孙居泉州璐霞巷,历代重修。坐北朝南,占地面积1500余平方米,建筑面积700余平方米。

由义王氏大宗祠,坐落于安溪县剑斗镇月星村。初在离今祠址不远的王公岭建家祠;不久,在今祠址建前堂、后间及神主厅。清乾隆四十年乙未(1775),王祝三倡率修葺由义王氏大宗祠。宗祠坐北向南,占地面积2500平方米,建筑面积315平方米。

贵峰王氏家庙,坐落于南安贵峰。家庙占地十余亩,皇宫式的建筑配上两边回廊与围墙,极显大方气派。

宁德福鼎三槐王氏祠堂,又称"王氏家庙",坐落于福鼎市太姥山下秦屿镇古城南路奎星楼侧,由王遐春、王学贞父子建于清道光丁酉年,坐西向东,总面积465平方米。

长坑华美草苑王氏宗祠,位于长坑乡华美村,又称"华美草苑大宗",王管斌始建于后周显德元年(954),形号"蜘蛛结网",历代重修。

芦田招卿八扉王氏祖祠,位于安溪县芦田镇招卿村。始建于宋太平兴国二年(977)。祠坐西朝东,长方形木质结构,四周回廊,悬山屋顶,一进三开间,祠前大埕广阔。

金门王家大院,大院的门楣上的匾额为"太原衍派"。大院建构是中国闽南传统建筑型式,布局配置与民居两进四合院相似,燕尾屋脊。

太保王氏家庙,也称王得禄将军庙,位于嘉义县太保乡太保村152号,创建于清道光二十一年(1841),建筑面积约360平方米,为一栋改良宫殿式平方建筑。

嘉义王栽五房宗祠,位于台湾嘉义北社尾。

台南王姓大宗祠,位于台南市北区安定区港口里,于2003年5月13日公告为市定古迹。

【楹联典故】

三槐世泽;两晋家声。

——王姓宗祠通用联。

兰亭一集家声远,槐树三株世泽长。

——上联说的是书圣王羲之《兰亭序》,下联指的是宋时王祐手植3株槐树,豪言"后世必有三公",其后果然当了宰相。

两晋家声远,三槐世泽长。

——永定县境内王氏宗祠对联。上联说西晋、东晋两朝期间,王姓乃名门望族。下联北宋大臣王祐曾亲手种植三棵槐树。

抱水环山,乌巷重开新第宅;敦诗说礼,青箱原继旧家风。

——永定客家土楼代表——裕隆楼(俗称"五凤楼")大门联。上联叙说兴建裕隆楼的地理环境,抚今追昔不忘王氏出自乌衣巷;下联则教诲子孙不要忘了传统,要继承"知书达礼、耕读传家"的良好风尚。

巷本乌衣分上下,堂名世响嬗春秋。

——白礁村王氏家庙看到大门楹联。

分支来自固始到白礁腾浪万里,创业本在同安振乌衣长享千秋。

——白礁村祠堂主厅点金石柱联。

唐开闽国,初创王家基业;周肇八扉,拓展招卿江山。

——安溪芦田招卿八扉王氏祖祠。

【族谱文献】

记载闽台王氏族谱有《忠懿王氏族谱》开闽王氏的家族总谱，始修于北宋熙宁九年（1076），明景泰四年（1453）继修，历代增修，清咸丰六年（1856）纂成合族谱，不分卷，共8册分谱序、复闽祀祖记、德政碑、重修王氏家乘跋、诸公纪事、琅邪王氏入闽记、大明景泰四年重修系、仕闽通谱、先世系考、族谱世次、增修族谱序纪、命字序次、诸支派世系、宗祠丁男名册等72部分。内载远祖周灵王太子晋，38传至王审知五世祖唐宰相王琳，子曰晔，晔玄孙审知，入闽建国称闽王、传三世、六帝、立国37年。此谱记忠懿王支派世系、有德生公支派、宗弼公支派，同定公支派等共24个支派世系。裔孙遍布东南沿海、台湾及海外。《清溪玉湖王氏族谱》安溪长坑王氏族谱，载台湾经营之神王永庆安溪先祖。清道光年间（1821—1850），王永庆曾祖父王天来，迫于生计漂洋过海到台湾，并定居台湾嘉义县新店镇直潭里，到台湾后王家世代以种茶为生，王永庆的父亲是王长庚，王永庆是二十世。有《增补龙塘王氏族谱》晋江龙塘王氏族谱。王元仁始修于明正统间，陈琛为于明嘉靖年间二修，载王氏始祖为王审知之兄王审邦的17世孙宋王元勋，南宋建炎间从晋江溥阳迁居锦塘，为锦塘肇基祖。龙塘王氏第十世孙王道洒于清朝迁居台湾的淡水。还有《开闽武肃王审邦（珪）公龙塘支派水头布厝二房　台北淡水分支世表》《太原永定王氏族谱》《文桥燕诒堂王氏族谱》。

第一百四十六节 危 姓

危姓是在宋版《百家姓》排名第140之姓氏。人口总数在中国的大陆未进入前300大姓。在台湾排名384位。

【渊源】

1. 源于缙云姓，出自蚩尤后裔三苗之后。相传，上古时帝尧因儿子丹朱行为不检，故而把帝位禅让给舜。当时居住在河南南部至湖南洞庭湖、江西鄱阳湖一带的三苗部族比较强大，他们也反对禅让。丹朱就联合三苗起兵，与舜争夺天下。舜派大禹领兵镇压，禹在丹水一带打败了三苗，三苗君主被杀，丹朱不知所终。三苗叛乱被平息后，舜帝将三苗族人迁徙到西北的三危山（中国甘肃敦煌）一带居住。三苗后裔遂以危为姓，称危姓。《舜典》的"传"中，曾将当时三苗的来龙去脉加以介绍说："三苗，国名，缙云氏之后，为诸侯，号饕餮。"黄帝时的夏官"谓缙"，其封地就在中国浙江省缙云山的仙都山一带，算是黄帝名下的一个诸侯。

2. 源于姬姓，出自西周初期周武王庶子，属于以帝王赐姓为氏。又有史载：姓出于唐，食采于危，姓从地名，封郡晋昌，故有晋昌、汝阳两郡。周武王姬发的一位庶子——某生的后裔子孙，到春秋时期即称为危姓，世代相传，后有姬姓危氏族人南迁至湘西地区者，成为今土家族危氏的先民之一。

3. 源于姒姓，出自两汉之际大司空甄丰之子甄寻，属于避难改姓为氏。甄寻一族被流放于边地敦煌三危山后，其子孙族人有以流放地名改姓氏者，称危姓，世代相传。还有明危素之祖本姓黄，冒姓危。（见《宋学士集》）

另，唐末，抚州南城人危全讽捃郡为节度使，其弟仔昌，为信州刺史，仔昌失郡奔钱镠，镠恶其姓，改曰元氏。

【得姓始祖】

郎（饕餮）、危某生（某生）、甄寻。

郎（饕餮）：缙云姓，出自蚩尤后裔三苗，居

住在河南南部至湖南洞庭湖、江西鄱阳湖一带，为诸侯，号饕餮。尧把帝位禅让给舜。尧行为不检的儿子丹朱就联合三苗起兵，与舜争夺天下。舜派大禹领兵镇压，禹在丹水一带打败了三苗，三苗君主被杀，丹朱不知所终。三苗叛乱被平息后，舜帝将三苗族人迁徙到西北的三危山（中国甘肃敦煌）一带居住。三苗后裔遂以地名危为姓，称危姓。并尊三苗国号饕餮为始祖。

甄寻：姒姓，两汉之际大司空甄丰之子。王莽主政西汉时为侍中、京兆大尹、茂德侯，后父子两与王莽有隙，父甄丰被逼自杀，甄寻被王莽举族流放于三危山去与三苗为伍。其子孙族人以流放地名改姓危者，称危姓，世代相传。尊甄寻为得姓始祖。

【入闽迁徙】

邵武和平及光泽县危氏宗族合修谱牒。据谱中记载，其入闽始祖（晋）危绍，于晋永嘉时避乱而入闽，后代子孙蕃迁较广，在唐代就有衍支于光泽及省外安徽安庆等地，及至明初，其始祖（明）甲一公卜居邵武和平，肇开和平危氏一族。

宁化中寮水茜《危氏族谱》：远祖危子昌，江西建昌府南城县人，生于唐末，有后裔人邵武，传至赐郎，于宋绍兴（1131—1161）末，自邵武迁居宁化城，为入宁化始祖。元末又有危元茂裔孙马郎，于明洪武二十一年（1388），自江西南城徙居宁化招贤里徐家坑官塘尾。

危积：本名危科，字逢吉，抚州临川人。著名宋朝大臣、词人。南宋淳熙年间（1165—1189）进士。他因为文章出色而被洪迈、杨万里所赏识，被荐为秘书郎。后因触怒当朝宰相，被贬出知潮州漳州二郡，俱有名绩。

石城《晋昌郡危氏七修族谱》：始祖昭德公，居抚州灌鹅树下，登进士第，仕宋，历官侍御史、工部侍郎等职。昭德次子友彻，咸淳进士，居邵武。传三世名建侯，于元丰壬戌登进士第，元祐（1086—

1094)初宰于宁邑,寓居宁化,名其地为危家山。明代,危应宗,光泽人,国变荒乱,家族中有幼小的孩童,应宗都继续照顾,曰:"与其独饱,无宁同饥。"清朝,危联箕,字绍南,号通石菴居士,光泽人,著名画家。至十八世福纪公(文善公次子),字子山,明时迁居江右石城县礼上里密埠村。邵武市是危姓人口在中密度比较大的市县,邵武 288 个姓氏,金坑乡危姓人口高达 9.1% 的比例。

福建省危姓人口主要分布在邵武市、福州市、厦门市、龙岩市、浦城县、武平县、泉州市、三明市宁化县、明溪县、闽侯大湖。

【入垦台湾】

明清开始,闽粤危氏入垦台湾,主要在台北市。同时危氏也播迁海外。

【郡望堂号】

《潜夫论》云:三苗之后,望出汝南、齐郡。

汝南郡:西汉高祖刘邦四年(戊戌,公元前 203 年)置郡,治所在上蔡(中国河南上蔡),当时其时辖地在今河南省颍河、淮河之间、京广铁路西侧一线以东、安徽省茨河、西淝河以西、淮河以北,包括偃城县、上蔡县、平舆县、项城县一带地区,治所在上蔡(中国河南上蔡)。东汉时期(25—220)移治至平舆(中国河南平舆)。

临川郡:三国时期孙吴国置郡,其时辖地在中国江西省南城县及抚州市一带。西晋时期移治到今江西省抚州市西部一带地区。

汝南堂、临川堂:以望立堂。

太史堂:明朝时危素少通五经,元朝时做经筵检讨。他修了《宋史》《辽史》《金史》,官至翰林学士。元朝灭亡后,他又修了《元史》。此外还有,晋昌堂、三苗堂、鉴赏堂、敦本堂、仁义堂。

【楹联典故】

望出二郡;源自三苗。

——全联典出危氏的源流和郡望。

上元主簿留绩远;屯田郎官播惠长。

——上联典指宋朝开禧年间的进士危和,字祥仲,临川人。下联典指宋朝时期的学者危积,原名科,字逢吉,号巽斋,临川人。

辅弼才优,朝廷实赖匡襄力;崔苻盗起,乡里咸资捍卫功。

——上联典指五代时期吴越国丞相危德昭的事典下联典指后梁时期的信州刺史,危仔昌的事典。

【族谱文献】

福建泉州德化《龙浔危氏族谱》,佚名编修,民国年间手抄本复印件一册。现被收藏在福建省泉州市图书馆。福建邵武、光泽《樵西晋昌危氏族谱》十四卷首一卷末一卷,始修于清道光十三年(1833)危舜昆、危天倪等,同治五年(1866)十四世危天倪重修,民国六年(1917)由光泽裔倡修,经两地族裔合力三修梓行。省图书馆据此复印。福建邵武《樵西晋昌危氏族谱》危日映主修,1996 年福建省图书馆据 1917 年光泽木活字本复印,分订二十一册。清道光十三年(1833)初修,同治五年(1866)重修,今本系三修。省图书馆。宁化中寮《危氏族谱》。闽侯大湖乡江洋《武肃危氏》。

【昭穆字辈】

家国朝修治世祚克明良伯仲敦忠孝可以永光昌喜遇开科日于今观试。

第一百四十七节　韦　姓

韦姓在宋版《百家姓》中，居于第50位，是当今中国姓氏排行第122位的姓氏，约占全国汉族人口的0.11%。在台湾排名第138位。

【渊源】

黄帝的孙子中有颛顼氏族部落，善于农耕和饲养家畜，他威望较高。黄帝去世后。颛顼被推选为华夏部落联盟最高军事首长，称高阳氏。颛顼帝的第5代孙子中有彭祖（亦称大彭或彭伯），是善于养豕（今称猪）和用豕皮做大鼓的氏族部落长。他又擅长做雉（今称山鸡。西北人称其为野鸡）肉汤，肉鲜味美，并把汤献于帝尧。尧帝品尝后大加称赞，遂封彭祖于彭城（今江苏徐州），后世人称之为彭伯国或大彭、老彭国（实为部落大聚邑或部落古国）。其姓氏因嘭嘭响的鼓声而得，彭城也因彭祖国封立于此而得名。

1. 出自彭姓，为颛顼高阳氏大彭之后裔，以国名为氏。根据文献所载，夏朝中兴少康当政时，封大彭氏的别孙元哲于涿韦（今河南省滑县妹村）立国，涿韦国又称韦国，商时称韦伯，周襄王时始失国，迁居彭城，子孙以国为姓，称韦氏。史称正宗韦氏。这就是河南韦氏。彭祖的后裔有两大姓：彭（后来又分出钱）、韦，分属汉、壮、苗、瑶、回、白、畲、蒙古、水、土家等多个民族。

2. 出自韩姓，为汉初韩信之后裔，为避难简改为韦氏。相传西汉初年功臣韩信被吕后所杀，萧何暗中派人将韩信的儿子——韩滢送往南粤（今广东、广西一带）躲避，韩信的儿子为了避仇，以"韩"字的半边"韦"作为姓氏世代相传下来。

3. 出自汉代西北少数民族姓氏。据《汉书西域传》记载，汉代疏勒国（今新疆维吾尔自治区喀什市）亦有韦氏。

4. 出自赐姓，成吉思汗后裔。元末明初北元皇族一部分被圈降后，编入明朝军籍，因靖难之役有功受封，且赐汉姓韦。

5. 据《唐书·桓彦范传》所载，桓彦范因功受赐韦姓，其后人以韦姓自居。

6. 出自其他源流有韦氏。清朝时广西庆远府、贵州贵阳府定番州、湖广施南古巴地和海南东方县及仫佬、苗、瑶、水等许多少数民族均有韦姓。

【得姓始祖】

1. 元哲。韦姓出自颛顼高阳氏，与钱姓、彭姓同出一宗，形成于商代初年，发源于今河南省滑县，始祖为元哲。少康为夏帝时，封大彭氏国支孙元哲于豕韦（今河南省滑县），并建立诸侯国，成为夏的同盟部落，是夏王朝的重要支持力量之一。豕韦国又称韦国，夏末时被商汤所灭，韦国王族四散出逃，其子孙后代便以原国名韦为姓，遂成韦氏。故元哲就是韦姓的得姓始祖。

2. 韦滢。据《京兆堂韦氏族谱》祖训、《史记·萧相国世家》、司马迁到淮阴调查韩信事迹时在何庶石像刻写的暗示诗："更名改姓，因避强秦，宁去侯统，甘为庶民。承先启后，继旧开新，既明且哲，以保其身。"唐初岭南羁縻土官韦敬办《六合坚固大宅颂》、赵令時编撰的《侯鲭录·古诗》《樵书》：韩信被吕后设计杀害，家臣（令韩信受胯下之辱，而韩信封其楚中尉者）和栾说联合藏匿其三岁幼子。后告知萧何，萧何大惊曰："信尚有后乎？中国不可居！"急逃，南越佗能保此儿。萧何乃修书遣客蒯彻秘密携其三岁幼子韩滢至岭南武帝赵佗处，赵佗因取韩姓右边为韦姓。故此，韩滢是韩韦的改姓始祖。

【入闽迁徙】

五代十国时期，韦姓始祖先随闽王王审知入闽南作战，后裔留居闽南一带，成为赢溪韦氏族人。

浙江省景宁县《京兆郡道化韦氏宗谱》和宁德市屏南县代溪镇忠洋村族谱记载，自南宋韦氏祖先，从长安、临安、松阳、该县幸田、鹤溪迁徙以来，韦氏在道化村定居已有千年历史。并有部分外迁福建、江西等地居住。如今在江西广昌、福建寿宁、屏南、宁德、柘荣、霞浦、福鼎、政和以及温州泰顺定居的韦氏有 2 万余人。寿宁清源乡外韦存、屏南县代溪镇忠洋村、柘荣县楮坪乡等，都是福建闽东韦姓聚居村。

元朝末年，泉州赢溪韦氏始祖三兄弟：添从公、添信公、添养公，来自中原河南省固始县，三兄弟辗转漳浦、大盈、泉州等地，最后定居泉州。据旧谱记载，泉州韦厝的族人在明清时期人口曾达数千之众，数百年过去后，韦氏后人在泉州却越来越少，如今在泉州境内只有 1000 多人，而在 1999 年 12 月，村里曾举行过宗亲会庆典大会，当时统计到的泉州韦姓后人只有千余人。主要分布在南安的水头韦厝村和水头西湖，还有一些则分布在泉州市区五堡街。

南安水头韦厝七世祖韦尚贤，号鹭沙公，明正德年间中进士，先后担任大司徒，大信府知府。明孝宗皇帝为表彰他的政绩，特封其堂号："赢溪"。在广东潮州、广西南宁、江西等地均有泉州赢溪韦氏族人；厦门现在有韦氏后人近百人；一部分迁到了中国台湾省；还有一部分迁到了菲律宾、马来西亚、印尼、缅甸、日本、美国。

潮汕韦姓，原居福建莆田的韦承事，于明初迁徙入潮，在潮阳县大坝华东村（今普宁）开创基业。现该村 1 万多人全姓韦，是潮汕韦氏发祥地之一。潮汕韦姓人口约 3.61 万人，其中汕头金平、龙湖、濠江区约 700 人；潮阳棉城 70 多人；澄海上华等镇 220 多人；潮州湘桥区 4 百多人；潮安 4000 多人，分布凤凰、浮洋、凤塘等镇；饶平黄冈 80 多人；揭阳市区 150 多人；揭东 120 多人；揭西棉湖等镇 360 多人；普宁约 3 万人，聚居大坝、赤岗、南溪、洪阳、流沙等镇。这里韦姓属福佬民系。

【入垦台湾】

明清时期，闽粤韦姓开始入垦台湾，台湾韦姓主要在高雄市、新竹、桃园、嘉义县、台中等市县。部分韦姓播迁香港，南洋等地。

【郡望堂号】

京兆郡：此郡秦朝设置内史官，管辖京师（今陕西省咸阳一带），汉以京兆尹、左冯翊、右扶风为三辅。魏改建京尹郡，治所在长安（今陕西省西安市西北），三国魏时改称京兆郡。

扶阳堂：源出西汉时的韦贤是邹鲁的大儒，本始初年官至宰相，封扶阳侯，其后代是为以此"扶阳"作堂号。

京兆堂：京兆，即京城，堂即祭祖庙堂，始见于岭南唐朝初韦敬办之《六合坚固大宅颂》：维我宗桃，昔居京兆。流派南邑，上望无阶。

此外，韦姓的主要堂号还有：韦姓以"传经堂""一经堂""燕贻堂""崇德堂"等为其堂号。

【楹联典故】

望出京兆；源自高阳。

——此联殿出韦氏的源流和郡望。

历事四帝；勇魔三星。

——上联典出唐朝时期的贤相韦处厚，字德载，京兆人。累官中书郎中，封灵昌郡公。历事宪穆、敬、文四帝，以献替为己任，一时推为贤相。性嗜学，藏书校正至万卷。下联典出清朝时期的三元里人民抗英斗争首领韦绍光（？—1901），又名进可，广东北郊三元里人。祖籍香山（今广东中山）。菜农出身。喜习武术。1841 年 5 月 29 日，盘踞四方炮台的英军。窜至三元里一带肆行劫掠。他即与乡民奋起反击，怒杀敌兵 10 余名。旋与乡众聚集三元古庙，联络 103 乡人民，共商战计，并决定以古庙三星旗为令旗，"旗进人进，旗退人退，打死无怨"。5 月 30 日诱故至牛栏冈，分割围歼，毙敌 200 余人，生俘 20 余名。事后仍以种菜为生，终年 80 余岁。

一经教子；五世扬名。

——上联典出西汉朝时期的邹人韦贤，字长孺，笃志好学，以《诗》授徒教子，与少子韦玄成相继为丞相，都被封侯。所以邹、鲁间谚语说："遗子黄金满簋，不如教子一经。"下联典指西汉朝时期的彭城人韦孟，为楚元王师傅，历相三代，后迁家至邹。至韦贤前后五世，称"邹鲁大儒"。

第一百四十八节 魏 姓

当今，魏姓为中国大陆姓氏排行第46位的大姓，总人口约564万。福建魏姓人口目前居全省人口第37位。在台湾排名第48位。

【渊源】

1. 源出隗姓。在西北古代氏族中，为了祈求神明保佑五谷丰登，一群巫女头顶一串高高的禾草扎成的高帽，在巫师的率领下狂跳。这种傩舞祭神的习俗，称为魏，这种巫女所戴的头饰也称为魏，魏与鬼神有关，擅长此技的人群所居的地方称魏地。在夏商时期，西北部落的隗姓鬼方中一支居住于魏地的部落最终发展成了国家，即魏国。商末隗姓魏国在今陕西与平西的马巍坡，地处秦岭首阳山的北麓、渭河中游。商末周文王灭隗姓魏国，子孙以国为氏。隗姓魏姓的历史至少有4000年。隗姓魏国，国小势弱，不见于经传，隗姓魏人事实上湮没于姬姓魏人之中。

2. 源自姬姓，以邑为氏，或以国名为氏。根据《姓纂》的记载："周文王第十五子毕公高受封于毕，后裔万仕晋，封于魏，至双绛、舒，代为晋卿，后分晋为诸侯，称王，为秦所灭，子孙以国为氏，望出钜鹿，任城。"

3. 源自芈姓。战国时秦国大臣穰侯魏冉，是秦昭王母宣太后之弟，为芈姓之后裔。秦武王去世后，秦国发生了内乱，魏冉拥立武王之异母弟嬴则，是为秦昭王。魏冉初为将军，后长期任秦相，封于穰，今河南邓州，号穰侯。五国合纵破齐国后，加封陶邑，今山东定陶北。魏冉之族当为芈姓魏氏。

4. 出自外姓的改姓等。在中华姓氏大家庭中，魏姓曾有咸阳五姓，魏、毕、万、冯、梁。魏、毕、万、冯、梁、潘（藩）、庞、元、危（隗）、王、令狐、疆十二姓同宗。

【得姓始祖】

毕公高，毕万，商末周文王占领隗姓魏国之地，封与亲属在魏国，这是姬姓魏国的始封之地。周武王灭商后，封其弟毕公高（周文王的十五子）于毕，在今陕西西安、咸阳两地之北，是为毕国。迁封魏国于山西芮城东北的魏城。春秋时，毕公高的后裔毕万辅佐晋献公，于前661年灭了姬姓的耿、霍、魏等小国，晋献公封毕万于魏地，建立了另一个姬姓魏国。传至十二世孙魏斯，于前403年自立为诸侯，后称魏文侯。前369年，魏惠王与韩、赵一起瓜分了晋国，建立了强大的魏国，成为战国七雄之一。再传三世到魏王假，于前225年被秦始皇所灭，子孙以国为氏，形成了一批魏姓人。毕万也就被后人尊为魏姓族人的得姓始祖。

【入闽迁徙】

战国时代，魏国就是首先成为最强大的国家；一代枭雄曹操强盛的时期，观大象，悟出魏将取代汉，因此授意汉献帝封其为魏，随后他统一了三国，独霸天下，建立大魏国。魏姓在秦汉时期，有毕万裔孙魏歆担任巨鹿太守，子孙留居巨鹿（今河北、山东部分地区）后来便在当地发展成为望族。

据《福建通志·职官志》，魏随（籍贯未详）于东晋穆帝升平二年（358）任晋安郡太守，是为见诸记载的入闽第一人。

据《漳州府志》唐总章二年（669），河南光州固始人陈政、陈元光父子先后奉命入闽，随行将佐有军咨祭酒魏有仁，队正魏仁溥。魏姓在漳州安家定居。唐开元十二年（724），魏誉任唐节度使，后被贬入闽，在泉州任职后居泉。唐天祐元年（904），魏看率族人由润州上元县入闽开基，居玉融（今福清市）。

据《福建通志》记载，唐朝初年，名相魏徵（580—643），字玄成，巨鹿人。生子四：叔玉、叔琬、叔瑜、叔璘，承袭爵位，世居巨鹿。其后裔魏鸿于宋靖康元年（1126）由中原移居福建，后被贬谪泉州德化尉，其后裔传衍莆田、长乐、安溪、同安等地。魏徵第五世玄孙魏谟，隐居江西南昌太平县传十二世启源，迁广昌，十四世魏祯，于南宋初年徙居江西石城后又经福建长汀移居福建宁化石壁村。

唐天祐元年（904）中原战乱，魏看率族人由润州上元县小郊村南下入闽，迁居玉融（今福建福清）。魏看为福清魏氏开基始祖。魏看后裔分衍于福清各地及福建的福州、长乐、连江、罗源、永泰、闽清、平潭等地。

《福建通史》载："唐郑公魏徵后，唐末入闽。"《台湾魏家大宗谱》载：唐末，魏徵的第十七世孙魏弥（四一郎）的长子魏进富入闽，徙居福建永定苦竹堡；次子魏进兴迁居福建南靖梅林乡。北宋末，唐郑国公魏徵裔孙魏鸿（字君序），宋宣和年间举荐"八行"录用，初为棠邑知县，被谪泉州德化县尉，后迁兴化军儒学教授，遂居莆田枫林村西埔，为入莆始祖，旋徙莆田城北十五里处（其地名后称"魏塘"），子孙昌炽。西福魏姓系出魏鸿裔孙魏亨（字济亨），有子三，即九郎、任郎、信郎（字亦颜），九郎为西福魏姓开基始祖，任郎分居洪埭，信郎元至元间以文章行德辟为漳州路学教授，遂家龙溪玉州港内。

唐代，巨鹿魏氏的魏慕中由巨鹿南迁，隐居于江西南昌。魏慕中的第十二世孙魏启沅又从南昌迁居广昌。魏启沅的第五世孙魏祯（有谱作贞），字光卿，从建昌府广昌（今江西广昌）迁居福建宁化石壁村。林嘉书《南靖与台湾》：魏氏于唐末入闽，始于宁化石壁。传十七世孙魏弥（四一郎）次子进兴，迁南靖梅林乡开基。宁化、石城《唐台村魏氏十四修族谱》（1993年版）。

南宋初年，魏徵十四世孙魏祯（字兆卿）从建昌府广昌县经汀州府长汀县移居宁化县石壁村，其子文俊徙居清流仓盈里和坑。文俊六世孙积善（字才录，号梅郎）从清流迁石城县龙上里塘台村开基，生四子，长子国泰迁广东，次子国通迁上杭，三子国顺留居石城，四子国政迁长乐。魏徵十八世孙魏弥（号四一郎）约在宋末元初从江西石城迁入汀州府宁化县石壁，后再徙上杭县金丰里苦竹乡黄竹烟山区（今属永定县古竹乡黄竹烟村）避难，而后定居，四一郎被尊为始祖，生三子：长子进兴迁南靖县默林村，次子进富留居黄竹烟村，三子进旺徙龙

溪。武平魏氏始祖魏侃夫在元朝至正年间（1341—1368）为武平县尹，有政绩，任满后，卜居今万安乡七里村，时值乱世，他带领当地人民筑土堡自卫，万安乡名即由此而来，他逝世后，居民建庙塑像祭祀他，纪念他保境安民之德。开基闽西的魏氏裔孙向台湾播迁主要有3个方向：魏积善一支迁广东后向台湾移民。魏弥（号四一郎）一支分别从永定和南靖迁台。如南靖梅林《魏氏族谱》记载，康熙末年，梅林魏文仲随郑成功反清复明渡台初居台南，后移台中，还有可俊、祉千、文兆、司斌、秀明、俊生、文作等人先后迁台。据《永定县古竹乡黄竹烟魏氏大族谱》载，清乾隆年间，有德宽入垦彰化，行春入垦桃园，嘉庆年间，有龙美迁台中县东势，尚莹（成美）在彰化开基创业，其后裔在彰化建宗祠"成美堂"，用他的号做堂号，明末清初族谱上记载的魏弥迁台裔孙就有315人。武平魏侃夫一支从十三世起就有人相继迁台，如清咸丰年间，魏正龙、雨来等先后迁台湾桃园中坜开基。闻名遐迩的台湾新顶集团掌门人魏应交即为黄竹烟魏氏后人。台湾省魏氏分布较多的县、市依次为台北市、桃园县、台南市、新竹县、土城市等。

南宋绍兴年间（1131—1162），江西南昌魏慕中的后裔魏子元授福建布政使，迁居江西石城迁居江西石城龙上塘台乡赖家庄，为石城魏氏开基始祖。魏子元的第五世孙魏才禄（字攸宜），曾任奉议大夫。他有4个儿子：长子魏元（字国泰），于元至大四年（1311）由江西石城迁居广东长乐。次子魏亨（字国通）移居福建上杭；其第五世孙魏邦政从上杭迁居广东龙川。第三子魏利（字国顺）留居石城；其后裔迁居安远。第四子魏贞（字国正）由石城迁居福建延平府（今福建南平市），再迁徙浙江温州；其两子，一子移居广东揭阳，还有一子迁居居海丰。但是，也有魏氏族谱研究者指出，魏姓先祖中，并不存在魏慕中其人。这魏慕中是从《魏氏宗谱·历代名贤考》中"薯"字成了"慕"，"申"字成了"中"。

永定《魏氏族谱》：魏徵十八世孙魏弥，字四一郎，迁居永定古竹黄竹烟开基。弥生四子：进富、进贵、进兴、进旺。进富居黄竹烟；进兴移居

南靖梅林；进旺移居漳州。

清流县嵩口镇青州村发现一批修于清康熙年间的《巨鹿郡魏氏族谱》，族谱中记载了魏徵及其后裔沿途播衍的详情。魏姓是唐末战乱时由山东迁到江西广昌，再由江西古城经长汀迁入宁化、清流，以后分迁广东、台湾等地。

宋朝末年，魏徵后裔的一支迁至宁化石壁村。从魏徵传至第十八世的魏弥，字四一郎，从石壁村迁居永定古竹黄竹烟，为黄竹烟魏姓的始祖。

【入垦台湾】

魏姓入垦台湾始于元代，据莆田族谱记载：元初世乱，魏姓家族四散逃离，魏九郎迁晋江，辗转迁入台湾，因有"莆阳衍派"之说。现多分布在台湾的台南白河、丰原市、松山区、板桥市及新竹县、台中县、彰化县等地区。台湾《魏氏大族谱》载：明万历年间（1573—1620），福建的魏亮由大陆入台垦荒，徙居今台南市。又台湾魏姓相传：先世居河南光州固始，1661年，郑成功部属魏国以右武卫右协渡台作战，后升宣毅后镇。据《默林魏姓族谱》《台湾魏氏大宗谱》记载，明清时期，魏姓迁台者中，魏弥的后裔最众。从默林迁到台湾开基，族谱上记载着世系名字的就有315人。他们迁台后，分布在彰化的员林、永靖、社头；云林的北港、东势、斗南、西螺；台北的八里、北投、树林、永和；桃园的大园、中坜；台中的潭子、新社、雾峰、乌日、丰原、和平、大甲；南投的草屯、中寮、埔里；嘉义的大埔等地。黄竹烟魏姓迁台后，分布在桃源大溪、苗栗大湖、嘉义民雄、南投国姓、彰化等地。从福建入台的魏姓族人大都集中居于台北、新竹、台中、高雄等地。今台湾魏姓人口总计为55万人。

明末清初，黄竹烟魏进富后裔迎山派下十五世魏春山生七子，有六子移居台湾；魏丰山派下十五世德宽、十六世龙美等人也先后移居台湾。黄竹烟魏姓迁台后，分布在桃园、苗栗、嘉义、高雄、南投、彰化等地。（严雅英《客家族谱研究》）台湾《魏氏大宗谱》：永定苦竹坪洋树下魏姓十三世槐烈、槐文、十四世海、专、元、漕、叔我、卯使、飞凤等人渡台（严雅英《客家族谱研究》）。

【郡望堂号】

巨鹿郡：秦始皇二十五年（前222）置郡，治所在巨鹿（今河北省平乡西南）。此外还有"敬爱""治礼""十思"等郡望。

大名堂：大屯魏氏合修家谱序中记载："魏字之义无可解，其在周毕公之后曰毕万，事晋封于魏，卜偃曰：万满数也，魏大名也，始命之大，又得满数，其必有众子孙。""魏大名也"，即大名堂的来历。

九合堂：春秋时晋国大夫魏绛，即魏庄子，魏鳞之长子。山戎向晋国请和，绛向晋君讲和有五利。于是晋便与附近的少数民族山戎等缔结了友好条约，8年之中，晋国九合诸侯，称为霸主。这就是九合堂的来历。

巨鹿堂：唐朝名相魏徵，是巨鹿下曲阳表业寨人；东汉魏霸、魏歆等曾任钜鹿太守，为了纪念这几位名人，故称巨鹿堂。

十思堂：魏徵曾向唐太宗提出了"十思"的建议。在魏徵的劝告下，唐王凡事多想，办事稳妥，国泰民安，四夷年年纳贡，岁岁来朝，魏姓后人为纪念他，遂将堂号取名为十思堂。

鹤山堂：北宋，蒲江，魏了翁，字华父，庆元进士、累官至工部侍郎、礼部尚书、端明殿学士、同金枢密院事，除知绍兴府、浙东安抚使。出知嘉定时，丁父忧、解官、筑室白鹤山下，开门授徒，士争从之，学者称鹤山先生，又名鹤山堂。

此外，还有松竹堂、清慎堂、太廉堂、亲睦堂、麟阁堂、绍继堂、洽礼堂等。

【祠堂古迹】

南靖县祖祠家庙，又称梅林"巨鹿堂"，位于梅林镇梅林村，始建于明朝嘉靖年间。按"螃蟹盘湖"地理形图建造而成的，总占地面积约3000平方米。

南靖县祖祠家庙，又称梅林北龙"光裕堂"，位于梅林镇北龙自然村右前方田洋，乃七世祖于明正德十六年（1521）所建。

龙海市角美港内"巨鹿堂"，位于角美镇港内村，为魏信郎于元至元年间所建。历元明清，迄今700余年，曾几度修葺。

黄岐魏氏宗祠，位于连江黄岐，宗祠始建于明天启元年（1621），其间屡经兵燹、风雨沧桑、历代重修。土木结构，双层仿古建筑，计有466平方米。

尤溪新阳魏氏宗祠，尤溪新阳魏氏宗祠位一起尤溪新阳宝山村，始建于南宋末。

永安魏坊魏氏宗祠"远庆堂"，坐落在大湖镇魏坊村，此堂为奉祀永安魏氏开基始祖魏十五郎所建，始建年代失考，清光绪二十九年（1903），该祠重修。

周宁魏氏宗祠，位于周宁县咸村镇桃源溪上游，它是清朝进士、朝议大夫魏敬中故里——樟源村。

尤溪新阳魏氏宗祠，位于尤溪新阳宝山村，始建于南宋末。该址原为新阳马家基址，新阳魏氏开基始祖魏十二以高价购得，后由其后裔魏秀一等协力重建魏氏宗祠。

松溪苍水祠，明代建筑，位于松溪城关东门村，是明万历间松溪县名宦御史中丞魏濬（号苍水先生）的祠堂。

政和魏氏祠堂，位于政和县东平镇西表村。

【楹联典故】

万古草堂经明虎观，千秋谏言志疏书屏。

源自姬姓；望出任城。

——魏姓宗祠通用联。全联典指魏姓源流和郡望。

兼听则明，以古作鉴；通经致用，拜夷为师。

——魏姓宗祠通用联。上联典指唐初政治家魏徵。下联典指清代思想家、史学家魏源。

穰侯家跻四贵；伯起名列三才。

——魏姓宗祠通用联。上联典指战国时秦国大臣魏冉，为当时"四贵"之一。下联典指北齐史学家魏收，为三才子之一。

疏列御屏，契治天子；治称政谱，德薄黎民。

——魏姓宗祠通用联。上联典指唐代政治家魏徵。下联典指南宋思想家魏了翁。

石溪衍派，梅里培基，木水本源绵世德；虎度左环，龙埔右辅，风云际会焕门楣。

春露秋霜，特崇祀典；父慈子孝，笃念伦常。

先祖奠基倡建宗堂，嗣孙衍派祖德流芳。

——南靖县梅林魏姓钜鹿堂柱联。

【族谱文献】

闽台魏氏族谱有《巨鹿魏氏宗谱》系建阳、浦城宗亲合修的大宗谱。清代魏传喜等纂修。自宋迄清，历代宗支皆有修纂，今本为清光绪二十六年（1900）敦伦堂木刻本，不分卷共10册。第一册辑录诸序文、联科、名宦显绩、行实、社仓、谱禁、家规及首事芳名等，载宋代魏甫、清代魏金鳌、魏振鹏、谢朝栋、魏萝魁、魏其昌、魏邦光、魏明龙等人的序；第二册刊历代源流、世系；第三册至第十册分载各支派世系，述详建阳书林、浦城罗汉洞等地支系。谱志其族源周文王第十五子高允公，武王封其于毕；其裔毕万事晋，食邑于魏，以魏为姓。唐天佑元年（904），魏看与兄弟南渡入闽。分脉于建阳、南平、漳州、泉州等地，子孙播番省内外。名人有建阳魏汝楫；魏椿，尝从朱熹游，悟道而著有《戊申语录》存世；魏了翁，瓯宁（建瓯）人，任大中大夫同金枢密事兼举编修武经要略皆名垂史册，谱中载名宦显绩、联科、行实及谱序。有南靖员林《魏氏族谱》，始修无考。载有谱序、光裕堂记，魏氏安阳派下，魏姓散居各州县社祥录，祖祠双堂地图，巨鹿郡比龙社世系、世记、台湾员林派下世纪、魏氏祭祖文簿。内载原籍河南安阳，始祖北齐魏长贤。始祖魏长贤。十四世魏鸿，字君序，为开基始祖，十八世孙生五子分别徙居福兴，延连或汀州宁化石壁溪，传至进兴，行念五十七郎因海寇作乱徙居默林，为钜鹿郡比龙社派，为该谱本支。谱至廿一世，上溯十八世。第二支为南靖默林、台湾员林派下，其十六世魏长林、魏鹤林往台湾。《默林魏氏钜鹿堂族谱》进兴派下五世钦德房谱，纂修者无考，民国二十六年（1937）台湾魏雨顺钞本。福建建阳、浦城《巨鹿魏氏宗谱》不分卷，清魏传喜修，1993年福建省图书馆据清光绪二十六年（1900）建阳敦伦堂木活字本复印，订分十册。是谱自宋迄清，历代宗支皆有修纂谱牒，今本乃联修大宗谱牒，族姓史料比较全面。

第一百四十九节 温 姓

温姓是按照现有人口总数在中国大陆排名第114位，占全国总人数的0.14%。在福建排名第61位。在台湾排名第56位。

【渊源】

1. 出自郤姓，亦以邑名为氏。据《广韵》《万姓统谱》等所载，周初，苏忿生在周朝任司寇，被封在温，其后以封邑为氏。公元前650年，温国被北狄人攻灭，国君温子逃往卫国，称为温氏。后来晋国攻灭狄人，温就成为晋国大夫郤至的封邑。当时郤至在鄢陵之战中指挥晋军打败楚军，成为晋国执政大臣，郤氏一家三族权倾朝野，引起其他晋卿的嫉妒。晋厉公对郤氏专权不满，早就想找借口除掉国中的这些强宗大族。有一次，晋厉公带着群臣打猎，郤至打着一头野猪，派人给厉公送去，却被厉公宠幸的寺人孟张夺去，郤至一怒之下射死孟张。晋厉公对此大为恼火，说："这家伙欺负到我头上来了！"决定除掉郤氏。这个消息被郤氏知道了，郤锜便主张先攻杀厉公，郤至却认为宁可被杀也不能犯上作乱。结果厉公纠合了一批与郤氏有怨仇的臣子灭掉了郤氏。郤至的子孙中有逃到国外的，以封邑命姓，称温姓。

2. 出自姬姓，以封地名为氏。西周初年，周武王封他的儿子叔虞于唐，号唐叔虞。唐叔虞的后代被封于河内温（今河南省温县），其后代子孙遂以封地名命姓，称温姓。

3. 出自高阳氏，亦以邑名为氏。据《唐温侯碑》所载，颛顼高阳氏的后裔封于温邑，其后以封邑名为氏。温姓出自上古帝王颛顼高阳氏。颛顼生称，称生老童，老童生重黎和吴回。重黎和吴回在帝喾时相继担任管理火种之官，官名火正，又称祝融。后来，吴回生陆终，陆终有子6人，其中长子名樊，在夏朝时被封于昆吾（今河南许昌东），以封地名称为姓，称昆吾氏。昆吾始己氏，其后为苏、顾、温、董。周初，苏忿生在周朝任司寇，被封在温，也称温子。

4. 回族温姓。源自明代融于回民族的苏禄国（今菲律宾苏禄岛）的苏禄东王巴都噶·叭哈利之子温喀剌及后裔。

5. 出自他族改姓。

（1）据《唐书》所载，唐代康居国（今新疆维吾尔自治区北境至俄罗斯一部），国王姓温，后入中国，自成温姓。

（2）据《通志》所载，北魏叱温氏、温盆氏、温孤氏均改单姓温。

（3）金时女真人温迪罕氏汉姓为温；据《唐书》所载，唐时彭城长史刘易从之子刘升流放岭表，免归，改姓温。

（4）清满洲八旗姓温特赫氏、锡伯族温都尔氏汉姓为温。

（5）今台湾地区少数民族、布依、土家、黎、壮、瑶等民族均有此姓。

温姓源起繁杂，但无论出自何支，都为中华大家庭中一员。

【得姓始祖】

温季（？—前574），即郤昭子，姬姓，步氏，讳至，谥昭。春秋中期晋国卿大夫，才华横溢的军事家、外交家。其名郤至，其祖郤扬封步，以之为氏，故亦名步至，因采邑于温，时人尊称温季，史称郤昭子。步扬之孙，或为蒲城鹊居之子，与堂兄郤锜、叔父郤犨并称"三郤"。其家族显赫，世代任高职于晋国。郤至在与楚进行的鄢陵之战中，出谋献策，身先士卒，为大败楚军立下汗马功劳，因此被封于温地，人称温季。不意功高震主，遭人猜忌，又恰逢晋厉公厨师孟张仗势抢夺温季之鹿被温季射杀，厉公以此为口实，派人去抓温季，有人透露消息给他，并劝他先行动手，杀厉公另立新君，温季不为所动，乃被厉公诛杀并殃及子孙，有子孙避逃国外。因他以死来表忠心，是古来少有之忠臣，其后子孙尊他为温姓得姓始祖。

【入闽迁徙】

发祥于河南的温姓，有一支于西周初年，迁到甘肃祁连山，并融入古康居国中，部分未能越葱岭者，遂留居于新疆南疆，建立温宿国（今温宿县）。温姓后裔以太原为繁衍中心，逐渐形成温姓太原郡望。后温姓逐渐发展为温姓平原、清河郡望。晋永嘉之乱，温姓随晋室南迁。温峤传十一世孙温皋携眷入籍浙江吴兴钱塘，称为"南温"。

1. 温姓入闽始祖温一代，系河南光州固始人，五代十国时期（907—979）为后唐江州朝散大夫，自江西九江迁居福唐（今福清市）八祥司。温一代生子温二大。温二大生三子：长子景美，次子景忠，季子景和。温景和于35岁时迁徙到仙游县大圳头，生志大、应忠二子。温应忠迁居至将乐县发离，其孙温惟忠迁移到汀沙县给凭，再移至大田县温镇村开基立业。

2. 据《同保祖位下九族大乘谱》记载：八十世颛公，字宝颜，任枢密使。于唐咸亨三年（672）入赣，任虔州刺史，为江南开基祖。八十一世詷，讳衡斋，唐景云二年（711）赐进士，任虔化令，居家宁都。八十七世，少四郎讳源宗，唐开成元年（836）避乱迁居石城丰义里。八十八世：同保，字太位，生于唐宣宗大中元年（847），避乱徙闽赣边境，执敦于宁化河龙乡中瓦窑，年老病逝，葬于宁化永丰里下坪角前排，虎形。生九子。其第九子元旺。后传至念一郎，字继翁，号耕均，讳富峰，钦点翰林院庶吉士，选重庆知府正堂，殁于明洪武三年（1370），葬于宁化石壁丰都地人形，后迁葬上杭温家坝寨上人形。台湾温姓一支，系出于宁化温姓始祖同保公苗裔。

3. 唐僖宗时，温皋公七世孙少四郎迁居石城，生同保，同保生九子，后裔繁衍极广。温三郎由江西石城迁长汀县三洲，为入汀始祖。子孙分迁清流、连城，及广东、香港等地。

4. 唐末时，温九郎避黄巢之乱，迁闽南。另有温姓一百四十世温尚简，由河南洛阳迁江西石城皂角水定居，其曾孙南皋由石城迁宁化石壁乡，皋次子瑾名铜宝，其裔孙分布闽、粤、赣各地，故此三地温姓多奉铜宝为大始祖。此际，任虔州刺史的温厚宗迁居福建，其后裔分衍清流、长汀、石城、龙岩各地。宋时，温厚宗裔孙元秋四子德良迁上杭、连城。

根据晋江清透的温氏家族版本附载："温氏开闽（南俊）一世祖九郎公，祖籍河南固始县，寄寓南昌经商，因避黄巢之乱，于唐光启二年（886）徙泉州温陵里，开南俊之基业。"九郎乃同宝之九子也。同宝生于847年，推之九郎约生于880年。如果在唐光启二年（886年王潮占据泉州）徙泉州，九郎还是在童年。应该是在唐光启二年后（大约900年前后）由南昌徙泉州温陵里。九郎有两个儿子在泉州发展，即二世衍闽和开泉。开泉即仁俨也。仁俨之子荣祖，荣祖之子拓展，（居温陵，晚年迁长汀）、远志（衍派惠安）。远志即温厝族谱中的"宋二代祖二十郎"。远志衍派惠安开基温厝，推其祖父开泉世祖仁俨公为温厝始祖。仁俨公长期在泉州为官，闽国期间，历任闽国朝官，协助王氏治理泉州。至946年南唐灭闽后，任南唐泉州"州长史专客务兼御史大夫"，官至南唐尚书。

5. 温仁俨，南唐尚书。于公元945年冬，南唐朝廷派往泉州，辅佐当时泉州刺史王继勋治理州事。据泉州府志记载：南唐保太四年（946）建泉州开元寺《佛顶尊胜陀罗尼经》石经幢时，有许多地方官员施舍捐建。其中有"州长史专客务兼御史大夫温仁俨"。"御史大夫"在南唐的官制中为从一品，与尚书同。负责监察纠劾百官。温仁俨是此时派往泉州的朝廷命官。因此，温仁俨作为官方资料记载最早（946）出现于泉州，在泉州为官并定居繁衍。说明他不仅是惠安温厝的开基始祖，无疑也是泉州地区温姓的始祖，也称"开泉"始祖。

6. 三明市宁化县兴宁《温氏族谱》、香港《崇正同人系谱》记载：五胡乱华之际，温姓族人随中原士族南迁。唐僖宗时，温同保（各谱名字不一，有铜宝、钢宝、同宝、同保。据其墓碑为同保，应以墓碑所刻为准），避乱自石城移居宁化石壁。宋末，后裔经长汀、上杭分两支：一支人蕉岭至梅县、大埔；一支迁兴宁至河源。裔孙分衍闽西、广东、赣南及台湾各地。五华《温氏族谱》：尊明由为鼻祖.称一世。至一百四十世尚简，自洛阳移江西石城。至一四三世南皋，由石城迁宁化石壁，生三子，次子权瑾，讳同保。同保生九子：元春居宁都；元夏、元秋、元冬均居石城，元尚居永和，元高、元林居永安，元兴、元旺居上杭。后衍梅县、揭阳、海丰、阳春、阳江、长乐、蕉岭、潮阳、陆丰、武平及江西万安、宁都等地。

7. 上杭温姓族谱记载：温姓为周成王弟唐叔虞（姓姬）之后，世居山西太原。其后裔有分封于河内温邑（今河南温县），因以为氏，后世遂以"太原"为堂号。一百四十世温尚简迁至江西石城。南宋高宗时（1127—1162年间）一百五十世温九郎由江西石城迁福建上杭县安乡洪山塘（今庐丰乡安乡），为温姓入闽西始祖。一百五十八世温良善从福建上杭蓝家渡迁广东程乡松口黄沙熊桑子坝立基，为入粤始祖。祖传公殁之时，留下幼子五郎由管氏夫人抚养。当时的安乡是汀州取道上杭通往粤东潮、汕等地的必经之路，常有骑马坐轿官员经过。五郎渐长，喜欢习武练棍，不慎击破过路朝官轿角，母子惧罪，逃往溪南里双井村（今属永定仙师乡）林姓亲戚家居住，五郎改姓林，此即宗史所载林五郎之由来。林五郎生一子取名五二郎，恢复温姓。九郎公墓葬安乡圳头冈。林五郎原葬双井，因地处棉花滩电站库区，已迁葬于永定峰市乡鸭妈坑西北面龙湖东岸山腰间。后裔分布上杭、永定、龙岩、新罗、宁化、泉州、漳州及江西、浙江、广东、台湾、海南、香港等地和东南亚各国。温九郎被温氏后人尊为闽粤台港大始祖，其墓在上杭安乡圳头岗"绣针落槽"形，初葬600年后的明万历十六年（1588）。

8. 浙江吴兴钱塘温皋曾孙温詗于唐开元年间为虔化（今江西宁都县）令，子孙定居宁都，唐僖宗时，温皋七世孙少四郎迁居石城，生同保，同保生九子，后裔繁衍极广。温三郎由江西石城迁长汀县三洲，为入汀始祖。子孙分迁清流、连城、广东、香港等地。宋朝年间，温九郎从江西石城迁福建汀州府宁化县石壁后再迁上杭县胜运瑞安乡洪山塘（今庐丰乡安乡）开基，为入杭始祖。温九郎传四世后，裔孙向闽西、粤东各地播迁，分布在福建的上杭、永定、武平、新罗、泉州、漳州及广东、江西、台湾、海南、香港，及东南亚各国。

9. 宁化中沙《温氏族谱》：远祖太温厚宗，唐时任虔州太守，流出三乡双井背，住宁化乌村大路下。传至同保公，生九子：元春，居野猪窠，元夏，居邹家窠，元秋，迁乌村，元冬，徙清流，元尚，迁温坑，元高，移长汀，元林，迁石城，元兴，流柴志扬元都；元旺，迁龙岩。祖祠雅儒堂。宋末，后裔经长汀、上杭分两支：一支入蕉岭至梅县、大埔，一支迁兴宁至河源。裔孙衍播江西石城、宁都、永丰、兴国、安福、福建浦城、建宁、武平及广东各地。裔孙分衍宁化中沙、河龙、石壁、曹坊、江西兴国、宁都、石城等地。

10. 明代，一支温姓迁入莆田。温庆，平海卫左所百户官，其先祖迁安人，从军立功，擢太原右卫百户，卒，由弟温胜袭。明永乐十六年（1418）调威海卫，胜卒，子温良继，良卒，子温成继，成卒，子温庆继，子女有落籍莆田者。

总之唐末开始，翁姓迁闽南、宁化，其裔孙分布闽、粤、赣各地。宋时，温厚宗裔孙元秋长子德带，次子德坤迁广东兴宁，季子德明徙江西兴国，四子德良迁上杭、连城。

【入垦台湾】

清康熙六十一年（1722），有一个叫温日操的最先入居台湾下淡水港。这以后，于清雍正十二年（1734）有温明鼎入居新竹县大义村开基。雍正年间，南靖的温活入垦彰化，后裔移垦南投。乾隆中叶，南靖的温秀入垦台中大里。乾隆末年，平和的温刚直入垦桃园。嘉庆年间，温文钦派下武平的温崇明入垦新竹峨嵋，武平的温武庆、温忠祥先后入垦新竹北埔。清末民国间，温氏族人迁去台湾，散居在台湾各地，台湾出版的广东兴宁《温氏族谱》说，温氏族人渡迁台者，以温念九郎（九郎）派下居多。台湾苗栗温氏是从武平岩前温九郎派下裔孙迁徙去的。温九郎被温氏后人尊为闽粤台港大始祖，其墓在上杭安乡圳头岗"绣针落槽"形，初葬600年后的明万历十六年（1588），合族进行重葬，又400

年后的公元 2000 年，闽粤港台等地温九郎裔孙再次合力进行外修加固，并在墓堂右侧新建"追远亭"。现多分布在台湾的新竹县（竹东）、新竹市、苗栗县（头份）、桃园县、台北市（松山区）及高雄县（美浓）等地区。温姓尤以新竹和苗栗两县为最多。

【郡望堂号】

平原郡：始建于西汉高祖时期的西汉初年（乙未，公元前 206 年），治所在今山东省平原县西南。

太原府：亦称太原郡。战国时期秦国庄襄王四年（乙卯，公元前 246 年）置郡，治所在晋阳（今山西太原），其时辖地在今山西省五台山和管涔山南部一带、霍山北部一带地区。北魏时期辖地在今山西省阳曲县、交城市、平遥市、和顺县之间的晋中一带地区。隋朝时期改晋阳为太原，又另设晋阳，与太原同城。

汲郡：晋代时置。相当于现在河南省汲县一带。

清河郡：汉高帝时置。相当于现在河北省清河至山东省临清一带。

三公堂：唐朝时，大雅（温彦宏）为礼部尚书，封黎国公。其二弟大临（温彦博）为中书令，封虞国公。三弟大有（温彦将）为中书侍郎，封清河郡公。时称"一门三公"。

此外，温姓的主要堂号还有："太原堂""雅儒堂""梅香堂""预顺堂"等。

【祠堂古迹】

泉州温氏始祖温仁俨祠，温厝祠堂在泉州府志和惠安县志中均称"乡贤名宦祠"。祠堂祀有温厝始祖仁俨公、宋六代温革公等列祖列宗。

仙游温氏宗祠，仙游县温氏祠堂有四处，分别在石苍乡高阳村、游洋镇五星村、大济镇西南村和榜头镇炉半自然村。位于榜头度顶村炉半，始建于清朝中叶，历代重建，面积仅 480 平方米。

高阳温氏祠堂建于清雍正元年（1723），土木结构，四柱擎顶，上下两座，占地面积 1000 平方米。土木结构，面积 580 平方米。

大济西南村温氏祠堂，建于明嘉靖癸亥（1563），结构独特，规模宏大，前后 5 座如梯级雄踞，占地面积 1200 平方米。

尤溪中仙吉华温氏祖祠，位于尤溪中仙的吉华村嵩洋水尾，坐面朝东。该祠始建成年代不详，占地面积 500 平方米。

【楹联典故】

六龙世泽；三彦家声。

——撰温姓宗祠通用联。此联为温氏宗祠"三公堂"堂联。上联典指晋代温羡兄弟六人并知名于世，号"六龙"。下联典指唐初并州祁人温彦宏、温彦博、温彦将三兄弟。

二美号西昆之体；三人皆卿相之才。

——温姓宗祠通用联。上联典指唐代诗人温庭筠，与李商隐齐名，诗风为北宋"西昆体"诗人所尚。下联典指唐温彦宏、温彦博、温彦将三兄弟俱有才名。隋代诗人恭道衡见到他们，说"三人都具有卿相才"。

望出太原绵世泽；源自上古播惠长。

馨衍清河郡；德传预顺堂。

——全联典指温姓的郡望和堂号

三彦家声远；九龙世泽长。

——此联为佚名撰温氏宗祠"三公堂"堂联。

温滋书香流芳远；厝衍世胄福泽长。

南唐尚书仁心厚德开先祖；福建运使伟绩丰功励后昆。

——泉州温氏始祖温仁俨祠联。

【族谱文献】

记载闽台温氏族谱有宁化《太原郡温氏宗谱》为清乾隆甲寅（1734）胡翘椿修，清嘉庆丙辰（1796）三十世温祖华二修，咸丰丙辰（1856）三十二世温宗晟三修，清光绪廿二年徐淮藩四修。共 5 卷首 1 卷，载有新旧序 6 篇、源流、宗派、谱论、祭祀、服图、凡例、远祖吊图引、远祖系传、始祖吊图、领谱字号，房支系。谱载原籍太原先祖唐温颙，后周广顺元年（951），温太良任济贫大夫差出汀宁邑，开基汀州宁化。其三世孙广宁宋皇佑年间征租宁邑（宁化）始徙石城霸上碧溪，借蓝家址居焉，至嘉佑八年（1063）开基于此。因姓称此地为温坊。肇基始祖广宁为一世，谱至三十四世。还有《上杭温氏族谱》为温寿松迁台时携带祖地上杭家谱清版钞本，系据台湾温寿松、温恒茂钞本。内容有谱序、九郎一脉源流、上杭茶地温氏迁台一脉的世系表等。谱以九郎公为一世祖，载至十五世。内载宋温九郎由江西徙石壁后迁上杭安乡圳头坪开基，十一世孙三九郎迁上杭胜运里茶地白玉窠开基，茶地一支二十七世温寿松迁台湾高雄。

【昭穆字辈】

厦门温氏字辈：大所道秉，观能以正，立定乃汝，则必福景，玉树宝文，可泰锡进，仁敬祖惠，亦世永庆。

第一百五十节 翁 姓

翁姓，在中国大陆排名177位，在福建第45位。在台湾排名第47位。

【渊源】

1. 出自姬姓。出自周昭王庶子的封地，以封邑名称为氏。《姓纂》一书指出："周昭王庶子食采于翁山，因以为氏。"《姓氏考略》也指出："周昭王庶子食采于翁山，因以为氏，望出钱塘。"周昭王庶子食采于翁（故城在今陕西境内，一说在今浙江定海，又说在今广东翁源），子孙以地为氏。该支周昭王庶子的后裔子孙，便以先祖封邑名称为姓氏，称翁姓，世代相袭至今。

另有一传说，翁姓始祖系西周王朝周昭王的庶子名弘。由此可见，翁氏大致始于西周昭王之时。周昭王是周武王的曾孙，翁姓的始祖是周昭王的儿子翁弘。

2. 翁弘始居梁原城，后封任楚国左丞，死后谥号为端明王，墓葬梁原城五里，坟前华表、石犀、石象、石虎、石豹、石鹿等72件排列墓前两旁。梁原城在今甘肃灵台梁原镇，梁原离古时周朝初期活动区域周原、岐山及后未建都的镐、宗周、丰不远，但因距今3000年了。翁氏后人多尊翁弘为翁氏的得姓始祖。

3. 出自上古。据《姓氏寻源》所载，上古夏朝初建时期，启为夏王，夏王启之臣翁难乙，当为翁姓之始。相传他就是翁姓最古老的祖先。

4. 出自他族。源于蒙古族、满族等。据《汉书·乌孙传》所载，汉时乌孙翁归靡号肥王；清蒙古镶黄旗卓蒙古特氏汉姓为翁；今台湾原住民、满、土家等民族均有此姓。

【得姓始祖】

翁弘。翁氏始于公元前1052—前1002年之间的西周昭王执政时期。周昭王是周武王即发的曾孙，翁氏的始祖则是周昭王的庶子。周昭王，姬姓，名瑕，西周第四代国王，周康王之子。《史记》称他为昭王，西周青铜器铭文多称他为卲王。相传，周昭王姬瑕的小儿子，生下来时双手握拳，别人都掰不开，周昭王亲自去掰，却是应手而开。只见他左手有掌纹像篆文"公"字，右手掌文像"羽"字，周昭王感到非常惊讶，觉得掌纹神奇，就给这个最小的王子起名"翁"，即姬翁。姬翁王子的后代称翁氏。周昭王即赐姓翁取名弘，翁的子孙后代也以翁作为自己的姓氏。翁弘始居梁原城，后封任楚国左丞，死后谥号端明王。梁原城在今甘肃灵台县梁原镇，梁原离古时周朝初期活动区域周原、岐山及后未建都的镐、宗周、丰不远。故翁姓后人尊翁弘为翁姓的得姓始祖。

【入闽迁徙】

翁姓发源于今陕西省境，西周时长期繁衍于该地。战国七雄时代，翁侯九世孙翁弘出任楚国左丞，迁徙到梁国原城（今河南济源）落籍，成为翁姓原城开基之祖。

唐代末期，翁姓渐向福建发展。据福建建阳《潭阳蔡氏·九儒族谱》翁皓随蔡炉迁建阳，为将军。

据《莆田京兆翁氏族谱》载："翁弘的二十三世孙翁禧汝，唐时官苏州、福州刺史，其子轩，德宗时以朝议大夫出守建州，长子何，以荫官检校散骑常侍，始由京兆迁家入闽，初定居崇安，后建阳、福州而到莆田之兴福里，卜宅竹啸。故族谱名《莆田京兆翁氏族谱》，以翁轩为入闽始祖，翁何为入莆始祖。"《龙岩翁氏族谱》也载："宏（弘）三十三世孙禧汝，唐时官苏州刺史，生子轩，唐赐甲榜进士，仕唐德宗为朝议大夫，出守建州，有大勋，赐邑京兆，翁之得名京兆始此。后迁官入闽，为福州刺史，因乐东南山水之秀，遂定居闽之莆田竹啸庄（即今北高镇竹庄村），为入闽始祖。"翁轩生六子：何、僖、传、信等，长子翁何官任散骑常侍，随父翁轩留居莆田北高竹啸庄，世尊为翁氏入莆始祖。次子翁僖，官任屯田员外郎，初居崇安，季子翁传，官任金部郎中，居建阳，四子翁信，复迁江苏。

唐朝建中年间（780—783），翁弘三十四世孙翁轩考中进士，入闽为官，居漳浦。翁轩因此被尊为翁姓入闽始祖。翁轩生子何，翁何迁居莆田兴福里（今莆田市北高镇）竹啸，成为莆田翁姓始祖。翁何五世孙翁乾度生六子：处厚、处恭、处易、处朴、处廉、处休，兄弟六人先后考中进士，轰动一时，被称"六桂联芳"。六兄弟后来分姓为洪、江、翁、方、龚、汪，世称"六桂堂"。翁处易四世孙翁点在宋乾道二年（1166）考中进士，迁居泉州花桥亭，成为泉州翁姓始祖。翁轩长子翁何，随父留居莆田，生4子，翁则、翁刚、翁利、翁刘。唐末，翁则第三子翁巨隅．名分，官少府监，迁玉融漆林（今福清市新厝镇钟前村），生三子：承赞、承裕、承颖，先后中进士，称翁氏三虎。翁承赞，唐乾宁三年（896）探花，官谏议大夫，闽王王审知任为同平章事。生四子，玄度、弘度、贞度、昭度。长子翁玄度，任大理寺评事，鸿胪寺少卿，迁居福清琴江，衍分江阴，次子翁弘度，官给事中，中大夫，居闽县，宋太平兴国九年（984），回迁玉融漆林祖居，三子翁贞度，居福城东门康山，官著作郎，生子翁欧，官朝议大夫，赐紫金鱼袋，因避乱与四弟翁昭度由福城东门康山移迁闽县海畔里王埔山（今福州琅岐镇凤窝村）。

唐末，翁则第三子翁巨隅，官少府监，由北高迁漆林，购地建"漆林书堂"。翁巨隅生三子：承赞、承裕、承颖，兄弟三人先后考取进士。翁承赞，闽王审知授为同平章事（闽相），生四子：玄度、弘度、贞度、昭度。长子翁玄度，官大理寺评事、鸿胪寺太卿，迁福州，次子翁弘度，官任给事中，居闽县。三子翁贞度、四子翁昭度，居福州。后来之"六桂堂"，即是翁轩子孙之堂号。此支直接传至翁姓莆田始祖翁何五世孙翁乾度之三子名处易字伯简，宋太祖建隆元年进士，官至剑南少尉。

宋嘉佑三年（1058），员外郎翁承裕五世孙翁善，字若美，释褐进士，官著作郎，致仕后定居福清三山瑟江。翁巨隅后裔衍分福清漆林、江阴、琴江、瑟江、浔头、孙卓、岭口、塘边、江左，莆田北高、温厝、东皋，平潭后旺，福州琅岐、洪塘，连江东岱、

塔下、浦口、筱埕，长乐稠巷、金峰、巴头，闽清上汾等地。

据《翁氏族谱》记载，同时期尚有两支翁姓迁居入闽：第一支入闽始祖，为唐昭宗时京兆长安（今陕西西安）人翁郜，其累官至河西节度使，其祖父、父亲均曾在闽地为官，知其地偏僻可避乱，乃于五代初携家迁居建阳考源，后又徙至义宁的莒口镇落籍；另一支入闽始祖，是乾宁年间进士翁承赞，后梁时于福建仕宦，官至闽王之相，从此落籍福建莆田。此际之翁姓还有徙居江西、四川、湖北、湖南者。宋代，翁姓发展达到高峰，其名人辈出，甲第联翩，诗人才子竞风流，尤以福建、浙江的翁姓为主流，使翁姓发展极一时之盛。宋末元初，浙、闽之翁姓有迁居今广东、广西等地者。

《客家风情》一书记载：南宋时期，翁姓后裔翁科以岁　贡署延平府（今南平市）沙县儒学教谕。他携子百一、付二同赴任地。后，翁百一、翁付二又迁居三明列西；列西翁姓尊他俩为开基始祖。

福建翁姓主要分布：漳州市诏安县四都镇盐仓村，云霄县陈埭镇翁厝村，龙文区翁建村，漳浦县官浔镇溪坂村、盘陀镇大埔村。福州市马尾区琅岐镇凤窝村；马尾区琅岐镇凤窝村、海屿村；连江县东岱镇塔下村；平潭县岚城乡霞屿村、正旺村，中楼乡后旺村。福清市龙田镇玉瑶村、三山镇瑟江村、坑边村、高山镇薛港村、江阴镇芝山村、港头镇后园村、音西镇音西村。南平市浦城县水北街镇翁村，建阳市莒口镇翁山村，武夷山市温岭镇吴屯翁村。三明市梅列区列西街道翁墩村，大田县桃源镇翁厝村，大田县均溪镇仙峰村，将乐县万全乡翁厝村，宁化县安远乡翁家村。泉州市安溪县魁斗镇翁厝村。厦门市湖里区禾山镇翁厝村。泉州市晋江市龙湖镇翁厝村、永和镇英墩村、龙湖镇英厝村、灵源街道英塘社区（别名：大浯塘）、深沪镇璧山村，南安市翔云镇椒岭村，安溪县龙门镇美顶村、科榜村、美内村。龙岩市上杭县旧县乡迳美村，武平县中山镇太平村，长汀县四都镇盐仓村。宁德市福鼎市桐城镇岩前村山门口、龙安区桑杨村、潘溪镇桑园。莆田市荔城区西天尾镇后黄村，北高镇竹庄村、美

兰村、东皋村，黄石镇清前村、清中村、清后村、东洋村；涵江区白塘镇镇前村、梧塘镇西林村，秀屿区埭头镇翁厝村。

【入垦台湾】

目前有资料可查的是：1664年，当时正在台湾的延平郡王郑成功的麾下，有文官翁天佑和武将翁升。翁天佑就是在1664年，追随郑经自厦门，渡海来台继承王位的，后仕承天府尹。翁升时十万义军中的前卫镇，驻防于打狗（今高雄）附近。据《台中彰化史话》记载：康熙四十七年（1708），原籍福建的翁士俊，中了武进士，其事曾哄传整个台湾。伊能嘉矩《台湾篇》记载：乾隆五年（1740），有翁姓，与张、林二姓合募三邑人，入到竹南一堡的香山蟠桃庄开垦。乾隆四十七年（1783），有一位翁姓移民，为了躲避漳泉械斗，由北港从居新港麻寮庄。盛清沂《台北县志稿开辟志》记载：乾隆年间，原居归善乡的翁士轩与翁兴存，兴颜衷结伴，到今台北市景美区的兴福、兴德二里拓垦。康熙五十年（1711）前后，福建诏安的监仓人翁应瑞只身渡海来台，开基于当时诸罗山（今嘉义县）的叶仔林。《南瀛文献》记载：道光廿六年，翁顶宗与在民合筑直加弄婢岸。《台北县志稿开辟志》记载：道光年间，有一位翁姓入垦今台北县双溪乡和美村扫洞。道光年间，安溪人翁某，到达台北县三峡镇成福里少姿坑开垦。道光末年，有安溪人翁荣，前往台北县坪林乡的粗窟村开垦。《台北市古碑文集》记载：同治年间，住在监水港的翁煌用，被补录为嘉义县学廪生。台湾的安溪派翁姓家族，顾名思义，他们的祖籍，就是福建的安溪。这一派派繁衍在全省各地的子孙，都供奉当年开基于安溪县科榜乡的翁治斋为一世祖。这位翁治斋，便是翁氏得姓始祖姬溢的第七十六世苗裔，黄帝轩辕氏的第九十九代裔孙。而这一代的翁姓省籍人士，大多是翁治斋的第二十代或二十一代后裔。主要分布在嘉义、台北、台南；其次是云林、高雄、新竹、彰化、澎湖、苗栗、台中、桃园、花莲、南投等市县。

【六桂联宗】

翁姓有一段"六桂堂"的传说，尽管说法各异，

却都说明翁氏人才之盛。一种说法是宋代崇安人翁肃，字颜恭，官至朝散大夫，与翁彦约、翁彦深、翁彦国三兄弟及翁延庆、翁蒙之同乡同朝，皆居高官，时称"六桂同芳"。另一说法是翁氏三十五世翁何，居莆阳兴福里竹啸，曾孙廷皋，官睦州司仓、成都士曹。廷皋子乾度，官补阙郎中，有六子：处厚、处恭、处易、处朴、处廉、处休，皆博学能文，人才拔萃。处厚、处易同登建隆杨砺榜进士；处朴、处廉同登开宝宋准榜进士；处恭、处休同登雍熙梁灏榜进士。同胞六兄弟，三科六进士，时号"六桂联芳"。相传北宋文学家杨翁有贺诗曰："燕山休说五枝芳，更有人为六桂堂。"第三种说法是，翁乾度，字用亨，官至郎中，生六子，因故分洪、江、翁、方、龚、汪六姓。长子处厚，字伯起，分姓洪，灯号墩煌堂，宋建隆元年进士，官承议郎，礼部员外郎，居兴化城刺桐巷。次子处恭，字伯虔，分姓江，号济阳堂，雍熙二年进士，官泉州法曹，居淮阳。三子处易，字伯简，仍本姓翁，灯号盐官堂，与长兄同榜进士，官南剑少府，居竹啸庄。四子处朴，字伯淳，分姓方，号河南堂，开宝六年进士，官泉州法曹，居竹啸庄。五子处廉，字伯若，分姓龚，号武陵堂，与四兄处朴同榜进士，官大理司直，监察御史，居马栏。六子处休，字伯躬，分姓汪，灯号平阳堂，与次兄处恭同榜进士，官朝散郎、韶州通判，居东林。六子分六姓，时称"六桂联芳"。

【郡望堂号】

临川郡：三国吴置，在今江西抚州至南城一带。

钱塘县：秦置钱唐县，南朝陈置钱唐郡，隋复县，唐改称钱塘（今浙江杭州）。

盐官县：三国吴置，故城在今浙江海宁西之盐官镇。周昭王妃汪山夫人，生庶子姬溢，封于翁山，传说姬溢初出生，双手紧握，掰开一看，一手写着"公"字，一手写着"羽"字，所以昭王赐他姓翁，封于翁山。翁山属古代九州之一的青州，其地即盐官郡，故翁氏以发源地"盐官"为郡望。

资善堂：宋朝时期的翁甫，在资善堂当教授，监守登闻鼓院。

赐鱼堂：唐代时候的翁洮，任员外郎，后隐居

不愿为官。皇帝想召他回朝廷做官，他以《枯鱼诗》作为回答，皇帝便赏赐给他很多曲江鱼。

此外，郡望堂号还有临川、钱塘、盐官。自立堂号有赐书、知白、六桂、敦本、统宗、永思、四勿等。

【祠堂古迹】

大浯塘翁氏祖厝，坐落于正在翻建的翁氏祠堂前面，坐北朝南。

文山翁氏宗祠，坐落于琅岐海屿旗山的南麓，海屿古称"文峰境"。始建于明代，历代重修。宗祠背山而建，坐北朝南，建筑面积600多平方米。

上杭县旧县乡迳美村翁氏宗祠，迳美村翁氏宗祠占地2000多平方米。

将乐翁氏第六世祖景清（云塘）公祠，该祠位于"井边"与"新厝下"之间，于明朝鼎建，栋宇巍峨，庭院宽阔，正厅内设神龛以安祖像，寝堂前题有匾额"百顺堂"。

旧县乡迳美村翁氏宗祠，位于上杭县旧县乡迳美村翁氏宗祠，迳美村翁氏宗祠占地两千多平方米。

【楹联典故】

源自夏代；望出钱塘。

六桂流芳远；五侯延脉长。

福生六桂家声旧，德应三春禄泽新。

——翁姓宗祠通用联，全联典出翁姓的源流和郡望。

六桂家声远；百梅世泽长。

——翁姓宗祠通用联。此联为福建省上杭县旧县乡迳美村翁氏宗祠门联。

万山尽孝留贤德；六桂联芳传盛名。

——翁姓宗祠通用联。上联典指清代进士翁运标。下联典指宋代名人翁乾度，居泉州，生六子，均中进士，时有"六桂联芳"之誉。

六桂文章，洪、江、翁、方、龚、汪分异姓；

百梅甲第，厚、恭、易、朴、廉、休乃同宗。

——翁姓宗祠通用联。此联为福建省福清市江阴镇翁氏宗祠联。全联典指翁乾度六子为避难改异姓之事，后形成了六姓原一宗的"六桂联芳"堂号。

福生六桂家声旧；德应三春禄泽新。

——翁姓宗祠通用联。

【族谱文献】

闽台翁氏族谱有《龙岩翁氏族谱》始修于宋代，明洪武二十八年（1395）重修，永乐、天顺、嘉靖、清康熙续修，乾隆四十七年（1782）合族重修，道光四年（1824）二十三世翁玉藻等重修，今本为民国廿八年（1939）翁质轩等十修本，共16卷首1卷，卷首连卷1刊录历代修谱序文、目录、凡例、家训及修谱登名，祠产、但缺祠堂、邱墓、祠祀象贤等；卷2缺，卷3载寿眉、闺寿、文翰等项，卷4.卷5列代图，卷6至卷16辑世代列传，卷11.卷13缺。谱本间或缺帙，但谱源、族户等记述较为详。内载肇迁龙岩始祖云庵公，唐代仕闽，居福州沙合集贤里，唐代由沙合迁龙岩。名人翁仲坚，号葛坡，明奉训大夫广东提举等。还有《泉郡津头埔莆阳衍派翁氏家谱》始修于明万历年间（1573—1620）。今本为翁氏家谱续编理事会据宣统元年（1909）钞本修订，2005年出版。分原编、续编2册。内载族源于莆田京兆翁庄。明末清初，津头埔翁氏开基始祖瑞泰公徙居迎春亭街，今泉州东海镇津头埔。世系有津头埔翁氏各房，以及移居台、港和海外内外各分支。名人翁逊彩。此外有《永定翁氏族谱》《莆阳翁氏家谱》《上杭金山翁氏四修族谱》《京兆翁氏族谱》《莘口翁氏族谱》等。

第一百五十一节 邬 姓

邬（wū）氏是一个典型的汉族姓氏，历史悠久，在当今姓氏排行榜上名列第 194 位，人口约 64 万，占全国人口总数的 0.04% 左右。邬姓在大陆排前 200 位。在台湾排名第 161 位。

【渊源】

1. 出自妘姓，姓系黄帝之后。据《姓氏考略》载，邬姓来源于封地，春秋时期，陆终第四子求言，受封于邬（在今河南省偃师县），其子孙以受封地名为姓，称为邬氏。邬姓郡望颍川。帝喾的儿子是祝融氏，陆终则是祝融之子，陆终是中华民族源流上的一位重要人物，他总共生了 6 个儿子，依次为昆吾、岑胡、彭祖、永言、安以及季连，后代繁衍甚广，是中国姓氏的始祖之一，譬如，苏、顾、温、董等姓是老大昆吾的后裔；钱、田、彭等姓是传自老三彭祖。

2. 出自祁姓，以食邑名为氏。据《通志氏族略》记载："晋大夫邬臧之后，食邑于邬，因以为氏。"春秋时，晋国大夫祁氏家臣臧之后，食邑于邬（今山西省介休市），世称邬臧，其子孙以邑名为姓，形成邬氏。晋顷公堂而皇之地杀了祁盈、杨食我、羊舌氏等人，灭了祁氏势力集团。之后，晋顷公赏赐祁臧的后代食邑于邬（今山西介休），其后裔子孙世称其祖先祁臧为邬臧。

3. 源于姬姓，属于以封邑名称或官职称谓为氏。在史籍《名贤氏族言行类稿》中记载："邬，邬郡太守司马弥牟之后，因以为氏。"在史籍《左传·昭二十八年》中是这样记载的：在晋顷公姬弃疾灭了以祁盈为代表的祁氏势力之后，晋国由魏献子执政，分祁氏之田为七县，分羊舌氏之田为三县。司马弥牟为邬大夫，贾辛为祁大夫，司马乌为平陵大夫，魏戊为梗阳大夫，知徐吾为涂水大夫，韩固为马首大夫，孟丙为盂大夫，乐霄为铜鞮大夫，赵朝为平阳大夫，僚安为杨氏大夫。司马弥牟为邬大夫，当指司马弥牟被分封于原属祁氏家族的食邑之一的邬（今山西介休），抑或是指地为官称，只是去管理邬邑，并没有封予食地，因为邬邑已经封赏给祁臧的后代了。后来，司马弥牟的后裔子孙中的大部分人仍旧复姓司马，而另有一部分人则以先祖受职之地名或官职称谓为姓氏，称邬氏。

邬氏是一个典型的汉族姓氏，历史悠久，根据《姓氏考略》的记载，邬氏后来主要是繁衍于南昌、抚州和崇仁三个地方。

【得姓始祖】

司马弥牟、邬臧。据《名贤氏族言行类稿》曰："邬郡太守司马弥牟之后，因以为氏。"这位司马弥牟，也曾登名于左丘明所著的伟大史书《左传》，该书的"昭二十八年"指出："司马弥牟为邬大夫。"可见得邬姓的这位始祖，曾经是晋国一位相当显赫的人物。《通志氏族略》说："晋大夫邬臧之后食邑于邬，因以为氏。"这位邬臧，也是晋国的重臣，所以才有资格拥有食邑。根据这两段记载，邬姓的发源之地相同，但他们的始祖则有两位，而且得姓的时间也相差了好几百年，后世的邬姓人士究竟谁是出于司马弥牟，谁又传自邬臧，真相虽然已不可考，无法确实地追本溯源，然而不管哪一位才是自己的真正始祖，邬姓人士还是很有资格以自己的姓氏为傲的，因为这两位邬姓始祖，都曾经是当年晋国的重要人物。

【入闽迁徙】

邬姓主要有两个来源，一个是出自杨姓，以食邑名为氏；另一个是出自妘姓，以封地名为氏。邬氏自春秋时发源于山西太原，春秋时期，邬单，是孔门七十二弟子之一，随祀于孔庙。战国秦汉时，有部分后裔迁居河南，有部分后裔历经多次迁徙来到江西。唐末五代时为避战乱，由南昌迁福建后又入粤定居。

香港《崇正同人系谱》：唐末，邬成化，自江西移居宁化石壁乡，子孙渐次移居粤之循梅，再衍长汀、石城、会昌等地。

五华《华城邬氏族谱》《客家姓氏渊源》（第二集）：邬思荣，乃彤公之曾孙，居河南颍川，宋初，仕翰林院，升巡捡御史；后任福建巡抚兼理军务，定居于汀州，为邬氏始祖。生三子：长子成仁，迁居浙江；三子成作，迁居江西丰城；次子成化，以进士授宁化县正堂，解组后，立基宁化县石壁，为入闽邬氏始祖。成化生六子，分衍闽粤各地：伯一郎，讳受，移居武平。受之长子大明，为大埔一世祖；次子大景为梅县、五华一世祖，其裔孙衍龙川、兴宁等地。伯二郎，讳德，居宁化石壁村。伯三郎，讳荣，移居江西丰城。伯四郎，讳昌，迁往广东河源县骆湖。伯五郎，讳永，居宁化县。伯十三郎，讳盛，留居宁化石壁。

漳州现有邬姓分布在南靖县龙山镇东爱村下井社、云霄县云陵镇大路社区（街）。

永定县邬氏世居古竹乡高头村之峰下。属于颍川郡。

【入垦台湾】

台湾邬氏以闽籍为主，各省籍的都有，主要分布在屏东；其次分布在台北、桃园、彰化、新竹、宜兰、台中、台东、花莲等市县。

【郡望堂号】

据《通志氏族略》记载："晋大夫邬臧之后，食邑于邬，因以为氏。"望出南昌、抚州、崇仁。

太原郡：秦代设置太原郡，治所在晋阳，现在山西省太原市西南。隋改晋阳为太原，又另设晋阳，与太原同城。唐太原府治亦在此地。宋太宗太平兴国中，改并州为太原府，移治阳曲（今太原市）。以后宋、金河东路、河东北路，明清以来省会都在此地。

南昌郡：汉代豫章郡治，隋为洪州治，五代南唐及明、清为南昌府治，均为今江西省南昌市。

抚州：隋抚州治临川（今江西省抚州市西）。明清为府。民国为临川县。今为抚州市，设临川县于其西南之上顿渡镇。

崇仁县：开皇九年（589），废巴山郡及所领 7 县，以旧巴山西宁新建 3 县地置崇仁县，县域东南抵宁都界 150 余公里，西南抵永丰界 45 公里。

邬姓的主要堂号有："颍川堂""慎德堂"等。

【楹联典故】

源自妘姓；望出太原。

——佚名撰邬姓宗祠通用联

全联典出邬姓的源流和郡望（见上题头"姓氏源流和郡望堂号"介绍）。

学传孔道；名列晋卿。

——佚名撰邬姓宗祠通用联

上联典指春秋时人邬单，孔子弟子。下联典指春秋时晋国大夫祁盈的家臣邬臧，食采于邬邑，为邬氏之祖。

嘉猷荣后；善道授贤。

——佚名撰邬姓宗祠通用联

上联典指明代昆山人邬景和，字时济，器度凝重。16 岁时，被推选娶了永福长公主，任驸马都尉。后来，因上书言事忤逆了圣旨，被放逐还家。隆庆初年，又复职任用。"嘉猷"，谓美好的谋划。下联典指明代浙江省宁海人邬若虚，字君受，初官崖州守，御倭寇有功，升邵武同知，兴利除害，训课士民。

【族谱文献】

浙江西坞、福建建瓯邬氏字辈：可（德）道宗（崇）尚仕孟元亨聪明睿智忠诚孝友谟烈显扬义正（敬）直云礽炽昌本支百世长发其祥。

邬氏一支字辈：大富国绍怡庭裕振兴帮隆荣一万代再添文定祥致孝成先择存心用失昌永远齐上在增首迪前光。

第一百五十二节 巫 姓

巫姓位列我国宋代《百家姓》第220位。巫姓海内外300余万，在全国姓氏人口排列中列第283位，台湾巫姓人口排名85位。巫姓人口中90%的人口均称是巫罗俊公的后裔。

【渊源】

1. 巫姓为源于上古，是以技能作为姓氏。在上古时期，以祝祷、占卜、祭祀为职业的人叫着巫师。《说文》载："巫咸初作巫。"巫咸是祝祷、占卜、祭祀这一职业的发明者。《汉书·郊祀志》颜师古注："巫先，巫之最先者也。"《索隐》也载："巫先谓古巫之先有灵者，盖巫咸之类也。"巫人在古代被认为是上天的使者，上知天文，下通人事，是一个非常受尊崇的职业。《尚书·君奭》说："汤时有伊尹，假于皇天；在太戊时，则有伊涉、臣扈，假于上帝，巫咸治王家；在祖乙时，则有若巫贤。"至夏、商时期，操持祈祷、占卜、治病的职业，渐成一种固定的职官，称为巫祝，或巫臣。《风俗通》载："凡氏于事，巫、卜、匠、陶是。"《氏族略》说："巫咸商卿，其后以官为氏。"

2. 巫姓为黄帝时的巫臣巫彭的后裔。据《姓氏考略》载："黄帝臣巫彭作医，为巫氏之始。"巫彭是黄帝轩辕氏的大臣，《说文》说"巫彭初作医"，曾奉黄帝之命与相君"处方盛饵，渝瀚刺治，而人得以尽年"，曾"操不死之药"以愈病，成为中国医学的开创人。巫彭的后裔以巫为姓。

3. 巫姓为夏少康帝高辛氏之支子，黄帝轩辕氏之裔。一些《巫氏族谱》载：其始祖叫巫乾，字曲烈，为夏少康帝高辛氏之支子，封巫为氏，以巫为姓，采郡于平阳（今山东省的邹县一带）。据《罗泌路史》载：巫人为高辛氏才子，显于唐虞，封于巫，乃帝喾之裔，称八元、阏伯、实沈、叔戏、晏龙、巫人、绩牙、厌越、为虞布五教，与八恺称十六相（作十六族）。传说：帝喾纳四妃；其中，四妃訾娵管氏生挚。挚纳二房侧室，一房生2个儿子：阏伯、实沈；

另一房生3个儿子：叔戏、晏龙、巫人。巫人与巫乾似乎是同一人，帝喾的裔孙，也就是黄帝轩辕氏的后裔。

4. 由巫马复姓演变而成。在周代的官僚体制中，有一种专门掌管养马并为马治病的官员，称为巫马，也就是马医官。巫马的后裔有的用先祖的官职名为姓，称巫马氏。巫马氏郡望鲁国（今山东曲阜、泗水一带），以"鲁国"为堂号。春秋时期，有巫马施，字子期，也叫巫子期，是孔子的弟子，曾在鲁国为丞相。后来，复姓巫马又逐渐形成为单姓巫。

5. 甘人改姓巫。甘人为神农氏首代炎帝嫡系。据《秘谱·古二》载："炎帝第十二子祝犁，号德临，好耕善狩，为火正。时帝东方践位，西海不服，帝命第十子奔羊佐祝犁抚西镇天地，屯西河九曲。因善农耕、精架居，故以甘为记。因精耕而食充美，架居避凶得安。他邦慕之，以甘部为尚，久而称之，则贯以甘姓为焉。"夏禹去世后，他的儿子夏启歧视伯益为异族，杀伯益，自立王位。甘人为此抱不平，支持有扈氏，反对夏启，遭到绝灭性镇压。《秘谱·古三十一》载："人环公，甘国之君，取义抗夏被启败，国人多遭劫，杀几绝，家焚已烬，破毁已荒，避灭，隐甘姓而从巫。"其后裔也就以巫为姓。

【得姓始祖】

巫彭是中国古代一种专门从事祈祷、占卜活动的职业。专门从事祈祷，祭祀，占卜活动的叫作巫人。巫人在古代被认为是上天的使者，受到王族显贵和一般百姓的尊崇。巫人还常常管理天文、医术、算术方面的事情，在朝廷中的地位相当高。据《姓氏考略》载："黄帝臣巫彭作医，为巫氏之始。""殷有巫咸，巫贤，汉有冀州刺史巫健，又有巫都，著《养性经》也。"巫氏的始祖是巫彭。巫彭是黄帝轩辕氏的大臣，曾奉黄帝之命与相君"处方盛饵，渝瀚刺治，而人得以尽年"，成为中国医学的开创人。上古以来的巫氏家族源远流长，主要繁衍于平阳一带，即今山东省的邹城市一带，这个地方本来是周代初期邾国之地，后来变成鲁国的一个邑。

【入闽迁徙】

从上古开始的巫姓家族，《春秋元命苞·循蜚纪》载：人皇氏有巫常氏。《参庐纪》有：列氏、丽氏、巫氏。据上古神话演义的《大禹治水篇》载：舜帝时代，江淮流域部落领袖叫巫支祁。他上彻天文，下通地理。大禹治水时，请教巫支祁，用"疏凿"的方法治理水患，获得成功。商时，太戊用巫咸辅佐朝政。巫咸修明政事，清正廉明，大修汤王之典，益行仁政，天下大治。巫咸去世后，祖乙帝赠封巫咸为征夷侯，并封巫咸之子巫贤为相。巫贤倡言行辞，治国有方，使诸侯信服。西周时，巫姓已为著名姓氏之一。

西晋永嘉之乱，为逃避战祸和灾荒，大批中原先民（后称客家人）陆续离开河洛祖地，向南迁移。山西夏县的巫暹率族人经山东兖州，辗转迁入福建剑津（今南平市东），为巫族入闽始祖。南齐永明元年（483），巫德益自建成昌迁居闽汀黄连峒吾家湖（今宁化济乡）。巫德益的父亲巫天生原居湖广长沙府博罗县的，自楚移建昌。巫德益的第五世孙巫罗俊为宁化巫姓始祖。

据兴宁罗浮《巫氏族谱》记载：迄东晋末（415年左右），五胡乱华，巫暹由山西平阳避乱兖州转迁闽之剑津（今福建屏南县东），为入闽始祖。至隋大业年间（605—617），昭郎率子罗俊再迁闽之黄连峒（宁化县）。唐贞观三年（629）罗俊上平寇策，朝廷嘉其功，爵封镇国武侯。传至十三世志乾迁宁化三都龙湖，其子光一郎迁上杭胜运里。至十七世大一郎，生七子。于南宋绍兴年间（1131年后），大一郎偕五子仕恭、七子仕猷迁居永定。

巫罗俊（582—664），其先祖巫暹，东晋末年由山西省平阳郡夏县（今山西省临汾市）避乱到山东兖州，后管福建南平。隋大业年间（605—617），罗俊随父再迁黄连峒（今福建宁化）。罗俊字定生，号青州，隋开皇二年（582）生。他率众开拓黄连峒，垦荒种植，建设家园，筑堡自卫，抚平寇乱，人民安居乐业。唐贞观三年（629），天下基

本靖宁。巫罗俊这时已是48岁的中年人了，他考虑到"黄连去长安天末，版籍疏脱"，没有正式建置不行，因此"罗俊自诣行在上状，言黄连土旷齿繁，宜可授田定税"。"朝廷嘉之，团授巫罗俊一职，令归剪荒以自效。"黄连由朝廷批准，于唐乾封二年（657）有了镇的建首，名为"黄连镇"，结束了"版籍疏脱"的历史。巫罗俊得到朝廷嘉奖和旨令之后，便不再是"山大王"，而是朝廷命官，便可以行使职权，再加上原有丰厚的经济积累，遂进行大规模的开发，开发的境城东自桐头岭，西至站岭，北自乌泥坑，南至杉木堆。即包括现在清流县境内的八分之六和明溪的一部分，约达4000多平方公里，为50年后建县奠定基础。巫罗俊的后裔分衍各地，其中，第八世孙巫应的裔孙巫泰迁徙清流嵩溪；第三十二世巫三九迁居清流嵩溪，元至正三年（1343）迁济村义昌源。（见宁化济村、巫高《南安县志》）另据粤东《巫氏族谱源流序》载：巫罗俊的第十三世孙巫志乾迁居宁化三都龙湖，其子巫一郎迁上杭胜运里。宁化巫氏巫仁一房的巫善继传至二十三世巫宣有二子：巫定郎、巫泰郎从宁化迁居清流嵩溪上坊。

隋末，巫暹的另一后裔巫彦徽迁居江苏句容县，为句容巫姓开基始祖。巫彦徽，字仲懿，福建宁化县双井巷人，隋炀帝时为太子舍人。句容巫姓累世簪缨不绝。裔孙巫伋，字子光，谥文惠，宋时为端明殿大学士签书枢密院使。明代，句容巫姓的巫凯，性格刚毅而有智谋，历任都指挥使、辽东总兵官、都督同知。他守边镇30余年，威惠并行，使边境安宁。

唐贞观三年（629），巫罗俊亲自到唐太宗李世民的行宫上奏，主动要求把黄连峒纳入唐王朝版籍。他指出：黄连峒地广人多，可以授田定税。唐太宗十分嘉许巫罗俊行为，授予巫罗俊官职，负责管理黄连峒；并令他回黄连峒后继续开发建设。麟德元年（664），巫罗俊世逝，葬于竹筱窝。乾封二年（667），唐王朝正式批准黄连峒设镇。开元十三年（725），黄连镇升格为黄连县，隶属汀州；天宝元年（742）取"宁靖归化"之意将黄连县更名为宁化县。后唐同光二年（924），县令王云迁县治于现在的宁化城

关，将巫罗俊墓迁往嵩溪黄沙渡（现清流县域内）。为纪念巫罗俊开拓宁化疆土的功绩，在宁化县衙左侧建立土地祠，祀巫罗俊及其夫人塑像。清流县嵩溪黄沙渡巫罗俊墓旁，也修建了"福潭院"专祠，春秋享祭巫罗俊。巫罗俊有二子：长子巫明甫，号忠和。巫明甫有一个儿子叫巫万宗，字和玉，号元本，袭阴职，迁居宁化石壁。巫万宗5个儿子，分衍仁、义、礼、智、信五大房派。巫明达无传。

宁化《巫氏族谱》载：始祖天生，居湖广长沙府博罗县，自楚移建昌，生三子。长子德益，于南齐永明元年（483）自建昌移居闽之黄连峒（宁化古称）吾家湖。传五世，裔孙罗俊，创建黄连镇，唐室授其为黄连镇将，被宁化巫氏奉为一世祖。其裔孙分衍各地：大一郎迁广东曲江，绍兴间，其孙禧徙兴宁；千三郎徙大埔，续衍平远、蕉岭、梅县等处，明、清时东渡居台湾、乃至美国；清初亦有迁居深圳宝安平山。此外，迁往其他各地的还有：罗俊四世礼公子孙迁江西、广西；罗俊八世应郎裔孙泰郎徙清流嵩溪；罗俊十五世念郎徙江西石城堑头莲塘；三十三世三九公，原居清流嵩溪，元至正三年返迁宁化济村义昌源；三十九世延成迁石城石上里，后又徙长上里；四十世志苏徙石城白水下；四十一世立客徙石城李家边；四十二世可住，移居建阳黄坑，可三自石城迁宁都；四十三世成冬徙邵武建阳、成钏徙建阳崇政里、成金徙崇安、成晚徙建阳中窑、成襄移顺昌、成排移往四川嘉定府；四十四世邦务、邦安、邦密、邦洽、邦旦、邦旺等俱迁崇安县。邦保徙顺昌。邦配、邦涪、邦鲁、邦露皆移居四川。邦耐、邦寿、邦光徙建阳，邦聪、邦道徙建仁寿上梅村，邦宝、邦望迁往江西新城县，邦访移居西蜀。

宋代，宁化巫罗俊的第十三世裔孙巫志乾移居社福建上杭县金峰堡武溪村，后又迁徙至福建永定县溪南里及大溪口。永定巫姓以巫祈为开基始祖。永定巫姓不仅成为客家姓氏的一支主流，也是南方巫姓的一支重要支脉，其后裔播衍至福建全境以及海外各地。南宋初，原籍宁化的巫大一携七子迁居广东省韶关的曲江杨梅，为巫姓进入广东的始祖。巫姓进入广东后也逐渐成为南方巫姓的一支重要支

系，其后裔子孙迁徙至广东省兴宁、大埔、梅县、五华、龙川、和广西、江西、湖南等地。

南宋末年，宁化石壁巫氏巫礼一房的后裔巫十一原居江西石城县中心坝，诰赐光禄上卿。他有3个儿子：长子巫千一，号龙岩，徵仕郎；次子巫千二（官名巫双瑞），字祥卿，号云岩，南宋淳祐十年（1250）探花及第，招为驸马，官任统理诸军都督府大都督，光禄上卿；第三子巫千三（官名巫必超），号雨岩，官授吏部宣读。南宋末，巫双瑞辞官还乡，建庙修斋奉佛。追年，元兵陷京师后挥师南下。石城县的巫姓族人以及巫双瑞夫妇遭株连残杀。巫千三为存祀计，改同榜进士、姑父黄裕姓黄，逃过劫难。巫千三有3个儿子：长子黄日华，其后裔居石城县琴江镇兴隆村和观下乡罗口、袈裟湾等地；次子黄日新迁福建省建宁县花栅下；第三子黄日升迁广昌县赤水镇，其后裔遍及广昌、宁都等地。巫千三的后裔有一部分复姓巫，也有一部分仍姓黄。许多后裔奉祖牌二姓均祀。

北宋太平兴国四年（979），巫万一的一个儿子由宁化迁居清流永得里林畲石龙；南宋建炎至绍兴期间（1127—1162），宁化济村巫家湖的巫姓后裔巫显章迁清流县草坪。宁化巫氏仁、义、礼、智、信五大房派中，有巫智一房的后裔巫万一迁清流县林畲乡，巫信一房的巫宣的后裔迁清流里田乡田头村。

台湾《平阳之光》（巫氏宗亲总会十周年会刊）载：罗俊公十三世孙志乾公，字大纲，号正先，授山西平阳府正堂，生于唐，居宁化三都龙湖。其子一郎（十四世）迁居上杭金锋堡武溪村。至十七世大一郎徙居宁化乌村溪，生八子，于南宋高宗年间，与子入粤韶州、曲江、杨梅，为入粤始祖。长念一郎，名仕聪，移居英德；次念二郎，名仕成，亦移英德；三念三郎，名仕政，移惠州；四念四郎，名仕宗，居英德归仁；五念五郎，名仕恭，居永定；六念六郎，名仕敬及其长子福（字忠厚），移嘉应州汤坑。该刊又载：十七世仕猷公，字福谦，原居宁化乌村溪，因营潮郡生意，取道潮州府丰顺县汤坑南田都，病故后，其第三子念八郎肇基由此，再传十二世巫乃需，于清乾隆十二年迁台湾开基。

闽西巫氏分布在永定县的大溪、凤城、峰市、湖坑、抚市、古竹、湖雷、仙师、城郊、堂堡，上杭县的临江、茶地、白砂、临城、蓝溪、中都、稔田，武平县的民主，长汀县的汀州，连城县的莲峰、姑田、塘前、四堡、宣和，宁化县的翠江、济村、方田、城郊、湖村，清流县的龙津、林畲、嵩溪、里田、东华等乡镇。

【入垦台湾】

明代，巫姓子孙，尤其是福建、广东的巫姓子孙也相继迁徙台湾及海外各国。据族谱和台湾文献资料和粤东《巫氏族谱源流序》云：罗俊公十三世孙志乾公，迁宁化三都龙湖。其子（十四世）一郎迁上杭胜运里。至十七世大一郎公迁上杭九泰。大一郎生有七子，南宋绍兴间，偕五个儿子迁粤：长子仕聪、次子仕成居英德；三子仕政，居惠州；四子仕宗居潮州；六子仕敬，居曲江。五子仕恭、七子仕猷均移居永定。其后裔枝繁叶茂，衍播各地。其中：于明，清时期东渡台湾者众，最早抵台的巫氏是明末跟郑成功前往的，入台后开基于台南，后裔垦彰化。明嘉靖年间，世居福建长汀、永安的罗俊裔孙巫翁、巫水父子移垦台湾南投鱼池。清代康乾间，巫氏到台湾的日益增多。其中巫玄儒于康熙中业入垦彰化。雍正二年，巫阿政入垦新竹。乾隆年间，有巫育园、育元、育方、育英兄弟迁居台南；育才垦南投；为荣垦彰化溪湖（后移彰化）；巫河赞垦新竹；有大垦桃园；文英入彰化；植栋垦苗栗（后衍台中、屏东）；乃需迁台北；焕之垦桃园；玉生、玉长兄弟迁苗栗；玉洞、玉志迁台北；玉宇、玉富入迁淡水；永苍、永荣、永潘、永新、永华先后迁桃园；来自福建漳州平和的仕姜、仕贡、仕鼎、仕魁、仕科、仕院、仕珪、仕居兄弟八人徙居溪湖。光绪十七年，巫松章入垦基隆。

明末，祖籍福建永定县大溪巫俊渡海入台定居台南，后裔迁垦彰化溪湖巫厝等地。乾隆年间，巫育圆、育元、育才、育英等兄弟入垦台南，育才移居南投；平和巫仕姜、仕居、仕贡、仕鼎、仕魁、仕院、仕珪入垦今溪湖，成为当地望族。嘉靖年间，长汀巫翁、巫水兄弟入垦南投鱼池乡养鱼为生，故此得名。据上杭《巫氏族谱》载，上杭迁台有钧明、松昌等人。清乾隆时期（1736—1795），广东省普

宁县罗溪尾寨巫周德，渡海来台湾经商，居住在现大社乡大社村保元宫庙后附近。宁化巫罗俊的后裔渡海入台的人数就更多了。他们在台湾开基立业，繁衍滋长。巫罗俊的神像被入台的巫姓子孙们当作保护神供奉。现巫氏在台湾共有1271户，半数在彰化县，其他在桃园、新竹、高雄等县。

【郡望堂号】

平阳郡：三国时魏分河东郡置治所在平阳，相当于今天的山西省霍县以南的汾河流域及其以西地区。

巫姓的主要堂号有"平阳堂"等。

【祠堂古迹】

巫罗俊怀念堂：位于三明市宁化县翠江镇小河边88号。占地面积占地面积1637.66平方米。

宁化"青州公祠"，始建于唐代，传说唐王朝为了表彰巫罗俊开疆拓土的丰功伟绩，敕封巫罗俊为黄连镇将，镇国威武侯，赐尚方宝剑，并降旨在黄连镇西天兴观竹筱窝建"青州公祠"（俗称：土地祠）。祠内塑有巫罗俊及柴、纪二位夫人神像。

永定大溪巫氏宗祠。

永定太史第：永定大溪乡大溪村。

【楹联典故】

源自上古望出平阳；王家保义边镇良才。

——巫姓通用楹联。

平步青云前程远，阳春白雪品格高。

——佚名撰巫姓宗祠通用联。此联为以鹤顶格镶嵌巫姓的望族居住地"平阳"二字的嵌字联。

黄连永镇千秋固，翠水长流一脉香。

——佚名撰台湾省凤山市镇北里北辰宫（俗称巫王爷庙）联

黄连永镇千秋固；翠水长流一脉香。

——宁化青州公祠对联。

勋业播两朝黼国黻家，济美殷时标伟望；
馨香隆百世分枝别派，溯源汀水衍长流。

——福建汀州府巫氏家庙楹联。

【族谱文献】

福建宁化巫氏重修族谱，49卷，首3册，29册。民国二十五年（1936），巫新赛总撰。始迁祖巫罗俊，字定生，号青州。始迁宁化，后裔播迁福建、广东。

第一百五十三节　吴　姓

吴姓是全球华人十大姓之一，当代吴姓的人口有 2400 多万，是当今中国大陆第 9 大姓，大约占全国人口的 1.93%。在台湾排名等 6 位。

【渊源】

1. 出自姬姓，是黄帝轩辕氏的直系后裔。商朝时，黄帝的十二世孙古公亶父（周太王）建立了周部落。吴王寿梦的后裔分为两支：一支在政治上发展，出现了吴王阖闾，吴王夫差等著名国君；另一支则是季札及其后裔独立发展，人丁繁衍众多，构成了当今吴姓的绝大部分。吴国被越国所灭后，其子孙便以国为姓，称吴姓。

2. 上古时已有吴姓。一是舜的后代有封在虞的，因"虞"与"吴"音相近，故舜后有吴姓；一是颛顼帝时有吴权，其后亦有吴姓。一是少康帝时有神箭手吴贺，其后有吴姓。

3. 源于姜姓，出自古帝颛顼时期吴权之后裔。属于以氏族名称或国名为氏。据有关资料所载，相传为上古颛顼帝（高阳氏）时吴权的后代。吴姓人物早在炎帝、黄帝时就已存在。炎帝之臣有一叫吴权的，他的后代是中国乐曲的发明者。有个因为勇敢剽悍，善于狩猎而以"吴"为称号的原始氏族，在尧舜以前的活动，《尚书》《春秋》《国语》《史记》等经典史书都记载阙如，只有以广博、繁杂著称的宋人罗泌《路史·国名纪》中，才以吴权的氏族为第一个吴氏族。

夏代国王少康时有吴贺，其后为吴姓。吴贺，他以善射著称，曾和当时的神箭手后羿比射，《帝王世系》载有其事。《中国姓氏大全》说："传说中夏代国王少康时有吴贺，其后有吴氏。"吴贺见于《帝王世纪》，他曾与羿比射。其实，吴贺就是古代吴人中的一员。吴人所建立的氏族政权即吴，它在夏商时代一直存在。

5. 源于有虞氏，出自周文王时虞仲的封地虞国，属于以国名为氏。史籍《元和姓纂》中说："舜有

天下号曰虞，子商均因以为氏。"上古虞字写作"吴"，只是到战国时期，虞、吴开始区别。据有关资料记载，相传虞仲的后代在周文王时曾被封于虞国（今山西平陆），公元前 658 年被晋所灭，其后子孙中有人便以国名为氏，姓虞。

6. 源于其他少数民族，属于汉化改姓为氏。少数民族与汉族融合，产生吴姓。苗族、满族、锡伯族、柯尔克孜族、朝鲜族、赫哲族等均有为吴姓者。

【得姓始祖】

泰伯。古公亶父（周太王）建立了周部落。周太王生有长子泰伯，次子仲雍和小儿子季历。太王孙姬昌（周文王），出世时，有圣瑞出现，所以太王就属意姬昌接位。太王的大儿子泰伯和二儿子仲雍知道了父王的意思是先传位给季历，再传位给姬昌，就决定自动让贤，便一起南下荆蛮（周人敌视楚国的称呼）。泰伯和仲雍给当时比较落后的江南带去了中原先进的文化，被当地土著推举为君长，号称勾吴。泰伯享寿九十一，没有留下子嗣，本着禅让的美德，将王位传给其弟仲雍，立为勾吴之长，并且世世代代相袭下去。周武王（姬昌为文王，其子姬发为武王）灭商后，仲雍的三世孙周章为诸侯，国号改称吴，并追封泰伯为吴伯。泰伯也就成为了吴姓的得姓始祖。

【入闽迁徙】

1. 吴亡国后，吴姓后人流亡到江西婺源、安徽歙县、福建一带，并有北迁至山东、山西等地者。在秦末汉初，吴姓族人参加起义，因功，多被封王，出现多个名门望族，如南阳吴姓、陈留吴姓、河南吴姓等，荣极一时，为吴姓发展史上一个重要时期。永兴二年（153），吴郡太守麋豹在郡城（今苏州）建立吴太伯庙，奏请朝廷寻访吴姓正宗后裔主持庙祀。吴胜以家传《世系》进呈，汉桓帝审阅确认后，拍案称好，命太尉黄琼等议吴姓发源于江南，成长于江南，历史上吴姓是我国一个比较典型的江南大

姓。公元前473年越灭吴时，吴氏先民就由吴国入闽迁徙，西汉时期已聚族6000多户。

2. 南朝陈至德三年（585），丰州刺史章大宝谋反，吴惠觉平叛有功，授丰州刺史，后又出任建安太守。他择居清源山朋山（旧称屏山）岭后，其后裔先居建宁，后迁居福州。吴陂《渤海吴氏族谱》：八十一郎，讳均公，宣义次子，后梁乾化进士，官为光禄大夫。原居苏州，因政治上不遂己志，避住入闽。生六子：长子伯佳，留住苏州梅里；其余五子伯琏、伯瑞、伯琳、伯珠、伯瑶俱徙闽之延平铁石。至后唐同光二年（923），转徙汀州黄连县（宁化县古称）。伯琏初居石壁，后徙吴陂头竹园墩，其余分居官坑、竹园、马脑寨、杨边田、官地、曹家山等地。伯琏即为吴陂头始祖。其墓葬于宁化龙上上里禾坑窑背三坑里蛇形。

3. 唐开元十二年（724），河南光州固始人吴图元，以治书御史奉命都统节制经略闽疆。他先住福州古桥头，反又迁居尤溪，子孙又分衍大田、漳平、安溪等地。连城文亨席湖营吴氏族谱载，其地吴姓属延陵郡，入连始祖是仲雍六十二世裔孙吴锦祥，原名秀，官为苏州吴县县令，生于唐贞观十四年（640）由苏州入闽，隐居清流铁石矶后，更名锦祥，终身不仕。

4. 唐中和元年（881），吴玲、吴佩、吴融兄弟三人入闽迁徙。入闽的吴姓按其始迁祖的官职分为长史、司马、长官、中山四派，后来以司马派繁衍最盛。至宋代，原居福建顺昌演山的司马派吴佩的后裔吴瓜迁居将乐县会石，繁衍到漠源乡曹溪、半路、甲头、漠源、神坑源等地。吴瓜系司马派吴佩的后裔，原居福州洪唐。唐末时，其先祖因不愿附属闽王王审知便弃官为民，从福州洪唐迁南平桔溪（今南山镇）隐居。二世吴侃由桔溪迁徙顺昌演山。将乐县分北、南片的吴姓。如安仁乡泽坊吴姓、大源乡肖坊吴姓、白莲镇、黄潭镇吴姓远祖原居江西南丰县金斗窠，后迁居泰宁。明万历年间，这支吴姓后裔吴伯俊自泰宁迁居将乐县泽坊开家立业，后来有部分吴姓迁居大源、肖坊等地。

5. 吴祭，字孝先，生于唐宝历元年（825），15岁入国学，唐会昌五年（845）应举乡魁，大中二年（848）再应漕举，授浙江主簿，咸通元年（860）知工部屯田员外郎，乾符元年（874）拜平章政事兼观察使，中和四年（884）随王审知入闽，居福州。后王审知据闽称王，不愿意附从王审知，兄弟六人避地分居福泉间。公迁于莆田县灵岩山，后卜居莆田黄石沈浦（钱坡）。天佑四年（907）卒，享年83岁。死后葬莆田黄石山。吴祭为吴姓莆田入闽之始祖，其子孙分居漳浦、云霄、莆田、崇安、连城、诏安、泉州、厦门等市县。至南宋理宗年间，有吴养行，号千十郎者，乃吴祭之十三代裔孙，由福建来潮州府潮阳县任武官之职。任满之后，不回莆田老家，而偕家眷居于潮地。这吴养行便是吴姓入潮始祖。稍后，又有吴冲一，从福建诏安迁来饶平高堂定居。这吴冲一乃吴祭之十八代。

吴祭堂兄弟吴发、吴兴、吴瑞、吴良、吴斌6人分居福州、莆田、泉州、漳州、汀州等地，称为吴姓六祖；其后裔遍布全省各地。差不多时间入闽的还有吴宣。吴宣原居四川后迁江西南丰，后因战乱迁至福建汀州宁化县。

6. 五代时，后唐恭议王的吴大郎兄弟3人及族人从江西饶州府乐平县吴家湾迁居剑州（今属南平）史溪馆。吴大郎的儿子吴十二郎有3子，其中第三子吴八郎迁居三明三元。后晋开运二年（945），赵匡胤起兵灭周建立宋朝。原居三明三元的吴八郎之子吴念一为宋银青光禄大夫。吴念一告老后，迁居沙屯（现梅列区列西）龙谷遂家（现列西龙岗片），为列西吴姓开发始祖。至明代，吴念一的第十二世孙吴福禄有两个儿子：长子吴振宗迁居丕基仁义坊（现列西五四片），次子吴绍兴迁居延平。列西五四片的吴振宗一支后又分天、地两房分支。

延陵吴姓的吴宝从江西的南丰金斗窠迁居福建邵武。他共有五个儿子，其长、次子俱迁居宁化。据宁化安远《延陵吴氏族谱》载：吴宝的祖父吴宣城是四川阆州巫锡人，后唐清泰二年（935）随其父、四川节度使吴简举家迁居豫章。吴宣城有三个儿子：长子吴纶（吴宝的父亲）迁居江西南丰嘉禾驿李家庄，后又转迁祝家山里金斗窠。吴纶有10个儿子，

闽台寻根大典

其中第七子吴兴迁居建宁石塘。吴宣城的次子吴经原居江西抚州临川；他的裔孙吴念七郎为二房入宁化始祖。吴宣城第三子吴绍原居江西南丰嘉禾驿，后迁居祝家山金斗窝。北宋时，吴宝的裔孙吴开甲迁居宁化安远，吴开申移居清流石矶（其后裔于宋建炎年间迁居宁化横锁），吴开由移居归化（今属明溪）肠公岭（鳌坑、枫溪大洋塘、三溪、角岭）。据该谱载，其后又有第九十世吴义荣迁徙永安安砂、吴忠（火刀）迁徙建宁夏坊，第九十一世吴礼云、吴礼明迁徙建宁，第九十三世吴应逊迁徙建宁里心，第九十四世吴登捷迁徙永安安砂、吴登梁迁徙泰宁等。

后唐恭议王的吴大郎兄弟三人入闽后，其弟吴二郎迁居福州府候官县，吴十一郎迁居延平府吉溪里。吴大郎的长子吴四郎迁居江州，次子吴六郎迁居松溪。

渤海吴姓后裔吴八十一郎（讳均），后梁乾化年间（911—915）进士，光禄大夫，为避乱入闽。其六子中，除长子留居苏州梅里外，其余五子均迁徙延平（今南平）铁石；后唐同光年间（923—926）转徙黄连镇（今宁化），次子吴伯琏居吴陂头，其余分居石壁、官坑、竹完等地。（见宁化吴陂《渤海吴氏族谱》）。

7. 宋代入闽。连城莒溪壁州的渤海吴姓，入连始祖吴十六郎，也是由苏州吴县迁入。据载，他是宋进士，官至银青光禄大夫，户部尚书，于宋绍兴年间（约1140）奉简入闽，时逢战乱，遂经汀州徙连城壁州隐居。而与吴宥同兄弟的吴宝（排行第八），因其在闽地为官，其后裔也定居宁化、邵武、将乐、沙县等处。另据《中华姓氏通史·吴姓》载：上杭县城的渤海吴姓，以吴箎为始祖。南宋庆元年间（1195—1200），吴庆率家从建宁东乡开山保石航迁居泰宁城西叶家窠。吴庆为泰宁吴姓始迁祖。

8. 吴承顺，字宥，祖居建昌府南丰县嘉禾驿，宋进士，敕赠文林郎，诰封中宪大夫。宋仁宗天圣五年（1027），吴宥携邵、彭夫人等居宁化县石壁，后定居于龙岩县龙门石牌前。吴承顺墓在新罗区龙门镇石牌前笔架山下，为新罗区文物保护单位。吴承顺生四子：坎一、坤二、震三、巽四。坎一派衍龙岩；坤二裔孙徙居上杭、永定、漳州及广东；震三传衍上杭及广东梅县松口；巽四传衍江苏。吴承顺傅12世孙吴纲，又名念一郎，迁永定县下洋思贤村开基，至二十四世吴胜昌，由永定迁台湾桃园开基。下洋乡思贤村是中国国民党荣誉主席吴伯雄祖籍地。吴承顺裔吴宗举，迁永定县湖坑奥杳开基后，裔孙向台湾迁移。吴承顺后裔播迁于闽、粤、赣、桂、滇、贵、川、浙、苏、鄂、台、港、澳和海外，被尊为闽粤吴姓客家始祖。连城吴姓始祖是南宋绍兴年间江苏吴县人，官任户部尚书，"奉简入闽，乐闽土而居连"的吴至德（即吴十六郎）。他最初居连城县莒溪壁州圳头，传九世孙吴友季（甘泉）迁居县城。连城宣和乡培田村吴孝林，字梦香，于清嘉庆三年（1798）任台湾北路千总，后升任曲庄营守府，后裔留居台湾。连城迁台还有吴振彬、吴胜彭等人。上杭吴氏迁台有：一新、一莱、乾汉、黄忠、如选、信三、宪藩、光汉、家荣、日华、稼化等。

9. 元末明初（1353—1378），原居福建南平王台的一支吴姓经将乐、泰宁迁入建宁城隍坊；建宁的另一支吴姓则是在明洪武中叶从江西南丰迁至建宁南门。两支吴姓后裔从城关、南门播迁本县上里、贤河等地。原居清流县沙芜乡铁石灌尾村的吴衍二的长子吴天秦、次子天泰分别迁到永安梦溪（今罗坊乡）的左拔、吴坊村定居。罗坊吴姓第五世吴绍三后裔迁居永安小陶石丰、月山，吴绍四移居永安罗坊掩桑村。永安吴坊吴姓开基祖天泰之子吴子忠移居永安安砂，吴子信的后裔播迁永安小陶的梨坪（坚村）、上吉、苏地，永安洪田镇的丰头坂、大窠、井垄、湍石、上石村和永安燕西街道的大炼村。（永安罗坊《吴氏族谱》）

闽中兴化府莆田县孝义堡始祖吴庄，原籍河南上蔡，公元前入闽。莆田钱埔始祖吴祭，原籍河南光州固始县善举乡，唐中和四年（884）入闽。安溪吴福仁支系，原籍绍州东府，唐时入闽。惠安大吴始祖吴仁禄，原籍河南光州固始，唐僖宗中和二年（882）入闽。南平橘溪始祖吴遂，原籍河南汝宁信阳，唐僖宗中和元年入闽。浦城始祖吴睿，原籍海州（今江苏连云港），唐德宗贞元八年（792）入闽。

晋江象畔始祖吴阒，原籍河南光州固始，晚唐随王审知入闽。宁化石壁始祖吴宥，原籍江西南丰，宋天圣五年（1027）移居宁化府。连江东塘始祖吴省元，原籍江苏南京，宋代入闽。龙溪、梅溪、清溪、洛溪系始祖吴昭，原籍宣州宁国（今安徽）宋代入闽。同安白礁始祖吴通，原籍河南濮阳，宋代入闽。晋江仓边始祖吴昌生，原籍兰陵古锡梅里，元至正间入闽。晋江钱头始祖吴箕畴，原籍浙江钱塘，明嘉靖入闽。

【入垦台湾】

1. 福建的莆田、福州、漳州、泉州、汀州吴姓迁徙广东的潮州、嘉应州、南雄，广西的梧州、南思，还有台湾等地。吴姓的发源地江苏南部距离台湾较近，因此吴姓人迁居台湾的历史较早。远在春秋吴国鼎盛时，具有先进航海技术和海洋民族开拓和冒险精神的吴国子孙，就远涉台湾、澎湖。早在吴国灭亡之时，吴姓子孙有一部分逃亡海上，其中一些人有可能迁到了台湾，然而见于历史记载的却是在元代。据《闽台关系族谱选编》，元朝至元二十八年（1291），元朝礼部员外郎吴光斗和宣慰使杨祥奉元主之命，率6000大军渡海"往使琉球"（即今台湾岛），守台湾。明清以来大批福建、广东吴姓移居台湾开垦。吴沙开垦宜兰，把荒僻之地开垦农田8000余亩，建村落，开拓乌云港。明朝万历年间，福建云霄人吴登高移居台北。此后，福建、广东沿海吴姓有许多人前往澎湖、台北、高雄等地谋生创业。康熙三年（1664），福建龙海吴凤随宁靖王术桂赴台，定居今台南，今天吴姓在台湾阿里山口还有"吴凤庙"，称为阿里山之神。明崇祯年间，福建南安吴耀余迁居今澎湖马公，吴隆赛自金门（浯江）迁居今马公。清初，福建同安吴礼熙吴祖合自金门迁居澎湖白沙。吴姓先后开辟台北、台南、彰化、云林、嘉义、竹南、台东与苗栗大湖等地的农田与圩市。发展至现代，吴姓是台湾第七大姓，占台湾总人口的约4%。在台湾历史人物中，吴姓人占有相当比重，如被称为"阿里山之神"的吴凤，宜兰的开拓者吴沙，抗倭名将吴彭年和吴汤兴，抗日民族英雄吴海水，著名作家吴浊流等都是史上来台的著名吴姓子孙。

台湾吴姓最显赫的一支是吴伯雄家族。吴伯雄是吴宥的后裔，曾任国民党中央常委、台北市市长等要职。吴贤系琥公裔二十三世魁元，外出南洋。珀公裔十九世辉仁、章仁迁湖广。芋坑维攀裔二十二世承耀，生二子：广贤、广度，均出南洋。昆山后裔二十六世东渡台湾。

【郡望堂号】

濮阳郡：晋代时改东郡置国，西晋末改为郡。此支吴姓，其开基始祖为广平侯吴汉的裔孙吴遵。

陈留郡：西汉时置郡。此支吴姓是季扎的后裔，为东汉吴恢之族所在。

吴兴郡：周朝始置县，三国时期吴国宝鼎元年（266）置郡，治所在乌程（今浙江吴兴）。

延陵县：西晋时分曲阿县置县。

此外，还有长沙郡、渤海郡、武昌郡。

至德堂：孔圣因而美其行曰"至德"。宋武帝御制"三让王赞"亦云："维王三让，遂成文武，古公乃亲，后稷乃祖；立国东吴，载论中鲁，日月光华，乾坤心腑；胤嗣弥昌，庆流宏溥；我敬赞词，永昭千古"。吴姓等族人遂有"世界至德宗亲总会"，族人也乐以"让德"为堂号。

延陵堂：季扎是吴王寿梦的第四子，以贤德著称，寿梦想让他继承王位，他坚辞不受，寿梦只好把他封在延陵。他的三个哥哥先后为吴王，临死时要传位给他，他仍然不接受。因此他被后人奉为"至德第三人"，又因其封邑在延陵，故时人称其为"延陵季子"。

还有：渤海堂、武昌堂、汝南堂、长沙堂、吴兴堂、陈留堂、濮阳堂。

【祠堂古迹】

泉州东观西台吴氏大宗祠，坐落于泉州城区涂门街大人巷吴厝埕。原为明万历十一年癸未（1583）进士、翰林庶吉士、监察御史吴龙徵的宅第，因其官任东观侍读、西台御史，故称"东观西台"。宗祠坐北朝南，占地1600平方米，建筑面积1177平方米。

平和大溪报本堂，又称吴凤宗祠，坐落于平和县大溪镇壶嗣村。始建于清乾隆年间（1736—

1795），历次维修。祠堂坐西南向东北，占地面积约计1200平方米，建筑面积230平方米。

磁灶吴氏宗祠，地处泉州市西南郊。明景泰年间由五世宣斋、淳斋昆仲创建，清光绪三十四年（1908）由二十世庆文等人发起重修。宗祠整体占地1000多平方米

晋江灵水吴氏家庙，地处晋江安海，古称"灵水三乡"。灵水吴氏家庙始建于明朝嘉靖辛酉（1561），历经几次修葺，清朝建筑风格，始祖懒翁公。

连江吴氏宗祠，坐落在连江东塘村大井路1号，建于清道光年间。为明朝建筑风格，坐西南朝东北，四扇三间两边夹弄围墙，为木结构，三进，天井游廊。省级文物保护单位。

西园吴氏宗祠，位于福州市晋安区新店镇西园村之西园大池左西侧，吴氏宗祠总占地面积约有两亩左右，18米宽31米深。宗祠砖混结构。

安溪祥华祥地吴氏侯邦楼祖祠，位于祥华乡祥地村，始建于明万历三十六年（1608），清嘉庆年间（1796—1820）重修，土木结构，三进布局，中进楼宇，其建筑呈"金"字形，庚甲申寅向。占地面积2437.5平方米。

【楹联典故】

百年丕振延陵绪，三让犹存泰伯心。

——吴氏通用楹联。全联典自春秋吴泰伯为周太王（古公亶父）之长子，让位于弟季历及季历子昌（文王）。孔子称其有"至德"，《史记》列为世家第一。

让国高风斋，从王大义宗。

——连江镇东塘村的吴氏宗祠门前两柱的楹联。

八闽孝子斋；三让帝王家。

——台湾省台南市吴氏大宗祠联。

家风永继称之让；祖德丰功辉万年。

——安溪白濑下镇吴氏大乾祖祠楹联。

延岗永固家声振；陵水恒绵世泽长。

——安溪凤城南街吴氏荣安堂宗祠楹联。

延陵望族扬四海；罗峰世家发西园。

——福州西园吴氏宗祠楹联。

【族谱文献】

闽台吴氏族谱现存近千部。有《渤海吴氏宗谱》，始修于宋庆元三年（1197）。吴如寿，吴世通等重修，民国十六年（1927）至德堂锈刻。今本系吴承顺播迁上杭、永定、武平三县后裔联合修谱，16卷首1卷补遗1卷，线装19册。内容有序言、艺文、传记、祠记、祠图、坟图、像赞、历代世系、补遗、上杭建筑等。共载26代。谱载后晋天福元年（936），始祖吴承顺入闽居龙岩龙门，为闽粤始祖。吴宥传十二世孙吴纲（念一郎），迁永定思贤村开基，传至吴宥二十四世吴胜昌，咸丰六年（1856）携妻儿离开思贤村，经汕头至台湾桃园开基，吴伯雄为该支后裔。有《延陵黄友族吴氏族谱》泉州吴氏黄龙族谱。始修无考，有朱熹作于宋庆元三年（1198）序。谱载唐中和二年（882），仁禄入闽，子孙布居黄龙江滨一带，谓"黄龙族"。有《台湾吴氏族谱》吴氏通谱，1993年台湾彰化吴氏宗亲会编纂。共2册。上册录江苏无锡、厦门、同安、台湾等地宗祠相片，以及序文、始祖像、历代世系、宗支世系图，以及泉、漳、莆、福、要、汀和台湾地区吴氏宗支谱牒；下册为世谱，录吴氏先民渡台名字、闽台新旧制行政区域，大陆祖籍地名称表等。尊泰伯为开姓始祖。台湾《延陵吴氏族谱》吴胜彭主修，分卷2册。谱尊殷泰伯为开姓始祖，吴锦祥为入闽清流一世祖，四十四世有延发、昌兴始族居台湾，为清流世系。

第一百五十四节 伍 姓

伍氏是一个多民族、多源流的姓氏，在当今姓氏排行榜上名列第 121 位，人口约 160 万余，伍姓在大陆进入前 200 大姓。在台湾排名第 101 位。

【渊源】

1. "出自芈姓，黄帝臣有伍胥，见《玄女兵法》，当为伍氏之始，望出安定、武陵。"为黄帝时大臣伍胥之后，以祖名为氏。据《玄女兵法》载，黄帝为部落首领时，其属下有一位大臣名伍胥。伍胥是否就是后来成为楚国望族的伍姓的始祖，未见确切史料记载。

2. 春秋时，楚庄王有个宠臣叫伍参，是伍胥的后裔。楚庄王就封伍参为大夫，伍参便以名为姓，成为伍氏，其后代沿袭伍姓，形成伍姓。

3. 是出自回族中伍氏。回族中的伍姓，其主要家族为金陵（今南京）伍氏。自明代后，从南京、扬州等地迁到湖南常德的"金陵十姓"中也有伍姓。回族伍姓主要分布在江浙和湖南等地。在湘西地区苗族也有姓伍的人。

考《伍姓世本》（公元前 495 年先祖伍子胥公始纂，秦伍逢、汉伍袭与伍琼、三国伍况与伍延、西晋伍朝、唐伍正己等公续纂）：伍姓为神农炎帝嫡裔，芈、姞、雍、焦、伍一脉相承。春秋焦举，系承焦侯，不受封藩，不王汉淮，为五服大夫，周以五服之尊赐伍，举公为伍姓得姓始祖。举公父参，参公父吉。举公子鸣、奢，奢公子尚、员。员公字子胥，后裔衍播海内外。至唐末伍正己公、南唐伍乔公，衣冠南渡，为入闽祖，客家伍姓皆为其后。

【得姓始祖】

伍子胥，伍姓家族中，无论是汉族还是少数民族，各门的宗支都以伍子胥为先祖。

伍胥。《姓氏考略》说："芈姓，黄帝臣有伍胥，见玄女兵法，当为伍氏之始，望出安定、武陵。"依此，早在 5000 年前就有了伍姓。至于楚国的伍子胥的渊源，是否就是这位黄帝的臣子，由于文献缺乏，

历来的学者皆无论证。因此，伍姓不少族谱说楚国伍氏是传自黄帝时的伍胥。

伍参，后世有许多学者认为，他是传自春秋时期的楚国伍参。楚庄王时与晋争霸，派伍参伐郑，伍参力排众议，说服庄王与强大的晋军决一死战，果然大败晋师，伍参因而被封为大夫。伍参之子伍举，伍举之子伍奢，伍奢的次子伍子胥。伍姓由此开宗。伍参也自此在楚国飞黄腾达，世袭大夫，显赫异常。

【入闽迁徙】

1. 唐代宣宗时，中丞大夫伍德普的第五个儿子伍正己为代表，从麻仓里（现为清流）迁居宁化，是汀州的第一位进士，是唐朝时期汀州唯一的进士，官至大中丞，后弃官回乡从教，对客家的文化教育事业贡献。宁化伍姓后裔尊伍德普为伍姓入闽始祖，伍德晋与夫人陈氏的墓在宁化县鱼龙村伍家坊，墓地为"海螺"形（见宁化淮土《伍氏族谱》）。其子伍泳、伍演、伍潜（浚）均仕宦，独伍洪隐居不仕。其曾孙伍佑、玄孙伍文仲均进士及第，享誉当时，使宁化的伍姓家族昌盛起来。元末，宁化第十一世伍宗由汀州宁化石壁迁居广东松口，成为嘉应、松口、溪南伍姓开派祖，后又派分出广东兴宁、蕉岭支派，从粤再往外迁，繁衍至世界各地。

2. 据清《汀州府志》载：唐朝伍昌时，随祖避乱入闽，英武多谋略，征伐有功封为偏将军。王审知据汀州，昌时随之，命其驻汀，遂留居汀州府宁化县麻仓里（今属清流县）为汀州伍氏始祖。宋元以后，伍氏裔孙迁衍广东梅州、河源、大埔、蕉岭、兴宁，江西石城、会昌等客家地区。

3. 宁化《伍氏族谱》：吾宗始于唐穆宗长庆间，德普公自榕城柑蔗（今福州）入麻仓（北宋前属宁化，今为清流县地），悦宁之山水，遂卜居于此。德普，以子贵敕封中大夫，生六子：文微（迁临汀州金泉）、微己（居清流嵩溪）、厚己（居宁化鱼龙）、正己（居宁化在城里）、行己（居余杭）、宏己（居临汀新桥）。

四子正己登唐宣宗大中十年（857）丙子科进士，累官御史中丞大夫，生四子，裔孙分衍闽、赣、粤各地，为宁化伍氏始祖。

4.五代十国王审知入闽时，有一支伍家军辅佐闽王。有资料记载以伍梦授、伍大官、伍醇、伍杰等为代表的伍姓四世同堂，辅佐闽王，分别封为仆射、偏将军、长史、都尉之职，随王车驾征战。在江西安福城，建称"伍姓第一城"（闽王第二都）。在古时族人中流转着一首打油诗："妄想闽胜家旺盛，错把伍城变王城；春风一阵秋风起，伍城王城尽忠魂。"有传说，正己公子侄千余人战亡或被杀，可见当年伍家军辅佐闽王时的悲壮场面，是伍姓千年来最大的一次族难。

5.南唐时期，南唐状元伍乔，官至吏部尚书举家自武陵迁徙豫章（南昌），后入闽居剑塘（今将乐）白莲月圆村，子孙迁徙清流、将乐一带。福建及广东、江西等地《伍氏族谱》中有记载：伍乔称一世祖为伍乔。北宋初，伍乔后裔伍任从福建迁徙河南汴梁，为汴梁开基伍姓家族。宋徽宗时，汴梁伍姓后裔伍钦（字世美，号复来）进士及第，授太常少卿，升工部侍郎。他有6个儿子：伍仕、伍商、伍旅、伍氓、伍工、伍贾。其长子伍仕登宋徽宗大观三年（1109）进士，官授左拾遗，谪任福建兴化府判，入籍莆田。次子伍商被授国子监录，世居河南汴梁关王巷。三子伍旅进士及第，官至给事，居河南汴梁关王巷；有一子（号佳山）为南宋绍兴二十二年（1152）进士，授翰林典章，始自汴梁徙岭南之凌江（即南雄珠玑巷），其后裔又迁之广东新会文章里（即斗洞大巷），为大巷的伍姓始迁祖。伍钦四子伍氓（字毓圣），登北宋宣和五年（1123）进士，选殿前校尉，勃上柱国，后因故被谪岭南十三将，镇守南恩州，卒于官，归葬于广东阳江县象山。伍氓的两个儿子伍朝佐、伍朝凯后迁居于广东新会文章里斗洞绿围村，为伍姓绿围房始迁祖。

翚公次子瓒公，登宋太祖开宝戊辰进士；瓒公之长子简公，登宋真宗大中祥符辛亥进士；简公之子佩公，登仁宗天圣戊辰进士；佩公之子钦公，登哲宗元佑辛未进士，官至工部侍郎；钦公之子仕公，

登徽宗大观己丑进士，四子氓公，登徽宗寅和进士，族人时称五代八进士。

6.宋代，伍肇顺（或许是江西安福伍姓之后人）迁莆田，后衍裔孙散居安海、广东（莆田房）、海南以及东南亚等地。

7.北宋开宝九年（968）南唐亡后，户部员外郎伍乔不愿入仕，归隐九华山。伍乔有2个儿子：长子伍萝授，次子伍梦授。伍梦授生有2个儿子：长子伍德丰，次子伍德晋（一郎）。伍德晋被敕封为中丞大夫，迁到榕城（今福州市），后又从榕城迁徙宁什鱼龙村伍家坊。伍氏后裔尊伍德晋为伍氏入闽始祖。伍德晋与夫人陈氏的墓在宁化县鱼龙村伍家坊，墓地为"海螺"形。（见宁化淮土《伍氏族谱》）

8.北宋熙宁年间，安定伍姓第三十六世伍亮由豫章（今南昌）入闽，始居将乐龙湖（今明溪龙湖村），后迁居将乐县铁岭库楼（今白莲镇鼓楼村），北宋哲宗元佑八年（1093），他的后裔迁居将乐阳源都（今万全乡阳源村）。伍亮公为将乐伍姓开基始祖。第四代伍爽公外迁广东某地失考，伍亮公的第五代孙伍祺公有2个儿子：长子伍荣桂，次子伍荣善。伍荣桂留居万全乡阳源村；他的两个儿子：长子伍显祖（字自然，号玉峰），次子伍显宗（号锦峰）。伍亮公的第九代孙伍惠宁、伍惠文陆续迁居将乐溪南（今水南镇）繁衍生息。伍荣善从阳源迁往隆溪大源许坊村定居（将乐姓氏志记载）。

9.北宋宣和七年（1125），伍参的裔孙伍仕宦由中原迁移福建兴化县，为这一支伍姓入闽始祖。元顺帝时，原居福建永定的伍松清迁居福建大田万湖（近查有血缘关系的赤水村《魏氏家谱》记载着其上祖十代情况的资料），传有一支迁徙南平。元末明初，原居住在将乐县阳源都伍姓后裔伍仲让从阳源迁居泰宁开善林坊，开基松林伍氏一族。伍仲让有5个儿子：长子伍伯驴仍居原处，后裔繁衍于许屋、余地等村；次子与四子无后；三子伍伯犊、五子伍伯湖分别入赘泰宁城关、开善墩上村杨姓（方志记载）。

10.浙江平阳宋代族谱记载，先祖是从福建的赤岸迁过去。"赤岸"，在五代十国前后，就是现

在福鼎市的旧名。宁德太姥山、长乐、福州寿山的伍姓为明顺治年间从广东某地入闽。

11. 伍源海为安海伍姓开基祖，安平伍姓自源海公开基迄今已传20多世。泉州境内伍姓，均出安平。现有人口4000余人，除晋江安海外，主要分布在泉州城区、晋江岑顶村、南安石井、南安营前、南安水头下庭村。

【入垦台湾】

明末清初，福建、广东伍姓开始有人向台湾及海外迁徙。明代，伍乔第十五世孙伍锡，又名复元，字添赐，从宁化迁居明溪城关。伍锡的六世孙伍孟承，又名伍佑，曾为广东安定知县，迁居明溪罗翠。其后裔散居明溪盖洋张良、西溪和明溪城东等地（见明溪城关盖洋《伍氏族谱》）。20世纪30年代，明溪伍姓有人迁居台湾，其后裔继而迁徙美国、西欧等地。

台湾现任世界华侨协会总会第16届理事长、前防长伍世文将军，其上祖是柱国房的后裔，也就是伍乔公之后。

【郡望堂号】

1. 郡望

安定郡：汉武帝置郡，治所高平（今宁夏回族自治区固原）。辖境相当于今甘肃省平凉地区及宁夏回族自治区西部。

武陵郡：汉高帝置，治所义陵，在今湖南省溆浦县南。辖境包括今湖北西南部、湘西及黔、桂各一部。后移临沅（今常德西）。

2. 堂号

孝友堂：孝是指对父母孝，友是指对兄弟友爱。春秋时的伍员，字子胥，他的父亲是楚平王的太傅；哥哥伍尚是楚国大夫，父子都是忠臣。平王听信谗言，把他的父亲和哥哥都杀了。伍员逃至吴国，帮助吴王伐楚，一举灭了楚国，时楚平王已死多年，伍员鞭坟雪恨。

此外，伍姓的主要堂号还有："安定堂""明辅堂""敦睦堂""务本堂""恩远堂""肇基堂""忱取堂""树德堂"等。

【祠堂古迹】

安平伍氏家庙，位于福建省泉州市。安海伍氏大宗祠已有五百多年历史，历代先人都曾多次重修。清光绪辛丑年（1901）由亮寅公（伍泽旭会长祖父）主持重修。近年，又重修，历时6年整，"庙宇焕然一新"。是一座轩昂壮观、古朴典雅的家庙。

近山家庙，位于南安营前伍氏花厝。花厝份早年只有2座古厝，即花厝公妈厅及前厝"七架仔"。花厝首座古式九架民居，何时兴建，无史可稽。1997年，花厝公妈厅改建为"近山家庙"，是一座二落四脊古宫廷式的庙宇。石樋、石栋，镌刻精致，雕梁画栋，满堂生辉，门开三通。

【楹联典故】

安常处顺千秋裕；定国兴邦万代昌。

——此联典出伍姓的郡望为"安定"，此为"安定"三字的鹤顶格嵌字联。

抱朴武陵隐；文定儒将风。

——佚名撰伍姓宗祠通用联。上联典指唐代宁化人伍洪，其兄伍泳、伍潢、伍浚都以父荫（因先代官爵而受封。其父伍正己曾官御史中丞）而补官，只有伍洪不肯仕进，隐居武陵源，自号抱朴居士。下联典指明代滋人武文定，字时泰，弘治年间进士，官吉安知府，与王守仁平定朱宸濠叛乱有功，官至兵部尚书。他兼备文武，崇尚节义，喜谈兵法，有儒将风度。

天下翰林皆后进；蜀中佳士半门生。

——李鸿章撰伍姓宗祠通用联。此联为李鸿章书赠清代四川名人伍嵩生联。

誓报父兄，英雄气概；才兼文武，儒将风流。

——佚名撰伍姓宗祠通用联。上联典指春秋末吴国大臣伍员（？—前484），原为楚国人，字子胥。父奢为太子建傅，以直谏被杀。他避难出走，间道奔吴，依公子光门下，策划刺杀吴王僚，使公子夺得王位。后辅吴王阖闾整军经武，一举攻楚灭郢（今湖北省江陵北），受封于申（今河南南阳北）。故又称申胥。吴王夫差时，受任为大夫参赞国事。下联典指明代兵部尚书伍文定。

第一百五十五节 夏 姓

夏姓，在宋《百家姓》中被列为第 413 姓，当今中国大陆姓氏排行第 55 位的大姓，约 624 万余，约占全国汉族人口的 0.39%，在福建排名第 97 位。在台湾排名第 96 位。

【渊源】

1. 出自姒姓，大禹之后。相传帝尧时，鲧的妻子有莘氏女志因梦里吃了薏苡而生禹，故帝尧便赐禹以姒为姓。 禹治理了水患，指导百姓兴修沟渠，发展农业，还领兵平定了三苗之乱，使人民得以安居乐业。为了表彰他的丰功伟绩，舜封他于夏（今河南登封市东），后来还把帝位传给了他。夏禹死后，其子启继位，建立了中国历史上第一个奴隶制国家——夏。夏立国 400 多年，共传 13 代，16 王。后因夏帝桀暴虐无道而被商汤推翻，夏王族便有以国为氏，称为夏姓。

2. 出自姒姓。公元前 11 世纪周朝初年分封诸侯，夏禹的后裔东楼公受封于杞（今河南省杞县），为杞侯。至简公时，被楚国所灭。简公之弟佗（本姒姓）出奔鲁国，鲁悼公因其为夏禹的后裔，给予采地为侯，称为夏侯（复姓），其后裔以夏为姓，称夏氏。

3. 以邑为姓。公元前 11 世纪周朝初年分封诸侯，夏禹的后裔东楼公受封于杞（今河南省杞县），为杞侯。至简公时，被楚国所灭。简公之弟佗（本姒姓）出奔鲁国，鲁悼公因其为夏禹的后裔，给予采地为侯，称为夏侯（复姓），其后裔以夏为姓，称夏姓。

4. 出自妫姓，以王父字为姓。西周初年，武王追封帝舜之后妫满于陈，建立陈国，建都宛丘，以奉帝舜之宗祀。史称胡公满、陈胡公。春秋时，传至第 16 位君主陈宣公杵臼时，有庶子名子西，字子夏。其孙征舒以王父（祖父）之字为姓，称为夏征舒，其后遂有夏姓。《史记·陈杞世家》载，西周初年，武王追封帝舜之后妫满于陈，建立陈国，建都宛丘，以奉帝舜之宗祀。史称胡公满、陈胡公。春秋时，传至第 16 位君主陈宣公杵臼时，有庶子名子西，字

子夏。其孙征舒以王父（祖父）之字为氏，称为夏征舒，其后遂有夏氏。

5. 源于官位，一是出自周王朝时期官吏夏官，属于以官职称谓为氏。夏官，是西周时期所设置的官位，为六卿之一，即后来的司马，是主掌军政、军赋、并兼掌天文历法的官员，历朝历代、各诸侯大国皆沿袭，一直到唐朝时期才改称为兵部，将夏官单独保留改在司天监中，专职负责天文历法。明朝初期，明太祖朱元璋曾仿照周礼设春夏秋冬四官，称之为"四辅"，其中的夏官就是主要负责军事方面的官员。二是出自南北朝时期南朝梁官吏夏卿，属于以官职称谓为氏。夏卿，是南北朝时期南朝梁武帝萧衍首先创制的官位，实际上是"三卿"的统称。三卿，就是太府卿、少府卿、太仆卿。太府卿负责掌管国家的金帛财帑，也就是政府财政，南朝陈国、北魏王朝依南朝制度设置。从北齐至隋、唐、宋诸朝，均以太府卿为太府寺主官，辽、金、元时期改寺为监，主官亦因而改称太府监。太仆卿为九卿之一，主要掌管帝王的舆马和全国马政。少府卿亦为九卿之一，负责掌管山海地泽收入和皇室手工业制造，为皇帝的私府。还在西汉时期，诸侯王也设有少府，各地郡守亦设有少府。至东汉时期仍为九卿之一，掌宫中御衣、宝货、珍膳、纺织、印染等。宋、明两朝改归工部，清朝时期称内务府，多由宗族权贵主理。三是出自周王朝时期官吏夏采，属于以官职称谓为氏。夏采，是西周时期所设置的官位，为祭祀之官，专职负责君王的丧采，掌管大丧之事务，隶属于天官府司管辖。夏，就是为死者招魂复魄。在典籍《周礼·天官》中记载："夏采，掌大丧。以冕服复于大祖，以乘车建绥复于四郊。"夏采位在下大夫序列。在夏采属下，有下士四人，史一人，徒四人，官秩为正四命，相当于后来的正五品。

6. 回族中的夏姓。据说，元皇庆年间（1312—1313）从西方来泉州定居，后应聘主持清真寺教务

的夏不鲁罕丁名字的首音。当时，夏不鲁罕丁被人们推崇为"摄思廉（伊斯兰教）夏（长老）"。故又说，回族中的夏姓是从夏不鲁罕丁的教务等称"夏"而来。福建回族夏姓，主要在泉州和福鼎。另，明永乐年间来中国的苏禄东王守墓人夏乃马当，在当地生息繁衍，遂成了山东德州北营夏姓回民之先祖。在江苏镇江，有《明德堂夏姓》。夏姓"原有老谱，清咸丰年间，在原籍扬州被毁，民国五年（1916），由镇江、南京始祖中医师子衡公重纂，序文中有我族自前明人关以来定居扬州，堂开明德，已有 500 年光景，历传三十世之谱的记载。1983 年，镇江后裔（夏）容光在此基础上，建立活页新谱，并在排辈十字后加添二十字"。夏姓回族以西北居多。

7. 改赐姓或其他。台湾原住民哈也湾氏改姓夏，赛夏族为夏姓；明时元人齐喵台被赐名夏贵；土家族、蒙古族、满族、锡伯族、侗族中均有夏姓。

【得姓始祖】

夏启，生卒年不详，夏禹子。相传"禹剖背而生，启剖腹而生"故名"启"。禹病死后其子启继位，打破禅让制而即位，立夏朝，公开宣布自己是夏朝第二代国君。从此，父亡子继的家天下制度便取代了任人唯贤的公天下制度。成为中国历史上由"禅让制"变为"世袭制"的第一人。夏王族便以国为氏，称为夏姓。夏启因开国君主之位，而被奉为夏姓得姓始祖。

【入闽迁徙】

秦及秦代以前，夏姓主要在中原繁衍生息，并迁往陕西、山东、安徽、山西、河北等地。如夏征舒传至四世孙夏区夫仕陈（今属河南）为大夫，裔孙夏御寇仕齐（今山东东部）为大夫。唐宋以后，夏姓主要以江南广大地区为其繁衍地，广布于今安徽、浙江、湖南、湖北、江苏、福建、广东、广西等省，特别是以浙江的分布最为集中。

唐朝入闽。文天祥作序的广东清远市《夏姓族谱》记载："闻禧宗皇帝（乾符）元年，有黄巢者，因赴选不中经魁，叛唐作反，咸失东京，杀戮天下人民几尽矣。此时先公直走福建汀州宁化县石壁村，躲避世乱。居此十余年，后迁于湖广营生，遂得子

茂孙荣，家于是乎在。迨至祥公，自湖广出任广东潮州府为总兵守府，肇造丕基。吾族以其始来兹土，即共称为始祖焉。"子孙播迁省内外。

宁化安乐三大《夏氏族谱》：以唐中丞士林公为鼻祖。传至寿山公，迁居宁化县新村里（今安乐乡）为一世祖。至三世良佑，携子元弘、元居徙居汀州，裔孙益郎，又迁回宁化会同里夏坊。下传至居公，生三子。次子文智，亦生三子：长子君诚，迁宁化县城关；次子君杰，裔孙散居各地；三子君保，徙居武平。另有良添公，原居下觉里（今属明溪）游艺四方，迨回汀州，路抵宁阳石牛驿（今曹坊乡），见有普济庵形如金鱼出洞，遂卜居于此，且名之曰夏坊。四十世：万裔郎，生二子，长子士林，官为宋捡书枢密，原居江西竹坪。子孙入闽汀清流、宁化、上杭。宁化主要居住在城内、夏坊、安乐、石牛等处；次子士良，官为宋参知政事，原居江西建昌西街，传至曾孙福郎，于南宋绍熙时，任云南临安府通海县令，于宋宁宗嘉泰二年（1202）复入石城柏上里曹家磜夏家径。辛郎，有进二公，徙居宁化县龙下里圻坑。

宋朝入闽。宋代，夏士林的后裔夏寿山迁居宁化新村里（今宁化安乐），为宁化安乐夏姓一世祖。据宁化安乐（三大）《夏氏族谱》载，传至孙夏良佑有 2 个儿子：夏元弘、夏元居迁居长汀。后裔孙又复迁至宁化会同里夏坊。传至夏居时，夏居有 3 个儿子；其中次子夏文智又有 3 个儿子。长子夏君诚居宁化县城，次子夏君杰的裔孙散居各地，第三子夏君保迁居武平。另有夏添良原居下觉里（今属明溪县）游艺四方，迨回汀州时，路抵宁阳石牛驿（今宁化曹坊境内），见有普济庵形如金鱼出洞，遂卜居于此，且名之曰夏坊。宁化安乐《夏氏族谱》所记述世系比较模糊。宁化淮土五星村夏氏族人提供的《夏氏发源》对世系的记述比较清晰。《夏氏发源》以夏王之裔、周卿士夏阳显为远祖。唐天宝年间（年）的大理司卿夏昭为二十三世祖；唐末的吏部主事夏伯通为二十五世祖。第四十世祖夏万裔有 2 个儿子：长子夏士林为宋检书枢密（安乐谱为唐中丞，从时间和世系排列分析《夏氏发源》更为准确），居江

西竹坪，子孙入闽汀洲府清流、上杭、宁化（城内、夏坊、安乐、石牛等处）。次子夏士良为宋参知政事，居江西建昌西街。传至曾孙夏福，于南宋绍熙年间为云南临安府通海县令。南宋嘉泰二年（1202），夏福迁至江西石城柏中里曹家石祭夏逵。后传至夏辛郎、夏有进又迁至宁化龙下里丘坑。元至正年间（1341—1368），夏回从江西南城县迁徙到永邑之北郊生福坑（即今永安大湖镇冲二村）定居，是为永安夏姓开基始祖。夏回之孙夏德溥、子夏德隆，分为富贵两房。明代，第七世夏永丰、夏京宝从冲二村移居贡堡（今永安贡川）；夏有生移居沙县。明末，沙县南霞大培坑一支夏姓迁居尤溪八字桥乡龙湖村揽底自然村。

元朝入闽，夏不鲁罕丁，元代皇庆年间（1312—1313）随着使者前来，住在泉州排铺街，也就在如今涂门街的附近，到清净寺主持工作 60 多年。他们的后裔以夏为姓。玉塘地处福鼎城南，玉塘夏姓入闽的第一世祖是万真公夏章保，万真公少骁勇、精韬略、善骑射。元朝末，明太祖登基，改元洪武。当时赏酬，授万真公武德将军，辖闽地。永乐二年（1404）甲申，上谕偃武以各卫所屯田。万真公遂偕金氏夫人及长子景旻，（世袭武德将军），次子景清落屯建宁右卫，卜居长溪桐北大障地方。玉塘肇基始祖为景文公之子荣公夏肇一。荣公天性豁达。其祖、父皆隐山中，唯荣公雅意开创，遂以西月为屏，背以金山落脉，修筑王使塘，建祖址，变沧海为良田，成稻蟹为一陆，此世而祝箕裘，为嗣谋子设计，质籍十九度，因岁时祭礼及官氏寓意，以避王使天官之讳，故易王使塘转义为玉塘，这是玉塘名称之由来。荣公成化元年（1645）创建石湖桥，后布施资国寺，这些都是夏姓一族的荣耀。后裔分居福鼎县桐山、石坪、赤溪、霞浦县雅城杨家溪，建宁县，浙江苍南、杭州、炎亭，台湾台中等地。同时，有夏祥凤入闽任邵武知县，为官清廉。明朝再由福建迁广东潮州。

【入垦台湾】

福建夏姓早年就播迁海内外，宋时福建长溪已有夏氏聚居，当时有夏定邦由赤岸（今霞浦）入赘今浙江文成县花前方宅；夏、王、邓姓迁入均见《文成县志·姓氏源流》。明末有迁往台湾台中等地。清末有闽、粤等地夏姓渡海入台。据台湾族谱资料，以夏侯为姓的人却为数不多，这种情形既存在于大陆，在台湾也一样。据台湾省文献会的调查统计，夏姓目前主要分布在新竹、苗栗、嘉义、台南、澎湖等地。台湾夏姓由福建夏姓迁移过去的，现多居住在台湾的台北市、高雄市、台北县、桃园县、澎湖县等地区，其中尤以高雄市旗津区、澎湖七美、台北市松山区、大安区、板桥市为众。台湾的夏姓，名列第 96 位，也是台湾的一个大姓。

【郡望堂号】

1. 郡望

会稽郡：秦始皇二十五年（前 222）于吴、越地置郡，治所在吴县（今江苏苏州市）。西汉时相当今江苏长江以南，茅山以东，浙江省大部分（仅天目山、淳安县以西小部分地区除外）及福建全省。此支夏姓，为西晋高士夏统之族所在。

谯郡：东汉建安末年从沛郡分一部分设置谯郡，治所在谯县（今安徽省亳县）。

高阳郡：东汉桓帝置郡，治所在高阳（今河北高阳县东）。晋泰始初置高阳国，治所在博陆（今河北蠡县南）。北魏改为郡，移治高阳。

鲁郡：西汉初改薛郡置鲁国，治所在鲁县（今山东曲阜）。

2. 堂号

平水堂：夏禹治水 13 年于外，三过家门而不入，水患终于被治平，舜把帝位让给了他。夏姓也以"会稽"为堂号。

秘书堂：秘书堂夏姓始祖，派名光庭，讳远，号三斗，唐肃宗上元间（760—761）举进士第授秘书郎。后人为纪念先祖，遂以始祖官职为堂名，称"秘书堂"。夏光庭（夏远）九世孙即为北宋江州德安（今属江西）人，参知政事夏竦。

正德堂：明正德年间（1506—1521）夏姓先祖夏儒之女成为明武宗皇后，夏儒成为国丈，被明武宗封为庆阴伯。后人为纪念先祖，遂以明武宗年号"正德"为堂名，称"正德堂"。兴化夏氏家族即以"正德堂"为本族徽号。

遗爱堂：出自唐人夏鲁奇忠贞守节，以死报国之事。前人事迹，激励后人，代代相传，万年永垂。

余庆堂：可能是分堂号，出自《易经》中的"积善之家必有余庆"（据浙江海宁夏家兜的夏亚明）。

此外，夏姓的主要堂号还有会稽堂、务本堂、源远堂、尚忠堂、思孝堂、明德堂、聚奎堂、鹤来堂等。

【祠堂古迹】

玉塘夏氏宗祠，玉塘地处福鼎城南，玉塘夏氏入闽的第一世祖是万真公夏章保，万真公少骁勇、精韬略、善骑射。元朝末年，太祖登基，改元洪武。当时赏酬，授万真公武德将军，辖闽地。永乐二年（1404）甲申，上谕偃武以各卫所屯田。万真公遂偕金氏夫人及长子景旻，（世袭武德将军），次子景清落屯建宁右卫，卜居长溪桐北大障地方。玉塘肇基始祖为景文公之子荣公夏肇一。荣公天性豁达。其祖、父皆隐山中，唯荣公雅意开创，遂以西月为屏，背以金山落脉，修筑王使塘，建祖址，变沧海为良田，成稻蟹为一陆，此世世而祝箕裘，为嗣谋子设计，质籍十九度，因岁时祭礼及官氏寓意，以避王使天官之讳，故易王使塘转义为玉塘，这是玉塘名称之由来。荣公成化元年（1645）创建石湖桥，后布施资国寺，这些都是夏氏一族的荣耀。玉塘夏氏宗祠内有两棵罗汉松，为清朝道光元年，夏观涛亲手栽种。立"双松碑记"以纪之。今玉塘夏氏第二十一世孙。每年春秋祭祀。

宁化县夏氏宗祠，据族谱记载，夏氏宗祠建于1818年。中途几次维修，得以保存。该祠堂楹联最多，如"汝殷流源绵世泽；商山四皓振家声"。

宁化曹坊乡双石村的夏姓人家无疑是个良辰吉日。经过整修，夏氏宗祠更加富丽。

【楹联典故】

汝殷流源绵世泽；商山四皓振家声。

——夏姓通用楹联。

会稽世泽；大臣家风。

——上联：夏姓郡望会稽。下联：明夏原吉，字维喆，洪武年间入太学，太祖用为户部主事，成祖时官尚书。

赋传流水；源溯涂山。

——夏姓宗祠"平水堂"联。出自夏禹治水三过家门而不入典故。

四千年夏氏族文明传承精英辈出；三百万大禹王嫡系后裔华夏脊梁。

夏氏先祖治水铸鼎开中华立国先河；禹王后裔安邦治国树九州忠臣典范。

铸鼎定九州开中华国体先河，治水利万众炳华夏民族青史。

——福州夏姓宗祠楹联三副。

文章藻丽推训导；节义清廉羡执中。

——联上句说明代先贤夏宏聘的故事。夏宏聘，莆田县府学前人，少年时聪明好学，通晓经史、诸子及佛老，文章典雅藻丽。明正统五年（1440）由兴化县学岁贡，考取举人，官授连州训导。他善于结交挚友，同时也是一位文学家，有诗集行世。联下句说宋代袁州宜春人夏执中的故事。夏执中字子权，其姊为孝宗后。夏执中官任奉国军节度使，朝廷举庆礼，戚畹争先恐后献上奇珍异宝，唯独夏执中一人持毫大书"一人有庆，万寿无疆"对联献上。宋孝宗器重其人才，将要提拔重用之，夏执中叩谢曰："他日无累陛下，保全足矣！"朝官益贤之。

【族谱文献】

福建有闽清县夏氏宗谱，福鼎夏氏族谱、武平七坊《夏氏族谱》、宁化安乐《夏氏族谱》等。宁化曹坊乡双石村夏氏族谱，禧宗皇帝元年，开基始祖走汀州宁化县石壁村，躲避世乱，一世祖夏万裔，宋朝时期居福建宁化县。这部族谱是"绝活"传承的唯一载体。"近20多年来，宁化木活字之所以得到传承基本上是依赖修订姓氏族谱。1988年至1995年是宁化编印族谱。"

【昭穆字辈】

福建省闽清县夏氏字派：

士（9世）尚（10世）朝（11世）廷（12世，改挺字避三世祖）修（13世）建（14世）振（15世）兴（16世）家（17世）学（18世）渊（19世）源（20世）贤（21世）德（22世）萃（23世）英（24世）举（25世）扬（26世）时（27世）灿（28世）盛（29世）治（30世）河（31世）清（32世）

克（9世）有（10世）成（11世）慎（12世）崇（13世）世（14世）维（15世）长（16世）忠（17世）孝（18世）行（19世）守（20世）斯（21世）大（22世）吉（23世）昌（24世）济（25世）武（26世）原（27世）美（28世）永（29世）发（30世）祯（31世）祥（32世）。

福建宁化辈分几代是：世盛云华广，恩科义有光。

第一百五十六节 项 姓

项姓源流很单一，出自周封项国。源于姬姓，全国人口约96万余，约占全国汉族人口的0.06%，居第163位。在台湾排名第206位。

【渊源】

项姓源于姬姓或姞姓，关于"项"的最早记载是《左传》《公羊传》《谷梁传》，但说法各异。以国为姓，西周时期，有姬姓的项国（今河南省项县东北部），在公元前647年被齐桓公所灭，项国王室子孙便以故国名为氏，从此有了项姓。项氏子孙于汉代以后盛衍于辽西（今河北省乐亭县以东、辽宁省大凌河以西一带）。唐代林宝著《元和姓纂》，其记载："《左传》云灭项，《公羊》曰为齐桓公所灭，子孙以国为氏，项橐八岁服孔子，燕下相人，为楚将，子梁，梁兄子籍，号'西楚霸王'，项他、项伯、项襄之族也，汉初并封侯赐姓刘氏。"另据《广韵》记载，项姓虽然源于芈姓，但芈姓的先祖本是周文王的姬姓子孙，所以追本溯源，项姓的起源还是源于姬姓后人。

【得姓始祖】

季毂。《项氏宗谱》记载，季毂，武王时虎贲中郎职，武王伐纣以兵会周师牧野有功。武王崩，成王以叔父季毂分封河南项城（《辞海》释"项县"条亦谓："春秋时项国，后属楚，秦置县。治所在今河南沈丘。"）食采其地，历数传后子孙以邑为姓，望出东鲁，郡号汝南，名载三王全纪。夫人辛氏，生四子：浚、衍、沿、淹。

【入闽迁徙】

项姓之先，姬姓得封于项国建于鲁地，最早在山东发族。东晋（316—420）时远祖胜公官越州，成帝咸和二年丁亥（327），避苏峻乱，奉父俊公由临淮迁睦之寿昌县吴村，旋卜居于青溪县敦福乡之轩鼇，此项氏入浙之始也。据《项氏宗谱》记载：浙江淳安、安徽徽州（含婺源）为项羽后裔，淳安及徽州歙县、婺源三地项氏宋、元、明、清时期有迁徙浙江、安徽、江苏、上海、江西、湖北、湖南、广东、广西、福建、河南、四川、重庆、云南、贵州、河北、北京、及东北等地区。浙江某《项氏宗谱》记载为项伯（或项襄）的后裔；浙江缙云《项氏宗谱》记载为项梁的后裔，江西某《项氏宗谱》记载为项庄后裔。另外在南北朝时期，项氏有改为周姓（项猛奴改为周文育）、有赐辛姓的。

唐末，项氏随王审知入闽，自闽主王审知死后，继承者王延钧、王昶、王曦、王延政、朱文进等为政暴虐，相互攻杀。后为避闽王曦乱，从赤岸迁金丹乡瀛桥里（平阳瀛桥《项氏宗谱》）。

南宋理宗时（1225—1265），项氏一支迁徙浙江。据项氏族谱载，项念一郎，讳安仁，字符甫，号一斋，宋末出任江南扬州府泰兴县知县。当时，元兵大举南侵。文天祥起兵抗元，项一斋亦领兵勤王。宋度宗咸淳十年（1274），遂携家属随师由浙入闽，退至汀州。转战闽粤赣，最终和数个儿子战死梅州。因汀守王去疾拥兵有异志，让元人阿拉罕率兵占据汀州，一斋便携幼属移至连城县河源里（今朋口镇文坊村一带）。项一斋之子三六郎，讳容直，随父追随文天祥，容直之子四六郎，小名细悌，因年幼托河源里温坊（今文坊）温姓人抚养，尔后，项一斋又率子弟侄等亲属跟随文天祥部转战漳州、广东，皆下落不明。项四六郎由温家养育长大，成为项氏入闽始祖，目前项氏在文坊已传25代，人口达3000多人。裔孙迁闽西长汀、连城、宁化、南平、尤溪及浙江等地。

1930年浙江《须江项氏族谱》，始迁祖，四六公，南宋人，其后裔清初自福建长汀迁徙浙江江山县晴佳坞村（又名陈家坞村，今属石门镇）。《闽浙项氏宗谱》，清嘉庆十二年（1807）始修，民国十五年（1926）续修。始祖安仁，南宋景炎间，携子容直随文天祥自杭城辗转奔闽，经连城河源温坊时，容直将其子留于兹。故谱以四六郎为大宗一世祖，四六郎后裔，兆佩，明时由闽迁浙西沧洲。民国七年（1918）《板坑项氏宗谱》记载：板坑项氏一世祖项翔，是项羽裔孙，迁居福建长汀连城县温际村，传至第十四世项璟移居处州府宜平县六都一板坑下村。项璟生于明崇祯壬午年（1642），卒于清康熙甲申年（1704）。

闽西北项姓散居在长汀县的汀州、南山、宣成、大同、河田，连城县的莲峰、新泉、曲溪、莒溪、朋口，宁化县的翠江等乡镇。浦城聚居有900多人、南平散居。

福清项氏，先祖项近思（即"项棣孙"），号松泉先生，为浙江项氏第四十一世孙、元朝由天历进士仕，官至太中大夫，拜延平路总管及劝农防御事。明代迁福州，任福州路推官。清光绪年间，出任福清州知州，为福清项氏始祖。随后又迁居海口镇登俊村，后裔居住在此。后裔分布福清、罗源等地。

【入垦台湾】

台湾项姓主要分布在台北、基隆、台中、高雄、台南等市县。

【郡望堂号】

1. 郡望

辽西郡：战国时燕国初设辽西郡。秦汉两代沿袭。相当今河北省乐亭以东、辽宁省大凌河以西地区。

2. 堂号

圣师堂：春秋时项橐7岁为孔子之师。

福建堂号：敦木堂。

【祠堂古迹】

连城项氏家庙：福诚公祠，位于连城县朋口镇文坊村，该祠始建明成化十七年经30余年才建成，建筑面积800多平方米。

连城项氏德辉公祠：是文坊项氏五世祖祠。总面积达800平方米。始建明万历年间（1573—1620）砖木结构。

连城文昌阁，位于连城县朋口镇文坊村，1993年重建。

瑚庙，位于连城县朋口镇文坊村，1997年重修，2000年5月为县级保护单位。

开基始祖项四六郎坟址文坊村大南坑。

开基祖婆巫十娘坟址文坊村大南坑（合葬）。

【楹联典故】

临海家声远；清溪世泽长。

——长汀福诚公祠家庙上厅柱联。

清白世传作吏还从冰上立；廉明性秉讼人都在镜中行。

——长汀德辉公祠栋柱联，知州太守康浩所赠。

文山文水文明，千秋富贵；昌世昌国昌福，万代华荣。

——文昌阁门联。

政怀湖口，绩异关中。

——典出于项肆与项忠。堂号有辽西堂等。

政怀湖口，绩异关中。

——典出于项肆与项忠。堂号有辽西堂等。

重瞳为楚主；七岁作圣师。

——佚名撰项姓宗祠通用联。上联典指秦末农民起义军领袖项羽，名籍，字羽，下相人，楚国贵族出身，据说眼睛为重瞳（两个瞳孔），力能扛鼎。秦二世初年，跟随叔父项梁在吴起义。项梁战死后，秦将章邯围困赵国，楚怀王任宋义为上将军、项羽为次将，率军救赵。宋义到安阳后逗留不进，他杀了宋义，率兵渡过漳水，在巨鹿之战中摧毁秦军主力。秦灭亡后，自立为西楚霸王，大封诸侯王。楚汉战争中，被刘邦击败，最后从垓下突围乌江，自杀而死。下联典指春秋时少年项橐，据说7岁时曾难倒孔子而为他的老师。

【族谱文献】

《闽浙项氏宗谱》，清嘉庆十二年（1807）项有仪等主修，清道光二十四年（1844）项景山等主续修，民国十五年（1926）再续修。始祖安仁，南宋景炎间，携子容直随文天祥自杭城辗转奔闽，经连城河源温坊时，容直将其子留于兹。故谱以四六郎为大宗一世祖，四六郎后裔，兆佩，明时由闽迁浙西沧洲。福建连城：汀州《重修闽浙项氏宗谱》，始修于清嘉庆十二年，记载：始祖念一郎，讳安仁，字元甫，号一斋，宋嘉熙间任泰兴令，咸淳末随文天祥起兵勤王，随勤王而抵汀。福建福清：《竹溪项氏宗谱》，由元朝天历进士仕至太中大夫，拜延平路总管及劝农防御事。明代迁福州,任福州路推官。清光绪年间,出任福清州知州。系浙江太中大夫的项近思(即"项棣孙"),号松泉先生,为浙江项氏第四十一世孙、福清项氏始祖。随后又迁居海口镇登俊村,后裔居住在此。《项氏1—5世家谱》,明洪武年间3世祖福城编,洪武三十年冬进士翰林院编修,吉水解缙撰"序"。《闽汀项氏族谱家史》,明嘉靖丙戌八世祖钟岳、仪舒父子编,崇祯十二年传教生李日登作《重修连邑项氏族谱序》。

乾隆辛酉涵川重修族谱,道光二十八年十五世金基撰《重修族谱序》。

1984年项运棠等为主续修族图谱,蜡纸印刷。

第一百五十七节　萧　姓

萧氏是一个非常典型的多民族、多源流姓氏。萧姓在大陆姓氏排名第33位，约占全国汉族人口的0.6%。在福建排名第30位。在台湾排名第28位。

【渊源】

1. 出自大禹贤士伯益后裔。据有关资料所载，古代嬴姓各部族首领伯益之后作士于萧，便以萧为姓，其后代沿袭姓萧。据史籍记载，伯益是个很能干的人，舜时曾负责掌火，"烈山泽而焚之"，使禽兽逃匿，开辟了许多农田；又跟随大禹跋山涉水疏通河道，救万民于水火。伯益的巨大功绩使他的子孙得到封赏，其中一个叫孟亏的，被分封至萧地（今安徽省萧县西北），建立了萧国，并以国为姓。萧孟亏是萧姓第一人。

2. 出自子姓，以国为姓。据《元和姓纂》《古今姓氏书辨证》等有关资料所载，为周代宋国微子启的后裔。《通志·氏族略》："萧姓，古之萧国也，其地即徐州萧县，后为宋所并，微子之孙大心平南宫长万有功，封于萧，以为附庸，宣十二年楚灭之，子孙因以为姓。"萧被楚所灭，其子孙遂以国为姓，称为萧姓。

由于宋微子是殷商后裔，而萧国是由微子之孙大心所建，故萧姓源流可追溯到上古圣君商汤。后世萧姓大多认可此一说法。

3. 出自少数民族改姓或被赐姓，得姓萧。据《续通志·氏族略》《姓氏词典》《古今姓氏书辨证》等有关资料所载，汉朝时巴哩、伊苏济勒等族被赐姓萧。

据《辽史·列传·后妃》记载："太祖慕汉高皇帝，故耶律兼称刘姓，以乙室、拔里比萧相国，遂为萧姓。"辽后族以兰陵为郡望，并自称其先祖是兰陵人，把自己附会为西汉宰相萧何的后裔。据《续资治通鉴》记载，有辽一朝"姓氏止分为二，耶律与萧而已"。可见契丹各族中萧姓群体的规模是相当可观的。世居沈阳的清满洲人有萧姓；清代

满洲八旗姓伊喇氏，后改为萧姓；佤族司彭牙特氏、斯内氏，汉姓均为萧；普米族巴落瓦支氏，汉姓为萧；壮、侗、彝、傣、回、白、阿昌、土家、台湾地区少数民族均有萧姓。

4. 他姓改入。据台北萧氏宗亲会印行的《兰陵世家·萧、钟、叶三姓本是一家》记载，宋朝有一将军名钟达，为奸臣所害，抄斩九族，他有7个儿子，其中3个死里逃生，为避害而分别改姓萧、叶。但此说多有破绽，存疑。此外，金、元时期，在我国北方流播的太一教中，因创教人姓萧，一些非萧姓嗣教者被改为萧姓。

【得姓始祖】

始祖萧大心（前722—前682）。在春秋时期，宋国有一名将名叫南宫长万，在攻打鲁国时战败被俘，被囚于后宫，几个月后才回到宋国，宋闵公为此曾多次取笑他，长万因被触痛处而恼羞成怒，一次乘酒兴杀死了闵公，并从此公开叛乱，另立公子游为君。宋国公子纷纷逃往萧邑（今安徽省萧县西北）。后来宋国微子之后大心率王族弟子及随从组建的军队，诛杀了南宫长万，平息了这次叛乱，扶闵公之弟御说继位，是为宋桓公。宋桓公因大心平叛有功，就把大心封于萧地，以为附庸，建立了萧国，称大心为萧君，人称萧叔大心。萧被楚所灭，其子孙遂以国为姓，称为萧姓。大心也就被后人尊为萧姓的得姓始祖。

【入闽迁徙】

萧姓最早发源于今山东省。两汉，为汉朝的繁荣做出了巨大贡献，因此家族兴旺，几个较大的郡望即在此期形成。"永嘉之乱"，士族南迁，萧姓族人也随之而徙，播迁于南方诸省。南北朝时期，萧姓显贵于天下，建立了齐、梁两朝，繁衍鼎盛时期。唐宋年间，萧姓有迁入福建。

1. 根据萧国山、杨清江合编的《闽台萧氏缙绅录》所附《萧氏入闽考》《萧氏温陵卜居录》二文，

萧姓入闽早在南朝齐时,入温陵(即泉州)早在南朝梁时,而新旧唐书均有记载的穆宗贞献皇后萧氏,祖居晋江即泉州,至今仍有萧妃村(俗讹为"烧灰村",今晋江市龙湖镇烧灰村)可考。

唐穆宗立萧氏为皇后,其子李昂即位为文宗。派人到福建查访唯一母舅的下落,准备封以官爵。户部有一茶役叫萧洪,自称为萧太后的弟弟,朝廷不加调查核实,竟糊里糊涂地任命他为金吾大将军,旋迁检校户部尚书,并出任河阳(今河南省孟州市)节度使。后来,福建人萧本,从萧太后的家乡族谱中,了解到萧太后的父祖姓名,入京自称为萧太后的真弟弟。萧洪死于流放外地途中,而萧本却平步青云,封卫尉少卿,左金吾将军。唐开成二年(837),福建观察使上奏说,泉州晋江人萧弘投状,自称为皇太后的亲弟弟。这次朝廷没有上当,派人到皇太后家乡调查,发现萧本与萧弘均为冒充,于是同时加以流放。此历史说明,当时福建有不少萧姓。

2. 梁末(约555)入闽。江苏人梁元帝少子萧方智授封晋安郡守时,其弟萧方略随兄迁居福建晋安遂定居于闽,是最早入闽的萧姓。

3. 唐武德二年(619),成全由江西入闽,居长汀馆前胡坑。因遭贼抢劫迁居四堡扬慈地,后又至清流东里山背衬下。萧姓人口主要居住在长灌、荷坑等村。

4. 唐总章二年(669),归德将军陈政奉旨入闽平乱,府兵队正萧润尔随军入闽,为萧姓入闽开基祖。

5. 唐大中九年(855)有萧姓随王绪、王潮、王审知从河南固始县入闽,先居泉州一带后又迁往福州、宁德等地。唐末,萧彦(官千夫长)入闽。《游洋志》载:"萧氏,古河南兰陵人,汉相国何之末裔也。初,千夫长彦自光州固始辅王潮王审知入闽,守福州南台。寻,又移镇于永福瑶山寨。八世孙国梁,宋乾道五年进士第一人。元至正间,有德原者,赠文林郎,乃徙于清源东里之陈山,今散居和陵、腾节、东井、利坝、霞州。"

6. 泉州梅峰《萧氏族谱》载:入闽始祖、唐秘书省曦公,萧何三十七世孙,梁武帝八世孙。唐僖宗中和年间(883),官至江南刺史,自河南避乱入闽,居长乐,堂号"凤翼堂"。后数传分衍于永福(今永泰)、莆田、泉州及漳州各地,萧曦后裔又称凤翼衍派。萧曦生萧泰,泰生萧调、萧谓。萧调,生萧全、萧愈。萧愈生萧良、萧高。萧良生萧憬;萧憬生萧豸、萧麟。萧麟登宋元佑六年(1091)进士第,生萧铜;萧铜宋宝佑元年(1253)明经进士,生萧砒。萧砒官拜户部尚书,生萧深、萧淘、萧潢三子。萧潢,进士及第,官户部郎中,北宋宣和年间由长乐迁入莆岱石。明洪武八年(1375),由莆田迁萧厝及晋江,这是萧姓另一支系的迁徙情况。今子孙遍布八闽大地及广东、台湾及东南亚地区。

7. 泰宁县上青岭《萧姓族谱》称,其始迁祖萧仲携9子于宋咸平二年(999)自江西南城迁至泰宁县的上青半岭、朱口、洋尾、擎布等地。江苏兰陵萧姓外迁,迁徙到福建泰宁、江苏宜兴等地。福建泰宁石辅《萧氏族谱》称,始祖萧积銮于宋建隆三年(962)自江苏兰陵武进迁泰宁县石辋。江苏宜兴《萧氏宗谱》称,始迁祖元一,原名福七,元末明初自江苏武进萧巷徙居宜兴西郭外上富里,后又避居萧庄。

8. 南宋入闽。宋景炎二年(1273)江西人萧燧,为避乱从江西入闽汀州府归化县,后裔再迁永定县。传至萧开春,迁往漳州府南靖县成为书洋萧姓开基祖。同是江西人萧汝器,字大中,宋时因避乱迁居古牖,次子萧朗因触上被谪为龙岩令,居家龙岩,号萧山大房。萧朗之次子萧琼,号天元,因龙岩盗起,于宋瑞平三年(1236)迁住安溪县龙涓黑鸭母井芹草洋。萧琼传六子,三子萧阶,字佰季,徙居莆田,四子萧进,始迁安溪龙涓坑园肖头,元初继迁芹山居住,五子萧洁,则从安溪迁徙长泰县旌孝里萧宅居住,子孙又传衍于广东及浙江地区,清代有后裔迁往台湾。

9. 梅县《萧氏族谱》载:以奇泰公为一世祖。秦始皇时,奇泰生子名琳(二世),为徐州刺史,世居南陵。至廿一世名裔,为济阳太守,生三子:长子暇,于西晋永嘉二年,避乱居豫章建昌县;次子茂,居越之会稽;季子整,为汝南令,居南陵武进县城东。三十二世钧，封吴王，自金陵徙长沙。三十七世觉，为军谘祭酒、军巡大判、官署兵部尚书，生三子。次子茂欣，授武宁令，徙庐陵县；三子茂升，复归湖南（亦说湖北）。历传至宋代，四十二世滨，官中议大夫、大使司，徙居泸滩塘头上。生四子：理、珪、环、琦。第四子琦，父子迁居江西抚州之临川、吉安之庐陵。长子理，自泸滩徙居千秋，复迁江西泰和县。生三子：松轩、竹轩、梅轩。季子梅轩，字乐叟，随父自泰和县入闽之宁化石壁。其后，从宁化石壁乡葛藤凹徙松源都，为梅县开基祖。裔孙繁衍兴宁、河源、饶平、和平、肇庆、阳春、阳江、平远、海丰、长乐以及江西泰和兴国和湖南等地。

10. 宋代时萧梅轩携全家40余口由江西泰和入福建，留居于汀州宁化石壁。子孙复分迁长汀、上杭、永定。宋末，又南迁广东梅州、兴宁、大埔。后裔分迁饶平、肇庆、阳春、阳江、平远、五华等县。后代萧伯成、萧觉回迁江西庐陵、泰和。一系萧调元宋代任汀州太守，为入汀州始祖，子萧三十一郎留居汀州府，后分迁温家畲。

【入垦台湾】

清代，萧姓族人渡海迁入台湾谋生，现多分布在彰化县社头、田中、嘉义布袋、三重市及台北市、高雄县、桃园县等地。萧姓入台，以福建萧时中派下居多，有来自泉州同安浯州萧宗寿派下，晋江县萧直轩派下迁垦嘉义布袋、台中及沙鹿。安溪县萧本、萧茂派下入垦台北一带。南安县萧处仁派下入垦屏东枋寮一带。来自漳州南靖县萧满泰、萧孟容派下，长泰县萧奋派下迁彰化社头、田中一带；萧猛荣派下迁垦今南投、草屯一带。萧奋派下迁垦今苗栗后龙、头份一带。诏安的萧纯派下迁垦云林一带。据上涌《萧氏世系》族谱记载："清朝康熙年间，六房七世祖萧鐅一家迁往台湾米罗山北社尾（现为嘉义市北社区）居住，随后，二房、三房的七、八、九、十、十一世，共45人迁往台湾彰化、台中等地。"据《台湾省统志》统计表明，萧姓在台湾所占姓氏比例为0.98%左右，比大陆萧姓比例高约0.5个百分点。其中以书山派、斗山派、涌山派最为盛大，有10多万人口，号称"三山萧氏"。海峡两岸的交流比较多的也是"三山萧氏"。刘子明《漳州过台湾》载：全台萧姓分属八大支派，其中以祖籍南靖的"书山派""斗山派""涌山派"最为兴盛，人口10多万，均奉宋乾道二年状元萧时中为始祖。

【郡望堂号】

兰陵郡：萧姓望出兰陵。历史上有两个兰陵。"北兰陵"，在今山东省枣庄市一带，西晋元康元年（291）置郡，汉、晋数百年间，西汉丞相萧何的后裔多聚居于此。

广陵郡：治今江苏省扬州。原为战国时楚国广陵邑。秦朝时期置广陵县，在今江苏扬州西北一带。

河南郡：治今河南省洛阳市东北。

定汉堂：汉代沛县人萧何，从汉高祖刘邦在沛县起兵反秦，到建立汉朝即皇帝位，始终帮助汉高祖，功居第一，位列丞相，汉朝一切律令典制，都是萧何定的。"定汉堂"，是夸耀萧何追随刘邦有功，汉朝一切律例典制均为他制定。

河南堂：河南郡为萧氏郡望，后世子孙便以为堂号。古代家（族）谱封面或扉页上刻河南堂（郡），今家（族）谱上也刻有此标记，表示自这支萧氏出自古代河南郡。如福建武平县《河南郡萧氏族谱》，扉页上均有河南堂3个大字等。

兰陵堂：兰陵郡、南兰陵为萧氏主要郡望，后世子孙便以兰陵堂为堂号。福建省晋江萧氏大户，大门匾均书有兰陵衍派字样。古代家（族）谱封面或扉页上刻兰陵堂，今家（族）谱上也刻有此标记，表示自己这支萧氏出自古代兰陵郡、南兰陵。如福建漳州、泉州《兰陵萧氏联修族谱》等。

八叶堂：唐朝，从后梁孝明帝萧炀之子萧瑀作为唐开国宰相开始。这支梁皇房先后有8人蝉联相执，世称"八叶传芳""八叶世家"。这八位宰相是：唐贞观朝宰相萧瑀，萧瑀的曾侄孙、唐开元朝宰相萧嵩，萧嵩长子、唐上元宰相萧华、萧华的侄子、唐肃宗朝宰相萧复，萧华的孙子、唐穆宗朝宰相萧俛（一说为俛），萧复的孙子、唐咸通朝宰相萧真，萧华的孙子、唐咸通朝宰相萧仿，萧仿的儿子、唐中和宰相萧遘。《新唐书》赞曰：自瑀逮遘，凡八叶宰相，名德相望，与唐盛衰，世家之盛，古未有也。

制律堂：萧何采撮秦法，酌加新律，作《九章律》，实行与民休息政策。

师俭堂：萧何素以节俭出名。宋代，迁居广东东北地区的萧氏，立萧何为太始祖，以萧何"后世贤，师吾俭"的名言为堂号，称"师俭堂"。

此外，萧姓的主要堂号有：友爱堂、同文堂等，第一个堂号也与萧何有关。

【祠堂古迹】

萧氏宗祠四美堂，坐落于南靖县金山镇霞涌村（霞涌村原误名下永村，2007年福建省姓氏源流研究会建议并经政府批准恢复为"霞涌村"）。始建于明万历十八年（1590），清代重修。

清流瑀公庙，又名萧公庙，坐落于清流县城南40多公里的长校镇东山村古道旁。唐末宋初始建，东山萧氏为祭祀先祖唐名臣萧瑀所建；明永乐六年（1408）重修建并易名"瑀公庙"，历代也有修缮。瑀公庙坐西向东，占地约120平方米。

大田县林埔大宗祠，坐落于大田县上京镇桂坑村。为福建萧氏总祠之一。北宋熙宁三年（1070）始建，清康熙十七年（1678）重建，历代数次修缮。

厦门乌石浦萧氏家庙，萧氏家庙位于乌石浦社内，紧临SM城市广场、仙岳山观音寺。它建于明武宗正德年间（约1515），复建于1988年。

漳州书都"追远堂"，始建于清乾隆二十年（1755）。是奉敬萧国梁状元公的第十二代孙，遁斋公妈之灵庙。占地508.40平方米。

【楹联典故】

兰陵郡调和鼎鼐，定汉堂博治经书。
——萧姓宗祠通用联。

制律功高能固汉；选文心瘁继传经。
——萧姓宗祠通用联。上联典指指西汉大臣萧何。下联典指南朝梁文学家萧统。

春随莺燕至；歌引凤凰来。
——萧姓宗祠通用联。全联典指春秋时萧史典故"乘龙快婿"。

源溯兰陵，宋代科名推首选；派分书社，清时仕籍看重辉。
——漳州书都"追远堂"堂联。

诗存殷商，在昔有宋时作颂；礼传微命，凡我汀漳贵象贤。
——漳州南靖书洋"诗礼堂"对联。

本河南，从永邑，先镇漳州孟瓜瓞；溯石滩，移水美，继开涌里绍箕裘。
——漳州南靖金山"四美堂"对联。

天宝石奇飞来乌石；霞漳江曲流入鹭江。
——厦门乌石浦萧氏家庙对联。

脉从固始家声远；派衍萌源世泽长。
——福建周宁县萌源村萧氏大宗祠对联。

相国家声远；河南世泽长。
——福建武平县黎畲村萧氏家庙对联。

【族谱文献】

闽台萧氏族谱有《涌山族谱》南靖涌山萧氏族谱。内载始祖萧开春，元末由汀州府归化县龙湖大帐山迁入。派下分斗山、书山、涌山，分居南靖。八世孟容公于明朝正统十四年由水美移霞涌为涌山始祖。涌山派的祖籍谱系为：一世孟容、二世延旭，至十六世贤、十七世世寿、万成、万长、万益、万德、万富。萧孟容在涌山生八子：二、四子住上涌，三、六子住霞涌，一、五子后迁福州，七、八子迁安溪。萧孟容二、三、四、六子的后代于清朝大批迁往台湾。萧万长这一支的开台始祖就是从涌山迁到台湾的。萧万长属二房世系，兄弟五人中排行第三，系涌山派开基始祖萧孟容的十七世嫡孙。清朝康熙年间，六房七世祖萧鋆一家迁往台湾米罗山北社尾（今嘉义）居住，随后，二房、三房的7至11世有45人迁往台湾彰化、台中等地。后又有数十人迁彰化、嘉义、台中等地。台湾省各姓渊源研究学会编《曲山萧氏族谱》，1990年台北印刷。明嘉靖三十九年（1560）始修，清康熙六十年（1721）续修。以黄帝为一世祖，传四十五世大心。春秋时宋乐叔率曹师讨南宫万有功，封于萧邑。唐末萧氏避难入闽。漳州始祖萧时中，明永乐九年（1411）辛卯状元，曾任漳州主考。清乾隆四十三年（1778），漳州萧氏入垦台北县林口乡东林村漳州寮。历代名人有萧史、萧何、萧道成、萧衍、萧统。此外有《萧氏宗谱》统宗修纂，清萧炳文修，始于清道光六年（1826），共 12 卷。详列闽各地宗裔世脉考溯源流。武平《河南郡萧氏族谱》《永定县仙师乡恩全村肖氏族谱》、泉州《肖氏紫滨家谱》等。

【昭穆字辈】

"涌山"派的辈分是"猛廷孔仲时，伯士国邦汝，世元胜心昌，宗枝庆择长，承前应太进，启后裕文联"。目前已传到"庆""择"。这与霞涌村萧氏辈分虽然略有不同，但所传辈数也差不了多少。

第一百五十八节 谢 姓

谢姓在中国大陆汉族姓氏中名列第 23 位，约占中国大陆汉族人口的 0.72%，在福建排名第 14 名。在台湾排名第 13 位。

【渊源】

1. 据《元和姓纂》载：谢，姜姓，炎帝之后，申伯以周宣王舅受封于谢，后失爵，以邑为氏。"周异姓国：……谢氏，姜姓，炎帝之裔。"《万姓统谱》卷一："谢，陈留，商者。炎帝之胤。"

2. 据《世本·氏姓篇》载：谢，任姓，黄帝之后。据《左传》《古今姓氏书辨证》等所载，相传黄帝有子二十五人，得十二姓，其中第七为任姓。黄帝赐子为姓，谢氏出于黄帝子族任姓。由此，谢姓另一源为黄帝后裔，得姓时间为夏王朝以后。《世本》是成书于战国时期的史学著作，记黄帝迄春秋时诸侯大夫氏姓、世系、都邑等。这是谢姓出于黄帝的最早说法。

3. 他姓改姓。两唐书《谢偃传》记载，隋末唐初有谢偃，卫州（即今河南卫辉市）人，他在隋朝任散从正员郎，于唐太宗贞观初年应诏对策高第，被太宗李世民任为弘文馆直学士，又调任魏王府功曹，受诏献赋，以能得规讽之意，受到太宗的称赞。当时有李百药工诗，而谢偃善赋，人称李诗谢赋，可见谢偃以文学知名当时。谢偃的祖辈本姓直勒，《旧唐书·文苑传》说，他的祖父叫孝政，在北齐任散骑常侍，改姓谢。

4. 少数民族谢姓。据研究，他们可能出自被楚文王南迁荆山一带的谢人，约在战国时迁居涪陵，与巴人杂居，有的融入巴人。据晋人常璩所撰《华阳国志·巴志》说，蜀后主延熙十三年（250），涪陵大姓徐巨起兵作乱，被车骑将军邓芝讨平，"乃移其豪、徐、蔺、谢、范 5000 家于蜀，为猎射官。分羸弱配督将韩、蒋，名为助郡军。遂世掌部曲，为大姓。晋初，移弩士于冯翊莲勺。其人性质直，虽徙他所，风俗不变，故迄今有蜀、汉、关中、涪陵，

其为军在南方者犹存。"

【得姓始祖】

1. 炎帝，世称神农氏，作为中华民族人文始祖之一，为世代所敬仰，也被谢姓奉为始祖之一。关于谢姓的先祖来源，许多姓氏书都说它出自炎帝，是姜姓部落的后裔。《元和姓纂》曰："谢，姜姓，炎帝之胤。"

2. 申伯，谢姓族谱中均认申伯为始祖，申伯之申乃诸侯国名，伯指申国的等级为伯爵级。申伯姓姜，周宣王五年（前 823），王舅申伯因平定北方叛乱之战功，周宣王将谢邑（今河南南阳、唐河一带）赐封给他，申国的版图也因此扩大为侯爵级（申伯之子、孙均为申侯）。后来，申被楚灭，子民以邑为氏称谢姓。

3. 伯夷为谢姓的得姓始祖。史书记载，伯夷和叔齐兄弟在武王灭商后，"不食周粟而死于首阳山"。就是说为守节气，宁愿饿死也不吃周朝的食粮，而死在首阳山。周成王非常敬佩这位守大节的圣贤之士，把他及其后裔封到申国，被称为申伯。周厉王时娶申伯的女儿为妃，生了个儿子就是周宣王，周宣王继位后，便封母舅申伯于陈留郡谢邑（即今河南南阳一带），建谢国，公元前 680 年前后，谢国被楚国灭掉。其子孙以国名邑名为氏，称谢氏。史称陈留谢氏为正宗。

【入闽迁徙】

据《八闽通志》《福建通志》记载：西晋永兴二年（305），谢永任晋安郡太守；东晋太宁年间（323—326），谢枦任晋安郡太守；东晋隆安二年（398），谢景兴任晋安郡太守。南北朝时，谢扬于宋泰始五年（469）、谢景于齐永明七年（489）、谢茂于梁天监九年（510）先后出任晋安郡太守。而谢微（齐隆昌年间）、谢融（齐末）任晋安郡内史。谢暇于梁太清年间、谢竭于梁末任建安郡太守。据上述记载，他们是最先入闽为官者，其后裔当留居福建。

唐朝入闽居古田者为谢成。居建宁者为谢善宰，后裔分布闽西建宁、宁化等地，为闽西一大宗姓。居霞浦者为谢文仕，后裔分布在霞浦、宁德等地，是闽东一大宗姓。居泉州、晋江者为谢韬，后裔分布在泉州、晋江、安溪、南安等地，亦是闽南一大宗姓。谢瑫因避黄巢乱，离会稽郡建昌原籍而迁居泉州北门清浦。韬孙谢膳，字文吴，宋开宝六年（973）进士。生二子，次子谢徽，官金紫光禄大夫，建金紫府。谢徽次子谢仲规，字子方，宋皇佑元年（1049）进士，左朝散大夫，受赐金鱼袋，建金鱼世家于泉城内，俗称"谢衙巷"（明时称"金鱼巷"），宋时已成一大望族。

唐末入闽的还有谢肇，字景初，任福州太守，其曾孙谢贞吉迁邵武。至于唐末随王审知入闽者：谢彦时居霞浦，后裔分布霞浦、柘荣等地；谢淇居福安，后裔分布福安、古田、宁德、福鼎等地；谢文乐居宁化、松溪；谢望居建宁，后裔分布闽西，且繁衍到江西、广东；谢英居仙游，后裔分布仙游、莆田、永泰等地；谢荫隆居将乐，后裔分布闽北将乐、邵武、沙县、明溪、永安一带；谢澄源居宁化，后裔分布宁化、龙岩、连城、上杭、漳州及粤东等地。

唐僖宗时（874—888 年在位），谢文乐，字季远，世居河南光州固始县，兄弟自大梁徙杭州；王审知闻其才，奏准封其为判官，文乐兄弟遂携家入闽，为王府长史，其子望、孙彦斌相继为黄连（今宁化）镇将。

唐末，随王审知入闽的谢澄源与祖正吉、父得权，由河南光州固始迁邵武，复迁宁化石壁。《谢氏报德堂谱》载：澄源，原名四十五郎，自光州固始迁汀州宁化县石壁溪，生子十一郎，宋建隆二年（961）迁连城曲溪口，复迁上杭州谢峰溪。

宁化《谢氏族谱》（民国壬戌十修）载：谢氏世居河南光州固始县，汉晋以来，名贤代出，唐季文乐（十六郎）任藩长史，从王审知入闽，为黄连镇镇将，因家绥安。文乐（十六郎）生子望。望生子彦斌，袭黄连镇镇将之职，至宋，讳诩者，官汀州守，以循良擢大司成。长子鑐，官太仆卿；次子鐖，官太常少卿。至宋末，智生五子，而一郎派居五，故名五一郎，肇基宁化为始祖。一郎生四郎。四郎生三子：七郎、八郎、九郎。八郎入归化；九郎迁连城。七郎生二子：咸仪、宣仪。咸仪生秀聪；宣仪生元义、元礼。元义生洞卿、顺卿；元礼生源卿。其后分衍成八房。明万历辛丑于城南建顺卿公祠；于清康熙丙戌在城东建洞卿公祠；康熙壬辰始在城西郭外建一郎公祖祠，形为出水莲花，历十一载方建成。堂号宝树堂。

宋朝时入闽者主要有：谢均兰迁永定山前；谢受甫，字玉贤，居顺昌水南；谢宗贺居邵武，后裔迁宁化石壁、永定高陂塘等地；谢星，字林寿，南宋理宗时官居殿中侍御史，因忤权贵被贬玉融州（福清），致仕后隐居平潭君山岚下村，称"东岚谢"，其后世人才辈出，其中知名的有明朝四川巡抚、刑部左侍郎谢士元，明朝户部尚书谢杰，明朝广西布政使谢肇浙，清朝内阁中书、白鹿洞书院山长谢章铤等，后裔分布长乐、闽侯、福清等地。

以东晋大司马谢裒（音 póu）为远祖，谢裒生三子：奕、安、据。宋时，谢奕裔谢澄源，从光州固始入闽，居宁化县石壁。谢澄源生三子：长子幼殁，次子十一郎，三子十七郎于南宋建炎二年（1128）从宁化县经连城县曲溪迁上杭县古田里荣屋地（今古田镇荣屋村）。谢据裔谢琚，宋理宗（1225—1264 年在位）时为福建邵武太守，卒于官，遂家于邵武黄基堡，孙谢太宝，字式闻，定居武平县万安。连城县谢氏人才辈出，谢凝道、谢邦基父子先后在清嘉庆年间中进士，"父子进士"在客家人中传为佳话。谢邦基与民族英雄林则徐，同时为嘉庆辛未（1811）科进士，俩人交谊深厚，据《连城谢氏族谱》载，林则徐为冠豸山谢氏的"东山草堂"题匾《江左风流》，给谢邦基的胞弟谢邦钧（字小田，拔贡）题写对联："乔梓联辉推玉笋，埙篪递奏贡金门。"谢邦基去世后林则徐还为他撰写了《墓志铭》。

南宋随文天祥部入闽的谢枋得后裔，兵乱失散后，散居龙岩白沙、宁洋等地。宋理宗时名宦谢琚之后，谢琚在邵武为官，因家邵武黄基堡。谢申伯七十二世谢开宣裔，宋淳祐年间，谢开宣由京官谪连城县令卜居田心。

【入垦台湾】

万历四十五年（1617）朝廷颁令实行"内地水师营分兵丁轮班戍守"澎湖，东山铜砵村有不少谢姓族人参加。如谢茅友等，后定居澎湖，卒，葬澎湖。东山铜砵村谢姓开基祖为漳浦赤湖锦湖堡谢鸿基和海澄县石塘村谢却，于明世宗年间先后迁至诏安县五都（今东山县）铜砵村，建祠堂"五常堂"。1661年郑成功收复台湾，郑成功的部下有任工官的谢贤和任州官的谢岩，他们二人于1664年前后到达台湾，是载于《台南市志·人物志》的、早期入台的谢姓人。清侯官人谢金銮，字巨廷、退谷，乃乾隆五十三年（1788）举人，于嘉庆九年（1804）调台湾嘉义县任教谕，当时蛤仔难（亦即葛玛兰，今台湾宜兰）尚未归属，贼蔡牵欲得蛤仔难为基地，谢金銮著《蛤仔难纪略》六篇，详其利害，力主设立机构予以管辖，嘉庆十四年（1809）正月获准，乃设葛玛兰厅。此后，谢金銮回调福建南平任教谕后，又调台湾彰化县任教谕，两次任教，使闽台情缘更为紧密。清康熙十二年（1673），五房族亲迁到台湾基隆一带，不久发展户数多达百余，每年按时回铜砵扫墓祭祖。可惜事出意外，不幸于光绪十四年（1888）航行途中突遭飓风，船覆人亡，从此中断联系。康熙十四年（1675）探石霞美村谢纯朴全家及族人分迁台湾彰化县社头乡广福村。道光年间，敦本堂十一世谢愈昌全家八口及十二世谢哈、十三世谢晏等20余人移居台中开基九张犁村。1950年5月10日国民党军队在撤退时于东山铜砵村抓走了147名壮丁，其中55名为谢姓族人，退役后安家立业，分居在台北、基隆、花莲、新竹等县市。

谢姓在台湾扎下深厚的根基，并且不断发展壮大，至今已经是全台湾的第十三大姓，据台湾文献会《谢姓略考》载，现今台湾的谢姓人口总计为297280人，分布较多的县市依序为：台北市、彰化县、台北县、台南县、高雄市；分布较多的乡镇市区依序为：台北市松山区、台北板桥、彰化芳苑、桃园中坜、彰化和美。在台北、台中、台南、基隆、新竹、高雄、花莲、澎湖、南投等市、县，还建立有谢姓宗亲会，许多地方还建有谢氏宗祠。闽台乡

亲的迁徙，为两地谢姓子孙联系扎下了深厚的根基，多年来，相互间的探亲访祖，宗亲联谊，使家族源流与史共延。

【郡望堂号】

陈留郡：秦代置郡，在今开封东南陈留城。历代均置。1957年并入开封市。

会稽郡：秦置会稽郡，治所在吴县（今江苏省苏州市），辖境包括有江南、浙江省大部及皖南一部。

陈郡：秦置陈郡，西汉淮阳国，东汉陈国，献帝时改陈郡，均治陈县（今河南省淮阳）。

下邳郡：秦在今江苏省睢宁西北，金移睢宁西北古邳镇，明废；古郡名，东汉置国，南朝宋改郡，治所在下邳（今江苏省睢宁西北）。

冯翊郡：汉时置左冯翊，为"三辅"之一。三国魏时改为冯翊郡，治所在临晋。

宝树堂：相传晋朝孝武帝驾临谢安官邸，见其庭园中有一株雄壮大树，长得青翠茂盛，当时孝武帝指着大树对谢安言道："此乃谢家之宝树。"谢氏以"宝树"为堂号，由来在此。另有一说，出自《晋书·谢玄传》："与从兄朗俱为叔父安所器重，安尝戒约子侄，因曰：子弟亦何豫人事而正欲使其佳？玄曰："譬如，芝兰玉树，欲使其生于庭阶耳。"后来唐代文人王勃撰《滕王阁序》，文中就有"非谢之宝树"之句。

东山堂：东山位于浙江省上虞市之西南，在晋室谢安未出任征讨大都督前隐居所在地。另在浙江临安之西，及江苏省江宁之北各有一座东山，当谢安征讨疯建功后，曾在江宁之东山修建别邸，迄今江宁东山仍有一寺庙古迹，祀奉为谢安。

陈留堂：是谢姓最早发祥地，也就是现在河南省陈留镇。

会稽堂：是谢姓在东晋时期的根所在地，也是秦朝的郡名，包括江苏省东部和浙江省西部。

还有"哲经堂""存著堂""敬业堂""阁老堂""起凤堂""世德堂""承德堂""聚德堂""陈留堂"等。

【祠堂古迹】

厦门海沧石塘谢姓家庙，石塘谢姓肇始祖谢

铭欣，石塘谢姓家庙称"世德堂"，始建于清康熙三十六年（1697），《谢氏家乘》记载："明英宗天顺五年辛巳（1461）六世祖浩川公为追一脉相承，明父父子子、兄兄弟弟、子子孙孙秩然不紊，以联族姓，以笃宗支，始创系谱图。"

同安西门的朝元观，谢图南所建之家庙，明代以来，朝元观3次修建。

金门县料罗谢姓宗祠，旧《金门县志》载：金门谢姓有三支，庵顶谢、大嶝谢、料罗谢。料罗谢居金门县东南料罗湾码头畔料罗村。料罗谢始祖谢允德、谢允文两兄弟，在明弘治年间由仙游迁居金门。料罗谢姓宗祠始建于清光绪二年（1876）丙子岁。

安溪厚安祠堂，厚安谢姓，源自光州固始，唐末从王审知入闽，始迁泉郡安溪永安里（今城厢镇砖文村）东皋居住。元朝至正年间建祖祠。历代重修。

晋江谢厝街祠堂，谢厝街谢姓先人于明代就建有家庙，道光甲辰（1844年）及光绪甲午（1894年）重修。

漳浦后雄敬爱堂，漳浦赤湖后雄村谢姓始祖谢光启，携三子再迁十五都锦湖城，建屋立祠，聚族而居，后又分衍各地，祠名"敬爱堂"，称"西谢"。

长泰长隆谢姓祖祠，创建于明嘉靖八年己丑（1529），堂名"瞻依堂"，至今尚保存完好。

晋江畲里谢氏祖厝，始于明季建家祠一座，二落五间张，历代重修，坐癸丁兼午子。

柘荣谢氏祠堂，于乾隆三十八年（1773）戊戌岁竣工，面积1.6亩。

周宁狮城谢氏宗祠，宗祠位于东洋河畔，坐北朝南。宗祠始建清嘉庆十八年（1813），整个建筑320平方米。

安溪厚安谢氏祖厝，肇基祖谢大帽，元至正间建祖祠。明天顺二年（1458）扩一进为二进。

将乐水南谢氏祠堂，位于水南镇溪南路114号。该祠堂为清代建筑，占地332平方米。

【楹联典故】

宝树枝头添新绿，东山堂前迎飞燕。

姜水长流映乌衣巷口出爱国仁相；宝树常青艳淝水流域生大义诗人。

乌衣望族宸邑繁衍颂千秋；凤羽名流锦城兴宗传万代。

宝树家风振；锦城派衍兴。

若得生旺真向立；门楣换却耀祖宗。

——宁德柘荣谢氏祠堂

凤毛仪世风流远；玉树生庭物色佳。

——谢姓宗祠通用联。此联为福建省永春县坑仔口镇魁斗村谢氏祠堂联。

地卜莲花祥呈高盖，支分宝树瑞献华林。

宝树庭前新雨露，乌衣巷口旧家声。

忠孝矜仁里越里门无非资善地，霞霖称蕊宫绕宫阙尽是宝树家。

——南安东门祠堂莲花祖宇大门、庭前联宫内有大柱楹联。

【族谱文献】

闽台谢氏族谱有《东山谢氏族谱》东山铜钵村迁台谢氏族谱。内载明末，数十名子弟随郑成功收复台湾迁台，谢茅随军戍守澎湖。康熙十九年（1673），谢光玉等人迁居台湾，育有二子。次子谢建雍，名绍周，俗名虎鱼佬，雍正十一年（1733）中进士，曾任陕西省凤翔知县、台湾安平协台，诰封武功将军。谢建雍曾移居铜山（今东山铜陵），后又返回台湾居住。道光十六年（1836），戍台东山班兵在澎湖修建铜山馆，并置有铜钵伙房。同治年间，铜砵"敦本堂"谢氏十一世谢愈昌携妻林氏（谥勤慈）、陈氏（谥恭俭）及儿子谢哈、谢诚、谢玉、谢改、谢引，孙子谢晏、谢勤、谢敖、谢双宴、谢水杏、谢如意、谢菩发等三代人一起移居台中开基九张犁村。光绪十三年（1887），旅居台湾的铜砵谢氏宗亲多人乘船回铜山祭祖。有《谢氏家谱》，始修宋代，迄清嘉庆年间经七修，现为清光绪十六年（1890）谢嗣兴八修木活字本，共12卷，卷1辑列诸序、谱例、目录、山川形胜纪乡图、屋图、谢氏纪、世系表缵公以下二十八世；卷2刊世系图，为饶公以下二十四世；卷3至卷6皆载世系纪，为一世至二十四世；卷7集女德纪、节孝录并附序；卷8列崇子说、字派纪、恩纶纪、祖屋基考及祠堂纪图；卷9、卷10皆录坟图；卷11述祭田、屋宇、山场及六乡轮祭、庵田等；卷12记坟山、神庙、桥梁、山亭、风俗、灾异及告庙文、谢谱文诸事。其余坟山、祠产、轮祭诸宗史事等。内载尊周申伯为始祖，西晋谢缵为嫡祖；至宋荫隆公始徙抚州，再迁邵武，为入闽开基祖。再传七世至饶公，宋政和平年间将乐大源，继迁沂州。名人元进士、枢密副使谢英辅等，事详先行纪。还有《兴化谢氏宗谱》莆田谢氏宗族谱牒，《文川城窝谢氏族谱》连城谢氏宗族所修谱牒等。

第一百五十九节 辛 姓

辛姓在宋版《百家姓》中排名第379位，在当今中国姓氏排行第139位的姓氏，人口约1107000余，占人口总数的0.069%左右。在2013年中国姓氏人口排名第145位。在台湾排名第123位。

【渊源】

1. 出自姒姓，由莘（shēn 音伸）氏所改。据《元和姓纂》《广韵》等所载，夏王启封庶子于莘（故城在今陕西省合阳县东南），建立莘国，其后世子孙以地为氏，称莘姓。后由于莘与辛音近，遂去"廿"头为辛姓，称辛氏，便产生辛姓。

2. 出自高辛氏所改。据《路史》所载，相传黄帝之后有高辛氏，其后有去高字改为辛姓。

3. 《潜夫论》所记载的："莘，祝融氏之后，分为八姓，己、秃、彭、嬗、曹、斯、莘。"《广韵》曰："莘，辛声近，遂为辛氏。"

4. 出自上古居住在今山东省曹县一带的有辛氏的后裔，有以辛为姓的。

5. 出自赐姓而来。据《通志·氏族略》所载："辛氏即莘氏也。"北周有赐项氏姓辛，其后皆显于唐代，此支为天水辛姓。源于满族、蒙古族，属于汉化改姓为氏。

6. 闽台辛柯蔡三姓同宗同源。

闽南《辛姓族谱》和柯蔡族谱资料记载：辛柯蔡三姓，一脉相承，他们的始祖蔡姓是河南省济阳府固始县人，他生于885年，官封吴国大夫，人称蔡大夫，娶妻辛代，生三子名忠悦、忠使、忠惠，姜柯氏，育两女。937年，吴灭南唐立，蔡大夫因受株连，不得不举家逃亡，三子分别易名辛文悦、柯八使、蔡忠烈，分三路逃亡，并成功会合于京东西路，后因朝代变迁，战乱频频，遂辗转逃亡至福州下大路风陈乡，并定居于此。950年，蔡大夫逝世，享年66岁，葬于下大路风陈乡，立无字碑。960年，宋朝建立，因辛文悦曾于洛阳当过宋太祖赵匡胤的老师，遂受封为员外郎，两位弟弟柯八使和蔡忠烈

皆受封为官，因受册封，无法更改姓氏，三兄弟遂成了辛柯蔡三姓的始祖，而其父蔡大夫公被称为蔡姓太祖。三姓子孙后代在福州落地生根，繁衍生息，后因人数众多，便往外移民，辟地开族，起盖宗祠。辛氏往泉州、漳州、莆田、潮州发展，后代为纪念宋朝名臣辛炳，逝世于青阳，取青阳为辛姓灯号。柯姓往泉州各县发展，取太祖故里济阳为灯号，但辛柯蔡皆可通用。辛柯蔡后裔迁居台湾和东南亚各国。

7. 出自他族有辛姓或他族改辛姓：

（1）清满洲人有辛姓，世居锦州。（2）清高丽有辛姓。（3）清时甘肃碾伯（今青海省乐都）县土司其孙姓辛，名庄奴。（4）今土、藏、土家、蒙古等民族均有辛姓。

【得姓始祖】

启，父大禹，母涂山氏。夏朝开国君主。相传禹晚年曾根据以前的先例，做禅让的姿态，并推举东夷族的伯益做继承人，但暗中却为传子做准备，竭力为子培养羽翼势力。大禹薨后，启不负父望，兴兵夺权，一举攻杀伯益。不久，又兴兵灭掉了不服自己、妄图蠢蠢欲动的同姓有扈氏。剪除异己后，启建立了中国历史上的第一个奴隶制国家——夏。禅让制一去不复返，世袭制度从此确立。启建国后，封庶子于莘，其后以封地为氏，因莘、辛在古时同音，后去掉草字头，称辛姓，尊启为辛姓得姓始祖。

【入闽迁徙】

辛姓发源于今陕西合阳，为夏时诸侯，夏传至桀时灭亡。商时辛姓于史书鲜见，商末有史官辛甲，西周时受封于长子（今山西省长子），其子孙遂开始在山西落籍。

据福建济阳谱系记载，南宋时，有兄弟三人由河南济阳府固始县相率入闽，初居于福州下大风陈张勤乡，此后分姓分居，辟地开族。长兄入辛姓，分支住惠安辖龙王庙，离泉州路程三铺六里，离崇武一铺二里；三弟入蔡姓，分居惠安、泉州一带；

次子则入柯姓，分支泉州东门外，后再分永春诗山一带。历沧海桑田，时代变迁，开枝散叶，以至海外。如今新加坡、马来西亚等东南亚国家就有辛、柯、蔡三姓华人的宗亲组织。另一支先世居广信府贵溪县（今属江西）的柯姓，始祖曾任潮州太守，遇北宋金人之乱，乃隐于漳州府龙溪县二十五都的都良村，支派分衍，遍及闽南。

据同安文史资料记载，同安辛姓入闽始祖为辛文逸，字仲甫，又字之翰，宋孝义县人（明清属山西汾州府）。少好学，及长能吏事。宋太平兴国初（977）迁起居舍人，使辽。累拜给事中，参政知事，加太子少傅卒。据金门《辛氏家谱》记载，文逸有三子：胡、盈、旭，后因避乱，三兄弟各辟地而居，胡居今同安洪塘镇石浔村，后迁至现在的五显镇后塘村坂人尾自然村；盈入浯州即金门县，成为今金门辛姓的始祖；旭至海澄。因此同安、金门的辛姓始祖为兄弟关系，两岸同奉辛文逸为入闽辛姓始祖，至今在同安辛姓祖庙内仍留存着最早辛姓供奉的辛文逸神祖牌及顺治时期，同安县令赠给后塘入银同十世孙孝子辛肇基的匾额"孝著乡邦"。

【入垦台湾】

同安区五显镇坂人尾和金门县金城镇的辛姓都是宋末大将军辛文逸的后代。宋朝的时候就逃难到金门定居。台湾辛姓主体祖籍是福建；分布在台北、澎湖、屏东、台南、彰化、高雄、基隆等市县。

【血缘联宗】

惠安县山霞镇山腰村下辖山腰、东山、下塘、前亭、顶后垵、下后垵、东格7个自然村，总人口4800多人。其中，东山、下塘、顶后垵等自然村以及山腰自然村的一部分，共有一两千名杨姓村民，都遵循"死辛活杨"的习俗。他们始祖妈系山腰杨氏之女，嫁后洋东官岭辛门为媳。明朝时，辛族惨遭抄家灭族之祸。相传祸因有二：其一，辛礼监改诏书，导致张昌尉吞金自尽；其二，后洋启宇辛通判子侄打死粮税官，被奸臣上奏是其教唆，后辛通判吞金自尽。同为"吞金自尽"，时隔数百年，传世已久又没有完整记载，已无可核实了。那天傍晚，祖妈回夫家至半路，望见东官岭火光四起，杀声不绝，

想到腹中有辛家骨肉，随即逃往娘家避难。后在下塘尾小庙产下夹奇公。承受外祖太贤德，不遗不弃，不分男女，田园厝宅认东西，以水沟为界，东属男西归女，吾祖妈居西。从此祖妈坚守冰霜，恪尽妇道，含辛茹苦，建家立业，为感恩报德，祖妈向天发誓：生者为杨姓牌坊，死后香火才归辛姓。故称"死辛活杨"……至今已相传二十五代人。村里有两个祠堂，同是杨氏的宗祠，却有所区别。东祠堂大门匾额写着堂号"四知传芳"，西祠堂大门匾额则为"梓园世泽"。他们在世都姓杨，而去世后，祭文、神主牌、墓碑等则用"辛"姓。

【郡望堂号】

陇西郡：战国时秦昭襄王置郡。因在陇山之西而得名，治所狄道（在今甘肃省临洮县南）。三国移治襄武（相当于今甘肃省东乡以东及陇西一带）。

雁门郡：战国时赵所置，治所在善元（今山西省右玉南），三国魏移治广武（今山西省代县西）。

双贞堂：晋朝辛勉，博学，有贞国之操（为国家保持节操）。官侍中，跟着皇帝到了平阳。刘聪要拜辛勉为光禄大夫，叫他叛晋归刘。辛勉坚决拒绝。刘聪用毒酒逼他说："你不答应，就要你自杀。"辛勉端起酒来要喝，被刘聪一把拉住说："算了，我是特意试你的。"从此，刘聪佩服他的贞节，给他筑了房子，按月给他送米送酒。还有晋人辛恭靖，从小有肚量，有才干，后为河南太守。羌姚兴攻陷河南，俘虏了辛恭靖，羌姚兴想请他做官。辛恭靖正颜厉色说："我宁愿做国家的鬼，也不做羌贼的臣！"羌姚兴把他关到监狱里三年，结果辛恭靖越狱到晋国。晋帝表彰了他的节操，拜他为咨议参军。

枣强堂、环州堂：明朝的时候，辛野开始做儒学的训导，后来升任为枣阳县知县。他做官体贴百姓，为民做主，深得百姓的爱戴，被人民认为是好官。他著有《环州集》。

孝友堂：明朝时期无锡人辛铭，字敬斋，其后人所建堂号。

永思堂：福建漳州和广东潮州地使用。

此外，辛姓的主要堂号还有："五龙堂""陇西堂""雁门堂"等。

宗开莘国；秀毓陇西。

——全联典指辛氏源流和郡望。

功战奇方，不让关张独步；慷慨大节，宁输武穆居先。

——上联典指唐朝时期的大将军辛京果，由于辛京杲英勇善战，肃宗召问他是："黥彭关张之流乎？"下联典指南宋朝时期的词人辛弃疾事典。

第二章

第一百六十节 邢 姓

邢姓在我国《百家姓》中位列第195位，是当今中国姓氏排行第118位的姓氏，人口较多，约占全国汉族人口的0.1%。在台湾排名第170位。

【渊源】

1. 是黄帝后裔，源出于姬姓。《左传》上所记载的："凡蒋、邢、茅、胙、祭，周公之胤也。"说明他们是周公的后代。周公第四子封于邢（今河北邢台），后为卫国吞并，邢国国君裔孙遂以国为氏，是为邢氏。又有晋大夫韩宣子之族食采于邢，其后世子孙以封地为氏，亦为邢氏。春秋时，邢国被卫国并灭，子孙纷纷"以国为氏"而姓了邢，有的安土重迁，仍然在家乡过老日子，有的则不甘忍受亡国之耻，陆续出奔到其他各地，开创新的天地。

2. 出自春秋晋国。《姓考》记述："晋大夫韩宣子之族食采于邢，后以为氏，望出河间。"

3. 少数民族有的改为邢姓。北魏氏族人，清朝满洲人、满洲八旗性佳氏、黎族拉海氏、蒙古族等民族中均有改汉姓邢的。

【得姓始祖】

周公旦，《左传》上所载的："凡、蒋、邢、茅、胙、祭，周公之胤也。"指出了邢人是制礼作乐的周公的后代。

邢姓望出河间郡。邢姓的最早发源之地河北邢台县，在历史上可一直是大大有名。这个地方，在秦朝时被置为信都县，不久之后楚霸王又将之改为襄国，并且成为"常山王"张耳的王都。南北朝时，石勒又在这个地方建立他的赵国，一直到宋朝之时，才定名为邢台，以迄于今。因此，邢台县之地一直声名响亮，来自该地的邢姓人，可以说是与有荣焉。

【入闽迁徙】

《辞源》中，"邢"只有两种解释：（1）古邢国在今邢台市；（2）邢姓。《左传》上所载的："凡、蒋、邢、茅、胙、祭，周公之胤也。"指出"邢"是周公姬旦的后代。据《元和姓纂·十五青》《通志·

二六·二·以国为氏》记载：周公第四子封为邢侯，至公元前635年，邢国为卫所灭，子孙以国为氏。

邢姓的最早发源之地河北邢台县。这个地方，在秦朝时被置为信都县，不久之后楚霸王又将之改为襄国，并且成为"常山王"张耳的王都。南北朝时，石勒又在这个地方建立他的赵国，一直到宋朝之时，才定名为邢台。

西晋末，八王之乱、五胡乱华、中原板荡，有少数邢姓子孙避居江南。隋唐之际，邢姓河间郡望依旧长盛不衰，兴旺发达，播迁繁衍以北方邻近区域为主，但南方一些地方，如安徽、江苏、浙江等地已有名载史册之邢姓出现。

唐朝两次南下移民潮中，邢姓进入福建。唐总章二年（669）泉潮间蛮獠反，唐高宗下诏命陈政为总岭南行军总管事，"率府兵3600名，将士自副将许天正以下123员，从其号令，前往七闽百粤交界，绥安县地方，相视山源，开屯建堡，靖寇患病炎方，奠皇恩于绝域"。有邢姓部将随之入闽。

唐僖宗光启元年（885），寿州人王绪率农民义军攻陷光州，固始东乡人王潮、王审邽、王审知三兄弟奉母董氏率乡民5000人从义军入闽，揭开了光州固始向闽台移民的又一恢宏篇章，有邢姓小将士随之入闽。

《客家风情》载：邢氏，唐末南迁，宋时入闽，留居宁化石壁。宋末转徙连城、上杭、永定等地。明代再迁广东，分居梅州、兴宁、平远、长乐等地。

【入垦台湾】

台湾邢氏多种成分，主要分布在台北、宜兰、新竹、苗栗、台南、基隆、彰化等市县。

【楹联典故】

源自邢国；望出河间。

——联典指邢氏的源流和郡望。

文章典赡；德行堂皇。

——上联典指南朝时期的邢劭，文章典丽，名动公卿。下联典指三国时期的邢颙，字子昂，以德行举孝廉，人称"德行堂皇邢子昂"。

德行称实美品；文章占榜高魁。

——上联典指三国时期曹魏国的尚书仆射邢颙，字子昂，郑人。举孝廉。不就。曹操辟为冀州从事。时人语曰："德行堂堂邢子昂。"后迁太子太傅，曹魏文帝时拜尚书仆射，赐爵关内侯。下联典指明朝时期的进士邢宽的事典。

邢进士身材矮小，然生性滑稽幽默。有一次，他在鄱阳县遇到了强盗。强盗不仅搜去了他身上的钱财，还要杀死他以除后患。正在举刀之际，邢进士一本正经地对强盗说："人们都已经嫌我长得太矮，而称我邢矮子了，官人你如果再砍去我的头，我不就更矮了吗？"强盗听了，不觉大笑掷刀，饶他而去。

幸姓，在《百家姓》中排第 258 位。在 2007 年全国姓氏人口排名第 300 位以外，在 2013 年全国人口普查姓氏排名第 393 位。在台湾排名第 231 位。

【渊源】

1. 源于姬姓，出自周武王之子周成王赐其叔姬偃的姓氏，属于帝王赐姓为氏。周文王第四十七子、周武王之弟姬偃因镇守朔北雁门（沧州）有功，周成王在壬戌岁（前 1079）赐其叔姬偃为"幸"姓，史称偃公，其后裔子孙世袭父职并传十三代。偃公即为幸氏始祖。

2. 幸姓起源于上古帝王信任亲近的大臣，即幸臣，认为起源于河北沧州清池，始祖幸偃因镇守雁门有功，于公元前 1079 年成王赐姓"幸"。

【得姓始祖】

姬偃，渤海沧州青池人，因镇守朔北雁门有功，周武王之子周成王于壬戌岁（前 1079）赐其叔姬偃为"幸"姓，故姬偃是幸氏的鼻祖。其子袭父职并传一十三代。

幸臣，据清朝学者张澍的《姓氏五书》记载，是幸臣的后代，以祖上为荣而取"幸"为姓或被帝王赐予"幸"姓而形成的。幸臣，就是君主最宠信亲近的臣子。因此幸氏的家族理当兴盛，所以，历代幸氏的先人见诸史书记载的很多。在中国古代，幸氏的望族大多出于南昌郡。

【入闽迁徙】

广东《幸氏古今》载：唐高宗总章二年（669），偃公六十一世孙茂宏，原居西蜀，出任江西南昌府丞，遂徙居高安幕山。茂宏被尊为高安一世祖。至八十六世登巘，宋末迁居南康；其弟登嵩则迁居汀州宁化。登巘公之曾孙八十九世郎鄹公亦迁居宁化石壁。郎鄹公曾孙钦凤、宗远、智崇、宗明四人，共负父、祖、曾祖三代骸骨，于明洪武二年乙酉（1369），迁居广东兴宁县东厢嶂峰堡，肇基立业，其裔孙人丁兴旺，播衍全国 19 个省、市、自治区，

港、澳、台，东南亚、欧、美等国家和地区。

江西南康《幸氏族谱》记载郎鄹公宁化石壁所传世系：第一世：郎鄹公，字伯茂，度名七十三郎，由江西南康县长伯图石塘堡幸村甲，徙居福建宁化县石壁村。第三世：建熠公，字文惠，号体仁，度名九十三郎，姚梁氏，继姚邬氏。生四子：钦凤、钦远、钦崇、钦明。时至明洪武间钦凤兄弟四人为避乱，共负父、祖、曾祖骨骸迁居广东兴宁。兴宁幸氏奉郎鄹为入粤始祖。后裔繁衍日盛，播居广东、北京、上海、西安、河北、内蒙、辽宁、新疆、四川、河南、江苏、湖北、湖南、贵州、江西、广西、福建、海南、云南、台湾、香港等省地及马来西亚、泰国、美国、瑞典等国家。十九世顺生，往仰光；并生迁新加坡；二十世冠辉，字佛海，徙居台湾，生二子：伟宏、伟台。二十世玉华往南洋；二十一世梅方居泰国；兰方居南洋；昆香，居马来西亚；二十二世淼发迁泰国，台龙、水龙迁台湾。仙桂塘片十九世灶生、新保、云香俱迁马来西亚。二十一世锦荣、二十二世志文、广文、达文、乐文，二十三世健中、怡中、侃令俱迁印尼。石莲围二十世运发、春发、体泉均居马来西亚；铭生，居印尼；慰贤、佑贤、柏祥俱居南洋。炎泉居台湾。二十一世居印尼的 24 人，二十二世居印尼的 12 人；二十一世居香港的 4 人，二十二世居香港的 4 人。新塘片十九世石文、元云、雨云，二十一世均文俱居泰国。

宗明（钦明）公裔孙分衍珠坑村、半径村、梅县下潭头、油坊尾、巧桂塘、宁新枫树岭、梅县荷泗寨坑子、广西、江西于都、寻邬板石、陕西西安、安徽、湖南、新疆等地，移居港、澳、台地区及东南亚各国的也不少。旺生村念祖存仁系二十一世洪香居印尼。中心隔二十二世展鸿、展彬、展政、展奇俱居马来西亚。土楼下元生公系十九世禄寿居美；廿世金水居印尼。珠坑村十六世奕瑾、奕现兄弟迁四川。十八世春荣、春华、春贵兄弟迁广西。十九

世仕君亦迁广西。二十一世立生居印尼。珠坑村文佑公系二十世运发迁香港，坤城居印尼，际飞居台湾。二十一世懋芳、俊生、奎芳、懋文俱居香港。二十一世荣喜、梦喜、双郎居印尼。二十二世祺岱、祺岳居香港。上屋系二十一世元福之子海保迁居台湾。运章居马来西亚，焕章、全对居印尼，二十二世泗保之子华声、强华、全对、华金、远金居马来西亚。中心屋系二十二世亮清居印尼。二十三世碧忠、碧文、碧明、碧坤、碧权均居印尼。老屋下系二十一世福昌、二十二世俊泉、立泉均居印居。二十三世高明、高国、高中、高华、高尼，二十四世远新、远明俱居香港。半径村系二十世新郎、金水居南洋；二十一世立郎居马来西亚；二十二世焕郎居南洋；玉昌居马来西亚。二十三世开源、木源、水源、金源、炳荣俱居马来西亚。二十四世佛保，字盛昌，桂发均居台湾。进发居南洋。龙发居马来西亚。二十五世：天富、天贵居台湾。寿南居南洋。

明初，幸登嶷之曾孙郎鄮于1369年迁居福建宁化石壁村，洪武二十三年（1390）其曾孙钦凤、宗远、智崇、宗明四兄弟入广东梅州兴宁一带，后传往广东各地。三子之武公承基高安洪城及永乐一年由高安迁往江西九江市瑞昌，江西赣州于都、四川、湖北。

【入垦台湾】

明清，闽粤幸氏开始入垦台湾。主要分布南投等其他各市县都有分布。

【郡望堂号】

雁门郡：战国时期赵国置郡，秦汉沿用，治所在善无（今山西右玉），其时辖地在今山西省河曲、五寨、宁武、代县一带。东汉时期移治到阴馆（今山西代县），此后多以雁门为郡、道、县建制戍守。

渤海郡：西汉时期从巨鹿、上谷之地分出渤海郡，治所在浮阳（今河北沧州东关），其时辖地在今河北省、辽宁省之间的渤海湾一带。

豫章郡：汉朝时期豫章郡治。隋朝时期为洪州治所。五代时期的南唐及明、清诸朝为南昌府治，明朝初期曾为洪都府治，其时辖地均为今江西省南昌市。

堂号：雁门堂、渤海堂，以望立堂。

豫章堂：以望立堂，亦称南昌堂。

【楹联典故】

姓启幸臣；阀阅南昌。

——指幸姓源流和郡望。

雁飞万里传喜讯；门对千山引祥云。

——幸姓望族居住地"雁门"二字嵌字联。

由宁化而开基，本儒学而受恩荣，艺苑之芳声宛在；

自豫章而胥宇，采芹藻而探桂杏，兴朝之伟绩聿新。

——幸姓宗祠"渤海堂"堂联。

第一百六十二节　熊　姓

熊氏在当今姓氏排行榜上名列第72位的大姓，全国人口约4430000余，占全国人口总数的0.28%左右。在福建排名第83位。在台湾排名第114位。

【源流】

1. 源于芈姓，出自黄帝后裔。出自商朝末期鬻熊及其后裔，属于以先祖名字为氏。据史籍《世本》《古今姓氏书辨证》《元和姓纂》等的记载，黄帝子昌意生颛顼，颛顼四世孙陆终第六子名季连，赐为芈姓。季连季生附沮，附沮生穴熊，在其后裔子孙中，到商朝末期有个叫鬻严的人，字熊，他很有学问，做过周文王姬昌的老师，受官火正，后世称其为鬻熊。其子后来事于周文王，早卒。曾孙熊绎便以王父字为氏，称熊氏。司马迁在《史记·楚世家》中记载："鬻熊先生辅佐文王，去世早。熊通说：'我的先人鬻熊渊博，是周王的老师。'"

2. 源于有熊氏，出自黄帝的部落姓氏，属于以居邑名称为氏。据史籍《元和姓纂》记载，相传黄帝生在寿丘，长于姬水，居轩辕之丘，建都于有熊（今河南新郑），又称有熊氏。黄帝的后代中便有人以地名为姓，称熊氏。熊氏是中国最古老的姓氏之一。

3. 源于其他少数民族，属于汉化改姓为氏。在我国的少数民族中，满、蒙古、苗、傣、水、壮、藏、土家、布依、傈僳、阿昌等多个民族中皆有熊姓，以傈僳族中的熊姓为例，其实是出自"欧扒"之首音谐以欧字为单姓，或取欧扒之汉意——"熊"而为姓。

【得姓始祖】

鬻熊，姓芈，名熊，又称为熊蚤、芈蚤。祝融氏的后代，是陆终第六子季连的后裔。鬻熊曾孙熊绎以王父字为氏，称熊氏。商末人，其才高八斗，学富五车，曾为周文王之师，被封为护国侯。鬻熊九十岁拜见文王，文王把他当作老师。到了武王，成王都把他当作老师。成王大量分封异姓诸侯，其时鬻熊已经去世，他的儿子熊丽，孙子熊狂也都已

去世。故封他的曾孙熊绎于荆楚地，建立楚国，建都于丹阳（今湖北秭归东南）。春秋时，楚国一度强大，势力曾扩展到中原，为春秋五霸之一。公元前223年，楚为秦始皇所灭，子孙都以熊为姓。传有三十一世四十三位君主。鬻熊有《鬻子》一卷。《史记·楚世家》记载："鬻熊先生辅佐文王，去世早。熊通说：'我的先人鬻熊渊博，是周王的老师。去世早。'"但《鬻子》说90岁才见文王，之后有武王、成王向他求教封康叔于卫的事，算起他的年龄应该超过112岁才对。所以前面说到的去世早指的是未及受封就去世，而不是说不长寿。公元前223年，楚灭于秦。楚君的后人多以熊为姓，称为熊氏，史称熊氏正宗，即湖北熊氏。故楚人以鬻熊为始祖（楚人奉颛顼帝高阳氏为先祖，老童、祝融为远祖，鬻熊为始祖）。

【入闽迁徙】

从上古时期开始，就有熊姓人物的活动。魏晋南北朝时，熊姓已迁入我国江南广大地区，故熊姓有以"南昌""江陵"为其郡望堂号的。熊绎于楚后，子孙世居江陵，后以江陵为郡，郡望为江陵。

唐乾符六年（879），第二十七世孙熊宁义为避战乱迁徙豫章（今江西南昌）。宁义生子兰，五代十国后梁开平三年（909），熊宁义的儿子熊兰避兵乱入闽，居建宁吉安堡。后汉乾祐初年（948），熊兰之子熊罗又迁居广昌溪口。熊罗生熊颖。熊颖任后汉丞相，由于后汉内部矛盾剧烈，杀戮功臣，熊颖休仕，隐居于广昌府石城外柏中里兰寮，熊颖后裔播迁闽西各地。熊颖有2个儿子：熊三官、熊四官。北宋建隆二年（961），熊三官迁居建宁均口，后又与熊四官一起迁徙江西石城柏中里。不久，熊四官又迁居上柏昌。南宋开祐二年（1206），熊四官的第十一世孙（江西石城进贤坊《熊氏九修家谱》作九世孙）熊万珠迁居宁化黄柏岭（今宁化济村）。（见宁化济村、中沙《熊氏族谱》）熊兰后裔熊五

郎迁居明溪，为熊氏入明溪始祖。其第二十四世孙熊贤辉迁居宁化泉上邱坑，熊贤炳迁居明溪盖洋雷西，熊贤茂居原址明溪盖洋，熊贤和迁居明溪鱼钦，熊贤泰迁居明溪当坑。（明溪盖洋《熊氏族谱》）熊四官移居江西岩岭上柏昌后，传至熊志隆又从上柏昌入闽迁徙，居明溪盖洋葫芦形。（见明溪《姓氏志》资料）

唐宋年间，熊姓后人陆续向江苏、浙江地区迁移，而南昌与江陵两地的熊姓依旧长盛不衰，人才辈出，族大人众，据北宋地理总志《太平寰宇记》所载，岳州（治今湖南省岳阳市）四大姓中有熊姓，豫章（今江西省南昌市）五大姓之首为熊姓。可见在宋代时，熊姓仍广泛分布在江西南昌及湖南岳阳一带。而北宋初移居福建省建安（今建瓯市）等地的熊姓，也逐渐成为望族，后世出了不少名人学子。

熊氏第五十七世熊鸣鹄，字瑞翔，官授豫章（今江西省南昌市）太守。后因年老不仕，举家定居于豫章沟上，娶万氏，生一子承绪。至熊氏第七十一世熊礼，字仲，生熊岭、熊崧二子，后迁南丰石城。熊氏第九十六世熊秉，又扶驾统领大兵于江南洪州，又举家迁洪州，后子孙昌织，仕宦显达，后裔又复迁石城。至熊氏第九十八世熊宗，其次子熊二官，因官授鸿胪寺吏部侍郎，举家遂居于福建汀州，闽西一带熊姓尊熊二官为熊氏入闽始祖。

南宋建炎年间（1127—1130），原籍河南开封府祥符县的熊仔为中奉大夫、利州观察使，主管台州崇道观，举家迁居筠之盐步镇（即今江西宜丰）。熊仔的长子熊楚一（或曰楚佐、楚材、楚粥）的3个儿子熊良翰、熊良嗣、熊良贵，分居宜丰、天宝潭山，为潭山熊猫氏开基始祖。其中，熊良翰的后裔熊彦玉于元末由城南迁于天宝上宁。明代，熊仔的次子熊弼的2个儿子熊良治、熊良辅下传七世时，启族城南库下。福建福清熊氏就是出于这一支。

民国《武平县志》载："宋绍兴十五年（1145）熊宣（原居豫章）任武平铃辖，来武平，子六郎奠居高梧乡。"上杭泮境《熊氏族谱》载，熊念三郎（又名千三郎）于南宋宁宗庆元年间（1195—1200），从江西石城经长汀县至上杭县泮境乡邓塔墩下先师堂开基。南宋开禧三年（1206）熊三郎迁宁化县三村。永定《熊氏族谱》载，熊颖传十三世熊安福，于元朝徙长汀县左厢金花坊（今大同镇东街村）的龙湖开基。

宁化济村、中沙《熊氏族谱》与明溪盖洋《熊氏族谱》记载：西晋元康年间（291—299），熊崇官辅佐元惠帝。其裔孙熊颜，奉命守江南，遂举家迁居江南。

熊氏第一百一十二世熊仕通在汀期间，娶傅氏，生梦诏、梦璋二子。后长子梦诏迁江西石城，次子梦璋于元末至正年间（1367），朱元璋大军入闽时从长汀左厢金花坊、龙湖迁永定上湖雷上坝开基，为永定熊氏开基始祖。

南宋末年，元世祖忽必烈派兵征讨南宋，爱国将领文天祥拼死抵抗，但大厦将倾，非一木所能支也，故节节败退，南宋王室也从杭州出逃福建，再由福建败退广东孤岛——崖山。元兵所到之处，烧杀掳掠，百姓闻风而逃，故江浙一带之熊姓有迁福建者，再由福建入广东，以避兵火。

福建熊姓主要聚居在闽西客家永定县的凤城、湖雷、抚市、岐岭、城郊、陈东，上杭县的临江、临城、湖洋、泮境、古田，武平县的平川、中山、十方、东留，长汀县的汀州、大同、濯田，连城县的宣和，宁化县的石壁、济村、安远、湖村，清流县的龙津等乡镇。

【入垦台湾】

明清时期，闽粤熊姓开始入垦台湾。台湾光复后各省也有迁徙入台。台湾熊姓主要分布在台北、基隆、台中、屏东；其次是台南、嘉义、台中、高雄、台东。

【郡望堂号】

江陵郡：原为春秋时楚国郢都（今湖北江陵西北纪南城）。汉代设置江陵县，为南郡治所。南朝齐改置江陵郡，在今湖北省江陵及川东一带。

南昌郡：汉代豫章郡治，隋为洪州台，五代南唐及明（初为洪都府治）、清为南昌府治，均为今江西省南昌市。

射石堂：古时有一位善于射箭的人叫熊渠。有一次，他夜间走路，老远就看到前面有一只老虎趴在那里。他拿箭就射，老虎却一动不动。他走近一瞧，果然中了，而且箭头射进去几寸，用手拔也拔不出，原来是一块大石头。

另外，熊姓的主要堂号还有"江陵堂""谦益堂""南昌堂""孝友堂""典裕堂""思孝堂"等。

【祠堂古迹】

熊氏枫林祖祠：坐落于永定县湖雷上湖枫林村，坐艮向坤，建于明成化庚子年，清顺治十六年（1659）正月安龛入主，康熙十七年（1678）三月立神祖排位。祖祠联文："文风扬柏府；钱雨润枫林。""钱雨家声远；鳌峰世泽长。""源流来楚水；春色满枫林。""鳌峰声世第；虎石旧家风。"

漳浦县熊氏祖祠，位于漳浦县城旧县衙大门左侧，坐北向南，两进三开间土木建筑，悬山顶。后因县衙扩建而被拆除。

熊氏祖祠，漳浦县熊姓祖祠家庙，位于漳浦县城旧县衙大门左侧，坐北向南，两进三开间土木建筑，悬山顶。后因县衙扩建而被拆除。

【楹联典故】

西山廉士，东阁直臣。

——上联以熊孝则的逸事为内容。熊教则，南宋人，以孝行闻名。下联赞誉的是清代直臣熊赐履。

唐旌孝子，宋仰名臣。

——上联说的是唐代孝子熊仁瞻的故事。下联

"宋仰名臣"指的是宋理学家熊禾。

象分青气外；景尽赤霄前。

——熊氏宗祠通用联。

义疏三礼；史擅九朝。

——佚名撰熊性宗祠通用联。上联典指北齐国子博士熊安生，字植之，阜城人。经学家，博通五经，尤其精于"三礼"，有弟子千余人。仕北齐为国子博士，曾与北周使臣尹公辨析《周礼》疑义数十条，后入北周任露门学博士下大夫。著有《周礼》《礼记》《孝经》诸义疏。下联典指南宋进士熊克，字子夏，建阳人。绍兴年间进士，历官诸暨知县、知学士院、台州知州，博联强记，熟悉历代典故，有惠政。被荐直学士院，后出知台州。著有《九朝通略》《中兴小历》《诸子精华》等。

【族谱文献】

福建建阳《熊氏祠内轮祭簿》不分卷，佚名纂，清嘉庆二十五年（1820）建阳熊氏敦伦堂义房逢春抄，清末递补续抄本，福建省图书馆据此复印，订分六册。记事始自清雍正间，迄于咸丰年间所书具列明，各为子孙执据。潭阳熊氏宗谱不分卷，该谱为祠谱，系建阳县麻沙镇书林乡熊氏宗祠谱牒。据谱中记载，其入闽始祖为（唐）熊延秘，唐末时入闽，传至十二世，熊祖荣移居书林，肇开书林熊氏一族。邵武《幸佳际熊氏族谱》五册，一世祖熊胜宗。

第一百六十三节 修 姓

修姓相传是远古部落首领少昊的后代，直接得姓祖先即少昊的儿子修。据国家语言文字工作委员会（原称：中国文字改革委员会）统计，修姓人口数量在全国居第311位。在台湾排名第303位。

【渊源】

1. 修氏得姓，源于原始社会，据《英贤传》云："出自少昊氏，子修为帝喾玄冥师，掌水官，其后氏焉。"《姓谱》："玄冥之佐有修氏。"相传远古部落首领少昊有儿子名修，曾在高辛氏帝喾时担任玄冥师，掌管天下水利事宜。他的子孙便以他的名字为姓。历史上形成临川等郡望。

2. 出自"己姓"。高阳氏颛顼之后有"修及熙"。修为帝喾的掌水官，号玄冥氏。修、熙后人皆为修姓。

3. 满族人入关后，原满族"休佳氏"改为汉姓"修"。北京市一带长见满族修姓。

【得姓始祖】

少昊氏，名挚（一作质），一说号金天氏。少昊是黄帝和嫘祖所生的儿子，黄帝的继承者，在位84年，建都于山东曲阜。少昊崇尚金色，订立了黄金制度，称为金天氏。传说中古代东夷族首领。东夷以鸟为图腾，曾以鸟为官名，设有工正和农正，管理手工业和农业。少昊氏其子修文为帝喾时的玄冥师，其后人以修为姓。玄冥，古代人称雨神、水神为玄冥。玄冥师，即为管水利与气候的官员，号玄冥氏。

【入闽迁徙】

长汀族谱记载，"修氏出自天水，元冥之助为修氏。"帝喾为帝时有三个玄冥师：一是帝喾的孙子修文（少昊之子）；还有帝喾的兄弟修和熙。熙为修之辅佐。熙协助修管理水。所有修与熙的后人皆姓修。至今已有4000多年历史。古籍中说的修蛇、修鱼、修羊等部落其后代均为修姓。

五代天福七年（942），原籍西蜀益番（今四川省境内）的修全仁因累立战功，被契丹国王封为仆射卫助国将军都招讨，并将其长女金园公主（益州君）许配全仁为妻。全仁生九子，依次取名小一至小九郎。修小九郎，名天祥，号永南，于北宋淳化年间（990—994）任广东揭石留守司。年迈返乡，途经汀州府长汀县河田，因患病不能归乃定居于当地，并将开基地命名为修坊，奉其父修全仁为入汀始祖，自称二世。元至正末期（约在1368年），修全仁的第六代孙修孝忠，号石溪，因军功授进义校尉，官于武平，遂卜居该县。孝忠妣曹、黄、蓝氏，生四男：南洋（福寿）、东湖、西山、北海。长男南洋于明初移居上杭县才溪贵竹村（今大贵村），其后部分裔孙又播迁至上杭南阳，江西瑞金，四川，广东等地。明嘉靖年间（1522—1566）修定富（又名以忠）从河田修坊迁宁化县新村里洋坊（今安乐乡境内）又迁杨梅坑，再迁修家坪。

修彝，字叙伦，江西庐陵及临川修姓修琛的第三十一世孙，在宋朝时南渡任福建南平府通判，后来避乱就长居南平地区。三十七世修邦杰，世居江西庐陵，元朝元贞元年（1295）前往长汀任教授，居清泰里和田村落户。

闽西修氏主要分布在上杭的才溪、南阳，武平的平川、城厢、中赤，长汀的汀州、河田，宁化的翠江、湖村、治平、安远、水茜、安乐等乡镇。

【入垦台湾】

清代以后，修姓开始分布于台湾。主要分布在台北、基隆、屏东、台东、彰化等市县。

【郡望堂号】

修氏以天水（今甘肃省通渭县一带）为郡望。

堂号有：天水堂、永平堂、汉尉堂等。

【族谱文献】

福建长汀修氏族谱。长汀谱书上说："修氏出自天水，元冥之助为修氏。""出自天水玄冥之佐为修氏。"意思是说：修姓出自管理雨水额玄冥师的助手，而玄冥师修的助手就是熙。熙的后代也姓修。

"玄冥"与"元冥"相同。清朝为避清圣祖玄烨之讳，一律把玄该成元，清朝修谱时即会把玄字改成元字。

"天水"可能指的不是今天的天水市，因从汉朝才设天水郡。"天水"可能指天然之水即雨水。"天水"也可能因此得名。

第一百六十四节 徐 姓

徐姓在中国大陆按人口排序是第 11 位，总人口大约在 2000 万，福建排第 25 位。在台湾排第 20 位。

【渊源】

1. 源出嬴姓，以国为氏。据《元和姓纂》所载，伯益助大禹治水有功，虞舜封其子若木于徐国，子孙以国为姓。据《通志·二六·以国为氏》所载，"徐氏，子爵，嬴姓，皋陶之后也。"皋陶生伯益。伯益佐禹有功，封其子若木于徐，"自若木至偃王三十二世，为周所灭，复封其子宗为徐子，宗十一世孙章羽，昭三十年，为吴所灭，子孙以国为氏"。

2. 源出殷民六族。据《中华姓氏大全》所载，周公的长子伯禽，受封于鲁国，分到了"殷民六族"，中含徐姓，亦是传说中的徐姓源起之一。

3. 他姓改姓而来。据《百家姓溯源》所载，五代时，李升改姓徐，名知诰，其后代亦以徐为姓。另外，南京徐姓，大多为宋朝秦桧后代，因不耻于秦桧所为，均改为徐姓。

4. 少数民族血缘融入：据《史姓韵编》《清通志》等史籍记载，东晋北地氐族中有徐姓，今宁夏贺兰山地区和甘肃庆阳地区的氐族、蜀人族中也有徐姓；进入南北朝之后，这些少数民族的徐姓基本都同化为汉族了。清朝满洲八旗舒禄氏、徐吉氏、舒穆禄氏等氏族赐姓徐，成为东北地区徐姓。景颇族勒托氏，汉姓为徐。土族徐卜氏，汉姓为徐。侗、哈尼、彝、回、土家、锡伯、达斡尔、蒙古、东乡等民族中均有徐姓。

【得姓始祖】

徐若木、伯益之子，伯益曾佐大禹治水，为禹治水成功立下了汗马功劳，因此在论功行赏时，伯益的儿子若木被封到古代的徐城，建立了徐国。因若木首封徐国，其后代便以国为氏，称为徐氏，徐若木便为徐姓的得姓始祖（今葬于山东郯城县）。

【入闽迁徙】

徐姓人最早繁衍于今江苏徐州、安徽泗县，后扩至凤阳，以古代徐国为源地，世居而繁衍了 1000 多年，直到春秋末期为吴所灭，有徐姓人避居河南、山东，并在山东繁衍昌盛起来。徐稚被后人尊为"东海堂"徐姓的始祖。

1. 唐总章二年（669），归德将军陈政、陈元光父子奉旨率 64 姓军士入闽平乱，其中不少是中原徐姓军士，府兵队正徐本顺、徐陆怨随同入闽靖边，为入闽开漳徐姓始祖。

2. 唐睿宗景云二年（711）十月，徐禄大将军奉旨平闽（长子伯致留河南守文铨公墓及祖业）并带其次子伯中、三子伯和，率河南固始县 53 姓府兵入闽御侮。入闽驻崇城以及温岭街一带（现为武夷山市）。福建省建阳市小湖徐氏族谱存有睿宗皇帝诏书和徐禄入闽前撰徐氏族谱序。

3. 唐天宝八载（749），徐务，官授国子上舍，自浙江衢州龙游县入闽，居莆田崇仁里（今庄边，一说延寿里），世尊徐务为延寿徐姓一世祖，且为莆田徐姓始祖。

据《台湾源流》（第六期）载："徐伟，生八子，皆显贵，时号'八龙'。其第八子徐绩为孝廉，子孙三代多中进士，孙鹤龄避乱入赣，留居石城。唐天宝年间（742—756），后代分迁宁化、长汀。宋末，徐一郎，避元兵，自宁都迁宁化，后经长汀徙上杭。"据长汀《客家姓氏渊源》载，宋末元初时，江西宁都的徐一郎、徐二郎兄弟入闽迁徙。徐一郎居宁化，后转徙上杭；徐二郎居永定。南宋淳熙七年（1180），淳熙初年进士徐宣仪因避难，携子徐念四从江西省进贤县经南城南丰迁至建宁县客坊乡狮峰，为建宁徐姓始迁祖；其后裔播迁县城关、水南等地。

4. 徐晦（760—838），字大章，唐贞元状元，建中二年（781）入闽任都团练，举家落籍福建泉郡（今泉州）徐公店。徐晦为原籍浙江信安的衢州刺史徐洪的裔孙。徐洪有 3 个儿子：长子徐柔、次子徐矜、季子徐务。徐晦为徐矜的儿子。《泉郡安平徐状元巷祖谱》《泉郡晋江徐公店世谱》及《台北徐公演家谱》三种族谱记述：徐洪生有三子，长子徐柔，居浙江信安；次子徐矜，由浙江信安迁入泉郡徐公店（晋江安海徐状元巷），被尊为入泉一世祖；三子徐务，迁入莆。徐晦长子徐潘承父命，遂举家迁居泉郡徐仓长房聚众成村（今徐公店）；次子徐湖经延寿迁居连江徐仓；三子徐江留居泉郡徐仓，后析居安海状元巷徐公店、晋邑三十三都龙首山常泰里妙峰堂徐宅、泉郡华洲徐公店。

5. 唐光启元年（886）王潮、王审知入闽时，有大批徐姓军士相随入闽。据明永乐二十二年（1425）将乐徐姓八世祖徐亮修纂的《徐氏族谱》记载，将乐徐姓远祖居住地为河南光州固始县清泰坊，五代时期其族人随王审知入闽，居沿海莆阳。南宋庆元元年（1195），徐锡为避海寇徙居将乐西乡三溪都上地村，上地村徐姓一至三世均为单传，至第四世徐新恩开始香火兴旺，生8个儿子，后裔分迁县内各地。

6. 宋徽宗、钦宗年间（1101—1126），奉直大夫徐荆阳，传从福建浦城鱼沧迁怀安县荆山（今闽侯县荆溪镇徐家村）。宋末，徐敬春由南京迁长乐鹤上，其后裔再迁航城五竹等地。元至正四年（1344年），徐兴鲲由兴化迁长乐十二都蓝田；其曾孙徐魁于明永乐八年（1414），移居长乐十五都仙岐。明初，徐泰三由安徽安庆府太湖县后庵随军入闽，定居永泰红星礼柄。

7. 宋时，许氏一支居于宁化泉上里邓坊村，世传30多代，历时900多年，原建有宗祠，明、清之际逐渐外迁，裔孙分衍闽西、闽北、江西、广东等地。上杭有许思孟迁台湾台北、许炳昌迁台湾桃园。

8. 据《东海堂徐氏族谱》记载，宋朝末年，徐姓有一支自江西石城县迁至福建汀州上杭、连城二县，元代时迁居广东丰顺、海丰、梅县、博隆及潮州的南坑，明代又移居到长乐，后又分迁至程乡、东石、义化等地。

9. 《和平徐氏族谱》记载，徐姓一支于元初从江西吉水出发，随南宋皇帝由福建入广东，迁居和平县。《蓝田徐氏族谱》记载，蓝田徐姓原籍福建宁化石壁，明洪武年间，迁居广东揭阳蓝田。

10. 宋代，徐纬的第八子徐绩，为孝廉，子孙三代多中进士，其孙鹤龄避乱入赣，留居石城。宋末，徐一郎（徐黄）与妣冯氏携子，由江西石城经宁化县石壁徙居汀州府上杭县太平里陈东坑（今旧县乡蓝田村），为徐姓入杭始祖，裔迁上杭湖洋、城关；徐一郎之弟二郎（徐赖）迁上杭县胜运里合溪（今永定县合溪乡），裔迁湖雷、坎市。另原居建昌府的徐浩升于南宋宁宗开禧二年（1206）徙居汀州府宁化县石壁澳内村，明洪武年间后裔迁广东省揭阳蓝田都埔头乡，续衍平远、五华、台湾。徐必寿世居江西南丰，宋元鼎革之际，兄弟避乱迁居宁化。据民国《武平县志》载，武平徐氏始祖徐辛得，徽州府婺源（今江西省婺源县）人，明洪武年间，奉调驻武平所（今中山镇）世袭百户，子孙世居武所，旧为军籍。台湾《蓝田徐氏族谱》：先祖原籍宁化石壁澳内村。明洪武后，迁居广东揭阳蓝田都埔头乡，续衍平远、五华，后衍台湾。

11. 南宋开禧二年（1206），江西建昌（今江西抚州）徐原忠迁徙至宁化，卜居肩潭岭。据宁化湖村（谌坑）《徐氏族谱》载：原居建昌的徐必泰有4个儿子，长子徐浩升又生有3个儿子，一起入闽迁徙宁化：长子徐原忠迁居宁化肩潭岭，次子徐原瑶迁居宁化县城太平巷，后避匪移居谌坑，第三子徐原瑛卜居徐家庄。南宋景定元年（1260），原居江西石城的徐伸佑（有的族谱作徐伸佐），常游猎于宁化龙上下里。他爱上了龙上下里的山水，于元初迁居龙上下里，取名徐家庄。据宁化济村《徐氏族谱》载：徐伸佑为东汉时徐樨的后裔。徐樨的第十三世孙徐增为讨捕将加散骑常侍、银青光禄大夫、上杭建武军国镇南节度使。徐增的长子徐辽袭父职，为光禄大夫、上杭国镇南军节度使，举家从江西南昌迁居江西南城。徐辽的幼子徐盛生徐执中；徐执中生3个儿子：长子徐锦守洪岩，次子徐钊迁三元，第三子徐钜迁徙密港。后来，徐钊的儿子徐太一迁居江西南丰十都；其后裔徐绍三迁居石城。开基宁化的徐姓始迁祖徐伸佑便是徐绍三的后裔。徐伸佑有4个儿子，其中第四子徐四六迁居长汀河田。宋代时，徐洪从江西白鹭树下徐家边迁居琴江，立基翠华（今宁化石壁镇的徐家庄）。徐洪生4个儿子，其中第三子徐四十四迁居宁化会同里根竹，肇基繁衍曹坊徐氏一族。元代时，郡望东海、原居沙县鸿公岭的徐十九迁居大田东景。元至顺年间，徐必泰的第三子徐原的儿子徐圆光从宁化迁明溪高洋，为明溪下觉里（夏坊）的开基始祖。徐圆光下传至第十五世徐荣籍的次子徐宗魏从明溪迁居将乐城东门；至第十六世徐宗挺的长子徐兴迁居建宁；清雍正五年又有徐宗论的第三子徐兴仁迁居建宁。

【入垦台湾】

据《台湾省通志》记载，徐孚远于1664年最早迁居台湾，当推徐姓最早入台的。徐孚远，字间公，号复斋，松江华亭人，万历年间首辅徐阶的曾孙，明崇祯十五年（1642）考中举人。曾与同乡夏允彝、陈子龙组织几社，以道义文章闻名于时。李自成起义波及江浙一带时，徐孚远与陈子龙等组织民军，保境安民。清军入关后，又加入抗清队伍，后归郑成功。1661年，郑成功收复台湾，徐孚远也随军前往，受到郑氏礼遇甚厚。最后在台湾去世。他在台曾生一子，清朝收复台湾后，孚远子徐永贞扶梓送回老家松江，未及下葬，子安死。也有一种说法是徐孚远未去台湾，1663年，清军攻破恩平，孚远逃入饶平山中，后藏匿于广东提督吴六奇府中直至去世。次年徐远入垦台湾大糠榔西堡糠榔庄。1674年，一位叫徐阿华的福建渔民因出海捕鱼时遭风暴而漂流到台湾，后来回乡邀本族6人迁居台湾旗后（今高雄市），并在台湾建妈祖宫，成为徐姓入垦台湾的开基先人。此后，徐姓大批迁徙台湾。徐姓在台湾的家族堂号有东海、东莞、高平、琅玡、濮阳，均有郡望堂号，其中东海为发祥之郡堂号，东莞、高平、琅玡、濮阳为望出之郡堂号。另据杨绪贤《台湾区姓氏堂号考》介绍，徐姓为目前台湾第20大姓，大约有人口22万多人，现今台湾的徐姓人几乎一半以上聚居在新竹市、苗栗市、板桥市、台北市松山区、大安区、苗栗及桃园县、新竹县等地。

【郡望堂号】

东海郡：治所在郯（今山东郯城北 ）。

琅邪郡：治所在琅邪（今山东胶南市琅琊台西北）。

濮阳郡：治所在濮阳（今河南濮阳县西南）。

高平郡：治所在今山东金乡西北。

东莞郡：治所在今山东莒县。

东海堂、高平堂、高宛堂、琅琊堂、雪山堂：以望立堂。

南州堂：徐稚，字孺子，生于汉和帝永元九年（97），殁于公元168年。世居南昌，人称南洲高士，是徐氏南州堂的根本。

堂号还有圣交、麦饭、敦睦、世德、存桂、垂裕、追远、崇雅、礼耕、惇玉、怀德、雍肃、南陵、崇本、修吉、文敬、永恩、鸿绩、叙伦、南洲等。

【祠堂古迹】

儒山房徐氏宗祠，位于德化盖德乡凤山村。儒山房徐氏宗祠分为三落大厝。中落奉祀祖先，后落为蓄书楼，分为上下两层约有100多平方米。

尤溪坂面徐氏东升堂，位于尤溪坂面上坂，始建于清顺治年间（1644—1661），由徐元兴主持兴建。该词堂坐西朝东，有上堂、左右书院，建造简易，占地面积700多平方米。

将乐石榴巷徐氏祠堂，位于将乐县，始建于清乾隆五十九年（1735），由徐世杰出资在县城东面石榴巷购置地基，鼎建三厅二进式祠堂。

宁化曹坊徐氏家庙，原称徐氏宗祠，坐落于曹坊乡根竹村，始建于清乾隆四十二年（1777）。坐南朝北。

明溪夏坊高洋徐氏宗祠，位于明溪夏坊高洋村的龙山下，始修于明成化三年（1467）。清康熙初年，祠堂加建外封火墙。祠堂占地2000余平方米。

和平乡上坂村徐氏宗祠，又名"本源堂"，云霄县和平乡上坂村，始建于清代中期乾嘉时期，占地面积250多平方米。

和平乡洲渡村徐氏公厅，位于云霄县和平乡洲渡村，始建于清同治三年（1864），单檐悬山式木石结构，面阔三间，一厅两室。

【楹联典故】

南州世泽；东海家声。

东海家声远；南州世泽长。

——徐姓通用楹联。典指东汉朝时期的徐稚，人称"南州高士"。秦朝时期的方士徐福，携童男童女数千人渡海访仙，传说后来成为日本的神武天皇。

春随香草千年艳；人与梅花一样清。

——此联为明朝时期的杰出地理学家徐霞客（1586—1641）自题联。

有关国家书常读；无益身心事莫为。

——此联为中国无产阶级革命家、教育家徐特立（1877—1963）1939年撰书赠联。

直上青云揽日月；欲倾东海洗乾坤。

——此联为现代著名画家、美术教育家徐悲鸿（1895—1953）自题联。

蓄德永千年，积厚流光，甲第更新恢祖德；
书声绳万卷，蜚英腾茂，文明重启振家风。

想当年明眼杨公知此地产人文，爱榜儒山堂宇；
乃今日继志贤孙振宏基恢统绪，仍启蓄书后楼。

——此联为德化县盖德乡凤山村儒山房徐氏宗祠蓄书楼联。

【族谱文献】

记载闽台徐氏族谱有代表性的有《延寿徐氏族谱》莆田延寿徐氏族谱。徐宣始修于唐光化二年（899），续修于宋崇宁五年（1106），明、清续修，今本为清乾隆二十七年（1762）仙溪徐氏祠堂刊本，26卷首1卷末1卷共18册，缺8卷即卷10.13.16.19.24至26.末卷。卷首有新旧序、弁言、跋言、凡例、目次。卷1有未入闽人物列传，卷2载已入闽人物列传，卷3至4为列传，卷5至21刊各房世系，卷22选举入闽人物，卷23载建置。世系始记于一世祖务，止于四十世。谱载徐氏原籍浙江衢州，唐天宝八载（749）入闽莆田崇仁里徐州村，始祖徐务，子三人迁岩麓，长子徐珍迁居延寿，为延寿始祖。还有《台湾嘉义泉郡安平徐状元巷族谱》为徐德钦于宣统二年（1910）纂修。载自偃王徐国子孙遂以国为氏，世居东海豫章，后迁郯城。至汉灵帝中平二年迁浙江衢州信安。唐安史之乱，洪公三子柔、矜、务入闽，信安二房徐状元巷房迁入泉郡，今晋江池店。又卅五传讳公演，随郑军入台。开基祖徐矜，主要族居地泉州、嘉义。名人徐晦。此外有《徐氏信安房世乘》为清徐天麟纂修莆田族谱，历代宗支整茸本，题名不一，今本为清光绪二年（1876）东海堂木活字本共12册。《荆山徐氏族谱》福州怀安荆山徐氏族谱。始修于明洪武二十六年（1393），今本修于民国。共3卷。《南清和溪高才徐氏族谱》为南靖和溪乡高才村徐氏谱牒。建阳《徐氏信安房世乘》不分卷，清徐天麟纂修，清光绪二年（1876）东海堂木活字本，12册。是谱历代宗支整茸之本，题名不一，今本重修崇重世源，版心刊题信安房世乘，堪称翰苑名家风范。现存福建省图。

第一百六十五节　许　姓

许氏在当今姓氏排行榜上名列第 28 位，人口约 8984000 余，占全国人口总数的 0.56% 左右。许姓在现今福建排名第 13 位。在台湾排名第 11 位。

【渊源】

1. 出自姜姓，许姓原为上古三皇之一，炎帝的后裔，以国名为姓。《新唐书·宰相世系表》记载："许氏出自姜姓。周武王封其裔孙文叔于许，后以为太岳之嗣，至元公结为楚所灭，迁于容城，子孙分散，以国为氏。"宋宰相王安石《许氏世谱叙》：伯夷系神农之后也，佐尧舜有大功，赐姓为姜，其后见经者四国：曰申、诗所谓申伯者是也；曰吕、书所谓吕侯者是也；曰齐、曰许，春秋所书，齐侯许男是也。许姓为炎帝的后裔，为四岳之始祖，是掌管祭山的官。周武王封文叔于许国，许国故城在今河南许昌，也是许由的居住地。许姓子孙奉许由为远祖，文叔公为许姓开国始祖。许国被楚所灭后，许国子民为了纪念故国，以国名为姓，这成为早期许姓的又一个重要来源。

2. 出自姬姓，为颛顼后裔吴回生陆终，陆终长子曰樊，樊为己姓，封于昆吾，为昆吾氏，尧舜时期昆吾氏首领许由为当世大贤，死后葬于箕山，后人多以许由为许氏始祖。夏之昆吾为商汤所伐灭，后人迁徙至河南许昌。

3. 源于满族，属于汉化改姓为氏。如，满族顺布鲁氏，后多冠汉姓为许氏。满族伊拉哩氏，为满族著名姓氏之一，在清朝中叶以后多冠汉姓为许氏等氏。

4. 源于其他各少数民族，属于汉化改姓为氏。清朝以后，在广西泗城府（今广西凌云）土司、黎族、瑶族、彝族、土家族、阿昌族，以及北方地区的回族、蒙古族、朝鲜族等少数民族中，均有许氏族人分布。其来源大多是在唐、宋、元、明、清时期中央政府推行的羁縻政策及改土归流运动中，流改为汉姓许氏，世代相传至今。

【得姓始祖】

许由，字武仲，生于公元前 2155 年，卒年不详。尧舜时期的高士贤人，尧帝敬重他的德能，曾有意把帝位让给他，他固辞不受，隐居箕山，农耕而食。后尧帝又请他作九州长官，他到颍水边洗耳，表示不愿听到。他死后葬于箕山之巅，尧帝封其为"箕山公神，配食五岳，后世祀之"，故后人称箕山为许由山。4100 多年前，许由活动于颍水流域的箕山之下，正是当年许国之地，故后世许氏人士多以他作始祖。晋皇甫谧著《高士传》亦有记载："许由隐于沛泽之中，尧以天下让之，乃而遁于中岳，颍水之阳，箕山之下。又召为九州长，由不欲闻，洗耳于水滨。"人们为纪念许由，在汝州西关南建有许由庙。与许由洗耳有关的还有一个巢父饮牛的故事。巢父与许由同为《高士传》中所列七十二高士之一。巢父避世隐居，躬耕而食。正当许由洗耳时，巢父牵牛饮水。问明原因后，巢父深恐洗过耳的水再污染牛口，就将牛牵往上游饮水。为纪念巢父，人们在许由庙旁凿一水井，命名为"巢父井"。西城门外的洗耳河桥头，旧有"许由洗耳处"石碑一座。

【入闽迁徙】

始自西汉武帝时，左翊将军许滢，简称许督。奉旨入闽平乱，驻师营城，开辟同安。系开闽地许姓之先河，同安城建于宋绍兴十五年（1164），比许督之营城迟了 1000 多年。古云："未有同安，先有许督。"同安县志记载：许滢有子十五人，分镇闽各地，子孙繁衍生息。至唐广明二年（881）黄巢起义，同安大变，永公二子复徙入同安，至宋同安许氏大兴。但据考证，同安许氏属许督派下的并不多，可能后来分居外县，金门及台湾，或闽北等地。许滢被尊许氏入闽始祖。

宋代许滢后裔，许西安捐资造同安县城西安桥、建西安街，使西安街成为同安商业中心，许西安的后裔许顺之与朱熹在同安营城办书院，治学兴教。

菲律宾第七任总统科拉松·阿基诺夫人，1933年出生于菲律宾马尼拉市，许氏第四代华裔，祖籍系福建省龙海市角美镇鸿渐村人、台湾海基会原副董事长、世界许氏宗亲总会理事长许胜发，台湾考试主管部门原最高领导许水德，台南市市长许添财，还有马来西亚槟城前首席部长许子根、新加坡卫生部部长许文远等均是许滢公的后裔。

汉许商，汝南人，十九世孙唐许陶，与子许天正，于唐总章二年（669）随将军陈政出镇泉潮，开基漳南，故闽粤许姓以许陶为漳南一世祖，天正公为漳南二世祖。此支称为汝南许氏，主要繁衍于漳州至潮汕之间。

唐宋时的族谱记载比较清楚，各地世系基本一致。在抗元期间，损失惨重，诏安剩耐京一人，漳州其他各县也所剩无几。后来泉州许氏南下者继承天正公一系，又因泉州许氏在抗元以后，为避蒲寿庚之害，称祖自漳州，属天正公后裔，故此支与晋江许氏关系密切。闽省许氏皆奉许陶为漳南始祖，许耐京为诏安复兴一世祖。

唐景龙二年（708）许辅乾为唐高宗己卯科进士，由中州来闽任武荣洲（泉州）第一任刺史，就任五个月因病而卒，葬于莆田壸光山。其子懋文、懋武二兄弟，先居山南。现莆田东峤高阳境、东井埔，后皆移居晋江。懋文后裔，许稷及后成名，帝赐其读书之山曰"赐恩山"。许稷为莆田东峤高阳境许厝，东井埔和晋江埭边村许姓开基始祖。

此支属高阳许氏，因辅乾的曾祖许绍，幼年与李渊同学，许绍功高，各种史籍有记载，李渊封许绍为安陆郡公，特追封绍之曾祖考三代为安陆郡公，故此支又称安陆许氏，实为河南许州人。唐中宗时，韦后母女与上官婉儿争相卖官鬻爵，许辅乾由重郡中州刺史改为偏远的武荣州刺史，贫病交加，任五月而卒，其子懋文（名谏）、懋武（名论），葬辅乾公于莆田壸光山，先居山南的现东峤许厝东井（埔），后皆移居晋江。懋文居永和许家巷，懋武居东石许宅巷。懋武一系在唐开元间开始航海，立足东石，向外派衍，唐宋间为泉州的航海世家，亦涉足仕宦。懋文之子尚纲，乾元进士，历官御史，

建中中出知西安府，全家23人，死于朱泚之乱，仅其12岁之子许稷，被陕官僮救出，返东石依叔父许十一簿。及后许稷成名，皇帝赐其读书之山曰"赐恩"，世人称辅乾一系为许稷系统。

唐荆州刺史许昶，避乱入闽，领长子许钦迁居莆田，次子许钟随伯父许永迁居江东丹阳，许昶公被奉为莆田仁德里楼头村始祖。

闽泉郡许爱公，官居唐侍御特晋银青光禄大夫兼金吾卫将军，开基石龟，堂号是太岳传芳，灯号是瑶林衍派。公生三子，长子达公居大房，次子川公居浯坑花里，三子洋公同次子郎公出居湖厝东安，先祖开拓闽疆，宗支繁衍，裔孙播居闽南三百多个村庄，人口46万多人，是闽南许姓一大望族。许洋系唐五代瑶林二世祖，现许洋陵园为福建省晋江市文物保护单位。许洋派下，传至瑶林八世祖许真人，名帝卿，相传真人用天书圣符，为农圃旱灾施降雨霖，智斩蛟孽保护龙宫，猛歼海寇拯救众生，行仁为善威灵显赫，宋孝宗时府第诰封："九使真人"，海内外善男信女，立庙塑像以境主奉敬，泉南地区有30多个村庄奉许真人为当境敬祀，台北市深坑木栅许氏宗祠、台中、基隆、高雄许氏宗亲总会、新加坡许氏宗亲总会、印尼许氏宗亲总会均奉敬许真人，尊称将军公，保安大帝，许真人故居和遗址，为福建省晋江市文物保护单位。许真人裔孙十八世祖许柴佬，奉明成祖朱棣圣旨，荣任吕宋国总督20载。任期内，上忠朝廷，下效黎民，励精图治，身体力行，传布中华民族优秀文化，较先进科学技术及伦理道德，这不但是中华民族史上一个十分重要的光辉史绩，而且是中菲友谊之结晶。许柴佬祖籍地是晋江市深沪镇吕宅村顶厝份人，系由泉州府晋江十四都湖厝狮头十六世祖适南，同十七世长子毓奇、次子毓甫，父子三人分居十七、八都龙湖镇浯坑村，后再由浯坑村迁徙深沪镇吕宅村顶厝份。

许延一、许延二，于中唐宣宗时，弃官隐闽，延一公卜居建宁祭头村，延二公初居建宁东湖，后徙居政和县梧桐乡开基繁衍，延二公生九子，家族兴旺，子孙分布闽北各地。

许令骥（世称十一公），领长子十二公，迁居

闽清三都传衍。

河南光州固始人，许泓钦、许文镇二人均为王绪、王潮农民军将领，率军队入闽，且以军功荣任汀州刺史。

始祖由河南光州迁兴化，传至北宋十一世孙璋公，于宋庆历二年，壬午（1042年）中进士，落籍兴化，后徙迁晋江市东石镇大房村，为晋江十都大房蓬山始祖。

【入垦台湾】

福建先后有200余支系许姓分居台湾、金门、澎湖。千百年来，许姓先祖在闽繁衍生息，福建成为许姓播迁开拓台湾、金门、澎湖和海外的源头祖地。今闽粤以及台湾、金门、澎湖各地的许氏宗亲，皆奉祀文叔公为开国始祖，据金门县许嘉立宗长的统计，金门县有《许氏族谱》27册，许姓人口1万多人；澎湖县有《许氏族谱》16册，许姓人口8千多人；台湾省有《许氏族谱》27册，据2004年6月，台湾内政部户政司统计资料，许氏人口522652人，占全台湾人口总数排行第11位；合计金门、澎湖、台湾《许氏族谱》70册，台湾许姓人口54万多人。闽南许姓入垦台湾，在族谱上记载很多，但是由于历史长河的冲刷，县乡区域变更、更名，沧海桑田，还有许许多多的许姓记载尚找不到大陆具体村庄。

【郡望堂号】

汝南郡：汉高帝时置郡，治所在上蔡（今河南省上蔡）。

河南郡：汉高帝时改秦三川郡置郡，治所在雒阳（今河南省洛阳）。

高阳郡：东汉桓帝时置郡，治所在高阳（今河北省高阳县东）。

会稽郡：秦始皇时置郡，治所在吴县（今江苏省苏州市）。

太原郡：秦庄襄王时置郡，治所在晋阳（今山西省太原西南）。

安陆郡：唐陕州刺史安陆公置郡，治所在安陆（今湖北省应山）。

晋陵郡：汉徐州刺史圣卿置郡，治所在晋陵（今江苏省武进）。

中山郡：汉许傅置郡，治所在中山（今河北省定县）。

颍川郡：置郡在今河南省许昌市。

丹阳郡：置郡在今江苏省南京市。

长兴郡：置郡在今浙江省长兴县。

安陵郡：置郡在今陕西省咸阳东。

洗耳堂：尧帝时有一位高士叫许由。尧老时，想把天下禅让给他，他不肯接受，跑到箕山脚下去种地；尧又请他出任九州长，他就跑到颍水边去洗耳朵，认为尧说的话污了他的耳朵。许氏因以"洗耳"为堂号。

得仁堂：伯夷、叔刘在周灭商后，耻食周粟，饿死在首阳山。孔子夸他"求仁而得仁"。许氏因以"得仁"为堂号。

训诂堂：汉代时有许慎，字叔重，博览经籍，当时人夸他说"五经无双许叔重"。他著有《说文解字》，集古今经学和训诂的大成，到现在还是研究文字学必备的工具书。

鲁斋：在泰安祖徕山南麓乳山下有著名的"竹溪佳境"，东南峭石壁立，上有篆刻"贫乐岩""演易斋"遗迹，是元初大学者，理学家、集贤大学士许衡避世居此，演习《易经》，其室匾"鲁斋"，学者因称其为鲁斋先生，许衡及其后裔自此以"鲁斋"为堂号。颍

此外，太岳堂、高阳堂、弥恩堂、孙清堂等。

【祠堂古迹】

晋江县瑶林许氏家庙，坐落于晋江龙湖乡石龟竹树许厝村。始建于宋孝宗淳熙六年岁次己亥（1179）。历代重修。

蓬山大房乡许氏宗祠，坐落于晋江市蓬山大房村，修建年代是民国二十年岁次辛未（1931）。蓬山大房乡宗祠，奉祀始祖许璋公暨始祖妣。

漳平泰安堡，位于漳平灵地乡易坪村。始建于清乾隆三十三年（1768）。坐北朝南，占地面积2000平方米，建筑面积1700平方米。

安溪县仙地许氏宗祠，位于福建省安溪西庚仙地乡。始建以嘉靖甲寅（1554），坐西北朝东南（虎形、太阳穴）。占地2亩多，建筑面积535平方米。

鸿渐许姓家庙,位于龙海市角美镇鸿渐村,号"崇本堂",悬挂清乾隆朝议大夫许永柯像。1988年4月14日,菲律宾总统科拉松·许环哥·阿基诺返鸿渐谒祖,特在家庙焚香祭拜。

南诏许姓祖庙,位于诏安县南诏镇东北街许厝寨,建于清康熙年间,历代重修。

丁溪湖前堂,湖前堂位于龙浔镇湖前小区。

古田杉洋许氏宗祠,位于宁德市古田县杉洋珠洋村,村里建有5座许氏祠堂。

【楹联典故】

训结传经千古业,说文解字万世师。

——上联一看便知是指三国时魏国名士许劭,训诂传经,称誉于世;下联让人想起著《说文解字》,万世传芳的许慎。

系承炎帝;源出许昌。

——全联典指许氏的出处和源流。

掬泉洗耳辞尧禅;解字成文费段笺。

——上联典出许由。下联典出东汉经学家、文学家许慎著《说文解字》。

昭兹来许,绳其祖武;应侯顺德,贻厥孙谋。

——此联为诏安县南诏镇许氏家庙联。庙祀开漳功臣、昭应侯许天正。

闽海敉平,翊黄宣威昭圣德;漳州建制,弘扬教化应民心。

——此联为诏安县南诏镇许氏家庙联。

三十年前遗爱犹存,行道兴歌思蔽芾;千百岁后明禋弗替,秋风洒泪荐馨香。

——明朝叶向高撰福建省福清市许姓宗祠"许公祠"联。

闽海敉平,翊黄宣威昭圣德;漳州建制,弘扬教化应民心。

——诏安南诏许氏家庙:祀开漳功臣、昭应侯许天正。

承绪太岳源流远,派衍高阳世泽长。

——泉州石龟(丁亭原名)"瑶林衍派"堂大宗大门楹联。

龙水盈科思取尔,马山衍派愿绳其。

——龙湖亭许氏宗祠楹联。

【族谱文献】

闽台许氏族谱现有闽清《高阳许氏入闽世谱》,始修情无考,谱序载元至正三年(1343)重修,历代重修,今本为1997年合族续修2卷2册。上册卷录始祖像、本宗、支祠彩照及墓图,续刊凡例、谱序、姓源和始祖世系;下册卷续上卷刊宗支各世次,并列选旁系举要、传记、实录、艺文、留题、胜迹,卷后还附录有行序、华侨先贤、芳名录等。谱中有宋李纲所题《访许将诗》。入闽始祖许令骥,唐僖宗乾符五年(878)随王潮自光州固始入闽,经福州、永泰至闽清灵洞西溪尾开基。有《漳南许氏族谱》台北许氏族谱文献资料珍藏室许嘉立所编纂。1991年编纂,共7卷。卷首辑录例言、目录及始祖、列祖像并传记等,卷1载历代谱序,其中有宋王安石所撰的序文,卷2刊公谱,即许姓统宗列祖世系表,卷3载诏安许氏宗支谱系,卷4为广东潮州许氏谱系,卷5系龙溪徐翔许氏谱,卷6为漳南许氏谱,卷7附录漳南许氏族谱编纂修参考文献及捐藏、助刊芳名录等。谱载唐总章二年(669),入漳始祖唐许天正随陈政出镇泉潮开基,子中拟、中立、中行,派下又繁衍漳州郡各邑、晋江及金门,还迁往台湾各地,部分辗转迁海外。名人始祖许天正;宋驸马武功大夫许钰,明代乡贤许獬等。明万历二十八年(1600),邑令洪世俊于岭上倡造七级文塔以拱文庙,翌年,金门人许獬"双冠南宫"(即会试会元、殿试二甲头名)。有《银同浯江珠浦许氏族谱·许姓大宗族谱》,许嘉立编纂,厦门金门联谱,共90余册。《金门安岐许氏族谱》辑录有例言、目录、祖籍概况,题词、考源和列传,分载许氏统宗公谱世系图表,以及谱序、贻远派下列祖世系及安岐世系,安岐家谱世系表等。

第一百六十六节 薛 姓

薛姓当今中国大陆姓氏排行第 48 位的大姓，约占全国汉族人口的 0.42%。在福建排行第 78 位。在台湾排名第 59 位。

【渊源】

1. 出自任姓。

黄帝之子孙奚仲之后裔，以国名为氏。相传黄帝有 25 个儿子，分别得 12 个姓，其子禺阳被封于任地（今山东省济宁），得任姓。又据《新唐书·宰相世系表》和《通志·氏族略》记载，黄帝之子禺阳封于任，其十二世孙奚仲为夏车正，禹封其于薛国（一说在山东滕州市东南、一说薛城），子孙以国为氏。奚仲十二世孙仲虺，在商汤时任左相，居薛，其裔孙成，徙国于挚，号挚国。周伯季历娶挚国之女太任为妻，生姬昌（周文王）。周武王分封，封成的后裔为薛侯。春秋后期，薛国迁到下邳（今江苏省邳州市西南）。薛国历六十四世，至战国时为齐国所灭，薛亡后，公子登出奔到楚国做官，楚怀王以沛地赐其为食邑，子孙以祖先原封薛国为氏，就是薛氏。故《世本·氏姓篇》说："薛，任姓。夏奚仲封薛，周有薛侯，其为后世。"

2. 出自妫姓。

虞舜后裔孟尝君之后，以封邑名为氏。据《吴录》所载，孟尝君其父齐相田婴被齐缗王封于薛（即任姓薛国旧地），田婴死后，田文袭封，仍以薛为食邑。至秦灭六国，失封，子孙分散。西汉初，田文之孙田国、田陵到竹邑（今安徽省宿州市北）居住，以封邑命氏，遂为薛姓。

3. 出自他姓或他族改姓而来。

薛姓还有源自西汉时蜀族中薛部落的，北迁河东，到东晋末，形成河东薛氏。

4. 源于匈奴族，出自汉朝时期匈奴民族，属于汉化改姓为氏。

据《魏书·官氏志》所载，北魏孝文帝迁都洛阳后，将鲜卑的复姓叱干氏改单姓薛。

5. 出自周文王的姬姓冯氏之后裔。唐朝时，武则天赐冯小宝改姓名为薛怀义，其后代遂从薛姓。

据《通志·氏族略》所载，辽西有薛姓。今满、蒙古、土家、朝鲜族有此姓，客家人亦有此姓。

【得姓始祖】

奚仲，禹阳的第十二世孙。薛姓出自黄帝的任姓，黄帝之子禺阳，因封在任而得任姓。任姓传到十二世孙奚仲，是中国历史上鼎鼎有名的人物，大禹因其精工巧思、发明车辆有功，特任命为车正（官名），专门管理天下车辕之事，奚仲因此也被视为车的创造者，受后人仰慕。车辆的发明与使用大大加快了中华文明的步伐，大禹赐封奚仲以薛（今山东滕州）为邑，称薛侯。奚仲家人闻讯都以此为荣，不少人甚至索性以薛为氏，表示纪念，是为薛氏之始。

【入闽迁徙】

1. 汉代御史大夫薛广德之孙薛愿任淮阳太守，自山东迁淮阳（今属河南），传九世薛永从刘备入蜀为太守，其子薛齐任巴、蜀二郡太守，次子薛懿任北地太守，第三子薛推迁江南，其裔孙薛贺始迁入闽。西晋永嘉之乱，河东薛姓家族追随中原士族举家南渡，薛推自河东避居江左。经历二世至薛贺，官至南朝梁光禄大夫，于梁天监二年（503 年）从南京迁入闽，居晋安郡孝义乡，其子孙散居各地；陈宣帝太建年间，迁徙福州府长溪（今福安霞浦一带），为入闽薛姓始祖。唐贞元元年（785），薛贺裔孙从长溪迁徙至仙游枫亭霞桥肇居，尔后卜居九社青泽亭、学士后垅、兰友、铺头、辉煌等村庄繁衍。

2. 晋永嘉之乱（308），河东人薛推随中原士族南渡，于南朝梁天监年间徙居福建晋安，是为入闽薛姓始祖。

3. 唐总章二年（669 年），河南光州固始薛使，随岳父陈政入闽，开基长泰，后定居漳州开基繁衍，居云霄，其后裔播衍各地。数传至薛一平移居漳浦、东山。至明时，薛仲显迁永福（今永泰县）。

4. 唐末，薛令之，《八闽通志》记："字珍君，福安人。神龙初举进士，开元中为左补阙兼太子侍读，……玄宗东宫幸见焉，……肃宗即位，思东宫旧德，召之，令之已逝矣。"薛令之登进士第在唐神龙二年（706），传其六世孙薛廷辉，宋太平兴国四年（979），因兴化游洋发生林居裔农民起义事，宋太宗皇帝震惊，始设兴化军于游洋。授薛令之六世孙薛廷辉为兴化军百丈镇将，遂落籍于游洋清源里。薛廷辉子薛峦，字山甫，初以父荫授青溪县尉，宋太祖诏："仕李煜者皆与敌官。"时军治在兴化县，薛峦欲以自力拼搏，登太平兴国五年进士，官拜殿中丞。薛峦孙薛利和，字天益，登宋宝元元年进士第。历知春州、潮州、韶州，累迁屯田员外郎。《八闽通志》记：薛利和从子薛奕，宋神宗熙宁九年武举第一，元丰中，官正将死于银川寨之役，特赠防御使。子薛安靖以父死事补官，终业州刺史。

5. 《上杭薛氏族谱》载："吾祖伯启公，幼读诗书，深知地理，偕弟伯肇，于南宋嘉定之末（1223—1224），由闽省宅漳州之钱塘，续因蒙古金人交乱，而漳寇炽焉，又舍钱塘移汀州之宁化，居为数年……避难奔上杭，游乡相宅，绍定庚寅秋始开乡名河坑。"薛伯启于南宋理宗绍定三年（1230）定居上杭县来苏里河坑村（今下都乡豪坑村）。

6. 唐末，河南薛氏为随王潮、王审知兄弟入闽的27姓之一。宋德祐二年（1276）河东人薛尚舍随宋皇室由杭州渡海至福州，其子薛节翁隐居福清文峰，世称"文峰薛"。

唐末黄巢起兵时，有中原薛姓避乱南迁，居于汀州府宁化县石壁乡，至元代有薛信，由宁化徙广东平远。明代有薛祥一郎，由宁化迁武平东流坊下坊村开基。闽西薛氏裔孙分衍广东英德、惠州、兴宁、曲江，福建南平、闽清，江西安远、泰和、赣县、南康、大余、崇义，台湾新化、桃园、高雄。

7. 宋熙宁九年（1076），薛奕殿试，独占鳌头，得中武状元，成为枫亭有史以来第一位状元。他为戍守边疆、为国捐躯，流芳千古。宋代还有薛蕃、薛京、薛珩、薛灿、薛元鼎、薛王戮、薛元龟、薛元刍、薛履和明代的薛龚、薛大丰、薛益及清代的薛天玉等13名登进士及第，一时名噪枫江，为"海滨邹鲁"增光添彩。

【入垦台湾】

明清起薛姓已迁入台湾。台湾史料记载，1655年，长泰的薛玉进入垦台南安平，1661年，薛县入垦台南。康熙中叶，海澄的薛珍允入垦台南；薛大入垦打猫东堡。道光年间，海澄的薛万入垦嘉义；晋江薛添禄移居屏东东港。雍正年间，福清薛迪奏入垦东港。嘉庆年间，福清薛老入垦高雄左营。嘉庆年间，漳浦的薛纯益入垦宜兰三星。同安金门珠山薛贞固派下的薛孟英、薛仕乾、薛继芳、薛立榜等先后入垦澎湖；薛立柳入垦云林虎尾；薛允问入垦彰化。当时台湾地广人稀，土地肥沃，对于地窄人稠的闽粤居民很有吸引力，于是陆续有人从闽、粤两地入台垦殖。在台湾，光耀家世的薛姓，繁衍很快、很广，几乎到处都有薛姓的后裔在滋长繁荣。1945年日本投降，其间薛姓极少有移居台湾者。1949年国民党政权退居台湾后，党、政、军、科、教、文各界有大批人员自大陆迁台，其中就有为数不少的薛姓人，如国民党高级将领薛岳，资深报人薛心熔等。现在，台湾省各地都有薛姓出现。薛姓族人主要聚居地有澎湖、嘉南、台北三个地区以及高雄县（茄定、永安）、高雄市（三民区、左营区）、台南县及台南市南区等地。

【郡望堂号】

河东郡：秦初所置，治所在安邑（今山西省夏县西北），相当于今山西沁水以西、霍山以南地区。东晋时移治今山西永济蒲州镇，地域缩小至今山西西南汾河下游至王屋山以西一角。新蔡郡是晋时所设置，治所在今河南新蔡县，辖地有今河南新蔡、息县、淮滨及安徽临泉等县地。

新蔡郡：即今河南省新蔡。蔡国自蔡迁此，故名。

沛郡：为汉高帝时设立，其范围约为今安徽省淮河以北、西淝河以东。

高平郡：晋时以山阳郡改置，治所在昌邑（今山东省巨野南），相当于今山东金乡、巨野、邹城等地。南朝宋移治高平（今山东省微山县西北），北齐移治任城（今山东省济宁市）。

忠谏堂：汉朝时候，沛人薛广德为御史大夫，敢于直谏。元帝要做楼船供自己玩乐，广德脱帽子谏阻，如果元帝不听，他打算光着头向皇帝车轮上碰。结果皇帝采纳了他的谏议。

此外，薛姓的主要堂号还有崇礼堂、慎德堂、三凤堂、河东堂、新蔡堂、沛国堂、高平堂等。

【祠堂古迹】

后湖宫，因薛令之号"明月先生"，村里祭祀他的后湖宫也叫"明月神祠"。位于福安市溪潭镇廉村，祠堂祀的便是"开闽第一进士"薛令之。

富溪补阙祠，位于福建省福安市溪潭镇濑尾村高岩村。始建于唐光化二年（899），清乾隆十八年（1753）重建，道光二十八年（1848）、咸丰八年（1858）重修。占地面积720平方米。

山重薛姓家庙，位于长泰县陈巷镇山重村大社，始建于明景泰七年（1456年），由薛氏第四世裔孙宗遂率众建成，后数次重修。坐东朝西，占地面积900平方米。

锦洋（马洋）薛姓家庙，位于长泰县锦洋（马洋）上社，坐北朝南，二进三开间。

东山薛姓祖祠，位于漳浦县石榴镇东山社，门匾"薛府宗祠"，堂额"河东衍派"。坐东北向西南，为三进三开间土木建筑。

【楹联典故】

仲虺世泽三凤家声；鼎铛重望竹邑名公。

——长泰县后堂大柱柱联。

河东世泽，犹存说礼敦诗，原无忘先人遗训；五隽家声，永远亢宗振祖，惟在我后嗣子孙。

光州衍派，人文与日月争光；固始分支，俎豆并岗陵永固。

——长泰县锦洋薛姓家庙对联。

南朝云岭，启文明景运；北拱曷峰，豫世代源流。

追思祖德，治家惟宗惟孝；远联孙裔，濆渚宜俭宜勤。

本瀛州以裕后，五隽独步；溯河东而齐名，三风同称。

——漳浦县对联。

【族谱文献】

记载闽台薛氏族谱较有代表性的有福安高岑《河东郡三廉薛氏宗谱》，始修于唐代，历代修撰，道光七年（1827）重修，顺治十四年（1657）续修，同治九年（1870）续修，宣统元年（1909）续修。谱辑序文、庙文、执事纪名、行派、例言、家训、祠规、族诫、祠图、坟茔、世系等纪事，子孙分派莆田、闽南、金门及台湾和海内外。谱载补阙祠始建于唐光化二年（898），历经盛衰，至清乾隆十八年（1753）重建。道光二十八年（1848），咸丰八年（1858）重修。主祭唐补阙薛令之。族谱存于祠堂。还有《金门薛氏族谱》1991年金门珠山文献会编印，铅印本1册。与福安族谱一脉相承。载历代社会动乱，金门薛氏分支，与福安薛氏总支失去了联系，自元末至今长达六百余年之久。金门薛氏分支58人的恳亲团，曾回到福安廉村访亲拜祖谢谱。另有上杭《河东薛氏联修崇本族谱》1988年上杭薛氏新修闽赣二省联宗谱牒。不分卷共4册。第一册刊新修谱序、渊源祠堂记、碑文及诗文多篇；第二册列诸房修谱所作序文、祭文、传述等；第三册前续刊序文、赞文等，后辑有题名录、领谱字号，附录等；第四册列赞助修谱人名录、历代追筑、本宗九族男女五服正图、五省联修世次排行和"伯启公历代各房后裔迁移一览表"。谱载宋绍定年间，薛伯启自钱塘至宁化，后来上杭豪康，开基上杭。后裔散布四方，往江西安远等县。金门编撰《黄帝世家薛氏家族志》。台湾高雄茄萣乡《薛氏族谱》记载，顺治十一年，长泰山重村薛玉进入垦台南安平区，后其子藏家移垦高雄茄萣乡，开薛姓入台之先，至今子孙繁盛。

第一百六十七节　鄢　姓

鄢姓在大陆没有进入前 300 位姓氏。在台湾排名第 380 位。

【渊源】

1. 源于妘姓，出自远古颛顼帝的玄孙陆终第四子求言，以国名、居住地为氏。

据《国语》所载，祝融生有六子，后裔分为八姓，即己、董、彭、秃、妘、曹、斟、芈等，史书称为"祝融八姓"。传至夏代时，求言的后人周朝受封于鄢（今河南鄢陵西北），称为鄢侯，建立鄢国。春秋时鄢国被郑武公率兵攻灭，其地改为"鄢陵"。鄢国国君的子孙就以原国名鄢命姓，遂成鄢姓。另据《国语·唐注》载："鄢，妘姓国，后以为氏，其地在郅，故楚有此姓。"

2. 源于伊祁氏，出自远古尧帝后裔鼂，属于帝王赐姓为氏。川北郑邑氏鄢氏族裔《鄢氏族谱》记载：鄢姓源于尧，先祖名"岩"（yán，"岩"之异体字），裔兴于战国时代。因"岩"助郑王灭周战功显赫，郑国王赐姓"鄢"，封偿"邑"（国都）地为"疆"。"岩"仙逝后，殡葬于"邑"境，故"邑"地称为"鄢陵"（今河南省鄢陵县境内）。

3. 源于高阳氏，出自远古颛顼帝后裔祝融之后，属于以居邑名称为氏。西周初期被封在宜城（今湖北宜城）者，建有罗国。公元前 690 年，罗国最终被楚国所灭。楚武王随后于故罗国之地另置了一个鄢邑，安置依附于楚国的原鄢国贵族及其族人，因称鄢国，是楚国的傀儡国。

4. 源于芈姓，出自春秋时期楚国鄢县尹，属于以居邑名称为氏。春秋时期，鄢国被郑国所灭，之后鄢国成为郑国的附庸国。

5. 源于姬姓，出自周文王之子召公奭之后裔，出自远古颛顼帝后裔祝融之后，属于以居邑名称为氏。西汉文帝时，鄢希巽"易燕为鄢"，为鄢姓来源提供了另一种源流。

6. 源于少数民族汉化改性。女真鄢札氏部落，回族鄢氏，出自历史上的西域民族，今宁夏、云南这两地多有回族鄢氏族人分布。

【得姓始祖】

求言。相传帝颛顼的元孙陆终的第四个儿子名求言，封在郐国，今河南省新郑市西北的一地，当地居名时称会人。会人中有后代在西周时被封在鄢（今河南省鄢陵县北），建立了鄢国。春秋时鄢国被郑国灭掉，鄢君的子孙仍以国名为姓氏，称为鄢氏。后来，鄢又被楚国并吞，并改设为县，楚国有大夫也被封于此，担任鄢县尹，他的子孙也就以封邑为姓氏，称为鄢氏。楚平王时的乱臣鄢将师就是该楚国大夫的后裔。据《姓考》云：周国名，后以国为氏。故鄢氏后人奉求言为鄢姓的得姓始祖。

【入闽迁徙】

鄢氏家族，是来自西周初的鄢国，鄢氏是由周朝时期以国为氏而得姓，他们的发祥地，就是现在的河南省鄢陵县。

有资料载：宋时，鄢氏一支迁居宁化石壁十八寨。宁化鄢氏主要聚居宁化

范阳《太原郡梅江鄢氏六修族谱》载：长胜通天鄢大三，先辈由闽会同东坑（宁化曹坊乡境）迁入。明崇祯间遂转徙通天定居。

根据族谱记载：明朝江西临川鄢桂彬为入闽始祖。1394 年江西临川云山鄢坊村人，时任浙江金华县令。当时正是日本倭寇骚扰我国沿海的时候。有天金华城失守，虽然该鄢公不负主要责任但仍然'引咎辞职'，后带领其夫人和 3 个男孩到福建南平充军并于 1404 年左右定居于福建永泰县大洋镇，迄今已 600 年，25 代，2 万多人，乃永泰县一旺族。明代有鄢正畿，字德都，福建永福人；明朝灭亡后，他面向北方恸哭，几乎气绝；从此遁迹深山，也不应科举考试，常写诗作文表明心迹，自号亦必道人，后赋绝命篇，与御史林逢经俱投溪水自尽而死。乾隆皇帝于四十一年（1776）下诏褒扬其忠义气节。

永泰境内现有鄢氏人口 7670 多人，主要集中在大洋镇的麟阳、大展、凤阳、濂尾、明星、旗中等村落，

582

有5820多人。播迁梧桐坵演、嵩口月洲、城峰凤岭和庵后、富泉巴蕉和力星以及城关等地以及厦门同安官田。明永乐二年（1404）迁至永泰大洋麟阳，至今已600多年，麟阳鄢氏人文底蕴深厚，文物古迹精品累累。

福建鄢氏人口1万多人，主要分布在永泰大洋、宁化溪口、龙岩、宁德等地。

【入垦台湾】

清到民国，闽粤鄢氏入垦台湾，永泰在民国迁徙台湾，现散居台湾各市县。

【郡望堂号】

范阳郡：三国魏改涿郡为范阳郡，在今河北省涿州市及北京市昌平区、房山区一带。

太原郡：秦置，汉为太原国，后又改为太原郡，治所晋阳，今山西省太原市西南。

堂号：太原堂，以望立堂。范阳堂，以望立堂。此外，还有悠远堂、聚庆堂、永庆堂、振德堂、言远堂、崇本堂、千秋堂、兴顺堂等。

【楹联典故】

青山遁迹；白简遭弹。

——佚名撰鄢姓宗祠通用联。上联典指明末福建永福人鄢正畿，字德都，明朝灭亡后，他面向北方恸哭，几乎气绝；从此遁迹深山，也不应科举考试，常写诗作文表明心迹，自号亦必道人，后自尽而死。下联典指明代南昌人鄢懋卿，嘉靖年间进士，官左副都御史，后由奸相严嵩推荐，总理两浙、两淮、长芦、河东盐政。所到之处，他卖权受贿，每年都向严嵩及其他权贵送厚礼。他的生活也极为奢侈，以至于用文锦铺厕所中的坐床，用白金装饰小便器；每次出行，都带上妻子，特制五彩舆，让12个女子抬着。官至刑部右侍郎。严嵩被撤职后，他遭弹劾戍边。白简，弹劾官员时用的奏章。

青云有路；簿糈犒英。

——佚名撰鄢姓宗祠通用联。上联典指宋代鄢发，举中进士入仕。下联典指明代鄢鼎臣，志行卓越，捐簿糈以犒勇士。

溯源自赣来闽始创宏基流传几十代家声不显；继武由微致显中兴伟业发展数百年世泽绵长。

——永泰麟阳鄢氏宗祠屏柱祠联句。是族史概括。

义勇作干城逐倭安民一段英风弥百里；忠贞报王室整冠仗剑满腔正气贯千秋。

——麟阳鄢氏宗祠厅内门柱联。为清乾隆年间知县王纲撰。

舍身成仁全万命登民长敬仰；感天动地济众生史志永留芳。

——麟阳鄢氏宗祠洞门联。为登封县令张埙撰，赞东桥公、廷诲公、正畿公三人"忠义"。

"五马家声远；三忠世泽长"彰显我族光辉和品德。大门柱联"麟阳毓秀绵旧德，卞水储英继流光。"

——麟阳鄢氏宗祠出廊柱联。为明代名臣陈若霖所撰。

【祠堂古迹】

麟阳鄢氏宗祠，坐落于永泰县大洋镇麟阳村，卧牛山麓，祠后古松修竹，郁郁葱葱。始建于明永乐二年（1404）。经历代重修扩建，形成现在规模。

洋尾寨，坐落大展村靠近闽清岭里分界处，坐北朝南，有新、旧二寨。旧寨在西，为十三世祖宗尹公所建。在半山之上，依山由下而上建造下、中、上三落，连成一体，并由高厚寨墙围住。占地面积6000平方米，建筑面积4000平方米，计360多间房，石木结构，为清代建筑风格。

福州安民巷鄢家花厅位于福州三坊七巷的安民巷47.48号，建于清乾隆年间，（1736—1795），光绪年间及民国年间均有重修，占地面积约2000平方米，明嘉靖年间抗倭英雄鄢俊、明崇祯年间御试进士鄢延诲、明末英雄兵科给事中鄢正畿，分别都得到明、清朝廷的敕封。清乾隆年间为纪念鄢氏入闽始祖，建宁溪枫鄢氏与永泰麟阳鄢氏合买该地民房，筹建了"鄢氏太澄公宗祠"，鄢家花厅应该是"鄢氏太澄公宗祠"的附属建筑。历史上鄢氏族亲进京或赴省城赶考、做生意者，常在此下榻。历经沧桑，鄢家花厅昔日的繁华犹在。

【族谱文献】

《麟阳鄢氏族谱》，光绪戊寅年四修谱。

【昭穆辈分】

福建永泰鄢氏字辈从第14代开始：子可体则秉礼行仁继（桂）世为职天必汝昌永显家国。

第一百六十八节 严 姓

严姓在中国大陆排名第93位。在台湾排名第87位。

【渊源】

1. 出自芈姓，为战国时楚庄王之后，以谥号为氏。据《元和姓纂》所载："芈姓，楚庄王支孙，以谥为姓。"而芈姓又可追溯到黄帝后裔颛顼帝。《严氏族谱》《通志·氏族略·以谥为氏》有所载，载："严氏系出颛顼之后，以楚庄王的谥号为姓。"

2. 出自庄姓，为避明帝刘庄之名讳，改姓严。到魏晋时期，姓严的人中，有一部分又恢复了原来的庄姓。这样，就出现了庄、严姓并存于世的情况。庄氏为什么心安理得地改姓为严氏，就是因为严氏与庄氏本就同宗同源，从血缘世系上说，实际上没有什么分别，故有"庄、严本一宗，同姓不可婚"之说。"稽我光祖子陵，其先世本姓，嗣改为庄，盖楚庄王之后裔也。后，汉明帝刘庄之名讳，改庄为严，遂以严为姓。"《中国姓氏寻根》一书也说"严是庄姓所改"并说"魏晋时严氏有恢复庄姓的，于是形成庄严两家"。

3. 出自古有严国，属于以国名为氏。据史籍《姓考》记载，远古代时有个严国，国人以国名为氏，世代相传至今。尧时代的名士许由之友严僖，就是严国的后裔。根据历史上严氏的分布留下带严字的地名推测，古严国应在今河南洛阳一带。

4. 出自嬴姓，战国时期，秦惠文王弟嬴疾，受封于蜀郡严道（今四川荥经），他便以封邑名称为姓氏，称严君疾。在严君疾的后裔子孙中，多有以先祖封邑名称为姓氏者，称严氏，世代相传至今，是为蜀郡严氏。

5. 出自姬姓，出自战国时魏国大夫严遂之后，属于以先祖名字为氏。严遂，全名为姬严遂，卫国濮阳人（今河南濮阳），著名的战国时期韩国大夫，史称严仲子。在严遂的后裔子孙中，多有以先祖名字为姓氏者，称严氏，世代相传至今，为著名的东

海严氏。

6. 出自鲜卑族和巴人，属于汉化改姓为氏。据《晋书》所载，后燕慕容盛时丁零人有以严为氏者，随慕容家族进入中原，成为河南严氏的一部分。北魏时川鄂的巴人中有严氏族，后也成为西部汉族严氏的一部分。这丁零和巴人中有严氏族的先人可能是古严国人西迁与当地居民的混血人群，后逐渐融入汉族，世代相传至今。

7. 出自蒙古族，属于以部落名称汉化为氏。源于元朝时期蒙古诸部，据史籍《清朝通志·氏族略·附载蒙古八旗姓》记载：蒙古族、满族巴林氏，在清朝中叶以后多冠汉姓为严氏、潘氏、詹氏、白氏、颜氏等。

8. 出自满族，属于以部落名称汉化为氏。源于明、清时期女真诸部，据史籍《清朝通志·氏族略·满洲八旗姓》记载：满族严佳氏，在清朝中叶以后多冠汉姓为严氏、阎氏等。满族严穆吉氏，亦称燕济氏、颜济氏，后多冠汉姓为严氏、颜氏、杨氏等。满族严直氏，亦称颜之氏、颜珠氏、颜之氏，后多冠汉姓为严氏、颜氏、阎氏等。

9. 出自其他少数民族，属于汉化改姓为氏。今彝族、土族、锡伯族、朝鲜族等少数民族中，均有严氏族人分布，其来源大多是在唐、宋、元、明、清时期中央政府推行的羁縻政策及改土归流运动中，流改为汉姓严氏，世代相传至今。

【得姓始祖】

1. 严忌，本庄姓，为西汉名满四海的大学者、词赋家，后人称"严夫子"。本姓庄，为庄忌，会稽吴（今江苏苏州市）人，其著述甚丰，好辞赋，有辞赋24篇，仅存《哀时命》一篇，为哀伤屈原之作，见于《楚辞章句》。史载，东汉时，因有明帝刘庄，放下令庄姓改他姓（古制皇帝名字非臣民所能用）。严忌之姓严，亦为死后之事。严姓族人因尊严忌声誉，往上追溯至西汉将其改为严姓，奉其为严姓的得姓

始祖。

2. 严光，字子陵，乳名狂奴，本庄姓，避汉明帝刘庄讳改其姓，会稽郡余姚（今属浙江）人。少有高名，曾与汉光武帝刘秀游学。刘秀称帝，欲召严光为谏议大夫，严光隐姓埋名归隐于浙江富春山躬耕垂钓，其不恋富贵功名之高风亮节令后人赞叹景仰，汉明帝时避帝讳改庄为严，由是"天水家声大，富春世泽长"而为严姓后人尊为严姓始祖，此提法为较多数严姓后人所认可。

【入闽迁徙】

严姓是一支古老的姓氏，也是多民族、多源流的姓氏群体，当今的严姓中的一部分主要是由庄氏改姓而来。

1. 汉代，汉武帝建元三年（前138），闽越发兵攻东瓯（今浙江永嘉县瓯北镇），中大夫严助奉诏率兵平东瓯之乱，建元六年（前135），闽越王郢兵进南越，武帝再派助发援兵，并使闽越降汉，后定居在福建。

2. 晋太康三年（282），严高为首任晋安郡太守，治所侯官县（今福州鼓楼区），遂有子孙定居在福建。

3. 唐德宗年间，河南光州固始人严辅率族避乱入闽。严辅是唐德宗建中三年（782）进士，自河南光州固始县入福州侯官，官居荆州通判转授金华府丞，严辅生有二子，辗转播衍闽清、永春、德化，其二十三世孙严恩，于明洪武三年迁入仙游盖尾镇沙园，现已蔚成望族；湖广黄冈严荣于明洪武元年（1368）受封骠骑将军奉旨镇守兴化卫，分族莆仙，后裔繁衍仙游县赖店镇山兜、园庄镇东范。明洪武廿七年严延昭任广东惠州府碣石卫，其长子严和安偕弟严和敬及侄儿等六人于明永乐十年（1412）自广东海丰迁徙仙游卜宅文贤里石狮保（今度尾镇云居村）肇基创业。

4. 唐末光启年间，大批严姓随王潮、王审知兄弟入闽，其中有河南固始人严怀英，因屡立战功，政绩显著，闽王授勋荣膺朝议大夫，赐大夫于福州仓山盖山镇阳歧村，严怀英生有二子，繁衍为闽侯阳歧严姓宗系，后裔有中国近代启蒙思想家严复。天水郡严子陵的三十八世孙严毓爽、严毓继兄弟始居闽西，后裔散居各地，现在的福清江阴，称"十八严"，为"兰田严氏"，兰田严姓后裔传至明清两代，又有迁入莆田溪西定居者。

5. 唐末（910），严蓬吉随迁徙福建侯官，后来迁尤溪县中仙乡西华村明山湖隐居。严蓬吉在尤溪生两子严懔、严慵。严懔定居西华，严慵回迁河南固始县。严懔生三子：严祖、严钦、严稚，严祖一支严姓留居尤溪，后裔分衍全县各地，严钦迁沙县，严稚迁兴化府仙游。至元代，因战乱频繁等原因，其许多后裔迁徙于县内外各地定居。严蓬吉之二十世孙严文大于明洪武元年，由西华迁至东华村丁溪自然村定居。严文大生二子，长子严敬大支系六代孙迁徙闽侯大木溪南城，八代孙迁徙闽清；次子严敬二生二子，严敬二支系八代孙严大福迁徙永泰，其孙严旭华回迁祖家南乾堂。后裔严俊迁徙尤溪城关，俊后裔严九才肇基尤溪城关龟头坂。

6. 客家的一大族系闽西的严姓。最早是在唐懿宗咸通年间，严姓浙江桐庐派系严子陵第二十二世孙严天民进士及第御封中顺大夫，唐僖宗乾符元年授金紫光禄大夫任司天监，唐广明元年（1880）为避"黄巢之乱"携家小迁徙虔州（现江西宁都洛口镇）；宋神宗熙宁年间严天民九世孙严德善任湖广黄州太守，其子严献轮被录用为司库，宋哲宗元符三年（1100）严献轮携家小经宁化石壁入闽西汀州府住上杭严丰畲柜山东；宋高宗绍兴二十年（1150）严献轮曾孙严泰盛任汀州知府，卸任后其子严留英被录用为府尉，中途辞职将家小迁徙广东埔邑车上村（现广东大埔西河镇车上村）；宋度宗咸淳九年（1273），严留英曾孙严令明携妻儿到上杭县枫林塘角（现永定县龙潭镇枫林村），为永定严姓开基祖。元武宗至大二年（1309）严一舍郎、二舍郎兄弟从安溪县梅岭村来到漳平居仁罗坪社（现漳平桂林村）定居繁衍至今，二舍郎第五代孙严和安、严和敬兄弟自广东海丰迁徙仙游度尾镇云居。元英宗至治三年（1323）严子陵第六十一代孙严天庠经宁化石壁堡迁徙汀州府万福村（今长汀县馆前镇严坊村），严天庠的长子严清昂，其长子大一郎后裔现住上杭古田镇洋稠村，次子大三郎迁往广东大埔县三河坝，三子仍住肇基地严坊村；次子严留昂的第三子大七郎后裔，四子大八郎后裔；经永定迁徙上杭县白砂镇早康村；三子严宁昂的长子大九郎在元末明初因经商迁徙连城县四堡镇团结村，三子小十一郎迁徙清流县邓家坊严屋村，四子小十二郎后裔现住长汀县馆前镇复兴村。明朝英宗正统元年，由长汀万福村的严仲信带领子孙，在上杭县白砂里枣坑村（现早康村）大埔头古楼岗开基，创建村落。明英宗正统十二年（1447）修建了枣坑严氏宗祠，今已列为县级文物保护单位。

唐时，有虔州（今江西省赣州市）教谕严常景之孙文藻，因避黄巢之乱，移居汀州府宁化县上石壁严家，至元代泰定间（1324—1327），严光六十一世孙天庠从石壁移居长汀县归仁里万福村（今馆前镇严坊），天庠之孙九郎因贸易经商于明初自万福村移居四堡赖家坪鱼子塘（今属连城县）。明朝英宗正统元年（1436）严仲信带领子孙由长汀县万福村迁居上杭县白砂里枣坑村（今早康村）。严天庠裔孙播迁闽西各县和福建浦城、泰宁，广东韶关，湖南长沙，江西赣州等。武平的严氏，其始祖严宏璋于明嘉靖七年（1528）自广东梅县龙头村迁至今民主乡坪畲村。

7. 北宋建隆元年（960），原居明溪的严三五迁居永安。据永安贡川《严氏族谱》载，始祖三五郎于北宋建隆元年（960）由明溪迁徙浮流（今永安）贡川西郊靛青林定居，为永安严姓开基始祖。严三五有4个儿子，分为仁、义、礼、智四房，长子智房后裔多居于永安。严廿七郎的第四世孙又有子焕、子周、子隆、子哲、子升、子昶六房，分为礼、乐、射、御、书、数六房，分居永安各地。智房五世孙严子昶移居明溪；其后裔主要落籍在邓公坑。北宋景德年间（1004—1007），永安严姓礼房移居于三明；其后裔主要落籍在梅列、荆西、莘口等地。仁、义二房的后裔去向无从考稽。清代明溪严于昶的第十二世孙严一统移居福建的南平。大田严碧连的后裔迁居福建的莆田、石狮等地。

8. 漳州严姓主要有严鸭母派系和严尧封派系，均为严子陵派下，宋末先后由浙江迁徙而来，郡望均为"天水"，堂号也同为"崇本堂"。严鸭母在龙溪县二十七都翰苑（今龙文区后坂村）开基，为翰苑严氏一世祖，二世严清轩、严乐齐、严梧厝；翰苑严氏后裔严清隐于明景泰年间迁徙今龙文区朝阳镇打山村，其九世孙严周霄于清康熙年间迁徙芗城区新华东后迁居官园；严云水于清光绪十六年迁居今芗城区诗浦；翰苑严姓后裔严宣茂迁徙南靖县山城镇山边村，严荣迁徙山城镇溪边村。严尧封在龙溪县十一都严溪头（今属龙海市榜山镇平宁村）开基，二世长房严元奎、次房严元章、三房严元音、四房严元文，严尧封后又到今漳州龙文区步文镇东坂娶妻生子传裔；二世次房严元章后裔支脉于明朝后期迁徙海澄县八都严厝开基，四房严元文后裔清代年间有迁徙台湾。

唐代最为典型的是在福建重镇的邵武出现了一大批著名严姓俊杰，严参、严羽、严仁齐名，均今福建邵武人，世称"三严"。其实，当时的邵武严姓远不止这些，还有严肃等，号为"九严"，可见当时邵武严姓家学渊博，人才辈出。

【入垦台湾】

台湾的严姓，主要来自大陆的福建和广东，康熙年间，早有严姓人士迁台，迄今已有350多年的历史。康熙末年，龙溪严助迁居今台南市。乾隆初叶，南靖严瑞德迁徙今台中大里。乾隆中叶，南靖严敦德入垦今彰化埔心等地；南靖严春生入垦台中龙井；南靖严谦德入垦今南投草屯；南靖严腥贤、严纯利入垦今台中市。泉州有入垦今台北平溪。严待入垦今台北树林、莺歌一带。乾隆二十七年（1762），福建还有严灿入垦台北土城。清代迁徙台湾以南靖居多。至雍正年间和乾隆年间，又有严姓族人入居台北、苗栗、南投等地定居，留下了严姓开垦的足迹。据永定《严氏族谱》载，严天庠裔从永定迁台的有：天灯妹、如昌、昌明、如嵩、其光、玉扬等。严姓在台湾逐步形成很有名望的家族。入垦者的后裔现多居住在台湾的台北市和台北县、台中市和台中县、高雄市和高雄县、花莲县、台南县、新竹县、嘉义县等地区。其中尤以台北市松山区、大安区、板桥市、古亭区为众。据2007年资料统计，人口数有21797人，排第 87 位，与严姓在大陆的排名 93 位很接近。

【郡望堂号】

天水郡：汉天水郡治所在平襄（今甘肃省通渭县西北）。移治冀县（今甘谷东南）。魏恢复天水原名。西晋移治上邽（今天水市）。东汉一度改为汉阳郡，隋唐天水郡即秦州。

冯翊郡：汉武帝置左冯翊，三国魏黄初元年，左冯翊改名冯翊郡，管辖临晋、合阳、夏阳（今韩城）、重泉（今蒲城）、粟邑（今白水）、下邽（今临渭区河北一带）、莲勺（今临渭区北部）、频阳（今富平）等八县，南北朝西魏元钦三年（554）以后，冯翊郡便逐渐被同州取代。

华阴郡：古代县名。春秋时为晋国之地，汉代时置华阴县（因在华山之北故名华阴）。治所在今陕西省华阴县东，南朝宋时移治今陕西省勉县西北。唐天宝元年（742）改华州置华阴郡，治所在县（今陕西华县），辖境约当今陕西省华县、华阴、潼关等县市及渭北的下邽镇附近地区，唐乾元元年（758）复改华州。故城在现在陕西省华阴县东南。

天水堂：据《千家姓》说，古代严姓家族在天水郡。

富春堂：据世代相传，严氏是东汉时著名隐士严光的后裔。严光，本姓庄，字子陵，西汉末年名士，浙江余姚人。据《后汉书·逸民列传·严光传》载，严光"少有高名"，曾与刘秀同窗。刘秀即位后，严光隐姓埋名，避至他乡。刘秀接他到京都洛阳，并授予其谏议大夫一职，严光不从归隐富春山耕读垂钓，终身不仕。范仲淹在《严先生祠堂记》一文中对严光有"惟先生以节高之"的赞语，更使严光以"高风亮节"名闻后世。所以严氏后裔以严子陵为荣，视其为开宗始祖，并把严氏宗祠称作"富春堂"。

此外严姓的主要堂号还有调山堂、古秋堂、铃山堂、宜雅堂、四录堂、尺五堂、海云堂等。

【祠堂古迹】

岐阳严氏宗祠，福州市盖山镇的阳岐村地处敏江边，是我国近代史上杰出的翻译家严复的故乡。阳岐村上的"岐阳严氏宗祠"，始建于唐末，历代重修，占地 1000 多平米。

沙园严氏大宗祠，全称"沙园严氏大宗祠"，位于仙游县盖尾镇杉尾、昌山两个行政村之中，创建于明代洪武三年，重修于清乾隆四年，占地面积6600 平方米，坐北朝南。

【楹联典故】

天水世泽富春家声；姓源芈氏望出华阴。

天水世泽；富春家声。

——全联典出严氏的"天水"郡望堂号。

姓源芈氏；望出华阴。

——全联典出严氏的姓氏源流。

水光风力俱相怯；星象烟云喜共和。

——此联为近代思想家、民主革命先驱严复撰书联。

千秋大雅扶轮手；一片寒泉荐菊心。

——此联为福建省邵武县严羽祠联。

【族谱文献】

记载闽台严氏族谱其中较有代表性的有《阳岐严氏宗系略纪》为闽侯阳岐严氏宗系略记。民国二十八年（1939）修纂。内容有辑者严瑜序，始祖世祖事略，阳岐失谱之说，碑文及迁闽年代考，始祖世祖时代考，闽地严氏族谱考，福清兰田族谱考、莆谱考、莆属溪西乡族谱考、阳岐莆田福清等处派系考，严复传等。内载严氏祖籍河南光州固始，唐昭宗天佑间随王审知军队入闽，卜居于侯官（今闽侯）阳岐乡，世代相传，始祖为严怀英。名人严复（1854—1921），近代启蒙思想家，翻译家。还有《杭砂严氏族谱》为上杭白砂早康严氏宗族谱牒。初修清咸丰六年（1856），次修于光绪十一年（1885），三修于宣统二年（1910），1994 年为第四次修纂。今谱综合了清咸丰、光绪、宣统三谱，按新体例编排，有 18 个章节，记述了早康村严氏概况、历代源流、严子陵前代修谱诸序文、恭颂、祠图、历代贤哲名人等。世系部分刊早康严氏始祖，以及宗琳、余宗二房系次，后附载各房祠图、坟图、捐者名单。载入闽始祖天瘅于宋代由江西经宁化石壁徙长汀万福村，其孙大八郎开基杭邑白砂早康。另有《贡川严氏族谱》，始修于明成祖永乐年间（1403—1424），永安严氏第十世孙严景安以笔记形式记下世系。有六次重修。明崇祯十六年（1644），严董沐、严应壁倡议重修。清乾隆二十七年（1762），永安严氏第十七世孙严一元等重修。道光二十九年（1849），严嗣镮等主持重修。光绪廿九年（1903），严德锐等主持重修。2001年再次重修。仿欧苏凡例，共8卷，有谱序、世系、世录、墓图、祠记、诰敕、世传、祠图、蒸田、谱跋等内容。

【昭穆字辈】

福建福州仓山严氏字辈：万世其昌。

福建莆田仙游严氏字辈：宗祖肇基。

福建侯官阳崎严氏字辈：君锡夫汝尚其秉恭传家以孝为国维忠曾元彦圣亦胤景从当仁执谊安延祖宗。（严复之家族，严复为"传"字辈）。

第一百六十九节 颜 姓

颜姓是当今中国姓氏排行第110位的姓氏，约占全国汉族人口的0.15%。在福建排名第46位。在台湾排名第43位。

【渊源】

1. 出自姬姓。

陆终之后。据《陈留风俗传》《元和姓纂》及《通志·氏族略》等所载，黄帝之孙叫颛顼，颛顼之玄孙陆终，陆终生有六子，第五子曰安，曹姓（祝融八姓之一）。安裔孙挟，周武王时封于邾（故城在今山东省滕州东南），建立邾国，为鲁附庸国。邾挟之后，至于夷父，字颜，又称邾颜公。邾国被楚国灭掉后，颜公的支庶子孙有人以祖父的字为姓，称颜姓。

《元和姓纂》记载："颜氏：颛顼之后。陆终第五子曰安，为曹姓。裔孙挟，周武王封邾。至武公，字颜，《公羊》谓之颜公。子孙因以为氏。"

颜真卿《唐故通议大夫薛王友柱国颜君碑铭》曰："其先出于颛顼之孙祝融，融孙安为曹姓。其裔邾武公名夷甫，字颜，子友，别封郳为小邾子，遂以颜为氏，多仕鲁为卿大夫。"

颜师古《颜氏姓考》："颜氏本出颛顼之后。颛顼生老童，老童生吴回，为高辛氏火正，是谓祝融。祝融生陆终，陆终生六子，其五曰安，是为曹姓，周武王封其苗裔于邾，为鲁附庸。邾武公名夷父，字曰颜，故《春秋公羊传》谓之颜公，其后遂称颜氏。齐、鲁为盛族。孔子弟子达者七十二人，颜氏有八人焉。"

《左传》"鲁伐邾，取訾娄"，即孔子所生之陬邑。这与《辞海》所解，曹姓 建都于邾（今山东曲阜东南），鲁国曲阜原是邾国曹姓颜氏的故地，后被鲁占领，鲁国为了控制颜氏的人才不被流失，故封颜氏仕鲁为卿大夫。

2. 出自姬姓。

起源于春秋时鲁国公族，是周公旦长子伯禽之后。据《通志·氏族略》所载，颜氏"出琅琊，本自鲁伯禽，支庶有食采于颜邑者，因而著族"。周公的长子鲁侯伯禽被封于鲁。伯禽的子孙有人被封在颜邑，遂以封邑为姓，称颜氏。孔子的母亲徵在就是鲁国颜氏之女。《广韵·删》《姓解·十五》的记载相同："鲁伯禽支庶，有食采于颜邑，因以为氏。"

3. 他族改姓而来。

金时女真人完颜氏后改单姓颜；清满族人姓，世居大凌河；今台湾地区少数民族，毛难、白等民族均有此姓。

【得姓始祖】

邾颜公（曹夷父，曹伯颜，邾武公）。

夷父。字颜，又称邾颜公，即位后称邾武公。黄帝孙颛顼帝的儿子叫作称，称的儿子叫作老童，老童生了重黎和吴回两个儿子，都担任过帝喾的火正，也就是所谓的祝融氏。其中吴回的儿子陆终有第五子名安（一名曹），后周武王兴师克纣，大肆分封诸侯，就把陆终五子安的一个叫作挟的裔孙，封于邾地，为邾国，即现在山东省邹城市东南的地方，最初是鲁国的附庸之国，后来传到夷父的时候，由于夷父的字为颜，《公羊传》就称他为颜公，后邾国被楚国所灭，颜公子孙便以王父字为氏，称颜姓。夷父被尊为颜姓的得姓始祖。

【入闽迁徙】

颜姓主源两支均发祥于今山东省境内。东汉时关门侯颜盛为避战乱，举家东迁至临沂，为首位离开曲阜的颜姓子孙。东晋后，颜含、颜之推等大批颜姓后裔在江宁等地做官、生活，形成了第二次大迁移。隋唐时，居高官的颜姓子孙中的一支云集长安，定居并修建宗庙，形成了第三次大迁移。至后周时，宗子归鲁，完成了第四次大播迁。北宋末，第五十代宗子颜尧随驾南迁，称南宗；颜昌领九支后裔留在曲阜，代宗子祭祀先祖，称北宗。

1. 唐代，传至颜回三十七代孙颜师古开始发达昌盛起来，其子辈颜昭甫，孙辈颜元孙、颜惟贞，曾孙辈颜杲卿、颜真卿、颜旭卿、颜曜卿，玄孙辈颜君页、颜禺页、颜岂页，均有名于当世，或仕宦当朝，或书法造诣精深，或两者皆备，其中颜真卿更是大名鼎鼎。此支颜姓风光显赫一时，为世人仰慕。真卿四世孙颜弘，官金陵同州参军，长子诩为永新（今属江西省）令，次子普，五代末为泉州德化令，安家德化。普之长子泊迁永春卓埔，后子孙分居于闽南各地及江浙、四川等地。

又有永春《桃源颜氏族谱》、晋江《田头颜氏族谱》《瑶里颜氏宗谱》记载，颜姓入闽，始于始祖颜普、颜泊、颜潾，于后唐五代间自河南黄龙径肇居归德场（今德化），宋初迁永春达埔。颜泊子三：颜仁郁、颜仁贤、颜仁贵。五代时颜仁郁为归德场长官，宦绩显著，入载《泉州府志》，喜吟咏，有数首绝句载入《全唐诗》；颜仁贤五代时仕闽为安溪三卿，安溪乌涂为其派系；颜仁贵为晋江少卿，由达埔再迁始安里，衍传桃源颜姓一派。

2. 唐总章二年（669），河南固始人颜伯矩随陈政、陈元光父子入闽开拓。其繁衍世系未详。

3. 唐代书法家颜真卿后裔颜芳，字教先，其兄弟三人于唐元和年间领兵入闽。颜芳，五代时官德化令，生子颜仁郁、颜仁贵，子孙播衍各地，世尊颜芳为颜姓入闽始迁祖。

颜氏鲁国世系四十五世裔孙颜泊（787—860），又称"芳"，江西永新人，登后唐（923—936）武第，召为副元帅，约于唐大和年间（827—835），任唐军副元帅，提兵十七万征平闽粤有功，封建德侯，居今德化县三班镇泗滨，也被尊为颜姓入闽泗滨始祖。后迁居福建永春达埔洋头，为颜姓入闽（一派）始祖，称桃源颜氏世系。颜泊传三子，长仁郁，字文杰，五代时出任归德场长官；次仁贤，字希圣，五代时为安溪主簿；三仁贵，字寿卿，五代时为晋江少卿。颜仁贵生六子，其第六子颜必和于宋祥符元年（1008）自永春迁浯洲（金门）颜厝，为浯洲颜氏一世祖。

青礁颜氏，闽颜桃源世系六世颜慥，字汝实，号朴庵。于宋庆历四年（1044）膺荐辟为漳州路教授，遂家于龙溪县青礁社（时属漳州龙溪县一、二、三都，现属厦门市海沧区），为颜氏肇漳和开基青礁派系始祖。颜慥生二子，长子维博，字以文；次子维约，字以礼。后裔迁居漳州市区西桥一带。传裔于今厦门、漳州一带。

《海澄县志》也有记载：颜慥，北宋恩贡，青礁颜氏肇基始祖。复圣颜子五十世孙，书坛泰斗颜真卿十一世孙，颜氏入闽始祖颜泊六世孙。颜慥被誉为"一世儒宗"。出了四个督抚及八个赏戴花翎的人，"一门三世四督抚　五部十省八花翎"。

4. 北宋末期，由于康王赵构南迁杭州，有山东、河南省等地颜姓播迁江浙一带，如海州颜姓等。南宋末期，居于江、浙、闽、赣一带之颜姓人为避兵火，有迁两广、两湖之地者。如安溪《洋头颜氏族谱》载：宋代，其入闽始祖颜仁贵由广东迁入福建，后裔居永春上场。

5. 据《泗滨志——龙浔泗滨颜氏族谱》记载，颜庀为鲁公颜真卿之四子，世居河南温县，仕唐为礼部郎，生子颜景茂，初试左率兵曹参军，后迁福州侯官（今福建闽侯境内）县令。颜景茂生子四：长子为两淛湖杭州通判，次子为淮南路庐州县令，三子颜芳，字教先，随父宦福州侯官县，为颜氏入闽开基德化泗滨始祖，四子为潮阳县主簿，先居同安三浦，后迁漳州岐山。

颜芳随父入闽，淡宦途，好山水，应金员外之聘为西宾，遂卜居山亭里，即今硕礁泗滨为一世祖。

颜芳生子七：长子颜瀚复归河南，次子颜润开住南剑州今福建大田县荇坑，三子颜瀚开住永春县常安里（今达埔），四子颜裴开住德化东山（今东山洋村），五子颜雅字文丽守居泗滨承父业，六子颜归开住德化溪口南宅，七子颜仁郁字文杰住德化涂坑后归西颜（今三班村）。

颜仁郁之子颜蕃五代时移居永春，至六世孙颜慥宋时开住漳州青礁（今属厦门）为青礁始祖。颜雅之孙、四世颜雄五代时开住德化上颜立户。八世颜沛宋时开住德化西颜（今三班村）；颜潾开住永春县清白里（今东平镇东山村）为东山始祖。二十

闽台寻根大典

世颜天卿于明万历年间迁往霞浦县郑翁洋定居，为霞浦支派始祖；颜天锡开住螺坑。二十二世颜文张移居梅上永遇村；颜文伦、颜呈租明末清初移居江西；颜文二移居浙江；颜愈移居福清县。二十三世颜诏开住上寮（今属三班村）；颜添开住江西；振眈开住闽清县。二十四世颜应铄、颜应钣、颜应铵清初开住福宁府宁德县飞銮梅溪窑；颜材开住莆田县东港乡；颜率开住连江县。二十五世颜富清康熙年间开住浙江省温州平阳县忍家山林家塔地方；颜开清乾隆年间开住尤溪县二十六都迎祥乡；颜微乾隆年间开住莆田县东港乡；颜光浴、颜光汎、颜光潜、颜光濯、颜德润开住宁德县飞銮梅溪窑；颜都开住尤溪县山头窑；颜德税迁往台湾。二十六世颜榜、颜梓、颜杭兄弟同住尤溪县山头窑；颜振源清代乾嘉年间住福州；颜庆耸、颜万樟迁往上府；颜茂榜、颜茂韭、颜玉病开住尤溪县山头窑；颜茂极、颜茂梧住宁德县飞銮梅溪窑；颜茂殿清乾嘉年间往建宁府碗窑二坝；颜超计迁居上坑，半嗣黄家。二十七世往浙江省温州平阳县；于清乾隆年间开住宁德县飞銮梅溪窑；于清嘉庆、道光年间迁台湾；住尤溪县山头窑；开住闽清县。

【入垦台湾】

颜姓族人于明代始陆续迁入台湾，明天启年间，著名的是颜思齐。颜思齐，福建海澄人，字振泉。精武艺，因遭官家之辱，愤杀其仆，逃日本为缝工，数年家渐富。天启四年（1624）八月十四日，他因在日本领导反对德川幕府的专制统治事泄，即率漳泉籍同乡义民二三百人乘 13 条船下海逃亡，在台湾笨港（即今嘉义新港）登陆，以诸罗山为根据地，设置 10 个寮寨安置人员，着手进行垦荒活动。由于这里地广人稀，二三百人难以适应垦殖的需要，于是颜思齐派杨天生等助手带大船十只到漳泉两地招募贫民，愿意赴台的一户一人的给银两元，一户两人的给银 4 元，一户三人的另给牛一头以助耕，共计招募家乡乡亲三千及颜神在五世孙颜车、颜全叔，六世孙颜名富、颜名贵移居台湾北路。清朝年间，二十八世颜尚玉，二十九世颜万涂侨居八都库前（今安海佳坂）。多户来台湾，分别安置到 10 个寮寨中去。

短短几年工夫，笨港一带已有数千户从事农耕生产，10 个寮寨很快成为 10 个大村落。笨港也进而发展成港口街市。人们怀念颜思齐的业绩，称他为"开台王"。台湾嘉义市水上区南乡里尖山尚存思齐墓。又有明崇祯壬申年（1630 年），厦门青礁颜姓始祖颜慥的二十二世孙颜世贤来到台湾后，其后裔定居下营乡红毛厝。三百八十年的筚路蓝缕，如今，红毛厝颜姓已枝繁叶茂。清代，闽南颜氏大批迁徙台湾。台湾的颜姓，居住比较分散。现多分布在台湾的台南县下营、台中县清水、彰化县北斗、台北市松山区、高雄市鼓山区及台北县等地区。以台南县为最多，次为澎湖，再次为台北和嘉义。

【郡望堂号】

鲁国：即鲁郡，西汉初年置鲁国，三国时魏晋改为鲁郡。治所在鲁县（今山东省曲阜）；西汉改治薛（今山东省滕州市），相当于现在山东省曲阜、泗水一带。

琅琊郡：秦始皇时置郡，治所在琅琊（今山东省胶南市琅琊台西北），西汉移治东武（今山东省诸城），相当于现在山东省诸城、临沂、胶南一带。

复圣堂：孔子的弟子颜回，春秋时鲁国人，勤俭好学，乐道安贫。是孔门 72 贤人中最贤的一个，以德行著称。后世儒家尊他为"复圣"（孔子为至圣，孟子为亚圣，曾子为宗圣，颜子为复圣）。

此外，颜姓的主要堂号还有："宝塔堂""四乐堂""旧雨堂""丛桂堂""又红堂"等。

【祠堂古迹】

龙海市下宫颜姓家庙，又称"颜氏祠堂"，号"承恩堂"，位于凤塘社（今洪塘社），名倒地金钩。建于明代，现为洪塘老人会所。下宫颜氏后裔又在清朝时在下宫再建"颜氏祠堂"，仍号"承恩堂"。祀下宫颜氏开基祖至十四世列祖列宗。

青礁颜氏家庙，位于厦门市海沧镇，大门三间三开，石刻对联："岐山鸣彩凤，礁海起潜龙。"进了院落，是宽大天井，正殿为"崇恩堂"，面阔五间，供奉历代先祖。堂前对联：神灵宰叠膺淳佑之封派衍焦海，金石交特应端明之辟道重岐山。悬挂大灯：四世进士吏部尚书（九世至十二世颜唐臣、颜敏德、颜世畿、颜世纯）。西廊壁嵌明代崇祯十年（1637）、清代乾隆三十年（1765）、光绪元年（1875）重修家庙碑三幢。

龙海颜厝前颜氏宗祠，位于龙海市颜厝镇颜厝前村，是明代时期的古典庙宇式建筑，一进式，四合院，分大殿和两边走廊。正门对联是"诗书传家声誉列于万古；礼经渊源绵奕锦垂千秋"。经族人同意后成立了"龙海颜氏宗亲联谊会"，颜亚源为顾问，颜龙盛为理事长，颜开勇、颜永顺、颜清辉为副理事长，带领大家修复了宗祠。

德化泗滨颜氏祖宇永茂堂，开基始祖颜芳于唐元和十年（815）在泗滨定居。永茂堂元末被盗贼烧毁，十四世颜胜祖、颜添凤、颜童生三兄弟另择地重建。明初十六世颜俊高偕子侄于永乐六年（1408）改建，为一进一厅六房。清初二十四世颜英昍倡议重建，于乾隆十五年（1749）扩建为上下两进，上进大厅两旁改建东西两小厅，下进大厅连接东西厢房与上进联成一体。天井砌石板，屋内地面铺三合土，屋顶饰翘脊及花卉雕刻，堂前外墙封红砖，屋檐下装饰人物画。大门外筑小庭，下筑大庭，堂后花台园领，堂侧筑左右抄手，四周水沟通畅。大门竖立石碑标识。碑阴记堂建的简历。上厅明联为左史颜廷榘撰："政绩著侯官昔日入闽持虎节，书香传嘉礼今朝归德肇龙浔。"

蕉城霍童颜氏祠堂，位于宁德市蕉城去霍童镇古街。

【楹联典故】

家训真言传万世；笔题宝塔映千秋。

——上联典指北齐文学家颜之推的《颜氏家训》。颜之推，字介，琅琊临沂人。有《颜氏家训》传世。下联典指唐代大臣、书法家颜真卿《多宝塔碑》。

唐代清臣风节，春秋复圣渊源。

——上联典指唐代大臣、书法家颜真卿。下联说春秋末鲁国人颜渊。

凤毛仪世琅琊郡；玉树生庭宝塔堂。

——全联典出颜姓的郡望和堂号。

有宋尚书府；大明孝子家。

——金门贤厝颜氏宗祠大门楹联。"尚书"指

龙溪吏部尚书颜师鲁和永春工部尚书颜械；"孝子"指颜应祐，他是新出版《三十六孝的故事》之一，寻母26载，终迎母归，孝感动天。

自唐历宋历元历明历清，簪缨世代；入闽而德而永而金而同，瓜瓞云礽。

——颜姓宗祠通用联。此联为福建省同安县五显乡后塘村"桃源"颜氏祠堂联。全联典指该支颜姓入闽的时间和路线。上联典出时间；下联典出路线为："入闽而德（化）、而永（春）、而金（门）、而同（安），瓜瓞云礽"。

骑天马，步清溪，双髻莘前，锦地居，世世簪缨苑内；

跨石龙，朝北阙，其简山上，忝天立，年年执笏廷中。

——安溪紫泥颜氏家庙。

晋水泉清世世翰林洗马；姑嫂塔尖代代宰相文章。

——晋江颜氏祠堂。

历诗礼传家无遗圣贤于陋巷；联簪缨奕世继美名宦于岐山。

——仙游西桥颜氏祠堂

家藏万卷书教儿孙立志青云以绍祖考；存心一念善追先圣修身积德其乐天真。

——仙游院前颜氏宗祠。

【族谱文献】

闽台颜氏族谱有政和赤溪《鲁国序谱》，全称《鲁国郡颜氏桃源鲁国序谱》，宋元佑年间，浙江宁海知县颜时举创修钞本。清康熙七年（1668），颜增凤等重修，兵部司务吴如公作序。光绪三十一年（1905）颜登所等倡议六修，举溪庠生吴淇编录。1984年续修，共6册9本。谱载颜常山公像，颜时举序赞颜真卿像、颜虬松像。有族谱条例图、颜氏世系图、颜氏支派世系图、颜真卿之子支派图、祁公第三子支派图、科贵公之子支派图、六公之子支派图等。有《浯江颜氏族志》，1969年金门玉堂二十八世孙颜西林编修，1981年台北昭明社承印，共5卷1册：上世世系卷，自始祖小邾子起，至开闽始祖颜泊止，记述嫡系、五服、名贤、先贤列传，桃源科名录；浯江世系卷，载清乾隆二十四年（1759）

银同颜振凤、颜华所纂自颜泊后裔二十四世"浯江颜氏族谱";家学卷载颜氏先贤遗著。颜氏家训卷,为四部备要抱经堂版本;杂录卷载始祖小邾子,始迁祖颜泊。有永春《桃源东山颜氏族谱》,载先祖颜芳,号教先,由河南入闽,居德化泗滨,传至颜潾,迁居永春清白里。宋大中祥符元年(1008)颜泊之孙颜必和由永春迁居同安绥德乡翔凤里浯洲颜厝村(今金门贤厝)。至明永乐七年(1409)必和十一世孙颜德泰、颜同元堂兄弟徙居同安城南门外前街。清道光十二年(1832),后塘颜子照又回迁金门创办"存德药铺"。金门、同安都用永春"桃源"堂号。《漳州青礁颜氏族谱》始修明万历三十五年(1607)。

木刻线装本14卷。《台湾颜氏族谱》颜钦贤重修,初版于1928年,重修1949年、1954年,再次补订后再版于1964年。

【开台王】

颜思齐(1589—1625),宇振泉,海澄县人。生性豪爽,仗义疏财,身材魁梧,并精熟式艺。台湾开发史上,颜思齐最早率众纵横台湾海峡,招徕漳泉移民,对台湾进行大规模的有组织的拓垦,因而被尊为"开台王""第一位开拓台湾的先锋"。《台湾通史》为台湾历史人物列传,"以思齐为首"。

第一百七十节 晏 姓

晏姓在今姓氏排行榜上名列第202位，人口约578000余，占全国人口总数的0.036%左右。在台湾排名第263位。

【渊源】

1. 上古时候的黄帝是著名的氏族部落首领，他的氏族崇拜龙图腾。黄帝有个孙子叫作颛顼，也是著名的氏族部落首领。颛顼又有一个曾孙，叫晏安，而晏安就是晏姓的始祖。在春秋时期与高、国、鲍一起成为齐国的四大望族，世代在齐国做官。

2. 来源于上古尧时期的大臣晏龙。据说晏龙是尧时掌管音乐的大臣，为历史上最早的晏姓人物。晏龙被认为是此支晏氏的始祖。

3. 春秋时，齐国公族有晏婴（晏弱），字平仲，为齐桓公时国相，被封在晏（今山东省齐河县西北的晏城），他的后代以封地名作为姓氏，称为晏氏，世代相传，就形成了现在的晏姓。望出齐郡。

【得姓始祖】

晏安，《世本》记载："陆终子晏安之后。"《姓氏考略》上说："世本，陆终第五子晏安，唐尧君有晏龙，见山海经，当为晏氏所自出，望出齐国。"

晏弱，宋公室子姓。根据《齐侯镈钟铭》晏弱为宋穆公曾孙，得氏时间应该是在宋穆公（约前785—前720）死后其位让与太子与夷，并使其子冯出居于郑，这里的子应该是嫡长子，应该还有其他庶子，这些庶子很可能被分封与"晏"的食邑，其后人便以邑为氏。晏氏非出自姜姓，出自宋公室子姓，西周初年封于宋国（今商丘一带）叫"晏"的食邑，后裔"以邑为氏（即今天的'姓'）"。最早晏姓名人为晏弱。最早晏氏记载为《范阳龙潭卢氏宗谱》记载周平王时期卢姓始祖齐国高傒公夫人晏氏（约前725—前644）。

【入闽迁徙】

晏姓的望族居住在齐郡，即是今天的山东临淄一带。

西晋末年，晏氏后裔开始向江南流徙，首居江西省豫章郡（今南昌至九江一带），后迁吉安府（今江西省吉安市）泰和县，辗转入闽，逐渐成为宁化潭飞寨大族。《宁化县志》：宋以前，宁化潭飞寨大塘尾有晏氏聚居。宁化城城有知名盐商晏彪（？—1231），又叫晏梦彪，绰号晏头陀。宋绍定二年（1229）二月至三年（1230），晏彪聚集农民于潭飞寨组织武装起义，起义军发展到数万之众，席卷泰宁、将乐、宁化、清流、长汀、石城等县，威震闽、赣两省数十县，斗争持续数年之久。起义失败后，晏彪被杀，通族四处逃命。

宁化《湖村乡志》载：宋中叶，晏姓迁入湖村石下村之东侧，地名田螺壳开基，发展至60多户，后又迁至竹子簸下，从此更名为石下，至清中业，晏姓逐渐外迁。

明代，晏永昌开基于明溪狮窠。永昌生四子，衍四房：一房留居狮窠，一房衍晏坊（明溪县境）；一房衍宁化县城；一房迁清流。宁化县城关晏氏，由明时自明溪狮窠迁入，已传二十多代，分衍成四房，裔孙衍播闽、赣各地。

明代有晏铎，字振之，乡举，入国学，祭酒胡俨重之，选入内阁读书。永乐戊戌年（1418）登进士，选翰林庶吉士。授福建道御史，巡按两畿山东，所至有声。坐言事谪上高典史。兴学校，抑豪奸。邻境寇乱，官兵不能制，铎承缴擒捕之。归所掠者于民，境内遂安。著增孝经，小学周易，参同契解阴符经并青云集等书。

据有关资料，福建省晏姓人口有2493人，主要分布福建省北部的浦城县、邵武市等地和西部地区清流县、明溪县、宁化县。闽南、闽东为散居。

【入垦台湾】

晏姓是清末到民国迁徙台湾，主要分布在台北、基隆两市，其次是台中、台南、高雄等市县都有。

【郡望堂号】

齐郡：西汉时期先为临淄郡，后改齐郡，治所在临淄（今山东淄博），其时辖地在今山东淄博市和益都、广饶、临朐等县地。

太原府：亦称太原郡。战国时期秦国庄襄王四年（乙卯，公元前246年）置郡，治所在晋阳（今山西太原），其时辖地在今山西省五台山和管涔山南部一带、霍山北部一带地区。

济阳郡（河南），东晋改济阳国置，治济阳县（今河南兰考县东北）。

东海郡：亦称郯郡、海州。

主要以望立堂，有齐郡堂、济阳堂、太原堂、东海堂。

廉俭堂、久敬堂：春秋时期的齐国宰相晏婴，字平仲，齐国人，著名政治家。他继承了父亲的职位做了齐卿，后来升为齐国的宰相，连任齐灵、庄、景三朝正卿，执政达50多年。晏婴是著名的贤臣，以节俭力行、谦恭下士、机智善辩而著称，"晏子使楚"之晏子就是。他虽然身居高位，却严格要求自己，力行节俭，很少吃肉，他的妾也不穿帛，他的一件狐裘穿了三十年。孔子对他的品行很赞赏。后人把他的言行集成《晏子春秋》。

【楹联典故】

望出齐郡；姓启晏龙。

——佚名撰晏姓宗祠通用联。全联典指晏姓源流和郡望。

童子能文，仰同叔之天坦；

相臣克俭，美平仲之家风。

——佚名撰晏姓宗祠通用联。上联典指宋代神童晏殊，字同叔，临川人。景德初，以神童荐，真宗召与进士并试廷中，殊援笔成。官至同中书门下平章事。工诗擅文，有《类要》100卷，《文集》240卷。下联典指宋代名人晏敦的事典。

临川名士；齐国贤卿。

——佚名撰晏姓宗祠通用联。上联典指北宋词人晏殊，字同叔，抚州临川人，景德年间赐同进士出身，庆历年间官至集贤殿大学士、同中书门下平章事（宰相）兼枢密使。其词作擅长小令，多表现诗酒生活和悠闲情致，语言婉丽。下联说春秋时齐国大夫晏婴，字平仲，夷维人，齐灵公时，继其父亲晏弱为齐卿，历灵公、庄公、景公三世。曾奉景公命出使晋国联姻，与晋国大夫叔向议论齐国政治，预言齐国政权将为田氏所取代。虽至高官，但生活俭朴，每顿饭只吃一种肉菜，妾不穿丝帛做的衣服，他的一件狐裘穿了30年，在诸侯中享有很高威望。后人采集他的言行，编成《晏子春秋》。

【族谱文献】

闽西修撰有《晏氏宗谱》

第一百七十一节 羊 姓

羊姓在《百家姓》中，排第202位；羊氏占全国总人口0.0072%，约有10余万人。在全国姓氏人口排名居于300名以外。在台湾排名第441位。

【渊源】

羊氏来源，根据传统的说法，羊姓源自炎黄二帝，尤其是黄帝裔孙后稷的后代。羊、芈姓自祝融之裔。在古代，"羊"可单独作姓。有意思的是，就连"羊角""羊舌""公羊"等词也可作复姓，如战国时期燕国有羊角哀，他与左伯桃之间的动人故事被列入古代的"八拜之交"。来源众多：

1. 源于姬姓，出自春秋时晋国大夫祁盈后代的封地羊舌邑（今山西洪洞范村），属于以封邑名称为氏。

2. 源于官位，出自西周时期官吏羊人，属于以官职称谓为为氏。

3. 源于姬姓，出自春秋时期鲁国的公孙羊孺之后，属于以先祖名字为氏。

4. 源于姬姓，出自春秋时期晋国大夫羊舌突，属于以封邑名称为氏。羊舌氏是春秋时期晋国的显赫姓氏。晋武公子生文，文生突，突生羊舌职，职生子四：赤、肸、鲋、虎，号称"羊舌四族"。后因战乱逃往四方，有子孙由姓羊舌氏改为简写羊氏。这是最早羊氏的来源，《通志·氏族略》则云：为周代晋国人羊舌氏之后。春秋末改为单姓羊氏。

5. 还有其他诸如部落图腾、象征吉祥、西南少数民族改姓等姓羊的。古羌人的后裔保留部落名称为"羊"姓，汉朝的零陵夷、明朝女真族的一部分以及其他一些少数民族被汉化后改为羊氏等等。

6. 源于改姓，诸如黄帝后裔姞姓改姓为"羊"；有的出自春秋时期鲁国的公孙羊孺之后。晋国晚期的著名政治家羊舌肸，还有出自宋朝名族三槐堂王氏，属于因故改姓为氏。

后来，有部分羊姓改姓为"杨"。

【得姓始祖】

羊舌突，羊舌氏出于姬姓，根据《元和姓纂》上的记载，春秋时期，晋靖侯的儿子公子伯侨有孙子名突，在晋献公（？—前651）时被封为羊舌邑（在现在的山西省洪洞、沁县一带）大夫，世称羊舌大夫、羊舌突，他的子孙即以邑名羊舌为姓，称羊舌氏。春秋末（前514），羊舌氏被其他晋卿攻灭，其子孙有的逃在国外，而改姓羊，称为羊氏。故羊舌氏后人奉羊舌突为的得姓始祖。

【入闽迁徙】

羊氏主源起于黄河流域的山西地区河上，这里是羊姓的发祥地，故许多姓氏书将此地列为羊姓郡望，如《幼学歌》卷三《姓氏考原》中有"河上羊"之说。山西是羊氏的发源之所，至今在山西太原，还有羊氏家族的祖庙——晋祠。

东晋南渡之后，山东羊氏一支便南下江淮，远赴闽越、岭南，定居于南国。其中海南儋州羊氏一族在历史上较为有名。梁大通六年（532），羊侃字祖忻，泰山梁甫人。出为云麾将军，晋安太守，以兵击斩二人。于是郡内肃清，莫敢犯者。汉宣帝思共治者唯二千石，观厥与侃之守郡，益以其言为信。根据《闽县乡土志》兵事录一（本境兵事）记载：羊侃讨逆闽阻山海，古多伏莽。时中原多事，有陈称、吴满者尤强横，为之渠帅。前后太守莫能抚定。《闽县乡土志》历史记录，证明梁大通六年（羊侃）南下福州平乱。羊侃带领太山羊家军一脉扎根福建。

《海南羊氏谱》："海南始祖羊黄龙，隋时徙家于福建莆田县甘蔗村，后因时局动荡，复携三子至海南定安县、澄迈县，以捕鱼为业。羊黄龙三子中，长子宝儿迁至文昌县，次子珠儿留居临高，这两支的后人后来均易姓为杨。"

隋时（581—907），"晋太傅兵部尚书右仆射都督荆州篆祜号叔子公"晋太傅羊祜之后人羊黄龙，徙家于福建莆田县甘蔗村，后因时局波荡，复携三子至海南定安县、澄迈县，以捕鱼为业。后再迁至临高县，卒葬临高县北白村长塘港上。海南羊姓至今已经发族到 2 万多人。羊黄龙三子中，长子宝儿迁至文昌县，次子珠儿留居临高，这两支的后人后来均易姓为杨。

据客家有关资料，羊氏入迁宁化时间早于宋代。清《宁化县志》载：唐时，宣歙巡官羊士谔，字谏卿，泰山人，家于洛阳（今河南洛阳）。因得罪了王叔文，于永贞二年（805）六月被贬为汀州宁化县（今福建宁化）县尉，可能是最早迁入宁化的羊姓。现宁化安乐乡有羊（洋）坊、大羊（洋）背、羊（洋）坑、羊（洋）坑店，据当地老者言，这些村庄原都居住羊姓。元成宗于元贞（1295）年间，马氏从邱源迁入羊（洋）坊，此时羊姓已外迁。此支羊姓是否羊士谔裔孙，已无从查考。

福建羊姓主要是散居各地市。台湾主要散居台北等市县。

【郡望堂号】

羊氏的郡望共有三处，一处为河上，一处为泰山（今山东泰安东南的山东省新泰市羊流镇）。另一处为京兆（今陕西长安东）。

在众多羊姓堂号中，已知者有"岘山堂""松遐堂""遗直堂""钟爱堂""追远堂"等。

【楹联典故】

源自周代；望居长安。

——指羊姓源流和郡望。

三子皆帝胤；十男尽相卿。

——上联：前赵晋惠帝皇后羊氏，洛阳陷后，没于刘曜，立为皇后，生三子，皆有能名。下联：汉代名人羊公，曾设浆三年，方便行人。一是遇一人饮讫，怀中出菜子一升与之。曰："种此生美玉。"后娶北平徐氏女，于所种处得白璧以为聘，后生十男，皆俊异，位至卿相。

六世咸膺相士；一门两任将军。

——上联：后魏禄大夫羊祉，是晋代散骑常侍羊琇的第六代孙，琇以下，世为卿相。下联：梁代侍中军师将军羊侃，其父羊祉曾假节龙骧将军，故谓。

第一百七十二节　杨　姓

杨姓在中国第六大姓氏，约占全国汉族人口的3.08%，在福建和台湾是排名都是第10位。

【渊源】

1. 出自姬姓，是黄帝的直系后裔，以国为姓。《姓纂》载：杨姓出自姬姓，出自西周，"周武王子唐叔虞封于晋，出公逊子齐，生伯侨（侨），天子封为杨侯；子国，以国为姓。"据南宋郑樵《通志·氏族略》记载："周宣王子尚父，幽王时封为扬侯，为晋所灭，其后为氏焉。"杨国在今山西洪洞东南一带。

《唐书宰相世系表》认为：周宣王之子尚父，被封于杨国，是最初以杨为姓的人。春秋时，晋国灭杨，杨成为晋武公孙子突的封地，突被称为羊舌大夫。突的孙子肸（字叔向，又称叔肸），以封邑作为自己的姓氏，人称杨石，又叫杨食我。春秋周敬王勾六年（前514），晋灭羊舌氏，伯石的儿子逃往华山仙谷，遂居华阴（今陕西省），称为杨姓，史称杨姓正宗。南宋邓名世《古今姓氏书辨证》记载，晋国灭杨后，将杨地作为晋国公族，羊舌肸的采邑，其后代以邑为氏而称羊舌氏。成为现在杨姓的最主要的一个支派。

源于西周唐叔虞次子杨杼。周灭唐（其地约在今山西翼城西）后，周成王把唐地封给他的弟弟唐叔（姬姓，名虞，字子平），并赏给他怀姓九宗。唐叔的儿子燮继位后，改唐国为晋国，这样唐叔就成周代晋国的始祖。传十代，晋武公（唐叔虞十一世孙）时封次子伯侨于杨，称杨侯，是为杨姓人的受姓始祖。其一世为杨杼（姬杼）：周武王姬发之孙，唐叔虞之次子，晋侯燮父之弟，周康王六年戊辰封杨侯，食采于杨国，始以杨为姓。

2. 因功赐姓。一种是朝廷赐姓，因为建树功勋而被统治者赐予大姓：隋代杨义臣，本姓尉迟氏，尉迟氏属西部鲜卑，为北魏勋臣八姓之一。三国诸葛亮平哀牢夷后赐部分人姓杨；隋朝鲜卑人尉迟崇的儿子，因为被隋文帝杨坚收为义子，赐姓杨，即杨义臣。因故改性：福建宁化有林姓迁广东梅州后改姓杨；从其养主即养父或主人姓杨而转从其姓，西晋时候，活跃在武都仇池（今甘肃成县西北）一带的氐族首领百顷氏王杨飞龙，有外甥令狐茂搜，茂搜为飞龙养子，遂从其养主转姓杨氏。

3. 少数民族杨姓。白族杨氏，杨氏一直是白族中的主要姓氏；北魏时期，少数民族莫胡卢氏改姓杨；五代时，后晋突厥沙陀部人有杨光远等杨姓；康熙年间，汉军镶黄旗这支杨姓，始祖杨荣成改为满人，至今已传十四世；满族易木查氏、尼玛查氏、杨佳氏、扬那氏等都改为杨姓。此外在侗族、朝鲜族、蒙古族、布依族人中也有杨氏。

【得姓始祖】

杨伯侨，被称为杨姓的得姓始祖。周朝初年，周武王去世，年幼的成王继位，因有"桐叶封王"之金口玉言，其弟唐叔虞被分封在唐。唐叔虞之子燮后来做了晋侯，又传了十代，至晋武公，武王之长子诡诸继位为晋献公，次子伯侨则被分封于杨，称杨侯。这样，杨伯侨就成为杨姓的得姓始祖。

【入闽迁徙】

杨姓起源于山西境内，繁衍至今河南境内。在春秋战国时迁江汉地区，后因楚国势力不断加强，散布于长江中下游地区。杨忠的孙杨震，居弘农郡湖城县，字伯起，少好学，博览群经，有教无类，广收门生，时称"关西孔子"。在隋时为国姓，唐朝为宰相世家，形成杨姓为弘农郡第一望族。

据台湾史学家李济博士考证："杨氏在西晋末（316年前的几年间），已有部分迁于闽、越，亦有于唐末避黄巢之乱入闽者，自宋代起，福建始成为杨氏播迁之中心。"泉州《杨氏族谱》称"其先弘农人，永嘉过江，迁于闽越。祖某漳州长史，父某泉州南安县丞"（转引自《台湾通志稿·卷二·人民志氏族篇》）。可见，杨姓入闽始于晋，鼎盛起来是在宋明时期。

隋开皇十五年（前595）弘农杨姓杨震的第九代孙杨濯缨封为南平侯。后裔由陕西华阴入闽居福州南台，唐时，其后裔迁徙永泰县嵩口。来自河南光州固始为最多，其祖属杨震派下，弘农郡，堂号"四知堂"。

隋末，杨秀初封越王，后封为蜀王，晋上柱国，西南道行台尚书令，兼右领军大将军。他见杨广昏庸无道，避入闽，遂居浦城；其后裔分布闽北崇安、浦城、建阳、建瓯、松溪政和及闽南南安等县。

据《固始县志》记载，唐总章二年（669）光州固始人陈政、陈元光父子到岭南平乱。据后人考证，这次入闽将士中有杨永、杨珍府兵校尉随往。据杨氏谱牒记载，杨永，字元杰，原籍河南光州固始县。陈元光开屯漳水，武后垂拱二年（686），奏置漳州，杨永随与同戍者俱留屯所，杂处漳潮之间，开田创地，以耕以息，因居金浦，去世葬于云霄。今漳浦、云霄杨姓多祀杨永为入闽始祖，其子孙昌盛，分布于龙溪、海澄、云霄、漳浦以及泉州各县。杨姓南迁后，大都定居于漳州，到了宋代，福建尤其成为了杨姓的播迁中心。据清乾隆二十七年（1762）杨邦瑞《开漳始祖世系图族谱序》的记载：唐垂拱二年（686），始祖为杨君胄或杨伯岳入闽。这一支族，发展到元末明初的东坑开基祖杨丙三，已历27代，子孙较为集中地分布在墨场和漳浦两大区域。杨君胄，光州固始，居江苏镇江，祖父杨伯岳，唐开国元勋，袭父职，率军入闽，进屯云霄，子孙分居长泰、龙溪、南靖、平和。杨细秀唐高宗三年，以府兵校尉开屯漳水，子孙逐居漳浦，海澄。相传曾任开封府法曹属吏，唐荣禄大夫。另一支开基祖杨盈，为杨震公二十五世孙，杨华之子，字恒守，号南严，唐昭宗时，官防御使，金紫光禄大夫，封辅国公，唐大顺二年（891）同父太尉华兄弟入闽。初居福州福唐巷（今杨桥），后迁莆田壶公山之东，名其地为杨山。

唐末，杨衡、杨安、杨盈等杨姓人物随王潮、王审知入闽。唐元和九年（814）震公二十二世孙杨衡由河南光州固始入闽，居福州珰福唐巷，其后子孙散居莆田仙游等县。杨楹唐昭宗景福元年，由固始入闽居福州，子孙分布福清、南平、将乐、连江。杨荣登进士，官任司户，入闽居将乐县。

杨安公系河南省汝宁府（弘农郡）固始县传庆乡海下里人。生有二子，长子逸，次子肃；逸子明珠，自幼聪慧，笃志经史，唐己丑（公元869）科进士，历官刑科给事，升吏部左侍郎。唐末，淮南节度使杨行密反叛朝廷，僭王号，据吴国，安公恐祸及九族，适会上召屯兵入闽，于是安公父子祖孙三代举家于唐僖宗光启元年（885）随王审知部伍南下入闽，安公及次子肃在军中任军医。肃公与老母居南安朴兜（高美村），曾结庐崎髻山，读书、采药，精通医术，成为一代名医。为闽王王审知夫人医治乳疾及昭宗皇后瘤疾，立愈。不受财禄，为民请命开渠筑坝，以溉良田，此即自家陂，俗称"仙公坝"。昭宗皇帝敕封其为"太乙真人"，敕封"崎髻山"为"杨子山"。肃公六世孙迁居谢庄，其后裔分居南安、晋江、同安、仙游等地。安公及其子逸、肃后裔分布福建仙游、惠安、泉州、南安、同安、晋江、安溪、石狮、漳州及菲律宾、台湾、香港等地。

杨海公，唐文德元年（888），受朝廷委派从河南弘农郡迁部入闽，任长泰县武胜场大使，是长泰县后庵杨姓宗族的开基始祖，也是长泰的建县功勋，故民称"武胜公"。海公第十三世孙杨垓（字复一）乐善好施，周济乡里，3次赈饥。其子杨釜贵，封浙江道监察御史如子官。传九子，孙三十六，曾孙八十一。

唐末，世居陕西华阴杨宣仁以德行授榕城学录。任期满后，因豫州战乱无法返乡，他偕3个弟弟宣智、宣义、宣信留居福建。黄巢起义军入闽后，杨宣智徙居漳州，杨宣信徙居建瓯，杨宣义徙居莆田。杨宣仁则由莆田涵江而入仙游，卜居梁山之麓，其后分支定居福建长泰。谏议大夫杨齐被贬为建安令，欲北还因战乱受阻，被迫落籍闽地。杨思恭徙居邵武；其子孙徙居广东高州、广州和江西信丰等地。入闽的杨姓大多定居漳州、莆田、福州一带。北宋文学家杨亿、学者杨时、明朝宰相杨荣都是弘农杨氏杨显祖杨震的后裔，是中原杨姓南迁的代表人物。杨亿其始迁祖为唐谏议大夫杨齐宣，因言事忤旨，贬建安令，乐浦城山水，遂途居浦城。其后裔分布于浦城、建阳、武夷山、松溪等。据《中华杨氏通谱》有记载，其始迁祖为后唐进士，镛州司户参军荣（字子江），其后裔散居福建将乐、明溪等县。杨荣系弘农杨氏杨震十四代孙杨秀后裔，刺史杨琼之十三代孙。其后代散居福建的政和、长乐等县。

唐末，杨胜二郎以官籍居延平，为避战乱，于后唐同光年间（923—925）迁居汀州府宁化县之西关杨家排（今石壁镇杨边村）。唐时，杨承休南迁定居于钱塘（杭州），其曾孙杨辂（字殷驾）的第五子杨耸，字云岫，宋初为潮州太守，卸职后（994），定居于粤东梅县，为杨氏粤东始祖，裔孙杨广义因避元乱，徙居汀州府连城县之南顺里（今文亨乡）为连城杨氏始祖。杨广义之子太一（又叫泰益）郎生三子：九一郎、九二郎、九三郎。太一郎与长子九一郎迁江西乐安县，其五世孙杨柳实又从乐安返迁福建龙岩县，另一支系则返迁连城县冠豸山麓杨屋村。九二郎、九三郎移居连城县杨家坊（今新泉镇乐江村），九二郎裔孙播迁连城县新泉、朋口、庙前、芷溪等乡镇及长汀、浙江省温州市、龙泉县；九三郎裔孙播迁于连城县芷溪等乡镇及上杭、平和、广东蕉岭、平远，江西瑞金、会昌等地。五代时期，杨伯桥五十四世孙杨荣（字子江）的先祖从夔州（今重庆市奉节县）顺长江而下，迁居江州湖口（今江西九江）。杨荣考中后唐进士，被任命为福建将乐县司户，任满后因时局动乱，回原籍路途阻塞，又见将乐物阜民丰遂开基于将乐县城北，成为将乐杨氏开基祖，杨荣→杨胜达→杨明→杨殖→杨时，杨时是宋朝著名的理学家，他的儿子杨迪、杨迥、杨遹、杨造及裔孙分迁各地。

唐末，原籍山东潍坊的杨用藩被敕封为奉议大夫。他的长子杨胜二（亦作胜义或称圣郎）仕唐，任延平刺史（有谱作御史），居延平，因"黄巢之乱"举家卜居宁化石壁杨家排。宁化石壁杨边《杨氏族谱》：以杼为始祖，至七十三世用蕃，原籍山东潍坊，唐敕封奉议大夫，为闽宁杨氏始祖。生二子：胜二郎（亦作胜义郎或圣郎）、仍郎。胜二郎为延平刺史，避黄巢乱举家迁居汀州宁阳（宁化别称）之西关四十里石壁杨家坪。胜二郎下传六世松郎。松郎

十四世裔孙四威郎于宋大观年间迁江西石城，此系在清乾隆间又有裔孙徙邵武禾坪。裔孙武郎，生五子：宝郎、德湖、海、谭、堂郎。宝郎之子名丰外徙；海、谭（亦作潭）俱徙广东；堂郎裔孙于清康熙辛未徙江西石城。胜二郎下传三十三世四十一郎（一百零五世）于宋末徙广东嘉应州新北塘，后又徙百侯开基。生二子：行一郎、大一郎。行一郎后裔在北塘建九祠，创基业。大一郎裔孙在百侯创三房建三祠。子孙繁衍大东、高州、揭阳等地，及马来西亚、新加坡、泰国等国。

据庐陵《忠节杨氏总谱》载：杨辂，字殷驾，号朴斋，陕西华阴人，进士及第。唐代末年，杨辂由陕西华阴县赴吉安任吉州刺史，为避战乱，沿赣江辗转来到杨家庄（今吉水县黄桥镇云庄村）开基立业。在北宋末至明初，吉水杨姓的杨辂有9个儿子，除长子杨锐和次子杨铤分别定居吉水杨家庄、涯塘村外，其余7个儿子均徙居外地：杨辂之孙杨安信兄弟五人均徙居福建汀州、上杭、漳州等地。杨安义、杨安信分别是上杭、漳州的开基之始祖。

南宋末年，浙江会稽的杨亮节由杭州随宋幼主帝入闽，而至漳州，后遂居海澄、南安溪尾、仙游郊尾杨寨等处。杨姓在福建的播迁主要分南北两支：南支为漳州、漳浦，始祖为杨君胄；北支为镛州（今将乐县），理学大师、"程门立雪"闻名于世的杨时（号龟山），就是这支杨姓中的杰出代表人物。

【入垦台湾】

据《中华杨氏通谱》记载：明永乐十八年（1420）漳州龙溪人杨巷摘携家迁台湾大槺榔垦荒。明末，郑成功的部下参将杨钟岫随同渡台。清顺治十八年（1661），海澄人杨文科率族人随郑成功渡海入台。垦荒落籍台南番仔寮和台北。清康熙二年（1664），龙溪人杨巷住嘉义六脚。同安人迁宜兰。雍正末年有平和人居台中乌日。乾隆初年，海澄杨肇珍一行6人、杨应蚕一行13人入台南佳里。同安人居高雄美浓、居台中清水，居彰化。乾隆十七、八年间，有平和人入垦台北士林，入居桃园八德。乾隆四十二年（1777）有绍安人入居嘉义民雄，乾隆末年漳浦人入垦屏东新园，台南佳里。南安人族人入垦彰化溪湖。还有乾隆年间，龙溪人入垦台南县大内乡，

入垦外双溪以及士林、大内。泉州人入垦云林县集集镇、同安人入垦台中清水、台北士林等。方志家谱记载，说明福建杨姓入台以垦田开发为主，经商为官为辅，并且以清代康乾盛世迁入为最多。根据1978年6月台湾省人口普查结果，杨姓在台湾省排第十大姓，人口最集中的是台南县、彰化县、台中县、屏东县等五县市。

【客家新杨】

原为林姓。祖居福建汀州宁化石壁村。传至第七代林远绍，字千三郎，时值元明之交，兵燹骚然，宁民转徙。远绍与所善戴姓，结伴携家入粤，卜居梅县半径村。

据梅县《杨氏族谱》（新杨）载：时当明初定鼎，徭赋紧急，增赋例当加役。远绍以瞻乌方定，丁口仅存，不能独当一面。而邻居杨姓者，籍旧丁单，苦于应役，乃计籍于杨，计租均役，欢如骨肉，不知其为异姓，遂易姓杨。自立堂号"绍德堂"。奉林远绍为一世祖。其后裔孙繁衍日盛，除播衍广东各地外，主要迁往桂、赣、蜀、湘、浙、闽、台等省及海外吧城、暹罗、安南等地，计分衍224处之多。为区别其与杨姓关系，后称其为新杨氏。

据有关资料，宁化石壁林氏称西河林氏，奉禄公为入闽始祖。尊始迁石壁林家城的三十一世显荣（亦称果公），字清香，号四九郎为始迁祖。显荣生二子：评宏、评事。评宏生三子；评事生六子。其裔孙广布闽、粤、赣、台各地。自南宋末开始宁化客家纷纷外迁，林氏外迁的也很多。据谱载，仅石壁林家城千余户居民，陆续迁走，林家城后为李姓居住，更名李家庄。元明之交，石壁林氏仍有不少向闽西、广东迁徙。

据有关资料查证，台湾新杨氏一族，均系传自宁化石壁、开基梅县半径村的林远绍的裔孙。远绍生三子。长子万一郎，万一郎，生四子。其第三子达毅与第四子种德兄弟两派下分八大房繁衍，发祥各地。自远绍的第十一世开始，就先后有裔孙抵台开基：十一世聪千；十二世元华、伟治、奕凤、友山、增源；十三世竣山、振教、为禄；十四世捷广、存忠、保伯；十五世清华、建树、正树、梅瑞、桃瑞、增伯；十六世学焕等均东渡迁居台湾。

【郡望堂号】

弘农郡：西汉时置郡，治所在弘农（今河南灵宝北），东汉至北周，曾一再改名恒农郡。

天水郡：西汉时置郡，治所在平襄（在甘肃通渭西北）。

河内郡：楚汉之际置郡，治所在怀县（今河南武陟县西南）。此支杨姓，其开基始祖为韩襄王将领杨苞。

弘农堂：弘农，地名，古为陕西之弘农县，今为陕西之华阴市。是杨姓的肇姓始祖杼公兴旺发祥之地，故用此堂号。

关西堂：东汉时有关西人杨震，博览明经，时人称他是"关西孔子"。

四知堂：杨震为官清廉。东汉永初六年（112），杨震由荆州刺史调任东莱太守，途经昌邑，昌邑县令王密为答谢举荐之恩，暮夜怀揣黄金前来送礼，杨震不但不接受，还严厉批评了他。震曰："故人知君，君不知故人，何也？"密曰："暮夜无知者。"震曰："天知，神知，我知，子知。何谓无知！"密愧而出。杨姓世守清廉，以"四知"为堂号。

此外还有光裕、赐书、崇本、清白、务本、绍兴、瑞本、绍先、河东、栖霞、秦和、鸿仪、安阳、鸿山、新杨、道南、信海、北山等堂号。

【祠堂古迹】

长泰杨氏宗祠，俗称杨海纪念堂，坐落于长泰县武安镇城关村后庵。始建于唐代，明代由杨海后裔杨复一在原址扩建。占地面积1800平方米，建筑面积630平方米。

连城余庆堂，又名"三大门楼"，坐落于连城余庙前镇芷溪村。建于清康熙年间，经多次拓建而成，坐南向北，占地达一万余平方米，四周是"五子祠"，其布局犹如一朵绽开的大梅花。

将乐道南祠（即龟山书院），据清乾隆《将乐县志》记载：道南祠，即今龟山先生祠，原名"龟山书院"。在县北城外，封山之麓。宋咸淳二年（1266），礼部尚书、将乐籍人冯梦得以杨时载道而南，是儒学的宗师为由，向朝廷奏请建立书院。

芙蓉杨氏大宗祠，位于晋江罗山镇后洋村。始建元代，明洪武初重修。历代重修，皆不离原址。

祠堂坐东北朝西南，占地面积 1021 平方米。

连城集善堂，又名渔溪公屋，位于连城庙前镇芷溪村竹坑桥头。始建于康熙末年（1772），是芷溪杨氏为其开基祖第十七世渔溪公创建的。坐东朝西，总占地面积 13000 多平方米，建筑面积达 5356 平方米。

惠安枫亭杨氏宗祠，1926 年由前辈杨韵石（秀才）、杨天章等倡导族人择地于枫江锦屏山麓，面向塔斗山而筹建。旨在追溯震公清廉家风，激励后进，号称"四知衍派"。现今祖祠面积为 840 平方米。

九峰镇杨氏宗祠，又名"追来堂"，坐落于平和县九峰镇杨厝坪，供奉杨厝坪杨氏始祖念三公及其下三世神位。祠始建于明嘉靖年间，历代重修。宗祠坐东北向西南。占地面积约计 1876 平方米。建筑面积 458 平方米。

长乐杨公祠，又称"杨公祠""大使祠"。位于长乐玉田镇东渡村村。南宋景炎元年（1276），杨梦斗壮烈殉国，东渡村民为之建祠纪念。

【楹联典故】

四知清操家风厚；二代精忠气节长。

——上联褒扬以"天知、神知、我知、子知"坚辞贿金的廉吏杨震；下联赞誉杨家将精忠报国，前赴后继。

幕府辞金知有四；程门立雪尺深三。

——同安内厝霞美店杨氏家庙。上联追述东汉"关西孔子"杨震贪夜辞金"四知"的典故；下联则是宋代建阳游酢、杨时同拜二程（颐、颢）为师，程门立雪、尊师重道的佳话。

三相贤名齐凤阙；千金诗价重钟山。

——周师廉撰杨姓宗祠通用联。上联典出明代杨士奇、杨荣、杨溥三宰相。杨荣，字勉仁，福建省建安人。历四朝内阁，长期辅政。下联典出明初诸暨人杨廉夫，能诗，太祖朱元璋曾称赞他的《钟山》诗"值千金，姑且赏赐五百"。

傅贤崇德四知遵祖训；继宗开族清廉振家声。

派衍四知开国族；香联百代振宗枋。

——惠安枫亭杨氏宗祠楹联。

汉代清廉关西裔；宋代文学道南家。

——惠安屿头村杨氏祠堂大门联。

【族谱文献】

闽台杨氏族谱有《杨氏族谱》为清代杨宗洛修，始修无考，清嘉庆五年（1800）新修，6 卷共 7 册。卷首辑序文、凡例、目录、族规、谱论、服制、源流考及杨龟山年谱、行状、墓志铭、祠记、诗赞、祠图、屋图附记文；龟山年谱、行状等项纪事及杨时撰的谱序。卷 1 系图；卷 2 至卷 5 系传；卷 6 载列坟图、祭田、山场及跋文。谱载其始祖荣公，晋末由江州湖口仕于闽，为闽西镛州（将乐）司户入闽。传 5 世至杨时。杨时，号龟山，宋进士，官龙图阁学士。有福建浦城《闽浦金章重修杨氏宗谱》杨思顺修，始修于清康熙九年（1670）。1930 年浦城杨氏木刻本 12 卷 13 册。卷首为盘古图；卷 1 辑序文、庙文、执事纪名、行派、例言、家训、祠规、族诫、金章里居图记、祠图等；卷 2 刊遗像并赞；卷 3.4 载墓图；卷 5 至卷 10 皆述历代宗支世系；卷 11 列祠记、坟山契约文书、捐租祠产、祭田诸项纪事；卷 12 叙传记、寿序、领谱字号、谱跋等。载始祖讳秀甫，元初自江西永丰肇迁浦城船山一图深塘坞开基。现存福建省图。有《建瓯新村杨姓族谱》。福建将乐《杨氏族谱》六卷首一卷，清黄增书等修，清光绪三十三年（1907）建阳环峰职思堂木活字本，八册。谱本极重家族历史之辉荣，考述举列，以闽贤杨时为最，卷首之龟山年谱、行状等项纪事，较为详备。现存福建省图。

【昭穆字辈】

福建泉州市杨氏字辈：天长地久，积厚流公，乾元兴建。

福建泉州市晋江市金井镇埔宅村杨氏字辈：仁文思式卫子缰。

福建龙岩市长汀县腊溪杨氏字辈：志永贵，俊成俹，乔世春，万允时名，奇人美士，源远绵长，承先启厚，生义流芳。

福建漳州市漳浦县佛昙镇（始祖杨世隆）杨氏字辈：世大伯景文，恺正廷国，嘉义维良，齐圣广渊，明允笃诚，忠肃恭懿，宣慈惠和，载高履厚，根本顾深，积善行仁，荣华发达。

闽台寻根大典

第一百七十三节 尧 姓

尧姓始于上古五帝，是唐尧之后裔。支孙以为氏，是为尧氏。目前尧姓人口没有进入全国前500位。尧姓人口约5万，占全国人口0.004%。在台湾排名第510位。

【渊源】

1. 源于上古，帝尧后代。据《古今姓氏书辨证》载，尧为帝喾少子，姓伊耆，名放勋，号陶唐氏，谥号为尧，史称唐尧，其后世子孙即以祖上谥号为姓，称尧氏。尧名放勋，帝喾之子，受封于唐，定都平阳（今山西临汾），谥号为"尧"，史称唐尧。公元前1045年，周武王灭商，分封诸侯，追思元圣，周武王封地给帝尧后人二十三世"京"（字子京），在蓟（今北京附近）。其子"理"迁移到山西平阳，其子孙后代以祖上谥号为姓，称平阳尧氏。至秦灭六国，尧姓家族为逃战祸，从此子孙散迁天下。

2. 藏族、维吾尔族、蒙古族有尧姓。

3. 饶、尧两姓区别。同出上古，帝尧后代。其子孙后代以祖上谥号为姓，称平阳尧氏。至秦灭六国，尧姓家族为逃战祸，从此子孙散迁天下，五十四世尧萱从自平阳徙居江西鄱阳（古饶州，今属江西），后迁临川（今抚州）到五十六世尧濮时为西汉，汉宣帝刘询即位，刘询本名"刘病已"，即位后改名"询"，下诏全国要避帝名"询"之讳，如把姓"荀"的改姓"孙"。尧濮任当朝京兆尉，同朝御史大夫魏相上奏皇上，说尧濮虽是上古唐尧的嫡系后代，但帝尧乃上古五帝之一，百圣至圣，尧濮也应该避讳，于是汉宣帝就在"尧"（繁体为"堯"）的左边加一个"食"旁，就变成了"饶"（繁体为"饒"），赐尧濮改姓"饶"，为饶姓始祖，擢升为太傅，并下诏全国，要求天下凡姓"尧"的均改姓"饶"。"饶"姓以尧濮为始祖。

【得姓始祖】

尧，为帝喾次妃陈锋氏女庆都所生，祁姓，名放勋，号陶唐，谥曰尧，因曾为陶唐氏首领，故史称唐尧。尧有圣德，有如天之涵养，如神之微妙，如日之光照临天下。这位德化广大的尧深受人们的爱戴。传说尧曾设官掌管天地时令，观测天象，制定历法，敬授民时，谘询四岳，用鲧治水，征伐苗民，推行公平的刑法。尧实行上述措施，使得万邦和睦共处，友好交往，共同组成了中原部落大联盟，出现了国家雏形。尧选择舜为其继任人，死后由舜继位。这是战国时期儒家学派推崇的禅让。尧庙在山西临汾市南4公里。相传陶尧建都平阳（今临汾市），有功于民，后人为祭祀尧王所建。始建于晋，历经重修，现存为清代遗物。尧陵在山西临汾市东北35公里郭村里隔涝河北侧。临汾古称平阳，因尧在此建都，故称尧都，城南有尧庙，城东筑尧陵，陵周土崖环峙，河水经陵前南泄。

【入闽迁徙】

《宁化县志》载：尧姓亦是较早迁入宁化的姓氏之一。其迁入时间、地点由于未找到谱牒根据，故难以确定。现宁化尧氏主要居住在济村、湖村、治平、安远等乡镇。

台湾尧姓散居各个市县。

【郡望堂号】

尧氏活动区域主要是今中原及西部，因此尧姓也发祥并长期生长于这里，并逐渐向周边地区扩展。汉唐之间，在河北、山西等地发展成郡姓望族，以河间郡、上党郡为郡望。望出河间、上党郡。

第一百七十四节　姚　姓

姚姓当在今中国大陆姓氏中排名第64，在福建排名第60位。在台湾排名第74位。

【渊源】

姚姓因桃图腾得姓。相传舜生于姚墟，得姚姓，实是夸父氏女系祖先的姓。

1. 源于舜帝，源于姚姓和妫姓，舜帝以姚为姓，称为姚姓。舜在当帝之前，四岳曾向帝尧推荐过舜，尧帝为了考察舜，让他居住在妫河边，他的子孙有留在妫河边居住的，即以妫为姓。《新唐书·宰相世系表》《元和姓纂》等记载，五帝之一的舜因生在姚地，后世子孙便以居地为姓氏，称姚氏，世代相传至今，史称姚氏正宗。《通志·氏族略》："舜有二姓，曰姚曰妫。因姚墟之生而姓姚，因妫水之居而姓妫。"因而史称妫、陈、田、姚、胡为"妫汭五姓"。"妫汭"，古水名，又作"沩汭"，前文已述，舜帝本为姚姓，因居妫汭而得妫姓。这就是沩汭的名称来历，所以妫姚二姓为同宗，曾经互用。武王灭商后，找到了帝舜的后裔妫满，武王把他的大女儿嫁给妫满，并且封他于陈（今河南淮阳）地，为陈姓和胡姓的由来。姚氏衍生出：妫、舜、虞、陈、胡、田、袁、王、孙、陆、车等60种，繁姓同根，异氏同源，是一家亲。在中华姓氏中，妫、陈、田、姚、胡五姓同根同源，其血缘先祖同为舜帝姚氏。

2. 出自子姓。

据《路史》记载，春秋时有姚国，为商族的后代，他的子孙便以国为氏，称为姚氏。

3. 源于他姓和少数民族汉族。

（1）西晋末年，羌族首领姚弋仲在乱世中崛起，自称虞舜之后，合族改为姚姓。《晋书》中记载："姚弋仲南安（治所在今甘肃省陇西县东南）赤亭（在陇西县西）羌人也。其先有虞氏之苗裔，禹封舜少子于西戎，世为羌酋。其后烧当雄于洮罕之间。"可见，姚弋仲本是汉代西羌烧当氏的后人，由于他出自南安郡，故由他而兴的这支姚姓被称为"南安姚"。

（2）源于满族，出自金国时期女真岳佳部，属于汉化改姓为氏。据史籍《清朝通志·氏族略·满洲八旗姓》记载，满族耀佳氏，源出金国时期女真岳佳部，世居叶赫，后多冠汉姓为姚氏。

（3）源于蒙古族，出自元、明时期蒙古族禹尔部，属于汉化改姓为姚氏。

（4）源于德昂族，出自明朝时期德昂族拉耐氏族，属于汉化为姚氏。

（5）源于其他少数民族，实行改土归流运动中，汉化改姓为氏。今苗族、水族、羌族、拉祜族、彝族、土家族、壮族、白族、俄罗斯族等少数民族中，均有姚氏族人分布。

【姓得始祖】

舜帝（前2127—前2029）：运城人，中国上古帝王之一，享年99岁。是中国传说历史中的人物，名重华，字都君。名重华；生于姚墟，故姚姓，冀州人，都城在蒲阪（今山西永济）。舜为四部落联盟首领，以受尧的"禅让"而称帝于天下，其国号为"有虞"。故号为"有虞氏帝舜"。帝舜、大舜、虞帝舜、舜帝皆虞舜之帝王号，故后世以舜简称之。中华民族的共同始祖。他不仅是中华道德的创始人之一，而且是华夏文明的重要奠基人。《孟子》："舜生于诸冯，迁于负夏，卒于鸣条，东夷之人也。"《史记》《说文》等典籍记载，舜，也称虞舜，名重华，黄帝的八世孙。因生于姚墟（又称诸冯，今山西省永济市张营乡舜帝村），以地取氏为姚。

【入闽迁徙】

先秦时期，姚姓人口播迁的区域则相对比较小，主要集中在黄河中下游地区。北魏时期，迁居江南到逐渐壮大开来。唐以后显于后世的主要有3支：吴兴姚、陕州姚、桐城姚。随着"吴兴姚"和"南安姚"的内迁而迅速壮大开来。今天的姚姓大多数来自这两支。

1. 入闽第一人是河南固始姚廉洁。唐高宗李治总章二年（669）武则天垂帘听政，命河南固始人陈政任岭南行军总管、率部领军征闽南、镇压"蛮獠啸乱"失败，其兄陈敏、陈敷组织固始军校58姓驰援，不料在赴闽途中病卒，唐凤仪二年（677）四月，陈政亦卒，陈政子陈元光，代父统领士卒征讨，经九年苦战，终于平定"蛮乱"，武则天垂拱二年（686）陈元光报请朝廷辟漳州郡，武则天敕准，陈元光为首任漳州刺史，进封颖川侯，府治在漳浦县，当时随陈氏父子入闽者，有光州固始人姚廉洁，时任"府兵队正"。这是见诸志史之姚姓入闽第一人，其子嗣散布在漳州、厦门及台湾。

2. 姚崇六世裔孙姚天明为闽地姚姓开基祖。姚天明，唐赐进士第，官拜太常奉礼郎，因事避居河南固始。唐光启年间，天下大乱，他从王审知入闽，为侯官县大尹，择居福清、莆田交界处的韶溪。姚天明生三子孟、仲、季，分居各地开族。姚天明（季房）六世孙曰求仁，安仁、怀仁、求仁居莆田开族；怀仁子嗣失考；安仁登宋哲宗元符三年（1100）进士，以文林郎知晋江县，政和六年（1116年）以从政郎知永春县，居官廉明，所入俸俱出以济施，士民向慕。夫人唐氏，生三子曰朝珍、朝望、朝班。朝珍登士不仕，建居南安八都湖山洋坪；朝班居永春；朝望名观，国子监太学生，不仕，开族于晋江桔里（晋江内坑古称）。夫人王氏，生子三：源祖，流祖、派祖。源祖传子四：刚道、柔道、隐道、显道。刚道传子十郎、十四郎，育孙有性、理、德、业四房，今存性一派传桔里岭上房及分支南安田坂房、内坑山头房，安海后埭头房；理一派传桔里下田房及分支青阳曾井房，安海、永宁、罗山玉井房；业一派传桔里村边房。柔道传子十二郎，裔孙四：仁、义、智、信，今存安海窑前房、桔里金厝房、永和钱仓房。隐道传子十三郎，孙五：礼、乐、艺、学、忠，今存罗山玉井房及分支磁灶南村，南安埔头等房。显道传子十一郎，孙三：元、亨、贞，今存内坑加塘、英林伍堡房。是所谓"四子十六孙"。

据韶溪季房姚氏族谱：自舜帝历传至一百一十六世朝珍公随父永春令，避乱从居南安八都湖山洋坪为肇基祖也。朝班公住永春肇发，经历未详，

待考。肇基湖山洋坪朝珍公第七世孙，是圣祖第一百二十三世孙寿昌公，生有三子，长曰添荣、次曰添华、三曰添贵公，长子添荣往十三都，任开化县左都督。次子添华住安溪任安溪县儒学。三男添贵，于明靖闽到南安五都下溪肇基，为霞溪开基祖也，明间输票纳监广东，广州府正堂，到任经历未几而卒，棺葬六都溪尾埔林。

3. 唐天宝间姚仁访入闽，任建州刺史（见《福建通志》）籍贯，子嗣不详。

4. 河南硖石（今三门峡市硖石）姚启，祖吴兴武康人，唐僖宗光启元年乙巳（885）姚启31岁，以礼部员外郎、朝请大夫衔，赴福建，辅佐福建观定使陈岩治理，历经黄巢兵燹之后，陈岩卒，王潮、王审知兄弟自泉州发兵攻福州城，陈岩妻弟都将范晖拒潮，经一年苦战，城破，范晖被杀，姚启逃遁浙江温州府平阳县，其弟四子姚廷义于闽王延钧朝擢任盐铁副使、通政大夫，驻宁德白鹤盐场（今宁德樟湾乡一带），后辞官隐居福安东蜀（今湾坞，杞湾一带）后松源，其后裔分布闽东九县，福州十邑及台湾省。

5. 唐光启二年（886），姚紫子姚廷义，被王审知聘为盐铁副使、金紫光禄大夫，居宁德，姚廷义生二子，长子姚坦，唐开宝二年（969），为宁德县吏，居宁德。后代姚信，宋天禧年间（1017—1021），生子姚显，居侯官，生子姚存诚；姚存诚生四子，衍分为"福、寿、康、宁"四房，子孙散居各地。

据《八闽通志》记载，莆田姚姓首登科第者为姚安仁，宋元符三年（1100）进士及第，官文林郎。其后有兴化县姚宗之，南宋绍兴二十七年（1157），登王十朋榜进士第，宋孝宗朝官至国子学录，迁太常博士兼吏部郎官。姚宗之生二子，长姚㳂，以父荫补官县尉；次姚㮰，以父荫补官录事参军，《游洋志》有载。康房姚合，莆田县人，宋徽宗崇宁五年登蔡疑榜进士第，官任兴化参军、洪军教授。

姚姓入闽，始于初唐、主要是以从戎、仕闽、自然移民等方式入闽，星罗棋布，支分派别，根据《福建通志》《闽书》《福州府志》等记载，自唐至清以来，

姚姓入闽为官有 220 多人，其中大多秩满还乡，少部分随职落籍任所，繁衍后裔，其分布板块。主要有漳、厦、福州、闽东、莆仙及闽北之顺昌、浦城、闽西客家姚姓。

宋末，姚仲八郎由浙江入闽，定居于上杭县来苏里上都（今中都镇上都），裔分居上都祝三村。

【入垦台湾】

明清时期，福建姚姓族人陆续飘海迁至台湾，康熙六十年（1721），朱贵起义时，有姚生春定居于淡水港；雍正十年（1732），有姚德心入垦彰化县的马鸣潭和水堀头三处。据文献载，有南安人姚成入垦今嘉义六脚。现多居住在台湾的台北市大安区、松山区、彰化县和美、伸港、台北县、云林县、高雄市前镇区等地。晋江县桔里姚姓分支安海窑前、后埭头、英林伍堡、石狮永宁的族裔迁台的很多，如已经查明的，安海后埭头姚姓在台湾彰化的传裔就有数百人。

清朝，姚姓进入台湾并开始播迁海外。

【郡望堂号】

吴兴郡：周朝始置县，三国时期吴国宝鼎元年（丙戌，公元 266 年）置郡，治所在乌程（今浙江吴兴），取吴国兴盛之意，其时辖地在今浙江省临安至江苏省宜兴一带。

南安郡：西汉时期置县，治所在狄道（今甘肃陇西）。

圣仁堂：舜帝是至仁圣明的帝王。

姚姓又以郡望"吴兴"和"南安"作为他们的堂号。

【祠堂古迹】

珠坂姚姓家庙，位于长泰县珠坂山边社中，堂号"思成堂"，建于明代，历代有修缮，1984 年重新修缮。供奉开基始祖姚仲廉及列祖列宗。

桔里姚氏家庙，位于晋江桔里，祠宇坐西北向东南，建筑面积 600 平方米，占地面积 2000 多平方米。

枫林姚氏民居，坐落于莆田涵江梧塘枫林村宝弄自然村，清道光十二年（1832）姚熙园从涵江国欢镇中沁村迁到宝弄村定居后，动工兴建一座四目厅加两边对峙的下间拖，俗称开族厝，至第三代姚孟贤（俗称廿五先）因开设中药房颇有积蓄，便于

光绪十八年（1892）在开族厝边盖起了一座七间厢，形成了一座占地六亩，拥有 80 个房间的姚氏民居。

【楹联典故】

姚墟脉派家声远；虞舜宗风世泽长。

舜水虞廷于禹继逊乡；祖宗裔孙传今历山代。

——长泰县珠坂姚姓家庙联。

文明世泽；元德家声。

——上联典指舜生于姚墟，因以为姓。虞舜时代，为华夏文明肇始期。下联典指舜禅让于禹，斯为元（大）德。

郎中绵世泽；笃孝旧家声。

——联句说宋代莆田名臣姚宗之的故事。姚宗之，字元仲，莆田县人，早年以文学著称，为莆田杰出史学家郑厚所推重。南宋绍兴二十七年（1157）登进士第，官任吉州司户参军。宋乾道五年（1169），擢国子学录，迁太常博士兼权吏部郎中。任上奏三事，帝称其议论剀切，有古争臣风，升提举福建路常平茶事，迁江南西路提点刑狱。姚宗之为人刚方廉直，事母至孝。名贤方崧卿极其佩服他的风度。

宋代文林郎书经二部；明朝光禄卿廉能一等。

——联上句说姚氏先贤、北宋莆田名儒姚安仁。姚安仁为莆邑名儒，知书达理，精研《四书》《五经》。登北宋哲宗元符三年（1100）进士第，官任文林郎。联下句说姚氏先贤、明代莆田名臣姚永。姚永，莆田县人。明正德三年（1508），进士及第，官以光禄寺少卿致仕，宰邑考核，俱有声称。

史撰梁陈传美德；策取举进播芳名。

——联上句说姚姓先贤、唐代史学家姚察子姚思廉的故事。唐代史学家姚思廉原为吴兴人，后来迁入关中为万年人，其父姚厚在南朝担任过吏部尚书，入隋著梁、陈二史，未成而逝。思廉自小承家风，得家学。在隋朝代王杨侑侍读，后来入唐朝为秦王文学馆学士，贞观年间官授散骑常侍，撰写《梁书》五十卷、《陈书》三十卷。联下句说明代莆田延寿里冲沁人姚鸣和的故事。姚鸣和，字廷和，明成化十九年（1483）考取举人；成化二十年（1484）再参加科试，登进士第，官任户部主事。其为人谨恭守正，里人颂之。其父姚克芳，以子姚鸣和贵封主事。

【族谱文献】

闽台姚氏族谱有侯中山东姚《重修姚氏家谱》，始修于明宣德五年（1430）姚克承，景泰六年（1456）姚伯刚续修，清康熙、乾隆年间有过重修，今本为道光十三年（1833）姚时中重修后钞定。不分卷，首辑修谱序文，续刊各房派系次，迄载于清道光年间二十五世止，其间分派各地，房号皆于谱中有标注详明。入闽始祖姚启，唐末随王审知入闽居梅亭，后代迁上洋，姚安隆于洋中创基，后裔姚子财于中山东姚兴旺衍为大族。有宁德琼塘《吴兴姚氏族谱不分卷》，始修情况不详，民国三十年（1941）据清草本续修钞本，不分卷，谱序文中仅记旧有清季二十五世志钢草集世系图纪一册之事。首刊题辞、目录、谱序，续载世系、家训、家风等。世系后辑录祖茔、田产、诗文及历代职宦等，并附录修谱人员，谱例等项。内载入闽始祖唐姚公，唐末迁来福建，肇基禄安始祖为宋代姚瀛，肇迁琼塘始祖姚惠。还有福安《隆山姚氏宗谱》不分卷，始修无考，谱序中仅记录有明朝小钞一册，至清光绪十二年（1886）林琛修辑，宣统三年（1911）郑志成重修，今本为1989年重修，共2册，上册首刊其始祖像、行次及谱序、姚氏姓源考、谱例十二条、地场记、节孝志、姚族山场记，后载述世系，八世以前资料或缺或不载，而自恒卿公支派第九世振宽为始载。下册结前册系次。谱载明郑燕四，字行阙公，为一世祖，传至清顺治年间，姚仲世孙诗七、诗八迁至隆山，传承衍脉。还有连江夏宫乡《连江夏乙姚氏族谱不分卷》、古田《瑞云村姚氏家谱不分卷》。

第一百七十五节 叶 姓

叶姓在当今中华百家大姓中排行第42位，人口约6560000余，占全国人口的0.41%。在福建排名第12位，在台湾排名第22位。

【渊源】

1. 叶姓主流是由沈姓演变的，沈由芈姓来的，芈由姬姓变的。黄帝长于姬水，故得姬姓。根据《史记·楚世家》说：楚人先祖出自黄帝，黄帝生昌意，昌意生颛顼，颛顼生称，称生卷章，卷章生吴回，吴回生陆终，陆终生季连，季连为芈姓始祖，芈姓是楚人的嫡系祖，居于楚丘。《通德·氏族略》说："楚有沈邑，楚庄王之子公子贞封于沈鹿，故为沈氏。"即今河南平兴。自楚公子贞受封沈邑，其子孙便以邑为姓。《风俗通》曰："楚沈伊戍生诸梁，食采于叶，因氏焉。"

2. 源于国名，出自汉朝时期古叶调国，属于以国名汉化为氏。叶调为古国名，故地在今天印度尼西亚爪哇岛或者苏门答腊岛，东汉永建六年（131）曾经遣使中国，建立友好关系，叶调国来中国的移民多以源国名的谐音汉字为姓氏，称叶姓。

3. 源于复姓，出自古代复姓，属于复姓省文简化为氏。在古代姓氏演变历史中，曾有以邑为氏的叶阳氏（今湖北荆州）、以官为氏的叶大夫氏等，后皆省文简化为单姓叶氏。

4. 源于百越族，属于汉化改姓为氏。据史籍《姓氏考略》记载，我国古代南方少数民族中有南郡蛮，世居南郡（今越南社会主义共和国），实际上是古代西南蛮夷族，源出春秋、战国时期的古百越民族，其中多有取汉姓为叶氏者，世代称叶姓。

5. 其他少数民族改姓。蒙古族、满族、赫哲族、彝族、土家族、保安族、回族、苗族等少数民族中，均有叶姓族人分布。

【得姓始祖】

楚庄王曾孙，是一位杰出的政治家和军事家。楚平王时任沈尹，故称沈尹戍，楚昭王时，沈尹戍兼任左司马。楚昭王十年（前506）吴国在伍子胥、伯嚭等的精心策划与带领下，联合蔡、唐、大举攻楚。楚借秦助，击退吴兵，昭王复位，鉴于沈尹戍屡建功勋，为国损躯，楚昭王封其子沈诸梁于叶邑（今河南叶县南）史称叶公，他的子孙"以邑为氏"，即以叶为姓，尊叶公为叶姓始祖。

叶公曾祖父即春秋五霸之一的楚庄王，其父沈尹戍。

【入闽迁徙】

先秦时期，叶姓主要活动于河南。到东汉光禄大夫叶望，在灵帝时因朝政大乱，他弃官回乡隐居，于建安二年（197）徙居于江苏句容（或称金陵）被尊为叶姓南迁之祖，后渡过长江，有的入闽出仕，有的进入浙江松阳，故福建、浙江的叶是叶望的后代，为当地望族。

福建叶姓源于河南叶县，望出南阳，汉过辽东"永嘉之乱，冠盖南迁，遂为闽人"。《社坛叶氏族谱》称：后周显德五年（958），即南唐中兴元年自仙游古濑徙居南安高田，传至叶碧崖于明弘治年间（1488—1505）定居南安诗山社坛。

唐武德四年（621），叶灏奉旨入闽，出任建州首任刺史。从京陵到浙江卯山叶踞公第三子游公之后裔叶灏，由金陵（今南京）迁入建安（今建瓯），灏公全家携胞弟叶濒一起到建州（富沙）安居，被尊为建州（富沙）叶姓始祖。唐出太常博士叶京，大中大夫叶四翁、宋出叶仪凤等40余名进士。

唐会昌年间（841—846），郡望南阳的叶大府（讳宗蔓，字从辉）从河南开封经江、湖、浙入闽卜居泰宁杉阳，为入闽叶姓始祖之一。北宋建中年间（780—783），叶大府的第十一世孙叶小三（讳拱之）从泰宁杉阳迁居归化（今明溪之鄞山叶家楼），元代初再迁居永安瑶田定居，为永安大湖瑶田叶姓开基始祖。叶小三郎定居瑶田后，子孙繁衍，至第四世叶贵三的孙子叶京十有3个儿子，分为三大房：

长子叶记二，居永安新冲；次子叶记三，永安瑶田坡岭；三子叶记四，居永安瑶田盘栏厝。

唐元和九年（814）叶清浙东丽水饬戍入闽，初任都尉，住仙游归乡（今度尾）宋封武德大夫，为避黄巢战乱，于唐明元年（880）弃官隐居仙游县万善里，尊为古濑叶姓始祖。传四世孙叶颐，在宋孝宗时为丞相，其兄叶颐（号十三郎）同代武状元，兄迁同安嘉禾里莲溪畔，成为莲溪支派始祖，他的后裔在明末清初随郑成功迁台，称仙游古濑叶，

同安佛岭叶姓，唐龙纪元年（889），朝散郎叶洙随王审知入闽，官拜唐三学士，后择居同安佛子岗岭下，尊为同安佛岭叶姓始祖。此支多出旷世奇才，后裔有宋皇室郡马叶益，明大理寺正卿叶成章，清著名学臣叶观国，三朝元辅叶向高，有"三代世翰林"和"七子五进士"之称。

从母姓叶，唐文宗（826）有殿前中丞金紫光禄大夫，赠鸿少卿许成，娶妻叶氏，封一品莒国夫人，生二子，长延一字德献，又名文郁，官拜金紫光禄大夫，与弟同掌库钞，父亡后受污史刘姑司诬陷，罢职回家，于唐宣宗大中九年（855）与母弟入闽在东湖（政和）避祸，从母姓叶，隐居政和祭头，成为从母叶姓始祖，衍闽东闽北等地人口有数万人。

宋代迁上杭五郎讳映玉，由漳州迁上杭的闽西叶；宋庆允六年（1200）叶景祯由浙江迁罗源小湖叶；南宋祥兴元年，百念一公从浙江松阳进入寿宁北浦叶，由明代迁福清后叶、洋埔及连江青塘等叶姓支派。《国宝叶氏族谱》记载：宋末景炎二年（1277），仙游叶氏誓不降元，挈眷遁迹德邑，结庐国宝，迨明朝建立，叶氏子孙始设籍德化。同安叶姓继续向外迁徙，元末迁到了晋江。《东石世美叶氏家谱》说：开基始祖叶以寅于元至顺元年（1330）从同安县分居东石西尾。

宋成淳年，叶大经入闽任福建制置使，宋亡元兴，他不愿为官，曾留居汀州府宁化县石壁，后裔迁清流、长汀，江西临江府。从福建流寓广东嘉应州（今梅州）成为广东梅州叶姓始祖。叶福成（号升璘）曾任宁化县令，携家随任举家从河南府东门兴福坊迁居宁化县新村里叶坊（今安乐乡），生十子，依次取名

念一郎至念十郎，裔孙播迁闽、粤、赣、台。

【入垦台湾】

明末清初之际渡海入台的叶姓族人。据台湾文献委员会的调查统计，叶姓为台湾的20大姓之一，约有30余万人，子孙遍及海岛。台湾《叶氏族谱》记载，第一批入台的叶姓，是在1661年郑成功收复台湾时随郑成功到台湾的叶姓官兵。清初，清朝对福建进行禁海，直到康熙中后期，才有所放宽。此时，福建沿海一带的叶姓家族。冒着"三存六死一回头（回大陆）"的危险，渡海到台湾。康熙三十二年（1683），福建水师提督施琅统兵东征，也有叶姓官兵随施琅收复台湾。这两批叶姓官兵共有10余万的叶姓子孙，占全台叶姓人口的2/3。集居在台北、三重、溪尾、淡水、板桥、桃园、嘉义、屏东、台南、基隆、高雄、彰化、新竹、苗粟、土林、八里、芦洲、南投、鱼池、海澄、竹南、云林、平镇、芎林、台中、玉华等地。现有叶氏宗祠、家庙20多处。在台叶姓后裔可分为四大支派，其中有三大支都是在唐代由中原入闽，再从闽粤登台的。第一大支系是建洲富沙叶；第二大支系是仙游古濑叶，后裔在明末清初随郑成功迁台；第三大支系是同安佛岭叶姓。今居台北的叶旸（台湾道教秘书长）、叶于鑫，均属佛岭叶诛的后裔；第四大支系乃广东梅州叶姓，始祖叶大经乃宋代进士，咸淳年间入福建任闽制置使，宋亡元兴，他不愿为官，从福建流寓广东嘉应州（今梅州），其后裔到台湾的也有数万人。

【郡望堂号】

南阳郡：战国时秦昭王置郡。治所在宛县（今河南南阳）。相当于现在河南熊耳山以南叶县、内乡间和湖北大洪山以北应山、郧县间地。

下邳郡：东汉时改临淮郡置国。治所在下邳（今江苏睢宁西北）。南朝宋时改为下邳郡。辖地北至江苏新沂、邳县，南至安徽嘉山，东至江苏涟水、淮安和清江。

还有河间郡、南康郡。

崇信堂：宋朝时有翰林学士叶梦得，在朝廷南渡的时候，任江东安抚使，领兵分据江津，使金兵不得渡江。朝廷升他为观文殿学士，调他担任福建

安抚使。他打败金兵 50 多次，官至崇信节度使。

还有南阳堂、富沙堂、郡马府、莲溪堂、德余堂、俭德堂、清德堂、恒德堂、承德堂、尚德堂、滋德堂、明德堂、三德堂、令德堂、惟德堂、祖德堂、世德堂、世卿堂、世伦堂、敦睦堂、敦伦堂等。

【祠堂古迹】

高田凌云叶氏家庙，坐落于南安市眉山乡高田村。始建于北宋雍熙四年（987），凌云叶氏始祖叶迅兴建。历代重建，占地面积 1880 平方米，建筑面积 355 平方米。

福清市港头镇后叶村叶氏祠堂，位于福清市港头镇后叶村，建于明代，系明内阁首辅叶向高的祖祠。坐北朝南，占地 350 平方米。

厦门市同安区新圩镇叶氏祠堂，叶氏祠堂在同安新圩，其旁有甘露亭，其建筑规制颇似北京的皇家庭院。

晋江市东石镇世美叶氏宗祠，自明代创建宗祠，历代重修。宗祠坐南朝北，大门偏西，门路独立建为一间，石构门墙，硬山式顶。

同安佛嶺叶氏宗祠，也称同安郡马府，位于厦门同安区大同镇铺前岭下，始建于宋代，占地 2000 多平方米。

泉州山腰叶厝叶氏，位于山腰镇叶厝村叶厝自然村，坐东向西，白石红砖墙体，硬山式屋顶，燕尾式翘脊，系二进三间张中间一大门二边门的皇宫式建筑，建筑面积约 350 平方米。

寿宁文山叶氏宗祠，文山叶氏始祖义五公于明宣德间（1426—1435）率子敷十一公从浙江云和规溪肇居闽之政和东北里杨梅村，即今之寿宁鳌阳镇文山里，当时就择大同街头（即今之解放街头）建设家庙（祠堂），占地面积约 1800 多平方米，建筑面积 1200 多平方米。

寿宁北浦叶氏宗祠，位于寿宁县犀溪镇犀溪村，建于清康熙四十一年（1702），木结构，坐东向西。占地面积 987 平方米。

【楹联典故】

叶公叶县叶姓源，叶茂根深频繁衍。
——叶姓宗祠通用联。

自南宋而今，延八百年德泽，虎耳插祠，仁看三槐荣列祖；

由北溪发轫，肇万千代文明，龙潭探秘，总期五凤尚兰孙。
——寿宁县犀溪叶氏祠堂楹联。

自光（州）固（始）而浙（江）而赣，居佛岭（同安佛子岗之岭下）遂根深叶茂。
——同安（佛岭）叶氏大宗祠堂有联。

东鲁家风远；南阳世泽长。
——此联为叶氏宗祠"南阳堂"堂联。

建阳状元府第；水心博士人家。
——叶姓宗祠通用联。上联典指宋代状元叶齐，字思可，建阳人。下联典指南宋哲学家、文学家叶适（1150—1223），字正刚，温州永嘉（今浙江温州）人。

诸葛一生唯谨慎；吕端大事不糊涂。
——毛泽东撰叶姓宗祠通用联。此联为毛泽东赠叶剑英联。

济时动业肇南阳，光垂青史；载道文章昭北宋，望重儒林。
——台北市全台叶氏祖庙中厅柱联第一联。

亭（甘露亭）高佛岭天作柱，塔（魁星塔）耸凤岗笔为椽。
——同安佛嶺叶氏宗祠。

【族谱文献】

记载闽台叶氏族谱有福州《三山叶氏祠录》，始修于清乾隆五十六年（1791），叶观国所辑。今本为清光绪十六年（1890）刻本叶在玑续修，共 4 册。内增辑列祖、妣及宗族诸事。卷 1 前辑序文、凡例，后刊三山叶氏恩纶录；卷 2 载行谊录；卷 3 列谱系录；卷 4 述祀事录，重在介绍祠祭诸项纪事。内载唐末光州固始叶洙、叶熹南迁入闽，居同安。谱中尊宋朝靖大夫叶襄为始祖，传至叶窦，宋咸淳间为避世乱，自同安迁至福清东高山。五世至包老，又自东高山析居化下里海头乡；清顺治初叶学祯又自海头乡肇迁会城福州。递传三世至叶观国，由拔贡、科举至进士，诰授资政大夫；其子七人皆科甲，一门显赫。有《同安叶氏族谱》为同安城南门叶氏族谱。内载始迁祖叶洙，字崇德，南阳叶氏七十五世孙，先居江西吉安府泰和县射坪乡，唐龙纪元年（889）随王审知入闽，辅佐朝政，升三学士，居同安（当时为大同场）佛子岗岭下，以"佛岭"为堂号。传八世叶益（1230—1313）字深叟，娶宋魏王赵从政之妹赵环娘为妻。依宋例，皇帝及诸亲王姐妹称郡主。郡主丈夫称郡马，故称叶郡马，其裔以"郡马"为分堂号。十六世郡马派下叶福京迁居金门沙美，属佛岭支派。有浦城《玉瑶叶氏族谱》叶道成修撰；《石城南洋阳叶氏十修族谱》为宁化石城叶氏家族所修谱牒；《松源叶氏宗谱》松溪叶氏宗族所修谱牒；《平和大溪叶氏族谱》为平和大溪叶氏族谱。《南阳叶氏族谱》系泰宁叶氏宗族谱牒；《溪山叶氏瑶分修支谱》建阳后山叶氏谱牒。

第一百七十六节 易 姓

易氏属典型南方姓氏。宋《百家姓》易氏位居339姓。在当今姓氏排行榜上名列第93位，属于大姓系列，人口约2282000余，占全国人口总数的0.19%左右。在台湾排名第131位。

【渊源】

1. 来自姜姓，以易为氏。武王伐纣时，姜尚担任统兵的军师，协助武王取得了胜利，赢得了武王的信任。封于齐。后来又封他的子孙于易地，这一部分姜尚的后代于是以地名作为姓氏，为易姓。这就是河北易氏的由来。

2. 出自齐大夫易牙之后，以先人的名字作为姓氏。春秋时有齐王的宠臣雍巫，字牙，因采食于易邑，也叫易牙。此人精于烹调技术，但性善逢迎，存有野心。管仲死时曾说易牙"杀子适君"，违反人情，不可重用，但齐王不听。管仲死后，易牙与竖刁、开方共同专权，齐王病了以后，他们趁机作乱，杀掉大批官吏，并将太子赶出皇宫，立公子无亏为国君。后来被其他的大臣所杀。易牙的子孙以易为姓称易氏。是为山东易氏。

3. 出自姜太公后裔，以封邑名为氏。据《姓氏考略》所载，姜太公后裔有被封于易州（今河北省易县一带），且以封邑为氏，称为易姓。是为河北易姓。

4. 出自以地名为氏。据《通志·氏族略》所载，古有易州（今河北省易县），州人以地为氏，称为易姓。

5. 出自少数民族源流有易姓。彝、水、苗、土家、纳西等族均有易姓。

【得姓始祖】

吕尚，字子牙，后人称姜子牙，周朝初年，为姜姓部落族长。武王伐纣时，吕尚统兵在牧野（今河南省淇县西南）之战中大败商纣，为灭商建周第一功臣，被武王尊为"尚父"，封于齐国，授以征讨五侯九伯的特权，位列其他封国之上。吕尚后人有被封于易地，且以封邑为氏者，遂为易姓。吕尚因其德高望重，深受子孙敬仰而被视为易姓始祖。

【入闽迁徙】

易氏最早的发源地为今河北易县一带和山东、河南等地。秦、汉时期，易氏主要以山东、河南一带为繁衍中心。东汉末年到南北朝时期，群雄逐鹿中原，烽烟四起，易氏较频繁地从北方向南方迁徙，明朝年间，贵州、云南、广西、福建等省均有易氏族人居住。福建易氏人居住闽西、闽北、闽东和闽中的市区。

据宜春易氏总谱鹤山易姓源流考：尚公八世孙洗公，祖居太原，袭父爵，仕西汉武帝，官拜大将军，领兵镇守宜春郡，珉公传六世孙淑仁（十四世）于东汉永元年间，徙居河南开封府陈留县丰溪。淑仁传六世孙、承球之子淳公（十九世）因汉末曹丕篡逆，球公遇害，母子出逃，徙居湖广长沙、浏阳县金塘，为长沙始祖。淳公十三世孙正杰（三十一世）徙居长沙孟村。正杰传五世孙铨公（三十五世），字庭章，仕唐，任宜春节度使，因天宝安禄山之乱，隐居宜春郡南，集云山紫云峰，择居九联坊，为宜春易氏发祥之地。铨公传五世孙重公（三十九世），字鼎臣，唐会昌五年（845）钦点状元，官擢大理寺评事。生五子，第五子璠公，字大珍，任福建莆田县令，隐居福建兴化，为福建始祖，生三子，长子文斌，初徙居上高县璠村，年四十，仕南唐庄宗，初任建武冠军使，升雄州刺史，卒于官，民怀其德，留葬东山，墓左建祠祀，生子迎庆，建梵宇于祠后，曰东山寺，置田饭僧以供祠墓，山下有一村曰牛田铺，沙沃野环之，迎庆不忍弃祠墓，因家焉，更名长沙里，子孙居之，为入粤之始祖。

灵江余家桥易氏：始迁祖易朝机（1623—？），系易均宝十世孙，易原谦九世孙，易崇德八世孙，易明宁七世孙，易二郎六世孙，易黄兴玄孙，易添进曾孙，易乔荣之孙，易应期九子。其先世祖原籍福建漳州府漳平县感化里。易应期由漳平县感化里迁居泉州府安溪县。易朝机约于明末清初由泉州府安溪县人迁来此定居。配郭氏，生子易日迈。易日迈配郑氏，生子二：易长文、易长贵。易长文配张氏，生子三：易定彩、易定麟、易定凤。易长贵配李氏，生子三：易定俸、易定礼、易定乐。繁衍成族，后裔分居大渔大岙心、县城灵溪、金乡城内、矾山街、澄海路尾、沪山畔垟、湖前朱家站、灵江新街、龙港和平阳县鳌江、麻步桃园，温州市区，杭州市区，上海市区，安徽马鞍山，西安市区，福鼎桐山等地。

易时中：（生卒年待考），字嘉会；福建晋江人。著名明朝官吏。嘉靖元年举人，任夏津县知县，有惠政，升顺天府推官。

南平柳垱易氏：始迁祖易世意（1695—1745），字法宪，系易法居玄孙，易子美曾孙，易仕祐之孙，易文选次子。其先世祖原籍福建漳州府长泰县善化里芹果。传至第九世易子美由长泰县善化里芹果人迁浙江温州府平阳县四十都青湾定居。易世意于清乾隆二年（1737）由平阳县四十都青湾人迁来此定居。配余氏，生子四女一：易定蔡、易定玺、易定郎、易定宝。繁衍成族，后裔分居霞关、南关、马站、澄海路尾、县城灵溪等地。

灵溪东垟易氏：始迁祖易祖孙，系易二郎七世孙，易法隆六世孙，易亥生玄孙，易乔仁曾孙，易子大之孙，易光成嗣子。其曾祖易乔仁于明万历二十年（1592）由福建漳州府漳平县威化里钟垟人迁浙江平阳县四十一都下泛定居。易祖孙约于明末清初由平阳县四十一都下泛人迁来此定居。配梁氏，生子二：易长祐、易长祈。繁衍生息，后裔分居浦城城内、渔寮荷包田和福鼎桐山七星墩。

据苍南《易氏宗谱》记载，入迁苍南的易氏，都是福建漳州府易均宝（一世祖）的后裔子孙，于明末清初由福建泉州府安溪县入迁苍南县定居。

福建易氏主要分布在泉州安溪、龙岩长汀、南平浦城城内、渔寮荷包田和宁德古田、福鼎桐山七星墩。

【入垦台湾】

明清时期，福建易姓开始入垦台湾，清代广东易姓也入垦台湾，台湾光复后也有各省易姓入台。

台湾易姓主要分布在台北、台中、基隆，其次是屏东、高雄、南投，再次是嘉义、宜兰、台南、台东、云林、花莲等市县。

【郡望堂号】

1. 郡望

济阳郡：晋惠帝时分陈留置郡，治所在济阳。相当于今河南兰考东境、山东东明南境。

太原郡：战国时秦庄襄王四年置郡，治所在晋阳。秦时相当于今山西五台山、霍山以北等地区。北魏时相当于今阳曲，交城、和顺间的晋中地区。

2. 堂号

主要有纯孝堂、植栗堂：宋朝时，易延庆为奉礼郎，出任临淮县县令。后因父丧守墓而辞官，服满又任大理丞。后又因母丧回家葬母，他母亲生前爱吃栗子，于是他守墓时在母亲墓旁种了两棵栗子树，后来这两棵树竟然长在一起，成了连理。墓前又生出两棵灵芝。人们都说这是他的孝行感动了上天，称他为"纯孝先生"。

【楹联典故】

宗开易地；秀毓太原。

——佚名撰易姓宗祠通用联。全联典指易姓的源流和郡望。

产芝庐墓；攀桂仙才。

——佚名撰易姓宗祠通用联。上联典指北宋上高人易延庆，字余庆，聪慧而博学，尤其长乎声律。初官临淮知县，乾德年间因父亲去世而在墓旁筑庐守孝，墓侧产灵芝。太宗时官大理丞，又因葬母而弃官。母亲生前喜欢吃栗子，他便在墓前种了两棵栗子树，树长大后结成连理。当时人称他为"纯孝先生"。下联典指易延庆的祖父易重，字鼎臣，唐末袁州宜春人，会昌年间参加进士考试，开始发榜时居第二，有人议论不公平，于是又进行复试，易重以状元及第。由于已离家六年，他即写了《寄宜阳兄弟》一诗寄回家，有"内庭再考称文异，圣主宣名奖艺奇。故里仙才若相问，一春攀得两重枝"之句。他官至大理评事。后因做官到上高，便在那里定居安家。

通经处士；释褐状元。

——佚名撰易姓宗祠通用联。上联说宋代分宜人易充，字正翁，幼年时就以聪明出类拔萃，十六七岁就博通《易》《书》《诗》，号称"三经处士"。在乡间教书，远近跟从他学习的人很多。著有《中州文集》。下联说南宋宁乡人易袚，字彦章，号山斋，淳熙年间状元，官至礼部尚书。著有《周礼周易总义》《山斋集》等。释褐，脱去百姓的布衣换上官服。

一时师表；三经处士。

——佚名撰易姓宗祠通用联。上联典指明易翼之知长寿县，与上官不合而归隐，为一时师表。下联典指宋易充。

【祠堂古迹】

安溪易姓祖厝，位于福建省安溪县贞洋村顶样，始建于清代，历代重修。现存位砖石混合结构闽南建筑。两进三开间。主殿牌匾"太原传芳"。

贞洋钟显堂，供奉本族保护神。

【昭穆字辈】

1. 福建安溪贞洋易姓辈分：日学元亨。

嘉声振百世，景会永泰和。

诗礼传芳远，忠廉孝友多。

恭宽信敏惠，由义同居仁。

济美贤才盛，洪钧朝旭新。

2. 宁德古田县有易姓族谱记载字辈，开基祖易世公，传易思公，再传二子克、日，第四世为必、兰；第五世有、齐，第六世开、聚，第七世成、步，第八世昌、其，第九世光、兴，第十世华、明，第十一世守、振，第十二世运、安，第十三世家、继，第十四世能、祖，第十五世进、益，第十六世积、学，第十七世善、恒，第十八世永、赐，第十九世国、三，第二十世祥、纲，第二十一世心、发，第二十二世存、达，第二十三世忠、平，第二十四世和公，第二十五世孝、道，第二十六世立、俊，第二十七世志、代，第二十八世传、长，第二十九世诗、久，第三十世书、荣，第三十一世若、勤，第三十二世德、读，第三十三世朝、见，第三十四世天、圣，第三十五世子、上，第三十六世万、偏，第三十七世宝、舆，第三十八世富、儿，第三十九世千、孙，第四十世年、贤。

3. 台湾善化易氏字辈：万大成荣德启天文伯世之宗鸶明。

4. 新加坡易氏字辈：光望正元林熙在清。

第一百七十七节 阴 姓

阴姓出自西周王族分支系，阴氏的得姓，是一个古老的姓氏。不过在宋版《百家姓》中排序为第283位。中国大陆阴姓没有进入前500位。在台湾排名第485位。

【渊源】

1. 出自姬姓。源于春秋时期，是帝尧农官后稷的后代，以邑名为氏。周文王姬昌第三子管叔鲜之后裔。管仲，名夷吾，颍上（颍水之滨）人，他由鲍叔牙推荐被齐桓公任为上卿，尊为"仲父"，为齐桓公辅政名相，其七世孙名修，自齐迁楚，被封为阴大夫、世称阴修，其后世子孙就以阴为姓。管仲的七世孙名修，为齐卿田氏所逐，自齐国逃到了楚国，被封为阴邑大夫，故又被称为阴大夫、阴修。他的后世子孙便以封邑为姓，称阴氏。形成了一支阴姓。

2. 出自以国为氏。远古时的尧帝的后代，曾建立过一个诸侯国，称阴国。古时，山河向南的那一边称阳，向北的那一边称阴，阴这个地名可能在大河或大山的北面。尧帝后代受封于阴地，就以地名为国名，其大夫的后裔以食邑为姓，称阴氏。

3. 源于风姓，出自远古女娲后代阴康氏，属于以国名为氏。史籍《路史·前纪》中记载："阴康氏之时，水渎不疏，江不行其原，阴凝而，人既郁于内，腠理滞著而多肿疰，得所以利其关节者，乃制为之舞，教人引舞以利导之。"阴康氏是以先祖封国名称为姓氏，后省文简化分衍为单姓阴氏、康氏，是非常古早的姓氏之一。

4. 源于其他少数民族汉化改姓。今彝族、傣族、苗族、傈僳族、土家族、土族、裕固族、蒙古族等少数民族中，均有阴氏族人分布。

【得姓始祖】

管修。根据《元和姓纂》的记载，阴姓是周穆王后裔管仲的后人，管仲是距今2600多年的历史名人，他的第七代孙管修，跑到楚国去当了阴大夫的

官，因此，子孙就以官为姓而姓了阴，望族居于南阳。河南是阴氏的一个主要繁衍中心，阴氏家族在河南是一个大家族，后世子孙陆续向全国各地迁移，南北朝时，在甘肃的武威显赫一时。故阴氏后人奉管修为阴姓的得姓始祖。

【入闽迁徙】

清李世熊《宁化县志》载：成化三年（1467），临安阴焕为宁化令，出其谱牒云：宁化阴姓皆祖谏议大夫云龙。云龙生二子：玉镜、玉鉴。焕即玉镜十四世孙也。鉴生三子：长道尧，进士，官于蜀；次即道元，大观中进士，宣和二年授汀州教授；三道光，侍郎，居河南。及中原陷没，道元侨寓清流，子厚再迁宁化。厚子一鹗，系籍宁化，娶伍氏，淳熙十一年（1184）甲辰特奏名，调潮阳丞。（宁化阴氏族谱）当直书：道元，大观己丑进士，宣和二年授汀州教授，原籍河南，中原陷没，遂侨寓清流，再迁宁化。

宁化隔河《阴氏族谱》：远祖云龙，初家于蜀。始祖道元，字原明，籍居河南，宋徽宗大观三年（1109）进士。宣和二年（1120），任汀州教授。六年（1124）侨居清流。生二子，次子名厚，字雄宽，宋绍兴三年（1133），自清流徙居宁化城郊冈下，再移东门角背，裔孙衍居中沙、城南及石城县南坑。

宁化《西河郡阴氏族谱》：先祖云龙家于蜀，宋仁宗宝元戊寅进士，累官至谏议大夫，生二子：玉镜（临安祖）、玉鉴。玉鉴宋熙宁六年癸丑进士，官应天府，因家河南，生三子：长道尧（宋徽宗崇宁癸未进士，通判成都府）。次道元，三道光（居家侍亲）。道元字原明，宋徽宗大观己丑进士，宣河二年庚子（1120）任汀州教授，宋室南渡后侨寓清流，其次子厚，字惟宽，宋绍兴三年（1133）迁居宁化之青山围（今冈下），再移东门郭背，宁化阴氏奉道元为始祖。十九世：允武，字先耀，珠公支光祖公系，秉善公次子，于乾隆丁酉迁居建阳县

大阄街，后徙徐登街。二十一世承昊，念铤公子，雍正壬子生，迁居湖南施南府利川县。承谟、承詠，皆念澄公子，俱随父迁湖南长沙府。承伦字□叙，念勋公三子，迁建宁均口。承荣，字宗仁，干华公三子，迁居建宁府。承昇，字日耀，改字维高，必裕公三子，康熙甲午生，西迁四川。承盛，字汉侯，文标公嗣子，迁湖南永顺府永顺县离城九十里。二十三世：云升，含贞公次子，道光庚子生，迁居永安县。二十二世：延魁、延钖，皆珠公支光祥公系承祢公子，俱迁建阳县徐墩街。士富，字君用，乾隆戊子生，文光公长子，迁居邵武。士进，字从先，乾隆庚寅生，迁居崇安县。

福建省三明市宁化县、南平市光泽县梅溪村是阴姓聚居聚落。

台湾阴姓散居各个市县。

【郡望堂号】

阴姓的望族大多出自于南阳。还有西河郡、始平郡。

堂号有南阳堂、始平堂以望立堂。此外还有二酉堂。

【祠堂古迹】

福建省宁化市城东门角背阴氏宗祠。

【楹联典故】

子孙必大；爵邑当辞。

——佚名撰阴姓宗祠通用联。上联典指西汉宣帝时新野人阴子方，性情至孝，家极富，有田七百余顷，曾说："我子孙必大（富贵昌盛）。"至其曾孙阴识，果然位至封侯。下联典指阴子方曾孙阴识，字次伯，为人忠厚，更始年间因功封阴德侯。光武帝时官侍中，光武帝出巡，他常留守京师，入朝能直言，但平时与宾客谈话则不提及国事。光武帝要给他加封，他辞道："臣托属掖庭（皇宫中的帝舍，宫嫔所住的地方，因阴识妹妹阴丽华为光武帝皇后，故称）不可再加爵邑。"明帝时官至执金吾。

烈妇莫如荀采；娶妻当得丽华。

——佚名撰阴姓宗祠通用联。上联典指东汉荀采嫁阴瑜为妻，夫卒，其父逼其改嫁，乃自缢死。下联典指东汉阴识之妹阴丽华有美色，光武帝悦之曰："娶妻当得阴丽华。"

至孝深仁，富如猗顿；天姿国色，贵为后妃。

——佚名撰阴姓宗祠通用联。上联典指汉代孝子阴子方，腊日晨炊，见灶神形现。子方再拜受庆、家有黄羊，因以祀之，自是家至巨富。下联典指东汉美人阴丽华，新野人。汉光武帝皇后。封贵人，生明帝，明帝即位，尊为皇太后。

【族谱文献】

福建宁化中沙阴氏族谱，著者待考，民国年间木刻活字印本。

第一百七十八节　鄞　姓

鄞（Yín）而在闽南语读音中，"鄞"与"谨"同音，读法与"景"谐音。鄞是中国稀有的姓氏，约 10 万人口，主要分布在福建、广东和台湾。泉州现有鄞姓人口约 1000 多人，其中南安市霞美镇山美村后井村鄞姓有 570 人，占南安总人口还不到万分之四。在台湾排名第 176 位。

【渊源】

1. 鄞，春秋时属越，即今浙江省宁波市鄞州区。自夏少康五十二年（前 2055）封庶子无余于越，鄞就始见于史籍，至今已有 4000 年了。秦王政二十五年（前 222），秦国的将军王翦等率兵平定了属于楚国的江南一带，降越君，以吴越地为会稽郡，设郡治于吴（苏州一带）；在现在宁波市境内设置了鄞（今浙江省宁波市鄞州区）、鄮、句章 3 个县。由此，鄞县作为一个县级行政建制正式开始登上历史的舞台，至今又有 2000 多年的历史。这 3 个县名都是古越语的越音汉译的音译。此后直到公元 8—23 年，东汉王莽"改鄞曰谨，鄮曰海治"（《汉书·地理志》）。

《姓苑》曰："鄞，县名，以地为氏。"鄞氏，以鄞这一县名为氏，如同"鄮"氏和"句章"氏。宋朝邓名世所撰《古今姓氏书辨证》云，"鄮，越人以郡为姓，明州鄮县是也。东汉有鄮孜。""句章氏，《战国策》越句章昧，以邑为氏。"说明鄞姓跟同一区域的这两姓受姓的年代都同样久远。鄞国灭亡子民约以国名为姓，属于以地为姓，为越王后裔。

2. 鄞姓是由靳姓更改而来，后人因耻于楚国大夫靳尚陷害屈原而改姓。这种某先人有隐衷隐名改为鄞姓，至今不得其详。

【入闽迁徙】

1. 传说鄞本是一国名，鄞国被灭后，人们四处逃难，为了以后重逢好相认，约定统一以国名鄞为姓。鄞姓入闽没有确切记载，但是鄞姓族人是不忘根的

族群，尽管生路跋涉，却永远不会舍掉两件东西：家君的牌位和骨殖。让他们在儿孙们开创的新家园安息。他们背负自己的父母的遗骨逃亡，是中华孝道文化的典型例子，而且很早就以"鄞"来记忆自己的故地，命名新的居住地。宋史籍记载，福建有鄞江（后改名汀江），当时有鄞江、鄞坑、鄞河坊等鄞字系列地名，跟鄞氏、鄞县是一种一脉相承的因果联系。明朝凌迪知编撰的《万姓统谱》里有"鄞姓，见《姓苑》"的条目，但尚无名人望族可以记录。鄞氏的受姓历史就在 1500 年以上了。宋朝，福建及广东鄞氏有名人，如清乾隆二年《福建通志》记载福建剑浦县（今浦城）有"鄞康成"，《越缦堂读书记》有他注闰师的记录。《律闰精义·内篇卷四》认为，鄞康成宗刘歆、班固之说。因其年长、学问渊博，成为宋淳熙十一年（1184）卫泾榜特奏名进士，后任福建连城县知县。

2. 2007 年 1 月 16 日本学者在《宁波晚报》上发过一篇题为《漫说鄞外鄞》的文章，阐述了福建鄞江（即长汀江）、鄞山寺、鄞仙姑及福建、广东、台湾鄞氏与鄞州（县）的关系，论证了福建鄞江（即长汀江）之用名得于鄞州（县）鄞江。而广东、台湾等地有关"鄞"的用名，根源都在福建的鄞江（即长汀江）。坐落在武夷山星村的妈祖天上宫又是一个例证。这座妈祖天上宫始建于清嘉庆年间，原是汀州会馆。天上宫大殿有楹联"瀚海波恬神德厚，行宫迹驻圣水恩"。"门临曲水鹤艘常留，地隔湄洲虹桥可接"。天上宫门额上正中题刻"鄞江（即长汀江）聚秀"四个大字，两边题刻"宁波""利济"字样，传达着祈求风平水静、惠利济船的求安、求财愿望。探究中原世族南迁移民历史，鄞人向南方迁徙应是从唐末开始的，原因主要是战争。自唐末到两宋的数百年间曾经历过三次战乱，即五代十国混乱、北宋末金人入侵、南宋末元人入侵。这些战乱都来自北方，因此每一次战乱来到，都会导致一

大批鄞人离开家乡向西向南迁徙，至今安徽、湖南、福建、广西、海南等地，尤其在安徽境内有大量"鄞村"存在，这些"鄞村"大凡都是鄞县一个家族迁徙到一个新居住地形成的村落。

3. 鄞姓入闽，《安溪姓氏志》《安溪志》载："鄞姓来源于鄞县的逃难者……鄞县屡受倭寇骚扰，金瓯破碎，士民流离失所，外迁逃难。这些逃难者为了相互认识，相互关照，不论宗族，都在姓名前冠上地名鄞字，约定俗成而成独特的一派地缘宗族。""明嘉靖年间（1522—1566），倭寇侵掠，鄞远达为避难自浙江鄞县入闽，定居南安八尺岭脚（今南安市丰州镇山美村后井自然村）。"

4. 南安迁到台湾的鄞姓人，家谱记载："吾祖起源于西凉关西国外离城二十里鄞家庄……"今陕西临潼有鄞家庄，与"西凉关西国"比较近，其地历史悠久，其出土的"庙底沟类型陶塑人像"，距今大约5000年，但没有鄞氏，也没有关于鄞氏的历史记载。今四川嵋山有鄞家沟，与台湾鄞氏家谱中所说的鄞家庄都不是一个地方。

《南安县志》的记载，明朝有"鄞平山"，南安后井村人，育有四男一女，该女即是颇有传奇色彩的"鄞仙姑"。传说其兄弟见山广东为官。《潮州府志》记载：鄞仁字见山，元至元年间任潮州府海防同知，落户于广东潮州龙溪都，原任官于浙江宁波府。广东沙池堂号为"南阳堂"，表明当地鄞氏认为给自己带来荣光的先人居于南阳。而广东潮安县庵埠镇仙溪村旧有"鄞公祠"，门楼后有"汴梁旧家"，表明鄞氏的先人始祖可追溯到今河南。据1990年版的《庵埠志》，鄞姓自宋朝入居庵埠文里沙池，以后广为创居，成为盛族，有溪头鄞、陇仔鄞、仙溪鄞、官里鄞，且都建有祠堂。

【入垦台湾】

福建鄞姓族人在明清时期就入垦台湾。台湾鄞人口除了部分高山族同胞，还有部分是台湾光复后的其他省入台者外，绝大多数是有福建入垦台湾的。主要聚居在屏东县，其次是彰化、台北，其他市县位散居。

【郡望堂号】

鄞氏是民族恨的纪录，也是民族团结的象征。因为鄞县古属会稽郡，所以鄞姓以会稽为郡号。

堂号：思孝堂、南阳堂。

【祠堂古迹】

鄞氏祖庙，鄞仙姑故居为鄞氏祖庙，位于霞美镇后井自然村，2013年重建，2014年十月初八进主。

真济宫有名鄞仙姑宫，霞美镇后井自然村，1997年重建，为硬山式建筑，配有假山、鱼池等。宫内流传有"药签"传承。主祀仙姑妈。

潮汕鄞氏大宗祠，又称鄞厝祠、世德堂，位于沙池仙溪村后。始建于明代。

淡水鄞山寺，位于台湾淡水，闽西闽南庙宇建筑风格，是由福建迁台湾的汀州移民建造的临时的旅社（地方会馆），寺内供奉福建汀州人的守护神定光古佛。

思孝堂，位于南安后井自然村，是鄞氏世祖公妈合墓。鄞氏入闽时带来的祖宗灵位牌、骨灰、衣冠冢等。"孝思堂"中有一块"明鄞氏平山公"碑，鄞平山为后井鄞氏的入泉始祖。

【楹联典故】

西河分派世芳流风水；汴水流微垂裕振龙溪。

重诗书太守家声光诲邑；崇孝友大夫门第焕龙溪。

【族规祖训】

敬奉始祖：达尊义翁见山府君，宜人鸥汀端庄妙贤陈氏妈。

【昭穆字辈】

大朝光道，养延亨仕。

嗣开毓祥必应绵昌，云礽继志甲第长扬。

第一百七十九节　尹　姓

尹姓在宋版《百家姓》中，尹姓排在第 100 位，在以人口多少排次序的中国姓氏中，尹姓居第 91 位，约有 228 万人，占中国总人口的 0.26%。在台湾排名第 133 位。

【渊源】

1. 出自少昊之子殷，为工正，封尹城，其子孙以封地为氏，曰尹氏。另有史料称：少昊裔孙，在尧时位至三公（师尹）之职，子孙遂以祖先官职为姓，是为尹氏。

2. 源于少昊氏，出自远古帝尧之师的尹寿，属以先祖名字为氏。《姓源韵谱》记载："少昊之子殷，为工正，封尹城，后因氏焉。"少昊是远古时期羲和部落的后裔、古代东夷族首领，少昊之子殷为工正，被封于尹城，子孙以此为氏。

3. 源于姒姓，出自夏王朝末期大臣尹谐，属于以先祖名字为氏。

4. 源于姬姓，出自西周时期最早的史官尹逸，属于以先祖名字为氏。

5. 源于姬姓，出自西周早期有道之士尹轨，属于以先祖名字为氏。周穆王是周王朝的第五代国君。为了表彰自己有仁义道德之心，他曾召见了尹轨。在尹轨的后裔子孙中，有以先祖名字为姓氏者，称尹氏，世代相传至今。

6. 出自周宣王的大臣兮伯吉甫，属于以先祖官职称谓为氏。

7. 源于少数民族。今白族、苗族、壮族、朝鲜族等均有尹姓分布。

【得姓始祖】

伊尹（前 1649—前 1549），伊姓，名挚，小名阿衡，"尹"不是名字，而是"右相"的意思。夏朝末年生于空桑（今河南商丘民权县，一说河南开封杞县，一说山东菏泽曹县），因其母居伊水之上，故以伊为氏。伊尹为中国商朝初年著名贤相丞相、政治家、思想家，已知最早的道家人物之一。他也是中华厨祖、中原菜系创始人。伊尹辅助商汤灭夏朝，为商朝的建立立下汗马功劳。后历事商朝商汤、外丙、仲壬、太甲、沃丁五代君主 50 余年，为商朝强盛立下汗马功劳。沃丁八年，伊尹逝世，终年 100 岁。被后人奉祀为"商元圣"。

【入闽迁徙】

上古就有叫尹寿的，为帝尧之师，居于河阳（今河南孟州市）。秦汉时期，尹姓主要分布在陕西、山西、河南、河北、山东等地，东汉时有经学家尹敏，出南阳堵阳（今河南方城东），后人迁居河北，在隋唐时发展成宗族大户，故有河间郡。魏晋南北朝时，天水、西州（今甘肃中部和西北部）一带尹姓成为当地大族，隋唐时，隋唐时期尹氏宗族首次大举南迁，尹姓已遍布全国。

《客家风情》载：尹氏入闽，始于宋代，留居汀州、宁化、明溪、清流等地。明、清时期一支回迁江西；一支入闽南、广东。

尹氏在福建主要分布在闽西的永定河宁化县，以宁化县泉上、中沙两乡镇为主要聚居地。

【入垦台湾】

清代，有闽粤尹姓渡海入台，主要分布在台北、基隆、桃园、高雄，其次是新竹、台中、台南、嘉义、屏东、台东等市县。

【郡望堂号】

天水郡：西汉元鼎三年（前 114）置郡，治所在平襄（今甘肃境内），西晋移到今天水市所在地。北魏时相当于今天水、秦安、甘谷等市县地。此支尹氏为晋时尹纬之族所在。

河间郡：亦称河间府。汉高帝置郡，治所在乐城，平帝时相当于今河北献县、交河、武强等一部分地。其后或为国，或为郡。此支尹氏，为东汉尹敏的后裔所开基。

天水堂、河间堂、以望立堂。

燕喜堂：取自《诗经·小雅·六月》："吉甫燕喜，

既多受祉。"

清风堂："吉甫作诗，穆如清风"典故。

敦伦堂（灯笼堂）：《孟子·滕文公上》曰："父子有亲，君臣有义，夫妇有别，长幼有序，朋友有信。"敦谓厚道，伦谓伦常，即礼教所规定的君臣、父子、夫妇、兄弟、朋友及各种尊卑长幼关系要亲善和睦。合淮尹氏以此为堂，体现儒学传统也！又曰灯笼，取自宅邸门前大红的灯笼高高挂，威武的狮子两边开，忠厚家风之谐音也。

和靖堂：宋时尹焞是程颐的学生，终生不应科举，赐号"和靖居士"。

一经堂：宋绍兴二年（1132），岳飞自南昌过吉安到茶陵，茶陵富民尹彦德以酒肉迎师，彦德言家粟不乏，颜给军饷五日，留岳飞三日，离去时，岳飞语彦德，尔财有余而学不足，当以一经教子孙，光大其门。彦德拜而受赐，而辟堂以供子孙挟筴游息之所，堂名之曰：一经堂，盖取忠烈一经教子孙之义也。

文和堂：出自明尹直事典。尹直，成化年间担任兵部尚书。卒后，谥文和，后人遂以谥号为堂号。

忠孝堂：意忠孝之名为堂号。

【楹联典故】

五代春秋师鲁撰，十篇唐说子渐弹。

——上联典指北宋时期的文学家尹洙，字师鲁，河南人。有《五代春秋》等传世，世称河南先生。下联典指北宋时期的学者尹源，作《唐说》及《叙兵》十篇。

晋阳家臣，鄙茧丝以从政；函谷关吏，识紫气而呈祥。

——上联典指春秋时期的晋国名宦尹铎的事典。下联典指战国时期的秦国谏议大夫尹喜。相传老子西游，尹喜见有紫气东来，知道有真人要过关。老子来到函谷关，被尹喜留下，著《道德经》五千言。尹喜自己著有《关尹子》。

和靖处士，南阳郎中。

中兴良辅，东海名臣。

天水世泽，函谷家声。

五代春秋师鲁撰，十篇唐说子渐弹。

第一百八十节 应 姓

应姓是一个多民族、多源流的姓氏群体，当代应姓的人口大约有50万人，为第247位大姓姓氏，大约占全国人口的0.026%。应姓在大陆和台湾都没有列入百家姓前100位。在台湾排名第168位。

【渊源】

1. 源于姬姓，以国为姓。周武王第四子应叔被封于应（应国故都在今河南省平顶山市新华区滍阳镇），为应侯，子孙以封国为姓，遂为应氏。西周封国得姓成为应姓正宗。

2. 源于官位，出自西周时期应乐史，属于以官职称谓为氏。应乐史，亦称应人、应师，就是在王族宫廷乐队中执掌演奏应鼓，不包括编钟、编磬等成套大型组乐，隶属于春官府司管辖。

3. 源于官位，出自西周时期应门史，属于以官职称谓为氏。应门史，就是专门职掌君王出入之门的官吏。

4. 传说应龙氏部落战败蚩尤部落后，黄帝最初封应龙氏于山西省长子县慈林镇应城。传说大禹治水事，曾受应龙的帮助，其后人为纪念，自称为应氏。

5. 源于其他少数民族，属于汉化改姓。历史上，西域人的姓氏中有应氏。蒙古族中有的姓应氏。

【得姓始祖】

应侯，字伯爵，公元前1046年至公元前1043年间，周武王的第四个儿子被封为应（今河南叶县西北应城，一说今河南省鲁山东部）侯，人称应侯。并以鹰为族徽，应侯子孙以封国为姓，称为应氏。姬达更名为应叔，字儒林，号仁寿讳韩，即应氏太始祖。应叔等先祖们在应国历经350余年的治国安邦，创造了西周时期应国的辉煌历史，为中华民族的崛起做出了重大贡献。

【入闽迁徙】

应姓原主要集中分布在河南省平顶山市及项城市北50里、浙江省东阳市巍山镇、永康市芝英镇及台州市仙居县下各镇贞东部及山东省蓬莱市鸭湾，其中历代又有流迁在外者，遍布国内各省。

南平峡阳应氏。唐僖宗光启元年（885），峡阳应氏始祖应世哲从河南光州固始县随王审知入闽，定居福建省南平市峡阳镇，是为峡阳应氏开基之始。岁月沧桑，峡阳应氏繁衍相传，迄今已至32代，子孙人口众多。应珍（约1062—1127），宋元年间武状元及第，授予右班殿直，任平海军节度判官，后调任泉州公海四县巡检，后以母忧回籍守制，"累仕皆不出于闽中"。其为官政简刑清，节俭奉公，勤修武备，保境安民，故为民所称颂，为同僚所敬佩，里人遂立祠奉祀其中历代又有流迁往外，遍布国内各省、市和台湾、香港及美国、日本、新加坡、加拿大、马来西亚等国。

建宁县应氏。自北宋应正郎迁入繁衍相传。应正郎，北宋大中祥符壬子年（1012）生，殁于宋元祐己巳年，享寿79岁。正郎公是绍壬公第三子，应氏始祖达公的第七十七世孙。自江西省宜黄县金童山（今属宜黄县神岗乡），出商建宁，定居于建宁县上查堡长春馆（今属建宁县里心镇）。妣全氏讳福，夫妇同葬环山前。建宁应氏后裔尊正郎公为鼻祖。主要聚居在建宁县里心镇应家坊，柏树坑等地。子孙人口众多，其中历代又有流迁往外，遍布福建三明，南平等地以及湖南，江西南昌市，新余，萍乡，抚州，吉安，赣州，上饶和浙江衢州等地。字辈是：昌明益盛，道学传家，先绪克绍，兆代英华，兴茂恩贤，福泽永辉。自北宋正郎公迁入繁衍相传，迄今已至39代。

闽东应氏也成大族，宋乾道（1163—1173）后，应福一于由赤岸（今霞浦）迁入浙江瑞安开基。

【入垦台湾】

清代，东南沿海的应姓入垦台湾。主要分布在台北、宜兰、桃园、基隆、高雄、屏东、台东第市县。

【郡望堂号】

郡望：《郡望百家姓》中有记载：应氏望出汝

南郡。《姓氏考略》中记载：望出汝南、颍川。

汝南郡：汉高帝置郡。在今河南省中部偏南和安徽省淮河以北地区。

颍川郡：战国时秦置。在今河南省许昌市一带。

淮阳堂：汉初，应曜在淮阳山里隐居。汉高祖派大臣请他和商山四皓一起到朝廷为官，应曜坚决不去。时人说："商山四皓，不如淮阳一老！"

【祠堂古迹】

峡阳应氏状元祠，堂号为"燕翼堂"。位于南平市西北古镇峡阳，富屯溪畔，这里碧水黛峰，景色雅致。祠原在西峰庵，始建于明代，嘉靖间毁于兵燹，清乾隆七年（1742）乃于上鼎建新祠，后又毁，1993年由海内外乡亲集资重建，焕然一新，台胞更以其为寻根谒祖之所。祠占地385.69平方米。

【楹联典故】

四字奇手；　三红秀才。

——佚名撰应姓宗祠通用联　上联典指后周书法家应用，江南人。善写细字，微如毛发，尝于一钱上写《心经》；又于一粒芝麻上写《国泰民安》四字。

下联典指宋代诗人应子和，尝有句云："西岸夕阳红，烛炬短烧红，风过落花红。"时人谓为"三红"秀才。后登淳熙进士。

铸史熔经光耀前烈；孝亲敬长无玷家声。

——佚名撰应姓宗祠通用联，此联为应氏宗祠宗谱记载应姓祠堂用联。

要好儿孙，须从崇祖敬宗起；欲光门第，还是读书积善来。

——佚名撰应姓宗祠通用联。此联为应氏宗祠宗谱记载应姓祠堂用联。

【族谱文献】

福建南平《西峡应氏宗谱》一至六修版本，不分卷。始修于乾隆四十四年（1779），二修于嘉庆二十一年（1816），三修于道光二十六（1846），四修于光绪三年（1877）。此为民国十三年（1924）由应象晋、应珍聘第五次续修。

福建建宁县应氏字辈是：昌明益盛，道学传家，先绪克绍，兆代英华，兴茂思贤，福泽永辉。

第一百八十一节 雍 姓

雍姓在今中国大陆的姓氏排行榜上名列第 284 位，人口约 221500 余，占全国人口总数的 0.014% 左右。在台湾排名第 368 位。

【渊源】

1. 出自姬姓，以国名为氏。西周初周朝刚建立时，周文王的第 13 个儿子，也就是周武王的兄弟，被封于雍地，就是现今河南省泌阳县一带。这位王子又封为伯爵，所以人称雍伯，雍伯是雍国的创始人。其后人以国名为氏，称雍氏，世代相传，形成了今天的雍姓。

2. 出自姞姓，以邑名为氏。据《古今姓氏辨证》记载说，黄帝的后代中，在商、周之间有的食采于雍邑这个地方，就以邑名为氏，称为雍氏。因此雍氏的姓源可以追溯得更早。望族居于京兆郡，就是现在的陕西省西安以东。

3. 源于官位，出自西周时期官吏雍人，属于以官职称谓为氏。雍人，亦称饔人，是西周时期设置的官称，专职在宫闱之中掌管君主、王妃等的膳食，隶属于内宫雍府。雍府的最高长官称"雍正""饔正"，后世称御膳大夫。

4. 源于女真族，出自金国时期金世宗完颜·乌禄，属于以先祖名字汉化为氏。金世宗完颜·乌禄，公元 1123—1189 年，是金太祖完颜阿骨打的孙子，汉名完颜雍。完颜雍出生于上京（今黑龙江阿城），庙号世宗仁孝皇帝。

5. 源于满族，属于汉化改姓为氏，我国东北一带姓雍者多源于此。据史籍《清朝通志·氏族略·附载满洲八旗姓》记载，满族觉尔察氏，满语为 Giorca Hala，以地为氏。世居长白山、佛阿拉、觉尔察等地。另外在清太祖祖父的兄长德世库后裔子孙终，犯被革退、系紫带子者，皆沿用祖名觉尔察为氏的。所冠汉姓为雍氏、赵氏、肇氏、孙氏、常氏、陈氏等。

【得姓始祖】

雍伯。雍氏出自姬姓，是 3000 多年前周朝王室的后裔，得姓始祖是周文王的第 13 个儿子雍伯。周成王继位之后，雍伯被封于雍国，成为周天子的诸侯。古代雍国的所在地就是在现在的河南省泌阳县东北与修武县接境的地方。根据《通志·氏族略》山东记载，雍读去声，原来是雍伯受封之国，雍伯的后裔称为雍氏。而《名贤氏族言行类稿》上也指出，周文王的第 13 个儿子雍伯的后代以国为姓，称为雍氏。

【入闽迁徙】

雍姓出自姬姓。上古周朝时，武王姬发打败纣王得天下以后，分封诸侯，将他的弟弟，周文王的第 13 个儿子封在雍（今河南焦作市一带，一说河南省泌阳县一带）为伯，人称雍伯。雍伯的后代中有的以封地名作姓氏，称为雍氏，世代相传，形成了今天的雍姓。

雍姓当今大陆分布在北京市、东北一带，湖南省的沅江市新华乡，江西省的萍乡市萍西镇，云南省的陆良县芳华镇，甘肃省的临洮县、康乐县，内蒙古自治区的呼和浩特市，上海市，河南省的信阳市、淮滨县，山东省的济南市，云南省的昆明市，四川省的泸州市、渠县、成都市、南充市、蓬安县、广元市、南部县，广西壮族自治区的桂林市，贵州省的遵义市，江苏省的南京市、沛县、淮安市、宝应县、如皋市、海安县，宁夏回族自治区的银川市、中卫市、平罗县，安徽省的和县，台湾省，陕西省西安市东郊等地，均有雍氏族人分布。

莆田雍姓至明代始有闻人。莆田雍姓首登科第者为雍澜，字斯道，莆田县人。明嘉靖七年（1528），由兴化府学贡，乡试考取举人。

明嘉靖十一年（1532），登林大钦榜进士第。官任户部主事，擢广东佥事，历参议致仕。其后有

第二章

雍廷鲤，雍澜弟。明正德十四年（1519），由兴化府学贡，参加乡试，考取举人。明嘉靖二十二年（1543）再捷。雍廷鲤工书法，擅长于诗词。

雍澄，字源洁，明代莆田县左厢人。其善于绘禽鸟柯石等，由承差出身擢为封川县巡检官。

【郡望堂号】

京兆郡，京兆：亦称京兆郡、京兆尹，实际是上不是一个郡，而是中央政府所在的地域行政大区称谓。

平原郡，建于西汉高祖时期的西汉初年（乙未，公元前206年），治所在今山东省平原县西南。

颍川郡，战国时期秦国灭韩国后，以所得韩地于秦王嬴政十七年（前230）置颍川郡。之所以名为颍川郡，是因为有一条河，名为颍水，其上游支系流经郡中大部分地区。

堂号：京兆堂、平原堂、颍川堂：以望立堂。

【楹联典故】

源自周代；望出平原。

——佚名撰雍姓宗祠通用联。

京兆郡孙支挺秀；燕贻堂祖德流芳。

——全联典指雍姓的郡望和堂号。

书数纷更，直道驰声太学；才长吟咏，德政留名简州。

——佚名撰雍姓宗祠联。上联典指宋代太学生雍冲。下联典指唐代国子毛诗博士雍陶。

第一百八十二节 尤 姓

尤姓当今中国大陆姓氏排行第124位，人口较多，约占全国汉族人口的0.1%，多生活在中国南方一带，在福建排名第80位。在台湾排名第83位。

【渊源】

1. 尤姓源于芈姓，出自五代时期闽越国沈氏族人，属于因谥改姓为氏。沈姓改姓而来。尤氏的主要来源，为沈氏族人避五代时期闽越王王审知的名讳而改为尤氏。沈氏，源自周文王的第十子姬聃季，因为食采于沈邑（今河南汝南）而得姓，所以天下尤姓最早的发源地就是3000年前的沈国。王审知，公元862—925年，字信通，又字详卿，光州固始人（今河南固始分水亭乡王堂村）。唐中和元年（881），随民变领袖王绪渡江南下，进入福建地区。"竹林兵变"后，奉长兄王潮为帅。尤氏源自后唐时期的福建。唐末五代时期，原籍光州固始的王审知在福建一带建立闽国，在位时为了避讳"审"字，下令把国中与其名字读音相同的姓氏全部更改。于是，在当地人口较多的沈姓不得不把姓氏的写法加以变化，把"沈"字的左偏旁去掉，右偏旁变为尤，以尤为姓。后来闽国灭亡后，一些沈姓人恢复了原姓，另外一些仍然姓尤。开闽王王审知的驸马沈宗因避王讳，改"沈"为"尤"始著尤氏。

2. 源于姬姓，出自春秋时期宋国大夫子仇牧之后，属于以先祖名字为氏。周庄王姬佗六年（前691），宋国传位至第五任君主子共，即宋缗公。到周庄王十五年（宋缗公十年，公元前682年）夏，宋国在攻打鲁国时，宋军猛将南宫万被鲁国俘虏，后来经过请求，鲁国才把南宫万放回宋国。在史籍《史记·宋微子世家》中记载："南宫万遂以局杀愍公于蒙泽。大夫仇牧闻之，以兵造公门。万搏牧。牧齿着门阖死。"后来，宋国用金钱贿赂陈国国君，陈国君主见钱眼开，又怕南宫万之勇，遂使计让妇人与南宫万饮酒，待南宫万醉了，以皮革裹之紧缚后归于宋国。回到宋国后，宋国人乱刀相向，把南宫万剁成了肉酱。

3. 出自他族改姓和其他少数民族，属于汉化改姓为氏。源于蒙古族，出自明朝时期乌鲁特蒙古猷佳部落，属于以部落名称汉化为氏。据史籍《清朝通志·氏族略·蒙古八旗姓》记载，蒙古族猷佳氏，世居乌鲁特（今内蒙古东南部兴安盟地区）。后有满族、达斡尔族引为姓氏者。源于赫哲族，出自黑龙江赫哲族尤可勒氏族，属于以氏族名称汉化为氏。今高山族、蒙古族、佤族、苗族、羌族等少数民族中，均有尤氏族人分布，其来源大多是在唐、宋、元、明、清时期中央政府推行的羁縻政策及改土归流运动中，流改为汉姓尤氏，世代相传至今。清满族人姓，世居沽河、辽阳等地；赫哲族尤可勒氏，汉姓为尤；今满、蒙古、佤、苗、羌等民族及台湾地区少数民族均有此姓。

【得姓始祖】

1. 远始祖。

沈姓远祖聃季。又称冉季载，姬姓，为黄帝后裔，周文王第十子。周初，武王驾崩后，年幼的成王即位，由周公旦摄政。当时的三监（即霍叔、管叔、蔡叔）很是不服，商纣王之子武庚于是乘机勾结三监，联合东方夷族进行反叛。在这次平叛斗争中，聃季立下大功。战后，周公旦将这位有才华的弟弟举为周天子的司空，成王后又将他封于沈，建立了沈国。后世子孙以国为氏，称沈姓。

2. 得姓祖尤（沈）宗，字士，主谥思礼，肇居福建泉州。五代时，王审知在福建建立闽国，其女婿沈思礼避他的名讳，便把沈字的三点水去掉，改为尤姓。现在福建省南安市南厅有尤（沈）思礼与夫人王郡主的陵墓，俗称"驸马墓"。唐僖宗光启二年（886），河南光州固始德胜将军王审知三兄弟起兵，携带家眷入闽。他以后统五州，封闽王，史称开闽王。同为河南光州固始的沈宗随德胜将军入闽，先居于沈溪（今尤溪县），后来到泉州从军。

他聪颖好学，才华横溢，为审知公所器重，婿于王为"郡马"。尤氏族谱记述他因"沈"与"审"同音，婿于王始避王讳去水而为尤，肇域于闽之泉州，尤之得姓自公始也。唐皇对尤宗治军的才干及归顺朝廷的功绩甚为赞赏，面对审知公称，"汝婿则吾婿"，殿前加封为"驸马都尉"。

尤姓的"尤"字原来不加点，宋朝时加了点，但是点在横笔下方，明清以后才出现今天的写法。

【入闽迁徙】

尤姓可考的起源较晚。据《后汉书·卷七十七》和《傅山全书·六卷》等所载，东汉时有尤来，汉人外孙、鄯善王尤还，龟兹王尤利多，后被班超废掉，并送往当时的首都——长安（陕西省西安），三国吴有鄱阳（江西省波阳）贼帅尤突。这些均为五代前见诸史册之人物，他们多是少数民族，但其后无世系可考。至唐僖宗光启二年（886），河南光州固始沈宗随同乡德胜将军王审知入闽，先居于沈溪县（今尤溪县），后来到泉州从军。沈宗少时聪颖好学，才华横溢，为审知公所器重，托以重任，随军治乱，战功赫赫。审知公统五州封闽王后，招沈宗为"郡马"。

尤姓始祖宗公肇居泉州，分掌四门学，封域号"卿田"，逝后谥思礼。思礼公驸马墓在武荣（南安）二十都驸岭，岭因公墓葬而得名。思礼公育有三子，长志雄、次志勇、三志威。五传至宋天禧年间，长房后裔迁居剑浦（福建南平），二房后裔杨、柳二公迁入永春桃园，开基魁源与蓬莱，三房后裔叔宝公携二子徒手入吴，长子大成居常州无锡白石里，次子大公居苏州长洲西禧里。泉州尤氏大宗祠中柱上的一副对联："开自后唐兴以南宋道学传家千百年衣冠如在，盛于剑浦萃乎温陵书香接踵亿万世簪笏常新。"对宋朝尤姓兴旺的历史做了精炼的概括。对联中"兴以南宋"指的是：分支常州无锡、苏州长洲的尤氏多人出仕，七世文献公讳辉官观文殿大学士兵部尚书，九世文简公讳袤官焕章阁待制礼部尚书，十一世庄定公讳焴官端明殿大学士工部尚书、礼部尚书封昆陵郡侯，曾被宋度宗誉为"五世三登宰辅，奕朝累掌丝纶"。自后唐迄今，簪缨不绝。

907年，王审知被后梁封为闽王，尤姓始盛于世，闽立国近40年，945年被后唐所灭，尤姓不复本姓似乎有悖常理，但无论如何，北宋之前的尤姓寥若晨星，宋真宗之后，尤姓始光芒四射，却是不争的史实。沈姓郡望有吴兴郡，因吴兴地处闽越地，沈改尤后，多数尤氏假借吴兴郡成为尤姓郡望。在北宋时，尤姓族人并不多，直至宋真宗天禧年期（1017—1022），其后人才开始大举繁衍，《常州府志》记载，宋真宗天禧年间，泉州晋江人尤叔保举家迁往浙江常州府无锡，子大公，孙尤辉，曾孙尤著，玄孙尤袤、尤梁，尤袤子尤概，孙尤火育、尤耀，曾孙尤冰寮均名载史册。尤姓自九世后，族人因外派任官、经商、移民、外出谋生等不断分支外徙，播迁海内外。尤姓在福建的除泉州外，南平、漳州、福州、宁德、三明等地都有分布。

思礼公（尤氏始祖、驸马公）——二世：志威公——三世：美公、构公（文简祖）——四世：宋公——五世：叔保公——六世：有终公——七世：阳秋公——八世：云耕公——九世：文简公（尤袤）——十世：鹏公（佳蕃一世祖）、异公、宜中公、贤公（泉州市卿田派、福州市罗源、长乐一世祖）、忠公——十一世：思宗公——十二世：宏公——十三世：无咎公——十四世：义公——十五世：惠公——十六世：君实公——十七世：天保公——十八世：信公——十九世：义端公——二十世：佛惠公（毅然公，南厅一世祖）

尤思礼肇基泉州，后裔分布南安、晋江、永春、福州、漳州、莆田、同安、惠安、龙海等地，还分衍外省及台港澳地区。

【郡望堂号】

尤姓得姓于唐季，郡望观念基本淡出社会生活，因而尤姓的郡望只能是沈姓的郡望。

吴兴郡：周朝始置县，三国时期吴国宝鼎元年（丙戌，266年）置郡，治所在乌程（今浙江吴兴），沈改尤后，吴兴郡自此成为尤姓郡望。

南阳郡：春秋战国时期称南阳的地区颇多。鲁国的南阳指泰山以南、汶水以北地。晋国的南阳指太行以南、黄河以北地区。今河南省南阳市。

汝南郡：西汉高祖刘邦四年戊戌（戊戌，公元前203年）置郡，治所在上蔡（今河南上蔡）。

堂号有树德、志清、吴兴、归闲、鹤栖、遂初等。

【祠堂古迹】

角美吟兜尤姓宗祠，又称尤氏祖厝，位于龙海市角美镇社头村吟兜社中，建于清乾隆六年（1741年），二进，前亭后院，建筑面积约160平方米。

奎洋梅陇祠，位于南靖县奎洋镇霞峰后厝，始建于明景泰年间，后毁，1999年初重建。

罗源鉴江尤氏家庙，据罗源县志记载，公元1201—1204年间，晋江籍进士、尤袤的儿子尤宜中任罗源县尉，罗源从此有了尤姓，宜中孙尤敔始迁鉴江，其后子孙繁衍，远播四方。

泉州尤氏大宗祠，尤氏大宗祠故址在泉州城内魁星堂即龙头山，始建于明初，清朝乾隆丙寅年（1746年）由锡兰公等聚集族亲同心共济，各处捐题白金重建于郡东鹦鹉山何衙埕，一祠立三龛。

【楹联典故】

五世三登宰辅　奕朝累掌丝纶。

系承晡季；源起汝南。

——全联典指尤姓的起源和源流。

依然锡麓书堂，南渡文章，上跨萧杨范陆；

允矣龟山道脉，乐林弦诵，同源濂洛关闽。

——此联采用南宋诗人尤袤祠联。

五世三登宰辅，奕朝累掌丝纶。

——南宋度宗皇帝曾亲临时任礼部尚书的尤焴的府邸，并亲笔题赠楹联一副，足见其时尤姓家族门望相当显赫。

伤寒贯珠传万世；金匮要略救千家。

——全联典出清朝医学家尤怡，著有《伤寒贯珠集》和《金匮经略心典》等。

功高固原独目将；名列南宋四大家。

——上联典出明朝固原总兵尤继先，战事中眇一目，称独目将军。下联典出南。

依然锡麓书堂，南渡文章，上跨萧杨范陆。

——允矣龟山道脉，乐林弦诵，同源濂洛关闽：此联采用南宋诗人尤袤祠联。

【族谱文献】

记载闽台尤氏族谱其中较有代表性的有《泉南卿田尤氏族谱》，文简始修，明残本，至二十二世梦鳌（1559—1643），辑先世谱系，传伪，伪又传子稚章，以郡西、卿田、御里、郡南合纂为一。稚章因昭穆未详，钞誊分送各房，不曾刊梓。直至清末民国初，卿田世族南渡数次，组织同宗重修，自宣统二年（1910）至民国三年（1914），合族修成联谱。内载尤氏唐末由河南迁泉州，始祖思礼公，驸马都尉，暨姚郡主王氏，初沈姓，光州固始人，从闽王审知入闽。卿田尤氏溯唐熹宗时入闽，开基祖佛惠，谥号毅然公（1422—1483），为守驸马公坟茔，奉其所塑玄天上帝神像同来，肇基南安卿田。毅然公次子仕斌徙居晋江四都，开基蔡坑御里房，长子信公复迁泉之西隅至。还有《长乐尤氏族谱》曾多次重修，其作者及纂修年代无考，钞本，不分卷。载有郑文玉序、尤景周序、尤传茂序、世系（总支派图、福房支派图、禄房支派图、寿房支派图）、郑店咏景等。载尤宝宾从罗源鉴江迁新宁（今长乐），为入长邑始祖，其后裔分迁不一，明时迁居长邑郑店，为郑店肇基始祖。

第一百八十三节　游王姓

原本姓王，其先世是琅琊王忠懿之后，因战乱南迁定居于汀州府宁化县石壁村。原宁化王姓为太原郡，漳浦游氏为广平郡，各取一字"原平"为游王氏家族标志。

【渊源】

诏安秀篆《游王氏族谱》（手抄本）载：吾祖王念八，讳宝生，思刚公派裔孙。原居宁化县城东门王家巷，于明永乐十二年（1414），与兄王念七，移漳州府漳浦县。念七居地诏所；念八居秀篆埔坪礤下，后移井头。念八娶妻江氏八娘，生子先益，未满周岁，念八故世。时崩田有游七十七，讳信忠，家境颇丰，仅生一女名细妹。信忠中年无子，遂鞠先益为嗣子，授之以田，为其娶妻陈氏二娘，并将其迁至盘石楼，成家立业。为谢抚育之恩，先益遂改姓游，更名佰十，为与原游字有所区别是，特将"游"字中的"方"改为"才"，这便是"才游氏"的来由。自此，据定安镇，基固叶茂，子孙繁衍。

佰十生有三子：长宗亮，次宗武，三宗晚。三子分衍成三房，并于明隆庆壬申至万历癸酉间（1572—1573），在龙源兴建祖祠。尊出生于宁化的王念八讳宝生为始祖；游百十名先益为二世祖。在清乾隆壬子（1792）以前，对先益的养父游七十七，讳信忠公，只受拜献，未登龙龛。传至十代裔孙则认为"从来继体承祧，国家每多嗣续之理，而湮代远，吾人当知忝本之恩。进溯远祖公无男，养我祖而续后，蒙育既长，娶陈氏妈而作室，抚育恩深，几同昊天之德，分田授室，实盘石之基，迄今观先业之浩大，缅衍派之蕃昌，非远祖之功，伊谁之欤！"因而在乾隆壬子（1792）之后，游七十七公始登宗祠龙龛，尊为远祖，同享蒸赏。并在族谱中告诫后世子孙："慎毋以保世滋大，而忘厥由来。"长房为今厚积下祠，二房为今龙潭北坑、龙山，三房为今厚积上楼下祠。

据查漳浦游王氏始祖王念八，原籍宁化县城东门王家巷（今宁化实验小学背后，原光严寺脚下），该地仍有不少王氏宗亲。宁化《大王王氏史略》载：始祖王起凤，讳邦，后唐两淮节度使，唐亡隐居于宁化招得里王坊（影树坑），生四子：长暨立，居影树坑；次先立，迁邻近江西石城白土（今木兰乡王坊）；三有立，迁宁化淮土小王村；四廉侍，迁江西广昌。次子先立生子二：长元郎，仍居石城白土；次子玄郎，迁宁化淮土大王坊，为大王王氏开基祖，其裔孙衍居宁化在城里（城关）王家巷。

【入垦台湾】

据漳浦《游（王）氏族谱》载：宁化王姓迁漳浦后"更姓保世，衍王氏于广平，编户口于游庆"，当今游王氏族规为生姓游，死姓王，即出生户口为游姓，死后墓碑刻王氏。游王氏裔孙广布福建、台湾各地。

【祠堂古迹】

《台湾姓氏探源》亦载：据秀篆乡《游氏族谱》称，秀篆游氏祖宗，出自琅琊王懿忠之后，明永乐间，因时乱，王懿忠（一支）自宁化移居漳州府漳浦县，兄弟中有一个居秀篆埔坪礤下，自立为游氏始祖。其后裔衍居台湾。

游王姓龙潭家庙盛衍堂，位于诏安秀篆镇陈龙村。是诏安秀篆与台湾王游氏宗亲的共有祖祠。始建于明隆庆六年（1572），道光元年（1821），台湾王氏族亲回乡祭祖时重修。1947年秀篆族人又重修一次。1990年台湾台北、台中、高雄、宜兰、彰化、桃园等地游氏、王游氏族人集资按原规格重建。占地3000多平方米，建筑面积1200多平方米。

【昭穆字辈】

《漳州过台湾》载：昭穆是血缘关系的纽带。是宗法社会里祖宗崇拜的产物，代表着每一个家族子孙的辈序排行，谓之"辈分"，或称"字沿"。凭着这个"字沿"（宁化客家叫字派），同一家族的子孙，哪怕迁徙再远，分离再久，也可以确认是否出自同一血脉的族人，并凭此以辈序相互称谓……
这种标示辈序排行的世传昭穆，随着明清时期漳州
人过台湾，又照搬到台湾，在各姓氏家族中传承，
而且至今相通沿用。例如，漳台两地姓氏家族昭穆
至今相通沿用的诏安县秀篆龙潭房王游姓昭穆：惟

宝先宗福，开家瑞有基，王廷一学士，世德永垂贻。
景象辉腾日，勋名骏发时，书传荣业绍，上国庆来仪。
秀篆龙山房王游姓与台通用昭穆：士而志文维国
典，民其好礼振家声。槐庭启运千秋茂，立雪嗣徽
万古荣。

第一百八十四节　于　姓

于姓，亦作邘姓，在宋版《百家姓》中排名第82位。在2000年第5次全国人口普查中，于姓人口有1141万人，于姓在中国大陆列第28位，占全国人口的0.92%。在台湾排名第110位。

【渊源】

1. 出自姬姓，为周武王姬发的后代，以国名为氏。据《新唐书·宰相世系表》所载，西周初年，周武王克商后，大举分封诸侯，其第二个儿子邘叔被封在邘国。后来，邘叔的子孙就以国名为氏，有的姓了邘，有的则去邑旁姓于，是为河南于氏。春秋战国混乱，邘叔有后裔迁山东郯城，为山东于氏。《新唐书·宰相世系表》载：周灭商后，周武王大举分封诸侯，封第二子邘于邘（今河南泌阳县的邘台镇），子孙以国为姓，称邘氏。后去邑旁称于姓。亡国后，在河南境内播迁。秦汉时，于姓以河南为中心向周围迁徙。魏晋南北朝，于姓后裔随军南迁。北宋以来，由浙江迁闽入粤。

2. 出自古复姓淳于氏。古炎帝姜姓齐国公子、文学家淳于髡的后裔淳于氏，在唐代时避讳宪宗李纯改单姓于氏。据《古今姓氏书辨证》所载，淳于公子孙，以国名为姓，称为淳于氏。唐贞观年间所定皇族七姓，有淳于氏。至唐宪宗李纯时，为避讳（"纯""淳"同音），复姓淳于氏改为单姓于氏。到了宋代，又有部分于姓恢复淳于姓，也有一部沿袭未改的，形成此支于氏。

3. 出自北魏勿忸于氏。北魏前期中原于氏避三国之乱于平城而改姓的万忸于氏，在孝文帝汉化改革时，恢复本姓于。据《路史》所载，鲜卑族的万忸于氏原为山东于姓人，后随鲜卑俗改之，孝文帝汉化改革，又复于姓。实际上，他们是汉朝于公的后代，在三国战乱时，随拓跋邻部离开中原，并为了适存于鲜卑族而改姓为万忸于氏。到后来鲜卑族的拓跋珪在我国北方建立了北魏，才又重回中原，复姓为于而已。居住在北方的于姓之人乃至播迁全国的于氏族人很多都是此支于氏。

4. 出自赐姓或少数民族改于姓而来

（1）明朝时赐元人巴延达哩姓于名忠，清朝时，南方的部分尼玛哈氏改于姓。（2）又有达斡尔、鄂伦春、土、回、高丽等少数民族有改于姓者。

【得姓始祖】

邘叔，又名姬诞，乃周武王次子。武王灭商后，其被封于邘，建立邘国。此后，姬诞号称邘叔，成为于姓的始祖。

【入闽迁徙】

于姓最早期的繁衍播迁，是在今焦作沁阳北部一带，这里是古邘国所在地，也是于姓的发祥地。邘国灭亡后，于姓族人主要生活在今河南省境内，播迁也以河南境内为主，如方城、午汤、许昌、伏牛山等地。主要是以中原地区为繁衍播迁的中心，并形成三大郡望，即河南、东海、河内。是一个典型的中国北方姓氏。在中国的历史上，最有影响的于姓名人当属明代兵部尚书于谦。

唐朝初期，就有于姓族人迁移到广东和福建定居。于兢：五代时期梁相国，善画牡丹。幼年从学，因靓学舍前槛中牡丹盛开，乃命笔放之，不浹旬夺真。后遂酷思无倦，动必增奇。贵达之后，非尊亲旨命，不复含毫。福州莲花峰"闽王纪念馆"闽王祠内碑院立着"恩赐琅琊郡王德政碑"，碑高4.9米，宽1.87米，为唐天佑三年（906）于兢撰文，王偓书写。

北宋太宗年间（960—995），于福铉为官入闽，定居闽侯。生子于十一、于十二。皇上招贤应试中榜，两子官居光禄大夫。两人奉旨领兵剿寇，战败，后子孙迁入尤溪开基长安里（十六都至二十一都，现为尤溪县新阳镇中心村于氏人口近2000人）松栢坑居住，后至于明（约）1440年有一脉中心村开基尤溪县二十一都华阳唐下窟底厝（据先祖文明公墓碑文记载唐下原称唐夏）。后有一脉（时间不详）从唐下迁移渔洋（距离唐下3公里）。

追至第四代文明公（生于明正德十三年戊寅公元1518年，卒于万历四十一年癸丑，即公元1613年，享年96岁，墓葬唐下下尾林蛇形座丙兼午，立有墓碑一块，）聚毕生努力于明嘉靖庚申三十九年，即公元1560年始建房屋一座，坐落于唐下窟底厝，形局为"燕子抱梁"，六扇七柱，高1.36丈，于氏后人尊为祠堂，取名：善和堂，此为华阳唐下窟底厝于氏之始祖。

北宋末年，金兵攻陷东京汴梁（今河南省开封），并掳走徽、钦二宗，有于姓人随往黑龙江。南宋后期，于姓开始由浙入闽，由闽入粤。明朝于秋八后裔，从中心村陈墩洋（三房）迁徙江西。明永乐年间，于尚一后裔从中心村长崎（长下）迁徙江西。

另据于忠林提供江西《上广于氏家谱》中，有《旴丰于氏族谱源流靠》记载："第一世——九祖，字元信，望出江陵宋真宗时人，旧普记载公先由湖广徙居江西建昌之南丰二十都于家碟娶邱氏。" 九祖由湖北迁徙至江西，这是江西于氏的先祖，到目前于忠林老家族支已经繁衍至第二十八世。后裔迁往福建光泽县二十都招德堡。

三明尤溪族谱记载，新阳镇中心村、双鲤，中仙华阳、善邻、管前镇皇山、西城镇光林于姓：

明景泰年间（1450—1456），第十二代后裔从长崎开基中仙华阳村塘下窟底厝。塘下于姓后裔（具体时间和姓名不详），迁入华阳附近的渔洋居住。

明永乐年间（1403—1424），居住在上白泉长岭兜的于姓后代（具体时间和姓名不详），迁居到中仙善邻村山坑墩头。

明正德年间（1506—1521），上白泉于保道迁入三都南家山（管前镇皇山村）定居。

华阳塘下于文明，迁移到三明陈大棕南村定居。

于姓尤溪全县共2222人，占全县总人口0.5%，姓氏人口排序位于全县第35位。其中：

新阳镇1097人，分布在中心村上白泉、下白泉、双桥、双鲤、长崎。

管前镇432人，分布在皇山村。

西城镇378人，分布在光林、北宅、玉池、凤元村。

中仙乡136人，分布在华阳、善邻自然村。

城关镇141人。

于元凯、于颖：郑成功的骁将，他们在江、浙、闽一带曾多次挫败过清廷的锐气，清廷一直通缉他们。于氏在金坛县是名门望族家资富饶，在通海冤案中险些误入彀中。于元凯最后在"江左三大家"之一的龚鼎兹夫人的周旋下，通过孝庄皇太后将其赦免，最终云游而不知去向。

台湾的于姓族人是明朝末年从福建迁入的，目前，台湾的于姓族人大部分生活在台南、嘉义等地，台北市北投区秀山段三段、高雄市立鼓山、新竹市高峰路、桃园县龟山乡。

【郡望堂号】

邢叔的后代以"东海"为郡望；鲜卑勿忸于氏以"河南"为郡望；出自"淳于"的于姓人，以"河内"为郡望。此外还有：河内郡、京兆郡、广陵郡

各地于氏宗族谱河内堂：以望立堂。

京兆堂、黎阳堂：以望立堂。河南堂：以望立堂，亦称三川堂。广陵堂：以望立堂，亦称江都堂。东海堂：以望立堂，亦称郯郡堂、海州堂。忠肃堂、救民堂、兴驷总记（大驷堂）。

【祠堂古迹】

罗源洪洋于氏祠堂，罗源洪洋乡厝坪村西，清代，362平方米，坐北朝南，面阔三间，进深五间，戏台、谯楼、祖殿组成，悬山顶。"七星世家""奎映堂"等匾额。

尤溪县中仙乡于氏祠堂，堂名善和堂，尤溪于姓从于十一、于十二定居下白泉（新阳镇中心村下白泉）后，建祠立祖。清代重修，至1997年重建一座砖木结构座寅兼甲六扇。

【楹联典故】

播定国之德治可大其门闾；绍志宁之风行无愧于独处。

河内世胄；汉室蜚声。

威隆节钺；德卜门高。

——上联典指三国魏名将于禁，字文则，钜平人，曹操名将。武帝时召拜军司马，征战有功，治军严整，累迁左将军，封益寿亭侯，假节钺。谥厉。下联典指汉代廷尉于定国，字曼倩，东海郯人。宣帝时任

廷尉，为人谦恭，决疑平法，务在哀鳏，加审慎之心，当时人说："于定国为廷尉，民自以不冤。"少学法于父。父死，亦为狱吏，后擢为丞相，封西平侯。

勤劳土木；妙选瀛州。

——上联典指明代杰出和政治家于谦，字廷益，钱塘（今浙江省杭州）人。永乐进士。历官御史、兵部右侍郎。正统十三年（1448），迁左侍郎。次年秋，瓦剌也先大举寇边，宦官王振挟英宗亲征，兵部尚书邝野从征，留他理部事。未几，发生"土木之变"，英宗被俘，京师震恐。监国成王擢之为兵部尚书，全权经划京师防御。他拥立成王即位，是为景帝。十月，也先挟英宗破紫荆关入窥京师，他分遣诸将列阵九门外迎敌。而亲自督战，也先挟英宗北逃。景泰元年（1450），也先乞和，请归英宗。及迎还英宗，安置南宫，称上皇。后以所谓"谋逆罪"被杀害。下联典指唐初大臣于志宁，字仲谧，京兆高陵（今陕西省高陵）人。贞观中为太子右庶子。高宗时拜太子太师，同中书门下三品。并封燕国公。以华州刺史致仕。

长歌昭日月；大笔撼乾坤。

——此联为台湾政治大学挽于佑任联语节录。于佑任，原名伯循。陕西泾阳人。光绪举人。工诗词，精书法。有《佑任文存》《佑任诗书》等，亦擅联语。

于则翻开鞋历史；惠施列入传名家。

——相传黄帝的臣子则，发明了用麻编织的鞋子——履，结束了上古人光脚行走的历史，因此被封在于（在今河南内乡县），称为于则。他的后代就是于氏。故于姓的始祖于则翻开了制鞋的历史。惠施，战国·宋人，古代哲学家，名家的代表人物之一。主张"合同异"说，认为一切事物的差别、对立是相对的。他博学善辩，与庄子是好朋友，思想观点相近于老子之"道"。汉书《艺文志》《名家》著录"惠子"一篇，已佚。

【族谱文献】

福建省尤溪县中仙乡华阳村于氏族谱序：昔闻白泉杖者言此乡之祖居者前有林氏之家后有于氏为邻宋之时有林公讳积者生在此地登进士官中散大夫而子孙之盛有移于馆前居者近有林姓是此祖也后有于氏亦宋时大夫之裔移居白泉而子孙之盛有迁于四

处居者今有于姓是此祖也故名其境白玉泉名其坊曰容驷此二氏者咸白泉宋时之祖也尝云积德累仁者而福泽流于子孙必远林公之积德而于公积德之人也子孙并居此乡不亦宜乎林氏之盛自有原矣考其于姓郡出河内祖始于公东海剡人也为汉理官治狱多荫德预知后世必有兴者令高大其闾可容驷马生子定国公继父志官廷尉元帝初拜相封西平候迄于三国魏时有禁公为虎威将军泽及于民称其名将历晋及前五代而至于唐有志宁公为瀛洲学士贞观中为太子庶子后佑公策试第一官学士文頔公官刺史此见于氏始祖之所由来也又历后五代而迫于宋于氏子孙人文之多簪缨之盛时有任官来闽寓于侯邑有迁于尤溪长安里松柏坑居焉有十一公十二公又移于进溪里六都白泉开基于白丹墘立业置产入籍尤溪子孙众多士农工贾各守其职乃知于氏子孙克承先人之志也元大德辛丑五年有十二代重孙贵敬公志传开基白泉之祖历载分枝外居之宗合立一图以为后代子孙荣盛之志又及于明至于清历年愈远枝派于多而于氏子孙恐年世之久旧图有怀托为其序重修立谱可以永念先祖之德而福泽流及世世不忘矣此谓积善之家必有余庆录序为鉴云岂逢。

台湾存于姓家谱：[江苏江都]《于氏十一修家谱》二十卷首一卷。《于氏十一修家谱》；《瓜洲于氏十一修家谱》；《瓜洲于氏家谱》；《于氏家谱》于树滋，据哥伦比亚大学东亚图书馆藏民国十年（1921）木活字版印本缩制 （南北朝）于谨（明）于通海 于氏由中原迁江苏省到江都县；于氏由中原迁江苏省到扬州；谱序（跋）；目录；恩荣；妇女；凡例；世系源流（郡望堂号）；祠庙；艺文；昭穆；世系表；像赞；族产；传记；家族规范；礼仪风俗；方技；修谱 事宜；墓图；公文书。

【昭穆字辈】

荣宗耀祖克振家声诗书继起忠孝贤良兰芳桂秀永赐蕃昌，大启光谋祥瑞昭明仁义先立得顺友谊修齐平治远庆兴隆。

第一百八十五节　余　姓

余姓在中国姓氏人口数排行第51位的大姓，人口较多，约占全国汉族人口的0.41%。在福建第29位。在台湾排名第40位。

【渊源】

1. 源自姬姓，出自春秋时秦由余之后，以祖名为氏。据《风俗通》所载，余姓为"由余之后，世居歙州，为新安大族，望出下邳、吴兴"。春秋时，秦国有个臣医叫由余，他的祖先是晋人，避乱于西戎。由余本来在西戎为官，后奉命出使秦国，见秦穆公贤德大度，就留在秦国为臣。他为穆公谋划征伐西戎，使秦国成为西方霸主。他的后代子孙以其名字为姓，有的姓由，称为由氏；有的姓余，称为余氏，由、余两姓同出一宗。

2. 出自姒姓，为夏禹小儿子姒罕，封姓为余氏。大禹第三子空（又名罕）封为余度王，后代以余为姓。据《姓考》所载，相传夏禹之后有余氏。大禹生有三子，大儿子启，姓姒，小儿子叫罕，封姓为余，其后代相传余氏。禹妻是绍兴涂山之女，禹封小儿子姓余，有纪念妻子之意。

3. 出自赤狄族，为隗氏五姓之后有余姓。据《国语》所载："潞、洛、泉、余、满五姓，皆赤狄隗也。"

4. 出自他族和他姓改姓而来：

（1）据《余氏总谱》载，云南镇雄县余姓，自称系铁木复姓所改，为元太祖成吉思汗（铁木真）的后代，出自铁穆氏宰相之家。有诗为证："余本元朝宰相家，洪兵赶散入西……前传诗句词如此，后嗣相逢系本家。"

（2）傈傈族以鱼为图腾的挖饶时氏族，汉姓为余。

（3）羌族余约志房名，后改为余。

（4）四川、甘肃一带白马藏族之严茹氏、热则氏、陪茹氏等汉姓为余。

（5）锡伯族余木尔其氏汉姓为余。

（6）其他如苗、彝、布依、满、土家、白、保安、羌等民族均有此姓。

（7）系铁木复姓所改，为元太祖成吉思汗（铁木真）的后代，出自铁穆氏宰相之家。相传铁穆宰相乃是忠臣，太祖听信谗言，要捉拿铁穆宰相的5个儿子。五子星夜出城，逃至贵州，见太祖亲领追兵前来，就躲在凤锦桥下。追兵到来时，有人见桥下水波动荡，提出可疑，太祖未加细查，随口说："江中有水，水中有鱼，何必大惊小怪，快快继续向前追赶。"铁穆氏五兄弟逃脱后，原想改铁穆氏为金氏，最后决定改为余氏。"余"比金字少一横，又是"水中有鱼"的鱼字的谐音，堪称一字双关。

【得姓始祖】

由余，春秋时秦国的大夫，也作繇余。其祖先原为晋人，逃亡入西戎（古代西北少数民族的泛称）。初在西戎任职，后奉命出使秦国，见秦穆公贤德大度，便留秦国为相，很得穆公信任。时秦作为众多诸侯国之一，其地位并不显要。由余为上卿后，果然不出穆公所望，他助秦穆公谋划攻伐西戎之策，灭国十二，拓地千里，而称霸西戎，最后使秦穆公成为春秋五霸之一。由余因曾为秦国富强、统一天下奠定了坚实的基础，后人引以为荣，遂以其字为氏，尊其为余姓的得姓始祖。

【入闽迁徙】

春秋时的秦国，建都于雍（今陕西凤翔），占有今陕西中部和甘肃东南端，由余的后裔在春秋时繁衍于这一带。唐代以后，余姓才得以迅速繁衍壮大起来，并逐渐在东南部一带形成两处望族。余姓入闽，主要有：

1. 汉武帝时，朝廷军队进入福建围剿闽越王无诸，将士中就有余、许、何、黄等姓。东汉永和元年（136），郡望下邳的余珠杰从徐州徙居浙江余杭。三国蜀汉景耀四年（261），他的第四世孙余永华入闽居延平，后迁居将乐东街，又迁徙沙县竹溪坊。至宋代，余荣从沙县迁居清流县明溪镇；其后裔播迁明溪胡坊眉溪。北宋乾德二年（964），明溪余氏后裔卜居清流县永德里高城，宋末元初，其后裔余胜宝又从清流高城迁居宁化泉上里上畲，转徙明溪夏坊箭竹坑。（见宁化水茜《下邳郡余氏族谱》）宁化余氏均为汉代名将珠杰公之后。东汉顺帝永和元年（136），珠杰官拜平虏将军，加封车骑将军，属下邳郡，其后有裔孙余祯，以功封新安侯，即为新安郡。裔孙分衍江西石城、宁都等地。

2. 南北朝梁大通二年（528），有北方人余烈入闽为官，后来在建阳定居，余氏后代遂散居古田、尤溪、莆田等地。

3. 唐总章二年（669），河南人陈政、陈元光父子率军入闽，部将中有余姓者有队正余良、余克（充）随从并落籍漳州、三明，后又分迁福州各地。

4. 唐开元年间（713—741），一说南朝梁时（502—557），余青因任建阳令而入闽。举家从泗州迁徙五夫（今武夷山五夫镇）。其裔孙余焕，字有文，于唐天宝九载（750）迁古田县杉洋。余焕之裔余廷现迁居漳州；至十世余安诰，官任大理寺司直，有五子，长余晔迁莆田，次余炳迁广州，三余噍迁仙游，四余叔昉迁安溪，五余曜留居漳州。此支余姓入闽较早，后裔繁盛。《潭阳余氏族谱》载："始祖青，世居河南固始，梁武帝时，宰闽之建阳，闻侯景扰江南，遂解组而避焉，是为入闽鼻祖也。"余镐，字周京，建阳人，唐咸通年间进士第，官任校书郎，黄巢兵乱，举家迁入莆田，王审知据闽，辟召不应，耕隐壶山以终。

5. 唐天宝年间（742—755），端介之孙余大成任建州建阳令，从浙江移居建阳。余大成有子八，播迁不一。长子余焕及次子居古田，三、四子居建阳，五子余魁居莆田黄石。莆田余氏传至五世余镐为唐咸通四年（876）进士，中和辛丑（881）避乱，弃官不仕，隐耕于壶山。八世余积到仙游度尾开基。十一世余殊的长子祖章迁居仙游，分支永春洋上。

6. 世居下邳的余氏一支，裔孙余岳仕于秦，任徽州刺史，子孙占籍歙县，后流落光州固始。余章唐末避乱，随王潮入闽，先居三山，后家于武荣（今南安诗山）。安溪、晋江之余姓多源于本支，也有由莆田分支入泉的余姓。

7. 据安溪《芦田云山余氏族谱》载，余姓另一入闽始祖余章，为唐光禄大夫，世居河南光州固始县，唐中和四年（884）从王潮兄弟入闽。后梁开平三年（909）王审知称闽王，余章精于岐黄之术，医技高超，为王府太医，居福州三山乌山之畔雁塔村，堂号称"雁塔"，是为福建余姓一世祖。余章三子余溥迁剑水之五十都（今尤溪新桥镇）。余章三世孙余琳生二子，长余端，次余靖。余端于宋雍熙二年（985）迁漳平四嘉山。五世余东园于宋景祐四年（1037）迁安溪。

8. 唐末，余渊海，由安徽新安乡开基同安十五子山下新安乡。其长子余从，迁广东曲江。次子余咸，迁江西。三子余衮，于唐僖宗乾符年间因避黄巢农民起义之乱迁光泽县，再迁宁化县。其后裔余九十五郎余南宋孝宗隆兴年间由宁化炉口头牛栏岗迁永定金丰坝头社，余九十五郎为永定一世祖。九十五郎的长房曾孙余得真又迁永定湖坑镇洋刀村（现名洋多），其后裔余士康，于元代中叶移居南靖县靖城沥阳村（现沥水乡）。

9. 唐末，有建阳（今南平）人余镐在黄巢攻陷建州时，避居莆田，后耕隐壶山以终；还有余渊海因避黄巢兵，自福建同安北迁邵武，于唐僖宗光启年间再转入韶州曲江县（今属广东）武溪，是为余姓入粤始祖。此后不久余渊海次子余咸徙居湖南长沙，三子余衮迁居浙江杭州，长子余从留居当地。其三子后裔又有迁江西之奉新、临川、广东省之五华、梅州、大埔、平远、海丰等地者。

10. 南安《诗山前山余氏族谱》记载：今诗山镇前山村余氏，其先祖余黄敦本居光州固始，唐末五代时迁居南安新安，后择武荣（南安）之北而家焉，其地号称余山，元时其后裔居诗山。

11. 北宋太祖乾德年间（963—967），余兴祖从福州迁居宁化县柳杨团翁舍坊（今明溪县盖洋镇境内），其孙余六郎迁居白叶，后裔分迁宁化、清流等地。南宋孝宗隆兴年间（1163—1164），余九五郎从宁化县炉口牛栏岗徙居上杭县金丰里坝头村（今属永定县），余九五郎为永定县余姓开基姐。其长房曾孙余德贵又徙湖坑洋多（今永定县湖坑镇杨桃村），后裔余士康于元代中叶迁居南靖县靖城镇沥阳村，裔孙余振邦等迁居台湾。南宋末年，余秋岩（三九郎）开基上杭县。明初，余马从江西抚州府金溪县奉调来武平县武所守御，在老城开基。

12. 南宋绍兴十六年（1146）余顺僧，从河南光州府固始县河涧村南迁入闽，任福清县学官，后定居登瀛（今福清市龙田镇东营村），后裔播迁东壁岛，有的迁徙南平、顺昌及上海、广州、杭州、苏州等地。

13. 明弘治二年（1489）余海、余安两兄弟，从浙江金华府永康县小桥村南迁入闽，定居怀安县十九都河阳社坑（今闽侯县大湖乡河洋村）。

【播迁海内外】

福建余姓到了宋代，走向全国，而且人才济济。明清之际，余姓不仅遍及江南各地，而且北方之余姓也得以繁衍发展。

方田龙虎地《新安郡余氏家谱》：我祖派衍宋端祝公，籍本金陵太平府芜湖县，登进士第，与弟端礼同仕光宗朝。礼入相，公为新安大夫，遂为新安郡焉。端祝生二子：煌、炘。炘，官太常博士，衍原籍。煌，由进士任湖广武昌县知县。煌生子宏。宏生二子：绣、绵。绵仍居武昌。绣，由乡进士任九江德安知县。时遭危乱，效陶朱公游，道经宁阳（宁化）龙下里，有山庄附近武层，见其层峦叠嶂，九曲溁洄，卜而居之，命曰余家庄。至十一世庆郎，时值明洪武丙辰（1376），避寇兴善里石门屋场窠，辛未（1391）挈妻孥避乱龙上上里冬茅窠。越数载乃迁今之龙虎地（方田大罗村），庆郎即为龙虎地开基祖。

永定仙师余坑里《新安余氏族谱》载：余坑里开基祖余万一郎公其上祖均由广东韶关原曲江县武溪迁来，而东粤之祖是余渊海，字寅戈，来自闽省同安新安村，因避黄巢之乱，于唐僖宗光启年间（885）迁居广东曲江武溪。渊海的上祖亦来自中原甘肃天水，陕西凤翔一带，南迁后居南京邳州，后又翻越武夷山进入福建宁化炉口头牛栏岗，嗣后，再乘九龙江南下到达泉州府同安新安村，成为当地望族。明孝宗弘治间，万一郎公自金丰里湖坑下南溪移居仙师金寨坻洋坑开基，为余坑开基祖，裔孙衍播漳

州南靖，广东及南洋各地。目前居住在美国、加拿大、菲律宾东南亚各国及我国港澳台的余氏宗亲，绝大部分其上祖均来自广东韶关曲江渊海公后代。

长汀河田《余氏族谱》：先祖清高公原籍江西抚州临川县张坊。宋景祐三年授朝议大夫。元初任汀州路判官职，生十子，一至六郎曾分别前往宁化白叶守祖坟和护母回原籍，后又散居赣南各地。九郎、十郎率子孙沿汀江南下广东潮州府饶坪黄岗及嘉应坝头竹园下开拓发展。明清时期部分嗣孙移居我国台湾及南洋等地谋生，也有相当部分回迁赣南分散而居。唯七郎、八郎二公当时报籍并定居汀州。现在闽、赣、粤、台各地有着众多清高公后裔嗣孙。

林富保《武平客家百姓源流郡望堂联汇考》（载《武平文史资料》增刊）：北宋仁宗景祐三年（1036），余清高由江西省抚州临川县张坊，官授福建汀州路判，居家长汀，生十子：一郎、二郎、五郎、六郎随母黄氏回转故里江西临川县张坊；三郎、四郎移居宁化白叶留守父坟（清高葬于宁化白叶）；七郎、八郎仍住长汀各地；九郎、十郎移徙广东潮州、饶平等地。余氏族人中因此流传有"十子闯九州，一子守汀州"的佳话。余清高被奉为闽汀余氏一世祖。历传六代有余承庆，俗称大一郎，于明洪武元年（1368）由长汀县城迁宣城余家地。承庆之子千六郎，于洪武初迁武邑大二图一甲澜溪乡樟树下开基。

【入垦台湾】

清朝初年，余姓先人由福建移台，移居安溪县长埔乡来苏里，其后代子孙于清时渡海入台，成为台湾的余姓先祖。现多分布在台湾的高雄市前镇区、中坜区、冈山区及台北市松山区、新竹市、桃园县等地。据伊能嘉矩《台湾篇》记载，乾隆十二年（1747）余姓与马、高等八姓入垦高栗二堡南势北势梅杵乡（今苗栗通霄），此后，闽、粤余氏又有不少人陆续迁到台湾。目前余姓是台湾第40大姓。目前余姓在台湾地区的分布，非常平均，目前以台北市最多，北县次之，再次是高雄县、台南县、新竹县、苗栗县、基隆市、桃园县、屏东县、南投县、彰化县、云林县、高雄市、嘉义县。

【郡望堂号】

新安郡：晋太康元年（208）改新都郡置郡，治所在始新（今淳安西）。相当于今浙江省淳安以西，安徽省新安江流域、祁门等地。

下邳郡：东汉永平十五年（72）改临淮郡置国，治所在下邳（今江苏省睢宁西北），辖地北至江苏新沂、邳县，南至安徽嘉山，东至江苏省涟水、淮安和靖江市。南宋时改为郡。泉州余氏多为下邳郡。

吴兴郡：三国吴宝鼎元年（266）置郡，治所在乌程（今浙江省吴兴南），相当于今浙江省临安、余杭、德清一线西北，兼有江苏省宜兴县地。

清严堂：宋代余元一，是朱熹最喜欢的门人，最讲仁义理智信五伦，号"清严"。

忠惠堂：宋时余天锡是宰相史弥远的家庭教师。沂王无后，命天锡在王族里找一个比较有贤德的幼儿做儿子。天锡给他找来了贵庄，就是后来的宋理宗。理宗即位，封天锡为奉化郡公，死后谥"忠惠"。

八贤堂：北宋仁宗时余靖，曲江（今属广东省）人，官至工部尚书。他以敢直言著称。仁宗天圣年间，与欧阳修、王素、蔡襄并称"四谏"。范仲淹被贬时，朝野百官不敢吭声，唯他出来为范仲淹主持公道，结果一同被贬。后任右正言，多次上书建议严赏罚，节开支，反对多给西夏岁币。他又曾三次出使辽国，因用契丹语作诗被劾。不久又被起用，加集贤院学士，官至工部尚书，著有《五溪集》。后来，广州设有一座"八贤堂"，余靖即为"八贤"之一。

此外，还有下邳堂、敬义堂、敦睦堂、亲睦堂、敦本堂、四谏堂、风采堂、绍贤堂、永言堂、丰乐堂、端本堂、维新堂、锦乐堂、致和堂、明德堂、雍肃堂、笃亲堂、宝善堂等。

【祠堂古迹】

青阳余氏宗祠，位于安溪县尚卿乡青洋村（古为龙兴里青阳）。北宋景佑四年（1037），余叔昉从漳州迁入清溪（今安溪县）龙兴里青阳（今尚卿乡青洋村）肇基，卒葬青洋村鸡母笼山。青阳（青洋）余姓后人尊余叔昉为一世祖。有《清溪青阳余氏宗谱》。

青阳余氏寨口尾祖宇。位于青阳，始建于北宋景佑四年（1037），坐西朝东。建筑面积各220平方米。

青阳余氏中洋祖宇。位于青阳，明天顺五年（1461）由十四世余位侯建，坐北朝南。建筑面积各220平方米。

青阳余氏中兴祖宇。位于青阳，明成化七年（1471）由十五世余圣舟建，坐北朝南。建筑面积各220平方米。

云山余氏乾元祖祠，位于安溪县芦田镇云山村。青阳（青洋）余氏一世祖余叔昉（东园）的次子余侔，移居清溪县还集里乌土乡隔头村（今安溪县芦田镇云山村）。祖祠始建于南宋淳佑十一年（1251），清光绪七年（1881）重建，定名"乾元祖祠"。祠坐东南向西北，占地面积200平方米。

院下余氏宗祠，位于南安院下。始建于明代，历代修葺。院下余氏宗祠造型独特，正堂与门楼相距数十米，中间大埕面积0.42亩，地面铺石板材。门楼大门口石埕面积0.46亩，埕前有一个大池塘占地1亩。

永春新坂堂，坐落于永春县桃城镇洋上村。始建于清代，新坂堂原系余光中祖居，现为余氏祖厅。余光中祖地。为省级文物保护单位。

光明余氏宗祠，坐落于将乐县光明乡光明村。元明时期始建，清嘉庆二年（1797）重建，1993年维修，现存建筑为清后期风格。祠堂坐西南朝东北，占地面积约200平方米，附属文物有左侧的余氏祖墓。

禅林祠，又称余氏祠堂，位于宁德市古田县杉洋镇杉洋村。始建于宋景德四年（1007）。

芝山祠，又称余氏宗祠，位于古田县鹤塘镇芝山村。始建于明弘治十二年（1499），清雍正元年（1723）、1986年两度重修。占地2125平方米。

【楹联典故】

望出新安绵世泽，系承由余播惠长。

——余姓族人通用的堂联之一。

乾水朝宗源流远，元气盈堂世泽长。

乾坤毓秀聚宝地，元宇宏开富贵基。

乾下余氏，皆夏禹三子之裔；元宇始祖，有云南都督之尊。

——云山余氏乾元祖祠楹联。

莆海家声大；雁门世泽长。

——余氏族人常用的楹联之一。莆海指莆田，地处海滨。雁门为山西省雁门郡，古代余氏家族的聚居地之一，此联说本支余姓由雁门迁移而来。

安定家声大；赐书世泽长。

——余姓族人通用的堂联之一。安定郡系古代余氏家族聚居地之一。

【族谱文献】

闽台余氏族谱有《书林余氏重修宗谱》建阳书林乡余氏宗族所修谱牒，余昭攀编撰。始修北宋元祐二年（1087），南宋隆兴元年（1163）余大亨续修，元至正十九年（1870）余省三重修，光绪二十二年（1896）余振豪等重修，今本为民国间据清光绪钞本，不分卷共 12 册。第一册辑录新旧谱序、世代源流考、族禁、族规、恩命录、历代履历事迹、仕宦、祠图、地图、历代祖像和墓图，修谱执事名录，领谱字号和递世行序等项纪事。第二册至十二册为世系图部分，载列上自第一世余焕，下迄清光绪二十二年第五十四世各房世次。内载入闽始祖余青，于南朝大通二年（528）自河南固始而仕闽，任建阳县令，其八子随同来闽，后因侯景之乱，而定居建阳，八子或以出仕、贸易而往异地，散处各州郡，长子焕迁古田县，递传至南宋，其十四世孙同祖，解组后游历至建阳书林，遂定居，创建阳宗祠，余青为始祖。还有《余氏大宗谱》为台湾桃园余远新主编，1975年桃园余民宗亲会铅印本，不分卷。载始祖宋余象日、余象月、余象星。此外有《南轩堂余氏家谱》为余万英纂于清嘉庆十三年（1808），《雪峰余氏房谱》为归化（今明溪）四都雪峰余氏家族谱牒。清代余光志等修。

第一百八十六节 俞 姓

俞姓在全国姓氏排行榜上名列第119位，在福建排名第76位。人口约140万，占全国人口总数的0.12%左右。

【渊源】

1. 源于姬姓，出自黄帝属臣跗之后，属于以物事称谓为氏。据史籍《通志·氏族略》和《史记》等记载，黄帝时有名医跗，其医术高超，精于腧经之治，为中国传统中医经脉理论的奠基人。腧，为"脉之所注"，就是人们俗称的"穴道"、脉之端口，故而大家皆称名医跗为腧跗。在古代，"腧"与"俞"二字相通，后简笔写作俞跗。在俞跗的后裔子孙中，为光大先人的经典医术，多称为俞跗氏，后省文简化为单姓俞氏，世代相传至今，是非常古早的姓氏之一。

源于姬姓，出自春秋时期郑国公族公子泄堵俞，属于以先祖名字为氏。泄堵俞，为鲁国王室公子，是鲁庄公姬同的小儿子。在周襄王姬郑十六年（前636），鲁国公子泄堵俞率鲁军征伐滑国（原在今河南睢县，后迁费，即今河南偃师氏缑镇，故又称为费滑，后被秦国所灭），后被鲁僖公（鲁釐公）姬申封赐于俞地。俞，又称符俞，亦称先俞、西俞，即今江苏省泗阳县。

2. 源于姒姓，是大禹的后代。自越王勾践（前496）七世之苗裔，大禹的儿子启建立夏朝，赐姓姒氏，分为十二姓，依次为：姒、夏、余、佘、徐、俞、顾、禹、侯、涂、寇、鲍。吾俞氏从此而降，便以俞为姓矣。属于帝王赐姓为氏。据史籍《姓氏考略》中记载："传夏禹之后有俞氏。"

3. 源于芈姓，出自春秋时期楚国官吏俞人，属于以官职称谓为氏。据史籍《路史》记载："春秋时楚公族有大夫俞人，相传至今。"其实，俞人，并不是芈姓直接衍派的血缘氏族，而是官职称谓，就是执掌建造船只的官员。俞，在远古时期就是指挖空树干做船（独木舟），"以为河径"，就是渡河的工具、途径。后在春秋时期的楚国泛指船。俞人，开始指制作船只的工匠，后演变为督管船只建造的官职称谓，直接隶属于尹司。由于楚国地处江淮平原，渡河运输、作战十分频繁，因此"俞"是楚国令尹辖下的重要职能部门，俞人是不可或缺的职位。至战国中期的周显王姬扁四十六年（楚怀王六年，公元前323年），由楚怀王熊槐改称其为更明确的"舟节"，与"车节"一起归由工尹启之府统一管辖。在战国时期的楚国，"节"是"专"的意思，舟节就是专职掌管水路营造、运输的官位，车节就是专职掌管陆路营造、运输的官位。后世汉、唐朝时期的"节度使"之官称，就是从此而来。

4. 源于其他少数民族，属于汉化改姓为氏。

源于蒙古族，出自蒙古尼伦部首领玉里伯牙吾·铁木耳，属于汉化改姓为氏。源于满族，出自明朝时期女真诸部，属于汉化改姓为氏。今彝族、土族、回族、朝鲜族等少数民族中，均有俞氏族人分布，其来源大多是在唐、宋、元、明、清时期中央政府推行的羁縻政策及改土归流运动中，流改为汉姓俞氏，世代相传至今

【得姓始祖】

俞跗（腧跗），传说他是中国的杏林之祖。他曾跟神农尝百草，熟知各种药草性能，他懂得使用"割皮解肌，洗涤五脏"的现代外科技术，被视为神医。一次黄帝少子禺阳病入膏肓，黄帝请他去治疗，但等他赶去时，禺阳已气若游丝。黄帝十分疼爱此子，禁不住悲从中来，跗即剖开禺阳之腹，将其内脏清洗干净，使禺阳起死回生。事后有人问他："快死的人了，你剖开他肚子，万一救不活岂不是要承担罪责？"他说："当医生的首要条件，就是忘掉自己，只有忘掉自己，才能把心放在患者身上。"由于他医术高超，不管多么严重的病，他都能使其痊愈，所以人们都叫他愈跗，俞愈同音，后来又称俞跗，其后遵从民意，即以俞为姓，奉俞跗为得姓始祖。

【入闽迁徙】

始祖俞跗至今，历史跨越了 3000 年。"永嘉之乱"后，俞纵随晋元帝司马睿南迁入建康（今南京）。俞纵是俞姓南迁的始迁祖。至宋代，江南的浙江、安徽、福建、江苏、江西等省已悬俞姓族人的主要繁衍地。河涧郡以此著称。

福建俞姓现在可以追溯的高祖是东晋时的工部尚书俞道成。福清俞氏记载，俞道成的后裔是唐朝武则天时代的，敢于直谏武则天，说"不"的大臣俞文俊。从婺源俞氏家谱来看，属河间郡。尊俞跗为始祖，宗源在河北沧州河间市。这是福清俞氏和婺源俞氏的共同处。

唐代武则天时（684—704），荆州江陵（今湖北省潜江县一带）人俞文俊斗胆进言，称新丰之地无端冒出一座山来，是因武则天"女主居阳位"之故。结果，俞文俊被武则天流放到当时尚属荒僻之地的岭南。福清俞氏族谱记载，敢于直谏武则天的大臣俞文俊，系属河间郡。俞文俊被贬到岭南后，不久就被武则天追杀，俞姓由此进入广东和广西一带。广西这些后裔称为"桂林衣冠世裔"。目前俞氏称为桂林派系俞氏的有：婺源俞氏、东粤俞氏、南楚俞氏、福清俞氏和鄞州俞氏等。然后俞文俊的后裔再北迁江西吉水、湖北江陵、浙江杭州、福建建宁等地。当然还有部分桂林后裔继续留在岭南。

唐光启元年（885），原籍河南省固始县的俞朝凤随王潮、王审知入闽，寓居汀州南门。北宋时，俞朝凤的后裔从汀州移居沙县；后裔分居于沙县的俞墩（今儒元）、俞邦等地。五代十国后唐时（923—936），莆田一支俞姓迁入建宁县。建宁俞氏主要分布在金溪乡、均口乡。福建俞氏的客家文化是俞氏的又一文化源流。俞文俊是较早到达南方的客家人之一。在宋末以前，福建宁化是客家人南迁的集散中心；在明末清初，嘉应州（现梅州市）是客家人的集散中心，而宁化、嘉应州恰恰是客家俞氏集中的区域。

宋代从江西迁入闽西。俞胜均，妻严氏，原籍江西信州，南宋绍兴年间（1131—1162），与弟经商于闽西，后因兵乱不得归，遂定居于汀州府宁化

县乌泥坑，后迁新村里梅山（今宁化县安乐乡），称梅山堂，为客家俞氏入闽始祖。后裔甫一郎肇基长汀县河田，明成化五年（1469），俞三十九郎，携妻张氏从河田迁上杭县胜运里调和村（今茶地乡调和村），裔孙播迁广东惠州、江西石城、浙江、台湾等地；俞河明等从长汀县迁漳州南靖县龙山。明洪武年间，俞思宇从江西南城县曾泽乡迁居汀州府宁化县城关上进坊，传五世孙俞永隆徙居宁化县西乡俞坊村。

宁化俞坊《俞氏族谱》：宋熙宁间，企善居河涧，妣李氏，生三子：尚、高、亭。长子汝尚，号退翁，赐进士，官屯田郎中，迁乌程，娶吴氏，生三子：节推、节义、节言。节推，妣吴氏，生六子：仁一、仁二、仁三、仁六、仁八、仁十。仁一，妣孟氏，生三子：兴善、兴贤、兴德。兴德为湖广布政司照磨，妣李氏，生子文一。文一生三子：林、和、桌。桌，字祗若，崇宁中以进士官拜御史中丞，累迁兵部尚书、枢秘直学士，徙居溧水，娶李氏，生五子：平一、平二、平四、平六、平九。平一，字公则，国子监助教，生五子：修己、行己、持己、明己、克己。修己官任宜黄知县，遂家宜黄枫林麻坑，妣李氏，生三子：恭、信、宽。恭，妣吴氏，生二子：中、伦。中，字秉庸，官为山东案察司副使，妣陈氏，生三子：通、道、达。达公徙居建昌之南城曾潭。妣罗氏，生三子：月潭、月湖、月溪。月湖，字汝清，妣方氏，生三子：八二、八四、八六。八六，字时可，名应申，妣吴氏，生三子：怀孙、扬孙、明孙。杨孙，妣吴氏，生子思宇，于明洪武间，迁居宁化县上进坊俞家衕，为宁化俞氏一世祖。传五世，永隆公，徙居西乡俞坊村肇基。裔孙衍居闽北、江西、浙江等省地。

北宋太平兴国年间（976—984），漳州南城的俞六使迁居大田的广济，为大田桃源广济俞氏开基始祖。

福清俞氏族谱是这样记载迁徙路线图：是黄帝时代的医官俞跗（前 4700）——东晋工部尚书俞道成（317—420）——唐朝中期的俞文俊（690）。以后再出现福清俞氏祖先已经到了南宋乾道五年（1169）的进士俞丰。他也是福清俞氏中最伟大的

人物。

俞丰，字应南，号云谷，建宁（令属福建）人。孝宗乾道二年（1166）进士。历建阳尉，知蒙阳县、秀州。宁宗庆元二年（1196），迁太常少卿。五年，为两浙东路提刑兼权知庆元府。嘉泰元年（1201），为中书舍人。二年（1202）荣归乡里，筑云谷书院，广揽福建文人，因号云谷老人。著有《云谷集》。

福清俞姓分两大派，里美俞氏和嘉儒俞氏。里美俞氏系宋末景炎元年（1276）宋瑞宗携带官员、随从，在元军追击下入闽中定基 50 个姓之一。在这 50 大姓中，俞氏排名第 24 位。蒙古元军大兵压境，宋王朝危在旦夕，但是还有一批忠君爱国的俞氏官员和文天祥一起，准备"留取丹心照汗青"，福建已成为抗元的最后战场。福清里美俞氏是忠臣的后裔。这一支俞氏人口达 2 万多人。北宋太平兴国年间（976—984），漳州南城的俞六使迁居福建大田的广济，为大田桃源广济俞氏开基始祖。

嘉儒俞氏比里美俞氏晚到福建，他们是明嘉靖时，自江西吉水县仁寿里铁井栏，迁平北里下都嘉儒村。若是，比福建白沙俞氏、俞大猷的河市俞氏入闽都晚。对于嘉儒俞氏还有一种说法，俞道成派系的五房堂兄弟金、银、铜、铁、锡于元代初年自中原入闽。在泉州宰鸡巷辗转谋生，以后，俞金居泉州、俞银迁莆仙、俞铜迁到浙江镇海、俞铁迁福清里美、俞锡则定居嘉儒。

南宋理宗开庆元年（1259），俞氏十一世祖俞瑞迁入莆田西天尾凤林村北螺（今林峰）；元代，俞氏家族迁至西天尾汀渚村重振家业，里曰：俞里；明洪武年间，俞氏十五世祖俞德俊、俞德友两兄弟大展宏图，俞氏成为当地巨族。十六世俞文中；十七世俞懒翁、俞梅庄、俞侃齐；十八世俞钊（榕原）俱有俊彦继承家业。

明洪武年间（1368—1398），俞思宇从江西南城曾潭乡迁居宁化上进坊。据宁化城郊（俞坊）《俞氏族谱》载，俞思宇的先祖为俞企善。北宋熙宁年间（1068—1077），俞企善的长子俞尚（号退翁）擢进士，历四川金书、判官，卜居于乌程（浙江省境）。他有 3 个儿子；其中，其长子俞节推有 6 个

儿子。第三子俞祗若为崇宁年间（1102—1106）进士，历官御史中丞、兵部尚书、枢密直学士，卜居于溧水。俞节推的裔孙俞修己任江西宜黄知县。他的第三子俞达徙居江西南城。俞达的次子俞湖有 3 个儿子，其中第三子叫俞八六。俞八六的次子俞扬孙便是俞氏入宁化开基始祖俞思宇的父亲，迁居于江西南城曾潭乡。俞思宇的第五世孙俞永隆迁居宁化俞坊肇基；其后裔分衍于福建的建阳、顺昌、崇安以及江西、浙江各地。

蒙宗俞氏，在明朝开国以后入闽。明洪武年间（1368—1398），俞思宇从江西南城曾潭乡迁居福建的宁化上进坊。

【入垦台湾】

台湾的俞姓大都是从福建播迁过去的，虽然数量并不多，但台湾岛的大部分地区都有俞氏后人的足迹。1946 年，台湾光复后俞氏不少迁徙台湾，如，俞慈民——台湾劳工保险制度的开拓者。

【郡望堂号】

河东郡：秦置河东郡，治所在安邑（今山西省夏县西北），辖晋西南地区。

河内郡：古以黄河以北为河内，以南、以西为河外，这是晋国人的观点

河间郡：汉有河间郡（或河间国），治乐城（今河北献县东南）。北魏时置郡，移治今河北省河间，献县。

江陵郡：汉代设置江陵县，为南郡治所。南朝齐改置江陵郡，辖境在今湖北省江陵及川东一带。

俞姓主要堂号有："流水堂""江陵堂""高山堂""春在堂""正气堂""思本堂"等。

【祠堂古迹】

白沙镇俞氏宗祠，位于龙岩市白沙镇白沙秋竹坪（距白沙墟约 2 公里）。是白沙俞氏开基始祖宗祠，始修年代未详，于 2003 年重新修缮。一栋正堂，两边护廊厢房。中间天井。龙岩白沙俞氏开基始祖为俞大十一郎公。

河田俞氏宗祠，坐落于长汀县河田镇河田中街，始建于清朝乾隆年间，至今已有 200 多年，因年久失修，该祠破烂不堪，1987 年由其子孙后代集资重

修，占地面积 212 平方米。俞氏的始祖为一甫郎公，其子孙遍布闽、粤、浙及海外各地。

宁化城郊俞氏祖祠，宁化城郊俞氏祖祠位于宁化县城郊乡社下村的俞坊村。该祠始建于明代。

大田广济俞氏祖祠，大田广济俞氏祖祠位于大田县桃源镇广汤村的广济村。该祠始建年代不详。

【楹联典故】

系天俞跗；源起江陵。

——俞姓宗祠通用联。全联典指俞跗，黄帝时的良医。

跗医传世；龙眠复生。

——俞姓宗祠通用联。

东南御寇；精舍讲经。

——俞姓宗祠通用联。上联典指明代抗倭名将俞大猷。下联典指清代学者俞樾。

高山流水家声远；云谷星溪世泽长。

——俞姓宗祠通用联。上联典指春秋时人俞伯牙。下联典指"云谷"，典说南宋建宁人俞丰。

慷慨直谏惟文俊；忠诚许国有大猷。

——俞姓宗祠通用联。上联典指唐江陵人俞文俊。下联典指明代总兵俞大猷。

高山流水家声远，汀渚林峰世泽长。

——联上句说俞姓先贤、春秋时期高人俞伯牙的故事。联下句说南宋俞氏先祖俞瑞率领家族迁入莆田西天尾林峰开基的故事。正因为有宋代的艰辛创业，人口繁衍，才有后来俞氏家族再由林峰发展到汀渚，形成望族。

第一百八十七节　喻　姓

喻姓是中华民族的古老姓氏之一，宋百家姓中排列第 36 位。喻姓总人口不足 100 万，目前喻姓人口列全国第 247 位。在台湾排名第 196 位。

【渊源】

1. 春秋之初祭公封畿内侯，随周昭王南征荆楚，回师与王同舟，溺死于汉水。子谋父，克笃前烈，作《祈招》诗阻穆王伐犬戎，因以"能宣上德……赐姓曰喻"。其东汉和帝苍梧太守谕猛为其传人，祭公谋父，乃是喻氏远祖。猛公与药公是一个世系还是两个世系？在长达 8 年之久的调研后，最终通排出从汉和帝永元元年（89）苍梧太守猛祖到宋代喻从政公的传承序次，这是现今大多喻氏的主要传承干线。猛祖上有源头，乃春秋祭公之后裔；下有传承而至今；中间无有大的断代；横有八叶共靖，九派分居；故天下大多数喻氏，或口传，或谱记，咸尊猛公为始祖。

2. 源于谕姓，为春秋时郑国贵族的后代。《通志略·氏族略·五》载："今喻氏多作谕氏。"谕姓改为喻姓始于西汉，始祖为苍梧太守谕猛，以谕定与喻字形相近，读音也往入混淆难分，喻字又比谕字少四笔（指繁体），遂改为喻姓，谕猛的后代，在汉代并未全部改为喻姓，直到东晋，还有谕归，作过曲气皋令，他也是谕猛的后代。到谕归改为喻归之后，世上再也没有谕姓了。

3. 出自芈姓，源自俞豆氏与喻姓合并为一。《通志·氏族略》载：俞豆氏"芈姓，楚公子食采于南阳豆亭，因氏焉"。俞豆氏已与喻姓合并为一，称为喻氏。

4. 《姓源》载，吕伦为俞侯，后有喻姓。

5. 皇帝赐姓，南宋时，宋朝人俞樗，进士出身，多才多艺，精通世故，无所不知，是梁俞药的后代。被皇帝赐姓为喻。现在喻姓的主要一支，分布在江西、湖南、湖北、四川、重庆、河南、陕西、云南、贵州、广西、广东、安徽等地。

【得姓始祖】

猛公，春秋之初祭公封畿内侯，随周昭王南征荆楚，回师与王同舟，溺死于汉水。子谋父，克笃前烈，作《祈招》诗阻穆王伐犬戎，因以"能宣上德……赐姓曰喻"。其东汉和帝苍梧太守谕猛为其传人，祭公谋父，乃是喻氏远祖。猛公与药公是一个世系还是两个世系？在长达八年之久的调研后，最终通排出从汉和帝永元元年（89）苍梧太守猛祖到宋代喻从政公的传承序次，这是现今大多喻氏的主要传承干线。猛祖上有源头，乃春秋祭公之后裔；下有传承而至今；中间无有大的断代；横有八叶共靖，九派分居。故天下大多数喻氏，或口传，或谱记，咸尊猛公为始祖。（中华喻氏族史研究会）

【入闽迁徙】

喻姓远祖起源于春秋时期，最早产生于北方，汉末三国时，由于北方动荡不安，喻姓因仕宦、避难、谋生等原因南迁者甚众，两晋时，喻姓已在南昌形成大族，此一支应为郑公子喻弥之后。另一支喻姓之前身俞姓曾长期昌盛于河东郡（治所在今山西夏县）和江夏郡（治所在今湖北云梦），南朝梁时改为喻姓，他们落籍于今安徽、江苏、浙江等省，后来又繁衍到江西南昌，与另一支喻姓相融合，后昌盛为天下喻姓之中心，是故后世喻姓有以南昌为其郡望堂号的。唐宋两代，喻姓名人甚多，他们分布于江苏南部和浙江中北部。唐末五代时，喻姓由于避乱等原因有进入今四川、重庆、湖北、湖南等地者。宋元时期，天下大乱，喻姓有被迫进入今福建、广东，以及广西、贵州等西南之地者。

喻姓在发展过程中，逐渐形成了河东（秦初置。在今天山西省黄河以东、夏县一带），江夏（汉高帝置。相当于今天湖北省武汉一带），南昌（汉代豫章郡治，隋为洪州治，五代南唐及明、清为南昌府治，均为今江西省南昌市）三大郡望，在当地发展成为望族，

闽台寻根大典

因此，喻姓世称河东望，江夏望，南昌望。

宋绍熙中(1190—1194)，喻峙，宋朝特奏名进士。举进士，后辞官隐居仙游大蜚山下，其子女迁徙喻坡（今涵江国欢镇南林村），建有祠堂。涵江喻坡近千人，上榆近千人，据说从此处迁徙建阳地区喻氏至少在千人以上。

明永乐二年（1404），猛公后裔赵保公，迁徙福鼎店下开基，为福鼎喻氏始祖，

明代，喻政，字正之，又号漳澜，江西南昌人，，万历二十三年（1595）进士，曾任南京兵部郎中，出知福州府，升巡道。在福建著有茶叶专著。1912年在福建编印《茶书全集》时将此书收入。

迁徙闽北邵武为猛公后裔支系，闽西将乐县等地，都成立了宗亲理事会。

福建主要分布在莆田市（涵江喻坡，南少林，上榆等地），福鼎市（店下镇），散居福州市、建阳市、将乐县、邵武市等，只有邵武市家谱。

【入垦台湾】

明末清初，郑成功收复台湾后，有浙闽粤等地之喻姓进入台湾谋生。台湾光复后各省族人多有迁徙入台。目前人口2300余人，排名在196位，主要分布在台北、基隆，其次是苗栗、台中、台南、高雄、屏东、台东，其他各市县也有散居。

【郡望堂号】

苍梧郡：汉置苍梧郡，治广信（今广西壮族自治区梧州市），辖境本兼有湘粤各一部。南昌郡：汉代豫章郡治，隋为洪州治，五代南唐为南昌府，为今江西省南昌市。

江夏郡：汉高帝置，今天湖北省武汉一带。治所现在湖北省云梦县，此支喻氏为谕猛之后。

严陵郡：唐严州治今桐庐西北，严州以严子陵居此而得名严陵郡。此支喻姓为俞药之喻。

钱塘郡：秦置钱唐县，在灵隐山麓。

河东郡：（1）指今山西。（2）秦置河东郡，治安邑，辖晋西南地区。

遗仁堂：出自汉代喻猛的传说。喻猛，字骄孙，和帝时为苍梧太守，以清白为治，皇家褒奖，百姓爱戴。被人称为交趾遗仁，梧守之流风可尚。后来喻氏家人就以"遗仁"为堂号来怀念此人。

此外，喻姓的主要堂号还有："敦占堂""敦伦堂""萃涣堂""笃本堂""雍睦堂"

【祠堂古迹】

喻坡喻氏宗祠，位于莆田市涵江区喻坡，喻氏宗祠始建于宋末，历代修葺。

店下喻氏宗祠，位于福鼎市店下镇店下堡，坐落象山山麓来龙岗，又称江夏塘喻姓祠堂。2012年店下喻氏决定宗祠重建，占地1000平方米，钢混结构，一进二重两楼。

【楹联典故】

湘陵世泽，将相家声，祖宗积德传百载；赤岸分支，象山衍脉，江夏围塘发千秋。

——福鼎店下喻氏对联。

喻氏开宗，载千秋世业，源承江夏；象山始祖，传一脉人文，根起俞樗。

——福鼎店下喻氏对联。

郡称江夏，续湘陵彪炳千秋扬世泽；堂号遗仁，拓店下功昭万代振家声。

——福鼎店下喻氏对联。相传店下喻姓传自湖南喻氏后裔为"江夏郡"，史载江夏郡系汉高帝置。为谕猛之后。"遗仁堂"：出自汉代喻猛的传说。喻猛，和帝时为苍梧太守，以清白为治，皇家褒奖，百姓爱戴。被人称为交趾遗仁，梧守之流风可尚。后来喻氏家人就以"遗仁"为堂号来怀念此祖。

喻族衍象山，礼忠孝悌昭千古；祠堂来龙岗，农士工商彰一方。

——福鼎店下喻氏对联。来龙岗：喻姓宗祠。

湘陵迁徙脉脉相传，龙凤呈祥流芳远；店下定居源源不息，财丁兴旺世泽长。

——福鼎店下喻氏对联。

【昭穆字辈】

福建福鼎喻氏字派：延淑国太茝天大子得友绍立瀛秀捷足步清雪诗书万载存。

台湾喻氏字辈：文武功崇显，民安国泰时，朝廷重礼让，世代衍宗之。

第一百八十八节 袁 姓

袁姓是中华民族的大族之一,在宋版《百家大姓》中,"乔贺赖龚袁"名居100。其人口在中国大陆姓氏中排名第36位,在福建排名第94位。在台湾居89位。人口约有700万,占全国总人口的0.54%。

【渊源】

1. 出自姚姓,即为古帝王虞舜之后。相传上古五帝之一的舜是颛顼的后代,因生在姚墟(今山东菏泽东北)而得姚姓。他又曾住在妫汭河(今山东省济南),所以后代又有妫姓。以妫为姓的后裔中有被周武王灭商后封为陈侯(建都于宛丘——今河南淮阳)的陈胡满,陈胡公妫满的十一世孙有个叫诸的,字伯爰,其孙涛涂,以祖父的字命氏,称爰氏,春秋时世袭陈国上卿。由于当时"爰"字和"袁、辕、榬、溒、援"等字音同,所以后来的子孙就分别以这6个字为姓。正如《袁枢年谱》所云"一姓有六字五族之异"。据《通志·氏族略·以字为氏》所载,"袁"亦作"辕""爰"。陈胡公之裔。十八世孙庄伯生诸,字伯爰。伯爰之孙涛涂,以王父字为氏,称"爰涛涂"。亦作袁涛涂。世代为陈上卿。其后有"袁"氏。史称袁氏正宗,衍生出汝南袁氏与陈郡袁氏。陈郡袁氏从周朝就已世居我国北方,从魏晋南北朝汝南袁氏已经南迁,出自陈郡、汝南两望族后裔早已散居江南许多地方,隋唐以前,袁姓的许多显赫名人已出现在江南地区。明、清之际,袁姓已遍及全国。

2. 出自轩辕黄帝,轩辕以土德得天下。轩辕氏,又称玄袁氏,为少典氏之子,因其族善制作大车辕,驾车周流天下,故而称轩辕氏。其居住地又因黄帝轩辕氏而命名轩辕之丘,轩辕氏起兵革炎帝,以车帐相结为营,因是轩辕氏发明,世称"行辕"。轩辕氏初都有熊之墟(郑州或开封),所居之地,有以辕为名之邑,后称为袁邑。上古时"袁""辕"音同意同,轩辕氏革炎成功,代炎帝而当天子,号黄帝。其后裔以邑为氏,世代相传姓袁。后衍迁河北,这就是河北袁姓。

3. 出自少数民族。今广西隆安丁当乡及云南省富宁县的瑶族袁姓,在当地属大族;河南《鲁山县志》和《周口市志》载,回族在鲁山县定居为元末明初,今已成为当地大户,周口回族中袁姓已历数代。满、蒙古、彝、白、朝鲜、藏等民族均有袁姓。

4. 北魏孝文帝迁都洛阳后将皇姓拓跋改为汉字元姓,成为当时天下第一姓。其后分不清元、袁二姓,故此支袁姓流传至今。

5. 来源来自外姓和少数民族的改姓。东汉末,分布在近四川东部及重庆一代的板楯蛮,有杜、朴、袁三大姓巴夷王。袁姓同其他的姓氏一样,不断与其他民族的血缘交流。清朝初满洲八旗中有袁姓,世居沈阳。到清末民初,旗人融化入汉族,袁姓旗人同样也回归了汉族,但其族人中已经混合了满族的血液。台湾邵族有袁姓、石姓、毛姓、陈姓、高姓、笔或白姓、朱或丹姓等七大姓氏。

6. 赐姓改姓。据《明史》等载,明崇祯年间,山东东明人袁葵任洪洞县令时,在灾荒之年收养了数百个老百姓忍痛遗弃的幼儿。灾荒过后,他又让百姓各自把孩子领回去。袁县令离任时,这些百姓纷纷抱着曾被袁县令养育的亲骨肉,恳切要求这些孩子随袁葵姓。这些外姓的加入,扩大了袁姓队伍。

【得姓始祖】

1. 妫满,即陈胡公,也称胡公满,是虞舜的后人,故又称虞满。周武王灭商以后,追封前代圣王的后人,找到了舜帝的后裔妫满。武王把大女儿元姬嫁给他,封他为陈(在河南淮阳)侯,让他奉守舜帝的宗祀。胡公满是陈国的第一任国君,他首先修筑了陈城,以抵御外敌入侵;他以周朝的礼义德行教化百姓,使陈国成为礼仪之邦;他选贤任能,扬善罚恶,励精图治,使陈国强立于十二大诸侯国之林。妫满死后,谥号陈胡公,陈氏与胡氏就是他的后代,历代视为正宗。

2. 袁涛涂(?—前625),春秋时期陈国大夫,为袁姓得姓始祖。袁姓的得姓始祖是春秋时期陈国的大夫袁涛涂。按照《新唐书·宰相世系》，袁涛涂是陈国开国君陈胡公满的十三世孙。

【入闽迁徙】

袁姓早期主要是在其发祥地河南发展繁衍，其发展中心为陈郡，尤其是汝南。

袁姓入闽历史相当早，据史书记载，袁宏，字彦伯，世居陈郡阳夏，永嘉之乱，其孙携族南迁，散居江、浙、闽、赣等省。南北朝刘宋时期，赣州刺史袁凯因起兵反对明帝而遇难，幼子袁昂徙福建晋安（今福州），为袁姓最早入闽者。

据柘荣袁氏族谱记载：柘荣袁姓属汝南郡，始祖璜公原籍河南光州固始县。唐末避黄巢之乱，随王潮入闽，徙居拓荣富溪天井里，建袁氏宗祠于富溪村内。坐壬朝丙，五间三进，占地1648平方米。传十七世，寅二公分居柘荣城关，至明代，在柘荣城内、乍洋溪口，先后建祠宇3座。

宋代，福建袁姓始有闻人出。建安（今福建建瓯）人袁枢，试礼部词赋第一名，南宋史学家。明成化年间，有官平海卫右所百户袁通，其先武进人，世代从军，父袁诚老，以子袁通袭职，守莆田，子女有落籍莆田者。常州《毗陵咸庆堂袁氏》，迁常州一世祖为袁华甫，其先世为福建建安（今建瓯）人，宋室南渡时占籍姑苏（苏州），后世因避元兵乱，初避居宜兴，复卜居常州城南蒋渡里（今牛塘丫河），厥后子孙又分迁为河北支、河南支、罗沟支、上雷村支、城西西仓桥支等分派。至今也已达600余年，后世子孙已衍至二十二世。

南宋时的史学家袁枢，今建瓯人，宋隆兴年间进士，为福州袁姓开基祖。此外，宋时建安人，隆兴年间进士的袁说友、袁滋都成为福建袁姓开基祖之一。明朝时，有福州人袁表。

上杭袁氏乡亲提供的资料：东汉明帝时，袁安，字邵公，原籍汝南（安徽淮河以北及河南中部上蔡县一带），任楚郡太守，河南尹，历任太仆、司空，为汝南袁氏大族世家，后有一支入籍江右。宋时，袁德，自江西迁居宁化石壁葛藤坑。传至万三公，生子满珊，于元末迁居上杭白砂。白砂建有昆山祠，奉满珊公为开山祖。裔孙分衍闽西及广东潮汕、饶平等地。

上杭客家联谊会《走进客家·上杭客家姓氏源流》：上杭袁氏有4支，均由汝南郡迁江西丰城再经宁化石壁先后入杭的。白砂、中洋中甲村以袁满珊为始祖，嗣孙分迁袁小坪与蛟洋坪埔为一支；白砂、大金村牛眠科，以袁满琳为始祖的又为一支；白砂、官洋松柏林村和早康大埔头村以袁福林为始祖的再为一支。这3支入杭时间均在宋末元初，裔孙繁衍30代以上。另有一支，以庚七十郎为始祖的上杭老城区袁氏，是元末迁徙来杭的，旧县乡梅溪、尧埔均有其分支。

上杭白砂《袁氏族谱》：宋末，五十五世裔孙袁满珊（字昌贵，又名十七郎）、满林自汝南经江西袁家渡、宁化石壁开基上杭白砂郑坑竹子窝，为该支袁姓白砂一世祖。传至十世至十五世，白砂袁氏计有32支西迁四川：十世有科，生三子：鼎富、鼎奉、鼎龙迁重庆；十一世岳绅、绍绅迁巴县；乾友、迪上生二子：凤文、凤良，俱迁四川；祥宾、鹏宾迁壁山县袁家坝；兴上偕四子迁壁山县；有上，迁四川；英球、彩球、梦鹏、联昇、岳昇、碧英俱迁四川；十二世士茂、永华、应振、大六、盛贵、乾浪、晓臣、乾纲，十三世亮昭、汉宣、康元、运元、行宣、克周，十四世旭宾、癸生、华昆、立藩，十五世秉华俱迁四川。

上杭袁氏枝繁叶茂，外迁江西万载、铜鼓、永新、修水，浙江衢县，台湾台北等地。

福建闽越当地居民中的畲族使用了陈、黄、李、吴、袁等12个汉族姓氏，且大多分布在闽南一带。

【入垦台湾】

明末清初，袁姓从福建、广东移居台湾。袁姓移居台湾始于明清时期，主要在清康熙乾隆以后，在台湾彰化八卦山义塚示禁碑上刻有"袁启俊"；咸丰五年，有袁有谅等人参与重修祝三多福德祠。台湾袁姓现多居住在台湾的台北市、桃园县、台北县、高雄市、高雄县等地区，其中尤以台北市松山区、中坜区、大安区、中山区、中和区为众，以嘉南地区为盛。

【郡望堂号】

袁姓有汝南郡、陈郡（今河南省项城市东北）、彭城郡等郡望。

陈郡：秦置陈郡，治所在陈县（今河南省淮阳）。西汉淮阳国，东汉陈国，献帝时改陈郡，均治陈县（今淮阳）。隋唐为陈州淮阳郡。此之袁姓为淘涂裔孙直系地望。

汝南郡：汉时置郡，治所在上蔡（今属河南省上蔡西北）。东晋治悬瓠城，即今汝南。

河南郡：汉又有河南郡，即秦三川郡地，治雒阳（今河南省洛阳）。

彭城郡：指今江苏徐州。传尧封彭祖于此，为大彭氏国。秦置彭城县。西汉后期一度以楚国为彭城郡，治所在彭城（今江苏省徐州）。

东光县：西汉高祖四年（前203）以秦时胡苏等地置东光县，治所在今河北东光。

京兆郡：汉以京兆尹、左冯翊、右扶风为三辅。

华阴县：本春秋时晋地。汉高帝八年（前199）置华阴县，以在华山之北，故名。治所在今陕西省华阴县。

太原郡：秦汉太原郡，治所在晋阳，在今山西省太原市西南。

濮阳郡：濮阳古为帝丘，春秋卫数迁至此。在今河南省濮阳西南，古黄河南岸。汉魏为东郡治所。

陈留郡：秦时置郡，治所在今河南省开封东南陈留城。

襄阳郡：东汉时置郡，治所在襄阳（在今湖北省襄樊）。

宜春县：隋置袁州，治宜春（今属江西，汉即名宜春，晋为宜阳，隋恢复原名）。

卧雪堂：东汉袁安没做官的时候，客居洛阳，很有贤名。一年冬天，洛阳令冒雪去访他。他院子里的雪很深，洛阳令叫随从扫出一条路才进到袁安屋里。袁安正冻得蜷缩在床上发抖。洛阳令问："你为什么不求亲戚帮助一下？"袁安说："大家都没好日子过，大雪天我怎么好去打扰人家？"洛阳令佩服他的贤德，举他为孝廉。这就是"卧雪堂"的由来。

守正堂：袁安为人严谨，后来作了楚郡太守。当时楚王谋反，株连了数千人。袁安处理这个案子时，审清问明，释放了4000多人。后来外戚窦氏擅权，袁安守正不屈，所以又叫"守正堂"。

此外，袁姓堂号还有陈郡堂、汝南堂、彭城堂、陈留堂、怀楚堂、维则堂、介禳堂、介江堂、介祉堂等。

【祠堂古迹】

龙海市海澄袁厝袁姓宗本堂，位于龙海市海澄袁厝。袁厝袁氏溯源堂，于民国初倾圮，后改"学仔"（私塾学堂），改为袁氏宗本堂，坐南向北，二进三开间。始建时间不详。

漳浦县袁进士府，位于漳浦县绥安镇绥南盐仓（梁仓）巷内。进士袁有凤的府第，坐北向南，为两进两厅四房一天井土木建筑，悬山顶。

柘荣城关袁氏宗祠，建于明正统六年，宗祠坐北朝南，前后四进厅堂，屋顶为单檐拱斗硬山式，整座祠宇建筑占地3440平方米。

柘荣城内北街袁天禄祠堂，始建于明隆庆丁卯年，是当时福宁州知州陆万垓准建的纪念江西行省参政、开国功臣袁天禄的祠堂。五间三进，建筑占地1660平方米。

溪口袁氏宗祠，坐落于柘荣县乍洋乡溪口村，现存建筑清代风格较为明显，坐西北朝东南，砖木结构，穿斗式梁架，硬山顶。占地面积500平方米，整体为梯级九间三进建筑。

袁进士府，又称进士袁有凤的府第，位于漳浦县绥安镇绥南盐仓（梁仓）巷内。坐北向南，为两进两厅四房一天井土木建筑，悬山顶。

海澄袁厝袁姓宗本堂，又称袁厝袁氏溯源堂，位于龙海市海澄镇，始建时间不详。于民国初倾圮，后改"学仔"（私塾学堂），改为袁氏宗本堂，坐南向北，二进三开间。

【楹联典故】

卧雪清操，扬风惠政。

——上联指东汉袁安，汉明帝时任楚都太守，以刚直严正不阿著称；下联指晋朝袁宏。

扫雪清节绵世泽；扬风惠政播恩长。

崇德追范前烈远；尚朴遗规后昆长。

——睢州袁雅堂墓表。

水东追祖源，姓字尝开传帝后；埭南立门户，农桑自可乐田园。

——袁姓宗祠通用联。

抚射衔道义；接武在文章。

——康有为撰袁姓宗祠通用联。

叱逆怀忠，谁出其右；负图卫主，重义予生。

——佚名撰袁姓宗祠通用联。

彦伯扬风惠政；邵公卧雪清操。

——上联典指东晋东阳太守袁宏，字彦伯。少有逸才，文章艳美。著《后汉纪》等篇。下联典指东汉司徒袁安，字邵公。曾客居洛阳，恰值大雪，洛阳令巡行至他门前，见关着门没有行迹，扫雪入内，见他僵卧在屋里，他说："大雪天人们都在挨饿，不好去麻烦别人。"便认定他是贤人。

先代贻谋由德深；后人继述在书香。

——柘荣袁氏宗祠对联。

第一百八十九节　粘　姓

闽台的粘姓便是其中的一个历史悠久的姓氏。"粘"属于多音字，既读作 nián，又读作 zhān，"粘"姓读作 nián。在中国大陆排名在 300 名以外，但是据台湾省文献会的调查在全台湾所有的姓氏顺序中却高列第 132 位。

【渊源】

粘姓源自黑龙江金上京会宁府（注：今哈尔滨市阿城区，清代阿城隶属吉林）的女真完颜部。公元 1114 年，女真族完颜部领袖完颜阿骨打联合北宋，灭掉雄踞北方近 200 年的辽国，建立了金国，史称金太祖。粘姓的一世祖完颜宗翰（本名粘没喝，亦称粘罕）是金太祖的长侄，生于 1080 年。他不仅姿貌雄杰，善于马上用剑，勇武过人，而且足智多谋，雄才大略。《金史》称他内能谋国，外能谋敌，决策制胜，有古名将之风。在灭辽以及以后的灭北宋战争中他屡建奇功，成为金国的开国元勋，辅佐金太祖、太宗和熙宗的三朝元老，官拜太保尚书令，领三省事，封晋国王，在金国的功绩和地位不亚于人们所熟知的金兀术。由于他功名赫赫，位高权重，金国之事不分大小皆为宗翰总之，因而产生了功高震主的效应，引起熙宗皇帝和一些权贵的忌恨，终被以"谋反"之罪打入大狱，并 1137 年冤死其中，享年 58 岁。粘没喝死后，他的两个儿子真珠、割韩奴为了避免猜忌生变，殃及自身，就商定以自外于皇族的"完颜"姓氏，而改以父亲粘没喝之名首字"粘"为姓的方式来向世人表明，他们并没有争夺皇位的意愿。

在我国的北方，分布着一些粘姓族人。河北省的武邑、邢台，山西省的临汾、洪洞，还有山东省莱阳县高格庄乡的东大策村，都是北方粘氏集中居住的地方。山东省的粘氏，是由河北迁移而来。相对于福建、台湾的粘氏，他们可称为北方粘氏。粘氏在北方的分布漫衍范畴相对也比较大。不次于南方粘氏。但北方粘姓没有形成系统和特色。

【得姓始祖】

晋江族谱介绍，粘姓的得姓始祖是金太祖时代的女真大将完颜粘罕，也有的说是粘罕就是完颜宗翰，金太祖阿骨打的侄子。据上海辞书出版社 1989 年版的《辞海》载："粘罕（1079—1136），即完颜宗翰。金大将。女真族。太祖阿骨打侄，本名粘没喝。"完颜宗翰的父亲完颜撒改是金宗室长门长孙，金太祖完颜阿骨打的从兄，德高望重。完颜宗翰 16 岁从军，以勇敢著称。任左副元帅，北宋靖康元年（1126），他以左副元帅的身份统领大军攻破太原，又与斡离不会师攻陷东京（今河南开封）。靖康二年至南宋建炎（1127—1129）间，他出任金军统帅率军攻宋。史称其为"内能谋国，外能谋敌，决策制胜，有古名将之风"。由于，他在灭北宋的战争中，立下卓越功勋，被封为"金源郡王"。绍兴六年（1136）金熙宗完颜亶即位的同年，完颜宗翰去世。

【入闽迁徙】

到公元 1234 年金国灭亡时，粘姓已传至第六世粘合重山。由于在蒙古人的对外争战扩张，建立元朝中立了功，他被元太宗窝阔台任命为中书省左丞相，协助右丞相耶律楚材建立元朝的政治与法律制度，处理各种国家事务。1239 年逝世后，他获赠太尉，封魏国公，谥忠武。元朝末年，粘姓第八世博温察儿曾官居河中知府（府治在今山西省永济市）。元至正年间，他"因世乱流寓江南"，举家"浮海"南迁到晋江县永宁镇杨丹，殁而葬于此。为晋江粘姓开基始祖。

博温察尔事迹在史籍上无记载，仅《元史·粘合重山传》有一句话提到："子博温察尔，知河中府。"河中府位于黄河中游，元代时辖稷山、运城、芮城等县。府治在今山西省的永济市，即传说中的八仙之一的吕洞宾的故乡。金正大八年（1231）五月，窝阔台决定分兵三路合围汴京开封，消灭金朝；即斡陈那颜率左路进兵济南，拖雷从右路率 3 万骑兵出凤翔攻破宝鸡，他自己从中路进攻河中府。窝阔台攻陷河中府的时间应是同年十二月。据《金史本纪十七》载："十二月己未，葬明惠皇后。河中府破，……"博温察尔为河中府知府当是在正大八年之后。据《历代职官沿革史》载：知府"辖数州、县，是一府最高的行政长官，级别为四品"。元朝末年随着元王朝的崩溃，元朝王亲贵胄也都隐姓埋名流落各地。博温察尔先迁居陕西，后来又从陕西迁徙至晋江的永宁、衙口一带。

博温察儿生有子寿、子禄、子正3个儿子。他的儿子又改迁到邻近的龙湖镇衙口村，繁衍了闽南晋江一带的粘氏，成为福建粘姓的开基始祖。传至十三世，字宜旺，号刚柔。清初，移居南安霞美梧坑。生于明景泰庚午年（1450），卒于明正德辛巳年（1521）。明清，有不少粘姓后人迁往台湾。在闽台形成规模，建立祠堂，编撰族谱，根脉清晰。博温察儿的坟墓就在今石狮市永宁镇杨丹村（注：石狮原属晋江，1987年从晋江析出），至今尚存。

现在泉州各地的粘姓人家，都是博温察儿衍传下来的后裔。如晋江浔美、竿柄、陈坑、梧坑和许婆这些村庄的粘姓，是子寿所衍传的后裔；晋江金井镇、深沪镇，石狮永宁镇沙美村，泉州市区和南安霞美镇梧坑村的粘姓，则为子禄所衍传的后裔。在泉州之外的福建其他地方，如厦门、福州、三明、漳浦也都有一些粘姓人家，他们也都是晋江粘姓向外迁徙繁衍的后裔。

晋江龙湖镇的衙口村是福建粘姓的开基发源地，全村的粘姓46户，250多人。该镇粘厝铺村的粘姓人口比较多，有500多人。泉州地区粘姓最多的是南安霞美镇梧坑村，人口多达1000余人。据2000年全国人口普查时统计，福建各地的粘姓人口，晋江市有900余人，石狮市有40多人，泉州市区有500多人，南安市则有1100多人。另外，在福州、厦门、三明、漳浦等地也有100多人，全省总计有2640余人。晋江的粘姓在1985年被确认为我国少数民族中的满族。他们大部分从事农业，也有少数人经营工商等其他行业。

福建、台湾之粘姓，可称南方粘姓。南方粘姓人主要居住在福建泉州市区和南安、晋安、石狮和台湾。

【入垦台湾】

泉州粘姓向台湾的迁徙，最早见诸于文字记载的是明代其十五世粘昂。康熙二十二年（1683）清朝统一台湾后，虽然颁布禁令不许大陆人民前往谋生，但是，泉州沿海一带众多缺地的民众仍然不顾禁令纷纷登岛垦殖，掀起一股东渡台湾的热潮，泉州一些粘姓族人也随这股潮流前往台湾。据《粘氏族谱》记载，康熙年间到台湾的有粘天衢、粘德树、粘廷璋、粘祖朗4人。另外，还有到台湾任"教谕"的粘士岳，任"乡贡"的粘敏求。

乾隆开放海禁后，粘姓族人向台湾的跨海移民更是形成了规模，在《粘氏族谱》中记载的就有粘德路等22人。他们大多是到台湾以垦殖为生的，但也有一些人是去经商，如粘世本、粘世约、粘世牵。还有少数人是官派入台的，如到台湾任"教谕"的粘克成、粘继任，以及到罗汉门"防汛"的粘思按。在这些向台湾迁徙的粘姓族人中，比较著名的是粘尚、粘秉和粘粤、粘恩这4个人。乾隆五十三年（1788），年已41岁的粘尚带领一妻五子，从家乡晋江的衙口登船渡台，定居在今彰化县福兴乡，和粘秉共同成为顶粘村的开基始祖。时过两年的乾隆五十五年（1790），粘粤、粘恩俩兄弟背负祖父母、父母的牌位，也从衙口移民前往台湾，在彰化县福兴乡建立厦（下）粘村。他们同为粘姓入闽的第二十二世，被合称为开台四始祖。以后，他们开基创建的这两个村庄被合称为"粘厝庄"，在道光年间修成的《彰化县志》中，就已经出现了这个地名。

嘉庆年间到台北设教、经商的粘传江，道光年间到鹿港的粘传要，咸丰年间先到鹿港，后迁福兴的粘干，同治年间到台湾办学的粘挈春、粘冠文父子。在台湾彰化鹿港附近有个顶粘村及厦粘村，其族谱第一代为金朝之开国大将完颜粘翰，尔后其子孙由河南迁山东，再从山东到福建泉州辗转来台。

以后一直到民国初年，都不断有一些泉州的粘姓族人陆续前往台湾。经过200多年的繁衍发展，现在台湾的许多地方都分布有粘姓族人，现在台湾粘姓后代好几万人。目前台湾的粘姓族人以彰化县福兴乡地区一带为最多居住之地，第二多的是彰化市与彰化县鹿港镇。共有 500 多户，6000 余人。而从北部的基隆和台北市、县开始，经台中、南投、嘉义，到南部的台南市、县、高雄、屏东，甚至东部的花莲、台东等地，都有从粘厝庄迁出粘姓后人，以及其后再从大陆迁往台湾的其他粘姓族人，他们总计也有 200 多户。目前，全台湾的粘姓共有 10000 多人，他们自称是女真族后裔，主要从事农业和渔业，也有一些经营工商等其它行业，或者担任政府的公、教等人员。1973 年，台湾的粘姓族人还联合起来，成立了台湾粘氏宗亲会，以后在台北、台中设立了分会。

【郡望堂号】

1. 衍派：浔海衍派。这是因为晋江龙湖镇衙口村有浔江，"浔江"又称"浔海"。粘姓与施氏比邻，所以都以"浔海"为号。如施琅后裔也是称"浔海施姓"。

2. 郡望：浔江郡，粘姓在晋江市龙湖镇衙口村浔江村发族，以发族地为郡望。

3. 堂号：恒忠堂，"桓宗"是金太祖宗颜阿骨打赐予完颜粘罕的谥封。

4. 宗祠：四座祖厝。龙湖镇衙口村粘氏宗祠是福建省唯一现存的女真粘氏宗祠。

【族谱文献】

记载闽台粘氏族谱其中较有代表性的有《晋江粘氏族谱》泉州粘氏满族族谱。民国粘友文纂修。民国二十七年（1938）传抄本，不分卷，载有粘友文序以及支脉世系等。一世祖宗翰公本名粘没渴，汉语讹称粘罕，姓完颜，世居东北吉林松花江东部。粘氏以一世祖本名为姓。元太宗时期（1233），粘氏传至八世博温察尔，官授河中知府，原居华北，为避世乱，举家南迁到福建晋江永宁镇（今石狮），迁定居于此启源发展，衍蕃闽台女真族粘姓一脉，为晋江粘氏始祖。至粘细肇基泉州郡城，子孙繁衍迄今。记载二十二世粘尚、粘秉、粘粤、粘恩合称为渡台粘氏开基四先祖，始祖金粘宗翰，号桓忠，始迁祖元博温察儿。还有《粘氏源流渡台开基族谱》为 1985 年台湾粘氏宗亲会重新编印。内载清乾隆五十三年（1788），二十二世辈分德，粘粤、粘恩二位兄弟渡台开基居在南平，粘尚、粘秉二位渡台开基居在北平，地名称粘厝庄，四位先祖称开台始祖。载另有一说：原居泉州晋江衙口二十世德字辈粘粤、粘恩、粘尚兄弟三人，清乾隆五十三年（1788）渡台，迁移至彰化县福兴乡粘厝庄，为主要族居地。1947 年分为"顶粘"和"厦粘"两村。开基祖金粘宗翰。

第一百九十节 詹 姓

当今中国詹姓人口约占全国汉族人口的0.073%。大陆居第152位，在福建排名52位。在台湾排名第34位。

【渊源】

1. 出自姬姓，为周文王之后，以国为姓。据《姓苑》所载，周宣王时，封庶子于詹，建立詹国，为侯爵，史称詹文侯，其后世袭为周大夫。因詹文侯首封于詹，故后世子孙尊其为詹姓得姓始祖。

2. 据《路史》所载，相传古帝虞舜封黄帝之后得詹（同瞻，备受尊敬）者，子孙因以为姓。

3. 源于官职，据《百家姓溯源》所载，古代负责占卜的官职叫詹尹官，其后有以官职命姓者，称詹姓。据史籍《百家姓溯源》的记载，古代负责詹卜（占卜）的官职叫詹尹官，其后裔子孙后中有以先祖的官职命姓者，称詹氏或占氏。

4. 源于官位，出自秦、汉时期官吏詹事，属于以官职称谓为氏。秦朝时期，设置了詹事府，汉朝时期因袭，专职掌管皇后、太子的诸般庶务家事，全称为太子詹事，或少詹事，归属于东宫管辖。詹事之官职，在东汉时期被废黜，但在曹魏文帝开始又复置，以后历朝历代均仿此制，唐朝时期曾改称为"端尹"，武则天曾改为"宫尹"。詹事下属有詹事丞，皆服侍于太子。

5. 源于姬姓，据史籍《姓氏考略》记载，春秋时期晋国有詹嘉、虢国有詹父、郑国有詹伯，均以封邑名称为氏，其后裔子孙中皆有以先祖封邑名称为姓氏者，称詹氏。

6. 出自他族或少数民族。蒙古族、满族、土家族、高山族、傣族等少数民族中均有此姓。

【入闽迁徙】

西晋永嘉"永嘉之乱"后，首次大规模"八姓入闽"（林、陈、黄、郑、胡、詹、何、邱）詹姓为其中一族，南阳郡詹康邦入闽北崇安（今武夷山市）开基。据黄冈《詹氏宗谱》载：东晋大兴元年（318），詹静川仕西安尉，世居南阳，因避战乱，携3个儿子：詹康邦、詹成邦、詹敬邦由河南邓县渡江而南入闽。江南各地詹姓大多为詹康邦的后裔：一支分睦州（浙江建德），一支分婺州（浙江金华），一支分歙州（安徽省歙县），一支分泉州（福建泉州），一支分建州（福建建阳市），一支分越州（福建），一支分括州。詹成邦的后裔分衍：一支江州（重庆市），一支潮州（广东潮州）。詹敬邦的后裔分衍：一支岭南（广西），一支桂州（广西），一支广州，一支邕州（广西省南宁），一支容州（广西）。

《客家风情》一书记载：东晋大兴元年（318），静川仕西安尉，世居南阳，因避战乱，携3个儿子：康邦、成邦、敬邦由河南邓县渡江而南入闽。詹姓后裔后散居邵武、建宁、泰宁、将乐一带。后裔詹体人从朱熹学理学，留居邵武；后裔分迁明溪、宁化、清流。宋末，詹姓后裔迁长汀、永定；后迁广东省的梅州、长乐、惠阳。东晋太和年间，詹康邦第四世孙詹诜为福州侯官令居建安。

詹康邦为入闽开基祖。东晋太和年间（366—371），詹康邦的第四世孙詹诜为福州侯官令居建安。他有两个儿子：长子詹宣东晋咸安元年（371）为余杭令；詹宣的儿子詹宏，南北朝元嘉年间（424—453）为侍郎。八世孙子豪公官授镇南大将军、留守居武夷，为建峰一世祖。子豪公十一世孙威公唐末行省枢密，始居建阳，守晋江，徙大田，迁尤溪。威公十三世孙子实公，自尤溪入梅溪（闽清），家上墩，为梅溪始祖。子豪公十二世孙小八公为凌坑始祖。小八公十世孙怀文公迁居福州府闽清县二十三都山头顶。

唐总章二年（669），岭南行军总管陈政率府兵入闽时，有队正詹英、詹次随同入闽。

唐中和五年（885），河南固始的詹缵随王绪、王潮入闽。据尤溪《詹氏族谱》载："从福州侯官县迁尤溪五十都万人庄，与杨、余二姓同居。于五代十国后唐天成二年（927）肇基四十九都高士石龟（今尤溪新阳镇高士村）。公携三子，长名富子、次名富孙、三名通远，为尤溪詹氏始祖。"詹姓主要分布在新阳镇高士村刘坂、中洋村的德州、夏阳村西湖和仁宅自然村、登山村汝孟、大建村、中心村泽水、双里村、碗厂村、溪坂村溪口。新阳詹姓后裔也迅速向尤溪县各地以及外地扩衍：北宋淳化三年（992），高士詹姓第七世孙詹小四迁居大田县广平镇元沙村。北宋庆历元年（1041），詹小四从尤溪高土迁居至现大田苏桥。（见大田苏桥《詹氏族谱》）元天顺元年（1328），又有詹庚一从尤溪夏阳迁居现大田秀岭。（见大田苏岭《詹氏族谱》）

北宋元祐五年（1090），第十二世孙詹宣、詹满之子詹小五分别迁居尤溪县城关镇小桥村、西城镇后铺村。北宋宣和二年（1120），第十三世孙詹壬八迁居五十都九重山。北宋宣和四年，第十三世孙詹壬七迁居大田县太华镇万湖村。

闽南詹氏始祖詹成，系詹敦仁之曾祖父，曾任光州中军司马，唐光启二年（886）随王潮、王审知以兵克闽，其子詹缵为金紫光禄大夫行营兵马使上柱国，遂定居仙游怀竹山（今植德山）。詹缵之孙詹敦仁生于仙游，闽王王昶重敦仁才华，以高官厚禄邀之，敦仁恶昶杀父夺位辞而不受。由仙游遁迹晋江，后移居泉州城北泉山（今北门）。詹敦仁与留从效交往甚密，945年南唐灭闽，留从效任清源军节度使，邀敦仕当属官，敦仁力辞不获，于是求监南安小溪场，任场监。上任后向朝廷要求置县，果获批准。后周显德二年（955）詹敦仁受命任首任清溪县令。一年多，詹敦仁就不愿为官，便推荐王直道继任清溪县令，不久隐居佛耳山下，后裔就在安溪繁衍。泉州城内詹氏系由安溪迁居而来。

安溪詹氏均为詹敦仁之后裔，分芹山、厚卿、楚苑、美楼、凤池、安厚、扬美7个支派，现分散居住在虎邱、西坪、湖头、蓝田、龙涓、城厢等多个乡镇和祥华的多个村落。

唐末宋初，詹大德从河南省河涧县迁居福建省福州市闽侯；后唐庄宗元年（923），其第九世孙詹夏候从闽侯迁居尤溪四十都石龟（现新阳镇高土村）。

北宋靖康年间（1126—1127），原籍江西广昌的詹学传，官为中书侍郎加太子太保，因主战被贬出朝廷，携家人南下避难，寓居于宁化石壁村。不久，詹学传又携两子迁居广东大埔长窖。崇安詹体仁从学朱熹留居邵武；其后裔迁居明溪、宁化、清流。

礼公后传至产六十四世詹学传，讳成宗，又名五十郎，北宋徽宗建中靖国元年（1101）生于广昌，登进士第，官龙图阁直学士、中书侍郎，北宋宣和七年（1125年），金灭辽后攻宋，朝廷产生主和、主战两大派，詹学传因主战而被贬出朝廷，南下避居汀州府宁化县石壁村，为闽粤詹氏始祖。南宋初，学传夫妇携黑龙、白龙二子自宁化县迁居潮州府海阳县长窖村（今属广东省大埔县），卒于南宋淳熙十六年（1189），葬于长窖，而后，长子黑龙派衍大埔、饶平、潮安、惠宁、普宁各处。后代向闽粤等地播迁，被后裔尊为詹氏闽粤始祖。宋末，詹氏迁长汀、永定。后迁梅州、长乐、惠阳。

南宋时，福建崇安詹氏繁衍为当地的名门望族，而且人才辈出。著名词人詹师文、名宦詹渊都是詹体仁后裔。詹师文，字叔简，崇安（今福建武夷山市）人，南宋庆元二年（1196）进士，授婺源尉。因捕盗有功，他被调任江西宪司检法官；以治狱无冤之功，再调江西提刑司检法官。詹师文告老还乡后，以词赋传名，成为南宋的一大词人，著有《幔亭遗稿》《通典编要》。詹渊也是进士出身，授临江户曹掾。他"决狱清明，民有冤屈，皆找其审决"。当时有"宁为户曹非，不愿他官直"的说法。詹渊累迁监车辖院。南宋时，詹慆从福建崇安迁居浦城，繁衍发展为浦城詹氏一支。据浦城《詹氏族谱》载：浦城詹姓始迁祖詹慆，行景一，字应之（宋），詹康邦于西晋大兴元年（318）由河南邓州始迁福建崇安，詹慆南宋始迁浦城。詹姓在浦城很快发展为当地的名门望族。著名大学者詹体仁就出之其门。詹体仁（1143—1206），字元善，建宁府浦城（今属福建省南平市浦城县）人，南宋隆兴元年（1163）进士及第，授晋江丞。经宰相梁克家举荐，詹体仁被擢升为太常博士，摄金部郎官。光宗即位，詹体仁被任命为户部员外郎、湖广总领、司农少卿。他曾奏免诸郡赋输积欠百余万。他从少就学于朱熹，讲质经义，博览群书，自天文地理、卜筮、医药、百家杂说，无所不通。《宋史·詹体仁传》评价说：其学"以存诚镇独为主。"他主张为官应尽心平心，"尽心则无愧，平心则无偏"。坚守朱熹性理之学，曾谓"天命之谓性，率性之谓道，修道之谓教也"。（《宋元学案·沧州诸儒学案》）詹体仁对朱熹之学在南方的传播起一定作用，著有《詹习农集》《庄子解》《象数总义》等。

南宋绍兴八年（1138），第十四世孙詹文炳之子詹庚一迁居大田县梅山乡梅山村。南宋绍兴十年（1140），第十三世孙詹壬六之子詹庆六迁居沙县高砂镇高砂村。南宋绍兴十六年（1146），第十四世孙詹小二迁居尤溪县管前镇皇山村（初石坑）。南宋绍兴二十年（1150），第十四代孙詹小四迁居尤溪县管前镇西溪口村。南宋绍熙元年（1190），氏第十五世孙詹太九迁居尤溪县中仙乡西华村（小坂头）。南宋庆元二年（1196），第十四世孙詹敬大从夏阳村仁宅迁居尤溪县城关镇园溪村。南宋嘉定五年（1212），第十六世孙詹甲乙迁居尤溪县管前镇东上村湖上、皇山村真地洋。南宋端平二年（1235），詹小大（字正明）、詹十四（子观文）、詹庆十三从尤溪新阳的高士下寮迁居高士村的刘坂上道、大园后格山、石龟车碓头。詹小六（字辛利）从高士村下寮迁居夏阳村仁宅西湖。詹庆口从高士村下寮迁居中心村泽水。詹小三（字秀公）从高士村下寮迁居大建村；其后裔由大建村迁居双里村；民国五年（1916），大建村一支詹姓迁居溪坂村溪口。明洪武二十二年（1389），詹辛利的裔孙詹永茂从夏阳村西湖迁居登山村汝孟。詹开一的第八世孙詹大楠从高士村刘坂上道迁居中洋村德洲。明正统十年（1445），詹开二的第十一世孙詹日鼎从刘坂上道迁居中洋村德洲自然村黄路口。

明嘉靖八年（1530），新阳高土詹姓第二十二世孙詹小五（又称亮）随母迁居二十七都后坑村；明万历元年（1573）迁居今尤溪县中仙乡西华村。元末明初，游民詹一郎迁居泰宁新田真公岭；其子詹真后迁居泰宁长庆坊。（泰宁理地《曹氏族谱》）

五代十国后周显德二年（955），詹缵后詹敦仁成了福建安溪开先县令，安溪詹氏为当地名门望族。后裔在福建仙游、泉州惠安一带衍发。福建安溪詹姓始祖詹敦仁的第十二孙詹寿二入赘杨美陈家，生3个儿子：长子詹四二承继随父迁回仙游大圳岳；次子詹四三的后裔詹璇畴放鸭移居长塔村上坑孟；第三子詹四四迁居象湖村。詹阿脾即为詹四三的第十九世孙。

明嘉靖三年（1524），詹宜从福州侯官（现闽侯县）迁居尤溪梅营村的梅营，为梅营詹姓开基始祖。詹宜有二子：长子詹文崇、次子詹文奕分为二房。同年，明嘉靖三年（1524），新桥高士詹姓第十三世孙詹公同叔父詹源茂从新桥高士移居尤溪城关小桥；后又由詹庆一从城关小桥迁移至台溪的洋尾王宅，为洋尾詹姓开基始祖。洋尾詹姓已有545人，主要分布在洋尾的王宅、坂头、水砚头、对坑等自然村。

【入垦台湾】

明末，张献忠屠川，造成川地人口锐减，后湖南、湖北之詹姓伴随湖广填四川之风潮入迁今四川、重庆之地。清中叶以后，詹姓分布更广，并有詹姓人扬帆南洋，远徙东南亚。安溪詹氏詹敦仁的后裔不断迁往我国台湾、香港地区及海外各国。

詹姓人移居台湾的历史较早，口头传说是始于两宋时期。明中叶以后，随着我国航海技术的提高，闽粤等沿海之地的詹姓有渡海赴台谋生者。詹姓渡台祖，以现有詹谱可稽者，以安溪始祖敦仁公派下，闽粤川始祖学传公派、饶平始祖肇熙公裔孙，由饶渡台的裔孙为最，固始祖钧公仅见桃园县有一支派。据《台湾通志》（列传·武功篇）载有詹六奇，字韬，海澄人，清康熙二十二年（1683）从攻澎湖有功，累迁至襄阳总兵。可能是詹姓首位踏上台澎土地的先勇。现在，詹姓是台湾的第34位大姓。估计约有13万人以上。詹姓主要分布在彰化县、台北县、台北市、苗栗县、台中县等县市较多。乡镇市区则以苗栗县卓兰、彰化县永靖、台中县东势、台北市松山区、桃园县中坜等较多。在新竹、苗栗与彰化等地区，就有詹姓聚集的"村落"，例如，彰化竹塘、苗栗卓兰这两市镇的人，詹姓就占了一半。台湾苗栗县还建有学传公派下的宗祠。

【郡望堂号】

渤海郡：西汉时期从巨鹿、上谷之地分出渤海郡，治所在浮阳（今河北沧州东关），其时辖地在今河北省、辽宁省之间的渤海湾一带。

河间郡：亦称河间府。始建于西汉高祖刘邦时期，治所在瀛州（今河北河间）

詹姓的主要堂号有河间堂、奎光堂、洁身堂、继述堂、敦复堂、永思堂、墩崇堂、渤海堂、瑞庆堂、詹福堂、淳叙堂、敦本堂、五凤堂、青云堂、培源堂、报本堂、敦彝堂、清云堂等。

【祠堂古迹】

闽清詹氏祠堂，又称旗杆厝，房前一对旗杆成为詹氏族人博取功名的象征。位于闽清下炉村，旗杆厝建于清乾隆三十八年（1773），原名新厝，该厝詹绍安参加丁丑科殿试高中二甲第二名，光绪皇帝御赐双斗旗杆立在厝院门埕，由此新厝更名为旗杆厝。旗杆厝，坐南朝北，占地面积2925平方米。

永安西洋"靖惠祠"，坐落在永安西洋旧街下，始建于民国十六年（1927），由詹传调组织兴建，占地面积800平方米，实际建筑面积400平方米。神龛上供奉着"靖惠侯""靖贞侯"二神像，每年正月十五和八月十五各举行一次祭祀。

漳浦县绥南詹姓祖祠，位于县城南大街，堂号"河间堂"，建于明正德初年，坐北向南，面临大街，为三进三开间，土木建筑，悬山顶。上有对联："河水澄清，祥征德泽；间松茂盛，瑞启文林。"

詹荣纪念馆，原名"石龟光裕堂"，是高士村詹氏的祖祠。位于尤溪县新阳镇高士村中心地带，该祠始建成时间不详，传说当初盖祠堂时挖出九只石龟而得名。纪念馆主楼面阔五间，进深三间，高二层。

还有，福安市赛岐詹氏祠堂等。

【楹联典故】

廷陈龟鉴；阁直龙图。

——上联典指北宋朝时期的崇安人詹庠，字周文，大中祥符年间进士，官三门白波辇运判。景祐年间，曾进献《君臣龟鉴》六十卷，受到朝廷褒奖。

下联典指北宋朝时期的缙云人詹度，字安世，政和初年知真州，考核为最优秀，升为龙图阁直学士。他曾与降宋的辽将郭药师同守燕山，发现郭与金人交往，便提醒朝廷早作打算。朝中正派人去调查时，郭已降金，金兵正大举南下，人们都佩服他的远见。

谏宫室鳌山，忠言耿耿；

进君臣龟鉴，至理昭昭。——上联典指明朝时期的刑部右郎詹仰庇的事典。詹仰庇字汝钦，安溪人。下联典指宋朝祥符年间进士詹庠，字周文，崇安人。官三门白波辇运判，景祐中进君臣龟鉴六十卷。

一经传授作生涯；百世难忘追祖泽。

敬祖先孝恩不匮；扶伦钗春艳同舒。

——以上为诏安县祖祠家庙对联。

高踪不仕存风节；学无冠有洁身。

多卿多龙抱，九龙护心真形色；市上市御街，佛耳峰上禹之声。

泉源成钱，自是传家懿州；隐逸是福，无非裕后良谋。

开具先鸿儒过化；报功诏至圣明烟。

衍多卿以镇市上；面九龙而负金钗。

安溪景上春不老；佛耳山前日常明。

泉城建宏基，敬先祖庶不愧河间哲市；隐镇开望族，繁出贤孙勿忘詹事遗上。

【族谱文献】

闽台詹氏族谱有《浦城詹氏族谱》，始修宋代，清嘉庆三年（1798），詹成等增修木刻本，16卷共15册。卷1载家翰、制勒、家训、族诫、祠图、祠地、祠规，卷2刊遗像，卷3录墓园，卷4载墓图、祭产，卷5推本图、行字、接载世系六世后长萧公世系，卷6载长萧房世系，卷7—8载长又房世系，卷9—10载长哲房世系，卷11载长谋房世系，卷12载长圣房世系，卷13载二房世系，卷14载三房世系、支房世系，卷15有事实、语录、诗、疏、书、启、序、传诸文，卷16为传、记、墓志铭、形状、祭文、节孝录、谳、札、申文、祝文。丛集列祖诗、文并诸书札、谳辞，纪祖德、南宋庆元二年（1196）朱熹题序。谱载得姓始祖周宣王支子，名至宏，锡爵詹侯。西晋大兴元年（318），詹秉邦于由河南邓州始迁崇安。南宋，詹愭行景一始迁浦城，散居浦城各地。名人有朱熹高足、太常博士、湖广总领詹体仁等。有闽清《河间詹氏族谱》，自汉、唐、宋、元均有修谱，今本1995年续修铅印。载有各地詹氏族谱序、闽清世系等。晋大兴元年（318），詹秉邦入闽。《河间詹氏永定族谱》永定河间詹氏族谱，詹灿富编，1999年铅印本，始迁祖南宋詹五十郎，字成宗，号学传；始迁祖宋詹溪，字伯一。建阳《建峰詹氏宗谱》为清詹祖源纂修，清光绪三十三年（1907）建阳詹氏木刻本，6卷共11册，载始祖周詹至弘，始迁祖隋詹子豪，字世勇。福建浦城《浦城詹氏族谱》16卷，葛赞新等修，1927年石印本，12册。该谱以12地支分部，即12卷。今本乃首修，体例完备，凡溯源、叙支、建祠、坟山、祭享、服制、宗法、谱式等，皆铺陈详备，族史资料亦堪丰富。存福建省图。

第一百九十一节　占　姓

占氏出自妫姓，故古代的占姓名人不多见。《百家姓》中没有列出，而在全国约有人口98万，在各姓中排第295位，占全国人口的0.08%。在台湾排名第749位。

【渊源】

1. 占姓出自妫姓，属以祖名为姓。周代左丘明《世本》："陈垣子生书，字子占，书生子良坚，以王父字为氏。"唐代林宝《元和姓纂·二十四盐》："占，陈子占之后，以父字为氏。"宋代陈彭年《广韵·盐》："占，姓，陈大夫子占之后。"明代陈士元《姓觿·二十九盐》引用明代吴沉《千家姓》："占，陈留族。"春秋时期，陈国公子完之裔陈桓公（前744—前707在位）有儿子叫妫占书，字子占，史称公子占书，占书生良坚，良坚之子以占为氏。故占姓为春秋妫氏的后代，属以祖名为姓。

明代陈士元《姓觿·二十九盐》引用明代吴沉《千家姓》："占，陈留族。"占姓出自妫姓，周朝时期陈国（前1122—前479），公子妫完的裔孙，陈国第12代国君陈桓公之孙，妫书，字子占，其后以字为氏。占姓郡望为"陈留郡"。宋时有达州人占统，官太子中舍。明时河南桐柏人占恩，嘉靖中任陕西庄浪县丞。

2. 占卜职业，属以职业为姓。出自古代占卜师，属以职业为姓。古代有专门占卜的巫师，子孙以占为氏。《康熙字典·子集·卜部》载《唐韵》职廉切。《集韵》《韵会》《正韵》之廉切。《说文》视兆、问也，从卜，从口。为姓。宋代陈彭年《广韵·盐韵》占，姓，陈大夫子占之后。《新华字典》和《现代汉语词典》为4个义项。（1）占卜；（2）姓氏；（3）占据，据有；（4）处在某一种地位或属于某一种情形，如占优势，占上风，或占多数。也说明"占"的异体字为"佔"字。

3. 詹姓，属音同被错误转换。因"詹"与"占"同音（普通话、潮汕话、客家话均完全相同），一

些文盲误以为后者是前者的简化字，遂用为占姓。这是当前社会上随意写不规范字带来的弊病。当近代相当一部分詹姓转为占姓后，占姓就由稀姓变成了小姓乃至较常见的姓氏了。身份证制度出台后，大量的基层工作人员将别人的姓氏进行随意更改，结果就出现"詹"更改成"占"，身份证、户口本等都是"占"，无法回到祖谱上的"詹"。

辨析：从姓氏学上看，"占"和"詹"两字是两个同音但不同源的姓。从词义上看，"占"为占卜义，"詹"的本义为多言，从字义和简繁关系来说，都是风马牛不相及的两个汉字。是两个同音姓氏但不同源的姓。上古周朝有个詹国，詹国的国君被封为侯爵，史称詹侯。侯可以世代沿袭，并且世代在朝廷中做官，詹国国君的家族因此很昌盛，后代人就用国名为姓，世代相传。詹姓，河间郡（今河北献县）

【得姓始祖】

陈子占，陈垣子生书，字子占。陈子占（公元前744—公元前706年陈桓公、陈庄公在位时任大夫）之后，以王父字为氏。

【入闽迁徙】

古时，宁化就有占氏住居，后又外迁。有资料载：明、清时期有占氏从宁化迁往江西宁都居住。宁化占氏现主要居住在安远乡。

元末以来，尤其是明清两代，占氏族人为避难入闽，相互要分布在福州的福清、平潭，后来有部分继续外迁。

台湾占氏人口排名749位，主要分布在台北、基隆等地。

【郡望堂号】

陈留郡（今河南开封）西汉元狩元年（前122）置，治所在陈留县（今河南开封市东南陈留城）。下辖陈留、小黄、成安、宁陵、雍丘、酸枣、车昏、襄邑、外黄、封丘、长罗、尉氏、傿县、长垣、平丘、济阳、浚仪等17县，辖境相当于今河南东部和东北

部的开封、兰考、尉氏、宁陵、杞县、睢县、通许、长垣、封丘、延津以及山东定陶、东明西南部一带。西晋改为陈留国，移治小黄县（今开封市东）。南朝宋复为郡，治所仓垣（今开封市西北）。北魏太和十八年（494）废，孝昌初（525—527）复置，移治浚仪县（今开封市西北）。唐天宝、至德年间（742—757）曾改汴州为陈留郡。

第一百九十二节　湛　姓

湛姓全国湛姓约10多万人，在大陆进入368位。在台湾排名第251位。

【渊源】

1. 源于姒姓，出自夏王朝早期大禹氏族后代，属于以国名为氏。上古夏朝时，有个斟灌氏国，是大禹的氏族中的一支建立的诸侯国，其地在今山东省寿光市东北40里斟灌店。太康失国后，东夷族人寒浞又代羿称王。派遣浇率兵攻灭斟灌氏国。原斟灌氏族人为避害，便约定把原国姓斟灌二字合并，各取一半，合成一个湛字，即去斗去藿为姓，遂成湛氏。子孙沿袭，传延至今，已有4000余年。

2. 源于尹祁氏，出自上古尧帝的第三子大节之后裔，属于以封邑名称为氏。据文献《荆州谌氏祖谱》记载："谌氏为尧之后，封大节于洛阳，始有谌氏。"

3. 源于姬姓，出自春秋时期郑国大夫裨谌，属于以先祖名字为氏。

古时，河南有湛阪（今平顶山市北）。河阳轵有湛水，傍有湛城。湛水有二：一在河南省济源县西南；一源出河南宝丰县东南，至襄城县境入汝河。中国湛姓多出自上述地区。郡望豫章。

【得姓始祖】

斟灌，大禹之后。"禹帝分封同姓宗族人为王，成为诸侯部落。部落王以国为姓。斟灌、斟鄩均为夏同姓诸侯，系大禹旁系分支，姒姓，国以人名。斟灌、斟鄩的地名由此而来。尤其是古斟灌城，其地理位置十分清晰，自古迄今并无异议。"因其祖先封于斟灌国（今山东省寿光境内）而成此族。《世本》："斟灌氏、斟鄩氏，夏同姓。"据史料记载，夏朝时，有个斟灌氏国，位于现在的寿光境内。民国《寿光县志》发现有这样一段记载："夏斟灌国。应劭注《汉志》云：'寿光，古斟灌，禹后。'"

大节，是尧帝第三子的后裔子孙，恢复周王朝有功，在周平王迁都成周后，被赐予成周之东的谌地即礁阳（今河南洛阳），为礁阳令，遂以封邑为姓氏，称谌氏，始有谌氏一族，直到公元126—144年东汉顺帝刘保执政时期，出了一位赫赫有名的谌重，字文叠，江西坞土塘人，后迁豫章（今江西南昌），谌重被"高第除郡博士"，官至京辅都尉、右内史卫尉、大司农诏加奉车都尉，后出任荆州刺史，敕封汉昌侯。是全国各地谌氏族人的重要先祖之一。唐宪宗李纯元和七年（812），太常博士林宝于奉诏组织编撰了著名的《元和姓纂》，在该书中，"谌"被误为"湛"字，以谌重为"湛"姓，记载为"湛重南昌人，汉末大司农。"从此湛姓族人尊大节为血脉始祖，尊谌重为得姓始祖。

裨谌：源于姬姓，是春秋时期郑简公执政期间的郑国大夫，他博学多谋，大力协助国相公孙侨（子产）处理国政。史书记载："裨谌是春秋时期郑简公执政期间的郑国大夫，博学多谋，大力协助国相公孙侨（子产）处理国政。"史书记载："裨谌能谋，谋于野则获，谋于邑则否。有事乃载裨谌与之适野，使谋可否，而告冯简子断之，使公孙挥为之辞令，成乃受子太叔行之，以应对宾客，是以鲜有败事也。"在裨谌的后裔子孙中，有以先祖名字为姓氏者，称谌氏。

【入闽迁徙】

随"三王"入闽的将佐、军校、兵士、眷属。五代时光州人湛温，仕闽。王延翰时为御史大夫、国子祭酒。王审知养延禀与延翰有隙，遣使来探虚实。延翰命温往饯，且鸩之。温惧争斗，道貌岸然经高安山西岭，饮鸩自毙。国人哀之，名其岭为祭酒岭（今福州）。

有资料载：宁化湛氏迁入时间较早，南宋以后逐渐外迁。

700年之前，湛氏一支从江西迁至福建，再由福建莆田迁至广东新塘。湛家先民，在广东增城新塘创造了新的湛氏家园。之后，又向外延伸发展，包括贵州，广西玉林等地。

谌盛喜：字庆吾，福建谌氏念一公七子荣贵公第十三世孙明朝崇正己卯年生，清康熙癸酉年殁。从福建明溪枫溪乡邓家坪迁居石城东坑。娶黄氏，生二子：荣石，荣佛保，是为江西石城东坑谌氏始祖。

谌进桥：福建谌氏念一公七子荣贵第十一世孙，从明溪枫溪乡邓家坪迁居江西宁都沙滩，是为江西宁都沙滩谌氏谌氏始祖。

湛进庆，福建明溪夏坊乡，移居江西宁都大平乡十六七都益竹村，是为江西宁都大平乡十六七都益竹村湛氏始祖。

谌祖福：字尧赓，福建谌氏念一公的七子荣贵公房第十九世孙，乾隆癸卯年四月初一日寅时生，从江西宁都廖地（湛田）迁居福建漳州，娶郑氏，葬在漳州府南门外坐东向西，生一子：正甫。继子：正登，是为福建漳州谌氏始祖。

江西《宁都姓氏人口综观》载：《宁化湛氏族谱》云，湛氏，世居宁化。清雍正间，有湛华庭者，从宁化桂花迁居江西宁都田头樟坑。

福建湛姓主要分布在莆田，龙岩长汀、永定，漳州等地。

清代，闽粤湛姓开始入垦台湾。

【楹联典故】

源自斟灌；望出豫章。

——佚名撰湛姓宗祠通用联全联。典指湛姓的源流和郡望。

元明登进士；仲谟授郎中。

——佚名撰湛姓宗祠通用联。上联典指明代理学家湛若水（1466—1560），字元明。号甘泉，增城人。弘治进士，授翰林院编修。时王守仁吏部讲学，他与之相应和。嘉靖年间，历官南京国子监祭酒及吏、礼、兵本部尚收。他讲学与王守仁异，以随处体验天理为宗。自称："阳明与吾言心不同。阳明所谓心，指方寸而言。吾之所谓心者，体万物而为遗者也。"时称"王湛之学"。有《二礼经传测》《春秋正传》《古乐经传》《甘泉新论》《甘泉集》等。下联典指宋代屯田郎中湛俞，字仲谟，景佑进士，年五十余归隐于闽之馆前乡，三召不起，因名其地为旌隐坊。

浔阳却鲊；彭伉坠驴。

——佚名撰湛姓宗祠通用联。上联典指陶侃以一缶鲊遗母，母湛氏奉还，以书责侃曰："尔为吏不廉，吾忧也。"下联典指唐代湛贲，在其妻激励之下，感奋力学，举进士，其连襟彭伉闻悉，惊而坠驴。

第一百九十三节　张姓、张简、张廖

张姓在当今人口约 104615000 余，占全国人口总数的 6.53% 左右。张姓目前人口为中国大陆的第3大姓，在福建、台湾都第4位。张姓在台湾排名第 120 位。

【渊源】

1. 出自黄帝姬姓的后代，隋陈法言撰，宋陈彭年重修之《广韵》载："张姓，本轩辕第五子挥始造弓弦，实张罗网，世掌其职，后因氏焉。"据《新唐书·宰相世系表》所载："张氏出自姬姓，黄帝少昊青阳氏第五子挥为弓正，始制弓矢，子孙赐姓张氏。"此为黄帝子或孙说，是为河北、河南张姓。

2. 据《通志·氏族略》所载，春秋时，晋国有大夫解张，字张侯，其子孙以字命氏，也称张姓。又载，张姓世仕晋，公元前 403 年韩、赵、魏三家瓜分晋国后，除部分留在原地外，大部分随着三国迁都而迁移，是为山西、河北、河南之张姓。

3. 出自赐姓或他改姓。少数民族汉化改姓为氏。如蒙古族、阿昌族、纳西族、傈僳族、瑶族、壮族、黎族、高山族。

【得姓始祖】

得姓祖张挥，黄帝的第五子，自幼聪明过人，爱动脑筋。一次，他观看夜空，从星星的组合中得到启发，经过研究，发明了弓。弓箭和网罟作为当时的新生产工具，使人们可以猎取更多的鸟兽，捕捞更多的鱼虾，又能够减少猛兽对自己的伤害。挥所在的氏族部落世代以生产弓箭和网罟为业，于是黄帝封挥为专门制造弓的官叫"弓正"，也称"弓长"，又将官名合二为一赐他"张"姓，居青阳，地处古清河流域，张挥被尊为张姓始祖。

【入闽迁徙】

1. 东晋张祎子孙迁居晋江流域，成延鲁公派系，统称儒林派和鉴湖派，主要分布于泉州、厦门等地区。鉴湖张氏一世祖张延鲁，河南固始县人，是汉留侯张良之后。鉴湖张氏早在唐代后期已是泉州一带的大族了。据史书记载，唐末王潮率部入闽时，泉州鉴湖张氏张延鲁曾带领地方耆老前往迎接，泉人张延鲁等以刺史廖彦若贪暴，帅耆老奉牛酒遮道，请潮留为州将，潮乃引兵围泉州。

泉州明初理学大儒张廷芳编修的《儒林张氏家乘》载："刘裕篡晋，以毒酒命郎中令张祎鸩恭帝。祎叹曰岂可鸩帝以求荣，乃自饮殉之。张祎一支子孙避祸南渡居晋江古陵之张林，曰有延鲁，唐末率父老迎王潮入泉，匡时之难。"《晋江清河张氏分衍金台记略》述，张延鲁有二子，长子张镜斋。镜斋公生九子。长子仁郎、三子礼郎居张林，次子义郎（上仓房）居德化，四子智郎（厅上房）居唐厝宅荔枝埔，五子信郎（楼下房）居赤西、大嶝岛、阳塘，六子恭郎居内坑上方，七子敬郎居同安，八子逊郎安溪大坪、东市，九子让郎居漳浦、长泰。宋代有 23 名进士，誉称"儒林传芳"，即儒林派。

2. 唐总章二年（669），随开漳圣王陈元光征闽的张虎（伯纪）后裔定居分衍于漳州地区等，成伯纪公派系。张龙、张虎兄弟以府兵校尉俱为分营将随同征闽。平乱后，张龙领兵班师回原籍；张虎，字伯纪，以中营将之职留守漳州，镇守漳浦县南门外溪南，后人称之为中营村，并建中营太尉堂纪念张虎镇闽之功绩。张虎子孙衍播于漳潮各地，人称伯纪派。传至七世有张浚等回河南省祖，遂定居原籍。南宋末年，元兵入侵中原，虎公十九世裔孙时任参议大夫的元甫公随帝昺南遁滞闽，卜居云霄西林。

3. 张开先，唐开元年间从河南光州入闽镇守建洲，定居于永安市贡川镇，成开先公派系，主要分布于三明，南平等地区。

4. 唐末征讨黄巢起义军而捐躯于政和县铁山的张谨公派系，其后裔主要分布于闽东和闽北。

5. 唐末张睦从河南光洲固始县随闽王王审知入闽，定居于侯官县惠化里（今闽侯县上街镇），成凤池张姓派系，主要分布于福州、莆田等闽中地区。

宁化客家张姓始祖君政公，其三世孙弘愈、弘显、弘矩三公部分后裔陆续迁入宁化繁衍成宁化客家张姓派系，主要分布于闽西北。张睦（850—926），河南省光州固始县魏陵乡祥符里人。唐末随闽王王审知入闽，授三品官，领榷货务，赐第于福州凤池坊。睦勤政爱民，兴学兴农发展商贸交通，政绩突出，累封为梁国公，赠太师，进尚书右仆射。卒，葬福州赤塘山（即今闽侯县上街镇上街村之赤塘山），闽人德之，在福州仙塔街建祠立庙祀之。宋太祖建隆元年（960）追封为英烈武护国公镇闽大王。开宝七年（974）塑公像配享闽王祠。

张睦子孙据族谱记载，他有廊、庑、膺、赓四子；有的记载为庑、膺、赓三子。闽国季，王审知子争位而乱国，庑、膺、赓三公见势不可为，遂联袂脱身戎马，谢事归隐。庑公仍其旧居——侯官县孝悌乡惠化里，看守先人庐墓；膺、赓两公溯大漳溪而上避居永泰县嵩口月洲。膺公居前称前张；赓公居后称后张。有的族谱载长子廊公早逝，其子潜公随膺、赓两叔父避居永泰月洲。张睦后裔分衍广东、浙江、京、沪等全国各地和八闽大地。在福建主要居住在福州、莆田等闽中地区。其后裔尊张睦为入闽始祖，称"凤池张氏"。

6. 宁化四修《张公君政总谱》载：挥公一百一十九世君政，字芳清，祖籍河南光州固始，唐初为韶州别驾，始家韶州曲江，生六子：子胄、子卿、子仲、子慕、子虔、子猷。唐末，子胄、子虔部分后裔徙居宁化及其石壁。子胄生四子：宏藏、宏毅、宏智、宏愈。子虔生三子：宏载、宏显、宏矩。宏显、宏矩。宏愈为广州都督，赠太常，生四子：九龄、九皋、九章、九宾。九龄为唐名相，始封兴伯，谥文献，赠司空，生三子：孟郎、仲郎、季郎。仲郎官至司农卿，因李林甫之潜，谪闽泉州府安溪令，居芜头乡。至十九世心佛，元代迁居安远张坊。仲郎裔孙源旺，自江北迁江右，生二子：长子瑞祯，名五十郎，因元兵扰境，避居石壁千家围，为禾口溪背祖；次子福海，官为大司丞，谪降邵武府别驾。选四传试六，又名元干，迁居建宁。其孙九郎，生八子，其第五子念五迁宁化清平寺。其四世孙显宗为禾口坡下祖，

裔孙繁衍宁化城关、济村、瑞金、石城等地。应宗为安乐张河坑祖。子孙繁衍宁化济村、邵武、光泽及长汀馆前等地。又十三郎，于宋绍定元年（1228），由福州迁宁化，生十子。其第七子二十二郎，为城郊雷陋祖，裔孙衍社下、黄竹坑、石岭下、寨头及石城屏山连塘下。九龄季弟九章后裔五七郎发石壁、桂林及石城濯龙；三七郎发城南上坪。宏显后裔泰郎迁湖头立支祖。四郎居石壁上市；五八郎徙居龙下里三寨小溪坝立祖。宏矩生元靖。元靖生三子：定郎、宣郎、宜郎。宣郎子孙分衍宁化村头、长坊、东坑、南城、左坑、田背、方田、寒谷、小吴、江口、官忠坑等地。思吉后裔衍居宁化肖家山、江夏村、鱼潭、石壁坑、张家坑、上能坑、罗地、东坑、山地、小吴、大江头等地。君政公在宁化各地枝叶茂盛，子孙繁衍，共50多个支祠，人口12万多人。宋、元、明、清各个朝代逐渐外迁，裔孙广布闽、赣、粤、桂、湘、蜀、晋、苏、内蒙古、新疆、港、台乃至世界各地。

7. 宁化禾口（大江头）《张氏族谱》：唐懿宗时，宣郎之子嵩，守虔州。后传二代孙明岳，梁贞明二年（916），自鱼澜廊徙宁都陂阳乡。传六世濬郎，迁居田背坑。其孙八十郎，徙居大江头。

8. 明溪《张氏族谱》：唐僖宗时，金吾将军成绮公，生三子：感、威、咸，宋绍兴元年（1131），咸公十七世孙试六郎，其长子高，生九郎，九郎生九子：第五子念五郎，迁宁化张坊；第六子念六郎，迁居宁化石壁。

9. 唐末，张端（九韶）为避乱经赣入闽，定居汀州府宁化县，其后裔入居长汀县。宋绍兴年间的进士张良裔孙迁宁化县石壁。宋绍定元年（1228）张十三郎从福州迁宁化。南宋末期张荣兴迁连城县新泉。

10. 上杭《张氏族谱》载：张化孙，讳衍，字传万，生于南宋淳熙二年（1175），卒于咸淳三年（1267），自岁贡生至赐进士，诰授中宪大夫，汀州牧，宋宁宗嘉泰四年（1204）他"卜吉移居闽上杭"。鄞江始祖张化孙于南宋嘉泰二年（1202）从宁化石壁迁居上杭县白沙镇茜洋村，享寿93岁，生18子，传108孙，成举世巨族。后裔遍布闽、赣、粤、桂、

湘、浙、港、澳、台及泰国、马来西亚等，学者称"张化孙现象"。福建化孙派主要分布于闽西地区。张化孙的高祖父张端，诰授宝鸡太守，居汀洲府宁化县石壁都葛藤凹（今南田村）。张端被张化孙后裔尊为入闽始祖。张化孙的父亲张扬德，曾任河北太守，住宁化县碛头乡，生三子，长化龙，次化孙，三化凤。

福建南靖县书洋乡塔下村迄立着一座建于清康熙年间的化孙公裔"张氏宗祠"《德远堂》；台湾台南县同样有一座建于清同治年间的化孙公裔张氏宗祠《德远堂》。

11. 张载（1020—1078），北宋时期著名的理学家，关学的创始人。张载原籍大梁（今河南开封），祖父张复，宋真宗时任给事中、集贤院学士等职。父张迪北宋天圣元年（1023）任涪州（今四川涪陵县）知州，并于任上病故，家议归葬开封。15岁的张载和五岁的张戩与母亲护送父枢越巴山，奔汉中，出斜谷行至陕西眉县横梁，因路资不足又遇前方战乱，无力返回故里开封，遂将父枢安葬于横渠南大振谷迷狐岭上，全家也就定居于此，故后人称张载为横渠先生。

根据张正森《张载后裔闽台支派简述》文中所述，张载的第十四世孙南宋进士张日中任兴化军通判，与长子幼厚见渔林（今明溪县御廉村）山川秀丽，遂筑室安居于此。自宋、元、明，清约千年间，张姓不断繁衍生息，人口逐渐增长，至清中叶张姓人口已发展到5000余人，分衍三明、沙县、南京、福州、闽侯、永安、安溪等地。八世张康衢（维宛公）别名张华兴，明成化年间迁江苏南京，现有后裔二千多户，万余人口，1949年从南京迁台湾的有数百人。张日中次孙张德夫曾任泉州府惠安县主簿，其后裔现居安溪县湖头镇、兰田乡、金谷镇、祥华乡、城关镇等地区，迁居我国台湾、马来西亚的有千余人。

12. 宁化湖村、禾口（大路）《张氏族谱》：子虔长子宏载，二十传至卓立，宋端宗景炎二年（1277），自浙江龙泉迁居千家围。后四传孙名宽，居石壁山下。子虔第三子宏矩一脉宣郎，即忠烈公，原籍范阳，授幽州节度使。

13. 石城高田、筻竹《张氏族谱》：历传至子

房公之后，唐代一世祖真公，名睦，号吟川，封太师镇国公，进尚书仆射，居河南固始县。唐末，五世祖臧兴，始迁宁化七都桂林场。传至荣公之子应诚，迁居沙县。至十世应发，一名八郎，字孚卦，居桂林，为桂林仁尚两乡发源。十三世孟壬，其长子仲寿，字安仁，宋季人，初徙宁化永丰里苦竹围上（河龙乡境），南宋宝祐六年（1258）转徙筻竹村（石城岩岭）。越六世，支分宁都之江口。

14. 宁化湖头《张氏族谱》：至宋代，三十七世孙，迁居宁化石壁。三十八世宣诚公，宋元丰二年（1079）生，原籍南京应天府江宁县，仕高宗，官至大卿中政大夫。后避乱，父子流驻张家湾，后居清流铁石矶头。三十九世迁宁化白源。四十世分居宁都、上杭、宁化湖头、石壁等地。至明代中叶，裔孙分衍石城珠坑坪埠，后迁大埠脑。

15.《上杭白砂　再兴张氏族谱》载：北宋末年，受金人侵扰，张端，字臣，由陕西宝鸡徙福建汀州宁化石壁葛藤村（今南田村）肇基。传五世张化孙，字传万，号衍，钦赐进士，诰授中宪大夫，妣陈、阙恭人，南宋时，由宁化石壁葛藤村迁徙上杭北乡深坑尾官店开基，生十八子，一百零八孙，被奉为"鄞江始祖"。裔孙遍布闽、粤、江左、台湾等地。据台湾方面资料，张氏为台湾第四大姓，大多是张化孙后裔，主要居住在台北、彰化、台中、云林等地，分布据多的乡镇有：台北市松山区、彰化员林；台北板桥、三重、台北市大安区。《台湾张氏族谱考·增编》：以黄帝之子挥为一世，至一百一十七世端公迁福建汀州宁化石壁，至一百二十二世化孙生十八子，第四子祥云，下传至一百二十六世铁崖，又称小一郎，肇基上杭，为上杭一世祖。宋末来漳平寇乱，隐居平和琯溪，后裔由福建上杭、平和、南靖等县迁徙入台湾台中、南投等地方开基。铁崖十四世裔孙良德公，讳永连，于清乾隆年间渡台建居南投镇平和里，子孙生息繁衍，蔚为南投大姓。明、清两朝，随着海上航路的开辟，对外视野的拓展，平和琯溪张氏也渡海迁台，南投张氏乃是漳州平和琯溪张氏之支脉。

此外，还有张天觉派，张廖简派、张载派、张

闽台寻根大典

大郎派、延寿张派、礼晋公派、张颜孙等等许多支派。台湾张姓主要派系有：张参议（伯纪）系、张延鲁系的儒林派和鉴湖派、张睦系、张化孙系、张廖系、张简系、张天觉系等等。这些派系，也都是福建张姓的主要派系。

【入垦台湾】

福建惠安人张士郁，明崇祯六年（1633）中副榜。明亡不仕清，趁耿精忠之变，率族避乱金门，随后东渡台湾，安家东安坊。福建同安人，明巡抚张廷拱的两个儿子张灏（字为三）、张瀛（字洽五）在复明无望后，也东迁台湾，落籍承天府近郊。清代设置台湾府后，渡海入台的张姓子孙就更多了，如福建德化县《张氏族谱》载，张继沾（1814—1840）字睦圣，东渡台湾，子孙分布台湾。泉州同安人张首芳（字瑞山），经商厦门。后入台，先居艋舟甲，不久移旧港，以商业致富。又如福建晋江人张仲山（字次岳），年轻时随父亲来台，安家彰化，以德行义举为乡人所重，光绪五年（1879）因捐米250石赈灾，总督卞实第手书"乐善好施"额给予表彰。张丙，福建漳州府南靖县人，后移居台湾嘉义县，世居店仔口庄，经营农业，成为大族。平和县安厚镇马堂村文通公派下支系就有大几十位张姓宗亲迁往台湾。

据《福宁府志》等史籍记载，从郑成功联合张名振、张苍水、张国维抗清保明开始，福鼎张姓便陆续有了与台湾的交往。张苍水曾"三度沙关"（福鼎沙埕），即1654年、1656年、1661年，并在此驻军、练兵、休整。清康熙年间（1683），施琅攻取台湾亦由桐山（乾隆后福鼎县治）起航。清朝为加强对台防务，从闽各地抽调不少武将营兵分批前往台湾，其中就有福鼎秦屿籍张朝发。管阳碧山张姓赴台始祖张国雅公，字俊卿，谱载于康熙六年（1667）赴台经商。迁居于台北淡水，商荣八公投军得授武德将骑都尉。罗源县张祥柯于1940年前后迁台北发展，育有4子6孙，如今合家在台湾有近30人。张露蒲随军迁台湾，张苏伦于清嘉庆年间迁居台南种植树胶谋发展。

【张廖简同宗渊源】

台湾和海外有"张廖简宗亲会"，张姓、廖姓、简姓。所谓"清张"就是一脉相承自四千多年前得姓始祖张挥的清河张姓。张廖，是两姓的结合，一嗣双祧的一族，在血缘上是张公廖母，二姓合一家。论姓氏虽系两姓，论血统实为一脉。发源于福建省漳州诏安县二都官陂。元末明初，官陂始祖张愿仔（后改名张元子），原籍云霄县（北邻于诏安县）西林和尚塘，是张天正公之三子，在官陂坪寨教读时，入赘诏安廖府，单生一子，因受恩于廖氏，就发誓其后裔子孙"在世为廖，死后归张"。此为"张骨廖皮""一嗣双祧"之由来，族人自称"双廖"，并立"清武"为堂号。张简，也是产生于漳州南靖，父系为简，母系为张。相传元末有个简德润的人，入赘南靖张家，此派下张简同宗，以后乃有张廖简三姓联宗的说法。海内外张简全部出自福建南靖。

清张、张廖和张简3支系统，组合成了目前台湾第四大姓的张姓家族，他们虽然各有各的源流，但是在血缘方面，却毫无疑问的是殊途同归，全都是5000年前黄帝轩辕氏的后裔。因此，台湾的张姓，不论属于哪一个系统，早已彼此互认为一家人，不但张、廖、简三姓的联宗组织处处可见，数年前，大家还合编了一部《张廖简氏大族谱》，以最具体的方式，团结宗亲，共清本源。台湾张氏主要派系有伯纪公系、儒林派和鉴湖派、张睦系、张化孙系、张廖系、张简系、张天觉系等。著名郡望清河，有百忍和金鉴等堂号。

【郡望堂号】

清河郡：汉时置郡，治所在清阳（今河北清河东南）。此支张氏，世居武城，其开基始祖为汉留侯张良裔孙司徒张歆。

安定郡：西汉置郡，治所在高平（今宁夏固原）。此支张氏，出自西汉赵王张耳之后，亦即前凉国的创建人张轨之族所在。

范阳郡：三国魏黄初七年（226）改涿郡置郡，治所在涿县（今属河北）。此支张氏，其开基始祖应为东汉司空张皓之子张宇。

太原郡：战国秦庄襄王四年（前246）置郡，

治所在晋阳（今太原市西南）。此支张氏，为北魏平东将军、营州刺史张伟之族所在。

南阳郡：战国秦置郡，治所在宛县（今河南南阳市）。此支张氏，其开基始祖为西汉大臣张良6世孙张彭。

吴郡：楚汉之际置郡，治所在吴县（今江苏苏州市）。此支张氏，其开基始祖为东汉张嵩第四子张睦（蜀郡太守，张良六世孙）。

沛郡。东汉置郡，治所在相县（今安徽濉溪县西北）。此支张氏，其开基始祖为西汉大臣张良六世孙张睦。

此外，还有敦煌郡、平原郡、京兆郡、襄阳郡、河东郡、冯翊郡。汲郡、始兴郡、河间郡、中山郡、魏郡、蜀郡、武威郡、犍为郡、梁郡、河内郡、高平郡、上谷郡。

清河堂：张姓得姓始祖张挥。《水经注》载其源在河南北部，流至今河北威县以下始称清河。东北流经清河县故城北、景县南，至东光西，略循今卫河、海河入海。隋以后东光以下被导浚为永济渠（京杭大运河之一部），东北以上则渐废。今清河县已无清河。

报本堂：广东省普宁市泥沟乡，是粤东地区一古老村落，置寨至今七百余春秋。乡中有多姓集聚，现以张姓人口最为繁茂。泥沟乡张氏先祖，张翠峰公，原居于福建道兴化府（莆田县）大菜园村，因避战乱，于元世祖至元二十二年（1285），同携兄弟七人及妹翠娥来到潮州府，另创基业。以张翠峰公为第一世，自以第四世为开始，辈序诗为：继子乙大衍天清，腾光上国鸣珂声。伯仲怡和咸济美，夔龙勋业动虞延。

百忍堂：《旧唐书》记载：寿张县（今濮阳市台前县桥北张村）张家庄村张公艺（577—676），以"忍、孝"治家，九世同居，和睦相处。麟德二年（665）冬十月，唐高宗偕同皇后武则天，带领文武百官离京去泰山封禅，归来路经寿张县访贤，当时张公艺已88岁高龄。当高宗问张公艺治家的方法时，张公艺写了100个"忍"字，并详细说明了"百忍"的具体内容：父子不忍失慈孝，兄弟不忍外人欺，妯娌不忍闹分居，婆媳不忍失孝心。高宗听后备受感动，

当即封张公艺为醉乡侯，封张公艺的长子张希达为司仪大夫，并亲书"百忍义门"四个大字，敕修百忍义门。张公艺去世后，后人为纪念这位以"忍""孝"治家的贤人，为他修建了"百忍堂"。

【祠堂古迹】

南靖书洋德远堂，又称张氏家庙、张氏祠堂，坐落于南靖县书洋乡塔下村村南山坡。始建于明代，清乾隆二十五年（1760）重修，后多次修缮。坐北朝南，占地4000平方米，建筑面积585平方米。

石壁张氏家庙，又称上祠，坐落于位于宁化县石壁镇石碧村。清康熙四十五年（1706）始建，后多次维修。坐南向北，占地面积约700平方米。

峡阳张氏百忍堂，坐落于南平峡阳古镇将军街中心。清乾隆年间（1736—1795）始建。占地约220多平方米。

张林张氏家庙，坐落于泉南十五公里处张林，村里张姓为大族，堂号"儒林"，"儒林张氏"为晋邑望族。家庙始建年代未详，谱志载"嘉靖间为兵燹所燃，后再构"（安溪逊房日贞公述志），该族始祖镜斋之第十七世孙莲池房张会宗于明隆庆间（1569—1571）连捷科甲而倡建家庙，历代重修。占地面积600多平方米。

陂下张氏家庙，又称"下祠"，坐落于宁化县石壁镇陂下村。始建于明末清初，咸丰年间（1851—1861）重建，历代重建。家庙面积650平方米。

侯山张氏宗祠，坐落于晋江市金井镇山头村。始建于明朝，历代迭有修建。1983年，旅菲侨亲回乡后，由张道裁、张锦星主持捐建重修。占地面积达600多平方米。

鉴湖张氏宗祠（延鲁张公家庙），位于晋江市陈埭镇湖中村。镒湖张氏一世祖张延鲁。宗祠为两进双回廊结构，占地面积2000平方米，大门外竖旗杆两对。

【楹联典故】

弓力千钧东风劲，长空万里北斗明。

——上下联首字分别嵌入"弓""长"二字，合而为张，通用楹联。

金鉴家风，百忍传家。

——"金鉴家风"出自唐朝著名宰相张九龄的故事。"百忍传家"则是张公艺的事迹。

大唐开泰漳州府，鹿水肇基太尉堂。

——漳浦绥安镇中营村张氏"太尉堂"联。太尉堂为跟随陈政、陈元光父子平闽分将张伯纪创建。

开源唐代起，家振冠沙阳。

——沙阳，沙县的古称。福建沙县清河郡张氏宗祠楹联。

世守百忍之训；家垂两铭之风。

——张姓宗祠通用联。为福建省南平峡阳镇张氏宗祠"百忍堂"联。

鲲岛累迁昭祀典；清河长出尚高风。

——此联为台湾省义溪口张氏宗祠联。上联典指本支张氏在台湾的迁徙。"鲲岛"，指台湾省，因台湾有七鲲身海口。下联典指张氏郡望为清河郡。

一族三名臣按察抚院布司，两朝六进士父子兄弟叔侄。

——同安新店东园张氏来自金门青屿，同是"忠勤世第"堂号，主厅楹联。上联指明代同安金门青屿张朝纲、张凤微、张朝綎等名宦；下联指明清两朝该族出进士六人（实是九人）。

【族谱文献】

闽台有张氏族谱有晋江《鉴湖张氏宗谱》，始修无考，明永乐十年（1412）张观使主持纂修。内载清河延鲁鉴湖一世，越州人，随王审知攻下泉州，授司农卿。乾宁三年（896）于晋江南岸屯垦居湖澄，后称为鉴湖。延鲁为闽南鉴湖派入闽始祖。载张士箱携张方高垦殖台湾，发迹后，重建鉴湖张氏家庙。有《儒林张氏联宗谱》，1999年儒林张氏联宗谱，张廷发题名。内载唐张延鲁入闽，张镜斋为一世祖。永定《清河张氏新修合谱》是化孙一脉的合修谱牒，也是闽西及浙江、广东总谱。1996年重修。有始祖像及各地张氏祖墓、祠图，有历代名人、楹联、诗文选辑、字辈、家规，历代诰命、封、世系以及各地开基始祖繁衍支系，张氏63位宰相简介。载北宋重和年间，宋张端由陕西宝鸡迁至福建，南宋嘉泰年间其六世孙张衍迁上杭，生十八子，播番闽粤赣台。南靖《张氏族谱》为张顺良等修，为1949年铅印本，共4册。宋代张瑞入闽，南宋张衍迁上杭，脉分闽粤。明初，小一郎徙居南靖塔下肇基，乾隆间创建德远堂于塔下，繁衍省内外及东南亚和欧美等国。有张治中、张发奎等人题赠。台湾《宜兰张氏族谱》1982合纂谱。载唐总章初，张伯纪从陈元光入闽驻云霄漳浦开基。明清庆茂公渡台，开兰阳一派。《台湾鉴湖张氏族谱》尹章义修撰。1985年，张士箱家族印行。载盛唐中叶南迁居闽南武荣州（今南安）；唐末，王潮入闽，延鲁公率众迎守泉州安定地方，迁晋江鉴湖乡，鉴湖第二十世张士箱入台拓垦彰化一带。

第一百九十四节 章 姓

章姓人口列全国第118位，约占全国汉族人口的0.12%，在福建排名第70位。

【渊源】

1. 出自姜姓。章姓为炎帝神农氏的后裔，以国名为氏，始祖盖为姜子牙。据《姓氏辨证》《通志·氏族略》《元和姓纂》及《古今姓氏书辨证》等所载，章姓的孕育地在山东省泰安市东平县鄣城村（现属章丘市），商朝时为鄣国；章姓的诞生地为豫章（今江西省南昌）。西周初，姜子牙受封于齐，建齐国，是为齐太公。鄣国被齐太公收为附庸国，后齐太公将鄣国及临近的齐国分封给庶子。春秋时鄣国被齐灭掉，鄣国的后人以国名"鄣"为氏，因认为国家已不复存在，又去掉表示疆邑的"阝"，成为今天的章姓。鄣国和齐国都为齐太公的后裔，鄣国灭亡，国人为纪念故国而去邑为章，称为章姓。

2. 出自妊姓。黄帝赐封的12个基本姓氏之一。据《元和姓纂》记载，妊姓是黄帝赐封的12个基本姓氏之一，始祖为黄帝的长子。又据《左传》说，妊姓出自风姓，是太昊伏羲氏的后裔。黄帝二十五子，得姓十二，其一为妊，而谢、章、薛、舒、吕、终、泉、毕、过、祝十姓，都是出自最初的妊姓。章姓推溯起来当然是5000年前黄帝的后裔，是一个古老的姓氏。

3. 出自他姓改姓。如，汉代章弇原为仇氏者，因避仇而始改之为章姓。

4. 出自他族改姓。今蒙古、土家等民族均有章姓。

【得姓始祖】

1. 齐太公，名尚，字子牙，又字望，称吕尚、吕望、姜太公，号太公望，又号太师尚父，是周初著名的政治家、军事家。辅佐周文王兴周，帮助武王灭纣，是周朝第一开国功臣。他们尊齐太公为其得姓始祖。

2. 章韅为章姓立姓之元祖。"齐人降鄣"的时候，鄣国君主是胡祥。胡祥公有个儿子叫韅。由于鄣姓依附的鄣国不复存在，所以韅公立姓为章，定

居于河间。因此，章韅公为章姓立姓之元祖。

【入闽迁徙】

南朝刘宋兵部尚书章严（古称严公或岩公，为章氏南安世系一世祖），初出守福建泉州，后在南安定居。唐朝末年后裔章及为避战乱，举族辗转迁入浦城，成为福建浦城章氏始祖。章及之子章修，任福建军事判官，章修娶刘夫人生子名仔钧，娶叶夫人生子名仔钊。

唐太宗时，曾辑录天下193姓，章姓已是名列前茅之大姓。唐林宝撰修的《元和姓纂》，详细记载了各姓氏的起源和血缘。及公受《元和姓纂》的影响，开始编撰章氏宗谱，成了章氏家族修谱的鼻祖。海内外都有"天下无二章，祖根在浦城"之说。

唐宗章二年（669），陈政、陈元光父子率军由河南入闽，军队中有队正章鳌、火长章敦复。

唐末五代间人章仔钧（872—952），由河北河间县徙居福建浦城。其妻练夫人爱民如子，于南唐保大三年（945）以命救城，使建州百姓免遭屠城，被百姓誉为"芝城之母"。章仔钧有15个儿子，后裔迁仙游大圳、德化、大田、永春、安溪等。

唐末担任康州刺史章及。章及生了3个儿子，小儿子章修在唐末担任福州军事判官。章修的长子就是大名鼎鼎的章仔钧。

海内外都有"天下无二章，祖根在浦城"之说。五代十国时，已有章姓人落籍福建，如章仔钧其先祖由福建泉州徙居浦城。章岩仕晋上大夫，因领兵收大散关有功，进秩兵部尚书。南北朝宋永嘉元年，出守福建泉州，家福建南安。传至九世至章端蒙，生子及。由南安迁居浦城，为浦城章姓始祖。章及子章修，字治夫，为福州军事判官，娶夫人刘氏，生仔钧。

据族谱记载：章及，字光被，号鹏芝，唐元和间进士，官康州刺史自南安徙居浦城为浦城，唐太和间任康州刺史，卒于大中年间。章及公为系河间

章氏第 47 代。墓在浦城仁凤里衢溪场东，原籍河南汴梁酸门。原配：梁氏，墓均在登龙里山庄大塘西。配赵氏，生殁葬失考，生子三：友、容、修，是为泉州章姓始祖。

族谱记载：章姓浦城始祖及公，于唐宣宗大中年间（约 847），由泉州南安迁入浦城。其子孙兴旺发达，枝叶繁茂，令今人叹为观止。

又有族谱记载：章姓先祖太傅（仔钧），其先祖由福建泉州徙居建宁浦城。太傅仔钧夫人练氏素有贤能，知书达理，仁慈厚道，广积阴德。945 年，南唐军队攻破建州（当今的建瓯）时，愿以死来救全城百姓，感动南唐将领，下令禁止屠城。因释二将，舍私恩而全大义，保得全城百姓性命，后人为颂扬练氏夫人的深恩厚德，故又将原"敦睦堂"改为"全城堂"，并一直沿用至今。练氏夫人后被当朝追封为越国夫人，其恩德广为传颂。章仔钧、练夫人在浦城发祥，造福桑梓，名垂青史。建州人民思念她保城大德，她死后，誉她为"芝城之母"。

太傅公生十五子，皆以"仁"字为派，取忠厚仁德之意，故族人又将中堂"福建堂"更名为"敦睦堂"。十五子中前八子皆练氏夫人所生。长子仁坦，推忠立志功臣；次子仁坊仕南唐指挥使，银青光禄大夫，检校工部尚书；三子仁燧任建州浦城封制置使，银青光禄大夫，检校司空；四子仁嵩任朝散大夫检校尚书，后以曾孙得象贵赠太师中书令郇国公；五子仁辙任建州节度推官检校工部侍郎，后玄孙惇，贵赠参知政事尚书，文殿大学士；六子仁郁仕南唐建州观察推官检校尚书，北部员外郎兼御史大夫；七子仁政仕南唐静边指挥使立功耀武大将军；八子仁愈任建州马步都虞侯，银青光禄大夫，检校太保御史大夫；九子仁监任南唐耀武指挥使，后裔分布在福建德化。十子仁肇仕南唐检校尚书工部侍郎兼耀武大将军；十一子仁皦仕南唐秘书省校书郎兼御史大夫，后赠秦国公；十二子仁耀、十三子仁佑（后裔分布在福建南平）、十四子仁逊、十五子仁辅皆仕南唐官封银青光禄大夫。其后裔章得象、章惇、章杰均登上相位，其中第五世孙章得象为福建籍登上北宋宰相之位第一人。其裔孙宦游四出，随地占

籍，遍布全国各地，至元朝末年（1341）为官者达 460 多人，不胜枚举，故有"千支万派，总归浦城"之称谓。这就是浦城章姓家族的鼎盛时期。仅据《浦城县志》记载，浦城章姓一门有出了进士 25 人，状元 2 人，宰相 3 人，尚书 5 人，检校尚书 4 人。

传至十世仁鉴，后裔迁徙隐居德化尤中里洞口，后嗣佛炉、佛哥徙居永春盖德。之后佛哥由永春盖德（今横口贵德）迁居安溪县还仁里蓝田下章；佛炉于清乾隆年间由盖德迁居感德洪佑村中甲。章姓分布于安溪县蓝田乡蓝田村下章，感德镇洪佑村中甲，蓬莱镇新林村庙后，龙门镇山头村吊乌等地肇基南安。南安县志，均未见将章姓列其中。据现存颇不完整的家谱载："乾隆叁拾贰年岁次丁亥端月查记：福建泉州南安廿七都当溪（即今翔云镇翔山村当溪），章家昔日祖公在莲田，开往当溪，葬在大岭垅头大枫脚为一世，祖公在莲田无来……二世公妈葬在本都溪南乡（均无名讳生卒年月）……三世公妈均生于乙亥年（无名讳）……四世公号近田元贡生于嘉靖壬寅年十二月初九。"章姓一世祖开基南安祥云镇当溪村。

据《海游章氏宗谱》记载：海游章姓来自福建浦城。明天顺二年（1458）八月，赐进士第礼部侍郎宗裔孙纶织撰写的《海游始祖赞》称：源自神农，姓由轏始，时惟五代，仔钧练氏，大德全城，诞十五子，六十八孙；皆登显仕，奕世冠棠，闽浙桑梓，南渡玫公，海游居止，累代相传，丕绳谱嗣。短短 56 字《海游始祖赞》就把海游章姓的渊源与先祖功德说得明明白白。《海游章氏宗谱》记载海游建有瑯琊王庙（祠），据福建省浦城县章氏文化研究会考证说："目前发现章姓聚居地建有太傅仔钧公瑯琊王庙（祠）的，全国还只有海游。"浙江海游章氏族谱记载：一世祖为章玫，福建浦城人，字汉杰，异公次子，及公第十世孙，属大傅仔钧公四子仁嵩公支系分派，曾任宋朝奉大夫。江西安吉章氏的源头就是从福建浦城迁移而来。先期徙居江西南昌，再安吉五云村。

三明章姓郡望河间。宋代前，已有乐姓迁承沙县涌溪。南宋绍兴三年（1133），章九从福建仙游潭边迁居大田大儒。宋代时，浙江金华府兰溪县一

支章姓入闽，居于浦城县。南宋绍兴年（1140），章懋从浦城迁居尤溪十八都捲菜洋（今溪尾乡高山村芹菜洋）。尤溪高山章姓主要分布在高山村芹菜洋、尤溪城关、溪尾等地。清时，德化迁入尤溪坂面的后坑村。福建浦城的章仕铿迁入尤溪西滨的拥口村；拥口许氏分布在拥口村的大坪、下街道等自然村。

【入垦台湾】

元末明初就有福建龙岩、永泰及广东汕头等地先祖迁徙台湾开发。明郑时期福建广东沿海之章姓迁居入垦台湾，清康熙乾隆年间逐步形成迁徙规模。清光绪间（1875—1908），安溪县感德里（今感德镇）洪佑村章姓，有族人迁往今台北市大绸埕。台湾有章姓族裔数千上万人，他们主要居住在台湾的台北、高雄、基隆、台中、台东、新竹、苗栗、云林、新竹等地。

【郡望堂号】

武都郡：梁州（今陕西汉中东），春秋时置武都郡，战国楚置梁州郡。武都郡梁州乃章姓第一个郡望。

京兆郡：秦末大将章邯，任少府，为秦朝的军事支柱。京兆郡雍州乃章姓第二个郡望。

豫章郡：章平，章邯之弟，秦末将军，随兄降楚后，仕楚为上大夫，领兵守大散关。刘邦围攻废丘，章邯命章平支援，章平被韩信大败而被俘。赦后迁居豫章。在豫章生息繁衍，人口急聚增多，形成名门望族。洪州（今江西南昌），汉置豫章郡，唐以后改洪州。豫章郡洪州乃章姓第三个郡望。

河间郡：西晋有章严者，任兵部尚书，领兵四十万收大散关有功。因功高而封为河间侯，从而在河间形成名门望族。一说西晋（265—317）时，章岩任兵部尚书，因功高而封河涧侯，从而在河涧形成了名门望族。迄今，凡以"河涧郡"为郡望的章姓族人，都是章岩的后裔。

复生堂：源出宋代章王容，追思怀念其亡母，其挚情感动万物，连枯竹亦复苏，于是章姓遂有"复生"堂号。

此外，章姓的主要堂号还有思绮堂、莱山堂、豫章堂、式训堂、此洗堂、河间堂、虚受堂等。

【祠堂古迹】

桃园杨梅太平里四章堂傅氏宗祠，也称"四章堂"，位于杨梅镇秀才窝大平山下，为祖籍嘉应州梅县的傅姓家族之公厅，取名"四章堂"系为纪念乾隆四十一年（1776）年荣章、麒章、麟章、发章等四兄弟渡海来台垦拓落户的事迹。建于日治后期于1938年落成。

花树兜章氏祖宇，又称洪佑章氏宗祠，位于安溪县感德镇洪佑村中甲角落。肇基祖章佛炉，明中叶自永春盖竹迁居安溪感德里洪佑，由一世祖章佛炉始建，始建年代未详，几经修建。坐北朝南，土木结构，二进大厝，占地面积900平方米。

蓝田华章章氏宗祠，明洪武十九年（1386）由一世祖章佛钧始建。1995年重建。楹联："华脉崇廷思祖训；章支绵衍励来贤。"

西湖堂，地处福建省大田、德化、永春三县交界处，位于三明市大田县济阳乡大儒村。祠宇建筑面积约600多平方米，占地面积约10亩。

临江章氏"大夫第"，临东章氏是浦城名门望族之一。章家"大夫第"老宅坐落在浦城西南临江镇新街村徐厝自然村内。老宅坐北朝南，大门朝向新街村，而后门直通水西黄桥街。老宅厝房进深约160米，东西宽约80米，占地面积约1300平方米，内有房舍100余间。

洞口时思堂，洞口俗称路口，今芳林、蒋山、张坑、许坑、杨梅、王坪等6个行政村的统称。始祖五二公（文惠）由德化小尤潭边始迁洞口作室而居，明嘉靖年间（1566）流寇毁之。十六之长房一桐公，二房直斋公，三房希斋公首建于隆庆五年（1572）历6年落成，占地4000平方米，三堂建筑面积2400平方米。

【楹联典故】

立地枯天怀大志　早春催人兆丰年

——此联为鹤顶格析字、嵌"章"字的析字联。

琅玡世泽；渤海家声。

——全联典指章姓源流和郡望。

将领守台驱法寇；骚人咏赋比唐诗。

——上联典指清代将领章高元。光绪间随刘传铭防守台湾，法军犯基隆，力战有功，授总兵。下联典指宋代天圣进士章岷。

河间一派广闽潢流不尽渊源世泽；洞口千年聚国族焕无疆诗礼文章。

——大田洞口祠堂楹联。

【族谱文献】

记载闽台章氏族谱中较有代表性的有浦城《全城堂章氏会谱》为清代章馨山等修，清光绪十五年（1889）南昌木活定本，16卷共19册，卷1.2列诸序；卷3刊图引、谱引、坟图暨墓志、祠图、祠志，以及诗词联文等；卷4载像图兼赞、传志及封诰；卷5续载像赞及诗文、祠令、后跋等；卷6辑世系源流、登科题名、历代人文以及先茔山场、祀田纪略；卷7至卷16皆录蕃支各地世系。内载晋永嘉初，展公自汴武阳入闽出守泉州郡，居南安。至唐时，及公移居建州浦城；递传三世至仔钧，仕闽王审知，为高州刺史兼御史大夫，生十五子、六十八孙，唯第

五子仁彻，世居浦城。入宋以来，贤达辈出，如尚书侍御史章频、状元集贤院学士章衡知等。裔孙后分衍省内县市及浙江、江西等。各地宗裔常执支谱往谱序中辑录历代各地修谱记文，其中有宋王十朋、吕蒙正、陆秀夫、明宋濂等名家题撰。像赞文中有朱熹、文天祥、苏轼、寇准、欧阳修、司马光、曾巩、蔡襄、叶梦得等大家书题，传记中有陆游等人之作。还有龙岩《章氏房谱》为清代章京等修。乾隆三十二年（1767）刻本，十卷。谱有系图、世传。载先祖章及；始迁祖宋章镒；分支祖章允忠、章允泰、章允旺。（福建浦城）铅峰章氏宗谱，该谱系龙岩章氏肇成堂所修房谱。据谱中记载，其入闽始祖为（唐）章及，唐代迁闽，居浦城，传至明代章益，字万铅，号西溪，为避世乱而迁龙岩，又递传八世至明代，长房任兴，称福房，本谱即该房派裔孙所修谱牒，尊任兴为房祖，立堂号肇成堂。现存福建省图。

第一百九十五节 赵姓

赵姓是传统的《百家姓》之首，约占全国汉族人口的2.3%，是当今中国姓氏排行第7位，福建排名第55位。在台湾排名第46位。

【渊源】

1. 出自嬴姓，形成于西周，祖先是伯益，始祖是造父。

伯益为颛顼帝裔孙，被舜赐姓嬴。造父为伯益的九世孙，是西周时著名的驾驭马车的能手，他在桃林一带得到8匹骏马，调训好后献给周穆王。周穆王配备了上好的马车，让造父为他驾驶，经常外出打猎、游玩，有一次西行至昆仑山，见到西王母，乐而忘归，而正在这时听到徐国徐偃王造反的消息，周穆王非常着急，在此关键时刻，造父驾车日驰千里，使周穆王迅速返回了镐京，及时发兵打败了徐偃王，平定了叛乱。由于造父立了大功，周穆王便把赵城赐给他，自此以后，造父族就称为赵氏。周穆王传周幽王时，因幽王无道，造父的七世孙叔带离周仕晋，从此赵氏子孙世代为晋大夫。到战国初年，叔带的十二世孙赵襄自联合魏氏、韩氏三家分晋，建立赵国。至他的孙子赵籍时，正式获得了周烈王的承认，与韩、魏两家并列为诸侯。公元前222年，赵国为秦国所灭，其王室贵族和平民百姓纷纷以国名为姓，称赵氏。

2. 赵姓便是凤的传人，是凤文化杰出的代表。赵姓的血缘祖先少皞、皋陶、伯益，为中国远古三大鸟夷部族首领，由燕演变而成的凤凰，就是他们的图腾。

3. 出自他族改姓。明清时满、苗、瑶、壮和云南土著融入汉族，使用赵姓。

【得姓始祖】

造父，嬴姓。其祖先伯益为颛顼裔孙，被舜赐姓嬴，造父为伯益的九世孙。是西周善御者，传说他在桃林一带得到8匹骏马，调训好后献给周穆王。周穆王配备了上好的马车，让造父为他驾驶，经常外出打猎、游玩，有一次西行至昆仑山，见到西王母，

乐而忘归，正在这时，听到了徐国徐偃王造反的消息，周穆王非常着急，在此关键时刻，造父驾车日驰千里，使周穆王迅速返回了镐京，及时发兵打败了徐偃王，平定了叛乱。由于造父立了大功，周穆王便把赵城（今山西洪洞）赐给他，自此以后，造父族就称为赵氏，为赵国始族。几十年后，造父的侄孙非子又因功封于犬丘，为之后秦国始祖。

【入闽迁徙】

1. 唐总章二年（669），河南省固始人赵瑞、赵伯恭随陈政、陈元光父子入闽平乱，后在漳州开基，河北涿郡赵广汉为京兆尹，其子赵贡亦为京兆尹，形成涿郡赵姓。赵贡八世孙赵弘殷有五子，次子赵匡胤得天下，建立了宋朝，号宋太祖。封兄光济为曹王（早亡）、弟光义为太宗、光美为魏王、光赞为岐王（早亡）。宋朝政府管理贵族，分设两个机构：一是"宗正寺"，为政府部门；二是"宗正司"，始设于皇祐三年（1051），为宗族自行管理部门。后来族人日多，崇宁三年（1104）设南外宗正司于南京（河南归德）、西外宗正司于西京（洛阳），以辖在京都以外的皇族。宋室南渡后，屡迁其地，南外宗正司从河南归德迁江苏镇江，再迁入泉州，设于今市内旧馆驿（梨园剧团内）；西外宗正司最后徙于福州。靖康元年（1126），赐封昌国公赵公俊携两子赵彦忠、赵彦裕入闽定居。赵公俊被尊为赵姓入闽始祖，其长子赵彦忠官授长明殿学士、赠金紫光禄大夫；次子赵彦裕赠银青荣禄大夫。南宋建炎三年（1129），宋太祖次子燕王赵德昭裔孙赵子缪入闽居福州，官任福建都转运使，子孙迁泉州、莆田。

2. 泉州其他赵姓。

（1）《南外赵氏天源族谱》载：迁居路水头赵氏皇室后裔系宋太祖之后，太祖长子赵德昭传惟吉、守廉、世奉，至令磅传子缪，建炎南渡子缪入泉（墓葬南安霞美橄榄安山），传伯遏、师沆，传希系、与蕃，

孟伟、由腾、宜贤，后裔顺阳、普镂、纲亮，传鼎中、建鼎，迁居南安市区东郊柳城路水头。

柳城路水头赵宋皇室后裔，出自时任福建转运使入泉的赵子缪之后。宋景炎（1278），元灭宋，泉州南外宗正司的皇族受祸最惨，几乎全部男丁都被屠杀。个别因事外出或被元将抱救的孩童才幸免于难，南外宗正司的房屋文书，悉数被毁。所幸时任监税官的赵与蕃仕于外未遭剿杀，才繁衍路水头赵氏皇室余脉。赵与蕃在泉苗裔变姓咽涕装欢，谨慎避祸，学文练武概秘藏不露。事过20年，天下大定，泉州幸存的赵氏子孙们已沦为平民。明洪武，散居泉州的赵族复姓归宗。至明清，泉州的赵氏子孙出仕当官，代有名贤。清乾隆二十一年（1756），其在甲第巷宋皇室赵氏宗祠历久倾圮，宗子倡议合族建大宗祠，并重修原小宗祠，合祀始祖宋太师公，暨历代有德者之考妣，参其赵族支银同建者有泉州、安溪、永春、南安、晋江安海坑甲（生吴死赵）的宋太祖和魏王后裔。宋太祖二十七世孙赵宜爵创业有成，富甲武荣，同治壬戌选贡，光绪诰封五品衔。

（2）太祖次子燕王德昭第五代孙赵子缪、赵子侁随南京外宗正司徙迁入泉其后代一直在泉州繁衍，赵子缪、赵子铣等为太祖派燕王派入泉始祖，赵子家等为太祖派秦王房入闽始祖。其后裔现居住在甲第巷、涂门街，蒲寿庚叛宋降元，残杀宋宗室及士大夫，五世赵与蕃游宦于外未遭杀，隐名埋姓避祸，后子孙在南安柳城路水头居住；七世赵由钝被外家姑姑所救，出走寄居于武荣外祖辜氏家，其子孙即在武荣繁衍。二十一世孙赵伯勋（一名厚勋，又名万勋、赵由馥第八代孙）清顺治辛丑年（1661）全家同郑成功徙台不归，在台湾开基创业。

（3）太宗第四子商王元份第三代孙仲忽（追封太师岐王）第十三子赵士晤，拜右监门大将军、贵州团练使，解洺州围，迁知洺州、兼防御使，迁泉州观察使，再迁平海军承宣使，知南外宗正事，迁节度使（未拜而卒），子孙在泉繁衍，泉州有三个太师墓（即赵士晤卒后赠太师，葬南安三十一都鹏洋岗；其子赵不流卒赠太师申国公，葬南安三十都小郡龙湖山；其子赵不廮卒赠少师开国伯，葬武荣

邑三都招贤里小潘山）。据《泉州南外宗子进士世系考》记载，随南外宗正司南迁入泉且出进士的"士"字辈还有12支，赵士晤等为太宗派入泉始祖。

（4）魏王次子广平郡王德隆第四代孙赵公义，拜忠郎右班殿直，南渡居于泉州；据《泉州南外宗子进士世系考》记载，随南外宗正司南迁入泉且出进士的"公"字辈还有25支，他们为魏王派入泉始祖。其后裔原居泉城南，二十五世赵若凤携子赵嗣苏从泉城大门铺南岳境大郎巷迁居甲第巷大宗祠内。

3.华安县银塘村《赵氏族谱》记载，这里的赵氏与八百年前的北宋王朝有着血缘亲情关系。他们是宋太祖赵匡胤的后裔。据史载，北宋末年，元人入侵，山河摇坠，宋朝国势贫弱，难以抵抗，为了保护赵氏生息力量，宋太祖赵匡胤的八世孙赵师诰于宋宁宗年间（1195—1224）奉命携眷入闽迁漳，师诰的长子赵希庠于宋理宗宝庆（1226），带着他的儿子赵与仿来到银塘聚族而居，赵与仿被尊为银塘开基始祖。那以后，银塘赵氏后裔开始了隐姓埋名的草民生涯，直到明代，长史大夫赵德懋告老还乡后才修建了崇本堂，又经过明、清时期近400多年的修葺和经营，村中逐渐遗留下许多颇具宋、明风格的古建筑和史迹。

4.连江县《赵氏族谱》记载，南宋建炎三年（1129），赵士伸自中原南迁福州长府连江县东湖里，为连江赵姓始祖。

5.安溪的县《赵氏族谱》记载，安溪的赵姓主要族系有3支：

（1）城厢过溪赵姓。赵仕谊于元泰定年间（1324—1328）在城厢镇过溪村赵厝开基后，至今已繁衍二十六世。赵仕谊为过溪赵氏一世祖。

（2）金谷赵姓。赵鼎昂之子赵世祧，字世郎，号双崖，明嘉靖年间（1522—1566）在金谷镇金谷村开基后，繁衍生息，已传十七世，分为四支派系，分布于金谷村扬美、上吟，金山村湖丘和蓬莱镇美滨村路尾等。赵世祧为金谷赵氏一世祖。清朝末年，赵氏一部分宗亲因生活所迫，背井离乡，远涉重洋，到南洋群岛（大部分在马来西亚）开发创业。马来西亚沙巴州的斗亚兰坡，就是侨亲赵德茅、赵德王

兄弟组织华工和土民开发的，故取名"斗亚兰"，是"到也难"之谐音。当地政府为表彰赵德王兄弟开巴创业功绩，就把斗亚兰主街命名为"赵德王门街"，以作纪念。日本南侵时期，赵德王之子赵及泉积极组织领导华侨与日本侵略者进行斗争，因而赵及泉父子三人惨遭杀害。光复后，当地政府为表彰赵及泉父子，授予赵良辉（赵及泉幸存之子）"太平绅士"勋章。现赵德茅和赵德王的后裔已达多人。

（3）参内厚山赵姓。赵天祐，字延年，号肇溪，明嘉靖年间（1522—1566）在参内乡镇东村厚山开基后，至今已传十九世，分为三支派系，分布于镇东村厚山、凤城镇朝阳居、下西居等。赵天祐为厚山赵氏一世祖。后裔有迁往新加坡、印尼等，现已繁衍多人。

6. 福州高盖山《赵氏族谱》记载，在宋朝末年，随宋室南迁的后裔，大都居住在福州仓山高盖山一带。北宋靖康元年（1126）冬，金兵大举入侵，汴京失守，宋太祖八世孙赵伯述保护康王赵构南渡，于临安（今浙江杭州）建都，史称南宋。赵构就是宋高宗。赵伯述生师诰，师诰于宋庆元元年至嘉定十七年（1195—1224）间，奉朝命携眷入闽迁漳。随着南宋的建立，赵姓也大举南迁，其中燕王赵德昭（赵匡胤次子）的六世孙赵子镠、赵子铣从河南迁往江苏镇江，后来又迁居福建泉州，并分居晋江青阳、安溪永安县里郭溪一带，传衍于福州。赵公俊率子赵端明、赵彦裕于靖康元年入闽，传衍福州一带。

7. 漳州的赵氏族谱记载：两支皇族都有"谱"可查。所不同的是，赵家堡的只是"王派"，开基祖是宋太祖赵匡胤之弟即魏王赵匡美第十世孙、南宋闽冲郡王赵若和，被称为"魏王派"；银塘村的则是"皇派"，是宋太祖赵匡胤的直系裔孙，也被称为"太祖派"。因为幼年曾被宋理宗取育宫中并拟为储君，差一点就要黄袍加身，后因皇族争位才退居闽冲郡王的赵若和及其后裔虽为王族，却始终都以皇族自居。银塘村族谱记载，他们的先祖即赵匡胤的八世孙赵师诰早在宋朝覆灭前50年便放下皇家子弟的架子，奉命携眷入闽迁漳，以保护赵氏生

息力量。宋理宗宝庆年间（1226），师诰的长子赵希庠又带着他8岁的儿子赵与仿择华安北银塘屯居，在这"世外桃源"中过着荷锄担犁的日子，此后隐姓匿迹于山林。两支赵姓皇族后裔，同样都是到了明洪武年间才受明太祖恩赐复姓。赵家堡是宋朝灭亡后，赵家皇族后裔在元兵追杀下隐姓埋名，立意聚族而居的建筑群；是为思慕祖宗帝业，仿北宋古都开封布局建造的防寇城堡，是现存世界上唯一的灭国王族建居的城堡。可谓罕见灭国王族聚族而居传之数百载的。如今，这座以布局立意处处怀赵氏皇室之旧的古宋城，依旧居住着700多名带着皇族血统的赵姓居民。

8. 永春西北部的玉斗镇云台村，因村里大部分姓赵，故此村又名赵家村。元末，宋太祖第十八世孙赵大观跟随明朝开国皇帝朱元璋南征北战，军功卓著，明灭元后，被封为山东青州护卫后所千户统诸军，明朝洪武十一年戊午（1378），又调任福建兴化府兴化卫前所千户统诸军。因福建距老家山西定襄甚远，他扶母挈眷赴莆田定居，后因兵事早丧，其子赵贵定才出生2个月，赵贵定长大后，奉例恩荫率部属调到永春当官，1413年，又迁居到如今的玉斗镇云台村，开山筑田作为千秋家业之计。

统计资料显示，截止1994年，赵宋南外宗在泉州共有太祖派近17000人。赵氏祖坟墓葬遍及鲤城、晋江、南安、惠安各地。据介绍，1992年春，赵氏在惠安洛阳与黄塘之间埔兜山找到三个宋墓，认定是赵希泾、赵希焕、赵希遏之墓。永春玉斗镇，居住着宋室后裔300户近2000人。族内至今仍完整保存有赵家世乘的13部《赵氏族谱》，还有一座明、清时代构筑的"赵氏祖庙"，这些文物古迹都是研究泉州地方史的珍贵史料。自南宋绍兴年起，"赵氏子孙成进士者凡百三十余人"，在南宋800多位泉州进士中，南外宗室就占129名。两宋期间，泉州出了1400多名进士，是历代最多的一个时期。明朝建立，在泉州的赵氏子孙出仕当官，代有名贤。原甲第巷赵氏大宗祠的大门外，挂着著名思想家李贽题赠的"乡贤名宦"牌匾，

【入垦台湾】

明末至清康熙年间开始，闽粤等地的赵姓族人陆续迁到台湾。台湾的赵姓大多来源于泉州的同安县和晋江县、漳州的漳浦县、南靖县和龙溪县以及广东潮州的大埔县。明天启、崇祯年间，赵伯占从福建同安金门后浦迁居今澎湖西南寮村，族人亦相继来彭。据台湾学者的统计，目前台湾的赵姓人口近 10 万人，为岛区的第 46 大姓，分布较多的县市依次为台北市、台北县、高雄市、台中县、高雄县、新竹市。而后更多播迁台湾全岛。

【郡望堂号】

天水郡：治所在平襄（今甘肃通渭西北），西汉时置郡。此支赵氏，其开基始祖为赵襄王太子、代王赵嘉。

涿郡：治所在涿县（今河北涿州）。汉高帝时置郡。此支赵氏为颍川赵氏分支，其开基始祖为西汉颍川太守赵广汉之后裔。

南阳郡：治所在今河南南阳市。战国时秦国置郡。此支赵氏为天水赵氏分支，其开基始祖为东汉太傅赵嘉。

下邳郡：治所在下邳（今江苏睢宁）。

颍川郡：治所在今河南禹州。秦时置郡。此支赵氏，其开基始祖为赵王迁后裔西汉京兆君尹赵广汉。

平原郡：治所在山东平原县。

汉阳郡：治所在冀县（今甘肃甘谷）。

半部堂：即五代后周时，赵普助赵匡胤发动"陈桥兵变"建立宋朝。宋太祖赵匡胤于是封赵普为宰相。他又提出了"杯酒释兵权"的方法削减了地方武装，巩固了中央集权，想方设法，把天下治理得很好。宋太祖就问："爱卿！你怎样把国家治得这么好的？"赵普回答说："我不过是靠了半部《论语》罢了！"赵普死后，家人整理他的书箱，果真什么宝贝也没有，只有他活着的时候常读的一部《论语》。

琴鹤堂：宋朝时殿中侍御史赵忭是个清廉爱民的好官，人称"铁面御史"。他当成都知府的时候，一清如水。他看到人民安居乐业，就高兴地弹琴取乐。他养了一只鹤，时常用鹤毛的洁白勉励自己不贪污；用鹤头上的红色勉励自己赤心为国。他穷得什么东西都没有，只有一琴一鹤。

此外还有天水、孝思、谷治、萃涣、敬彝、创基等。

【祠堂古迹】

江南赵氏祠堂，位于福州仓山区盖山镇天水村。赵氏祠堂是宋太祖赵匡胤的弟弟赵匡美（魏王）后裔从河南迁入闽后建的皇家宗祠。现存祠堂修建于清朝隆十三年（1784），民国十九年（1930）重修，占地面积 894 平方米。

连江赵氏家庙，位于凤城镇江南村。明景泰四年（1453）左春功庶子兼侍读赵恢始建，亦称赵恢家庙。清雍正四年（1726）毁于水灾，次年重建，后历次修葺。庙占地面积 750 平方米。

古田县赵氏宗祠（天水宫），古田县赵氏宗祠，又名天水宫，占地面积三千多平方米。

晋江双柄赵氏祖厝，双柄赵氏分前厝份、后厝份，旧有五开间大厝 4 座。祖厝坐东朝西，由原本五开间改为三开间、前带两庑、石构硬山顶建筑，大门上构双披高脊门亭。门匾镌刻"天水衍派"，门联刻："南外宗支绳祖武；中华玉牒启人文。"厅前柱联刻："沙原富稻粱，绵绵瓜瓞；埕水滋兰桂，济济云礽。"

闽安镇赵氏宗祠，为仿古琉璃瓦、马鞍式风火墙的花岗岩悬山式仿宫殿型建筑。大门口两方石碑："太祖箴言录"和"太宗戒石铭"。祠内，群雕荟萃。木雕藻井斗拱，雀替纵横，色彩斑斓，巧夺天工。石雕更是轻镂精琢，人物形象栩栩如生。门联是"中国称首姓，天下第一家"。

华安赵姓总祖祠，位于华安县丰山镇银塘村，堂号"崇本堂"，系银塘大宗"赵氏祖庙"。始建于明万历三十年（1602），是明举进士长史大夫赵德懋创建。祖祠为土木建筑，悬山顶，坐西向东，背绕九龙江，面向甲子山，东对吴田尖，西靠金沙岭。二进式上下厅，中隔天井，两旁走廊，上厅为堂。

漳浦县赵家堡赵姓祖祠，位于湖西乡赵家城社中。坐东南向西北，为五进三开间土木建筑，硬山顶。

【楹联典故】

建宋兴邦为雄主；工书擅画洵名家。

百家称首姓；万派衍天潢。

天水御六裔；江南第一家。

见忾闻霜露有怀常忾惕；慎终追远春秋匪懈笃蒸常。

——福州江南赵氏祠堂

自南渡入闽，运使风流开府望；撰山中出稿，布衣清贵载丹青。

——联上句说赵姓先祖、宋太祖次子燕王赵德昭的六世孙赵子缪，南渡后官任福建都转运使，居福州，为望族，后迁居泉州，世尊为泉州赵姓始祖。联下句说南宋莆田杰出诗人赵庚夫。

无大学问书占半部；非高门第姓冠百家。

——联意说北宋年间所编汇的《百家姓》，赵姓为第一位，尊为国姓。

【族谱文献】

闽台赵氏族谱有《漳浦赵氏重修家谱》为漳浦赵氏宗族谱牒。清代赵启权修纂。最早立谱者为闽冲郡王赵若和，以沿宋宗。明嘉靖年间重修，清光绪二十九年（1903）新增补修纂。一卷。谱源部分辑有历代修谱谱序，宋朝帝王实录，赵氏家范、谱例、祠庙等篇，世系篇刊载其先世祖的世系、传述。卷端题增赵氏家谱源流纪略。谱上溯至宋室玉牒，但元代隐匿身世，及世明代，方才以宋室面世，南宋为元所灭，宋室南迁入闽。避地入漳浦赵氏为魏王宗裔，闽冲郡王赵若和，元时匿居漳浦积美，肇启全浦赵氏裔族。还有台湾《卯浦赵氏天源绵远谱续谱》内载先世祖在南宋灭亡时入闽，第六子侁入泉州，为泉州始祖。传第六子沉入洛阳再传第十世与昉入漳浦南溪为始迁祖，第十六世仕雅后裔入金门浦边分为东源和西源两派主要分布在澎湖，台北等地。此外有《南外天源赵氏族谱》始修于淳化六年（995）。今本泉州赵宋南外宗正司研究会编，1994年泉州铅印本。《三山赵氏族谱》福州赵氏族谱。明永乐始纂修，崇祯十三年（1640）二十一世赵澍超续修，历代补修，不分卷。《台湾赵氏族谱》赵家庆主编，1986年台湾大肚乡赵家齐铅印本。

第一百九十六节　针姓、鍼姓

针姓是一个历史悠久的姓氏，是黄帝后裔，是中国罕见姓氏，人口在中国大陆和台湾排名都未进入600位。

【渊源】

1. 系出姬姓，黄帝之后裔。《路史》云："康叔后。"《中国古今姓氏大辞典》云："康叔，卫始封君。春秋时期，卫国始君卫康叔姬封（公元前1121—？年在位，待考，断代工程认为是公元前1045—？年在——待考）的后代中，有分封在都城帝丘郊外的鍼邑者，便以封邑名称为号，史称'鍼叔'。属于以先祖封邑名称为氏。卫国鍼邑位于今河南濮阳西南部，称'北鍼'。"

2. 系出妫姓，以封邑为姓氏。《元和姓纂》云："陈僖公之孙陈鍼子（针子），以所食邑为氏。其孙庄子，为卫大夫。八世孙宜臼，奔楚为箴尹。"《中国古今姓氏大辞典》云："陈为舜后。妫姓。故此支针氏当以邑为氏。"追根究底，此支针姓则源于黄帝，因为舜是黄帝之后裔。史家称陈国的鍼邑为"南鍼"。

3. 回族中的针姓，系少数民族融合后的改姓。回族中的针姓，是一种稀少的姓氏。在其撰编于清雍正初期的《冈志》中有记载。（参见《北京牛街志书——〈冈志〉》）。

4. 东夷族融合后的针氏，系少数民族融合后的改姓。约在夏代中叶时，东夷族不断地从燕山南迁，东夷族主要的一支少昊氏嬴姓也南下，逐渐与箴姓之济人交往通婚，而取代了济人，仍取针为姓氏。

5. 源于职业，出自古代医师鍼者，属于以先祖职业称谓为氏。鍼，就是疗针；鍼者，就是古代人们对针灸师的称谓。在古代，"病无所取丸散不能消除，患在经络，以鍼鍼之"，鍼的发明者今已无考，但其早在药典《黄帝内经》中就已经有记载，说明历史十分悠久，且是中华民族中医的一项重要发明，也是对世界医学领域所做出的重大贡献。

【得姓始祖】

陈鍼子，也叫针子，武公之弟，针氏先祖。源于陈国开国元侯妫满，人称陈胡公，胡公满生皋羊和犀，皋羊为申公，犀为相公。申公皋羊生突和靖伯庚，突立为孝公。突生围戎，围戎立为慎公。靖伯庚后代改姓袁。围戎生宁，宁立为幽公。宁生孝，孝立为厘公。孝生灵和针子，针子后以针为氏，其子孙为针氏，灵立为武公。

此外有鍼庄子、栾鍼、嬴鍼（后子鍼）。

【入闽迁徙】

据史书记载，春秋时鲁国有针巫、针季；陈国有针宜咎等。明朝有针惠，隆庆年间任如皋知县。现在此姓多分布在北京、陕西、台湾花莲、山西运城、山东等地。回族中的针姓，是一种稀少的姓氏，在其撰编于清雍正初期的《冈志》中有记载。

南靖县针姓分布在龙山镇涌北村径口及宝斗村大社。

关于针姓起源还有一种说法：郑成功有一个兄弟，得罪了朝廷，逃跑时将姓改了。但为了纪念原来的姓氏，遂改成针姓，和以前的郑姓发音相似。

台湾散居有针姓花莲一带。

【郡望堂号】

襄阳郡：东汉朝建安十三年（戊寅，公元198年）分南郡、南阳两郡各一部分置襄阳郡，治所在襄阳（今湖北襄樊襄城区）。

濮阳郡：濮阳古为帝丘；春秋时期卫国轩都，因地在濮水之北，故名，地在今河南省濮阳西南，古黄河南岸。

咸阳郡：咸阳是享誉海内外的历史文化名城。

太原府：亦称并州、太原郡。

京兆：亦称京兆郡、京兆尹，实际上"京兆"并不是一个郡，而是汉朝以后中央政府所在地域的行政大区称谓，"尹"为京畿所在地最高行政长官，如同今北京市市长。

堂号，多以郡望立堂。

第一百九十七节　真　姓

真姓作为《百家姓》中一个比较少用的姓氏，有着悠久的历史渊源。在中国的大陆和台湾都没有列入前 500 位。

【渊源】

1. 出自夏朝时大禹有五佐臣之一真窥之后，以祖名为氏。据《吕氏春秋·慎行论·壹行》载："得陶、化益、真窥、横革、之交，五人佐禹。"夏朝初大禹治水时，有一个得力助手名真窥，其后代有的以其祖名真为姓，称为真氏。

2. 出自古代东北百济族的八姓中有真姓。据《唐书·突厥传》、《姓解·一二一·口部》等载，百济族八姓是沙、劦、燕、解、真（又称贞）、国、木、苗。

3. 出自芈姓，为南宋大臣慎德秀为避孝宗赵昚名讳，由慎氏改为真氏。春秋时期的楚国太子白公胜的后裔中有的被封在慎邑，他的子孙便以邑名作为姓氏，称为慎姓。据《宋史》载，至南宋时，宋孝宗讳昚，大臣慎德秀为避孝宗赵昚（"慎"的古字）名讳，改慎氏改为真氏，其后代遂相传姓真。

【得姓始祖】

真窥，夏禹之佐，当是真氏之始。

真佑：汉太尉长史。

【入闽迁徙】

真姓望居上谷郡（公元前 222 年秦灭赵后置上谷郡。相当于今天河北省西北部，治所沮阳，在今天河北省怀来县）、天水郡（汉武帝元鼎三年，即公元前 114 年）置天水郡。相当于今天甘肃省天水、陇西以东地区）。

族谱记载，浦城真氏始祖，即真德秀先祖原居合肥，后迁金陵，而南昌，而浙江龙泉，于南宋间迁居福建浦城。真德秀（1178—1235），原姓慎，字景元，号西山，世称西山先生，宋浦城人，宋庆元（1195—1200）进士，先后任南剑州判官、太学正、江东转运副使、知泉州、福州、潭州等，礼部侍郎、户部尚书、拜参知政事。著有《大学衍义》《文章正宗》《读书记》《心经》《政经》等，以及后人纂集的《西山文集》，为理学取得正宗地位做出了重要贡献，谥文忠，从祠孔庙，封浦城伯。

南宋咸淳三年（1267 年），真德秀之子真允明由浦城迁福州府，再至传真仁卿、真仁乡。忿元灭宋，涕泪责躬，誓不仕元。元世祖皇帝至元年间（1271—1294）下诏征南宋理学宦后，仁卿公与名焉。公喟然曰吾祖以理学为宋名臣后人，一旦登蒙元之朝，异日有何面目见祖宗于地下乎？于是决志易姓避地，是夜梦文忠公出氏族谱以"邬"字命之，遂易姓为邬；仁卿公生二子，长曰隐一、幼曰隐二，元成宗元年（1295）仁卿公偕隐一避于溪南之甑盖山下（江西省金溪县左坊镇），此左坊邬氏之所由始也。隐二公留福州故里，隐二公字大诚。隐二公，字大诚，生于至元八年（1271），卒于 1329 己巳年，享年 58 岁。娶蒋氏［生于 1290 庚寅年（至元二十七年），卒于至正十一年（1351 年）。］殁，俱葬双井。生子三：泰廿三、泰廿四（字文达）、泰廿五（字文显）。

此后，有真氏，名真真，建宁人，元代前期女艺人，真德秀的后代，其父官朔方时，因挪用库金无力偿还，将她卖入娼家。后流落大都。时姚燧为承旨，一日宴集翰林院，歌曲所操闽音。姚询之，知其身世后，遂告丞相三宝奴，请为落籍，并助妆房，使之与翰林属官王棣（一本黄棣）结为夫妻。京师传为一时盛事。元代名士，多有歌诗咏之。今存者有贝琼《真真曲》（见《清江贝先生诗集》卷一）、王逢《真氏女》二首（见《梧溪集》卷五）、高启《贞氏女》（见《高太史大全集》卷七）。真节，字仕和，明任开封府通判，持廉守正，为清白吏。真宪时，松溪县人，明万历间进士，先后任刑部湖广司主事，广司员外郎，陕西司郎中，江西布政使司参议提督学政，河南按察使，宁夏巡抚等，为官清廉，刚正不阿，著有《爱书》及《百将传》。真山民，浦城人，宋代进士，避乱于浙江庆元县，著有《真山民集》。真学，松溪县人，明朝时任瑞州府儒学训导，苏州府儒学教谕。真述经，浦城人，《西山真氏族谱》纂修者。真尧恭（1893—1979），浦城人，解放前曾任福建护法军少校参谋、浦城县县长、省政府财政厅和建设厅专员，省参议会议员。真树华（1923—1948），祖籍浦城，尧恭之子，生于福州，年轻时积极参加革命活动，解放前先后任中共福建农学院党支部书记、浦城支部书记、闽浙边区地委机关总支书记，追认真树华为革命烈士。

宋元时期，福建真姓迁徙浙江庆元县、建德市等地区。元时，浦城一支真姓迁居泉州情况不详。

福建真姓主要分布于福建松溪县（约1500人），浦城县（约500人），建阳市、政和县、建欧市、福州市及等。

台湾真姓未进入前500位。

【郡望堂号】

上谷郡：公元前222年秦灭赵后置上谷郡，相当于今天河北省西北部。

天水郡：汉天水郡治平襄（今甘肃省通渭西北）。

【祠堂古迹】

浦城真氏西山祠堂，位于浦城县仙阳镇，现存有清朝同治年间重建，为省级文物保护单位。其墓在该县莲塘乡，为县级文物保护单位。

【楹联典故】

为清白吏；有正直声。

——李文郑撰真姓宗祠通用联。上联典指明代浦城人真节，字士和，正德年间以贡人太学，官开封府通判。为官清廉，当时人称"清白吏"。下联典指南宋浦城人真德秀，字景元，学者称西山先生。庆元年间进士，理宗时历知泉州、福州，后官翰林学士、参知政事，立朝有正直声。著有《大学衍义》《唐书考疑》《西山文集》等。

西山先生，朱门私淑；东吴佳丽，遗墓多诗。

——佚名撰真姓宗祠通用联。上联典指宋代真德秀，称"西山先生"，其学以朱熹为宗。下联典指三国吴姬真娘，文人过其墓题诗络绎不绝。

【家谱文献】

《浦城西山真氏族谱》，111册。光绪三十四年（1908）修，一世祖真秀德，宋人。

浦城西山真氏族谱（10卷），存11册（缺卷4）。

《西山先生真文忠公读书记》（普通古籍）：四十卷，（宋）真德编撰，现存浦城真氏西山祠堂，清同治间，第8—28册，书名页及版心题读书记；10行21字小字双行同白口边框不一单鱼尾；书名页题同治三年重镌，本祠藏板。

《松溪真氏族谱二卷》，真发朝等修，福建省图书馆据1996年松溪铅印本复印，订为六册。卷一刊谱序、凡例、目录、事实、谱跋、年谱叙及公房、长房世系；卷二载二房至五房世系及后记。宋绍圣间，真嵩自浙江龙泉迁闽，君浦城，生四子，次子真德秀，为其族尊为始祖。

第一百九十八节　郑　姓

郑姓是我国最早的姓氏之一，人口数 3000 余万列为 23 大姓，郑姓在福建、台湾人口众多，列福建各姓人口十大姓之一。在台湾排名第 12 位。

【渊源】

1. 出自周宣王之弟姬友的封地郑国，属于以国号为氏。郑姓源自西周时代之郑国，系出姬周。据《唐书·宰相世系表》记载：周宣王把他的弟弟友封于槿林（今陕西华县东），建郑国，封为郑伯。友即郑桓公。宣王故后，幽王继位，郑伯为司徒（宰相）。桓公见幽王无道，便向当时的智者太史伯询问自保之计。太史伯说，在洛水以东，黄河、济水以南的虢、郐两诸侯国之间有一大片土地，交通便利，物产富饶，可以在那里安置家室和财产。桓公依计而行，可惜还没来得及安顿好，就遇到"犬戎之难"。公元前 11 年，犬戎入侵，杀幽王于骊山，郑伯率军抵抗，不幸牺牲，被追封郑桓公。桓公的儿子郑武公帮助周平王巩固了东周，因功被赏了虢、郐之间的土地，在那里建立了新的郑国。由此，郑姓子孙便在这里发展繁衍起来，世袭郑公称号。前 743 年武公去世，其长子寤生继位是为郑庄公。之后郑国传至 14 代第 23 位国君郑乙。前 375 年，郑被韩所灭。为纪念故国，便纷纷改为郑姓。

2. 出自他姓所改。今天的郑姓人除上述原因之外，还有其他一些来源。如唐朝的郑注本姓鱼，明代的郑和本姓马，都因不同的缘由而改姓郑。明代太监马三宝七下西洋，拓展海上丝绸之路有功，被永乐帝赐姓为郑。马三宝因此改姓换名为"郑和"。今天少数民族中也有以郑为姓的，其姓氏来源和血统源流当是另有所出。

3. 源于蒙古族，属于以帝王赐姓为氏。蒙古族宝里吉特氏；蒙古族正讷鲁特氏，以地为姓，清朝中叶以后所冠汉姓即为郑氏。

4. 源于少数民族，属于汉化改姓为氏。源于朝鲜族、源于满族、源于裕固族、源于哈尼族、源于白族中的郑姓。

【得姓始祖】

得姓始祖郑桓公。根据《姓纂》的记载，郑之得姓，是开始于周厉王最小的儿子友。周宣王即位以后，把幼弟友封在郑地即郑桓公。后来，郑桓公的子孙以国为姓。

【入闽迁徙】

据史料记载，西晋末期，中原发生"永嘉之乱""五胡乱华"荥阳郑姓南行固始等地。307 年，郑桓公四十世孙郑庠率众从荥阳郡清元往安徽寿阳渡过长江，居于江苏丹阳郡秣陵，任东安太守镇守，史称郑姓过江始祖。其长子郑平时任豫章太守，镇江州（九江），次子郑昭任龙骧将军，封开国侯。次年（308）郑昭奉命率军入闽开辟疆土，历任建安（今南平）、泉州、晋安（今福州）太守。当时入闽八族（林、陈、黄、郑、詹、邱、何、胡）将士，史称"八族入闽"。郑昭被称郑姓开闽始祖，其后裔迁衍闽北、闽东一带。唐时有一分支入兴化（莆田），繁衍众多，以"南湖三兄弟"为代表，繁衍成大族后衍广东、台湾及东南亚诸国。

郑氏传三十九世之庠公于西晋永嘉六年（312）挚家渡江，次子昭为东晋开国侯，任福州刺史，为入闽第一代祖，携子孙赴任。其后裔郑露、郑庄、郑淑入莆庐护墓侧，构书堂，时作篇章，以训子弟。露、庄、淑三公在莆教书育人先后 30 年多，掀起"十室九书堂""龙门半天下"的办学高潮，培养出"湖山儒风兴邦国"的优秀人才，名声远扬，隋文帝爱才，为其江山社稷，于开皇九年（589）召露进京为太府卿，庄为中郎将，淑为别驾。三兄弟为官 15 年，至 604 年杨广弑父杀兄，夺了帝位，露公"志士不仕"，三兄弟都辞官隐退，回莆仍操旧业，再教书 10 多年。先后在莆教书育人 40 多年，把心血都注入壶山兰水的大地上。"开莆来学"为莆田教育文化之鼻祖。明嘉靖十年（1531）御赐"文献名邦"四字之匾额，以木柱结构竖立原县巷南路口，并誉为"海滨邹鲁"，与孔孟都列儒圣之列。

唐初，660年前后，唐皇派固始陈政，陈元光父子为岭南行军总管，率58姓军校入闽，其中有将领军前祭酒郑时中、府兵队正郑惠、府兵队郑业、府兵校尉郑平仲及郑柟、郑桂等郑姓校兵，人口居各姓之首，驻扎闽南、粤北，平乱后请建漳州郡（含潮州）。入闽郑姓族人后裔又迁台湾、澳门、浙江、广东及东南亚诸国。台湾的《马巷郑氏族谱序》说："唐垂拱（武则天年号，685—688年）间，陈将军趋闽，大臣郑时中随之，郑氏遂星布闽、粤。"

唐末（885），河南固始人王潮及弟王审知率军连克漳州、泉州、福州，平定福建全境，任威武军节度使，后被封为闽王。随迁入闽的郑桓公59代孙郑威等人，子孙繁衍大田、仙游、莆田、南安、漳浦、云霄等地。在元、清异族灭宋灭明及日本侵华时战乱中，北方、中原入迁闽省者络绎不绝。大批难民入闽后多依附本姓聚地居住，因此许多地方出现一村一地多派宗祠的现象。

莆田南湖郑姓，昭公十七世孙，即国世系第五十六世露、庄、淑三兄弟避乱自侯官徙永泰，再迁莆田南湖山祖坟侧居之。三公构书堂，吟诵诗书，作篇章，以训后学，开莆阳文化之先河，奠定莆田"文献名邦""海滨邹鲁"之基础，人称"南湖三先生"。露公首祀乡贤，贞元元年唐皇赐金敕建"开莆来学"坊于拱辰门以褒其功。

后露公定居莆田，第四世孙五人，称五代垂簪，长巩公迁福州，次皋公分前埭房，三阜公分后埭房，四准公分留桥上瑭房，五肇公分桃源房。

庄公迁兴化且浔阳，孙七人称七凤，长方道公分浔阳洋头后坑上坑房，次方邃公分后坑房，三方述公分龟岭房，四方迥公迁福州大田，五方逊公迁永福竹演，六方连公分下溪房，七方迓公迁永春。

淑公迁仙游且巩桥，第五世孙十一人，元弼公分巩桥派，元恭公过福州，元谦公分折桂埔兜，元素分别驾派，元龟分司马派，元礼分枫亭赤湖，元振分香山员外派，元渐早卒，元庆分德化，元瑜分秘书派，元忠分正字派。

五代十国时，郑彦华随李昇灭吴后建立南唐，官至左千牛卫将军。他致仕后居宁化招贤里郑坊（今宁化水茜庙前）。其子郑文宝，字仲贤，北宋太平兴国八年（983）进士，官至刑部员外郎。南唐镇海军节度使郑彦华致仕后，居汀州府宁化县招贤里郑家坊（今水茜乡庙前村）为宁化郑氏始祖。宋末时，宁化郑文宝的长房裔孙郑原林迁居明溪夏坊。（见明溪夏坊《郑氏族谱》）郑文宝有3个儿子：长子郑云龙留居宁化；次子郑云虎随父入朝，解职后卜居永安桃源洞；第三子郑云熊游学连城后卜居连城表籍里，其裔孙郑国瑚于明永乐八年（1409）迁居宁化安乐新村里三大村。[见宁化安乐（三大）《郑氏族谱》]裔孙分衍长汀、宁化、永安、连城等地。南宋乾道年间（1165—1173）郑稷任上杭县知县，解职后居上杭县胜运里七里村（今稔田镇丰朗村），裔孙除居上杭中都、临城外，还向外播迁。据《永定郑氏族谱》载，上杭、永定郑氏始祖清之（1176—1251），字德源（又浩源），号碧泉，进士出身，是郑桓公七十世孙，原籍浙江庆元府鄞县（今宁波市鄞州区），南宋理宗时宰相，由于他刚正不阿，直言进谏，在理宗瑞平三年（1236）被朝廷贬谪入闽，任汀州府上杭县溪南里（堡）梅溪寨巡检司。当时，携萧氏夫人及第三子铸随任，理宗淳佑七年（1247）再次拜相，淳佑十一年（1251）卒于京城临安（今浙江省杭州市），子铸奉父柩回梅溪寨安葬。1999年，永定县政府公布郑清之墓为文物保护单位。郑子铸定居于涵水湖（今永定县城郊乡龙安寨村），尊其父清之为始祖，裔孙播迁闽、粤、浙、粤、沪、台、港。

福建各地郑姓分布概况：

莆田地区，西晋末年"永嘉之乱"后，时任龙骧将军的郑昭随郑平入闽为郑姓开闽始祖。唐时郑昭之后有一支分迁兴化（今莆田），著名后裔有"南湖三先生"：郑露、郑淑、郑庄。第二次是唐高宗时任岭南行军总管的陈政及子陈元光入闽到漳潮一带靖边，随将郑时中等人为另一支郑姓的入闽始祖。第三是唐末河南固始县王潮、王审知兄弟入闽，郑姓大批随军东迁入莆。此支入泉漳之后裔郑威为郑成功之先祖。郑姓入莆而繁衍各地约200万人，迄今被尊为闽台主要郑姓祖居地。目前，莆田全市郑姓总人口为 32 万人，仙游、荔城居多。

泉州地区，郑姓入闽入泉始于西晋。主要分支有莆田南湖派等与郑王林艺派系。南湖派系繁衍仙游，大田、晋江等地，王林艺派系繁衍南安双路口再分衍南安古井桃源等地。双路口一系为郑成功近亲，传衍南安、惠安、安溪、永春、晋江。目前，泉州地区郑姓总人口为 28 万多人。

漳州地区，郑姓入闽较早，于唐高宗时。郑时中、郑平仲、郑惠、郑业等随陈元光开漳之后，莆田"南湖三先生"后裔郑伯可迁龙溪山北，成为目前漳州郑姓人口最多的宗支，分衍古县、翠林、洋西等 60 多村。又有泉都南安双路口郑光德之子迁漳浦旧镇，又分衍埔美、山边、山仔、六鳌营里、龙溪古县、南安石井（郑成功近亲）。目前，漳州地区郑姓总人口为 21 万人。

福州地区，福州现有郑姓人口约 15 万人。郑姓迁福州地区主要有莆田的南湖三先生及王审知时期随将郑姓，主要聚居地为长乐、连江、平潭、福清。长乐郑姓人口是福州市最多的地区之一，约 5 万人。福鼎郑姓由宋景德间迁入，总人口 2600 多人，点头镇、秦屿镇为主要派系。名贤辈出，出有户部尚书。福安郑姓自唐宋郑昭之后郑算之子郑鹿、郑谨从福州至福安。平潭郑姓与郑成功同宗。福清郑姓在郑昭之后，唐代衍居，目前有郑姓 13 万人。永泰郑姓属南湖派郑庄公之后，人口约 3 万人。

厦门地区，郑姓 8000 余人，主要在同安县、翔安区。其中，同安县的郑姓大都自莆田之后的龙溪迁衍的。

龙岩地区，龙岩现有郑姓人口约 7 万人。宋淳照年间（1190 年前后）一世祖郑清之定居永定衍传本地上杭、武平、长汀及漳州、潮州及南洋诸国。

三明地区，大田县有桃源公派下念二、念六衍居，后裔部分迁泉州、漳州。

南平地区，郑姓人口约 1 万多人。

宁德地区，郑姓人口约 2 万余人。

【入垦台湾】

郑姓迁衍台湾：据各地古遗族谱记载，由于闽台一衣带水，天时地利相近，各时期（明、清时最多）由闽地迁衍台湾的郑姓几乎遍及各县区。漳浦县旧镇是郑成功的祖地之一，现有郑成功的一祖坟。当年郑成功曾驻军旧镇一带，在旧镇郑氏宗祠祭祖。许多当地青年（其中郑氏众多）随郑军赴台。后郑二、郑武、郑彩迁台湾白沙。郑联长于明天启、崇祯年间迁白沙近梁村。近代有郑金山、郑甘露、郑旺水、郑荣生等迁台，后来多次回乡谒祖访亲；六鳌镇营里村是郑成功当年驻军扎营的地方，有许多青年参加郑军。现有基隆县郑姓寄祖谱前来寻根；盘陀村先人郑萃排携友人至台湾云嘉平原东的林内地区拓荒。后来又有盘陀宗亲前往共同建设，成为村落。郑清之十五世孙郑元烈在清雍正年间从上杭下都砂睦迁台湾后垄猫狸大田庄（今苗栗市福星里），至今已传 16 代。目前郑姓在台人口有 50 多万，是台湾十二大姓之一。郑姓在台组成 18 个地方宗亲会，一个全台郑姓总会。综上所述，中原郑姓历代大批入闽后，地利优越繁衍势众，又迁衍台湾，使郑姓在台成为大姓，长期在闽台流传一句歌谣："陈林半天下，黄郑满街排。"就是生动的写照。

【郡望堂号】

1. 郡望

荥阳郡：三国魏正始三年（242）诏割河南郡巩县以东创建荥阳郡，治荥阳（今郑州市惠济区古荥镇），辖荥阳、京、密、卷、阳武、苑陵、开封、中牟 8 县。不久废。治所在荥阳。

洛阳：我国古都之一。汉、魏故城在今洛阳市白马寺东汉水北岸；隋、唐故城在汉城西 18 里。

高密郡：西汉时置郡，治所在高密，相当今山东高密一带。

雍州：东汉时置郡，治所在长安。

陇西郡：战国时置郡，治所在狄道。

南阳郡：战国秦置郡，治所在宛县。

2. 堂号

博经堂：东汉郑玄，博览群经，几千人从远方来拜他为师。西汉时期的读书人大都专治一经，郑玄却独自力主博通。

安远堂：汉宣帝时，郑吉为侍郎，那时外侮屡屡来犯，郑吉打败了车师，平定西域。于是皇帝提他当司马。为了西方国境的安全，又派他为西域都护，封安远侯。

【祠堂古迹】

荔城蒲坂郑氏宗祠，坐落于莆田市荔城区新度镇蒲坂村，北宋始建，明嘉靖五年（1526）郑岳重建。为"开蒲来学"名儒，南湖郑氏入莆田始祖，首祀的乡贤唐太府卿露公的祖祠。坐北朝南，占地面积700平方米。

南安延平郡王祠，又名"郑氏宗祠"，坐落于南安市石井镇。始建明代，原名郑氏宗祠，清康熙三十八年（1679），改为延平郡王祠，以敬奉民族英雄郑成功。坐南朝北，背山面海，占地面积2400平方米，建筑面积311平方米。

浦源郑氏宗祠，坐落于周宁县浦源镇浦源村。始建于宋代，为朝奉大夫郑尚公八世子孙晋十公所建，明洪武十八年（1387）重建，历代重修。宗祠建筑面积1830.2平方米。

玉田郑氏宗祠，位于长乐市玉田镇玉田村，清乾隆年间建。朝向东南，前后二进，六扇五间，面宽18.28米，前座五柱深20.4米，高6.95米；后座七柱深24.5米，高7.55米。

连江岭兜郑氏宗祠，位于透堡镇塘里岭兜村即古东里村，村中郑氏宗祠系宋两优释褐状元郑鉴和爱国诗人郑思肖的祖祠，始建于宋嘉定六年（1213）。原在透堡大街瑞丰寺旁，遭兵燹而毁。族人遂把岭兜"崇睦亭"改建为宗祠。1996年经全面整修，保存完好。建筑面积293平方米。

【楹联典故】

祖德流芳大坂地灵风光好，荥阳郡望才良人杰世泽长。

——福建溪尾镇坂中郑氏宗祠大门楹联。

石井满腔血；瀛台寸草春。

——沈葆桢撰郑姓宗祠通用联。采用清沈葆桢题台湾省台南市郑成功祠联。"瀛台"，即台湾。

北战南征收宝岛，船来帆往下西洋。

——上联典指明朝年间的郑成功。下联典指明朝年间的郑和。

济贫请米四万石，文史再添二百章。

——联上句说宋代名臣郑侨的故事。联下句赞美郑樵。

昭烈显宗坊，疆开毗舍；格诚兴祖庙，派衍荥阳。

——台湾台南市郑氏家庙楹联之一。上联说郑氏家庙建在忠义路。下联荥阳，指郑氏郡望在河南荥阳。

昭德启孙谟，经文纬武；格言承祖训，移孝作忠。

——台湾台南市忠义路郑氏家庙楹联之一。本联和上联均为郑成功四世孙郑以成撰句。

【族谱文献】

记载郑氏族谱有《郭前郑氏族谱》，明嘉靖年间郑普时曾主修并作序；嘉靖二十年（1548）郑普曾侄国侨重修并作序。历代重修。谱载郑桓公为郑氏始祖，西汉时，汉武帝令强宗大族不得聚族而居，西晋时，国世第三十九世养子次子郑昭公随父入闽开基。奉鹿寮公为开基祖，二世长房厚斋公传今郭前顶乡后裔，二房硕斋公传今郭前下乡后裔。至今已传二十七世，石井镇郭前村皆姓郑，族裔散居于粤、赣和香港及福建各地，有郑明以来族人迁往台湾，有些移居菲律宾、新加坡、马来西亚。有《郑成功族谱三种》著名，由《郑氏宗谱》《郑氏家谱》《石井本宗族谱》之宗族谱由闽台宗亲合编而成；《郑氏宗谱》是郑成功后裔郑玉海及其子郑沂、郑泽于1920年重修，主要载世系。世系始记于一世（五郎公隐石），止于二十一世；《郑氏家谱》作者及纂修时间无考，内容有谱序、谱例、科目、封诰，有郑芝龙于明崇祯年间作的序，郑芝龙世系。《石井本宗族谱》为宋代郑绵编撰，拓祖像、牌位、宗祠、列传、山图及祭产诸多内容，名人郑芝龙、郑成功。有《鄱山郑氏源流世系》郑调麟编，铅印本。《王步上郑氏续修族谱》连江郑氏宗谱谍。《凤山郑氏族谱》又名《带草堂凤山郑氏族谱》，福州市郊黄山郑氏族谱，1988年台湾凤山郑氏旅台宗亲会综合史料合修，共12册。

【昭穆字辈】

福建漳州和广东潮阳、台湾省等地分别使用："文化诗简镇边疆永配乾坤白天然""朝锡熙良际会永康""初可必克承孙烈有明征"等。

第一百九十九节　钟　姓

最早的一支系以官为氏，是周朝乐官钟师的后代。钟姓约占汉族人口的 0.39%。在大陆姓氏中居于第 56 位，在福建排名第 48 位。在台湾排名第 37 位。

【渊源】

1. 钟，本义是乐器。在金文中"钟"有二形，一形"从金从童"，金表示材质，则表示钟能发出洪亮之音，也表示由强壮的少年正在敲钟之势，表示响器。另一形"从金从重"，重表示有重量，也表示钟为中空之器，表示容器。古代从事制造钟器和能运作钟乐器的氏族，以钟为氏族的原始图腾，以钟命氏族和族徽。

2. 据张澍《姓氏寻源》认为钟姓最早的一支系以官为氏，是周朝乐官钟师的后代。

3. 出自子姓，为商汤的后代，以邑为氏。源于周朝时代的宋国君偃的三弟公子烈，周赧王二十九年，即公元前 286 年，宋国被齐、楚、魏三国联军攻灭之后，公子烈避奔到许州（今河南许昌）改子姓为钟姓。

4. 出自嬴姓，为钟离氏改钟氏。周代伯益的后人封钟离国，春秋时被楚国吞并，国人称钟离氏。是为安徽钟姓。

5. 出自姬姓，湖南《蓝山钟氏族谱》记载：出自周族，周礼春宫大宗伯之属，有钟师掌金奏，宗伯之属官，六十皆同姓。春秋末叶，子孙失其世袭官职，散居列国，因此以钟为氏。楚有钟仪，世为乐官。

6. 出自姬姓，西周康王之子子期善知音，任康王伶官，子期之孙名建，为昭王司乐大夫，昭王以建之先世采食之地钟赐姓。

7. 少数民族有钟姓。最多的是畲族，秦时迁到湖南钟水流域的钟离人融入当地居民，形成畲族钟姓生民，后移入粤闽浙。传说是高辛氏的后裔，他们的始祖盘瓠生有三子一女，三子分别姓盘、蓝、雷，一女名叫龙郎公主，当地一个叫钟志深的人入赘，与龙郎公主结婚，民族成分由汉为畲，姓为钟。

畲族主要分布在闽、浙、赣、粤数省。

8. 此外，羌族、满族、蒙古族、白族、彝族、回族、裕固族等也有钟姓。

另外，在大陆少数地方和台湾有锺与"鐘"两姓区分，尤其是在台湾有以"鐘"姓登记身份证。据《姓苑》记载：锺与"鐘"同，鐘姓是因笔误，实际为锺姓。

【始祖得姓】

1. 微子，子姓，名启，约生活于公元前 11 世纪，是商纣王帝辛的庶兄。据《名贤氏族言行类稿》以及《新唐书宰相世系表》等所载，相传上古帝的妃子，名叫简狄，她吃了燕子蛋以后生下了契。后来契辅助大禹治水有功，被封于商。传至商纣王时，有一庶兄名启，被封于微，见商朝管理不好，上书商王，商王又不听，于是出走。

2. 公子烈同宗同源的宋桓公三子遨为宋襄公委派出使晋国，生子改姓伯名扈。他的孙子伯宗任晋国大夫，因忠直敢谏，得罪了执政的郤氏而被杀，伯宗子州犁出奔楚国，仕于楚，官太宰，食邑于钟离小国（今安徽省凤阳县东北 20 里），子孙遂姓钟离。

3. 秦朝末年，楚霸王项羽的大将钟离昧，在项羽失败后，遭刘邦追杀，自刎而死。其次子钟离接为避父难，于公元前 201 年，在颍川长社（今河南长葛市）去离单姓钟。他是继钟烈之后又一支钟姓的受姓始祖。

【入闽迁徙】

钟姓入闽始于晋代。东晋亡于刘宋，有钟圣移居上元（今属江苏南京市），钟善迁居会稽（今浙江绍兴），钟贤迁居虔州（今江西赣州），贤子钟朝，因督兵入闽，立籍宁化石壁村。在东晋末年，南迁到江西虔州（赣州），先住阳都，后奉南朝宋武帝刘裕之命，入闽平定"六戎之乱"（六戎即绕夷、老白、耆老、鼻息、戎央、天刚），后为闽中都督。后钟贤奉诏入蜀为官，殁于蜀，其子钟朝，字会正，袭父职，南朝宋明帝年间（465—473），携家人在鄞江白虎村（今长汀县白石村）定居。钟贤成为闽、粤、赣、川、浙、桂、台等省及海外客家钟氏的大始祖。钟永泰主编《上杭县钟氏族谱》：以气公为颍川一世。至廿六世简公，生三子：善、圣、贤。东汉初，宫廷大臣霸权，建立田庄，赡养奴隶，压迫农民，简公一家被迫南迁，长子善，字嘉伟，迁浙江会稽（绍兴）；次子圣，字嘉壁，迁上元（江南江宁）；三子贤，字嘉峦，于汉光武帝建武三十年甲寅（有谱作东晋元熙二年庚申），携妻儿一家三口从江右过江，初到古虔州（赣州）之竹坝赁居住，因地脊人众，不易谋生，遂辗转入闽，先居宁化石壁寨，后，又迁闽中鄞江，为鄞江钟氏始祖，裔孙衍播闽、浙、粤、赣、皖、川、桂、台等省地。

南朝末有钟士雄，曾为南朝陈伏波将军，史书称其为"岭南酋帅"。唐初，陈元光父子奉命入闽开辟漳州，随从将佐有钟德兴，后在福建安家。

颍川《钟氏族谱》中的上杭茶地久太乡族谱序记，祖地本为河南浒州，后经江西虔州入闽，始祖钟贤："东汉光武帝建武三十年（54），甲寅五月二十日辰时将家眷迁彼异邦，过江避难，行至虔州居住，安家乐业因于僻处，不堪安业，移寓福建汀州府白虎村。"时至礼公时，钟家迁来汀州住了三十九代，唐玄宗开元二十四年（736）因朝廷圣旨，欲造迁府场，要将九龙岗马氏祖婆故地辟为汀州府衙，要将白虎宅地辟为县衙，钟礼无奈遂将三千六百贯文粮田舍入开元寺去讫，上司将射箭坝官地二百贯文田扒换祖堂房屋地基，祖公遂移徙至南岭山秋坑，而恭、宽、廉、敏、惠、节遂迁江广等处。

钟贤于东汉初年入迁闽西，并且站住了脚，而且后来被土著攀附为姓，则是南迁汉人与山越的成功融合，后来唐玄宗时汀州刺史陈剑移筑府衙，可以视为南迁汉人与当地钟姓族人的一次冲突。钟姓虽败，依然留居闽西。所以畲族钟姓发祥地福安坂中大林钟姓族谱记载，其迁入前的祖居地是汀州上杭，迁入时间是唐五代，始祖钟彦江。

族谱记叙则较为详细。比河洛人陈政、陈元光更早进入客家祖地闽西的南迁汉人六姓，其中，钟、蓝、雷、陈四姓融入当当地居民中，后来有的还成

了当地居民的首领，如晋代的雷忠、雷日斌，唐代的蓝奉高、雷万春、钟全慕、陈本等。钟、雷、蓝还被以后的畲族攀附为姓。

钟贤奉诏入蜀为官，殁于蜀。钟贤之子钟朝随父入闽，父奉诏入蜀后，钟朝袭封都督大将军。南朝宋明帝年间，他在鄞江白虎村（今福建长汀白石村）定居。钟贤成为闽、粤、赣、川、浙、桂、台等省及海外客家钟姓的又一始祖。

唐初，陈政、陈元光父子奉命入闽开辟漳州，随从将佐有钟德兴、钟招等。后在福建安家。

钟姓的六十四世（或说钟接的三十七世）孙钟盛，字全慕，在唐昭宗时由河南到汀州任刺史。《新唐书》载，唐昭宗景福二年（893）"建州刺史徐归范，汀州刺史钟全慕叛附于王潮"。

《长汀县志·循吏传》载："钟全慕，唐昭宗时为刺史，王审知喜其骁勇有谋略，分汀州使守之，祀名宦祠。"钟全慕任汀州刺史10余载。闽王王审知死后，王氏家族内部纷争，诛杀异姓。钟全慕由是避乱隐居长汀濯田的同睦坑10余载。后南唐国兴起，钟全慕受南唐国的重用，累官金紫光禄大夫、上柱国，卒后，南唐主赐赠尚书令。

另据民国《长汀县志》载："钟全慕，唐昭宗时为刺史，王审知喜其骁勇有谋略，分汀州使守之，祀名宦祠。"钟全慕之孙钟翱，字理政，《长汀县志》说："钟翱，全慕孙，具经济，善骑射，继全慕为刺史，官至金紫光禄大夫。"钟翱墓在长汀县濯田镇同睦坑，墓碑文曰："唐一世祖金紫光禄大夫、上柱国累官节度使汀州刺史赠尚书令理政钟公妣王、朱、赖夫人墓。"墓前碑联为："典郡传芳绳其祖武，肇家启绪贻厥孙谋。"长汀市人民政府公布为文物加以保护。钟全慕裔孙播迁闽、粤、赣、浙、台。钟姓入闽西还有其他一些支派，如钟响，自颍川迁赣州宁都再迁汀州宁化等。

明时，少数民族钟氏，由闽罗源分别迁居平阳旺庄、书阁、桥墩、莒溪，后裔散居于平阳、苍南、泰顺、文成等地。（《温州市志·少数民族》）

钟全慕裔孙播迁江西、广东、福建、浙江、台湾等省，被尊为入闽始祖。乾隆三十五年（1770）

的福建解元，上杭官庄人钟大受倡议建造上杭钟氏总祠，乾隆四十二年（1777），总祠建成，奉钟全慕为始祖。"至吾汀之有钟姓，则始于六十四祖全慕公讳盛。盛公于唐昭宗时为汀州刺史，遂居于汀。汀祠追远堂、杭祠敬和堂皆以公为始祖。"

四川成都《钟氏族谱》载：唐初，酉公携家渡江居金陵，后徙虔州。钟朝放官福建，家宁化石壁。至宋朝，理公携家徙居广东省长乐。强公移潮州府程乡县。长乐县南街塘湖村是文进公发祥之地，称为塘湖分派。文进公十三世孙宁哉携妻曾氏，于清康熙庚子正月，自粤迁蜀，先居重庆府永川县东山寺侧，后迁威远。乾隆乙丑九月，再迁成都府华阳县置家立业。

《梅县志》载：唐末，因战乱，钟氏子孙流徙各地。到北宋神宗时，钟接之九十六世孙友文、友武、友勇、友盛兄弟避乱外流：友文居武平象洞；友武生三子：长子钟刚，徙居宁化，次子钟理，迁梅州。

上杭《走进客家》载：钟氏入杭大致可分为二脉三系。一脉为朝正之孙钟毅（中都古坊）、钟密（茶地久泰）二系；一脉为理政后裔德义（亦名德二郎，南阳南岭）系。元朝至正十年（1350），钟密之孙四五郎迁上杭胜运里上坑塘赤竹山（今茶地乡久泰村）居住，是为久泰一脉始祖，裔孙迁福建上杭、长汀、武平、宁化、建阳、广东梅州、梅县、大埔、潮州、江西吉安、上犹、修水、瑞金、南城、广丰、崇义、寻乌、浙江泰顺、温州、龙泉、湖南平江、台湾及新加坡等地。

闽东地区畲族钟姓宗谱均称祖籍是广东潮州凤凰山。他们是从广东登船，到连江马鼻登陆的。但如从各自留下谱牒看，他们来源较复杂，共有23支。最早迁入区内的钟姓是闽东畲族钟姓福安坂中的大林钟姓，系唐五代间从上杭迁入。其后裔法广于明景泰年间由金溪玉林迁福安西门外五都眠山岗，其曾孙钟熙生5子分迁各处。长子聪、次子明分别于（1516）迁居大林和山头庄；三子朝于迁白石源；四子听于迁大留；五子乐于迁侯官汤岭（后裔返迁福安）。福安坂中畲族乡大林村，为闽东畲族钟姓发族地，钟熙也被畲族尊称为钟熙侯王。其次是福

鼎畲族钟姓，始祖舍子，系建宁右卫所一下军小旗。永乐二年（1404），总旗邵佛保率钟、喻、丁、宣、易等6姓到福宁县（今霞浦县、福鼎市、柘荣县地）店下屯田。钟舍子别迁西岐夏家楼，后裔成祖复分迁于西岐西兜月梳洋发族。再次，宁德金涵乡上金贝钟姓，祖可成，明崇祯十年（1637），从罗源县迁入，后分迁于游家塘、下房、下金贝、鸟屿、院后、白岩北山等处。

据《钟氏族谱》记载，钟姓九十四世孙友文公之弟友武、友勇三人均反对王安石变法，故罢任归田，留下（堂）兄弟14人各流八方有"钟半县、李半街"的说法。意思是说，姓钟的人占了半个县邑，李姓的人占了半条街市。其中钟毅武平大溪"钟"之始祖。钟密，武平乌石崇"钟"之始祖，子孙居武平南门乌石崇、上杭梅溪寨，广泛分布全县各乡村及广东蕉岭等。

唐代宗末年，钟礼长子钟武任山东博州太守，把家从井秋坑迁到了福建武平县象洞千家村。200多年后，武平钟氏出现了空前的繁盛。钟烈第四十二世孙钟山（1001—1064）生3子：友文、友武、友勇，钟山二弟钟岱生1子友盛，兄弟4人先后中进士。友文生3子：毅、密、察，友武生3子：刚、理、齐，友勇生5子：裕、温、柔、中、正，除钟柔外，其余10人全部中进士。友盛的3个儿子发、强、庄，也都是进士。

据1995年钟永泰、钟达雄等先生主编的《颍川郡上杭县钟氏族谱》记载，大致可分二脉三系。一脉为朝正之孙钟毅（中都古坊）、钟密（茶地久泰）二系，一脉为理政之后裔德义（又名德二郎，南阳南岭）系。

元朝至正十年（1350）钟密之孙四五郎从长汀南岭（今上杭县南阳镇南岭村）迁上杭的胜运里上坑塘赤竹山（今茶地乡久泰村）居住，是为久泰一脉始祖。四五郎生有六子：长子四七郎迁武平象洞，其后裔迁上杭的上登、小泮、滩下、文光、梅溪、小礤、石砌、九洲（湖坊）、玉女、谷坑等地。次子四八郎之子五三郎生有九子：千一郎后裔居久泰、湖坊、碧田；千二郎迁广东梅州；千三郎迁才溪大贵；

千四郎迁长汀；千五郎、千六郎迁中都后去向不明；千七郎先迁庐丰安乡滩下后在中都古坊定居，其后裔又迁浙江泰顺；千八郎迁武平；千九郎先迁庐丰滩下，其裔孙又迁官庄。三子四九郎迁广东梅县。四子三十六郎迁江西赣州。五子三十七郎迁广东潮州。六子三十八郎迁江西吉安，后裔再迁湖南平江。久泰钟氏外迁的还有：胜清迁江西上犹，鸣旺迁江西寻邬，鸣英迁江西修水，钟勋迁浙江平阳，后裔迁泰顺，翁儒、清秀、昌秀迁浙江温州，廷章兄弟迁浙江龙泉，文泰迁上杭南阳双溪，后裔福庸、福文又迁广东大埔长富、长窖一带，新飞迁顺昌县大干乡，德玉迁新干坡。久泰一脉其他村外迁的还有：小泮村准云迁永安市洪田乡；石砌村景安迁江西瑞金；九州村湖坊钟孟迁长汀三洲村；上登村春泰等迁宁化湖村、水茜等地；碧田村美修、茂祥迁宁化；大贵村文洪迁建阳，文怀迁江西步城；福全村祥昌、金生、锦生迁长汀，德尚、德辉迁武平，达贵迁江西广丰白石坑，金灿迁江西崇义，兆来迁江西瑞金，国丰迁宁化，铭昌、旭昌迁台湾。

明朝洪武十九年（1386）钟矸（千七郎，钟毅的八世孙）从武平象洞迁至上杭中都古坊（见明崇祯十年中都古坊12世纪万里《重编钟氏族谱序》）。钟矸为中都古坊（古称来苏里）钟氏始祖，死后葬宫前村对面主背岭乌石垅燕窠穴"绣花针槽"形。钟矸姒饶氏生子三九郎。三九郎姒吴氏生六子：长子百七郎裔住中都罗径、下天径、上都流光。次子百八郎后裔住中都古坊和部分迁往福建浦城。三子百九郎姒赖氏生四子：后裔分别居住本县的中都古坊、陈坑、瑞香、前锋、南阳双溪、太拔坵辉、茶地大燮等地，四子百十郎后裔住古坊村，五子百十一郎后裔分迁上杭县城、白砂及广东梅县，六子百十二郎后裔迁白砂黄蕉坑，后裔再迁安溪湖上、德化炉口等地。古坊钟氏后裔外迁的还有：富太迁湖南湘潭，长生迁沙县红霞，文信迁长乐，立环迁江西，詹章定居美国，润章、达和、达标迁台湾。

五代以至宋、元、明时期，漳州、泉州、宁化等地，广东的南海、南雄、蕉岭、湖州、梅州、兴宁等地均有钟氏的聚居点。

【入垦台湾】

据武平《钟氏族谱》载，钟武裔孙从明朝年间开始从两个方向向台湾迁徙。钟氏入垦台湾有十三世奕德，十四世乾辉、乾让、乾秀、乾升、乾材、乾桂、良伟、良迁，十五世盛怀、盛美、盛铎、盛旺、盛梅、盛通、盛崇兄弟七人奉母练氏在苗栗县立业；清朝年间迁台有十七世真华、真德、真玉、真正、石雄、元彩，十九世荣瑞、有橑、绍英、尚英、球殿，二十世礼堂、孟鸿、孟凤，二十一世榕林、榕樟、善禄、文金、贵仁、大宗（在台湾改名为荣宗）、朝生、锦贤、在清末，二十二世锦平、保林、有禄、银成、近梅、捷思、绍平、绍良、鸿明、栽莲，二十三世永铨、成梅、允聪、徐勋、钦华、福天、友忠、登科、松生、明胜、占魁、铭祥、启照、亮钦、祖安、利年、占成，二十四世青弘、祥福、俊辉、日成、伯茂、腾贤、思双、永龙、加芳、通达、淑和、加荣，二十五世森鉴、启贵等。

据上杭《颍川郡钟氏族谱》载，去台人员有：觉音、纯良、国谟、招耀、达标、德辉、旭昌、碧辉、胜魁、永成、志道、启文、启培、麟音等。清雍正年间，福建诏安钟田佐入垦今云林；海澄钟龙入垦今澎湖县。清乾隆三年（1738）梅州钟沐芳，偕妻子儿女渡海赴台，立业台湾。乾隆年间，福建龙溪钟昭官入垦今台北三重，钟水生入垦今嘉义，钟荣入垦今嘉义竹崎，钟益入垦今云林虎尾，钟朝入垦今台北淡水，后裔移居嘉义梅山。泉州钟良生入垦今台北三芝。嘉庆年间，武平钟秀派下钟书文入垦今台湾头份。道光年间，安溪钟中义入垦今台中后里，钟省德入垦今台北板桥，钟区入垦今台北坪林，钟荣苑、钟荣兰、钟进芳、钟金聪、钟墨、钟子笑等安溪先民入垦今宜兰礁溪一带。此后，除福建以外，广东的钟姓人继续渡过台湾海峡到台湾谋求生存。钟姓子孙遍及台湾各地，分布较多的县市依次为：屏东县、桃园县、台北市、台北县、苗栗县，分布较多的乡镇市区依序为：高雄美浓、屏东内埔、桃园中坜、新竹市、桃源龙潭。

【郡望堂号】

颍川郡：秦王政十七年置郡。以颍水得名，治所在今河南禹县。相当于今河南登封、宝封以东，尉氏以西，密县以南，叶县、武县以北的地区。

竟陵郡：秦置郡，治所在今湖北潜江西北，西晋时封江夏郡置，治所在石城。南朝宋时相当于今湖北钟祥、天门、京山、潜江、沔阳等地。

四德堂：春秋楚、郑交战的时候，楚国钟仪被郑国俘虏，献给了晋国。晋国公在军府见到了他，晋国公问："那个被绑着、戴着楚国帽子的人是谁？"钟仪说："楚国的俘虏。"景公又问："你姓甚？"钟仪说："我父亲是楚国的大臣。"景公命令手下的人给钟义松了绑，给他琴叫他弹，他弹了一首楚国的音乐。景公又问："楚王是一个怎样的人？"钟仪说："王做太子的时候，有太师教导他，太监伺候他。清早起来以后，像小孩子一样玩耍；到了晚上就睡觉。其他的我不知道。"范文子对景公说："这个楚国俘虏真是了不起的君子呀。他不说姓名而说他父亲，这是不忘本；弹琴只弹楚国的音乐，这是不忘旧；问他君王的情况，他只说楚王小时候的事，这是无私；只说父亲是楚臣，这是表示对楚王的尊重。不忘本是仁，不忘旧是信，无私是忠，尊君是敬。他有这四德，给他的大任务必定能办得很好。"于是晋景公以对外国使臣的礼待他，叫他回楚国谈判和平。

此外，堂号还有颍川、知音、敬爱、大宗等。

【祠堂古迹】

云霄钟氏祖祠，位于下河乡坡兜村。始建于明末，为二进三开间土木建筑，悬山顶，坐南向北。是云霄县畲族支派宗族，联疏远敦族谊的象征性祖祠，今保存尚好。

武平县"钟氏总祠"，又名睦族祠会正公祠，是赣、粤、闽钟氏后裔在1928年为纪念南迁江西肇基祖贤公、朝公父子兴建的。

武平象洞龙源宫，是为了纪念宗功臣钟友文、友武、友勇三公的宗庙，公元1111年始建，三次重修，至今宫庙仍存，香火旺盛。

上杭钟氏家庙，又称"敬和堂"，清乾隆四十二年（1777），官庄钟大受倡议在县城东门创建，追祀钟全慕为始祖。钟大受为总祠落成作《建造家庙序》。嘉庆四年（1799），总祠失火被毁，嘉庆六年（1801）商议重新筹建。总祠占地约600平方米

霞美畲族村钟氏家庙，晋江市内坑镇霞美畲族村。始建五、六世大明孝宗弘治丙辰（1496），武宗正德戊辰（1508）立匾村桃竣工。历代重修，改变明式皇宫木结构雕刻模样，修改在石料栋梁放有三通大门。占地面积1800多平方米。

福安大林钟氏宗祠，位于福安市坂中大林畲族村。始建于清康熙五十五年（1716），清光绪年间（1875—1908）重建。为单檐硬山顶，穿斗式梁架，土木结构。占地面积710平方米。

永安青水钟氏肇基始祖祠，"龙安堂"建于明成化十六年（1480）。该祠位于祭头村盖竹洋，占地面积3亩。

尤溪西滨后坪钟氏祖厝，清初，钟世辉、钟世耀兄弟迁徙至尤溪西滨后坪村开创祖基，名曰"新景坊"。

濯田三将公王庙，长汀县濯田镇同睦村中央，据传，三将公王庙为唐代都统使、汀州刺史钟翱，于唐末为纪念其祖父钟全慕身边屡立战功的3位家将所建，历经风雨沧桑已有千年历史，历代多次维修。为土木结构，青瓦屋面，建筑面积200多平方米。

【楹联典故】

——望居长社千秋裕；源自钟离万世昌。

——钟姓通用楹联。

颍川郡竟陵郡孙支挺秀；四德堂敬爱堂祖德流芳。

——全联典出钟姓的郡望和堂号。

金生颍水万年秀；重比泰山千古存。

——此联为鹤顶格嵌典繁体字"鍾"（钟）姓的析字联。

一曲琴音留太古；八分书法冠群伦。

——钟姓宗祠联。上联典指春秋楚钟子期。联典指三国魏钟繇。

颍地发祥，山水知音，系本镇平兴事业；川源瑞气，鹤鸿书法，支分台岛振家声。

——此联为台湾省钟氏"颍川堂"堂联，联以鹤顶格嵌"颍、川"堂名，表示钟氏郡望。

颖川辉映万古松；川水源远流九州。

——漳州钟氏"纯蝦堂"联。

木本同一气，有山培植枝叶繁茂于西桥；水源分三派，颖水钟英波涛环绕于东溪。

——绍安钟氏"追远堂"联。

世稽微子，迁赣迁闽迁粤；瓜瓞绵绵，开二千年基业文分闽粤江吴；到处钟灵毓秀分支传宋代，从此越赣逾湘；由闽播粤，朝宗颖水溯源流。

——长汀钟氏宗祠联。

【族谱文献】

闽台钟氏族谱有《颖川钟氏支谱》为钟晋书修撰，今为民国三十五年（1946）武平钟氏钞本，不分卷，共2册。第一册辑序文、谱规、颖川钟氏同源分派图、源流考、祠宇、名山、名胜便览、缙绅题名及世系；第二册续刊世系。谱载商微子为始祖，秦时楚将钟离昧长子接始单姓钟，居颖川，为颖川钟氏始祖。晋钟会正自赣州迁闽，居宁化。至唐钟武，移居武平象洞中坊，为象洞钟氏发轫始祖，衍传一族。清道光间，钟德隆移居瞻阳田心里开基。有《钟氏族谱》永安青水畲族乡族谱。始修于明崇祯年间（1628—1644），第六世孙茂椿、茂榜等主持并校定；历代重修。民国二十九年（1940）启文总纂。共8卷，内容有序文、凡例、家训、家规、源流、历记、世系、建筑、田赋、名胜、山林、水利、教育、选举、祀祠、礼俗、艺文、谱跋、对联、大事记、传赞等。有福建畲族《钟氏支谱》，不分卷，谱中无氏族迁徙过程的记载，仅有一篇修纂者序，各支房的世系图数十支。主要分布在福州、侯官、闽县、福清、罗源、永福、福安、宁德和江西萍乡等地。《颖川钟氏族谱》尤溪西滨后坪族谱，始修清乾隆二十四年（1777），钟朝祚编撰。1994年续修。漳州《纯蝦堂钟氏族谱》钟萃一重修，原谱残缺不全，钞本。以漳州府教授钟道器为一世祖，开海澄冠山钟氏大宗。

第二百节 周 姓

当代周姓的人口已达 2500 多万，当今中国大陆姓氏排行榜上名列第 9 位；在福建第 17 位，占福建总人口的 1.074%。在台湾排名第 21 位。

【渊源】

1. 出自姬姓，用国为姓氏。据《元和姓纂》称："帝喾生后稷，至太王，邑于周，文王以周为氏。"后稷的裔孙古公父（即周太王）为狄所逼，率领族人自邠迁徙至陕西岐山下周原，从此称为周族。古公的曾孙姬发，继承其父姬昌的遗志，联合诸侯，攻灭商朝，建立周朝。国都设在镐（今西安市长安区一带），随后大规模分封诸侯，其中姬姓国就有 53 个。平王以后，传至第 24 王周赧王时，于前 256 年被秦国灭掉，以赧王为首的王族，都被废为庶人百姓，迁到今河南临汝县西北。当地人称其为周家，于是他们就以"周"作为自己的姓氏。一般认为周姓始祖是周文王。

2. 姬姓之周，由姬氏改的周姓。（1）周平王有个儿子叫姬烈，被另封于汝南（今属河南），被当地人称为周家，后来演化成周姓。（2）唐先天年间，唐玄宗名叫李隆基，因"姬"与"基"声音相近，当时长安姬姓，为避唐玄宗名讳，把姬氏改为周姓。（3）东周庄王时，周公姬旦的后代周公黑肩企图杀死庄王而改立王子克，事泄被杀，其后代亦称周姓。

3. 明代吉端王的第三子朱翊铤之庶子朱万世，在明亡后，逃往宁乡周家，清初为避祸，改姓周，其子孙一直姓周。

4. 少数民族改姓赐姓。高山、瑶、东乡、彝、布朗、白、回、土家、保安、黎、壮、羌、朝鲜等民族均有周姓。

5. 福建有苏姓改为周姓。唐朝末年，苏益入福建，定居同安。苏益的六世孙居住泉州卓源乡新康里，元至正二十二年（1362）因遭粮累，财产没官，族人还受元朝官军围剿，各自逃难，其侄苏可安改姓周。这支周氏族人繁衍，并迁移人台湾新竹县。苏姓改

姓周姓称武功周氏，为一支由苏姓改姓周姓的氏族，以原本的武功郡为郡望，故称武功周氏，始祖为安溪人苏卓周。以苏氏郡号"武功"为号，称武功周姓。还有冒为王姓而成的周姓。

【得姓始祖】

周文王，姓姬，名昌，季历之子，华夏族人，西周奠基者。季历死后由他继承西伯之位，又称西伯昌。共在位 50 年。商纣时为西伯，建周国于岐山之下，积善行仁，政化大行，因崇侯虎向纣王进谗言，而被囚于羑里，后得释归。益行仁政，天下诸侯多归从，其子武王姬发有天下后，追尊他为文王。周姓后裔便尊周文王为得姓始祖。

【入闽迁徙】

1. 汉代入闽肇基祖——周公宫世系。

据《福州姓氏志》载，西汉元鼎五年（前 112），闽东越王余善反，越繇王丑杀余善而降汉。西汉元封元年（前 110），汉武帝诏徙中州之大族系名簪缨者十八姓入闽，时改闽越国为东治郡。当时有泰伯之二十六世裔孙周公宫为虎贲校尉、中郎将、徐州伯，奉诏从河南光州入闽，居于福州南台，堂号为"敦本堂"，为周氏入闽始祖。其子周栩为会稽尉义，孙周子蕃为越王国师。三世子蕃、四世周部分别为越王国师和越侍御，五世安鼎、六世爱甫和七世登枢为河南丞、谏议丞和苏州别驾。自第八世至第三十世祖后裔，均有官职。十一世周元文，为越王国师诰封御侯，二十八世周起源，唐时为南平知县。周起源子周乔，为崇安县尉，其子周子谅，唐玄宗时（712—756）为议司御史。周子谅子周时肃，荫浦城郡，而定居浦城。

唐玄宗时仪司御史、三十世祖周子谅之子周时肃（三十一世，荫浦城郡倅），居浦城。时肃生二男，长子周与和为江西别驾；次子周与利居浦城。周与利有二子：长子周宪中为兴化莆；次子周宪机居江西金谿县。周宪机长子周少贵任福宁知府而居福宁

（今霞浦县），季子周少寿，居兴化（今莆田）岩头。周少寿生二子：长子周会昌为应天府参政而居应天，其子周朴，唐末吴兴处士，避乱返居福州故宅，因拒巢而尽节，后人立庙于福州乌石山以祀之；次子周会品居福州府。

宋开宝年间（968—975），周会品的玄孙周建隆从福州郎官巷迁居新宁县（长乐市）湖东里。周建隆之孙周辅为宋天圣王年（1027）进士、历官员外郎知华州。周建隆长子周宗杰居浙江湖州府乌程县蔡家。建隆次子周宗英，其孙周芹，于宋绍兴五年（1135）与宗杰之孙周葵，同榜进士。周芹历官朝清郎、宗正寺藩，墓葬豹变岩。

周芹曾孙周垦（四十七世），于宋绍定年间（1228—1233）从长乐湖东里迁居今长乐市文岭镇凤庄村（原二十三都腾云境凤山），至今已传三十一世。周垦的后裔分别定居或播迁长乐市的凤庄、凤港、龙塘、梅花、石壁、金峰、吴航、岐头、青山下等地。

周建隆子周垦迁长乐市凤山，传四代至周显分孟、仲、季三房。周显后裔孟房第十五世周大增之子周应璋等三兄弟从长乐凤山迁居福州南台。二十一世周朝铭居城内。仲房十六世天赐、十七世惟吉、惟六移居马尾中岐，其子、孙回迁南台，后裔居鼓楼观风亭。二十一世泰仁居仓山洋洽。季房，二十四世周用蓬从福州后屿移居台江。季房龙塘十七世周兆俸迁鼓山后屿村。十七世周朝徽携带文光、文明，周长庚携子仁通三兄弟居鼓山上岐村。

周显后裔仲房第十七世周大奚，移居闽县（闽侯县）琅岐。季房第八世周坦第六子周清亦迁居琅岐海岐村；十二世周德宗、德显分居龙塘村；十五世大豪、大杰迁居闽侯东岐。季房龙塘第十九世周世佑、世敬等迁居闽侯白沙大濑村。世佑兄弟又迁闽侯上街都巡山、上门街。

周显后裔仲房二十四世周亨从长乐凤山迁连江梅花。季房二十三世孚隆等四兄弟同迁居于连江县筱埕和东坪。二十四世周成等四兄弟分迁连江黄岐和筱埕。闽侯大濑村二十三世财顺、财官迁居连江筱埕。

周显后裔季房二十一世周光裕、光标分别迁温州和霞浦三沙。二十二世周华彩、华兴和二十三世周礼分别迁移霞浦下浒和县城。到二十四世和二十五世多迁回福州城区。闽侯大濑村二十四世周祥裕迁居福宁（霞浦县）。

2. 唐僖宗乾符四年（877），河南光州固始县阴德乡魏侯里人，太师周举元带子孙、随从兵士，依同乡王绪将军统制。唐广明元年（880）黄巢陷京都，周举元与同乡王潮、王审之随王绪离家南下，他们先后"陷汀、漳"，"取漳、泉、汀、邵五州"，于唐景福元年（892）进入福州（即入闽），于此定居。周举元成为福州、宁德等地周姓入闽肇基祖。周举元（约841—936间），字及三，唐末官授太师。哺育十四男五女。其十四个儿子中：长子周庚，官节度使与父定居福州；第三子奉议大夫居侯官（闽侯）；第七子少保，居怀安（今福州鼓楼区）；第二子团谏使，居光州；第四子开封知府，居古田；第五子三司，居罗源；第六子资善大夫，居建宁；第八子谏议大夫，居广州；第九子居南剑（南平）；第十子居温州；第十一子居永福（永泰）；第十二子居连江；第十三子居安庆；第十四子居洛阳。太师公周举元坟葬福州堂坎山（其子周庚附葬于此）。

二世长房周庚，字智，五代时历官节度使，居福州，生四子：长子周兴，分居浙江平阳；次子周隆，分居古田县周家墩；第三子周俊分居连江周家坂（据传为县城义井兜周姓弄）；第四子周导，迁居宁德县（今宁德市蕉城区）。这支周姓为周武王少子周烈的后代，其堂号为"汝南堂"。

周导，字宗政（宋乾德五年廷授中书右相、金紫光禄大夫），为唐末入闽始祖周举元之孙、入宁德始祖。他于唐广明元年（880）跟祖周举元、父周庚离开固始县故乡，于唐景福元年（892）随闽王入福州。五代后唐长兴三年（932）迁居宁德县（今蕉城区）白鹤盐场（县城），开运三年（946）隐居宁德县西乡兰桥（今蕉城区洋中镇莲下村）。宋雍熙二年（985）九月敕建"光禄祠"（俗称"莲下堂"）于宁德西乡兰桥，并于洋中镇洋中街（村）建有"光禄祠环峰分祠"（俗称洋中堂）。墓葬洋中镇上坎彭洋头。周导生有五子，其五子播迁各地。

周宁县狮城是周姓聚居地，周举元裔孙周亨中进士及第，宋绍兴年间（1131—1162）任光泽县尉，后迁居原宁德县青田乡东洋里（俗称周墩）。其后裔分迁浙江等地及福安、政和、寿宁、福鼎、屏南、霞浦、建瓯、建阳、浦城、南平、厦门、三明等地。周导的二兄周隆，于唐末宋初分居古田周家墩。周导长子周霆的第二子周翰的第三子周成之分居古田小盖竹，周震的玄孙周复迁居于古田县犁洋。周导四子周霓玄孙周吉于宋朝迁古田官州。周导第五子周云的元孙周作肃亦于宋朝居古田。蕉城区洋中街中厝厅第十五世孙周载于明朝分居古田宫前；清朝第二十六世周继聪后裔分居今古田县大甲乡堂湾村。福安市周姓大多来自入宁始祖周导的后裔。他们中有直接从洋中镇陈家洞周霓后裔迁居福安樟澳村三十三都福首境始祖周邦祚，有从洋中街周霆的后代迁入福安浮溪村始祖周大泫等。有周导公长子周霆第四子周霓的后代迁周宁狮城后，再播迁到福安晓阳、坑下、苏坂、儒南、仙溪里等许多乡村。据《寿宁县周氏》记，周导长子周霆之玄孙周信的孙子周能迁居周宁县，其后裔周智疆、周沪二、周天兴，先后于清道光五年（1825）以后，从周宁县分迁寿宁县斜滩镇楼下村、后井村、凤阳乡之东岭后坑坪村。

福鼎县前歧镇周家山佳洋村周姓始祖系唐末从河南固始县南迁，到五代后晋（938）迁居浙江苍南（原平阳马站）。后裔再迁入周家山佳洋，其后代繁衍发达。周导的后裔迁播霞浦的周姓，已知主要的有两支。一是，蕉城区洋中周霆嫡下的仁房巷口厅十六世周生财，于宋朝迁居六都，经世代相传到明朝，迁居霞浦县沙江镇涑头村，这里成为周姓集聚地，其后裔又播迁到霞浦溪南、盐田、长春等十多个乡（镇）村。二是，周导第四子周霓嫡下迁播到今屏南县九洋周厝，清乾隆初第十九世周应华迁居到霞浦后港（城郊）。据周昌孝撰记，周导后裔迁屏南县的主要是周霓之后代，于宋庆元至嘉泰年间（1195—1204），由宁德西乡兰桥徙迁今屏南棠口乡（旧古田新俗里二十八都五保棠溪境，其后裔播迁建瓯及县内岭下、横板桥、白溪等乡。）另一

支迁屏南熙岭（旧古田移风里三十二都一保碑岭墩里境），后裔繁衍霞浦及县内甘棠等乡村。据《石湖周氏》载：晋江石狮市石湖周姓始祖系河南光州府固始县人氏。唐僖宗年间（873—888），随王审知兄弟入闽，其后辗转迁移到四方。

元朝末年（1368），周迪吉（号塔山公）为避兵乱隐居于温陵府晋邑二十二都石湖乡（今泉州石狮市蚶江镇石湖），为"汝南堂"，已传21代，历630多年。卒后葬于本乡塔仔山，遂号塔山公，他传四子，迁居晋江陈埭镇，后散居泉城。石湖周姓至今繁衍二十一世。这一支（入迁石狮石湖）入闽始祖按其迁徙路线、时间与周举元或周维岳世系族同。（待考）

3. 唐总章二年（669），府兵校尉周广德，随陈政父子从河南光州固始入闽开漳，为周姓漳州肇基祖。周广德裔孙周匡业、周匡物兄弟三人（长佚名），居天城山石斗岭三条坑山麓（今双第华侨农场寨仔管理区）。周匡物，字几本，唐元和十一年（816）登进士，是漳州历史上第一个开科进士。兄周匡业，字德修，唐贞元八年（792）以明经登第。周匡物后裔曾徙居龙岩，宋治平间（1064—1067）回居龙溪，后迁播于漳州东南，分衍于漳州的云霄、平和、芗城、诏安，广东省潮州、澄海、台湾，香港，以及印尼、菲律宾、新加坡、马来西亚等地。南安市岐山村（原名高山村）周姓始祖广德。广德公的三世荣达始居双社，再迁清泉后乔迁浦邑为卿。荣达之五世安道公的第三子克一的长子立章，生四子；瑞仁公生五子：大异、大哲、大义、大经、流劳。大哲公，号后丰，于明隆庆壬申年（1572）从浦邑图为卿挈子入泉开基南邑二十九都，地名上霞（今南安市岐山村上畲）。仓苍联盟村湖西周姓祖可安同其子二十七郎号卓周，一同来到竹园（即今安溪县虎邱镇竹园村），把卓周二字分开，以卓元为村名，以周为姓氏。其堂号用"武功衍派"或"芦山衍派"。

唐末，随闽王入闽的还有河南光州固始县魏陵乡祥符里铁井栏的周维岳，又名周颐，字宗雅，号梅林（翰林学士，宣慰使、光禄大夫），他与王潮、王审知兄弟同乡，闻王潮兄弟在福建泉州任刺史，

便于唐光启三年（887）携子周靖入闽投靠闽王，先居当时泉州的仙游东乡折桂里。后于景福二年（893）进驻福州，居东街石井巷，其后裔支系分布福州下渡藤、山上街。闽侯青口、南屿、南通；长乐、连江、平潭、福清、莆田、泉州、永春桃溪、德化铭山、安溪、惠安、同安、南安、永泰、大田及浙江温州、瑞安等地。堂号"爱莲"。

据《闽侯南屿芝田周氏》载，周维岳次子周准迁福州仓山区下渡。长子周汉的玄孙周希孟（七世，其父为周仲），仍居福州石井巷，后迁新宁（长乐）。另据《洪塘周氏谱》载，入闽到福州的一世祖名周颐（字维岳），其子周景（即周靖）玄孙周希孟（七世，其父为珪老）。

唐乾宁四年（897），周枢（880—957），字仲机，从河南汝宁府光州固始县东隅桂贤坊入闽择地居建州西路马伏（今建阳市马伏），其后裔多住建阳，亦有迁崇安、河南等地。周枢弟弟周椿，字仲延，居福州马江里、楠树桥头。北宋彰化二年（991）周佑（周枢后裔）迁居崇安县（今属武夷山市）仙店，另有周浚（据称为周敦颐次子周焘之长子，待考）迁居崇安县五夫里；周聪（据称为周焘三子，待考），迁建阳市吉阳镇。

4. 宋代入闽。北宋周靖的裔孙周希孟，字公辟（授将仕郎，试国子监四门助教，充州学教授），怀安人（住剑池边，即今福州市鼓楼区）。其后裔居侯官、洪塘、长乐、福清、平潭、古田、永泰、福州杨桥、下渡、福宁、莆田、庐陵宣城等。希孟孙周常安生三子，长子周百福迁今福州仓山区建新镇洪塘村凤岗里。

《闽侯芝田周氏》载，周维岳长子周汉迁居闽侯六都芝田（今南屿镇芝田村）。其后裔迁南通泽苗盛美、浦口等地。其七世孙周希孟的后裔播迁长乐、福清、闽侯、连江、平潭等地，又迁福清洋里南院、临江里寿塘后周；有迁平潭后，转居海口镇龙江、西歧，擢桂南山、西溪坂头、龙田下郑、郭庐、音西松潭、倪埔、松峰、阳下东田等地。周希孟孙周常安的次子百禄、三子百爵同迁新宁（长乐）、四都罗阳，第十六世孙周崇贤及后裔迁今长乐镇江

田坦村石门，十七世孙周朝锦迁江田阮山下珍、松下岭头等地。周希孟曾孙周百禄的后裔迁居连江县东岱，其二十二、二十三世孙又迁连江县苔菉、北菱等地。其十七世孙周必成的后代迁居平潭大富田、又繁衍到模境、伯塘、苏澳、南山、研兜、南社洞、谢厝、西楼；再迁流水矿楼、屿头玉瑶、下斗垣、澳前中甲等乡村。北宋端拱元年（998），进士周希古，字叔信（著作郎、历任秘书；知蓬州、朝议大夫），他系周颐（字梅林）子周靖（字安世）的裔孙，居长溪（今霞浦县）。古田县衡阳周姓始祖唐末入闽二世周辅次子周炳，迁居古田三十都官州岐西境（今横洋）。周辅三子周礼，生二子，文灿、文炽，迁古田三十都达方，四子周智，居福州三山石井巷。宋端拱二年（989），周源五（敕授文林郎、赠朝议大夫）、自福州洪塘迁居浦城孝悌里观前。

泉州晋江周姓祖先，系北宋庆历二年（1042）杨实榜进士周历和北宋治平二年（1065）彭汝砺榜进士周密，同系周靖之后裔，居泉州晋江。泉州周姓祖先，系南宋景炎元年（1276），周起振，字绍基（系莆阳一世周石麟的三世孙），同从弟周绍芳等至泉州勤王，隐居泉州浮桥笋江之滨，其后裔迁安溪县，惠安、同安、晋江、南安等地。元朝至正四年（1345），周讳彬（1283—1356），字日昌，又名思，系周起振的三世孙，从泉州浮桥笋江为逃避元朝暴政而逃匿安溪县，居西街，后裔迁泉州、永春、浙江温州北港、瑞安县、南安市、大田县、漳州海澄、永泰县嵩口镇、广东惠来横山村。宋明入闽周姓源流。宋朝至明朝徙迁寿宁县的周姓，还有几大支。一是宋庆元四年（1198），宋理学家周敦颐的玄孙周理（1156—1240，字正玉，号荆山，江西南康知县），经浙江省庆元县松源镇周墩村徙居寿宁县平溪乡平溪村。二是宋仁宗（1023—1063）前后，浙江擎元县后溪周自直下传七世的周二，迁入寿宁平溪鼎垱。周直的后裔还由庆元县岱根村徙居寿宁县托溪乡圈石岗后仔，还有从浙江景宁县坪坑迁庆元，再迁寿宁坑底乡林山村。三是三国末期吴国人周处的后代，传四十多世后，周仲六于元朝至大元年（1308）由浙江庆元县松源镇周墩村迁

居江根乡水寨村，其孙周信一于明永乐年间（1403—1424）由水寨村徙居寿宁县利（李）家山村。

宋朝，周章、周颜、周奇、周立四兄弟，从江西抚州府临川长源里乡来闽先居闽侯，后转清流嵩溪罗源隔，再到明溪。宋末（1270年前后）周章裔孙周怀来等转迁尤溪县溪东、吕洋，今有800余人。明嘉靖年间始祖周居贞公从江西抚州临川县长源里迁尤溪城南、城关、秀溪、汶潭、拥口、邵武等地。周怀来后裔于清乾隆年间（1736—1795）迁古田县仕坂，并迁播印尼马里。南宋初年（1127年后），莆田周秀梅（进士、官翰林学士）为避战乱，隐居不仕，迁居琼州（今海南岛）秀梅里，子孙遍居全琼。并有迁星州（新加坡）。周盛德入闽卜居福塘省田（今福清龙田）山前村，为宋代福清周姓始迁祖。十三世裔周其捷，于清康熙十一年（1672）迁居连江县东岱村。

5. 明代入闽。明永乐二年（1404），周筵宾从河南固始县迁厦门杏林镇杏林村。明初周文焕、文灼，由金门迁入安溪龙门溪美。连江县丹阳周姓祖先，系明初湖广岳州府澧州周宗文，因娴熟于兵略且勇猛超群，授指挥使职，奉诏随藩镇王入闽，卜居连邑安义里上下洲（今丹阳镇上周村）。连江其他各地周姓如筱埕、黄岐、东坪等村大都是源自长乐凤山周姓。福州市晋安区日溪周姓祖先周一郎于明永乐二年（1404）自河口厂入闽，赘居闽邑五十七都汶（王）洋西境，今晋安区日溪乡汶洋村丁姓，生二子，长子名满、次子名寿。以次子寿继嗣丁姓；长子满复周姓，其后裔支居外湾和里湾。长乐市吴航周姓祖先周行，字宾示，号鹿野，于明嘉靖三十一年（1552）登进士第，历官广东香山知县、湖广随州知州，后裔尊其为江西汝南周姓入闽一世祖。其裔周君冲迁居吴航镇东门兜，传二世周昌启，生5子，分5支发派，迁居厦门、福城、福清。龙海周姓祖先，系明神宗万历二十九年（1601）进士、湖广道御史周起元，字仲先，乃海澄（龙海市）人。

6. 福建客家族群周姓。宋高宗南渡时（1127），周仁德（河南固始县人）随高宗南下居福建宁化县，南宋末元初（1271），其裔孙迁广东长东县（今五华县），至七世周瑄迁梅县。宋末（1279年前后），周宗贵由河南汝南（有说石城）南迁入闽，居汀州（龙岩）宁化，后分迁长汀、连城、永定，后裔迁晋江，又迁台湾。周宗贵原籍江西赣州府石城县坝口慈塘坑，因生于宋度宗咸淳二年丙寅岁，故初名丙郎。按老谱称：宗贵"因宋季避兵，流于上杭，孑尔立身，俭勤惕励，肇造家业"。初为南塔寺僧侣劈柴、做饭，故有"饭头公"之称。后改行经商，历尽艰辛，挺然特立，创产万余。他的为人，德积厥躬，谦冲纯朴，乐善好施。曾在本郡长汀县建斋婆院一所，又在本县北畔买地建德庆庵一院。曾敕封宋处士。有周氏宗祠一所，旧址在今五星巷。宗贵徙杭肇基，迄今已历700余年。杭川（上杭）周姓开基始祖有三支：一支为宗贵，一支为八郎（名志隆），宗贵与志隆为叔祖与侄孙关系，其源皆出自江西赣州石城，实属同根同源；另一支始祖为伯瑛，是明初从南京水南村经长汀迁徙来上杭开基的。据周兴栋《连城周氏溯源》记载，连城周姓开基始祖十九郎公，是周姓在宁化的开基始祖洪吉公的后裔。洪吉公又名元吉，字兆先，号敬轩，原籍陕西岐山县，在宋朝理宗丙戌科考取进士，出任江西抚州临川县尹，卸任后举家定居临川。承发公字梅溪，于宋度宗年间（1265—1274）赐进士第，授五经博士。徙迁宁化城北。承发公生五子：仁、义、礼、智、信。后来仁公迁上杭，子孙分居广东；义公移居宁化新村里安乐铺围坑下窦。生一子：十九郎公（即连城周姓始祖）；礼公迁招德里；智公迁会同里；信公留居宁化县城北门头。泰宁县瑞溪周家山周姓祖先，系北宋熙宁年间（1126—1224），周敦颐的第四世孙周季友从汝南郡道州营道县（今河南营乐村）迁居福建邵武禾坪，后又转徙至兰丹石（今泰宁瑞溪周家山）。（见泰宁县方志委《姓氏志》资料）建宁县贤河周姓祖先，系南宋绍熙年间（1190—1194），江西南丰周姓迁居建宁贤河；其后裔迁居扬林（见建宁县方志委《姓氏志》资料。）龙岩客家周姓祖先，系明洪武年间（1368—1398），周从龙从安徽天长县率军驻汀州，其子孙留此繁衍，后裔分迁江西、南昌、上海等地。至明成化十四年

（1478），汀州府（今龙岩市）辖长汀、宁化、清流、归化、连城、上杭、武平、永定等县，成为客家首府，是客家人最早的中心，后客家人由此繁衍生息。长汀县明成化有进士周璇（字元吉）。

【入垦台湾】

周姓在台湾为第 21 大姓。其先祖大多是于明、清从福建迁播到台湾，分布于 21 个县市中，主要集中在台北、台南、彰化。据 20 世纪五六十年代的人口统计，周姓占当代台湾总人口的 1.2%。由福建迁台的，称为"福佬人"，占周姓总人口 75.8%。

台湾周姓先人大都来自闽南，今可分汝南、武功二派。"武功"郡号的是元至正二十二年（1362）定居安溪卓源乡的苏卓周，改姓周。先世自河南汝南的周宗贵，是从宁化迁至永定，其四子周闻古迁晋江碧沙乡。明代，随郑成功等入台有福建周姓。清代，周姓渡海到台湾的分属苏卓周、周宗贵派下，他们多来自泉州府的泉州、晋江、南安、同安、漳州府的龙溪、漳浦等县。

1. 泉州入台

康熙至乾隆年间（1662—1795）乘船东渡台湾，于台北县石碇乡入垦的有泉州人周延群，又有泉州人周炎移居台北县景美镇开基。康熙四十九年（1710）晋江县的周闻古支派入台，于清水开基的有周大细、周大钟，于台中沙鹿、大安的分别为周大养、周尚悦。其后，于台南安平的周明，于彰化伸港的周应满。雍正年间（1723—1735）入台于台南盐水肇基的有周白智；于嘉义布袋的有周守宽。入台于盐水肇基的有南安周起挺，于清水的有周明，于台中大甲的有周阵。入台中大甲肇基的有南安周必开。康熙末年（1722）入台于台北市肇基的先后有南安周必果、周必奎、周昌高等。乾隆年间（1736—1795）入台于台北树林肇基的有周以德、周志善、石狮周殿昌等，于清水的有周国瑞、周国麟兄弟。清乾隆前后，泉州市石狮市石湖周迪吉（塔山公）的十三世孙周世贵迁居台湾省淡水，第十六世周其把、周其定、周其潭、周其营迁居台湾嘉义、南投、鹿港、麻港、葫芦墩等。嘉庆年间（1796—1820）入台于伸港肇基的有晋江周朝兹、周道背、周失九等，于台北林

口的有周朝章。入台于台北市肇基的有南安周贤明、周标及周廷部（周百万）率族亲数十人，于台中梧楼的有周必缄。入台于新营肇基的有南安周易，于云林东势的有周孟妈携同儿子。道光年间（1821—1850）入台于台南新营肇基的南安周清南，于嘉义朴子的有周贞仪，于屏东港的有周省，于清水的有周长山。

2. 漳州入台

康熙末年（1722）入台于台北市景美区肇基的有漳州周舜阳，入台于屏东市开垦肇基的有漳州周永荫。雍正年间（1723—1735）入台于屏东新园肇基的有漳浦周圭。乾隆初年（1736）入台于高雄旗山肇基的有漳州周光粪。乾隆中期（1765 年前后）入台于屏东新园肇基的有周传裕、周传助兄弟。

3. 汀州武平县入台

乾隆四十八年（1783）入台于苗栗铜锣肇基的有周永德。

4. 其他地区入台

近代，特别是 20 世纪 40 年代后期福建省部分市、县（市、区），又有许多周姓后裔随队到台湾，这些人后来大多定居台湾，其后代亦有移居美国等海外地区。

【郡望堂号】

汝南郡：汉时置郡。此支周姓为周平王少子烈的后代，其开基始祖为周平王少子姬烈裔孙周跋扈邕。

沛国郡：汉高帝将泗水郡改为沛郡，东汉时改为沛国。治所相县，在今安徽省濉溪县。此支周姓，其开基始祖为汉代汾阴侯周昌。

陈留郡：秦始皇置陈留县，汉代改置陈留郡。在今天河南省开封地区。此支周姓为汉代周仁之后，其开基始祖为晋代的周震。

武功郡：战国时期孝公置，治所在今陕西眉县东，系苏周郡望。

此外还有浔阳郡、临川郡、庐江郡、泰山郡、淮南郡、永安郡、河间郡、临汝郡、华阴郡、河东郡、清河郡、江陵郡、长安郡、河南郡、昭州郡。

细柳堂：汉文帝六年冬，匈奴 6 万兵马犯汉。文帝令周亚夫驻兵细柳（今陕西咸阳西南）。几日后，

文帝御驾亲往劳军。走近军营，只见甲兵森严，个个持刀执戟，张弓挟箭，如临大敌。当令门岗传报，营兵却直挺挺地站着，一丝不动，并喝令车驾停住，说："军中闻将令，不闻天子令。"文帝喜严夫将士为真将军。

爱莲堂：哲学家周敦颐，一生清正廉洁。他一生最爱莲花。曾作《爱莲说》，推崇莲花"出淤泥而不染"品格。

此外，周姓的主要堂号还有：汝南堂、庐江堂、浔阳堂、临川堂、陈留堂、沛国堂、泰山堂、河南堂、笃祜堂、武功堂、世德堂、亦政堂、诵芬堂、清白堂、继述堂、世善堂、忠厚堂等。

【祠堂古迹】

周宁周氏宗祠，位于周宁县狮城，始建于洪武中叶，历代重建新祠，为歇山式三进四柱三开间，土木结构，门楼为重檐歇山顶式仿明清建筑风格。宗祠宽22米、深76米，规模首冠全县。主祀唐末（892）入闽始祖周举元。

荷步村周氏家庙，又名周氏维则堂，位于云霄县东厦镇荷步村圩场边，坐北向南偏西，建筑面积二百多平方米。祠龛奉祀荷步周氏开基祖太养公及妣吴氏、庄氏和二、三世公、妈神主。

凰山周氏宗祠，位于长乐市文岭镇凤庄村，始建于明代后叶，历代重修，坐壬向丙兼亥巳。祠呈二进，建筑面积900平方米，用地总面积1200平方米。

卓源周氏祖祠，位于安溪县虎邱镇竹园村湖石角落，明永乐元年（1403）始建。清代数次修葺。历代重建，占地面积500平方米，建筑面积300平方米。

田头周氏祖祠，位于安溪县龙门镇寮山村田头角落，约于明永乐八年（1410）始建，后经几次修葺。祠坐巽向乾，占地面积219.83平方米，建筑面积190.63平方米。

锦卿周氏祖祠，位于安溪县龙门镇山头村枧坑角落。始建无考。2001年11月重建。祠坐北向南，占地面积230平方米，建筑面积176平方米。

墩坂周氏祖祠，位于安溪县城厢镇墩坂村坂顶角落，约于明正统十年（1445）始建，历代重建；祠坐北向南，占地面积300平方米，建筑面积200平方米。

【楹联典故】

歧阳启姓家声大，芦山承德世泽长。

——周姓宗祠通用联。

汉室军容推细柳；宋朝理学尚濂溪。

——周姓宗祠通用联。上联典出西汉周亚夫，军纪严明，防守细柳。下联典出北宋周敦颐，著《爱莲说》，尊称其为"濂溪先生"。

武赠王公裔，裔固始分支淡水；功颂傅保终，终卓渊源移芦山。

——台湾台北市周氏大宗祠联。全联典指本支周代的迁徙。上联"固始"，河南固始县；"淡水"，台北。下联"芦山"，一在今山东省，一在今四川省。

军左祖安刘室；一炬东风逞将才。

——周姓宗祠通用联。上联典指汉初周勃。下联典指三国吴·周瑜。

开甲第之先声播芳馨孚漳山，绍箕裘之遗训绵奕叶于榜山。

——漳州云霄周氏维则堂。

【族谱文献】

记载闽台周氏族谱其中较有代表性的有《清溪周氏族谱》为安溪周氏族谱。始修于明永乐十八年（1420），续修于明万历二十二年（1594）、崇祯四年（1631）、清康熙三十五年（1696）、雍正十三年（1735）、乾隆三十二年（1767）。今本为光绪九年（1883）修，不分卷。内容有明清两朝序数篇，修谱凡例、世系、列祖传。世系始记于一世周彬，止于二十一世。谱载入闽始祖周彬，字日昌，元朝任官于南京，因被诬告，逃入泉州安溪定居，繁衍发族。还有浦城《周氏宗谱》清周炳麟纂修，始修于明正统十一年（1446），今本修于光绪二十六年（1900），共6卷。卷1有新旧序、条规、族规、修谱纪略、传记，卷2有族贤赠送诗、墓志铭、年谱、褒典，卷3有遗像，卷5为历代源流系图、源五公派世系图，卷6有各支房世系图、墓图。历代世系图始记于一世，止于六十一世。源五派下图始记于一世源五止于三十六世。载该支周氏祖居汝南。宗端拱二年（989）由福州洪塘迁浦城孝悌里，开基祖为源五。

第二百零一节　诸葛姓

诸葛姓在宋版《百家姓》中排序为第414位门阀，在复姓中排序为第6位。诸葛姓在大陆没有列入前300位。在台湾排名第495位。

【渊源】

1. 源出于葛氏，诸葛为中国汉族复姓。相传伯益的后裔葛伯的封国灭亡后，葛氏有一支迁入山东诸城，若干年后这支诸城葛氏有一支迁往阳都县，但阳都原有姓葛的家族的，诸城葛氏为区分于当地葛氏，遂改复姓称诸葛，即诸城迁来的葛氏；另一支为秦末陈胜领导的农民起义军，有大将葛婴屡立战功，葛婴至东城，私立襄疆为楚王。后闻陈胜已立，因杀襄疆，还报。至陈胜处，陈胜听信谗言而杀婴。汉兴以后，论功追思，汉文帝追念葛婴反抗暴秦的功勋，即封葛婴的孙子为诸县侯（今山东诸城），子孙称为诸葛氏，三国蜀汉最具智慧的辅汉名臣诸葛亮即为葛婴之后。吴国大将军诸葛瑾等。

2. 源于姜姓，出自春秋时期齐国有熊氏之后，属于音讹改姓为氏。据史籍《世本·氏姓篇》记载："有熊氏之后为詹葛氏，其后齐人语讹，以詹葛为诸葛。"春秋时期，在齐国古老的有熊氏的后裔子孙中，有人原称詹葛氏，后来因读音讹误为诸葛氏，便干脆改称诸葛氏，世代相传至今。

3. 源于改姓，出自秦末陈胜吴广大将葛婴，属于帝王封赐改姓为氏。秦朝末期，陈胜吴广起义时，属下有大将葛婴，他屡立战功，后来却被陈胜听信谗言所杀害。到了西汉朝时期，汉文帝刘恒感其忠勇，特赐封葛婴的孙子为诸县侯（今山东诸城），其后代遂以诸葛为姓氏，称诸葛氏，世代相传至今。

【得姓始祖】

葛伯，诸葛氏最初是源自葛氏，得姓源流有三种不同途径。一说是根据《通志·氏族略》上的记载认为，诸葛氏是葛婴的后人，因居住在诸诚，而被称为诸葛。一说是从《三国志·吴志·诸葛瑾传》中引证的，书中指出，琅琊诸县人葛氏，后来迁居

阳都，阳都原来已经有姓葛的人，为了将两葛氏人区分开来，所以称诸县葛氏为诸葛。还有一个说法是《风俗通》上所提到的，孝文帝因葛婴有功而被诛杀，所以追封他的孙子为诸县侯，并且称诸葛氏。此外另有一说，人为诸葛是由"詹葛"氏改成的。综合以上文献资料，可知道，诸葛氏的得姓途径虽有不同，但追根溯源，却一脉相传自夏商之际的诸侯葛伯，而且都出自山东诸城。这个家族之所以会以诸葛为姓，主要是基于血统和地缘两个因素。在血缘上，他们是葛伯之后；在地缘上，他们同发祥于诸城，也成长于诸城。诸葛氏后人奉葛伯为诸葛姓的始祖。

【入闽迁徙】

据史料记载，诸葛亮娶沔南黄承彦之女黄月英，共亲生二子：诸葛瞻、诸葛怀。诸葛怀留在四川，是诸葛亮十五顷薄田的继承人，其后无考。诸葛瞻共生三子：诸葛尚、诸葛京、诸葛质，诸葛尚战死无后，诸葛质后人无考，只有诸葛京的后人记录比较清晰。诸葛京的两个儿子，长子为江苏诸葛氏祖先，次子为浙江诸葛后人祖先。诸葛后裔是在五代十国时迁居浙江的。浙江的诸葛后人诸葛安节迁到了福建。明崇祯年间诸葛羲著《诸葛孔明全集》记载：宋代，诸葛亮后人诸葛安节担任福建了教转运使，从浙江去到福建，籍于福建，为福建诸葛亮后人的祖先。诸葛安节资料显示："至高祖讳安节，河南邓州南阳人，任福建转运使。"

据《葛氏重修家谱》记载，葛氏祖先世居山东诸县，至第六世群公移居浙江，到十八世晟公入闽，三十世彬公移居建阳策源东阳村，到四十一世迁居建阳徐市范墩。到现在，闽北诸葛后裔将近有2万人。

福安市诸葛氏，入韩时间未考，祖籍江苏丹阳。

【入垦台湾】

台湾诸葛氏排名第297位，部分由福建迁徙台湾。多数由各省入台。散居高雄、台北等市县。

【郡望堂号】

琅琊郡：亦称琅琊国、琅岈郡、琅玡郡。

琅琊堂：以望立堂。

三顾堂：东汉末时，刘备三顾诸葛亮于茅庐之中，后拜诸葛亮为丞相。

卧龙堂：诸葛亮起初隐居南阳，自比管仲、乐毅，他居住的地方叫卧龙岗，人称"卧龙先生"。

德生堂：诸葛世家所建药堂堂号，按诸葛世家格言："不为良相，即为良医"所建。

滋树堂：清朝乾隆年间诸葛明魁所建，抚台熊学鹏亲笔题写扁名。

尚礼堂：诸葛氏富字辈第十四宗诸葛高所建。

【祠堂古迹】

范墩葛氏家祠,坐落于建阳市徐市范墩村村尾，年代久远，已经几百年了。祠堂中间供奉的是诸葛亮的画像及坐像。祠堂存有清代光绪年间编的《葛氏重修家谱》。

【楹联典故】

武乡望族；文定名家。

——全联典指三国时期蜀汉国的诸葛亮辅后主刘禅，以丞相封武乡侯，兼领益州牧。卒谥忠武。

三日连宵醑至德；少民同志赛神麻。

——全联为浙江兰溪诸葛村家庙楹联。司马乃吴中信士；卧龙本天下奇才：上联典指三国时琅琊郡阳都人诸葛瑾，字子瑜，诸葛亮的哥哥。东汉末迁居江南，受到孙权礼遇，任吴国长史、中司马，后以绥南将军代吕蒙为南郡太守，率军驻守公安。孙权称帝后，他官至大将军。曾奉命出使蜀汉，与诸葛亮都是办公事时相见，私下里从不会面。刘备伐吴时，有人向孙权报告他派亲属到蜀汉去报信，孙权说："子瑜不负我，就像我不负他一样。""信士"，谓诚实之士。下联典指三国时期蜀汉国的政治家、军事家诸葛亮，字孔明，东汉末隐居隆中，留心世事，被称为"卧龙"。建安年间，刘备三顾茅庐，他提出了占据荆、益二州，联合孙权对抗曹操，统一全国的建议，从此成为刘备的主要谋士。曹丕代汉建魏，他劝刘备称帝，任丞相，刘禅继位后，封他为武乡侯，领益州牧。当政期间，励精图治，赏罚严明，实行屯田，改善了和西南各族的关系，促进了当地经济、文化的发展。著作有《诸葛亮集》。

【族谱文献】

建阳市徐市镇范墩村有《葛氏重修家谱》，葛氏家谱，第一次修于北宋太平兴国二年（977），第二次修于南宋宝庆二年（1226），第三次修于清道光八年（1828），第四次修于清光绪十九年（1883）。记载"三国时期"著名的政治家、军事家诸葛亮的后裔和家谱。2001 年，建阳葛氏后裔第五次重修家谱，并编印成册——《福建省建阳市范墩葛氏宗谱》，建阳诸葛亮家谱的发现，对于研究诸葛亮家族历史，弘扬中国传统优秀文化，具有很高的历史价值和文物价值。浙江金华九龙诸葛氏宗谱四卷，（民国）诸葛小月等纂修，民国十一年（1922）重修，民国三十一年（1942）续修，木刻活字印本四册。现被收藏在浙江省金华市文物管理局。兰西诸葛氏简史,（民国）诸葛政清撰，民国三十六年（1947）铅印本一册。现被收藏在中国家谱网站档案馆。

第二百零二节　祝　姓

祝氏，是当今中国姓氏排行第141位的姓氏，约占全国汉族人口的0.087%。在台湾排名第180位。

【渊源】

1. 出自姬姓，为黄帝之裔。据《元和姓纂》《新唐书·宰相世系表》等所载，黄帝之后，周武王封其于祝（故城在今山东省长清东北祝阿故城），后来就有了祝国，子孙以地为氏。

2. 出自己姓，祝融之后。据《元和姓纂》所载，祝融之后有以官职命姓者。远古时候有位火神叫祝融，是一位氏族首领。

3. 以官职为姓。据《姓谱》《路史》所载，古有巫史祝祀之官，其子孙以官为氏。又远古时，巫师有很高的社会地位，官职很高，称为巫史，或者称为祝史。远古时以官职为姓的习惯，祝史的后代往往继承官职，并世代姓祝。

4. 出自他族改姓。据《通志·氏族略》所载，北魏叱卢（吐缶）氏之后有祝姓；清朝满洲八旗姓爱新觉罗氏、喜塔喇氏等之后均有改姓祝者；傈僳族以竹为图腾的麻打息氏族汉姓为祝；今满、瑶、彝、土家、蒙古等民族均有此姓。

【得姓始祖】

轩辕黄帝、祝融（重黎、吴回）、姬祝。

据传说，中原各族的共同祖先，即黄帝。姓公孙，名轩辕，有熊国君少典氏之子，又称有熊氏，因长居姬水，改姓姬。初为轩辕氏部落首领，在坂泉（在河北涿鹿东南）一战，打败炎帝，遂合二为一。经并肩协力，在涿鹿（今河北涿鹿南）之野击败九黎族，擒杀蚩尤，被推为炎黄部落联盟首领。因其子孙在周武王时封于祝，遂产生祝姓，又因祝融之后有祝姓，而祝融亦为黄帝后裔，故祝姓尊黄帝为祝姓始祖。

【入闽迁徙】

祝姓发源于今山东长清，西周、东周两代，祝姓除繁衍于其发源地外，因仕宦等原因，逐渐进入今陕西、河南等省。周有大夫祝跪，因叛乱未果而逃奔温邑（今河南温县）。春秋时，郑有大臣祝聃、祝款，卫有大臣祝佗，足以表明郑（今河南新郑）、卫（河北南部至河南北部间地）两地已有祝姓人。

唐中期以后，特别是安史之乱和黄巢起义之后，造成今中原一带十室九空。祝姓由河南避居湖北，或由陕西越秦岭进入四川。在此期间，雍州始平（今陕西兴平）人祝钦明入朝为相，是祝姓历史上唯一一位宰相。

两宋时期，祝姓在北方趋于沉寂，而南方之祝姓却日炽日昌起来。其中祝咨丘由单州城武（今山东成武）徙居滑州韦城（今河南长垣）、福建、再迁徙广东。

祝象器由江陵（今属湖北）迁居歙州。祝穆由歙州（今安徽歙县）徙居建宁崇安（今属福建武夷山）。

周宁祝姓为钦明文恩之后，源远流长。汉文帝时吾祖求官于太原，故为太原郡。杨宗公登进士，官校书郎，因炀帝失德，挂冠而去，择居河南昇洲，后汉乾祐时荣村公复徙州龙泉县石板桥居住，洪武初年，公之孙秦益公迁（政和县）磻溪坂头下池仅九代，崇祯年间，传仁公四子，长子孟和择红阳，次子孟枝迁建安，三子孟冬迁浦城，现红阳下村190户760余人全为祝姓。

福建浦城祝氏，福建武夷山祝氏，祝姓和陈姓分别在下池和下林居住。

【入垦台湾】

明中叶以后，有福建沿海之祝姓入垦台湾谋生。台湾光复后，各省都有迁徙入台。主要分布在台北、基隆，其次是高雄、台中，在再次是嘉义、宜兰、桃园、屏东、新竹等市县。

【郡望堂号】

1. 郡望

河南郡：秦朝时期名为三川郡。西汉高宗二年（丙申，公元前205年）改为河南郡，治所在雒阳（今河南洛阳）。

晋阳郡：春秋末期，赵简子家臣董安于始筑晋阳城，在今太原西南晋源镇。

2. 堂号

太原府、太原堂、河南堂、晋阳堂、勤贻堂、东鲁堂，都以望立堂。

【祠堂古迹】

周宁祝氏支祠，位于周宁县泗桥乡红阳村，建于清乾隆二十九年（1764），为九世祖新春公分房独立鼎建，祠堂大厅深 9.8 米，宽 9.6 米，前后两檐水，土木结构，门厅深 4.8 米，宽 2.6 米。

【族谱文献】

福建武夷山祝氏字辈：瑞德光子培元良。

浦城须江郎峰《祝氏世谱》，27 卷 59 册，一世祖祝巡，子帝临，号省庵。

第二百零三节 庄 姓

庄姓在中国大陆姓氏排行第138位的姓氏，约占全国汉族人口的0.093%。在福建排名第26位。在台湾排名第24位。

【渊源】

1. 出自芈姓。是春秋时期楚国王族之后，以谥号为氏。据《急就篇》和《名贤氏族言行类稿》所载，楚国君王芈旅去世后，谥号为"庄"，即历史上的楚庄王。楚庄王的支庶子孙，以祖上谥号为姓，成为庄姓。

2. 出自子姓。春秋时宋国戴公武庄之后，以祖字为氏。据《姓氏考略》和《资治通鉴音注》所载，春秋时宋国国君宋戴公名武庄，其后人即以其字为姓，成为庄姓的另一支。

3. 他族改姓而来。其来源大多是在唐、宋、元、明、清时期中央政府推行的羁縻政策及改土归流中改为汉姓，世代相传至今。另外朱姓的人在明末清初曾改姓庄。今土家族、壮族、彝族、苗族、裕固族、藏族、回族、满族以及台湾地区少数民族均有庄姓。

【得姓始祖】

1. 楚庄王（？—前591），又称荆庄王，出土的战国楚简文写作臧王，芈姓，熊氏，名旅（一作吕、侣。先秦时期男子称氏不称姓，所以应该称为熊旅而不是芈旅），谥号庄。春秋时楚国国君，公元前613年至前591年在位。即位后伸张王权，采取果断措施，平定权臣若敖氏的叛乱。重用孙叔敖改革内政，兴修水利，加强战备。由于楚庄王知人善任，楚国迅速强大。公元前606年，北伐陆浑之戎，陈兵周郊，使人问九鼎轻重。公元前597年，在邲（今河南荥阳东北）大败晋军，迫使郑、宋等国归附，成为代晋而起的春秋五霸之一。他死后谥号"庄"，带有严肃、敬重之意，故史称楚庄王。他的支庶子孙以其谥号为氏，称庄姓，尊楚庄王为得姓始祖。

2. 庄某，宋戴公之孙。《姓氏考略》引胡三省注云："庄氏有出于宋者，《左传》所谓戴武庄之族是也。"《通志·氏族略》载："出自子姓，春秋时宋戴公名武字庄，其支孙以王父字为氏。"

3. 庄贾。《中华古今姓氏大辞典》云："齐有庄贾，事景公，为大夫。"清代王相《百家姓考略》注云："庄贾，系楚庄王之后裔。"这是楚庄王之后，史书所见第一个姓庄的人物。

4. 庄周，即庄子。《中国历史人物辞典》载："庄周，即庄子。战国时哲学家、道家，宋国蒙（今河南商丘东北）人。庄周做过漆园吏……他继承和发展了老子'道法自然'，认为'道'无所不在。强调事物的自生自化，否认有任何主宰。提出'通天下一气耳'和'人之生气之聚也，聚则为生，散则为死。'著作有《庄子》。"

【入闽迁徙】

据《漳州府志》记载，随陈政、陈元光入闽作战的部将中，有一位叫庄肃鸾。随后庄肃鸾携家眷定居漳州，为庄姓入闽始祖。南宋理宗（赵昀）皇帝为表彰这批将校的功绩，赐予其后人受荫，所列追赠受荫名单中，也有庄肃鸾的名字。

唐末，河南光州固始人庄森、庄锐（王潮外甥）二兄弟随王潮、王审知入闽，时在光启元年（885），由于征战平闽，致力于军中，建闽国后辞官归田，庄森在南，庄锐在北，各肇一方。庄森落籍永春桃源里蓬莱山，是为庄姓入闽始祖。庄锐定居玉融（今福清）海口龙江桥头，是福州及闽北一带庄姓开基始祖。

1. 庄森派系

庄森，字文盛，河南光州固始人，生于唐宣宗大中二年（848），另一说生于武宗会昌三年（843），唐懿宗咸通六年（865）中甲榜进士，授官黄门都监，累官至广州都督刺史（从二品）。庄森辅佐王潮、王审知拓展领地，占据八闽，功勋卓著，有丰富的经验和治理能力。所以，王审知为节度使时，立即任命庄森分镇桐城（泉州）。庄森一面精心治理泉州，一面择地定居，最后就选择在永春县桃源里善正乡安家。广明年间（880年或881年）辞职而归。庄森生有四子：长子庄韦、四子庄申，在桃源守祖；次子庄章，唐末迁居福建惠安县；三子庄中（后改名庄寻），唐末迁居福建晋江县洛阳（今惠安县洛阳镇）；四子不详。庄森于闽国"启龙"元年（933）卒，享寿90岁，葬永春桃源湖（乌）洋蓬莱山。庄森祠位于蓬莱山南麓，建自宋代。

庄森九世孙庄夏，是南宋孝、光、宁宗的三朝元老，官至兵部侍郎，封永春县开国男，食邑三百户，卒赠少师。因其祖庄森墓在湖洋鬼岫山，宁宗为之改名"锦绣山"，遂有桃源庄姓"御墨锦绣""锦绣传芳"之誉称。宁宗又赐庄夏建府第于泉州城，泉州庄府巷即因庄府而得名。千年来，庄森的后裔繁衍昌盛，播迁海内外，总数达百万之众。英俊辈出，自五代至清登进士第者就达96人，其中文武状元4人，榜眼2人，堪称盛族。

（1）青阳庄古山支系。庄佑孙，号古山，乃庄夏长兄庄冀的曾孙，系福建永春始祖庄森第十二代孙。生于庄夏登第之年（南宋淳熙辛丑，1181年），卒于景定末年或咸淳初年。其上传世系为：森→申→述→轸→苏→珣→观→裳→翼→元郎→弥吉→佑孙。南宋年间，庄古山与族曾祖父庄夏，由永春县桃源迁居泉州郡城，庄夏居南门，古山居东门。庄夏官至兵部侍郎，赠少师。古山亦官列廷署郎，后有明农之志，故辞官归田。他精通风水堪舆学，遍历山水之秀，后见晋江青阳山水胜景，遂迁青阳买田置业定居此，被奉为青阳庄姓开基祖。庄古山的长子庄公哲、次子庄思齐、三子庄公茂、四子庄公望、五子庄公从和族亲在南宋端宗帝赵昰南渡到泉州时大义迎驾，奋勇勤王。直至南宋小朝廷亡国后，因被乱兵冲散，兄弟星散他州，长子庄公哲到同安落户立籍；四子庄公望在漳州殁与王事，其后裔繁衍漳州各地；五子庄公从隐居潮州，后为当地望族。次子庄思齐、三子庄公茂据守青阳，以奉祀事。次子思齐娶郑氏，生一子：圭复；圭复生四子：谦、讯、诚、谊。三子公茂娶闽王王审知后裔王氏为妻，生三子：长子孟（三十八郎），居同安县；

次子惠龙（海月），其后裔孙庄际昌，乃庄古山第十四代孙，明万历四十年（1612）状元；三子复智。青阳庄姓枝繁叶茂，蔚然已成当地望族。

同安庄姓乃青阳始祖庄古山之后裔。庄古山长子庄公哲到福建同安开创庄族，为同安县庄姓肇基祖。生一子守康，字邦宁。传至青阳第七世庄勤励（字允畴，号仙福），遂在两祥露村开基立业，祥露庄姓奉庄勤励为一世祖，其上传世系为：古山→公哲→邦宁→国发→贵祖→佛宗→勤励。生八子：崇一、崇德（尚忠）、崇义、崇周、崇戚、崇仁、崇辅、尚谦。除第八子幼亡无传外，均有传衍。同安庄姓，子孙繁盛，在不同年代分迁福建晋江县锦宅、惠安县、安溪县，浙江洞头县、平阳县和台湾等地；在新加坡、缅甸和南洋诸国也有裔孙侨居和落籍。

沙县碧口庄姓，乃青阳三房庄公茂之传裔。庄公茂的曾孙庄泰益因避战乱，于元末从晋江县青阳始迁沙县碧口，成为碧口庄姓开基祖。其上传世系为：古山→公茂→孟→天福→泰益。庄泰益，生十三子，除第十子庄员实在碧口守桃外，其余十二子有的回迁泉州，有的散居福建永安、莘口等地。所以，碧口庄姓又称庄员实为守业始祖。自庄泰益在碧口开基以来已有400余年，传裔20代以上。

福鼎庄姓。明朝洪武年间，青阳庄古山派下三房的第八代孙庄法琚从晋江青阳吴店市，随父庄拱理迁居福宁府鼎邑十四都后昆南屏村（今福鼎市点头镇后坑）繁衍生息，延绵至今，奉庄法琚为开基祖。其上传世系为：古山→公茂→复智→天禄→震颜→广祖→拱理→法琚。清初，由后坑分迁邻近之马冠村，以及嵛山岛。清康熙年间，裔孙庄仲裕，携子淑财、淑涛及侄子贵官，由闽迁浙江泰顺。庄淑涛至泰顺县坑兜；庄贵官定居福鼎苏家山，即今叠石乡苏家山。

漳州庄姓，宋景炎二年（1277）庄古山四子庄公望在漳州以身殉国，其三个儿子为避灭门之灾，相商各潜居之地繁衍，奉庄公望为漳州庄姓肇基始祖。长子庄守圻在龙溪汰口（今华安县汰口）潜居，次子庄守埏携妻到平和县五寨乡广卿里居住，三子庄守址与其母盛氏在长泰县欧马（欧山村）定居。

庄公望长子庄守圻生子庄才弟，才弟生四子：长子均和，字虞卿，在华安县汰口守祖；次子均齐，字汉卿，迁徙龙溪县（今龙海市）马洲村为开基祖，后裔传衍龙海的颜厝、榜山、紫泥、海澄、角美、隆教等乡镇，漳州的芗城区、龙文区、漳浦县、云霄县，浙江苍南和台湾高雄；三子均盛，字晋卿，迁徙广东潮州；四子均有迁徙广东龙溪蓬州。次子均齐之孙庄美万，于明代天顺三年（1459）由龙溪石码马洲只身离家南下，先居前亭，娶陈氏，生三子：简献、简轩、简智，其后子孙于明万历元年（1573）迁徙漳浦县霞美庄厝，庄美万被奉为霞美庄姓再基始祖。

南靖县庄姓，庄古山五子庄公从之孙庄三郎于元延佑七年（1320）从广东大埔县随叔父庄敏（惠和）谙习风水地理，后旅居南胜县龟洋（今南靖县奎洋），被朱员外招赘入嗣。生二子：长子必文，次子必华，均为姓庄，自庄三郎在奎洋开基以来，历经近700年的历史。其后裔在奎洋繁衍生息，聚居于奎洋镇店美、东楼、上洋、后坪、上峰、霞峰、罗坑、船场镇赤坑、星光，书洋镇奎坑等村庄，现成为南靖一大姓氏。庄三郎派下裔孙分布南靖县6镇60多个村社以及外迁共有二万余人，远迁台、港、澳及侨居印尼、缅甸、马来西亚等国有数千人。

（2）泉州庄夏支系，庄夏先祖庄森在泉州府永春县湖洋开基，祖墓在永春湖洋鬼笑山后，庄夏系庄森入闽后之九世孙，于南宋淳熙八年（1181）中甲榜进士，居官于朝，是孝宗光宗、宁宗三朝元老，任尚书兵部侍郎兼太子侍读。宋绍熙年间（1190—1194），光宗皇帝闻知庄夏祖父庄观的墓地原叫鬼笑山（亦称鬼叫山、鬼岫山），他认为不雅，以御笔赐名"锦绣山"，并御赠其祖父庄观为朝奉大夫，赠其父庄陶为中大夫。庄夏衍传播迁泉州开基，生有三子九孙，三代同朝为官，在泉州建"庄府第"，立"庄府巷"，宋帝封庄夏妻李氏为"秦国夫人"，李氏生三子：长子梦说、次子梦周、三子梦序。庄夏的裔孙传承庄氏天水堂号，又曰"锦绣传芳"，或称"锦绣堂"。其后代繁衍播迁于今天泉州市辖域内的有：晋江市、南安市、石狮市、惠安县、安溪县、永春县、德化县、泉港区、鲤中区、丰泽区、

洛江区等。

泉州庄姓。奉庄夏为泉州庄姓开基一世祖，子孙繁衍昌盛。泉州市丰泽区东海镇长埯村，庄夏后裔于明代初期在此开基，至今约有600多年的历史。东海镇东梅石壁村，属庄夏派下，是泉郡庄府巷的分支，明代中叶裔分维山、迭山、员山、美厝四支系。丰泽区清源昔明村，庄夏裔孙庄尚奄于明初由厝仔村迁此创族。泉州峨豸（泉州西门）西庄姓，是庄夏次子庄梦周之曾孙庄汝成迁此开基。

惠安庄氏，庄夏次子梦周的长子庄弥坚，生有七子：耕、耒、耜、新思、寿奴、寿甫、寿果，其中次子庄耒，三子庄耜原住洛阳桥琯头村，其后裔有入居惠安北门田边，因海盗入侵烧抢，庄无奇（1374—1420），字维明，别号留孙，于明洪武建文年间自洛阳江边的琯头村，牧鸭逐水草而迁口回到北上至惠安县北30华里处，看中了前蔡村就定居下来，定居后仍以饲鸭为业，故后裔称为"赶鸭公"，也是山腰庄氏始祖。庄夏的第七代孙庄福生，迁入惠安县螺阳霞张村肇基于此。其上传世系为：夏→梦说→弥明→璔→震孙→德翁→福生。庄福生之曾孙庄兆璋，官阶文林郎，任广东海康知县。庄兆璋之子庄承祚，字锡长，号松峰，被奉为霞张村庄姓再基一世祖，清朝康熙三十八年（1699）中举人，后历任江安、海康、四川遂宁知县和广东雷州知府（从四品）。

安溪庄姓，安溪庄姓乃宋代三朝元老庄夏的后裔。庄夏长子庄梦说有三子：弥明、弥高、弥约。庄弥约第八代孙庄璋迁居安溪开创基业，其后裔分布闽南及浙江等地。庄夏第14代孙、明代榜眼庄奇显《泉郡清源庄氏重修谱叙》中曰：庄弥坚（庄夏之孙，梦周之子），生育有七子，任满荣归时各迁居莆田、永春、同安、惠安、安溪以及泉州庄府等地。

晋江庄姓，晋江市镇坡庄姓开基祖庄灵山，又名财翁，是庄夏第6代孙，何时何地迁入锦坡不详。晋江市坂尾村庄姓开基祖庄默斋，其上传世系为：夏→梦说→弥明→砄（肯堂）→复孙→寿翁→肇业→绪缵→默斋。庄默斋是庄夏的第九代孙，自庄夏起至今繁衍30代。磁灶镇宅内村，永和镇锦宅村、

锦埔村，东石镇石兜村，英厝镇锦英村等地，都有庄夏的裔孙在此建村立寨，繁衍后代。晋江庄姓居住地名大都带一个"锦"字，旨在秉承庄夏盛德，"锦绣传芳"。

仙游庄姓。庄夏长子梦说有三子。其幼子庄弥约在州府任通判时，因羡慕仙游山水秀美，选择霞霄定居创族，名曰霞霄庄陇，被奉为开基祖。据《泉州庄氏族谱》载：弥约传子承，庄承有六子，长子世样公于明朝洪武年间迁往四川，次子世瑞公居仙游。仙游县庄姓，现分居于下霄、内坑、旧厝、上兄、岳口、古大府、西埔、城关、南门玉田、表山、枫亭、郑尾、古狮等地。其中居旧厝、岳口、内坑的人口为最多。

福鼎庄姓，明朝万历年间，庄夏长房十二代孙庄大节之长子及次子学绶及孙仲渠等，从闽南安溪迁入浙江省平阳县（今苍南县）藻溪镇，至庄仲渠第六子望庚，又从藻溪迁居福鼎二都（今前岐镇）梨山，其后人播衍于附近熊岭、迭石坑。长子之孙仲耀则迁居福鼎秦屿。庄学绶之孙挺秀奉母同弟拱秀，于康熙元年（1661）从苍南县藻溪迁居浙江泰顺县八都梧村（今柳峰乡）新庄。至清乾隆年间，庄拱秀之曾孙庄公侨率子迁徙在福鼎徐陈兰口里定居，裔分后岭村。庄夏长房第七代孙庄文盛（闻盛）之四子时麟，于明朝天启年间，从闽南迁入浙江温邑四十九都（今平阳县北港镇）——铁店。庄时麟之孙士博兄弟于清初从铁店迁居福鼎九都（今秦屿）彭坑村开基创业。彭坑庄姓奉庄士博为肇基始祖，至今已传衍12代以上。庄夏裔孙庄世云（辈序不详）之曾孙文光于清康熙年间，从浙江平阳县藻溪迁居福鼎三斗湾（今前岐镇）。三斗湾庄姓奉庄世云为一世祖。裔孙庄贤思（辈序不详）于清乾隆年间，从泉州惠安县前见乡，移居福鼎九都二门土盾（今沙埕镇敏灶墩尾）。裔孙庄奇仕偕子朝元（辈序不详）于明万历年间，从泉州安溪县依仁里迁入浙江平阳县对雾山。至清康熙三年（1664）转迁福鼎十六都（今点头镇）西洋尾，后裔分居秦屿才堡。庄姓裔孙还有居住在店下镇口窑罗里坑、石牌村、岚亭村、茶塘村、店下街，秦屿镇水井头村、日岙村以及桐

山镇（市区）等地。

（3）惠安凤阳庄章支系，福建永春庄姓始祖庄森之次子庄章派下裔孙庄壬，福建惠安县凤阳庄姓奉庄壬为开基始祖。其上传世系为：森→章→文→应→狐狸→珂→全→传→壬。庄壬的叔祖父庄会，曾在宋朝为官，授银青光禄大夫．官阶从三品。庄壬的父亲庄传，为南宋乾道八年（1172）进士，庄壬的叔父庄岳，也于南宋淳熙年间中甲榜进士，历官秘书承事郎，后赐学士衔退休荣归故里，庄壬本人为南宋嘉定元年（1208）进士。父子、叔侄"一门三进士"，成为当地一时佳话。庄壬定居海丰，为海丰庄姓始祖。庄壬生三子：长子庄宽夫的后裔分居东官岭刊；次子庄从夫的后裔分居霞厝刊；三子庄敏夫随庄壬在浙江永嘉任所，其后裔失考。据《惠安凤阳庄氏族谱》记述，由于元、明两朝期间无谱可稽，致使世系中断，分支不详。直至明代崇祯年间才有传世谱牒，方知庄廷灿生一子庄会，庄会生庄标、庄机，庄标分居新厝尾桃，庄机生伯风、淑鸾二子；庄伯风分居楼桃，庄淑鸾分居下大厝桃。现惠安凤阳庄姓皆奉庄会为开基始祖，霞厝刊庄姓奉庄淑鸾为一世祖。

（4）惠安庄晦支系，福建庄姓始祖庄森的第九代孙庄晦，系庄裳之第三子庄夏的胞兄。其上传世系为：森→申→述→轸→苏→珣→观→裳→晦。庄晦有一子曰梦章。梦章有三子：长子弥娠，次子弥妊，三子弥续。庄晦之后裔，主要居住在惠安县、三明市等地。庄晦之子梦章，从永春县桃源里迁居尤溪，梦章之孙庄同为开疆进取，于明代洪武年间由尤溪迁入惠安县东园镇秀涂村另创基业，其上传世系为：森→申→述→轸→苏→珣→观→裳→晦→梦章→弥续→同。庄同被秀涂庄姓奉为再基祖，生子庄壁，庄壁生五子：和纶、和缉、和弦、和纬、和经（皋陶）。庄同之子庄壁，庄壁之子皋陶（和经），于明朝洪武九年（1376）从军南京，任中宪大夫（正四品），留守南京武进县，离职后迁居惠安县社内。为惠安县社内庄姓肇基始祖。生三子：子荣、子华、子全。其第七代孙庄应祯"一门四进士，三世两藩台"。

尤溪庄姓，庄晦之子梦章，于明万历二年（1574），

由永春县桃源里迁入尤溪，定居廿八都坂面新桥头（今新阳镇双里村），传至其玄孙庄千七、庄千八乔迁廿四都田地山下寮（今台溪乡清溪属地）构屋立祠。庄千八传至其来孙（第6代）庄大弟，肇基二十八都大湾（今古迹村），择邻而居，庄大弟是庄晦第十一代孙，其上传世系为：晦→梦章→弥振→默→永第→千八→天赐→显→过起→进富→大弟。

2. 庄锐派系

庄锐，河南光州固始县人，庄国器之子，生于唐宣宗大中三年戊寅（849），任提刑使（提点刑狱）。禧宗广明元年（860），随王潮、王审知兄弟率军入闽，据福州闽岭，进而助王兄弟征服全闽，有战功，被闽王王审知授官宰相辅之职，任廉访司提刑使，以德辅治抚缓七郡。娶金氏，生三子：应祥、宝文、惟孝。后闽王崩，闽乱，庄锐携家眷夫人金氏，同次子宝文、三子惟孝，举家隐居于玉融（福清）海口龙江桥头，后来该地成为庄姓在福建主要发祥地之一，子孙繁衍，门祚炽昌。庄锐系福清庄姓开基始祖，卒于周世宗显德元年（954），享寿九十八岁。

（1）福州闽侯庄姓支系。居住在闽侯县南屿五都的庄下，奉庄宣锡为开基祖。庄宣锡约生于明代天启三年（1623），约于清代顺治九年（1652）迁入南屿五都肇基，其祖源属庄锐派下。

（2）连江庄姓支系。庄锐的第九代孙庄明宗，字则诚，于南宋绍熙三年（1192）为避战乱，从尤溪迁居连江利安（今连江县浦口镇塔头村）肇基。庄明宗生二子：长子朝、次子显。庄明宗的第十二代孙庄有春的长子庄柳官，由泉州城回迁连江县坑园乡，为坑园庄姓始祖。第十七代孙庄成振迁居连江县丹阳。

（3）三明庄姓支系。庄锐的第十代孙庄福于元初由福清县江阴里犀塘村迁居三明市三元区岩前镇忠山村，被奉为忠山庄姓始祖，开基以来至今已传二十一代以上。庄福，字仁海，进士，曾任陕西监道（元朝道的监察官）。生二子：天吉、达钦。其上传世系为：锐→唯孝→允德→克信→唯敬→景成→四→五→正定→福。

福建是当代全国庄姓人口最多的省份，庄姓列为福建省第26位大姓，也是唐代以后庄姓的主要发祥地。

宋祥兴二年（1279），兄弟五人及族亲忠于宋室，随文天祥迎驾南逃。庄公望战死在漳州，留下三子：长子庄守圻居华安县汰口社，次子庄守埏居平和县五寨乡，三子庄守址居长泰县武安乡。明朝年间庄敬旺从平和县迁入上杭县，清嘉庆初年庄振巨、振海兄弟亦开基上杭县，后裔分迁至长汀、新罗等地。

【入垦台湾】

明、清两代，庄姓人渡海到台湾者，以南靖庄三郎派下居多，其中农民起义军首领庄大田由福建漳州平和迁居台湾凤山（今高雄县治）竹仔港庄。亦有庄姓迁往新加坡等东南亚国家，在东南亚和世界各地都有庄姓裔孙在繁衍。据台湾2007年统计数据显示，庄姓人口数有216467人，排第24名，与庄姓在福建的排名相差无几。庄姓陆续入台开拓谋生，也有随郑成功收复台湾随军渡台，最早是以渔业生产为主，后才开拓创建各行各业。据台湾区百大姓源流考证："明清两代，庄氏族人渡海来台者，以南靖庄三郎派下居多。"有：（1）南靖庄三郎派下，南靖与台湾庄氏龟山派的世祖，名叫庄三郎，号太极，元延佑七年（1320）迁居南靖县奎洋乡。（2）晋江青阳庄古山公派下，同安县、晋江县、惠安县、安溪县、南安县等都有入垦台湾的记载。（3）才翁公派下，1661年，庄崇德随郑成功来台，入垦今台南佳里。"营顶"为晋江"锦绣"庄姓所开垦，开基祖为明郑部众庄崇德，生有八子：大房庄信，部分族人后来东拓建立"庄礼寮"（今麻豆镇庄礼里）；二房庄正，今仅剩庙东一户；三房庄实，聚居于"台十九县省道"路西，部分迁往台南市安南区"中洲寮"；四房庄参，庄中无族人；五房庄勋，"台十九县省道"路东为其聚居地，诗人校长庄秋情为此房出身；六房庄全，庄路北边属之，族人另迁安南区"十三佃"；七房庄碧，族人后迁麻豆；八房庄宛，在祖厝"锦绣大宗祠"北边，今有十来户，另有族人迁垦"港仔尾"（麻豆镇港尾里）。泉州的台湾庄姓基本播居在台北市、台南市、基隆市、台中市、梧栖港、布袋嘴、花莲县、新竹县等地。台湾庄姓在各户住宅的大门口挂起了"锦绣传芳"的灯号。

【郡望堂号】

据《郡望百家姓》中有记载云：庄氏望出天水郡。《姓氏考略》中记载：庄氏望出天水、会稽、东海。

天水郡：西汉初始置郡，相当于今甘肃省天水、陇西以东地区。

会稽郡：秦初置郡。在今江苏省东南部及浙江西部一带。

东海郡：汉初的东海郡在今山东省郯城一带。东魏及隋唐的东海郡在今江苏省东海县以东、淮水以北地区。

南华堂：战国庄周，著《南华经》。与老子同为道家之祖，世称"老庄"。

武强堂：汉代庄不识（《汉书》作庄不职，兹从《史记》），封武强侯。

锦绣堂：唐末，河南光州固始县人庄森随王审知入闽，择居福建永春桃源里蓬莱山。第九世庄夏，居官有德政，宋宁宗皇帝赐其建第于泉州府城，将其故乡的"鬼笑山"御墨为"锦绣山"，故"锦绣堂"为庄森派下的堂号。

还有天水堂、会稽堂、东海堂、淋郁堂、一箦堂、秋水堂、静观堂、宝绘堂等。

【祠堂古迹】

永春湖洋庄氏家庙，又称庄府、锦绣山庄、庄少师祠，坐落于永春县湖洋镇锦绣山南麓，原为唐光启二年（886）闽南庄氏开基始祖庄森故居，曾为南宋少师庄夏府第。明万历二十九年（1601），吏部尚书庄钦邻等裔孙合资重修永春府第，称"蓬莱堂"。清乾隆元年（1736），于旧址建庄氏家庙，历代重修。家庙坐北朝南，占地面积约400平方米。

晋江青阳庄氏家庙，坐落于晋江青阳镇。始建于明弘治十三年（1500），系高州知府庄科倡建，历代修缮。坐南向北，占地面积约925平方米。

南靖庄氏聚精堂，坐落于南靖县奎洋村，始建于明正德十一年（1516），始建于清乾隆元年（1736），光绪以来历代重修。坐西向东，占地面积4300平方米，建筑面积368.5平方米，依山而建，背面有大片的护坡和风水林。

山腰庄氏宗祠，位于泉港区山腰镇锦山村，创自明代初年，为留孙公开基前蔡卜居之地。清朝嘉庆年间（1796—1820）拓筑重建，光绪六年（1880）修葺。历代重修。宗祠坐东朝西，三开间、三进深构筑，占地面积1185平方米。

【楹联典故】

一榜三龙齐奋，五科十凤联飞。

——晋江青阳庄氏祠堂有联。

南华堂锦绣堂堂堂播誉；天水郡会稽郡郡郡传名。

——全联典指庄姓的郡望和堂号。

宗功推锦绣；嘉树接桃源。

——全联典指永春锦绣庄之族望。嘉树堂为祥露庄氏天来派下之堂号。

筑陂福清，溥百年之利；献诗翰苑，标一代之名。

——上联指北宋福清知县庄柔正。下联指清代刑部尚书、福建巡抚庄有恭。

祥临文圃，福荫乡民，村增广宇人增寿；露润海沧，泽滋梓里，社涌英才地涌金。

——为厦门海沧祥露村题联。

天水流芳，青阳衍派，七系双村承玉露；古山祖德，勤励宗光，千支百世占祯祥。

——为厦门海沧祥露庄氏嘉树堂题联。

源来锦绣无双本；派衍青阳第一枝。

——为厦门市海沧祥露村庄氏宗祠楹联。

山从锦绣，一开诗礼由来远；水接桃源，千载衣冠特远尊。

——为南靖县奎洋镇庄氏大宗祠联，祠祀开基祖庄三郎。

山岳钟灵腾蛟起凤；人文荟萃济世经邦。

——晋江市锦宅庄氏宗祠楹联。

【族谱文献】

记载闽台庄氏族谱现存数百部。有晋江《晋邑青阳庄氏族谱》，始修于明永乐二十一年（1423），庄震彦修；明成化二十三年（1487）庄壬辙二修；嘉靖二十六年（1547）庄用宾三修。现存清朝本，内容有谱序、墓志铭、历世、谱系。有陈永、彭昭、庄壬辙等人的序，李惠的跋，黄昂的后序等。唐光启年间森公从王潮入闽，世居泉州府永春桃源里，至宋南渡后，青阳始祖庄佑孙，号古山，与庄夏自桃源徙居晋青阳开基。有泉港《桃源锦绣山腰庄氏族谱》载庆元六年（1200），入泉始祖夏公，留孙公是山腰庄氏始祖。唐末，庄森入闽居永春桃源里蓬莱山。宋嘉定十一年（1218），九世庄夏，居官有德政，赐建第于泉州府城（今泉州庄府巷），并将永春家乡的鬼笑山御墨为"锦绣山"，后世以"锦绣"为堂号。至宋末，晋江十二世庄佑孙长子庄公哲因护卫宋幼帝南逃留居同安，先住东市，后徙亨泥（今潘涂）。明永乐十三年（1415）十八世庄仙福

字允畴谥勤励，移居县城西桥尾祥露，成为同安祥露的开基祖。金门南雄和烈屿庵下庄姓是锦绣堂的支派，分别自永春祥霞乡和晋江五担市传入。名人如庄细福，庄重文等。有《台胞庄展鹏先生的庄氏族谱》为平和迁台湾的庄氏族谱。仅存世系。桃源派世系始于七世庄观，止于十一世。青阳派世系始于一世庄古山，止于二十二世。庄氏原居永春桃源，始祖为庄观，后迁晋江青阳，再迁平和。雍正年间，庄古山派下庄树配迁台今八里；乾隆年间庄贵成、庄大佰迁台今草屯。

第二百零四节 卓 姓

卓姓在中国大陆未列入百家姓前100位，在福建排名第69位。在台湾排名第65位。

【渊源】

1. 出自芈姓，据《元和姓纂》，是春秋时期楚国王族的后裔。楚威王有个儿子名叫公子卓，其后代以祖字为姓，称为卓氏。又据《战国策》记载，卓氏是楚大夫卓滑之后，包山楚简中又写作悼滑，为楚悼王之后，以谥号为姓氏。另外，《姓氏考略》上提到，卓姓望出西河。古代的西河，即今山西省阳城，全国卓姓的老家便在这里。望族居西河郡（今山西省离石区）。据台湾《溯本寻根百家姓》称："卓，远始祖于春秋时期。楚有大夫卓滑，子孙取其名字中的卓为姓。"

2. 源于姬姓，出自春秋末期晋国瓒侯声远，属于以先祖封邑名称为氏。有部分族谱记载："卓得姓于周都镐洛地，属陕巩是也。周襄王二十年晋匡至周天子，命瓒侯声远附之于河魏，斯分晋别西郡，卓旺于此郡，斯名焉。"西郡，亦称卓邑（今山西汾阳）。又有《古谱序》中记载："一世祖姬质成，燕昭王长子，本姓姬，封于涿，质于赵。二世祖公曰同，赵国中大夫，为避秦仇，改涿为卓姓。三世祖……（八世）茂公，汉光武帝为太傅，封褒德侯。"

3. 出自他族，土家族、满族、高山族、黎族、藏族、蒙古族、朝鲜族等民族均有卓姓。

【得姓始祖】

卓姓得姓始祖众说纷纭，福建卓氏族谱记载，以晋（今山西省）卓较贴切。从历史文献《史记》周、春秋就有卓子活动。到秦灭了赵，晋卓夫妻推车挟冶铁技术到四川成都南郊临邛冶铁致富，是中华冶炼钢铁的始祖。到西汉武帝时卓文君与司马相如千古佳话。卓王孙继续冶铁发家致富。

另一说是战国策楚策四的卓滑。卓滑，楚国贵族，威王之裔，官居大夫之职。其为臣精明干练，为文博闻强记，据说，有一次王宫失火，记载楚国始祖传承的典籍焚于大火，楚王异常震怒，欲将失职的宗正处死，而卓滑却凭自己的记忆将该章一字不落背诵出来，使楚王转怒为喜，宗正得免死刑，而卓滑亦由此而名声鹊起。卓滑之后为纪念这位博闻强记的贤者，遂以其名为氏，称卓姓，并尊卓滑为卓姓的得姓始祖。因缺文献佐证，其后裔不详，可作卓姓发脉另一分支。

【入闽迁徙】

1. 卓宏公是卓茂公裔孙五胡乱华、永嘉南渡晋朝，入闽为晋安郡太守，被尊为入闽始祖。卓茂公字子康，河南宛人（今南阳市与诸葛亮同乡）。公元前83年，西汉第七位皇帝昭帝刘弗陵戊戌年任西河太守卓俨公，乃卓茂公祖父。西河郡位于今陕西省与山西省之间的黄河河套间。据正史的二十四史之《后汉书》可知：后汉光武帝刘秀封卓茂为太子太傅、褒德侯，食邑二千石，子孙世袭汜乡侯。去世时光武皇帝亲自御驾送葬。卓茂公少年刻苦读书，师从博士江生学《经》《书》、历法。从政河南古密县为县令，政绩卓著，清正廉洁。民风淳朴，达到路不拾遗、夜不闭户美好的境地，连蝗灾都不入境。离任时全县老百姓泣泪送别，至今文物普查得《汉太傅衣冠冢》该地有二处卓茂古宗祠遗址。卓茂公是卓姓公认的共同始祖，也是台湾卓氏始祖。

2. 唐僖宗乾符元年，即公元874年，卓禄美公等25人随王审知入福州，后升晋安刺史。为闽北卓氏始祖。明洪武年间，均禄（号隐云）始定居于南安翔云山云峰，为该支开族始祖。

3. 宋初卓姓迁入莆田，卓隐之从四川桃源来此，居兴化县。莆田市华亭镇柳园村卓氏家族谱牒记载，其入闽始祖为卓基，字隐之，唐贞元十三年（797）仕莆田知县，居黄石传二十五世，明代卓近奉旨御葬于华亭柳园村，裔宗二十六世卓天池守墓，由是定居于此，遂衍一族。南宋诗人刘克庄撰《卓推官墓志铭》曰："卓氏讳先，字进之，共先自扶风，徙闽居于莆。"卓隐之公是卓宏公裔孙，乃莆田始祖，其子孙播迁甚广：莆田、仙游、惠安、同安、南安、南靖、闽侯、长乐、尤溪、古田、福鼎、广东、海南、台湾及东南亚各地。莆田卓姓首登科第者为卓厚，宋熙宁九年（1076）进士及第，官监察御史、殿中侍御史，转承议郎尚书，吏部员外郎。李俊甫《莆阳比事》载："卓厚，字德载，兴化人，擢熙宁第，崇宁间历官台省转承议郎而卒，朝廷官其一子。"卓厚与莆邑名流徐铎、徐锐、方会、林豫、陈觉民等同科，登宋熙宁九年徐铎榜进士第，官授监察御史，迁殿中侍御史，转承议郎，尚书吏部员外郎。卓姓家族到卓成童时迁入莆田城关梅峰居住。卓厚从侄卓先，宋光宗绍兴四年特奏名进士，官龙溪主簿、永庆军节度推官、广州增城县丞、新会县令、建宁军节度推官等。

南宋端宗景炎年间（1276—1277），原居河南开封府的卓斌（有谱名卓规）出任汀州府宁化县教谕，后落籍宁化，裔孙居宁化泉上、石壁、安远。南宋高宗绍兴三年（1133）连城置县，卓庠以长汀县丞摄连城县令，是时初立县，清《汀州府志》说："庠拨方审势，悉自指授，廛井途径，条理秩然。"任满解职后，定居于连城县北团富坪村卓家演自然村，为闽西卓氏始祖。卓庠裔孙吴小一郎迁上杭。南宋景炎年间（1276—1278），卓斌任宁化教谕，从河南开封迁居宁化。

卓氏散居莆田、福州、长乐、泉州、同安、南安、晋江。

【入垦台湾】

从三国、隋、唐、宋、元、明时期，卓姓族人就陆续星散由闽入台。明末清初，郑成功收复台湾，特别是清康熙初年，解除海禁，诸多卓姓先民入台开垦创业。康熙三十八年（1699），卓飞虎从福建来台湾开基于凤山县，并于当年中武举人。康熙六十一年（1722），卓姓由泉州府安溪县入彰化田中。乾隆十二年（1747），卓国傅卓、景采捐资建凤山邑学明伦堂。乾隆十五年（1750），卓肇昌，中凤山县举人。嘉庆八年（1803），卓伯贤，屏东县内埔乡人，捐资建天后宫；乾隆三十三年（1768），

卓连者，捐资建烽火台。台湾卓氏人口有4万多人，与福建卓姓一样以西河郡望。卓氏遍布台北、台中、台南、新门、彭化、桃园。以台中、桃园、彰化、台北为多，以镇分较多者为台中梧栖镇、彰化田中镇、桃园观音乡、台中清水音、大甲乡、台北县莺歌镇。1989年，台湾开基始祖六腾公派下裔孙有利撰文曰：木火、木川、训诂、文勤等回南安探亲寻根，系方腾公派下。

【郡望堂号】

南阳郡：战国时秦置郡。治所在宛县，在今河南省南阳市。

西河郡：战国时魏国初置。治所在今山西省汾阳市，相当今山西、陕西两省之间黄河沿岸一带。

褒德堂：后汉卓茂，是当时学识最渊博的人。为人宽厚、仁爱、恭敬，最初在丞相府当吏（小官），负责宫里的给事，后升密令，关心百姓像疼爱自己的子女，举善而教，汉武帝升他做太傅，封褒德侯。

此外，卓姓的主要堂号还有忠孝堂等。

【祠堂古迹】

百源川池卓氏宗祠，位于泉州郡城百源川池南畔。始建于明代，三开间、二进深砖木结构卓氏宗祠。

福全卓氏祖厅，位于晋江市金井镇福全村。祖厅坐东朝西，是三开间、两庑廊燕尾脊大厝。白色水磨石门墙，大门镌联："灵秀山川钟福里，英奇俊彦出眉山。"横批"集瑞凝祥"。

漳浦县卓厝卓氏祖祠，位于漳浦县卓厝卓，坐北向南，单进三开间一围墙，土木建筑，悬山顶，于1995年重修。门匾"卓氏家庙"，堂额"西河衍派"。

闽山卓公祠，又叫闽山庙，西晋年间，卓宏公南渡入闽，在闽山巷置房居住，子孙繁衍世界各地，遍布广东、广西、浙江、海南、江西、台湾、香港、澳门及东南亚各国。

【楹联典故】

名高东汉，绩着西溪。

——上联指东汉大儒卓茂；下联指宋朝福建福清人卓立，有《西溪文集》八十卷传世。

褒德世第，东汉名高。

——指东汉卓茂。

西河郡千支共仰；褒德堂一脉相承。

西河郡南阳郡千支共仰；褒德堂忠孝堂一脉相承。

——全联典指卓姓的郡望和堂号。

良夜歌声来钓叟；当垆眉黛解琴心。

——上联典指宋代人卓处恭，曾过洞庭湖，月下遇见一位老翁，敲着船舷唱歌："世间多少乘除事（比喻人事的消长盛衰），良夜月明收钓筒。"下联典指汉代才女卓文君。

稼翁精作《买舟》赋；太傅荣封褒德侯。

诗词雅工，文士高宋代；车衣宠锡，武将列云台。

——上联典指宋代绍兴间文士卓田，字稼翁，号西山，建阳（今属福建）人。未第时铭座右云："吾家三世，业儒而贫。小子勉之，以酒解醒。"开禧元年进士及第，改秩而卒。现存诗多赠酬、庆贺之作。有《三衢买舟词》。下联典指卓茂。

【族谱文献】

记载闽台卓氏族谱中较有代表性的有《福建省莆田县华亭镇柳园村卓姓族谱》，始修于清康熙年间，后各支房皆有分修，今本系 1997 年卓群等综合闽侯南通、莆田秀屿等增修。不分卷共 3 册。第一册为总论，辑世系总图、谱序、古今名人录、追述先贤，详解乡情的文章等。第二册为世系图、谱例、祖训、对联、昭穆、族源等记事，第三册系诗辑。内载入闽始祖卓基，字隐之，唐贞元十三年（797）仕莆田知县，居黄石传二十五世，明代卓近奉旨御葬于华亭柳园村，裔宗二十六世卓天池守墓，定居于此，遂衍一族。还有《南安翔云卓姓族谱》，始修于明崇祯十六年（1643）曾由芳焕纂修。清乾隆十八年（1753）续修，清嘉庆年间翻录。清道光元年（1821）续修。民国年间再修纂。《华夏卓姓源流》，今本为 2001 年卓安邦等编。谱载南安翔云镇云头村卓氏旧谱序、世系图，莆田、晋江、长乐、闽侯等地卓氏族谱资料。载卓氏于五代时随王审知入闽，明洪武年间，均禄公始定居于南安翔云山云峰，为本支开族始祖。南安卓姓历代诸多族人往海外谋生发展，繁衍子孙，有的到了新加坡、马来西亚、缅甸、泰国、印尼，以及我国的香港、台湾，迁台湾者大多在台中、彰化、桃园，以新加坡迁台人数最多。

第二百零五节 邹 姓

邹姓在当今中国大陆姓氏中排行第67位，约占全国汉族人口的0.33%，在福建排名第54位。在台湾排名第84位。

【渊源】

1. 出自子姓，微子启后代，以邑为姓。公元前11世纪周平公把商的周围地区封给殷纣王庶兄微子启，建立宋国，建都于商丘，其后三朝采食于邹邑，其第五世孙叔梁纥以邑名"邹"为姓。称之为山东邹姓。邹姓源流颇多，据《元和姓纂》所载，邹姓主要源自商纣王微子启的后代，其后三朝采食于邹邑，其第五世孙叔梁纥以邑名"邹"为姓，称为邹姓。

2. 出自姒姓，越王勾践之后。据《史记·东越传》载，闽越王无诸及越东海王摇，皆为越王勾践之后，姓驺，亦作邹。

3. 出自曹姓，为颛顼帝后裔为挟（曹姓）之后，以国名为姓。据《说文解字》及《姓氏考略》所载，上古时有邾娄国为挟所建，战国时鲁穆公改邾娄国为邹国。后来邹国被楚国所灭，后世子孙有以邹为姓氏者，是为山东邹姓。

4. 蚩尤之后，以地名为氏。据《拾遗》载，黄帝打败蚩尤后迁其民至邹屠，据地名命名为邹屠氏，后简化为邹。

5. 出自姚姓。舜之后分封有邹国（今山东邹平），子孙以国为氏。

6. 出自其他民族。满、回、土家、苗等族均有此姓。

【得姓始祖】

微子，名启。乃商王纣的庶兄，本应承继帝位。微子启，微是封地（今山东省梁山县西北一带），子是姓，故称之为微子启。他是先商帝乙的长子，殷商最后一个帝王——殷纣王的兄长。据说，微子贤明仁德，颇具王者风范。帝乙曾有将王朝传于他之意，但太史不允，因为当时有规：有妻之子，不可立妾之子，而微子启出生时其母尚未被立为正妃。

帝乙死后，按规立三子辛为王，史称商纣王。殷商末年，纣王荒淫无道，穷奢极欲，暴虐嗜杀，导致众叛亲离，国势日衰。微子启与太师箕子、少师比干屡次进谏，不被采纳。后来，微子启出走，箕子装疯，被殷纣王囚禁，比干因再三直谏而被剖腹挖心。微子薨后，其弟衍继位，是为微仲，又传至其曾孙愍公，愍公有孙名考父，历仕宋国戴公、武公、宣公三朝，食采于邹邑，其五世孙叔梁纥时，以邑名邹为氏，是为邹姓，他们尊微子启为邹姓的得姓始祖。

【入闽迁徙】

唐高宗总章二年（669），陈政及其子陈元光率军入闽，开发漳州。有府兵队正邹牛客（邹牛儒）携一部分邹姓随从，随陈政、陈元光父子入闽开漳戍绥安（今福建云霄县），封为昭德将军，并落籍定居。

唐德宗贞元末年（805），邹垣自安徽当涂迁江西南昌新吴驾山，其后不久，为避黄巢之乱，邹垣又举家自今安徽迁福建，其后子孙繁衍，分居邵武等县。

唐德宗年间（780—805），邹凤任临川刺史，因家宜黄；北宋初，他的第四世孙邹汶迁居江西南丰，一郎等人入居宁化招贤里。（见万芳珍《唐宋元时宁化的江西移民》一文）唐元和十三年（818），邹凤炽任巡御史大司马，迁居江西奉新县。邹凤炽之子邹清献有两个儿子：邹松恒、邹松柏。次子邹松柏迁居宁化石壁。

唐宣宗的布衣交邹松垣，会昌六年（846）宣宗赐封为"清隐居士"，其子珏、珊、珂之后裔蕃盛，流衍各州府，播迁海内外。

唐中和五年（885），河南光州固始县的邹勇夫随王潮、王审知入闽。后梁开平三年（909），王审知接受后梁的封号，为闽王。邹勇夫为威武军节度使，赐银青光禄大夫、尚书左仆射兼御史大夫上柱国衔，镇守南唐入侵闽越必经之道的归化镇（今泰宁）。

邹勇夫举家到归化镇时，归化还只是个隶属于建州的边鄙村寨，"榛芜亘野，烟火仅百家"，十分荒凉。邹勇夫到任后，立即征剿土匪，维护地方安宁；广修房舍，招纳流民，开荒种植，发展生产，建立家园。归化镇很快就"人物蕃，田野辟，相安无事"了。闽王因其保境安民有功，屡次颁诏重用，皆因"民沐恩泽、不忍公去，金呈攀留"，而改令其"永镇杉阳"。归化人感恩邹勇夫开疆辟土、保境安民的功绩，尊他为开泰始祖，成为归化的邹姓宗脉一世祖。邹勇夫之子邹相遂家于当地，繁衍成当地双枝并茂，人丁昌炽的一族；又涵濡孔孟德教，家学渊源的"邹鲁之风"一族。邹勇夫名愈，勇夫是他的字。邹勇夫十一世孙邹应龙，字景初，南宋宁宗庆元二年（1196）状元，任参知政事。邹应龙晚年曾在长汀县四堡（今连城县四堡乡）居住一段时间，生十三子，向闽粤地区播迁。如，邹一郎居泰宁县，繁衍播迁龙岩万安、雁石，漳平永福，上杭稔田。邹六郎（名德，字叔颜）、邹七郎（名懋，字叔曾）、邹八郎（名志，字叔恩）迁居连城县四堡，裔孙派迁长汀县馆前，宁化县城关，上杭县古田、蛟洋，永安，漳州，厦门，江西上犹，广东大埔、翁源等地。最后发展成为一个拥有一百多万人口的赫赫大族。泰宁是南方邹姓的重要发祥地。泰宁南谷堂，已成为邹姓家族堂号。

五代时，邹馨，光州固始人，以宣府校尉从王审知兄弟入闽，平汀寇有功，后奉命镇守龙岩雁石，卒于任上。

宋初有自江西南丰迁居福建建宁、宁化一带的邹元大等等。北宋时期，福建邹姓名人已经很多。有邹异，长乐人，元祐中举经明行修，说明北宋时期已有邹氏族人居。宋代，邹元大从江西南丰迁居建宁，再徙三坊（宁化水茜张坊村境）；后裔分衍宁化水茜村。据江西《石城县志》载：清代，宁化邹姓迁居石城龙岗。南宋末，邹六郎自江西迁居建宁洛阳、邹家坊，为建宁邹姓开基始祖。其第三世后裔有部分迁入江西的石城，并播迁建宁县城关、水南、沙洲等到地。宋末，邹十一郎从长汀双泉乡迁居清流黄石坑；后裔分衍于清流的鱼龙岗、龙津、

嵩溪、余朋等地。

南宋时，邹应龙（1173—1245），又作应隆，字景初，泰宁城水南街人。南宋庆元二年（1196），23岁的邹应龙考中状元，被任命为秘书郎出知南安军，官升枢密院事。邹应龙自泰宁迁居长汀上堡乡，归葬福建泰宁。他有13个儿子，其中邹八郎，由长汀移居清溪（今福建安溪）社蕉坑。邹八郎生五子，散居闽粤各处，次子邹德宏，迁至广东长乐（今五华县）象岭开基，子孙居华阳、玉磨两乡，并有迁居广东之梅州、揭阳、广西之平乐者。宋代以后，今福建之泰宁，邹姓更是族大人众，是当地名望地位较高的家族。此际，邹姓在南方各地得到了进一步的推进，已广泛分布于今江西、江苏、福建、浙江、湖南、广东、广西等地。

邹棐生于宋仁宗明道元年（1032），他幼年聪敏好学，十几岁时，他的诗赋文章就为闽北、闽中一带士人广为传诵，成年以后，游学四方，从学于福州大学问家刘彝刘中山。此后，精研百家、旁穿侧引，汪洋大肆、发为词章，学识大大长进。刘彝对他十分赏识，还将自己的爱女许配给他为妻。神宗熙宁六年（1073）中进士，先后担任了淮东路淮阳军（今江苏邳州市一带）掌管刑狱诉讼的司理参军、福建路剑浦县（今南平市）主簿、建州（今福建建瓯市）买纳茶场（负责茶叶收购业务）、闽清县令、宣城（今属安徽省）县令等职务。邹棐的学识在当时是"名称于时"的。被誉为"程氏正宗"的著名理学家杨龟山说："余自垂髫，诵先生之文。及长，闻名籍甚。""常以不能谋面为憾。"元丰初年，邹棐因父亲病逝而回乡守制，寄寓将乐县，二人一见如故，引为忘年之交（邹比龟山年长21岁）。相互磋商学问，"未尝一日相舍也"。既使后来分开以后，两人也常有诗词酬答和书信往来。

邹括，字子发，是邹棐的胞弟，邹应龙的高曾祖父。邹括自幼聪颖，十几岁时，就像他的祖父邹长孺、伯父邹长玗一样，通过严格考核，被选拔入国子监太学学习。宋哲宗绍圣元年（1094）中进士，任福建宁化县令。在任期内建书院、崇文学，以仁爱宽容精神教化当地土民。离任时，居民刻碑以颂

其德。后调任安徽亳州县令。逝世后，宋丞相李纲为他题写像赞，辞曰："泰山乔岳，毓秀含灵，笃生贤哲，名重缙绅。"著有《文集》，可惜已不传于世。武夷山下梅村邹氏，最早是明清时期，从江西上饶迁移到这里。当时来的邹氏家族有四兄弟，他们团结一致，在这个地方种茶，发展茶叶生产，逐步取得了很大的家业。后来建了这么一座祠堂，祠堂中这根柱子有很典型的特色。它由四块板拼起来，这四块板象征四兄弟团结在一起。邹氏四兄弟定居下梅之后，分立门户，主要从事茶叶的种植、加工、销售。经过几年艰苦创业，家业日丰，成为下梅的大户。

北宋时，邹异举明经，官拜威武军节度使，举家卜居福建的长乐。大观四年（1110），邹希尧中进士，任江西吉州知州；后裔邹孟敬于明天启年间（1621—1327）迁居广东的龙川，后裔转徙至广东的兴宁。宋代，福建泰宁的邹氏最为风光，可谓"甲第蝉联，簪缨弗替"。南宋庆元二年（1196），泰宁邹氏的邹应龙状元及第。相隔6年，他的两个堂弟邹应麟（字景周）、邹应博（字景仁，号朴庵）分别于嘉泰二年（1202）、开禧元年（1205）高中进士。

宋王朝靖康南渡以后，以武夷山为中心的闽北理学异军突起，成为全国学术文化的研究中心。李纲、朱熹等一代大政治家、学问家，也先后到泰宁优游、著述，设帐讲学。在这样一股浓厚的文化氛围濡染下，邹姓家族的文化教育更进入了一个新的发展阶段，一时间人才辈出，灿若繁星。其中庆元二年（1196）邹应龙高中丙辰科状元，6年后，他的两位从弟邹应麟、邹应博又分别题名壬戌科（1202）、乙丑科（1205）进士，紧接着，邹应龙之长子邹恕、第四子邹恭再次又双双高中，邹恕登戊辰科（1208）进士，邹恭进士年榜失考。一家兄弟、父子5人连蝉高中的空前盛举。

连城四堡邹学圣（1523—1596），明神宗万历年间任杭州仓大使，致仕归里时，携各类古籍和经、史等善本刻版回乡，遂成为四堡雕版印刷业的首创人。四堡邹经（1742—1804），字年官，号耕芦，别号畲五，清乾隆乙酉岁（1765）举人，官至台湾

水师提督，台湾沿海"一切海盗平靖"，保护了台胞和国土海防的安全。

【入垦台湾】

明清两代，福建邹姓族人渡海迁入台湾。明末清初，连城四堡邹氏十三世国孟迁台，如今其裔孙发展至桃园、彰化、基隆等地，有数千户人。清初有四堡雾阁邹氏二十世杰贤、圣泗迁台。清康熙、雍正、乾隆年间有殿抡、洪毅、洪九、安泰、嵩文等数十人分别迁往台湾的基隆、桃园、新竹、彰化、台南、嘉义、高雄等地。上杭邹氏迁台有：文明、可忠、正辉、其文等。据台湾文献资料记载，雍正乾隆年间，长汀的邹国珍入垦桃园观音。乾隆中叶，龙溪的邹绵入垦观音。现多分布在台湾的桃园中坜、南投市、台北市大安区、松山区、新竹竹东及台北县、高雄市等地区。

【郡望堂号】

1. 郡望

范阳郡：三国魏黄初七年（226）改涿郡置郡，其治所在蓟县，辖境相当于今北京市昌平、房山及河北省涿州一带。

太原郡：秦汉置太原郡，治所在晋阳，在今山西省太原市西南。

广陵郡：秦置广陵县。西汉改江都国置广陵国，治所在广陵。

南阳郡：即汉宛县、今南阳市。

渤海郡：靺鞨粟末部为主体所建，先称振国（震国）。

丹阳郡：（1）古楚国原在丹阳，即今湖北省秭归东南。楚文王东迁至今湖北省枝江西，仍名其地为丹阳。（2）丹阳（杨）县，秦置，在今安徽省当涂东北，唐并入当涂。（3）汉置丹阳（杨）郡，治宛陵（今安徽省宣城），三国吴移治建业（今江苏省南京）。

2. 堂号

碣石堂：战国时期的邹衍，深通阴阳、盛衰、兴亡之道。燕昭王招贤，专门建造了碣石宫来招待邹衍。

讽谏堂：战国时期的邹忌，看到齐威王不喜欢

听别人向他提意见，于是以巧妙的方式规劝他。齐威王接受了他的意见，下令：凡是对他提出意见的人可以得到不同的奖赏。一开始大家都争着给他提意见，两个月以后，提意见的人很少了，三个月以后，提意见的人几乎没有了，大家把能提的意见都提完了。齐威王收集了这些意见，改正了自己的错误，把国家治理得很好。这就是邹忌讽谏的结果。所以邹姓又称"讽谏堂"。

范阳堂：秦汉时期，邹姓人有一支从今山东省境内迁至范阳，后发展成为望族，所以邹氏人以"范阳"为堂号。

此外，邹姓堂号还有：回春堂、古经堂、敦睦堂、显忠堂、中和堂、敦本堂、元恺堂等。

【祠堂古迹】

水南南禅寺，位于三明市。至北宋初年，四世祖邹助立勇夫公神主牌于水南南禅寺中，每年农历六月十八邹勇夫的忌日聚会寺内，设斋致祭。

泰宁邹族南谷堂，又称南南堂，位于泰宁城南杉溪滨。始建于清初，乾隆六年（1741）为泰宁邹族的总祠堂。每年三月为春祭，八月为秋祭。

和春"崇远家庙"，位于华安县。主祀邹智远，始建于元泰定五年（1328），明、清朝重修，2004年全面重修。对联："崇重先型自古曳裾呈舞恋，远追来孝从今吹待播和春"。

绵治宗祠"追来堂"，位于华安县。主祀邹智慧。建于南宋端平三年（1236年），场地总面积3.48亩，宗祠土木结构，面积323平方米，梁架有狮、龙、象等木雕。

高安邹公庙，位于华安县。供奉南宋状元邹应龙。坐向午子，建筑面积340平方米，占地面积1850平方米。

连城定敷公祠，位于龙岩市连城县四堡乡雾阁村青云路11号，建于清代，原为雾阁村邹氏祖祠，正厅面阔正间，进深正柱，抬梁式结构，硬山顶，砖木结构。为全国重点文物保护单位。

武夷山邹氏家祠，武夷山市武夷镇下梅村。邹氏宗祠的主体建筑包括戏台、门楼、藻井、祠厅、厢楼等，邹氏家祠建于公元1787年。

武夷山邹氏大夫第，位于福建武夷山下梅村北街，因为屋主曾获朝廷诰封"中宪大夫"而得名。

【楹联典故】

源追邾娄千秋裕；望出范阳万世荣。

望出范阳郡；誉来敦睦堂。

——上联典指邹姓郡望范阳郡。下联典指湖南邹姓的重要堂号敦睦堂。

翰墨家声大；范阳世泽长。

——上联典指宋代莆田名臣邹天麟的故事。邹天麟善书法，草篆行楷，无不精斫，宋高宗绍兴二年（1132）特奏名进士。下联典指邹氏郡望在范阳郡。

鲁郡钟灵地；邹屠积善人。

——联上句说邹姓古代家族聚居地及祖德。联下句说的是邹姓的始祖邹屠氏的故事。

【族谱文献】

记载闽台邹氏族谱其中较有代表性的有《华安县邹氏族谱》为华安邹氏宗族所修谱牒。始修情况无考，族裔各支房旧有钞本传世，谱有洪武三十年（1367）重修序文，今本为1997年华安邹氏合族同修。2卷7共册。第一册载列祖像、目录、谱序、谱赞、世系简录，以及邹应龙、邹勇夫等人的传记；第二册辑录历代诏谕、祠堂、墓记、楹联、祭文、家族名人、华安邹氏人物录，以及历代播衍概况，戒训等；第三册至第七册分别载列了历代宗支世系的脉络图。内载唐末，先祖邹勇夫随王审知入闽，镇守归化，传至十一世邹应龙，望泰宁，宋末其孙邹顺隆迁华安肇基，迄今衍至30余代。后裔有迁台湾另衍一族。名人邹应龙，宋柜密院签书，参知政事；邹文谦，台湾省政府委员、台北邹氏宗亲会理事长等。还有《瀛洲邹氏族谱》为福州邹氏家族谱牒。始修无考，今本为清嘉庆十一年（1806）钞本。不分卷，前列选祖世系，记宋初邹氏入闽及迁长乐事项，瀛洲一派出自长乐，世业耕读；瀛洲邹氏开基祖邹定，字密仲，号种德，于明洪武年间出赘瀛洲陈氏，始创一族。此外有泰宁、建宁《邹氏族谱》。

【族规家训】

武夷山下梅村邹氏家训："无二值，无欺隐，且不与市井较铢两。"200年前，正是凭借着诚信经营的理念，福建武夷山的邹氏，与山西常氏的采购集团，铸就了横跨欧亚万里茶道的辉煌。

主要参考书目、网址

[1] 蔡干豪，林庚.闽台百家姓.福州：海风出版社，2011.

[2] 蔡干豪，林庚.闽台姓氏地图.福州：海风出版社，2016.

[3] 林永安，许明镇.姓氏探源——台湾百大姓源流.台北：大康出版社，2009.

[4] 福建省炎黄文化研究会，福建省文化厅.闽越文化研究.福州：海峡文艺出版社，2003.

[5] 黄荣春.闽越源流考略.福州：海潮摄影艺术出版社，2002.

[6] 沈孝辉.闽越历史自然双星遗产·武夷山.赵勇等摄影.台北县新店市：大地地理出版社，2002.

[7] 吴春明，林果.闽越国都城考古研究.厦门：厦门大学出版社，1998.

[8] 杨琮.闽越国文化.福州：福建人民出版社，1998.

[9] 罗新元.希列鸟神曲.昆明：云南大学出版社，2003.

[10] 苗学孟.清代台湾高山族社会生活.福州：福建人民出版社，1992.

[11] 陈国强.台湾高山族研究.上海：三联书店，1988.

[12] 陈建樾.台湾"原住民"历史与政策研究.北京：社会科学文献出版社，2009.

[13] 王萌.高山族简史.北京：民族出版社，2009.

[14] 陈杰.台湾原住民概论.北京：台海出版社，2008.

[15] 宋光宇.泰雅人.昆明：云南大学出版社，2004.

[16] 林建成.台湾原住民艺术田野笔记.北京：艺术家出版社，2003.

[17] 田富达.高山族.北京：民族出版社，1988.

[18] 上海古籍出版社.二十四史.上海：上海古籍出版社，1983.

[19] 黄仲昭.八闽通志（修订本）.福州：福建人民出版社，2006.

[20] 沈定均，吴联熏.漳州府志.上海：中华书局，2011.

[21] 林殿阁.漳州姓氏.北京：中国文史出版社，2007.

[22] 福州市地方志编纂委员会.福州姓氏志.福州：海潮摄影艺术出版社，2005.

[23] 台湾省文献委员会.同宗同乡关系与台湾人口之祖籍及姓氏分布的研究.台湾：台湾省文献委员会，1987.

[24] 陈威任.稀有百步蛇.原民信仰象征.台湾立报，2009.

[25] 苏文菁.从南岛语族看台湾与福建的关系.福建省社会主义学院学报，2012.

[26] 丹尼斯·兆，李鉴踪.蛇与中国信仰习俗.文史杂志，1991.

[27] 周菁葆.海南黎族与台湾高山族蛇图腾文化之比较研究.海南：海口经济学院学报，2009.

[28] 陈雄.状元邹应龙.泰宁县文史委，1994.

[29] 方耀铿，黄启注.东山县志.中华书局，1994.

[30] 南安县志编纂委员会.南安县志.民国，1989重印本.

[31] 云霄县地方志编纂委员会.云霄县志.出版地：方志出版社，2015.

[32] 宁化县志编纂委员会.宁化县志.福州：福建人民出版社，2012.

[33] 张定雄.永定县志.北京：中国科学技术出版社，1994.

[34] 范书声.上杭县志.福州：福建人民出版

社，1993.

[35] 翁忠言．莆田县志．北京：中华书局，1994.

[36] 武平县县志编纂委员会编．武平县志．北京：中国大百科全书出版社，1993.

[37] 沙县县志．北京：中国科技出版社，1992.

[38] 固始县地方史志编纂委员会编．固始县志．河南：中州古籍出版社，2013.

[39] 长汀县地方志编纂委员会．长汀县志．北京：北京三联书店，1993.

[40]【福建莆田】莆田蔡氏宗谱编委会．莆阳蔡氏宗谱．厦门：鹭江出版社，2010.

[41]【福建福州】福建省邓氏委员会．中华邓氏史族·福建卷．福州：福建人民出版社，2008.

[42]【福建沙县】中华罗氏通谱编纂委员会．中华罗氏通谱．北京：中国文史出版社版，2007.

[43]【福建厦门】厦门郑成功研究会．郑成功族谱三种．福州：福建人民出版社，1987.

[44] 白嘉详．白氏尚贤堂家谱．厦门纂修，1940（民国二十九年）.

[45]【福建安溪】新加坡白氏公会．安溪榜头白氏族谱．1597明万历二十五年，1989重修.

[46]【福建漳州】济阳蔡氏家谱．钞本．1874（清同治甲戌）.

[47]【福建南平】建阳蔡氏宗亲联谊会，庐峯蔡氏族谱．2000.

[48]【福建泉州】青阳蔡氏族谱复，1884（清光绪十年）.

[49]【福建福州】陈尔履．颍川陈氏族谱，1917（民国六年）.

[50]【福建漳州】陈祯祥．陈氏族谱．考订本．1916.

[51]【福建厦门】同安田洋金门庵前陈氏宗亲联谊会．浯阳陈氏家谱．2001.

[52]【福建漳州】陈氏维则堂续修族谱委员会．龙溪陈氏族谱．1997.

[53]【福建漳州】龙溪曹氏族谱．1574（明万历

二年）.

[54]【福建泉州】程宜权．程氏宗谱．1996.

[55]【台湾云林】程大学．西螺埔心程氏家谱．1998.

[56]【福建闽清】池氏族谱联修组．闽清联谱．赣闽粤湘池氏联修，1995.

[57]【福建南安】戴棋兰．诗山戴氏谱志（十修）.1995.

[58]【福建莆田】戴玉铸．福建省莆田戴氏联谱．2001.

[59]【福建南安】戴银湖．琉瑭戴氏族谱．2002.

[60]【福建长汀】上杭仙村邓氏族谱．民国版．上杭县客家族谱博物馆.

[61]【福建福州】福建闽侯邓氏族谱．闽侯邓氏族谱编委会联合增修，2003.

[62]【福建漳浦】（清）丁仰高等．白石丁氏古谱．漳州市龙海市角美镇丁厝.

[63]【福建漳州】（明）丁仪等．福建泉州丁氏族谱．手抄本．收藏福建省图书馆.

[64]【福建晋江】开闽董氏沙堤分派宗谱．钞本．民国.

[65]【福建福州】董承耕．福建董氏联谱．2014.

[66]【福建福州】杜逢时等．晋安杜氏族谱．铅印本．1935.

[67]【福建泉州】泉州洛江瀛洲衍派谱，凤栖杜氏族谱.

[68]【福建永定】汀州范氏联宗合修．剑沙范氏族谱.

[69]【福建永定】范榕球．福建永定范氏族谱．范氏族谱编纂委员会合族纂修刊定，2000.

[70]【福建惠安】惠阳六桂堂方氏家谱.

[71]【福建云霄】方日．云阳方氏谱牒．1506（明正德元年初撰），方启德等重修．1992.

[72]【福建武平】始平郡冯氏族谱．武平冯氏宗族谱牒，历代纂修，1999.

[73]【福建台湾】傅任垣．傅氏宗谱全本．台湾版冯氏登权公族谱．1997.

[74]【福建南安】傅奉璋．南安傅氏族

谱.1928（民国十七年）刊本.

[75]【台湾桃园】傅任垣.傅氏宗谱全本.台湾版1997.

[76]【福建石狮】霁江高氏三房第六支谱.谱载永宁肇基祖派系及分居台湾启马一支.

[77]【福建福州】（清）高福康等修.中山高氏家谱.

[78]【福建福安】龚氏宗谱.1723（清雍正元年）修,谱载"二十公复徙舡潭,后迁大洪村.至乾德十四年,龚四复迁龚（福安）家崎"村.

[79]【福建莆田】福建莆田龚氏族谱.2016.

[80]【福建莆田】关永辉.莆田蒲坂关氏族谱,1998.

[81]【福建邵武】上宫官氏族谱.始祖偕公入闽邵武开基,现已13修.

[82]【福建福州】（清）郭杰昌等.郭氏支谱.十卷,1892.

[83]【福建泉州】（明）郭萌等.泉州郭氏族谱.据泉州郭氏钞本传钞.

[84]【福建漳州】韩氏族谱.漳州天宝路边,唐韩器系莲浦韩铉派系辂轩观佑支系谱.

[85]【福建福清】（民国）何咸德.龙田何氏台石派五房家谱,1917铅印.

[86]【福建云霄】何氏族谱.云霄和地何氏谱.

[87]【福建上杭】何选元等.中都何氏王修宗谱.入闽始祖大郎,子孙分派闽粤.

[88]【福建福州】黄如伦.福建黄氏世谱.福建江夏黄氏源流研究会编,分人物、祠堂、族谱等卷和源流、黄氏通史卷等.

[89]黄氏族谱.刻本.1881（清光绪七年）,近年重修.

[90]【福建泉州】梅岗洪氏族谱.泉州梅岗洪氏,明万历丙申（1596）十二世洪懋缙首修.

[91]【福建泉州】武荣翁山洪氏族谱.南安洪氏,1488明弘治元年.

[92]【福建龙海】龙海洪氏族谱.龙海上洋洪氏,始修于明弘治十一年（1498）,现存为民国本.

[93]【福建南安】（清）胡朝翰,王世昌.太

溪侯氏宗谱不分卷,历代重修.

[94]【福建闽侯】侯氏族谱.第一次修谱在元朝,历代重修.

[95]【福建南靖】（清）简赞衷.简氏世系族谱.

[96]【福建南靖】南靖默林长教简氏族谱.开基始祖简会益.

[97]【福建平和】漳州平和大溪江氏.世系始记于一世江千五,止于二十三世.

[98]【福建漳州】姜林连支同谱.1761（清乾隆二十六年）钞本.

[99]【台湾桃园】范姜明和.范姜氏宗谱.台湾桃源县新屋乡范姜氏祖堂族谱,1954.

[100]【福建福州】蒋利仁.福州蒋氏宗谱.长乐屿头宗系,2013.

[101]【福建福州】金氏家谱.汉晋时就有金氏人闽长溪赤岸.

[102]【福建莆田】塔山康氏家谱.始修年代与始修者无考,今为民国钞本,历代重修.

[103]【福建永春】凤山康氏族谱.1992年八修族谱.

[104]【福建永春】（清）柯宗亮.柯氏宗谱.始修于明永乐二年（1404）.

[105]【福建永春】永定赖氏合族共修.永定县赖氏族谱,2000.

[106]【福建上杭】上杭城区蓝氏家谱.据各地蓝氏谱本辑修刊行,1999.

[107]【福建连江】蓝朝华.重修连江蓝氏族谱.连江畲族谱牒,1993.

[108]【福建上杭】火德公宗系编辑委员会.李氏族谱——火德公宗系,2000.

[109]【福建安溪】李氏族谱.安溪县湖头李氏,宋代肇基,明末始修谱,历代重修.

[110]【福建漳州】马崎连氏族谱编纂小组.马崎连氏,2006重修.

[111]【福建福州】梁永坚、林庚.福建梁氏.2012.

[112]【福建永定】永定廖氏族谱.永定廖氏宗族谱牒。

[113]【福建南平】南剑龙溪廖氏族谱．南平樟湖溪口村谱，闽粤赣联修，1995.

[114]【福建仙游】林弁撰．仙溪林大宗祠族谱．仙游林氏谱，1934.

[115]【福建福州】比干文化编委会．控鹤林族谱，2010.

[116]【福建福州】林发照、林玉琰、林文樵．长乐林氏．

[117]【福建诏安】诏安林氏宗谱编委会．林氏宗谱，1993.

[118]【福建泉州】温陵刘氏宗谱．始修于宋末，历代重修．

[119]【福建福州】刘观海．凤岗忠贤刘氏族谱．2010.

[120]【福建寿宁】福建寿宁柳氏族谱．1998.

[121]【福建上杭】豫章罗氏宗谱，二卷．民国八年敦睦堂木活字本．

[122]【福建漳州】漳州市地方志编纂委员会．范阳卢氏宗谱，1987.

[123]【福建安溪】安溪县地方志编纂委员会．安溪姓氏志·卢姓，2007.

[124]【福建上杭】黎斌．上杭黎氏族谱．

[125]【福建屏南】屏南陆氏族谱编委会．谢教坑陆氏族谱，2010.

[126]【福建永安】马正荣等．马氏家谱．永安罗坊乡张地谱，1994.

[127]【福建永定】马作钊．高陂和兴扶风马氏族．和兴马氏族谱编委会铅印，1999.

[128]【福建晋江】晋江西霞美村倪氏族谱．倪光沛等续修，1991.

[129]【福建漳浦】千乘堂倪氏族谱．漳浦倪家，千乘堂号．

[130]【福建龙岩】龙岩欧氏族谱．2009.

[131]【福建福州】欧潭生．福州欧氏总谱．2012.

[133]【福建长乐】荥阳三溪潘氏族谱．1730（清雍正八年）重修，1988年重修钞本．

[134]【福建泉州】虹山彭氏族谱．彭国胜、彭

德斌等主持第八次重修，2006.

[135]【福建福州】福建闽清县白中镇田中村彭城龙田钱氏宗谱．1997.

[136]【福建永定】河南堂丘（邱）氏族谱．永定丘（邱）氏宗族，1999.

[137]【福建尤溪】阮氏谱牒．尤溪中仙善邻族谱始修于明代，现由阮光藏主持，傅成续修，1990.

[138]【福建福州】邵氏家乘．北宋大观年间马尾区胎山邵氏族谱创编，2002续编．

[139]【福建晋江】施氏宗谱．晋江衙口施氏宗谱，始修于明嘉靖年间，历代重修．

[140]【福建诏安】东城沈氏宗谱．诏安县《东城宗谱》编委会，2001.

[141]【福建漳州】施调培．施氏世谱．1897年修撰，漳州临濮堂重修，1993.

[142]【福建连城】宋氏家谱．连城姑田白联村上东坑族谱，旧谱已佚，今本重修，1990.

[143]【台湾】孙海等．孙氏族谱，1974.

[144]【福建晋江】晋江青阳孙氏族谱．1950年钞本．

[145]【福建德化】德化县双翰苏氏族谱．清顺治、雍正年间修纂，历代续修，1990年吴植忠、吴縻信等主修．

[146]【福建将乐】汤氏族谱．将乐温坊4修谱，1996.

[147]【福建福州】垚沙唐氏族谱．福州唐氏宗族所修谱牒．

[148]【福建晋江】儒林唐氏族谱．晋江樟林乡唐氏族谱，1994.

[149]【福建大田】田氏族谱．大田梅岭西湖祠田氏族谱，2001.

[150]【福建福州】续魏氏世谱，一卷．（清）魏秀仁纂修．1887（清光绪十三年）稿本，记事自咸丰元年至光绪十三年．清代人魏秀仁出于是族．

[151]【福建莆田】莆田《京兆翁氏族谱》编修理事会．京兆翁氏族谱，1994.

[152]【福建惠安】福建惠安汪含章公派下家谱．1978.

[153]【福建漳洲】（清）温克忠．龙谿太原温氏衍派温氏族谱，一册，1813（清嘉庆十八年）钞本．

[154]【福建南靖】南清和溪高才徐氏族谱．现存福建省图书馆．

[155]【台湾台北】许嘉立．漳南许氏族谱．台北许氏族谱文献资料珍藏室，1991．

[156]【福建福州】中国福建闽清谢氏族谱．闽清谢氏修谱理事会，2011．

[157]【福建泉州】许嘉立．泉州市前后浦许氏族谱．2008．

[158]【福建福安】河东郡三廉薛氏宗谱．存福安高岑薛氏祠堂．

[159]【福建浦城】杨思顺．闽浦金章重修杨氏宗谱．始修于1670（清康熙九年），1930年浦城杨氏木刻本．

[160]【福建福州】杨氏族谱．弘农杨氏族四知堂族谱，1998．

[161]【福建长乐】姚氏族谱．长乐市姚坑村族谱．

[162]【福建福州】阳岐严氏宗系略纪．为闽侯阳岐村严氏宗系略记．

[163]【福建南平】张子苗．池南平凤游氏族谱．1978．

[164]【福建仙游】潭阳余氏族谱．仙游锦水、奎山两支族谱．

[165]【福建晋江】埔里颜氏族谱，3卷．宣纸手抄线装本，2002年重修．

[166]【福建晋江】泰亨分派京滨颜氏族谱，五本．深沪镇坑边颜厝．景泰元年（1450）始修，嘉靖、康熙、1986年续修．

[167]【福建上杭】白沙袁氏族谱．八修谱，2002．

[168]【福建泉州】晋江粘氏族谱．粘氏满族族谱，（民国）粘友文纂修。1938（民国二十七年）传钞本．

【福建德化】儒林张氏联宗谱，1册．1999．

[169]【福建惠安】鉴湖张氏族谱，1册．1793．

[170]【福建晋江】张氏大宗谱．1985．

[171]【福建长汀】闽汀清河郡张氏族谱．1986．

[172]【福建诏安】张廖简之渊源．1972．

[173]【福建浦城】章氏宗谱．历代重修．

[174]【福建宁德】周玉璠．周氏宗谱．周导世系，2010．

[175]【福建福清】周氏承月公家谱．福州福清东田周氏宗亲会，2010．

[176]【福建泉州】温陵曾氏族谱．入闽始祖曾延世，于唐广明间随闽王入闽，肇基温陵，2015．

[177]【福建福州】三山赵氏族谱．福州赵氏族谱，明永乐始纂修，历代重修．

[178]【福建漳州】漳浦赵氏重修家谱．漳浦赵氏宗族谱牒．

[179]【福建安溪】詹昭榜．詹氏统宗谱．詹氏统宗谱编纂委员会，闽台统宗谱，2003．

[180]【福建连江】曾氏族谱，福州连江马鼻镇，2015．

[181]【福建泉州】泉郡桃源庄氏重修谱．

[182]【福建泉州】泉郡清源庄氏重修谱．

[183]【福建永安】沛国郡紫阳朱氏族谱．朱熹之苗裔永安小陶谱．

[184]【福建尤溪】钟朝祚．颍川钟氏族谱．尤溪西滨后坪族谱，1777（始修清乾隆二十四年），1994年续修．

[185]【福建泰宁】邹氏族谱．泰宁县邹氏谱系，1999．

[186]【福建泰宁】卓群．福建省莆田县华亭镇柳园村卓姓族谱．1997．

[187]中国闽台缘博物馆网 http://www.mtybwg.org.cn.

[188]漳台族谱对接网 http://www.ztzupu.com/Article/Details/83.

[189]闽台姓氏源流网 http://mtxsyl.com/htmls/6/2013/8/10881.htm?TId=6.

[190]莆田姓氏源流研究会网 http://www.ptxse.com.

[191]南岛语族缘起福建海洋一族．[道客巴巴网]http://www.doc88.com/p—606824129613.html.

后记

　　传承中华文化，弘扬海上丝绸之路精神，展示闽台风采。《闽台寻根大典》的付梓，宣告了首部全面反映闽台寻根文化大型典籍类书籍的诞生，她是多层面、广视角、高规格、重品味的一部有浓厚文化底蕴的闽台寻根著作。

　　《闽台寻根大典》历时三年潜心编撰与精心策划，全书站在时代的高度，以科学发展观的视野，全方位反映了闽台迁徙的历史源流、政治人文、传统文化和社会经济。书稿编辑立足翔实的资料及深入研究，力求全面、深入、真实地展现闽台寻根文化的博大精深与璀璨多姿。她是闽台学术界有史以来规模较大、涉及面较广的集体科研成果，汇集闽台学术界大部分优秀的研究成果，凝聚了诸多专家、学者及编者的心血，包含着大典编委和编辑部全体成员的不懈努力。

　　《闽台寻根大典》的出版，得到各级领导和相关单位及诸多专家学者的竭力支持。为此，特别要感谢福建省档案局（馆）、中国华侨出版社和福建省开闽姓氏文化研究院、福建省档案学会、中华百家姓文化产业集团、福建省非物质文化遗产协会、福建省朱子文化发展促进会、泉州师范学院闽南姓氏文化研究中心等单位，同时还要感谢庄炎林、林丽韫、袁义达、游嘉瑞、丁志隆等人对大典的热心支持，特别感谢蔡干豪、林庚等专家学者的智慧贡献，有了这些单位和个人的大力支持，本书才得以顺利面世。

　　在本书付梓之际，特向所有参与这项工作的同仁们致以崇高的谢意！

　　限于编者水平，本书难免有疏漏和错误之处，恳切期望广大读者和专家批评、指正。我们相信《闽台寻根大典》的出版，对闽台文化研究事业，对闽台社会经济文化发展，对促进祖国海峡两岸经济区建设和发展，必将发挥积极作用。

《闽台寻根大典》编委会

2017 年 7 月